Deutschbuch für die Oberstufe

Texte, Themen und Strukturen

Herausgegeben von
Bernd Schurf und Andrea Wagener

unter Beratung von Karlheinz Fingerhut

Erarbeitet von
Lisa Böcker, Gerd Brenner,
Hans-Joachim Cornelißen, Dietrich Erlach,
Karlheinz Fingerhut, Margret Fingerhut,
Heinz Gierlich, Cordula Grunow,
Markus Langner, Angela Mielke,
Norbert Pabelick, Stefanie Schäfers,
Bernd Schurf, Angelika Thönneßen
und Andrea Wagener

Cornelsen

A Einführung: Grundlagen des Deutschunterrichts

Kindheit

B Literarische Gattungen, Film und Textsorten

Patrick Süskind
Das Parfum
Die Geschichte eines Mörders
Diogenes

C Epochen der deutschen Literatur

tschlan
im Her

l' Acacia

E Schreiben und Sprechen – Klausuren und Abitur

A Einführung: Grundlagen des Deutschunterrichts

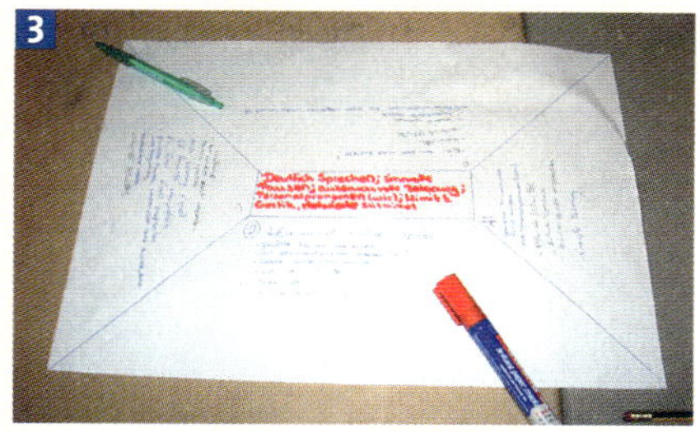

1 Entsprechen die Bilder Ihren Erfahrungen mit dem Deutschunterricht? Tauschen Sie sich mit Ihrer Tischnachbarin oder Ihrem Tischnachbarn aus: Wo sehen Sie Ihre Stärken im Deutschunterricht? Welche Kompetenzen lassen sich in den unterschiedlichen Unterrichtssituationen erwerben?

2 Was sind Ihre Erwartungen an den Deutschunterricht in der Oberstufe? Wenden Sie zu dieser Frage die **Placemat-Methode** (siehe Abb. 3; ► S. 133) an. Gehen Sie dazu wie folgt vor:

a Ideensammlung: Notieren Sie jeweils für sich in eins der vier äußeren Felder auf einem DIN-A3-Papier, welche Erwartungen Sie an den Deutschunterricht der Oberstufe haben.

b Vergleich der Ergebnisse und Einigung in der Gruppe: Lesen Sie kurz die Ergebnisse Ihrer Mitschülerinnen und Mitschüler durch. Drehen Sie dabei das Placemat im Uhrzeigersinn. Einigen Sie sich anschließend auf der Grundlage Ihrer Ideen begründet auf Erwartungen an den Deutschunterricht und tragen Sie diese in das mittlere Feld ein.

c Präsentation: Bereiten Sie sich auf die Präsentation Ihrer Ergebnisse vor. Organisieren und strukturieren Sie einen Kurzvortrag. Halten Sie dazu Ihre Ergebnisse auf Folie fest.

1 Realität und Fiktion – Kurzprosa lesen und verstehen

1.1 Literatur und Lebenswelt – Warum wir Bücher lesen

Gerhard Richter: Lesende (1994)

Matthias Stom: Lesender junger Mann (ca. 1630)

Ein Buch muss die Axt sein für das gefrorene Meer in uns. *Franz Kafka*

Ich muss gestehen, ich lese nicht zu meinem Vergnügen, ich suche weder Entspannung noch Ablenkung noch andere Freuden dieser Art. Ein Buch ist für mich eine Schaufel, mit der ich mich umgrabe. *Martin Walser*

Man kann das Leben, diese einmalige Kutschfahrt, nicht neu beginnen, wenn es vorüber ist, aber wenn man ein Buch in der Hand hält, ganz gleich, wie schwierig es zu verstehen ist, kann man am Schluss zum Anfang zurückkehren, von vorn beginnen, um das Schwierige und damit das ganze Leben zu begreifen. *Orhan Pamuk*

Ich ohne Bücher bin nicht ich. *Christa Wolf*

Mit einem Wort: Der Leser hat das Bewusstsein, gleichzeitig zu enthüllen und zu schaffen, im Schaffen zu enthüllen und durch Enthüllen zu schaffen. *Jean-Paul Sartre*

Erst durch den Leser wird aus einem gebundenen Stapel bedruckten Papiers ein Buch. *Ingo Schulze*

Die meiste Literatur, die ich kenne, ist von Männern. Lese ich sie anders? Ich meine schon. Aber wie denn? *Ruth Klüger*

Es ist ein großer Unterschied, ob ich lese zu Genuss und Belebung oder zu Erkenntnis und Belehrung. *Johann Wolfgang Goethe*

1 **a** Beschreiben Sie, wie auf den Gemälden das Lesen jeweils in Szene gesetzt bzw. gestaltet wird.
b Versuchen Sie, sich in die Figuren hineinzuversetzen. Notieren Sie, was das Lesen für sie bedeutet.

2 Wählen Sie aus den Zitaten die These, die Ihnen am meisten zusagt. Begründen Sie Ihre Wahl.

3 Klären Sie Ihr Verständnis vom Sinn und Zweck des Lesens mit Hilfe der **Metaplan-Methode:**
a Führen Sie zur Frage „Warum lesen?" ein Brainstorming durch. Beginnen Sie z. B. so: *Lesen bedeutet für mich …* Halten Sie Ihre Ergebnisse auf einzelnen Karteikarten fest.
b Heften Sie die Karten an. Ordnen Sie die Aussagen nach Sinngruppen und kennzeichnen Sie die Positionen durch entsprechende Oberbegriffe.
c Nehmen Sie Stellung zu den unterschiedlichen Funktionen des Lesens.

In diesem Kapitel erwerben Sie folgende Kenntnisse und Kompetenzen:

- zentrale Funktionen des Lesens erfassen,
- grundlegende Theorien und Methoden des Verstehens und Interpretierens literarischer Texte kennen und anwenden,
- Verfahren des gegliederten schriftlichen Erschließens epischer Kurztexte am Beispiel von Kurzgeschichten und Parabeln beherrschen, und zwar unter Beachtung zentraler Aspekte der Gattung,
- das gestaltende Interpretieren durch das Umschreiben einer Kurzgeschichte praktizieren.

Lust am Lesen – Erfahrungen mit der erzählten Welt

Ulrich Greiner: **Über die Lust und das Laster zu lesen** (2005)

Die Frage, warum wir lesen, ist weder leicht zu beantworten noch unerheblich. Die Antwort gibt nämlich Auskunft über das Wesen der Literatur. Sie gibt Hinweise darauf, weshalb der eine Romane schreibt und der andere sie liest. Beides ist ja nicht selbstverständlich und kann durchaus mühsam sein. Es versteht sich auch nicht von selbst, dass die so genannte schöne Literatur in unserer Welt ein so hohes Ansehen genießt, dass zum Beispiel die Frankfurter Buchmesse ein Ereignis ist, dem Bundeskanzler und Minister beiwohnen, und dass etwa die Vergabe des Literaturnobelpreises eine Nachricht ist, die selbstverständlich in der „Tagesschau“ gemeldet wird. Auch scheint es erklärungsbedürftig, weshalb die Öffentlichkeit (jedenfalls in den meisten europäischen Ländern) dazu neigt, im Schriftsteller eine moralische Instanz zu sehen, deren Rat und Meinung in strittigen Fragen von Bedeutung sind. Warum also lesen wir Romane? Um uns zu zerstreuen, zu unterhalten, zu amüsieren, wäre eine probate Antwort. Das glaube ich nicht. Wenn das unser einziges Ziel wäre, würden wir fernsehen oder ins Kino gehen oder, wenn wir gesellig sein sollten, ins Café, in eine Diskothek oder auf den Sportplatz. Gut, lautet eine andere Antwort, wir lesen, um etwas zu lernen, über andere Länder, andere Sitten, andere Zeiten. Auch das glaube ich nicht. Um an solche Informationen zu kommen, wäre es doch besser, Geschichtsbücher, Biografien und Reiseberichte zu lesen. […]
Warum also? Meine Antwort lautet: Eskapismus. Darunter versteht das Lexikon die Flucht vor der Wirklichkeit in eine Scheinwelt. […]
Es ist wohl so, dass wir den Alltag und die Wiederkehr des Gleichen gelegentlich, vielleicht auch sehr oft als ein Gefängnis empfinden, aus dem wir in das Reich der Vorstellungen, der Fantasien und der Tagträume entfliehen.
Die meisten Menschen tun das, ohne sich dessen immer bewusst zu sein. Ich behaupte nun, dass dieses Fluchtbedürfnis Hauptantrieb der Leseleidenschaft ist. Literatur zu schreiben und zu lesen ist eine hoch entwickelte Form des Eskapismus.

---

1 **a** Lesen, um sich „zu zerstreuen, zu unterhalten“ oder um „etwas zu lernen“, hält Greiner nicht für das zentrale Ziel des Lesens (vgl. Z. 20 ff.). Widerspricht er damit Ihren Vorstellungen vom Sinn des Lesens, die Sie im Metaplan (► S. 16) entwickelt haben?
b Nehmen Sie Stellung zu seiner Antwort auf die Ausgangsfrage, Lesen sei Eskapismus (vgl. Z. 32 f.).

2 **a** Wie schätzen Sie das Ansehen des Lesens „schöner Literatur“ im Vergleich zu anderen Medien in der Öffentlichkeit ein?
b Schriftstellerinnen und Schriftsteller treten oft als „moralische Instanz“ auf und werden als solche auch akzeptiert. Lässt sich Ihrer Ansicht nach eine solche Haltung rechtfertigen?

Elke Heidenreich: **Wer nicht liest, ist doof** (1998)

Als Kinder haben wir mit Kreide auf die Hauswände gemalt: „Wer das liest ist doof". Ach, und diese Freude dann, wenn es Eltern und Lehrer lasen, die Doofen! Heute möchte ich manchmal – gibt es überhaupt noch Kreide? – Kreide nehmen und beschwörend ganz groß auf alle Wände schreiben: „Wer nicht liest, ist doof". Es gibt eine Menge Leute, die nicht lesen. Und jetzt werden Sie sagen, na, die können dafür sicher prima Fußball spielen und Computer bedienen oder haben mächtig viel Herzenswärme oder Charakter oder sind erfolgreiche Manager. Und ich sage Ihnen: Wer nicht liest, ist trotzdem doof, zum Teufel dann auch mit der Herzenswärme. Die Lust an der Literatur ist auch die Lust am Leben. Die Kunst zu lesen, in ein Buch hineinzufallen, darin zu versinken, kaum noch auftauchen zu können, ist ein Stück Lebenskunst. Das setzt natürlich den Willen voraus, sich auf Geschichten einzulassen, sich aktiv ins Buch hineinzubegeben, sich bewusst von den Reizen und Zerstreuungen anderer Medien abzuwenden. Dann kann es eine wunderbare ewige Liebesgeschichte werden – die zwischen einem Buch und einem leidenschaftlichen Leser. Und sind die nicht blöde, die der Liebe ausweichen, wenn sie uns begegnet?

Wir sind allein miteinander: das Buch, die Lampe und ich, und wir haben Geheimnisse miteinander – denn das Buch erzählt mir unter Umständen mein eigenes Leben. „In Wirklichkeit ist jeder Leser, wenn er liest, ein Leser nur seiner selbst", schreibt Marcel Proust im letzten Band seiner „Suche nach der verlorenen Zeit". „Das Werk des Schriftstellers ist dabei lediglich eine Art von optischem Instrument, das der Autor dem Leser reicht, damit er erkennen möge, was er in sich selbst vielleicht sonst nicht hätte erschauen können."

Ich kannte aus den Büchern gewisse Gefühle und Leidenschaften, ehe ich die realen Küsse dazu kannte, las darüber „mit der ängstlichen Nüchternheit der Süchtigen" (Jean-Paul Sartre: „Die Wörter"). Was wir erlesen, übersteigt bei Weitem das, was wir erleben, das Leben hält nur mühsam Schritt mit der Fülle der Geschichten, die uns entgegenströmen, wenn wir uns ihnen öffnen. Wenn. „Das Chaos in mir von unausgegorenen Sehnsüchten, von romantischen Verstiegenheiten, von Ängsten und wilden Abenteuerträumen wurde aus unzähligen Spiegeln auf mich zurückgeworfen, ich bevorzugte das Anrüchige, Zweideutige, Düstere, suchte nach Schilderungen des Geschlechtlichen, verschlang die Geschichten von Kurtisanen und Hellsehern, von Vampiren, Verbrechern und Wüstlingen, und wie ein Medium fand ich zu den Verführern und Fantasten und lauschte ihnen in meiner Zerrissenheit und Melancholie" (Peter Weiss in „Erste Lese-Erlebnisse"). [...]

Das Lesen, sagt Daniel Pennac, ist eine Seinsweise – es geht nicht darum, ob ich Zeit dazu habe, sondern ob ich mir das Glück leiste, zu lesen. Das ist wie mit der Liebe – keine Zeit dazu? Auch keine Zeit zum Atmen? Lesen ist wie atmen, schreibt Alberto Manguel. Und da haben wir schon beinahe alles, was wir über das Lesen wissen müssen. Und noch dies: dass das Lesen keine sichere Bank ist. Dass die Welt nicht so ist wie in den Büchern, dass uns aber die Gegenwelt der Bücher hilft, die reale Welt besser zu begreifen. Der wahre Zugewinn des Lesens ist eine radikale Destabilisierung der Welt, das heißt: Lesen ist fast immer auch Konflikt, Auseinandersetzung. Und wenn man das einmal weiß, geht es gar nicht mehr ohne – dann, nur dann, ist lesen wie atmen. Ich lese, also begreife ich, also bin ich bzw. kann ich sein. Aber Vorsicht: „Ich habe die Welt in Büchern kennen gelernt: dort war sie assimiliert[1], klassifiziert, etikettiert, durchdacht, immer noch Furcht erregend; und ich habe die Unordnung meiner Erfahrungen mit Büchern verwechselt mit dem zufälligen Ablauf wirklicher Ereignisse. Hier entsprang jener Idealismus, den ich erst nach dreißig Jahren von mir abtun konnte" (Jean-Paul Sartre: „Die Wörter").

Natürlich ist Lesen auch Bildung. Zuerst kommt das Sprechen, dann kommt das Lesen, dann kommt alles Elektronische – ohne Lesen auch

1 **assimilieren:** angleichen, anpassen

kein Internet. Aber die Literatur ist kein Vorzeigestück zum Angeben, was man alles weiß – sie ist eine Methode, um die Welt kennen zu lernen, eine Mischung aus Lust und geistiger Disziplin. Sie will, sagt der italienische Kritiker Roberto Cotroneo, „mit Demut, aber auch mit Entschlossenheit angepackt werden" (Roberto Cotroneo: „Wenn ein Kind an einem Sommermorgen").

1 a Arbeiten Sie die Thesen heraus, die Heidenreich zur Bedeutung des Lesens entwickelt.
b Beurteilen Sie die Art ihrer Argumentation. Welche Rolle spielen die Zitate anderer Autoren?
2 a Lassen Sie sich durch den Text anregen, eigene Leseerfahrungen schriftlich zu reflektieren. Schildern Sie ein für Sie bedeutsames Leseerlebnis, z. B. aus Ihrer frühen Kindheit.
b Tauschen Sie Ihre Texte in Kleingruppen aus. Suchen Sie nach Übereinstimmungen und Unterschieden im Hinblick auf Leseanlass, Art des Buchs und Wirkung des Lesens.

Max Frisch: **Tagebuch. Beim Lesen** (1946)

Gustav Adolph Hennig: Lesendes Mädchen (1828)

Was zuweilen am meisten fesselt, sind die Bücher, die zum Widerspruch reizen, mindestens zum Ergänzen: – es fallen uns hundert Dinge ein, die der Verfasser nicht einmal erwähnt, obschon sie immerzu am Wege liegen, und vielleicht gehört es überhaupt zum Genuß des Lesens, daß der Leser vor allem den Reichtum seiner eignen Gedanken entdeckt. Mindestens muß ihm das Gefühl erlaubt sein, das alles hätte er selber sagen können. Es fehlt uns nur die Zeit, oder wie der Bescheidene sagt: Es fehlen uns nur die Worte. Und auch das ist noch eine holde Täuschung. Die hundert Dinge nämlich, die dem Verfasser nicht einfallen, warum fallen sie mir selber erst ein, wenn ich ihn lese? Noch da, wo wir uns am Widerspruch entzünden, sind wir offenbar die Empfangenden. Wir blühen aus eigenen Zweigen, aber aus der Erde eines andern. Jedenfalls sind wir glücklich. Wogegen ein Buch, das sich immerfort gescheiter erweist als der Leser, wenig Vergnügen macht und nie überzeugt, nie bereichert, auch wenn es hundertmal reicher ist als wir. Es mag vollendet sein, gewiß, aber es ist verstimmend. Es fehlt ihm die Gabe des Gebens. Es braucht uns nicht. Die anderen Bücher, die uns mit unseren eigenen Gedanken beschenken, sind mindestens die höflicheren; vielleicht auch die eigentlich wirksamen. Sie führen uns in den Wald, wo sich die Wege in Sträuchern und Beeren verlaufen, und wenn wir unsere Taschen gefüllt sehen, glauben wir durchaus, daß wir die Beeren selber gefunden haben. Oder haben wir nicht? Das Wirksame solcher Bücher aber besteht darin, daß kein Gedanke uns so ernsthaft überzeugen und so lebendig durchdringen kann wie jener, den uns niemand hat aussprechen müssen, den wir für den unseren halten, nur weil er nicht auf dem Papier steht –. R

1 a Erklären Sie die Leser-Rolle im Prozess der Lektüre. Welche Art des Lesens stellt Frisch als die Gewinn bringende dar? Nennen Sie nach Möglichkeit Beispiele für entsprechende Bücher.
b Erläutern Sie die sprachlichen Bilder, die den Akt des Lesens veranschaulichen.
2 Beurteilen Sie die Charakterisierung der Bücher nach der Art ihrer Wirkung.
3 Stellen Sie einen Bezug her zu Sartres Zitat über das Lesen (► S. 16).

Gibt es die richtige Interpretation? – Methoden des Verstehens

Günter Grass: „Es herrscht vor die Interpretationssucht" (Ein Interview) (1983)

FRAGE: Wie schätzen Sie die Rolle zeitgenössischer Literatur in der Schule ein? Haben Sie Kenntnisse aus eigener Anschauung von dem, was unter dem Stichwort Literatur in der Schule geschieht?

GRASS: [...] Literatur in deutschen Schulen ist – solange ich zurückdenken kann, bis in meine relativ kurze Schulzeit (ich bin nur bis zum Alter von 15 Jahren zur Schule gegangen) – eigentlich immer ein Alptraum gewesen. Früher war das alles von rechts gefüttert, dann kam die Phase von links, aber in den Grundverhaltensweisen hat sich leider nichts geändert: es herrscht vor die Interpretationssucht. Literarische Texte werden nicht an den Schüler herangebracht, um bei ihm die Lust am Lesen auszulösen, um ihm die Chance zu geben – und sei es mit den verschiedensten Gedanken –, sich mit einem Text zu identifizieren, sich selbst zu erleben, sondern um ihn auf eine schlüssige Interpretation hinzuführen. Das tötet die Literatur ab. Literatur ist trotz der deutschen Schule lebensfähig geblieben, aber dies tötet in einem sehr frühen Alter die Lust am Lesen ab. Literatur hat mit Kunst zu tun, es ist eine Kunstform und in erster Linie ästhetischen Gesetzen verpflichtet. Dieses Produkt der Kunst lebt davon, daß es vieldeutig ist, doppelbödig ist und eine Menge von Interpretationen zulassen kann. Es muß erst einmal respektiert werden, daß der, der auf ein Bild, auf ein Buch reagiert, etwas für ihn Wichtiges erlebt. Dies ist erst einmal richtig, auch wenn es sich nicht mit der Interpretation des Lehrers deckt. Und nun kommt das in die Schulmühle hinein, es wird Interpretation gefordert – ob es sich um einen Gedichttext, um die „Braut von Messina"[1] oder Wallraff[2] oder was auch immer handelt: Es wird Interpretation abverlangt. Es ist im Grunde natürlich eine Aufforderung zum Opportunismus, weil die Schüler unter Leistungsdruck versuchen herauszuhören, welche Interpretation ist denn die des Lehrers – um sich der dann anzupassen. [...]

R

1 **„Braut von Messina":** Trauerspiel aus dem Jahr 1803 von Friedrich Schiller

2 **Günter Wallraff** (*1942): deutscher Journalist und Schriftsteller

Martin Walser: „Es gibt nur subjektive Interpretation" (Ein Interview) (1988)

MICHAEL P. OLSON: Herr Walser, zur Frage, warum liest man überhaupt, haben Sie selbst geäußert, das Geschriebene sei unfertig und müsse von jedem Leser erst zum Leben erweckt und dadurch vollendet werden. Heißt das also, dass man von dem literarischen Text her allerlei Interpretationen konkretisieren kann?

WALSER: Ja, wahrscheinlich muss man, man kann nicht nur, man muss. Es lässt sich kein Verständnis vorschreiben. Ein Text ist nicht eine mathematische Gleichung, die nur eine Lösung hat. Der Text wird von jedem Leser anders gelesen. Die Vorstellung, man muss das ganz konkret anschauen, die Vorstellung, die man sich bei einem Satz macht, zum Beispiel, „sie öffnete das Fenster", das stellt sich jeder anders vor: jeder ein anderes Fenster, jeder eine andere Atmosphäre, jeder eine andere Temperatur. Zum Glück ist ein Text nicht zwingend. Der Autor sieht natürlich auch etwas: der sieht seine Geschichte, der sieht alles so, wie es ihm entspricht, und jeder Leser schreibt lesend sein Buch. Wenn das nicht stattfinden würde, dann wäre das Ganze unlebendig. Wenn das nur eine Exekution einer Autorenvorstellung wäre, dann könnte man Literatur vergessen. [...]

OLSON: Ist eine rein subjektive Interpretation gefährlich?

WALSER: Es gibt nur subjektive Interpretation. Ich glaube, der Unterschied entsteht erst durch die Fähigkeit, das eigene Verständnis mitzuteilen. Da sind alle Leute nicht gleich geübt, vielleicht auch nicht gleich begabt. Aber sicher kann jemand ein tiefes Leseerlebnis haben, aber er ist nicht im Stande, das anderen mitzuteilen. Die Mitteilung der eigenen Leseerfahrung kann natürlich gelernt werden, nicht wahr, das ist der Unterschied zwischen dem Leser und dem professionellen Leser, einem Literaturwissenschaftler. Der Nachteil – traditionell – ist beim professionellen Leser, dass er erzogen wurde zu glauben: so wie er das Buch lese, so sei das Buch selbst wirklich. Er glaubt immer, er spreche vom Buch. Das, finde ich, ist eine etwas problematische Tradition. Es müsste viel mehr Gewicht gelegt werden darauf, dass es die Lesart dieses einzelnen Menschen ist. Der sollte nicht andauernd sagen, so ist das Buch wirklich, weil es nachgerade lächerlich ist, wenn hundert professionelle Literaturwissenschaftler von ein und demselben Buch hundert verschiedene Versionen haben und sich zueinander polemisch verhalten, und jeder sagt, seine Version sei die richtige, anstatt dass sie etwa sagen würden: es gibt keine richtige Version. Es gibt nur mehr oder weniger Talent, meine Erfahrung darzustellen. [...]

---

1 Interpretation tötet die Lust am Lesen (vgl. Z. 21 ff.). Nehmen Sie Stellung zu Grass' These, indem Sie seine Kritik am Deutschunterricht mit Ihren eigenen Erfahrungen in Beziehung setzen.

2 „Es gibt nur subjektive Interpretation" (Walser, Z. 29 f.). Sammeln Sie mit Hilfe der **Placemat-Methode** (▶ S. 15 u. 133) auf einem Plakat Ideen zur Umsetzung dieser These im Deutschunterricht:

- **a** Notieren Sie in Vierergruppen je Mitglied in eine Ecke des Plakats einen Gedanken.
- **b** Entscheiden Sie in der Gruppe, welche Idee bzw. Lösung in der Mitte festgehalten wird.
- **c** Stellen Sie Ihren Vorschlag den anderen Gruppen vor.

3 Schreiben Sie zu einer der Thesen Grass' oder Walsers ein eigenes Statement und organisieren Sie eine Debatte zum Thema „Leselust und Interpretationssucht".

Modell der literarischen Kommunikation und Interpretation

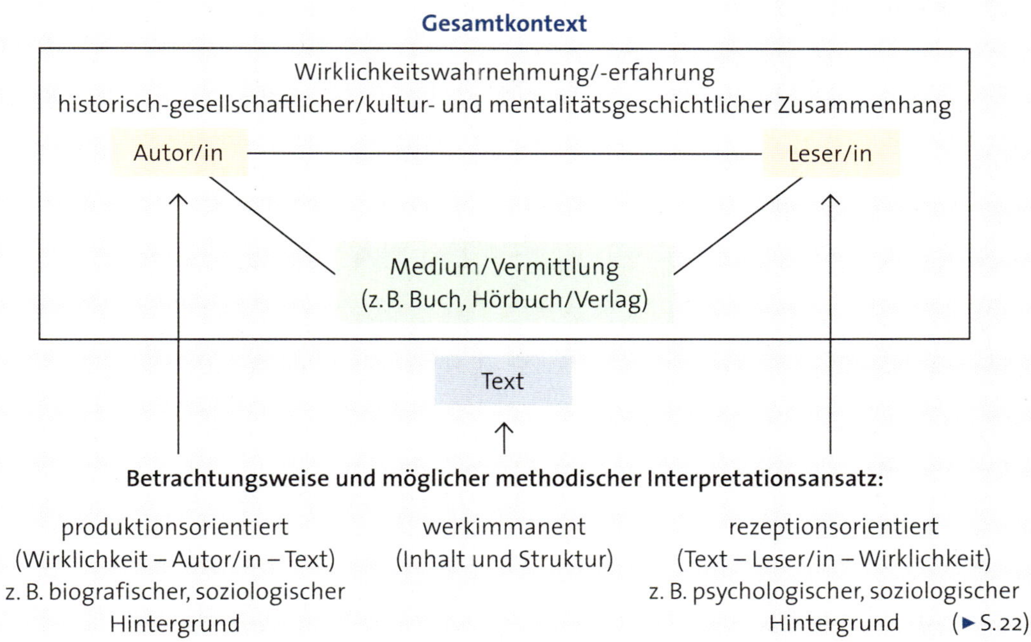

1 **a** Erklären Sie sich in Partnerarbeit wechselseitig das Modell. Berücksichtigen Sie dabei besonders die drei Ansätze der Interpretationsmethode.

b Formulieren Sie offene Fragen und klären Sie diese im Kurs.

2 **a** Verschaffen Sie sich einen Überblick über literaturwissenschaftliche Methoden anhand des folgenden Informationstextes zur „Theorie des Verstehens".

b Zeigen Sie am Modell auf, wo die hermeneutische und die dekonstruktivistische Methode zu verorten sind.

Information **Die Theorie des Verstehens**

Die interpretierenden Leser/innen setzen sich mit der Frage nach dem möglichen Sinn eines Textes auseinander. Dieser Umgang mit Texten bildet den Ausgangspunkt einer jeden Theorie des Verstehens.

- Die **Hermeneutik** als Lehre des Verstehens untersucht, wie die Leser/innen den Text als einen einheitlichen Bedeutungszusammenhang verstehen und wie sich im Bezug zu ihrer Wirklichkeitserfahrung der aktuelle und geschichtlich vermittelte Sinn des Textes konkretisiert.
  Das **hermeneutische Dreieck** zwischen Autor/in, Text und Leser/in liefert einen ersten Anhaltspunkt für die verschiedenen methodischen Vorgehensweisen beim Textverstehen. Die Hermeneutik geht von der Fragestellung aus, welche Bedingungen den Verständigungsprozess bei der Deutung literarischer Texte steuern. Die Verschmelzung des geschichtlichen und des gegenwärtigen Verstehenshorizonts ist die Voraussetzung für das Textverständnis.
  Beim Interpretieren sind historische und gegenwärtige **Verstehenshorizonte** zu unterscheiden. Ein Autor oder eine Autorin aus früheren Zeiten und die damaligen Leserinnen und Leser hatten andere Erfahrungen, Normen und Ausdrucksformen als ein heutiges Lesepublikum. Dies zu berücksichtigen hilft, einen Text zu erschließen. Eine solche historische Verortung heißt aber nicht, dass das vermutete Verständnis durch die Autorin oder den Autor oder der Zeitgenossen „richtiger" ist als das Verständnis heutiger Leser/innen.
- Die **soziologische und biografische Methode** orientiert sich an den Produktionsbedingungen des Werks, am geschichtlich-gesellschaftlichen Umfeld.
- Die **rezeptions- und wirkungsorientierte Methode** untersucht nach J.-P. Sartres These „Lesen ist gelenktes Schaffen" vorrangig den Verstehensprozess des aktuell Lesenden.
- Seit etwa den 70er Jahren des 20. Jahrhunderts werden einige Grundannahmen der hermeneutischen Interpretationspraxis in Frage gestellt. Im Rahmen der Debatte über die so genannte Postmoderne hat sich die Methode der **Dekonstruktion** etabliert. Die traditionellen Kategorien von Subjekt, Sinn und Geschichte verlieren ihre Allgemeingültigkeit, da die homogene Einheit von aktuellen und geschichtlichen Erfahrungen eines Subjekts bezweifelt wird. Demnach liegt den Texten kein einheitlicher Sinngehalt zu Grunde, sondern sie entfalten eine komplexe Struktur unterschiedlicher Sinnzentren, die vernetzt sind bzw. durch die Textelemente selbst erst konstruiert werden. Wie dies geschieht, will dieser Ansatz aufzeigen. Auf dem Hintergrund der dekonstruktivistischen Methode gewinnt die konkrete werkimmanente (► S. 58–59 u. 557 f.) Arbeit am sprachlichen Kunstwerk **(strukturale Methode)** wieder an Bedeutung. Es geht darum, sprachliche Oppositionen, Brüche und Entsprechungen aufzusuchen und für das Textverständnis fruchtbar zu machen. Ein weiterer zentraler Untersuchungsaspekt sind epochenübergreifende inhaltlich-motivische und sprachlich-formale Bezüge zwischen den Texten **(Intertextualität).**

1.2 Ich-Suche und Entfremdung – Kurze Geschichten interpretieren

Selbstentwürfe und Lebenskrisen – Kurzgeschichten

Gabriele Wohmann: **Die Klavierstunde** (1966)

Das hatte jetzt alles keine Beziehung zu ihm: die flackernden Sonnenkleckse auf dem Kiesweg, das Zittern des Birkenlaubs; die schläfrige Hitze zwischen den Hauswänden im breiten Schacht der Straße. Er ging da hindurch (es war höchstens eine feindselige Beziehung) mit hartnäckigen kleinen Schritten. Ab und zu blieb er stehen und fand in sich die fürchterliche Möglichkeit, umzukehren, nicht hinzugehen. Sein Mund trocken vor Angst: er könnte wirklich so etwas tun. Er war allein; niemand, der ihn bewachte. Er könnte es tun. Gleichgültig, was daraus entstünde. Er hielt still, sah finster geradeaus und saugte Spucke tief aus der Kehle. Er brauchte nicht hinzugehen, er könnte sich widersetzen. Die eine Stunde möglicher Freiheit wog schwerer als die mögliche Unfreiheit eines ganzen Nachmittags. Erstrebenswert: der ungleiche Tauschhandel; das einzig Erstrebenswerte jetzt in dieser Minute. Er tat so, als bemerke er nichts davon, daß er weiterging, stellte sich überrascht, ungläubig. Die Beine trugen ihn fort, und er leugnete vor sich selbst den Befehl ab, der das bewirkte und den er gegeben hatte.

Gähnend, seufzend, streckte sie die knochigen Arme, ballte die sehr dünnen Hände zu Fäusten; sie lag auf der Chaiselongue[1]. Dann griff die rechte Hand tastend an die Wand, fand den Bilderrahmen, in dem der Stundenplan steckte; holte ihn, hielt ihn vor die tränenden Augen. Owehowehoweh. Die Hand bewahrte den sauber geschriebenen Plan wieder zwischen Bild und Rahmen auf: müde, renitent[2] hob sich der Oberkörper von den warmen Kissenmulden. Owehowehoweh. Sie stand auf; empfand leichten Schwindel, hämmernde Leere hinter der faltigen Stirnwand; setzte sich wieder, den nassen Blick starr, freudlos auf das schwarze Klavier gerichtet. Auf einem imaginären Bildschirm hinter den Augen sah sie den Deckel hochklappen,

Henri Matisse: Die Klavierstunde (1916)

Notenhefte sich voreinanderschieben auf dem Ständer; verschwitzte Knabenfinger drückten fest und gefühllos auf die gelblichen Tasten, die abgegriffenen; erzeugten keinen Ton. Eins zwei drei vier, eins zwei drei vier. Der glitzernde Zeiger des Metronoms pendelte beharrlich und stumm von einer auf die andere Seite seines düsteren Gehäuses. Sie stand auf, löschte das ungerufene Bild. Mit der Handfläche stemmte sie das Gewicht ihres Arms gegen die Stirn und schob die lappige lose Haut in die Höhe bis zum Haaransatz. Owehoweh. Sie entzifferte die verworrene Schrift auf dem Reklameband, das sich durchs Halbdunkel ihres Bewußtseins schob: Kopfschmerzen. Unerträgliche. Ihn wegschicken. Etwas Lebendigkeit kehrte in sie zurück. Im Schlafzimmer fuhr sie mit dem kalten Waschlappen über ihr Gesicht.

1 **Chaiselongue:** frz. „langer Stuhl"; Liege mit Kopflehne, entstanden im 18. Jh.
2 **renitent:** widerspenstig

Brauchte nicht hinzugehen. Einfach wegbleiben. Die Umgebung wurde vertraut: ein Platz für Aktivität. Er blieb stehen, stellte die schwere Mappe mit den Noten zwischen die Beine, die Schuhe klemmten sie fest. Ein Kind rollerte vorbei; die kleinen Räder quietschten; die abstoßende Ledersohle kratzte den Kies. Nicht hingehen, die Mappe loswerden und nicht hingehen. Er wußte, daß er nur die Mappe loszuwerden brauchte. Das glatte warme Holz einer Rollerlenkstange in den Händen haben. Die Mappe ins Gebüsch schleudern und einen Stein in die Hand nehmen oder einen Zweig abreißen und ihn tragen, ein Baumblatt mit den Fingern zerpflücken und den Geruch von Seife wegbekommen.

Sie deckte den einmal gefalteten Waschlappen auf die Stirn und legte den Kopf, auf dem Bettrand saß sie, weit zurück, bog den Hals. Noch mal von vorne. Und eins und zwei und eins. Die schwarze Taste, b, mein Junge. Das hellbeschriftete Reklameband erleuchtete die dämmrigen Bewußtseinskammern: Kopfschmerzen. Ihn wegschicken. Sie saß ganz still, das nasse Tuch beschwichtigte die Stirn: sie las den hoffnungsweckenden Slogan.

Feucht und hart der Lederhenkel in seiner Hand. Schwer zerrte das Gewicht der Hefte: jede einzelne Note hemmte seine kurzen Vorwärtsbewegungen. Fremde Wirklichkeit der Sonne, die aus den Wolkenflocken zuckte, durch die Laubdächer flackerte, abstrakte Muster auf den Kies warf, zitterndes Gesprenkel. Ein Kind; eine Frau, die bunte Päckchen im tiefhängenden Netz trug; ein Mann auf dem Fahrrad. Er lebte nicht mit ihnen.

Der Lappen hatte sich an der Glut ihrer Stirn erwärmt: und nicht mehr tropfig hörte er auf, wohlzutun. Sie stellte sich vor den Spiegel, ordnete die grauen Haarfetzen. Im Ohr hämmerte der jetzt auch akustisch wirkende Slogan.

Die Mappe loswerden. Einfach nicht hingehen. Seine Beine trugen ihn langsam, mechanisch in die Nähe der efeubekleckstsen Villa.

Kopfschmerzen, unerträgliche. Sie klappte den schwarzen Deckel hoch; rückte ein verblichenes Foto auf dem Klaviersims zurecht; kratzte mit dem Zeigefingernagel ein trübes Klümpchen unter dem Daumennagel hervor.

Hinter dem verschnörkelten Eisengitter gediehen unfarbige leblose Blumen auf winzigen Rondellen[3], akkuraten Rabatten[4]. Er begriff, daß er sie nie wie wirkliche Pflanzen sehen würde.

Auf den dunklen steifen Stuhl mit dem Lederpolster legte sie das grüne, schwachgemusterte Kissen, das harte, platte. Sah auf dem imaginären Bildschirm die länglichen Dellen, die seine nackten Beine zurückließen.

Einfach nicht hingehen. Das Eisentor öffnete sich mit jammerndem Kreischlaut in den Angeln.

Kopfschmerzen, unerträgliche. Wegschicken. Widerlicher kleiner Kerl.

Die Mappe loswerden, nicht hingehen. Widerliche alte Tante.

Sie strich mit den Fingern über die Stirn. Die Klingel zerriß die Leuchtschrift, übertönte die Lockworte.

„Guten Tag“, sagte er. „Guten Tag“, sagte sie. Seine (von wem nur gelenkten?) Beine tappten über den dunklen Gang; seine Hand fand den messingnen Türgriff. Sie folgte ihm und sah die nackten braunen Beine platt und breit werden auf dem grünen Kissen; sah die geschrubbten Hände Hefte aus der Mappe holen, sie auf dem Ständer übereinanderschieben. Schrecken in den Augen, Angst vibrierte im Hals. Sie öffnete das Aufgabenbuch, las: erinnerte mit dem (von wem nur gelöschten?) Bewußtsein. Eins zwei drei vier. Töne erzeugten seine steifen Finger; das Metronom tickte laut und humorlos. R

3 Rondell: rundes Beet
4 Rabatte: schmales Beet

---

1 a Zum tieferen Verständnis des Textes ist es wichtig, die Erzählweise zu untersuchen. Charakterisieren Sie dazu vor allem die Erzählperspektive und stellen Sie zur besseren Veranschaulichung Ihr Untersuchungsergebnis grafisch dar.

b Analysieren Sie auch Wortwahl und Metaphorik und deuten Sie deren Wirkung im Kontext.

2 In beiden Figuren leuchtet der Wunsch nach einer Veränderung der Situation auf. Schreiben Sie die Geschichte ab Z. 75 so weiter, dass die Figuren sich anders entscheiden.

3 Stellen Sie Bezüge her zwischen dem Gemälde von Matisse und der Kurzgeschichte: Mit welchen gestalterischen Mitteln wird die Beziehung der Figuren dargestellt (Raum, Farbe, Bildaufbau etc.)?

Irene Dische: **Liebe Mom, lieber Dad** (2007)

Dorothea Tanning: Familienporträt (1954)

Liebe Mom, lieber Dad, bitte entschuldigt, dass ich mich so lange nicht gemeldet habe. Ich kann mir vorstellen, dass ihr euch meinetwegen Sorgen gemacht habt, aber ich konnte wirklich nicht anrufen. Bis gestern lag ich im Krankenhaus. Zum ersten Mal seit anderthalb Monaten sitze ich wieder an einem Tisch. Nach unserem Streit vor sechs Wochen wegen Ralph, der euch nicht gefällt, weil er so viel älter als ich und überhaupt eine seltsame Wahl ist, weil er kein Arzt oder Anwalt ist wie alle anderen, die ich kenne, war ich so wütend, dass ich mich besser nicht ans Steuer gesetzt hätte. Jackie hatte die ganze Zeit im Wagen auf mich gewartet. Sie ist immer meine beste Freundin gewesen. Ich war doch bloß vorbeigekommen, um euch kurz zu umarmen. Danach wollten wir weiterfahren – über das Wochenende nach Maine, wo Ralph eine Farm hat. So arm ist er nämlich gar nicht, wisst Ihr. Ich war hereingekommen und sagte: „Ich wollte euch bloß Guten Tag sagen, ich bin auf dem Weg nach Maine." Da habt ihr gleich angefangen, mir Vorwürfe wegen Ralph zu machen. Ihr werdet euch daran erinnern. Als du, Dad, meine Beziehung zu ihm eine „Katastrophe" nanntest und Mom zu weinen anfing, da habe ich eben kehrtgemacht und bin gegangen. Ihr seid hinter mir her, aber ich war schneller. Ich habe mich in den Wagen gesetzt, mit zitternden Händen. Jackie bot an, sie könne fahren. Aber ich wollte nicht. Ich fuhr auf den Highway. Alles in mir war im Aufruhr. Ich konnte mich nicht konzentrieren. Ich fuhr zu schnell. Ich fuhr viel zu schnell. Jackie schrie mich an. Ich stand einfach auf dem Gaspedal. Hundertfünfzig bin ich gefahren. An einer Baustelle verengte sich die Straße und ich übersah die Warnschilder. Ich geriet auf den Mittelstreifen, der Wagen brach durch die Leitplanke und schoss auf die Gegenfahrbahn. Ein kleiner Wagen, eine indische Familie mit vier Kindern, kam mir entgegen – ich krachte mitten in sie rein. Noch immer habe ich Jackies „Nein! Nein!" im Ohr. Es waren ihre letzten Worte. Jackie ist tot. Ein siebenjähriger Junge in dem anderen Wagen hat überlebt, die Eltern und seine drei Geschwister sind tot. Er aber hat nicht die kleinste Schramme, die ihn von der neuen Wirklichkeit wenigstens einen Moment lang ablenken könnte. Was mich angeht – um beim Sichtbarsten anzufangen: Die Hüften und beide Beine sind zerquetscht. Das Gesicht ist völlig kaputt – die Nase gebrochen, die Wangenknochen gebrochen, ein Riss in der Stirn, sieben Rippen, der linke Arm und die linke Hand an fünf Stellen gebrochen. Ich habe auch innere Verletzungen – unter anderem einen Lungenriss. Drei Tage war ich auf der Intensivstation. Ralph kam mit dem Flugzeug von Maine, um bei mir zu sein. In Boston sollte eine Ausstellung mit seinen Bildern eröffnet werden, für die er seit mehr als einem Jahr gearbeitet hatte. Er fuhr nicht hin, sondern blieb, solange er konnte, bei mir. Irgendwann musste er zurück nach Maine, sich um die Tiere kümmern, und kam dann an den Wochenenden herüber. Die übrige Zeit war ich allein. Ich habe vier Operationen hinter mir – in vier Wochen. Im Gesicht werde ich noch operiert. Vielleicht kann ich nie mehr richtig laufen. Kinder werde ich auch keine bekommen können. Aber das alles macht mir längst nicht so viel Kummer wie mein Gewissen. Ich habe fünf Menschen umgebracht. Jackies Eltern haben ihr einziges Kind verloren. Ein kleiner Junge hat alle seine Angehörigen verloren. Und ich bin schuld.

Liebe Mom, lieber Dad. Nichts von alledem ist wahr. Die Wahrheit ist, ich hatte bei euch angehalten, um euch eine freudige Nachricht zu bringen. Aber weil ihr derart über Ralph hergezogen seid, konnte ich euch nicht sagen, dass ich schwanger bin. Jetzt bin ich im fünften Monat. Letzte Woche haben Ralph und ich geheiratet. Entschuldigt den ersten Absatz: Ich wollte nur, dass ihr meine Neuigkeiten im richtigen Licht seht. Wir leben in Maine, ich bin ungeheuer glücklich, und ich hoffe, ihr besucht uns bald mal.

In Liebe
eure Tochter Sarah

---

1 **a** Die Erzählerin wählt ein drastisches Mittel, damit ihre Eltern sie verstehen. Wie haben Sie als Leser/in reagiert? Untersuchen Sie Briefform, Spannungsaufbau und Wendepunkt.
b Sarah stellt ihre innere Verletzung als eine äußere dar. Erläutern Sie, welche sprachlichen Mittel in besonderer Weise dazu beitragen, die psychische Situation zu veranschaulichen.
c Beschreiben Sie die mögliche Reaktion der Eltern auf den Brief.
2 Untersuchen Sie die Figurenkonstellation, um den Konflikt besser erläutern zu können.
3 Bauen Sie ein **Standbild** (► S. 174) der Familiensituation: Die Beziehung der Figuren wird, ohne zu sprechen, allein durch Gestik, Mimik und Körperhaltung zum Ausdruck gebracht. Dann äußern die Betrachter/innen sowie die Darsteller/innen die Gedanken oder Gefühle der Figuren in der Ich-Form, indem sie abwechselnd hinter die Figuren treten (Alter-Ego-Technik).
4 Welche Alternative ist denkbar, um den Konflikt zu lösen? Entwickeln Sie in Kleingruppen einen Dialog zwischen Tochter und Eltern, in dem es zu einer offenen Aussprache kommt.
5 Vergleichen Sie Gemälde und Kurzgeschichte inhaltlich und formal.

Peter Bichsel: **San Salvador** (1964)

Er hatte sich eine Füllfeder gekauft. Nachdem er mehrmals seine Unterschrift, dann seine Initialen, seine Adresse, einige Wellenlinien, dann die Adresse seiner Eltern auf ein Blatt gezeichnet hatte, nahm er einen neuen Bogen, faltete ihn sorgfältig und schrieb: „Mir ist es hier zu kalt“, dann, „ich gehe nach Südamerika“, dann hielt er inne, schraubte die Kappe auf die Feder, betrachtete den Bogen und sah, wie die Tinte eintrocknete und dunkel wurde (in der Papeterie garantierte man, dass sie schwarz werde), dann nahm er seine Feder erneut zur Hand und setzte noch großzügig seinen Namen Paul darunter.

Dann saß er da.

Später räumte er die Zeitungen vom Tisch, überflog dabei die Kinoinserate, dachte an irgendetwas, schob den Aschenbecher beiseite, zerriss den Zettel mit den Wellenlinien, entleerte seine Feder und füllte sie wieder. Für die Kinovorstellung war es jetzt zu spät.

Die Probe des Kirchenchors dauert bis neun Uhr, um halb zehn würde Hildegard zurück sein. Er wartete auf Hildegard. Zu all dem Musik aus dem Radio. Jetzt drehte er das Radio ab. Auf dem Tisch, mitten auf dem Tisch, lag nun der gefaltete Bogen, darauf stand in blauschwarzer Schrift sein Name Paul.

„Mir ist es hier zu kalt“, stand auch darauf. Nun würde also Hildegard heimkommen, um halb zehn. Es war jetzt neun Uhr. Sie läse seine Mitteilung, erschräke dabei, glaubte wohl das mit Südamerika nicht, würde dennoch die Hemden im Kasten zählen, etwas müsste ja geschehen sein.

Sie würde in den „Löwen" telefonieren.
Der „Löwe" ist mittwochs geschlossen.
Sie würde lächeln und verzweifeln und sich damit abfinden, vielleicht.
Sie würde sich mehrmals die Haare aus dem Gesicht streichen, mit dem Ringfinger der linken Hand beidseitig der Schläfe entlangfahren, dann langsam den Mantel aufknöpfen.
Dann saß er da, überlegte, wem er einen Brief schreiben könnte, las die Gebrauchsanweisung für den Füller noch einmal – leicht nach rechts drehen –, las auch den französischen Text, verglich den englischen mit dem deutschen, sah wieder seinen Zettel, dachte an Palmen, dachte an Hildegard.
Saß da.
Und um halb zehn kam Hildegard und fragte: „Schlafen die Kinder?"
Sie strich sich die Haare aus dem Gesicht.

---

1 Erläutern Sie, welche Erwartungen Sie mit dem Titel „San Salvador" verbunden haben. Wie ist er im Hinblick auf das Erzählte Ihrem Verständnis nach zu verstehen?
2 Untersuchen Sie das Zusammenspiel von innerer und äußerer Handlung.
  a Beschreiben Sie genau die einzelnen Tätigkeiten und Gesten der Figuren.
  b Analysieren Sie die Erzählweise. Berücksichtigen Sie dabei besonders die erlebte Rede.
3 Der Ehemann versucht in Gedanken, das Verhalten seiner Frau zu antizipieren. Wie wird diese Rollenübernahme sprachlich gestaltet?
4 Inwieweit handelt es sich bei diesem Text um eine typische Kurzgeschichte? (▸ Information)
5 „Mir ist es hier zu kalt ..." (Z. 6 f.). Formulieren Sie, um Ihr Verständnis der Geschichte zu erklären, einen Abschiedsbrief aus der Sicht Pauls an Hildegard.

Information **Merkmale der Kurzgeschichte**

Die Kurzgeschichte wurde nach dem Vorbild der amerikanischen Short Story zu einer wichtigen Gattung der deutschen Nachkriegsliteratur (▸ S. 431 ff.). Mit neuen Akzenten und Variationen der modernen Erzähltechnik ist sie bis heute populär. Kennzeichnend sind folgende Merkmale:

- äußere Umfangsbegrenzung/Kürze,
- Verdichtung des Geschehens auf einen Augenblick, der für die dargestellten Figuren von besonderer Bedeutung ist,
- Wiedergabe des inneren Geschehens durch erlebte Rede, inneren Monolog usw.,
- unvermittelter Beginn und offenes Ende,
- Alltäglichkeit von Thematik und Sprache,
- sprachliche Technik der Andeutungen, Mehrdeutigkeiten und Metaphern.

Botho Strauß: **Mikado** (2006)

Zu einem Fabrikanten, dessen Gattin ihm während eines Messebesuchs entführt worden war, kehrte nach Zahlung eines hohen Lösegelds eine Frau zurück, die er nicht kannte und die ihm nicht entführt worden war. Als die Beamten sie ihm erleichtert und stolz nach Hause brachten, stutzte er und erklärte: Es ist Ihnen ein Fehler unterlaufen. Dies ist nicht meine Frau. Die ihm Zu-, jedoch nicht Zurückgeführte stand indessen hübsch und ungezwungen vor ihm, wachsam und eben ganz neu. Außerdem schien sie schlagfertig und geistesgegenwärtig zu sein. Den Beamten, die betreten unter sich blickten, gab sie zu verstehen, ihr Mann habe unter den Strapazen der vergangenen Wochen allzu sehr gelitten, er sei von der Ungewissheit über das

Schicksal seiner Frau noch immer so durchdrungen und besetzt, dass er sie nicht auf Anhieb wiedererkenne. Solch eine Verstörung sei bei Opfern einer Entführung und ihren Angehörigen nichts Ungewöhnliches und werde sich bald wieder geben. Darauf nickten die Beamten verständnisvoll, und auch der tatsächlich verwirrte Mann nickte ein wenig mit.

Aus seinen dunkelsten Stunden war also unversehens diese völlig Fremde, diese helle und muntere Person aufgetaucht, die den übernächtigten Fabrikanten von seinen schlimmsten Befürchtungen zwar ablenkte, diese aber keinesfalls zerstreute.

Schon am nächsten Morgen – sie schlief im Gästezimmer – fand er sie in der Garage vor einem am Drahtseil aufgehängten Fahrrad, dem kaum benutzten Fahrrad ihrer Vorgängerin. Sie hatte die Reifen abmontiert, die Schläuche geflickt, die Felgen geputzt und die Pedale geölt. Eine Fahrradflickerin!, dachte der Mann, der ihr eine Weile bei den Verrichtungen zusah. Eine gelehrte Frau habe ich verloren und dafür eine Fahrradflickerin bekommen!

Aber dann spekulierte er für den Bruchteil einer Sekunde, was die Zukunft wohl für sie beide bereithalte und ob er je mit ihr auf große Tour gehen werde. Neben den flüchtigen erbaulichen Momenten bewegten ihn aber Zweifel, ob die Anwesenheit dieser einfühlsamen Unbekannten nicht ein tückischer Hinterhalt sein könnte. Ob die Entführer nicht aus reinem Zynismus und nur um die Liebe zu seiner geraubten Frau, der gelehrten, zu verhöhnen, ihm diese naive, bedenkenlos patente Heimwerkerin geschickt hätten. Als zusätzliche Marter, aber auch zur Vorbereitung neuer Erpressungen.

Ganz verstehe ich es immer noch nicht, sagte er auf einmal mit entwaffnender Unbeholfenheit. Sie lächelte hinter flimmernden Speichen und sagte: Genau wie seinerzeit in Madrid. Du erinnerst dich? Ich hatte doch immer dies lähmende Vorausgefühl.

In Madrid?, fragte der Mann, schon mit einem Anklang von gewöhnlicher Ehegattennachfrage.

Ja, als wir mit dem ganzen Club, unseren besten Freunden auf der Plaza Mayor –

René Magritte: Die Liebenden (1928)

Natürlich. Ich erinnere mich.

Meine Handtasche war gerade noch da. Und hätte mich nicht dies lähmende Vorausgefühl ergriffen, dass sie mir im nächsten Augenblick gestohlen würde, dann hätte ich besser aufgepasst. Schon war sie weg!

Und das am Morgen deines dreißigsten Geburtstags!

Ausgerechnet. Man lädt die besten Freunde ein, und irgendein Dieb ist immer darunter.

Aufhören!, rief der Mann ungehalten. Schluss mit dem Falschspiel! Du kannst das nicht wissen. Nicht du!

Na, so war's aber. War's nicht so? So war's doch aber.

Am Nachmittag war er mit einem guten Freund verabredet. Er traf ihn in der Hoffnung, einen Zeugen dafür zu gewinnen, dass man ihm die falsche Frau nach Hause gebracht hatte. Es stellte sich jedoch heraus, dass dieser echauffierte[1] Mensch auf einmal über alles anders dachte, als er bisher gedacht hatte – über Politik, Geld, seine Kinder und seine Vergangenheit. Mit einem Schlag hatte sein Geist die Farbe, den Geschmack, die Richtung und sogar die Geschwindigkeit gewechselt. Da dachte der Mann der Entführten: Es muss doch wohl an mir liegen. Die Menschen wechseln offenbar ihr Inneres genauso schnell wie ihr Äußeres. Sie stülpen sich um und bleiben doch dieselben! Mir scheint, ich habe da eine bestimmte Entwicklung nicht ganz mitbekommen. Also wäre die junge Fahrradflickerin am Ende doch

1 **echauffiert:** erhitzt, aufgeregt

niemand anderes als meine umgestülpte Frau, ja, sie ist wohl die meine, wie sie's immer war. Ich habe weit mehr als mein Vermögen für sie geopfert. Da sitzt sie nun auf meinem Bett, hübsch und rund: mein Schuldenberg. Es bleibt mir keine andere Wahl, ich muss nehmen, was sich bietet, ich könnte nie ein zweites Lösegeld bezahlen. Da trat aus seinem Inneren ein Bild hervor, und er sah die Entführte in ihrem Kellerloch, in ihrer Haft. Ein Stuhl, ein Schlafsack und ein Campingklo. Und gänzlich ohne Bücher. So sah er die Gelehrte, und so verharrte sie in der Gefangenschaft.

Eines Tages würde sich alles klären. Oder aber es würde sich niemals klären. Zu beidem war er bereit: zu des Rätsels Lösung wie auch das Rätsel zu leben. Nur eine Entscheidung zwischen dem einen und dem anderen konnte er sich nicht abringen.

Am Abend lud er die Geschickte zu einem Mikadospiel mit kostbaren, uralten japanischen Stäben, die er seit Jahren einmal am Tag auswarf und zusammen mit seiner Frau auflas. *Nur um füreinander die Fingerspitzen ein wenig zu sensibilisieren* – so hatte es stets geheißen, wenn seine Frau ihn zum Spiel bat und sich mit dem schiefen Lächeln der Gelehrten eine dezente Anzüglichkeit erlaubte. Dieselbe Bemerkung kam nun von der Geschickten, und sie lächelte dazu vollkommen ungezwungen.

Die Stäbchen aus lackiertem Zedernholz lagen auseinandergefallen auf dem hellen Birnbaumtisch. Da rieb sich der Mann die Hände und sagte in einem veränderten, aufgeräumten Ton: Nur zu, du kleines Rätsel. Nun zeig, was du kannst!

Dazu gab er ihr einen burschikosen[2] Klaps auf die Schulter. Sie entgegnete mit einem unterdrückten Fluch, da sie den Arm gerade zum Spiel ausgestreckt hatte. Ihre ruhige Hand löste nun etliche Stäbe aus labilster Lage, ohne andere zu bewegen. Seine unruhige hingegen war nicht einmal fähig, frei liegende Spitzen zu drücken, ohne dass sich im Stapel etwas rührte.

Schließlich lüpfte die ruhige Hand den ranghöchsten Stab ohne die geringste Einwirkung auf die kreuzenden und überliegenden. Sie nahm ihn in beide Hände und zerbrach den Mikado in stillem Unfrieden. Das Spiel mit den wertvollen Stäben war für immer zerstört. Die unruhige Hand ergriff zitternd einen der untergeordneten Stäbe und hielt ihn wie einen Spieß umklammert. Der Mann betrachtete die nadelfeine Spitze. Er hatte kein anderes Empfinden mehr, als diese Spitze durch die linke Wange der Frau zu stoßen, durch ihre Zunge zu bohren und aus der rechten Wange wieder hinaus. Gestoßen und gestochen. Nicht jetzt. Aber eines Morgens, ja. Eines Morgens bestimmt. Eines Morgens wird es zu einigen sich überstürzenden Ereignissen kommen ... Man wird sich im Nachhinein fragen, wie es überhaupt so lange hat dauern können, dass nichts geschah.

2 burschikos: knabenhaft, jungenhaft

---

1 a Notieren Sie auf einzelnen Blättern gut lesbar alles, was Ihnen spontan zur Geschichte einfällt. Dies können inhaltliche oder formale Aspekte sein.

b Heften Sie Ihre Notizen an, sichten Sie sie und sortieren Sie nach Untersuchungsaspekten.

c Überlegen Sie gemeinsam, über welche Fragestellungen Sie eine systematische Untersuchung und Deutung der Kurzgeschichte angehen wollen.

2 a Entwickeln Sie auf Plakaten ein Charakterprofil der beiden Figuren. Unterscheiden Sie zwischen der „alten" und der „neuen" Frau und ihrem Verhältnis zu dem Mann.

b Untersuchen Sie Wiederholungen und Entsprechungen auf der Inhaltsebene, z. B. sich wiederholende Handlungselemente oder in Gedanken ausgeführte Erwartungen.

c Analysieren Sie die sprachliche Gestaltung und die Erzählweise (► S. 160–163).

3 Stellen Sie den inneren Konflikt des Protagonisten zusammenfassend dar. Nutzen Sie dazu folgende Begriffe: Realität und Fantasie, Identität und Spiegelung, Wahrnehmung und Täuschung, Verdrängung.

4 Passt das Gemälde zur Geschichte? Nehmen Sie Stellung.

Maxim Biller: Melody (2007)

Als Thomas und Melody sich verliebten, war Iva erst zwei Monate tot. Melody rief sofort bei Meryll-Johnson in Chicago an und sagte, sie käme von ihrem Europa-Urlaub nicht zurück, dann fuhren sie nach Paris und nahmen sich eine Wohnung in der Rue Céline. Im August brachte die Spedition Thomas den Rest seiner Sachen aus Florenz; Ivas Sachen und ihre Möbel hatten ihre Eltern schon im Februar geholt.

Im Winter beschloss Thomas, zu konvertieren. Melodys Eltern fanden für ihn einen Rabbiner in East Hampton, aber Thomas begann, die Sache hinauszuschieben. Er schrieb jetzt wieder, und wenn er dabei nicht an Iva dachte, ging es ganz gut. Einmal sagte er zu Melody im Streit, es sei zwischen ihnen zu schnell gegangen, worauf sie sagte, mach doch langsamer. Dann gab sie ihm eine Ohrfeige.

Die Beschneidung ließ Thomas im Mount Sinai auf der Upper Eastside machen. Als er aus der Narkose aufwachte, sagte er zu Melody, sie solle nie mehr weggehen, und nannte sie Iva. Drei Monate später heirateten sie und zogen nach New York.

In New York arbeitete Thomas noch weniger als nach Ivas Tod. Meistens lag er im Bett und sah fern. Oder er saß im Columbus Deli, schaute aus dem Fenster und versuchte, nicht zu weinen. Jede zweite junge Frau, die vorbeikam, erinnerte ihn an Iva. Dann setzte sich Iva eines Tages neben ihn. Sie hieß Andrea, roch wie Iva nach Dune von Dior und war wie sie in Frankfurt aufs Bettina-Gymnasium gegangen. Beim Reden legte sie einmal ihre Hand auf seine, einmal sahen sie sich lange schweigend an. Trotzdem tauschten sie beim Abschied nicht ihre Telefonnummern.

Als Melody ein Jahr später sagte, sie habe sich wieder in ihren ersten Freund Abe verliebt, hörte Thomas auf zu sprechen. Melody ging weiter jeden Tag in die Kanzlei, Thomas schrieb noch weniger und ging gar nicht mehr raus. Abends saßen sie zusammen vor dem Fernseher, und Thomas kritzelte abwechselnd Schimpfworte und Kosenamen in einen Block und schob ihn Melody zu. Irgendwann konnten sie beide nicht mehr, und Thomas begann wieder zu reden. Sein erster Satz war: „Ich gehe zurück nach Deutschland."

Und so ging es weiter: Thomas traf in Frankfurt auf der Straße Andrea wieder, und sie bekamen einen Sohn. Melody wurde von Abe schwanger, verlor aber das Kind, als sie erfuhr, dass Abes Frau auch schwanger war. Andrea wollte den kleinen Ze'ev nicht beschneiden lassen und machte mit Thomas Schluss. Thomas ging immer öfter in die Westend-Synagoge, er schrieb gar nicht mehr und hatte das Gefühl, er lebe in einer großen, lilafarbenen Dunstwolke. Melody kriegte das Klapisch-Syndrom und wurde wie durch ein Wunder gesund. Abe verließ seine Frau und sein Kind und sang drei Nächte hintereinander vor Melodys Fenster *I Wanna Hold Your Hand*. In der vierten Nacht hätte ihn Melody reingelassen – aber auf dem Weg zu ihr fuhr er in den East River. Thomas lernte an Simchat Thora in der Synagoge Judita kennen; sie roch wie Melody nach Marc Jacobs und war auf dem Bettina-Gymnasium gewesen, und sie hatten ein paar gute Monate. Und sechs Jahre später saßen Melody und Thomas bei einer Hochzeit in Tel Aviv an einem Tisch. Sie hatten noch in derselben Nacht im Hilton in Melodys Zimmer Sex, und hinterher schloss sich Thomas im Bad ein, weil er an Iva denken und weinen musste. Thomas und Melody leben jetzt wieder zusammen in der Rue Céline. Es geht ihnen gut.

---

1 Analysieren und interpretieren Sie die Geschichte mit Hilfe der folgenden Fragen (Methode, ► S. 31). Beachten Sie bei Ihrer Analyse besonders die harten Erzählschnitte (z. B. Z. 18 f.) und deren Wirkung.

2 Die Erzähltechnik Billers entspricht in mancherlei Hinsicht filmischen Gesetzmäßigkeiten. Sammeln Sie Ideen zu einer filmischen Umsetzung (► S. 214–215) der Kurzgeschichte.

Methode **Interpretation von Kurzprosa – Grundlegende Fragen zur Analyse**

- Was ist das **Thema** des Textes (z. B. Lebenskrise) und welches sind seine zentralen **Motive** (z. B. Doppelgänger)?
- Welche **Figuren** kommen vor und in welcher **Beziehung** stehen sie zueinander?
- Was sind die entscheidenden **Handlungen** oder **Ereignisse?** Wie ist der Handlungsablauf? Wie ist der **Aufbau** der Erzählung? Gibt es z. B. einen unvermittelten Anfang und ein offenes Ende?
- Wie sind **Ort, Zeit** und **Atmosphäre** der Geschichte gestaltet? Gibt es Besonderheiten in der **Zeitstruktur,** z. B. Rückblenden oder Vorausdeutungen? Wie sind verschiedene Zeitebenen miteinander verbunden, z. B. durch Assoziationen oder durch „Schnitt“ wie im Film?
- Wer ist der **Erzähler**/die **Erzählerin** der Geschichte? Handelt es sich um eine **Ich-Erzählung** oder um eine **Er-/Sie-Erzählung?**
- Welches **Erzählverhalten** herrscht vor: auktorial (kommentierend, bewertend), personal (an eine Figur gebunden) oder neutral (► S. 160 f.)? Wie werden Äußerungen und Gedanken einer Figur wiedergegeben, z. B. durch direkte oder indirekte Rede, durch inneren Monolog oder erlebte Rede?
- Gibt es Besonderheiten in der **Sprache,** z. B. verschiedene Stilebenen, Metaphern und Vergleiche, Wiederholungen etc.? Wie wirken sie?

„Vor dem Gesetz“ – Parabeln zum Motiv der Wahrheit

Franz Kafka: **Vor dem Gesetz** (1914)

Vor dem Gesetz steht ein Türhüter. Zu diesem Türhüter kommt ein Mann vom Lande und bittet um Eintritt in das Gesetz. Aber der Türhüter sagt, dass er ihm jetzt den Eintritt nicht gewähren könne. Der Mann überlegt und fragt dann, ob er also später werde eintreten dürfen. „Es ist möglich“, sagt der Türhüter, „jetzt aber nicht.“ Da das Tor zum Gesetz offen steht wie immer und der Türhüter beiseitetritt, bückt sich der Mann, um durch das Tor in das Innere zu sehn. Als der Türhüter das merkt, lacht er und sagt: „Wenn es dich so lockt, versuche es doch, trotz meines Verbotes hineinzugehn. Merke aber: Ich bin mächtig. Und ich bin nur der unterste Türhüter. Von Saal zu Saal stehn aber Türhüter, einer mächtiger als der andere. Schon den Anblick des dritten kann nicht einmal ich mehr ertragen.“ Solche Schwierigkeiten hat der Mann vom Lande nicht erwartet; das Gesetz soll doch jedem und immer zugänglich sein, denkt er, aber als er jetzt den Türhüter in seinem Pelzmantel genauer ansieht, seine große Spitznase, den langen, dünnen, schwarzen tatarischen Bart, entschließt er sich doch, lieber zu warten, bis er die Erlaubnis zum Eintritt bekommt. Der Türhüter gibt ihm einen Schemel und lässt ihn seitwärts von der Tür sich niedersetzen. Dort sitzt er Tage und Jahre. Er macht viele Versuche, eingelassen zu werden, und ermüdet den Türhüter durch seine Bitten. Der Türhüter stellt öfters kleine Verhöre mit ihm an, fragt ihn über seine Heimat aus und nach vielem andern, es sind aber teilnahmslose Fragen, wie sie große Herren stellen, und zum Schlusse sagt er ihm immer wieder, dass er ihn noch nicht einlassen könne. Der Mann, der sich für seine Reise mit vielem ausgerüstet hat, verwendet alles, und sei es noch so wertvoll, um den Türhüter zu bestechen. Dieser nimmt zwar alles an, aber sagt dabei: „Ich nehme es nur an, damit du nicht glaubst, etwas versäumt zu haben.“ Während der vielen Jahre beobachtet der Mann den Türhüter fast ununterbrochen. Er vergisst die andern Türhüter, und dieser erste scheint ihm das einzige Hindernis für den Eintritt in das Gesetz. Er verflucht den unglücklichen Zufall, in den ersten Jahren rücksichtslos und laut, später, als er alt wird, brummt er nur noch vor sich hin. Er wird kindisch, und da er in dem jahrelangen Studium des Türhüters auch die Flöhe in seinem Pelzkragen erkannt hat, bittet er auch die Flöhe, ihm zu helfen und den Türhüter umzustimmen. Schließlich wird sein Augenlicht schwach und er weiß nicht, ob es um ihn wirklich dunkler wird oder ob ihn nur seine Augen täuschen. Wohl aber erkennt er jetzt im Dunkel einen Glanz, der unverlöschlich aus der Türe des Gesetzes bricht. Nun lebt er nicht mehr lange. Vor seinem Tode sammeln sich in seinem Kopfe alle Erfahrungen der ganzen Zeit zu einer Frage, die er bisher an den Türhüter noch nicht gestellt hat. Er winkt ihm zu, da er seinen erstarrenden Körper nicht mehr aufrichten kann. Der Türhüter muss sich tief zu ihm hinunterneigen, denn der Größenunterschied hat sich sehr zu Ungunsten des Mannes verändert. „Was willst du denn jetzt noch wissen?", fragt der Türhüter. „Du bist unersättlich." – „Alle streben doch nach dem Gesetz", sagt der Mann, „wieso kommt es, dass in den vielen Jahren niemand außer mir Einlass verlangt hat?" Der Türhüter erkennt, dass der Mann schon an seinem Ende ist, und um sein vergehendes Gehör noch zu erreichen, brüllt er ihn an: „Hier konnte niemand sonst Einlass erhalten, denn dieser Eingang war nur für dich bestimmt. Ich gehe jetzt und schließe ihn."

---

1 Klären Sie vor dem Hintergrund des Titels „Vor dem Gesetz" das Thema der Erzählung.

2 Untersuchen Sie in Partnerarbeit:
- die Figuren (Charakterisierung, Beziehung, Entwicklung, Handlungsmotive, Gesprächsverhalten),
- die Erzählweise (Erzählform, Erzählverhalten, Darbietungsform),
- sprachliche Besonderheiten (Motive, Schlüsselbegriffe, Metaphorik).

3 **a** Deuten Sie die Erzählung vor dem Hintergrund des Motivs „Wahrheit und Täuschung".
b Beziehen Sie folgendes Zitat in Ihre Interpretation der Geschichte ein: „Manches Buch wirkt wie ein Schlüssel zu den fremden Sälen des eigenen Schlosses" (Franz Kafka an Oskar Pollak, 8.11.1903).

4 Die Geschichte ist eine Parabel, in der Sie Bildteil (Gesagtes) und Sachteil (Gemeintes) aufeinander beziehen können. Füllen Sie das nebenstehende Schema in Ihrem Kursheft entsprechend aus.

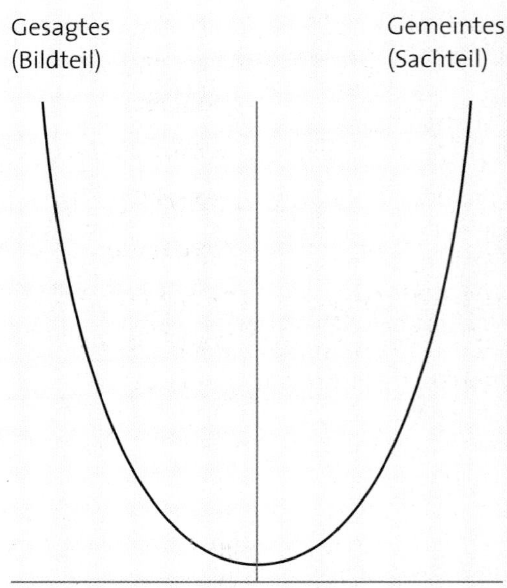

5 <u>**Referat:**</u> Im neunten Kapitel in Kafkas Roman „Der Prozess" führen der Protagonist Josef K. und der Gefängnisgeistliche ein Deutungsgespräch über die Parabel „Vor dem Gesetz". Das Gespräch endet mit der Bemerkung des Geistlichen: „Richtiges Auffassen einer Sache und Missverstehen der gleichen Sache schließen einander nicht vollständig aus."
a Stellen Sie den Roman vor und erklären Sie die Funktion der Parabel und ihrer Deutung im Roman.
b Vergleichen Sie das Deutungsgespräch mit dem Hermeneutik-Modell des Textverstehens (► S. 21–22).

Martin Buber: **Die Legende des Baalschem** (1907)

Der Baalschem[1] erzählte: Ein König baute einst einen großen und herrlichen Palast mit zahllosen Gemächern, aber nur ein Tor war geöffnet. Als der Bau vollendet war, wurde verkündet, es sollten alle Fürsten vor dem König erscheinen, der in dem letzten der Gemächer throne. Aber als sie eintraten, sahen sie: Da waren Türen offen nach allen Seiten, von denen führten gewundene Gänge in die Fernen, und da waren wieder Türen und wieder Gänge, und kein Ziel erstand vor dem verwirrten Auge. Da kam der Sohn des Königs und sah, dass all die Irre eine Spiegelung war, und sah seinen Vater sitzen in der Halle vor seinem Angesicht.

Das Geheimnis der Gnade ist nicht zu deuten. Zwischen Suchen und Finden liegt die Spannung eines Menschenlebens, ja tausendfacher Wiederkehr der bangen wandernden Seele. Und doch ist der Flug des Augenblicks langsamer als die Erfüllung. Denn Gott *will* gesucht werden und wie könnte er nicht gefunden werden wollen?

1 **Baalschem:** hebr. „Herr des göttlichen Namens", Beiname des Mystikers Rabbi Israel Ben Elieser (1699–1760), Stifter des Chassidismus, einer religiösen Erweckungsbewegung, die von weiten Kreisen russischer und polnischer Juden enthusiastisch aufgenommen wurde. Seine mündlich weitergegebenen Lehren wurden erst zu Beginn des 19. Jhs. literarisch fixiert. Martin Buber hat die Baalschem-Legenden zu Beginn des 20. Jhs. im Sinne freier dichterischer Nacherzählung übersetzt. Auch Kafka kannte die chassidischen Legenden sehr genau.

M. C. Escher: Relativität (1953)

1 **a** Erläutern Sie die Parabelstruktur und die Funktion des Sachteils.
b Vergleichen Sie die Texte Kafkas und Bubers. Weisen Sie Analogien und Differenzen nach. Achten Sie besonders auf Kafkas Veränderung der Parabelstruktur.
c Kafka nannte „Vor dem Gesetz" eine Legende. Inwieweit können Sie seine Gattungsbezeichnung nachvollziehen? Berücksichtigen Sie die Ableitung des Begriffs von lat. legenda: das zu Lesende.

2 Setzen Sie Kafkas und Bubers Text jeweils in Beziehung zu Eschers Bild „Relativität" (Bedingtheit). Vergleichen Sie einzelne Motive und Besonderheiten in der Gestaltung.

Franz Kafka: Der Kreisel (1920)

Ein Philosoph trieb sich immer dort herum, wo Kinder spielten. Und sah er einen Jungen, der einen Kreisel hatte, so lauerte er schon. Kaum war der Kreisel in Drehung, verfolgte ihn der Philosoph, um ihn zu fangen. Dass die Kinder lärmten und ihn von ihrem Spielzeug abzuhalten suchten, kümmerte ihn nicht, hatte er den Kreisel, solange er sich noch drehte, gefangen, war er glücklich, aber nur einen Augenblick, dann warf er ihn zu Boden und ging fort. Er glaubte nämlich, die Erkenntnis jeder Kleinigkeit, also zum Beispiel auch eines sich drehenden Kreisels, genüge zur Erkenntnis des Allgemeinen. Darum beschäftigte er sich nicht mit den großen Problemen, das schien ihm unökonomisch. War die kleinste Kleinigkeit wirklich erkannt, dann war alles erkannt, deshalb beschäftigte er sich nur mit dem sich drehenden Kreisel. Und immer wenn die Vorbereitungen zum Drehen des Kreisels gemacht wurden, hatte er Hoffnung, nun werde es gelingen, und

drehte sich der Kreisel, wurde ihm im atemlosen Laufen nach ihm die Hoffnung zur Gewissheit, hielt er aber dann das dumme Holzstück in der Hand, wurde ihm übel und das Geschrei der Kinder, das er bisher nicht gehört hatte und das ihm jetzt plötzlich in die Ohren fuhr, jagte ihn fort, er taumelte wie ein Kreisel unter einer ungeschickten Peitsche.

Bertolt Brecht: Weise am Weisen ist die Haltung (1930)

Zu Herrn K. kam ein Philosophieprofessor und erzählte ihm von seiner Weisheit. Nach einer Weile sagte Herr K. zu ihm: „Du sitzt unbequem, du redest unbequem, du denkst unbequem." Der Philosophieprofessor wurde zornig und sagte: „Nicht über mich wollte ich etwas wissen, sondern über den Inhalt dessen, was ich sagte." – „Es hat keinen Inhalt", sagte Herr K. „Ich sehe dich täppisch gehen, und es ist kein Ziel, das du, während ich dich gehen sehe, erreichst. Du redest dunkel, und es ist keine Helle, die du während des Redens schaffst. Sehend deine Haltung, interessiert mich dein Ziel nicht."

---

1 **a** Wählen Sie eine der vorliegenden Parabeln (▸ S. 31–34) aus, um dann in Kleingruppen je einen Text unter folgenden Gesichtspunkten zu analysieren:
- Durch welche Motive wird das gemeinsame Thema inhaltlich gestaltet?
- Klären Sie die Parabelstruktur im Hinblick auf Bildteil (Gesagtes) und Sachteil (Gemeintes).
- Welche sprachlichen Mittel werden verwendet?
- Formulieren Sie in eigenen Worten die mögliche Aussageabsicht des Textes.
- Beziehen Sie nach Möglichkeit den literatur- und mentalitätsgeschichtlichen Hintergrund in Ihre Untersuchung ein.

b Präsentieren Sie Ihre Arbeitsergebnisse in anschaulicher Form, z. B. auf Folie, Plakat, Tafel.

2 Beziehen Sie Ihre Ergebnisse auf Ihre Interpretation der Parabel „Vor dem Gesetz" (▸ S. 31 f.). Erläutern Sie intertextuelle (▸ S. 22, 307) Bezüge. Beachten Sie dabei die historische Entwicklung.

3 Verfassen Sie selbst eine Parabel zum Thema „Suche nach Sinn und Erkenntnis" als Paralleltext.

„Auf der Galerie" – Parabeln und Gemälde zum Thema Kunst

Georges Seurat: Der Zirkus (1891)

Ernst Ludwig Kirchner: Die Zirkusreiterin (1912)

Franz Kafka: **Auf der Galerie** (1917)

Wenn irgendeine hinfällige, lungensüchtige Kunstreiterin in der Manege auf schwankendem Pferd vor einem unermüdlichen Publikum vom peitschenschwingenden erbarmungslosen Chef monatelang ohne Unterbrechung im Kreise rundum getrieben würde, auf dem Pferde schwirrend, Küsse werfend, in der Taille sich wiegend, und wenn dieses Spiel unter dem nicht aussetzenden Brausen des Orchesters und der Ventilatoren in die immerfort weiter sich öffnende graue Zukunft sich fortsetzte, begleitet vom vergehenden und neu anschwellenden Beifallsklatschen der Hände, die eigentlich Dampfhämmer sind – vielleicht eilte dann ein junger Galeriebesucher die lange Treppe durch alle Ränge hinab, stürzte in die Manege, riefe das: Halt! durch die Fanfaren des sich immer anpassenden Orchesters.

Da es aber nicht so ist; eine schöne Dame, weiß und rot, hereinfliegt, zwischen den Vorhängen, welche die stolzen Livrierten vor ihr öffnen; der Direktor, hingebungsvoll ihre Augen suchend, in Tierhaltung ihr entgegenatmet; vorsorglich sie auf den Apfelschimmel hebt, als wäre sie seine über alles geliebte Enkelin, die sich auf gefährliche Fahrt begibt; sich nicht entschließen kann, das Peitschenzeichen zu geben; schließlich in Selbstüberwindung es knallend gibt; neben dem Pferde mit offenem Munde einherläuft; die Sprünge der Reiterin scharfen Blickes verfolgt; ihre Kunstfertigkeit kaum begreifen kann; mit englischen Ausrufen zu warnen versucht; die reifenhaltenden Reitknechte wütend zu peinlichster Achtsamkeit ermahnt; vor dem großen Salto mortale das Orchester mit aufgehobenen Händen beschwört, es möge schweigen; schließlich die Kleine vom zitternden Pferde hebt, auf beide Backen küsst und keine Huldigung des Publikums für genügend erachtet; während sie selbst, von ihm gestützt, hoch auf den Fußspitzen, vom Staub umweht, mit ausgebreiteten Armen, zurückgelehntem Köpfchen ihr Glück mit dem ganzen Zirkus teilen will – da dies so ist, legt der Galeriebesucher das Gesicht auf die Brüstung und, im Schlussmarsch wie in einem schweren Traum versinkend, weint er, ohne es zu wissen.

Heinrich von Kleist: **Die Fabel[1] ohne Moral** (1808)

Wenn ich dich nur hätte, sagte der Mensch zu einem Pferde, das mit Sattel und Gebiss vor ihm stand, und ihn nicht aufsitzen lassen wollte; wenn ich dich nur hätte, wie du zuerst, das unerzogene Kind der Natur, aus den Wäldern kamst! Ich wollte dich schon führen, leicht, wie ein Vogel, dahin, über Berg und Tal, wie es mich gut dünkte; und dir und mir sollte dabei wohl sein. Aber da haben sie dir Künste gelehrt, Künste, von welchen ich, nackt, wie ich vor dir stehe, nichts weiß; und ich müsste zu dir in die Reitbahn hinein (wovor mich doch Gott bewahre), wenn wir uns verständigen wollten.

1 **Fabel:** hier im Sinne von „Erzählung"

Thomas Bernhard: **Der Stimmenimitator** (1978)

Der Stimmenimitator, der gestern abend Gast der chirurgischen Gesellschaft gewesen ist, hatte sich nach der Vorstellung im Palais Pallavicini, in welches ihn die chirurgische Gesellschaft eingeladen gehabt hatte, bereit erklärt, mit uns auf den Kahlenberg zu kommen, um auch da, wo wir immer ein allen Künstlern offenes Haus haben, seine Kunst zu zeigen, natürlich nicht ohne Honorar. Wir hatten den Stimmenimitator, welcher aus Oxford in England stammte, aber in Landshut zur Schule gegangen und ursprünglich Büchsenmacher in Berchtesgaden gewesen war, gebeten, sich auf dem Kahlenberg nicht zu wiederholen, sondern vor uns etwas vollkommen anderes vorzuführen als in der chirurgischen Gesellschaft, also vollkommen andere Stimmen auf dem Kahlenberge zu imitieren als im Palais Pallavicini, was er uns, die wir von seinem im Palais Pallavicini vorgetragenen Programm begeistert gewesen waren, versprochen hatte. Tatsächlich imitierte uns der Stimmenimitator auf dem Kahlenberg vollkommen andere mehr oder weniger berühmte Stimmen als vor der chirurgischen Gesellschaft. Wir durften auch Wünsche äußern, die uns der Stimmenimitator bereitwilligst erfüllte. Als wir ihm jedoch den Vorschlag gemacht hatten, er solle am Ende seine eigene Stimme imitieren, sagte er, das könne er nicht. R

Henri Toulouse-Lautrec: Im Zirkus Fernando: Die Kunstreiterin (1888)

1 Analysieren und interpretieren Sie Kafkas Parabel „Auf der Galerie".
a Untersuchen Sie zunächst Thema, Motive, Figuren und Handlung.
b Beschreiben und deuten Sie den zweigliedrigen Aufbau des Textes. Beachten Sie dabei die Funktion von Syntax, Wortwahl und Modus.
c In der Kafka-Forschung wird die These vertreten, dass diese Parabel in erster Linie autoreferenziell zu deuten ist, d. h., dass sie die Tätigkeit des Schriftstellers, das Schreiben selbst, thematisiert. Nehmen Sie Stellung zu dieser These.

2 Die Kunstreiterin war in der Moderne, der Zeit um 1900, ein zentrales Motiv der Kunst, und möglicherweise sah Kafka 1911 in Paris im Louvre Georges Seurats Bild „Der Zirkus". Welche intertextuellen Bezüge zwischen den motivverwandten Gemälden von Seurat, Toulouse-Lautrec, Kirchner und Kafkas Parabel können Sie entdecken? Achten Sie bei den Gemälden neben der Thematik auch auf Formen und Komposition, Raum und Perspektive, Farbe und Licht.

3 Verfolgen Sie die Thematik zwischen den Polen Künstler und Publikum, Künstlerrolle und Identität, Künstlichkeit und Natürlichkeit in den Texten von Kafka, Kleist und Bernhard. Berücksichtigen Sie den jeweiligen Epochenhintergrund.

Information **Die Parabel**

Die bereits in der Antike bekannte literarische Gattung der Parabel steht in der Tradition des **veranschaulichenden Erzählens.** Anhand eines bildhaften Beispiels, das mit der Parabel vorgetragen wird, soll das Lesepublikum angeregt werden, einen dazu passenden allgemeinen Sachverhalt zu finden. Dabei muss die Leserin oder der Leser durch den Denk- bzw. Übertragungsvorgang der Analogiebildung (Finden von Ähnlichkeiten bzw. eines Vergleichspunkts) den dargestellten **Bildteil** der Parabel (metaphorischer Bereich) mit einem **Sachteil** (thematischer Bereich, Deutungsebene) verknüpfen.
Inhaltlich gehört insbesondere die Suche nach Wahrheit, d. h. die Erkenntnis sinnvollen Handelns, zu den wesentlichen Themen der Gattung. Der **Appellcharakter** der Texte wird oft durch eine Einkleidung der Parabelerzählung in eine Gesprächssituation (situative, kommunikative Ebene) unterstützt, wie sie schon in den Gleichniserzählungen der Bibel angelegt ist (siehe z. B. das „Gleichnis vom Sämann", Lukas 8, 4–15, das Christus seinen Jüngern erzählt und in dem das Bild des Samens auf der Sachebene ausdrücklich als das Wort Gottes zu deuten ist).
In der Epoche der Aufklärung (18. Jahrhundert) kam es zu einer Erneuerung der Formen parabolischen Schreibens vor allem durch **Gotthold Ephraim Lessing** (1729–1781). Zu Beginn des 20. Jahrhunderts machte der Philosoph und Schriftsteller **Martin Buber** (1878–1965) die Parabeln und Legenden der Chassidim bekannt, einer religiösen Bewegung, die eine Verinnerlichung des jüdischen Glaubens gegenüber einer starren orthodoxen Gesetzestreue anstrebte („Die Legende des Baalschem", ► S. 33). Das Werk **Franz Kafkas** (1883–1924) wird z. T. aus dieser jüdischen Tradition verstanden. Seine Türhüter-Parabel („Vor dem Gesetz", ► S. 31 f.) lässt sich mit den chassidischen Erzählungen verbinden. **Bertolt Brecht** (1898–1956) hat im Exil, das er zur Zeit des Nationalsozialismus in verschiedenen Ländern fand, mit den „Geschichten vom Herrn Keuner" eine Erzählform geschaffen, die am gleichnishaften Beispiel konventionelle Erwartungshorizonte in Frage stellt und das Lesepublikum zur Überprüfung seiner Denkgewohnheiten auffordert.
Neben **Thomas Bernhard** (1931–1989) zählen u. a. auch **Günter Kunert** (*1929) und **Botho Strauß** (*1944) zu den wichtigen parabolischen Erzählern der Gegenwart.

1.3 Schreibprozess – Kurzprosa analytisch und gestalterisch interpretieren

Franz Kafka: **Der Nachbar** (1917)

Mein Geschäft ruht ganz auf meinen Schultern. Zwei Fräulein mit Schreibmaschinen und Geschäftsbüchern im Vorzimmer, mein Zimmer mit Schreibtisch, Kasse, Beratungstisch, Klubsessel und Telefon, das ist mein ganzer Arbeitsapparat. So einfach zu überblicken, so leicht zu führen. Ich bin ganz jung und die Geschäfte rollen vor mir her. Ich klage nicht, ich klage nicht. Seit Neujahr hat ein junger Mann die kleine, leer stehende Nebenwohnung, die ich ungeschickterweise so lange zu mieten gezögert habe, frischweg gemietet. Auch ein Zimmer mit Vorzimmer, außerdem aber noch eine Küche. – Zimmer und Vorzimmer hätte ich wohl brauchen können – meine zwei Fräulein fühlten sich schon manchmal überlastet –, aber wozu hätte mir die Küche gedient? Dieses kleinliche Bedenken war daran schuld, dass ich mir die Wohnung habe nehmen lassen. Nun sitzt dort dieser junge Mann. Harras heißt er. Was er dort eigentlich macht, weiß ich nicht. Auf der Tür steht: „Harras, Bureau". Ich habe Erkundigungen eingezogen, man hat mir mitgeteilt, es sei ein Geschäft ähnlich dem meinigen. Vor Kreditgewährung könne man nicht geradezu warnen, denn es handle sich doch um einen jungen, aufstrebenden Mann, dessen Sache vielleicht Zukunft habe, doch könne man zum Kredit nicht geradezu raten, denn gegenwärtig sei allem Anschein nach kein Vermögen vorhanden. Die übliche Auskunft, die man gibt, wenn man nichts weiß. Manchmal treffe ich Harras auf der Treppe, er muss es immer außerordentlich eilig haben, er huscht förmlich an mir vorbei. Genau gesehen habe ich ihn noch gar nicht, den Büroschlüssel hat er schon vorbereitet in der Hand. Im Augenblick hat er die Tür geöffnet. Wie der Schwanz einer Ratte ist er hineingeglitten, und ich stehe wieder vor der Tafel „Harras, Bureau", die ich schon viel öfter gelesen habe, als sie es verdient.

Die elend dünnen Wände, die den ehrlich tätigen Mann verraten, den Unehrlichen aber decken. Mein Telefon ist an der Zimmerwand angebracht, die mich von meinem Nachbar trennt. Doch hebe ich das bloß als besonders ironische Tatsache hervor. Selbst wenn es an der entgegengesetzten Wand hinge, würde man in der Nebenwohnung alles hören. Ich habe mir abgewöhnt, den Namen der Kunden beim Telefon zu nennen. Aber es gehört natürlich nicht viel Schlauheit dazu, aus charakteristischen, aber unvermeidlichen Wendungen des Gesprächs die Namen zu erraten. – Manchmal umtanze ich, die Hörmuschel am Ohr, von Unruhe gestachelt, auf den Fußspitzen den Apparat und kann es doch nicht verhüten, dass Geheimnisse preisgegeben werden.

Natürlich werden dadurch meine geschäftlichen Entscheidungen unsicher, meine Stimme zittrig. Was macht Harras, während ich telefoniere? Wollte ich sehr übertreiben – aber das muss man oft, um sich Klarheit zu verschaffen –, so könnte ich sagen: Harras braucht kein Telefon, er benutzt meines, er hat sein Kanapee an die Wand gerückt und horcht, ich dagegen muss, wenn geläutet wird, zum Telefon laufen, die Wünsche des Kunden entgegennehmen, schwerwiegende Entschlüsse fassen, groß angelegte Überredungen ausführen – vor allem aber während des Ganzen unwillkürlich durch die Zimmerwand Harras Bericht erstatten.

Vielleicht wartet er gar nicht das Ende des Gesprächs ab, sondern erhebt sich nach der Gesprächsstelle, die ihn über den Fall genügend aufgeklärt hat, huscht nach seiner Gewohnheit durch die Stadt und, ehe ich die Hörmuschel aufgehängt habe, ist er vielleicht schon daran, mir entgegenzuarbeiten.

1 Notieren Sie Ihre Assoziationen zum Titel und vergleichen Sie diese mit der Bedeutung des Begriffs „Nachbar", die sich im Laufe der Lektüre einstellt.

2 Bereiten Sie die Analyse der Parabel vor. Gehen Sie z. B. so vor:

a Formulieren Sie Ihr erstes Textverständnis. Stellen Sie gegebenenfalls Fragen an den Text, z. B. zu Aussagen oder Verhaltensweisen, die Ihnen noch unklar sind.

b Untersuchen Sie grundlegende Aspekte dieser Kurzprosa wie Thema, Figur, Handlung, Sprache, Erzähler ... (► S. 31: Interpretation von Kurzprosa; ► S. 37: Die Parabel).

c Skizzieren Sie Interpretationsthesen zur Aussageabsicht/Wirkung des Textes.

d Erweitern Sie Ihre Interpretationsthesen gegebenenfalls durch einen biografischen Verstehensansatz (► S. 22). Informieren Sie sich dazu über Kafkas Leben und seine psychische Disposition. Recherchieren Sie im Sinne einer möglichen Verstehensgrundlage auch die wirtschaftliche Situation im Handels- und Finanzzentrum Prag um 1900.

Tipp: Wichtige Hinweise über Kafkas familiäre Situation und zur Rolle der Geschäftswelt für seine Entwicklung finden Sie in seinem „Brief an den Vater".

3 **a** Verschriftlichen Sie Ihre Arbeitsergebnisse in einem Interpretationsaufsatz. Achten Sie darauf, dass Sie Ihre Vorarbeiten nutzen, um sinnvoll nach Einleitung, Hauptteil und Schluss zu gliedern (► S. 554–555).

b Beurteilen Sie die folgende Schülerinterpretation im Hinblick auf Aufbau, Gehalt und sprachliche Gestaltung und auf den methodischen Verstehensansatz. Vergleichen Sie sie mit Ihren Ergebnissen.

In Kafkas Erzählung „Der Nachbar" geht es um einen jungen Geschäftsmann, dessen Fassade der Selbstsicherheit durch ein alltägliches Ereignis zerstört wird: In das Nachbarbüro zieht ein neuer Mieter ein. Bei näherer Betrachtung des scheinbar sachlichen Berichts, der unserer eigenen Erlebniswelt entstammen könnte, zeigt sich, dass hinter der einfachen sprachlichen Darstellung des Ich-Erzählers eine eigentümlich fremdartige Welt sichtbar wird. Zu fragen ist, durch welche erzählerischen Mittel beim Lesepublikum eine derart zwiespältige Wirkung entstehen kann.

Der junge Geschäftsmann lebt in der abgeschlossenen Welt seines Büros, die „einfach zu überblicken" (Z. 6) ist. Er sieht sich ungefährdet von Konkurrenz und unabhängig. Als ein anderer Geschäftsmann die leer stehenden Nebenräume bezieht, empfindet der Erzähler dies als einen Einbruch in seine Welt. Er zieht Erkundigungen über den „Nachbarn" ein, sieht seine Befürchtungen bestätigt („ein Geschäft ähnlich dem meinigen", Z. 24) und verdächtigt ihn der böswilligen Absicht, ihm „entgegenzuarbeiten" (Z. 79). Er bezeichnet seine Verdächtigungen zwar als übertrieben, sein Misstrauen verliert dadurch jedoch nichts an Krassheit, denn er übertreibt nur, „um sich Klarheit zu verschaffen" (Z. 63). Es wird aber nur das Gegenteil erreicht: eine wahnhafte Steigerung seiner Vorstellungen ins Groteske.

Der Erzählvorgang orientiert sich in seinem Aufbau streng an der unmittelbar wirkenden Perspektive des Ich-Erzählers, die gegen Einflüsse von außen völlig abgeschirmt ist. Aus der vermeintlichen Selbstsicherheit des einleitenden Berichts entwickelt sich ein fortschreitender Prozess der Verunsicherung, der sich abschließend bis zur Auflösung der Person steigert.

Der Erzähler stellt sich zunächst in übertriebenem Maße positiv dar, doch erweisen sich seine sprachlichen Äußerungen bei genauer Betrachtung als rhetorische Floskeln, die den Normen und Klischees der Geschäftswelt entsprechen. Der kurze, unverbundene Satzbau erinnert an den protokollarisch knappen Stil eines Geschäftsberichts. Die wiederholten

Beteuerungen („So einfach zu überblicken, so leicht zu führen“ – „Ich klage nicht, ich klage nicht“, Z. 6f., Z. 8f.) lassen erste Zweifel an seiner Überlegenheit aufkommen. Der Erzähler erklärt das plötzliche Auftreten des Nachbarn damit, dass er es versäumt habe, die leer stehende Nebenwohnung selbst zu mieten. Merkwürdig erscheint dabei seine Behauptung, dass ihn die nicht nutzbare Küche an diesem Schritt gehindert habe (vgl. Z. 17ff.). Offensichtlich ist er nicht in der Lage, Bereiche in seine Pläne aufzunehmen, die sich einer ökonomischen Verwertbarkeit entziehen. Die Küche erscheint somit – im Kontrast zu den reinen Geschäftszimmern – als Raum der Geselligkeit. Solche Überlegungen lassen vermuten, dass das Verhältnis des Geschäftsmanns zu seinen Mitarbeiterinnen und darüber hinaus zu seinen Mitmenschen gestört ist. Die Unfähigkeit, angemessen zu kommunizieren, führt zu einer verzerrten Wahrnehmung der Wirklichkeit. Dies zeigt sich z. B. in der seltsamen Tiermetaphorik: „Wie der Schwanz einer Ratte ist er hineingeglitten …“ (Z. 38f.), „… er huscht förmlich an mir vorbei“ (Z. 34f.). Ähnlich wird das Telefon nicht etwa als Mittel der Verständigung gesehen, sondern als Abhörinstrument. Informationen über den anderen werden nicht durch persönliche Gespräche gewonnen, sondern durch anonyme Agenturen. Die ausschließliche Steuerung des Verhaltens und der Wahrnehmung durch das Gesetz des geschäftlichen Handelns führt dazu, dass der Ich-Erzähler nicht in der Lage ist, ursprüngliche menschliche Bindungen einzugehen. Die Entfremdung äußert sich in neurotischen Störungen.

Die totale Einsamkeit, die sich aus der Ich-Verkrampfung ergibt, lässt sich mit dem Lebensgefühl Kafkas in Beziehung setzen. Eine Analyse von Kafkas „Brief an den Vater“ legt nahe, dass der Autor in der vorliegenden Erzählung eine Rechtfertigung für sein eigenes Leben zu geben versucht. Es hat den Anschein, als ob er sich mit dem Erzähler identifiziert und demonstrieren will, dass er zur Führung eines Geschäftes ungeeignet ist. Gerade dies hatte ihm sein Vater immer vermittelt. Der Vater dagegen verkörpert in Kafkas Leben den Typus des erfolgreichen Geschäftsmannes. Der Hintergrund für den in der Erzählung dargestellten ökonomischen Konkurrenzkampf ist in der historisch-gesellschaftlichen Wirklichkeit Prags zu Beginn dieses Jahrhunderts zu sehen. Als Mitarbeiter einer großen Versicherung kannte und erlebte Kafka die unmenschlichen Strukturen der damaligen Arbeitswelt. Es fragt sich, ob die in der vorliegenden Parabel angesprochenen Probleme bis heute viel von ihrer Aktualität verloren haben.

Methode — Vorschläge zum gestaltenden Schreiben zu Kafkas Parabel „Der Nachbar“

Sehr hilfreich für die Interpretation literarischer Texte ist der rezeptionsästhetische Zugang in Form einer produktiven Gestaltung. Eine solche Gestaltung vertieft das analytische Textverständnis und ermöglicht gleichzeitig größere Einfühlung in Situationen, Atmosphäre, Figuren und ihre Handlungsmotivationen. Dabei sollten vorgegebene Strukturen des Textes aufgegriffen und eigenständig erweitert und fortgesetzt werden, z. B. in Form folgender Möglichkeiten:

- aus der Perspektive Harras' über seinen Büronachbarn schreiben,
- einen szenischen Dialog der „Fräuleins“ entwickeln,
- die Erzählung mit dem nachstehenden Satz fortsetzen: *Für diesen Fall habe ich mir schon Folgendes überlegt: Ich …*
- den Text aus Sicht eines streng auktorialen Erzählers in der Er-Form umschreiben (wertend, kommentierend, allwissend).

2 Das Ich als Rätsel – Gedichte verschiedener Epochen untersuchen

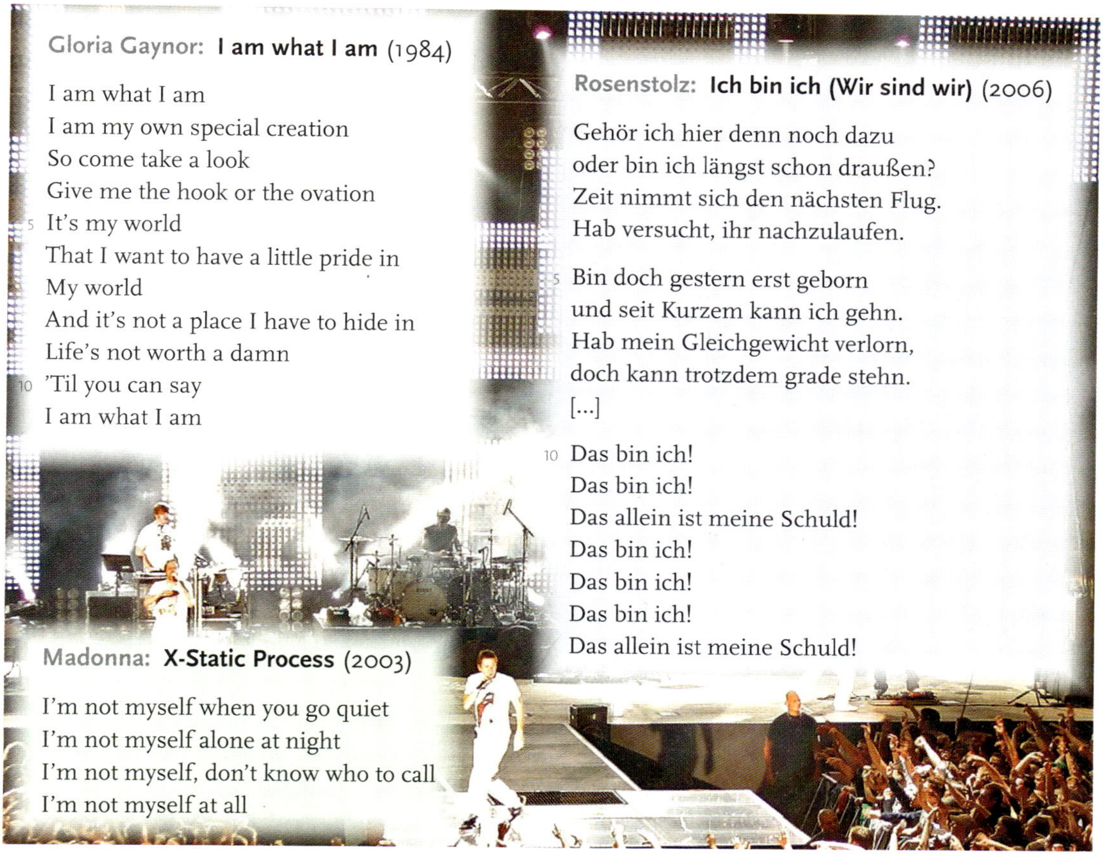

Gloria Gaynor: I am what I am (1984)

I am what I am
I am my own special creation
So come take a look
Give me the hook or the ovation
It's my world
That I want to have a little pride in
My world
And it's not a place I have to hide in
Life's not worth a damn
'Til you can say
I am what I am

Rosenstolz: Ich bin ich (Wir sind wir) (2006)

Gehör ich hier denn noch dazu
oder bin ich längst schon draußen?
Zeit nimmt sich den nächsten Flug.
Hab versucht, ihr nachzulaufen.

Bin doch gestern erst geborn
und seit Kurzem kann ich gehn.
Hab mein Gleichgewicht verlorn,
doch kann trotzdem grade stehn.
[...]

Das bin ich!
Das bin ich!
Das allein ist meine Schuld!
Das bin ich!
Das bin ich!
Das bin ich!
Das allein ist meine Schuld!

Madonna: X-Static Process (2003)

I'm not myself when you go quiet
I'm not myself alone at night
I'm not myself, don't know who to call
I'm not myself at all

---

1 Übersetzen Sie die beiden englischen Songtexte. Vergleichen Sie Ihre Versionen.

2 Vergleichen Sie die Ausschnitte aus den Songtexten miteinander: Welches Ich-Gefühl bringen die Songzeilen zum Ausdruck?

3 **a** Möglicherweise kennen Sie andere Songtexte mit Ich-Botschaften. Zitieren Sie diese gegebenenfalls. Erläutern Sie, weshalb Sie sich diesen Text gemerkt haben.
b Vergleichen Sie diese Ihnen bekannten Songtexte mit den obigen Songausschnitten.

4 Erläutern Sie, was Songs zu lyrischen Texten macht.

In diesem Kapitel erwerben Sie folgende Kenntnisse und Kompetenzen:

- Gedichte mit Schwerpunkt auf der Ich-Thematik analysieren, indem Sie diese aspektorientiert vergleichen,
- eine Gedichtanalyse und -interpretation verfassen, indem Sie zentrale Analysekategorien auf diese Gattung anwenden,
- einen Poetry-Slam vorbereiten und durchführen.

2.1 Identität – Brechungen und Spiegelungen als lyrisches Motiv

Das lyrische Ich spricht – Selbstreflexionen

Norbert Hummelt: **strandschrift** (1997)

was für verweise, welche signaturen
hier sind die muscheln, hier
ist was geritzt, hier was unleserlich
mit einem stock geschrieben. hier
hat ein wattwurm deutlich
seine spuren. an diese bootswand
wurde frisch gepisst. dies
ist der rostige besagte schuh. hier
ist ein zeichen das ich nicht
begreife. hier sind die kiesel
hier ist sand u. tang, anbei ein hund
von dem ich gern erführe, wonach
er scharrt, was er erblicken kann
im windgebeutelten gekrümmten mann
in dessen jacke die zitronenseife.

ich habe windgewelltes gras gesehen
dort zwischen steinen, moos vielleicht u. farn
mein steifer gang, mein schauen
mein ertapptes horchen: dort
sitzt der vogel, dort im rhododendronbusch
u. ruft u. widerruft
seit wann, wie lange
sein jeder ruf bemisst mir noch ein jahr
ich habe mitgezählt
u. mir wird bange

Pablo Picasso: Selbstbildnis, 1907

Sarah Kirsch: **Trennung** (1979)

Wenn ich in einem Haus bin, das keine Tür hat
Geh ich aus dem Fenster.
Mauern, Mauern und nichts als Gardinen
Wo bin ich denn, daß R

Marcel Beyer: **Stiche** (2002)

I
Das also ist mein Kopf, von vorne,
von der Seite, unterm Kinn genäht,
so eine Narbe, wie sie jeder hat,
ich weiß nicht mal, wie viele Stiche,

genäht oder geklammert, ich am Hang
auf meinem Schlitten – schon zu spät,
heute im Badezimmerspiegel nur

mein übliches Hotelgesicht – die
Stoppeln werden dunkler je nach
Licht, ich zeichne mir Gedankenstriche.

---

1 Überlegen und begründen Sie, welcher Text am besten zu dem abgebildeten Porträt Picassos passt.

2 Wie stellt sich das lyrische Ich jeweils selbst dar?
Untersuchen Sie dazu die Sprecher/innen in den Texten. Beschreiben Sie:
- **a** wie und in welchen Kontexten Pronomen verwendet werden,
- **b** wie der Zusammenhang zwischen Vers und Satzbau jeweils gestaltet ist.

3 Welche Vorstellung vom jeweiligen Sprecher haben Sie nach Ihrer vertieften Textlektüre gewonnen? Skizzieren Sie diese in Form einer Personenbeschreibung (Alter, Aussehen, Familienstand, Beruf, Charaktereigenschaften).

4 Sarah Kirschs Gedicht endet mit der Konjunktion „daß“. Füllen Sie die Leerstelle. Vergleichen Sie Ihre Ergebnisse.

5 Vergleichen Sie die Gedichte mit den Popsongs (► S. 41). Gehen Sie dabei besonders darauf ein, inwieweit sich die Texte zur Identifikation mit dem lyrischen Ich eignen.

Information **Das lyrische Ich**

Das **lyrische Ich** eines Gedichts ist nicht ohne Weiteres mit der Autorin oder dem Autor des Textes gleichzusetzen. Es gibt sich häufig in den Pronomen (Personalpronomen/Possessivpronomen) zu erkennen und ermöglicht so der Leserin oder dem Leser, sich mit dem Sprecher im Gedicht zu identifizieren oder sich von ihm zu distanzieren. Dieser Sprecher im Gedicht muss nicht immer konkret „ich“ sagen, sondern kann ebenso die zweite Person verwenden oder im Plural sprechen. In manchen Gedichten versteckt sich das lyrische Ich und spricht über Sachverhalte oder dritte Personen. Sprachlich wird dies an der 3. Person, Singular oder Plural, deutlich. Die Erlebnis- und Gefühlswelt des lyrischen Ichs ist nicht nur ein Thema der Literatur seit etwa 1900 bis in die Gegenwart. Schon in vielen Texten der Epoche des **Sturm und Drang (etwa 1770–1785)** (► S. 280) spielt das gefühlvolle, manchmal schmerzhafte Erleben des lyrischen Ichs eine entscheidende Rolle. So können z. B. die Gedichte von **Jakob Michael Reinhold Lenz** (1751–1792) oder des jungen **Johann Wolfgang Goethe** (1749–1832) als Ausdruck persönlichen Erlebens gelesen werden, in denen sich eine bis dahin in der Lyrik nicht gekannte spontane Gefühlsaussage und intensive Naturerfahrung widerspiegeln.

Johann Wolfgang Goethe: **Neue Liebe, neues Leben** (1774/75)

Herz, mein Herz, was soll das geben,
Was bedränget dich so sehr?
Welch ein fremdes, neues Leben –
Ich erkenne dich nicht mehr.
Weg ist alles, was du liebtest,
Weg, worum du dich betrübtest,
Weg dein Fleiß und deine Ruh –
Ach, wie kamst du nur dazu!

Fesselt dich die Jugendblüte,
Diese liebliche Gestalt,
Dieser Blick voll Treu und Güte
Mit unendlicher Gewalt?
Will ich rasch mich ihr entziehen,
Mich ermannen, ihr entfliehen,
Führet mich im Augenblick
– Ach – mein Weg zu ihr zurück.

Und an diesem Zauberfädchen,
Das sich nicht zerreißen lässt,
Hält das liebe lose Mädchen
Mich so wider Willen fest.
Muss in ihrem Zauberkreise
Leben nun auf ihre Weise;
Die Verändrung, ach, wie groß!
Liebe, Liebe, lass mich los!

1 **a** Geben Sie mit eigenen Worten wieder, wie sich das lyrische Ich fühlt.
b Mit welchen sprachlichen Bildern werden diese Gefühle vor allem in der dritten Strophe ausgedrückt?

2 Untersuchen Sie, an wen sich das lyrische Ich wendet. Achten Sie dabei besonders auf die Pronomen und Satzarten.

3 Fassen Sie Ihre Ergebnisse in wenigen Sätzen zusammen. Sie können dabei z. B. von folgendem Schülertext ausgehen: *Ich verstehe das Gedicht als Hilferuf einer verliebten Person, die der Übermacht der eigenen Gefühle nicht entkommen kann. Dabei wendet sich das lyrische Ich an …*

Jakob Michael Reinhold Lenz: **An das Herz** (1776)

Kleines Ding, um uns zu quälen,
Hier in diese Brust gelegt!
Ach, wer's vorsäh', was er trägt,
Würde wünschen, tätst ihm fehlen!

Deine Schläge, wie so selten
Mischt sich Lust in sie hinein!
Und wie augenblicks vergelten
Sie ihm jede Lust mit Pein!

Ach! und weder Lust noch Qualen
Sind ihm schrecklicher als das:
Kalt und fühllos! O ihr Strahlen,
Schmelzt es lieber mir zu Glas!

Lieben, hassen, fürchten, zittern,
Hoffen, zagen bis ins Mark,
Kann das Leben zwar verbittern;
Aber ohne sie wär's Quark!

---

1 Vergleichen Sie das Gedicht von Lenz mit dem von Goethe:
a Wie redet das lyrische Ich in beiden Texten mit seinem bzw. über sein Herz?
b Welche Schlussfolgerungen zieht das lyrische Ich aus seinen Gefühlen?

2 Gestalten Sie Ihre Ergebnisse in einem eigenen Text. Verfassen Sie einen Dialog zwischen den beiden Sprechern der Gedichte, in denen sich diese über ihre Gefühle austauschen.

Ulla Hahn: **Angstlied** (1981)

Ich hab kein Haus
bin viel zu klein
bläst mich ein Wind
hinaus hinein

Ich hab kein Mann
bin viel zu bang
zünd meinen Himmel
selber an

Ich hab kein Herz
bin viel zu tot
weich warm verschneit
in liebe Not.

---

1 Erläutern Sie, welches Lebensgefühl das lyrische Ich in Ulla Hahns Gedicht äußert. Sie können dabei folgende Begriffe verwenden: *Einsamkeit, Minderwertigkeitsgefühl, Selbstironie, Verzweiflung.*

2 **a** Vergleichen Sie das Lebensgefühl in Ulla Hahns Text mit dem des Sturm und Drang.
b Wie gelingt es, dieses jeweilige Lebensgefühl auszudrücken? Analysieren Sie dazu mit Hilfe der Begriffe aus der Tabelle die sprachliche Form der Texte:

Syntax	*Semantik*	*bildhafte Sprache*	*Reimform*
Aussagesatz *Fragesatz* *Ausrufesatz* *Ellipse*	*Wahl der – Verben* *– Nomen* *– Adjektive*	*ganze Bildfelder, die im Gedicht dominieren, einzelne Metaphern*	*Paarreim* *Kreuzreim* *unreiner Reim*

1 In den beiden folgenden Texten spielt das **Motiv** (► S. 190) des Spiegels eine zentrale Rolle. Bereiten Sie sich spielerisch auf die Lektüre der motivverwandten Gedichte vor:
a Betrachten Sie ein bis zwei Minuten Ihr eigenes Spiegelbild.
b Schreiben Sie auf – z.B. auch in Versen –, was Ihnen dabei durch den Kopf gegangen ist.

Annette von Droste-Hülshoff:
Das Spiegelbild (1841/42) – Auszug

Schaust du mich an aus dem Kristall[1]
Mit deiner Augen Nebelball,
Kometen gleich, die im Verbleichen;
Mit Zügen, worin wunderlich
Zwei Seelen wie Spione sich
Umschleichen, ja, dann flüstre ich:
Phantom, du bist nicht meinesgleichen!

Bist nur entschlüpft der Träume Hut,
Zu eisen mir das warme Blut,
Die dunkle Locke mir zu blassen;
Und dennoch, dämmerndes Gesicht,
Drin seltsam spielt ein Doppellicht,
Trätest du vor, ich weiß es nicht,
Würd ich dich lieben oder hassen?

[...]

Und dennoch fühl ich, wie verwandt,
Zu deinen Schauern mich gebannt,
Und Liebe muss der Furcht sich einen.
Ja, trätest aus Kristalles Rund,
Phantom, du lebend auf den Grund,
Nur leise zittern würd ich, und
Mich dünkt – ich würde um dich weinen!

1 **Kristall:** Kristallspiegel

Rolf Dieter Brinkmann:
Selbstbildnis im Supermarkt (1968)

In einer
großen
Fensterscheibe des Super-

markts komme ich mir selbst
entgegen, wie ich bin.

Der Schlag, der trifft, ist
nicht der erwartete Schlag
aber der Schlag trifft mich

trotzdem. Und ich geh weiter

bis ich vor einer kahlen
Wand steh und nicht mehr weiter-
weiß.

Dort holt mich später dann
sicher jemand

ab.

2 Beschreiben Sie die Stimmung des lyrischen Ichs in beiden Gedichten. Benennen und erläutern Sie dabei die Textstellen, durch die diese Stimmung zum Ausdruck kommt.
3 Vergleichen Sie zusammenfassend beide Gedichte, indem Sie auf die folgenden Fragen eingehen:
a In welcher Situation begegnet das lyrische Ich seinem Spiegelbild?
b Inwiefern entspricht die Form der Gedichte jeweils dem Verhältnis des lyrischen Ichs zu sich selbst?
c Wie kommt das Verhältnis des lyrischen Ichs zu seinem Spiegelbild (Nähe/Distanz) sprachlich zum Ausdruck? Beachten Sie dabei auch die Verwendung der Pronomen.
4 Vergegenwärtigen Sie sich Ihre Überlegungen bei der Betrachtung Ihres eigenen Spiegelbildes (► 1 a/b). Tauschen Sie sich im Vergleich zu den Gedichten über Unterschiede und Gemeinsamkeiten hinsichtlich der Stimmung, des Gedankengangs, der Wortwahl und der Bilder aus.

„... von bitteren Salzen schwer ...“ – Metaphern genauer analysieren

Charles Baudelaire: **Der Mann und das Meer** (1857)

O freier Mann, du liebst für alle Zeit das Meer!
Es ist ein Spiegel dir, der Seele Urgewalten
Schaust du in seines Schwalls unendlichem Entfalten;
Dein Geist ist wie sein Schlund von bitteren Salzen schwer.

Zu tauchen in dein Bild, ist dir so süßes Wagen,
Umarmst mit Aug und Arm es und dein Herz ruht aus
Von eigenem Gedröhn bisweilen im Gebraus
Und Stöhnen seiner unbeugsamen wilden Klagen.

Verschweigen, dunkel sein ist euer beider Art:
Mann, keiner lotet je die Tiefen deiner Schründe,
Und keiner, Meer, wie reich du heimlich bist, ergründe,
So seid besorgt ihr, dass ihr das Geheimnis wahrt!

Und dennoch kämpfet ihr seit undenkbaren Zeiten
Wild miteinander und kein Wissen Halt gebot –
So mächtig liebet ihr das Töten und den Tod,
Unbändige Brüder ihr im Kampf für Ewigkeiten!

Detlev von Liliencron: **In einer großen Stadt** (um 1890)

Es treibt vorüber mir im Meer der Stadt
Bald der, bald jener, einer nach dem andern.
Ein Blick ins Auge, und vorüber schon.
Der Orgeldreher dreht sein Lied.

Es tropft vorüber mir ins Meer des Nichts
Bald der, bald jener, einer nach dem andern.
Ein Blick auf seinen Sarg, vorüber schon.
Der Orgeldreher dreht sein Lied.

Es schwimmt ein Leichenzug im Meer der Stadt,
Querweg die Menschen, einer nach dem andern.
Ein Blick auf meinen Sarg, vorüber schon.
Der Orgeldreher dreht sein Lied.

1 Geben Sie mit eigenen Worten wieder, was der jeweilige Sprecher des Gedichts erkennt bzw. wahrnimmt. Gehen Sie dabei Strophe für Strophe vor, wobei Sie vor allem für das Baudelaire-Gedicht die Rolle und Bedeutung des Meeres herausstellen sollten: Beginnen Sie z. B. so: *Er erkennt in einem freien Individuum einen Menschen, der mit der Urgewalt des Meeres vergleichbar ist, indem seine ...*

2 Wie gelingt es Baudelaire, „Mensch/Mann und Meer“ derart in Beziehung zueinander zu setzen? Analysieren Sie dazu das entfaltete **Bildfeld** (Information, ► S. 47; hier: das Meer und seine Facetten) genauer, indem Sie mit Hilfe folgender Tabelle erläutern, welche Übertragungen vorgenommen werden und was sie jeweils bedeuten. Beginnen Sie mit „Es ist ein Spiegel dir“ (V. 2).

Metapher *(► Information, S. 47, u. S. 197)*	***Bildspender*** *(Herkunftsbereich)*	***Bildempfänger*** *(Übertragungsbereich)*	***mögliche Vorstellung bei Leserin oder Leser***
„wie sein Schlund“ (Vers 4)	*Abgrund des Meeres*	*Geist/Seele des Menschen*	*Unergründlichkeit, Bitternis, Gefährdung*

3 Vergleichen Sie die beiden Gedichte hinsichtlich der Meeresmetaphorik und ihrer Bedeutung sowie mit Blick auf die Rolle des Einzelnen in Bezug auf die Umgebung bzw. Umwelt.

4 Referat: Bereiten Sie das Thema „Das Ich in der Moderne – Lyrik des Expressionismus“ vor.

Information **Bildfeld, Metapher und Vergleich**

In lyrischen Texten findet sich häufig ein entfaltetes **Bildfeld** (z.B.: „Meer", „Wasser"), das sich aus mehreren Sprachbildern (Vergleichen, Metaphern) zusammensetzt.

- Bei einer **Metapher** findet eine Übertragung eines Begriffs aus einem bestimmten Vorstellungsbereich, d.i. der Bildspender (z.B.: das Meer als Teil unserer Erde), in einen anderen Vorstellungs- bzw. Bedeutungsbereich ohne Vergleichswort (z.B. „wie") statt, d.i. der Bildempfänger (z.B.: das Meer als Bild für das schier unübersichtliche Treiben in einer Stadt). Die beiden verglichenen Gegenstände oder Bereiche haben dabei mindestens eine Eigenschaft gemeinsam, die diesen Vergleich erst ermöglicht, das Tertium Comparationis (hier z.B.: die Größe und Weite).
- Von einem **Vergleich** spricht man, wenn zwei verschiedene Gegenstände oder Bereiche durch ein Vergleichswort (z.B. „wie") miteinander verbunden werden (z.B.: das Leben ist wie Wasser).
- Eine Sonderform der Metapher ist die **Personifikation,** bei der Gegenstände oder Begriffe vermenschlicht werden (z.B.: „Schläft ein Lied in allen Dingen...", ► S.477, V.1).
- In lyrischen Texten finden sich seit Ende des 19. Jh.s immer häufiger **kühne Metaphern.** Sie verknüpfen Bereiche, die eigentlich als unvereinbar angesehen werden (z.B.: die Asche des Meeres).
- Von **Chiffren** spricht man, wenn es keinen erkennbaren Vergleichspunkt (kein Tertium Comparationis) gibt. Ihr Sinn ergibt sich in der Regel nur aus dem Text- oder Werkzusammenhang.

Die Versstruktur untersuchen

Barbara Köhler: **In the movies** (1995) – Auszug

„Film ist vierundzwanzigmal Wahrheit pro Sekunde"
Jean-Luc Godard[1]

Vierundzwanzigmal pro Sekunde
laufe ich mir davon kommt etwas
auf mich zu sagt: Ich

laufe davon bin fest
gehalten in den Bildern
die laufen ein Massaker
jede Bewegung eine Wendung
im Schlaf in vierundzwanzig
Stück pro Sekunde Stunden
der Tag zerteilt eine gepresste
Stimme die Tonspur sagt: Ich
[...]

1 **Jean-Luc Godard:** franz. Filmemacher (*1930)

1 Was macht ein Gedicht zum Gedicht? Schreiben Sie das Gedicht so um, dass ein vollständiger Prosatext entsteht. Setzen Sie dabei auch die entsprechenden Satzzeichen.

2 **a** Vergleichen Sie Ihre Texte mit dem Original und benennen Sie die aus Ihrer Sicht entscheidenden sprachlichen und formalen Besonderheiten des Gedichts.
Tipp: Schlagen Sie die Begriffe **Enjambement** (Zeilensprung) und **Ellipse** nach (► S.192 u.196).
b Beziehen Sie Ihre Vergleichsergebnisse auf Titel und Inhalt des Gedichts.

Rolf Dieter Brinkmann: Einen jener klassischen (1975)

Einen jener klassischen schwarzen Tangos in Köln, Ende des Monats August, da der Sommer schon ganz verstaubt ist, kurz nach Ladenschluss aus der offenen Tür einer dunklen Wirtschaft, die einem Griechen gehört, hören, ist beinahe ein Wunder: für einen Moment eine Überraschung, für einen Moment aufatmen, für einen Moment eine Pause in dieser Straße, die niemand liebt und atemlos macht, beim Hindurchgehen. Ich schrieb das schnell auf, bevor der Moment in der verfluchten dunstigen Abgestorbenheit Kölns wieder erlosch.

---

1 Geben Sie mit eigenen Worten wieder, worum es in dem Text geht.

2 **a** Setzen Sie den Text von Brinkmann in seine ursprüngliche Versform.

b Besorgen Sie sich den Originaltext und vergleichen Sie Ihre Versfassungen mit diesem.

__Tipp:__ Achten Sie auf die Wirkung, die durch die originale Verssetzung entsteht, z. B. V. 7–9, 12 und 16.

Analyseaspekte vergleichend anwenden – Lyrisches Ich, Bildfeld/Metaphorik und Versstruktur

Thomas Brasch: Lied (1977)

Was ich habe, will ich nicht verlieren, aber
Wo ich bin, will ich nicht bleiben, aber
Die ich liebe, will ich nicht verlassen, aber
Die ich kenne, will ich nicht mehr sehen, aber
Wo ich lebe, da will ich nicht sterben, aber
Wo ich sterbe, da will ich nicht hin:
Bleiben will ich, wo ich nie gewesen bin.

Karin Kiwus: Lösung (1979)

Im Traum
nicht einmal mehr
suche ich
mein verlorenes Paradies
bei dir

ich erfinde es
besser allein
für mich

In Wirklichkeit
will ich
einfach nur leben
mit dir so gut
es geht

---

1 Die beiden Gedichte spiegeln unterschiedliche Stimmungen des lyrischen Ichs wider (**Neue Subjektivität** ▶ S. 445–446, 449). Untersuchen Sie diese Aussage, indem Sie jeweils von den sprachlichen Besonderheiten der Texte ausgehen. Sie können dabei in Ihre Überlegungen die folgenden ersten Deutungsansätze und Beobachtungen von Schülerinnen und Schülern einbeziehen:

Hannah A.: *Auffällig an Braschs Gedicht „Lied" ist der Umbruch der ersten fünf Verse. Dieser ist …*

Ruth J.: *Das zentrale Bild in Kiwus' Text ist das des verlorenen Paradieses. Damit ist … gemeint.*

Yanek B.: *Der Paarreim am Ende von „Lied" verknüpft formal zwei Aussagen, die sich inhaltlich widersprechen. Diese Widersprüchlichkeit durchzieht den ganzen Text. Das zeigt sich …*

Tamás R.: *Der Titel „Lösung" weckt bei mir Erwartungen, die der Text gar nicht erfüllt. Denn …*

2 **a** Fassen Sie zusammen, welche Aspekte der Textanalyse Ihnen bei der Deutung der beiden Gedichte besonders geholfen haben.

b Tauschen Sie sich z. B. in Gruppen darüber aus, inwieweit das vergleichende Verfahren für das Verstehen der einzelnen Gedichte sinnvoll ist. Welche Vorteile sehen Sie? Welche Schwierigkeiten?

2.2 Reisen zum Ich – Eine Textanalyse schreiben

Bertolt Brecht: **Über das Zerpflücken von Gedichten** (1939)

Der Laie hat für gewöhnlich, sofern er ein Liebhaber von Gedichten ist, einen lebhaften Widerwillen gegen das, was man das Zerpflücken von Gedichten nennt, ein Heranführen kalter Logik, Herausreißen von Wörtern und Bildern aus diesen zarten blütenhaften Gebilden. Demgegenüber muß gesagt werden, daß nicht einmal Blumen verwelken, wenn man in sie hineinsticht. Gedichte sind, wenn sie überhaupt lebensfähig sind, ganz besonders lebensfähig und können die eingreifendsten Operationen überstehen. [...] Der Laie vergißt, wenn er Gedichte für unnahbar hält, daß der Lyriker zwar mit ihm jene leichten Stimmungen, die er haben kann, teilen mag, daß aber ihre Formulierung in einem Gedicht ein Arbeitsvorgang ist und das Gedicht eben etwas *zum Verweilen gebrachtes* Flüchtiges ist, also etwas verhältnismäßig Massives, Materielles. Wer das Gedicht für unnahbar hält, kommt ihm wirklich nicht nahe. In der Anwendung von Kriterien liegt ein Hauptteil des Genusses. Zerpflücke eine Rose, und jedes Blatt ist schön. [R]

Iris Radisch: **Nie wieder Versfüßchen** (2007)

Warum hat mich vor ein paar Jahren, an einem Sommertag auf einer italienischen Wiese sitzend und eine englische Zeitung lesend, plötzlich ein Gedicht, das in der Zeitung abgedruckt war, ergriffen wie noch keines zuvor? Nur ein paar Zeilen eines mir bis dahin noch unbekannten Dichters. Sie sind vom englischen Dichter Philip Larkin und gehen so:
Behind the glass, under the cellophane, Remains your final summer sweet And meaningless, and not to come again.
Natürlich kann ich allerhand zusammenstammeln, um zu erklären, was mir an diesem Gedicht gefällt. Seine trockene Hitze und Dringlichkeit, seine cellophanpapierhafte Nüchternheit, seine existenzielle Radikalität, sein Einmal-und-nie-wieder-Pathos, sein tödlicher Schluss. Das alles und die trockene Hitze des italienischen Landsommers, in dem ich es las und der so gar nicht zu der englischen Zeitung passte, die Melancholie der südlichen Mittagsstunden und noch manch anderes, das hier nicht hergehört, haben zu diesem ungeheuren Erlebnis beigetragen.
Ein Gedicht, das spürt man, wenn man an sein Lieblingsgedicht denkt, ist nie nur die Summe seiner Teile, sondern immer ein Organismus, der stirbt, wenn man ihn zerschneidet. Deswegen ist auch wahr, was oft behauptet wurde: Gedichte versteht man nur ganz, während man sie liest. Nicht davor und nicht danach. Das ist ähnlich wie mit der Musik. Gedichte sind keine Gegenstände, eher Zustände. Deswegen können wir sie auch schlecht zu uns herüberziehen in die Prosa unserer Verhältnisse. Wir müssen uns schon aufmachen, zu ihnen zu kommen. Nur so erfahren wir endlich etwas vollkommen Neues.

---

1 Geben Sie die für Sie wichtigsten Hauptaussagen der beiden Texte in Form einer tabellarischen Gegenüberstellung wieder.

2 Diskutieren Sie auch auf Grund Ihrer eigenen Erfahrungen in einem Streitgespräch die Frage: Trägt das Analysieren von Gedichten dazu bei, ein Liebhaber von Gedichten zu bleiben oder zu werden?

Anders als beim Vergleich zweier lyrischer Texte müssen bei der Analyse und Interpretation eines einzelnen Gedichts verschiedene Analyseaspekte ohne Vergleichsmöglichkeit deutend auf den Text bezogen werden. Viele Gedichte verschließen sich auf den ersten Blick und lassen sich erst nach langer Betrachtung entschlüsseln. Stets spielen die eigenen Lese- und Lebenserfahrungen der Leserin oder des

Lesers beim Verstehensvorgang (► S. 21–22) eine wichtige Rolle und geben dem Textverständnis eine subjektive Prägung. Lyrik ist aber auch immer eine besondere, auffällige Form des **verdichteten** Sprechens, denn die Empfindungen, subjektiven Stimmungen und Gedanken des lyrischen Ichs finden ihren Ausdruck in einer bildhaften, sprachlich-formal vom normalen Sprachgebrauch deutlich unterschiedenen Sprache. Die Analyse dient dazu, das erste eigene Textverständnis durch eine genaue Beschreibung des Textes zu überprüfen, zu vertiefen und zu differenzieren. Ein wesentlicher Schritt ist dabei, die inhaltlichen Strukturen mit den sprachlichen und formalen Besonderheiten des Textes in einen Sinnzusammenhang zu bringen.
Im Folgenden finden Sie am Beispiel des Gedichts „Reisen" von **Gottfried Benn** (1886–1956) Hinweise und Anregungen dafür, wie Sie eine Analyse und Interpretation eines einzelnen lyrischen Textes anfertigen können.

λ

Gottfried Benn: Reisen (gedruckt 1950)

Meinen Sie Zürich zum Beispiel
sei eine tiefere Stadt,
wo man Wunder und Weihen
immer als Inhalt hat?

Meinen Sie, aus Habana[1],
weiß und hibiskusrot,
bräche ein ewiges Manna[2]
für Ihre Wüstennot?

Bahnhofstraßen und Rueen[3],
Boulevards, Lidos[4], Laan[5] –
selbst auf den Fifth Avenueen
fällt Sie die Leere an –

Ach, vergeblich das Fahren!
Spät erst erfahren Sie sich:
bleiben und stille bewahren
das sich umgrenzende Ich.

1 **Habana:** Havanna, Hauptstadt Kubas
2 **Manna:** legendäres (vom Himmel gefallenes) Brot der Israeliten
3 **Rue:** franz. für „Straße"
4 **Lido:** Nehrung, bes. die bei Venedig; vom Meer getrennte Lagune
5 **Laan:** niederl. für „Allee"

1. Schritt: Erste Leseeindrücke, Thema und Interpretationsthese formulieren

HA

1 Lesen Sie das Gedicht mehrfach konzentriert durch.
2 Notieren Sie Ihre ersten Leseeindrücke (Assoziationen, Ideen zum Verständnis etc.).
3 **a** Formulieren Sie das Thema des Gedichts in wenigen Sätzen. Worum geht es?
b Beschreiben Sie, wie das Thema in den einzelnen Strophen entfaltet wird.
4 **a** Bilden Sie ausgehend von Aufgabe 2 und 3 eine Interpretationsthese.
b Vergleichen Sie Ihre These mit den folgenden Aussagen:
- *Der Text kritisiert meiner Meinung nach am Beispiel des Reisens das Großstadtleben und die damit verbundenen Hoffnungen auf ein selbsterfülltes Leben.*
- *Für mich enthält der Text die Aussage, dass sich das Ich nicht in der Welt, in Aktivität und politischem Engagement findet, sondern in der Rückbesinnung auf die begrenzte eigene Identität.*
- *Ich habe den Eindruck, dass der Text ironisch die Suche nach dem Sinn des Lebens zurückweist.*
- *Ich finde den Text schwierig, weil ich nicht weiß, was das „sich umgrenzende Ich" bedeuten soll; dies scheint jedoch eine Schlüsselstelle des Textes zu sein.*

2. Schritt: Formmerkmale erkennen und ihre Wirkung erfassen

Gottfried Benn: **Reisen**

x́ x x x́ x x x́ x
Meinen Sie Zürich zum Beispiel
sei eine tiefere Stadt,
wo man Wunder und Weihen
immer als Inhalt hat?

Meinen Sie, aus Habana,
weiß und hibiskusrot,
bräche ein ewiges Manna
für Ihre Wüstennot?

Bahnhofstraßen und Rueen,
Boulevards, Lidos, Laan –
selbst auf den Fifth Avenueen
fällt Sie die Leere an –

Ach, vergeblich das Fahren!
Spät erst erfahren Sie sich:
bleiben und stille bewahren
das sich umgrenzende Ich.

1 **a** Schreiben Sie das Gedicht leserlich auf eine DIN-A4-Seite.
b Setzen Sie die in der Vorlage begonnene Kennzeichnung bestimmter formaler und sprachlicher Merkmale fort und benennen Sie diese. Nutzen Sie dabei folgende **Fachbegriffe** (► S. 193 f., 196 f.): *Alliteration, Anrede, Antithese, Ausruf, Daktylus, Ellipse, Fazit, Konjunktiv, Kreuzreim, lyrisches Ich, Metapher, Neologismus, Parallelismus, rhetorische Frage, Wortspiel*

2 Stellen Sie einen Bezug zwischen Ihren Kennzeichnungen und dem Thema her. Notieren Sie kurz, inwieweit Form und Sprache zum Thema passen.

3. und 4. Schritt: Einen Schreibplan entwickeln und die Analyse verfassen

1 Ordnen Sie Ihre wichtigsten Analyseergebnisse für die spätere Verschriftlichung, z. B. als Mindmap:

2 **a** Verfassen Sie eine Einleitung für Ihren Aufsatz. Machen Sie darin Angaben zu: Autor, Titel, Textsorte, Entstehungszeit, Thema, Interpretationsthese, z. B.: *Das Gedicht „Reisen" von Gottfried Benn, veröffentlicht im Jahr 1950, handelt von der Suche nach dem Ich, das man aber durch Reisen nicht finden kann.*
b Entwickeln Sie im Sinne eines Leitfadens für den Hauptteil Ihres Aufsatzes ein **Flussdiagramm** (► S. 227). Legen Sie darin die Reihenfolge Ihrer Analyseaspekte fest. Nutzen Sie Ihre Mindmap. Verfassen Sie dann eine zusammenhängende Analyse. Belegen Sie dabei Ihre Aussagen mit Zitaten.
c Fassen Sie in einem Schlussteil Ihr wichtigstes Analyse- und Interpretationsergebnis noch einmal zusammen. Schließen Sie gegebenenfalls mit einer eigenen Bewertung, z. B.: *Das Gedicht spricht alle Menschen an, die überall nach sich selbst suchen, nur nicht in sich selbst. Der Schluss überzeugt mich am meisten, da jeder Mensch irgendwann zu der Einsicht kommt, dass niemand die Antwort auf die Frage nach dem eigenen Ich kennt, außer man selbst.*
<u>Tipp:</u> Weitere Hinweise zum Aufbau eines Analyse- und Interpretationsaufsatzes (► S. 571 ff.).

5. Schritt: Den Text überarbeiten und dabei auf sinnvolles Zitieren achten

Information **Fehlerquellen beim Zitieren**

- falsches Zitieren: Ein Textbeleg wurde nicht im Wortlaut oder sinngerecht wiedergegeben; Zeilenangaben fehlen.
- fehlende Zitate: Eine Aussage zum Text wurde nicht nachgewiesen.
- zu lange Zitate: Der Textnachweis wurde nicht „auf den Punkt gebracht“.
- keine sinnvolle Integration von Zitaten: Zitate und Aussagen zum Text stehen unverbunden bzw. ohne ausreichende Erläuterung und Bezugnahme nebeneinander.

VORSICHT FEHLER!

In dem Gedicht Reisen von G. Benn geht es um das stetige Suchen nach dem eigenen Ich. Das Gedicht beschreibt die verschiedenen Orte der Welt („Zürich zum Beispiel“, „Habana“), die alle kurz angesprochen, aber nicht weiter behandelt werden. Sie haben keine tiefere Bedeutung, und nur die fortwährend angesprochene Person ist wichtig. Denn diese ist auf der „Reise“ zu ihrem eigenen Ich. Dies wird durch den Parallelismus deutlich, auf den in beiden Strophen rhetorische Fragen folgen: „Meinen Sie, Zürich zum Beispiel sei eine tiefere Stadt, wo man Wunder und Weihen immer als Inhalt hat? Meinen Sie, aus Habana, weiß und hibiskusrot, bräche ein ewiges Manna für Ihre Wüstennot?“. Der Konjunktiv in der zweiten Strophe zeigt, dass die angesprochene Person ihr eigenes Ich noch nicht gefunden hat. Sie befindet sich immer noch auf der Suche und hofft in den verschiedenen Ländern eine Antwort auf die Frage nach sich selbst zu finden. Doch überall ist es „leer“ (Z. 12) und nirgendwo scheint die angeredete Person sich selbst wiederzuerkennen.
„Bahnhofsstraßen und Rueen, Boulevards, Lidos, Laan“: Damit sind belebte Straßen in aller Welt gemeint, wo sich der Angesprochene sucht.
Die rhetorischen Fragen (Z. 4, Z. 8) deuten darauf hin, dass die angesprochene Person in ihrer vergeblichen Sinnsuche in Frage gestellt wird. Es scheint beinahe lächerlich, dass die Person in fernen Ländern nach sich selbst sucht. Dass die angesprochene Person nach einem Inhalt in Zürich sucht (Z. 1–4) oder sich ein ewiges Manna (Z. 7) wünscht, kommt einem seltsam und naiv vor.

Helena

X **1** Überarbeiten Sie den Schülertext in Ihrem Kursheft so, dass alle Zitate sprachlich korrekt und inhaltlich sinnvoll in die Analyse integriert werden. Korrigieren Sie auch andere Fehler.

ggf. **2** Prüfen Sie Ihre Texte in Schreibkonferenzen (▶ S. 121). Achten Sie dabei auf die korrekte Zitierweise.

Folie (2-teilig)

2.3 Spiegelungen und Brechungen – Einen Poetry-Slam veranstalten

Alexandra Becht: **Koexistenz** (2002) – Auszug

[...]
ich bin mir nicht sicher – sicher ist nur der Tod
in einer Koexistenz von Realität und Schein
mach ich eine Tugend aus der Not
und sage: nur ich selbst ergebe Reim.

Information **Poetry-Slam – Wettstreit der Dichterinnen und Dichter**

Poetry-Slam (to slam: zuknallen, schlagen) ist eine aus den USA kommende Form eines Wettstreits zwischen Autorinnen und Autoren und mittlerweile auch in Deutschland sehr verbreitet. In über 70 Städten finden regelmäßig „Slam-Happenings" statt, bei denen – nach festgelegten Regeln (s.u.) – meist junge Poetinnen und Poeten in Konkurrenz zueinander ihre Texte in einer bestimmten Zeit einem Publikum vortragen. Bewertet werden sowohl Inhalt als auch Art des Vortrags. Wer gewinnt, entscheidet das Publikum. Meist winkt ein (kleiner) Preis. Auf der Plattform www.lyrikline.org finden Sie viele Beispiele, wie Slam-Autorinnen und Slam-Autoren ihre eigenen Texte vorgetragen haben.

Regeln eines Poetry-Slams können sein:

- Alle bringen eigene Texte auf die Bühne: gelesen, performt, gerappt ..., jedoch ohne Musik.
- Das Los entscheidet über die Reihenfolge des Auftretens.
- Das Publikum entscheidet, indem es Punkte für Text und Vortrag z.B. mit Stimmkarten vergibt.

---

1 Bereiten Sie einen eigenen Poetry-Slam-Abend zum Thema „Ich" vor (Projekte, ► S.131ff.). Verfassen Sie dazu eigene Texte und probieren Sie Darstellungsmöglichkeiten. Sie können z.B.:
- Gedichte selbst verfassen,
- Texte, die im Verlauf der Unterrichtseinheit entstanden sind, auf die Bühne bringen,
- sich durch das Gedicht auf Seite ► S.52 oder die folgenden Gedichtausschnitte (► Methode) anregen lassen, eigene Texte zu schreiben, z.B. als Parallelgedichte oder Antwortgedichte.

Methode **Lyrik-Schreibanregungen**

- Verfassen Sie einen Text, in dem ein bestimmter Vokal extrem häufig auftritt, z.B. so:
  Anna war anfangs alles andere / als angepasst, aber / als Anna sah, was …
- Verfassen Sie einen Text, in dem der Refrain die Aussagen der Strophen verneint, z.B. so:
  Nichts von dem ist so gemeint, / überhaupt ist nichts so richtig / ernst zu nehmen oder wichtig, / nichts ist so, wie es erscheint.
- Verfassen Sie einen Text, der mit neuen Wörtern (Neologismen) spielt, die besonders klangvoll, lautmalerisch sein sollen, z.B. so:
  dies wutgeschnaub und schnutgewauz / auch habsgejauchz und jabsgehauch / dies lustgestöhn … (von Lina Ziegler)
- Verfassen Sie einen Text, indem Sie von einem Kurzvers ausgehen und diesen beständig erweitern, z.B. so:
  auch wieder. / auch grüße wieder. / auch schöne, auch schöne grüße wieder. / auch grüße wieder schöne grüße wieder (von Michael Lentz)

2 Probieren Sie verschiedene Vortragsweisen aus, um bestimmte Wirkungen zu erzielen, z.B.: gezielt Pausen lassen; Lautstärke, Stimmhöhe und Sprechtempo variieren; chorisch sprechen; besondere Wörter durch besondere Gesten unterstreichen etc.

3 **a** Klären Sie für den Poetry-Slam-Abend frühzeitig, wann und wo Sie ihn stattfinden lassen wollen.

b Bestimmen Sie, wer wie für den Abend werben soll (Durchsagen? Plakate? Presse-Info?).

---

3 Wissenschaft und Verantwortung – Dramen untersuchen und vergleichen

In seiner 1962 erschienenen Komödie „Die Physiker“ setzt sich der schweizerische Schriftsteller **Friedrich Dürrenmatt** (1921–1990) mit der Frage auseinander, wie viel Verantwortung die Wissenschaft für die Konsequenzen ihrer Forschungen trägt. In dem Stück geht es um den genialen Physiker Möbius, der Insasse einer psychiatrischen Klinik in der Schweiz ist. Allerdings hat er seine Geisteskrankheit nur vorgetäuscht: Er wollte in die Anstalt, weil er mit seinen Forschungen die „Grundlagen einer neuen Physik“ gelegt hat, deren Anwendung für die Welt verheerende Folgen hätte. Nur in der Klinik meint er seine Entdeckungen vor der Welt sicher bewahren und diese vor seinen Entdeckungen schützen zu können.
Die beiden anderen Figuren auf dem ersten und zweiten Bild, Kilton und Eisler, sind ebenfalls Physiker, die in der Anstalt sitzen; sie haben sich die Namen „Newton“ und „Einstein“ gegeben. Auch sie täuschen ihre Krankheit nur vor. In Wahrheit sind sie von den Geheimdiensten zweier Weltmächte auf Möbius angesetzt worden, da beide Länder diesen in ihren Diensten sehen möchten.

1 Sehen Sie sich die Szenenfotos aus einer Inszenierung der „Physiker“ an, die in der Reihenfolge des Handlungsverlaufs abgebildet sind, und beschreiben Sie diese.

2 Skizzieren Sie mit Hilfe der kurzen Inhaltsbeschreibung oben einen möglichen Ablauf, der die Bilder miteinander verbindet. Worum in etwa geht es in dem Stück?

3 Notieren Sie offene Fragen, die sich aus den Bildern und dem skizzierten Inhalt für Sie ergeben.

4 Newton, Möbius und Einstein heißen drei der wichtigen Figuren. Was verbinden Sie mit diesen Namen? Überlegen Sie, weshalb es gerade diese Namen sind, die für das Stück gewählt wurden.

In diesem Kapitel erwerben Sie folgende Kenntnisse und Kompetenzen:

- Aspekte und Methoden der Dramenanalyse kennen und anwenden,
- Dramen zum Thema „Wissenschaft und Verantwortung“ miteinander vergleichen,
- philosophische (Sach-)Texte zur Frage der Verantwortung von Wissenschaft erschließen,
- sich auf der Grundlage der Dramen und der philosophischen Texte selbst mit der Frage auseinandersetzen,
- die Fragestellung auf ein aktuelles Gebiet der Humanwissenschaften anwenden.

3.1 Dürrenmatts „Physiker" – Aspekte und Methoden der Dramenanalyse

Friedrich Dürrenmatt: **Die Physiker. Komödie** (1962) – Zweiter Akt

[Nachdem die beiden Agenten Möbius über ihre Identität und ihren Auftrag aufgeklärt haben, kommt es zu folgendem Gespräch:]

MÖBIUS: Ich nehme an, Eisler [„Einstein"], auch Sie wollen mich nun zwingen –

EINSTEIN: Aber Möbius.

MÖBIUS: – bewegen, Ihr Land aufzusuchen.

EINSTEIN: Auch wir halten Sie schließlich für den größten aller Physiker. [...] Jetzt kommen wir nur noch aus dem Irrenhaus, wenn wir gemeinsam vorgehen.

MÖBIUS: Ich will ja gar nicht fliehen.

EINSTEIN: Möbius –

MÖBIUS: Ich finde nicht den geringsten Grund dazu. Im Gegenteil. Ich bin mit meinem Schicksal zufrieden.

Schweigen.

NEWTON: Doch ich bin nicht damit zufrieden, ein ziemlich entscheidender Umstand, finden Sie nicht? Ihre persönlichen Gefühle in Ehren, aber Sie sind ein Genie und als solches Allgemeingut. Sie drangen in neue Gebiete der Physik vor. Aber Sie haben die Wissenschaft nicht gepachtet. Sie haben die Pflicht, die Türe auch uns aufzuschließen, den Nicht-Genialen. Kommen Sie mit mir, in einem Jahr stecken wir Sie in einen Frack, transportieren Sie nach Stockholm, und Sie erhalten den Nobelpreis.

MÖBIUS: Ihr Geheimdienst ist uneigennützig.

NEWTON: Ich gebe zu, Möbius, daß ihn vor allem die Vermutung beeindruckt, Sie hätten das Problem der Gravitation gelöst.

MÖBIUS: Stimmt.

Stille.

EINSTEIN: Das sagen Sie so seelenruhig?

MÖBIUS: Wie soll ich es denn sonst sagen?

EINSTEIN: Mein Geheimdienst glaubte, Sie würden die einheitliche Theorie der Elementarteilchen –

MÖBIUS: Auch Ihren Geheimdienst kann ich beruhigen. Die einheitliche Feldtheorie ist gefunden.

NEWTON *wischt sich mit der Serviette den Schweiß von der Stirne:* Die Weltformel.

EINSTEIN: Zum Lachen. Da versuchen Horden gut besoldeter Physiker in riesigen staatlichen Laboratorien seit Jahren vergeblich in der Physik weiterzukommen, und Sie erledigen das en passant[1] im Irrenhaus am Schreibtisch. *Er wischt sich ebenfalls mit der Serviette den Schweiß von der Stirne.*

NEWTON: Und das System aller möglichen Erfindungen, Möbius?

MÖBIUS: Gibt es auch. Ich stellte es aus Neugierde auf, als praktisches Kompendium[2] zu meinen theoretischen Arbeiten. Soll ich den Unschuldigen spielen? Was wir denken, hat seine Folgen. Es war meine Pflicht, die Auswirkungen zu studieren, die meine Feldtheorie und meine Gravitationslehre haben würden. Das Resultat ist verheerend. Neue, unvorstellbare Energien würden freigesetzt und eine Technik ermöglicht, die jeder Phantasie spottet, falls meine Untersuchung in die Hände der Menschen fiele.

EINSTEIN: Das wird sich kaum vermeiden lassen.

NEWTON: Die Frage ist nur, wer zuerst an sie herankommt.

MÖBIUS *lacht:* Sie wünschen dieses Glück wohl Ihrem Geheimdienst, Kilton, und dem Generalstab, der dahintersteht?

NEWTON: Warum nicht. Um den größten Physiker aller Zeiten in die Gemeinschaft der Physiker zurückzuführen, ist mir jeder Generalstab gleich heilig.

EINSTEIN: Mir ist bloß mein Generalstab heilig. Wir liefern der Menschheit gewaltige Machtmittel. Das gibt uns das Recht, Bedingungen zu

1 **en passant:** frz. für „nebenbei"
2 **Kompendium:** kurz gefasstes Lehrbuch

stellen. Wir müssen entscheiden, zu wessen Gunsten wir unsere Wissenschaft anwenden, und ich habe mich entschieden.

NEWTON: Unsinn, Eisler. Es geht um die Freiheit unserer Wissenschaft und um nichts weiter. Wir haben Pionierarbeit zu leisten und nichts außerdem. Ob die Menschheit den Weg zu gehen versteht, den wir ihr bahnen, ist ihre Sache, nicht die unsrige.

EINSTEIN: Sie sind ein jämmerlicher Ästhet, Kilton. Warum kommen Sie nicht zu uns, wenn Ihnen nur an der Freiheit der Wissenschaft gelegen ist? Auch wir können es uns schon längst nicht mehr leisten, die Physiker zu bevormunden. Auch wir brauchen Resultate. Auch unser politisches System muß der Wissenschaft aus der Hand fressen.

NEWTON: Unsere beiden politischen Systeme, Eisler, müssen jetzt vor allem Möbius aus der Hand fressen.

EINSTEIN: Im Gegenteil. Er wird uns gehorchen müssen. Wir beide halten ihn schließlich in Schach.

NEWTON: Wirklich? Wir beide halten wohl mehr uns in Schach. Unsere Geheimdienste sind leider auf die gleiche Idee gekommen. Geht Möbius mit Ihnen, kann ich nichts dagegen tun, weil Sie es verhindern würden. Und Sie wären hilflos, wenn sich Möbius zu meinen Gunsten entschlösse. Er kann hier wählen, nicht wir. [...] R

---

1 Formulieren Sie das Problem, um das es in dieser Unterhaltung geht, und die Standpunkte der drei Wissenschaftler. Geben Sie zum Beleg die entsprechenden Textstellen an.

2 Wählen Sie in kleinen Gruppen aus diesem Auszug eine Stelle, die Sie für besonders geeignet halten, das Verhältnis der Figuren zueinander aufzuzeigen. Erstellen Sie zur Veranschaulichung Ihres Lektüreergebnisses ein **Standbild** (▶ Methode, S. 174).

3 Präsentieren Sie Ihre Standbilder im Kurs und setzen Sie sich mit ihnen auseinander, indem Sie jeweils diskutieren, warum Sie gerade diese Textstelle für Ihr Standbild ausgewählt haben.

[Im weiteren Verlauf der Szene finden die drei Physiker eine überraschende Lösung für das Problem:]

MÖBIUS *steht auf:* Wir sind drei Physiker. Die Entscheidung, die wir zu fällen haben, ist eine Entscheidung unter Physikern. Wir müssen wissenschaftlich vorgehen. Wir dürfen uns nicht von Meinungen bestimmen lassen, sondern von logischen Schlüssen. Wir müssen versuchen, das Vernünftige zu finden. Wir dürfen uns keinen Denkfehler leisten, weil ein Fehlschluß zur Katastrophe führen müßte. Der Ausgangspunkt ist klar. Wir haben alle drei das gleiche Ziel im Auge, doch unsere Taktik ist verschieden. Das Ziel ist der Fortgang der Physik. Sie wollen ihr die Freiheit bewahren, Kilton, und streiten ihr die Verantwortung ab. Sie dagegen, Eisler, verpflichten die Physik im Namen der Verantwortung der Machtpolitik eines bestimmten Landes. Wie sieht nun aber die Wirklichkeit aus? Darüber verlange ich Auskunft, soll ich mich entscheiden.

NEWTON: Einige der berühmtesten Physiker erwarten Sie. Besoldung und Unterkunft ideal, die Gegend mörderisch, aber die Klimaanlagen ausgezeichnet.

MÖBIUS: Sind diese Physiker frei?

NEWTON: Mein lieber Möbius. Diese Physiker erklären sich bereit, wissenschaftliche Probleme zu lösen, die für die Landesverteidigung entscheidend sind. Sie müssen daher verstehen –

MÖBIUS: Also nicht frei. *Er wendet sich Einstein zu.* Joseph Eisler. Sie treiben Machtpolitik. Dazu gehört jedoch Macht. Besitzen Sie die?

EINSTEIN: Sie mißverstehen mich, Möbius. Meine Machtpolitik besteht gerade darin, daß ich zugunsten einer Partei auf meine Macht verzichtet habe.

MÖBIUS: Können Sie die Partei im Sinne Ihrer Verantwortung lenken, oder laufen Sie Gefahr, von der Partei gelenkt zu werden?

EINSTEIN: Möbius! Das ist doch lächerlich. Ich kann natürlich nur hoffen, die Partei befolge meine Ratschläge, mehr nicht. Ohne Hoffnung gibt es nun einmal keine politische Haltung.

MÖBIUS: Sind wenigstens Ihre Physiker frei?

EINSTEIN: Da auch sie für die Landesverteidigung –

MÖBIUS: Merkwürdig. Jeder preist mir eine andere Theorie an, doch die Realität, die man mir bietet, ist dieselbe: ein Gefängnis. Da ziehe ich mein Irrenhaus vor. Es gibt mir wenigstens die Sicherheit, von Politikern nicht ausgenützt zu werden.

EINSTEIN: Gewisse Risiken muß man schließlich eingehen.

MÖBIUS: Es gibt Risiken, die man nie eingehen darf: der Untergang der Menschheit ist ein solches. Was die Welt mit den Waffen anrichtet, die sie schon besitzt, wissen wir, was sie mit jenen anrichten würde, die ich ermögliche, können wir uns denken. Dieser Einsicht habe ich mein Handeln untergeordnet. Ich war arm. Ich besaß eine Frau und drei Kinder. An der Universität winkte Ruhm, in der Industrie Geld. Beide Wege waren zu gefährlich. Ich hätte meine Arbeiten veröffentlichen müssen, der Umsturz unserer Wissenschaft und das Zusammenbrechen des wirtschaftlichen Gefüges wären die Folgen gewesen. Die Verantwortung zwang mir einen anderen Weg auf. Ich ließ meine akademische Karriere fahren, die Industrie fallen und überließ meine Familie ihrem Schicksal. Ich wählte die Narrenkappe. Ich gab vor, der König Salomo erscheine mir, und schon sperrte man mich in ein Irrenhaus.

NEWTON: Das war doch keine Lösung!

MÖBIUS: Die Vernunft forderte diesen Schritt. Wir sind in unserer Wissenschaft an die Grenzen des Erkennbaren gestoßen. Wir wissen einige genau erfaßbare Gesetze, einige Grundbeziehungen zwischen unbegreiflichen Erscheinungen, das ist alles, der gewaltige Rest bleibt Geheimnis, dem Verstande unzugänglich. Wir haben das Ende unseres Weges erreicht. Aber die Menschheit ist noch nicht soweit. Wir haben uns vorgekämpft, nun folgt uns niemand nach, wir sind ins Leere gestoßen. Unsere Wissenschaft ist schrecklich geworden, unsere Forschung gefährlich, unsere Erkenntnis tödlich. Es gibt für uns Physiker nur noch die Kapitulation vor der Wirklichkeit. Sie ist uns nicht gewachsen. Sie geht an uns zugrunde. Wir müssen unser Wissen zurücknehmen, und ich habe es zurückgenommen. Es gibt keine andere Lösung, auch für euch nicht.

EINSTEIN: Was wollen Sie damit sagen?

MÖBIUS: Ihr besitzt Geheimsender?

EINSTEIN: Na und?

MÖBIUS: Ihr benachrichtigt eure Auftraggeber. Ihr hättet euch geirrt. Ich sei wirklich verrückt.

EINSTEIN: Dann sitzen wir hier lebenslänglich.

MÖBIUS: Sicher.

EINSTEIN: Gescheiterten Spionen kräht kein Hahn mehr nach.

MÖBIUS: Eben.

NEWTON: Na und?

MÖBIUS: Ihr müßt bei mir im Irrenhaus bleiben.

NEWTON: Wir?

MÖBIUS: Ihr beide.

Schweigen.

NEWTON: Möbius! Sie können von uns doch nicht verlangen, daß wir ewig –

MÖBIUS: Meine einzige Chance, doch noch unentdeckt zu bleiben. Nur im Irrenhaus sind wir noch frei. Nur im Irrenhaus dürfen wir noch denken. In der Freiheit sind unsere Gedanken Sprengstoff.

NEWTON: Wir sind doch schließlich nicht verrückt.

MÖBIUS: Aber Mörder.

Sie starren ihn verblüfft an.

NEWTON: Ich protestiere!

EINSTEIN: Das hätten Sie nicht sagen dürfen, Möbius!

MÖBIUS: Wer tötet, ist ein Mörder, und wir haben getötet. Jeder von uns hatte einen Auftrag, der ihn in diese Anstalt führte. Jeder von uns tötete seine Krankenschwester für einen bestimmten Zweck. Ihr, um eure geheime Mission nicht zu gefährden, ich, weil Schwester Monika an mich glaubte. Sie hielt mich für ein verkanntes Genie. Sie begriff nicht, daß es heute die Pflicht eines Genies ist, verkannt zu bleiben. Töten ist etwas Schreckliches. Ich habe getötet, damit nicht ein noch schrecklicheres

Morden anhebe. Nun seid ihr gekommen. Euch kann ich nicht beseitigen, aber vielleicht überzeugen? Sollen unsere Morde sinnlos werden? Entweder haben wir geopfert oder gemordet. Entweder bleiben wir im Irrenhaus, oder die Welt wird eines. Entweder löschen wir uns im Gedächtnis der Menschen aus, oder die Menschheit erlischt. [...]

Sie trinken, stellen die Gläser auf den Tisch.

Newton: Verwandeln wir uns wieder in Verrückte. Geistern wir als Newton daher.

Einstein: Fiedeln wir wieder Kreisler und Beethoven.

Möbius: Lassen wir wieder Salomo erscheinen.

Newton: Verrückt, aber weise.

Einstein: Gefangen, aber frei.

Möbius: Physiker, aber unschuldig. R

1 Möbius deckt mit den Fragen an seine Mitinsassen entscheidende Probleme auf, die sich für den Physiker in der Gesellschaft ergeben. Benennen Sie diese Probleme.

2 **a** Veranschaulichen Sie Möbius' Entscheidung in einem Diagramm. Sie können z.B. jeweils neben den Entschluss, in der Anstalt zu bleiben, die einzelnen Pro- und Kontra-Argumente anordnen.

b Newton kommentiert Möbius' Schritt, sich ins Irrenhaus einsperren zu lassen, mit den Worten: „Das war doch keine Lösung!" (Z. 73). Stellen Sie die Argumente zusammen, die die beiden Geheimdienstler dafür anführen, und überlegen Sie sich weitere.

3 Auch die beiden Geheimdienstler entschließen sich, in der Anstalt zu bleiben. Wählen Sie eine der Figuren aus und verfassen Sie einen Monolog, in dem der Weg von der Ablehnung bis hin zur Zusage deutlich wird.

4 Versuchen Sie nach vertiefter Kenntnis der Szene, den Dialogs szenisch umzusetzen (▶ Methode).

Methode **Szenische Lesung – Szenisches Spiel**

- Schreiben Sie zu dem Text **Regieanweisungen,** die angeben, wie er zu sprechen ist.
- Setzen Sie Ihre Regieanweisungen um. Dazu können Sie zwischen zwei Möglichkeiten wählen:

  a Sie lesen den Text mit verteilten Rollen. Proben Sie durchaus mehrmals, bis Sie die gewünschte Wirkung erzielt haben.

  b Sie spielen die Szene (nach kurzer Vorbereitung). Dazu können Sie Ihre Regieanweisungen noch erweitern, z.B. durch Hinweise, wie die Figuren sich bewegen, zueinander stehen usw.

Aspekte der werkimmanenten Dramenanalyse

Das Drama (Schauspiel) ist neben der Epik (erzählende Literatur) und der Lyrik (Gedichte) die dritte Literaturgattung. Ihr unterscheidendes Merkmal besteht darin, dass ein **Konflikt** auf einer Bühne unmittelbar vor den Augen des Publikums ausgetragen wird. Der Konflikt kann gesellschaftlicher und/oder persönlich-privater Natur sein; daraus ergibt sich das **Thema** des jeweiligen Dramas. Das nebenstehende Schaubild zeigt wesentliche Elemente des Dramas, die allgemein für eine Analyse wichtig sind: Die vier in Wechselbeziehung zueinander stehenden Felder im Inneren geben

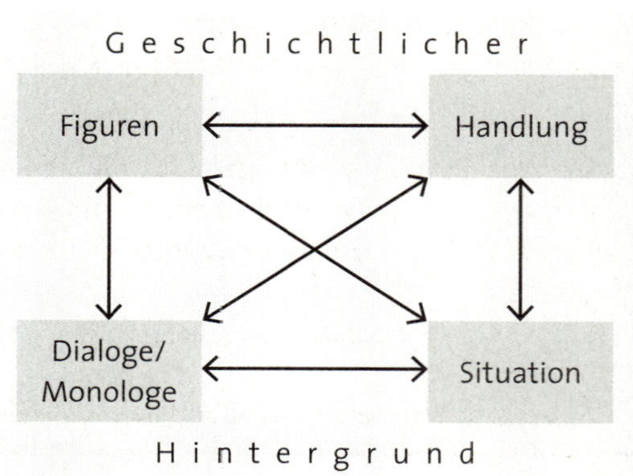

die **werkimmanente Ebene** wieder, wobei Werkimmanenz im Unterschied zur werkübergreifenden Ebene bedeutet, dass zunächst nur das, was in dem jeweiligen Text konkret steht, betrachtet wird. **Werkübergreifend** (► S. 558) ist das Drama eingebettet in den historischen Kontext seiner Entstehungszeit, der sich auf den Text insgesamt wie auf seine einzelnen Elemente auswirkt. Ferner sind Bezüge zu anderen Texten der Autorin/des Autors möglich.

1 Erläutern Sie die Wechselbeziehungen auf der werkimmanenten Textebene, also zwischen Figur, Handlung, Dialog/Monolog und Situation.
Ziehen Sie nach Möglichkeit auch Ihnen bekannte Beispiele heran. (Sie können auch auf Filmbeispiele zurückgreifen.)
2 Überlegen Sie, inwiefern sich der geschichtliche Hintergrund auf die Elemente eines Dramas auswirken könnte. Führen Sie wiederum, wenn möglich, Beispiele an.

Information **Die vier Analysekategorien der werkimmanenten Ebene**

- Die **Handlungsanalyse** untersucht Art und Verlauf bzw. Entwicklung einer Handlung. Mit der Art ist gemeint, dass die Handlung z. B. in einer Intrige, einer Verschwörung, einer Gefangennahme usw. besteht. Zum Verlauf gehören z. B. der Aufbau eines Konfliktes, sein Höhepunkt und seine etwaige Lösung, aber auch seine Ursachen und seine Auswirkungen können in den Blick genommen werden.
- Die **Figurenanalyse** fragt nach den Überzeugungen und Wertvorstellungen einer Figur, nach ihrem Verhalten, ihren Gewohnheiten usw., also nach all dem, was unter dem Begriff „Charaktereigenschaften“ verstanden wird. Ferner berücksichtigt sie auch ihre gesellschaftliche und private Stellung. Hier können zeittypische und/oder schichtenspezifische Eigenheiten eine besondere Rolle spielen.
- Die **Dialoganalyse** (► S. 173) untersucht die Standpunkte und Argumente der Figuren, das kommunikative Verhalten (Gesprächsanteil, Aufeinander-Eingehen bzw. Aneinander-Vorbeireden ...), die Gesprächsentwicklung und ihre Ursachen sowie die Sprache (Sprachebene, rhetorische Mittel ...).
- Bei der **Situationsanalyse** geht es um die Voraussetzungen oder Bedingungen einer Szene. Hier spielen über die Werkimmanenz hinaus werkübergreifend auch zeittypische Eigenheiten (etwa epochentypische Verhältnisse wie Herrschaftsstrukturen) eine besondere Rolle. Davon zu unterscheiden sind – auf werkimmanenter Ebene – die „aktuellen Umstände“, die durch vorangegangene Szenen und Ereignisse bestimmt ist.

1 Wenden Sie in arbeitsteiligen Gruppen eine der dargestellten Analysekategorien der werkimmanenten Ebene auf die beiden Ausschnitte aus Dürrenmatts Drama „Die Physiker“ an.
2 Die dargestellten Analysekategorien gelten im Prinzip auch für die Epik, also die erzählende Literatur.
a Notieren Sie zunächst für sich, worin die Unterschiede zwischen epischen und dramatischen Texten bestehen.
b Vergleichen Sie anschließend Ihre Notizen im Kurs.

Brisante Fragen in einer Komödie

1 Zum Thema „Wissenschaft und Verantwortung“ hätte Dürrenmatt doch auch einen Roman oder ein Sachbuch schreiben können. Diskutieren Sie diese Aussage, indem Sie Folgendes berücksichtigen:
a Machen Sie sich noch einmal die Unterschiede zwischen epischen und dramatischen Texten bewusst, und zwar im Hinblick auf die Aspekte „Form der Darbietung“ und „Wirkung“.
b Binden Sie in Ihre Überlegungen die folgende Information und den Beginn des Stücks ein:

Information **Die Einteilung von Dramen**

Die gängigste Einteilung von Dramen ist die in **Tragödie** und **Komödie.** In der historischen Entwicklung der Gattung unterscheidet man vor allem zwischen dem **klassischen** oder **aristotelischen** Drama (► S. 179 ff.) und dem **epischen Theater,** das von **Bertolt Brecht** (1898–1956) entwickelt wurde (► S. 181 ff.). Dürrenmatt steht in der Tradition dieses epischen Theaters. Dessen zentrales Merkmal besteht darin, dass das Publikum bewusst auf Distanz gehalten wird: Es soll sich nicht emotional einbeziehen lassen, sondern nüchtern die Handlungsmechanismen durchschauen, um selbst Alternativen zu entwickeln. Das entscheidende Mittel der **Distanzierung** ist der „Gestus des Zeigens“. Deutlich wird er in den Dramen, in denen ein Erzähler auf der Bühne zwischen der Handlung und dem Publikum vermittelt, indem er das Geschehen erklärt und kommentiert; von dieser Figur des Erzählers hat das „epische“ Theater seinen Namen. Zudem hat Brecht weitere Mittel für das Theater entwickelt, die Distanz schaffen sollen. Sie werden mit dem Begriff **„Verfremdungseffekt“** („V-Effekt“) zusammengefasst (► S. 182–183).

Friedrich Dürrenmatt: **Die Physiker. Komödie** (1962) – Einleitung

[Das Stück beginnt mit einer umfangreichen Einleitung, die u. a. über den Ort des Geschehens informiert.]

Ort: Salon einer bequemen, wenn auch etwas verlotterten Villa des privaten Sanatoriums „Les Cerisiers“. [Das Haus] liegt [...] schon an sich abseits vom Getriebe. Dazu beruhigt überflüssigerweise auch noch die Landschaft die Nerven, jedenfalls sind blaue Gebirgszüge, human bewaldete Hügel und ein beträchtlicher See vorhanden sowie eine weite, abends rauchende Ebene in unmittelbarer Nähe [...]. Doch spielt das Örtliche eigentlich keine Rolle, wird hier nur der Genauigkeit zuliebe erwähnt, verlassen wir doch nie die Villa des Irrenhauses (nun ist das Wort doch gefallen), noch präziser: auch den Salon werden wir nie verlassen, haben wir uns doch vorgenommen, die Einheit von Raum, Zeit und Handlung[1] streng einzuhalten; einer Handlung, die unter Verrückten spielt, kommt nur die klassische Form bei.

Doch zur Sache. Was die Villa betrifft, so waren in ihr einst sämtliche Patienten der Gründerin des Unternehmens, Fräulein Dr. h. c. Dr. med. Mathilde von Zahnd, untergebracht, vertrottelte Aristokraten, arteriosklerotische[2] Politiker – falls sie nicht noch regieren –, debile[3] Millionäre, schizophrene Schriftsteller, manisch-depressive[4] Großindustrielle usw., kurz, die ganze geistig verwirrte Elite des halben Abendlandes [...].

1 **Einheit von Raum, Zeit und Handlung:** die drei Einheiten, die Aristoteles für das Drama fordert (► S. 180)
2 **Arteriosklerose:** Arterienverkalkung
3 **debil:** leicht schwachsinnig
4 **manisch-depressiv:** psychische Erkrankung; episodische, willentlich nicht kontrollierbare und extreme Veränderungen des Antriebs, der Aktivität und der Stimmung

2 Zeigen Sie, inwiefern die Einleitung den „Gestus des Zeigens“ mit der Funktion der Distanzierung aufweist. Gibt es in der Einleitung zur Komödie weitere Mittel, die Distanz schaffen?

Friedrich Dürrenmatt: **Aus den „21 Punkten zu den Physikern"** (1962)

Dürrenmatt hat nicht nur viele Dramen geschrieben, sondern sich auch theoretisch mit dieser Gattung auseinandergesetzt, z. B. in Form folgender Punkte (Auszug):

3 Eine Geschichte ist dann zu Ende gedacht, wenn sie ihre schlimmstmögliche Wendung genommen hat.

9 Planmäßig vorgehende Menschen wollen ein bestimmtes Ziel erreichen. Der Zufall trifft sie dann am schlimmsten, wenn sie durch ihn das Gegenteil ihres Ziels erreichen: Das, was sie befürchten, was sie zu vermeiden suchten (z. B. Oedipus[1]).

10 Eine solche Geschichte ist zwar grotesk, aber nicht absurd (sinnwidrig).

11 Sie ist paradox.

14 Ein Drama über die Physiker muss paradox sein.

19 Im Paradoxen erscheint die Wirklichkeit.

1 **Oedipus (Ödipus):** Gestalt der griechischen Mythologie; tötet seinen Vater und heiratet seine Mutter, ohne jeweils zu wissen, dass diese seine leiblichen Eltern sind. In **Sophokles'** (496–406/05 v. Chr.) Drama „König Ödipus" sticht sich Ödipus für diese Taten die Augen aus und flieht, von der Schande gezeichnet, ins Exil.

---

1 **a** Stellen Sie gemäß den Punkten 3 und 9 Vermutungen darüber an, wie die Komödie „Die Physiker" zu Ende gehen könnte. Was wäre eine „schlimmstmögliche Wendung"?
b Informieren Sie sich in einem Handbuch oder im Internet über den tatsächlichen Schluss des Stücks.

2 Dürrenmatt unterscheidet zwischen „absurd" (sinnwidrig) und „paradox" (widersprüchlich). Erklären Sie den möglichen Unterschied und wenden Sie die Begriffe auf die „Physiker" an.

3 Erläutern Sie die Punkte 14 und 19. Welche grundsätzlichen Aussagen über die Physik auf der einen und über die Wirklichkeit auf der anderen Seite sind darin enthalten?

4 In einem anderen Zusammenhang schreibt Dürrenmatt: „Uns kommt nur noch die Komödie bei" (► S. 185). Reflektieren Sie diese Aussage im Hinblick auf Ihre Beschäftigung mit den „Physikern".

3.2 „Das Prinzip Verantwortung" – Sachtexte zum Thema erschließen

Nicht nur in der Literatur (► Kap. A 3.1), sondern auch in der Philosophie wird die Frage, welche Verantwortung die Wissenschaften für ihre Entdeckungen und deren Konsequenzen haben, seit Jahrzehnten diskutiert. Im Folgenden finden Sie zwei wichtige Stimmen:

Hans Jonas: **Eine neue Dimension menschlicher Macht** (1981)

Hans Jonas (1903–1993) ist einer der Philosophen, die sich in besonderer Weise damit beschäftigt haben, welche Fragen die moderne Technik für die Ethik aufwirft. Sein Buch „Das Prinzip Verantwortung. Versuch einer Ethik für die technische Zivilisation" (1979) ist bis heute grundlegend. In einer Podiumsdiskussion geht er auf die Macht ein, die in Wissenschaft und Technik liegt, und stellt ihre Merkmale heraus:

Was ist das Eigentümliche unseres Zeitalters oder unserer Zivilisation? [...] man kann heute mehr als zu früheren Zeiten davon sprechen, dass die technische Zivilisation [...] das Weltschicksal darstellt: im Aktiven, in dem, was Menschen tun können, was sie können und dann auch tun, was tatsächlich eben geschieht im Zeichen dieser Zivilisation, und auch im Passiven, nämlich im Umfang derer, die die

Auswirkungen dieses Tuns nun erleiden müssen, entweder profitieren von ihrem Segen oder leiden unter ihrem Fluch. Mit anderen Worten, eine Eigentümlichkeit des technischen Zeitalters ist schon der pure Umfang als solcher. Das hat gewisse Folgen auch für die Überlegungen darüber, was man tun kann und darf. Nun sind für das, was die Technik hervorbringt, ja nicht nur das technische Gerät, die Apparate, die Maschinerien, die Mittel des Eingriffs in die Welt charakteristisch, sondern auch die Gegenstände der Macht, d.h. das, worauf sich Macht erstrecken kann, oder das, was die Macht zu Stande bringen kann: Das hat dem menschlichen Tun völlig neue Provinzen hinzugefügt, die früher gar nicht im Umkreis der menschlichen Macht gelegen haben und großenteils nicht einmal im Umkreis der menschlichen Wünsche. Mit anderen Worten, es hat sich nicht nur das Ausmaß der menschlichen Macht der Natur gegenüber und auch innerhalb der Menschenwelt selbst quantitativ enorm gesteigert, es hat sich auch im Inhalt qualitativ verändert. Man kann das am einfachsten dadurch illustrieren, dass man auf gewisse Taten oder Tätigkeitsprozesse der modernen technischen Zivilisation hinweist, von denen früher nie jemand geträumt hat. Zum Beispiel das ganze Kommunikationswesen, das mikroelektronische Informations- und Computerwesen, hat dem menschlichen Tun eine wirklich neue Dimension hinzugefügt. Man kann nicht nur sagen, dass man jetzt gewisse Sachen besser machen kann oder mit weniger Arbeitsaufwand oder schneller, sondern man kann ganz andere Sachen tun.

Vielleicht eine noch wirksamere Illustration ist [die] genetische Manipulation durch mikrobiologische Operationen. Die Molekularbiologie hat wirklich eine neue Dimension menschlicher Kontrolle eröffnet. [...] Vor allen Dingen [...] hat sich die Reichweite in die Zukunft ganz enorm verlängert. Von gewissen Prozessen, die unter dem Banner unserer technisch-industriellen Wirtschaft eingeleitet werden, lässt sich jetzt voraussehen – nicht exakt voraussagen, aber doch in der allgemeinen Richtung voraussehen –, dass sie in ihrer Wirkung ganze Generationsketten beeinflussen werden, und dass wir in der Erwägung dessen, was wir tun, zu den Naheffekten, die zum großen Teil bekannt sind [...], dass dazu jetzt bei sehr vielen der Dinge, die unternommen werden, ein ganz neuer Aspekt hinzukommt, nämlich: Wie wird sich das kumulativ in ferner Zukunft auswirken? Das sind so einige der Eigentümlichkeiten der Zeit oder des Neuen an der neuen Zeit, in der wir leben. [...] Man kann ganz allgemein sagen, es handelt sich um ein Phänomen der Macht, und zwar der Größe der Macht und der Qualitäten der Macht, d.h., worauf sie sich bezieht, welcher Art Dinge sie unternehmen kann und in welchem Umfang. Nun kann man [...] den sehr einfachen Satz aufstellen [...], dass Verantwortung eine Funktion der Macht ist. Ein Machtloser hat keine Verantwortung. Man hat Verantwortung für das, was man anrichtet.

---

1 Analysieren Sie die Argumentationsstruktur des Textes:

a Bestimmen Sie die für Sie maßgeblichen Schlüsselwörter.

b Gliedern Sie auf der Grundlage dieses Vorverständnisses den Text in Sinnabschnitte.

c Beschreiben Sie die logischen Bezüge zwischen den Sinnabschnitten (These, Argument, Beispiel etc.) und nennen Sie die sprachlichen Signale, die den gedanklichen Aufbau deutlich machen (Kohärenzsignale, z.B.: *Mit anderen Worten, zum Beispiel;* Konjunktionen).

2 Stellen Sie zu Ihrer besseren Übersicht die Gedankenfolge in einem Schaubild dar (► S.106).

3 **a** Setzen Sie sich mit Jonas' Überlegungen auseinander. Verfassen Sie dazu eine begründete Zustimmung oder Ablehnung bzw. Infragestellung. Arbeiten Sie dabei auch mit eigenen Beispielen.

b Führen Sie den Schlussgedanken von Jonas weiter aus: Wie muss und wie kann die/der Einzelne Verantwortung wahrnehmen?

4 Inwieweit passen Jonas' Ausführungen zu Dürrenmatts „Physikern"? Begründen Sie.

Carl Friedrich von Weizsäcker:
Ich hatte die Vorstellung, auf irgendeine Weise Einwirkungsmöglichkeiten zu haben (1986)

In einem Interview, das unter dem Titel „Die Unschuld der Physiker?“ veröffentlicht wurde, äußerte sich der Physiker und Philosoph Carl Friedrich von Weizsäcker (1912–2007) zu der Frage der Verantwortung der Wissenschaften. Der Interviewer, Erwin Koller, spricht ihn u. a. auf seine Rolle bei der Entdeckung der Kernspaltung in der Zeit des Dritten Reiches an:

Hiroshima. Abwurf der Atombombe, 6. 8. 1945

Weizsäcker: [...] diese Entdeckungen waren ein unvorhersehbares Ereignis, das für sämtliche Physiker der Welt – soweit sie überhaupt so etwas hatten wie ein Gewissen – das Leben unumkehrbar verändert hat, bis heute. [...] Das heißt, die Atombombe war eigentlich das Wecksignal, das uns aufgeweckt hat, um zu erkennen, dass die Kultur, die wir entwickelt haben, selbstzerstörerisch wird, wenn sie nicht bestimmte uralte atavistische[1] Formen des Umgangs der Menschen miteinander, die in der Politik noch die herrschenden sind, überwindet. Das war das eigentliche Problem.

[...] Wir haben damals alle unter Hitler gelebt. [...] Ich habe Hahn[2] gesagt: Wenn wir diese Arbeiten machen[3], können Sie zum Beispiel Ihr Institut durch diesen Krieg, der inzwischen angefangen hatte, hindurchretten; Sie werden bezahlt werden, Sie können Ihre Leute durchretten. Wir können alles mögliche Gute tun, und ich schlage vor, dass wir es machen. [...] Und für Hahn war damals und auch später nach dem Krieg dieses der große Trost: Zwar hat meine Arbeit die Atombombe zu Tage gefördert, und die Toten von Hiroshima gehen insofern auch auf mein Konto. Andererseits kann es sein, dass die Atombombe einen Beitrag dazu liefert, dass der Krieg abgeschafft wird. [...]

Koller: Würden Sie sich heute nochmals auf so ein Experiment einlassen?

Weizsäcker: Nein, ich würde es nicht noch mal tun. [...] Ich war immer noch jung. Ich war 27. Ich hatte die Vorstellung, auf irgendeine Weise Einwirkungsmöglichkeiten zu haben, die man nicht hat, wenn man irgendein Physiker ist oder an die Front geschickt wird. Ich hatte Träume, die ich heute wirklich als Träume erkenne, von der Möglichkeit einer Wirkung [...].

Koller: Wie Sie die Sache schildern, ist die Physik eigentlich unversehens, man könnte sagen, in voller Naivität zur Ursache dafür geworden, dass die Welt sich verändert und dass die Politik sich verändert hat. [...] Wie ist es dazu gekommen? Ist da in der Physik irgendetwas schiefgelaufen? Oder hat man wichtige Fragen nicht gestellt, die man hätte stellen sollen?

Weizsäcker: Ich würde es nicht ganz so sehen. Es gibt Leute, die meinen, die instrumentale Denkweise der Physik, zu der auch die Mathematik als Hilfsmittel gehört, sei in sich selbst moralisch problematisch. Ich will auch nicht leugnen, dass es so etwas gibt. [...] Die Wissenschaft, die wir haben, ist zunächst eine Wissenschaft von Fakten und Gesetzen. Und sie liefert Macht. Dann aber nicht zu wissen, wie man mit

1 **atavistisch:** entwicklungsgeschichtlich eigentlich als überholt geltend
2 **Otto Hahn (1879–1968):** deutscher Chemiker und Nobelpreisträger, einer der „Väter“ der Atombombe
3 Gemeint ist die Erforschung und Entwicklung der Kernspaltung.

Macht umgehen muss, ist tödlich. Man ist gezwungen, auch zu wissen, wie man mit Macht umgehen muss. Das heißt, ohne eine radikale Vertiefung des politischen Bewusstseins – so nenne ich es gerne, aber die Leute sprechen oft lieber vom moralischen Bewusstsein, so will ich auch dieses Wort ruhig gebrauchen – kann man mit solchen Erkenntnissen, wie die Wissenschaft sie uns liefert, wirklich nicht leben. [...]

Koller: Damit verlangen Sie aber vom Wissenschaftler, dass er auch für die Folgen seiner Erfindung, seiner Erkenntnis, geradestehen und Verantwortung tragen muss. Wird da nicht der Wissenschaftler zur Ohnmacht verurteilt? Kann er denn überhaupt wissen, welche Folgen seine Erfindung hat?

Weizsäcker: Nein, das kann er nicht. Aber das ist der Unterschied zwischen Unreife und Reife. Ein erwachsener Mensch übernimmt die Verantwortung auch für die Dinge, die er nicht hat vorhersehen können. [...] Hahn konnte seine Entdeckung nicht vorhersehen. Und als sie gemacht war, da war's passiert. Aber Hahn war ein wirklich moralischer und reifer Mensch, und so waren, wie ich vorhin sagte, auch die Toten von Hiroshima für sein Empfinden auf seinem Gewissen. Und für dieses Empfinden habe ich ihn verehrt. [...] Nur wusste er: Von nun an bin ich genötigt, darüber nachzudenken, weil es für mein Leben und für das Leben meiner Mitmenschen zum zentralen Problem geworden ist. Und ich will mich dazu äußern und entsprechend handeln, wo ich kann.

Koller: Aber könnte es nicht auch dazu führen, was Friedrich Dürrenmatt ad absurdum geführt hat, dass nämlich die Physiker mit ihrem Wissen in die psychiatrische Klinik gehen, um es vor Missbrauch sozusagen zu retten?

Weizsäcker: Ja, aber Dürrenmatts Stück ist eine Komödie, eine tiefsinnige Komödie. Und er widerlegt vollkommen richtig eine Meinung, die ich auch nie gehabt habe. Es kann nicht die Lösung des Problems der Wissenschaft sein, dass man seine Wissenschaft verheimlicht. [...] Sondern, dass man die politischen Folgerungen aktiv zieht. Manchmal muss man auch etwas verheimlichen – das gibt's im Leben. Aber die Lösung des Problems der Wissenschaft ist entweder die Auflösung der Menschheit oder die Übernahme der politischen Verantwortung durch die Leute, die dazu fähig sind.

Koller: Sie verlangen also vom Wissenschaftler politische Verantwortung?

Weizsäcker: Selbstverständlich. [...] Aber natürlich gibt es Leute, die mehr zur Politik begabt sind, und Leute, die mehr zur Wissenschaft begabt sind. [...] Aber warum können die Politiker nicht das Richtige tun? Weil die Mehrheit der Bevölkerung das Richtige gar nicht will. Das ist der Grund. Und deshalb ist die öffentliche Meinung etwas vom Wichtigsten. Und darauf können die Wissenschaftler Einfluss nehmen. [...]

1 Stellen Sie den Zwiespalt dar, in dem Hahn und Weizsäcker sich befanden. Erörtern Sie, ob ein ähnlicher Zwiespalt auch heute für Wissenschaftlerinnen und Wissenschaftler bestehen könnte.

2 Geben Sie mit eigenen Worten Weizsäckers Auffassung von der Rolle der Naturwissenschaftler/-innen in der Gesellschaft wieder. Sie können dazu die Begriffe „Aufgaben" – „Grenzen" – „Probleme" nutzen.

3 Weizsäcker geht auch auf Dürrenmatts „Physiker" ein.
Arbeiten Sie heraus, worin er die Intention des Stücks sieht und wie er die Behandlung des diskutierten Problems darin beurteilt.

4 **a** Weizsäcker nennt die Denkweise der Physik „instrumental" (Z. 48). Erläutern Sie diese Bezeichnung. Berücksichtigen Sie dabei die Berechtigung wie die Problematik eines solchen Denkens.
b Führen Sie eine **Diskussion** (▸ S. 76–77) zu folgender Frage durch: Instrumentales Denken in den Naturwissenschaften – Notwendigkeit oder Gefahr?
Tipp: Arbeiten Sie fachübergreifend, indem Sie naturwissenschaftliche Kenntnisse einbeziehen.

Hirnforschung – Verantwortung der Wissenschaften heute diskutieren

Gegenwärtig liefern u.a. die Neurowissenschaften, die das Nervensystem erforschen, Beispiele für neue Möglichkeiten der Forschung – und werfen damit auch die Frage der Verantwortung neu auf:

Susanne Donner: **Fremdgetaktet** (2007)

Der Eingriff ins Gehirn ist eines der letzten Tabus. Gewagt wird er dennoch – bei schweren Krankheiten. Und in Tierversuchen.

Susanne Donner berichtet über die erfolgreiche Behandlung von Parkinson („Schüttellähmung"), aber auch von psychischen Problemen wie Depressionen oder Zwangshandlungen durch ein Gehirnimplantat („Gehirnschrittmacher"), das dosierte Stromstöße aussendet; dann fährt sie fort:

Trotz des Erfolgs rufen solche Meldungen nicht nur Jubel hervor. „Dass sich eine Depression durch Implantate im Gehirn positiv beeinflussen lässt, zeigt auch, wie geistige Eigenschaften zunehmend technisch verfügbar werden", sagt Thomas Metzinger, Philosoph und Neuroethiker an der Universität Mainz. [...]
Eric Wassermann vom US-Institute of Neurological Disorders and Stroke in Bethesda rechnet sogar mit militärischen Anwendungen: „Die Aufmerksamkeit von Kampfpiloten würde steigen, wenn sie einen Helm mit Elektroden aufsetzten, der Stromstöße abgibt", sagte er gegenüber dem Fachmagazin „New Scientist". Er vermutet, dass Piloten mit dem Helm mühelos auf einem kleinen Flugzeugträger landen und sehr präzise Bomben abwerfen könnten. Zurzeit untersuchen amerikanische Forscher um Yaakov Stern von der Columbia University in New York im Auftrag des Verteidigungsministeriums, ob Menschen mit Schlafentzug durch Strompulse wieder wachgerüttelt werden können. Sie wollen einen Helm kreieren, der Soldaten die Müdigkeit austreibt, damit sie länger im Cockpit eines Kampfjets durchhalten.
„Militärische Anwendungen sollten generell unterbunden werden", fordert dagegen Metzinger. Er fürchtet, dass man Menschen mit Implantaten gezielt foltern und ihnen den freien Willen nehmen könnte. Als Hirngespinste lassen sich seine Bedenken nicht zerstreuen. Mit ein paar Elektroden im Kopf wurden bereits verschiedene Tiere unter das Kommando von Menschen gestellt. So meldeten chinesische Wissenschaftler Anfang des Jahres [2007], dass sie Tauben mit einem Implantat im Kopf auf Knopfdruck nach links oder rechts fliegen lassen können. Schon 2002 berichtete das Fachblatt „nature" über amerikanische Kollegen, die fünf Ratten mit Chips im Kopf den Weg gewiesen hatten. Die Gelder für dieses Projekt kamen ebenfalls vom Verteidigungsministerium. [...]
Es wäre [...] möglich, warnt Neuroethiker Thomas Metzinger, dass die Neuroimplantate missbraucht werden. „Wenn der Mensch seiner Handlungsfreiheit beraubt wird, indem man in seine geistige Intimsphäre eindringt und ihm seelischen Schaden zufügt, dann ist das eindeutig ethisch verwerflich."
In Gedanken entwirft er weitere Szenarien. Besonders brisant sind hypothetische Grenzfälle: Etwa ein Schachspieler, der sein Gehirn mit Elektroden stimuliert, um im Spiel wachsamer zu sein. Oder ein älterer Mensch, der mit Implantaten eine nachlassende Leistungsfähigkeit ausbremst. Beide, Schachspieler und älterer Mensch, sind nicht krank und nutzen die Neurochips alleine dazu, um sich einen Vorteil zu verschaffen. „Die Gesellschaft muss sich damit auseinandersetzen, welches Gehirn und welche Bewusstseinszustände ein Mensch haben darf – oder soll", fordert Metzinger.
Wen stört es, wenn der Schachspieler mit seinem neurotechnisch verbesserten Supergedächtnis den Computer schachmatt setzt? Oder wenn die betagte Dame im Kopfrechnen mit Leichtigkeit ihre Enkelin schlägt? „Prinzipiell könnte man sagen: Solange es keinem Mitmenschen schadet, sollte jeder frei in seinem Le-

bensentwurf sein", denkt Metzinger laut. Doch diese Antwort könnte zu kurz gedacht sein und gesellschaftliche Langzeitfolgen ausklammern. So wie es längst Usus[1] ist, sich schiefe Zähne richten zu lassen, könnte der gesellschaftliche Druck auf ältere Menschen wachsen, das Gehirn im Alter nachzurüsten. [...] Wie mächtig und janusköpfig[2] Neuroimplantate wirklich sind, kann heute kein Wissenschaftler redlich beantworten. [...]

1 **Usus:** Brauch, gängige Praxis
2 **janusköpfig:** nach Janus, dem röm. Gott des Eingangs und Ausgangs; stets mit zwei Gesichtern dargestellt

---

1 Stellen Sie zur Vorbereitung einer **Podiumsdiskussion** (► S. 77) in einer Tabelle mit zwei Spalten positive und fragwürdige Anwendungsmöglichkeiten für Neuroimplantate einander gegenüber. Ergänzen Sie auch eigene Überlegungen. Führen Sie evtl. eine Internetrecherche durch.

2 **Podiumsdiskussion:** Forschungen der Neurowissenschaften – Segen oder Fluch?
Gehen Sie so vor:
a Bilden Sie zwei Großgruppen; eine soll die Position einer freien Erforschung der Möglichkeiten einer Einflussnahme auf das Gehirn vertreten, die andere einen eher ablehnenden Standpunkt.
b Sammeln Sie in der Gruppe Argumente für Ihre jeweilige Position.
Ziehen Sie dabei auch Jonas' Überlegungen hinsichtlich der Auswirkungen technischer Errungenschaften heran (► S. 61 f.).
c Schicken Sie je Großgruppe zwei bis drei Vertreter/innen auf das „Podium". Bestimmen Sie auch eine Moderatorin/einen Moderator aus dem Kurs und führen Sie die Diskussion durch.
d Machen Sie sich als Zuhörer/innen während der Diskussion u. a. zu folgenden Aspekten Notizen: Überzeugungskraft der Argumente, Gesprächsverhalten (z. B. dominant, auf andere eingehend etc.) (Beobachtungsbogen, ► S. 76).

3.3 Wissenschaftlerfiguren im Drama – Faust, Galilei, Oppenheimer

Wenn man die Bühne als eine Institution der öffentlichen Meinungsbildung begreift und sich zugleich bewusst macht, welche gesellschaftliche, politische und wirtschaftliche Bedeutung das Thema „Verantwortung der Wissenschaft" hat, dann ist leicht zu verstehen, warum Wissenschaftlerfiguren immer wieder auf die Bühne gebracht worden sind. Was aber sind die Akzentsetzungen? Welche Antworten werden gegeben?

Johann Wolfgang Goethe: **Faust I** (1808) – Nacht (V. 522–593)

[Der Gelehrte Faust unterhält sich mit Wagner, seinem Gehilfen und Schüler:]

WAGNER:
Verzeiht! Ich hör Euch deklamieren;
Ihr last gewiss ein griechisch Trauerspiel?
In dieser Kunst möcht ich was profitieren,
Denn heutzutage wirkt das viel.
Ich hab es öfters rühmen hören,
Ein Komödiant könnt einen Pfarrer lehren.

FAUST:
Ja, wenn der Pfarrer ein Komödiant ist;
Wie das denn wohl zu Zeiten kommen mag.

WAGNER:
Ach! Wenn man so in sein Museum gebannt ist,
Und sieht die Welt kaum einen Feiertag,
Kaum durch ein Fernglas, nur von Weiten,
Wie soll man sie durch Überredung leiten?

FAUST:
Wenn ihr's nicht fühlt, ihr werdet's nicht erjagen,

Wenn es nicht aus der Seele dringt,
Und mit urkräftigem Behagen
Die Herzen aller Hörer zwingt.
Sitzt ihr nur immer! Leimt zusammen,
Braut ein Ragout von andrer Schmaus,
Und blast die kümmerlichen Flammen
Aus eurem Aschenhäufchen raus!
Bewundrung von Kindern und Affen,
Wenn euch darnach der Gaumen steht –
Doch werdet ihr nie Herz zu Herzen schaffen,
Wenn es euch nicht von Herzen geht.

WAGNER:
Allein der Vortrag macht des Redners Glück;
Ich fühl es wohl, noch bin ich weit zurück.

FAUST:
Such Er den redlichen Gewinn!
Sei Er kein schellenlauter Tor!
Es trägt Verstand und rechter Sinn
Mit wenig Kunst sich selber vor;
Und wenn's euch Ernst ist, was zu sagen,
Ist's nötig, Worten nachzujagen?
Ja, eure Reden, die so blinkend sind,
In denen ihr der Menschheit Schnitzel kräuselt,
Sind unerquicklich wie der Nebelwind,
Der herbstlich durch die dürren Blätter säuselt!

WAGNER:
Ach Gott! Die Kunst ist lang!
Und kurz ist unser Leben.
Mir wird, bei meinem kritischen Bestreben,
Doch oft um Kopf und Busen bang.
Wie schwer sind nicht die Mittel zu erwerben,
Durch die man zu den Quellen steigt!
Und eh man nur den halben Weg erreicht,
Muss wohl ein armer Teufel sterben.

FAUST:
Das Pergament, ist das der heil'ge Bronnen,
Woraus ein Trunk den Durst auf ewig stillt?
Erquickung hast du nicht gewonnen,
Wenn sie dir nicht aus eigner Seele quillt.

WAGNER:
Verzeiht! Es ist ein groß Ergetzen,
Sich in den Geist der Zeiten zu versetzen;
Zu schauen, wie vor uns ein weiser Mann gedacht,
Und wie wir's dann zuletzt so herrlich weit gebracht.

FAUST:
O ja, bis an die Sterne weit!
Mein Freund, die Zeiten der Vergangenheit
Sind uns ein Buch mit sieben Siegeln;
Was ihr den Geist der Zeiten heißt,
Das ist im Grund der Herren eigner Geist,
In dem die Zeiten sich bespiegeln.
Da ist's denn wahrlich oft ein Jammer!
Man läuft euch bei dem ersten Blick davon:
Ein Kehrichtfass und eine Rumpelkammer,
Und höchstens eine Haupt- und Staatsaktion[1]
Mit trefflichen pragmatischen Maximen[2],
Wie sie den Puppen wohl im Munde ziemen!

WAGNER:
Allein die Welt! Des Menschen Herz und Geist!
Möcht jeglicher doch was davon erkennen.

FAUST:
Ja, was man so erkennen heißt!
Wer darf das Kind beim rechten Namen nennen?
Die wenigen, die was davon erkannt,
Die törich gnug ihr volles Herz nicht wahrten,
Dem Pöbel ihr Gefühl, ihr Schauen offenbarten,
Hat man von je gekreuzigt und verbrannt.

1 **Haupt- und Staatsaktion:** abwertende Bezeichnung für banale Ereignisse
2 **pragmatische Maxime:** auf praktische Umsetzbarkeit bedachter Grundsatz

1 In diesem Dialog kommen unterschiedliche Wissenschaftsauffassungen zur Sprache. Arbeiten Sie die Unterschiede heraus. Achten Sie besonders darauf, worin die beiden die Grundlage des Wissens sehen und wie sie sich das wissenschaftliche Wirken vorstellen.

2 Verfassen Sie für eine der beiden Figuren einen Monolog, in dem sie sich die eigene Auffassung bewusst macht und das Verständnis des anderen kommentiert.

Bertolt Brecht: **Leben des Galilei** (Berliner Fassung, 1955/56) – Auszug aus dem 14. Bild

[Durch Beobachtungen kann Galilei nachweisen, dass nicht die Sonne um die Erde kreist, sondern umgekehrt die Erde um die Sonne. Weil das aber gegen die geltende Lehre verstößt, provoziert er den massiven Widerstand der Kirche, und zwar weniger wegen der Verkündung eines neuen Weltbildes, sondern vielmehr wegen der damit verbundenen Infragestellung der alten Autoritäten und bestehenden Herrschaftsstrukturen. Unter Androhung der Folter erklärt er seine Erkenntnis schließlich für falsch. Was aber bedeutet dieser Widerruf? Bei einem letzten Besuch seines früheren Schülers Andrea Sarti, der sich einst wegen des Widerrufs von ihm abgewendet hatte, äußert sich Galilei wie folgt:]

Galilei: Der Verfolg der Wissenschaft scheint mir [...] besondere Tapferkeit zu erheischen. Sie handelt mit Wissen, gewonnen durch Zweifel. Wissen verschaffend über alles für alle, trachtet sie, Zweifler zu machen aus allen. Nun wird der Großteil der Bevölkerung von ihren Fürsten, Grundbesitzern und Geistlichen in einem perlmutternen Dunst von Aberglauben und alten Wörtern gehalten, welcher die Machinationen[1] dieser Leute verdeckt. Das Elend der Vielen ist alt wie das Gebirge und wird von Kanzel und Katheder[2] herab für unzerstörbar erklärt wie das Gebirge. Unsere neue Kunst des Zweifelns entzückte das große Publikum. Es riß uns das Teleskop aus der Hand[3] und richtete es auf seine Peiniger, Fürsten, Grundbesitzer, Pfaffen. Diese selbstischen und gewalttätigen Männer, die sich die Früchte der Wissenschaft gierig zunutze gemacht haben, fühlten zugleich das kalte Auge der Wissenschaft auf ein tausendjähriges, aber künstliches Elend gerichtet, das deutlich beseitigt werden konnte, indem sie beseitigt wurden. Sie überschütteten uns [die Wissenschaftler] mit Drohungen und Bestechungen, unwiderstehlich für schwache Seelen. Aber können wir uns der Menge verweigern und doch Wissenschaftler bleiben? Die Bewegungen der Himmelskörper sind übersichtlicher geworden; immer noch unberechenbar sind den Völkern die Bewegungen ihrer Herrscher. Der Kampf um die Meßbarkeit des Himmels ist gewonnen durch Zweifel; durch Gläubigkeit muß der Kampf der römischen Hausfrau um Milch immer aufs neue verlorengehen. Die Wissenschaft, Sarti, hat mit beiden Kämpfen zu tun. Eine Menschheit, stolpernd in diesem tausendjährigen Perlmutterdunst von Aberglauben und alten Wörtern, zu unwissend, ihre eigenen Kräfte voll zu entfalten, wird nicht fähig sein, die Kräfte der Natur zu entfalten, die ihr enthüllt. Wofür arbeitet ihr? Ich halte dafür, daß das einzige Ziel der Wissenschaft darin besteht, die Mühseligkeit der menschlichen Existenz zu erleichtern. Wenn Wissenschaftler, eingeschüchtert durch selbstsüchtige Machthaber, sich damit begnügen, Wissen um des Wissens willen aufzuhäufen, kann die Wissenschaft zum Krüppel gemacht werden, und eure neuen Maschinen mögen nur neue Drangsale bedeuten. Ihr mögt mit der Zeit alles entdecken, was es zu entdecken gibt, und euer Fortschritt wird doch nur ein Fortschreiten von der Menschheit weg sein. Die Kluft zwischen euch und ihr kann eines Tages so groß werden, daß euer Jubelschrei über irgendeine neue Errungenschaft von einem universalen Entsetzensschrei beantwortet werden könnte. – Ich hatte als Wissenschaftler eine einzigartige Möglichkeit. In meiner Zeit erreichte die Astronomie die Marktplätze. Unter diesen ganz besonderen Umständen hätte die Standhaftigkeit eines Mannes große Erschütterungen hervorrufen können. Hätte ich widerstanden, hätten die Naturwissenschaftler etwas wie den hippokratischen Eid[4] der Ärzte entwickeln können, das Gelöbnis, ihr Wissen einzig zum Wohle der Menschheit anzuwenden! Wie es nun steht, ist das Höchste, was man

1 **Machinationen:** Machenschaften
2 **Katheder:** Lehrstuhl
3 Das Fernrohr ermöglichte Galilei den Nachweis, dass die Erde um die Sonne kreist und nicht umgekehrt.
4 **hippokratischer Eid:** benannt nach dem griech. Arzt Hippokrates von Kós (um 460–370 v. Chr.), obwohl er wahrscheinlich nicht dessen Urheber ist; gilt als erste grundlegende Formulierung einer ärztlichen Ethik mit Elementen wie dem Gebot, Kranken nicht zu schaden, der Schweigepflicht und dem Verbot sexueller Handlungen an Patienten.

erhoffen kann, ein Geschlecht erfinderischer Zwerge, die für alles gemietet werden können. Ich habe zudem die Überzeugung gewonnen, Sarti, daß ich niemals in wirklicher Gefahr schwebte. Einige Jahre lang war ich ebenso stark wie die Obrigkeit. Und ich überlieferte mein Wissen den Machthabern, es zu gebrauchen, es nicht zu gebrauchen, es zu mißbrauchen, ganz, wie es ihren Zwecken diente. [...] Ich habe meinen Beruf verraten. Ein Mensch, der das tut, was ich getan habe, kann in den Reihen der Wissenschaft nicht geduldet werden. R

---

1 **a** Die Frage der Verantwortung der Wissenschaften bekommt bei Brecht einen besonderen gesellschaftlichen Akzent. Stellen Sie diesen in Form einer These dar.
b Vergleichen und begründen Sie Ihre Thesen und einigen Sie sich auf eine Formulierung.

2 Welches Urteil fällt Galilei zuletzt über sich selbst? Erläutern Sie es.

3 Galilei skizziert verschiedene mögliche positive und negative Rollen der Wissenschaftler/innen in der Gesellschaft und deutet auch die jeweiligen Folgen an. Stellen Sie diese Rollenerwartungen in einer Tabelle einander gegenüber.

4 **a** Vergleichen Sie Galileis Ausführungen über die Rolle der Wissenschaften in der Gesellschaft mit der Diskussion der drei Physiker in Friedrich Dürrenmatts Komödie (► S. 55–58). Beziehen Sie auch die Anmerkungen von Weizsäckers mit ein (► S. 63–64).
b Verfassen Sie einen **Essay** (► S. 229) zu folgender Frage: Wie sollen die Naturwissenschaftler/-innen mit ihren Erkenntnissen umgehen?

Heinar Kipphardt: **In der Sache J. Robert Oppenheimer** (Uraufführung 1964) – 1. Szene

[Der deutschstämmige, in den USA arbeitende Physiker J. Robert Oppenheimer (1904–1967) gilt als „Vater der Atombombe". Nach dem Abwurf der ersten Atombomben über den japanischen Städten Hiroshima und Nagasaki am 6. und 9. August 1945 wandte er sich gegen die weitere Verwendung dieser Waffe. Deshalb wurde er vor einen Untersuchungsausschuss zitiert, der die Loyalität des Wissenschaftlers gegenüber der amerikanischen Regierung überprüfen sollte. Heinar Kipphardt (1922–1982) hat diese Untersuchung in einem Theaterstück dargestellt, das zu den wichtigsten Beispielen des „Dokumentartheaters" (► S. 440) gehört.]

Robb: Aber dem Abwurf der Atombombe auf Hiroshima widersetzten Sie sich nicht?
Oppenheimer: Wir gaben Argumente, die dagegen–
Robb: Ich frage Sie, Doktor, ob Sie sich widersetzten?
Oppenheimer: Ich gab Argumente, die dagegensprachen.
Robb: Gegen den Abwurf der Atombombe?
Oppenheimer: Richtig. Aber ich verfocht sie nicht. Nicht nachdrücklich.
Robb: Sie meinen, nachdem Sie drei oder vier Jahre Tag und Nacht daran gearbeitet hatten, die Atombombe zu machen, argumentierten Sie, das Ding nicht zu gebrauchen?
Oppenheimer: Nein. Als ich vom Kriegsminister gefragt wurde, gab ich ihm die Argumente, die dafür- und die dagegensprachen. Ich äußerte Befürchtungen.
Robb: Und bestimmten Sie nicht auch die Höhe, Doktor, in der die Atombombe zu zünden sei, um die größte Wirkung zu haben?
Oppenheimer: Wir machten als Fachleute die Arbeit, die man von uns verlangte. Aber wir entschieden damit nicht, die Bombe tatsächlich zu werfen.
Robb: Sie wussten natürlich, dass der Abwurf der Atombombe auf das von Ihnen ausgesuchte Ziel Tausende von Zivilisten töten würde?
Oppenheimer: Nicht so viele, wie sich herausstellte.

ROBB: Wie viele wurden getötet?

OPPENHEIMER: 70 000.

ROBB: Hatten Sie deshalb moralische Skrupel?

OPPENHEIMER: Schreckliche.

ROBB: Sie hatten schreckliche moralische Skrupel?

OPPENHEIMER: Ich kenne niemanden, der nach dem Abwurf der Bombe nicht schreckliche moralische Skrupel gehabt hätte.

ROBB: Ist das nicht ein bisschen schizophren?

OPPENHEIMER: Was? Moralische Skrupel zu haben?

ROBB: Das Ding zu machen, die Ziele auszusuchen, die Zündhöhe zu bestimmen und dann über den Folgen in moralische Skrupel zu fallen? Ist das nicht ein bisschen schizophren, Doktor?

OPPENHEIMER: Ja. – Es ist die Art von Schizophrenie, in der wir Physiker seit einigen Jahren leben.

ROBB: Können Sie das erläutern?

OPPENHEIMER: Man machte von den großen Entdeckungen der neueren Naturwissenschaften einen fürchterlichen Gebrauch. Die Kernenergie ist nicht die Atombombe.

ROBB: Sie meinen, man kann sie industriell auswerten und so?

OPPENHEIMER: Sie kann Überfluss herstellen, erstmals. Ein Problem billiger Energie.

ROBB: Sie denken an Goldenes Zeitalter, Schlaraffenland und diese Geschichten?

OPPENHEIMER: Ja, an Luxus. Zu unserem Unglück denkt man an einigermaßen gegenteilige Verwendungen.

ROBB: Wer ist „man“, Doktor?

OPPENHEIMER: Die Regierungen. Die Welt ist auf die neuen Entdeckungen nicht eingerichtet. Sie ist aus den Fugen.

ROBB: Und Sie sind ein bisschen gekommen, sie einzurenken, wie Hamlet[1] sagt?

OPPENHEIMER: Ich kann es nicht. Sie muss das selber tun.

MORGAN: Wollen Sie einem alten Praktiker sagen, Doktor Oppenheimer, dass Sie die Atombombe gebaut haben, um irgendein Schlaraffenland zu machen? Oder haben Sie die gebaut, um sie zu verwenden und um mit ihr den Krieg zu gewinnen?

OPPENHEIMER: Wir haben sie gebaut, um zu verhindern, dass sie verwendet wird. Ursprünglich jedenfalls.

MORGAN: Sie haben zwei Milliarden Steuergelder verbraucht, um zu verhindern, dass sie verwendet wird?

OPPENHEIMER: Um zu verhindern, dass sie von Hitler verwendet wird. Es stellte sich am Ende heraus, dass es ein deutsches Atombombenprojekt nicht gab. – Wir haben sie dann trotzdem verwendet. –

ROLANDER: Ich bitte um Entschuldigung, Sir, wurden Sie in einer bestimmten Phase der Entwicklung nicht wirklich gefragt, ob die Bombe gegen Japan verwendet werden solle?

OPPENHEIMER: Wir wurden nicht gefragt ob, sondern ausschließlich wie sie verwendet werden sollte, um die beste Wirkung zu haben. [...] Wir waren Physiker, keine Militärs, keine Politiker. – Es war die Zeit der sehr blutigen Kämpfe auf Okinawa. Es war eine fürchterliche Entscheidung.

ROBB: Haben Sie den offiziellen Bericht über die Wirkung der Bombe auf Hiroshima geschrieben?

OPPENHEIMER: Nach den Daten von Alvarez, ja, der mitgeflogen war, die Wirkung zu messen.

EVANS: Der Physiker Alvarez?

OPPENHEIMER: Ja. Mit neuen Messinstrumenten.

ROBB: Schrieben Sie da nicht, dass der Abwurf eine gute und sehr erfolgreiche Sache gewesen sei?

OPPENHEIMER: Er war technisch erfolgreich, ja.

ROBB: Oh, technisch. – Sie sind sehr bescheiden, Doktor.

OPPENHEIMER: Nein.

ROBB: Nicht?

OPPENHEIMER: Wir Wissenschaftler sind in diesen Jahren an den Rand der Vermessenheit geraten. Wir haben die Sünde kennen gelernt.

1 **Hamlet:** Prinz von Dänemark. Titelheld einer Tragödie (1603) von William Shakespeare.

1 **a** Nennen Sie die Aussagen, die Ihres Erachtens Oppenheimers Meinung am besten wiedergeben, und begründen Sie Ihre Wahl (auch durch Textbelege):
- Oppenheimer hat von Anfang an vehement gegen den Einsatz der Atombombe gestimmt.
- Oppenheimer hat auf das Für und Wider eines Einsatzes hingewiesen, aber die Entscheidung anderen überlassen.
- Für Oppenheimer standen ursprünglich die positiven Aspekte der Atomkraft im Vordergrund.
- Oppenheimer verteidigt die unpolitische Haltung der Physiker.

b Stellen Sie Oppenheimers Einstellung zur Atomenergie im Allgemeinen und zur Atombombe im Besonderen dar. Sie können dies in Form einer kurzen analytischen Beschreibung oder in Form eines Monologs des Physikers machen.

2 Die Diskussion zwischen Oppenheimer und den Vertretern des Untersuchungsausschusses weist einige Parallelen, aber auch Unterschiede zu der Diskussion der drei Physiker in Dürrenmatts Komödie (► S. 55–58) auf. Arbeiten Sie diese Parallelen und Unterschiede heraus.

3 Eine Aussage des Physikers Carl Friedrich von Weizsäcker hinsichtlich des Einsatzes der Atombombe lautet: „Es gibt Leute, die meinen, die instrumentale Denkweise der Physik [...] sei in sich selbst moralisch problematisch" (► S. 63, Z. 48 f.). Kommentieren Sie dies aus der Sicht Oppenheimers.

4 **Projekt:** „Wissenschaftlerfiguren im Drama – ein Vergleich"
Sie haben in den Teilkapiteln 3.1 und 3.3 (► S. 55 ff., 61 ff.) Auszüge aus mehreren Dramen kennen gelernt, in denen Wissenschaftlerfiguren eine Rolle spielen bzw. im Mittelpunkt stehen. In den Stücken wurden jeweils unterschiedliche Akzente gesetzt. Rekapitulieren Sie Ihre Ergebnisse und vertiefen Sie sie durch eine weitere Auseinandersetzung mit den jeweiligen Stücken. Gehen Sie z. B. so vor:

a Erfassen Sie die unterschiedlichen Akzentsetzungen der Stücke in einer tabellarischen Übersicht: Um welche Fragestellung geht es jeweils? Mit welchen Konflikten muss die Figur kämpfen?

Drama (Verfasser, Titel)	*Art des Dramas*	*Akzentsetzung: Fragestellung, Konflikt*
	Komödie	
Goethe: „Faust I"		
	Dokumentar-theater	*Verantwortung der Wissenschaftler in Bezug auf neue Erkenntnisse*

b Bilden Sie Arbeitsgruppen (z. B.: zwei zu jedem Stück) und informieren Sie sich werkübergreifend über die Autoren und die Entstehungszeit.

c Vergleichen Sie anschließend in den Gruppen Ihre Ergebnisse. Welche neuen Erkenntnisse haben Sie gewonnen?

d Bringen Sie zwei oder mehrere Figuren aus den verschiedenen Dramen miteinander ins Gespräch. Skizzieren Sie eine mögliche Szene, beachten Sie Regieanweisungen und entwickeln Sie gegebenenfalls einen Bühnenplan: Wo sollen die Figuren stehen, sitzen, sich aufeinander zu bewegen ...?

e Stellen Sie sich Ihre Szenen gegenseitig vor. Wie wurde das Thema „Wissenschaft und Verantwortung" erfasst? Zu welchen weiteren Fragen oder Lösungen sind Sie gelangt?

f Skizzieren Sie einen möglichen Konflikt für ein Wissenschaftsdrama über die Hirnforschung (► S. 65–66).

4 Zukunft in einer globalen Welt – Sachtexte analysieren und erörtern

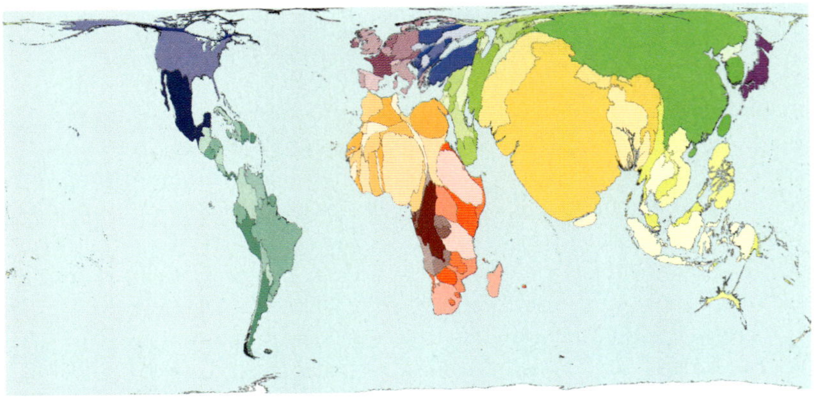

Das Projekt „Worldmapper" (www.worldmapper.org) zeigt im Internet statistische Daten der Weltbevölkerung auf entsprechend gestalteten Landkarten, z. B. zur Kinderanzahl (oberes Bild) oder zur nationalen Einkommensverteilung (unteres Bild).

1 Beschreiben und erklären Sie die Grafiken auf dieser und den nächsten beiden Seiten. Beachten Sie dabei die zusätzlichen Informationen in den Legenden. Gehen Sie so vor, dass Sie zunächst die größten Auffälligkeiten beschreiben und in Beziehung zueinander setzen, z. B.: *Indien wirkt in der „Worldmapper"-Karte überproportional groß ..., während ein sonst flächenmäßig riesiges Land wie ...*

2 Was verstehen Sie unter „Globalisierung"? Geben Sie Ihre Assoziationen nach dem Prinzip der **Blitzlicht-Methode** (► S. 132) wieder, d. h., Sie äußern reihum in Ich-Form kurz Ihre Eindrücke/Meinungen zum Thema bzw. zur Fragestellung.

3 Halten Sie Ihre wichtigsten Assoziationen zum Kapitelthema in Form eines Clusters fest.

In diesem Kapitel erwerben Sie folgende Kenntnisse und Kompetenzen:

- kontinuierliche und diskontinuierliche Texte lesen und verstehen,
- Vorwissen im Hinblick auf ein erstes Meinungsbild einbeziehen,
- sich in Dialogen und Diskussionen austauschen und Debatten führen,
- Texte inhaltlich in ihrer Argumentation analysieren,
- eine dialektische/antithetische Erörterung verfassen und Stellung zu einem Thema nehmen.

4.1 Die Welt von morgen sieht anders aus – Diskussion, Debatte, Dialog

Definitionen zum Begriff „Globalisierung“

Gunhild Simon: **Globalisierung – sprachliche Aspekte eines umstrittenen Begriffs** (2007)

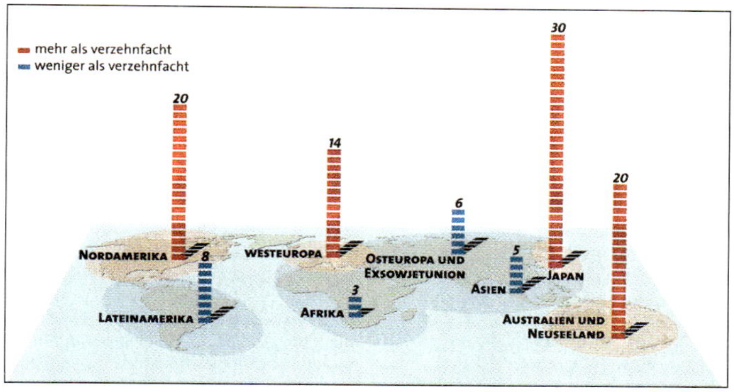

Vervielfachung der Wirtschaftsleistung pro Kopf zwischen 1830 und 1998

Globalisierung leitet sich zunächst von *globalisieren,* über die ganze Erde ausdehnen, über *global,* weltumspannend, schließlich von *Globus,* Kugel – heute mit dem Abbild der Erdoberfläche, ab. Unter Globalisierung versteht man die Vereinheitlichung auf weltweit gültige Standards. [...] Dieser Globalisierungsprozess unterliegt einer stetigen Intensivierung. Und darin liegt seine aktuelle politische Bedeutung. Denn er beschreibt die internationale, multinationale und global ausgerichtete Kapitalverflechtung und gegenseitige Durchdringung von Wirtschaft, Politik, Umwelt und Kommunikation. Technischer Fortschritt, gerade in der Kommunikations- und Transporttechnik, ermöglicht diese internationale Zusammenarbeit. [...] Handelsverflechtung, kommunikationstechnische Verflechtung, Kapitalverkehr und die Migration kennzeichnen also den Begriff der Globalisierung. Darin birgt sich zweierlei: Möglichkeiten und Gefahren – Liberalisierung und Knebelung – Enthumanisierung durch Zwänge des Wettbewerbs, wie Ausbeutung von Kinderarbeit oder Migration, die sich nicht als lebensverbessernd, sondern entwurzelnd auswirkt. [...] Auf dem Feld der Umwelt wird der Gegensatz besonders krass: Arme Länder können sich, bevor sie ihre wirtschaftlichen Bedürfnisse nicht sichergestellt haben, weder Vorsorge noch Sicherheit leisten. Die Umweltsünden der reichen Länder treffen sie doppelt: Sie sind ihnen gleichermaßen ausgesetzt, ohne ihren eigenen Schutz langfristig gewährleisten zu können, sie sind gezwungen, ihn zurückzustellen hinter vorrangigen kurzfristigen Wirtschaftsüberlegungen.

Duden: Wirtschaft von A bis Z (2004)

Bezeichnung für die zunehmende Entstehung weltweiter Märkte für Waren, Kapital und Dienstleistungen sowie die damit verbundene internationale Verflechtung der Volkswirtschaften. Der Globalisierungsprozess der Märkte wird vor allem durch neue Technologien im Kommunikations-, Informations- und Transportwesen sowie neu entwickelte Organisationsformen der betrieblichen Produktionsprozesse vorangetrieben. Weltweite Datennetze, Satellitenkommunikation, computergestützte Logistik und hoch entwickelte Verkehrsmittel lösen Arbeit und Produktion, Produkte und Dienstleistungen von den nationalen Standorten und ermöglichen es den Unternehmen, die für sie günstigsten Produktions- bzw. Lieferstandorte auszuwählen und ihre Aktivitäten weltweit zu koordinieren. In immer stärkerem Maße werden dadurch Angebot und Nachfrage aus der ganzen Welt zusammengefasst und die Preisbildung vereinheitlicht. Hauptakteure der Globalisierung sind multinationale Unternehmen [...], die mit ihren Investitions-, Produktions- und Produktstrategien zunehmend Charakter und Formen des internationalen Handels bestimmen. Auf den Finanzmärkten schließen sich weltweit nicht nur die Börsen verschiedener Standorte aus unterschiedlichen Ländern zusammen, sondern auch der weltweite Handel mit Wertpapieren hat in den vergangenen Jahren enorm zugenommen. Anbieter und Nachfrager können Preise und Informationen über Wertpapiere z. B. auf den weltweiten Aktienmärkten miteinander vergleichen [...]. Seit einigen Jahren ruft die Globalisierung auch Ängste und Kritik hervor. Insbesondere Nichtregierungsorganisationen [...] wie Attac [...] weisen auf negative Folgen überwiegend wirtschaftlicher Globalisierung hin.

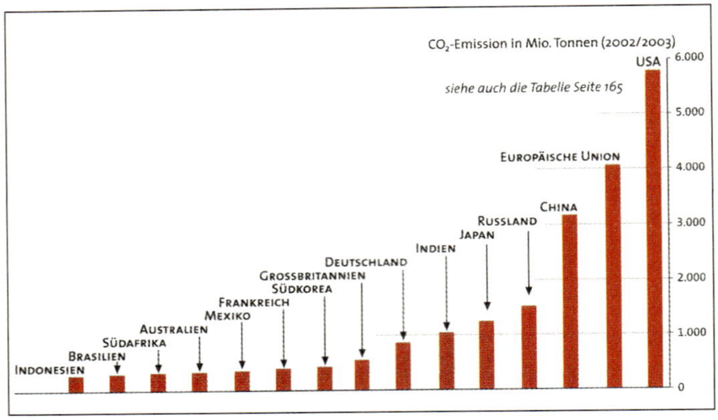

Kohlendioxidausstoß einiger Industrie- und Entwicklungsländer (2006)

1 Ergänzen Sie zur Vorbereitung einer **Plenumsdiskussion** (► S. 76) zum Thema „Globalisierung – Chancen oder Risiken?“ Ihr Cluster (► Aufgabe 3, S. 72) auf die folgende Weise:

a Fügen Sie die für Sie wichtigsten Aspekte aus den oben stehenden Definitionen hinzu.

b Suchen Sie in den Medien (Zeitung, Internet, Fernsehen) nach Beispielen für Globalisierungsprozesse. Notieren Sie sie entsprechend im Cluster.

Eine Diskussion vorbereiten und durchführen – Expertenmeinungen berücksichtigen

Will man sich mit zwei oder mehr Gesprächspartnerinnen und -partnern über ein strittiges Thema konstruktiv austauschen, bietet es sich an, in einer Diskussion die verschiedenen Ansichten zusammenzutragen. So können Meinungen gebildet, verschiedene Aspekte einer Frage näher beleuchtet, Lösungen entwickelt oder Problemstellungen nach unterschiedlichen Pro- und Kontra-Argumenten bewertet werden. Will man zu einer solchen Diskussion beitragen, sollte man sich vorher entsprechend mit dem Thema befasst haben und dabei Expertenmeinungen zu Rate ziehen, z. B.:

Klaus von Dohnanyi (ehem. Hamburger Bürgermeister): „Der Prozess der wachsenden globalen Herausforderung läuft [...] seit Beginn der 80er. Er ist durch den Fall der Mauer ungeheuer beschleunigt worden. Im Kern bedeutete Globalisierung eben einen Zuwachs an Freiheit. Die Welt ist freier geworden, und eine freiere Welt bedeutet mehr Konkurrenz. Darauf müssen wir uns einrichten."

Muhammad Yunus (Friedensnobelpreisträger): „Ich unterstütze Globalisierung und bin davon überzeugt, dass sie armen Menschen mehr nützt als jede andere Entwicklung. Aber es muss die richtige Form von Globalisierung sein. Derzeit kommt es mir vor, als sei Globalisierung eine hundertspurige Autobahn, die die Welt umspannt. Wenn die Nutzung dieser Autobahn für alle gebührenfrei ist, werden darauf nur große Lastwagen aus starken, reichen Staaten fahren – die Rikscha aus Bangladesch wird von der Straße gefegt. Um eine Win-win-Situation zu erreichen, brauchen wir Verkehrsregeln, eine Polizei und eine Verkehrsbehörde für diese globale Autobahn. Das Gesetz ‚Der Stärkste bestimmt alles' muss durch Regeln ersetzt werden, die den Armen ihren Platz und ihren Anteil an allem geben, ohne von den Starken weggedrängelt zu werden. Globalisierung darf auf keinen Fall Finanzimperialismus werden."

Joseph Stiglitz (Wirtschaftsnobelpreisträger): „Sowohl in den Industriestaaten als auch in Ländern wie Indien und China, die ja immer gern als Globalisierungsgewinner bezeichnet werden, gibt es Hunderte Millionen Menschen, die unter der Globalisierung leiden. Gerade in China und Indien sieht man die negativen Folgen ganz deutlich: Nur wenige Menschen werden sagenhaft reich, die Ärmsten der Armen bleiben arm."

Ludwig Eichinger (Direktor des Instituts für Deutsche Sprache): „Tatsächlich macht die Globalisierung vor unserer Sprache nicht halt. Der Einfluss des Englischen war schon Mitte des 19. Jahrhunderts spürbar, verstärkte sich nach dem Zweiten Weltkrieg noch einmal merklich, um in den zurückliegenden 20 Jahren dramatisch anzuwachsen. Diese Entwicklung findet nicht nur Freunde, sondern sorgt auch für Irritationen. Misstrauen gegen fremdsprachige Einsprengsel ist jedoch nichts Neues. Anfang des 20. Jahrhunderts gab es eine ähnliche Bewegung gegen französische Lehnwörter. Bei aller Sorge um den Erhalt des Deutschen sollte man sich aber vor Augen halten: Fremde Einflüsse haben die europäischen Sprachen zu dem gemacht, was sie sind."

---

1 Wählen Sie eines der Zitate aus, das Ihnen am ehesten zusagt. Überlegen Sie, für welchen Aspekt des Themas „Globalisierung" es sich als Expertenmeinung verwenden ließe.

2 Entscheiden Sie, ob es sich um eine Stellungnahme für oder gegen Globalisierung handelt, und finden Sie weitere Argumente und Beispiele zu der jeweiligen Position.

3 Bereiten Sie im Sinne der Diskussionsvorbereitung mit Hilfe Ihrer bisherigen Ergebnisse Thesen und Argumente zum Thema auf:

a Fertigen Sie stichwortartige Notizen in Form des folgenden Schemas auf einzelnen Karteikarten an (► S. 76).

b Ordnen Sie diese Karten den Gruppen Pro und Kontra zu. Nummerieren Sie diese dann jeweils nach ihrer Stichhaltigkeit so, dass eine hohe Nummerierung eine hohe Stichhaltigkeit anzeigt.

These — Behauptung, Werturteil, Empfehlung oder Forderung

z. B.: „Führende deutsche Unternehmen arbeiten heutzutage weltweit."

↓ *wird gestützt durch*

Argumente — Fakten, Beobachtungen und Erfahrungen, Grundsätze, Normen oder Expertenmeinungen

z. B.: „Denn diese Entwicklung ist auch international bei der zunehmenden Verflechtung der Volkswirtschaften zu beobachten."

↙ ↓ ↘ *werden untermauert durch*

Beispiele **Belege** **Zitate**

z. B.: „Die deutsche Schifffahrt ist laut Branchenbericht zu einem wichtigen logistischen Faktor beim Im- und Export von Waren geworden."

Beispiel für eine Karteikarte

4 Nutzen Sie Ihre Karteikarten, um sich in einer größeren Gruppe in Form einer **Plenumsdiskussion** über möglichst viele verschiedene Thesen, Argumente und Beispiele zum Thema auszutauschen und dabei die Stichhaltigkeit Ihrer Argumente zu erproben.

Methode **Eine Plenumsdiskussion durchführen – Die Fünfsatzmethode**

Organisation:

- Teilen Sie die Klasse in zwei Gruppen. Die erste Gruppe führt die Diskussion, die zweite beobachtet das Diskussionsverhalten, z. B. mit Hilfe des unten stehenden Beobachtungsbogens.
- Setzen Sie sich im Kurs so, dass Sie sich alle gut sehen und hören können, z. B. in U-Form, im Rechteck oder in Form eines inneren (Diskutanten) und äußeren (Beobachter/innen) Kreises.
- Zur besseren Nachverfolgung bzw. zur Ergebnissicherung sollte ein Mitglied der Beobachtungsgruppe die Diskussion zusätzlich protokollieren (► S. 108–110).

Durchführung – Fünfsatzmethode:

1. Knüpfen Sie an Ihre/n Vorredner/in an: *Sie behauptet …; Die gerade geäußerte Meinung, dass …*
2. Stellen Sie die Gegenposition oder Ihre eigene dar: *Es ist angeführt worden …; Ich glaube aber …*
3. Entkräften Sie die Argumente oder nennen Sie Ihre: *Dem ist entgegenzuhalten …; Dafür spricht …*
4. Schlussfolgern Sie ggf.: *Deshalb meine ich …; Daher erscheint es mir offensichtlich, dass …*
5. Formulieren Sie ggf. einen Appell/Vorschlag: *Ich schlage vor, …; Ich meine, wir müssten …*

Beobachtungsbogen zum Diskussionsverhalten

Der/die Diskutierende XY …

– formuliert stichhaltige Argumente:	trifft zu	1	2	3	4	5	trifft nicht zu
– bezieht sich auf seine/n Vorredner/in:	trifft zu	1	2	3	4	5	trifft nicht zu
– formuliert sachlich-konstruktiv:	trifft zu	1	2	3	4	5	trifft nicht zu
– reagiert zu emotional, unsachlich:	trifft zu	1	2	3	4	5	trifft nicht zu
– macht Zwischenrufe (stört):	trifft zu	1	2	3	4	5	trifft nicht zu
– spricht mit passender Mimik und Gestik:	trifft zu	1	2	3	4	5	trifft nicht zu
– lässt andere ausreden:	trifft zu	1	2	3	4	5	trifft nicht zu
– lässt sich unterbrechen:	trifft zu	1	2	3	4	5	trifft nicht zu

5 Reflektieren Sie die durchgeführte Plenumsdiskussion mit Hilfe des Protokolls und des Beobachtungsbogens. Welche Tipps für zukünftige Diskussionen nehmen Sie mit?

Methode **Alternativen der Gesprächsgestaltung**

Andere Möglichkeiten, in einer Gruppe zu diskutieren, sind das Fishbowl, die Talkshow und die Podiumsdiskussion.

- Eine **Fishbowl-Diskussion** ist eine Übungsform, durch die in einem kleinen Kreis das Formulieren stichhaltiger Argumente und das spezifische Gesprächsverhalten bewusst geübt werden kann. Dabei wird der Kurs in eine Pro- und eine Kontra-Gruppe aufgeteilt, von denen sich jeweils drei bis vier Mitglieder als Kleingruppe in einen Stuhlkreis setzen. Die restlichen Schülerinnen und Schüler stehen hinter ihnen, beobachten und können sich auf zwei weitere freie Stühle in diesem Kreis setzen, um für eine zuvor vereinbarte Zeit in die Diskussion einzusteigen. Dann machen sie den Platz für andere Interessierte wieder frei. Haben die Beobachterinnen und Beobachter den Eindruck, dass die Diskussion keine neuen Aspekte mehr hervorbringt, können sie über das Ende der Diskussion abstimmen.
- Für eine **Talkshow** werden Rollen für eine/n Moderator/in und ca. acht Talkshowgäste festgelegt, deren Expertenwissen in Kleingruppen vorbereitet werden kann. Die **Moderation** stellt die Gäste vor und regt mit Hilfe von Aufforderungen, Nachfragen und provokanten Äußerungen zur Diskussion an. Der übrige Kurs bildet die Beobachtergruppe bzw. das Publikum. Die Moderation hat auf eine vergleichbare Länge und Häufigkeit der Redebeiträge zu achten, sie beendet die Diskussion/Talkshow und darf auch das Publikum mit einbeziehen.
- Bei der **Podiumsdiskussion** beteiligt sich das Publikum nicht an dem Gespräch, das von ca. sechs bis acht Teilnehmern geführt werden sollte. Mit fundiertem Fachwissen stehen sie dem Publikum aber anschließend für Fragen zur Verfügung oder nehmen dessen Anmerkungen auf.

Eine Debatte organisieren

Information **Debatte**

Die Debatte ist eine genau geregelte Form der Diskussion. Im Unterschied zur dieser steht **im Mittelpunkt** einer Debatte, z. B. im Bundestag, **ein Antrag,** der von einer Mitgliedergruppe gestellt worden ist. Meist stehen sich so zwei klar abgegrenzte Pro- und Kontra-Positionen gegenüber. Zu Beginn der Debatte müssen die Antragsteller/innen ihren Antrag in Form eines **Statements** (kurze, konzentriert argumentierende Meinungsäußerung) zunächst noch einmal begründen, ehe über ihn im gemeinsamen Gespräch mit dem Ziel der Entscheidung beraten wird.

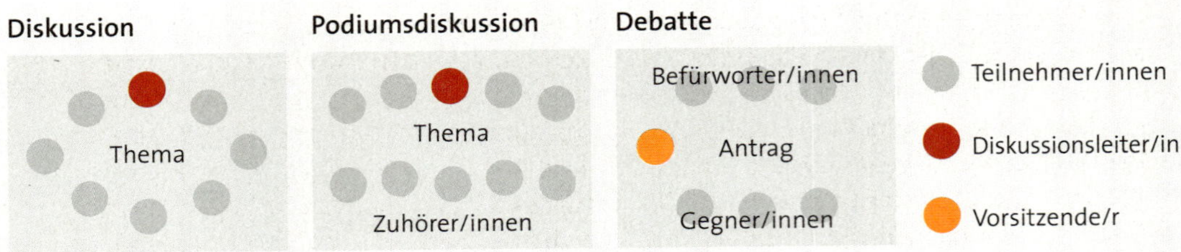

1 **a** Vergleichen und beschreiben Sie die Gesprächsformen der Diskussion, Podiumsdiskussion und Debatte anhand der in der Grafik gezeigten Personenkonstellation im Hinblick auf Organisation, Durchführung und Zweck.

b Nennen Sie gegebenenfalls auch Vor- und Nachteile der jeweiligen Diskussionsform.

Oft spielt die Debatte in einem Betrieb eine wichtige Rolle, wie der folgende Anlass zeigt: Die Geschäftsleitung einer mittelständischen Aktiengesellschaft (AG) mit ca. 200 Mitarbeiterinnen und Mitarbeitern möchte zukünftig im Ausland ihre Waren produzieren lassen, um Steuern, Personal und Herstellungskosten zu sparen. Außerdem stehen Verhandlungen über die Ausgestaltung neuer Tarifverträge an (Lohngestaltung und Größe der Belegschaft). Die Geschäftsleitung lädt daher die Gewerkschaftsvertreterinnen und -vertreter zu einer Debatte ein, in der beide Seiten ihre Meinungen zum Thema vorstellen sollen. Da man um Arbeitsplätze fürchtet, wird die Gewerkschaftsvertretung selbstverständlich gegen eine Expansion des Betriebs sein, die Geschäftsleitung jedoch möchte das Kapital der Firma steigern – der ideale Rahmen für eine Debatte.

2 Recherchieren Sie in den Medien (Zeitung, Internet usw.) nach entsprechenden Meldungen und Berichten zu diesem Thema und konstruieren Sie einen passenden Debattieranlass.

3 Führen Sie eine Pro-und-Kontra-Diskussion zu dem von Ihnen gewählten Debattieranlass in Form einer **amerikanischen Debatte** (► Methode) durch:

Methode **Amerikanische Debatte**

Bei der amerikanischen Debatte trainiert man, **in strenger Wechselrede** Argumente mit Gegenargumenten zu erwidern und Argumente zu finden, die man so zuvor nicht vorbereitet hatte. Dabei vertreten eine **festgelegte Pro- und eine Kontra-Gruppe** von je gleicher Größe vor einer Beobachtergruppe (ca. vier Personen) ihre Positionen.

1. Im Plenum wird ein kontroverses Diskussionsthema vereinbart; anschließend werden zwei je gleich große Gruppen gebildet.
2. Die Gruppen ziehen sich für eine gewisse Zeit zu getrennten Beratungen zurück. In dieser Zeit muss die Gruppe für jedes ihrer Mitglieder ein Argument finden, mit dem sich die Position der Gruppe zum strittigen Thema begründen lässt.
3. Ein/e Moderator/in führt in Anlass und Thema der Debatte ein und wacht darüber, dass im Folgenden kein Mitglied z. B. mehr als 30 Sekunden spricht.
4. In einem ersten Durchgang trägt ein Mitglied der Pro-Gruppe seine These mit dem vorbereiteten Argument vor. Danach muss ein Mitglied der anderen Gruppe direkt reagieren, sodass im Wechsel jedes Mitglied der einen wie der anderen Gruppe sein Argument vorträgt.

5. In einem zweiten Durchgang setzen sich die Gruppen jeweils in einer Reihe gegenüber. Jetzt äußert, von links beginnend, das erste Mitglied der Kontra-Gruppe entweder seine vorbereitete These nebst Argument oder es trägt ein neues Argument vor. Das ihm gegenübersitzende Mitglied der Pro-Mannschaft muss auf das gerade geäußerte Argument eingehen und es mit einem geeigneten Gegenargument entkräften. Die gleiche Aufgabe hat das nächste Mitglied der Kontra-Gruppe, indem es dieses neue Gegenargument aufgreifen und widerlegen muss.
6. Am Ende erfolgt eine Rückmeldung über den Ablauf und die Stichhaltigkeit der Argumente durch die Beobachtergruppe.

4 Stimmen Sie innerhalb der Zuhörerschaft über die überzeugendsten Beiträge ab.

Ein Problem im Dialog klären

Häufig findet ein Meinungsaustausch zwischen zwei oder mehreren Gesprächspartnerinnen und -partnern nicht in einer gut strukturierten Diskussion oder einer detailliert geplanten Debatte statt, sondern eher spontan und privat oder auch inoffiziell außerhalb festgelegter Gesprächsrunden. Während z.B. die Geschäftsleitung eines Betriebs und Vertretungen der Gewerkschaft angesichts drohender Umstrukturierungen miteinander verhandeln, tauschen sich auch die Mitarbeiterinnen und Mitarbeiter des Betriebs über mögliche neue Tarifverträge oder Entlassungen usw. aus. Äußerungen dieser Art können auch Grundlage zur Vorbereitung einer späteren mündlichen oder schriftlichen Argumentation werden. Häufig sind sie Gegenstand eines ersten öffentlichen Meinungsbildes.

1 **a** Führen Sie im Rückgriff auf Ihr bisheriges Sachwissen einen Dialog in Form eines **Lawinengesprächs** durch. Tauschen Sie sich dazu zunächst in Zweier-, dann in Vierer- und schließlich in Achtergruppen zu improvisierten Fragen, Antworten und Widerlegungen seitens der Mitarbeiterinnen und Mitarbeiter aus.
b Notieren Sie die wichtigsten Aspekte in Form von **Gesprächsnotizen** (► Methode) und vergleichen Sie diese anschließend untereinander. Prüfen Sie, inwieweit es Ihnen in der Kürze der Zeit gelungen ist, die wichtigsten Aussagen des Gesprächsverlaufs zu dokumentieren.

Methode **Gesprächsnotiz**

Eine Gesprächsnotiz ist die **Kurzform eines Protokolls** (► S. 109–110) und hält knapp, klar und möglichst übersichtlich die wesentlichen Punkte eines Gesprächs fest. Häufig dokumentiert sie wichtige telefonische Vereinbarungen und spielt in Wirtschaft und Verwaltung eine bedeutende Rolle. Gerade bei komplizierten Sachverhalten soll sie der Verfasserin oder dem Verfasser als Gedächtnisstütze dienen. Sie kann auch anderen im Sinne einer Gesprächsaufzeichnung zur Verfügung gestellt werden.

2 Vergleichen Sie Stichhaltigkeit und Wirkung der Gesprächsform des Dialogs im Lawinengespräch mit dem Verlauf und den Ergebnissen Ihrer zuvor geführten Plenumsdiskussion und Debatte. Betrachten Sie dazu auch noch einmal das Schaubild auf Seite 78 oben. Welche Unterschiede können Sie feststellen? Worin sehen Sie Vor- und Nachteile der unterschiedlichen Gesprächsformen?

4.2 Chancen und Risiken der Globalisierung – Einen Sachtext analysieren und Stellung nehmen

Thomas Straubhaar:[1] **Warum macht Globalisierung Angst?** (Frankfurter Allgemeine Zeitung, 2007)

Alles geht viel schneller. Und das Vertraute verschwindet. Arbeitsplätze sind bedroht. Dabei übersehen wir die Vorteile der Globalisierung.

Sind die Folgen der Globalisierung positiv oder negativ? Wer gerade seinen Job verloren hat oder seit Jahren von Sozialhilfe lebt, ist mit seinem Urteil rasch zur Hand: Die Globalisierung sei schuld an dem persönlichen Unglück. Sie vernichte Arbeitsplätze und zerstöre den Wohlfahrtsstaat. Sie mache es möglich, dass Firmen Standorte in Billiglohnländer verlagern und vermögende Steuerzahler ins Ausland flüchten. Sie führe zu einem weltweiten Kampf um Wohlstand, bei dem die Reichen immer reicher und die Armen immer ärmer werden.

Das negative Urteil ist verständlich. Denn aller gesellschaftlichen Solidarität zum Trotz ist der Mensch vor allem ein Egoist. Was kümmert es den Einzelnen, der sich schlecht behandelt fühlt, dass es der Welt insgesamt besser geht? [...] Die Angst, den eigenen Arbeitsplatz an einen Konkurrenten im Ausland zu verlieren, überlagert alle anderen Effekte. Zwischen negativer persönlicher Betroffenheit und positiver gesamtwirtschaftlicher Wirkung der Globalisierung können riesige Lücken klaffen. [...]

Die Zahlen sprechen eine klare Sprache. Die Globalisierung hat nicht alle Probleme der Welt gelöst. Sie hat im einen oder anderen Fall zu wirtschaftlichem Abstieg, zu mehr Unsicherheit, zu mehr Stress und zu Unzufriedenheit geführt. Sie hat aber in den letzten fünfzig Jahren den Lebensstandard der Massen insgesamt verbessert. [...] Das gilt ganz besonders für Deutschland. Trotzdem glauben viele, dass es ihnen schlechter geht als in früheren Jahren – sie haben zwar nicht in absoluten Größen weniger, aber ihr Abstand zur Spitze ist gewachsen, ihre Besitzstände sind in Gefahr, und sie ziehen den bekannten Status quo der unbekannten Zukunft vor.

Globalisierung ist kein Nullsummenspiel, bei dem der eine nur das gewinnen kann, was der andere verliert. Sie hebt die Boote insgesamt, aber eben nicht alle mit derselben Welle. Deshalb ist die Feststellung richtig, dass sich in den letzten Jahren die Schere zwischen Reich und Arm weiter geöffnet hat. Aber in Asien und Lateinamerika haben gerade die Länder aufgeholt, die sich globalisiert haben. Afrika ist zurückgefallen, denn der Kontinent ist in weiten Teilen von der Globalisierung abgeschnitten. [...]

Es ist unbestritten, dass es noch immer viel zu viel Hunger und Unterdrückung gibt, auch in Deutschland gibt es zu viel Armut und Not. Dafür aber die Globalisierung verantwortlich zu machen heißt jedoch, Ursache und Wirkung durcheinanderzubringen. Die Globalisierung hat Armut und Not nicht verursacht. Sie hilft vielmehr, die ökonomischen Geißeln der Menschheit zu überwinden. [...]

Auch die Globalisierung verhindert nicht, dass Menschen ihre Jobs verlieren. Sie hilft jedoch nachhaltiger als jede Alternative, neue Jobs zu schaffen. Richtig ist, dass sie das Tempo der Veränderungen beschleunigt hat. Das ist aber nicht neu. Der Strukturwandel war schon immer eine feste Konstante der Menschheitsgeschichte. Mal läuft er schneller, mal langsamer, immer aber vernichtet er alte Arbeitsplätze und schafft neue. [...] Von dem höheren Tempo profitieren aber nicht alle Menschen gleichermaßen. Zu den Gewinnern gehören die Verbraucher. Sie freuen sich über billige Importe aus aller Welt: Textilien aus China, Fernsehgeräte aus Korea und Schuhe aus Lateinamerika. Dank des internationalen Handels müssen die Länder nicht alles selbst herstellen. Die globale Arbeitsteilung nutzt die Vorteile der Spezialisierung und der Massenproduktion aus. Die weltweite Konkurrenz sorgt dafür, dass geringere Kosten in Form tieferer Preise an die Kunden weitergegeben werden. Die Folge: Wir müssen

1 **Thomas Straubhaar** (*1957) ist seit 2005 Direktor des „Hamburgischen WeltWirtschaftsInstituts" (HWWI).

immer kürzer arbeiten, um uns Waren, Dienstleistungen, Urlaub und Freizeitangebote leisten zu können. Ist das nicht wunderbar?

Für Arbeiter, vor allem wenn sie weniger gut qualifiziert sind, zeigt die Globalisierung ein dunkleres Gesicht. Asien und Lateinamerika haben in den vergangenen Jahren Milliarden von Arbeitskräften neu ins Spiel gebracht. Die machen den Beschäftigten in Europa das Leben schwer, und zwar in Form von Waren, die sie in Billiglohnländern herstellen und dann im Westen günstig zum Kauf anbieten. [...] Das hat zur Folge, dass in Europa immer mehr Arbeitnehmer unter Wettbewerbsdruck kommen. Das gilt vor allem für jene, die einfache und standardisierte Tätigkeiten ausüben. Es gilt weniger für spezielle Fach- und Führungskräfte. [...]

Die Globalisierung beschleunigt wirtschaftliche und gesellschaftliche Veränderungen. [...] Sich von der Welle mittragen zu lassen, verspricht mehr Erfolg, als dagegen anzuschwimmen. Deshalb ist es sinnvoller, an die eigentlichen Wurzeln der Globalisierungskosten zu gehen: an verkrustete nationale Strukturen. Das gilt übrigens gleichermaßen für höher und weniger entwickelte Volkswirtschaften.

1 Notieren Sie Ihre ersten Leseeindrücke und besprechen Sie sie im Kurs.
2 Ergänzen Sie die Thematik möglichst durch eigene Beispiele.
3 Notieren Sie im Hinblick auf eine spätere eigene Stellungnahme tabellarisch Aspekte, die sich zu Pro- und Kontra-Argumenten formulieren lassen.

In einer demokratischen Gesellschaft ist die freie Meinungsäußerung ein Gut, das zu verteidigen ist, aber auch der Übung bedarf, wenn man mit Argumenten überzeugen und zur Meinungsbildung beitragen will. Entsprechend ist das Verfassen und kritische Verstehen argumentativer Sachtexte eine wichtige Kompetenz. Der Deutschunterricht trainiert diese Fähigkeit, indem er die Analyse von Sachtexten vorstellt und zum Schreiben eigener Stellungnahmen auffordert. Grundsätzlich sollte bei einer schriftlichen Analyse und Stellungnahme folgender Aufbau beachtet werden:

Methode Eine Sachtextanalyse einschließlich Stellungnahme gliedern

- **Einleitung:** Autor/in, Titel, Textsorte, Erscheinungsjahr und ggf. -ort bzw. Medium (Name der Zeitung, Sammelband, Internetforum), in dem der Text erschienen ist, Thema und zentrale These des Textes, ggf. Hinweise zum methodischen Vorgehen im Hauptteil
- **Hauptteil:**
  a kurze Inhaltsangabe, Analyse des Argumentationsaufbaus, Beschreibung auffälliger sprachlich-stilistischer Mittel und Erfassen ihrer Funktion
  b knappe Erörterung ausgewählter Aspekte im Hinblick auf die zentrale These
- **Schluss:** Resümee, Schlussfolgerung

1 Lesen Sie den Zeitungskommentar von Thomas Straubhaar und verfassen Sie eine schriftliche Sachtextanalyse mit anschließender Stellungnahme. Gehen Sie so vor:
a Gliedern Sie den Text in Ihrem Kursheft durch Angabe der Zeilen in Sinnabschnitte, geben Sie diesen Zwischenüberschriften und notieren Sie Stichworte für eine Inhaltsangabe.
b Untersuchen Sie die Argumentation. Wie ist der Aufbau? Wie wird begründet? (► S. 601, 608)
c Suchen Sie nach auffälligen sprachlichen Mitteln und bedenken Sie deren mögliche Wirkung.
d Betrachten Sie die Argumente von Straubhaar kritisch – welche lassen sich möglicherweise widerlegen, welche lassen sich weiter ausbauen?

2 Ergänzen Sie zur Übung die folgenden Ansätze in Ihrem Kursheft zu einer zusammenhängenden Analyse und Stellungnahme:

Einleitungssatz	*Der Kommentar „Warum macht Globalisierung Angst?“ von Thomas Straubhaar, erschienen am 10.6.2007 in der FAZ, handelt von den wirtschaftlichen Vor- und Nachteilen der Globalisierung …*
zentrale These	*Wie zu zeigen sein wird, sieht Straubhaar zwar die Verlagerung von ursprünglich deutschen Arbeitsplätzen in Billiglohnländer oder die steigende Armut von Ländern in der Dritten Welt, die sich nicht an dem wirtschaftlichen Strukturwandel beteiligen. Er betont jedoch auch, dass …*
Inhalt	*Der Text lässt sich in vier große Sinnabschnitte teilen: Zu Beginn seiner Ausführungen (vgl. Z. 4f.) zitiert er gewissermaßen die Volksmeinung, wenn er den individuell empfundenen Nachteil von Globalisierung (Beispiel der drohenden Arbeitslosigkeit, vgl. Z. 21ff.) durch die Verlagerung von Herstellungsprozessen in „Billiglohnländer“ (Z. 11) darstellt. Er behauptet jedoch, …*
Aufbau der Argumentation	*Der Text lässt einen klaren Aufbau der Argumentation erkennen. Ausgehend von möglichen individuellen Eindrücken betroffener Arbeitsloser in Deutschland, die ihre Arbeitsplätze in Billiglohnländer ausgelagert sehen, geht Straubhaar in seinem Kommentar auf die generelle Erscheinung von Globalisierung ein und zeigt am Beispiel von Industrieländern auf, wie …*
sprachliche Analyse	*Zusätzlich werden vorweggenommene Gegenargumente geschickt der eigenen Argumentation gegenübergestellt („aber“, „Es ist unbestritten […]. Dafür aber […].“, „Richtig ist […]. Das ist aber nicht neu.“ usw.).* *Der Kommentar enthält neben vielen fachlichen Informationen zahlreiche wertende Äußerungen, die Straubhaars positive Haltung gegenüber der Globalisierung verdeutlichen sollen. So nutzt er anschauliche Metaphern und Redensarten …*
knappe Erörterung ausgewählter Aspekte	*Thomas Straubhaar spricht die Bedenken vieler Arbeitnehmerinnen und Arbeitnehmer an, dass ihre Arbeitsplätze mehr und mehr in Billiglohnländer verlagert werden würden. Diese These ist sicherlich richtig. Verfolgt man die aktuellen Diskussionen in den Medien, so zeigt sich an vielen Beispielen, wie …*
Schluss	*Insgesamt denke ich, dass …*

Häufige schriftliche Formen, um sich argumentativ mit einem Thema auseinanderzusetzen, sind neben einem Kommentar, wie dem von Straubhaar, der Essay und der Leserbrief.

1 Suchen Sie sich eine These oder ein Argument aus einem Zeitungstext aus, dem Sie deutlich widersprechen oder zustimmen können, und verfassen Sie einen **Leserbrief** (► S. 83) als Antwort.

Information **Leserbrief**

Ein Leserbrief benennt kurz den eigenen oder aktuellen Bezug zum Zeitungstext, formuliert deutlich das Ziel oder Anliegen des Schreibens sowie den eigenen Standpunkt und benennt dafür Argumente. Dabei genügt es, wenige Argumente anzuführen, die dann jedoch durch gute Beispiele veranschaulicht werden sollten. In einem knappen Schlusswort/-satz können neben einem Resümee ein Rückbezug zum Anliegen hergestellt und konkrete Bitten/Vorschläge vorgebracht werden. Grundsätzlich sollte man einen Leserbrief in einem sachlich-höflichen Stil verfassen – nutzen Sie eher kurze Satzgefüge ohne zu viel Fachsprache.

4.3 Die textgebundene Erörterung – Das „Sanduhr-Prinzip"

Die schriftliche Form der Erörterung nimmt einen großen Stellenwert in der Arbeit der gymnasialen Oberstufe ein, weil Sie hier ein hohes Maß an Eigenständigkeit in der Reflexion und Darstellung von Themen beweisen können. Bei der Erörterung im Anschluss an die Analyse einer Textvorlage sollte die eigene schriftliche Argumentation daher möglichst stichhaltig und logisch aufgebaut sowie sprachlich gelungen formuliert werden. Dieses Kapitel stellt Ihnen eine Form der **dialektischen/antithetischen Erörterung**, das **„Sanduhr-Prinzip"**, näher vor und leitet Sie schrittweise an, eine textgebundene Erörterung zu einem Zeitungskommentar zu erarbeiten.

Frank Hornig: **Ein bunter, chaotischer Marktplatz** (Spiegel special, Heft 3, 2007)

Im Internet sind die Nutzer nun auch die Akteure. Sie schaffen sich ihre Inhalte selbst – und entblättern dabei ihre Seele, ihren Alltag und manchmal ihren Körper. Experten prophezeien gravierende Folgen für Politik, Wirtschaft und Gesellschaft.

Der Nachfolger von Diderot und d'Alembert, die mit ihrer 1751 begonnenen Encyclopédie[1] Weltruhm erlangten, lebt im Rentnerparadies St. Petersburg in Florida. Seine Mitarbeiter heißen nicht Rousseau, Voltaire oder Montesquieu, sondern schreiben unter Pseudonymen im Internet.

An seinem Arbeitsplatz gibt es keinen Globus und keine Bibliothek. Das Areal gleicht einer winzigen Rumpelkammer [...]. Mitten in diesem Chaos sitzt Jimmy Wales, ein entspannter Vierzigjähriger [...]. Hier organisiert er das Wissen der Menschheit. Und hier führt er eine Tradition fort, die von den Philosophen der französischen Aufklärung bis zum Brockhaus und zur Encyclopaedia Britannica reicht. Es gibt aber auch Leute, die sagen, dass er diese Arbeit nicht fortsetzt, sondern zerstört.

Wales ist der Gründer und das öffentliche Gesicht von Wikipedia. Die Online-Enzyklopädie ist ein für den modernen Jedermann offenes, basisdemokratisches Projekt: Mehrere zehntausend Menschen weltweit schreiben regelmäßig Beiträge, sie ergänzen oder korrigieren bestehende Artikel. Und sie diskutieren mitunter erregt, wie sie zum Beispiel den Irak-Krieg möglichst objektiv, fehlerfrei und aktuell darstellen können. Die Welt, sofern sie über einen Internetanschluss verfügt, hat sich mit ihm auf die Suche gemacht nach der einen, der einzigen Wahrheit. Es gibt keine Redaktion, keinen Verlag und kein enormes Millionenbudget. Es gibt weder Werbung noch Benutzergebühren. Wikipedia verbreitet nicht die Erkenntnis von Nobel-

1 **Encyclopédie** ou Dictionnaire raisonné des sciences, des arts et des métiers, zu dt.: Enzyklopädie oder (alphabetisch) geordnetes Lexikon der Wissenschaften, Künste und Gewerbe (1751–1772) (► S. 256)

Wikipedia-Gründer Jimmy Wales

preisträgern und Fachautoritäten, sondern die Weisheit der Massen: oft erstaunlich informativ, gelegentlich brillant, manchmal schludrig bis falsch, aber meistens aktuell – und immer umsonst. [...] Gut 1,8 Millionen Beiträge enthält allein die englische Fassung, die zweitwichtigste – die deutsche – ist zurzeit mehr als 580 000 Artikel stark; jeden Tag kommen hier zu Lande 500 neue hinzu. Wikipedia gehört zu den international am häufigsten besuchten Websites – neben Google, MySpace, YouTube und Yahoo. [...]

Wikipedia ist längst zum Symbol geworden – für eine neue Ära des Internets, die zunächst unter dem Schlagwort Web 2.0 Furore machte und inzwischen für Millionen Menschen zum Alltag gehört. In diesem neuen Web-Zeitalter spielen die Nutzer, die User, eine zentrale Rolle: Aus passiven Konsumenten werden höchst aktive Produzenten. [...] Einerseits wächst da eine neue Macht des Kollektivs heran, dessen vermeintliche Allwissenheit sich dauernd verändert und ständig zur Disposition gestellt wird. Andererseits wird der Einzelne zum Machtfaktor. So entblößen sich Abermillionen im Netz – mal als Besserwisser bei Wikipedia & Co., mal im eigenen Online-Tagebuch, mal ganz profan mit verhuschten Nacktfotos vor der heimischen Schrankwandkombination.

So verändert ein Medium auch das Denken seiner Nutzer. Ich surfe, also sind wir. [...]

Das Internet ist zu einem bunten, chaotischen Mitmach-Marktplatz geworden, auf dem jeder nach Laune im Publikum sitzen oder die Bühne bespielen kann. Ein wahres Welt-Theater, dessen Konsequenzen erst allmählich abschätzbar werden. [...]

Nach über einem Jahr an Web-2.0-Euphorie mehren sich längst auch kritische Stimmen. „Millionen Blogs haben unseren Sinn für wahr und falsch, für echt und eingebildet untergraben“, sagt zum Beispiel Andrew Keen. Der Hightech-Autor aus dem kalifornischen Berkeley trauert einer Welt hinterher, in der es einen klaren Unterschied zwischen Autor und Publikum gab. „So wie nicht jeder Arzt, Lehrer oder Astronaut sein sollte, sollte auch nicht jeder Autor sein“, sagt Keen über den bislang hoch gelobten „Bürger-Journalismus“. [...] Andere beklagen den Sittenverfall im Netz und beobachten mit Argwohn Online-Communitys und Blogger-Gemeinschaften, die sich grundsätzlich nur in ihren Vorurteilen bestätigen und ansonsten im Rüpelton über den Gegner herfallen. Selbst Wikipedia-Gründer Wales fordert mit anderen Pionieren schon einen Verhaltenskodex fürs Internet. „Sprich online nicht anders als im echten Leben“, lautet einer der Leitsätze.

Mit der Flut an Blogs und Bildern und Kontaktbörsen geht ein Branchenboom einher, [...] denn kaum haben sich wenige Überlebende wie Google in kürzester Zeit als Milliardenkonzerne etabliert, drängen schon neue Namen nach vorn. Beispielsweise MySpace.com. Die amerikanische Kontakt- und Entertainmentbörse für Teens und Twens wurde im Juli 2003 gegründet. Inzwischen melden sich jeden Tag weit über 200 000 neue Fans an. [...] Oder YouTube.com: Die Internetplattform für selbst gedrehte Kurzvideos ging erst im Dezember 2005 online. Weniger als ein Jahr später wurde sie für 1,65 Milliarden Dollar an Google verkauft. [...]

Eine Generation zieht sich online aus, manchmal wortwörtlich, manchmal, indem sie ihre Gefühle und Gedanken, ihren Alltag und ihr Familienleben offen präsentiert – die mediale Distanz lässt auch bisher gültige Schamgrenzen fallen. Der „gläserne Mensch“, in der Vergangenheit für viele eine Schreckensvision, wird zunehmend zur Realität – für manche gar zum erstrebenswerten Ideal. Wer viel von sich preisgibt, wird interessant, er wird in anderen Blogs erwähnt oder mit „comments“ überhäuft. Das ist die neue Ökonomie der Aufmerksamkeit. […]

Kaum abzusehen sind die Folgen für die Politik. Neben den traditionellen Nachrichtenmarkt mit seinen professionellen Kommentarseiten, Titelgeschichten, Interviews und Enthüllungen tritt ein anschwellendes Stimmengewirr von politischen Blogs und Podcasts. Die sorgen – in den USA schon deutlich spürbar, in Deutschland erst allmählich – für größere Meinungsvielfalt. Aber zugleich radikalisieren und polarisieren sie auch die Debatte. „Übers Internet kommen Leute zusammen, die eigentlich nicht miteinander sprechen sollten“, sagt Zukunftsforscher Saffo. […] Er glaubt, dass im Netz viele selbst gewählte virtuelle Gemeinschaften entstehen, die nach eigenen Gesetzen funktionieren und ihre eigene kulturelle Identität entwickeln. Das Internet, sagt er, werde zu einem „völlig unvorhersehbaren Verstärker sozialer Trends“. […]

Eine textgebundene Erörterung im Anschluss an eine Textanalyse vorbereiten und verfassen

Textarbeit

1 **a** Notieren Sie auf einem Konzeptpapier (Notizzettel) Ihre ersten Leseeindrücke zum Text S. 81–83.
b Klären Sie durch den Kontext, durch Nachschlagewerke oder untereinander mögliche Unklarheiten.

2 Bereiten Sie Ihre Textanalyse und Erörterung wie folgt vor:
a Notieren Sie nach mehrfacher Lektüre (bei Kopien mit dem Stift zum Unterstreichen) stichwortartig wichtige Schlagworte, Thesen, Belege usw.
b Achten Sie im Sinne einer **Einleitung** (► S. 81, 604) auf Informationen wie Erscheinungsort und -jahr, Thema und Anlass der Veröffentlichung, die beteiligten Personen und/oder Institutionen, die im Text benannt werden, und bestimmen Sie die Textsorte. Benennen Sie insbesondere das Thema und formulieren Sie die zentrale These des Textes.
c Analysieren Sie den Text genauer. Beschreiben und erläutern Sie für den **Hauptteil** (► S. 81, 604 f.) die **Argumentation** (Aufbau, Art der Begründungen, ► S. 76, 601, 608) sowie auffällige sprachliche Mittel und deren Wirkung.
d Notieren Sie im Hinblick auf die Erörterung eigene Thesen, Argumente und Belege zum Thema, z. B.:
- *Kritik ist in ähnlicher Weise in den letzten 200 Jahren anlässlich aller technischen Neuerungen erfolgt, z. B. bei der Erfindung des Röntgengerätes oder bei Beginn des Schienenverkehrs. Häufig wurde dabei mit möglichen gesundheitlichen Schäden argumentiert …*
- *Hornigs Kritik wird verständlich, wenn man sich bestimmte Foren, Online-Tagebücher oder schlecht gestaltete Homepages im Internet ansieht …*

Methode **Aufbau einer Erörterung**

Grundsätzlich unterscheidet man zwischen zwei Formen der schriftlichen Erörterung. Wird nur eine Seite der Argumentation, also entweder nur das Pro oder nur das Kontra zu einem Thema dargelegt und werden die Thesen, Argumente und Belege dabei inhaltlich so geordnet, dass sich eine Steigerung ergibt, spricht man von einer steigernden oder **linearen Erörterung** (► S. 601). Wechseln sich Pro- und Kontra-Argumente ab, spricht man von einer **dialektischen/antitheti-**

schen Erörterung. Diese kann im „Pingpong-Prinzip" (► S. 601) oder im **„Sanduhr-Prinzip"** (Blockverfahren) erfolgen (► S. 601). In der Regel wird die Gegenposition zuerst und die eigene Position an zweiter Stelle genannt, da sie so dem Lesepublikum in besserer Erinnerung bleibt.

Einen Schreibplan erstellen

3 Erstellen Sie zu Ihrer Orientierung eine Gliederung/einen Schreibplan wie folgt: Einleitung, Hauptteil Sachtextanalyse, Überleitung, Hauptteil Erörterung und Schluss. Beachten Sie dabei:

a Überlegen Sie, welche Informationen in die knapp zu haltende Einleitung gehören.

b Ordnen Sie Ihre Notizen zum Text Hornigs, indem Sie diese z. B. nummerieren: Womit wollen Sie beginnen? Worauf soll der Schwerpunkt Ihrer Darstellung liegen? Was gehört zum Resümee der Analyse?

c Notieren Sie, welche These, welches Argument Sie aufgreifen wollen, um zu Ihrer eigenen Auseinandersetzung mit Text und Thema überzuleiten.

d Nummerieren Sie Ihre eigenen Pro- und Kontra-Argumente nach steigender Wichtigkeit.

e Bedenken Sie ein knappes Fazit Ihrer Auseinandersetzung.

Die Analyse und textgebundene Erörterung verfassen

4 Verfassen Sie gemäß Ihrem Schreibplan Ihren Aufsatz. Im Folgenden finden Sie weitere Tipps:

a Die Einleitung soll nicht zu viele Informationen des Hauptteils der Textanalyse vorwegnehmen, sondern üblicherweise Autor/in, Titel, Thema und bei einer Rede oder einem Kommentar den Zweck bzw. die vermutliche Wirkungsabsicht vorstellen. Hierbei können Sie sich an der Beantwortung der bekannten W-Fragen orientieren (Wer? Was? Wo? Wann? Warum? Wie?). Beziehen Sie ggf. den historischen oder aktuellen Kontext des Textes mit ein, z. B.:

Der Zeitungsartikel „Ein bunter, chaotischer Marktplatz" von Frank Hornig, erschienen in Heft 3/2007 von „Spiegel special", berichtet von den Machern und Nutzern des Internets. Zweck ist, darüber aufzuklären, dass die Internetuser einerseits dieses Medium gestalten, andererseits jedoch auch Gefahr laufen, von ihm „benutzt" zu werden, wenn sie sich über die Folgen ihrer Aktivitäten nicht im Klaren sind …

Dabei ist die zentrale These des Autors, dass die Internetuser die Webseiten nicht nur nutzten, sondern zunehmend auch selbst mitgestalteten. Dies zeige sich an der Vielzahl interaktiver Webseiten …

b Geben Sie für den Hauptteil knapp den Inhalt des Textes wieder. Beschreiben und erläutern Sie dann seinen Argumentationsaufbau und auffällige sprachliche Mittel in ihrer Wirkung, z. B.:

Hornig beginnt seine Beweisführung in anschaulicher Weise mit dem Beispiel von Wikipedia als einer der weltweit größten Enzyklopädien und dem Gründer Jimmy Wales …

Erst jetzt leitet er zu möglichen Gegenargumenten über, den „kritische[n] Stimmen", die den „Bürger-Journalismus" hinterfragen (vgl. Z. 75–98) …

Sein Fazit lautet (ab Zeile 114), dass die User sich in der Öffentlichkeit – im wörtlichen wie übertragenen Sinne – als „gläserne Mensch[en]" zeigen würden …

Insgesamt steckt der Text voller Wertungen und Kommentare, z. B.: „Es gibt aber auch Leute, die sagen, dass er diese Arbeit nicht fortsetzt, sondern zerstört" (Z. 22–24). Diese werden zum Teil mit umgangssprachlichen Formulierungen verbunden, die die Wertungen polemisch wirken lassen: „Das Areal gleicht einer winzigen Rumpelkammer" (Z. 15–16), „schludrig" (Z. 43), „verhuschte […] Nacktfotos vor der heimischen Schrankwandkombination" (Z. 68–69), „Rüpelton" (Z. 94) …

c Formulieren Sie einen Überleitungssatz für Ihre eigene Erörterung, z. B.:
„Entblättert man wirklich seine Seele" (vgl. Z. 2–3), wenn man im Internet Inhalte selbst schafft? Im Gegensatz dazu will ich darlegen, wie man sich im Internet weniger enthüllen als verkleiden kann, indem man sich neue Identitäten zulegt. Die Folgen mögen ähnlich sein, doch …

d Beim „Sanduhr-Prinzip" müssen die Argumente „blockweise" in einem sich steigernden Zusammenhang stehen, wobei eine inhaltliche Überleitung zwischen ihnen harmonischer wirkt als eine „nur" sprachlich hergestellte. Ordnen Sie im Hauptteil Ihrer Erörterung Ihre Argumente so an, dass sie bei der Gegenmeinung unwichtiger werden, sich im Laufe der Darstellung Ihrer eigenen Argumentation aber steigern.

These der Gegenposition

Argument 1 + Beispiele, Belege, Zitate
Argument 2 + Beispiele, Belege, Zitate
Argument 3 + Beispiele, Belege, Zitate
usw.

These der eigenen Position

Argument 1 + Beispiele, Belege, Zitate
Argument 2 + Beispiele, Belege, Zitate
Argument 3 + Beispiele, Belege, Zitate
usw.

5 Im Schlussteil sollten Sie ein Fazit aus der eigenen Argumentation ziehen. Ferner kann sich ein Ausblick auf mögliche weitere Themen oder künftige Perspektiven anbieten. Neue Argumente sind dabei nicht zu nennen.

Den eigenen Text überarbeiten – Schreibkonferenz

6 Überarbeiten Sie am Ende Ihrer Arbeit Ihren Aufsatz noch einmal. Prüfen Sie die Vollständigkeit Ihrer Ausführungen im Vergleich zu Ihrem Schreibplan, feilen Sie an den sprachlichen Überleitungen und achten Sie auf Rechtschreibung und Zeichensetzung.

Information **Formulierungshilfen – Pro- und Kontra-Argumente darstellen**

Zunächst ist zu sagen, dass …; Des Weiteren …; Am wichtigsten erscheint hier …; Schließlich ist zu berücksichtigen, dass …; Ebenso lässt sich sagen, dass …; Außerdem …; Weiterhin … etc.

Formulierungshilfen: Adverbien und Konjunktionen (► S. 593)
Formulierungshilfen: Paraphrasieren, indirekte Rede und Zitate (► S. 140 f., 146 f., 581, 584, 597)

7 Führen Sie die Liste der obigen Information in Ihrem Kursheft mit Formulierungen zur Überleitung zwischen Argumenten eines Pro- oder Kontra-Blockes durch eigene Beispiele fort.

8 Revidieren Sie Ihre Aufsätze in einer Schreibkonferenz mit Hilfe der **Textlupe** (► S. 121 f.). Lesen Sie in Kleingruppen Ihre fertigen Erörterungen und verfolgen Sie den Argumentationsaufbau. Prüfen Sie, ob verschiedene Typen von Argumenten auftauchen und inwieweit die Argumentation auf Sie schlüssig und logisch nachvollziehbar wirkt.

9 **Projekt:** „Google", „MySpace", „YouTube" und „Yahoo", Blogs und Foren sind aktuelle mediale Beispiele, die zur kritischen Auseinandersetzung mit dem Thema „Internet" anregen können. Informieren Sie sich genauer über diese und andere Möglichkeiten des Internets, die es als Präsentationsform von Kunst und Literatur früher noch nicht gegeben hat. Äußern Sie sich dann zu diesem Thema, z. B. in Gestalt eines eigenen Blogs in einem kursinternen Dateiordner.

5 Kommunikation und Sprache – Kommunikationsprobleme untersuchen

Edward Hopper:
Chop Suey (1929)

1 **a** Welchen Eindruck macht die Restaurantszene auf dem Bild von Hopper auf Sie?
b Betrachten Sie die Figuren einzeln. Achten Sie dabei besonders auf ihre Blicke, ihre Hände und ihre Haltung zueinander.

2 Suchen Sie sich eines der Paare aus und stellen Sie sich vor, das Bild sei ein Standbild aus einer Filmsequenz.
a Was könnte dem Standbild vorausgegangen sein?
b Welche Biografien könnten die beiden Figuren jeweils haben?

3 **a** Welche Gedanken könnten den Figuren durch den Kopf gehen? Notieren Sie Stichworte.
b Schreiben Sie zu zweit – angeregt durch die Gedanken der Figuren – einen Dialog der beiden.
c Spielen Sie Ihre Szene vor. Achten Sie dabei auf Mimik, Gestik und Körperhaltung.
d Besprechen Sie im Anschluss, inwieweit und auf welche Weise Sie die Kommunikation der beiden als gelungen oder als misslungen (gestört) dargestellt haben.

In diesem Kapitel erwerben Sie folgende Kenntnisse und Kompetenzen:

- Alltagskommunikation und ihre Störungen analysieren, indem Sie verschiedene Kommunikationsmodelle anwenden,
- Kommunikationsmodelle bei der Analyse literarischer Texte nutzen und auf ihre Funktionalität hin prüfen,
- von Bildern ausgehend, selbst Texte verfassen, in denen Kommunikation und Kommunikationsschwierigkeiten von Bedeutung sind.

5.1 Kommunikation im Alltag – Mögliche Störungen erklären

Yasmina Reza: **Kunst** (1995/1996)

Marc, allein

MARC: Mein Freund Serge hat sich ein Bild gekauft. Ein Ölgemälde von etwa ein Meter sechzig auf ein Meter zwanzig, ganz in Weiß. Der Untergrund ist weiß, und wenn man die Augen zusammenkneift, kann man feine weiße Querstreifen erkennen.

Mein Freund Serge ist ein langjähriger Freund. Er ist jemand, der Erfolg gehabt hat, er ist Dermatologe[1], und er liebt die Kunst. Am Montag bin ich bei ihm gewesen, um mir das Bild anzuschauen, das Serge am Samstag gekauft hat, mit dem er aber schon seit Monaten liebäugelte.

Ein weißes Bild, mit weißen Streifen.

Bei Serge.

Auf dem Boden steht ein weißes Ölgemälde mit feinen weißen Querstreifen. Serge betrachtet vergnügt sein Bild. Marc betrachtet das Bild. Serge betrachtet Marc, der das Bild betrachtet. Eine lange Zeit, in der alle Gefühle wortlos zum Ausdruck kommen.

MARC: Teuer?

SERGE: Zweihunderttausend.

MARC: Zweihunderttausend? ...

SERGE: Handtington nimmt es für zweihundertzwanzig zurück.

MARC: Wer ist das?

SERGE: Handtington?

MARC: Kenn ich nicht.

SERGE: Handtington! Die Galerie Handtington!

MARC: Die Galerie Handtington nimmt es für zweihundertzwanzig zurück?

SERGE: Nein, nicht die Galerie. Er. Handtington selbst. Für sich.

MARC: Und warum hat Handtington es nicht gleich selbst gekauft?

SERGE: Weil die Kunsthändler daran interessiert sind, an Privatleute zu verkaufen. Der Markt muss in Bewegung bleiben.

MARC: Jaaa ...

SERGE: Na?

MARC: ...

SERGE: Du stehst dort nicht richtig. Betrachte es von hier aus. Siehst du die Linien?

MARC: Wie heißt der ...?

SERGE: Maler? Antrios.

MARC: Bekannt?

SERGE: Sehr. Sehr!

Pause

MARC: Serge, du hast doch für dieses Bild keine zweihunderttausend Francs bezahlt?

SERGE: Aber Junge, das ist der Preis. Es ist ein ANTRIOS!

MARC: Du hast keine zweihunderttausend Francs für dieses Bild bezahlt!

SERGE: Ich war sicher, dass du das nicht begreifen würdest.

MARC: Hast du für diese Scheiße wirklich zweihunderttausend Francs bezahlt?!

Serge, allein

SERGE: Mein Freund Marc, ein intelligenter Junge, den ich seit Langem schätze, gute Position, Ingenieur in den Aeronautik, gehört zu diesen neuen Intellektuellen, die sich nicht allein damit begnügen können, Feinde der Moderne zu sein, sondern die sich unbegreiflicherweise auch noch etwas darauf einbilden. Man findet bei den Anhängern der guten alten Zeit seit Kurzem eine wirklich verblüffende Arroganz.

Dieselben. Selber Ort. Selbes Bild.

SERGE: *(nach einiger Zeit)* Wie kannst du sagen „diese Scheiße“?

MARC: Serge, ein wenig Humor! Lach! ... Lach schon, alter Junge, ich finde es einfach großartig, dass du dieses Bild gekauft hast!

Marc lacht. Serge steht da wie versteinert.

SERGE: Dass du diesen Kauf großartig findest, wunderbar, dass du darüber lachen musst, schön, aber ich möchte wissen, was du mit „diese Scheiße“ meinst.

1 **Dermatologe:** Facharzt für Haut- und Geschlechtskrankheiten

Marc: Du machst dich wohl über mich lustig!

Serge: Keineswegs. „Diese Scheiße“ verglichen womit? Wenn man sagt, dies oder jenes ist eine Scheiße, muss man doch einen Wertmaßstab haben, um darüber urteilen zu können.

Marc: Mit wem sprichst du? Mit wem sprichst du im Augenblick? Huhu! ...

Serge: Du interessierst dich nicht für die zeitgenössische Malerei, du hast dich nie dafür interessiert. Du hast nicht die geringste Kenntnis auf diesem Gebiet, wie kannst du also behaupten, ein bestimmter Gegenstand, der Gesetzen gehorcht, von denen du nichts weißt, sei eine Scheiße?

Marc: ... Es ist eine Scheiße. Entschuldige bitte.

Serge, allein

Serge: Er mag dieses Bild nicht. Schön ... Keine Zärtlichkeit in seinem Verhalten. Kein Bemühen. Keine Zärtlichkeit in seiner Art zu verurteilen. Ein selbstgefälliges, perfides[1] Lachen. Ein Lachen, das alles besser weiß als alle anderen. Ich hasse dieses Lachen.

1 **perfide:** heimtückisch

---

1 Analysieren Sie den Anfang des Theaterstücks (die Exposition), indem Sie:
  a zunächst den Inhalt des Dialogs zusammenfassen,
  b die Beziehung der Figuren und ihre Gefühle beschreiben,
  c die Situation genau umreißen und ihre Bedeutung für das Gespräch nennen.

2 **a** Beurteilen Sie die Kommunikation zwischen den beiden Figuren in der Szene. Begründen Sie Ihre Einschätzung, indem Sie konkrete Textstellen als Belege anführen.
  b Wie verstehen Sie Marcs Rede, wenn er sagt: „Junge, ich finde es einfach großartig, dass du dieses Bild gekauft hast!“ (Z. 75 f.)? Überlegen Sie, welche nonverbalen (nichtsprachlichen) Ausdrucksmittel wie Gestik, Mimik, Körperhaltung Sie einsetzen würden, um diesem Satz eine besondere Bedeutung zu geben.

3 Spielen Sie die Szene als Improvisation, d. h. ohne weitere Vorbereitung. Achten Sie dabei auf die Wirkung nonverbaler Ausdrucksmittel.

Kommunikationsmodelle – Sprachfunktionen erklären

Wie in vielen modernen Theaterstücken spielen Beziehungs- und Kommunikationsprobleme auch im Stück „Kunst“ eine zentrale Rolle. Bei der Inszenierung sind nicht nur die geäußerten Wörter und Sätze, sondern auch **nonverbale** (Gestik, Mimik, Körperhaltung) und **parasprachliche** Elemente (Intonation, Lautstärke usw.) von Bedeutung. Bei der Analyse der Kommunikation der beiden Hauptfiguren in „Kunst“ haben Sie erkannt, dass eine dramatische Spannung dadurch entstehen kann, dass verbale und nonverbale Äußerungen im Widerspruch zueinander stehen.
Sprachphilosophen und Kommunikationstheoretiker wie **Karl Bühler** (1879–1963), **Paul Watzlawick** (1921–2007) oder **Friedemann Schulz von Thun** (*1944) haben verschiedene Modelle entwickelt, um einzelne Faktoren bei Kommunikationsprozessen zu gewichten und zueinander in Beziehung zu setzen. Im Folgenden finden Sie in knapper Form ihre Modelle dargestellt.

Das Kommunikationsquadrat (schulz-von-thun.de)

Das Kommunikationsquadrat ist das bekannteste und inzwischen auch weit verbreitete Modell von Friedemann Schulz von Thun. Bekannt geworden ist dieses Modell auch als „Vier-Ohren-Modell“. Die vier Ebenen der Kommunikation haben nicht nur Bedeutung für das private Miteinander, sondern auch und vor allem für den beruflichen Bereich, wo das Professionelle und das Menschliche ständig miteinander „verzahnt“ sind.

Wenn ich als Mensch etwas von mir gebe, bin ich auf vierfache Weise wirksam. Jede meiner Äußerungen enthält, ob ich will oder nicht, vier Botschaften gleichzeitig:

- eine Sachinformation (worüber ich informiere) – **blau**,
- eine Selbstkundgabe (was ich von mir zu erkennen gebe) – **grün**,
- einen Beziehungshinweis (was ich von dir halte und wie ich zu dir stehe) – **gelb**,
- einen Appell (was ich bei dir erreichen möchte) – **rot**.

Schulz von Thun hat daher 1981 die vier Seiten einer Äußerung als Quadrat dargestellt und dementsprechend dem Sender „vier Schnäbel" und dem Empfänger „vier Ohren" zugeordnet. Psychologisch gesehen, sind also, wenn wir miteinander reden, auf beiden Seiten 4 Schnäbel und 4 Ohren daran beteiligt, und die Qualität des Gespräches hängt davon ab, in welcher Weise diese zusammenspielen.

Auf der **Sachebene** des Gesprächs steht die Sachinformation im Vordergrund, hier geht es um Daten, Fakten und Sachverhalte. Dabei gilt zum einen das Wahrheitskriterium wahr oder unwahr (zutreffend/nicht zutreffend), zum anderen das Kriterium der Relevanz (sind die aufgeführten Sachverhalte für das anstehende Thema von Belang/nicht von Belang?) und zum Dritten erscheint das Kriterium der Hinlänglichkeit (sind die angeführten Sachhinweise für das Thema ausreichend oder muss vieles andere auch bedacht sein?).

Für den Sender gilt es also, den Sachverhalt klar und verständlich zu vermitteln. Der Empfänger, der das Sachohr aufgesperrt hat, hört auf: die Daten, Fakten und Sachverhalte und hat entsprechend den drei genannten Kriterien viele Möglichkeiten einzuhaken.

Selbstkundgabe: Wenn jemand etwas von sich gibt, gibt er auch etwas von sich preis. Jede Äußerung enthält auch, ob ich will oder nicht, eine Selbstkundgabe, einen Hinweis darauf, was in mir vorgeht, wie mir ums Herz ist, wofür ich stehe und wie ich meine Rolle auffasse. Dies kann explizit („Ich-Botschaft") oder implizit geschehen. Dieser Umstand macht jede Nachricht

zu einer kleinen Kostprobe der Persönlichkeit, was dem Sender nicht nur in Prüfungen und in der Begegnung mit Psychologen einige Besorgnis verursachen kann.

Während der Sender also mit dem Selbstkundgabe-Schnabel, implizit oder explizit, Informationen über sich preisgibt, nimmt der Empfänger diese mit dem Selbstkundgabe-Ohr auf: Was sagt mir das über den anderen? Was ist der für einer? Wie ist er gestimmt? Etc.

Die Beziehungsseite: Ob ich will oder nicht: Wenn ich jemanden anspreche, gebe ich (durch Formulierung, Tonfall, Begleitmimik) auch zu erkennen, wie ich zum anderen stehe und was ich von ihm halte – jedenfalls bezogen auf den aktuellen Gesprächsgegenstand. In jeder Äußerung steckt somit auch ein Beziehungshinweis, für welchen der Empfänger oft ein besonders sensibles (über)empfindliches Beziehungs-Ohr besitzt. Auf Grund dieses Ohres wird entschieden: „Wie fühle ich mich behandelt durch die Art, in der der andere mit mir spricht? Was hält der andere von mir und wie steht er zu mir?"

Appellseite: Wenn jemand das Wort ergreift und es an jemanden richtet, will er in der Regel auch etwas bewirken, Einfluss nehmen; den anderen nicht nur erreichen, sondern auch etwas bei ihm erreichen. Offen oder verdeckt geht es auf dieser Ebene um Wünsche, Appelle, Ratschläge, Handlungsanweisungen, Effekte etc. Das Appell-Ohr ist folglich besonders empfangsbereit für die Frage: Was soll ich jetzt machen, denken oder fühlen?

1 Übertragen Sie die obige Schemazeichnung Schulz von Thuns in Ihr Heft und vervollständigen Sie diese mit Hilfe der folgenden Begriffe:
Sprecher(in), Hörer(in), gesendete Nachricht, aufgenommene Nachricht.

2 **a** Erläutern Sie, wie die beiden Äußerungen aus dem Cartoon auf den vier Ebenen nach Schulz von Thun jeweils gemeint bzw. verstanden werden können.

b Verfassen Sie jeweils zwei kurze Alltagsszenen zu *„Da ist was Grünes in der Suppe", „Willst du das anziehen?", „Ist das dein neuer Freund?", „Sind die Perlen echt?".*

c Vergleichen Sie Ihre Alltagszenen und erklären Sie mit Hilfe des Kommunikationsmodells Schulz von Thuns, welche Seiten der Nachricht in Ihren Szenen eine besondere Rolle spielen.

3 **a** Spielen Sie die Szenen und nehmen Sie die Darstellungen auf Video auf.

b Prüfen Sie anhand Ihrer Aufnahmen, welche **nonverbalen** und **paraverbalen** Aspekte (▶ Information) die Kommunikation auf welche Weise bestimmen.

4 Erläutern Sie die vier Seiten einer Nachricht an konkreten Textstellen aus der Dramenszene „Kunst".

Information

Nonverbales Verhalten oder Körpersprache: Gestik, Mimik, Körperhaltung
Paraverbales Verhalten oder Stimmsprache: Intonation, Lautstärke, Sprechtempo, Pausen usw.

Paul Watzlawick u. a.: **Menschliche Kommunikation. Formen, Störungen, Paradoxien** (1969)

Folgende Auszüge dürfen als zentral für die Theorie Watzlawicks bezeichnet werden:

1 […] Es muss […] daran erinnert werden, dass das „Material" jeglicher Kommunikation keineswegs nur Worte sind, sondern auch paralinguistische Phänomene (wie z. B. Tonfall, Schnelligkeit oder Langsamkeit der Sprache, Pausen, Lachen und Seufzen), Körperhaltung, Ausdrucksbewegungen (Körpersprache) usw. innerhalb eines bestimmten Kontextes umfasst – kurz, Verhalten jeder Art.

2 […] Verhalten hat vor allem eine Eigenschaft, die so grundlegend ist, dass sie oft übersehen wird: Verhalten hat kein Gegenteil, oder um dieselbe Tatsache noch simpler auszudrücken: Man kann sich nicht *nicht* verhalten. Wenn man also akzeptiert, dass alles Verhalten in einer zwischenmenschlichen Situation […] Mitteilungscharakter hat, d. h. Kommunikation ist, so folgt daraus, dass man, wie immer man es auch versuchen mag, nicht *nicht* kommunizieren kann. Handeln oder Nichthandeln, Worte oder Schweigen haben alle Mitteilungscharakter: Sie beeinflussen andere, und diese anderen können ihrerseits nicht *nicht* auf diese Kommunikation reagieren und kommunizieren damit selbst.

3 […] Wenn man untersucht, was jede Mitteilung enthält, so erweist sich ihr Inhalt vor allem als Information. Dabei ist es gleichgültig, ob diese Information wahr oder falsch, gültig oder ungültig oder unentscheidbar ist. Gleichzeitig aber enthält jede Mitteilung einen weiteren As-

pekt, der viel weniger augenfällig, doch ebenso wichtig ist – nämlich einen Hinweis darauf, wie ihr Sender sie vom Empfänger verstanden haben möchte. Sie definiert also, wie der Sender die Beziehung zwischen sich und dem Empfänger sieht, und ist in diesem Sinn seine persönliche Stellungnahme zum anderen. Wir finden somit in jeder Kommunikation einen *Inhalts- und einen Beziehungsaspekt.* [...]

4 Sie [die symmetrische und die komplementäre Interaktion] stehen für Beziehungen, die entweder auf Gleichgewicht oder auf Unterschiedlichkeit beruhen. Im ersten Fall ist das Verhalten der beiden Partner sozusagen spiegelbildlich und ihre Interaktion daher *symmetrisch.* Dabei ist es gleichgültig, worin dieses Verhalten im Einzelfall besteht, da die Partner sowohl in Stärke wie Schwäche, Härte wie Güte und jedem anderen Verhalten ebenbürtig sein können. Im zweiten Fall dagegen ergänzt das Verhalten des einen Partners das des anderen, wodurch sich eine grundsätzlich andere Art von verhaltensmäßiger Gestalt ergibt, die *komplementär* ist. Symmetrische Beziehungen zeichnen sich also durch Streben nach Gleichgewicht und Verminderung von Unterschieden zwischen den Partnern aus, während komplementäre Interaktionen auf sich gegenseitig ergänzenden Unterschiedlichkeiten basieren. [...] Komplementäre Beziehungen beruhen auf gesellschaftlichen oder kulturellen Kontexten (wie z. B. im Fall von Mutter und Kind, Arzt und Patient, Lehrer und Schüler) [...]. *Zwischenmenschliche Kommunikationsabläufe sind entweder symmetrisch oder komplementär, je nachdem, ob die Beziehung zwischen den Partnern auf Gleichheit oder Unterschiedlichkeit beruht.*

---

1 **a** Geben Sie die Aussagen mit eigenen Worten wieder. Formulieren Sie je Abschnitt eine Überschrift.

b Schildern Sie alltägliche Situationen, die Watzlawicks Thesen veranschaulichen.

c Überlegen Sie, inwiefern sich durch Watzlawicks Theorie das Kommunikationsmodell Schulz von Thuns ergänzen lässt.

2 Prüfen Sie, ob die Interaktion im Textauszug aus „Kunst" (▶ S. 89 f.) symmetrisch oder komplementär ist. Begründen Sie Ihre Einschätzung.

3 **a** Schreiben Sie den folgenden Dialog zu Ende:

Hein Retter: **Im Wartezimmer** (1999)

Sie: Wie war's denn beim Zahnarzt? Musstest du lange warten?

Er: Eine Viertelstunde. Warteten noch drei andere, die nach mir drankamen.

Sie: Aha, ihr habt also kommuniziert! Wovon habt ihr denn geredet?

Er: Geredet, nichts. Ich glaube, jeder hat gelesen.

Sie: Gemeinsam?

Er: Nein, jeder für sich natürlich.

Sie: Trotzdem müsst ihr nach Watzlawick doch kommuniziert haben. Was hast du denn von den anderen wahrgenommen?

Er: Dass da drei Leute waren.

Sie: Sonst nichts?

Er: Keine Ahnung, ich habe gelesen, jeder hat gelesen, oder ... ich weiß wirklich nicht, was die anderen gemacht haben.

Sie: Völlig unmöglich! Nach Watzlawick hast du kommuniziert, und du unterstellst, dass du nicht kommuniziert hast. Gib zu, dass ihr kommuniziert habt! Nämlich deshalb, weil ihr nicht kommunizieren wolltet.

Er: Unsinn! [...]

b Vergleichen Sie Ihre Fassungen im Hinblick darauf, wie sie zum Gesprächsbeginn passen.

4 Beurteilen Sie das Gespräch im Sinne der Theorie Watzlawicks.

5 Stellen Sie sich die Situation im Wartezimmer vor. Inwiefern ändert sich die Kommunikationssituation, wenn einer der Wartenden ein Gespräch führen möchte?

6 Analysieren Sie den Dialog des Ehepaars mit Hilfe der Kategorien Schulz von Thuns (► S. 90 f.).

Information **Widersprüchliche Botschaften**

Watzlawick und andere Kommunikationsforscher/innen beschreiben außerdem so genannte **Doublebind-Situationen.** Dabei stehen paradoxe (widersprüchliche) Botschaften im Mittelpunkt wie „Mache mich nicht verlegen!" oder „Interessiere dich für mich". Auf diese kann man kaum oder nicht angemessen reagieren, sei es, weil die Botschaft selbst paradox ist oder weil ein paradoxes Verhältnis zwischen Inhalts- und Beziehungsebene besteht.

1 Beschreiben Sie ausführlicher solche Kommunikationssituationen, in denen die folgenden Sätze im Sinne der Doublebind-Struktur geäußert werden könnten:
- „Sei spontan!"
- „Hab mich endlich lieb!"
- „Schmeckt dir die Suppe, die ich heute gekocht habe?"

2 Was zeichnet die Doublebind-Situation jeweils aus? Gibt es Lösungen für diese Situationen?

Karl Bühlers Organon-Modell – Die drei Grundfunktionen der Sprache

Watzlawick und Schulz von Thun greifen in ihren Kommunikationsmodellen auf das Organon-Modell Karl Bühlers (1879–1963) zurück, das auch das Dreifundamentenschema oder das Funktionsschema der Sprache genannt wird. In seinem Buch „Sprachtheorie" (1934) hat er es grafisch dargestellt und erläutert:

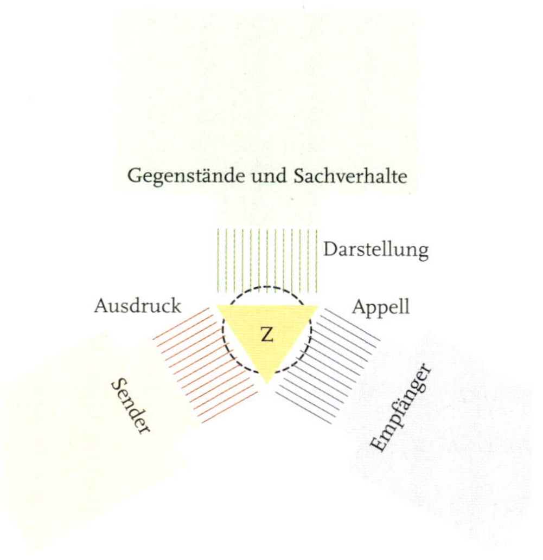

„Die Sprache", sagt Bühler, „ist dem Werkzeug verwandt; auch sie gehört zu den Geräten des Lebens, ist ein Organon [gr. für ‚Werkzeug'] wie das dingliche Gerät." Nach Bühler sind beim Sprechen immer drei Elemente beteiligt, die über das Sprachzeichen (Z) in Sinnbezug miteinander treten: (mindestens) ein/e Sender/in, (mindestens) ein/e Empfänger/in und Objekte der gegenständlichen Welt. Diese Gegenstände oder Sachverhalte sind Anlass der Kommunikation zwischen Sender/in und Empfänger/-in, aber nicht ausschließlich. Die Sprachzeichen, die zwischen Sender/in und Empfänger/-in gewechselt werden, können sich auch auf diese selbst richten. Wenn sich der Sinnbezug des Sprachzeichens auf den **Sender** selbst richtet, nennt Bühler diese Funktion des Zeichens **Ausdruck**; den auf den **Empfänger** zielenden Sinnbezug bezeichnet er als **Appell.** Der auf **Gegenstände** und **Sachverhalte** gerichtete Sinnbezug des sprachlichen Zeichens ist die **Darstellung.**
Die Sprecherabsicht (**Intention**) entscheidet darüber, welche dieser Funktionen in einer sprach-

lichen Äußerung jeweils überwiegt. Eine Person, die eine bestimmte Handlung auslösen will und deshalb werbend, überredend, überzeugend oder befehlend spricht, rückt z. B. die Appellfunktion in den Vordergrund. Mit anderen Worten: In jeder Mitteilung sind alle drei Funktionen der Sprache enthalten, wobei jedoch eine Funktion mehr oder weniger stark dominieren kann.

1 Erklären Sie am Beispiel des Sprachzeichens „Feuer" mit Hilfe des Organon-Modells mögliche Intentionen eines Senders.

2 Ordnen Sie den Sprachfunktionen des Organon-Modells verschiedene Textsorten zu, z. B.: *Brief, Rede, Flugblatt, Gebrauchsanweisung, Gedicht, Tagebucheintrag usw.*

3 Stellen Sie dar, in welcher Form das Organon-Modell weiterentwickelt wurde. Vergleichen Sie es dazu mit den Modellen von:
- **a** Friedemann Schulz von Thun (► S. 90 f.),
- **b** Paul Watzlawick (► S. 92 f.).

Rollen klären – Kommunikationssituationen regeln

1 **a** Erklären Sie, auf welche Weise die Cartoons komisch wirken wollen. Unterscheiden Sie dabei die Wirkung der Worte und die der Bilder.
b Inwiefern sind die jeweiligen Rollen und Rollenerwartungen in den Cartoons von Bedeutung?

Information **Rolle**

Der Begriff „Rolle" wird in der Soziologie und Kommunikationsforschung dann verwendet, wenn beschrieben werden soll, welche Erwartungen einzelne und die Gesellschaft insgesamt an das Verhalten eines Individuums in einer bestimmten sozialen Position stellen.
Jeder Mensch spielt – je nach Situation – unterschiedliche Rollen, die einander z. T. widersprechen können (**Rollenkonflikt**).
Von weit reichender Bedeutung ist dabei die Unterscheidung zwischen **Berufsrolle** und **privater Rolle.** Eine Richterin etwa verhält sich vor Gericht anders als in der Familie.
Frauen und Männern wurden und werden in verschiedenen Epochen und Kulturen bestimmte Rollen zugeschrieben (**Geschlechterrollen**). Gerade in diesem Bereich zeigt sich, dass gesellschaftliche Rollenvorstellungen im Laufe der Zeit Veränderungen unterworfen sind.

2 Entwerfen Sie entweder eine Spielszene, deren Komik dadurch entsteht, dass Erwartungen an eine Rolle gezielt enttäuscht werden, oder schildern Sie alltägliche Situationen, in denen eine Person den (vermeintlichen) geschlechtsspezifischen Rollenerwartungen nicht entspricht.

3 Einige Untersuchungen über das Gesprächsverhalten von Frauen und Männern sagen, dass Frauen eher kooperativ, konstruktiv und einfühlsam kommunizieren, Männer hingegen eher dominant und destruktiv. Erörtern Sie, inwieweit sich diese Erkenntnisse mit ihren persönlichen Erfahrungen decken.

Viele Kommunikationssituationen sind traditionell klar geregelt, z.B. vor Gericht, im Parlament usw. Um Kommunikationsstörungen im Unterricht vorzubeugen, können Sie goldene Regeln für eine gelungene Kommunikation aufstellen. Nehmen Sie dabei sowohl die Position des Sprechers/der Sprecherin als auch die des Zuhörers/der Zuhörerin in den Blick.

Information **Metakommunikation**

Wenn man über die Art der Gesprächsführung spricht, wird das **Metakommunikation** genannt. Die Kommunikation selbst wird zum Gegenstand des Gesprächs.

4 **a** Stellen Sie zunächst allein einige Regeln für ein gemeinsames Gesprächsverhalten auf.
b Diskutieren Sie dann im Kurs, auf welche fünf Regeln sich alle einigen können.
c Bestimmen Sie, in welchen Fällen Sie eine **Metakommunikation** für erforderlich halten. Formulieren Sie dazu die sechste Regel.

5.2 Kommunikation in literarischen Texten – Dialogsituationen untersuchen

Thomas Mann: **Buddenbrooks** (1901)

Im Roman „Buddenbrooks", in dem Thomas Mann (1875–1955) eigene Erfahrungen und Personen seines direkten Umfeldes verarbeitete und für den er 1929 den Literaturnobelpreis verliehen bekam, wird der allmähliche Verfall einer Lübecker Kaufmannsfamilie geschildert.
Im ersten Teil des Romans wirbt der Geschäftsmann Grünlich um die älteste Tochter der Buddenbrooks, Antonie, genannt: Tony. Der Vater Tonys, der alte Buddenbrook, unterstützt im weiteren Verlauf des Romans diesen Heiratsantrag, zum einen weil er sich finanzielle Sicherheit für seine selbstbewusste und etwas eigenwillige Tochter erhofft, zum anderen weil er für seine Firma florierende Geschäftsbeziehungen erwartet.

Herr Grünlich hatte einen Armsessel ganz dicht an ihren Fenstersitz herangezogen, er setzte sich, er nötigte auch sie selbst, sich wieder niederzulassen, und während er, vornübergebeugt, ihre Hand, die schlaff war vor Ratlosigkeit, in der seinen hielt, fuhr er mit bewegter Stimme fort: „Fräulein Antonie ... Seit dem ersten Augenblick, seit jenem Nachmittage ... Sie erinnern sich jenes Nachmittages? ... als ich zum ersten Mal im Kreise der Ihrigen eine so vornehme, so traumhaft liebliche Erscheinung erblickte ... ist Ihr Name mit unauslöschlichen Buchstaben in mein Herz geschrieben ..." Er verbesserte sich und sagte: „gegraben". „Seit jenem Tage, Fräulein Antonie, ist es mein einziger, mein heißer Wunsch, Ihre schöne Hand fürs Leben zu gewinnen, und was den Brief Ihres *lieben* Herrn

Vaters mich nur hoffen ließ, das werden Sie mir nun zur glücklichen Gewissheit machen ... nicht wahr?! Ich darf mit Ihrer Gegenneigung rechnen ... Ihrer Gegenneigung sicher sein!" Hierbei ergriff er auch mit der anderen Hand die ihre und blickte ihr tief in die ängstlich geöffneten Augen. Er trug heute keine Zwirnhandschuhe; seine Hände waren lang, weiß von hohen, blauen Adern durchzogen.

Tony starrte in sein rosiges Gesicht, auf die Warze an seiner Nase und in seine Augen, die so blau waren wie diejenigen einer Gans.

„Nein, nein!", brachte sie rasch und angstvoll hervor. Hierauf sagte sie noch: „Ich gebe Ihnen nicht mein Jawort!" Sie bemühte sich, fest zu sprechen, aber sie weinte schon.

„Womit habe ich dieses Zweifeln und Zögern Ihrerseits verdient?", fragte er mit tief gesenkter und fast vorwurfsvoller Stimme. „Sie sind ein von liebender Sorgfalt behütetes und verwöhntes Mädchen ... aber ich schwöre Ihnen, ja, ich verpfände Ihnen mein Manneswort, dass ich Sie auf Händen tragen werde, dass Sie als meine Gattin nichts entbehren werden, dass Sie in Hamburg ein Ihrer würdiges Leben führen werden ..."

Tony sprang auf, sie befreite ihre Hand, und während ihre Tränen hervorstürzten, rief sie völlig verzweifelt: „Nein ... nein! Ich habe ja *nein* gesagt! Ich gebe Ihnen einen Korb, verstehen Sie das denn nicht, Gott im Himmel?! ..."

Allein auch Herr Grünlich erhob sich. Er trat einen Schritt zurück, er breitete die Arme aus, indem er ihr beide Handflächen entgegenhielt, und sprach mit dem Ernst eines Mannes von Ehre und Entschluss: „Wissen Sie, Mademoiselle Buddenbrook, dass ich mich nicht in dieser Weise beleidigen lassen darf?"

„Aber ich beleidige Sie nicht, Herr Grünlich", sagte Tony, denn sie bereute, so heftig gewesen zu sein. Mein Gott, musste gerade ihr dies begegnen! Sie hatte sich so eine Werbung nicht vorgestellt. Sie hatte geglaubt, man brauche nur zu sagen: „Ihr Antrag ehrt mich, aber ich kann ihn nicht annehmen", damit alles erledigt sei ...

„Ihr Antrag ehrt mich", sagte sie, so ruhig sie konnte; „aber ich kann ihn nicht annehmen ... So, und ich muss Sie nun ... verlassen, entschuldigen Sie, ich habe keine Zeit mehr."

Aber Herr Grünlich stand ihr im Wege.

„Sie weisen mich zurück?", fragte er tonlos ...

„Ja", sagte Tony; und aus Vorsicht fügte sie hinzu: „Leider ..."

Da atmete Herr Grünlich heftig auf, er machte zwei große Schritte rückwärts, beugte den Oberkörper zur Seite, wies mit dem Zeigefinger auf den Teppich und rief mit fürchterlicher Stimme: „Antonie –!"

So standen sie sich während eines Augenblickes gegenüber; er in aufrichtig erzürnter und gebietender Haltung, Tony blass, verweint und zitternd, das feuchte Taschentuch am Munde. Endlich wandte er sich ab und durchmaß, die Hände auf dem Rücken, zweimal das Zimmer, als sei er hier zu Hause. Dann blieb er am Fenster stehen und blickte durch die Scheiben in die beginnende Dämmerung.

Tony schritt langsam und mit einer gewissen Behutsamkeit auf die Glastür zu; aber sie befand sich erst in der Mitte des Zimmers, als Herr Grünlich aufs Neue bei ihr stand.

„Tony!", sagte er ganz leise, während er sanft ihre Hand erfasste; und er sank ... sank langsam bei ihr zu Boden auf die Knie. Seine beiden goldgelben Favoris[1] lagen auf ihrer Hand.

„Tony ...", wiederholte er, „sehen Sie mich hier ... Dahin haben Sie es gebracht ... Haben Sie ein Herz, ein fühlendes Herz? ... Hören Sie mich an ... Sie sehen einen Mann vor sich, der vernichtet, zu Grunde gerichtet ist, wenn ... ja, der vor Kummer sterben wird", unterbrach er sich mit einer gewissen Hast, „wenn Sie seine Liebe verschmähen! Hier liege ich ... bringen Sie es über das Herz, mir zu sagen: Ich verabscheue Sie –?"

„Nein, nein!", sagte Tony plötzlich in tröstendem Ton. Ihre Tränen waren versiegt, Rührung und Mitleid stiegen in ihr auf. Mein Gott, wie sehr musste er sie lieben, dass er diese Sache,

1 **Favoris:** Koteletten bzw. Backenbart; in der Biedermeierzeit „Favoris" genannt, seitliche Haare an beiden Gesichtshälften vom Haaransatz der Haupthaare bis zum Bart

die ihr selbst innerlich ganz fremd und gleichgültig war, so weit trieb! War es möglich, dass sie dies erlebte? In Romanen las man dergleichen, und nun lag im gewöhnlichen Leben ein Herr im Gehrock vor ihr auf den Knien und flehte! ... Ihr war der Gedanke, ihn zu heiraten, einfach unsinnig erschienen, weil sie Herrn Grünlich albern gefunden hatte. Aber, bei Gott, in diesem Augenblicke war er durchaus nicht albern! Aus seiner Stimme und seinem Gesicht sprach eine so ehrliche Angst, eine so aufrichtige und verzweifelte Bitte ...

„Nein, nein!", wiederholte sie, indem sie sich ganz ergriffen über ihn beugte. „Ich verabscheue Sie nicht, Herr Grünlich, wie können Sie dergleichen sagen! ... Aber nun stehen Sie auf ... bitte ..."

„Sie wollen mich nicht töten?", fragte er wieder, und sie sagte noch einmal in einem beinahe mütterlich tröstenden Ton: „Nein – nein ..."

„Das ist ein Wort!", rief Grünlich und sprang auf die Füße. Sofort aber, als er Tonys erschrockene Bewegung sah, ließ er sich noch einmal nieder und sagte ängstlich beschwichtigend: „Gut, gut ... sprechen Sie nun nichts mehr, Antonie! Genug für diesmal, ich bitte Sie, von dieser Sache ... Wir reden weiter davon ... Ein anderes Mal ... Ein anderes Mal ... Leben Sie wohl für heute ... Leben Sie wohl ... Ich kehre zurück ... Leben Sie wohl! –"

Er hatte sich rasch erhoben, er hatte seinen großen grauen Hut vom Tische gerissen, hatte ihre Hand geküsst und war durch die Glastür hinausgeeilt.

Tony sah, wie er in der Säulenhalle seinen Stock ergriff und im Korridor verschwand. Sie stand, völlig verwirrt und erschöpft, inmitten des Zimmers, das feuchte Taschentuch in einer ihrer hinabhängenden Hände.

---

1 **a** Lesen Sie den Dialog (also nur die wörtliche Rede der Figuren ohne den Erzähltext) mit verteilten Rollen.

b Fassen Sie den Inhalt des Gesprächs in einem kurzen Statement zusammen.

c Lesen Sie den Textauszug ein zweites Mal laut vor. Immer dann, wenn Sie Kommentare zum Dialog abgeben wollen, können Sie „Stopp!" rufen und sich anschließend zur Kommunikation der beiden Figuren äußern.

2 Ist die Kommunikation zwischen Tony und Grünlich eher gelungen oder eher misslungen? Begründen Sie Ihre Auffassung.

3 **a** Verfassen Sie für eine der beiden Figuren (Tony oder Grünlich) einen inneren Monolog, der am Ende des Textauszugs ansetzt.

b Vergleichen Sie Ihre Texte. Verwenden Sie dabei zur Erläuterung die Kategorien der **Kommunikationsanalyse,** die Sie im ersten Teilkapitel kennen gelernt haben, insbesondere: **Inhalts-** und **Beziehungsebene** und **symmetrische** oder **komplementäre Kommunikation** (▶ S. 90–93).

4 „Wissen Sie, Mademoiselle Buddenbrook, dass ich mich nicht in dieser Weise beleidigen lassen darf?" (Z. 53 ff.). Erläutern Sie, inwiefern **Rollenerwartungen** (▶ S. 95) zum Verständnis dieser Äußerung Grünlichs beitragen.

5 Anders als in den meisten Dramen kann in epischen Texten (Romanen, Erzählungen) eine Erzählerin oder ein Erzähler als Vermittler der Geschichte auftreten, und zwar in der Funktion, Kommunikationssituationen zu illustrieren und zu kommentieren. Analysieren Sie,

a wie der Erzähler der „Buddenbrooks" durch die Darstellung des **nonverbalen** und **paraverbalen Verhaltens** der Figuren (▶ S. 92) die Wirkung der beschriebenen Situation unterstützt,

b wie die Leserin oder der Leser durch die Innensicht der Figuren, die der Erzähler preisgibt, in der Wahrnehmung gelenkt/gesteuert wird.

6 Charakterisieren Sie abschließend die Bedeutung des Erzählers für die Darstellung der Kommunikationssituation im Romanauszug. Greifen Sie dabei wiederum auf die Kategorien S. 90–93 zurück.

Beziehungs- und Kommunikationsstörungen in neuerer Literatur

Daniel Kehlmann: **Ich und Kaminski** (2003)

Anders als in Thomas Manns „Buddenbrooks" und anderen Romanen des 19. und frühen 20. Jahrhunderts findet man in zeitgenössischen Romanen häufig eine Ich-Erzählerin oder einen Ich-Erzähler, die/der als Figur das Geschehen aus subjektiver Perspektive darstellt und kommentiert.

*Beziehungs- und Kommunikationsschwierigkeiten spielen gerade in modernen Romanen eine zentrale Rolle. In Daniel Kehlmanns (*1975) Roman „Ich und Kaminski" (2003) verfolgt der Ich-Erzähler Zöllner den erfolgreichen, aber inzwischen erblindeten Maler Kaminski in der Hoffnung, eine – auch finanziell lukrative – Biografie über den Künstler verfassen zu können. Zöllner wohnt zu Beginn der Erzählung bei seiner Freundin Elke, befindet sich jedoch während der erzählten Geschichte – z. T. gemeinsam mit Kaminski – auf Reisen. Die Kommunikations- und Beziehungsschwierigkeiten des Ich-Erzählers werden besonders in seinen Gesprächen mit Elke deutlich.*

Tipp: Der Text ist, leicht überarbeitet, auch als Hörspiel erschienen.

„Wir müssen reden", sagte Elke.
„Woher hast du diese Nummer?"
„Das ist doch egal. Wir müssen reden."
Es musste wirklich dringend sein. Sie war auf Geschäftsreise für ihre Werbeagentur, normalerweise rief sie nie von unterwegs an.
„Kein guter Moment. Ich bin sehr beschäftigt."
„Jetzt!"
„Natürlich", sagte ich, „warte!" Ich senkte den Hörer. In der Dunkelheit vor dem Fenster konnte ich die Bergspitzen und einen blassen Halbmond erkennen. Ich atmete tief ein und aus. „Was ist?"
„Ich wollte schon gestern mit dir sprechen, aber du hast es wieder geschafft, erst heimzukommen, als ich abgereist war. Und jetzt ..."
Ich blies in den Hörer: „Die Verbindung ist nicht gut!"
„Sebastian, das ist kein Mobiltelefon. Die Verbindung ist in Ordnung."
„Entschuldige!", sagte ich. „Einen Moment."
Ich ließ den Hörer sinken. Sanfte Panik stieg in mir auf. Ich ahnte, was sie mir sagen wollte, und ich durfte es auf keinen Fall hören. Einfach auflegen? Aber das hatte ich schon dreimal gemacht. Zögernd hob ich den Hörer. „Ja?"
„Es geht um die Wohnung."
„Kann ich dich morgen anrufen? Ich habe viel zu tun, nächste Woche komme ich zurück, dann können wir ..."
„Das wirst du nicht."
„Was?"
„Zurückkommen. Nicht hierher. Sebastian, du wohnst hier nicht mehr!"
Ich räusperte mich. Jetzt musste mir etwas einfallen. Etwas Einfaches und Überzeugendes. Jetzt! Aber mir fiel nichts ein.
„Damals hast du gesagt, es wäre nur für den Übergang. Bloß ein paar Tage, bis du etwas gefunden hättest."
„Und?"
„Das war vor drei Monaten."
„Es gibt nicht viele Wohnungen!"
„Es gibt genug, und so kann es nicht weitergehen."
Ich schwieg. Vielleicht war das am wirkungsvollsten.
„Außerdem habe ich jemanden kennen gelernt."
Ich schwieg. Was erwartete sie? Sollte ich weinen, schreien, bitten? Dazu war ich durchaus bereit. Ich dachte an ihre Wohnung: den Ledersessel, den Marmortisch, die teure Couch. Die Zimmerbar, die Stereoanlage und den großen Flachbildfernseher. Sie hatte wirklich jemanden getroffen, der ihr Gerede über die Agentur, über vegetarische Ernährung, Politik und japanische Filme anhören wollte? Schwer zu glauben.
„Ich weiß, dass das nicht leicht ist", sagte sie mit brüchiger Stimme. „Ich hätte es dir auch nicht ... am Telefon gesagt. Aber es gibt keinen anderen Weg."
Ich schwieg.
„Und du weißt doch, dass es so nicht weitergehen kann."

Das hatte sie schon gesagt. Aber warum nicht? Ich sah das Wohnzimmer klar vor mir: hundertdreißig Quadratmeter, weiche Teppiche, die Aussicht auf den Park. An Sommernachmittagen legte sich ein südlich weiches Licht auf die Wände.

„Ich kann das einfach nicht glauben", sagte ich, „und ich glaube es nicht."

„Solltest du aber. Ich habe deine Sachen gepackt."

„Was hast du?"

„Du kannst deine Koffer abholen. Oder nein, wenn ich nach Hause komme, lasse ich sie dir in die *Abendnachrichten* bringen."

„Nicht in die Redaktion!", rief ich. Das fehlte noch! „Elke, ich werde dieses Gespräch vergessen. Du hast nie angerufen, und ich habe nichts gehört. Nächste Woche reden wir über alles."

„Walter hat gesagt, wenn du noch einmal herkommst, wirft er dich selbst hinaus."

„Walter?"

Sie antwortete nicht. War es wirklich nötig, dass er auch noch Walter hieß?

„Am Sonntag zieht er ein", sagte sie leise.

Ach so! Nun verstand ich: Die Wohnungsknappheit trieb die Menschen doch zu erstaunlichen Dingen. „Wo soll ich denn hin?"

„Ich weiß nicht. In ein Hotel. Zu einem Freund."

Einem Freund? Das Gesicht meines Steuerberaters tauchte vor mir auf, dann das eines ehemaligen Schulkollegen, den ich vorige Woche auf der Straße getroffen hatte. Wir hatten ein Bier miteinander getrunken und nicht gewusst, worüber wir reden sollten. Die ganze Zeit hatte ich mein Gedächtnis nach seinem Namen durchsucht.

„Elke, das ist unsere Wohnung!"

„Es ist nicht unsere. Hast du dich je an der Miete beteiligt?"

„Ich habe das Badezimmer gestrichen."

„Nein, das waren Maler. Du hast sie bloß angerufen. Bezahlt habe ich."

„Willst du mir das vorrechnen?"

„Warum nicht?"

„Ich kann das nicht glauben." Hatte ich das schon gesagt? „Ich hätte nicht gedacht, dass du dazu fähig bist."

„Ja, nicht wahr?", sagte sie. „Ich auch nicht. Ich auch nicht! Wie kommst du mit Kaminski zurecht?"

„Wir haben uns sofort verstanden. Ich glaube, er mag mich. Die Tochter ist ein Problem. Sie schirmt ihn von allem ab. Ich muss sie irgendwie loswerden."

„Ich wünsche dir alles Gute, Sebastian. Vielleicht hast du noch eine Chance."

„Was heißt das?"

Sie antwortete nicht.

„Einen Moment! Das will ich wissen. Was meinst du damit?"

Sie legte auf.

Sofort wählte ich die Nummer ihres Mobiltelefons, aber sie meldete sich nicht. Ich versuchte es wieder. Eine ruhige Computerstimme bat mich, eine Nachricht zu hinterlassen. Ich versuchte es wieder. Und wieder. Nach dem neunten Mal gab ich auf.

---

1 **a** Tragen Sie im Hinblick auf Inhalt und Durchführung zusammen, worin sich diese Kommunikationssituation von der aus den „Buddenbrooks" unterscheidet bzw. nicht unterscheidet.

b Charakterisieren Sie die Figur Elke und den Ich-Erzähler genauer.

2 Analysieren Sie das Gespräch mit Hilfe der folgenden Kategorien Schulz von Thuns (► S. 90 f.):

a Was ist der **Sachinhalt** des Textes? – Was könnte er eigentlich sein?

b An welchen Stellen sind **Selbstkundgaben** zu erkennen? – Wo wären sie zu erwarten?

c Wie ist die **Beziehung** der Figuren gestaltet? Wie standen und stehen sie zueinander?

d Welche **Appelle** sind erkennbar? – Welche Appelle sind indirekt bzw. versteckt?

3 **a** Untersuchen Sie die Textpassagen genauer, an denen sich die Möglichkeit zur **Metakommunikation** (► S. 96) eröffnet.

b Legen Sie dar, woran diese scheitert.

4 An welchen Stellen wirkt der Text komisch auf Sie? Erläutern Sie, worin diese Komik besteht und wie sie durch den Erzähler erzielt wird. Beachten Sie dabei Perspektive und Haltung (► S. 160 f.).

5 **Referat:** Auch in vielen anderen Romanen spielt das Thema der gestörten Kommunikation eine wichtige Rolle, so z. B. in den Romanen „Homo faber“ (1957) von Max Frisch und „Der Vorleser“ (1995) von Bernhard Schlink. Im „Homo faber“ geht es um die tragische Liebesbeziehung des Ingenieurs Walter Faber zu Sabeth, die, was er zunächst nicht weiß, seine eigene Tochter ist. Im „Vorleser“ wird die Liebe des anfangs 15-jährigen Michael zur 21 Jahre älteren Analphabetin Hanna thematisiert, die, was Michael erst später bekannt wird, in der NS-Zeit KZ-Aufseherin gewesen ist.

a Stellen Sie einen dieser Romane oder einen anderen von Ihnen gewählten im Kurs vor (► Methode).

Tipp: Das Thema „Gestörte Kommunikation“ wird in „Homo faber“ v. a. im ersten Kapitel und in „Der Vorleser“ im ersten Teil, Kapitel 11, entwickelt.

b Entscheiden Sie, ob Sie einen der vorgestellten Romane im Kurs lesen möchten.

Methode **Einen Roman vorstellen – Zentrale Aspekte**

- kurze Information zu Autor/in und Zeit der Textentstehung (Gattung benennen)
- kurzer Überblick über Thema, Figuren und Handlung des Romans (ggf. das Ende nicht verraten!)
- Beantwortung der zentralen Frage: Was macht den Roman lesens- oder bemerkenswert? (Das ungewöhnliche Thema? Die Hauptfigur? Die ironische Haltung der Erzählerin/des Erzählers? ...)
- Beispiele für die Besonderheiten des Romans als Zitate bzw. Leseproben (Die interessante Erzählperspektive? Die mythologische Ebene im Werk? Der Handlungskern (Plot)? ...)
- ggf. die Rezeption des Romans darstellen, z. B. kontroverse Kritiken, Verfilmung, Verkaufszahlen

Tipp: Bei der Analyse helfen Ihnen die Informationen zu den Erzählstrategien (► S. 160 f.).

5.3 Eingefrorene Gespräche – Schreiben zu Kunstwerken

Der amerikanische Bildhauer Duane Hanson (1925–1996) hat sich in seinem künstlerischen Werk v. a. mit der amerikanischen Alltagswelt auseinandergesetzt. Seine aus Polyesterharz oder Bronze nachgebildeten und mit Haaren und echter Kleidung ausstaffierten lebensgroßen Figuren lösen in der Regel wegen ihrer Lebensechtheit Irritationen und Betroffenheit beim Betrachten aus. Hanson gilt als bedeutendster Vertreter des Hyperrealismus innerhalb der Pop-Art-Bewegung.

Duane Hanson: Selfportrait with Model (1979)

1 Beschreiben Sie die Wirkung, die die Plastik auf Sie ausübt. Gehen Sie dabei auch auf die verwendeten Requisiten ein und beachten Sie Körperhaltung, Gestik und Mimik der Figuren.

2 Stellen Sie sich vor: Sie sitzen ebenfalls als Gast in dem Café und betrachten die beiden am Nebentisch. Was geht Ihnen angesichts der beiden Figuren durch den Kopf? Schreiben Sie Ihre Gefühle, Assoziationen, Gedanken, Eindrücke usw. in Form eines Gedankenstroms auf.

3 Wählen Sie eine der beiden Figuren aus. Schreiben Sie einen Rollenmonolog, in dem die Figur ihre Wünsche, Erwartungen usw. äußert.

4 **a** Schreiben Sie zu zweit den möglichen Gesprächsbeginn (oder das Ende) zwischen den beiden.
b Tragen Sie Ihre Dialogtexte vor und bewerten Sie, inwieweit diese zum Kunstwerk passen.

Edward Hopper: Nachtschwärmer (1942)

1 Beschreiben Sie kurz die dargestellte Situation und die Atmosphäre, die das Bild ausstrahlt.

2 Verfassen Sie ausgehend von dem Bild eine **Kurzgeschichte** (► S. 27). Dabei sollen die Gedanken und Gefühle der Figuren in Form innerer Monologe zum Ausdruck kommen, in denen auch die Kommunikationssituation reflektiert wird.

1 Schreiben Sie zu zweit einen Dialog (z. B. als Teil eines Theaterstücks), in dem sich die beiden dargestellten Figuren erstmalig unterhalten. Die dabei oft übliche Unsicherheit zu Beginn einer solchen Kommunikation sollte deutlich werden. Tipp: Improvisieren Sie die Szene zunächst aus dem Stegreif.

2 Spielen Sie Ihre Szenen vor. Achten Sie dabei auch auf den Einsatz **nonverbaler und paraverbaler Ausdrucksmittel** (► S. 92).

3 Bewerten Sie, in welchem Maße sich die Figuren Duane Hansons und die Bilder Edward Hoppers als Schreibanlässe zum Kapitelthema eignen. Welche Aspekte von Kommunikation verdeutlichen sie, welche nicht?

Duane Hanson: Cheerleader 1986, Surfer 1987

6 Sprechen, Zuhören und Mitschreiben

1 Beschreiben Sie jeweils die in den drei Karikaturen dargestellten Situationen. Auf welche Fehler soll aufmerksam gemacht werden?

2 Formulieren Sie Vorschläge zur Verbesserung der von Ihnen erkannten Fehler.

In diesem Kapitel erwerben Sie folgende Kenntnisse und Kompetenzen:

- Referate und Kurzvorträge vorbereiten: Organisation, Recherche, Vortragstechniken,
- Zuhörerinnen und Zuhörer einbeziehen und aktivieren,
- Referate und Kurzvorträge nachbereiten: Video-Feedback einsetzen,
- verschiedene Arten des Protokollierens kennen und anwenden,
- ein Bewerbungsportfolio mit Deckblatt und Lebenslauf zusammenstellen,
- ein Vorstellungsgespräch vorbereiten.

6.1 Referate und Kurzvorträge erarbeiten und präsentieren

Information **Referat und Kurzvortrag**

- Von einem **Referat** wird erwartet, dass ein **abgegrenztes fachliches Thema adressatengerecht** dargestellt wird. Dabei steht die sachliche Vermittlung von Informationen im Vordergrund, eine eigene Einschätzung der Fakten kann aber durchaus zum Schluss formuliert werden. Die Informationsaufnahme kann den Zuhörerinnen und Zuhörern mit Hilfe von **Visualisierungstechniken** und auch mit einem Thesenpapier erleichtert werden.
- Ein **Kurzvortrag** behandelt ebenfalls ein **abgegrenztes Thema,** sollte jedoch **nicht länger als zehn Minuten** dauern. Die komprimierte Darstellung verlangt zudem eine sprachlich und auch körpersprachlich ausgefeilte und anspruchsvolle Vortragsweise. Darüber hinaus wird eine persönliche Stellungnahme von der/dem Vortragenden erwartet, wobei – wie beim Referat und im Unterschied zur Rede – die sachliche und methodische Korrektheit der Präsentation ein besonderes Gewicht erhält.

Den Arbeitsprozess organisieren – Thema, Termin, Zeitplan

1 Sprechen Sie das Thema Ihres Referats oder Kurzvortrags und den Vortragstermin mit der Lehrkraft, die Sie betreut, genau ab. Dabei geht es besonders darum, das Thema abzugrenzen und zu definieren, welche Aspekte aufgenommen und welche ausgeklammert bleiben sollen.

2 Erstellen Sie einen konkreten Zeitplan für alle notwendigen Arbeitsschritte wie: Bibliotheks- und Internetrecherche, Materialauswertung, Gliederung des Materials, Verschriftlichung der Ergebnisse und Vorbereitung der Präsentation.

Von Bibliothek bis Internet – Informationen recherchieren und verarbeiten

1 Recherchieren Sie möglichst vielschichtig und qualitätsorientiert. Gehen Sie so vor:
a Prüfen Sie, welche Publikationen Sie zu Ihrem Thema in einer Ihnen zugänglichen Bibliothek finden. Sichten Sie bei literarischen Themen Primär- und Sekundärliteratur sowie einschlägige Lexika. Beginnen Sie z. B. eine Bibliotheksrecherche zu dem Thema „Christa Wolf: Kassandra".
b Schließen Sie eine Internetrecherche an (Eintrag „Christa Wolf: Kassandra").
c Kontrollieren Sie die Qualität Ihrer verschiedenen Informationsquellen. Orientieren Sie sich dabei an den Hinweisen zu „Informationen beschaffen und prüfen" (► S. 137 f.).
d Arbeiten Sie die Quellen, die Sie Ihrem Referat bzw. Ihrem Vortrag zu Grunde legen wollen, gezielt durch. Nutzen Sie dazu die Hinweise zu „Lesestrategien" (► S. 125, 129).

2 Gliedern Sie das recherchierte Material (► S. 136 f.).

3 Bereiten Sie eine persönliche Stellungnahme (► S. 87, 592) zum Thema vor. Klären Sie z. B., welche Bewertung des „Kassandra"-Textes Sie mit welchen Argumenten unterstützen wollen.

Mediengestützt referieren I – Auswahl der Vortragsweise

Methode **Vortragsweisen**

- Wer sich im Referieren noch nicht ganz sicher fühlt, stützt sich meist auf einen **ausformulierten Text.** In diesem Fall sollten in diesem Text **Schlüsselwörter markiert** werden, damit man vom Textblatt aufschauen und den Zwischentext freier formulieren kann.
- Eine Alternative für Fortgeschrittene ist die Präsentation des Stoffs mit Hilfe von **Karteikarten.** Auf diesen notiert man in **Stichworten** nur die zentralen Aussagen sowie alle Informationen, die man leicht vergessen könnte (Zahlen, Daten, schwierige Namen, wichtige Zitate etc.). Für jeden Abschnitt des Referats wird eine eigene Karteikarte angelegt und mit einer Überschrift versehen. Die zugehörigen Daten und Informationen werden darunter notiert. Alles Übrige wird während des Referats frei formuliert. Die Karteikarten werden durchnummeriert und in der richtigen Reihenfolge sortiert.

1 **a** Legen Sie zu Ihrer Übung in dem folgenden ausformulierten Text (► S. 105) mit biografischen Angaben zu Christa Wolf die wichtigsten Informationen zum Thema „Leben und Werden einer Schriftstellerin" fest. Wählen Sie Schlüsselwörter für einen möglichst freien Vortrag aus.
b Übertragen Sie die Informationen des Textes mit wenigen Notizen auf einige Karteikarten. Versehen Sie jede Karteikarte mit einer Überschrift.

Christa Wolf gilt als die bekannteste Schriftstellerin der ehemaligen Deutschen Demokratischen Republik (DDR). Sie wurde 1929 in Landsberg an der Warthe (heute: Górzow Wielkopolski, Polen), also in den ehemaligen deutschen Ostgebieten geboren. Während der Hitlerzeit wuchs sie in geordneten und behüteten Verhältnissen auf; denn ihr Vater hatte in Landsberg einen kleinen Laden, der von den Schrecken des 2. Weltkriegs zunächst verschont blieb. Dann aber geriet die Familie in die Turbulenzen des Kriegsendes; sie schloss sich nach dem Zusammenbruch des Naziregimes einem Flüchtlingstreck nach Westen an und ließ sich in Mecklenburg nieder. Dort machte Christa Wolf 1949 ihr Abitur; sie engagierte sich früh politisch und trat bereits als Abiturientin der Sozialistischen Einheitspartei Deutschlands (SED) bei, weil sie zunächst große Hoffnungen in die neu entstandene Deutsche Demokratische Republik setzte. Sie studierte Germanistik, heiratete 1951 Gerhard Wolf – aus dieser Ehe gehen zwei Kinder hervor – und arbeitete nach Abschluss ihres Studiums im Jahr 1953 als Lektorin in verschiedenen Verlagen der DDR. Nach ersten eigenen Publikationen gehörte sie schon bald zum kulturellen Establishment der jungen DDR. [...]

2 a Überlegen Sie, aus welchen Gründen ein freier Vortrag in der Regel bevorzugt wird.
b Legen Sie nach Prüfung der nachstehenden Tabelle für Ihr Referat eine Vortragsweise fest.

Vortragsweise	Vorteile	Nachteile
ausformulierter Text mit Markierungen	■ gibt Sicherheit ■ Textaufbau bleibt abgesichert	■ behindert den freien Vortrag ■ man bleibt eher im Schreibstil und redet oft schneller
Karteikarten	■ unterstützen den freien Vortrag ■ Blickkontakt zum Publikum fällt leichter ■ man formuliert im Redestil (d.h. in der Regel langsamer)	■ Formulierungen könnten einem nicht einfallen ■ Karten können durcheinandergeraten

Mediengestützt referieren II – Visualisierungstechniken auswählen und einsetzen

Methode **Visuelle Unterstützung von Referaten**

Es ist bekannt, dass Präsentationen wirkungsvoller sind bzw. die Aufmerksamkeit der Anwesenden erhöhen, wenn man außer über den akustischen auch noch über den optischen Kanal Informationen aufnehmen kann. Als Hilfsmittel eignen sich v.a. die Tafel, der Tageslicht- bzw. Overheadprojektor oder das PowerPoint-Programm. Mögliche Visualisierungstechniken:

- **Abschnittsüberschriften:** Diese werden vor Beginn des Referats oder nach und nach an die Tafel geschrieben oder über Folie und Tageslicht- bzw. Overheadprojektor/Beamer vorgestellt.
- **Thesen:** Wenige zentrale Aussagen des Referats werden in Form von Thesen präsentiert. An der Tafel oder auf Folien geschrieben, können die Thesen nach und nach aufgedeckt werden.

- **Tabelle:** Werden in einem Referat Sachverhalte systematisch einander gegenübergestellt, können sie nach und nach stichpunktartig in eine Tabelle eingetragen werden.
- **Diagramme:** Grundbegriffe des Referats werden in Diagrammform präsentiert. Dazu stehen u.a. die folgenden Diagrammtypen zur Verfügung:

Zweigdiagramm
eignet sich z.B. für die Erschließung eines Zitats

Netzdiagramm
eignet sich für Zuordnungen zu einem zentralen Aspekt, z.B. Hauptphasen der Biografie oder des Schaffens von Christa Wolf

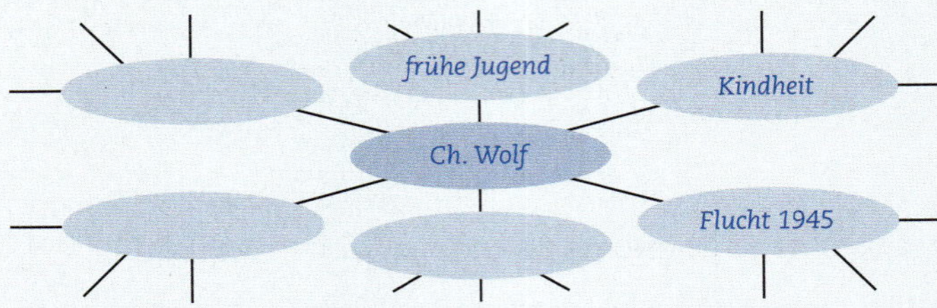

Flussdiagramm
eignet sich z.B. für die Wiedergabe des Handlungsverlaufs eines Schauspiels, eines Romans oder einer Erzählung

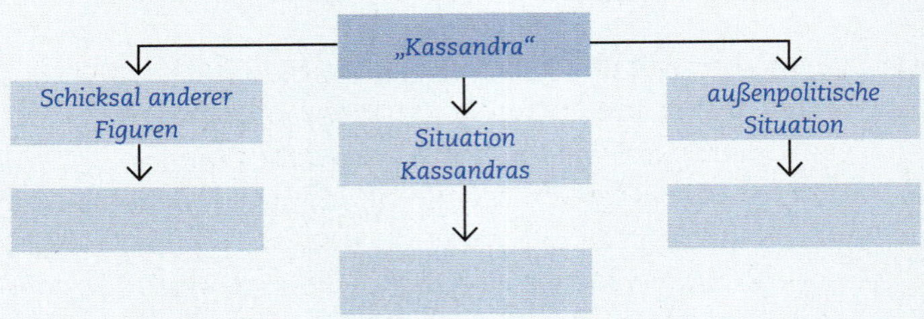

Baumdiagramm
eignet sich z.B. zur Hierarchisierung von Informationen oder Begriffen, z.B. auch von Fachbegriffen zur Analyse eines literarischen Werks

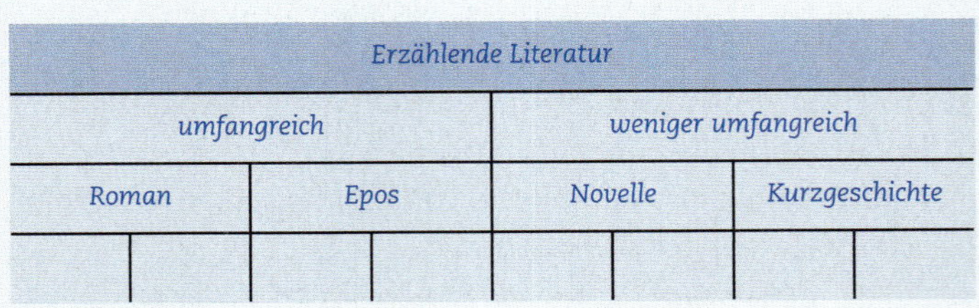

1 Vergleichen und erläutern Sie die Diagrammtypen mit eigenen Worten. Was stellen sie jeweils wie dar? Was wird in einem Zweigdiagramm im Unterschied zu einem Flussdiagramm deutlich?

2 **a** Wählen Sie für Ihr Referat die Visualisierungsmöglichkeiten aus, die Ihnen sinnvoll erscheinen.
b Überlegen Sie, welches **Prinzip der medialen Einspielung** (Methode, ▶ S.107) Sie einsetzen wollen.
c Machen Sie sich Notizen, wie Sie Ihre Medien sprachlich in das Referat einbauen können, z.B.:
Dazu werde ich euch/Ihnen nach und nach an der Tafel …; Zur Erläuterung will ich diese … ergänzen.

3 Befragen Sie im Anschluss an das Referat die Zuhörenden, welche visuellen Angebote die Informationsaufnahme besonders gestützt haben und ob sie an passender Stelle eingesetzt wurden.

Methode **Prinzipien medialer Einspielungen**

Ihre mündliche Präsentation können Sie auf verschiedene Weise mit Ihren Medien kombinieren:

- **Echoprinzip:** Die eingesetzten Medien wiederholen bzw. verdoppeln das Gesagte bei Konzentration auf zentrale Aussagen. Die Zuhörenden können das Gezeigte nutzen, um einzelne Äußerungen im Referat in größere Zusammenhänge einzuordnen, die sich ihnen optisch präsentieren.
- **Reißverschlussprinzip:** Vortragstext und mediale Einspielungen ergänzen sich. Das, was gezeigt wird, wird im Referat ausgespart. Den Zuhörenden werden kleine Pausen gegeben, in denen sie die visuell präsentierten Zusatzinformationen aufnehmen können, bevor es mit dem Referat weitergeht.
- **Ergänzungsprinzip:** Während des Vortrags wird eine nicht komplett ausgestaltete Folie von der/dem Vortragenden per Hand mit Stichworten, Zuordnungspfeilen oder sonstigen grafischen Elementen ergänzt. Sie/er spricht dabei nicht. Das Referat wird so insgesamt aufgelockert. Eine Variante stellt die Folien-Präsentation dar, bei der sich Folien-Elemente nach und nach aufbauen.

Aktives Zuhören organisieren – Die Zuhörenden einbeziehen

Methode **Das Zuhören aktivieren**

Die Aufmerksamkeit des Publikums lässt sich nicht nur durch Einsatz visueller Medien, sondern auch durch bestimmte Abläufe und Handlungsaufforderungen sichern und steigern:

- Beim **Impulsreferat** wechseln die Zuhörenden zwischen Zuhören und Eigenaktivität hin und her. Der Ablauf: Die Referentin/der Referent präsentiert einen überschaubaren ersten Teil des Referats (ca. 5 Min.). Anschließend erhalten die Zuhörenden in Gruppen (arbeitsteilig) einige ergänzende visuelle Materialien zum selben Sachbereich (Grafiken, Diagramme, Statistiken etc.), die sie kurz bearbeiten sollen. Die Ergebnisse werden im Plenum vorgestellt, bevor das Referat weitergeht. Vortrag und vertiefende Phase mit visuellen Zusatzinformationen können einander mehrfach abwechseln.
- Der **Sandwichvortrag** ist ein Verfahren, das die Zuhörenden aktiv mit einbezieht, indem vorweg ein Fragehorizont zu dem Thema des Referats aufgebaut und eine Nachbetrachtung organisiert wird.
  Der Ablauf: Vor dem Referat erhalten alle Zuhörer/innen eine Liste von Fragen zum Gegenstand der Präsentation, die sie in Partnerarbeit oder in Gruppen kurz besprechen sollen. Die Antworten auf die Fragen hält jede Kleingruppe kurz schriftlich fest. Dann folgt das Referat. Anschließend setzen sich die Zuhörenden in ihren Ursprungsgruppen wieder zusammen, lesen noch einmal die Ausgangsfragen und reflektieren ihre ursprünglichen Antworten im Lichte des Referatinhalts.

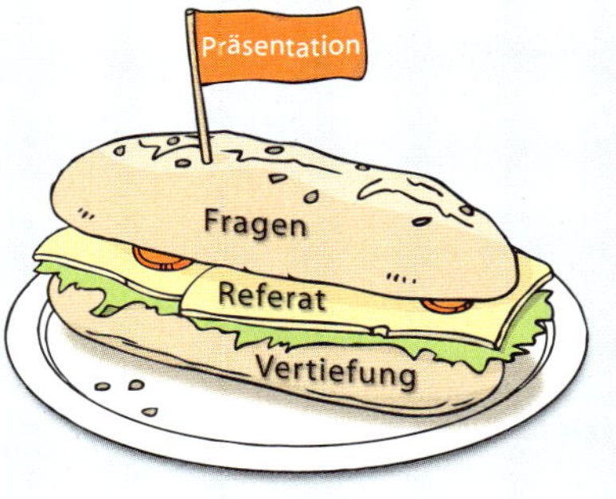

1 Überlegen Sie, ob eine dieser Aktivierungsmöglichkeiten im Hinblick auf den Referatgegenstand und für die Lerngruppe, vor der Sie referieren werden, geeignet wäre.

2 Prüfen Sie, welches Verfahren an Sie als Referenten die größten Herausforderungen stellt.

3 Wählen Sie eines der Verfahren aus, führen Sie es durch und werten Sie Ihre Durchführung bzw. Ihre Erfahrung mit diesem Verfahren zusammen mit Ihrem Kurs aus.

Video-Feedback – Einen Vortrag bewerten

1 Lassen Sie Ihren Kurzvortrag bzw. Ihr Referat mit einer Videokamera aufnehmen.
2 Bitten Sie Ihr Publikum, Ihr Referat mit Hilfe der folgenden Fragen zu beurteilen (▶ Methode). Machen Sie sich während der Kritik Notizen zu den Anmerkungen.
3 Schauen Sie sich zu Hause die Videoaufzeichnung Ihres Referats an und vollziehen Sie nach, wie die Zuhörenden zu ihrer Beurteilung gekommen sein könnten.

Methode **Einen Vortrag bewerten – Checkliste**

Vorbereitung: Inwieweit ...
- war der Vortragstext inhaltlich klar und gut strukturiert?
- war alles verständlich und adressatengerecht formuliert?
- konnte die/der Vortragende am Ende auf Nachfragen konkret eingehen?

Vortragsweise: Inwieweit ...
- wurde das Material frei vorgetragen?
- wurde laut und deutlich gesprochen? War auch in der letzten Reihe alles gut zu verstehen?
- wurde die Lautstärke variiert, um z.B. Wichtiges hervorzuheben?
- hat sie/er ein angemessenes Redetempo gewählt und das Tempo ab und zu variiert?
- hat sie/er kleine Denkpausen gemacht?
- hat sie/er den Vortrag an bestimmten Stellen zur Unterstreichung von Aussagen körpersprachlich (Gestik und Mimik) begleitet? „Versteckte“ sie/er sich hinter Tisch oder Projektor?

Einbeziehung der Zuhörenden: Inwieweit ...
- wurde Blickkontakt zum gesamten Publikum gesucht, um sich der Aufmerksamkeit aller zu versichern und auf etwaige mimische Reaktionen einzugehen?
- hat sie/er den Zuhörenden z.B. mit Hilfe von Medien die Informationsaufnahme erleichtert?

6.2 Inhalte und Ergebnisse festhalten – Mitschriften und Protokolle

Mitschriften – Aktiv zuhören

Information **Mitschriften**

Mitschriften trainieren das aktive Zuhören. Sie dienen zugleich dazu, mündliche Unterrichtsabläufe wie **Diskussionen oder Vorträge für eine spätere Nutzung festzuhalten.** Mitschriften können Sie zur persönlichen Vorbereitung einer Klausur verwenden oder sie zur **Grundlage eines Ergebnis- oder Verlaufsprotokolls** (▶ S. 109–110) machen, das der gesamte Kurs erhält.

1 Prüfen Sie, welche der folgenden methodischen Hinweise Sie bei Mitschriften bisher beachtet haben.

Methode **Mitschriften anfertigen**

- Wichtige Fakten für den Kopf eines Protokolls (Thema, Mitwirkende, Uhrzeit etc.) bereits vor Beginn der Mitschrift festhalten sowie am Blattrand feste Abläufe (Tagesordnungspunkte) in Abständen notieren, um den Prozess der Informationsaufnahme von vornherein zu entlasten, z. B. für ein **Stichwortprotokoll** zu einer Unterrichtsstunde:
  - Rahmendaten (Teilnehmende, Uhrzeit, Ort, An- und Abwesende, Protokollant/in)
  - Thema der Stunde
  - Text-/Materialgrundlage der Stunde
  - steuernde Fragestellungen (der Lehrperson oder von Mitschülerinnen/Mitschülern)
  - Hauptergebnisse (z. B. Tafelanschrieb, von der Lehrperson hervorgehobene Ergebnisse etc.)
  - offengebliebene Fragen
  - Hausaufgabe
- Seiten nur teilweise füllen (breiter Rand), um nach der Mitschrift oder in Gesprächspausen etwas ergänzen zu können.
- Nur Stichworte notieren und Kürzel oder Symbole verwenden, z. B. **n** oder **–** für „nicht“, **o** für „oder“, **zw** für „zwischen“, **Def** für „Definition“, **Ggs** oder **↔** für „Gegensatz“. So kann man besser dem Redefluss der Gesprächsteilnehmer bzw. dem Vortragenden folgen.

2 Stellen Sie sich eine eigene Liste von Kürzeln zusammen, die Sie bei Mitschriften verwenden können.

Methode **Stichwortprotokoll – Eine Vorbereitung**

Mit einem Stichwortprotokoll **bereitet** man **die spätere Ausarbeitung** eines Ergebnis- oder Verlaufsprotokolls (► S. 109–110) vor. Mit Hilfe eines vorstrukturierten Notizblattes (► Methode: Mitschriften anfertigen), mit Stichworten, Kürzeln und Symbolen halten Sie alles Wichtige fest. Auf Grundlage dieser Notizen können Sie anschließend das Protokoll ins Reine schreiben.

1 Nutzen Sie evtl. die in der Methode (► Mitschriften anfertigen) oben genannten Stichworte wie „steuernde Fragestellungen“, um Ihrer Unterrichtsmitschrift von vornherein eine Struktur zu geben. Verteilen Sie, bevor Sie eine Mitschrift beginnen, diese Stichworte als Überschriften in Abständen auf ein Blatt oder erstellen Sie am Computer ein entsprechendes Dokument.

2 Mindmap und Flussdiagramm (► S. 227) sind alternative Methoden zur Stichwortmitschrift. Wenden Sie auch diese Möglichkeiten an und vergleichen Sie deren Leistungen.

Methode **Ergebnisprotokoll – Resultate festhalten**

Protokolle sind **Sonderformen des Berichts.** Sie stehen im **Präsens.** Im Unterschied zu Mitschriften, die meist zum Eigengebrauch angefertigt werden, richten sich Protokolle an andere. Sie sollen **neutral und sachlich** informieren. Im Ergebnisprotokoll werden **ohne Namensnennungen nur** die **Resultate** von Diskussionen (► S. 76 f.) und Beratungen festgehalten; nicht erfasst wird der Ablauf einer Sitzung. Über deren Ergebnisse hinaus darf nichts, z. B. aus späteren Gesprächen, hinzugefügt werden. Protokolle sollten generell zeitnah und auf umfangreiche Notizen gestützt fertig gestellt werden (▶ Stichwortprotokoll), damit nicht wichtige Zusammenhänge aus dem Gedächtnis verloren gehen.

1 Entwickeln Sie aus einem **Stichwortprotokoll** (▶ S. 109) ein **Ergebnisprotokoll:**

a Entscheiden Sie, wie Sie Ihr Protokoll inhaltlich gliedern möchten. Stützen Sie sich evtl. auf die „steuernden Fragestellungen" (▶ Methode: Mitschriften) innerhalb der Unterrichtsstunde.

b Formulieren Sie Ihre Notizen in ganzen Sätzen aus und beziehen Sie alle Einzelnotizen gedanklich aufeinander.

2 Prüfen Sie das folgende Protokollbeispiel. Ist eine solche Gliederung auch für Ihr Protokoll geeignet?

Ergebnisprotokoll der Deutschstunde am 17.2.20…

Thema:	*Vergleich zwischen Schillers „Don Karlos" und Büchners „Dantons Tod"*
Teilnehmer/innen:	*Deutschkurs 1*
Leitung:	*Herr Dr. Wichtig*
Zeit:	*9.35–10.25 Uhr*
Protokoll:	*Clara Klar*

*Die beiden Theaterstücke weisen **einige Gemeinsamkeiten,** aber auch **deutliche Unterschiede** auf.*

- *In beiden Dramen werden **revolutionäre politische Bewegungen** thematisiert.*
- *Die Dramenhandlung rückt dabei **unterschiedlich nahe** an den politischen Wandel heran. Während die Umwälzungen in Schillers „Don Karlos" weit vom Schauplatz des Geschehens, dem spanischen Königshof, entfernt in den Niederlanden stattfinden, ist Büchners Theaterstück …*
- *Weiterhin ist festzuhalten, dass beide Stücke ganz **verschiedene Stadien einer politischen Umwälzung** thematisieren. Während …*
- *In beiden Dramen …*

Das Verlaufsprotokoll – Den Hergang festhalten

Information **Verlaufsprotokoll**

In einem Verlaufsprotokoll wird der **Gang einer Diskussion oder eines naturwissenschaftlichen Experiments** bis zum Ergebnis bzw. bis zum zuletzt erreichten Diskussionsstand wiedergegeben. **Diskutanten** werden **namentlich** genannt. Anders als im Wortprotokoll, z. B. in Parlamenten, werden in einem Verlaufsprotokoll nicht alle Äußerungen festgehalten. Der/die Protokollierende muss eine **Auswahl treffen,** also entscheiden, welche Äußerungen dem Gespräch besondere Impulse gegeben haben.

1 Nutzen Sie bei der Abfassung und Gliederung eines Verlaufsprotokolls ein Stichwortprotokoll.

2 Geben Sie Äußerungen, namentlich zugeordnet, im Konjunktiv der indirekten Rede wieder (▶ S. 146 f.), z. B.: *Paul Maier erklärt, dass er „Dantons Tod" für ein aktuelles Stück halte, da es zeige, dass …*

6.3 Bewerbungsportfolio und Vorstellungsgespräch

Das Bewerbungsportfolio – Werbung in eigener Sache

Für die meisten Bewerbungen sind Bewerbungsportfolios oder -mappen Standard. Wichtig ist, dass durch das Portfolio ein positives Bild von Ihnen entsteht. Daher sollte die Mappe ansprechend aussehen und gut handhabbar sein. Die zusammengestellten Unterlagen sollten leicht entnommen und wieder eingefügt werden können. Entsprechende Heftmappen lassen sich in Schreibwarenläden erwerben.

Judith Engst: **Professionelles Bewerben – leicht gemacht** (2005)

Für drei Viertel aller Bewerbungen wendet der Personalentscheider zunächst nicht mehr als 30 Sekunden auf. Dabei prüft er zunächst, ob die Bewerbung formalen Kriterien gerecht wird. Bewerbungen, die einfachste Formalkriterien nicht erfüllen, werden am schnellsten aussortiert. Oft sichtet noch nicht einmal der Personalverantwortliche selbst die eingehenden Bewerbungen, sondern ein/e Assistent/in. Hier stehen die Chancen noch schlechter, mit Inhalten zu überzeugen, wenn schon die Form nicht stimmt.

Information **Bewerbungsportfolio – Vollständige Unterlagen und ihre Reihenfolge**

- **Anschreiben** (► S. 111 f.): maximal eine Seite in fehlerlosem Deutsch; nicht eingeheftet, sondern lose auf der Portfoliomappe liegend
- **Deckblatt** (► S. 113): in die Mappe eingeheftet, mit Anschrift und Telefonnummer/n (Festanschluss, Mobil), damit alle Kontaktdaten für den Arbeitgeber schnell greifbar sind
- **Bewerbungsfoto:** zwischen 4,5 x 6,5 und 9 x 13 cm; kein Automaten-, Urlaubs- oder Ganzkörperfoto; auf dem Deckblatt oder rechts oben auf dem Lebenslauf fixiert; bei internationalen Bewerbungen ist kein Foto üblich
- **Lebenslauf** (► S. 114): maximal zwei Seiten
- **Kopie des Schulzeugnisses:** letzter erreichter Abschluss bzw. letztes Versetzungszeugnis; in späteren Bewerbungen: Studien- bzw. Ausbildungszeugnis
- **Bescheinigungen:** Kopie sonstiger Leistungsnachweise oder außerschulischer Engagements, z. B.: Praktika, ehrenamtliche Tätigkeiten, Vereinsarbeit

1 Bereiten Sie für zukünftige Bewerbungen ein solches Portfolio vor. Besorgen Sie sich in einem Fachmarkt eine Bewerbungsmappe und fügen Sie die derzeit für Sie relevanten Unterlagen ein.

Das Anschreiben

Methode **Das Anschreiben entwickeln – Leitfragen**

Im Anschreiben eines Bewerbungsportfolios „werben" Sie für Ihre eigene Person und stellen zugleich einen Bezug zu dem Unternehmen, der Behörde oder Institution her, bei dem/der Sie sich bewerben. Das sollte in wenigen Sätzen geschehen. Orientieren Sie sich an den folgenden Fragen:

- Welche Anforderungen stellt das Unternehmen etc. an die ausgeschriebene Stelle?
- Über welche Qualifikationen (z.B. Schulabschluss) und Kompetenzen (Fähigkeiten) verfüge ich?
- Welche meiner persönlichen Interessen und Vorlieben kann ich konkret einbringen?
- Warum passen meine Kompetenzen und Interessen zum Stellenangebot?

2 Suchen Sie im Internet oder in der Regionalpresse die Ausschreibung einer Ausbildungs- oder Arbeitsstelle, die Ihnen zusagen könnte. Simulieren Sie für diese Stelle eine Bewerbung. Verfassen Sie zunächst ein Anschreiben für ein Bewerbungsportfolio. Orientieren Sie sich an dem folgenden Strukturmuster und den anschließenden Hinweisen zur Fehlervermeidung (▶ Methode, S. 113).

Anschreiben	Hinweis
Vorname, Name Straße und Hausnummer Postleitzahl und Ort Telefonnummer/n E-Mail-Adresse	Name und Adresse
Name der Firma Ansprechpartner Straße, Hausnummer Postleitzahl, Ort	vollständige Anschrift der Firma, möglichst Ansprechpartner/in und/oder Abteilung angeben
Ort, Datum	Ort und Datum
Bewerbung um einen Ausbildungsplatz als Fotografin zum 03.07.20...	Betreffzeile: Hinweis auf Anlass/Gegenstand des Briefs
Sehr geehrte/r Frau/Herr ...,	Anrede: möglichst namentlich, sonst „Sehr geehrte Damen und Herren“
im Internet/in der „Westdeutschen Zeitung“ vom 4. Dezember ... bin ich auf Ihre Ausschreibung einer Ausbildungsstelle zur Fotografin gestoßen. Für dieses ansprechende Ausbildungsangebot interessiere ich mich sehr.	Hinweis auf den Auslöser der Bewerbung
Ich bin 18 Jahre alt und besuche zurzeit das St.-Wolfhelm-Gymnasium in Schwalmtal, das ich im kommenden Jahr mit dem Abitur abschließen werde. Im Prüfungsfach Kunst sowie in den Leistungskursen Deutsch und Pädagogik habe ich bisher überwiegend gute Leistungen erzielt.	Angaben zur derzeitigen Tätigkeit und zum angestrebten Schulabschluss
Seit mehreren Jahren beschäftige ich mich mit Fotografie. Ich habe an einer schulischen Foto-AG teilgenommen und bei einem landesweiten Fotowettbewerb einen Preis erhalten. Am Computer sammle ich Erfahrungen mit der digitalen Bildgestaltung. Meine Interessen und Erfahrungen möchte ich in Ihrem Unternehmen gerne in eine Berufsausbildung zur Fotografin einbringen. Auf Ihrer Homepage haben mich die vorgestellten Arbeitsfelder in besonderer Weise angesprochen.	Stichhaltige und persönliche Begründung für den Ausbildungswunsch: Aufzeigen individueller Eignung, Bezug auf Anzeige
Auf die Gelegenheit zu einem persönlichen Vorstellungsgespräch freue ich mich.	Hinweis auf ein erwünschtes Vorstellungsgespräch
Mit freundlichen Grüßen *Unterschrift*	Grußformel, Unterschrift
Anlagen Lebenslauf Zeugnisse	Anlagen

Methode **Fehler im Bewerbungsanschreiben vermeiden**

- Verfassen Sie für jede Bewerbung ein individuelles, möglichst passgenaues Anschreiben.
- Berücksichtigen Sie die in der Anzeige genannten Bewerbungsbedingungen.
- Vermeiden Sie übertriebenes Selbstlob, zeigen Sie aber auch Selbstbewusstsein.
- Informieren Sie über Ihre persönlichen Qualifikationen und Kompetenzen.
- Prüfen Sie Rechtschreibung, Zeichensetzung und Grammatik (► S.148–152).
- Setzen Sie Ihre Unterschrift unter das Anschreiben.
- Listen Sie unter dem Stichwort „Anlagen" Ihre im Portfolio enthaltenen Unterlagen auf.
- Entfallen können nach den neueren Briefstandards folgende Kürzel und Floskeln:
  - „Betreff:" oder „Betr.": Diese Einleitung der Betreffzeile gilt als veraltet.
  - „z. Hd.": Dieser Hinweis in der Empfängeranschrift wird nicht mehr verwendet.
  - „Hiermit bewerbe ich mich als ...": überflüssig; wird bereits in der Betreffzeile deutlich.
  - „AMG": Abkürzungen (hier z. B. für „Albertus-Magnus-Gymnasium") sind zu vermeiden.

Information **Initiativbewerbungen**

Unter Initiativbewerbungen versteht man **Bewerbungen, die auf keine ausgeschriebene Stelle Bezug nehmen;** vielmehr bekunden Sie einem Unternehmen, einer Behörde bzw. Institution gegenüber von sich aus das Interesse an einer Ausbildung oder Zusammenarbeit. In Initiativbewerbungen muss die Einleitung des Anschreibens entsprechend geändert werden. Bevor Sie sich auf diese Weise bewerben, ist es sinnvoll, ein/e Ansprechpartner/in in dem Unternehmen etc. zu finden und zu kontaktieren.

Das Deckblatt

Bewerbungsunterlagen
für eine Lehrstelle zum Industriekaufmann

Herrn
Rüdiger Schmidt
Klick-up Software AG
Dürener Str. 23
50123 Köln

Niklas Scheerers
Dürener Str. 114
41163 Mönchengladbach
Tel.: 92161/171819
Mobil: 0123/456789
E-Mail: N_Scheerers@scheerers.de

Inhalt:
Anschreiben
Lebenslauf
Zeugnis
Sonstige Leistungsnachweise

3 Gestalten Sie am Computer nach dem obigen Muster ein Deckblatt für Ihre Portfoliomappe.

Der Lebenslauf

Ein Lebenslauf für eine Portfoliomappe sollte übersichtlich und gut gegliedert sein. Bei einer Bewerbung ist ein tabellarischer Lebenslauf üblich, aber auch ein ausformulierter Text ist möglich. Von der **Chronologie** her kann man **entweder wie im Muster unten mit der Schullaufbahn** beginnen **oder umgekehrt mit der Gegenwart,** was bei lang zurückliegenden Schul- und Studienzeiten zusehends üblicher wird. Der Lebenslauf sollte folgende Elemente enthalten:

Lebenslauf

Persönliche Daten

Name	Niklas Scheerers
Anschrift	Dürener Str. 114 41163 Mönchengladbach
Geburtsdatum	7. Januar 1989
Geburtsort	Viersen
Staatsangehörigkeit	deutsch
Familienstand	ledig

(Geburtsort, Staatsangehörigkeit, Familienstand ← freiwillige Angaben)

Schulischer Werdegang

08/1996–07/2000	Gemeinschaftsgrundschule Mönchengladbach-Hardt
08/2000–07/2009	Gymnasium Am Geroweiher in Mönchengladbach angestrebter Abschluss: allgemeine Hochschulreife

Praktika und Auslandsaufenthalte

09/2006–06/2007	Auslandsaufenthalt mit Schulbesuch an einer Highschool in Lincoln (USA)
07/2008	Praktikum bei der „Westdeutschen Zeitung“

Weitere Tätigkeiten und Qualifikationen

04/2005–12/2008	Leitung einer Jugendgruppe der Katholischen Jungen Gemeinde (KJG)
9/2005	Erwerb der Juleica (Jugendleiter-Card) als Abschluss einer Qualifizierung zum Gruppenleiter in der Jugendverbandsarbeit

Sonstige Kenntnisse

Sprachen	Englisch fließend in Wort und Schrift, Schulkenntnisse in Französisch
Computer	alle gängigen Anwendungen eines Office-Programms

Persönliche Interessen

Gitarre, Computer, Lesen

Mönchengladbach, 20.11.2008

Niklas Scheerers

4 Legen Sie am Computer eine Lebenslauf-Datei nach dem obigen Gliederungsmuster an, in die Sie alle für Sie relevanten Daten eingeben.

Das Vorstellungsgespräch – Strategien der Vorbereitung

In einem Vorstellungsgespräch möchten sich Arbeitgeber/innen in der Regel ein Bild über Ihre Persönlichkeit und Ihre Kompetenzen machen. Um sich in kurzer Zeit einen Eindruck zu verschaffen, sind gezielte, für die Befragten z.T. auch unangenehme Fragen üblich. Nach deutschem Arbeitsrecht sind jedoch Fragen nach Partei-, Religions- und Gewerkschaftszugehörigkeit, Heiratsplänen, Kinderwünschen, Schwangerschaft, Vorstrafen und Vermögensverhältnissen nicht zulässig.

Information **Mögliche Fragen im Vorstellungsgespräch**

- Sie haben sich ja sicher schon über unser Unternehmen/unsere Behörde/unsere Institution kundig gemacht. Was wissen Sie über uns?
- Warum bewerben Sie sich ausgerechnet hier bei uns? Was interessiert Sie an uns?
- Sagen Sie doch einmal, was passiert, wenn Sie in Stress geraten? Wie gehen Sie mit Stress um?
- Was macht Ihnen im Moment in der Schule Spaß?
- Was empfinden Sie in der Schule als besondere Belastung?
- Was ist aus Ihrer Sicht entscheidend für eine gute Zusammenarbeit?
- Wann haben Sie den Eindruck, dass Sie eine gute Arbeit geleistet haben?
- Was sind Ihre größten persönlichen Stärken?
- Was sind Ihre größten Schwächen?
- Was sind Ihre weiteren Ziele? Was möchten Sie in den nächsten fünf bis zehn Jahren erreichen?

1 Gehen Sie in Gedanken ein Vorstellungsgespräch durch, in dem Sie mit den in der Information oben genannten Fragen konfrontiert werden.

2 Klären Sie, wo Sie recherchieren können, um auf einige dieser Fragen besser vorbereitet zu sein.

3 Einige dieser Fragen erfordern ein offenes, aber auch geschicktes Verhalten. Proben Sie in **Rollenspielen** (► S. 174) die folgenden Verhaltensempfehlungen (► Methode).

Methode **Strategien im Vorstellungsgespräch – Verhaltensempfehlungen**

- Achten Sie darauf, dass Sie pünktlich, ausgeruht und in angemessener Kleidung erscheinen.
- Nehmen Sie Kopien Ihrer Bewerbungsunterlagen mit, sodass Sie diese einsehen können, sofern Nachfragen zu diesen erfolgen.
- Gehen Sie auf Fragen zu Ihren Schwächen ein, indem Sie sich beispielhaft mit nur einer dieser Schwächen kritisch auseinandersetzen und darstellen, wie Sie diese positiv behoben haben.
- Antworten Sie auf Fragen zu Ihrer Person offen, vermeiden Sie jedoch zu große Offenheit in privaten Dingen.
- Stellen Sie eigene Fragen. Überlegen Sie sich im Vorfeld mindestens eine Frage zu den erwartbaren Arbeitsabläufen bei der angestrebten Ausbildung bzw. Tätigkeit.

7 Arbeitstechniken und Methoden

1 Betrachten und beschreiben Sie die Fotografien. Welche Arbeitsmethoden werden dargestellt?
2 Benennen und erläutern Sie Ihnen bekannte Arbeitsmethoden, die nicht abgebildet sind.

Hinweise zum Umgang mit diesem Kapitel:

Mit dem Ziel des eigenverantwortlichen Lernens können Sie mit jedem Teilkapitel eine bestimmte Methode bzw. Lernstrategie wiederholen, vertiefen und üben, wobei Sie

- Ihre Schreib- und Lesekompetenz erweitern,
- Techniken wissenschaftlichen Arbeitens perfektionieren,
- Arbeitsabläufe planen und bewusst geeignete Sozialformen wählen (Einzel-, Partner-, Gruppenarbeit),
- Leistungsnachweise wie Portfolio oder Facharbeiten erbringen,
- den eigenen Lernprozess reflektieren.

7.1 Texte planen, schreiben und überarbeiten – Die Schreibkompetenz verbessern

Ihre Schreibfähigkeiten können Sie erweitern, wenn Sie Grundlegendes über das Schreiben wissen und regelmäßig Texte verfassen. Damit Sie **schulische Schreibaufgaben** in Lern- und Prüfungssituationen erfolgreich bearbeiten können, sollte Ihnen bewusst sein, dass sich Ihre Fähigkeit zu schreiben, Ihre Schreibkompetenz, aus vielen Teilfähigkeiten zusammensetzt.
Besonders hilfreich ist es, wenn Sie sich beim **Schreiben in einer Gruppe** sowohl über das Aufgabenverständnis als auch über vermutete Schreibschwierigkeiten verständigen und dann den **Schreibprozess** in Schritten vollziehen. Vor dem Schreiben werden geeignete Hilfsmittel (etwa eigene Aufzeichnungen, Nachschlagewerke) beschafft; nach dem Schreiben wird eine gründliche Kontrolle der entstandenen Texte angestrebt und durchgeführt.

Schreiben als eine komplexe Fähigkeit – Fragen im Schreibprozess reflektieren

Gedankliche Vorgänge sind beim Schreiben miteinander verwoben und nicht linear. Sie lassen sich durch folgende Fragen und Teilkompetenzen systematisieren:

	Was schreibe ich? Inhaltliche Kompetenz	
Warum und für wen schreibe ich? Pragmatische Kompetenz	**Fragen im Schreibprozess**	*Wie formuliere und überarbeite ich?* Formulierungskompetenz
	Wie baue ich den Text auf? Strukturierungskompetenz	

1 Machen Sie sich eigene Schreiberfahrungen und -schwierigkeiten bewusst. Schreiben Sie dazu in der Ich-Form Fragen oder Aussagesätze auf ein gesondertes Blatt, z. B.:
Wie fange ich an? Wie kann ich ein Formulierungsproblem beseitigen? Was hat mir früher geholfen? Diesen Text kann ich ähnlich gliedern wie …, nämlich … Am besten ist es, den fertigen Text zunächst beiseitezulegen und ihn später auf Fehler hin durchzusehen. Andere können mir helfen bei …

2 Welche Ihrer Fragen weist auf eigene Stärken oder Schwächen bei welcher Teilkompetenz hin?

Schreibziele unterscheiden – Schreibaufgaben verstehen

1 a Listen Sie frühere Schreibanlässe auf und ordnen Sie diesen die folgenden Gesichtspunkte zu: *schulisch/außerschulisch; Schreiben für mich/für andere; Schreiben, um mich auszudrücken/etwas darzustellen/etwas mitzuteilen; Mischformen.*

b Überlegen Sie, welche Unterschiede Sie sehen
- zwischen schulischem und außerschulischem Schreiben,
- zwischen dem Schreiben in Lern- und in Leistungssituationen.

Information **Schulische Schreibformen**

Beim **schulischen Schreiben** besteht zwischen Schreibanlass, gestellten Aufgaben und Schreibzielen ein enger Zusammenhang.
Es geht insbesondere darum, in einem eigenen Text
- Verstehens- und Analyseergebnisse zu literarischen Texten zu vermitteln oder produktiv zu gestalten (Analysierendes/Interpretierendes Schreiben, ▶ S. 550–579),
- Sachtexte in ihrer Argumentation und Intention zu analysieren (▶ S. 580–593) und (darin aufgeworfene) Probleme zu erörtern (Erörterndes Schreiben, ▶ S. 594–610).

Fortlaufend kommen im Unterricht aber auch kleinere Schreibanlässe vor, wie z. B.: erste Vorstellungen schriftlich festhalten, eine Figur charakterisieren etc.
In Klausuren sind die **Aufgabenstellungen** entweder komplex formuliert oder in mehrere **Teilaufgaben** untergliedert. Vor dem Schreiben ist zu klären, in welchen Schreibschritten die Aufgabe am besten zu lösen ist, wie z. B.: ein erstes Textverständnis formulieren, den Textinhalt zusammenfassen, die im Text vorgefundene Argumentation wiedergeben und analysieren, ein bewertendes Fazit formulieren. Im Unterricht üben Sie in der Regel zunächst nur einzelne Teilschritte. Um einen zusammenhängenden Text zu verfassen, empfiehlt sich generell die im Folgenden dargestellte **Schrittfolge.**

Erster Schritt: Die Aufgabenstellung verstehen

1 Klären Sie beispielhaft zu Peter Bichsels Kurzgeschichte „San Salvador" (▶ S. 26 f.) sowie zu Botho Strauß' „Mikado" (▶ S. 27 f.), was genau die dazu formulierten Aufgaben von Ihnen verlangen:
a Lesen Sie zunächst beide Erzähltexte aufmerksam durch.
b Notieren Sie Ihre Antworten zu folgenden Fragen:
- Wie verstehe ich die Aufgaben bzw. die einzelnen Aufgabenformulierungen? Was ist ihre Funktion? Was fordern die so genannten Operatoren von mir (z. B.: *untersuchen, beschreiben, analysieren, erläutern, Stellung nehmen*)? Gibt es Hilfen zur Lösung in der Aufgabenformulierung?
- Welche Arbeitsschritte bzw. welche inhaltlichen und formalen Aspekte sind durch die Aufgabenstellung jeweils vorgegeben?
- Was will ich selbst (darüber hinaus) berücksichtigen?

2 Tauschen Sie sich über Ihre Antworten im Kurs aus.

Zweiter Schritt: Erstes Textverständnis und Ideen formulieren

1 Beachten Sie den Titel des jeweiligen Textes. Formulieren Sie ein erstes Verständnis:
a Welchen Zusammenhang sehen Sie zwischen dem Titel der Geschichte von Strauß und ihrem Inhalt?
b Welchen Zusammenhang sehen Sie zwischen dem Titel der Geschichte von Bichsel und der wiederholten Aussage „Mir ist es hier zu kalt" (S. 26, Z. 6 f. und Z. 28)?

2 Notieren Sie für beide Geschichten alle Textstellen, in denen Sie etwas über die weiblichen Figuren erfahren. Welches Bild von der jeweiligen Figur entsteht bei Ihnen?

3 Halten Sie in wenigen Sätzen Ihr erstes Textverständnis fest.

Methode **Anforderungen an schulische Schreibaufgaben – Vorgehensweise**

Für schulische Schreibaufgaben gilt in der Regel, dass Texte bearbeitet bzw. aufbereitet sowie Ideen gesichert und Inhalte strukturiert werden müssen. Erst danach entwickelt man Leitlinien für die schriftliche Darstellung der eigenen Lösungen/Ergebnisse. Greifen Sie bei Ihrer Vorbereitung auf hilfreiche Materialien wie Nachschlagewerke, Aufzeichnungen im eigenen Arbeitsheft, Notizzettel, verschiedenfarbige Stifte etc. zurück. Sofern möglich, empfiehlt sich bei einem solch prozesshaften Vorgehen die Arbeit mit dem Computer. Auf jeden Fall aber sollte man je nach Aufsatzform und Aufgabenstellung die nachstehend skizzierten Tätigkeiten ausführen (► Kapitel E):

- **Analysierendes/Interpretierendes Schreiben:** Erste Verstehenseindrücke schriftlich festhalten; dazu ein Notizblatt anlegen; Informationen je Textabschnitt durch Gliederung sichern (ggf. auch durch Randüberschriften); Markierungen im Text vornehmen; weitere Randnotizen machen (ggf. zu Begriffen, die nicht aus dem Kontext zu verstehen sind, oder zu wichtigen Textsignalen) etc.
- **Erörterndes Schreiben:** Zusätzlich zur Textanalyse: Ideen entwickeln (Cluster, Mindmap); Stoff sammeln; Fachkenntnisse rekonstruieren; Argumente sammeln und ordnen etc.
- **Produktiv-gestaltendes Schreiben:** Assoziationen notieren; Bilder bzw. Vorstellungen zu Figuren/Situationen festhalten; den Text spontan weiterschreiben und später mit Untersuchungsergebnissen vergleichen etc.

Dritter Schritt: Den Text schriftlich (im Team) analysieren

1 Teilen Sie den Kurs in zwei Gruppen. Die eine Gruppe bearbeitet die schriftlich zu lösenden Aufgaben zur Kurzgeschichte „San Salvador“ (► S. 27), die andere die zur Geschichte „Mikado“ (► S. 29).

2 **a** Lesen Sie je Gruppe die Geschichte und alle Arbeitsaufträge noch einmal „aktiv“ (► S. 129).
b Klären Sie in Ihrer Gruppe jeweils noch einmal zu zweit, welche Schlüsselwörter die Aufgaben enthalten und welche Arbeitsschritte in welcher Reihenfolge notwendig sind (Erster Schritt, Aufgabe 1 b, ► S. 118).
c Untersuchen und deuten Sie „Ihre“ Kurzgeschichte. Nutzen Sie die Methode „Interpretation von Kurzprosa – Grundlegende Aspekte zur Analyse“ (► S. 31).

Information **Analytisches Arbeiten**

Analytisches Arbeiten geht deutlich über das erste Textverständnis hinaus, da hierfür inhaltliche, formale und sprachliche sowie gegebenenfalls argumentative Mittel eines Textes in einen Zusammenhang gesetzt werden müssen. Ihr Aufsatz soll als Text kohärent, d. h. in sich stimmig und in den Analyse- und Deutungsschritten folgerichtig sein.

Vierter Schritt: Einen Schreibplan erstellen

1 Fassen Sie zusammen, was Sie über Inhalt, Form und Funktion von Einleitung, Hauptteil und Schluss eines Aufsatzes wissen.
Erläutern Sie Ihr Wissen am Beispiel des interpretierenden Schreibens.

2 Begründen Sie, aus welchem Teil oder welchen Teilen eines Analyse-/Interpretationsaufsatzes die folgenden Beispielsätze stammen. Welche sprachlichen Signale bewirken, dass Ergebnisse der Analyse in einen Zusammenhang (Kohärenz) gebracht werden?
- *Die Kurzgeschichte „San Salvador" weist einige sprachliche Auffälligkeiten auf. Dies betrifft vor allem den Konjunktiv, die Wiederholungen bzw. Aufzählungen, den parataktischen Satzbau sowie die eingestreuten Zeitangaben. Sie unterstützen den Eindruck ...*
- *Die Ziellosigkeit der Handlungen Pauls wird besonders erkennbar an ...*
- *Vor dem Hintergrund dieser inhaltlichen, sprachlichen und erzähltechnischen Untersuchungsergebnisse lässt sich die Kurzgeschichte insgesamt deuten als ...*
- *Aus diesem nachweislich engen Zusammenhang von innerer und äußerer Handlung ...*
- *Im Rückblick auf meine zu Beginn formulierte Interpretationsthese lässt sich abschließend ...*

3 **a** Notieren Sie je Gruppe, zu welcher zentralen Interpretationsthese (► S. 553 f.) Sie Ihre Untersuchungsergebnisse systematisch darstellen wollen. Halten Sie Ihre geplante Gliederung schriftlich fest.
b Verfassen Sie in Einzelarbeit Ihren Analyse-/Interpretationsaufsatz. Achten Sie dabei besonders auf die gedankliche Folgerichtigkeit Ihrer Ausführungen (► Methode).

Fünfter Schritt: Den eigenen Text überarbeiten – Schreibkonferenz

1 Überlegen Sie zunächst für sich: Inwiefern ist es Ihnen gelungen, mit Hilfe Ihrer Gliederung einen schlüssigen Text zu verfassen? Wo hatten Sie beim Verfassen größere Schwierigkeiten?

Methode Fragen zur gedanklichen Folgerichtigkeit – Kohärenz

Während der Niederschrift
- Erweitert der zweite Gedanken den ersten – als Spezifizierung bzw. Erläuterung?
- Führe ich die zuvor getroffenen Aussagen besser bestätigend fort oder schränke ich sie ein? Sollte ich Gegenauffassungen formulieren?
- Ist es wichtig, Widersprüche zwischen zwei Aussagen herauszustellen? An welcher Stelle?
- Gibt es einen Satz bzw. Ausdruck, der das zuvor ausführlich Gesagte zusammenfasst?
- Hebe ich Wichtiges (noch einmal) besonders hervor?
- Sollte ich Überleitungen formulieren oder Ergebnisse noch einmal zusammenfassen?

Unmittelbar nach der Niederschrift
- Sind die von mir verfassten Textelemente und die Textteile, die sich auf Teilaufgaben beziehen, verknüpft, in sich stimmig, logisch und sachlich widerspruchsfrei?
- Habe ich bei Verbesserungen, Ergänzungen und Umstellungen beachtet, dass meine Argumentation schlüssig bleiben muss?
- Habe ich zur besseren Leserführung Absätze oder Zwischenüberschriften eingefügt?
- In welcher Reihenfolge kontrolliere ich meinen Aufsatz? Welche Gesichtspunkte sind zu beachten?

2 Lesen Sie den Aufsatz zu Kafkas Geschichte „Der Nachbar" (► S. 39 f.) und beurteilen Sie ihn.
Legen Sie dazu die in der Methode oben genannten Fragen bei der Beurteilung des Textes an, indem Sie sich in die Rolle des Schülers während und nach der Niederschrift versetzen.

3 **a** Überarbeiten Sie Ihren eigenen Aufsatz. Berücksichtigen Sie auch die folgende Information.
b Kopieren Sie ihn zur weiteren Diskussion für alle Gruppenmitglieder.

Information **Der Text als „Gewebe“**

Es ist sinnvoll, ein grundlegendes **Wissen über Texte** zu haben, die man schreibt und bearbeitet. *„Text heißt so viel wie Gewebe. Dieses Bild weist uns darauf hin, dass Fäden durch den Text laufen und ihn zusammenhalten. Manche Fäden können längere Zeit unsichtbar bleiben, aber sie müssen immer wieder an die Oberfläche kommen. Das heißt: Der Autor muss sie durch Wörter sichtbar machen, und der Leser muss sie an Wörtern erkennen." (Hans Jürgen Heringer)*
Solche „Fäden" sind vor allem **Verweise und Bindewörter,** die sich als Wortarten in ihrer Funktion genauer kennzeichnen lassen (► S. 593).
Hinsichtlich des Textaufbaus ist zu unterscheiden zwischen Rückbezügen und Vorverweisen. Bei den **Verweismitteln** (überwiegend bei Pronomen und Nomen) gibt es grammatische und stilistische Fehlerquellen. Die grammatischen Bezüge zwischen Verweis- und Bezugselement müssen in Bezug auf Genus und Numerus kongruent, Subjekte, Prädikate und Objekte in aufeinanderfolgenden Sätzen grammatisch stimmig sein. Häufig entsteht der Eindruck von Monotonie gerade in der Verwendung von Nomen, wie: *Der Autor schreibt ...; Der Autor erläutert ...*

4 Diskutieren und überarbeiten Sie Ihre Aufsätze in einer **Schreibkonferenz** (► Methode).

Methode **Schreibkonferenz**

In einer Schreibkonferenz erfolgt eine **Textüberarbeitung in der Gruppe.** Dazu werden eigene Texte einem kritischen Publikum vorgestellt, um Typen von Textproblemen zu erkennen und voneinander abzugrenzen (► „Textlupe"), Textqualitäten und -schwächen genau zu bezeichnen und Fehlerhaftes sowie Unpassendes gezielt zu verbessern. Gehen Sie so vor:

- Bilden Sie Gruppen mit drei bis fünf Mitgliedern. Die Stärken der Mitglieder sollten sich ergänzen.
- Sammeln Sie erste Reaktionen auf den Text. Kleben Sie dazu Ihren Text auf ein DIN-A3-Blatt, falls Sie nicht beim Schreiben Ihres Textes bereits einen breiten Rand für Anmerkungen gelassen haben.
- Lesen Sie sich Ihre Texte gegenseitig vor. Danach können Einschätzungen bezüglich Wirkung, Kernaussage, Verständlichkeit gegeben und Verbesserungsvorschläge am Textrand notiert werden:

	Beispiel
Das gefällt mir am Text besonders gut. (Symbol: +)	...
Das gefällt mir nicht. (Symbol: –) ***Oder:*** *Hier fällt mir etwas auf. (Symbol: !)*	...
Das habe ich nicht verstanden. ***Oder:*** *Hier habe ich noch Fragen. (Symbol: ?)*	...

Beachten Sie bei Ihrer Einschätzung folgende Aspekte, die Sie unter die **„Textlupe“** nehmen sollten:

- Textaufbau,
- Textkohärenz (► Information „Der Text als ‚Gewebe'"),

- Qualität einzelner Formulierungen („Haus der Stile“, ► S. 610),
- Vermeiden von Monotonie, z. B. mit Hilfe von Umstell- und Ersatzproben,
- Prägnanz und Stimmigkeit der verwendeten Begriffe und Aussagen,
- Vermeiden von Widersprüchen, Ungenauigkeiten in der Gedankenführung (Inhalt),
- Grammatik (z. B. Kongruenz, Satzbau, Verwendung des Konjunktivs), Rechtschreibung und Zeichensetzung (► S. 146–152). Nutzen Sie die bekannten Korrekturzeichen: Sb, Gr, Bz, A/W ...

■ Überarbeiten Sie Ihren eigenen Text unter Berücksichtigung der Verbesserungsvorschläge, sofern Sie diese als begründet ansehen. Es können auch weitere Konferenzrunden einberufen werden, bis die Ansprüche an die Überarbeitung Ihnen und der Gruppe genügen.
Tipp: Bei der handschriftlichen Überarbeitung, z. B. einer Klausur, müssen Sie durch geeignete Zeichen (etwa *) oder Nummerierungen am unteren Textrand das Verbesserte bzw. Hinzugefügte eindeutig markieren.

■ Präsentieren Sie Ihre überarbeiteten Texte im Kurs (Vorlesen, Plakat etc.).

5 **a** Ermitteln Sie auf Grundlage der Überarbeitungsergebnisse der Schreibkonferenz oder Ihrer letzten Klausuren Ihre Stärken und Fehlerschwerpunkte. Formulieren Sie diese mit den genannten Fachbegriffen.
b Erstellen Sie mit Hilfe Ihrer Texte und Materialien ein **Unterrichtsportfolio** (► S. 122 ff.).
Tipp: Nutzen Sie zur Verbesserung Ihrer Schreibkompetenz auch folgende Informationen und Methoden zum Verfassen von Analyse-/Interpretations- oder Erörterungsaufsätzen:
- zu Planung und Aufbau (► S. 602–605),
- zur Formulierung von Interpretationsthesen (► S. 553 f.),
- zur Strukturierung von Argumentationen (► S. 601),
- zu paraphrasierenden und/oder zusammenfassenden Textwiedergaben (► S. 581, 584, 597),
- zur richtigen Zitiertechnik (► S. 140 f.),
- zu typischen Denk- und Formulierungsfehlern (► S. 559, 565, 602).

7.2 Die Portfolioarbeit – Sechs Phasen

Information **Das Unterrichtsportfolio**

Portfolios (von lat. *portare* „tragen“ und *folium* „Blatt“) sind zielgerichtete Sammlungen von eigenen und fremden Materialien zu einem bestimmten Thema und nach einem vorher konzipierten Arbeitsplan. Man unterscheidet Unterrichtsportfolios und Bewerbungsportfolios (► S. 111–114).

Unterrichtsportfolios geben Auskunft über Ihre Leistungen und Fortschritte im Hinblick auf das zu Beginn der Portfolioarbeit formulierte Erkenntnisinteresse. Ein Unterrichtsportfolio dokumentiert Ihre Leistung, informiert über Ihren individuellen Lernprozess und Ihre Leistungsentwicklung. Wichtig ist, dass Sie notieren, welche Inhalte Sie warum ausgewählt haben, welche Schwierigkeiten sich möglicherweise ergaben, welche Beurteilungskriterien von wem festgelegt wurden und – ganz wichtig – wie Sie Ihren Lernprozess selbst einschätzen.

1 Vergleichen Sie das Portfolio mit anderen Formen der Materialsammlung in der Schule (z.B. Lesetagebuch, Kursheft) und bestimmen Sie die besonderen Merkmale der Portfolioarbeit.

Methode **Portfolioarbeit – Phase 1: Vereinbarungen**

Legen Sie im Kurs zunächst fest:
- Zu welcher Fragestellung soll mit welcher Aufgabenstellung gearbeitet werden?
- Welches Ziel wollen Sie mit der Portfolioarbeit erreichen? Welchem Zweck dient sie?
- Wie viel Zeit haben Sie zur Verfügung?
- Welchen Anforderungen soll das Portfolio genügen? Wie soll es aufgebaut sein? Z.B.: a) Deckblatt, b) Vorwort (Thema, Themenfindung, Erkenntnisinteresse/Ziel, Vorgehensweise), c) Inhaltsverzeichnis, d) eigene Texte (z.B. Zusammenfassungen, Kommentare, Bilder, Grafiken), e) fremde Texte, Bilder, Interview, f) persönliche Einschätzungen zum Gelingen der jeweiligen Arbeitsschritte, Auswahl von Beispielen zu einzelnen Schritten mit Begründung der Auswahl, g) Nachwort, Ausblick
- An welche Adressaten ist es gerichtet? Wer darf Einsicht nehmen?

2 Überlegen Sie gemeinsam, welche Möglichkeiten der Selbst- und Mitbestimmung Sie in der Portfolioarbeit sehen und welche Kompetenzen von Ihnen erwartet werden.
Tipp: Die Literaturstation zu Friedrich Schillers „Kabale und Liebe" (► S. 281 ff.) bietet die Möglichkeit, sich entweder im Team oder allein intensiv mit der Gattung Drama auseinanderzusetzen. Ein Portfolio eignet sich, um Ihre selbstständige Arbeit zu begleiten und zu dokumentieren.

3 Lesen Sie das folgende Vorwort aus einem Portfolio. Was halten Sie für gelungen, was nicht?

Lieber Leser meines Portfolios! Mein Name ist Felicitas Th. Im Rahmen unserer Arbeit zur Literaturstation „Kabale und Liebe" fiel mir die Ähnlichkeit zu einem Drama auf, das ich kürzlich im Schauspielhaus gesehen hatte: Lessings „Emilia Galotti". Ich konnte mich gleich gut daran erinnern, weil ich nicht verstehen konnte, wie man überhaupt in eine Situation wie Emilia geraten kann. Entsprechend wollte ich mich zunächst näher mit den Frauenfiguren der Dramen beschäftigen. Dann aber wurde mir klar, dass mich mehr die beiden „Schurken hinter den Schurken" – Wurm und Marinelli – interessieren, da sie die wesentlichen Intriganten sind. So lautet die zentrale Frage meiner Arbeit: „Marinelli oder Wurm – wer ist der ‚bessere' Intrigant?" Zur Beantwortung werde ich zunächst klären, was eine „Intrige" ist, ihre Bedingungen und Umstände erforschen, ihr jeweiliges Ziel und ihren Verlauf darstellen, um abschließend die Machenschaften der beiden zu vergleichen und zu bewerten. Ich wünsche viel Spaß beim Lesen meines Portfolios!

Methode **Portfolioarbeit – Phase 2 u. 3: Materialrecherche und -auswertung**

Suchen Sie Materialien zum Thema und werten Sie diese aus. Versehen Sie jedes Dokument mit Stichworten:
- Welchen inhaltlichen Beitrag bietet das Dokument zur Lösung bzw. zum Lernfortschritt?
- Was zeigt es über das eigene Lernen bzw. die Lernbedingungen?

4 Welche Möglichkeiten der Materialrecherche kennen Sie? (► S. 137)

5 Welche der folgenden Stichworte belegen den inhaltlichen Beitrag des Dokuments – hier ein Fachbuch – zum Lernfortschritt, welche geben Auskunft über die Lernbedingungen?

Schülerbeispiel zum Thema „Intrige“:

- *besonders hilfreich: Peter v. Matt: „Die Intrige – Theorie und Praxis der Hinterlist“, München 2006*
- *zwei Intrigen-Beispiele kopiert und kommentiert, um verschiedene Intrigen-Varianten vorzustellen und in Beziehung zu den Intrigen von Wurm und Marinelli zu setzen*
- *Autor führt zahlreiche Facetten der Intrige anhand von Beispielen aus Weltliteratur auf; es geht ihm wie mir um die Täter und um das Wesen der Intrigen*
- *konnte das Buch nur diagonal lesen, da es über 500 Seiten hat und nicht ganz einfach zu verstehen ist (Zeitproblem!); schade eigentlich – ist sehr unterhaltsam!*

Methode **Portfolioarbeit – Phase 4 u. 5: Reflexion des Arbeitsprozesses – Nachwort, Ausblick**

Die folgenden Reflexionsanregungen können Sie an unterschiedlichen Stellen in Ihrem Portfolio verorten: im Vorwort, im Nachwort und/oder in Form von Zwischenüberlegungen.
Geben Sie Auskunft darüber:

- auf welche Art und Weise Sie gelernt haben,
- wie Sie mit der Zeit zurechtgekommen sind (Aspekt der Zeitökonomie),
- welche Irr- und Umwege Sie gegebenenfalls genommen haben,
- wie Sie Schwierigkeiten evtl. lösen konnten,
- welche Ziele Sie erreicht haben und was diese Ziele für Sie bedeuten,
- welche zukünftigen Arbeits- und Lernziele sich für Sie aus der Arbeit ergeben.

6 Notieren Sie, worüber Sie im folgenden Schülerbeispiel eines Nachworts informiert werden:

Intrigen und ihre Drahtzieher miteinander zu vergleichen und zu bewerten, ist zwar eine spannende Aufgabe, doch auch eine sehr schwierige: Zunächst musste ich mir überlegen, inwiefern man die Texte überhaupt vergleichen kann. Dazu habe ich mir folgende Fragen gestellt: Was macht die Kunst des Intrigenspinnens aus? Für wen behaupten Wurm und Marinelli jeweils ihre Intrige zu planen? Welche eigenen Absichten verfolgen sie? Wie gehen sie vor? usw.
Trotz der beschriebenen Schwierigkeiten bin ich der Meinung, die im Vorwort gestellte Frage nach dem „besseren“ Intriganten fundiert beantworten zu können: Wurm ist der „Sieger“. Er kennt sich in der Welt des Adels aus und ist auf Grund seiner bürgerlichen Herkunft in der Lage, das Verhalten seiner bürgerlichen Opfer erfolgreich zu manipulieren. Marinelli hingegen kennt nur die Welt des Adels, weshalb ihm das nötige Verständnis für die betroffenen Bürger fehlt. … Ich bin neugierig auf weitere Beispiele von List und Täuschung in der Literatur geworden – …

Methode **Portfolioarbeit – Phase 6: Präsentation** (► S. 104–108, 134)

Je nach Absprache kann das Portfolio gemeinsam mit den Kursmitgliedern und Lehrkräften, ggf. auch mit den Eltern und anderen Kursen betrachtet werden. Vielleicht planen Sie gemeinsam eine Ausstellung, organisieren eine Matinee oder gestalten eine Seite auf der Homepage Ihrer Schule.

7.3 Lesestrategien – Techniken des Lesens

Die folgenden Informationen und Aufgaben beziehen sich vor allem auf das Lesen von Sachtexten. Um dafür geeignete Lesestrategien anzuwenden, ist es wichtig, sich bewusst zu werden, wann man welchen Text mit welchem Ziel liest. Sie lernen dabei schrittweise grundlegende Methoden zur Erschließung von Sachtexten kennen und zu erproben.

Wozu lese ich? – Die Leseabsicht bestimmen

1 Notieren Sie Situationen, in denen Sie lesen. Welche Textsorten lesen Sie jeweils?

2 Klären Sie im Plenum: Wozu lesen Sie z.B. Zeitungs- oder Zeitschriftenartikel, Spielregeln, Fachliteratur, Tabellen, Fahrpläne, das Kleingedruckte in einem Vertrag, einen Roman oder eine Erzählung, einen Lexikonartikel, eine Gebrauchsanweisung, Blogs im Netz etc.?

3 Formulieren Sie: Wann ist Ihr Lesen Selbstzweck, wann ist es Mittel zum Zweck?

Die Leseabsicht bestimmt die Lesestrategie

Lesen Sie Texte zu einem bestimmten Zweck mit einem bestimmten Ziel, dann legt Ihre individuelle Leseabsicht die jeweilige Lesestrategie fest. Die Absicht bestimmt, ob ein Text z.B. überflogen, nur an einigen Stellen genau wahrgenommen oder Satz für Satz gründlich gelesen wird.

Lesestrategie

Überfliegendes (diagonales) Lesen	**Gezieltes (selektives) Lesen**	**Intensives Lesen**	**Navigierendes Lesen**
Der gesamte Text wird überflogen, um einen Überblick über Thema, Inhalt und Aufbau zu gewinnen.	Einzelne interessierende Textstellen werden genauer gelesen, das Übrige wird nur überflogen.	Mit dem Stift in der Hand wird der Text gründlich unter Beachtung aller Details mehrmals gelesen	Durch Querverweise im Text, z.B. Lexikon, oder Links im Internet wird das Lesen gesteuert. Man kann dabei von (Hyper-)Text zu (Hyper-)Text „springen“.

1 **a** Welche Lesestrategien haben Sie bereits praktiziert? Wie sind Sie damit zurechtgekommen?
b Wie gehen Sie insbesondere zur Erschließung eines Sachtextes vor?

2 Erproben Sie die **erweiterte „Fünf-Schritt-Lesemethode“** anhand des Textes auf S.126–128.

Methode **Die erweiterte „Fünf-Schritt-Lesemethode“**

Die „Fünf-Schritt-Lesemethode“, auch als „SQ3R-Methode“ (Survey, Question, Read, Recite, Review) bekannt, ist eine effektive Lesetechnik, die mehrere Lesestrategien miteinander verbindet. Sie stammt aus den 1950er Jahren. Mittlerweile ist die Leseforschung allerdings zu neueren Erkenntnissen gelangt, die eine Erweiterung um zwei zusätzliche Schritte erfordern: einen vorher und einen zum Schluss (Schritt 1 und 7). Aus den ursprünglich fünf Schritten (Schritt 2 bis 6) werden also **sieben Schritte:**

1. Schritt: Vorwissen aktivieren – Den erwarteten Inhalt antizipieren
2. Schritt: Sich einen Überblick verschaffen
3. Schritt: Fragen an den Text stellen
4. Schritt: Den Text gründlich und „aktiv" lesen
5. Schritt: Den Text abschnittweise rekapitulieren
6. Schritt: Den ganzen Text rekapitulieren
7. Schritt: Das Gelesene mit dem Vorwissen verknüpfen

1. Schritt: Vorwissen aktivieren – Den erwarteten Inhalt antizipieren

1 Lesen Sie zunächst nur den Titel des folgenden Textes – der Titel verweist oft schon auf zentrale Inhalte – und tauschen Sie sich in Partnerarbeit darüber aus, worum es in dem Text gehen könnte.

2 Machen Sie sich bewusst, was Sie möglicherweise bereits über das Thema denken und wissen.

3 Schreiben Sie in Stichpunkten Ihre Leseerwartung auf. Beziehen Sie auch Textsorte, Titel etc. mit ein.

2. Schritt: Sich einen Überblick verschaffen

1 Begründen Sie, welcher Lesetechnik Sie sich bedienen wollen, um einen ersten Eindruck von Inhalt und Aufbau des nachstehenden Textes zu gewinnen und rasch erfassbare Informationen aufzunehmen.

2 Lesen Sie den Text zügig durch. Konzentrieren Sie sich zunächst auf die besonders gekennzeichneten Teile, z. B.: Abschnitte, Überschriften, Hervorhebungen durch Fett- und Kursivdruck usw.
Tipp: Beachten Sie vor allem bei ungekürzten Texten den ersten und den letzten Abschnitt, da der erste häufig eine Orientierung über den Textinhalt und der letzte eine Zusammenfassung enthält.

Hans Magnus Enzensberger: **Das Nullmedium oder Warum alle Klagen über das Fernsehen gegenstandslos sind** (1988)

[...] Neu an den Neuen Medien ist die Tatsache, daß sie auf Programme nicht mehr angewiesen sind. Zu ihrer wahren Bestimmung kommen sie in dem Maß, in dem sie sich dem Zustand des Nullmediums nähern.

Diese Neigung war, wie sich im Rückblick zeigt, schon den alten Medien nicht fremd. Auch der Buchdruck hat es nicht an Versuchen fehlen lassen, sich der immer lästiger werdenden Inhalte zu entledigen. Die ersten Pionierleistungen auf diesem mühevollen Weg wurden im Trivialroman erzielt. Weitere Marksteine haben Boulevard-Presse, „Heftchenliteratur" und Illustrierte gesetzt. Einen triumphalen Rekord, der in der Druckindustrie bis heute unübertroffen blieb, hat, bis an die Traumgrenze des Analphabetentums gehend, die Bild-Zeitung aufgestellt.

Den entscheidenden Fortschritt haben jedoch erst die elektronischen Medien gebracht. Es hat sich nämlich herausgestellt, daß dem Versuch, ein gedrucktes Nullmedium zu schaffen, unüberwindliche Hindernisse im Wege stehen. [...] Das liegt vermutlich daran, dass die Idee der Null-Lektüre selbstwidersprüchlich ist. Der Leser, jeder Leser, hat nämlich den fatalen Hang, Zusammenhänge herzustellen und noch in der trübsten Buchstabensuppe nach so etwas wie einem Sinn herumzustochern.

Von einem jüngeren Medium wie dem Radio durfte man sich da schon weniger, und das heißt in diesem Zusammenhang: mehr versprechen. Die Emanzipation von der Schrift eröffnete zumindest neue Perspektiven. In der Praxis zeigte sich allerdings, daß im Rundfunk ziemlich viel vorgelesen wurde. Doch auch dort, wo die freie Rede sich Bahn brach, in Ansprachen und Diskussionen, ja sogar im schieren Gequassel, stifteten die Wörter immer wieder so etwas wie Bedeutungen. Es ist bekanntlich recht schwierig und erfordert Übung und Konzentration, über längere Strecken hinweg absolute Nonsens-Sätze zu produzieren, denen keine wie auch immer geartete Deutung unterlegt werden kann. Es ist die Sprache selbst, die hier so etwas wie ein Minimalprogramm produziert. Um diesen Störfaktor loszuwerden, haben die Neuerer, die seit geraumer Zeit im Rundfunk am Werk sind, die Wortsendungen konsequent reduziert. Ein gewisser Brabbelrest ist jedoch geblieben: zumindest die Namen von Idolen und anderen Markenartikeln müssen, aus ökonomischen Gründen, in regelmäßigen Abständen hervorgestoßen werden.

Erst die visuellen Techniken, allen voran das Fernsehen, sind in der Lage, die Last der Sprache wirklich abzuwerfen und alles, was einst Programm, Bedeutung, „Inhalt“ hieß, zu liquidieren. [...]

Manche Fernsehveteranen, die die Zeichen der Zeit nicht erkannt haben, leiden auch unter der Vorstellung, es könnte ihnen der Stoff ausgehen. Die fixe Idee, es müsse etwas und nicht vielmehr nichts gesendet werden, verleitet sie zur Kannibalisierung der alten Medien. Das führt vor allem zur Ausschlachtung eines Mediums, von dem man glauben mochte, es sei dem Fernsehen verwandt, nämlich des Films. Natürlich hat sich bald herausgestellt, daß hier eine Verwechslung vorliegt. Die ästhetische Faszination des Kinos ist auf dem Bildschirm nicht wiederholbar; sie wird durch das lächerliche Format, die Unterbrechung durch Werbespots und das indifferente[1], endlose Abspielen zerstört; die Geheimwaffe des Zuschauers, das gefürchtete Zapping, gibt dem Film den Rest.

Überhaupt der Zuschauer! Er weiß genau, womit er es zu tun hat. Vor jeder Programm-Illusion ist er gefeit. Die Richtlinien des Gesetzgebers zerplatzen vor seiner Praxis wie Seifenblasen. Weit davon entfernt, sich manipulieren (erziehen, informieren, bilden, aufklären, mahnen) zu lassen, manipuliert er das Medium, um seine Wünsche durchzusetzen. Wer sich ihnen nicht fügt, wird per Tastendruck mit Liebesentzug bestraft, wer sie erfüllt, durch herrliche Quoten belohnt. Der Zuschauer ist sich völlig darüber im Klaren, daß er es nicht mit einem Kommunikationsmittel zu tun hat, sondern mit einem Mittel zur Verweigerung von Kommunikation, und in dieser Überzeugung läßt er sich nicht erschüttern. Gerade das, was ihm vorgeworfen wird, macht in seinen Augen den Charme des Nullmediums aus. So erklärt sich auch eine Eigenschaft des Fernsehens, die unter jeder anderen Prämisse rätselhaft wäre: seine transkulturelle[2] Reichweite. Ein und dieselbe Serie, ein und derselbe Video-Clip, ein und dieselbe Show entfaltet, unabhängig von allen gesellschaftlichen Voraussetzungen, die gleiche Anziehungskraft in Lüdenscheid, Hongkong und Mogadischu. So unabhängig von jedem Kontext, so unwiderstehlich, so universell kann kein Inhalt sein.

In der Nullstellung liegt also nicht die Schwäche, sondern die Stärke des Fernsehens. Sie macht seinen Gebrauchswert aus. Man schaltet das Gerät ein, um abzuschalten. [...]

Das Fernsehen wird primär als eine wohldefinierte Methode zur genußreichen Gehirnwäsche eingesetzt; es dient der individuellen Hygiene, der Selbstmedikation. Das Nullmedium ist die einzige universelle und massenhaft verbreitete Form der Psychotherapie. Insofern wäre es absurd, seine gesellschaftliche Notwendigkeit in Frage zu stellen. Wer es abschaffen möchte, sollte die Alternativen ins Auge fassen, die zur Verfügung stehen. Hier ist in erster Linie an den Drogenkonsum zu denken, von der Schlaftablette bis zum Koks, vom Alkohol bis zum Betablocker[3], vom Tranquilizer bis zum Heroin. Fernsehen statt Chemie ist sicherlich die elegantere Lösung. Wenn man an die sozialen Kosten und an die sogenannten Nebenwirkungen denkt, wird man einräumen müssen, daß der Nutzer des Nullmediums eine weise Wahl getroffen hat – ganz zu schweigen

1 **indifferent:** unbestimmt, gleichgültig, teilnahmslos
2 **transkulturell:** einzelne Kulturgrenzen überschreitend
3 **Betablocker:** den Herzschlag beruhigendes Medikament

von anderen Lösungsmöglichkeiten wie die Flucht in den Autowahn, die Gewaltkriminalität, die Psychose, den Amoklauf und den Selbstmord. Wem diese Argumentation *ex negativo*[4] zu düster ist, dem kann geholfen werden. Er braucht seinen Blick nur von den unangenehmen Tatsachen fort in höhere Sphären zu richten und die derzeit wieder einmal so beliebten ältesten Weisheitslehren der Menschheit zu Rate zu ziehen. Wenn nämlich unsere Konzentration ihr Maximum erreicht – das geht aus jedem esoterischen Taschenbuch einwandfrei hervor –, ist sie von Geistesabwesenheit nicht mehr zu unterscheiden und umgekehrt: die extremste Zerstreuung schlägt in hypnotische Versenkung um. Insofern kommt der Wattebausch vor den Augen der Transzendentalen Meditation[5] recht nahe. So ließe sich auch die quasi-religiöse Verehrung, die das Nullmedium genießt, zwanglos erklären: Es stellt die technische Annäherung an das Nirwana[6] dar. Der Fernseher ist die buddhistische Maschine. R

4 ex negativo: vom Gegensatz her

5 Transzendentale Meditation: fernöstliche Methode, sich in einen Zustand konzentrierter Ruhe zu versetzen

6 Nirwana: (sanskrit: „Erlöschen, Verwehen") im Buddhismus die völlige, selige Ruhe als erhoffter Endzustand

3 Formulieren Sie mit eigenen Worten erste Leseeindrücke und evtl. erste Thesen, z. B.:
Enzensberger befasst sich mit einem aktuellen gesellschaftlichen Thema, schreibt provokant (z. B. TV-Konsum als „genußreiche Gehirnwäsche", „Selbstmedikation", „massenhaft verbreitete Form der Psychotherapie", Z. 110–114; verwendet Ironie („wahre Bestimmung", Z. 3, „entscheidender Fortschritt", Z. 19), will Denkanstöße liefern → Essay?

3. Schritt: Fragen an den Text stellen

1 Rekapitulieren Sie Ihre Ergebnisse aus Schritt 1 und 2, um Fragen an den Text zu stellen. Sie können ausgelöst werden durch den ersten Leseeindruck, durch Ihr Vorwissen, durch Ihre Leseabsicht bzw. Ihr Erkenntnisinteresse oder auch durch weitere W-Fragen (Was? Wer? Wo? Wann? Wie? Warum?).
Tipp: Dieser Schritt kann auch als Gruppenarbeit erfolgen (▶ Methode: **reziprokes Lesen**).

Methode **Reziprokes Lesen – Texte abschnittsweise in Einzel- und Teamarbeit erschließen**

- Lesen Sie den ersten Abschnitt des Textes in Einzelarbeit: *Erster Abschnitt, Z. 1–53: Nach einem Einleitungssatz, der das Textthema vorgibt, werden verschiedene Medien im Hinblick auf den durch sie vermittelten Inhalt beleuchtet. Dabei geht es zunächst um die „alten" Medien, namentlich verschiedene Druckerzeugnisse, dann um „jüngere" Medien wie das Radio.*
- Bilden Sie 4er-Teams mit folgender Aufgabenverteilung:
  A: Stellt Fragen zum Textabschnitt, die Teammitglieder beantworten sie, z. B.: *Was ist für Enzensberger neu an den Neuen Medien? Wieso sind nach ihm den Medien Inhalte „lästig"? …*
  B: Trägt eine Zusammenfassung des Textabschnittes vor, die Teammitglieder beraten über Ergänzungen und ggf. Korrekturen, z. B.: *Enzensberger definiert auf provokante Weise, was seiner Meinung nach das Besondere an den Neuen Medien ist: Sie haben und wollen kein Programm, sie sind inhaltslos. Diese Entwicklung sei nicht neu …*
  C: Lässt unklare Begriffe und Textstellen erläutern, z. B.: *Was bedeutet „Nullmedium" (Z. 5)? Was ist mit „(…) die Idee der Null-Lektüre (ist) selbstwidersprüchlich (…)"(Z. 24 f.) gemeint?*

D: Formuliert eine Vorhersage darüber, wie der Text (im nächsten Abschnitt) weitergehen könnte, z. B.: *Im nächsten Abschnitt könnte Enzensberger eventuell ausführen, wie es die jüngeren Medien „schaffen", inhaltsleer zu sein, und was das für Konsequenzen für uns hat.*

- Lesen Sie den nächsten Abschnitt wieder in Einzelarbeit. Die Aufgabenverteilung innerhalb des Teams wechselt dann im Uhrzeigersinn.

---

4. Schritt: Den Text gründlich und „aktiv" lesen

1 a Legen Sie eine Folie auf den Text und lesen Sie ihn gründlich und „aktiv", d. h. mit einem Stift in der Hand (▸ Methode). Ordnen Sie zur Übung die folgenden Notizen dem Textbeginn zu:
- *beginnt mit Hauptthese, zugleich Themenvorgabe: die Inhaltslosigkeit der Neuen Medien*
- *plakative und provokante Bezeichnung als „Nullmedien"*
- *These wird durch verschiedene Beispiele belegt (Buchdruck, Radio, TV)*
- *Gegenargument: der Druckvorgang selbst, der zwangsläufig Worte festhalte und so Sinn ermögliche → belegt, dass Inhaltsleere in Neuen Medien stärker ist („Emanzipation von der Schrift", Z. 33)*

b Markieren Sie, um die Argumentation zu durchschauen, Auffälligkeiten der Textstruktur.

Methode – Aktiv lesen – Stifte oder Textmarker verwenden

- **Stifte** „kreativ" verwenden: Sie können den Text mit unterschiedlichen Symbolen, Farben, Zeichen markieren. Unterstreichen Sie z. B. einfach, doppelt, gestrichelt, geschlängelt; umkreisen Sie einzelne Begriffe, streichen Sie für Sie Unwichtiges.
- **Textmarker:** Sie können verschiedene Farben zur Unterscheidung einsetzen, z. B. für:
  - verschiedene Textebenen (Thesen, Einleitung, Zusammenfassungen, Schlüsselwörter, Zitate, Oberbegriffe etc.),
  - Angaben (Namen, Jahres- und andere Zahlen …) und
  - semantische und syntaktische Besonderheiten (z. B. saloppe Wörter und Wendungen, Neologismen, Metaphern und Vergleiche, ironische oder provokante Aussagen, Übertreibungen, Ellipsen, Schachtelsätze etc.).
- **Notizen am Rand (Randglossen, Marginalien):** Sehr hilfreich sind persönlich festgelegte Bedeutungen für Symbole, Zeichen und Abkürzungen am Textrand. Sie sind für Sie umso eindeutiger, wenn Sie diese mit einer „persönlichen" Bedeutung/Farbe belegen, z. B.:
  - Ausrufe-, Frage-, Plus- und Minuszeichen, Ziffern zur Kennzeichnung der Textgliederung: **?** (Klärung notwendig), **+** (gute Idee, übernehmen), **()** (zitierbarer Text), **!**, *****, **~**
  - Stichworte und Abkürzungen, z. B.: **vgl. Z. 13–15** (Verweis), **Lex.** (nachschlagen), **Th.** (These), **Arg.** (Argument), **Bsp.** (Beispiel), **Def.** (Definition), **I.** (Ironie), **Folg.** (Folgerung), **prov.** (provokant), **;o)** (nicht ganz ernst gemeint), **Sb** (Satzbau), **FA** (Fachausdruck), etc.

Tipp: Bei allen Möglichkeiten sollten Sie sich auf Ihre Leseabsicht konzentrieren. Markieren Sie nicht zu viel, sonst verfehlen die Markierungen ihren Zweck als Hervorhebung.

---

5. Schritt: Den Text abschnittweise rekapitulieren

1 Machen Sie sich nach jedem (Sinn-)Abschnitt bewusst, was Sie inhaltlich verstanden haben.

2 Formulieren Sie abschnittweise **Exzerpte** (▸ Information, S. 130) und zwar mit eigenen Worten.

Information **Exzerpte**

Beim Exzerpieren (lat. „herausklauben, auslesen“) werden gezielt Informationen aus einem Text ausgewählt und in komprimierter Form aufgeschrieben. Wichtig ist, dass Sie die Vielzahl der Textinformationen reduzieren und sie mit eigenen Worten formulieren. Das **objektive Exzerpt** gibt den Text als Ganzes wieder, d. h., alle wesentlichen Informationen werden chronologisch in knapper Form schriftlich fixiert. Beim **subjektiven Exzerpt** geht man „aspektorientiert“ vor und filtert die Inhalte heraus, die für das Erkenntnisinteresse und die Fragestellung relevant sind.

6. Schritt: Den ganzen Text rekapitulieren

1 Gewinnen Sie zum Schluss einen Gesamtüberblick über den Text. Vergegenwärtigen Sie sich dazu den Inhalt des ganzen Textes, indem Sie die Schritte 2 bis 5 gedanklich noch einmal durchgehen.

2 **a** Machen Sie sich für ein vertieftes und ganzheitliches Verständnis des Textes seine gedankliche Struktur bewusst, also das Verhältnis, in dem die einzelnen Abschnitte zueinander stehen. Zur besseren Orientierung eignet sich besonders gut ein Strukturdiagramm (▶ Beispiel unten).

b Prüfen Sie das folgende Strukturdiagramm eines Schülers und überarbeiten bzw. ergänzen Sie es in Ihrem Heft mit Ihren eigenen Ergebnissen.

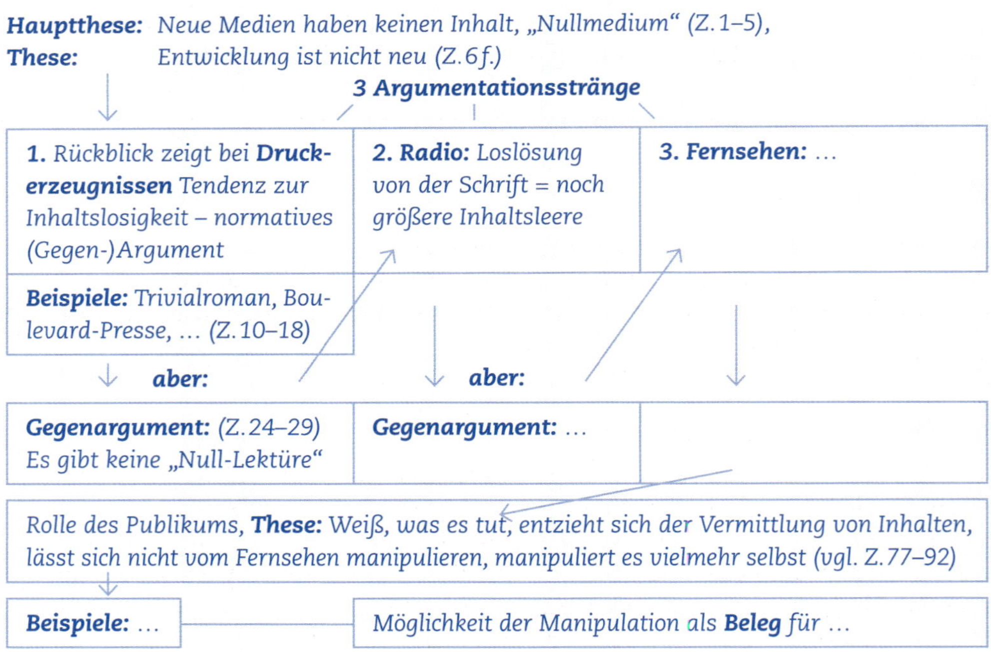

7. Schritt: Das Gelesene mit dem Vorwissen verknüpfen

1 Vergegenwärtigen Sie sich erneut Ihre Notizen zu Schritt 1 (Vorwissen aktivieren).

2 Verknüpfen Sie die Informationen, die Sie durch den Text bekommen haben, mit Ihrem Vorwissen und Ihrer Einstellung zum Thema. Inwiefern hat sich Ihr Vorwissen/Ihre Einstellung verändert?

7.4 Projektarbeit im Team – Planen, durchführen und vorstellen

1 **a** Beschreiben und erläutern Sie die Fotos vor dem Hintergrund Ihrer Erfahrungen und Vorkenntnisse zum Projektlernen bzw. zum projektorientierten Arbeiten. Welche Prinzipien der Teamarbeit, welche Zielsetzungen und Arbeitsphasen sowie Dokumentations- und Präsentationsformen kennen Sie?
b Reflektieren Sie, welche Fähigkeiten man im Rahmen einer Projektarbeit erwerben kann, die auch außerschulisch bedeutsam sind.

2 Formulieren Sie eine eigene Definition des Begriffs „Projektarbeit". Verwenden Sie Begriffe wie „Vorhaben", „Projektmethode", „komplexe Aufgaben", „Produkt- oder Handlungsorientierung" und „Portfolioarbeit".

Projektarbeit – Phasen und Arbeitsformen

Üblicherweise werden fünf Phasen eines Projekts unterschieden:
1. Initiativ- und Informationsphase, 2. Planungsphase, 3. Arbeits- oder Produktionsphase, 4. Präsentations- bzw. Aktionsphase, 5. Evaluationsphase. In allen Phasen geht es darum, dass die Arbeits- bzw. Projektgruppen lernen, eigenverantwortlich und selbstständig im Team zu arbeiten.

Phase I: Initiativ- und Informationsphase

Wenn sich ein Kurs für ein Projekt entscheidet, muss gewährleistet sein, dass die Interessen, Kenntnisse und Problemsichten aller einfließen können. Häufig sind dabei noch Rahmenbedingungen zu berücksichtigen wie z.B. Lehrplan- und Abiturvorgaben, Anschluss an bisherige Lernergebnisse, Lernerfolgskontrollen, Zeitrahmen. Andere Entscheidungen, etwa zu den Arbeitsweisen und Materialien oder zur Form der Präsentation, können durch die Projektgruppen selbst getroffen werden. Ist eine Thematik komplex, so ist es ratsam, sich in mehreren Gruppen arbeitsteilig mit ihr zu beschäftigen.

1 Welche Möglichkeiten kennen Sie, um Arbeitsgruppen zu bilden? Welche Erfahrungen haben Sie mit diesen Möglichkeiten gemacht? Formulieren Sie ggf. Regeln für eine gute Gruppenarbeit.

2 **a** Stellen Sie die Verfahren vor, die Sie zum vorläufigen, noch ungeordneten Sammeln von Ideen kennen. Wie kann erreicht werden, dass die Perspektiven aller einfließen?
b Studieren Sie das nachfolgende Beispiel eines Notizblatts zum Projektthema „Expressionismus in der Literatur und Malerei". Wie sind die Notizen formuliert? Woran wird das Vorläufige erkennbar?

- Welche Gattungen/Autorinnen u. Autoren/bildende Künstler/innen ?
- Hektik und Dynamik im Großstadtleben -> wie darzustellen ?
- Anonymität und Massengesellschaft
↳ Urbanisierung Anfang des 20. Jh -> Verelendung (vgl. Naturalismus)
↳ Erfahrung von Bedrückung (?)
- Zeitgenossen: programmatische Äußerungen zur eigenen Kunst
- Literatur- und kunstgeschichtliche Einordnung

3 **a** Sammeln Sie, sofern Ihnen kein Projektthema vorgegeben ist, Ideen für ein eigenes Thema.
b Wählen Sie ein gemeinsames Thema und bilden Sie ggf. arbeitsteilige Gruppen.
c Entscheiden Sie, in welcher Form Sie Ihre ersten gemeinsamen Überlegungen so festhalten können, dass sie auch für längere Zeit im Unterrichtsraum und/oder in einem Projektportfolio (► S. 122 ff.) präsent und verfügbar bleiben.

4 Beginnen Sie Ihre Gruppenarbeit mit einem **Blitzlicht** (► Methode). Sie können auch ein **Brainwriting** (► S. 495) durchführen, wobei zunächst jede/r für sich Ideen zum Thema auf eine Karte schreibt. Danach werden diese Ideen kritisch besprochen und die besten ausgewählt.

Methode **Blitzlicht**

Äußern Sie spontan reihum Ihre Erwartungen und Wünsche zum Thema, zum Vorgehen oder zum angekündigten Vorhaben. Niemand nimmt dabei Bezug auf den/die Vorredner/in.

5 Organisieren Sie Ihre Arbeit, indem Sie Fragen zu den anstehenden Aufgaben in Ihrer Gruppe klären: *„Welche Schlüsselbegriffe und Teilaspekte hat unser Thema?“ – „Was brauchen wir an Informationen?“ – „Was können wir relativ leicht herausfinden?“ – „Was übernehme ich, was kann ich mitbringen?“ – „Ich möchte (nicht) gerne …“ – „Da kenne ich mich kaum aus …“*

Methode **Fragen stellen – Erste Buch- und Internetrecherche**

Es empfiehlt sich am Ende der ersten Gruppenbesprechungen, die anstehenden Aufgaben in Frageform zu erfassen und erste Rechercheaufgaben arbeitsteilig anzugehen. Auch die ersten Recherchen im Internet und/oder in der Schul- oder Stadtbibliothek müssen systematisch und gezielt durchgeführt werden. Das bedeutet etwa, dass man die Qualität der Informationsquellen prüfen und alle Fundorte sowie die ermittelten Sachverhalte genau festhalten muss (► S. 137–138).

Phase II: Planungsphase

1 Bereiten Sie Ihre Projektarbeit in Form der **Kartenabfrage** vor (Methode, ► S. 133).

2 **a** Informieren Sie nach Ihren ersten Recherchen über Ihre Ergebnisse und entwickeln Sie daraus ein Gruppenergebnis. Nutzen Sie dazu die **Placemat-Methode** (Methode, ► S. 15 und 133).
b Stellen Sie Überlegungen zum angestrebten Projektprodukt bzw. zur Art der Präsentation an. Bedenken Sie dabei, worin sich Präsentationsmedien wie Wandzeitung, Vortrag, PowerPoint-Darstellung unterscheiden. Lassen Sie sich ggf. durch Ihre Lehrkraft beraten.
c Planen Sie auf der Grundlage Ihrer gemeinsamen Überlegungen Zeit- und Arbeitsabläufe.

Methode **Kartenabfrage**

- Jede/r schreibt auf eine Karteikarte, welche Meinung er/sie zum Thema hat, was man wissen möchte und was man bereits weiß.
- Vergleichen Sie Ihre Einträge und bündeln Sie die Karten zu Themenkomplexen.

Methode **Placemat** (► S. 15)

- In die äußeren Felder (► Abb. unten) eines DIN-A3-Blatts wird von jedem Gruppenmitglied das Resultat des eigenen Denkens bzw. Erarbeitens so eingetragen, dass es für alle anderen Mitglieder gut lesbar ist. Drehen Sie das Blatt zur besseren Lektüre gegebenenfalls im Uhrzeigersinn.
- Tauschen Sie sich über die einzelnen Einträge aus.
- Schreiben Sie Ihre im Austausch gewonnenen Einsichten, Erkenntnisse, Themen und Absichten in das Zentrum des Blatts. Sie stellen Ihr erstes Gruppen- bzw. Arbeitsergebnis dar.
- In das mittlere Placematfeld kann auch ein Impuls oder ein Zitat notiert werden, wozu alle dann in die äußeren Felder ihre Assoziationen schreiben. Aus diesen wiederum wird dann eine gemeinsame Formulierung/Interpretation entwickelt, die erneut im Mittelfeld untergebracht wird.

► Beispiel eines Placemats, das nach ersten Recherchen im Rahmen des Themas „Expressionismus" zum expressionistischen Maler, Zeichner und Literaten Ludwig Meidner erstellt wurde:

1884 als Sohn jüdischer Eltern in Schlesien geboren; Maler, Grafiker, Dichter; Wohnorte u. a.: Dresden, Berlin, Köln, England (Frage: von Nazis verfolgt?), † 1966 Darmstadt (Frage: heute noch bekannt?)

Themen in Malerei und Prosa: Apokalypse und Großstadterleben; Krieg; Moderne …

1. vergleichbare Ausdrucksmittel und -absichten in „Ich und die Stadt" (1913) sowie andere apokalyptische Darstellungen untersuchen; 2. Dazu programmatische Aussagen Meidners analysieren; 3. Mögliche Bezüge zu anderen „expressionistischen Künstlern" herstellen; 4. Präsentationsform: Wandzeitung oder Gruppenportfolio

expressionistische Prosa während des 1. Weltkriegs …

Stil beeinflusst durch in- und ausländische Maler (Kubismus, Futurismus, v. a. Delaunay) (Frage: wer sonst noch?); eigene Entwicklung als Grafiker, Buchillustrator und Maler; auch Theoretiker; Manifest: „Anleitung zum Malen von Großstadtbildern" (1914) (Frage: warum welche Techniken?)

Phase III: Arbeits- oder Produktionsphase

Eine Gruppe hat ihre Materialien zu Meidner in ihrem Portfolio gesammelt und knapp kommentiert:

1. Programmatische Schrift „Das neue Programm": verdeutlicht u. a. den „Umbruch" zwischen Impressionismus und Expressionismus; stellt neue zentrale Darstellungsmittel vor, ist gut verständlich

2. Zwei Prosa- bzw. Tagebuchtexte Meidners: enthalten Selbstaussagen zu Themen und Perspektiven und können als Beleg für „expressiven Sprachgebrauch“ und moderne Weltsicht genutzt werden
3. Charakterisierung Meidners durch seinen Freund G. Grosz: Malerpersönlichkeit, Fremdbild …
4. Auszug aus einer Bildanalyse zu „Ich und die Stadt“: Farben, Formen/Strukturen, „Bildknoten“ …
→ Zwei Bilder: Welches Gemälde, welche Zeichnung bzw. Lithografie können wir am besten analysieren, und zwar vor dem Hintergrund von Material 1 bis 4?

1 Beschreiben Sie die Art der Materialzusammenstellung und die Kommentare im Hinblick darauf, wie sie die Themenaspekte und das Arbeitsprogramm der Gruppe verdeutlichen.
2 a Beurteilen Sie die Eignung des Materials für den Fall, dass eine Wandzeitung erstellt werden soll.
b Was müsste ergänzt werden, wenn eine audiovisuelle Präsentationsform angestrebt wird?

Methode **Die Arbeit dokumentieren**

- **Wandzeitungen:** Im Klassenraum ausgehängt, informieren sie alle Gruppen über die Arbeitsstände.
- **Gruppenportfolio:** In einer gemeinsamen Mappe werden alle Materialien und Analysen sowie Gruppenprotokolle aufbewahrt und ggf. kommentiert, z. B. zum Fortgang der Arbeit im Hinblick auf das angestrebte Produkt.
  Tipp: Das Gruppenportfolio kann auch selbst das angestrebte Arbeitsprodukt sein und zur Bewertung des Arbeitsprozesses und -ergebnisses der jeweiligen Gruppenarbeit herangezogen werden.

Phase IV: Präsentations- bzw. Aktionsphase

Methode **Galeriegang, Markt der Möglichkeiten, mediengestützte Darbietung**

- **Galeriegang:** Alle Arbeitsergebnisse werden so in einem Raum verteilt bzw. ausgehängt und ausgelegt, dass man sie im Vorbeigehen betrachten kann.
- **Markt der Möglichkeiten:** Es werden je Gruppe Infostände eingerichtet, an denen man sich mit den Mitgliedern über ihre Ergebnisse austauschen kann.
- **mediengestützte Darbietung:** z. B. Vortrag und PowerPoint-Präsentation

1 Erläutern Sie, welche Vor- und Nachteile die in der Methode genannten Präsentationsformen Ihrer Erfahrung nach haben.
2 Präsentieren Sie Ihre Gruppenergebnisse in der von Ihnen gewählten Form (► Aufgabe 2 b, S. 132).

Phase V: Evaluationsphase

Wichtig ist, am Ende der Projektarbeit ein Gespräch über die geplanten und tatsächlich erreichten Ziele zu führen, um auf diese Weise die eigene Arbeit einzuschätzen und für spätere Aufgaben zu lernen. Auch hierfür haben sich unterschiedliche Dokumentationsformen bewährt.

---

1 Welche Erfahrungen haben Sie mit der Auswertung und Beurteilung von Projekten gesammelt? Was wissen Sie über Anforderungen an gute Feedback- und Kritikgespräche?

2 Reflektieren Sie Ihre geleistete Projektarbeit, indem Sie folgende Fragen beantworten:
- Wurden die gesetzten Ziele erreicht?
- Was haben wir als Team, Gruppe oder Kurs, was habe ich als Einzelperson gelernt?
- Wie funktionierte die Arbeit in der Gruppe? Wie haben wir Entscheidungen getroffen?
- War unsere Arbeitszeit gut geplant? Wo haben wir uns aus welchem Grund mit der Zeit verschätzt?

Tipp: Sie können auch Fragebogen erstellen, um Unterschiede im Hinblick auf die Wahrnehmung und Beurteilung herauszufinden, z. B.: *Habe ich … vs. Hat er/sie Ideen eingebracht? Bin ich … vs. Ist er/sie bei der Sache geblieben? …*

7.5 Die Facharbeit – Besondere Lernleistungen

Mit einer Facharbeit oder einer anderen umfangreichen schriftlichen Arbeit erproben Sie an einem anspruchsvollen Gegenstand das selbstständige wissenschaftliche Arbeiten. Von einer Lehrkraft beraten, aber ansonsten auf sich allein gestellt, beschaffen Sie sich Informationen, werten diese aus, verarbeiten sie gedanklich und gestalten Ihre Erkenntnisse in Form eines umfangreichen Textes. Dieser Text muss bestimmten wissenschaftlichen Standards genügen. Zu diesen Standards gehören z. B. die korrekte Angabe der Quellen, die richtige Technik des Zitierens sowie ein systematischer Arbeitsprozess, der von der Themenfestsetzung über die gezielte Recherche bis hin zur Gliederung des Materials und der Präsentation der Arbeit reicht.

Themen finden – Bereiche abgrenzen

Information **Fach Deutsch – Mögliche Themenbereiche**

- Leben und Werk zeitgenössischer Autorinnen und Autoren
- eine Autorin oder ein Autor aus früheren Epochen der Literaturgeschichte
- Entstehung und Rezeption eines Theaterstücks, Romans ect.
- die Geschichte eines Motivs nachverfolgen, z. B. das Motiv der Nacht in der Romantik (► S. 328 ff.)
- Untersuchungen zur Sprache, zur Sprachgeschichte oder einem lokalen Dialekt
- (lokale/regionale) Medien
- aktuelle Theaterinszenierungen
- …

---

1 Wählen Sie einen Themenbereich aus, der Sie besonders interessiert.

2 Grenzen Sie den Themenbereich ein, z. B. durch Festlegung auf:
- eine bestimmte Autorin oder einen bestimmten Autor,
- einen gerade erschienenen Roman, Gedichtband oder eine aktuelle Theaterinszenierung,
- eine bestimmte Epoche,
- ein sprachliches Phänomen etc.

Trainieren Sie diese Themeneingrenzung am Beispiel der folgenden Themenvorschläge zum Werk Franz Kafkas. Klären Sie, welche Vorschläge in sinnvoller Weise eingegrenzt sind und welche nicht:

(a) Franz Kafkas Verhältnis zu seiner Familie – Einfluss auf sein literarisches Werk
(b) Verfilmungen von Kafkas Werken
(c) Franz Kafkas Erzählung „Die Verwandlung" – Bezüge zu seinen Familienerfahrungen
(d) Michael Hanekes Verfilmung von Kafkas „Das Schloss" (1997)
(e) Vater- und Mutterfiguren in Kafkas Romanen
(f) Kafkas Verhältnis zum Vater als Hintergrund für die kurze Erzählung „Vor dem Gesetz"
(g) Kafkas „Vor dem Gesetz" und Botho Strauß' „Wann merkt ein Mann" – intertextuelle Bezüge
(h) Funktionen des literarischen Schreibens bei Kafka

3 **a** Legen Sie Ihren Themenvorschlag Ihrer betreuenden Lehrkraft vor, damit diese das Thema evtl. weiter eingrenzen und im Hinblick auf die Berücksichtigung fachlicher Anforderungen prüfen kann.
b Besprechen Sie auch den Umfang der Arbeit, den Zeitrahmen, die formalen Vorgaben (Schrifttyp und -größe, Seitenränder etc.) sowie das methodische Vorgehen zur Informationsbeschaffung und Auswertung (z. B. Literaturrecherche in Bibliotheken, Suche im Internet, Experteninterview etc.).

Die Arbeitszeit planen – Phasen der Facharbeit

Methode **Arbeitsphasen einer Facharbeit**

Für Facharbeiten gibt es in der Regel einen festen Abgabetermin. Um am Ende des Arbeitsprozesses nicht in Schwierigkeiten zu geraten, sollten Sie die Phasen der Erarbeitung gründlich planen und für jede Phase den zeitlichen Umfang festlegen, und zwar für
- die Erkundung von Informationsquellen (Wo? Wann? Wer? Materialbestände?),
- die konkrete Recherche,
- die Dokumentation und Prüfung der Informationen,
- die Informationsauswertung und Stoffgliederung,
- das Schreiben des Textentwurfs und die Einarbeitung von Zitaten etc.,

Arbeitsphasen	geplante Zeit	benötigte Zeit
1. *Erkundung von Informationsquellen*	*½ Tag*	*1½ Tage*
2. …		

- das Erstellen einer Bibliografie,
- die Gestaltung der Arbeit inkl. Materialanhang,
- die Textüberarbeitung,
- den Ausdruck der gesamten Arbeit.

1 Nutzen Sie die in der Methode (► S. 136) genannten Phasen für Ihr Zeitmanagement. Legen Sie eine dreispaltige Tabelle an und ordnen Sie im Rahmen der Ihnen vorgegebenen Gesamtzeit jeder Arbeitsphase eine Anzahl von Tagen zu.
Tipp: Planen Sie genügend Zeit (bis zu einer Woche) für die Überarbeitung und den Ausdruck ein.

2 Legen Sie den Zeitplan Ihrer betreuenden Lehrkraft vor und bitten Sie um kritische Kommentierung.

3 Prüfen Sie während der Erarbeitung laufend, ob Sie noch im Zeitplan sind. Tragen Sie dazu in einer weiteren Spalte die tatsächlich benötigte Zeit ein. Berechnen Sie dann die Differenz zwischen geplanter Zeit und tatsächlichem Zeitaufwand und ziehen Sie Konsequenzen für die restlichen Arbeitsphasen.

Informationen beschaffen – Quellen prüfen und protokollieren

Für die Informationsbeschaffung stehen Ihnen verschiedene Möglichkeiten zur Verfügung – nicht nur das Internet. Bei der Vorbereitung einer Facharbeit sollten Sie sich auf ein breites Quellenspektrum stützen. Je nach Informationsquelle ist allerdings ein unterschiedlich hoher Zeitaufwand einzuplanen.

Informationsquellen
- textgestützt
  - Bücher (Bibliotheken, Archive etc.)
  - Zeitschriften (Bibliotheken etc.)
  - Zeitungen
  - Internet
  - andere schriftliche Dokumente (Archive etc.)
- investigativ
  - Interviewpartner/in
  - Experte/Expertin
  - Umfrageprobanden
  - eigene Beobachtungen

1 Entscheiden Sie, welche Quellen Sie für Ihr Thema sinnvoll und effizient nutzen könnten.

2 **a** Erkunden Sie die konkreten Zugangsbedingungen der in Frage kommenden Quellen, z. B. Standorte und Öffnungszeiten von Bibliotheken sowie Archiven.
b Stellen Sie im Falle notwendiger Befragungen Kontakte her. Sprechen Sie Termine ab.

3 Führen Sie Ihre Recherchen durch:
- Katalogrecherche in Bibliotheken (auch elektronische Recherche, z. B. über den OPAC-Katalog),
- Internetrecherche, z. B. über Suchmaschine (Phrasensuche mit Anführungszeichen etc.),
- Befragungen etc.

4 **a** Nutzen Sie die Strategie des überfliegenden (diagonalen) und gezielten (selektiven) Lesens (► S. 125), um eine erste Quellenauswahl für Ihre Arbeit zu treffen.
b Kopieren bzw. exzerpieren (► S. 130) Sie wichtige Seiten. Speichern Sie Informationen aus dem Internet in einem eigenen Ordner ab und halten Sie das Datum des Downloads fest.

5 **a** Prüfen Sie die Qualität Ihrer Quellen – besonders die der Internetquellen – mit Hilfe des Punktsystems in der folgenden Checkliste. Notieren Sie für jede Quelle die erreichte Punktzahl.
b Suchen Sie eine weitere vergleichbare Informationsquelle im Internet oder im Printbereich (Bücher, Zeitschriften), falls eine von Ihnen gefundene Quelle nicht an die Höchstpunktzahl herankommt.

Methode **Checkliste – Einschätzung und Bewertung von Print- und Internetquellen**

Informationsquellen sind nicht in gleichem Maße zuverlässig. Sie sollten sich jedoch nur auf zuverlässige Quellen stützen. Ihre Qualität können Sie u.a. anhand folgender Kriterien einschätzen:

- Die Autorin/der Autor des Textes gibt ihren/seinen **Namen** an. *3 Punkte*
- Die Autorin/der Autor bzw. die publizierende Instanz (z.B. eine Behörde oder Organisation) gibt eine **Adresse** an (postalische Adresse, Website, E-Mail-Adresse). *2 Punkte*
- Die Verfasserin/der Verfasser ist ein/e erkennbare/r **Expertin/Experte** auf dem jeweiligen Fachgebiet (z.B. durch eine Berufsangabe) bzw. die Information stammt von einer Behörde oder einer anderen öffentlichen Institution. *3 Punkte*
- Der Text ist von einer angegebenen Redaktion (Redaktionsanschrift) und/oder einem genannten Herausgeber bzw. einem Verlagslektorat (Verlagsangabe) **geprüft** worden. *3 Punkte*
- Der Text **bezieht sich** mit seinen Informationen **auf weitere angegebene und überprüfbare Quellen.** *2 Punkte*

Höchstpunktzahl: *13 Punkte* Anzustrebende Mindestpunktzahl: *8 Punkte*

6 Notieren Sie zu jedem Text die für wissenschaftliche Arbeiten nötigen Quellenangaben. Achten Sie auf deren Vollständigkeit (► S. 142). Nutzen Sie z.B. Quellenprotokolle der folgenden Art:

Quellenprotokoll

Bibliografische Angaben	**Wichtiger Aspekt für die Facharbeit**
▪ Verfasser/in: *Alt, Peter-André* ▪ Quelle (Buch/Zeitschrift/Internetadresse): *Der ewige Sohn. Eine Biografie* ▪ (Verlag), Erscheinungsort und -jahr: *Beck-Verlag, München 2005* ▪ Seitenzahl/wichtigste Seiten zum Thema: *762, v.a. S. 320–366*	*lebensgeschichtliche Hintergründe zu Kafkas Werk* **Kurze Notizen zum Inhalt** *Erfahrungen mit einem übermächtigen Vater; Erfahrungen der Einsamkeit, eingeschränkter Lebensraum; Angst, sich zu binden*

Informationen auswerten – Die Gliederung

1 Arbeiten Sie die von Ihnen zusammengetragenen Texte kritisch durch:
a Nutzen Sie die Strategie des **intensiven Lesens** (► S. 125).
b Notieren Sie inhaltliche Beziehungen (Thesen und Gegenthesen) zwischen den Texten. Nutzen Sie dabei evtl. die Methoden der Aspekte- und Stoffsammlung (► S. 135 f., 609).
c Ergänzen Sie Ihr Textstudium durch eigene Gedanken.
d Formulieren Sie gliedernde Überschriften, die Ihnen helfen, das gesamte Material zu ordnen. Hilfreich ist auch eine Mindmap.

2 Entwerfen Sie (am Computer) eine Gesamtgliederung Ihrer Arbeit: entweder als gemischte Gliederung (Großbuchstaben und arabische Ziffern, ▶ S. 3–14) oder als numerische Gliederung, z. B.:

Lebensspuren im literarischen Werk – Möglichkeiten und Grenzen biografischer Zugänge zu Franz Kafkas Erzählung „Die Verwandlung"

1 Familienerfahrungen Franz Kafkas
1.1 Franz Kafka, der „ewige Sohn"
1.1.1 Erdrückende Übermacht des Vaters
1.1.2 Lieblosigkeit und Tyrannei
1.1.3 ...
1.2 Die Rolle der Schwestern in Kafkas Leben
1.3 Kafkas enger Lebenskreis
1.3.1 Kontaktarmut, Schüchternheit und Vereinsamung
1.3.2 Der Wunsch nach Freundschaft und Gemeinschaft

2 „Die Verwandlung"
2.1 Veröffentlichungsdaten, Vorstellung des Textes
2.2 Drastische Einschränkung des Bewegungsraumes
2.3 Die literarischen Figuren
2.3.1 Der Vater
2.3.2 Schwester Grete
2.3.3 ...
2.4 Darstellungsweise
2.4.1 Kühle Realistik
2.4.2 ...

3 Literatur und Leben: Erzählen als Verarbeitung biografischer Erfahrungen
3.1 ...
3.2 ...

Tipp: Bewahren Sie zur Orientierung Ihre Gliederung gut sichtbar an Ihrem Arbeitsplatz auf.

Textentwürfe schreiben – Schreibstrategien

1 Schreiben Sie auf der Grundlage Ihrer Vorarbeiten die erste Fassung Ihres Textes.

Methode **Die erste Fassung – Schreibstrategien**

- Beginnen Sie mit denjenigen Kapiteln, die Sie Ihrer Meinung nach gedanklich am besten vorbereitet haben. Formulieren Sie Ihre Überlegungen jeweils unter den vorbereiteten Kapitelüberschriften (s. o.).
- Schreiben Sie die einzelnen Textteile zunächst ins „Unreine".
- Beim Schreiben stellen sich ab und zu wichtige neue Einsichten zum Thema ein. Prüfen Sie, ob die Überlegungen, die Sie bereits schriftlich festgehalten haben, entsprechend überarbeitet bzw. neu formuliert werden müssen.

- Nutzen Sie Formulierungsbausteine, v.a. zur Wiedergabe von Sachtexten (► S. 581, 584, 597) und zur Gestaltung argumentierender Textpassagen (► S. 596–597, 601 f.).
- Überarbeiten Sie Ihre Entwürfe z. B. mit Hilfe der „Textlupe" (► S. 121).
- Stellen Sie Ihre einzelnen Textbausteine zu einem Gesamttext zusammen. Achten Sie auf einen einheitlichen Stil (► S. 610) und auf eine konsequente Verwendung der Fachbegriffe.

2 Legen Sie Ihren Text einer Freundin/einem Freund zur kritischen Durchsicht (► S. 142) vor.

Fremdaussagen integrieren – Zitieren und Paraphrasieren

1 In einer Facharbeit werden Sie in der Regel andere Autoren zitieren. Dabei sollten Sie bestimmte Regeln beachten. Ordnen Sie den folgenden Zitaten jeweils passende Regeln des Zitierens zu.

Zitatbeispiele	Regeln des Zitierens
(a) Kafka betont die „Verschiedenheit" zwischen sich und dem Vater (Wagenbach: Kafka, S. 403).	**I** Zitate, die in einen eigenen Satz eingefügt werden, müssen evtl. grammatisch angepasst werden. Veränderungen sind in eckigen Klammern anzuzeigen.
(b) Kafka teilt dem Vater mit, er habe immer befürchtet, dieser werde ihn „einfach niederstampfen" (ebd., S. 42).	**II** Vollständig zitierte Sätze werden allein gestellt und durch einen Doppelpunkt abgetrennt. Werden in solchen Zitaten Wörter ausgelassen, ist das durch drei Punkte in eckigen Klammern zu kennzeichnen.
(c) Kafka bekennt außerdem: „[...] offen gesprochen habe ich mit dir niemals" (ebd., S. 700).	**III** Zitate werden am Anfang und am Ende durch Anführungszeichen kenntlich gemacht. Nach einem Zitat wird am Ende des Satzes oder Abschnitts in einer Klammer die Quelle in Kurzform angegeben.
(d) Kafka gesteht dem Vater zu, er habe „[s]ein ganzes Leben lang schwer gearbeitet" (ebd., S. 699).	**IV** Kurze Zitate werden in einen selbst formulierten Satz integriert. Wird eine Quelle wiederholt, kann der Kurztitel durch „ebd." ersetzt werden.

Tipp: Die vollständige Quelle ist in der Bibliografie (► S. 142) anzugeben. Sie können aber auch hinter das Zitat (wie bei den Begriffserläuterungen in diesem Buch) eine hochgestellte Zahl einfügen und die Quelle in einer Fußnote am Seitenende vermerken (vgl. ► z. B. S. 23).

2 Vermeiden Sie beim Zitieren die nachstehend aufgeführten, häufig auftretenden Fehler. Prüfen Sie in Ihrem Text, ob Ihre Zitierweise den Regeln entspricht.

Methode **Checkliste – Zu vermeidende Fehler beim Zitieren**

- **Verfälschung:** Durch Herauslösung einzelner Begriffe oder Schlagwörter aus dem Zusammenhang besteht die Gefahr der Veränderung der ursprünglichen Aussage. Das Zitat muss auch außerhalb seines originalen Kontextes seinen Sinn bewahren.

- **Nicht korrekte Grammatik:** Das in den eigenen Text eingefügte Zitat passt nicht in den Satzzusammenhang. Zitate und eigener Fließtext sollten stets vollständige und richtige Sätze ergeben.
- **Fehlende Kommentierung:** (Lange) Zitate werden nicht ausführlich kommentiert. Zitate können nicht die eigene gedankliche Leistung ersetzen.
- **Unnötiges Zitieren:** Eher selbstverständliche Äußerungen bzw. nebensächliche Aussagen brauchen in der Regel nicht zitiert zu werden. Zitate sollten die Kernaussagen des Textes beinhalten.

3 Anstelle von Zitaten können Sie Fremdpositionen auch in Form einer **Paraphrase** (einer Umschreibung, einer sinngemäßen Übernahme, ► S. 597) in Ihren Text einfügen. Wählen Sie einige Informationen aus und übernehmen Sie diese unter Beachtung der folgenden Regeln in Ihre Arbeit.

Methode **Checkliste – Texte wiedergeben**

- Sind die Aussagen der Autorin/des Autors sinngemäß richtig wiedergegeben?
- Wird die Aussageabsicht der Autorin/des Autors deutlich?
- Sind Gedankenübernahmen sprachlich gekennzeichnet, z. B. durch den Konjunktiv der indirekten Rede (► S. 16 f., 597) oder Formulierungen wie *„Nach Ansicht des Autors ist …"* (► S. 16 f., 597)?
- Wird auf die Quelle verwiesen? Dies erfolgt in der Regel durch ein „vgl." (Abkürzung für „vergleiche", z. B.: „vgl. Maier 2005, S. 12").

Bibliografieren – Quellen vollständig angeben

Zum wissenschaftlichen Arbeiten gehört der Nachweis der von Ihnen verwendeten Quellen in Form einer nach Nachnamen alphabetisch sortierten Bibliografie (Literaturverzeichnis). Damit stellen Sie zum einen wichtige Literatur zum Thema zusammen und zum anderen bieten Sie die Möglichkeit, dass Ihre Zitate und Textverweise überprüft werden können. Innerhalb der Bibliografie sollte man Primär- (z. B. Texte von Kafka) und Sekundärliteratur (z. B. Texte über Kafka) sowie verschiedene Quellentypen (► Information) unterscheiden. Nutzen Sie Ihre **Quellenprotokolle** (► S. 138).

Information **Quellentypen**

- Buchveröffentlichung einer Autorin/eines Autors
- Buchveröffentlichung mehrerer Autorinnen und Autoren
- Text aus einem vom Autor/von der Autorin selbst veröffentlichten Sammelwerk
- Sammelwerk, das einen oder mehrere Herausgeber hat (z. B. gesammelte Werke einer Autorin/eines Autors)
- Zeitschriftenaufsatz (Fachzeitschrift)
- Zeitungstext
- Internetquelle

1 Untersuchen Sie das Autoren- und Quellenverzeichnis dieses Buches (► S. 625 ff.): Wie werden Fundstellen in Büchern, Zeitschriften etc. angegeben?
Tipp: Beachten Sie, dass in Bibliografien außerhalb von schulischen Lehrwerken Lebensdaten von Autorinnen und Autoren in der Regel nicht angegeben werden.

2 Stellen Sie anhand des Quellenverzeichnisses (► S. 625 ff.) für die verschiedenen Quellentypen eine Gliederungssystematik nach dem folgenden Muster zusammen.
Tipp: Titel wie Dr. oder Prof. gehören bei Nennung der jeweiligen Autorinnen und Autoren nicht in die Bibliografie.

Gliederungssystematik – Bibliografische Angaben
1. Buchveröffentlichung einer Autorin/eines Autors
Nachname der Autorin/des Autors, Vorname: Titel des Buches. Untertitel. (evtl. Verlag), Verlagsort und Publikationsjahr, Seite(n)
2. …
3. Text aus einem vom Autor/von der Autorin selbst veröffentlichten Sammelwerk
Nachname der Autorin/des Autors, Vorname: Titel des Textes. Aus: Titel des Buches …

Die Facharbeit überarbeiten – Ergebnisse präsentieren

1 Überprüfen Sie Ihre Textfassung mit Hilfe der Checkliste (► Methode).

Methode **Checkliste zur Prüfung und Überarbeitung einer Facharbeit**

- Ist mein methodisches Vorgehen begründet und in der Arbeit benannt (► S. 557–559)?
- Berücksichtige ich wichtige Veröffentlichungen zum Thema? Bin ich – im Rahmen meiner Möglichkeiten – auf der Höhe der fachlichen Diskussion?
- Stelle ich den Gegenstand meiner Arbeit sachlich und aus kritischer Distanz dar?
- Ist das Material meiner Arbeit übersichtlich gegliedert?
- Habe ich die von mir zusammengetragenen Materialien gedanklich intensiv verarbeitet?
- Weise ich alle Quellen nach?
- Verwende ich Fachbegriffe, die zur Darstellung des Gegenstandes sinnvoll sind, korrekt?
- Gebe ich Zitate wortgetreu und mit genauen Quellenangaben wieder? Sind sie fachgerecht in meinen Text integriert?
- Fasse ich die Ergebnisse meiner Untersuchung am Ende prägnant zusammen?
- Ist die Arbeit vollständig: Inhaltsverzeichnis, Bibliografie, Selbstständigkeitserklärung, in der ich versichere, dass ich die Arbeit selbstständig verfasst habe, etc.?
- Sind Schriftbild, Seitenaufbau, Systematik der (Zwischen-)Überschriften etc. einheitlich und entsprechen sie den schulischen Vorgaben?
- Ist meine Arbeit in der Standardsprache und in einem angemessenen Stil verfasst?
- Habe ich Ausdruck, Rechtschreibung, Grammatik und Zeichensetzung überprüft?

2 Wählen Sie für die Präsentation Ihrer Facharbeit eine der angegebenen Möglichkeiten aus:
- Einstellen der Arbeit in die Schulbibliothek (evtl. Präsentation auf einem Novitäten-Regal),
- Veröffentlichung auf der Homepage der Schule (evtl. in Teilen),
- Veröffentlichung im Schuljahrbuch (evtl. in Auszügen),
- freier Vortrag (► S. 103–108) zur Facharbeit im eigenen Kurs,
- Ausstellung von Teilergebnissen an Präsentationswänden in der Schule,
- Vorstellung in der Lokalzeitung bzw. im Lokalradio, falls die Arbeit einen lokalen Bezug hat.

8 Wiederholungskurs – Grammatik, Rechtschreibung, Zeichensetzung

In diesem Kapitel erwerben Sie folgende Kenntnisse und Kompetenzen:

- Wortarten voneinander abgrenzen,
- Fachbegriffe im Bereich der Deklination und Konjugation festigen,
- Satzglieder und Gliedsätze unterscheiden und bestimmen,
- den Konjunktiv I und II bilden und anwenden können,
- schwierige Bereiche der Rechtschreibung und Zeichensetzung beherrschen.

Die Wortarten – Fachbegriffe und Funktionen

Der Wortschatz einer Sprache wird in Wortarten eingeteilt. Im Deutschen lässt sich jedes der etwa 350 000 Wörter einer Wortart zuordnen. Unterscheidungskriterien sind die
- Bedeutungsinhalte (semantische Funktion),
- unterschiedliche Formbarkeit (morphologische Funktion) wie Konjugation der Verben, Deklination z. B. der Nomen/Substantive,
- syntaktischen und textgrammatischen Funktionen von Wörtern.

Die Terminologie zur Beschreibung von Wortarten, so wie sie in den nachstehenden Informationen zusammengestellt ist, können Sie für Ihre Textanalysen nutzen (► S. 549 ff.).

Information **Die Wortarten im Überblick**

flektierbar (veränderlich)		**nicht flektierbar** (unveränderlich)
konjugierbar	**deklinierbar**	
Verb (Zeit-/Tätigkeitswort) z. B. „lesen", „gehen", „lachen", „wachsen"; „sein"/„werden" *(Hilfsverben zur Bildung mehrteiliger Tempusformen des Vollverbs, z. B. des Perfekts)*	**Nomen/Substantiv** (Hauptwort) z. B. „Buch", „Computer", „Peter"; auch: *Zahlnomen,* z. B.: „Dutzend", „Hälfte" **Artikel** (Geschlechtswort) z. B. „der", „die", „das", „ein", „eine" **Adjektiv** (Eigenschaftswort) z. B. „groß", „rot", „bedeutsam"; auch: *Zahladjektive,* z. B. „drei", „dritte/r/s", „dreifache/r/s", „hundert", „wenig" **Pronomen** (Fürwort) z. B. „ich", „du", „er" (Personalpronomen) z. B. „mein", „unser" (Possessivpronomen) z. B. „diese", „jene" (Demonstrativpronomen) z. B. „der", „welcher" (Relativpronomen) z. B. „wer?", „was?" (Interrogativpronomen)	**Adverb** (Umstandswort) z. B. „dort", „hier" (lokal); „heute", „bald" (temporal); „sehr" (modal); auch: *Zahladverb,* z. B. „erstens" **Präposition** (Verhältniswort) z. B. „an", „auf", „in" (lokal); „vor", „nach" (temporal); „wegen" (kausal) **Konjunktion** (Bindewort) z. B. „und", „aber", „denn", „als", „dass", „weil" **Interjektion** (Ausrufewort) z. B. „ach?", „oh!", „aua!", „bitte?"

Flexion

Wortarten übernehmen in Sätzen verschiedene Funktionen. Dazu werden sie im Rahmen der Flexion, d.h. der Konjugation und Deklination (z.B. durch verschiedene Endungen), grammatisch verändert.

Information **Verb und Nomen/Substantiv – Übersicht über ihre grammatischen Funktionen**

Verb

Tempus
(Futur, Präsens, Perfekt, Präteritum, Plusquamperfekt)

Person
(1., 2., 3.)

Numerus
(Singular, Plural)

Wortstamm

Modus
(Indikativ, Konjunktiv, Imperativ)

Genus Verbi
(Aktiv/Passiv)

Nomen/Substantiv

Genus
(Maskulinum, Femininum, Neutrum)

Numerus
(Singular, Plural)

Wortstamm

Kasus
(Nominativ, Genitiv, Dativ, Akkusativ)

Satzglieder und Nebensätze – Abwechslungsreich formulieren

Das Prädikat bildet den Kern eines Satzes. Von ihm sind alle anderen **Satzglieder** (▸ Information) abhängig. Satzglieder können in **Gliedsätze** (▸ Information) verwandelt werden. So kann aus einer adverbialen Bestimmung des Grundes ein Adverbialsatz (Kausalsatz) werden, z.B.:

Wegen des schlechten Wetters bleibt er zu Hause.
→ *Weil das Wetter schlecht ist,* bleibt er zu Hause.
] Die jeweilige Frage bleibt: *Warum?*

Auch Teile von Satzgliedern lassen sich in Nebensätze umformen. So kann ein **Attribut** in einen **Relativsatz** umgewandelt werden, z.B.:

Das *gelb angestrichene* Haus wurde verkauft.
→ Das Haus, *das gelb angestrichen ist,* wurde verkauft.
] Die jeweilige Frage bleibt: *Was für ein ...?*

Entsprechend kann man den Satzbau variieren bzw. abwechslungsreicher schreiben und durch bewusste Wahl des Satztyps Inhalte hervorheben.

Information **Merkmale und Funktionen von Satzgliedern und Nebensätzen/Gliedsätzen**

Frage	Satzglied/Teil eines Satzglieds	Nebensatz/Gliedsatz
Wer? Was?	**Subjekt** *Das* regt mich auf.	Subjektsatz (Inhaltssatz) *Dass wir jetzt gehen müssen,* regt mich auf. *Was wir vorhaben,* regt mich auf.
Was geschieht? Was ist?	**Prädikat** (= Satzkern) Das *freut* mich.	–

Frage	Satzglied/Teil eines Satzglieds	Nebensatz/Gliedsatz
Wen? Was?	**Akkusativobjekt** Er weiß *das* genau.	Objektsatz (Inhaltssatz) Er weiß genau, *dass es nicht stimmt.* Er weiß genau, *was nicht stimmt.* Er weiß genau, *ob es stimmt.* (indirekter Fragesatz/Interrogativsatz)
Wem?	**Dativobjekt** Sie war *jedem* behilflich.	Objektsatz (Inhaltssatz) Sie war behilflich, *wem immer sie begegnete.*
Wessen?	**Genitivobjekt** (sehr selten) Wir waren uns *dessen* bewusst.	Objektsatz (Inhaltssatz) Wir waren uns bewusst, *dass das ungerecht war.*
Für/auf ... wen, was?	**Präpositionalobjekt** Er freut sich *über das Buch.*	Objektsatz (Inhaltssatz) Er freut sich darüber, *dass er das Buch bekommen hat.*
Was für ein? Was für welche?	**Attribut** Sie liest Bücher *über Goethe.* Siehst du den Mann *mit dem Roman?* Er hat ein *blaues* Auto.	Relativsatz/Attributsatz (Gliedteilsatz) Sie liest Bücher, *die von Goethe handeln.* Siehst du den Mann, *der einen Roman liest?* Er hat ein Auto, *das blau ist.*
	adverbiale Bestimmung	
Wo? Woher/ Wohin?	**... des Ortes** *Am Bach* ist es kühl.	Lokalsatz (Adverbialsatz) *Wo der Bach ist,* ist es kühl.
Wann? Wie lange?	**... der Zeit** *Am Morgen* ging es los. *Vor dem Essen* trinken sie etwas.	Temporalsatz (Adverbialsatz) *Als es Morgen war,* ging es los. *Bevor sie essen,* trinken sie etwas.
Wie?	**... der Art und Weise** Wir können das Problem *durch Diskussionen* lösen.	Modalsatz (Adverbialsatz) Wir können das Problem lösen, *indem wir diskutieren.*
Warum? Wieso?	**... des Grundes** *Wegen des Regens* fällt das Spiel aus. *Aus Angst* blieb sie stehen.	Kausalsatz (Adverbialsatz) *Weil es regnet,* fällt das Spiel aus. *Da sie Angst hatte,* blieb sie stehen.
Wozu?	**... des Zwecks** Sie liest *zum Vergnügen.*	Finalsatz (Adverbialsatz) Sie liest, *damit sie sich vergnügt.*
Unter welcher Bedingung?	**... der Bedingung** *Bei Feuer* geht die Alarmanlage los.	Konditionalsatz (Adverbialsatz) *Wenn Feuer ausbricht,* geht die Alarmanlage los.

Frage	Satzglied/Teil eines Satzglieds	Nebensatz/Gliedsatz
Trotz was?	**... der Einräumung** *Trotz des Regens* spielt das Kind draußen.	Konzessivsatz (Adverbialsatz) *Obwohl es regnet,* spielt das Kind draußen.
Mit welcher Folge?	**... der Folge** *Zu meiner Beruhigung* ging das Licht wieder an.	Konsekutivsatz (Adverbialsatz) Das Licht ging wieder an, *sodass ich mich beruhigte.*
Statt was?	**... der Entgegensetzung** *Statt eines Geschenks* bekam er einen Verweis.	Adversativsatz (Adverbialsatz) Er bekam einen Verweis, *während er mit einem Geschenk gerechnet hatte.*
Wie was?	**Prädikatsnomen/Prädikativ** Er will *das* bleiben.	Prädikativsatz Er will bleiben, *was er ist.*

Zur Unterscheidung: Relativsätze werden durch Relativpronomen (der, die, das, welcher, welche, welches) eingeleitet, Adverbialsätze durch unterordnende Konjunktionen[1] (weil, wenn, obwohl usw.).

1 Zu unterscheiden sind nebenordnende Konjunktionen, die gleichrangige Wörter, Wortgruppen oder Teilsätze miteinander verbinden (z. B.: und, aber, denn, sondern), und unterordnende Konjunktionen (z. B.: seitdem, falls, da), die Hauptsatz und Nebensatz verknüpfen.

1 Bilden Sie zu jeder Frage eigene Neben- bzw. Gliedsätze.

2 Bestimmen Sie in einem Ihrer zuletzt verfassten Texte die Satzglieder/-teile und formen Sie diese zur Probe um. Entscheiden Sie sich für eine Variante. Welche sorgt für mehr Abwechslung in Ihrem Text?

Der Konjunktiv der indirekten Rede – Verwendung und Bildung

Information **Verwendung und Bildung des Konjunktivs**

Konjunktivformen des Verbs haben im Textzusammenhang verschiedene Funktionen, und zwar:

- **Aufforderungen oder Wünsche** auszudrücken, z. B.: „*Er lebe hoch!*“ (Konjunktiv I),
- zu formulieren, dass etwas **irreal** ist, z. B.: „*Wenn wir um 1500 gelebt hätten, ...*“ (Konjunktiv II),
- **höflich** zu sein, z. B.: „*Könnten Sie mir den Text vorlesen?*“ (Konjunktiv II),
- in der **indirekten Rede** zu verdeutlichen, dass man nicht selbst, sondern ein anderer etwas gesagt hat, z. B.: „*Er sagte, das sei richtig.*“ (Konjunktiv I); „*Sie sagten, sie hätten Angst.*“ (Konjunktiv II).

Im gesprochenen Deutsch wird zur Wiedergabe von Fremdäußerungen oft eine Umschreibung mit „würde“ verwendet, z. B.: „*Sie sagten, sie würden jetzt losfahren.*“ Dagegen wird in standardisierten Texten wie Nachrichtentexten im Fernsehen oder schulischen Aufsätzen in der Regel der Konjunktiv der indirekten Rede verwendet, z. B.: „*Sie sagten, dass sie jetzt losführen.*“

Bildung der Konjunktivformen

- **Konjunktiv I:** vom Infinitiv abgeleitet, z. B.:
  gehen → *Sie sagte, sie gehe nach Hause.*
  sein → *Er sagte, sie sei krank.*

- **Konjunktiv II:** vom Präteritum abgeleitet
  Bei starken Verben werden aus den Vokalen a, o, u die Umlaute ä, ö und ü:
  haben (stark) → Prät.: *hatten* → *Er meint, sie hätten Angst.*
  liegen (stark) → Prät.: *lagen* → *Sie meint, sie lägen auf dem Tisch.*
  machen (schwach) → Prät.: *machten* → *Er sagt, sie machten Urlaub.*

Verwendungsregeln

- Für Aussagen im Präsens, die in die indirekte Rede verwandelt werden sollen, gilt:
  - In der indirekten Rede wird – wenn möglich – der Konjunktiv I verwendet. Er kann aber nur gewählt werden, wenn er sich von der entsprechenden Indikativform unterscheidet, z. B.: *er sieht* ↔ *er sehe*.
  - Sind Indikativ und Konjunktiv I nicht zu unterscheiden, wird der Konjunktiv II verwendet, z. B.: *wir sehen* (= Indikativ und Konjunktiv I) → *wir sähen* (Konjunktiv II von Prät.: *sahen*)

- Wenn aber auch der Konjunktiv II (im Textzusammenhang) nicht vom Indikativ zu unterscheiden ist, greift man auf die Ersatzform mit „würde" zurück, z. B.
  Er sagte, die Läden machten schon um 7.00 Uhr auf.
  → *würden schon um 7.00 Uhr aufmachen.*

- Für Aussagen über Vergangenes gilt:
  Für alle Vergangenheitsformen (Präteritum, Perfekt, Plusquamperfekt) gibt es nur eine gemeinsame Form des Konjunktivs der indirekten Rede, z. B.:
  Er war hier. →
  Er ist hier gewesen. → *Er sei hier gewesen.*
  Er war hier gewesen. →

- **Einleitungssatz und Inhaltssatz** können in verschiedenen zeitlichen Verhältnissen zueinander stehen, z. B.:

  Er sagt,
  – vorzeitig *er habe sich aufgeregt.*
  – gleichzeitig *er rege sich auf.*
  – nachzeitig *er werde sich aufregen.*

Dabei wird der Konjunktiv der indirekten Rede nicht vom Tempus des Einleitungssatzes beeinflusst, z. B.:
Sie sagt,/Sie sagte,/Sie wird sagen, er sei hier gewesen.

---

1 a Lesen Sie die Interviews mit Günter Grass und Martin Walser (► S. 20–21).
Wählen Sie aus diesen Interviews mindestens fünf Aussagen und geben Sie diese in der indirekten Rede wieder.

b Stellen Sie Ihre Ergebnisse im Kurs vor. Benennen Sie dabei die jeweilige Konjunktivform.

2 Bilden Sie eigene Sätze mit dem Konjunktiv II. In welcher Funktion haben Sie ihn verwendet?

„dass“ oder „das“? – Konjunktion oder Pronomen?

1 Begründen Sie anhand der nachstehenden Tabelle, ob ein „dass“ und/oder ein „das“ in die Beispielsätze (a) bis (e) eingefügt werden muss.

(a) Er war so müde, ... er sofort einschlief.
(b) Er weiß, ... viel Geld kostet.
(c) ... lasse ich mir nicht bieten.
(d) ... sie siegen würden, war zu erwarten.
(e) ... Buch, ... sofort verkauft wurde, hatte vorher einen Preis gewonnen.

Wortart	Gliedsatzart/Satzglied	Frage
Konjunktion: **dass**	Inhaltssatz (Subjekt- oder Objektsatz)	Wer oder was? Wen oder was?
Konjunktion: **dass**	Konsekutivsatz	Mit welcher Folge?
Relativpronomen: **das**	Relativsatz/Gliedteilsatz	Was für ein ...?
Demonstrativpronomen: **das**	Subjekt oder Objekt	Was?
Artikel: **das**		

2 In dem folgenden Text finden Sie mehrfach die Wörter „dass“ und „das“. Entscheiden Sie, um welche Wortart es sich jeweils handelt, indem Sie die Funktion der Wörter im Satz klären.

Es ist schon erstaunlich, dass sich neugeborene Babys unter Wasser ganz in ihrem Element fühlen. Es ist ein Phänomen, das sich überall auf der Welt beobachten lässt. Tatsache ist nämlich, dass das Kind im Mutterlieb in einer ganz mit Wasser gefüllten Fruchtblase heranwächst. Aus dieser Zeit bringt das Baby einen Tauchreflex mit. Dieser verhindert, dass das Neugeborene Wasser in die Lunge bekommt.

Rechtschreibung I – „s“, „ß“ oder „ss“?

Information **Schreibung des s-Lauts – Wenige einfache Regeln**

Vorfeld des Lauts: nach ...	Aussprache	Schreibung	Anmerkungen
kurzem und **betontem** Vokal		*ss* z. B.: *Hass*	Ausnahme: Kurzwörter *das* und *was*
lang gesprochenem Vokal inkl. Diphthong (au, eu, ei)	stimmhaft	*s* z. B.: *Apfelmus, Gras, Eisen*	Manchmal wird ein Laut erst durch eine Verlängerungsprobe stimmhaft, z. B.: *Gras* → *Gräser*
lang gesprochenem Vokal inkl. Diphthong (au, eu, ei)	stimmlos	*ß* z. B.: *beißen, Spaß*	Steht der s-Laut am Wortende, bleibt er auch in der Verlängerungsprobe stimmlos.

1 Ergänzen Sie in Ihrem Heft die folgenden Zielscheiben, indem Sie weitere Beispiele eintragen.
2 Entwerfen Sie zur Übung weitere Zielscheiben dieser Art.

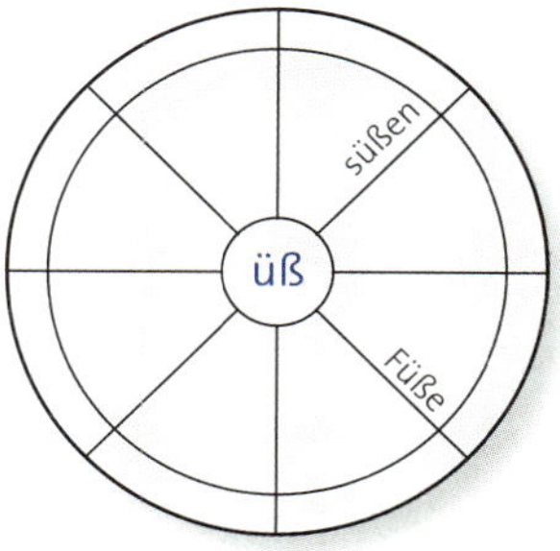

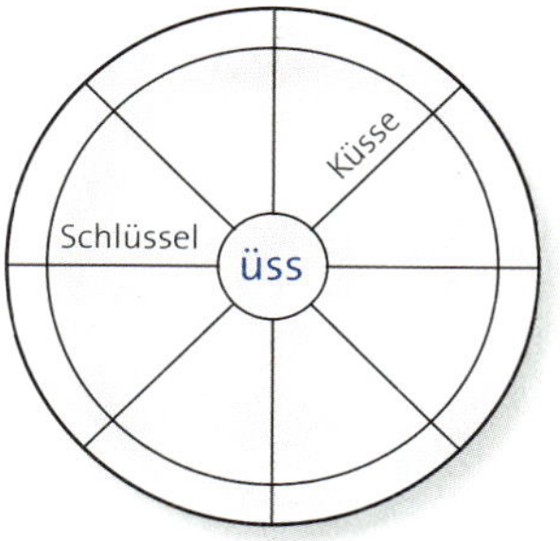

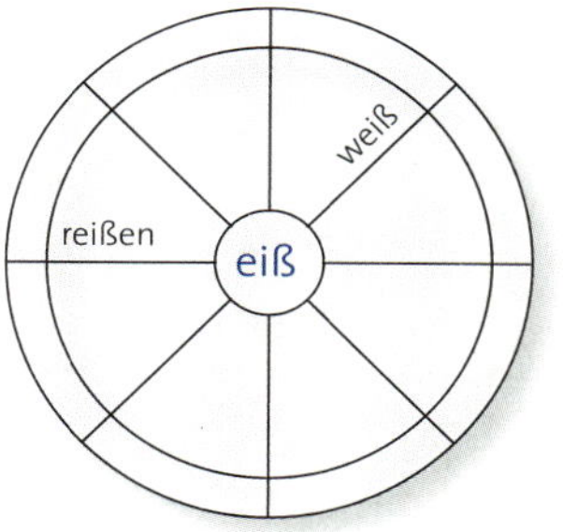

Rechtschreibung II – Großschreibung von Nomen/Substantiven

Methode **Nomen/Substantive erkennen – Artikelprobe**

Nomen/Substantive werden immer großgeschrieben. Sie erkennen sie daran, dass Artikel, Pronomen, Zahlwörter, Adjektive (Wortarten, ► S. 143–144) oder Partizipien sie begleiten können, z. B.: ***der*** *Schüler,* ***eine*** *Schülerin;* ***dieses*** *Fest,* ***jenes*** *Ereignis;* ***mein/dein/sein*** *Computer;* ***etwas*** *Mühe,* ***viele*** *Regeln,* ***kein*** *Benehmen;* ***großes*** *Vertrauen,* ***schönes*** *Tor;* ***laufende*** *Kamera,* ***geballte*** *Aufmerksamkeit.*

Tipp: Findet sich kein Artikel oder Pronomen, ist die Artikel- bzw. Einsetzprobe hilfreich, z. B.: *Wörterbücher helfen Schülern* → ***Die/Viele*** *Wörterbücher helfen* ***den/vielen/allen*** *Schülern.*

- Ein **Artikel** kann **mit** einer **Präposition verschmelzen** und seine Funktion als Begleiter des Nomens/Substantivs erfüllen, z. B.: ***Am*** Dienstag *fahren wir.* → ***An dem*** *Dienstag fahren wir.*
- **Präpositionen** stehen oft **ohne Artikel** vor Nomen/Substantiven und verändern deren Kasus (Fall), z. B.: *Wir hörten* ***mit*** *Begeisterung zu.* → *Wir hörten* ***mit der*** *Begeisterung zu.*
- Begleiten Artikel oder Pronomen Wörter anderer Wortarten, so werden sie **nominalisiert/substantiviert** und entsprechend großgeschrieben, z. B.: *das Lernen, das Schönste, das Für und Wider, dieses Warten, dein Wissen, etwas Neues, im Allgemeinen, im Einzelnen, im Übrigen, im Wesentlichen.*

Information **Ausnahmen – Kleinschreibung erforderlich**

- *die/diese/alle beiden, einer von beiden*
- in Verbindung mit *„sein"* bei: *spitze, angst, bange, klasse, schuld, pleite* (z. B.: *Du bist spitze!)*
- Nomen/Substantive, die zu Präpositionen geworden sind, z. B.: *dank seines Einsatzes, kraft des Gesetzes, laut Zeitungsbericht, zeit ihres Lebens.*
- abgeleitete Zeitadverbien: *nachts, vormittags, mittwochs* (aber: *heute Nacht, gestern Vormittag, am Mittwoch)*

1 **a** Verfassen Sie einen Text, in dem Sie möglichst viele der in der Methode bzw. Information genannten Beispiele aufnehmen und eigene ergänzen.
b Lassen Sie Ihren Text durch Ihre/n Lernpartner/in überprüfen.

Rechtschreibung III – Getrennt- und Zusammenschreibung

Information **Regeln zur Getrennt- und Zusammenschreibung**

- Verbindungen mit „sein" werden immer getrennt geschrieben, z. B.: *beisammen sein, fertig sein.*
- Verbindungen aus zwei Verben werden in der Regel getrennt geschrieben, z. B.: *spazieren gehen.*
- Zusammensetzungen aus einem Verb und einem kaum noch als Nomen/Substantiv erkennbaren Bestandteil haben oft nur noch zusammen eine Bedeutung. Dementsprechend werden sie zusammen- und kleingeschrieben, z. B.: *leidtun, teilnehmen, standhalten, stattfinden, nottun, kopfstehen, eislaufen.* **Achtung!** Die Zusammenschreibung kann durch eine veränderte Stellung des Verbs im Satz zur Getrenntschreibung werden, z. B.: *Es tut mir leid; Du nimmst teil; Ich stehe kopf; Er hält stand* etc.
- Verbindungen aus Verben mit Präpositionen oder Adverbien werden meist zusammengeschrieben, z. B.: *abfahren, zwischenrufen, durchsagen, hereinkommen, voraussagen, rückwärtslaufen* etc.
- Adjektiv und Verb bzw. Verb und Verb werden zusammengeschrieben, wenn sich daraus eine neue Gesamtbedeutung ergibt, z. B.: *schwerfallen (Mühe haben), schwarzfahren (ohne Fahrschein sein), sitzenbleiben (nicht versetzt werden), sich gehenlassen (sich vernachlässigen)* etc.

1 Erfinden Sie Sätze mit den in der Information genannten Beispielen und geben Sie schriftlich zu jedem Satz die dazugehörige Regel zur Getrennt- und Zusammenschreibung an.

Rechtschreibung IV – „w*ie*der-" oder „w*i*der-", „en*d*-" oder „en*t*-"?

1 **a** Sammeln Sie möglichst viele Zusammensetzungen mit „w*ie*der-" und „w*i*der-".
b Ordnen Sie Ihre Zusammensetzungen mit Hilfe der Symbole **o=o** für „wieder-" und **→←** für „wider-" in eine Tabelle ein. Korrigieren Sie dabei evtl. die Schreibung.

wieder-/Wieder- (o=o)	*wider-/Wider- (→←)*
Wiederholung, …	*Widerstand, …*

2 Sammeln Sie Zusammensetzungen mit „en*d*-" (wie „en*d*lich" von „Ende") und Ableitungen mit dem Präfix „en*t*-" (wie „en*t*saften" oder „en*t*täuschen") und ordnen Sie diese mit Hilfe der Symbole **→|** für „en*d*-" und **◊** für „en*t*-" den beiden Zielscheiben zu.

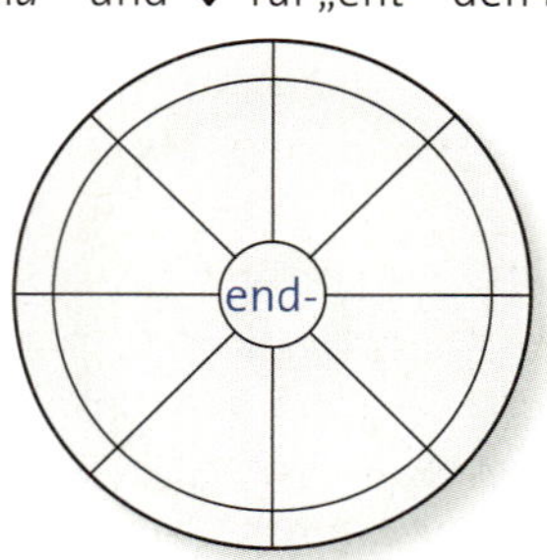

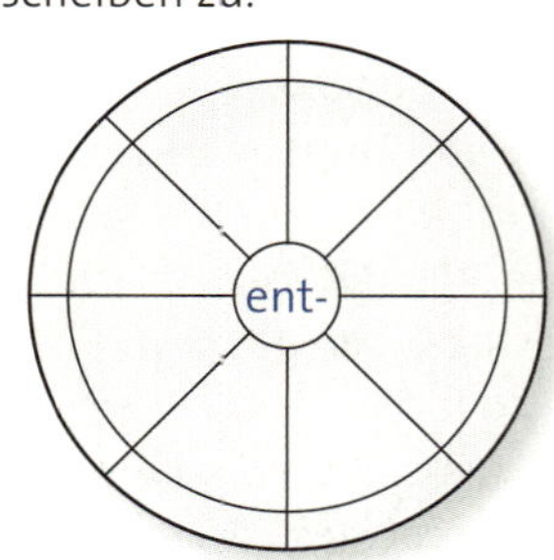

Zeichensetzung – Muss- und Kann-Bestimmungen

Die amtlichen, für Schulen verbindlichen Regeln zur Zeichensetzung nach der im Jahr 2006 in Kraft getretenen Fassung sehen eine Reihe von Muss- und Kann-Bestimmungen vor.

Information **Ein Komma *muss* stehen ...**

Regelungsbereich	Beispiel
■ zwischen Haupt- und Nebensatz	*Sie wussten, dass es vorbei war.* *Die Frau, die sie sahen, und ihr Kind ...* Hinweis: Das Komma steht hier ausnahmsweise vor „und", weil es den eingeschobenen Nebensatz abschließt.
■ zwischen Nebensätzen unterschiedlichen Grades	*Er ahnte, dass das Kind, das da saß, bald ...*
■ bei aufgezählten Satzteilen	*Er kam, sah und siegte.* Hinweis: Es steht kein Komma, wenn die Satzteile durch „und", „oder" etc. verbunden sind.
■ bei wörtlicher Rede zur Abtrennung des Begleitsatzes	*„Wie geht das?", fragte er.* *„Ich bin", stieß er hervor, „wirklich wütend."*
■ bei Appositionen mitten im Satz	*Friedrich Schiller, der Dramatiker, wurde ...*
■ bei Anreden	*Dies alles, liebe Frau Schmidt, ist ...*
■ bei entgegensetzenden Konjunktionen	*Das Buch war dick, aber wenig informativ.* Hinweis: Entgegensetzend sind auch „jedoch" und „sondern".
■ bei nachgestellten näheren Bestimmungen	*Er hatte Geld verloren, und zwar 200 Euro.*
■ bei herausgehobenen Satzgliedern	*Die Aufführung, die war fantastisch.*

Methode **Kommasetzung beim erweiterten Infinitiv – Kann-Bestimmung**

Man kann nichts falsch machen, wenn man beim Infinitiv (Infinitiv + „zu" + mindestens ein weiteres Wort), auch Infinitivgruppe oder Infinitivsatz genannt, **regelmäßig ein Komma setzt.** Das erspart das Erlernen komplizierter Regelungen, die Kommas sowohl vorschreiben als auch nur vorschlagen. Im Übrigen machen diese Kommas beim erweiterten Infinitiv Sätze übersichtlicher, z.B.:
Wenn wir versuchen das Haus durch das teilweise brennende Treppenhaus jetzt sofort zu verlassen, könnten wir probieren die noch schlafenden Bewohner rechtzeitig zu warnen.
Dieser Satz wird lesbarer und ist schneller zu verstehen, wenn er durch Kommas gegliedert wird:
Wenn wir versuchen, das Haus durch das teilweise brennende Treppenhaus jetzt sofort zu verlassen, könnten wir probieren, die noch schlafenden Bewohner rechtzeitig zu warnen.

Information **Ein Komma *darf nicht* stehen ...**

Regelungsbereich	Beispiel
■ bei Satzgliedern	*Mit seinem aufwändig gestylten Wagen aus amerikanischer Produktion fuhr er ...* Hinweis: Lange Satzglieder, nach denen man Luft holen muss, verleiten manchmal zu der Annahme, dass ein Komma gesetzt werden müsse. Nach Satzgliedern steht jedoch kein Komma.
■ bei anreihenden Konjunktionen, die Wörter bzw. Wortgruppen verbinden	*Er hatte sowohl das Thema als auch die Gestaltungsmittel herausgearbeitet.* Hinweis: Konjunktionen, bei denen kein Komma steht, sind außerdem „entweder ... oder", „weder ... noch", „beziehungsweise", „wie", „und", „oder". Dagegen muss ein Komma vor den Konjunktionen „aber", „sondern", „andererseits" stehen.
■ bei einfachen Vergleichen	*Er ist stärker als ein Bär.* **Aber:** *Er ist stärker, als ich gedacht hatte.* (Vergleichssatz)

1 Schreiben Sie den folgenden Text ab und tragen Sie alle Kommas ein, die Sie für notwendig halten.
2 Begründen Sie jede Kommasetzung.

John Lennon der kreative Kopf der erfolgreichsten Band aller Zeiten der Beatles starb infolge eines Attentats. Als er am 8. Dezember 1980 in New York zusammen mit seiner Frau der Künstlerin Yoko Ono sein Haus verließ wurde er erschossen. Kurz zuvor hatte der Musiker noch einem Fan ein Autogramm gegeben ohne zu ahnen dass dieser sein späterer Mörder sein würde. Während John Lennon seinen Verletzungen erlag blieb seine Frau unverletzt. Der Attentäter floh nach den Schüssen nicht sondern blieb am Tatort und stellte sich sogar in Pose als Polizei und Presse eintrafen. Wenn schon Mörder dann wollte er offenbar ein netter freundlicher ein medientauglicher Mörder sein.
Warum er John Lennon den großen Musiker umgebracht hat das wird wohl für immer sein Geheimnis bleiben. Sicher ist dass auch das amerikanische Waffenrecht es dem Einzelnen recht leicht macht an Waffen heranzukommen. Fast jedem ist es erlaubt eine Pistole oder ein Gewehr zu erwerben.
Darüber hinaus sagte ein Politiker nach dem Attentat: „Es muss auch angenommen werden dass der Täter ein Produkt der unersättlichen Darstellung von Gewalt in den Medien ist. Er mordete" so betonte der Politiker „weil er berühmt werden wollte um sich in Szene zu setzen. Ich bin einfach entsetzt!" schloss er.
Es ist furchtbar genug doch solche Aktionen werden immer wieder nachgeahmt und zwar leider zunehmend wie aktuelle Ereignisse zeigen. Dies betrifft nicht nur Prominente sondern auch ganz einfache Menschen die zufällig zur falschen Zeit am falschen Ort waren.

B Literarische Gattungen, Film und Textsorten

◄ Lovis Corinth: Lesendes Mädchen (1888)

▲ Ilya Kabakow: Blickst du hinauf und liest die Worte (um 1997)

1 **a** Betrachten Sie die Abbildungen und notieren Sie Ihre Assoziationen.
b Welchen Gattungen, welchen Medien würden Sie die Abbildungen zuordnen?
c Tauschen Sie sich in Ihrem Kurs über Ihre Erfahrungen mit den Gattungen bzw. Medien aus. Wo liegen Ihre Vorlieben, wozu haben Sie noch keinen Zugang gefunden?

1 Epik

1 Zu welchen Büchern greifen Sie, wenn Sie vor solch einem Bücherregal stehen? Welche Textsorten bevorzugen Sie, welche meiden Sie? Erläutern Sie Ihre Einstellung.

2 **a** Die Großgattung Epik zeichnet sich durch vielerlei Arten und Formen fiktiver Erzählungen aus. Man kann z. B. folgende Untergattungen unterscheiden:

Epos Kurzgeschichte Schauerroman Novelle Volksmärchen Anekdote Fabel
Sage Legende Bildungsroman Kalendergeschichte Volksbuch Kriminalroman
Parabel Schwank Tierepos Kunstmärchen Erzählung Gesellschaftsroman
Märchen Heldenepos Briefroman

Prüfen Sie Ihr Vorwissen: Versuchen Sie, in Kleingruppen diese Untergattungen mit Hilfe einer Mindmap auf einem Plakat zu ordnen. Ergänzen Sie die Untergattungen durch Ihnen bekannte Textmerkmale oder Beispiele und fügen Sie evtl. weitere Ihnen bekannte Untergattungen hinzu.

b Stellen Sie Ihre Plakatergebnisse vor.

In diesem Kapitel erwerben Sie folgende Kenntnisse und Kompetenzen:

- erzähltheoretische Grundkenntnisse aktivieren, erweitern und systematisieren,
- Erzählstrategien in idealtypischen Formen kennen, in ihrer Funktion erfassen und reflektieren,
- die erzählstrategischen Muster zur Analyse/Interpretation und zur Produktion von Erzähltexten nutzen,
- Formen der literarischen Wertung kennen und sich mit ihnen auseinandersetzen.

Information **Epik**

Im Mittelpunkt des heutigen Leseinteresses auf dem Gebiet der Belletristik, also der so genannten schönen Literatur, des literarischen Lebens und des literarischen Marktes steht eindeutig die Gattung Epik. Ihr Name leitet sich her vom antiken griechischen **Epos**, der in Versen verfassten und mündlich vorgetragenen Geschichte um Götter und Helden. Beispiele dafür sind in der „Ilias" und „Odyssee" des **Homer** (vermutlich Ende 8. Jh. v. Chr.) überliefert. In den Ritterromanen des Mittelalters und in vereinzelten späteren Verserzählungen, wie z. B. **Johann Wolfgang Goethes** Tierepos „Reineke Fuchs" (1794) oder **Heinrich Heines** „Deutschland – ein Wintermärchen" (1844), blieb die **Versform** bestehen. Im Übrigen aber setzte sich mit der Wende zur Schriftkultur, besonders seit dem Buchdruck in der zweiten Hälfte des 15. Jh.s (► S. 243–246) und der damit verbundenen Literaturrezeption durch Einzelleserinnen und -leser die **Prosa** in allen Verzweigungen der Gattung Epik durch.

1.1 Erzählbeispiele – Drei Erzählauszüge vergleichen

Theodor Fontane: Effi Briest (1895) – Romananfang

In Front des schon seit Kurfürst Georg Wilhelm[1] von der Familie von Briest bewohnten Herrenhauses zu Hohen-Cremmen fiel heller Sonnenschein auf die mittagsstille Dorfstraße, während nach der Park- und Gartenseite hin ein rechtwinklig angebauter Seitenflügel einen breiten Schatten erst auf einen weiß und grün quadrierten Fliesengang und dann über diesen hinaus auf ein großes, in seiner Mitte mit einer Sonnenuhr und an seinem Rande mit Canna indica[2] und Rhabarberstauden besetztes Rondell[3] warf. Einige zwanzig Schritte weiter, in Richtung und Lage genau dem Seitenflügel entsprechend, lief eine ganz in kleinblättrigem Efeu stehende, nur an einer Stelle von einer kleinen weiß gestrichenen Eisentür unterbrochene Kirchhofsmauer, hinter der der Hohen-Cremmener Schindelturm mit seinem blitzenden, weil neuerdings erst wieder vergoldeten Wetterhahn aufragte. Fronthaus, Seitenflügel und Kirchhofsmauer bildeten ein einen kleinen Ziergarten umschließendes Hufeisen, an dessen offener Seite man eines Teiches mit Wassersteg und angeketteltem Boot und dicht daneben einer Schaukel gewahr wurde, deren horizontal gelegtes Brett zu Häupten und Füßen an je zwei Stricken hing – die Pfosten der Balkenlage schon etwas schief stehend. Zwischen Teich und Rondell aber und die Schaukel halb versteckend standen ein paar mächtige alte Platanen.

Auch die Front des Herrenhauses – eine mit Aloekübeln[4] und ein paar Gartenstühlen besetzte Rampe – gewährte bei bewölktem Himmel einen angenehmen und zugleich allerlei Zerstreuung bietenden Aufenthalt; an Tagen aber, wo die Sonne niederbrannte, wurde die Gartenseite ganz entschieden bevorzugt, besonders von Frau und Tochter des Hauses, die denn auch heute wieder auf dem im vollen Schatten liegenden Fliesengange saßen, in ihrem Rücken ein paar offene, von wildem Wein umrankte Fenster, neben sich eine vorspringende kleine Treppe, deren vier Steinstufen vom Garten aus in das Hochparterre des Seitenflügels hinaufführten. Beide, Mutter und Tochter,

1 **Georg Wilhelm (1595–1640):** von 1620 bis 1640 Kurfürst von Brandenburg
2 **Canna indica:** tropisches Staudengewächs mit großen roten und gelben Blüten
3 **Rondell:** rundes Beet
4 **Aloe:** tropische Lilienart

waren fleißig bei der Arbeit, die der Herstellung eines aus Einzelquadraten zusammenzusetzenden Altarteppichs galt; ungezählte Wollsträhnen und Seidendocken lagen auf einem großen, runden Tisch bunt durcheinander, dazwischen, noch vom Lunch her, ein paar Dessertteller und eine mit großen, schönen Stachelbeeren gefüllte Majolikaschale[5]. Rasch und sicher ging die Wollnadel der Damen hin und her, aber während die Mutter kein Auge von der Arbeit ließ, legte die Tochter, die den Rufnamen Effi führte, von Zeit zu Zeit die Nadel nieder und erhob sich, um unter allerlei kunstgerechten Beugungen und Streckungen den ganzen Kursus der Heil- und Zimmergymnastik durchzumachen. Es war ersichtlich, dass sie sich diesen absichtlich ein wenig ins Komische gezogenen Übungen mit ganz besonderer Liebe hingab, und wenn sie dann so dastand und, langsam die Arme hebend, die Handflächen hoch über dem Kopf zusammenlegte, so sah auch wohl die Mama von ihrer Handarbeit auf, aber immer nur flüchtig und verstohlen, weil sie nicht zeigen wollte, wie entzückend sie ihr eigenes Kind finde, zu welcher Regung mütterlichen Stolzes sie voll berechtigt war. Effi trug ein blau und weiß gestreiftes, halb kittelartiges Leinwandkleid, dem erst ein fest zusammengezogener, bronzefarbener Ledergürtel die Taille gab; der Hals war frei und über Schulter und Nacken fiel ein breiter Matrosenkragen. In allem, was sie tat, paarte sich Übermut und Grazie, während ihre lachenden braunen Augen eine große, natürliche Klugheit und viel Lebenslust und Herzensgüte verrieten. Man nannte sie die »Kleine«, was sie sich nur gefallen lassen musste, weil die schöne, schlanke Mama noch um eine Handbreit höher war.

Eben hatte sich Effi wieder erhoben, um abwechselnd nach links und rechts ihre turnerischen Drehungen zu machen, als die von ihrer Stickerei gerade wieder aufblickende Mama ihr zurief: „Effi, eigentlich hättest du doch wohl Kunstreiterin werden müssen. Immer am Trapez, immer Tochter der Luft. Ich glaube beinah, dass du so was möchtest."

„Vielleicht, Mama. Aber wenn es so wäre, wer wäre schuld? Von wem hab ich es? Doch nur von dir. Oder meinst du von Papa? Da musst du nun selber lachen. Und dann, warum steckst du mich in diesen Hänger, in diesen Jungenskittel? Mitunter denk ich, ich komme noch wieder in kurze Kleider. Und wenn ich die erst wieder habe, dann knicks ich auch wieder wie ein Backfisch[6], und wenn dann die Rathenower herüberkommen, setze ich mich auf Oberst Goetzes Schoß und reite hopp, hopp. Warum auch nicht? Drei Viertel ist er Onkel und nur ein Viertel Courmacher[7]. Du bist schuld. Warum kriege ich keine Staatskleider? Warum machst du keine Dame aus mir?"

„Möchtest du's?"

„Nein." Und dabei lief sie auf die Mama zu und umarmte sie stürmisch und küsste sie.

„Nicht so wild, Effi, nicht so leidenschaftlich. Ich beunruhige mich immer, wenn ich dich so sehe ..." Und die Mama schien ernstlich willens, in Äußerung ihrer Sorgen und Ängste fortzufahren. Aber sie kam nicht weit damit, weil in ebendiesem Augenblicke drei junge Mädchen aus der kleinen, in der Kirchhofsmauer angebrachten Eisentür in den Garten eintraten und einen Kiesweg entlang auf das Rondell und die Sonnenuhr zuschritten. Alle drei grüßten mit ihren Sonnenschirmen zu Effi herüber und eilten dann auf Frau von Briest zu, um dieser die Hand zu küssen. Diese tat rasch ein paar Fragen und lud dann die Mädchen ein, ihnen oder doch wenigstens Effi auf eine halbe Stunde Gesellschaft zu leisten. „Ich habe ohnehin noch zu tun, und junges Volk ist am liebsten unter sich. Gehabt euch wohl." Und dabei stieg sie die vom Garten in den Seitenflügel führende Steintreppe hinauf.

Und da war nun die Jugend wirklich allein.

Zwei der jungen Mädchen – kleine, rundliche Persönchen, zu deren krausem, rotblondem Haar ihre Sommersprossen und ihre gute Laune ganz vorzüglich passten – waren Töchter des

5 Majolikaschale: getöpferte Schale bzw. Steingut mit Zinnglasur
6 Backfisch: eine heute eher veraltete Bezeichnung für Mädchen im Teenager-Alter
7 Courmacher: jemand, der einem Mädchen „den Hof macht", mit ihm flirtet

auf Hansa[8], Skandinavien und Fritz Reuter[9] eingeschworenen Kantors Jahnke, der denn auch, unter Anlehnung an seinen mecklenburgischen Landsmann und Lieblingsdichter und nach dem Vorbilde von Mining und Lining, seinen eigenen Zwillingen die Namen Bertha und Hertha gegeben hatte. Die dritte junge Dame war Hulda Niemeyer, Pastor Niemeyers einziges Kind; sie war damenhafter als die beiden anderen, dafür aber langweilig und eingebildet, eine lymphatische[10] Blondine, mit etwas vorspringenden, blöden Augen, die trotzdem beständig nach was zu suchen schienen, weshalb denn auch Klitzing von den Husaren gesagt hatte: „Sieht sie nicht aus, als erwarte sie jeden Augenblick den Engel Gabriel?" Effi fand, dass der etwas kritische Klitzing nur zu sehr Recht habe, vermied es aber trotzdem, einen Unterschied zwischen den drei Freundinnen zu machen. Am wenigsten war ihr in diesem Augenblick danach zu Sinn, und während sie die Arme auf den Tisch stemmte, sagte sie: „Diese langweilige Stickerei. Gott sei Dank, dass ihr da seid."

„Aber deine Mama haben wir vertrieben", sagte Hulda.

„Nicht doch. Wie sie euch schon sagte, sie wäre doch gegangen; sie erwartet nämlich Besuch, einen alten Freund aus ihren Mädchentagen her, von dem ich euch nachher erzählen muss, eine Liebesgeschichte mit Held und Heldin und zuletzt mit Entsagung. Ihr werdet Augen machen und euch wundern. Übrigens habe ich Mamas alten Freund schon drüben in Schwantikow gesehen; er ist Landrat, gute Figur und sehr männlich."

8 Hansa (Hanse): Bündnis von Handelsstädten vorwiegend des Nord- und Ostseeraums vom 13. bis ins 17. Jh.
9 Fritz Reuter (1810–1874): Sein dichterisches Werk in niederdeutscher Mundart (► S. 519) befasst sich mit dem Alltag der mecklenburgischen Landbevölkerung.
10 lymphatisch: blass und gedunsen

fred Döblin: **Berlin Alexanderplatz** (1929) – Romanauszug

Zwei sitzen mittags in der Rosenthalerstraße, löffeln Erbsensuppe, einer hat die B. Z.[1] neben sich, lacht: „Entsetzliche Familientragödie in Westdeutschland." „Wieso, wat is da zu lachen." „Hör mal weiter zu. Ein Vater wirft seine drei Kinder ins Wasser. Drei auf einmal. Ein rabiater Kerl." „Wo is det?" „Hamm, Westfalen. Det ist ein Aufwaschen. Mensch, dem muss es bis da gewesen sein. Aber auf den kann man sich verlassen. Wart mal, wollen mal sehen, wat er mit der Frau gemacht hat. Die wird er doch ooch –. Nee, die hat es alleen, die hat es schon selber vorher getan. Wat sagste? Ne lustige Familie, Max, die versteht zu leben. Brief von der Frau: Betrüger! Überschrift mit Ausrufungszeichen, det soll er hören. ‚Da ich das Leben so weiterzuführen leid bin, hab ich den Entschluss gefasst, in den Kanal zu gehen. Nimm dir einen Strick und häng dich auf. Julie.' Punkt." Er krümmt sich vor Lachen: „Es herrscht keene Eintracht in der Familie: sie in den Kanal und er den Strick. Die Frau sagt: häng dich uff, und er schmeißt die Kinder ins Wasser. Der Mann kann nicht hören. Aus die Ehe konnte nischt werden."

Es sind zwei ältere Leute, Bauarbeiter von der Rosenthaler Straße. Der andere missbilligt das, was der eine redet. „Det ist ein trauriger Fall, wenn du so wat auf dem Theater siehst oder im Buch liest, dann heulste." „Du vielleicht. Aber Maxe, wird eener über so wat heulen, warum denn?" „Die Frau, drei Kinder, nu hör schon uff." „Wie ick bin, mir macht det Spaß, der Mann gefällt mir, die Kinder können ja einem leidtun, aber so mit einem Mal, auf einen Tisch die ganze Familie kaltmachen, ick hab Respekt davor, und dann –." Er platzt wieder los: „Dann find ick det, du kannst mir kleinschlagen, ick find det nu mal so furchtbar komisch, wie die sich noch bis zuletzt zanken. Die Frau sagt, einen Strick soll er nehmen, und er sagt: grade nicht, Julie, und schmeißt die Kinder rin."

Der andere hat sich seine Stahlbrille aufgesetzt, liest die Geschichte noch mal. „Der Mann lebt.

1 B. Z.: Abkürzung für „Berliner Zeitung"

Den haben sie gefasst. Na. Ick möchte nicht in dem seine Haut stecken." „Wer weeß. Du weeßt gar nischt." „Det weeß ick aber nu doch." „Weeßtu. Von dem kann ick mir schon denken. Der sitzt in der Zelle, raucht seinen Tabak, wenn er welchen kriegt, und sagt: Ihr könnt mir alle." „So, dann weeßte was. Gewissensbisse, mein Junge. Der heult in de Zelle oder sagt gar nichts. Der kann nicht einschlafen. Mensch, du redest dir geradezu in ne Sünde rein." „Det bestreite ick nu eben ganz entschieden. Der kann ausgezeichnet schlafen. Wenn det ein so rabiater Kerl ist, dann schläft der auch gut und isst und trinkt vielleicht besser als draußen. Da garantier ich für." Der andere sieht ihn ernst an. „Dann ist det eben ein ganz roher Hund. Wenn man sonen köpft, da geb ich meinen Segen zu." „Hast du auch Recht. Würd er ooch sagen, haste ganz Recht." „Nu hör schon auf mit dem Mist. Ick bestell mir Gurke." „Is doch interessant sone Zeitung. Ein rabiater Hund, vielleicht tut ihm aber doch schon die Geschichte leid, manch einer übernimmt sich in der Arbeit." „Ick esse Gurke und Schweinskopf." „Ick ooch."

Birgit Vanderbeke: Das Muschelessen (1990) – Auszug aus einer Erzählung

[...] ich habe in unserer Familie immer als verstockt und gefühlskalt gegolten, und diese Verstocktheit und Gefühlskälte, die sich bei mir aus dem Uncharmanten entwickelt haben, haben sich wieder einmal erwiesen, als ich mich durchaus geweigert habe, zum Begräbnis der Großmutter mitzufahren, wo ich sonst gern dorthin gefahren bin und mich wohl gefühlt habe, mein Vater hat mir diesen Akt der Bosheit und, wie er gesagt hat, der Pietätlosigkeit, nicht verziehen. Er hat aber nichts unternehmen können dagegen, weil ich schon volljährig war, meine Großmutter ist genau gestorben, als ich volljährig geworden bin, nur wenige Tage danach, mit meiner Volljährigkeit sind meine Verstocktheit und Gefühlskälte erst richtig zu Tage getreten, hat mein Vater gesagt, aber er hat nicht wie vor dieser Volljährigkeit etwas dagegen unternehmen können, mich windelweich schlagen, ich schlage dich windelweich, hätte er vorher gesagt, nun kannst du mich aber erleben, und ich hätte ihn wirklich erleben können, wie er mich windelweich geschlagen hätte. Meine Mutter hätte im Flur vor der Wohnzimmertür gestanden mit meinem Bruder, während mein Vater drinnen die Tür zugeschlossen und sich Kognak herausgeholt hätte, aus der Bar im Wohnzimmerschrank, der Schlüssel zur Wohnzimmertür wäre in seiner Hosentasche gewesen, wie er es immer gewesen ist, und mein Vater hätte die Gründe für meine Verstocktheit zu finden gesucht, kannst du mir das erklären, hätte er mich gefragt, ich hätte es ihm nicht erklären können, weil ich überhaupt nichts habe erklären können, wenn mein Vater mich angeherrscht hat, und also hätte ich ihn erleben können, je mehr er in mich gedrungen hätte, umso verstockter hätte ich kein Wort gesagt, alle Wörter hätten mich auf einen Schlag verlassen gehabt, wie es immer gewesen ist. Immer habe ich nichts mehr zu sagen gewusst, wenn mein Vater gesagt hat, antworte gefälligst, einmal ist mir, als ich ein Kind war, eine Antwort gekommen, es ist aber die falsche gewesen, und falsche Antworten haben meinen Vater erbost, dann hat man ihn aber erleben können, und seither sind mir überhaupt keine Antworten mehr gekommen, wenn mein Vater gesagt hat, antworte gefälligst, was hast du mir zu sagen, ich hab dich was gefragt, vor lauter Enttäuschung hat er noch einen Kognak getrunken, während ich überlegt habe, was man sich bricht, wenn man vom ersten Stock runterspringt, aber die Fenster und die Balkontür waren natürlich wegen der Nachbarn geschlossen, und ich habe nicht weggekonnt. Mein Vater hätte ganz wild ausgesehen, weil ich gar nichts geantwortet hätte, er hätte immer mehr gefragt und in mich gedrungen, schließlich hätte er sich aber nicht mehr zu helfen gewusst und meine Verstocktheit bestrafen müssen, weil keine Einsicht und keine Antwort gekommen wären, mein Vater hätte gesagt, das lasse ich mir nicht bieten, das machst du nicht mit mir, und er hätte noch einen Kognak getrunken und schließlich gesagt, nimm die Hand vom Gesicht, ich hätte schon nach dem zweiten Kognak die Hände vor mein Gesicht gelegt, mein Gesicht in den Händen versteckt, ich habe es nicht gewollt, dass mein Vater mich ins Gesicht schlägt, und ich hätte gesagt, bitte nicht ins Gesicht, mein Vater hätte gesagt, nimmst du gefälligst die Hand vom Gesicht, es hätte ihn sehr in Wut gebracht, dass ich die Hand vorm Gesicht nicht heruntergenommen hätte, das bringt mich in Rage, hat er eins ums andere Mal gesagt, ich lasse mir das nicht bieten, aber ich habe die Hand nicht heruntergenommen, er hat sie selbst herunternehmen müssen, beide, er hat meine beiden Hände stets mit der linken Hand festhalten müssen, damit er mit rechts ins Gesicht schlagen konnte, was ihn wirklich in Rage gebracht hat, meine Verstocktheit, er hat mit Gewalt versucht, mir die Verstocktheit auszutreiben, wie er mit Gewalt versucht hat, meinem Bruder die Weichlichkeit auszutreiben. [...]

1 **a** Fassen Sie Ihre ersten Leseeindrücke je Auszug schriftlich zusammen. Beginnen Sie Ihre Aufzeichnungen z. B. wie folgt: *Ich verstehe den Text X als …; Ich verstehe den Text X so: …*
b Notieren Sie auch, worin sich die Texte, abgesehen vom Inhalt, hauptsächlich unterscheiden.
c Tragen Sie Ihre Aufzeichnungen vor, vergleichen Sie die Ergebnisse und führen Sie erste Interpretationsgespräche, indem Sie Ihr jeweiliges Textverständnis begründen und belegen.

2 Analysieren Sie zu Ihrer Verständnisvertiefung die Texte, wobei Sie folgende grundlegende Aspekte von Erzählwerken beachten und in ihrer Wirkung beschreiben sollten:
Figuren und ihre Beziehungen; Handlungen, Handlungsschritte und Ereignisse; Ort, Milieu, Zeit und Atmosphäre; Erzählform, Erzähler/in und Erzählperspektive; sprachliche Gestaltung
Tipp: Zur Analyse können Sie auch die in der Methode (► S. 31) aufgeführten Fragen anwenden.

3 **a** Wählen Sie einen der drei Auszüge und formulieren Sie ein Plädoyer für eine Gesamtlektüre.
b Machen Sie sich in einem abschließenden Gespräch bewusst, von welchen Kriterien Sie sich haben leiten lassen und was Sie von der Lektüre eines Romans oder einer Erzählung erwarten.

4 Orientieren Sie sich über die drei Erzählwerke und deren Autor/inn/en in Literaturlexika und/oder im Internet. Vergleichen Sie die Ergebnisse mit Ihrem Verständnis der Auszüge.

1.2 Literarisches Erzählen – Ein Modell

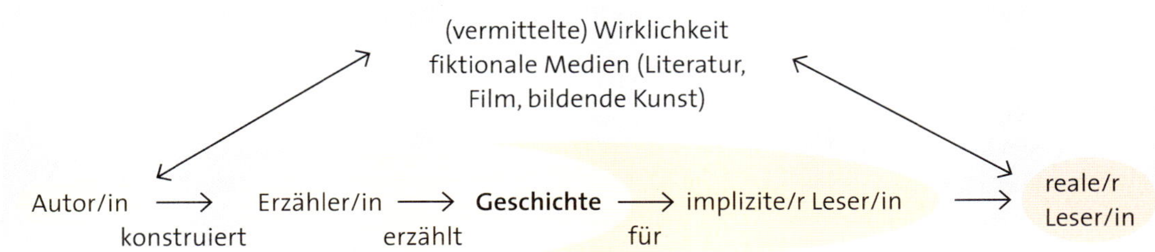

1 Setzen Sie das Schaubild in einen erläuternden Text um. Beginnen Sie z. B. so: *Das Grundmodell literarischen Erzählens besagt, dass eine Autorin oder ein Autor eine Geschichte konstruiert, wobei auch … zur Fiktion bzw. Konstruktion gehört. Ebenso zu unterscheiden sind die Leserin bzw. der Leser, welche die Autorin oder der Autor sich vorgestellt hat, also …*

2 Vergleichen Sie in Kleingruppen Ihr Verständnis des Schaubildes und einigen Sie sich auf eine Beschreibung, die Sie dem Kurs vorstellen.

Information **Der Erzähler/Die Erzählerin**

Das entscheidende gattungsspezifische Merkmal, das die Epik von anderen literarischen Gattungen trennt, ist die **Erzählerin** oder der **Erzähler.** Der Erzähler ist, wie das Modell oben verdeutlicht, von der Autorin/dem Autor zu unterscheiden. So kann z. B. ein erwachsener Autor die Geschichte von einem Kind erzählen lassen. Der Erzähler ist somit eine **fiktive Figur,** die als **vermittelnde Instanz** erfunden worden ist, um die Geschichte zu präsentieren. Bei der Vermittlung der Geschichte kann der Erzähler auf ganz unterschiedliche Weise vorgehen. Er kann verschiedene **Erzählstrategien** (► S. 160 f.) wählen. Da diese Erzählstrategien außerordentlich komplex sind und dabei viele Komponenten zu beachten sind, lassen sie sich in all ihren Spielarten nicht systematisch in einem Überblick darstellen. Bis heute ist es der Literaturwissenschaft nicht gelungen, ein allgemein anerkanntes Erzählmodell zu entwickeln. Alle Modelle bleiben Konstrukte bzw. Hilfsmittel zur Orientierung, um der Wirkung individueller Erzählstrategien nachzuspüren.

Erzählstrategien – Eine Idealtypik

Der folgende Versuch, die Fülle der bekannten erzählerischen Möglichkeiten auf drei idealtypische Erzählstrategien zu reduzieren, erhebt keinen Anspruch auf eine verbindliche Vollständigkeit. Es handelt sich um Konstrukte, die drei Grundmöglichkeiten erzählerischen Vorgehens zusammenfassen. In längeren Erzählgattungen wie Romanen oder Novellen kann die Erzählstrategie wechseln bzw. können Kombinationen auftauchen. Als Ansatz der Konstruktion dient die Kategorie des Erzählverhaltens, das auktorial, personal oder neutral sein kann.

Information **Die Erzählstrategien**

auktorial
Beim auktorialen Erzählen erscheint der Erzähler als souveräner Schöpfer (lat. auctor: Urheber) der erzählten Welt, durch die er die Lesenden sicher leitet. Häufig wählt er einen **Erzählstandort,** der als „olympisch“ bezeichnet wird, d. h., der Erzähler thront göttergleich über der erzählten Welt, ist prinzipiell allwissend und allgegenwärtig, kennt alle Zusammenhänge und kann jederzeit in die Köpfe und Herzen der Figuren schauen,

personal
Beim personalen Erzählen schlüpft der Erzähler in die Rolle einer der Figuren der erzählten Welt, aus deren Sicht er dann in diese Welt blickt. Der **Erzählstandort** liegt häufig in einer relativ geringen Distanz zum erzählten Geschehen, was seinen Überblick einschränkt. Der Erzähler sieht und hört nichts anderes als die Figur, deren Sicht er gewählt hat, und weiß auch nicht mehr als diese. So kann er die Gedanken und Gefühle anderer Figuren auch nicht unmittelbar wiedergeben,

neutral
Beim neutralen Erzählen steht der Erzähler wie beim auktorialen Erzählen außerhalb der Figurenwelt. Im Gegensatz zum auktorialen Erzählen fehlen aber die Kommentare und Reflexionen sowie die direkten Figurencharakterisierungen und Erläuterungen von Zusammenhängen zur Orientierung.
Der **Erzählstandort** liegt in der Distanz, in der ein um Objektivität bemühtes Registrieren der Vorgänge mög-

auktorial

also bei der **Perspektive** zwischen **Außensicht** und **Innensicht** wechseln.
Von dieser Allwissenheit macht er jedoch nicht durchgehend Gebrauch, um nicht immer zu viel zu verraten und um die Spannung zu erhöhen.
Der auktoriale Erzähler gibt den Lesenden dadurch Orientierung, dass er z. B. die Figuren direkt charakterisiert, Vorausdeutungen und Rückblenden einfügt und das Geschehen oder das Verhalten der Figuren kommentiert.
Dabei kann er Zustimmung und Wohlwollen oder kritische Distanz ausdrücken (**Erzählhaltung**).
Da der Erzähler nicht zu den Handlungsträgern der Geschichte gehört, also nicht primär von sich selbst erzählt, bedient er sich in der Regel der **Er-/Sie-Erzählform.**
Dabei herrscht als **Darbietungsform** der **Erzählbericht** vor, in dem der Erzähler das Wort behält und Beschreibungen, Reflexionen und Kommentare einwebt.
Er lässt aber auch die Figuren zu Wort kommen: Diese **Figurenrede** kann in Form der direkten oder indirekten Rede, des Redeberichts oder der zusammenfassenden Gedankenwiedergabe erfolgen.

personal

sondern muss sie aus deren Verhalten und deren Äußerungen schließen. Dennoch ist das personale Erzählen weitgehend von der **Perspektive** der **Innensicht** geprägt, nämlich von der Innensicht des miterlebenden Erzählers, seinen Gedanken und Gefühlen.
In der **Erzählhaltung** ergibt sich dieselbe Bandbreite wie beim auktorialen Erzählen.
Sehr häufig ist die personale Erzählstrategie mit der **Ich-Erzählform** verbunden. Das Ich erzählt dabei von eigenen Erlebnissen und gehört somit zu den Handlungsträgern der Geschichte. In einer im modernen Erzählen nicht seltenen Variante kann der Erzähler jedoch auch die **Er-/Sie-Erzählform** wählen und gleichwohl aus der Sicht einer Figur erzählen. Der Erzähler nimmt dann trotz der Er-/Sie-Erzählform ganz die Position einer Figur ein und erlebt die erzählte Welt mit den Gedanken und Empfindungen dieser Figur.
Es handelt sich dann um die **Darbietungsform der erlebten Rede** (z. B.: *Er wusste nicht mehr, was er machen sollte. Sollte er sich getäuscht haben?).* Werden die Gedanken, Wahrnehmungen und Gefühle (Bewusstseinsstrom) dagegen in der Ich-Erzählform dargeboten, spricht man von einem **inneren Monolog.**

neutral

lich ist. Eine Form der neutralen Erzählstrategie ist es auch, die Geschehnisse **multiperspektivisch** darzubieten, d. h., sie aus Sicht verschiedener Figuren unvermittelt und unkommentiert aneinanderzureihen. Im Übrigen dominiert als **Perspektive** die **Außensicht** auf die Figuren. Die **Erzählhaltung** ist neutral, also weder affirmativ noch kritisch. Es herrscht die **Er-/Sie-Erzählform** vor, unterbrochen von Passagen, in denen die Figuren zu Wort kommen und dann natürlich in der Ich-Form über sich sprechen.
Überhaupt nimmt unter den **Darbietungsformen** neben dem referierend-sachlichen **Erzählbericht** die **Figurenrede** einen breiten Raum ein, da der neutrale Erzähler es vorzieht, dass sich die Figuren selbst präsentieren.
Daher ist die favorisierte **Darbietungsform** neben dem unkommentierten Referieren der Geschehnisse **das szenische Erzählen,** die Wiedergabe der **Wechselrede der Figuren** ohne erläuternde Zwischenbemerkungen des Erzählers.

---

1 Versuchen Sie, die Darstellung der drei Erzählstrategien in Schaubilder umzusetzen. Zeichnen Sie diese auf Folie und stellen Sie die Erzählstrategien dann Ihrem Kurs im freien Vortrag vor.

2 **a** Untersuchen Sie die drei Erzählbeispiele auf den Seiten 155–159 mit Hilfe der idealtypischen Modelle auf ihre Erzählstrategie hin. Welchen Text bzw. welche Passagen würden Sie welcher Strategie zuordnen?

b Wählen Sie einen der Texte aus und schreiben Sie ihn unter Anwendung einer anderen Erzählstrategie um.
Sie können diese Aufgabe auch zur Übung mit einem anderen epischen Text, z.B. einer Kurzgeschichte, durchführen.

c Vergleichen Sie nach Ihrer Umgestaltung die Wirkung der jeweiligen Erzählstrategien.

Methode Mit Erzählstrategien produktiv-gestaltend umgehen

Die produktive Umgestaltung einer Textvorlage fördert in der Regel ein vertieftes Verständnis des Erzählvorgangs und steigert die Fähigkeit zur Analyse epischer Texte.
Dazu einige Vorschläge:

- **Steckbriefe:**
  Jedes Kursmitglied schreibt eine Art Steckbrief zu einer erfundenen Figur: Name, Alter, Beruf, Hobbys, Aussehen, typische Verhaltensweisen und Eigenschaften. Die Steckbriefe werden verlost. Danach schreibt jedes Kursmitglied zu der ausgelosten Figur in der Er-/Sie-Erzählform eine Geschichte in auktorialer Weise. Anschließend werden die Geschichten untereinander ausgetauscht und von der neuen Bearbeiterin/dem neuen Bearbeiter umgeschrieben, und zwar in der Ich-Erzählform im Rahmen der personalen Erzählstrategie. Zum Schluss werden beide Geschichten vorgelesen und im Hinblick auf ihre jeweilige Wirkung verglichen.
- **Alltagsszenen:**
  Verfolgen Sie auf dem Pausenhof, im Bus, in einem Café, bei einer Feier etc. die Gespräche. Machen Sie sich entsprechende Aufzeichnungen und schreiben Sie dann in einer neutralen Erzählstrategie mit deutlichen Passagen szenischen Erzählens einen Text, der Bestandteil eines Romans sein könnte. Geben Sie Ihrem Text einen Titel. Danach können Sie selbst oder ein anderes Kursmitglied die neutrale Erzählfigur durch eine auktoriale ersetzen, die Kommentare etc. einstreut.
- **Montage:**
  Überlegen Sie sich Situationen, in denen zwei Menschen kurz vor einem Treffen stehen, z.B.: Junge auf dem Weg zur Freundin, von zu Hause ausgezogene Tochter unterwegs zu einem Elternteil. Einigen Sie sich in Partnerarbeit auf eine Situation, welche Figur Sie übernehmen wollen und ob Sie im Rahmen der personalen Erzählstrategie einen Text in der erlebten Rede schreiben oder aber einen inneren Monolog. Nach dem Verfassen sollen beide Texte zu einem gemeinsamen Text montiert werden, in dem jeweils ein Abschnitt aus der einen Figurensicht auf einen aus der anderen Sicht folgt.
  Tipp: Ein Beispiel dafür bietet Gabriele Wohmanns Kurzgeschichte „Die Klavierstunde" (▸ S. 23–24).
- **Bildimpuls:**
  Lassen Sie sich von einem Bild, auf dem ein Raum, ein Gebäude, eine Straße bzw. ein Platz oder eine Landschaft abgebildet ist, zu einer Geschichte anregen. Reflektieren Sie, welche Erzählstrategie Sie wählen wollen oder spontan gewählt haben, und erläutern Sie diese Entscheidung.

Information **Die Geschichte – Kategorien ihrer Konstruktion und Struktur**

- Die Autorin oder der Autor eines epischen Textes erzählt nicht irgendetwas, was fertig vorzufinden ist. Vielmehr wird die Geschichte im Akt des Erzählens erschaffen, sie ist eine **Fiktion.** Dabei ist es gleichgültig, woher die Autorin oder der Autor das **Geschehen** mit seinen Schauplätzen und Figuren nimmt. Das Material, der so genannte **Stoff,** kann aus der eigenen Wirklichkeitserfahrung der Verfasserin oder des Verfassers stammen, aus angelesenen, gehörten oder angeschauten Informationen über die Welt oder auch aus literarischen, filmischen oder bildnerischen Fiktionen. Wird dabei (ob bewusst oder unbewusst) auf Texte zurückgegriffen, regen also Texte ihrerseits zur Produktion von Literatur an, spricht man von **Intertextualität.** Doch gleichgültig, welcher Stoff die Fantasie der Autorin oder des Autors speist und welches Material die Basis für die Errichtung der fiktionalen Welt durch den eingesetzten Erzähler bildet, sie darf nicht mit der realen Welt verwechselt werden. Die Sätze des Erzählers unterliegen somit nicht dem Maßstab der Nachprüfbarkeit bzw. Widerlegbarkeit. Das Geschehen, also die Kette der aufgegriffenen und erdachten Ereignisse, wird zur **Geschichte** (**Story**) erst dadurch, dass vom Erzähler im Erzählvorgang ein Sinnzusammenhang hergestellt wird. Von der **Fabel** (oder dem **Plot**) eines epischen Textes spricht man, wenn die oft in Nebenhandlungen sich auffächernde oder zeitlich kompliziert verschachtelte Geschichte auf das chronologisch geordnete Handlungsgerüst z. B. in Form einer Inhaltsangabe reduziert wird.
- Eine wichtige Rolle im Aufbau einer Geschichte spielen die **Figuren** mit ihrem Aussehen, ihrer Herkunft, ihrer Bildung, ihrer beruflichen und sozialen Stellung, ihrem Charakter, ihrem Weltbild, ihren Fähigkeiten und Schwächen, ihren Wünschen und Zielen sowie die **Figurenkonstellation,** in der sich das Verhältnis der Figuren zueinander im Sinne eines durchaus wechselnden Beziehungsgeflechts abbildet.

Weiterhin bedeutsam für die Konstruktion einer Geschichte sind die Kategorien Raum und Zeit:

- Der **Raum** in einem Erzähltext ist nicht einfach der zufällige Ereignisort. Er erhält z. B. über seine reine Gegenständlichkeit hinaus Bedeutung, indem er mit den Gefühlslagen und Stimmungen der Figuren oder mit dem Handlungsverlauf korrespondieren kann. Derart kann eine Landschaft mit ihrer Atmosphäre zur Dramatik der Handlung beitragen oder im Extremfall auch reine „Seelenlandschaft“ sein, das nach außen projizierte Augenblicks- oder Lebensgefühl einer Figur.
- Im Hinblick auf die **Zeit** ist zu fragen, ob und inwieweit die Geschichte historisch verortet ist, ob sie sich also klar erkennbar einer historischen Situation zuordnen lässt und welche Bedeutung diese Situation für das erzählte Geschehen hat. Darüber hinaus ist unter erzähltechnischem Aspekt zu beachten, wie das Verhältnis von **Erzählzeit** (die Zeit, in der die Geschichte erzählt bzw. gelesen werden kann) und **erzählter Zeit** (der Zeitraum, in dem sich das erzählte Geschehen abspielt) gestaltet ist.
  Drei Möglichkeiten sind zu unterscheiden:
  - **Zeitdeckung:** Erzählzeit und erzählte Zeit decken sich in etwa, z. B. beim szenischen Erzählen;
  - **Zeitraffung:** die Erzählzeit ist kürzer als die erzählte Zeit, z. B. im Erzählbericht, wenn Zeitspannen übersprungen oder Vorgänge stark zusammengefasst wiedergegeben werden;
  - **Zeitdehnung:** die Erzählzeit ist länger als die erzählte Zeit, z. B. wenn Gedanken und Gefühle einer Figur in einem kurzen Handlungsmoment ausführlich wiedergegeben werden.

Zur Zeitgestaltung gehört auch der Umgang des Erzählers mit der zeitlichen Abfolge, der **Chronologie.** Es kann kontinuierlich (linear) im Sinne der zeitlichen Abfolge erzählt werden oder diskontinuierlich in Form von **Vorausdeutungen** und **Rückblenden.** Es ist auch möglich, dass die zeitliche Ebene zu Beginn einer Erzählung dadurch verlassen wird, dass eine Figur dieser Ebene ihrerseits eine Geschichte erzählt, nach der die Erzählung dann wieder auf die erste Ebene zurückkehrt; in diesem Fall handelt es sich um eine **Rahmenerzählung**, in die eine **Binnenerzählung** eingeschlossen ist. Schließlich können auch mehrere **Parallelhandlungen** in einer Art **Montagetechnik** ineinander verschachtelt werden, wobei komplizierte, schwer zu überblickende Erzählstrukturen entstehen können.

1 **a** Erfassen Sie die Information zur Konstruktion und Struktur einer „Geschichte", indem Sie in Ihrem Kursheft den Inhalt in einer Mindmap anschaulich ordnen, z. B.:

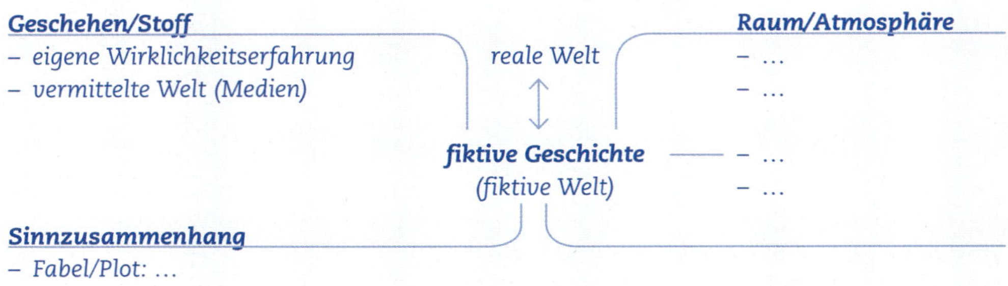

b Ergänzen Sie Ihre Mindmap durch den Inhalt der folgenden Information zur Leserin/zum Leser.

Information **Die Leserin/Der Leser**

Im Hinblick auf das Lesepublikum ist zu unterscheiden zwischen dem/der **impliziten Leser/in** und dem/der **realen Leser/in.** Die Autorin oder der Autor stellt sich mehr oder minder bewusst eine Leserschaft vor und lässt auf dieser Basis den Erzähler mit einem in die Erzählung eingehenden fiktiven Lesepublikum korrespondieren. Der Erzähler kann es ausdrücklich ansprechen, aber auch ohne solche Ansprachen ist der implizite Leser im Text präsent, z. B. in der Hinsicht, was der Erzähler ihm inhaltlich oder sprachlich glaubt zumuten zu können. Real ist demgegenüber die Person, die den Erzähltext in einer ganz bestimmten konkreten Situation liest. Dabei füllt sie in ihrer Vorstellung die **Leerstellen** des Textes, die der Erzähler in der Darstellung der Außenwelt (Orte, Situationen, Gegenstände, Aussehen der Figuren), der Innenwelt (Gedanken und Gefühle der Figuren) und in der Verknüpfung der Handlungsmomente offenlässt. Dementsprechend wird das Lesen zu einer teilkreativen Tätigkeit.

2 Erläutern Sie einzelne Kategorien an Beispielen aus Ihnen bekannten Erzähltexten. Ergänzen Sie die folgende Vorschlagsliste und bearbeiten Sie sie arbeitsteilig in Kleingruppen:
- Geschehen/Stoff vs. Geschichte: Skandal um Else v. Ardenne und der Roman „Effi Briest" (► S. 370 ff.);
- Intertextualität: Das Volksbuch vom Doktor Faust und Goethes „Faust" (► S. 303 ff.).
- Fabel/Plot: Stellen Sie einen Roman Ihrer Wahl in seiner Fabel/seinem Plot vor.

1.3 Literaturkritik und Kanonbildung – Wertungsfragen

Walter Hanel: Der Buchkritiker (1983)

1 Beschreiben und kommentieren Sie die Karikatur.
2 Wozu Literaturkritik? Notieren Sie Ihre Antworten, und tauschen Sie sich darüber im Kurs aus.

Jürgen P. Wallmann: **Der Duft des großen kleinen Genies** (1985) (▶ S. 221–222)

Mit seinem geistreich-witzigen Ein-Personen-Drama „Der Kontrabaß“ war Patrick Süskind in der Theatersaison 1983/84 einer der erfolgreichsten Bühnenautoren. Inzwischen ist das Stück in sieben Sprachen übersetzt, es wird mit Erfolg im National Theatre in London gezeigt, demnächst ist es in New York zu sehen – ein wahrlich verblüffender Start eines deutschsprachigen Debütanten. Und nun scheint sich Ähnliches für den jetzt 35-jährigen aus Ambach in Bayern gebürtigen Süskind als Romancier zu wiederholen. Denn schon als sein Romanerstling „Das Parfum“ noch gar nicht als Buch vorlag, sondern als Vorabdruck in einer Tageszeitung erschien, zeichnete sich ein derart großes Interesse beim lesenden Publikum ab, dass sich der Diogenes Verlag entschloss, diese „Geschichte eines Mörders“ (so der Untertitel) in einer Erstauflage von fünfzigtausend Exemplaren auf den Markt zu bringen. Der Erfolg des Buches, das erst kurze Zeit im Handel ist, scheint sich schon abzuzeichnen.

Wer nun aber kulturkritisch die Nase rümpft und meint, Bücher mit solchen Auflagenhöhen müssten ja wohl zur Trivialliteratur gehören, sei gewarnt. Gewiss, schwierige experimentelle Literatur kann es nicht sein, die derart breite Zustimmung findet. Aber wäre es nicht möglich, dass wir es hier mit jener Art niveauvoller, gut geschriebener Unterhaltungsliteratur zu tun haben, die es, wie man immer hört, wohl bei den Engländern und Franzosen, nicht aber bei uns gibt? So ist es in der Tat.

Patrick Süskind hat einen originellen Einfall gehabt und er hat ihn virtuos durchgespielt. Sein „Held“ – „von Beginn an ein Scheusal“, das sich „für das Leben aus reinem Trotz und aus reiner Boshaftigkeit“ entschieden hat –, dieser Jean-

Baptiste Grenouille, ist eine Kreatur aus der Gosse, ein widerlicher Kretin[1], der im 18. Jahrhundert in Paris aufwächst. Aber Grenouille ist auch ein Genie: ein Genie nämlich der Geruchskunst. Die Welt nimmt er als Geruchsphänomen war, Tausende von Gerüchen kann er unterscheiden, und schon bald steht sein Ziel fest: Er will ein Schöpfer von Düften sein, will „der größte Parfumeur aller Zeiten" werden und schließlich einen Duft kreieren, „so unbeschreiblich gut und lebenskräftig, dass, wer ihn roch, bezaubert war und ihn, Grenouille, den Träger dieses Dufts, von ganzem Herzen lieben musste".

Auf dem Weg zum Ziel, die Menschen zu betören und zu beherrschen, ist ihm jedes Mittel recht, er geht buchstäblich über Leichen, Leichen unschuldiger junger Mädchen, deren Duft er destilliert, um das gewünschte Parfum erzeugen zu können. Als man ihn schließlich fasst und seine Hinrichtung bevorsteht, ist der große Augenblick da, den betörenden Duft anzuwenden: Ein Tropfen genügt, und die Menge, die ihn eben noch zerreißen wollte, liegt ihm zu Füßen, die Angehörigen der Opfer verehren ihn und am Ort der geplanten Hinrichtung feiert man ein gigantisches Bacchanal, eine rauschhafte Massenkopulation, eine gewaltige Orgie. Grenouille kommt heil davon, später wird ein anderer an seiner Stelle gehenkt – wer schließlich gestünde nicht nach vierzehnstündiger Folter jedes Verbrechen?

Wie es mit Grenouille zu Ende geht, sei hier nicht verraten – auch hier hat sich Süskind etwas Ungewöhnliches einfallen lassen.

Worin besteht nun der Reiz dieser in der Verkürzung möglicherweise etwas abstrus anmutenden Geschichte? Eben darin, dass Süskind auch das Fantastischste, das eigentlich Unglaubhafte derart erzählt, dass ihm der Leser willig folgt. Süskind ist zum einen ein Virtuose in der Beschreibung von Details – so bringt er etwa das Kunststück fertig, Gerüche sprachlich so lebhaft zu vergegenwärtigen, dass man sie wahrzunehmen meint. Und zum andern beherrscht er das Handwerk des traditionellen Erzählens – die aus dem vorigen Jahrhundert vertraute Kunst des Romanciers, der den Leser behutsam bei der Hand nimmt – derart souverän, dass man kaum glauben mag, dass dies ein Roman-Debüt ist.

Der eine mag Patrick Süskinds Roman „Das Parfum", die Geschichte des größten Parfumeurs aller Zeiten, als eine Anspielung auf jenen politischen Verführer lesen, der sich als den größten Feldherrn aller Zeiten preisen ließ, als eine Allegorie auf jeden Massenwahn, der sich auf Blutopfer gründet; ein anderer wird ihn als fantasievolle und spannende Unterhaltung gelten lassen. Auf ihre Kosten kommen sie beide.

1 **Kretin:** von frz. crétin für „Idiot"

1 Bestimmen Sie gemäß Ihrer Vorüberlegungen (Aufgabe 2, S. 165) die Funktion dieser Rezension.
2 Untersuchen Sie den inhaltlichen Aufbau der Rezension, indem Sie sie in Abschnitte gliedern und zusammenfassen, um welche Aspekte es in den Abschnitten geht (Lesestrategien ▶ S. 125–130).
3 Notieren Sie, welche Stellen deutlich wertenden Charakter haben, und bestimmen Sie, von welchen Kriterien sich der Rezensent jeweils leiten lässt.
4 Suchen Sie in Tages- und Wochenzeitungen, in Zeitschriften, aber auch im Internet oder im Fernsehen nach Literaturkritiken und gehen Sie folgenden Fragen nach:
   - An welches Publikum wenden sich die Rezensionen? Woraus schließen Sie das?
   - Auf welche Aspekte gehen sie in welcher Reihenfolge ein und welche Kriterien leiten sie?
   - Welche Wirkung haben die Rezensionen auf Sie?
5 Verfassen Sie eine Rezension zu einem Roman, den Sie in letzter Zeit gelesen haben und den Sie Ihrer Lerngruppe vorstellen möchten. Nutzen Sie Ihre Erkenntnisse aus Aufgabe 4.

Information **Literaturkritik**

Buchrezensionen, die in den Feuilletons von Tages- und Wochenzeitungen, in Zeitschriften und in Kulturmagazinen des Fernsehens zu finden sind, sind die gängige Form der Literaturkritik. Hauptfunktion dieser Rezensionen ist es, dem Lesepublikum eine **Orientierung** in der Überfülle des Buchmarktes zu bieten. Eine weitere wichtige Funktion ist, zumal bei positiver Kritik, die **Werbung.**

Bestandteile einer Rezension sind für gewöhnlich Informationen über den Inhalt und die Form des Buches sowie über die Autorin oder den Autor, Vergleiche mit anderen Werken, Interpretationsansätze und schließlich Bewertungen nach ästhetischen, moralischen oder weltanschaulichen Maßstäben. Da es heute keine normativen Poetiken (vgl. z.B. ▸ S. 179) oder sonstigen verbindlichen Regeln auf dem Gebiet der Literatur mehr gibt, sind diese **Maßstäbe** in erster Linie vom Geschmack der Rezensentin oder des Rezensenten abhängig, deren/dessen Persönlichkeit so für das Publikum umso wichtiger geworden ist.

Problematisch sind alle wertenden Einordnungen in literarische Rangstufen geworden. Begriffe wie **Kitsch, Trivialliteratur** und **Unterhaltungsliteratur** werden zwar zur Abqualifizierung immer wieder gebraucht, sie lassen sich aber vom Gegenbegriff **Hochliteratur** nicht sauber abgrenzen. Alle Versuche, überzeugende Merkmalkataloge zu ihrer Unterscheidung zu entwickeln, sind gescheitert. Auch hat sich stets gezeigt, dass sich solche Einstufungen von Werken im historischen Prozess ändern können; was als bloße Unterhaltungslektüre galt, gehörte schon bald zur Hochliteratur und umgekehrt. In anderen Ländern, besonders denen des angloamerikanischen Sprachraums, ist daher diese Unterscheidung von **U-Literatur** (unterhaltende Literatur) und **E-Literatur** (ernste Literatur) nicht üblich.

Der literarische Kanon

Eine andere Form literarischer Wertung stellt der so genannte Kanon dar. Es handelt sich dabei um eine Gruppe von Werken, auf die in einer Gesellschaft immer wieder Bezug genommen wird. Entsprechend sieht man deren Kenntnis als wesentlichen Bestandteil von Bildung an. So bildet der Kanon auch die Basis für die Lektürepläne an den Schulen bzw. wird gleichzeitig durch sie fortgesetzt. Dabei ist der Kanon keineswegs genau festgelegt, er ändert sich durchaus im Laufe der Zeit und ist in einer pluralistischen Gesellschaft in der Regel umstritten.

Marcel Reich-Ranicki: **Brauchen wir einen Kanon?** (2001) – Interview

*Besonders laut wurde die Kanonfrage im Zusammenhang mit dem so genannten PISA-Schock, als das deutsche Bildungssystem auf den Prüfstand geriet und zu einem öffentlichen Thema wurde. Unter vielen anderen meldete sich der Literaturkritiker Marcel Reich-Ranicki (*1920) zu Wort, der im literarischen Leben Deutschlands durch seine Präsenz in allen Medien eine zentrale Rolle einnimmt.*

SPIEGEL: Herr Reich-Ranicki, Sie haben für den „Spiegel" Ihren persönlichen literarischen Kanon zusammengestellt. Gibt es überhaupt einen Bedarf für eine solche Liste literarischer Pflichtlektüre?

REICH-RANICKI: Die Frage ist mir unverständlich, denn der Verzicht auf einen Kanon würde den Rückfall in die Barbarei bedeuten.

SPIEGEL: Was soll denn die Schule bei der Vermittlung von Literatur leisten?

REICH-RANICKI: Dem Schüler soll gezeigt und

bewiesen werden, welche Aufgabe Literatur vor allem hat: Sie soll den Menschen Freude, Vergnügen und Spaß bereiten und sogar Glück.

Spiegel: Und der gewaltige Goethe – was sollte davon in den Unterricht gelangen?

Reich-Ranicki: Da muss man rigoros und konsequent sein. Man muss Zeit haben vor allem für „Faust I" und für die Lyrik aus den verschiedenen Zeitabschnitten, insgesamt nicht weniger als zwanzig bis dreißig Gedichte. Ferner sollte man auch den „Werther" gründlich behandeln und Auszüge aus „Dichtung und Wahrheit". Ob man die heutigen Schüler für den „Tasso" oder ein so herrliches Stück wie die „Iphigenie" [► S. 170 f., 175 f. u. 560 f.] begeistern kann, weiß ich nicht. [...]

Spiegel: Und was ist mit den typischen deutschen Nachkriegsautoren, mit denen Sie sich als Kritiker zeitlebens beschäftigt haben – bleibt davon für Ihren Kanon nichts übrig?

Reich-Ranicki: Ja, hier muss man sehr vorsichtig sein – und da bleibt in der Tat nur wenig. Ich habe viel über große deutsche Schriftsteller der Vergangenheit geschrieben, aber zugleich so gut wie nie die deutsche Literatur der Gegenwart vernachlässigt oder gar ignoriert. Darunter waren nicht nur wenige gute oder zumindest brauchbare Bücher, die zu Recht viel diskutiert und zehn oder vielleicht zwanzig Jahre lang sogar gelesen wurden. Aber sie haben sich überlebt. Vom literaturhistorischen Standpunkt gesehen, waren es Eintagsfliegen – Alfred Kerr[1] hat einen Band seiner gesammelten Kritiken so genannt: „Eintagsfliegen". Aber es wäre falsch und auch schädlich, wollten wir diese Werke in den Kanon aufnehmen.

Spiegel: Könnten Sie zehn oder zwölf Bücher nennen, die ein Abiturient unbedingt kennen sollte?

Reich-Ranicki: Sehr ungern, aber meinetwegen: „Werther"; „Effi Briest", „Buddenbrooks", „Der Prozess", „Faust I", je ein Band mit ausgewählten Dramen von Schiller und Kleist, je ein Band mit ausgewählten Gedichten von Goethe, Heine und Brecht. Und wenn Sie mir noch zwei Titel genehmigen sollten, schlage ich einen Band mit den Werken von Büchner vor und einen Auswahlband mit der Lyrik der deutschen Romantiker.

1 **Alfred Kerr, eigentlich Alfred Kempner (1867–1948):** dt. Schriftsteller, Theaterkritiker und Journalist und einer der einflussreichsten Kritiker Berlins in der Zeit vom Naturalismus bis 1933; sah in der Kritik eine eigene Kunstform und schuf dafür einen treffenden, geistreich-ironischen und oft absichtlich saloppen Stil

1 Fassen Sie Reich-Ranickis Position in der Kanonfrage zusammen: Warum ist ein Kanon notwendig? Wozu dient er? Was sollte er enthalten und was nicht?

2 a Führen Sie eine Kanonumfrage durch. Notieren Sie die Standpunkte der Befragten, ihre Argumente pro bzw. kontra Kanon und die Werke, die als kanonisch angegeben werden.
b Vergleichen Sie die Ergebnisse Ihrer Umfrage mit Reich-Ranickis Äußerungen.

3 a Verfassen Sie ein eigenes **Statement aus These und Argumentation** (► S. 77 u. 600) zur Kanonfrage.
b Führen Sie eine **Pro-und-Kontra-Diskussion** (► S. 76–79) zur Frage „Brauchen wir einen Literaturkanon?" auf der Basis Ihrer Statements durch.

4 Marcel Reich-Ranicki hat eine Sammlung mit Werken, die seiner Auffassung nach zum deutschen Literaturkanon gehören, in Zusammenarbeit mit einem Verlag herausgegeben, andere (Verlage, Zeitungen, Zeitschriften) haben es ihm gleichgetan. Suchen Sie in Buchhandlungen und im Internet nach solche Unternehmungen.
a Vergleichen Sie, welche Autorinnen und Autoren mit welchen Werken in die verschiedenen Sammlungen aufgenommen wurden.
b Nehmen Sie Stellung zu diesen Versuchen einer Kanonproduktion.

2 Drama

Iphigenie auf Tauris, Schauspiel Frankfurt/Main, 1980.
Regie: Hans Neuenfels

Der gute Mensch von Sezuan, Maxim Gorki Theater, Berlin, 2007.
Regie: Uta Koschel

1 **a** Beschreiben und vergleichen Sie die beiden Szenenfotos. Was fällt Ihnen im Hinblick auf das Bühnenbild und die Figuren auf?
b Setzen Sie die Szenenfotos zu eigenen Theatererfahrungen in Beziehung und berichten Sie darüber.

2 Notieren Sie in Stichpunkten, welche Elemente nach Ihrem Wissen die Gattung „Drama" von den Gattungen „Epik" und „Lyrik" unterscheiden.
Sie können auch versuchen, eine kurze Definition zur Gattung „Drama" zu verfassen, z. B.:
Das griechische Wort „Drama" bedeutet „Handlung". Diese Handlung wird aber nicht wie in epischen Texten durch eine Erzählerin oder einen Erzähler …

In diesem Kapitel erwerben Sie folgende Kenntnisse und Kompetenzen:

- Dramenszenen systematisch analysieren und vergleichen,
- Möglichkeiten des szenischen Interpretierens erproben,
- anhand von Inhaltsübersichten unterschiedliche Dramenstrukturen erfassen,
- Grundmuster des geschlossenen und des offenen Dramas (er)kennen und unterscheiden,
- literaturtheoretische Positionen zu Wirkungsabsicht und Wirkungsweise des Theaters kennen und sich damit auseinandersetzen.

2.1 Goethes „Iphigenie auf Tauris", Brechts „Der gute Mensch von Sezuan" – Eingangsszenen im Vergleich

Johann Wolfgang Goethe: **Iphigenie auf Tauris** (1787)

Erster Auftritt.
Iphigenie:
Heraus in eure Schatten, rege Wipfel
Des alten, heil'gen, dicht belaubten Haines,
Wie in der Göttin stilles Heiligtum[1]
Tret' ich noch jetzt mit schauderndem Gefühl,
Als wenn ich sie zum ersten Mal beträte,
Und es gewöhnt sich nicht mein Geist hierher.
So manches Jahr bewahrt mich hier verborgen
Ein hoher Wille, dem ich mich ergebe;
Doch immer bin ich, wie im ersten, fremd.[2]
Denn ach! mich trennt das Meer von den Geliebten,
Und an dem Ufer steh' ich lange Tage,
Das Land der Griechen mit der Seele suchend;
Und gegen meine Seufzer bringt die Welle
Nur dumpfe Töne brausend mir herüber.
Weh dem, der fern von Eltern und Geschwistern
Ein einsam Leben führt! Ihm zehrt der Gram
Das nächste Glück vor seinen Lippen weg;
Ihm schwärmen abwärts immer die Gedanken
Nach seines Vaters Hallen, wo die Sonne
Zuerst den Himmel vor ihm aufschloss, wo
Sich Mitgeborne spielend fest und fester
Mit sanften Banden aneinanderknüpften.
[...]
O wie beschämt gesteh' ich, dass ich dir
Mit stillem Widerwillen diene, Göttin,
Dir, meiner Retterin! Mein Leben sollte
Zu freiem Dienste dir gewidmet sein.
Auch hab' ich stets auf dich gehofft und hoffe
Noch jetzt auf dich, Diana, die du mich,
Des größten Königes verstoßne Tochter,
In deinen heil'gen, sanften Arm genommen.
[...]
So gib auch mich den Meinen endlich wieder,
Und rette mich, die du vom Tod errettet,
Auch von dem Leben hier, dem zweiten Tode.

Zweiter Auftritt: *Iphigenie. Arkas*[3]
Arkas:
Der König sendet mich hieher und beut
Der Priesterin Dianens Gruß und Heil.
Dies ist der Tag, da Tauris seiner Göttin
Für wunderbare neue Siege dankt.
Ich eile vor dem König und dem Heer,
Zu melden, dass er kommt und dass es naht.
Iphigenie:
Wir sind bereit, sie würdig zu empfangen,
Und unsre Göttin sieht willkommnem Opfer
Von Thoas' Hand mit Gnadenblick entgegen.
Arkas:
O fänd' ich auch den Blick der Priesterin,
Der werten, viel geehrten, deinen Blick,
O heil'ge Jungfrau, heller, leuchtender,
Uns allen gutes Zeichen! Noch bedeckt
Der Gram geheimnisvoll dein Innerstes;
Vergebens harren wir schon jahrelang
Auf ein vertraulich Wort aus deiner Brust.
Solang' ich dich an dieser Stätte kenne,
Ist dies der Blick, vor dem ich immer schaudre;
Und wie mit Eisenbanden bleibt die Seele
Ins Innerste des Busens dir geschmiedet.
Iphigenie:
Wie's der Vertriebnen, der Verwaisten ziemt.
Arkas:
Scheinst du dir hier vertrieben und verwaist?
Iphigenie:
Kann uns zum Vaterland die Fremde werden?
[...]

1 **Heiligtum:** Iphigenie befindet sich in einem kleinen Wald, der den Tempel der Göttin Diana umgibt.
2 Sie, die Griechin, ist fremd an der Küste des Königreiches Tauris auf der Halbinsel Krim am Schwarzen Meer. Es ist Dianas Wille, dass sie dort ist. Die Göttin hat sie einst entführt, als Iphigenie als junges Mädchen bewusstlos auf dem Opferaltar lag, den ihr Vater, König Agamemnon, errichtet hatte. Als Anführer der Griechen wollte er bei der Ausfahrt zum Krieg gegen Troja seine Tochter opfern, um die Götter dem Unternehmen günstig zu stimmen. Iphigenie sind die Umstände, wie sie nach Tauris gelangte, nicht bekannt.
3 **Arkas:** Diener des Königs Thoas von Tauris

Arkas: […]
Wenn heut' der König mit dir redet, so
Erleichtr' ihm, was er dir zu sagen denkt.
Iphigenie:
Du ängstest mich mit jedem guten Worte;
Oft wich ich seinem Antrag mühsam aus.
[…]
Arkas:
Gib ihm für seine Neigung nur Vertraun.
Iphigenie:
Wenn er von Furcht erst meine Seele löst.
Arkas:
Warum verschweigst du deine Herkunft ihm?
Iphigenie:
Weil einer Priesterin Geheimnis ziemt.
Arkas:
Dem König sollte nichts Geheimnis sein.
Und ob er's gleich nicht fordert, fühlt er's doch
Und fühlt es tief in seiner großen Seele,
Dass du sorgfältig dich vor ihm verwahrst.
Iphigenie:
Nährt er Verdruss und Unmut gegen mich?
Arkas:
So scheint es fast. Zwar schweigt er auch von dir,
Doch haben hingeworfne Worte mich
Belehrt, dass seine Seele fest den Wunsch
Ergriffen hat, dich zu besitzen. Lass,
O überlass ihn nicht sich selbst! damit
In seinem Busen nicht der Unmut reife
Und dir Entsetzen bringe, du zu spät
An meinen treuen Rat mit Reue denkest.
Iphigenie:
Wie? Sinnt der König, was kein edler Mann,
Der seinen Namen liebt, und dem Verehrung
Der Himmlischen den Busen bändiget,
Je denken sollte? Sinnt er, vom Altar
Mich in sein Bette mit Gewalt zu ziehn?
So ruf' ich alle Götter und vor allen
Dianen, die entschlossne Göttin, an,
Die ihren Schutz der Priesterin gewiss
Und Jungfrau einer Jungfrau gern gewährt.
Arkas:
Sei ruhig! Ein gewaltsam neues Blut
Treibt nicht den König, solche Jünglingstat
Verwegen auszuüben. Wie er sinnt,
Befürcht' ich andern, harten Schluss von ihm,
Den unaufhaltbar er vollenden wird,
Denn seine Seel' ist fest und unbeweglich.
Drum bitt' ich dich, vertrau' ihm, sei ihm dankbar,
Wenn du ihm weiter nichts gewähren kannst.
Iphigenie:
O sage, was dir weiter noch bekannt ist.
Arkas:
Erfahr's von ihm. Ich seh' den König kommen.
Du ehrst ihn, und dich heißt dein eigen Herz,
Ihm freundlich und vertraulich zu begegnen.
Ein edler Mann wird durch ein gutes Wort
Der Frauen weit geführt. […]

Bertolt Brecht: **Der gute Mensch von Sezuan** (1943)

Vorspiel

Eine Straße in der Hauptstadt von Sezuan

Es ist Abend. Wang, der Wasserverkäufer, stellt sich dem Publikum vor.

Wang: Ich bin Wasserverkäufer hier in der Hauptstadt von Sezuan. Mein Geschäft ist mühselig. Wenn es wenig Wasser gibt, muß ich weit danach laufen. Und gibt es viel, bin ich ohne Verdienst. Aber in unserer Provinz herrscht überhaupt große Armut. Es heißt allgemein, daß uns nur noch die Götter helfen könnten. Zu meiner unaussprechlichen Freude erfahre ich von einem Viehverkäufer, der viel herumkommt, daß einige der höchsten Götter schon unterwegs sind und auch hier in Sezuan erwartet werden dürften. Der Himmel soll sehr beunruhigt sein wegen der vielen Klagen, die zu ihm aufsteigen. Seit drei Tagen warte ich hier am Eingang der Stadt, besonders gegen Abend, damit ich sie als erster begrüßen kann. Später hätte ich ja dazu wohl kaum mehr Gelegenheit, sie werden von Hochgestellten umgeben sein und überhaupt stark überlaufen werden. Wenn ich sie nur erkenne! Sie müssen ja nicht zusammen kommen. Vielleicht kommen sie einzeln, damit sie nicht so auffallen. Die dort können es nicht sein, die kommen von der Arbeit. *Er betrachtet vorübergehende Arbeiter.* Ihre Schultern sind ganz eingedrückt vom Lastentragen. Der dort ist auch ganz unmöglich ein Gott, er hat Tinte an den Fingern. Das ist höchstens ein Büroangestellter in einer Zementfabrik. Nicht einmal diese Herren dort – *zwei Herren gehen vorüber* – kommen mir wie Götter vor, sie haben einen brutalen Ausdruck wie Leute, die viel prügeln, und das haben die Götter nicht nötig. Aber dort, diese drei! Mit denen sieht es schon ganz anders aus. Sie sind wohlgenährt, weisen kein Zeichen irgendeiner Beschäftigung auf und haben Staub auf den Schuhen, kommen also von weit her. Das sind sie! Verfügt über mich, Erleuchtete! *Er wirft sich zu Boden.*

DER ERSTE GOTT *erfreut:* Werden wir hier erwartet?

WANG *gibt ihnen zu trinken:* Seit langem. Aber nur ich wußte, daß ihr kommt.

DER ERSTE GOTT: Da benötigen wir also für heute Nacht ein Quartier. Weißt du eines?

WANG: Eines? Unzählige! Die Stadt steht zu euren Diensten, o Erleuchtete! Wo wünscht ihr zu wohnen?

Die Götter sehen einander vielsagend an.

DER ERSTE GOTT: Nimm das nächste Haus, mein Sohn! Versuch es zunächst mit dem allernächsten!

WANG: Ich habe nur die Sorge, daß ich mir die Feindschaft der Mächtigen zuziehe, wenn ich einen von ihnen besonders bevorzuge.

DER ERSTE GOTT: Da befehlen wir dir eben: nimm den nächsten!

WANG: Das ist der Herr Fo dort drüben! Geduldet euch einen Augenblick! *Er läuft zu einem Haus und schlägt an die Tür. Sie wird geöffnet, aber man sieht, er wird abgewiesen. Er kommt zögernd zurück.*

WANG: Das ist dumm. Der Herr Fo ist gerade nicht zu Hause, und seine Dienerschaft wagt nichts ohne seinen Befehl zu tun, da er sehr streng ist. Er wird nicht wenig toben, wenn er erfährt, wen man ihm da abgewiesen hat, wie?

DIE GÖTTER *lächelnd:* Sicher.

WANG: Also noch einen Augenblick! Das Haus nebenan gehört der Witwe Su. Sie wird außer sich sein vor Freude. *Er läuft hin, wird aber anscheinend auch dort abgewiesen.*

WANG: Ich muß dort drüben nachfragen. Sie sagt, sie hat nur ein kleines Zimmerchen, das nicht instand gesetzt ist. Ich wende mich sofort an Herrn Tscheng.

DER ZWEITE GOTT: Aber ein kleines Zimmer genügt uns. Sag, wir kommen.

WANG: Auch wenn es nicht aufgeräumt ist? Vielleicht wimmelt es von Spinnen.

DER ZWEITE GOTT: Das macht nichts. Wo Spinnen sind, gibt's wenig Fliegen.

DER DRITTE GOTT *freundlich zu Wang:* Geh zu Herrn Tscheng oder sonstwohin, mein Sohn, ich ekle mich vor Spinnen doch ein wenig.

Wang klopft wieder wo an und wird eingelassen.

STIMME AUS DEM HAUSE: Verschone uns mit deinen Göttern! Wir haben andere Sorgen! [...]

WANG *schimpft ihm nach:* Du schieläugiger Schieber! Hast du keine Gottesfurcht? Ihr werdet in siedendem Pech braten für eure Gleichgültigkeit! Die Götter scheißen auf euch! Aber ihr werdet es noch bereuen! Bis ins vierte Glied werdet ihr daran abzuzahlen haben! Ihr habt ganz Sezuan mit Schmach bedeckt! *Pause.* Jetzt bleibt nur noch die Prostituierte Shen Te, die kann nicht nein sagen. *Er ruft „Shen Te". Oben im Fenster schaut Shen Te heraus.*

WANG: Sie sind da, ich kann kein Obdach für sie finden. Kannst du sie nicht aufnehmen für eine Nacht?

SHEN TE: Ich glaube nicht, Wang. Ich erwarte einen Freier. Aber wie kann denn das sein, daß du für sie kein Obdach findest?!

WANG: Das kann ich jetzt nicht sagen. Ganz Sezuan ist ein einziger Dreckhaufen.

SHEN TE: Ich müßte, wenn er kommt, mich versteckt halten. Dann ginge er vielleicht wieder weg. Er will mich noch ausführen.

WANG: Können wir nicht inzwischen schon hinauf?

SHEN TE: Aber ihr dürft nicht laut reden. Kann man mit ihnen offen sprechen?

WANG: Nein! Sie dürfen von deinem Gewerbe nichts erfahren! Wir warten lieber unten. Aber du gehst nicht weg mit ihm?

SHEN TE: Es geht mir nicht gut, und wenn ich bis morgen früh meine Miete nicht zusammenhabe, werde ich hinausgeworfen.

Wang: In solch einem Augenblick darf man nicht rechnen.

Shen Te: Ich weiß nicht, der Magen knurrt leider auch, wenn der Kaiser Geburtstag hat. Aber gut, ich will sie aufnehmen. *Man sieht sie das Licht löschen.* […] R

---

1 a Vergleichen Sie tabellarisch mit Hilfe der ▸ Methode zur Dramenanalyse die Szenen, die zur Exposition (Einführung in Ort, Zeit und Atmosphäre; Vorstellung der Hauptfiguren; Anbahnung des Konflikts) der beiden Stücke gehören.

Methode **Analyse von Dramenszenen – Dialoganalyse**

- **Kontextuierung der Szene:** Stellung im Dramenzusammenhang und -aufbau, Vorgeschichte, Bedeutung der Szene für den weiteren Verlauf, Vorerwartungen des Publikums, ...
- **Gesprächssituation:** Ort, Zeit, Atmosphäre, ...
- **Figuren:** Motive, persönliche Situation, Weltanschauung, Verhaltensweisen, Eigenschaften, ...
- **Figurenkonstellation:** Beziehungen zueinander, gesellschaftlicher Kontext, ...
- **Formaler Aufbau:** Gliederung, Verteilung von Dialog und Monolog, Regieanweisungen, ...
- **Gesprächsgegenstand:** Inhalt des Gesprächs, Position, Argumente, ...
- **Gesprächsverlauf:** Art des Beginns und des Endes, Konfliktentwicklung, Wendepunkt/e, ...
- **Gesprächsart:** Diskussion, Verhör, Streit, Entscheidungssuche, Plauderei, ...
- **Gesprächsverhalten:** Redeanteil, Sprecherwechsel, Gesprächsbeteiligung, Redeinitiative, symmetrisch (gleichberechtigt), komplementär (sich ergänzend), überlegen (superior), unterlegen (inferior), Formen sprachlichen Handelns (fragen, vorwerfen, bitten, informieren ...)
- **Gesprächsstörung:** Missverständnisse, Widersprüche, Täuschungen, ...
- **Sprachschicht, Sprachstil** (▸ S. 610): Hochsprache – Alltagssprache – Jargon, geschlechtsspezifisch, zeittypisch, sprachliche Brüche
- **Rhetorische Figuren und ihre Funktion** (▸ S. 196–198): Antithesen, Ellipsen, Euphemismen, Hyperbeln, Ironie, Metaphern, ...
- **Adressatenbezug:** Adressaten in und außerhalb der Szene, Art der Ansprache

b Fassen Sie die wesentlichen Unterschiede zusammen. Reflektieren Sie dabei insbesondere die Wirkung der jeweiligen Dramenanfänge.

c Entscheiden Sie sich für eine Eingangsszene und probieren Sie in Kleingruppen jeweils eines der folgenden szenischen Verfahren aus. Stellen Sie es anschließend den anderen Gruppen vor.

d Vergleichen Sie Ihre szenischen Interpretationen mit einer professionellen Aufführung (DVD).

Methode **Möglichkeiten des szenischen Interpretierens**

Dramen sind von ihrer Anlage her für eine Inszenierung auf der Bühne bestimmt. Man kann den Dramentext mit der Partitur eines Musikstücks vergleichen, das seine Wirkung auch erst durch den Vortrag entfaltet. Von daher ist das bloße Lesen eines Dramas eine ergänzungsbedürftige Rezeptionsweise. Es ist also ratsam, eine textanalytische Lektüre durch ein **szenisches Interpretieren** zu ergänzen. Durch das anschauliche und lebendige Bild, das im Spiel entsteht, erweitert und vertieft sich Ihr Textverständnis. Es gibt folgende Möglichkeiten:

Haltungen und Sprechweise einer Figur entwickeln

a Wählen Sie eine Figur aus und stellen Sie gemäß dem Bild, das Sie sich von ihr machen, dar, wie sie steht, geht, sitzt und einfache Tätigkeiten ausführt. Studieren Sie dieses Verhalten ein.

b Lernen Sie einige Sätze der Figur auswendig und sprechen Sie diese so, wie Sie sich die Sprechweise der Figur sowie ihre Mimik und Gestik vorstellen.

c Präsentieren Sie Ihre Figur in einem kurzen Auftritt vor Ihrem Kurs.

d Vergleichen Sie die Auftritte einer Figur und tauschen Sie sich über Ihre Figurenbilder aus.

Wenn Sie diese szenische Übung gründlich vorbereiten wollen, können Sie

Rollenprofile/Rollenbiografien schreiben

Schreiben Sie auf der Grundlage einer Figurenanalyse (wie Sie sie bei der Untersuchung der Eingangsszene vorgenommen haben, ▶ S. 173) in der Ich-Form ein Selbstporträt zu einer Figur. Es geht um ein möglichst komplexes Bild dieser Figur, wobei Sie über den Szenentext hinaus Vorstellungen zu ihrer Persönlichkeit entwickeln müssen (Herkunft, Erziehung und Bildung, Lebensweg, Beruf, Beziehungen, Einstellungen, Wünsche, Befürchtungen und Ängste etc.).

Standbilder bauen

a Wählen Sie einen Szenenmoment aus. Bestimmen Sie dann je Figur ein Kursmitglied und lassen Sie die Mitglieder vor dem Kurs die von Ihnen geplanten Positionen zueinander einnehmen. Dabei müssen sich diese wie Gliederpuppen bewegen lassen, das heißt, sie lassen sich ohne Kommentar und passiv in die gewünschte Position sowie Haltung bringen. Machen Sie auch den Gesichtsausdruck vor. Ist das Standbild fertig, verharren die Figuren eine Minute wie eingefroren in ihren Haltungen. Während des Standbildbauens sollte möglichst nicht gesprochen werden, damit bereits der Arbeitsprozess auf den Kurs wirken kann.

b Das fertige Standbild wird zuerst von den Kursmitgliedern beschrieben und mit Bezug auf den Dramentext interpretiert. Anschließend geben die Darstellerinnen und Darsteller ihren Kommentar ab.

c Möglich ist auch, dass einzelne Kursmitglieder hinter die Figuren des Standbilds treten, ihnen eine Hand auf die Schulter legen und in der Ich-Form als Alter Ego der Figur sagen, was sie in diesem Augenblick denken, fühlen, sehen etc.

d Zuletzt können die Kursmitglieder das Standbild nach ihren Vorstellungen verändern, um ihre Interpretation des Szenenmoments zu verdeutlichen.

Eine szenische Lesung durchführen

a Üben Sie in Kleingruppen das Lesen einzelner Szenen oder Szenenabschnitte ein. Auch Profis studieren ihre Szenen zunächst mit dem Textbuch in der Hand ein. Proben Sie wie diese beim Lesen Sprechweisen, Haltungen, Bewegungen, Gebärden etc.

b Tragen Sie die Szenen in Ihrem Kurs vor und lassen Sie sich Rückmeldungen geben.

Szenen improvisiert spielen

a Spielen Sie ohne Textbuch vor Augen Szenen oder Szenenausschnitte. Achten Sie dabei auf Ihre Haltung, Ihre Gestik und Mimik und sprechen Sie den Text in freier Improvisation.

b Das Publikum teilt seine Beobachtungen mit und vergleicht das Spiel der Figuren mit seinem Textverständnis. Dieses Verständnis sollte möglichst auch spielend demonstriert werden.

Ein Regieheft (Nebentext) zu einer Szene schreiben

In der Regel besteht ein Drama aus einem Haupttext, also dem, was die Figuren sagen, und einem Nebentext, das sind Anweisungen zum Verhalten der Figuren, zu Bühnenbild und Requisiten. Schreiben Sie diese Regieanweisungen zu einem umfassenden Paralleltext um, in dem Sie Ihre Sicht des Szenenverlaufs ausdrücken. Bedenken Sie Bühnenbild, Beleuchtung, Geräusche, Musik, Kostüme, Masken, Frisuren, Figurenpositionen, Gänge über die Bühne, Haltungen, Sprechweisen, Mimik etc.

2.2 Strukturen des klassischen und des modernen Dramas – Zwei Beispiele im Vergleich

Johann Wolfgang Goethes **„Iphigenie auf Tauris"** (1787)

I. Aufzug, 1.–4. Auftritt

Ort: Hain vor dem Tempel der Diana auf Tauris (Halbinsel Krim)

Nach dem Eingangsmonolog der Iphigenie (▸ S. 170 f.) versucht Arkas, ihr Heimweh nach Griechenland zu zerstreuen, indem er auf ihr wohltätiges Wirken in ihrer neuen Heimat hinweist. Ihr sei es zu verdanken, dass der Brauch, jeden Fremden der Göttin Diana zu opfern, aufgegeben worden sei. Er betont auch ihren guten Einfluss auf König Thoas, dessen Herrschaft milder geworden sei. Kurz darauf erscheint Thoas selbst, um seinen Heiratsantrag, den Arkas schon überbracht hat, zu wiederholen. Iphigenie weist ihn zurück und enthüllt ihm, um den König von seinem Werben abzubringen, ihre bisher verschwiegene Herkunft. Ihr Ahnherr ist der wegen seiner Gräueltaten von den Göttern gestrafte Tantalus, auf dessen Nachkommen ein Fluch lastet. Thoas lässt sich jedoch davon nicht abschrecken. Als Iphigenie bei ihrer Weigerung bleibt und darum bittet, heimkehren zu dürfen, versucht der König, Zwang auf sie auszuüben, indem er anordnet, das Menschenopfer am Altar Dianas wieder einzuführen. Das erste Opfer sollen zwei Fremde sein, die man am Strand entdeckt hat.

II. Aufzug, 1.–2. Auftritt

Ort: s. o.

Die beiden Fremden, Orest und Pylades, betreten die Szene. Orest ist der Bruder Iphigenies, den sie aber nicht erkennt, da er bei ihrer Entführung nach Tauris durch Diana noch ein Kind war. Pylades ist sein Freund. Orests Gemüt ist von schwerem psychischem Leid zerrüttet. Er fühlt sich von den Erinnyen, antiken Rachegöttinnen, verfolgt, da er seine Mutter Klytämnestra erschlagen hat, weil diese wiederum zusammen mit ihrem Liebhaber ihren Mann, König Agamemnon, nach dessen Rückkehr aus Troja ermordet hatte. Der Fluch der Tantaliden hatte also auch in Iphigenies Familie weitergewirkt. Nachdem der völlig verzweifelte Orest, dem der drohende Opfertod an Dianas Altar gerade recht kommt, Pylades verlassen hat, trifft Letztgenannter auf Iphigenie. Pylades verheimlicht ihr seine und Orests Identität, berichtet ihr aber von den schrecklichen Geschehnissen in ihrem Elternhaus.

III. Aufzug, 1.–3. Auftritt

Ort: s. o.

Als Orest und Iphigenie aufeinandertreffen, gibt sich Orest zu erkennen, gesteht seine furchtbare Tat und schildert sein qualvolles Umherirren in der Welt. Da gibt sich auch Iphigenie zu erkennen, nimmt Anteil an seinem Schicksal und wendet sich ihm voller Mitleid und Freundlichkeit zu. Orest, des Lebens überdrüssig, fleht sie an, das Opfer an ihm zu vollziehen, gewinnt jedoch durch ihren heilsamen Einfluss neuen Lebensmut und fühlt sich von der Verfolgung durch die Rachegöttinnen befreit.

IV. Aufzug, 1.–5. Auftritt (▸ S. 560–561)

Ort: s. o.

Orest ist nun in der Lage, mit Pylades an die Ausführung des Plans zu gehen, der sie nach Tauris geführt hat. Das Orakel des Gottes Apoll hatte prophezeit, dass der Fluch von Orest genommen werde, wenn er „die Schwester, die an Tauris' Ufer im Heiligtume wider Willen" lebe, nach Griechenland zurückbringe. Beide hatten das als Auftrag Apolls verstanden, dessen Schwester Diana bzw. deren Statue aus ihrem Tempel auf Tauris zu entführen. Pylades überredet Iphigenie, König Thoas glauben zu machen, das Götterbild müsse im Meer gereinigt und neu geweiht werden, da es durch die Anwesenheit des fluchbeladenen Orest entheiligt sei. Dort würde dann ein Schiff bereitliegen, um Iphigenie und das Götterbild an

Bord zu nehmen. Iphigenies Bedenken, das Bild der Göttin zu rauben und den König, der ihr Schutz geboten hat, zu hintergehen, zerstreut Pylades rhetorisch geschickt, indem er ihr ausmalt, wie heilsam ihre Rückkehr in die Heimat für die Familie sei.

V. Aufzug, 1.–6. Auftritt

Ort: s. o.

Von Thoas wegen der Verzögerung der Opferhandlung zur Rede gestellt, wendet sich Iphigenie von List und Lüge ab und der bedingungslosen Wahrheit zu. Sie deckt den Plan der Freunde auf und schildert Thoas, dessen Menschlichkeit vertrauend, das Schicksal ihres Bruders. Der König bleibt nicht nur skeptisch, sondern es kommt beinahe, als Orest mit Pylades erscheint, zu einem Kampf. Iphigenie jedoch gelingt es, Thoas von der Wahrheit ihrer Aussagen zu überzeugen. Als dieser dennoch einen Kampf für unvermeidlich hält, da er die Statue der Diana nicht hergeben will, verweist Orest auf seine Fehlinterpretation von Apolls Orakel: Bei der Heimholung der Schwester nach Griechenland sei nicht Apolls Schwester Diana gemeint, sondern Orests Schwester Iphigenie. Die Geschwister bitten nun um die Heimkehr. Dabei rührt Iphigenie Thoas' Herz mit ihrem Appell an seinen Edelmut und seine Gastfreundschaft. Mit dem erbetenen Abschiedsgruß „Lebt wohl" lässt er sie schließlich ziehen.

Bertolt Brechts **„Der gute Mensch von Sezuan"** (1943)

Vorspiel

Ort: Eine Straße in der Hauptstadt von Sezuan

Der Wasserverkäufer Wang berichtet dem Publikum, er habe gehört, einige Götter seien zur Erde herabgestiegen, um nach dem Rechten zu sehen. Er erwartet sie am Abend am Eingang der Stadt. Die drei Götter, die schließlich auftauchen, wollen beweisen, dass es gute Menschen gibt und dass trotz aller Klagen die Welt so bleiben kann, wie sie ist. Sie sind fürs Erste damit zufrieden, wenigstens einen guten Menschen gefunden zu haben: die Prostituierte Shen Te, die bei Wangs Suche nach einem Nachtlager für die Fremden als Einzige bereit ist, sie aufzunehmen. Zwar hält sie sich nicht immer an die Gebote der Götter, doch sie rechtfertigt das damit, dass sie anders ihre Miete nicht bezahlen könne. Daraufhin geben ihr die Götter als Dank für das Nachtquartier 1000 Silberdollar.

1 *Ort: Ein kleiner Tabakladen*

Mit dem Geld der Götter hat sich Shen Te einen Tabakladen gekauft, um mit ihm Gutes zu tun. Doch sie versorgt bald so viele Arme, die in ihren Laden kommen, dass ihr der Bankrott droht. Auch wird sie vom Schreiner, der ihr die Ladenregale baute, und der Vermieterin unter Druck gesetzt. In ihrer Not erfindet sie auf Rat einer armen Frau hin einen Vetter Shui Ta, der ihre Schulden übernehmen soll.

Zwischenspiel

Ort: Unter einer Brücke

Die Götter beauftragen Wang, nach Shen Te zu sehen und ihnen von ihr zu berichten.

2 *Ort: Der Tabakladen*

Am nächsten Morgen werden die im Laden schlafenden Leute von einem jungen Herrn geweckt, der sich als Shui Ta vorstellt. Er beschimpft die Armen als Schmarotzer und Diebe und lässt sie durch die Polizei hinauswerfen. Den Schreiner speist er mit einer geringen Summe für dessen Regale ab und die Vermieterin beruhigt er dadurch, dass er eine Heiratsannonce für Shen Te aufgibt.

3 *Ort: Abendlicher Stadtpark*

Der arbeitslose Flieger Sun will sich im Park erhängen. Shen Te kommt herbei und hält ihn davon ab.

Zwischenspiel
Ort: Wangs Nachtlager in einem Kanalrohr
Wang berichtet den erbosten Göttern von Shui Tas Vorgehen.

4 *Ort: Platz vor Shen Tes Tabakladen*
Shen Te wendet sich an das Publikum und schildert begeistert die morgendliche Stadt. Einige Arme haben sich erneut vor ihrem Laden eingefunden. Glück hat sie, weil ein altes Teppichhändlerpaar ihr 200 Silberdollar für die Halbjahresmiete leiht. Sie gibt dieses Geld jedoch weiter an Suns Mutter, da der Sohn Aussicht hat, für 500 Silberdollar eine Postfliegerstelle zu erhalten.

Zwischenspiel
Ort: Vor dem Vorhang
Shen Te tritt auf, in den Händen die Maske und den Anzug Shui Tas. Sie singt das „Lied von der Wehrlosigkeit der Götter und Guten". Während des Liedes setzt sie Shui Tas Maske auf und singt mit dessen Stimme weiter.

5 *Ort: Der Tabakladen*
Shui Ta steht im Laden, als Sun erscheint. Er versichert Shui Ta, dass er Shen Te heiraten und mit ihr in Peking eine neue Existenz aufbauen wolle. Der Laden soll an die Vermieterin verkauft werden, die 300 Silberdollar dafür zahlen würde, genau das Geld, das Sun noch für seine Fliegerstelle fehlt. Als Sun jedoch eröffnet, dass er zunächst allein nach Peking gehen wolle, wird Shui Ta misstrauisch und jagt ihn davon. Um den Laden zu retten, verspricht er dem reichen Barbier Shu Fu seine Kusine. Da kommt Sun zurück, und als Shen Te erscheint, gewinnt er wieder ihr Herz. Sie verlässt mit Sun den Laden.

Zwischenspiel
Ort: Vor dem Vorhang
Shen Te erzählt dem Publikum, dass sie dem alten Paar die geliehenen 200 Silberdollar zurückzahlen und den Laden weiterführen will. Sun würde aus Liebe zu ihr sicher auf die Fliegerstelle verzichten.

6 *Ort: Nebenzimmer eines billigen Restaurants in der Vorstadt*
Shen Te und Sun befinden sich im Kreis ihrer Hochzeitsgesellschaft. Sun wartet auf Shui Ta und auf die 300 Silberdollar aus dem Verkauf des Ladens für seine Fliegerstelle. Er hat zwei Fahrkarten nach Peking gekauft im Glauben, er könne damit Shui Tas Widerstand gegen die Verbindung brechen. Mit der Trauung will er warten, bis Shui Ta mit dem Geld kommt. Dabei hört er nicht auf Shen Te, die Shui Tas Kommen bezweifelt. Zudem brauche sie 200 Silberdollar für das alte Paar. Die Hochzeit fällt aus.

Zwischenspiel
Ort: Wangs Nachtlager
Wang fordert die Götter auf, Shen Te zu helfen, was diese aber ablehnen.

7 *Ort: Hof hinter Shen Tes Tabakladen*
Shen Te muss den Laden endgültig verkaufen. Selbst den Wagen mit ein wenig Hausrat, den sie noch besitzt, würde sie verschenken, um dem verletzten Wasserverkäufer Wang zu helfen. Dem Publikum verrät sie ihre Schwangerschaft; das Kind solle wie der Vater Flieger werden. Den Blankoscheck, den ihr der Barbier Shu Fu, beeindruckt von ihrer Güte, anbietet, zögert sie anzunehmen. Erneut greift Shui Ta ein. Er trägt in den Scheck 10.000 Silberdollar ein und eröffnet eine Tabakfabrik in den Baracken, die der Barbier den Armen als Bleibe angeboten hatte. Die Armen dienen ihm als billige Arbeitskräfte.

Zwischenspiel
Ort: Wangs Nachtlager
Wang bittet die Götter, ihre Erwartungen an Shen Te zu verringern. Dies verweigern sie.

8 *Ort: Shui Tas Tabakfabrik*
In Shui Tas Fabrik werden die Arbeiter rücksichtslos ausgebeutet. Auch Sun stellt er ein, dem er gleich die von Shen Te erhaltenen 200 Silberdollar vom Lohn abzieht. Sun schmeichelt sich jedoch bei Shui Ta ein und wird Aufseher, der die Arbeiter gnadenlos antreibt.

9 *Ort: Shen Tes Tabakladen*
Der dick gewordene Shui Ta kann die Nachfragen von Wang und anderen über Shen Tes Verbleib kaum mehr beantworten. Als Sun erfährt, dass Shen Te bei ihrem Weggang schwanger war, stellt er sich auf die Seite der skeptischen Frager. Wegen Verdachts, Shen Te ermordet zu haben, wird Shui Ta verhaftet.

Zwischenspiel
Ort: Wangs Nachtlager
Die Götter finden keine weiteren guten Menschen. Alle ihre Hoffnungen ruhen auf Shen Te.

10 *Ort: Gerichtslokal*
In den Richterroben stecken die drei Götter. Der von den Zeugen in die Enge getriebene Shui Ta bittet darum, den Saal räumen zu lassen, woraufhin er sich als Shen Te zu erkennen gibt. Sie erklärt, dass man in einer schlechten Welt nicht gut sein könne, wenn man überleben will. Die Götter wollen jedoch in ihr weiter nur den guten Menschen sehen und schweben mit Gesang auf einer rosa Wolke empor zum Himmel.

Epilog
Ein Schauspieler tritt vor den Vorhang und entschuldigt sich beim Publikum, dass man keinen rechten Schluss gefunden habe. So sei der Vorhang nun zu und alle Fragen offen. Vielleicht brauche man andere Götter oder gar keine, um etwas zu ändern. Das Publikum solle sich selbst einen Schluss denken.

---

1 Arbeiten Sie in einer Gegenüberstellung anhand der Inhaltsangaben die Unterschiede in der Struktur der beiden Stücke heraus. Berücksichtigen Sie dabei folgende Vergleichsaspekte:

Vergleichsaspekte	„Iphigenie auf Tauris“	„Der gute Mensch von Sezuan“
Äußerer Aufbau/Gliederung		
Handlungsführung und Spannungsaufbau		
Gestaltung von Anfang und Schluss		
Orte und Zeiträume/zeitliche Zusammenhänge		
Figuren (Herkunft und Stand, Lebensumstände, Leitlinien des Handelns, Eigenschaften) und ihre Konstellation		

2 **a** Zeichnen Sie zur besseren Veranschaulichung eine Verlaufsübersicht zur „Iphigenie“ mit den für Sie wesentlichen Handlungsmomenten.
b Beschreiben Sie anhand dieser Verlaufsübersicht die wichtigsten Unterschiede im Aufbau des Brecht-Stücks.
c Erläutern Sie, welche mögliche Wirkung auf das Publikum sich aus den jeweiligen Strukturen ergibt.

3 Begründen Sie, welches der beiden Stücke Sie für einen Theaterbesuch auswählen würden.

Das klassische Drama

Das europäische Drama hat seinen Ursprung im antiken Griechenland. Das zeigen schon einige gattungsspezifische Bezeichnungen, die aus dem Griechischen stammen: **Drama** (Handlung, Schauspiel), **Theater** (Zuschauerraum, Schauspielhaus), **Szene** (Bühne, Teil der Bühnenhandlung), **Dialog** (Wechselrede der Figuren) und **Monolog** (Einzelrede), **Tragödie** (Trauerspiel) und **Komödie** (Lustspiel).
Das Drama hat religiöse Wurzeln und entwickelte sich aus kultischen Handlungen mit Umzügen, Verkleidungen, Gesang und Tanz. Aus diesen volkstümlichen Traditionen schufen die attischen Dichter wie die drei berühmtesten, **Aischylos** (ca. 525–456 v. Chr.), **Sophokles** (497/96–406/405 v. Chr.) und **Euripides** (480–406 v. Chr.), eine künstlerische Ausdrucksform, die als „klassische" Tragödie oder Komödie Eingang in die Literatur des Abendlandes gefunden hat.
Inhalte der griechischen **Tragödien** waren Mythen (Geschichten von Göttern und Heroen) und historische Ereignisse. Als Thema stand die Beschränktheit des menschlichen Wollens und Könnens im Hinblick auf ethische Maßstäbe und göttliche Schicksalsmächte im Mittelpunkt.
Die **Komödien** beschäftigten sich dagegen hauptsächlich mit gesellschaftlichen Themen, die auch Raum zur persönlichen Auseinandersetzung boten. **Aristophanes** (ca. 445–385 v. Chr.) ist der einzige attische Dichter, von dem einige Komödien vollständig erhalten sind.
Der Erste, von dem eine Theorie des Dramas überliefert wurde und der dabei Grundsätzliches zu dessen Funktion und Struktur beschrieb und festlegte, war der griechische Philosoph **Aristoteles** (384–321 v. Chr.). Seine nur in Bruchstücken erhaltene **„Poetik"** (Lehre von Wesen, Form und Wirkung der Dichtung) führt Maßstäbe und Regeln auf, die in der Geschichte des europäischen Theaters lange Zeit als verbindlich galten. Auch moderne Theaterschriftsteller, wie z. B. **Bertolt Brecht** (1898–1956), setzten ihre theoretischen Überlegungen meist bei Aristoteles an, um das Neue und Andersartige ihrer Stücke aufzuzeigen.

Aristoteles: **Kennzeichen der Tragödie** (um 335 v. Chr.)

- Die Tragödie ist die Nachahmung einer edlen und abgeschlossenen Handlung von einer bestimmten Größe in gewählter Rede, derart, dass jede Form solcher Rede in gesonderten Teilen erscheint und dass gehandelt und nicht berichtet wird, und dass mit Hilfe von Mitleid und Furcht eine Reinigung (Katharsis) von eben derartigen Affekten bewerkstelligt wird.
- Es dürfen also Handlungen, die gut aufgebaut sind, weder an einem beliebigen Punkte beginnen noch an einem beliebigen Punkte aufhören.
- Die Teile der Handlungen müssen so zusammengesetzt sein, dass das Ganze sich verändert und in Bewegung gerät, wenn ein einziger Teil umgestellt oder weggenommen wird. Wo aber Vorhandensein oder Fehlen eines Stückes keine sichtbare Wirkung hat, da handelt es sich gar nicht um einen Teil des Ganzen.
- Die Tragödie versucht so weit wie möglich, sich in einem einzigen Sonnendurchlauf oder doch nur wenig darüber hinaus abzuwickeln.

1 **a** Verfassen Sie zu zweit einen Dialog, in dem durch Frage und Antwort die wesentlichen Merkmale der aristotelischen Poetik wiedergegeben, erläutert und ggf. auch begründet werden.
b Vergleichen Sie im Kurs Ihre Dialoge. Welches sind die Kernbegriffe von Aristoteles' Poetik?

2 Referat/Facharbeit: Stellen Sie ein antikes griechisches Drama mit Bezug auf die „Poetik" vor. Vergleichen Sie ein antikes griechisches Drama mit einer modernen Bearbeitung (z. B.: **Sophokles:** Antigone, **J. Anouilh:** Antigone oder **R. Hochhuth:** Berliner Antigone; **Euripides:** Medea, **H. Müller:** Verkommenes Ufer. Medeamaterial; **Aristophanes:** Lysistrata, **R. Hochhuth:** Lysistrata und die NATO).

Die geschlossene und die offene Form des Dramas

Information **Drama**

Das Drama, das den Regeln des **Aristoteles** folgt (▸ S.179), wird als **Drama der geschlossenen Form** bezeichnet. Die Tragödie als Hauptform des Dramas besteht in der Regel **aus fünf Akten:**

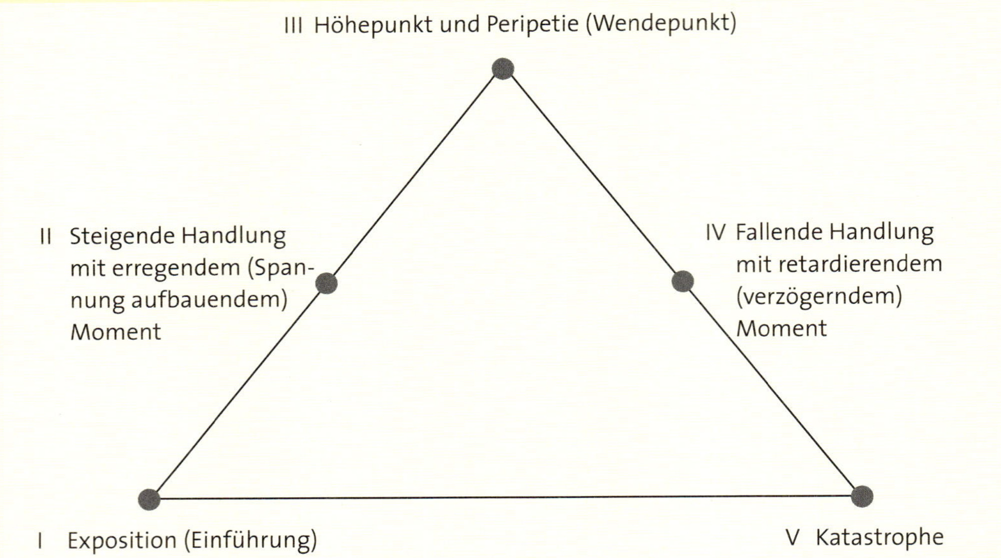

Durch dieses pyramidale Schema veranschaulicht der Schriftsteller und Literaturwissenschaftler **Gustav Freytag** (1816–1895) die Theorie des klassischen, aristotelisch geprägten Dramas in idealtypischer Weise. In seiner Abhandlung „Die Technik des Dramas" betont Freytag die ebenso auf Aristoteles zurückgehenden drei Einheiten: **die Einheit der Handlung, der Zeit und des Ortes.** Als idealtypisches Aufbauschema lässt es sich jedoch nur in unterschiedlich deutlichen Ausprägungen in Dramentexten finden. Am deutlichsten noch lässt sich die Einheit der Handlung im **Prinzip der durchgängigen Kausalität in der Handlungsführung** erkennen. Das bedeutet, dass sich jede Szene zwingend aus der vorherigen ergeben muss und die Ursache für das Geschehen der nächsten bildet, d.h., nichts geschieht zufällig.

Erst im 20. Jahrhundert gewannen demgegenüber Spielarten eines nicht aristotelischen **Dramas der offenen Form** an Bedeutung und entfalteten eine immer größer werdende Wirkungsgeschichte. Vorläufer dieser Dramenform fand man in den szenischen Bilderbogen des Mittelalters zur Darstellung biblischer Geschichten, aber auch in formal eigenwilligen Theaterstücken des Epochenumbruchs um 1800, wie z.B. in **Goethes** „Faust" (▸ S.303 ff.) oder **Büchners** „Woyzeck" (▸ S.340 ff.).

1 Versuchen Sie, die im Folgenden ungeordnet aufgelisteten Merkmale der geschlossenen und offenen Dramenform in Gestalt einer kontrastiven Übersicht zu ordnen. Nutzen Sie dazu die Szenenausschnitte und die Inhaltsübersichten zu „Iphigenie auf Tauris" (Beispiel geschlossene Form, ▸ S.175 f.) und „Der gute Mensch von Sezuan" (Beispiel offene Form, ▸ S.176 ff.). Führen Sie daraus Belege zu den einzelnen Merkmalen an.

	geschlossene Form – offene Form
Handlung	*mehrsträngig, aufgefächert – linear – in Kurven – einheitlich, in sich abgeschlossen – eng verknüpfte, psychologisch konsequente Abfolge (nicht austauschbar) – sprunghaft, mit vielen Aussparungen – relative Eigenständigkeit einzelner Episoden (austauschbar) – keine Sprünge und Lücken*
Aufbau	*lose Folge von Bildern oder Stationen – Gliederung in Akte und Szenen, die sich zu den Akten zusammenfügen – Szenen bilden eigenen Schwerpunkt – Szenen funktional für größeren Zusammenhang – Komposition – Reihung*
Zeit	*große Ausdehnung – Szenen schließen aneinander an – große Distanz zwischen Szenen möglich – geringe Ausdehnung*
Ort	*viele – eingeschränkter bzw. gar kein Wechsel – uneingeschränkter Wechsel – wenige*
Figuren	*Motive häufig im Kreatürlichen, Unbewussten oder Sozialen – einheitlich hoher gesellschaftlicher Stand der Protagonisten – Motive im Geistigen oder abgeklärt Seelischen – keine ständischen oder sozialen Beschränkungen bei Handlungsträgern*
Sprache	*Vielfalt der Sprechweisen (Alltagssprache, Dialekte) – Vorherrschen des aktionistischen Dialogs, der die Handlung vorantreibt – verschiedene Gesprächsformen, auch stockende, zerfahrene, sprunghafte Gespräche und Geplauder – einheitliche, rhetorisch geformte Hochsprache, häufig in Versform (Blankvers)*

2 Untersuchen Sie Ihnen bekannte Theaterstücke mit Hilfe der kontrastiven Übersicht und ordnen Sie sie der geschlossenen oder offenen Form zu.

3 Diskutieren Sie den Sinn und Zweck der Konstruktion solcher idealtypischen Schemata wie jener von der geschlossenen und offenen Dramenform.

Bertolt Brechts episches Theater

Die wohl wichtigste Variante der offenen Dramenform entwickelte seit Ende der 1920er Jahre **Bertolt Brecht** (1898–1956) mit seinem **epischen Theater.** Er vermied für seine szenischen Werke den Begriff „Drama" und nannte sie einfach **Stücke** und sich selbst „Stückeschreiber".
Der „dramatischen Form" des aristotelischen Theaters setzte Brecht seine „epische Form" entgegen. Unter „episch" verstand er eine Art der Darbietung des Geschehens, wie sie der Erzähler in der epischen Gattung verwendet. Dem Publikum sollte die Illusion genommen werden, es verfolge ein unmittelbares Geschehen. Die so genannte „vierte Wand", die sich im klassischen Theater fiktiv zwischen Bühnen- und Zuschauerraum befindet und die suggeriert, man erlebe unbemerkt von den Akteuren die Bühnenhandlung mit, sollte aufgebrochen werden, indem das Publikum z. B. direkt angesprochen wird (Publikumsanrede im „Guten Menschen von Sezuan" durch die Figur des Wang, ► S. 171 f.). Damit verfolgte Brecht eine ganz andere Wirkungsabsicht als die, die er dem traditionellen, aristotelischen Drama (► S. 179–180) zuschrieb.

Bertolt Brecht **Die Bühne begann zu erzählen** (1936)

Zum Verständnis der Vorgänge war es nötig geworden, die *Umwelt*, in der die Menschen lebten, „groß“ und „bedeutend“ zur Geltung zu bringen.

Diese Umwelt war natürlich auch im bisherigen Drama gezeigt worden, jedoch nicht als selbständiges Element, sondern nur von der Mittelpunktsfigur des Dramas aus. Sie erstand aus der Reaktion des Helden auf sie. Sie wurde gesehen, wie der Sturm gesehen werden kann, wenn man auf einer Wasserfläche die Schiffe ihre Segel entfalten und die Segel sich biegen sieht. Im epischen Theater sollte sie aber nun selbständig in Erscheinung treten.

Die Bühne begann zu erzählen. Nicht mehr fehlte mit der vierten Wand zugleich der Erzähler. Nicht nur der Hintergrund nahm Stellung zu den Vorgängen auf der Bühne, indem er auf großen Tafeln gleichzeitig andere Vorgänge an andern Orten in die Erinnerung rief, Aussprüche von Personen durch projizierte Dokumente belegte oder widerlegte, zu abstrakten Gesprächen sinnlich faßbare, konkrete Zahlen lieferte, zu plastischen, aber in ihrem Sinn undeutlichen Vorgängen Zahlen und Sätze zur Verfügung stellte – auch die Schauspieler vollzogen die Verwandlung nicht vollständig, sondern hielten Abstand zu der von ihnen dargestellten Figur, ja forderten deutlich zur Kritik auf.

Von keiner Seite wurde es dem Zuschauer weiterhin ermöglicht, durch einfache Einfühlung in dramatische Personen sich kritiklos (und praktisch folgenlos) Erlebnissen hinzugeben. Die Darstellung setzte die Stoffe und Vorgänge einem Entfremdungsprozeß aus. Es war die Entfremdung, welche nötig ist, damit verstanden werden kann. Bei allem „Selbstverständlichen“ wird auf das Verstehen einfach verzichtet. Das „Natürliche“ muß das Moment des *Auffälligen* bekommen. Nur so konnten die Gesetze von Ursache und Wirkung zutage treten. Das Handeln der Menschen mußte zugleich so sein und mußte zugleich anders sein können.

R

1 a Erläutern Sie anhand des Textes, welche Folgen nach Brecht die Episierung des Theaters für Inhalt und Handlungsaufbau der Stücke, für die Einrichtung der Bühne und das Bühnenbild sowie für die Schauspielerinnen und Schauspieler hat.

b Formulieren Sie den folgenden Satz zu Ende: *In Brechts epischem Theater sollte es nicht mehr wie im aristotelischen Theater um Gefühlserlebnisse, um Furcht und Mitleid, gehen, sondern …*

2 Zum Zweck der „Entfremdung“ der Stoffe und Vorgänge (vgl. Z. 34 ff.) setzte Brecht für sein Theater den **Verfremdungseffekt (V-Effekt)** ein.
Suchen Sie zu den folgenden Verfremdungstechniken Beispiele aus „Der gute Mensch von Sezuan“ (► S. 171 f., 176 ff.) und erläutern Sie deren Funktion im Zusammenhang der Szene bzw. des Stücks.

Information **Verfremdungseffekt**

- **Prinzip der Historisierung:** Die Handlung, an der gegenwärtige und vertraute gesellschaftliche Verhältnisse gezeigt werden sollen, wird in andere historische und/oder geografische Räume verlegt.
- **Dialektisches Prinzip:** Das Publikum stößt immer wieder auf Widersprüche:
  - a im Aufbau der Handlung, indem Szenen mit gegensätzlichen Aussagen einander folgen;
  - b im Verhalten der Figuren, deren Sagen und Handeln nicht übereinstimmen oder die als gespaltene Persönlichkeiten dargestellt werden.
- **Prinzip der Demonstration und Desillusionierung:**
  - a Die Darstellerinnen und Darsteller identifizieren sich nicht mit ihren Rollen, sondern treten

aus diesen Rollen heraus, indem sie sich plötzlich an das Publikum wenden. Sie treten dabei an die Rampe, um einen Text, z.B. ein Lied, vorzutragen, der die Handlung kommentiert, oder sie legen erst auf der Bühne ihre Kostüme an. Sie *sind* nicht die darzustellende Figur, gehen also nicht völlig in ihr auf, sondern sie *zeigen* sie.

b Das Bühnenbild bietet keinen vermeintlich realen Schauplatz bzw. keine stimmungsvolle Kulisse, sondern durch Tafeln, Projektionen und andere Mittel der Bühnentechnik werden zusätzliche Informationen zur Handlung sowie Kommentare abgegeben.

- **Prinzip verschiedener „Sprachebenen":** Die Sprache ist weder die gehobene literarische Sprache des traditionellen Theaters noch eine gebräuchliche Alltagssprache, sondern eine eigene Kunstsprache mit verschiedenen Sprachebenen. Dabei wechseln die Figuren z.T. sprunghaft ihre Sprachebene und verwenden, häufig unangemessen, Sprichwörter oder Zitate.

3 Nehmen Sie eine Umarbeitung der Eingangsszene von Goethes „Iphigenie auf Tauris" (▸ S.170 f.) im Sinne des epischen Theaters vor. Was würde sich am Auftritt der Iphigenie und ihrem Eingangsmonolog ändern? Wie würde die Bühne eingerichtet sein und das Bühnenbild aussehen?

2.3 Wirkungsabsichten – Was will das Theater?

Gotthold Ephraim Lessing: **Brief an Friedrich Nicolai über das Trauerspiel** (1756)

Wenn es also wahr ist, dass die ganze Kunst des tragischen Dichters auf die sichere Erregung und Dauer des einzigen Mitleidens geht, so sage ich nunmehr, die Bestimmung der Tragödie ist diese: Sie soll *unsere Fähigkeit, Mitleid zu fühlen,* erweitern. Sie soll uns nicht bloß lehren, gegen diesen oder jenen Unglücklichen Mitleid zu fühlen, sondern sie soll uns so weit fühlbar machen, dass uns der Unglückliche zu allen Zeiten und unter allen Gestalten rühren und für sich einnehmen muss. Und nun berufe ich mich auf einen Satz, den Ihnen Herr Moses[1] vorläufig demonstrieren mag, wenn Sie, Ihrem eignen Gefühl zum Trotz, daran zweifeln wollen. *Der mitleidigste Mensch ist der beste Mensch,* zu allen gesellschaftlichen Tugenden, zu allen Arten der Großmut der aufgelegteste. Wer uns also mitleidig macht, macht uns besser und tugendhafter, und das Trauerspiel, das jenes tut, tut auch dieses, oder – es tut jenes, um dieses tun zu können. Bitten Sie es dem Aristoteles ab, oder widerlegen Sie mich. (▸ S.285)

1 **Moses Mendelssohn (1729–1786):** Publizist und Philosoph; gilt als Wegbereiter der jüdischen Aufklärung

Friedrich Schiller: **Die Schaubühne als moralische Anstalt betrachtet** (1784)

Die Gerichtsbarkeit der Bühne fängt an, wo das Gebiet der weltlichen Gesetze sich endigt. Wenn die Gerechtigkeit für Gold verblindet und im Solde der Laster schwelgt, wenn die Frevel der Mächtigen ihrer Ohnmacht spotten und Menschenfurcht den Arm der Obrigkeit bindet, übernimmt die Schaubühne Schwert und Waage und reißt die Laster vor einen schrecklichen Richterstuhl. Das ganze Reich der Fantasie und Geschichte, Vergangenheit und Zukunft stehen ihrem Wink zu Gebot. Kühne Verbrecher, die längst schon im Staub vermodern, werden durch den allmächtigen Ruf der Dichtkunst jetzt vorgeladen und wiederholen zum schauervollen Unterricht der Nachwelt ein schändliches Leben. Ohnmächtig, gleich den Schatten in einem Hohlspiegel, wandeln die Schrecken ihres Jahrhunderts vor unsern Augen vorbei, und mit wollüstigem Entsetzen verfluchen wir ihr Gedächtnis. [...]

So gewiss sichtbare Darstellung mächtiger wirkt als toter Buchstabe und kalte Erzählung, so gewiss wirkt die Schaubühne tiefer und dauernder als Moral und Gesetze.

Aber hier unterstützt sie die weltliche Gerechtigkeit nur – ihr ist noch ein weiteres Feld geöffnet. Tausend Laster, die jene ungestraft duldet, straft sie; tausend Tugenden, wovon jene schweigt, werden von der Bühne empfohlen. Hier begleitet sie die Weisheit und die Religion. Aus dieser reinen Quelle schöpft sie ihre Lehren und Muster und kleidet die strenge Pflicht in ein reizendes, lockendes Gewand. Mit welch herrlichen Empfindungen, Entschlüssen, Leidenschaften schwellt sie unsere Seele, welche göttlichen Ideale stellt sie uns zur Nacheiferung aus! [...]

Nicht bloß auf Menschen und Menschencharakter, auch auf Schicksale macht uns die Schaubühne aufmerksam und lehrt uns die große Kunst, sie zu ertragen. [...]

Die Schaubühne ist die Stiftung, wo sich Vergnügen mit Unterricht, Ruhe mit Anstrengung, Kurzweil mit Bildung gattet, wo keine Kraft der Seele zum Nachteil der andern gespannt, kein Vergnügen auf Unkosten des Ganzen genossen wird. Wenn Gram an dem Herzen nagt, wenn trübe Laune unsre einsamen Stunden vergiftet, wenn uns Welt und Geschäfte anekeln, wenn tausend Lasten unsre Seele drücken und unsre Reizbarkeit unter Arbeiten des Berufs zu ersticken droht, so empfängt uns die Bühne – in dieser künstlichen Welt träumen wir die wirkliche hinweg, wir werden uns selbst wiedergegeben, unsre Empfindung erwacht, heilsame Leidenschaften erschüttern unsre schlummernde Natur und treiben das Blut in frischeren Wallungen. Der Unglückliche weint hier mit fremdem Kummer seinen eigenen aus – der Glückliche wird nüchtern und der Sichere besorgt. Der empfindsame Weichling härtet sich zum Manne, der rohe Unmensch fängt hier zum ersten Mal zu empfinden an. Und dann endlich – welch ein Triumph für dich, Natur! – so oft zu Boden getretene, so oft wieder auferstehende Natur! – wenn Menschen aus allen Kreisen und Zonen und Ständen, abgeworfen jede Fessel der Künstelei und der Mode, herausgerissen aus jedem Drange des Schicksals, durch *eine* allwebende Sympathie verbrüdert, in *ein* Geschlecht wieder aufgelöst, ihrer selbst und der Welt vergessen und ihrem himmlischen Ursprung sich nähern. Jeder Einzelne genießt die Entzückungen aller, die verstärkt und verschönert aus hundert Augen auf ihn zurückfallen, und seine Brust gibt jetzt nur *einer* Empfindung Raum – es ist diese: ein Mensch zu sein.

Bertolt Brecht: **Was ist mit dem epischen Theater gewonnen?** (1939)

Damit ist gewonnen, daß der Zuschauer die Menschen auf der Bühne nicht mehr als ganz unveränderbare, unbeeinflußbare, ihrem Schicksal hilflos ausgelieferte dargestellt sieht. Er sieht: dieser Mensch ist so und so, weil die Verhältnisse so und so sind. Und die Verhältnisse sind so und so, weil der Mensch so und so ist. Er ist aber nicht nur so vorstellbar, wie er ist, sondern auch anders, so wie er sein könnte, und auch die Verhältnisse sind anders vorstellbar, als sie sind. Damit ist gewonnen, daß der Zuschauer im Theater eine neue Haltung bekommt. Er bekommt den Abbildern der Menschenwelt auf der Bühne gegenüber jetzt dieselbe Haltung, die er als Mensch dieses Jahrhunderts der Natur gegenüber hat. Er wird auch im Theater empfangen als der große Änderer, der in die Naturprozesse und die gesellschaftlichen Prozesse einzugreifen vermag, der die Welt nicht mehr nur hinnimmt, sondern sie meistert. Das Theater versucht nicht mehr, ihn besoffen zu machen, ihn mit Illusionen auszustatten, ihn die Welt vergessen zu machen, ihn mit seinem Schicksal auszusöhnen. Das Theater legt ihm nunmehr die Welt vor zum Zugriff. R

1 Was soll das Theater zeigen und was soll es bewirken? Geben Sie die Antworten der Autoren mit eigenen Worten wieder. Nennen Sie Übereinstimmungen und Unterschiede.

2 a Begründen Sie, welche Wirkungsabsicht Sie mehr anspricht. Welches Theater bevorzugen Sie?
b Inwieweit wollen heutige Spielfilme oder Fernsehserien gemäß diesen Theorien wirken? Vergleichen Sie Ihre diesbezüglichen Rezeptionserfahrungen.

Friedrich Dürrenmatt: **Uns kommt nur noch die Komödie bei** (1955)

Die Tragödie setzt Schuld, Not, Maß, Übersicht, Verantwortung voraus. In der Wurstelei unseres Jahrhunderts, in diesem Kehraus der weißen Rasse, gibt es keine Schuldigen und auch keine Verantwortlichen mehr. Alle können nichts dafür und haben es nicht gewollt. Es geht wirklich ohne jeden. Alles wird mitgerissen und bleibt in irgendeinem Rechen hängen. Wir sind zu kollektiv schuldig, zu kollektiv gebettet in die Sünden unserer Väter und Vorväter. Wir sind nur noch Kindeskinder. Das ist unser Pech, nicht unsere Schuld: Schuld gibt es nur noch als persönliche Leistung, als religiöse Tat. Uns kommt nur noch die Komödie bei. Unsere Welt hat ebenso zur Groteske geführt wie zur Atombombe, wie ja die apokalyptischen Bilder des Hieronymus Bosch[1] auch grotesk sind. Doch das Groteske ist nur ein simpler Ausdruck, ein sinnliches Paradox, die Gestalt nämlich einer Ungestalt, das Gesicht einer gesichtslosen Welt, und genauso wie unser Denken ohne den Begriff des Paradoxen nicht mehr auszukommen scheint, so auch die Kunst, unsere Welt, die nur noch ist, weil die Atombombe existiert: aus Furcht vor ihr.

Doch ist das Tragische immer noch möglich, auch wenn die reine Tragödie nicht mehr möglich ist. Wir können das Tragische aus der Komödie herausziehen, hervorbringen als einen schrecklichen Moment, als einen sich öffnenden Abgrund, so sind ja schon viele Tragödien Shakespeares Komödien, aus denen heraus das Tragische aufsteigt.

Nun liegt der Schluß nahe, die Komödie sei der Ausdruck der Verzweiflung, doch ist dieser Schluß nicht zwingend. Gewiß, wer das Sinnlose, das Hoffnungslose dieser Welt sieht, kann verzweifeln, doch ist diese Verzweiflung nicht eine Folge dieser Welt, sondern eine Antwort, die er auf diese Welt gibt, und eine andere Antwort wäre sein Nichtverzweifeln, sein Entschluß etwa, die Welt zu bestehen, in der wir oft leben wie Gulliver unter den Riesen. Auch der nimmt Distanz, auch der tritt einen Schritt zurück, der seinen Gegner einschätzen will, der sich bereit macht, mit ihm zu kämpfen oder ihm zu entgehen. Es ist immer noch möglich, den mutigen Menschen zu zeigen.

Dies ist denn auch eines meiner Hauptanliegen. Der Blinde, Romulus, Übelohe, Akki[2] sind mutige Menschen. Die verlorene Weltordnung wird in ihrer Brust wiederhergestellt, das Allgemeine entgeht meinem Zugriff. Ich lehne es ab, das Allgemeine in einer Doktrin[3] zu finden, ich nehme es als Chaos hin. Die Welt (die Bühne somit, die diese Welt bedeutet) steht für mich als ein Ungeheures da, als ein Rätsel an Unheil, das hingenommen werden muß, vor dem es jedoch kein Kapitulieren geben darf. [R]

1 **Hieronymus Bosch** (um 1450–1516): niederländischer Maler
2 **der Blinde, Romulus, Übelohe, Akki:** Figuren in Dürrenmatts Dramen
3 **Doktrin:** Lehrsatz; auch: zum Glaubenssatz verhärtete Meinung; programmatische Festlegung

1 Zeichnen Sie den Gedankengang des Textes mit eigenen Worten nach.
2 Vergleichen Sie Dürrenmatts Theorie des grotesken Theaters mit den Theorien Lessings, Schillers und Brechts. Was hat sich für ihn grundlegend geändert und wie reagiert er darauf?

3 **Referat:** Recherchieren Sie weitere Theaterkonzepte wie das „Dokumentartheater" (▶ S. 440) oder das „absurde Theater" (z. B.: **S. Beckett:** Warten auf Godot, **E. Ionesco:** Die Nashörner, **H. Müller:** Totenfloß) und stellen Sie diese Konzepte vor. Welche neuen Akzentsetzungen im Hinblick auf die Wirkungsabsicht und die Auseinandersetzung mit der Welt können Sie entdecken?

Karin Beier (Intendantin Schauspiel Köln): **„Klassiker sind nun mal Klassiker"** (Ein Interview, 2008)

FRAGE: Sie sind durch Ihre Shakespeare-Inszenierungen bekannt geworden, die die Stücke in moderne Kontexte stellten und die an ungewöhnlichen Spielstätten stattfanden. Wie aktuell dürfen oder müssen Klassiker inszeniert werden?

K. BEIER: Es gibt keine Grenzen, weil das Theater sich anders begreift als andere künstlerische Formen. Die Aufführung existiert ja nur in dem Moment, in dem sie gerade stattfindet, während der Text bleibt. Man wird einen Klassiker immer auf die Frage prüfen müssen: Was hat er heutzutage für uns für eine Bedeutung? Manchmal ist die Bedeutung augenscheinlich, manchmal ist es komplizierter, manchmal nimmt man nur Fragmente des klassischen Textes als Gedankenanstoß. Wenn ich Shakespeare inszeniere, finde ich Komikerszenen, in denen sich Shakespeare mit der elisabethanischen Zeit auseinandersetzt, mit Dingen, die „en vogue" waren oder politisch eine Rolle gespielt haben. Das versteht heute kein Mensch mehr. Man handelt im Geiste des Autors, wenn man die Situationen in einen verstehbaren Kontext stellt, etwa die Frage nach Moral, nach Verantwortung des Einzelnen. Die Diskussion um Werktreue und werkgetreue Interpretation ist müßig und auch etwas veraltet. In der Sekunde, in der ich einen Satz spreche, interpretiere ich ihn bereits, je nachdem, wie ich ihn spreche. Wenn ich das vermeiden möchte, muss ich Bücher verteilen. Wenn ich mir zehn verschiedene „Faust"-Inszenierungen anschaue, dann interessieren mich die zehn verschiedenen Lesarten. Es ist also erklärtermaßen Aufgabe und Anspruch eines Theaters, sich mit unserer Zeit auseinanderzusetzen. Wir sind ja kein Museum. Es geht nicht darum, etwas zu bewahren, sondern vielmehr um „Reibung", es geht darum, die Zuschauer zum Nachdenken anzuregen. Die Leute sollen sich selber auf der Bühne erkennen.

FRAGE: Gibt es Dramentexte, die sich dafür besonders eignen und die deshalb eine Art Kanonstellung in der Schule haben sollten?

K. BEIER: Klassiker sind nun mal Klassiker, weil sie beim Zuschauer etwas treffen, ihn in seinen Grundfesten berühren, Parabelcharakter besitzen, große Themen aufgreifen, die natürlich von Liebe, Macht, Verantwortung oder Identitätsfragen handeln. [...] Auch Schillers „Jungfrau von Orleans" ist ein spannender, moderner Stoff, der etwas über religiösen Fanatismus erzählt. Den kann man nicht in einer historisierenden Inszenierung vermitteln. Schiller würde sich wahrscheinlich im Grabe herumdrehen. Schließlich wollte er selbst die Dinge aufbrechen, wollte Reibung erzeugen. Vielleicht ist dieses Missverständnis der Werktreue ein Grund dafür, dass ich als Schülerin oft die Klassiker nicht gerne gelesen habe. Mich beeindruckte eher Albees „Wer hat Angst vor Virginia Woolf".

FRAGE: Was zeichnet Ihrer Meinung nach ein gutes modernes Theaterstück aus, das Sie vielleicht in den Spielplan am Kölner Schauspielhaus aufnehmen würden?

K. BEIER: Wir haben zum Beispiel sehr häufig das Problem, dass moderne Stücke oder neue Stücke nicht auf der großen Bühne inszeniert werden können, weil sie sprachlich nicht kraftvoll genug sind. Selbstverständlich muss es – genauso wie bei der Wahl des Klassikers – einen Punkt geben, an dem ich sage: Das geht uns was an, das ist wichtig. Ich freue mich, wenn Texte nicht nur versuchen, eine „filmische" Sprache zu entwickeln, weil ich dann doch lieber ins Kino gehe. Nehmen wir die Texte von Yasmina Reza, das ist ja fast eine filmische Sprache. Doch sie beherrscht das Metier, den finsteren und auch bösartigen Blick auf unsere Gesellschaft mit der Komödie zu paaren. Und das funktioniert ganz wunderbar im Theater. Das ist nicht sentimental, sondern scharf im Blick und zugleich voller Humor. Ansonsten gibt es leider oft Autoren, bei denen man merkt, dass da immer eine Kamera mitgedacht ist. Da gibt es keine Überhöhung, keine Übersetzung. Aber gerade das finde ich für das Theater wichtig. Ich persönlich finde es als Regisseurin nicht aufregend, wenn alles schon dasteht. Dann kann man nicht mehr dran „kratzen" und eine weitere Schicht entdecken, und vielleicht noch eine Schicht darunter. Da steht dann genau das, was die Figuren denken, und das sagen die auch so. Interessant ist doch das, was nicht ausgesprochen wird.

FRAGE: Wie stellen Sie als Intendantin den Spielplan einer Theatersaison zusammen?

K. BEIER: Wir versuchen, dem Spielplan thematisch einen Zusammenhalt zu geben, sodass er nicht „Kraut und Rüben" wird. Wir entwickeln eine Art „Motto", ein Leitmotiv und sprechen mit all den Künstlern, mit denen wir zusammenarbeiten, und versuchen das Leitmotiv zu berücksichtigen. Wir sagen den Regisseuren: Wir schlagen dir vor „Dantons Tod". Der Regisseur liest es dann und sagt z. B.: Lass mich bloß mit „Dantons Tod" in Ruhe, aber was hältst du von Sternheim? So geht das hin und her, und irgendwann einigt man sich auf ein Stück.

FRAGE: Nehmen Sie Rücksicht auf das Publikum, die Abonnenten?

K. BEIER: Märchen- und Liederabende, die würden laufen, aber wir haben uns verweigert, einen Spielplan zu entwerfen, der nur darauf schielt, ein ausverkauftes Haus zu haben. Dafür ist ein Stadttheater nicht da. Theater ist manchmal nicht eingängig, sondern anstrengend und beim nächsten Mal vielleicht noch anstrengender. Und deshalb machen wir das auch, und die meisten unserer Abonnenten wissen das. Selbstverständlich muss die Balance stimmen, obwohl ich manchmal gerne noch experimenteller wäre. Natürlich freuen wir uns auch, wenn ein Abiturstück in unser Spielzeitthema passt, aber diese Saison wollte keiner unserer Regisseure eines machen.

---

1 Fassen Sie zusammen, welche Bedeutung die Bühnenklassiker in den Augen Karin Beiers haben und wie das Theater mit ihnen umgehen sollte.

2 Stellen Sie sich vor, Sie wären Abonnentin bzw. Abonnent des Kölner Schauspielhauses. Nehmen Sie Stellung zur Aussage Karin Beiers, dass sie weniger ein eingängiges als ein anstrengendes Theater für Sie machen will.

3 **a** Setzen Sie sich in Form eines Leserbriefs mit Karin Beiers Position auf Grund Ihrer eigenen Erfahrungen mit Klassikern in Schule und Theater auseinander.

b Prüfen Sie, welche Übereinstimmungen und Unterschiede Sie in den Ausführungen Karin Beiers zu den Theorien von Aristoteles bis Dürrenmatt (▶ S. 179, 183–185) im Hinblick auf Aufgabe und Anspruch des Theaters entdecken können.

3 Lyrik

George Grosz: Dämmerung (1921)

Andreas Thalmayr:
Das Wasserzeichen der Poesie
(1997) – Auszug aus der Vorrede

Was die Kunst betrifft, so brauchen wir uns ihretwegen keine Sorge zu machen. Das Wasserzeichen verschwindet nicht so leicht. Wer Lust hat – ohne Lust geht es nicht –, der braucht die Wörter nur gegen das Licht zu halten. Unter jedem Text findet sich ein anderer, finden sich viele andere, mehr als die Weisheit des Lesers und des Schreibers sich träumen lassen.

1 „Das Wasserzeichen der Poesie“: Erläutern Sie diese **Metapher** (► S. 47, 197) vor dem Hintergrund eigener schulischer und privater Leseerfahrungen.

2 **a** Notieren Sie alle Ihre Assoziationen zu dem Gemälde von George Grosz.
b Nutzen Sie Ihre Ergebnisse für die Gestaltung eines Gedichtes mit dem Titel „Dämmerung“.
c Tragen Sie Ihre Gedichte in kleinen Gruppen vor und sprechen Sie über das, was jede/r von Ihnen hinter bzw. „unter“ den Gedichten liest („Wörter […] gegen das Licht halten“, vgl. Z. 6–7).

In diesem Kapitel erwerben Sie folgende Kenntnisse und Kompetenzen:

- einen persönlichen Zugang zu Gedichten finden, Ideen für die Interpretation entwickeln und ausarbeiten,
- sprachliche Mittel in Gedichten erkennen und zum Inhalt des Gedichts in Beziehung setzen,
- formale Gedichtmerkmale benennen und in ihrer Funktion für Wirkung und Aussage erläutern,
- intertextuelle Bezüge sowie formale und inhaltliche Vergleichsmöglichkeiten zwischen Gedichten erkennen und für deren Verständnis nutzen,
- unterschiedliche Positionen zum heutigen Stellenwert von Lyrik vergleichen und erörtern.

3.1 Zwischenzeiten – Zwischen den Zeilen, zwischen den Texten

Dietmar von Aist (etwa 1139–1171)

„Slâfest du, friedel ziere?
man weckt uns leider schiere:
ein vogellîn sô wol getân
daz ist der linden an daz zwî gagân."

„Ich was vil sanfte entslâfen:
nu rüefestu kint wâfen.
liep âne leit mac niht gesîn.
swaz du gebiutst, daz leiste ich,
friundîn mîn."

Diu frouwe begunde weinen.
„du rîtst und lâst mich eine.
wenne wilt du wider her zuo mir?
owê du füerst mîn fröide sament dir!"

Max Wehrli: **Übersetzung von „Slâfest du ..."**

„Schläfst du, mein schöner Liebster?
Bald wird man uns leider wecken.
Ein Vögelchen, ein wohlgestaltes,
ist auf der Linde Zweig gekommen."

„Ich war sanft eingeschlafen:
Nun rufst du, Kind, mich auf!
Lieb ohne Leid, das kann nicht sein.
Was immer du befiehlst, das tu ich,
meine Freundin."

Die Frau begann zu weinen.
„Du reitest und lässt mich allein.
Wann willst du wieder her zu mir?
O weh, du nimmst mein Glück zugleich mit dir!"

Bertolt Brecht:
Entdeckung an einer jungen Frau (um 1925)

Des Morgens nüchterner Abschied, einer Frau
Kühl zwischen Tür und Angel, kühl besehn.
Da sah ich: eine Strähn in ihrem Haar war grau
Ich konnt mich nicht entschließen mehr zu gehn.

Stumm nahm ich ihre Brust, und als sie fragte
Warum ich Nachtgast nach Verlauf der Nacht
Nicht gehen wolle, denn so war's gedacht
Sah ich sie unumwunden an und sagte:

Ist's nur noch eine Nacht, will ich noch bleiben
Doch nütze deine Zeit; das ist das Schlimme
Daß du so zwischen Tür und Angel stehst.

Und laß uns die Gespräche rascher treiben
Denn wir vergaßen ganz, daß du vergehst.
Und es verschlug Begierde mir die Stimme.

R

Karin Kiwus: **Im ersten Licht** (1976)

Wenn wir uns gedankenlos getrunken haben
aus einem langen Sommerabend
in eine kurze heiße Nacht
wenn die Vögel dann früh
davonjagen aus gedämpften Färbungen
in den hellen tönenden frischgespannten
Himmel

wenn ich dann über mir in den Lüften
weit und feierlich mich dehne
in den mächtigen Armen meiner Toccata

wenn du dann neben mir im Bett
deinen ausladenden Klangkörper bewegst
dich dumpf aufrichtest und zur Tür gehst

und wenn ich dann im ersten Licht
deinen fetten Arsch sehe
deinen Arsch
verstehst du
deinen trüben verstimmten ausgeleierten Arsch
dann weiß ich wieder
daß ich dich nicht liebe
wirklich
daß ich dich einfach nicht liebe

R

1 Auf den Seiten 189 und 190–191 finden Sie Gedichte, in denen die Zeiten zwischen Tag und Nacht thematisiert werden. Sammeln Sie Assoziationen und Erfahrungen, Begriffe und Bilder zu solchen „Zwischenzeiten" in einer großen Collage (Wandzeitung). Nutzen Sie auch Ihre Ergebnisse zu S. 188, Aufgabe 2 a und b.

2 a Lesen Sie die Gedichte und wählen Sie ein Gedicht aus, das Ihnen besonders gut gefällt oder einen besonderen Eindruck auf Sie macht. Stellen Sie Ihre Wahl kurz vor.

b Zeigen Sie Beziehungen zwischen den Texten auf. Schreiben Sie dazu die Gedichttitel auf Pappstreifen, die Sie an der Tafel variabel einander zuordnen können. Nutzen Sie verschiedene grafische Mittel (Tabelle, Pfeile, Zeitleiste etc.), um die Beziehungen zu verdeutlichen.

3 In der Tradition des „Tageliedes" wird die Trennung von Liebenden nach einer gemeinsamen Nacht lyrisch gestaltet:

a Wählen Sie eines der Gedichte von S. 189 für eine ausführliche **Analyse** (► S. 566 ff.).

b Beschreiben Sie den unterschiedlichen Umgang mit dem Tagelied**motiv** (► Information) bei Dietmar von Aist, Brecht, Kiwus.

Information **Literarisches Motiv**

Als **literarisches Motiv** wird allgemein ein thematisches Element eines Textes verstanden, das im Text selbst wiederholt auftritt oder einem Schema entspricht, das bereits in anderen literarischen Werken vorkommt (**Intertextualität,** ► S. 22, 307), wie z. B. das Motiv der Dämmerung, des Liebesleids, des Doppelgängers, der Heimkehr oder Trennung etc. Mit der Verwendung eines solchen Motivs stellen der/die Dichter/in oder der/die Leser/in Beziehungen zu anderen motivgleichen Texten her. Diese Beziehungen wirken sich auf den Aussagegehalt und das Verständnis der Texte aus.

Eduard Mörike: **In der Frühe** (1828)

Kein Schlaf noch kühlt das Auge mir,
Dort gehet schon der Tag herfür
An meinem Kammerfenster.
Es wühlet mein verstörter Sinn
Noch zwischen Zweifeln her und hin
Und schaffet Nachtgespenster.
– Ängste, quäle
Dich nicht länger, meine Seele!
Freu' dich! schon sind da und dorten
Morgenglocken wach geworden.

Christine Busta: **In der Morgendämmerung** (1958)

Draußen beginnt schon der Himmel zu
schweben.
Ich weiß, dass furchtbare Asche regnet auf
unseren Stern,
und es fällt auch viel Asche auf die Herzen.

Der Tod ist nahe,
der Atem des Lebens geht leise,
und reicht er dir auch nur vom Mund
bis zum armen Gesicht eines Nächsten,
du kannst noch die Asche bewegen,
noch mit dem schwindenden Hauch
dem Anflug des Grässlichen wehren.

Auch Gott hat nichts als geatmet,
als er den Menschen erschuf,
sein Ebenbild für die Gräber
unsres verlornen Gestirns.

Joseph von Eichendorff: **Zwielicht** (1815)

Dämmrung will die Flügel spreiten,
Schaurig rühren sich die Bäume,
Wolken ziehn wie schwere Träume –
Was will dieses Grau'n bedeuten?

Hast ein Reh du, lieb vor andern,
Lass es nicht alleine grasen,
Jäger ziehn im Wald' und blasen,
Stimmen hin und wider wandern.

Hast du einen Freund hienieden,
Trau ihm nicht zu dieser Stunde,
Freundlich wohl mit Aug' und Munde,
Sinnt er Krieg im tück'schen Frieden.

Was heut müde gehet unter,
Hebt sich morgen neugeboren.
Manches bleibt in Nacht verloren –
Hüte dich, bleib' wach und munter!

Joseph Wright of Derby: See bei Mondschein (1780–1782)

Robert Gernhardt:
Zu zwei Sätzen von Eichendorff (1999)

Dämmrung will die Flügel spreiten,
wird uns alsobald verlassen,
willst du ihren Flug begleiten,
musst du sie am Bürzel fassen.

Freilich, mancher, der so reiste,
fiel aus großer Höh' hinunter,
weil er einschlief und vereiste.
Hüte dich, bleib wach und munter.

---

1 „Zwischen Angst und Zuversicht": Vergleichen Sie die Gedichte von Mörike und Busta (► S. 190) unter diesem Aspekt. Berücksichtigen Sie dabei auch die verwendeten religiösen Motive.

2 **a** Untersuchen Sie, wie Gernhardt – auch durch die Wahl anderer formaler und sprachlicher Mittel – den Ton und die Aussage des Ursprungsgedichts von Eichendorff verändert.

b Schreiben Sie selbst eine Replik auf eines der Gedichte. Übernehmen Sie wörtlich den ersten und letzten Vers. Entfalten Sie dazwischen eigene Assoziationen zum Ausgangsgedicht.

3.2 Des Menschen Dichten gleicht dem Wasser – Zur Struktur lyrischer Texte

Der Vers – Grundelement des Gedichts

Lyrische Texte sind in der Regel in Versen abgefasst, d.h., die Zeilen brechen an einer von der Dichterin oder dem Dichter und nicht zufällig vom Buchformat bestimmten Stelle ab. Diese Brechung des Sprachflusses gibt den Wörtern durch ihre besondere Stellung (z. B. am Versanfang oder -ende) eine besondere Akzentuierung. Neben den horizontalen Bezügen, die sich durch die Wort- und Satzfolge ergeben, stellen sich durch die Anordnung der Verse auch vertikale Bezüge her, die durch klangliche oder optische Mittel verstärkt werden können. In der Figurendichtung und der visuellen Poesie werden Verse, Wörter oder Buchstaben so gesetzt, dass mit dem Text zugleich ein Bild entsteht.

Guillaume Apollinaire: **Die erdolchte Taube und der Springbrunnen** (1913–16)

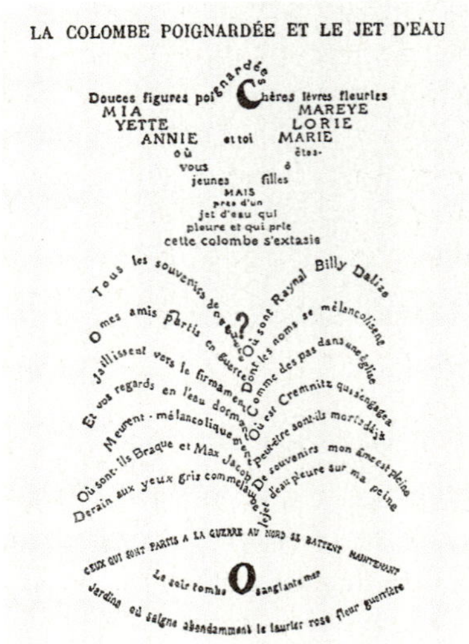

1 **a** Stellen Sie auf Grund der Druckgestalt des Gedichts von Guillaume Apollinaire (1880–1918) zunächst Vermutungen über dessen Inhalt an.
b Besorgen Sie sich eine deutsche Übersetzung des Gedichts und übertragen Sie es in eine gewohnte Versform. Vergleichen Sie die Wirkung der beiden Gedichtformen.

2 **a** Der folgende Text ist in seiner ursprünglichen Form ein Gedicht von Heinrich Heine (► S. 351 ff.). Schreiben Sie den Text in Versen ab und geben Sie „Ihrem“ Gedicht einen Titel.
b Vergleichen Sie Ihre Ergebnisse im Kurs und mit dem Original.
c Welche anderen Gestaltungsmittel geben dem Text einen lyrischen Charakter?

Heinrich Heine: **Am blassen Meeresstrande …** (1825/26)

Am blassen Meeresstrande saß ich gedankenbekümmert und einsam. Die Sonne neigte sich tiefer und warf glührote Streifen auf das Wasser, und die weißen, weiten Wellen, von der Flut gedrängt, schäumten und rauschten näher und näher – ein seltsam Geräusch, ein Flüstern und Pfeifen, ein Lachen und Murmeln, Seufzen und Sausen, dazwischen ein wiegenliedheimisches Singen – Mir war, als hört ich verschollne Sagen, uralte, liebliche Märchen, die ich einst, als Knabe, von Nachbarskindern vernahm, wenn wir am Sommerabend, auf den Treppensteinen der Haustür, zum stillen Erzählen niederkauerten, mit kleinen, horchenden Herzen und neugierklugen Augen; – während die großen Mädchen, neben duftenden Blumentöpfen, gegenüber am Fenster saßen, Rosengesichter, lächelnd und mondbeglänzt.

Information **Verhältnis von Vers und Satz im Gedicht**

- **Zeilenstil:** Satzende und Versende stimmen überein; der Vers schließt mit einer Pause.
- **Enjambement** (frz. Zeilensprung): Der Satz überspringt das Versende und setzt sich im folgenden Vers fort. Am Versende bzw. beim „Sprung“ entsteht keine Pause.
- **Hakenstil:** In einer Folge von Enjambements erscheinen die Verse durch die übergreifenden Satzbögen gleichsam verhakt.

Klang, Reim und Rhythmus – Strophen- und Gedichtformen

Wichtig für Wirkung und Sinngehalt eines Gedichts ist die lautliche Ebene. In einigen Extremformen lyrischer Gestaltung, z.B. in der Romantik (► S. 317 ff.) oder in der konkreten Poesie (► S. 432), wird sie sogar zum Hauptbedeutungsträger. Dann dient die Sprache als Klang- bzw. Bildmaterial. Doch auch in weniger von Wortmusik und Buchstabencollagen bestimmten Gedichten sind End- und Binnenreime, Alliterationen und Lautmalereien an der Sinnkonstitution beteiligt. Dasselbe gilt für die metrisch-rhythmische Ausgestaltung der Gedichte. Fallende und steigende Metren (Versmaße) beeinflussen durch ihre Rhythmisierung (fließend, abgehackt etc.) den Hör- bzw. Leseprozess und damit das Verständnis.

Conrad Ferdinand Meyer:
Der römische Brunnen (1869)

Aufsteigt der Strahl und fallend gießt
Er voll der Marmorschale Rund,
Die, sich verschleiernd, überfließt
In einer zweiten Schale Grund;
Die zweite gibt, sie wird zu reich,
Der dritten wallend ihre Flut,
Und jede nimmt und gibt zugleich
Und strömt und ruht.

Rainer Maria Rilke: **Römische Fontäne** (1907)
Borghese

Zwei Becken, eins das andre übersteigend
aus einem alten runden Marmorrand,
und aus dem oberen Wasser leis sich neigend
zum Wasser, welches unten wartend stand,

dem leise redenden entgegenschweigend
und heimlich, gleichsam in der hohlen Hand,
ihm Himmel hinter Grün und Dunkel zeigend
wie einen unbekannten Gegenstand;

sich selber ruhig in der schönen Schale
verbreitend ohne Heimweh, Kreis aus Kreis,
nur manchmal träumerisch und tropfenweis

sich niederlassend an den Moosbehängen
zum letzten Spiegel, der sein Becken leis
von unten lächeln macht mit Übergängen.

1 **a** Untersuchen Sie, wie Meyer den Gegenstand seines Gedichts mit den Mitteln des Verses (► S. 192), des Reims und des Metrums (► Information) sprachlich abbildet.
b Gestalten Sie Meyers Gedicht als Figurengedicht (vgl. das Gedicht von Apollinaire S. 192).

2 Beschreiben und bestimmen Sie die Gedichtform (► Information) von Rilkes „Römische Fontäne". Nutzen Sie für Ihre Bestimmung auch eine ausführlichere Darstellung (Literaturlexikon).

3 **a** Vergleichen Sie die formale Gestaltung (Vers, Reim, Metrum, Gedichtform) des gleichen Motivs in den Gedichten von Apollinaire, Meyer und Rilke (► S. 192–193).
b Inwiefern bewirkt die unterschiedliche Form auch eine unterschiedliche Aussage?

Information **Reim, Metrum, Strophen- und Gedichtformen**

Reim

- **Endreim:** Der genaue Gleichklang der Versenden vom letzten betonten Vokal an („See" – „Schnee"; „Wasser" – „blasser"). Endreimschemata können sein:
  - Paarreim: aa
  - Kreuzreim: abab
  - umarmender Reim: abba
  - Schweifreim: aabccb
  - dreifache Reimreihe: abcabc
  - Haufenreim: aaa...

- **Binnenreim:** Zwei oder mehrere Wörter in ein und demselben Vers reimen sich.
- **Anfangsreim:** Reim der ersten Wörter zweier Verse
- **Schlagreim:** Zwei unmittelbar aufeinanderfolgende Wörter reimen sich.
- **Unreiner Reim,** auch **Assonanz:** Nur die Vokale, nicht aber die Konsonanten stimmen überein („sagen" – „Raben").
- **Stabreim,** auch **Alliteration:** Mehrere Wörter beginnen mit demselben Buchstaben.
- **Verswaise:** reimloser Vers innerhalb einer gereimten Strophe
- **Kadenz** (Silbenfall am Versschluss). Man unterscheidet:
  - **männlich**/stumpf: einsilbiger Reim, Vers endet mit Hebung („... und fallend gießt")
  - **weiblich**/klingend: zweisilbiger Reim, Vers endet mit Hebung und Senkung („... das andre überstéigend")

Metrum (Versmaß)

Die Abfolge von betonten und unbetonten Silben bestimmt in der gesprochenen deutschen Sprache den Rhythmus oder Sprachfluss. Klingt diese Abfolge – wie in vielen Gedichten – regelmäßig, wird von einem Versmaß oder einem Metrum gesprochen. Die Lehre vom Versmaß heißt **Metrik.** Die kleinste rhythmische Einheit einer geregelten Abfolge von betonten (x́: Hebung) und unbetonten Silben (x: Senkung) nennt man Versfuß (Takt):

- **Jambus** (steigend): xx́ z. B. Gedícht
- **Trochäus** (fallend): x́x z. B. Díchter
- **Anapäst** (steigend): xxx́ z. B. Anapä́st
- **Daktylus** (fallend): x́xx z. B. Dáktylus

Strophenformen

- **Distichon** (Plural: Distichen): besteht aus zwei meist daktylischen Versen mit jeweils sechs Hebungen. Im zweiten Vers folgen die dritte und die vierte Hebung unmittelbar aufeinander.
- **Einfache Liedstrophe:** vierzeilige Strophe mit der Tendenz zu alternierendem Metrum (Hebung und Senkung wechseln regelmäßig) und Reimbindung von mindestens zwei Versen (abac o. Ä.)
- **Sestine:** sechszeilige Strophe mit regelmäßigem Reimschema, z. B. aabbcc oder ababcc
- **Verspaarkette:** eine Folge von Verspaaren, oft durch einen Paarreim verbunden

Gedichtformen

- **Ballade:** Strophisch regelmäßig gegliederte längere Gedichtform mit Reim und Tendenz zu festem Metrum. Wesentlich für die Ballade ist ihr erzählender und dramatischer Charakter.
- **Elegie:** Drückt zumeist eine resignierend wehmütige Stimmung aus (oft in Form von Distichen).
- **Haiku:** Kurze Gedichtform, die in Japan entstanden ist. Besteht aus drei Versen zu 5 – 7 – 5 Silben. Der strenge Aufbau zwingt zu extremer Verdichtung.
- **Hymne:** Ein der Ode verwandter feierlicher Preis- und Lobgesang. Ausdruck hoher Begeisterung. Dem ekstatischen Ausdruck entsprechend kennt die Hymne keine formalen Regelmäßigkeiten: kein Reim, freie Rhythmen, kein fester Strophenbau.
- **Lied:** Strophisch gebaute Gedichtform mit relativ kurzen Versen und Reimbindung. Reim und Metrum werden oft nicht streng durchgehalten. Zuweilen ist ein **Refrain (Kehrreim)** zu finden, d. h. die regelmäßige Wiederholung eines oder mehrerer Verse.
- **Ode:** Reimlose, strophisch gegliederte lange Gedichtform, die einem festen Metrum folgen kann, aber nicht muss. Typisch für die Ode ist der hohe und pathetische Sprachstil zum Ausdruck der Würde und Größe des behandelten Themas.
- **Sonett:** Zwei vierzeiligen Strophen (Quartetten), meist mit dem Reimschema abba/abba, folgen zwei dreizeilige Strophen (Terzette), wobei letztere in der Regel im Reimschema verbunden sind, z. B. cdc/dcd oder cde/cde oder ccd/eed. Mit der formalen Zäsur (Einschnitt) zwischen Quartetten und Terzetten geht in der Regel auch ein inhaltlicher Kontrast oder Schnitt einher.

Johann Wolfgang Goethe:
Gesang der Geister über den Wassern
(1779; veröffentlicht 1789)

Des Menschen Seele
Gleicht dem Wasser:
Vom Himmel kommt es,
Zum Himmel steigt es,
Und wieder nieder
Zur Erde muss es,
Ewig wechselnd.

Strömt von der hohen,
Steilen Felswand
Der reine Strahl,
Dann stäubt er lieblich
In Wolkenwellen
Zum glatten Fels,
Und leicht empfangen,
Wallt er verschleiernd,
Leisrauschend,
Zur Tiefe nieder.

Ragen Klippen
Dem Sturz entgegen,
Schäumt er unmutig
Stufenweise
Zum Abgrund.

Im flachen Bette
Schleicht er das Wiesental hin,
Und in dem glatten See
Weiden ihr Antlitz
Alle Gestirne.

Wind ist der Welle
Lieblicher Buhler;
Wind mischt vom Grund aus
Schäumende Wogen.

Seele des Menschen,
Wie gleichst du dem Wasser!
Schicksal des Menschen,
Wie gleichst du dem Wind!

Joseph Anton Koch: Der Staubbach-Wasserfall im Lauterbrunnertal (1790/92)

1 Wie ergeht es dem Menschen? Fassen Sie mit eigenen Worten zusammen, wie in Goethes Gedicht diese Frage beantwortet wird.

2 Bestimmen Sie die Gedichtform (Information, ▸ S. 194) und erörtern Sie, inwiefern diese Form für den Gedichtgegenstand angemessen ist.
Nutzen Sie zum Vergleich das Gemälde von J. A. Koch.

3 **a** Nennen Sie auffällig gestaltete Stellen und beschreiben Sie deren sprachliche Form und Wirkung.
b Ordnen Sie, soweit möglich, mit Hilfe der Information auf den S. 196–198 den beschriebenen sprachlichen Besonderheiten den passenden rhetorischen Fachbegriff zu. Überprüfen Sie auch, ob Sie im Gedicht noch weitere rhetorische Mittel erkennen können.

Rhetorische Figuren – Beispiele und Definitionen

Die nachfolgend aufgeführten rhetorischen Figuren werden keineswegs nur in der Lyrik, sondern in Texten aller Gattungen eingesetzt. Besonders bedeutend ist ihr Gebrauch zum Beispiel in der öffentlichen Rede (bei Gericht, in der Politik) oder in der Werbung. Hier wie dort werden diese Mittel gezielt eingesetzt, um eine bestimmte Wirkung zu erreichen.
Ein Großteil der Stilmittel ist seit der Antike definiert, was sich noch heute an den meist griechischen Fachbegriffen ablesen lässt. Wichtiger als die bloße Kenntnis dieser „Vokabeln" ist es, ein Gespür für den Umgang mit solchen sprachlichen Mitteln zu entwickeln. Bei einem Vers wie „Aufsteigt der Strahl und fallend gießt / Er voll der Marmorschale Rund" (▸ Meyer, S. 193, V. 1–2) ist es z. B. die ungewöhnliche Stellung der Satzglieder. Diese Besonderheit kann man umschreiben oder auch mit dem Fachbegriff „Inversion" benennen. Letzteres ist häufig unkomplizierter und kürzer. Es beweist zudem das Verständnis dafür, dass von solch einer rhetorischen Figur auch immer eine vom Kontext abhängige Wirkung ausgeht. Diese Funktion zu erkennen und zu benennen, ist ein zentrales Ziel der sprachlichen Analyse.

Information **Rhetorische Figuren**

Rhetorische Figur	Beispiel	Definition
Akkumulation, die	„Lieben, hassen, fürchten, zittern, / Hoffen, zagen bis ins Mark" (J. M. R. Lenz)	Reihung von Begriffen zu einem – genannten oder nicht genannten – Oberbegriff
Allegorie, die	„Gott Amor" für „Liebe", der „Staat" als „Schiff"	konkrete Darstellung abstrakter Begriffe, oft durch Personifikation
Alliteration, die	„Milch macht müde Männer munter"	Wiederholung des Anfangslauts benachbarter Wörter
Anapher, die	„Was itzund prächtig blüht / [...], Was itzt so pocht [...]" (Gryphius, ▸ S. 251)	Wiederholung eines oder mehrerer Wörter an Satz- oder Versanfängen
Antithese, die	„Was dieser heute baut / reißt jener morgen ein" (Gryphius, ▸ S. 251)	Entgegenstellung von Gedanken oder Begriffen
Apostrophe, die	„Liebe! Liebe! lass mich los!" (Goethe)	feierliche oder betonte Anrede, Anruf
Chiasmus, der	„Ich schlafe am Tag, in der Nacht wache ich"	symmetrische Überkreuzstellung von semantisch oder syntaktisch einander entsprechenden Satzgliedern
Correctio, die	„daß ich dich nicht liebe / wirklich / daß ich dich einfach nicht liebe" (Kiwus, ▸ S. 189)	Korrektur eines zu schwachen Ausdrucks
Ellipse, die	„Je früher der Abschied, desto kürzer die Qual"	unvollständiger Satz; Auslassung eines Satzteils/Wortes, das leicht ergänzbar ist

Rhetorische Figur	Beispiel	Definition
Epipher, die	„Du hast mich angeschaut jetzt [...] / Du hast mich angefasst jetzt“	Wiederholung gleicher Wörter am Satz- oder Versende
Euphemismus, der	„entschlafen“ statt „sterben“	Beschönigung
Hyperbel, die	„ein Meer von Tränen“	starke Übertreibung
Inversion, die	„Kein Schlaf noch kühlt das Auge mir“ (Mörike, ▸ S. 190)	Umkehrung der geläufigen Wortstellung im Satz
Ironie, die	„Du bist mir ein schöner Freund!“	unwahre Behauptung, die erkennen lässt, dass das Gegenteil gemeint ist
Klimax, die	„Veni, vidi, vici“ (Ich kam, sah und siegte; Julius Cäsar)	Steigerung (häufig dreigliedrig)
Litotes, die	„nicht unschön“	Bejahung durch Verneinung des Gegenteils
Metapher, die (▸ S. 47)	„Rosengesichter“ (Heine)	Bedeutungsübertragung; sprachliche Verknüpfung zweier semantischer Bereiche, die gewöhnlich unverbunden sind; ohne Vergleichswort (z. B. „wie“)
Metonymie, die	„Er hat den ganzen Goethe gelesen“	Ersetzung eines gebräuchlichen Wortes durch ein anderes, das zu ihm in unmittelbarer Beziehung steht, z. B. Autor für Werk, Ort für Person
Neologismus, der	„Knabenmorgen-/Blütenträume“ (Goethe, ▸ S. 277)	Wortneuschöpfung
Onomatopoesie, die	„So jubelnd recht in die hellen, / Klingenden, singenden Wellen“ (Eichendorff)	Lautmalerei
Oxymoron, das	„Und strömt und ruht“ (Meyer, ▸ S. 193)	Verbindung zweier Vorstellungen, die sich ausschließen
Paradoxon, das	„Bleiben will ich, wo ich nie gewesen bin“ (Brasch)	Scheinwiderspruch
Parallelismus, der	„Dies ist meine Mütze, dies ist mein Mantel“ (Eich, ▸ S. 427)	Wiederholung gleicher syntaktischer Fügungen
Paronomasie, die	„Lieber arm dran als Arm ab“	Wortspiel durch Verbindung klangähnlicher Wörter
Periphrase, die	„Der den Tod auf Hiroshima warf“ (Kaschnitz)	Umschreibung

Rhetorische Figur	Beispiel	Definition
Personifikation, die	„Schläft ein Lied in allen Dingen" (Eichendorff, ► S. 477)	Vermenschlichung
Pleonasmus, der	„der nasse Regen"	Wiederholung eines charakteristischen Merkmals des Bezugswortes
rhetorische Frage, die	„Wer ist schon perfekt?"	scheinbare Frage, bei der jeder die Antwort kennt
Symbol, das	„Taube" als Symbol für Frieden, „Ring" als Symbol der Treue und der Ewigkeit	Sinnbild, das auf etwas Allgemeines verweist; meist ein konkreter Gegenstand, in dem ein allgemeiner Sinnzusammenhang sichtbar wird
Synästhesie, die	„in den hellen tönenden frischgespannten Himmel" (Kiwus, ► S. 189)	Verbindung unterschiedlicher Sinneseindrücke
Synekdoche, die	„Und wickelte mich enger in die Falten"	ein Teil steht für das Ganze oder umgekehrt
Tautologie, die	„Der Mond scheint klar und rein" (Brentano), „in Reih und Glied"	Wiederholung eines Begriffs bzw. Ersetzung durch ein sinnverwandtes Wort („Zwillingsformeln")
Vergleich, der (► S. 47)	„kam ihre Liebe plötzlich abhanden. / Wie andern Leuten ein Stock oder Hut." (Kästner, ► S. 412)	Verknüpfung zweier semantischer Bereiche durch ein Vergleichswort „wie", „gleich", veraltet: „als" zur Hervorhebung des Gemeinsamen (Tertium comparationis)
Zeugma, das	„Er saß ganze Nächte und Sessel durch" (Jean Paul)	ungewohnte Beziehung eines Satzteils auf mehrere andere; meist des Prädikats auf ungleichartige Objekte

1 Die Bestimmung rhetorischer Figuren ist wichtig für die Erkenntnis ihrer Funktion und Wirkung. Rhetorische Mittel können unterschiedliche Wirkungen erzielen, z. B.:
- Zugewinn von Anschaulichkeit, Vorstellbarkeit,
- Schaffung von Sinnlichkeit, ästhetischem Reiz,
- Nachdruck, Betonung, Eindringlichkeit,
- Erhöhung der Spannung, Erwartung,
- Kommunikationsgewinn bzw. Einbezug der Leserin/des Lesers.

Bestimmen Sie, welche Wirkung mit den oben aufgelisteten rhetorischen Figuren jeweils hauptsächlich erreicht wird.
Beachten Sie: Endgültige Aussagen über die Wirkung bestimmter Figuren können nur unter Berücksichtigung des jeweiligen Kontexts getroffen werden.

2 Das vielleicht wichtigste Merkmal lyrischer Texte ist die **Bildlichkeit** (Vergleiche, Metaphern, Chiffren, ▸ S. 47).

a Erarbeiten Sie sich ein erstes Verständnis des nachstehenden Gedichts „Schöner See Wasseraug“, indem Sie zunächst die syntaktischen Strukturen untersuchen. Dabei ist es hilfreich, die Verse in gewohnte Sätze umzuwandeln. Setzen Sie dazu Satzzeichen und beachten Sie die rhetorischen Figuren, die mit der syntaktischen Struktur spielen (z. B. Ellipse, Inversion).

b Benennen, analysieren und erläutern Sie in jeder Strophe die Mittel der Bildlichkeit in Hinblick auf Funktion und Wirkung.

Sarah Kirsch: **Schöner See Wasseraug** (1999)

Schöner See Wasseraug ich lieg dir am Rand
Spähe durch Gras und Wimpern, du
Läßt mir Fische springen ihr Bauchsilber
Sprüht in der schrägen Sonne die Krähe
Mit sehr gewölbten Schwungfedern
Geht über dich hin, deine Ufer
Wähltest du inmitten heimischer Bäume
Kiefern und Laubwald Weiden und Birken
Rahmen dich, kunstvolle Fassung
Deines geschuppten Glases, aber am nächsten Morgen

Ist die Sonne in Tücher gewickelt und fern
Das andere Ufer verschwimmt, seine Hänge
Sanft abfallende Palmenhaine
Erreichen dich, du
Einem langsamen Flußarm ähnlich
Birgst Krokodile und lederne Schlangen
Seltsame Vögel mit roten Federn
Fliegen dir quellwärts, ich komm zur Hütte
Rufe mein weißgesichtiges Äffchen und will
In dir die bunten Röcke waschen

Wenn der Rücken mir schmerzt wenn
Die Sonne ganz aufgekommen ist
Liegt der See in anderer Landschaft
Er weiß alle jetzt hat er das Ufer der Marne[1]
Ein Stahlbrückchen eckige Häuser Büsche
Mein schöner Bruder holt mich im Kahn
Fischsuppe zu essen er singt das Lied
Vom See der zum Fluß wurde
Aus Sehnsucht nach fremden Flüssen und Städten. R

Franz Marc: Der Wasserfall (1912)

1 **Marne:** franz. Fluss

3 Führen Sie Ihre Ergebnisse aus den Aufgaben 2 a, b in einer Gedichtinterpretation zusammen.

3.3 Gedichte heute – Reflexionen zur Lyrik

Barbara Sichtermann, Joachim Scholl: **Überall und nirgends. Wo das Gedicht geblieben ist** (2004)

Gedichte werden heutzutage von Häuserwänden und Werbebeilagen aufgesagt, und das ist kein Schaden. Denn die Häuserwände sprechen ja zu allen, und auch die Reklamebotschaften erreichen ein breites Publikum. [...] Unsere Epoche hat nur scheinbar mit Poesie nichts im Sinn. Die Pausenlosigkeit, mit der wir Zeitgenossen einer Beschallung durch Popmusik ausgesetzt sind, sorgt dafür, dass mit den Liedertexten eine große Masse „lyrics" an unser Ohr dringt, meist nur in Bruchstücken, aber immerhin: Es sind die alten Themen – Natur, Liebe, Aufruhr, Sinnsuche –, die da in populärer Version angeschlagen werden. Beim Rap ist sogar das gereimte Gedicht in hochgradig rhythmisierter Form zurückgekehrt. Werbesprüche sind (oft) Verse – mit allem, was dazugehört: Metrum, Melodie, Message. Und Millionen von SMS erhalten nicht selten eine Versgestalt und sind erst in ihr so richtig verführerisch. Mit einem Wort: Unsere Alltagswelt vibriert vor Poesie. Es ist eine kleine, lose, versprengte und zufällige Poesie, aber sie erfüllt ihre Aufgabe: mit Worten eine Musik zu erzeugen, die den Verstand aufmerken und das Herz mitsingen lässt. Und weil wir alle von Reimen und Gedichtfragmenten umspült sind, sollten wir auch wissen, was ein Dichter eigentlich macht und was es mit dem Gedicht als Produkt der Fantasie und der bildhauerischen Arbeit am Wort auf sich hat. Gerade weil die Alltagspoesie in sämtlichen Medien präsent ist, sollte die „echte" Lyrik, die kein Verfallsdatum kennt, gelesen und begriffen werden. Unsere „lyriklastige" Zeit drängt zu einer Wiederbegegnung mit ihrer großen Tradition.

1 Formulieren Sie zentrale Thesen des Textes zum Thema „Lyrik" und erörtern Sie diese kritisch. Belegen Sie Ihre Meinung mit eigenen Erfahrungen und Beobachtungen zur Lyrik in Ihrer Umwelt.

2 „... was ein Dichter eigentlich macht ..." (Z. 28): Sprechen Sie darüber, wie Sie sich den beruflichen Alltag einer Lyrikerin/eines Lyrikers vorstellen. Suchen Sie dann Biografien und Selbstaussagen von bekannten Dichterinnen und Dichtern. Vergleichen Sie diese mit Ihren Vorstellungen.

Hilde Domin: **Frankfurter Poetik-Vorlesungen** (1988)

„Hass zu verlernen und Liebe zu lehren", dazu seien Gedichte da, schreibt Auden[1]. *To unlearn hatred and to teach love.* Womit keineswegs an das Liebesgedicht im engeren Sinne gedacht ist, sondern an die Humanität, die das Gedicht im Leser aktiviert.

„Heute, wo unsere Identität im Rollenverhalten verloren zu gehen droht, wartet man auf ein gutes Gedicht wie ein Patient auf einen Schrittmacher, der dicht am Herzen eingepflanzt wird, damit es weiterschlägt", schreibt mir eine Chirurgin der Frankfurter Universitätsklinik. Was bietet also das Gedicht Besonderes an, vor den anderen Künsten: seine zwiespältige und widersprüchliche Natur. So widersprüchlich wie die Wirklichkeit selber. Wenn auch ganz anders. Es ist zugleich Emotion und Ratio. Erregung und Bewusstheit, aufs Äußerste geschärfte Bewusstheit. Indem es die Wirklichkeit, und also die Zeit, stillstehen macht und eine eigene Zeit herstellt, entfernt es sich von der Wirklichkeit, aber doch nur scheinbar. Es befreit von allen Zwängen. Es stellt eine neue lebbarere Wirklichkeit her, die wirklicher ist als die erste.

1 **Wystan Hugh Auden:** (1907–1973), englischer Schriftsteller

1 Erläutern Sie mit eigenen Worten, wie Domin das Verhältnis zwischen Wirklichkeit und Gedicht sieht. Veranschaulichen oder widerlegen Sie Domins Ansichten an selbst gewählten Gedichtbeispielen.
2 „Was bietet das Gedicht Besonderes an?" Sammeln Sie eigene und fremde Antworten.

Brigitte Oleschinski: **Die Plejaden on MTV** (1999)

(1) Nightquake

Die Kamera zeigt eine Bücherwand, einen Computer, Notizblätter an der Wäscheleine. Davor die Dichterin, Anfang der vierzig, und die deutlich jüngere Fernsehjournalistin:

Wir haben eins dreißig, tut mir leid, mehr ... – Achtung, Kamera läuft – Sagen Sie mir: Was ist das Wichtigste bei Ihren Gedichten?

(Dichterin, erkennbar um Statementreife bemüht:)

Das Wichtigste sind nicht *meine* Gedichte, sondern Gedichte überhaupt, die Gedichte aller Sprachen, aller Zeiten. Gedichte sprechen nicht in der Alltagssprache, sie suchen –

(Journalistin, fällt ihr geübt ins Wort:)

Nicht in der Alltagssprache: Heißt das, man kann Ihre Gedichte nicht verstehen? Als normaler Mensch, meine ich?

(Off-Tonspur, leise im Hintergrund:)

Poetry on MTV. Poetry on MTV. Poetry on MTV. Poetry on MTV. Poetry on MTV. Poetry on MTV. Poetry on MTV. Poetry on MTV ...

(Dichterin, aus dem Konzept gebracht:)

Nein, heißt es nicht. Jeder, der will, kann Gedichte verstehen, so wie jeder, der will, Musik oder Philosophie verstehen kann, grundsätzlich jedenfalls, womit ich natürlich nicht sage, dass jeder jede Musik oder Philosophie versteht, sondern manche verstehen nur manche Musik und andere nur –

(Journalistin blickt konsterniert in die Kamera, wendet sich wieder der Dichterin zu:)

Philosophie, genau. Ihre Gedichte sind keine leichte Lektüre, sie handeln von Geschichte und Politik, aber auch von der Liebe, oder?

(Dichterin, sichtlich nach Fassung ringend:)

Gedichte „handeln nicht von etwas" wie ein Roman, sie sind Stimmen, die eine *andere,* eine *fremdere* Sprache suchen für Liebe und Tod, für das Essenzielle jeden Augenblicks –

(Krachender Donnerschlag aus dem Off. Journalistin, unaufhaltsam verblassend:)

Apropos Fremdsprache: Warum haben Ihre Gedichtbände englische Titel? Ist das eine Idee des Verlags?

[...]

(5) Die Plejaden on MTV

[...]

Ich bin mir sicher, dass es etwas wie ein menschliches Bedürfnis nach Poesie gibt, ähnlich, wie es ein Bedürfnis nach Musik oder Philosophie gibt, ein Bedürfnis danach also, dass Wahrnehmungen, Empfindungen, Gedanken sich zu einem Muster ordnen, sich widerspiegeln in einer Form oder Formel. Allerdings glaube ich, dass es ähnlich schwierig (und wahrscheinlich müßig) wäre, dieses „ursprüngliche" Bedürfnis aus den Konventionen und Spezialisierungen herauszupräparieren, die sich dafür in den kulturellen Geflechten entwickelt haben und weiterentwickeln. Deshalb kann ich mir Gedichte nicht isoliert von anderen gesellschaftlichen Prozessen denken, so wenig ich ihnen darin eine feste Rolle zuweisen wollte. Mir scheint es immer eine Tür ins Ungewisse zu bleiben, wie aus diesen Augenblicken, in denen sich der Herzschlag oder das Schrittmaß, ein Silbenklang, ein Wortbild zur poetischen Formel ballen, schließlich die Dichtung wird. [...]

1 Gestalten Sie den Dialog zu einer **Stimmskulptur** (Methode, ► S. 400).
2 Erörtern Sie den zweiten Teil des Textes: Gibt es „ein menschliches Bedürfnis nach Poesie"?

4 Patrick Süskind/Tom Tykwer: „Das Parfum" – Literaturverfilmung

Der Roman
Patrick Süskind schrieb den Roman 1985. Er wurde in über 40 Sprachen übersetzt und war ein Welterfolg.
Die Geschichte spielt im Frankreich des 18. Jahrhunderts. Jean-Baptiste Grenouille, ein typischer Außenseiter, wächst unter widrigen Umständen auf, ist extrem hässlich und kann keine Liebe empfinden. Sein außerordentliches Talent, ein ausgeprägter Geruchssinn, treibt ihn wie besessen an, ein absolutes Parfum herzustellen, um damit einen Makel zu beheben: Er hat keinen Eigengeruch. Das Parfum gewinnt das Geruchsgenie aus den Körpern schöner, junger Mädchen, die es mordet.
Der Roman wurde lange für unverfilmbar gehalten; Süskind gab die Rechte erst 2001 frei.

Der Film
Regie: Tom Tykwer
Drehbuch: Andrew Birkin, Bernd Eichinger, Tom Tykwer, Caroline Thompson, nach dem Roman von Patrick Süskind
Kamera: Frank Griebe, Schnitt: Alexander Berner, Musik: Reinhold Heil, Johnny Klimek, Tom Tykwer, eingespielt von den Berliner Philharmonikern unter Sir Simon Rattle
Erzähler: Otto Sander Darsteller: Ben Whishaw, Dustin Hoffman, Alan Rickman, Rachel Hurd-Wood, Corinna Harfouch, Carlos Gramaje, Karoline Herfurth, Birgit Minichmayr, Jessica Schwarz
2006, 145 Minuten FSK: ab 12 Jahre

1 **a** Beschreiben Sie Buchcover und Filmplakat in ihren Übereinstimmungen und Unterschieden.
b Stellen Sie begründete Vermutungen darüber an, wie eng sich wohl der Film an den Roman hält.
2 Was kennzeichnet Ihrer Meinung nach einen guten Film, was eine gute Literaturverfilmung?
3 Diskutieren Sie anhand der Romanskizze, wie Sie den „unverfilmbaren" Stoff verfilmen würden.

In diesem Kapitel erwerben Sie folgende Kenntnisse und Kompetenzen:

- über wesentliche Kategorien der Analyse von Expositionen in Roman und Film verfügen: erkennen, wie eine Figur mit spezifischen sprachlichen und filmischen Mitteln eingeführt wird, wie Atmosphäre erzeugt wird, wie Motive entfaltet werden etc.,
- im konkreten Vergleich von Film und Roman erfassen, wie beide Medien Handlung und Thematik sowie die Erzählweise gestalten,
- die filmsprachlichen Mittel bei der Analyse konkreter Einstellungen beschreiben und bewerten: Kamera, Mise-en-scène, Schnitt und Montage, Ton und Musik,
- Sequenzplan und Einstellungsprotokoll als grundlegende Methoden der Filmanalyse nutzen,
- die filmische Adaption analysieren und Filmrezensionen bewerten,
- grundlegende Arten der Literaturfilmung kennen und diese in der Analyse anwenden.

4.1 Roman und Film – Szenen im Vergleich

Der Romananfang – Der Held wird geboren

Im achtzehnten Jahrhundert lebte in Frankreich ein Mann, der zu den genialsten und abscheulichsten Gestalten dieser an genialen und abscheulichen Gestalten nicht armen Epoche gehörte. Seine Geschichte soll hier erzählt werden. Er hieß Jean-Baptiste Grenouille, und wenn sein Name im Gegensatz zu den Namen anderer genialer Scheusale, wie etwa de Sades, Saint-Justs, Fouchés, Bonapartes usw., heute in Vergessenheit geraten ist, so sicher nicht deshalb, weil Grenouille diesen berühmteren Finstermännern an Selbstüberhebung, Menschenverachtung, Immoralität, kurz an Gottlosigkeit nachgestanden hätte, sondern weil sich sein Genie und sein einziger Ehrgeiz auf ein Gebiet beschränkte, welches in der Geschichte keine Spuren hinterläßt: auf das flüchtige Reich der Gerüche.

Zu der Zeit, von der wir reden, herrschte in den Städten ein für uns moderne Menschen kaum vorstellbarer Gestank. Es stanken die Straßen nach Mist, es stanken die Hinterhöfe nach Urin, es stanken die Treppenhäuser nach fauligem Holz und nach Rattendreck, die Küchen nach verdorbenem Kohl und Hammelfett; die ungelüfteten Stuben stanken nach muffigem Staub, die Schlafzimmer nach fettigen Laken, nach feuchten Federbetten und nach dem stechend süßen Duft der Nachttöpfe. Aus den Kaminen stank der Schwefel, aus den Gerbereien stanken die ätzenden Laugen, aus den Schlachthöfen stank das geronnene Blut. Die Menschen stanken nach Schweiß und nach ungewaschenen Kleidern; aus dem Mund stanken sie nach verrotteten Zähnen, aus ihren Mägen nach Zwiebelsaft und an den Körpern, wenn sie nicht mehr ganz jung waren, nach altem Käse und nach saurer Milch und nach Geschwulstkrankheiten. Es stanken die Flüsse, es stanken die Plätze, es stanken die Kirchen, es stank unter den Brücken und in den Palästen. Der Bauer stank wie der Priester, der Handwerksgeselle wie die Meistersfrau, es stank der gesamte Adel, ja sogar der König stank, wie ein Raubtier stank er, und die Königin wie eine alte Ziege, sommers wie winters. Denn der zersetzenden Aktivität der Bakterien war im achtzehnten Jahrhundert noch keine Grenze gesetzt, und so gab es keine menschliche Tätigkeit, keine aufbauende und keine zerstörende, keine Äußerung des aufkeimenden oder verfallenden Lebens, die nicht von Gestank begleitet gewesen wäre.

Und natürlich war in Paris der Gestank am größten, denn Paris war die größte Stadt Frankreichs. Und innerhalb von Paris wiederum gab es einen Ort, an dem der Gestank ganz besonders infernalisch herrschte, zwischen der Rue aux Fers und der Rue de la Ferronnerie, nämlich den Cimetière des Innocents. Achthundert Jahre lang hatte man hierher die Toten des Krankenhauses Hôtel-Dieu und der umliegenden Pfarrgemeinden verbracht, achthundert Jahre lang Tag für Tag die Kadaver zu Dutzenden herbeigekarrt und in lange Gräben geschüttet, achthundert Jahre lang in den Grüften und Beinhäusern Knöchelchen auf Knöchelchen geschichtet. Und erst später, am Vorabend der Französischen Revolution, nachdem einige der Leichengräben gefährlich eingestürzt waren und der Gestank des überquellenden Friedhofs die Anwohner nicht mehr zu bloßen Protesten, sondern zu wahren Aufständen trieb, wurde er endlich geschlossen und aufgelassen, wurden die Millionen Knochen und Schädel in die Katakomben von Montmartre geschaufelt, und man errichtete an seiner Stelle einen Marktplatz für Viktualien.

Hier nun, am allerstinkendsten Ort des gesamten Königreichs, wurde am 17. Juli 1738 Jean-Baptiste Grenouille geboren. Es war einer der heißesten Tage des Jahres. Die Hitze lag wie Blei über dem Friedhof und quetschte den nach einer Mischung aus fauligen Melonen und verbranntem Horn riechenden Verwesungsbrodem in die benachbarten Gassen. Grenouilles Mutter stand, als die Wehen einsetzten, an einer Fischbude in der Rue aux Fers und schuppte Weißlinge, die sie zuvor ausgenommen hatte. Die Fische, angeblich erst am Morgen aus der Seine gezogen, stanken bereits so sehr, daß ihr Geruch den Leichengeruch überdeckte. Grenouilles Mutter aber nahm weder den Fisch- noch den Leichengeruch wahr, denn ihre Nase war gegen Gerüche im höchsten Maße abgestumpft, und außerdem schmerzte ihr Leib, und der Schmerz tötete alle Empfänglichkeit für äußere Sinneseindrücke. Sie wollte nur noch, daß der Schmerz aufhöre, sie wollte die eklige Geburt so rasch als möglich hinter sich bringen. Es war ihre fünfte. Alle vorhergehenden hatte sie hier an der Fischbude absolviert, und alle waren Totgeburten oder Halbtotgeburten gewesen, denn das blutige Fleisch, das da herauskam, unterschied sich nicht viel von dem Fischgekröse, das da schon lag, und lebte auch nicht viel mehr, und abends wurde alles mitsammen weggeschaufelt und hinübergekarrt zum Friedhof oder hinunter zum Fluß. So sollte es auch heute sein, und Grenouilles Mutter, die noch eine junge Frau war, gerade Mitte zwanzig, die noch ganz hübsch aussah und noch fast alle Zähne im Munde hatte und auf dem Kopf noch etwas Haar und außer der Gicht und der Syphilis und einer leichten Schwindsucht keine ernsthafte Krankheit; die noch hoffte, lange zu leben, vielleicht fünf oder zehn Jahre lang, und vielleicht sogar einmal zu heiraten und wirkliche Kinder zu bekommen als ehrenwerte Frau eines verwitweten Handwerkers oder so ... Grenouilles Mutter wünschte, daß alles schon vorüber wäre. Und als die Preßwehen einsetzten, hockte sie sich unter ihren Schlachttisch und gebar dort, wie schon vier Mal zuvor und nabelte mit dem Fischmesser das neugeborene Ding ab. Dann aber, wegen der Hitze und des Gestanks, den sie als solchen nicht wahrnahm, sondern nur als etwas Unerträgliches, Betäubendes – wie ein Feld von Lilien oder wie ein enges Zimmer, in dem zuviel Narzissen stehen –, wurde sie ohnmächtig, kippte zur Seite, fiel unter dem Tisch hervor mitten auf die Straße und blieb dort liegen, das Messer in der Hand.

Geschrei, Gerenne, im Kreis steht die glotzende Menge, man holt die Polizei. Immer noch liegt die Frau mit dem Messer in der Hand auf der Straße, langsam kommt sie zu sich.

Was ihr geschehen sei?

„Nichts.“

Was sie mit dem Messer tue?

„Nichts.“

Woher das Blut an ihren Röcken komme?

„Von den Fischen.“

Sie steht auf, wirft das Messer weg und geht davon, um sich zu waschen.

Da fängt, wider Erwarten, die Geburt unter dem Schlachttisch zu schreien an. Man schaut nach, entdeckt unter einem Schwarm von Fliegen und zwischen Gekröse und abgeschlagenen

Fischköpfen das Neugeborene, zerrt es heraus. Von Amts wegen wird es einer Amme gegeben, die Mutter festgenommen. Und weil sie geständig ist und ohne weiteres zugibt, daß sie das Ding bestimmt würde haben verrecken lassen, wie sie es im übrigen schon mit vier anderen getan habe, macht man ihr den Prozeß, verurteilt sie wegen mehrfachen Kindermords und schlägt ihr ein paar Wochen später auf der Place de Grève den Kopf ab. R

1 **a** Äußern Sie in Form eines Brainstormings erste Leseeindrücke.
b Stellen Sie begründete Vermutungen darüber an, wie der Lebensweg Grenouilles im Romananfang vorgezeichnet wird. Berücksichtigen Sie dabei, wie die Figuren eingeführt werden.

2 Der Roman ist besonders für seine sprachliche Qualität gelobt worden. Schreiben Sie unter Verwendung von Zeilenangaben die rhetorischen Mittel heraus, mit denen der Erzähler das zentrale Thema einführt. Notieren Sie auch, wie er die Welt der Gerüche sinnlich lebendig werden lässt.

Die filmische Exposition – Annäherung an eine schwierige Figur

Andrew Birkin, Bernd Eichinger, Tom Tykwer: **Das Drehbuch** (2005)

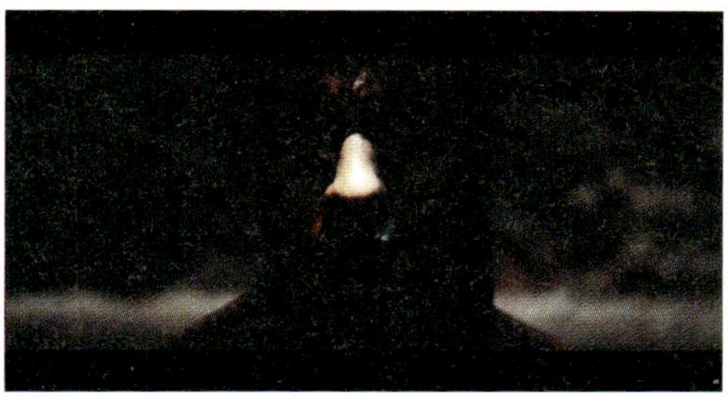

Richter: Das Urteil des Gerichts lautet: Der Parfümeurgeselle Jean-Baptiste Grenouille soll binnen zwei Tagen auf ein hölzernes Kreuz gebunden werden – mit dem Gesicht dem Himmel zugewandt.

Infernalisches Gebrüll der Zustimmung fegt wie eine Welle quer über den Platz.

Richter: Er erhält bei lebendigem Leibe zwölf Schläge mit einer eisernen Stange ...

Wiederaufbrandender Jubel. [...] Während das wütende Geschrei allmählich verebbt, bewegen wir uns auf Grenouilles Gesicht zu.

Erzählerstimme: Im 18. Jahrhundert lebte in Frankreich ein Mann, der zu den genialsten und zugleich berüchtigtsten Gestalten jener Epoche gehörte ...

Wir nähern uns dem Gesicht des Verurteilten ...

Erzählerstimme: Er hieß Jean-Baptiste Grenouille, und wenn sein Name heute in Vergessenheit geraten ist, so nur aus dem einen Grund, weil sich sein Genie und sein einziger Ehrgeiz auf ein Gebiet beschränkte, welches in der Geschichte keine Spuren hinterlässt ...

... und werden in den dunklen Tunnel seines Nasenloches hineingesogen ...

Erzählerstimme: ... das flüchtige Reich der Gerüche.

Haupttitel auf schwarzem Grund:
DAS PARFUM
Die Geschichte eines Mörders

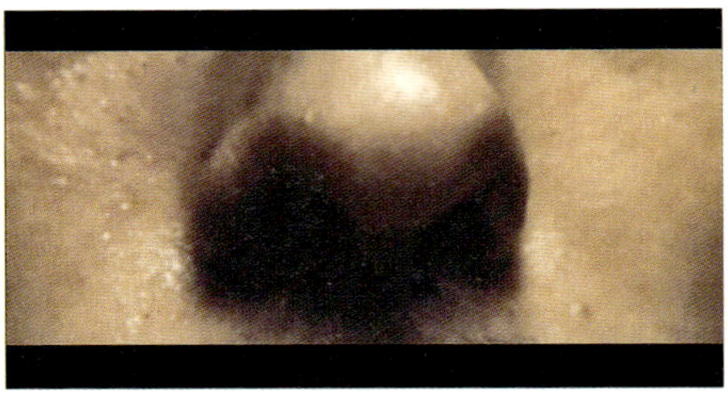

1 Beschreiben Sie, welche Wirkung das erste Filmbild auf Sie ausübt.

2 Lesen Sie im Drehbuch nur die kursiv gesetzten Hinweise für die Kamera und vollziehen Sie deren Bewegung nach:
Welche Einstellungsgrößen spielen eine Rolle?
Was passiert mit dem Betrachter?

3 a Sehen Sie sich den Filmanfang an und erläutern Sie das Zusammenspiel von Bild, Bewegung, Musik und Sprache in Hinblick auf die Wirkung.
b Welche Funktion hat diese – vom Roman abweichende – Exposition?

Information **Filmisches Erzählen** (▸ S. 214–215)

Die Kamera übernimmt im Film die **Funktion der Erzählerin;** ihre Sprache ist die Bildsprache, die sich aus **Kameraeinstellungen** (z. B. *Panorama, Halbtotale, Detail*), **-perspektiven** *(Normalsicht, Vogel- oder Froschperspektive)* und **-bewegungen** *(Bewegung der Objekte vor der Kamera, Bewegung der Kamera selbst, z. B. in Form von Schwenken, Neigen, Fahrt)* zusammensetzt. Diese bestimmen die Haltung zum gezeigten Geschehen und zu den Filmfiguren.

Die Einstellungsgröße ist der **Bildausschnitt,** den die Kamera zeigt. Mit ihr kann unsere emotionale **Beziehung zum Gezeigten** beeinflusst werden. Extreme Nähe zwingt in der Regel zu Teilnahme, genauer Beobachtung und zu gesteigerter Aufmerksamkeit, während zunehmende Entfernung auch emotional distanziert.

Beim **Voice Over** kommentiert eine **Erzählstimme** aus dem **Off** die Bilder, die zu sehen sind. Der Erzähler wendet sich aus seiner subjektiven Ich-Perspektive unmittelbar an das Publikum. Was zu sehen ist, wird als Sicht des Erzählenden wahrgenommen.

Fischmarkt – Paris

Ein Fischer trägt einen Korb Heringe zu einem lebhaften Markt, wo Männer und Frauen schreiend ihre Waren feilbieten, während sie von Fliegen umschwirrte Fische aufschlitzen. Die Fischhändler werfen die Innereien achtlos zu Boden und waten förmlich in Blut und Dreck. Hunde, Katzen und Möwen reißen sich um die Reste.

Erzählerstimme: Zu der Zeit, von der wir reden, herrschte in den Städten ein für uns moderne Menschen kaum vorstellbarer Gestank. Und natürlich war in Paris der Gestank am größten, denn Paris war die größte Stadt Europas. Und nirgendwo in Paris war dieser Gestank so über alle Maßen widerlich wie auf dem Fischmarkt der Stadt.

Der Fischer bringt seinen Korb zu einem Stand, wo eine stämmige, ungepflegte Frau Fische ausnimmt. Dies ist Grenouilles Mutter: Sie ist hochschwanger und steht kurz vor der Niederkunft.

Erzählerstimme: Hier nun, am allerstinkendsten Ort des ganzen Königreichs, wurde am 17. Juli 1738 Jean-Baptiste Grenouille geboren.

Grenouilles Mutter wird von Presswehen überwältigt. Sie bricht hinter ihrem Stand zusammen und versteckt sich unter einem hohen Schlachtertisch. Während sie die Beine anzieht, presst sie ihr Kind heraus. Dann durchtrennt sie die Nabelschnur mit ihrem Fischmesser. Anschließend kommt sie erschöpft hinter dem Tisch zum Vorschein. Ein Kunde schaut sie an.

Erzählerstimme: Für seine Mutter war es bereits die fünfte Geburt. Alle hatte sie hier an der Fischbude absolviert, und alle waren Totgeburten oder Halbtotgeburten gewesen.

Kunde: Was ist denn?

Grenouilles Mutter reagiert nicht auf ihn.

Erzählerstimme: Abends war alles zusammengeschaufelt und mit den Fischabfällen in den Fluss geworfen worden. So sollte es auch heute sein ...

Das Neugeborene liegt atmend inmitten von Fischabfällen.

Erzählerstimme: ... doch Jean-Baptiste entschied anders.

Kurze Schnitte auf: Innereien, Fleisch, ein Korb Fische, ein fressender Hund, Ratten, fallende Schlachterbeile, ein Messer mit Innereien, ein herabhängendes Schwein, ein Mann, der sich übergibt.

Die Nasenflügel des Babys weiten sich. Sein Geschrei

dringt unter dem Tisch hervor, während Grenouilles Mutter schwer atmend vor sich hinstarrt.

Passanten werden auf das Schreien aufmerksam, bleiben stehen und nehmen den Fischstand in Augenschein.

Eine Frau schaut unter den Schlachtertisch, wo sich die Fischabfälle türmen. Zwischen all dem Gedärm und dem Dreck lässt sich das Gesicht des Neugeborenen ausmachen. Ein Polizeioffizier kommt näher.

Frau 1: Was ist das für ein Geschrei? Ein Kindchen! Ein Neugeborenes!

Polizeioffizier: Wo ist die Mutter?

Sie schauen sich um, aber Grenouilles Mutter ist verschwunden.

Kunde: Sie war eben noch da.

Frau 2: Sie lässt es einfach liegen – ihr eigenes Kind!

Frau 1: Sie wollte ihr eigenes Kind umbringen!!

Der Kunde entdeckt Grenouilles Mutter, die versucht, in der Menge zu verschwinden.

Kunde: Da ist sie! Da ist die Mutter!

Die Frau zeigt anklagend auf Grenouilles Mutter.

Polizeioffizier: Halt!! Bleib stehen!

Frau 2 *schreiend:* Mörderin!!

Grenouilles Mutter dreht sich zu uns, sie wirkt noch immer verwirrt. Das Baby-Geschrei geht durch Mark und Bein.

Erzählerstimme: So brachte Grenouilles erster Schrei …

Place de Grève – Paris

Ein Galgenstrick legt sich um ihren Hals.

Erzählerstimme: … seine Mutter an den Galgen …

Sie fällt nach unten aus dem Bild. Der Strick strafft sich.

---

1 Mit dieser Szene beginnt auch der Roman.

a Betrachten Sie die Filmbilder aufmerksam und beschreiben Sie, wie historischer Ort und Atmosphäre gestaltet werden. Welche Wirkung wird durch das Zusammenspiel unterschiedlicher Einstellungsgrößen erzielt?

b Sehen Sie sich den Filmausschnitt mehrfach hintereinander an und notieren Sie, wie sinnliche Wahrnehmung – insbesondere das Riechen – inszeniert wird.

2 Vergleichen Sie die Szene „Fischmarkt", wie sie im Drehbuch entfaltet wird, mit dem Romananfang (► S. 203–205). Zeigen Sie Analogien auf und untersuchen Sie, inwieweit sich epische und filmische Sprache unterscheiden.

Information Formen des Filmanfangs – Die Exposition

Der Filmanfang, die **Exposition,** ist aus Sicht der Wahrnehmungspsychologie von außerordentlicher Bedeutung, da hier die Aufmerksamkeit des Publikums besonders hoch ist. Die Exposition stimmt emotional auf den Film ein und gibt Informationen zu Figuren, Motivationen und Situationen. Oft ist mit den ersten Bildern schon das Genre des Films präsent.

Im Film sind (wie auch in der Literatur) als Extremformen die deduktive und die induktive Exposition zu unterscheiden. Die **deduktive** Informationsvermittlung führt vom Allgemeinen zum Besonderen, von der Weit-Einstellung zu immer kleiner werdender Bildausschnitten. Die Zuschauer/innen erhalten so einen genauen Überblick, wo sie sich in der erzählten Welt befinden. Die **induktive** Informationsvermittlung führt vom Besonderen zum Allgemeinen. Dabei nimmt die Kamera den entgegengesetzten Weg. Sie beginnt mit einer Detail-/Großaufnahme und entfernt sich zunehmend vom Protagonisten und seiner (seelischen) Verfassung. Die Kamera verschafft dem Publikum erst langsam einen Überblick über die größeren Zusammenhänge. Die subjektive Wahrnehmung der Figur steht im Vordergrund und bindet das Publikum an sie. Häufig gibt es Mischformen zwischen beiden Typen der Exposition.

Das Mirabellenmädchen – Der erste Mord in Film, Drehbuch und Roman

Film

Drehbuch

Nur Zentimeter hinter ihr steht Grenouille und blickt sie an. Einen Moment ist sie fassungslos, dann öffnet sie die Lippen, um zu schreien, aber Grenouille legt seine Hand auf ihren Mund. Grenouille wendet den Kopf zu einer Treppe, von der Schritte kommen, begleitet von Gelächter. Nach Luft ringend, versucht das Mädchen, Grenouilles Hand zu entfernen, die sich über Nase und Mund geschoben hat. Sie wehrt sich – er drückt fester und zieht sie mit sich in den Schatten einer Mauer.

Ein Liebespaar kommt die Treppe hinab in den Innenhof. Sie verharren in einem innigen Kuss. Grenouille beobachtet die beiden und hält das rothaarige Mädchen umklammert. Schließlich geht das Pärchen weiter in Richtung Gasse und verschwindet. Grenouille wendet sich dem Mädchen in seinem Arm zu und schaut in ihre leblosen Augen. Er nimmt die Hand von ihrem Mund. Sie atmet nicht mehr.

Völlig fassungslos lässt er sie langsam zu Boden sinken. Einen Moment lang steht er nur da und versucht zu begreifen, was geschehen ist [...], dann kniet er neben ihr und atmet ihren Duft ...

Roman

Hunderttausend Düfte schienen nichts mehr wert vor diesem einen Duft. Dieser eine war das höhere Prinzip, nach dessen Vorbild sich die andern ordnen mußten. Er war die reine Schönheit.

Für Grenouille stand fest, daß ohne den Besitz des Duftes sein Leben keinen Sinn mehr hatte. Bis in die kleinste Einzelheit, bis in die letzte zarteste Verästelung mußte er ihn kennenlernen; die bloße komplexe Erinnerung an ihn genügte nicht. Er wollte wie mit einem

Prägestempel das apotheotische[1] Parfum ins Kuddelmuddel seiner schwarzen Seele pressen, es haargenau erforschen und fortan nur noch nach den inneren Strukturen dieser Zauberformel denken, leben, riechen.

Er ging langsam auf das Mädchen zu, immer näher, trat unter das Vordach und blieb einen Schritt hinter ihr stehen. Sie hörte ihn nicht.

Sie hatte rote Haare und trug ein graues Kleid ohne Ärmel. Ihre Arme waren sehr weiß und ihre Hände gelb vom Saft der aufgeschnittenen Mirabellen. Grenouille stand über sie gebeugt und sog ihren Duft jetzt völlig unvermischt ein, so wie er aufstieg von ihrem Nacken, ihren Haaren, aus dem Ausschnitt ihres Kleides, und ließ ihn in sich hineinströmen wie einen sanften Wind. Ihm war noch nie so wohl gewesen. Dem Mädchen aber wurde es kühl.

Sie sah Grenouille nicht. Aber sie bekam ein banges Gefühl, ein sonderbares Frösteln, wie man es bekommt, wenn einen plötzlich eine alte abgelegte Angst befällt. Ihr war, als herrsche da ein kalter Zug in ihrem Rücken, als habe jemand eine Türe aufgestoßen, die in einen riesengroßen kalten Keller führt. Und sie legte ihr Küchenmesser weg, zog die Arme an die Brust und wandte sich um.

Sie war so starr vor Schreck, als sie ihn sah, daß er viel Zeit hatte, ihr seine Hände um den Hals zu legen. Sie versuchte keinen Schrei, rührte sich nicht, tat keine abwehrende Bewegung. Er seinerseits sah sie nicht an. Ihr feines sommersprossenübersprenkeltes Gesicht, den roten Mund, die großen funkelndgrünen Augen sah er nicht, denn er hielt seine Augen fest geschlossen, während er sie würgte, und hatte nur die eine Sorge, von ihrem Duft nicht das geringste zu verlieren.

Als sie tot war, legte er sie auf den Boden mitten in die Mirabellenkerne, riß ihr Kleid auf, und der Duftstrom wurde zur Flut, sie überschwemmte ihn mit ihrem Wohlgeruch. Er stürzte sein Gesicht auf ihre Haut und fuhr mit weitgeblähten Nüstern von ihrem Bauch zur Brust, zum Hals, in ihr Gesicht und durch die Haare und zurück zum Bauch, hinab an ihr Geschlecht, an ihre Schenkel, an ihre weißen Beine. Er roch sie ab vom Kopf bis an die Zehen, er sammelte die letzten Reste ihres Dufts am Kinn, im Nabel und in den Falten ihrer Armbeuge.

Als er sie welkgerochen hatte, blieb er noch eine Weile neben ihr hocken, um sich zu versammeln, denn er war übervoll von ihr. Er wollte nichts von ihrem Duft verschütten. Erst mußte er die innern Schotten dicht verschließen. Dann stand er auf und blies die Kerze aus. R

1 **apotheotisch:** zum Göttlichen erhoben

1 Vergleichen Sie die Szene in den verschiedenen Medien:

a Untersuchen Sie besonders die Gestaltung der Figuren und ihrer Beziehung. Welche Motivation lenkt jeweils Grenouilles Handeln?

b Inwieweit nehmen Film und Roman unterschiedliche Bewertungen der Figur vor? Beziehen Sie dazu den folgenden Kommentar mit in Ihre Überlegungen ein:

> Das Kino folgt anderen Regeln als die Literatur, und eine von ihnen heißt, dass etwas geschehen muss. Im [Roman] „Parfum“ aber geschieht nicht viel. Der Held ist, der er ist, von Anfang an.
>
> *Verena Lueken*

c Erläutern Sie, ob die Szene als Schlüsselszene in Film und Roman betrachtet werden kann.

2 Sehen Sie sich die gesamte Sequenz mehrfach an, in der Grenouille auf das Mirabellenmädchen stößt (ab 17. Minute), und analysieren Sie die filmsprachlichen Mittel, mit denen der Film neue/andere Akzente setzt als der Roman. Achten Sie auf Thema und Motiv, Mimik und Gestik der Figuren, Musik, Kamerabewegungen und -einstellungen, Schnitt, Farben und Beleuchtung, Schärfe.

Der Film als Ganzes – Handlungsgefüge im Vergleich zum Roman

Methode **Sequenzplan**

Um sich einen Gesamtüberblick des Films zu verschaffen, mit dem man analytisch arbeiten kann, ist es hilfreich, einen **Sequenzplan** zu erstellen. Eine Sequenz ist eine Handlungseinheit, die durch Ortswechsel oder Veränderung der Figurenkonstellation von anderen inhaltlichen Einheiten abgegrenzt ist. Handlungsführung und Figurenkonstellation werden dabei in ihrer Abfolge festgehalten.

1 Sehen Sie sich den gesamten Film an und erfassen Sie seine Handlungsstruktur:
a Erstellen Sie einen Sequenzplan zum Film – am besten arbeitsteilig in Gruppen zu jeweils 30 Filmminuten. Gestalten Sie Ihren Plan so, dass rechts eine Spalte für Kommentare steht, z. B.:

Sequenz	*Dauer*	*Inhalt*	*Kommentar*
...	...	...	...
Baldinis Scheitern	*29.–31. Minute*	*Baldini allein im Büro: Versuch, Duft zu entschlüsseln*	*groteske Überzeichnung, Karikatur*

b Vergleichen Sie Ihre Notizen und erstellen Sie einen endgültigen Plan.

2 Besorgen Sie sich eine Übersicht des Romaninhalts. Setzen Sie den Handlungsverlauf in Beziehung zum Sequenzplan:
a Halten Sie fest, welche Szenen der Film übernimmt, verschiebt, auslässt, neu hinzufügt.
b Erklären Sie an ausgewählten Szenen, warum der Film andere Akzente setzt bzw. setzen muss.
c Nutzen Sie die unten aufgeführten „Fachaspekte“, die sich sowohl auf literarische Texte als auch auf Filme anwenden lassen, um Ihre Vergleiche zwischen Text und Film begrifflich zu präzisieren.

3 Setzen Sie Ihre Ergebnisse zur Handlungsmotivation der Filmfigur Grenouille in der Szene „Mirabellenmädchen“ in Beziehung zu Ihrem Gesamtüberblick von Film und Roman.

4 **a** Diskutieren Sie, inwieweit die filmische Umsetzung des Romans gelungen ist.
b Halten Sie die wichtigsten Argumente auf Pro- und Kontrakarten fest und prüfen Sie die Argumente:
- Überlegen Sie, welche filmischen Notwendigkeiten hinter bestimmten Entscheidungen stehen.
- Berücksichtigen Sie die unterschiedlichen Rezeptionsweisen von Roman und Film.

Information **Fachspezifische Aspekte, die sich auf das Medium Film anwenden lassen**

- Handlungsdramaturgie (geschlossene, offene Form), Handlungsstränge, Vor- und Rückblenden
- Erzählerische Funktion der Kamera (Erzählperspektive, Erzählhaltung)
- Stoff (Story, Plot, Thema, Genre)
- Leitmotive und ihre Konnotation
- Figuren (Rolle, Verhalten, Motivation, Entwicklung, Konstellation, Konflikt)
- Zeitgestaltung (Verhältnis von Erzählzeit und erzählter Zeit: z. B. Dehnung und Raffung des Erzählten durch Schnitt, Zeitlupe und Zeitraffer)
- Raumgestaltung (z. B. Handlungsraum, Stimmungsraum, Symbolraum)
- Sprache im Film (z. B. Dialoge) sowie Texte zum Film (z. B. Drehbuch, Filmkritik)

4.2 Die Grammatik der Bilder – Elemente der Filmsprache

Der Film im Detail – Inszenierte Bilder

Durch eine detaillierte Analyse ausgewählter Einstellungen oder Sequenzen wird das inszenierte Zusammenwirken der einzelnen filmischen Gestaltungsmittel, die Grammatik der Bilder, erkennbar. Die Detailanalyse der filmsprachlichen Struktur schärft die Wahrnehmung der mehrdimensionalen Beziehungen zwischen den verschiedenen Zeichensystemen Bild, Bewegung und Ton.

Mise-en-scène (In-Szene-Setzen)

1 a Wie werden je Bild Figuren und Objekte in Szene gesetzt?
Untersuchen Sie dazu die Filmbilder auf die Farb- und Lichtgestaltung sowie auf die Komposition hin. Verwenden Sie Begriffe, die Sie aus dem Kunstunterricht kennen (z. B. Farbkontraste, Goldener Schnitt, Raumgestaltung).
b Sehen Sie sich die Filmszenen an, aus denen die Einstellungen stammen (im Anwesen von Richis, Lavendelfelder, bei Madame Arnulfi). Beurteilen Sie die ästhetische Qualität der Einstellungen in ihrem unmittelbaren szenischen Kontext.

2 a Vergleichen Sie die Einstellungen mit denen aus der Exposition und der Szene „Mirabellenmädchen" (▸ S. 209–210). Notieren Sie, auf welche Weise diese Filmbilder gestaltet wurden.
b Ordnen Sie die Bilder in die Handlungsfolge des Films ein: Inwieweit markiert der Wechsel in der Bildästhetik eine inhaltliche Veränderung?

Information **Die Bildinszenierung – Mise-en-scène**

Der französische Begriff **„Mise-en-scène"** wird für die filmische Bildinszenierung verwendet. Figuren und Objekte werden wie in der Kunst auf einem Gemälde oder Foto für den Blick des Betrachters bzw. für die Kamera im Raum inszeniert. Neben Perspektive, Achsenverhältnissen und Kameraführung sind Kategorien der **Bildästhetik** hilfreich: statischer (vertikale, horizontale Strukturen) und dynamischer (diagonale Strukturen) Bildaufbau, offene und geschlossene Form, Symmetrie und Asymmetrie, Flächeneinteilung, Lichtführung, Farbe, Raumgestaltung, Tiefenwirkung, Schärfegrad. Diese **Mittel der Malerei** weisen dem Geschehen über die erzählte Geschichte hinaus weitere Bedeutungsebenen zu. Zur Bildgestaltung gehören auch die Wahl des Drehorts (Location), die Ausstattung, Requisiten und Kostüme.

Schnitt und Montage

Schnitt und Montage (Information, ▸ S. 214) sind die wichtigsten filmischen Gestaltungsmittel. Bei Filmproduktion und Filmanalyse ist es daher entscheidend, sich ihre Wirkungsweise „vor Augen zu führen“.

---

1 **a** Sehen Sie sich die Filmsequenz an, die mit Lauras Versteckspiel beginnt und mit der vermeintlichen Gefangennahme des Mörders (Predigt des Bischofs) endet (82.–92. Filmminute).
b Untersuchen und beschreiben Sie die Montagetechnik, die Abfolge und Kombination der Bilder. Achten Sie auch auf den Ton (Sprache und Musik).
Welche Wirkung wird erzielt?

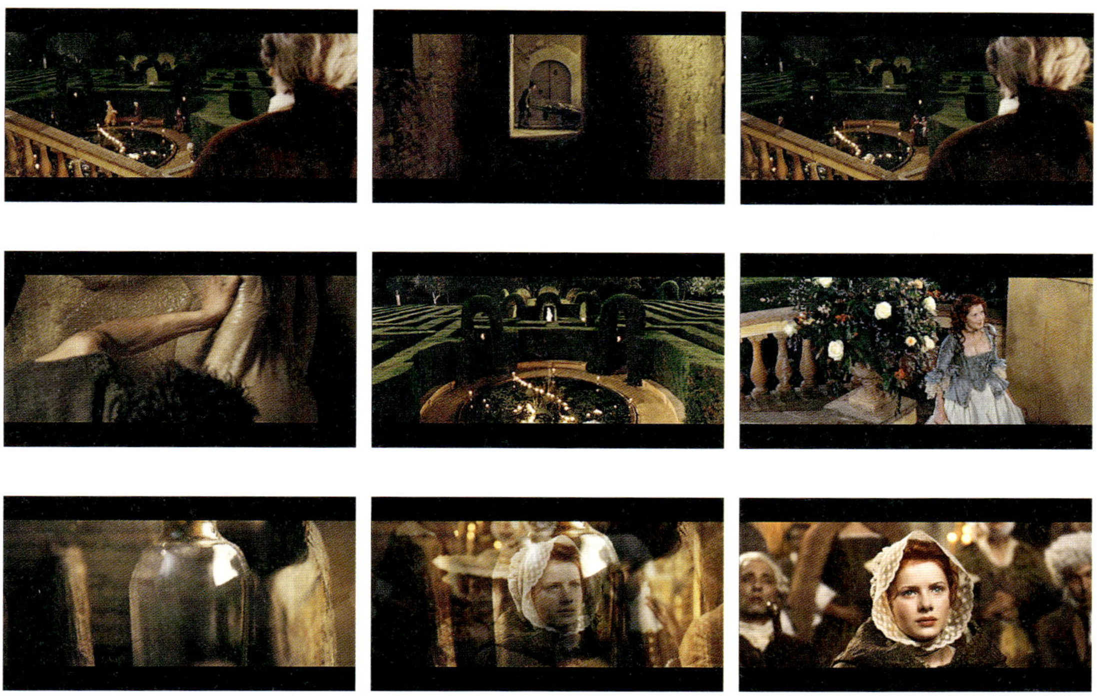

2 **a** Laura in Gefahr: Sehen Sie sich die ersten sechs Filmbilder vom Beginn der Sequenz in ihrer Abfolge an. Erklären Sie die Funktion der Montageform.
b Die letzten drei Bilder gegen Ende der Sequenz haben eine besondere Funktion. Erläutern Sie die Funktion, indem Sie sich auf den Kontext des gesamten Films beziehen.

Information **Die Montage**

Die Montage, die „Organisation der Bilder in der Zeit“ (André Bazin), manipuliert Zeit und Raum. Sie schafft Sinnzusammenhänge und steuert die Bedeutung der Filmbilder. Die Filmsprache kennt verschiedene Formen der Bildverknüpfung. Sie können durch **harten Schnitt** (das übliche Verfahren) oder durch **weichen Schnitt** (z. B. Überblendung) erzeugt werden.

Man unterscheidet:

- **Erzählende Montage:** Die Einstellungen sind inhaltlich so aufeinander bezogen, dass die erzählerische Kontinuität gewahrt wird. Die Schnitte sind kaum wahrnehmbar.
- **Parallelmontage:** Getrennt verlaufende Handlungen werden zur Erzeugung von Spannung wechselnd zusammengeschnitten. Das Publikum weiß mehr als die Filmfiguren.
- **Analogmontage:** Kontraste in Raum, Zeit oder Gesellschaft werden überbrückt, indem eine gemeinsame Form/Handlung aus unterschiedlichen Zusammenhängen übernommen wird.
- **Kontrastmontage:** Die Kombination konträrer Bilder fordert zu einer Stellungnahme auf, z. B. das prunkvolle Leben am Hof im Gegensatz zum Elend der übrigen Bevölkerung.
- **Assoziationsmontage:** Die Folge von zwei verschiedenen Bildern erzeugt ein drittes, eine Assoziation, z. B.: Gesicht + Messer = Mörder / Gesicht + Essen = Hunger.
- **Schuss-Gegenschuss:** Mit dem Wechsel der Kameraposition zwischen miteinander sprechenden Figuren wird die unmittelbare Teilnahme des Publikums suggeriert.

3 **a** Betrachten Sie erneut die letzten beiden Filmbilder aus der Exposition (Fischmarkt, ▸ S. 207 f.). Welche Funktion hat die Montage der Bilder hier?
b Welche weiteren Montageformen konnten Sie im Film entdecken? Beschreiben Sie Art und Wirkung.

Information **Filmsprache – Fachbegriffe und Funktionen im Überblick**

Die Filmsprache ist ein **komplexes Zeichengefüge** aus Bild, Bewegung, Sprache und Musik, das die Sinne simultan und intensiv anspricht; gleichzeitig können die Schauspieler/innen, Drehort und Story unmittelbar zur Identifikation einladen.
Die **Kamera als Erzählerin** bestimmt die Haltung zum Geschehen und zu den Filmfiguren (▸ S. 206). Der gestaltete Raum im Film wird mit dem Begriff **„Mise-en-scène“** (▸ S. 212–213) bezeichnet.

Filmisches Erzählverhalten

- **Allwissende Kamera:** verfügt über das Geschehen und kommentiert, z. B. durch die Perspektive
- **Subjektive Kamera:** Der Kamerablick deckt sich mit dem der Figuren, z. B. Point-of-View-Shot.
- **Mindscreen:** innere Bilder der Filmfigur, wie z. B. Erinnerungen, Teilnahme an deren Wahrnehmung
- **Neutrale Kamera:** sachlich-objektive Distanz auf Augenhöhe, Beobachtung der handelnden Figuren

Einstellungsgrößen
- **Panorama/Weit:** Überblick über den Ort des Geschehens → Vermittlung von Atmosphäre
- **Totale:** Übersicht über den Schauplatz → räumliche Orientierung
- **Halbtotale:** Figuren in ihrer gesamten Körperlänge → Wahrnehmung der unmittelbaren Umgebung
- **Halbnah/Amerikanisch:** Figuren in kommunikativen Situationen etwa vom Knie an aufwärts
- **Nah:** Figuren von der Brust an, häufig in Sprechsituationen → Gestik und Mimik im Vordergrund
- **Groß:** z.B. nur das Gesicht → Nähe und genaue Beobachtung des mimischen Ausdrucks
- **Detail:** extremste Nähe → Steigerung der Aufmerksamkeit, besondere Bedeutung der Dinge

Kameraperspektiven
- **Normalsicht:** normale menschliche Perspektive in Augenhöhe → Objektivität und Authentizität
- **Vogelperspektive:** Blick von einem erhöhten Punkt → Distanz, häufig Gefühl der Verlorenheit
- **Froschperspektive:** niedriger Standpunkt → Figuren bzw. Objekte wirken mächtig, bedrohlich

Kamerabewegung
- **Handlungsachse:** Bewegung der Objekte vor der stehenden Kamera → distanzierte Beobachtung
- **Kameraachse:** Bewegung der Kamera → Nachahmung der menschlichen Bewegung, Authentizität; horizontales **Schwenken,** vertikales **Neigen,** sich von der Stelle bewegende **Kamerafahrt**
  Die gemeinsame Bewegung von Objekt und Kamera bietet eine hohe Identifikationsmöglichkeit.

Schnitt, Montage (▸ S. 214), **Zeitgestaltung**
Schnitt und Montage beeinflussen das **Zeitgefühl** des Zuschauers.
- **Zeitraffung:** Die **Ellipse** (Auslassung von Handlungsteilen) lässt Unwichtiges zu Gunsten des Bedeutsamen aus; auch der **Zeitraffer** und die **Analogmontage** raffen bzw. verkürzen die Zeit.
- **Zeitdehnung:** Bedeutsames wird wiederholt, aus unterschiedlichen Perspektiven oder in der **Zeitlupe** gezeigt; auch die **Parallelmontage** dehnt bzw. verlängert die Zeit.
- **Zeitdeckung (Plansequenz):** Identität von Filmzeit und real verstreichender Zeit ohne Schnitt

Ton: Filmmusik und Geräusche
- **Musik:** ein unterschwellig im **Unbewussten** wirkendes Gestaltungsmittel; sie erzeugt und verdichtet **Emotionen.** Bestimmte Klänge können Gefühlslagen erzeugen (z.B. sinfonische Streichmusik: Liebe; Popmusik: Lebensfreude; atonale Musik: Gefahr; hallende Musik: Träume). Figuren, Gegenständen oder Situationen wird durch **musikalische Leitmotive** eine besondere Bedeutung zugewiesen. Filmmusik kann atmosphärisch **historische, soziale oder kulturelle Authentizität** suggerieren. Sie rhythmisiert und strukturiert Filmbilder und beeinflusst das **Zeitempfinden** des Zuhörers und Zuschauers.
- **Geräusche** sind meistens unmittelbar präsent und steigern die **Wirklichkeitsillusion. Geräuschverstärkung** oder Plötzlichkeit können alarmieren und schockieren.
- **On-Ton/Synchronton:** Die Quelle des Tons ist sichtbar oder ergibt sich aus dem Zusammenhang.
- **Off-Ton:** Die Quelle des Tons ist im Bild nicht sichtbar (z.B. Voice Over, ▸ S. 206).

4.3 Verfilmung von Literatur – Filmkritik

Gefühlskino? – Zwei Filmrezensionen

Peter Körte: **Du spürst kaum einen Hauch** (2006)

Bernd Eichinger, unser größter und mutigster Produzent, hat „Das Parfum“ verfilmt – an der Unsterblichkeit muss er aber noch arbeiten.

[...] Es gibt eine ungeschriebene Regel, ein Buch nicht gegen seine Verfilmung auszuspielen. Doch leider hat man hier ganz schnell das Gefühl, die Filmemacher selbst hätten diese Regel umgangen, weil sie zu sehr am Buch kleben, weil schon in den ersten Minuten Otto Sander aus dem Off Süskinds Sätze rezitiert, weil es Momente gibt, in denen der Film den Roman auf groteske Weise wörtlich nimmt. Wenn es etwa am Ende bei Süskind heißt, Grenouille sei „von Schönheit übergossen gewesen wie von strahlendem Feuer“, umgibt ihn der Film allen Ernstes mit einer kleinen Aura. [...]

Wer fünfzig Millionen Euro investiert, der muss halt Rücksichten nehmen. Der kann zwar Süskind gelegentlich wörtlich nehmen, aber keine Bilder machen, wie man sie bei Süskinds Prosa vor Augen hat. Wo aus Satzfolgen Sequenzen für eine Mainstream-Produktion werden, denkt man an andere Dinge. Wo liegt die Ekelgrenze? Wie viel Schmutz und Blut und Grausamkeit darf es sein? Wie hässlich darf ein Hauptdarsteller sein, der den amoralischen Grenouille spielt? Wie lassen sich Morde an unschuldigen Mädchen inszenieren?

Ben Whishaw als Grenouille ist keine schlechte Wahl: kein Schönling, nicht zu derb – und leider ohne den leisesten Anflug von Dämonie. Er beschwört sie eher hilflos, wie überhaupt „Das Parfum“ von Anfang an eine Abfolge beschwörender Gesten ist. Es ist nicht nur die Off-Stimme, es sind auch die Bilder all der geruchsintensiven Dinge, die der Film wie ein Leporello ausbreitet. Grenouille riecht an einer toten Ratte – und die Kamera zoomt durchs Rattenfell auf die Würmer, die ihre Arbeit tun. Und doch wirkt alles chemisch gereinigt. [...]

Und dann tut der Film etwas, was ein Verrat an seinem Helden ist, dessen Weg von Paris nach Grasse, vom Gerbergehilfen zum Duftgenie, von Mord zu Mord er fast zweieinhalb Stunden lang ziemlich schleppend nachbuchstabiert hat: Grenouille vergießt ein paar Tränen, als er auf dem Höhepunkt seiner Macht die Bilder seines ersten Opfers, des „Mirabellenmädchens“, vor sich sieht, und diese Regung bringt eine klebrige Sentimentalität ins Spiel, die alles, was man bis dahin gesehen hat, dementiert. Mit solchen Einfällen kann man einen Film ruinieren; man kann sie auch verstehen als ein Zeichen tiefster Verunsicherung: Trotz aufwändigen Produktionsdesigns, trotz leuchtender Lavendelfelder und optischer Tricks sind Eichinger und Tykwer gegen die Faszination des genialisch Bösen immun. Sie dämpfen den Schrecken, und sie filmen, als müsste ständig beglaubigt werden, dass es sich tatsächlich um Süskinds Romanvorlage handelt. Nicht weil das Buch unverfilmbar ist, ist „Das Parfum“ gescheitert, sondern weil es den Roman zu sehr verfilmt.

Michael Althen: **Ich will doch nur, dass ihr mich liebt** (2006)

Tom Tykwer entlockt Patrick Süskinds „Parfum“ in atemberaubenden Bildern einen ganz eigenen Duft.

Identifikation ist zwar nicht alles im Kino, aber es war klar, dass es um mehr gehen müsste als nur einen Serienmörder, der seiner schönen Kunst grausige Opfer darbringt. Wenn man so will, dann mussten sie hinter seinem blutigen Weg den verzweifelten Aufschrei hörbar machen: „Ich will doch nur, dass ihr mich liebt!“

Dazu mussten sie die Temperatur des Romans ein paar Grad hochfahren [...]. In einem Gerangel ohnegleichen um die ersten Plätze im Meinungsstreit wurde dem Film schon Wochen vor dem Start vorgeworfen, er rücke dauernd die Nase des Helden ins Bild. [...] Darum geht es doch, und die stets behände und lyrische Kamera von Frank Griebe fährt natürlich immer wieder darauf zu, lässt sich geradezu aufsaugen, um sich dann davontragen zu lassen wie die Düfte im Wind. Und natürlich ist es eine Augenweide zu sehen, wie die Gerüche in leuchtenden Farben ins Bild gesetzt werden, wie der Lavendel auf den Feldern blüht und die Mirabellen golden leuchten. Einmal rast die Kamera im Flug über die südfranzösische Landschaft dem Duft einer Rothaarigen hinterher, die auf dem Pferde flieht, ein andermal lässt sie sich vom Geruchswirrwarr einer Pariser Straße von einer Sensation zur nächsten tragen. Man ist jedenfalls im Nu sensibilisiert für die Perspektive eines Wesens, das die Welt immer nur durch die Nase wahrnimmt und blind ist für jede andere Form von Schönheit.

In einer der schönsten Szenen tastet sich Grenouille als kleiner Junge mit dem Geruchssinn aus dem Hof des Waisenhauses hinaus in die Welt, erschnüffelt Gras und Holz und Apfel und schnuppert sich später über einen warmen Flusskiesel in Gedanken in ein Flüsschen, wo er unter Wasser sogar noch die Frösche und ihren Laich wahrzunehmen glaubt.

Wie im Roman wechselt die Geschichte geschickt zwischen dieser mikroskopischen Annäherung an die Dinge und einem Erzählerton aus großer Höhe, und der Kontrast zwischen des Helden Sensibilität und seiner Herzenskälte ist ihr unwiderstehlicher Motor. Dass ihr Autor Patrick Süskind vor dem Erfolg in die Unsichtbarkeit geflohen ist, lädt natürlich dazu ein, die wilde Lust eines Mannes, der sich nur in seinen Duftwerken materialisieren kann, mit ihm zu identifizieren. Und auch wenn Tom Tykwer auf ganz andere Weise im Rampenlicht steht und es auch genießt, ist genau dies der Punkt, wo seine Identifikation mit dem Stoff womöglich beginnt. Als wahrhaft obsessiver Filmfan, der seine Jugend nächtelang nur im Kino verbracht hat, ist ihm jenes Bedürfnis vertraut, man möge an seinen filmischen Vorlieben erkannt werden, mit denen man sich wie mit Spiegeln umstellt, und als Regisseur lebt er ohnehin von dem Traum, seine Filme könnten zum einen dem Leben auf dieselbe Weise ihre Essenz abringen, wie das dem Parfümeur mit den Blüten gelingt, und zum anderen tatsächlich als Spiegel taugen, der sichtbar macht, was sonst nur blinder Fleck bleibt. [...]

Und so sucht nun eben auch Jean-Baptiste Grenouille nach dem einen Duft, in den er dann schlüpfen kann, um zu verbergen, dass dahinter nur Leere herrscht. Oder zumindest eine gewaltige Angst, emotional nicht zu genügen.

Tykwer inszeniert den Moment der Erkenntnis als furioses Finale, bei dem der Held wie ein Popstar sich die Massen gefügig macht, sie mit seinem Dufthauch in Verzückung stößt, um dann ernüchtert festzustellen, dass all die Liebe nicht ihm gilt und er daran niemals teilhaben wird. Die Erinnerung an den verpassten Moment durchfährt ihn, an das Mädchen mit den Mirabellen, und die Idiotie seines Strebens wird ihm bewusst, dass er glauben konnte, für die wahre Liebe gebe es einen Ersatz. Als Filmregisseur und Kinobesessener bewegt sich Tykwer da auf Messers Schneide, weil dieser Augenblick natürlich auch mit dem Missverständnis, das Kino könne ein Ersatz fürs wahre Leben sein, Ernst macht.

---

1 a Untersuchen Sie, wie Körte und Althen ähnliche Filmszenen und Filmbilder bewerten.
b Vergleichen Sie: Welche Aspekte werden bei der Filmbesprechung jeweils berücksichtigt?
c Stimmen Sie mit einem der Kritiker überein? Welche Argumente überzeugen Sie?

2 Verfassen Sie selbst eine Rezension zum „Parfum". Gehen Sie darin sowohl auf die filmische Umsetzung der Romanvorlage ein als auch auf die rein medienspezifischen Qualitäten des Films.

Theorie der Literaturverfilmung

Ralf Schnell: **Literarischer Film** (2000)

Die Bilder, die eine Literaturverfilmung zeigt, sind jene, die ein Drehbuchautor oder ein Regisseur aus der Lektüre eines Textes entwickelt haben. Die Umsetzung einer Romanvorlage, beispielsweise, in den Erzählzusammenhang eines Films legt die Optionen der Fantasie auf die individuelle Ausgestaltung von Vorstellungswelten fest. Figuren bekommen Stimme, Gestalt und Gesicht, Räume erhalten ein Interieur, Handlungsfäden werden gebündelt oder gekappt. Zeitschichten umgebaut oder kanalisiert, Offenheiten vereindeutigt und optisch festgeschrieben. Innenansichten von Figuren werden ans Licht gezerrt, ganze Reflexionspassagen entfallen, der „plot“ rückt in den Vordergrund. Der Film reicht an die Vorlage nicht heran, zumindest nicht an die durch Lektüre geweckten Fantasien der Leserinnen und Leser, und diese, soweit sie liebende sind, erfahren eine narzisstische Kränkung. Noch einmal in den anschaulichen Worten Barbara Sichtermanns: „Der Film [...] veräußerlicht und objektiviert, was zuvor eine inwendige und höchst persönliche Angelegenheit war. Er raubt der Fantasie ein Spielfeld und dem individuellen Zugriff ein Objekt. Wer eine Romanverfilmung sieht, nachdem er zuvor das Buch gelesen hat, kennt diese nur schwer zu bestimmende Enttäuschung, die häufig daher rührt, dass die äußeren Filmbilder an die inneren nicht heranreichen, vielleicht aber auch nur daher, dass sie mit ihnen nicht übereinstimmen. Die Vorstellungskraft fühlt sich durch den Kinofilm über den Haufen gerannt und spielt beleidigt, so was ergreift das ganze Gemüt.“ Verhalten optimistisch fügt die Kritikerin hinzu: „Aber es muss nicht so sein. Es gibt ja auch das Gefühl der Erfüllung nach dem Anschauen einer Romanverfilmung: dann, wenn der ‚äußere‘ Film Bilder aufgeboten hat, die den inneren ähnlich oder überlegen sind.“ Doch hier ist Skepsis geboten, denn wann wäre das je der Fall gewesen? Luchino Viscontis vielgelobtes Ausstattungsstück „Der Tod in Venedig“ (1971) – ein Äquivalent für „innere Bilder“, die Thomas Manns Novelle hervorruft? Das Anschauen von „Der Name der Rose“ (1985/86) mit dem facettenreichen einstigen James-Bond-Darsteller Sean Connery – verbunden mit einem „Gefühl der Erfüllung“? [...] „Literaturverfilmung“ ist immer und zuerst Film, Literatur nur in abgeleiteter Form. Deshalb bedarf verfilmte Literatur der Analyse als Film eher als des Vergleichs mit dem Text. Der Text ist immer nur Vorlage für den Film – was dieser aus dem Text macht, wenn er etwas genuin Filmisches aus ihm macht, besitzt immer eine eigenständige kinematografische Qualität, die nicht den Gesetzen der Literatur, sondern denen des Films gehorchen muss. Es kann nicht verwundern, wenn der Vergleich von Filmen mit ihren literarischen Vorlagen so häufig zu Ungunsten der kinematografischen Adaption ausfällt. Das Übertragen von Erzählstrukturen, wie die Literatur sie bietet, in die Erzählformen, die dem Film eigen sind, wirkt fast notwendig defizitär, vergleicht man die filmische Adaption mit dem literarischen Original. Dort aber, wo der Film die Vorlage filmästhetisch, mit seinen eigenen Mitteln, aufnimmt, kann er auch eine eigene Qualität gewinnen. Alfred Hitchcocks „Die Vögel“ (1963) nach der Vorlage von Daphne du Maurier bietet hierfür ein ebenso treffendes Beispiel wie Francis Ford Coppolas „Apocalypse Now“ (1976/79) nach dem Roman „Heart of Darkness“ von Joseph Conrad. Das heißt: Es geht bei der Verfilmung von Literatur nicht allein, nicht einmal in erster Linie um das Problem „Literaturverfilmung“, sondern es geht um die Frage nach der Äquivalenz von Texten und Bildern, Schreibweisen und Ansichten, literarischen und filmischen Wahrnehmungsweisen, darum, ob die filmischen Bilder den literarischen Texten gewachsen sind, ihnen standhalten oder sie gar überbieten können. Und auch die Gegenprobe lässt sich machen: Die Literarisierung von Filmen, die sich inzwischen zu einem eigenen Genre ausgebildet hat, muss dann misslingen, wenn sie sich, wie meist, ihrerseits auf die sprachlich illustrierende Wiedergabe des „plots“ beschränkt, anstatt eigenständige literarische Ansprüche zu realisieren.

Knut Hickethier: **Der Film nach der Literatur ist Film** (1989)

Von „Literaturverfilmung“ zu reden, heißt, den ersten Schritt in die falsche Richtung tun: denn im Begriff der Verfilmung steckt bereits die erlittene Verformung des Kunstwerks, eines Originals, das dabei seine Originalität verliert. Das Ergebnis kann nur eine schlechte Kopie, ein unvollständiger Ersatz im anderen Medium sein. [...]

Der Film aber ist immer zuerst Film, und dass seinem Drehbuch, ohnehin nur eine Zwischenstufe im Arbeitsprozess, einmal ein Roman zu Grunde gelegen hat, ist für das Filmische an ihm von peripherer[1] Bedeutung. Wir verstehen den Film, auch ohne den Roman zuvor gelesen zu haben.

Zwar kann, wer wollte das bestreiten, die vorangegangene Romanlektüre dem Filmesehen zusätzlichen Genuss (oder Enttäuschung) im Wiedererkennen von Erzähltem verleihen. Und ein Film, der sich von Titel, Handlungsstruktur und Figuren explizit auf einen Roman bezieht, fordert dazu auch in besonderer Weise heraus. Aber das rechtfertigt noch keine Sonderstellung literarisch fixierter Betrachtungsweise, die zwangsläufig das Erzählen in den Vordergrund stellt und darüber die präsentativen Aspekte des Films vernachlässigt. Wie jeder Text nur vor dem Hintergrund des gesamten bisherigen Geschriebenen zu denken ist, steht auch jeder Film im Kontext anderer Filme und enthält ungleich mehr Anspielungen und Verweise, unbewusst entlehnte Motive, Metaphern und assoziiert visuelle Erinnerungen, als sich in der Textvorlage erkennen lässt. Genrezusammenhänge, Verweise der Darsteller auf andere Rollen, die sie in anderen Filmen verkörpert haben, Kamera-, Regie- und Lichtstile, Architekturbedeutungen, Kleidungsstile etc. eröffnen eine Fülle anderer Bezugsebenen. Der spezielle Vergleich mit der literarischen Vorlage (noch nicht einmal mit dem Drehbuch) erscheint deshalb als eine unzulässige Verengung des Blicks.

1 **peripher:** am Rande liegend

---

1 Kennen Sie das Gefühl, dass Ihre „Vorstellungskraft beleidigt spielt“ (vgl. Schnell, S. 218, Z. 31 f.), wenn Sie die Verfilmung eines von Ihnen gelesenen Romans sehen? Berichten Sie davon.

2 Erarbeiten und vergleichen Sie die Positionen Schnells und Hickethiers zur Literaturverfilmung.

3 Beurteilen Sie die beiden Rezensionen zum „Parfum“ (▸ S. 216–217) vor dem Hintergrund der filmtheoretischen Thesen Schnells und Hickethiers und der drei Arten der Literaturverfilmung (Information).

Information **Literaturverfilmungen – Drei Arten der Adaption**

- Die **stofforientierte Adaption** übernimmt nur einzelne Motive oder Handlungselemente einer literarischen Vorlage. Der Film steht als eigenständiges Werk im Vordergrund.
- Die **illustrierende Adaption** ist im Gegensatz zur stofforientierten bemüht, den Text möglichst genau in filmische Bilder umzusetzen. Hier steht die Literatur im Vordergrund.
- Die **interpretierende Adaption** möchte Literatur durch filmspezifische Mittel auslegen. Sie befreit sich durch die Eigenständigkeit der filmischen Möglichkeiten einerseits von der literarischen Vorlage, ist aber dennoch eine konkrete Interpretation des Textes. Film und Text stehen auf einer Ebene. Mögliche Formen: die historische Aktualisierung, die Umsetzung des Geschehens in ein anderes soziales Umfeld, die Darstellung der persönlichen Rezeption des Textes durch die Regisseurin oder durch den Regisseur.

4 Diskutieren Sie, welche Art von Literaturverfilmung Ihnen am ehesten zusagt: Welche Funktion kann und soll die Verfilmung von Literatur Ihrer Ansicht nach haben? Was leistet sie für das Verständnis der Vorlage?

5 Sachtexte

WIKIPEDIA
Die freie Enzyklopädie

1 Unserer Informations- und Wissensgesellschaft entsprechend spielt der Umgang mit Sachtexten in Schule, Beruf und Alltag eine wichtige Rolle. Schreiben Sie spontan auf, was Sie unter dem Begriff „Sachtexte" verstehen. Nennen Sie auch Beispiele und geben Sie an, welche Intention dem jeweiligen Sachtextbeispiel zu Grunde liegt.

2 Vergleichen Sie Ihre Ergebnisse. Ordnen Sie dabei gemeinsam an der Tafel Ihren Beispielen die entsprechenden Intentionen zu.

In diesem Kapitel erwerben Sie folgende Kenntnisse und Kompetenzen:

- Sachtexte nach Typen und Intentionen unterscheiden,
- Sachtexte am Beispiel von Rede, Kommentar und Essay analysieren,
- einen Analyseaufsatz zu einem Sachtext verfassen,
- Strategien einer popularisierenden Vermittlung von Wissen erkennen und anwenden.

5.1 Sachtexttypen – Intentionen unterscheiden

1992 veröffentlichte der österreichische Schriftsteller Robert Schneider (*1961) den Roman „Schlafes Bruder". Durch eine vergleichende Untersuchung der beiden folgenden Texte über den Roman werden Sie mit zwei grundsätzlichen Intentionen von Sachtexten vertraut gemacht.

Herbert Ohrlinger: **Ein Neuer aus Österreich** (1992)

Robert Schneider erzählt diese abenteuerliche Geschichte mit spielerischer Präzision: Mit scheinbar unerschöpflichem Einfallsreichtum versteht er, aus jeder Episode kleine Erzählungen zu gestalten, die aufs Natürlichste in den Fluss des Ganzen eingebettet sind. Der Stoff entgleitet ihm ebenso wenig wie seine skurrilen Figuren, die, ungeachtet aller Empörung, nie denunziert werden. Wie leicht hätte da ein rustikales Rührstück entstehen können! Allein, Schneider ist dieser Versuchung nicht erlegen. Als leidenschaftlich könnte man seine Schreibhaltung charakterisieren, wobei diese Leidenschaftlichkeit allerdings einem kühlen Kopf entspringt.

Man weiß von Anfang an Bescheid über das Ende, weiß, dass dieser von Gott verlassene Musiker Johannes Elias Alder vergeblich auf einen Fingerzeig der Gnade hofft, und dennoch hält die Spannung. Ja, sie nimmt noch einmal zu und verdichtet sich, indem Schneider bereits gelöste Handlungsstränge erneut verknüpft, zum wahrhaft furiosen[1] Finale.

Nach der endlosen Kette von Demütigungen, die Johannes Elias Alder, diesem „Zerrbild göttlicher Verfehlung", widerfuhren, nach der Hochzeit der einzig herzensverwandten Cousine Elsbeth mit einem anderen, wird er durch Zufall zum alljährlichen Orgelfest in das Städtchen Feldberg eingeladen. Angekündigt als „kurioses Naturtalent", extemporiert[2] der anfangs belächelte, barfüßige, des Notenlesens unkundige Bauernbub über das Lied „Kömm, o Tod, du Schlafes Bruder", wie es die versammelten Honoratioren[3] niemals noch vernommen haben.

Und der ausgebildete Musiker Robert Schneider vermag dieses Hörerlebnis in ein Spracherlebnis zu verwandeln, das die Erschütterung seines der Schwarzen Romantik[4] entlehnten Helden auf den Leser überträgt. Verzweiflung und Euphorie finden erneut zu einem „Wunder des Hörens", das dieses Mal nicht geschieht, sondern durch das Orgelspiel evoziert[5] wird. [...]

1 **furios:** mitreißend
2 **extemporieren:** ohne Notenvorlage, aus dem Stegreif spielen
3 **Honoratioren:** die Würdenträger der Stadt, höhere Vertreter der Stadt
4 **Schwarze Romantik:** Strömung der romantischen Literatur, die Elemente des Schauerlichen ins Zentrum rückt; auch „Schauerromantik" genannt
5 **evozieren:** (einen Eindruck) hervorrufen

Peter J. Brenner: **Über Robert Schneider, „Schlafes Bruder"** (1996)

An mehreren Beispielen zeigt Brenner eine „aktuelle Tendenz der Literaturentwicklung" auf, die er in einer „langsamen Aufweichung sowohl der Gattungs- wie der traditionellen Stil- und Niveaugrenzen" sieht; die besprochenen Romane stünden auf der „Grenzlinie zwischen Unterhaltungs- und Hochliteratur".

Einem vergleichbaren Konzept folgt der Österreicher Robert Schneider mit seinem Roman „Schlafes Bruder" von 1992, der sofort nach seinem Erscheinen ein großer Publikumserfolg wurde; der Roman wurde in über zwanzig Sprachen übersetzt und auch verfilmt. Wieder steht eine an die Romantik erinnernde Figur im

Mittelpunkt. Der Musiker Elias Alder bezahlt seine Genialität mit körperlicher Deformation und wird zum Außenseiter in seiner österreichischen Dorfgemeinde. Seine absolute Liebe bleibt unerwidert und er beschließt, sich durch Schlafentzug umzubringen. Der Roman scheut die Nähe zu kitschiger Sentimentalität nicht, birgt aber genügend literarische Fantasie und Gestaltungskraft, gepaart mit einem Moment von Gesellschaftskritik, um sich in der Reihe dieser neuen historischen Romane behaupten zu können. Die Hinwendung zu fingierten oder authentischen historischen Stoffen, die nach konventionellen, wenn auch manchmal ironisch gebrochenen Erzählmustern dargeboten werden, bleibt eines der charakteristischen Kennzeichen des Erfolgsromans der achtziger und neunziger Jahre. Tatsächlich lässt sich wohl von einer Renaissance des „historischen Romans“ sprechen [...].

1 Verschaffen Sie sich einen Überblick über beide Texte. Lesen Sie die Texte zügig durch und notieren Sie Ihre ersten Eindrücke. Berücksichtigen Sie vor allem die Haltung des Autors gegenüber seinem Gegenstand: Wer ist eher sachlich-distanziert, wer schreibt wertend?

2 **a** Bestimmen Sie die Textsorte und ordnen Sie den Texten jeweils eine Intention zu. Orientieren Sie sich dabei an folgender Information.

Information **Sachtexttypen und ihre Intentionen im Überblick**

Sachtexte haben im Gegensatz zu fiktionalen Texten einen pragmatischen Zweck. Autorinnen und Autoren verfolgen in der Regel eine bestimmte **Intention**: Sie wollen z. B. belehren, informieren, dokumentieren, überzeugen oder beeinflussen. Für das Lesepublikum hat ein Sachtext ebenso eine Funktion: Es will z. B. Zusammenhänge verstehen, Fähigkeiten erwerben, Tatsachen dokumentiert oder die eigene Meinung bestätigt sehen. Wegen ihrer Zweckorientierung nennt man Sachtexte auch **„Gebrauchstexte“** oder **„pragmatische Texte“**. Die Geburtsurkunde gehört ebenso zu dieser Gattung wie das Pamphlet, der Essay oder der Aufsatz in einer Fachzeitschrift. Sachtexte kann man am besten nach ihrer Intention unterscheiden (entsprechend den Sprachfunktionen in **Karl Bühlers** Organon-Modell, ▸ S. 94 f.).
Die wichtigsten Sachtextkategorien sind:

Sachtexttyp	**Intention**	**Textsorte/Beispiel**
informativ-instruktiv	darstellend/sachbezogen	Bericht, fachwissenschaftlicher Artikel, ...
argumentativ-problemlösend →	darstellend/sach- und adressatenbezogen	Erörterung, Essay, ...
argumentativ-problemlösend →	appellativ/adressatenbezogen	Glosse, Leserbrief, ...
persuasiv-beeinflussend	appellativ/adressatenbezogen	politische Rede, Werbung, ...
ausdrucksbetont	expressiv/ichbezogen	Tagebuch, persönlicher Brief, ...

Im konkreten Sachtext kommen die **verschiedenen Intentionen häufig gemischt** vor. Auch eine Wahlkampfrede, die die Zuhörerschaft für eine bestimmte politische Position gewinnen will, enthält informative, darstellende Passagen. In der Regel ist der intentionale Schwerpunkt aber eindeutig.

b Zeigen Sie an konkreten Textstellen auf, wodurch die von Ihnen bestimmte Intention deutlich wird, z.B. durch Wertungen, die in einem ausdrücklichen Urteil, mitunter aber auch in einem einzelnen Wort liegen können (aufwertende/abwertende Wortwahl).

c Wo weist der tendenziell eher darstellende Text Wertungen auf und an welchen Stellen ist der tendenziell eher wertende Text darstellend?

3 **a** Vergleichen Sie die Übersicht der Sachtexttypen mit Karl Bühlers Organon-Modell über die „Funktionen der Sprache" (▶ S. 94 f.). Erläutern Sie das Modell mit eigenen Worten und reflektieren Sie, was es für die Ordnung von Sachtexten leistet.

b Vergleichen Sie die Beispiele und Zuordnungen der Information (▶ S. 222) mit Ihrer Liste von Beispielen und Intentionen (Aufgabe 2, ▶ S. 220) im Hinblick auf Gemeinsamkeiten und Unterschiede.

c Bei welchen Beispielen ergeben sich Einordnungsprobleme? Begründen Sie unterschiedliche Möglichkeiten der Zuordnung.

4 Wählen Sie ein Ihnen gut bekanntes literarisches Werk und verfassen Sie entweder
- einen informativen Text mit primär darstellender Intention oder
- eine Rezension, d.h. einen argumentativen Text mit appellativer Intention. Entscheiden Sie sich für eine positive oder kritisch-ablehnende Wertung.

5.2 Sachtexte analysieren – Rede, Kommentar, Essay

In diesem Teilkapitel werden Sie mit drei besonders wichtigen Sachtextsorten vertraut gemacht. Dabei lernen Sie, nach welchen Gesichtspunkten man sie analysieren kann.

Die Rede

Die Rede ist – im Unterschied zum rein informierenden Vortrag – zuvorderst eine persuasiv-beeinflussende Textsorte mit appellativer Intention. Die folgende Rede hat Bundespräsident Horst Köhler am 21. September 2006 in der Kepler-Oberschule in Berlin-Neukölln gehalten.

Horst Köhler: **Bildung für alle** (2006)

Im vergangenen Jahr erreichten in Deutschland 80 000 Jungen und Mädchen keinen Schulabschluss. Es fehlen Ausbildungsplätze – in diesem Herbst wahrscheinlich 30 000. Klingt Ihnen das zu abstrakt? Dann nehmen Sie das Beispiel dieser Schule, der Kepler-Oberschule in Berlin-Neukölln: Am 4. Juli haben hier 51 Schüler ihr Abschlusszeugnis bekommen. Nur einer von ihnen – ich wiederhole: EINER – hatte zu diesem Zeitpunkt eine Lehrstelle gefunden.

Weiter: In Deutschland erwerben vergleichsweise wenig junge Menschen die Hochschulreife und zu wenige schließen ein Studium ab. Andere Nationen wandeln sich mit Begeisterung zu Wissensgesellschaften, in denen Lernen und Können als Auszeichnung gelten – Deutschland tut sich schwer damit.

Wir hören von Schulen, in denen Gleichgültigkeit, Disziplinlosigkeit, ja Gewalt den Alltag bestimmen. Auch dadurch verliert unser Land intellektuell und sozial jedes Jahr einen Teil seiner jungen Generation.

Und: Ein Kind aus einer Facharbeiterfamilie hat im Vergleich zu dem Kind eines Akademikerpaares nur ein Viertel der Chancen, aufs

Gymnasium zu kommen. Die Ursachen dafür mögen vielschichtig sein; der Befund ist beschämend. Bildungschancen sind Lebenschancen. Sie dürfen nicht von der Herkunft abhängen. Darum werde ich immer auf der Seite derer sein, die leidenschaftlich eintreten für eine Gesellschaft, die offen und durchlässig ist und dem Ziel gerecht wird: Bildung für alle.
Auf dieses Ziel müssen wir hinarbeiten. Und es gibt ja viel Gutes, an das wir anknüpfen können. Engagierte Pädagogen machen immer noch das Beste auch aus schwierigen Bedingungen, und deutsche Schulen, Universitäten und Forschungseinrichtungen bringen immer noch Spitzenleistungen hervor. Aber mit „immer noch" dürfen wir uns nicht länger zufriedengeben. Gerade in Sachen Bildung müssen wir im Interesse aller viel ehrgeiziger sein. Konzentrieren wir uns also auf das Wesentliche. Konzentrieren wir uns auf Bildung. [...]
Bildung bedeutet nicht nur Wissen und Qualifikation, sondern auch Orientierung und Urteilskraft. Bildung gibt uns einen inneren Kompass. Sie befähigt uns, zwischen wichtig und unwichtig und zwischen Gut und Böse zu unterscheiden. Bildung hilft, die Welt und sich selbst darin kennen zu lernen. Aus dem Wissen um das Eigene kann der Respekt für das Andere, das Fremde wachsen. Und sich im Nächsten selbst erkennen heißt auch: fähig sein zu Empathie und Solidarität. Bildung ohne Herzensbildung ist keine Bildung. Erst wenn Wissen und Wertebewusstsein zusammenkommen, erst dann ist der Mensch fähig, verantwortungsbewusst zu handeln. Und das ist vielleicht das höchste Ziel von Bildung. [...]
Auch darum ist das Bildungswesen Sache des ganzen Volkes. In den Familien, im Kindergarten, in der Schule, der Lehrwerkstatt und der Universität entscheidet sich, in welcher Gesellschaft wir künftig zusammenleben: Wir wünschen uns doch eine offene und tolerante Gesellschaft. Wir wollen doch unter Mitbürgern leben, die gerechtigkeitsliebend, wissbegierig und kreativ sind, die Ideen haben und bereit sind, Verantwortung zu übernehmen. Es liegt zu einem großen Teil an uns selbst, ob sich dieser Wunsch erfüllt. [...]
Ich bin in unserem Land vielen Menschen begegnet, die lernen und etwas aus sich machen wollen. Ich habe mit Schülern und Lehrern, mit Studenten und Professoren, mit Azubis und Handwerksmeistern gesprochen, die eine genaue Vorstellung davon haben, was sie sich von Bildung erhoffen, was sie persönlich dafür leisten wollen und wo es in unserem Bildungswesen noch hakt. Alle diese Menschen haben Anspruch darauf, dass unser Land die besten Voraussetzungen für Bildung schafft.
Dafür kommt es auf uns alle an, auf unsere Einstellung, auf unsere Anstrengung, auf unser Vorbild. Bildung für alle – das gelingt am besten, wenn sich alle dafür einsetzen, wenn wir alle uns bewegen. Was hindert uns? Auf geht's!

---

1 Worum geht es in der Rede und was ist ihr Ziel? Arbeiten Sie den Inhalt der Rede und die konkrete Intention des Redners heraus (Methode, ▶ S. 225):
- **a** Gliedern Sie die Rede in größere Sinnabschnitte.
- **b** Fassen Sie die verschiedenen Aspekte des Themas, hier Köhlers Bildungsbegriff, zusammen.
- **c** Formulieren Sie die Intention des Redners in Form einer Forderung.

2 Wie geht Köhler vor, um seine Zuhörerinnen und Zuhörer für sein Anliegen zu gewinnen?
- **a** Untersuchen Sie unter diesem Aspekt den gedanklichen Aufbau und die Argumentation (▶ S. 596 f., 598, 601, 608).
- **b** Benennen Sie die verschiedenen sprachlichen und rhetorischen Strategien der Beeinflussung (Methode, ▶ S. 225) und beschreiben Sie jeweils ihre Wirkung.

Tipp: Achten Sie vor allem auf Bildhaftigkeit, Formen der Wiederholung, Steigerungen, Gegenüberstellungen, Ich-/Wir-Aussagen, Satzbau.

Methode – Eine Rede analysieren

Schon in der Antike sind sehr differenzierte **Redestrategien** entwickelt worden, die unter dem Begriff **Rhetorik** („Redekunst") zusammengefasst werden. Diese Redestrategien im Bezug zum Inhalt herauszuarbeiten, ihre Funktion und ihre Wirkung zu beschreiben, ist die wesentliche Aufgabe einer Redeanalyse.
Hinsichtlich der Redestrategien kann man zwischen Gedankenführung und sprachlich-rhetorischen Mitteln unterscheiden, wobei es z.T. Überschneidungen gibt.

Inhalt und Argumentationsaufbau/Gedankenführung untersuchen
Der **Redeaufbau** oder die **Gedankenführung** spielt eine wesentliche Rolle als strategisches Mittel der persuasiven Beeinflussung (Überzeugung bzw. Überredung, ▶ S. 582 f.).

- In der **Einleitung** muss die Rednerin oder der Redner versuchen, die Aufmerksamkeit des Publikums zu erringen. Das kann z.B. durch den (provozierenden) Hinweis auf auffallende – evtl. Besorgnis erregende oder schockierende – Fakten erreicht werden.
- Im **Hauptteil** wird das Thema der Rede argumentativ entfaltet. Hier gibt es vielfältige Strategien des gedanklichen Aufbaus und der Verknüpfung der Argumente (▶ S. 598, 600, 601).
- Im **Schlussteil** wird in der Regel noch einmal alles darangesetzt, die Zuhörenden für die vorgestellte Sicht zu gewinnen und gegebenenfalls zu einem entsprechenden Handeln zu bewegen. Daher findet sich am Ende oft ein direkter Appell.

Rhetorische Strategien der Beeinflussung
Die rhetorischen Beeinflussungsstrategien gelingen durch besondere sprachliche Gestaltungsweisen:

- Eine beliebte Strategie ist die **Aufwertung** des eigenen und die **Abwertung** eines gegnerischen Standpunkts. Das kann durch ausdrückliches Lob bzw. Kritik geschehen, aber auch – weniger auffällig und dadurch oft besonders wirkungsvoll – durch eine entsprechende Wortwahl, z.B: „Ich konnte durchsetzen, ..." „Sie entfachen einen neuen Konflikt."
- Die Verwendung von **Personalpronomen** entscheidet über Nähe und Distanz zum Adressaten und ist besonders geeignet, die Solidarität von Redner/in und Publikum zu aktivieren bzw. um ein **Wir-Gefühl** zu erzeugen, z.B.: „Was hindert uns?" (▶ S. 224, Z. 90), (▶ S. 589 f.)
- Indem man Ängste weckt, Fehler anderer maßlos übertreibt oder Metaphern aus Bereichen wie Krieg („Front", „Schlacht") oder Krankheit („Krebsgeschwür") verwendet, kann eine **Dramatisierung** der dargestellten Situation erreicht werden. Ebenso lässt sich die Situation durch Beschönigungen (z.B.: „Kollateralschaden" für „zivile Kriegstote") oder Floskeln („Wir alle müssen Lasten tragen") und Relativierungen („zwar – aber", „sowohl – als auch") verharmlosen. Auf diese Weise ist eine **Beschwichtigung** des Publikums intendiert.
- Von den **sprachlich-rhetorischen Mitteln** (▶ S. 196–198) kommen einige in Reden besonders oft vor:
  - Gegenüberstellung (Antithese, oft verbunden mit Auf-/Abwertung)
  - Correctio (Korrektur eines zu schwachen Ausdrucks, z.B.: „Es ist *gut*, es ist viel *besser* ...")
  - Klimax (Steigerung, z.B.: „Ich kam, sah und siegte!")
  - Metaphern und Vergleiche als Mittel der Veranschaulichung
  - Anaphern und andere Formen der Wiederholung als Mittel der Bekräftigung, z.B.: „Wir hören von ... Wir hören ebenso von ... Wir hören aber auch von ..."
- Zu den sprachlichen Mitteln gehört auch der **Satzbau**: Kurze, evtl. parallel gebaute Sätze wirken z.B. besonders nachdrücklich.

Der Kommentar

Ein Plan, die Fernsehwerbung zu liberalisieren, sorgte im Dezember 2005 für Aufmerksamkeit. Auf diesen Plan bezieht sich der folgende Kommentar.

Götz Hamann: **Fernsehen ohne Grenzen** (2005)

Brüssel opfert die künstlerische Freiheit zu Gunsten der Werbung

Im Namen der Freiheit ist schon viel geschehen. Jetzt beruft sich Viviane Reding darauf, die EU-Kommissarin für Informationsgesellschaft und Medien. Sie hat eine Richtlinie entworfen, die es erlaubt, Filme, TV-Serien und sogar Ratgebersendungen mit Werbung zu vermischen. Seifen, Luxusautos oder etwa Reisebüros sollen gegen Bares ins Drehbuch eingebaut werden dürfen. Ein Skandal wie in der ARD-Serie „Marienhof"[1] wäre keiner mehr, solange ein Sender im Vorspann ausweist, wer gerade zahlt. So macht man aus „Schleichwerbung" ein legales „Product-Placement" und aus dubiosen Geschäftemachern ehrbare Kaufleute. Nur Nachrichten, Sendungen übers Zeitgeschehen und das Kinderprogramm will Reding schonen.

Die Kommissarin nennt das zeitgemäße „Flexibilität". Aber wie viel Unabhängigkeit und Glaubwürdigkeit bleibt Journalisten, die in Ratgebersendungen über Wirtschaftsthemen berichten, wenn sie demnächst von diversen Industrien finanziert werden? Angenommen, ein Pharmakonzern bezahlte einen Beitrag. Und im Anschluss wären die Journalisten frei genug, um ein Medikament oder eine Therapie desselben Unternehmens zu kritisieren? Viviane Reding war selbst Journalistin. Dass ihr da nichts aufstößt, lässt einen schon erschauern.

Natürlich gibt es einen Grund für ihren Vorschlag. Überall in Europa leiden die werbefinanzierten Fernsehsender darunter, dass ihre Einnahmen aus normalen Werbespots zurückgehen. Erstens verlieren die Werbungtreibenden ein Stück weit den Glauben an ihre Wirkung. Zweitens können die Zuschauer die normale Werbung mit einem digitalen Videorekorder überspringen. Und drittens entstehen derzeit mehr und mehr Pay-per-View-Angebote[2] und Abo-Fernsehsender.

Um Sendern wie RTL oder ProSieben zu helfen, verübt Reding jetzt aber einen Anschlag auf die künstlerische Freiheit von Drehbuchautoren und Produzenten, Schauspielern und Regisseuren. Sie sagt, sie folge dem Vorbild der USA, wo sich die TV-Industrie in großem Umfang mit Product-Placement finanziere. Sie hat ja Recht. Nur zieht sie die falschen Schlüsse.

Gerade wegen der Erfahrung mit Product-Placement wächst in den USA die Kritik. Zuletzt hat der Verband der amerikanischen Drehbuchautoren ein dramatisches Weißbuch verfasst. Darin klagen die Autoren: Sie seien degradiert. Gute Drehbücher seien heute solche, in denen „kaum auffällt, wenn dem Zuschauer etwas verkauft wird". Die Einnahmen aus Product-Placement sind im vergangenen Jahr um 84 Prozent gestiegen, und in gleichem Maße wächst der Druck. „Wir werden genötigt, als Werbetexter zu arbeiten, aber so zu tun, als würden wir Geschichten erzählen." Das wünscht sich Kommissarin Reding auch für Europa. Dabei fällt ihr gar nicht auf, dass sie die Kreativen im Namen der Freiheit in Freiwild verwandelt.

1 **Skandal wie in der ARD-Serie „Marienhof":** Im Sommer 2005 kam heraus, dass in der genannten Sendung seit Jahren verdeckte Werbung für Produkte (sog. Schleichwerbung) platziert worden war.
2 **Pay-per-View-Angebote:** Angebote, bei denen man nur die tatsächlich angeschauten Sendungen bezahlt, die entsprechend dafür freigeschaltet worden sind

1 **a** Suchen Sie die rein informativen Passagen heraus, die es auch in einem argumentativen Text gibt.
b Fassen Sie Hamanns Standpunkt knapp zusammen und bestimmen Sie die Intention (▶ S. 222).
c Wie wird diese Intention erreicht? Arbeiten Sie dazu die Gedankenführung heraus. Notieren Sie den Gedankengang (Thesen, Argumente) stichwortartig in Form eines Flussdiagramms.

Methode **Ein Flussdiagramm erstellen**

- Teilen Sie ein DIN-A4-Blatt senkrecht in zwei Hälften und notieren Sie die Aussagen, mit denen etwas eingeräumt wird, auf der rechten Seite, sodass sie gewissermaßen „räumlich" deutlich werden. Ordnen Sie alle Stichworte so untereinander, dass der Gedankenfluss deutlich wird.
- Ziehen Sie Striche oder Pfeile zwischen den Stichworten, um logische Zusammenhänge zu veranschaulichen. Striche können dabei eine bloße Gedankenfolge symbolisieren, Pfeile dagegen Zusammenhänge wie Ursache → Folge → Schlussfolgerung.

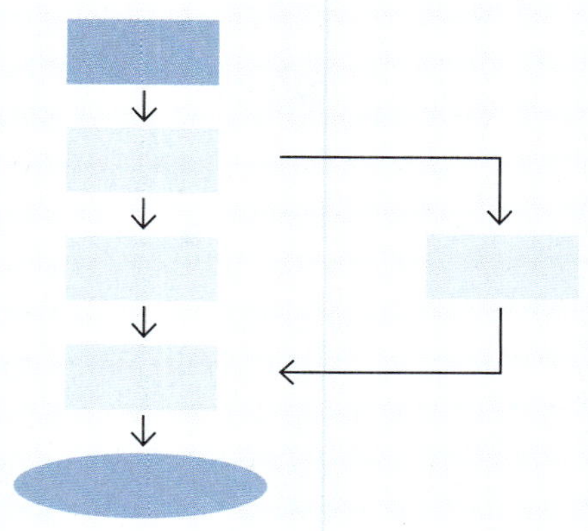

2 Untersuchen Sie die Argumentationsstruktur im Hinblick auf ihre Wirkung:
  a Bestimmen Sie die Argumenttypen, die Hamann verwendet (► S. 608).
  b Überlegen Sie, welche Rolle die Wortwahl im Rahmen der Argumentation spielt.

Information **Kommentar**

Ein Kommentar ist ein **namentlich gekennzeichneter, subjektiv wertender Text,** in dem mit Blick auf ein größeres Publikum zu einem aktuellen Thema öffentlich Stellung bezogen wird mit dem Ziel, die Meinungsbildung zu beeinflussen. Er ist also überwiegend appellativ.
Zur Unterstützung des eigenen Standpunkts werden im Kommentar Nachrichtenmeldungen häufig in Zusammenhänge eingeordnet und es werden die Hintergründe beleuchtet (darstellende Intention). Oft wird die Meinungsäußerung auch in Form von Aufforderungen oder Wünschen zum Ausdruck gebracht (appellative Intention). Als persönliche Meinungsäußerung hat der Kommentar darüber hinaus auch eine expressive Intention.
Kürzer und pointierter als der Kommentar ist in der Regel die **Glosse** (► S. 580 ff.); sie kann darüber hinaus satirische bis polemische Formulierungen enthalten.

Der Essay

Der folgende Text beschäftigt sich mit der deutschen Literatur Anfang der neunziger Jahre.

Iris Radisch: **Tendenzen der zeitgenössischen Literatur** (1992)

Einen Literaturstreit kann man das nicht nennen. Kaum eine Debatte. Ein paar nicht mehr ganz junge Männer verbreiten im „Spiegel", auf der Buchmesse und in „Tempo"[1] ihre Ansichten über eine bessere, neuere, modernere Literatur. Maxim Biller, Rainald Goetz, Matthias Altenburg[2] – der kleine Trupp wächst langsam, aber zuverlässig. Sie wollen das Echte,

1 **Tempo:** erste deutsche sog. „Lifestyle-Zeitschrift"; erschien von 1986 bis 1996
2 **M. Biller (*1960), R. Goetz (*1954), M. Altenburg (*1958):** deutschsprachige Schriftsteller

das Reale, das Richtige, ausgerechnet in der Literatur (und meinen wenig überraschend die eigene), sie richten die schlechte (und meinen die der Kollegen).

Die Aufregung legt sich augenblicklich, misst man die großen Worte der Biller und Altenburg an ihren Werken. Trotzdem ist der Furor[3], mit dem in den jugendbewegten Feuilletons[4] das staubigste und älteste Literaturkonzept der Nachkriegsära, das des biederen Realismus, als das neueste und beste ausgegeben wird, einigermaßen verblüffend. Die jungen Autoren beziehen ihre Argumente aus der Klamottenkiste der Literaturgeschichte. Verglichen mit ihren Reden von einer „normalen" Literatur, die das „Menschliche anzurühren versteht" und dem „epochenadäquaten Drive" immer hart auf der Spur ist, nehmen sich die literaturkritischen Überzeugungen Marcel Reich-Ranickis[5] avantgardistisch[6] aus. Der Hass der jungen Autoren auf komplizierte literarische Formen, ihre stramme Häme gegen die „ungangbaren Ausflüge in die unwichtigen Seelenqualen unwichtiger Wohlstandsgesellschafts-Autoren" klingen prachtvoll jung, dröhnen völkisch empfindsam. Normale Literatur für normale Menschen. Und der normale Mensch will, dass „es knallt". Was soll er sonst wollen. Darum ist Literatur, wenn es „knallt", schrieb Rainald Goetz neulich im „Spiegel". Und das heißt: Literatur ist, wenn es keine ist. Die radikale realistische Literatur braucht kein Werk. Das Werk stört den Realismus, stellt sich ganz unnötig zwischen Autor und Leser. Weshalb Jürg Laederach[7] einen „Literatur-Umgehungspreis" für junge Neorealisten stiftet.

Das ist alles nicht weiter der Rede wert und doch ein Zeichen. Denn was hinter dem Geschrei nach Normalität und epochenadäquatem Drive steckt, ist das Verlangen nach einer neuen literarischen Autorität. Die alte ist hin, seit Langem und mit gutem Grund. Die Freiheit ist vielen zu beschwerlich. [...]

Bodo Kirchhoff[8] beschreibt seine „hoffnungslos aufgeklärte" Lage als selbstentmachteter Autor. Es geht ihm gut. Er trinkt italienischen Weißwein, atmet deutsche Luft. Ganz wie sein Leser. Was soll man davon erzählen? [...]

Bodo Kirchhoff entkommt der bundesdeutschen Erfahrungsarmut bekanntlich durch Fernreisen. Doch der fernreisende Schriftsteller (dessen Helden in den meisten Fällen fernreisende Schriftsteller sind [...]) ist eine strapazierte literarische Figur. Auf der empfindsamen Auslandsreise in noch unbeschriebenes Terrain ist des Deutschen „Sehnsucht nach Authentizität", von der Kirchhoff berichtet, seit Goethe am richtigen Ort. Aber der technische Kniff, dem Helden per Lufthansa zu Erfahrung und Kontur zu verhelfen, löst das Problem nicht, das einfach darin besteht, dass viele Autoren den Autoritätsschwund der Literatur nicht als Chance, sondern als Last erfahren. [...]

3 **Furor:** eigentlich „Wut"; hier etwa „zorniges Engagement"
4 **„jugendbewegte Feuilletons":** Kulturteile einer Zeitung mit Themen, Redeweisen und Wertungen, die als „jugendlich" gelten
5 **M. Reich-Ranicki (*1920):** einer der ältesten und einflussreichsten deutschen Literaturkritiker (► S. 167–168)
6 **avantgardistisch:** vorwärtsgewandt, fortschrittlich
7 **Jürg Laederach (*1945):** schweizerischer Schriftsteller
8 **Bodo Kirchhoff (*1948):** deutscher Schriftsteller

1 **a** Stellen Sie zur Sicherung Ihrer Textkenntnis vergleichend einander gegenüber: die Forderungen der im Text genannten Schriftsteller an die Literatur und Radischs Urteil über diese Forderungen.
b Erläutern Sie in diesem Zusammenhang das Textzitat: „Die radikale realistische Literatur braucht kein Werk. Das Werk stört den Realismus, stellt sich ganz unnötig zwischen Autor und Leser" (Z. 39–42). Was könnte hier mit dem Begriff „Werk" gemeint sein?

2 **a** Untersuchen Sie den Text von Iris Radisch unter dem Aspekt der Textsorte: Zeigen Sie auf, inwiefern er Merkmale des Essays (► S. 229) erfüllt.
b Überlegen Sie, was einen Essay von einem Kommentar (Information, ► S. 227) unterscheidet.
c Weisen Sie dem Text begründet eine vorherrschende Intention zu (Information, ► S. 222).

Information **Essay**

Essay (der oder das; frz. *essai,* dt. Versuch) ist die Bezeichnung für einen **subjektiv reflektierenden Text** über ein Thema, das aus den unterschiedlichsten Bereichen stammen kann. Eine genaue Definition ist auf Grund der kreativen und offenen Schreibform schwierig. So enthält der Essay neben erörternden Passagen oft auch beschreibende, schildernde oder erzählende Elemente. Wie die **Erörterung** (► S. 594 f.) stellt der Essay die begründete Haltung der Verfasserin/des Verfassers zu einem Thema dar, von der auch das Lesepublikum überzeugt werden soll. Anders als die Erörterung ist der Essay jedoch eher durch eine lockere Art der Themenbehandlung gekennzeichnet, die sich in einer **aspekthaften und assoziativen**, oft sprunghaften Gedankenführung, in einem variationsartigen Umkreisen des Gegenstandes und durch den **Verzicht auf wissenschaftliche Systematik und Vollständigkeit** der Problembehandlung ausdrückt. Es geht um das Durchspielen von Möglichkeiten und um das **Schaffen von Denkanstößen**. Der Eigenart der Gedankenführung entspricht die der Sprache, d. h.: Die Aussagen sind z. T. zugespitzt und dürfen provozieren oder gar paradox sein. Entsprechend ist der Essay in der Regel **pointiert**, mitunter auch ironisch-satirisch und verzichtet oft auf eine eher sachliche Sprache.

Eine Sachtextanalyse verfassen

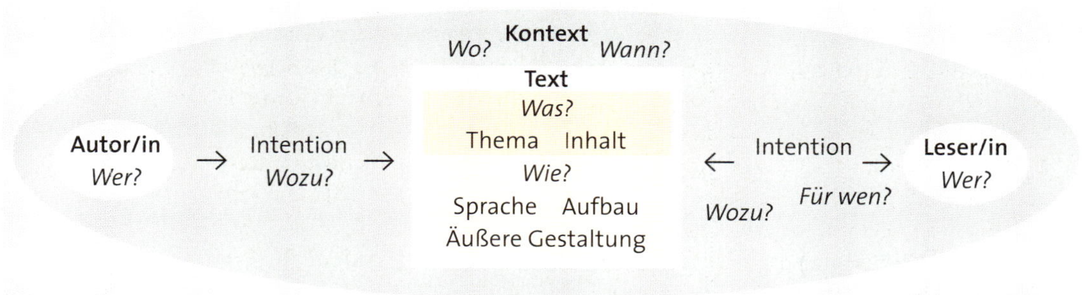

1 **a** Wählen Sie einen der von Ihnen in diesem Kapitel bearbeiteten Sachtexte aus und überlegen Sie anhand der obigen Grafik, welche Aspekte der Sachtextanalyse noch zu klären sind. Dazu müssten Sie möglichst alle W-Fragen, die in der Grafik gestellt werden, beantworten können.
b Klären Sie Ihr Textverständnis auch mit Hilfe geeigneter **Lesestrategien** (► S. 125 ff.).

2 Verfassen Sie einen Analyseaufsatz zu dem von Ihnen gewählten Sachtext. Legen Sie dazu einen strukturierten Schreibplan nach folgendem Aufbauschema (Methode) an:

Methode **Einen Sachtext analysieren**

Aufbau: Der Analyseaufsatz weist die klassischen drei Teile auf:

- **Einleitung:** Autor/in, Titel, Textsorte, Erscheinungsjahr und – sofern möglich – Publikationsorgan (Buch, Sammelband, Zeitschrift etc.) sowie Thema, vorherrschende Intention, (mutmaßlicher) Adressatenkreis und zentrale These/Aussage; evtl. Hinweise zum methodischen Vorgehen

- **Hauptteil:** strukturierte, aspektorientierte Darstellung der Analyseergebnisse: Inhalt – Gedankenführung – Argumentationsstruktur – Sprache; äußere Gestaltung (z. B. kontinuierlicher/diskontinuierlicher Text, Textdesign); Zusammenhang von Intention und vermuteter Wirkung auf Adressatenkreis, Rolle des Kontextes (bei einer Rede z. B. die historische Situation, Standort und Interessen der Rednerin/des Redners sowie des Publikums)
- **Schluss:** Schlussfolgerung bzw. Einschätzung/Bewertung
- **Darstellungsweise**
  - Machen Sie die Gelenkstellen Ihres Aufsatzes deutlich (Kohärenzsignale wie z. B.: *Nachdem ich die wesentlichen inhaltlichen Schwerpunkte dargestellt habe, geht es nun um ...; Im folgenden Abschnitt untersuche ich ...*). Dadurch geben Sie eine Orientierung vor, die zugleich Ihren analytischen Zugriff verdeutlicht.
  - Verwenden Sie Zitate, um wichtige Aussagen zu belegen. Vorsicht: Kein Zitat spricht für sich, erläutern Sie es stets (**Zitieren** ▸ S. 140–141).
  - Setzen Sie Absätze insbesondere zwischen den drei Aufsatzteilen, aber auch wenn Sie einen neuen Gedanken beginnen. Dadurch wird Ihr Aufsatz übersichtlicher und lesefreundlicher.
  - Vermeiden Sie bloßes Paraphrasieren, also die reine Wiedergabe eines Textes mit eigenen Worten, ohne auf seinen Aufbau, seine Argumentation oder seine Sprache genauer einzugehen. Dieser Fehler kann vor allem dann passieren, wenn Sie die Analyse streng am Text entlang schreiben (statt nach Aspekten gegliedert) und nicht die Gelenkstellen Ihrer Analyse deutlich machen (s. o.).

5.3 Wissen für Laien – Popularisierende Sachtexte untersuchen

In allen Medien spielt die Vermittlung wissenschaftlicher Erkenntnisse an ein interessiertes Laienpublikum eine große Rolle: Zeitungen beschäftigen Wissenschaftsjournalistinnen und -journalisten und auf dem Buchmarkt ist die Zahl der Sachbücher, die sich an Laien richten, unüberschaubar. Man spricht hier von populärwissenschaftlichen oder popularisierenden Texten bzw. insgesamt von fachexterner Wissensvermittlung. Diese unterliegt anderen Bedingungen als die fachinterne, und zwar sowohl inhaltlich als auch sprachlich.

1 Als popularisierende Zeitschriften oder Magazine gelten z. B. „Geo“ und „Bild der Wissenschaft“. Kennen Sie noch andere? Informieren Sie sich an einem Zeitschriftenstand.

2 Überlegen Sie, worin die wesentlichen Unterschiede zwischen einer fachinternen und einer fachexternen Wissensvermittlung bestehen könnten. Unterscheiden Sie zwischen: Inhalt, Sprache und Gestaltung bzw. Druck/Layout.

Luigi Luca Cavalli-Sforza: **Stammbäume von Völkern und Sprachen** (2000)

Aus Genanalysen lässt sich auf einen Stammbaum menschlicher Populationen schließen, der frappierend mit neueren Systematiken der Sprache zusammenstimmt. Für beide liegt demnach der Ursprung in Afrika, von wo sie sich dann in verschiedenen Schüben über die übrige Welt verbreitet haben.

Die Arbeitsatmosphäre um den britischen Biologen Sir Ronald A. Fisher (1890 bis 1962) war sehr dazu angetan, Mitarbeiter auf ausgefallene Ideen zu bringen. Als ich um 1950 zu ihm an die Universität Cambridge kam, wollte ich mich eigentlich mit Bakteriengenetik beschäftigen. Doch im Umfeld Fishers, der die Populationsgenetik mitbegründet hat, brodelte es geradezu vor mathematisch geprägten Forschungen und Theoretisierungen. So begann ich über ein Projekt nachzudenken, das mir selber absurd ehrgeizig vorkam: den Ursprung der menschlichen Populationen zu rekonstruieren und ihre Verbreitungswege über die Welt nachzuvollziehen. Meine Idee war, den Verwandtschaftsgrad heutiger Bevölkerungen zu messen und mit diesen Daten einen umfassenden Stammbaum aufzustellen.

Diesem Ziel sind wir jetzt greifbar nahe. [...] Dieser Stammbaum passt gut zu einem weiteren, den andere Wissenschaftler – namentlich Allan C. Wilson von der Universität von Kalifornien in Berkeley – unabhängig von uns mit einem eigenen genetischen Ansatz rekonstruiert haben. Und besonders bedeutsam scheint uns, dass beide wiederum in weiten Zügen einer neueren Klassifikation der Sprachen ähneln: Diesen Befunden zufolge haben sich die menschlichen Populationen und ihre Sprachen gemeinsam verbreitet und verändert. Ihr Ursprung wäre in Afrika zu suchen, von wo sie zunächst nach Asien kamen und von dort in mehreren Schüben einerseits nach Europa, andererseits in die Neue Welt und den pazifischen Raum vordrangen. [...]

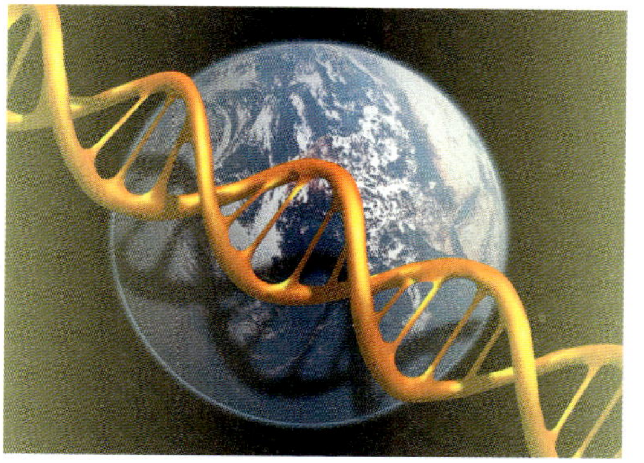

Mit einem plausiblen Konzept von einem Stammbaum lassen sich die Ereignisse chronologisch ordnen. Gesetzt, alle anderen Faktoren blieben unverändert, müssen zwei Populationen sich genetisch umso mehr unterscheiden, je länger es her ist, dass die gemeinsame Ursprungspopulation sich in die beiden fortan getrennten Linien aufgespalten hat – man nennt diesen Unterschied die genetische Distanz. Entsprechendes gilt, nur eben in etwas komplexerer Weise, wenn es sich um drei oder mehr Populationen handelt. [...]

---

1 Umschreiben Sie das wissenschaftliche Thema, um das es in dem Text geht, und beurteilen Sie den Schwierigkeitsgrad des Textes. Unterscheiden Sie dazu zwischen verschiedenen Passagen.

2 Der Autor des Artikels ist Professor für Genetik in Kalifornien, also Wissenschaftler, schreibt aber hier für interessierte Laien. Wie bewältigt er die Aufgabe?

a Notieren Sie mit eigenen Worten, wie er inhaltlich vorgeht bzw. welche Strategien er anwendet, um einem Laien das Thema nahezubringen.

b In diesem Text macht die Sprache besonders deutlich, dass der Autor sich in erster Linie an ein Laienpublikum wendet. Gehen Sie dieser Aussage nach. Untersuchen Sie dazu die Sprache. Ordnen Sie in Ihrem Kursheft in einer Tabelle einzelne Begriffe oder Wendungen den beiden Ebenen zu:

Die beiden Sprachebenen

Wissenschaftliche Sprache	***Wörter und Wendungen, die eher den Laien ansprechen***
– Fachbegriffe wie „Population“ (Z. 2) *– …*	*– „ausgefallene Ideen“ (Z. 10 f.)* *– …*

Information **Strategien der Popularisierung** (nach Jürg Niederhauser, 1999)

inhaltlich

- **Reduktion** der **Informationsfülle:** Einzelheiten, die nur für Fachleute von Interesse sind, werden weggelassen.
- **Reduktion** der **Informationsdichte:** Die Informationen folgen nicht „Schlag auf Schlag", sondern werden mehr oder weniger ausführlich erläutert, mit Beispielen veranschaulicht usw.
- **Visualisierung:** häufiger Einsatz von Bildern und grafischen Darstellungen
- **Personalisierung:** Ein komplexes Sachgebiet wird z. B. dadurch vorgestellt, dass
  - ein typischer Tagesablauf einer Forscherin/eines Forschers geschildert wird,
  - eine Entdeckungsszene dramatisiert wird oder
  - Gefühle beschrieben werden.
- **Historisierung:** Der Verlauf eines Falls wird erzählerisch in die Forschungsgeschichte eingebettet, auch im Hinblick auf spätere Auswirkungen bzw. Nutzen.

sprachlich

- Wortwahl:
  - einfache bzw. allgemeinverständliche Wörter; Fachbegriffe werden vermieden oder erklärt.
  - aufwertende Wortwahl (Niederhauser: „Rhetorik der Wichtigkeit"); dazu passen:
  - Komparative, Superlative
  - mehr Metaphern und Vergleiche
  - Wörter, die die „menschliche" Seite von Forschung nahebringen
  - einfacher Satzbau
- Zitate von mündlichen Aussagen

3 Prüfen Sie Ihre Notizen (Aufgabe 2, ► S. 231) und gleichen Sie diese mit der Information zu den „Strategien der Popularisierung" ab. Welche davon finden sich im Text von Cavalli-Sforza?

4 Die inhaltlichen Strategien ähneln z. T. der journalistischen Textsorte der Reportage (► Information). Benennen Sie Parallelen.

Information **Reportage**

Eine Reportage ist ein namentlich gekennzeichneter journalistischer Text, der in **besonders lebendiger und anschaulicher** Weise über ein **Ereignis** oder eine **Person informiert.** Das entscheidende Merkmal ist, dass zwei Ebenen einander abwechseln und durchgängig miteinander verknüpft sind:

- die Ebene der **Schilderung einzelner Szenen und Situationen,** auf der auch Befragungen von Beteiligten oder Fachleuten angesiedelt sind. Diese Befragungen werden oft in wörtlicher Rede wiedergegeben;
- die Ebene der **Darstellung von Hintergründen und größeren Zusammenhängen,** zu denen die geschilderten Szenen hinführen und für die sie typisch sind.

Begonnen wird in der Regel mit der Schilderung einer Szene, durch die auch das persönliche Erleben der Autorin/des Autors deutlich wird und die das Lesepublikum emotional mit einbeziehen soll. Bei der Szenenschilderung wird in der Regel das Präsens verwendet, um es als quasi gegenwärtiges Geschehen lebendig werden zu lassen. Auf der Ebene der Darstellung von Hintergründen herrscht dagegen das normale Tempus für einen Bericht, das Präteritum, vor.

5 Wenden Sie Ihr Wissen analytisch wie produktiv an:

a Untersuchen Sie zur Übung weitere Texte in populärwissenschaftlichen Magazinen (Aufgabe 1, ► S. 230) hinsichtlich ihrer inhaltlichen und sprachlichen Popularisierungsstrategien.

b Wählen Sie einen eher „trockenen", fachlichen Text und schreiben Sie ihn popularisierend um.

C Epochen der deutschen Literatur

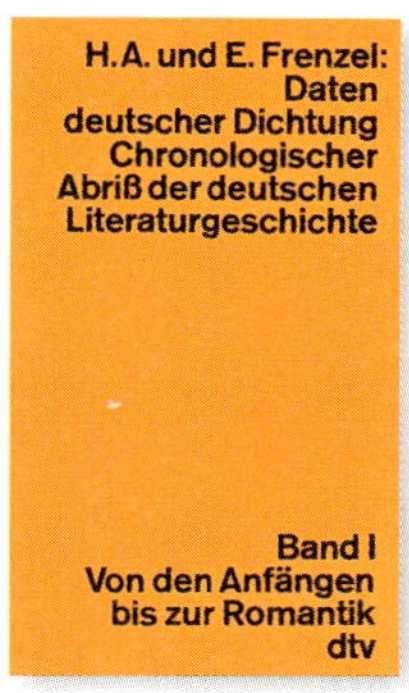

1 Betrachten Sie Titel, Untertitel sowie Layout der abgebildeten Literaturgeschichten: Grenzen Sie die verschiedenen Ansprüche, die daraus zu ersehen sind, und die Erwartungen, die geweckt werden, voneinander ab.

2 Was verbinden Sie selbst mit den Stichworten „Literaturgeschichte" und „Epochen"? Halten Sie in einer – individuellen oder gemeinsam entworfenen – Mindmap Ihr Wissen in diesen Bereichen fest.

Epochen | Autor/Autorin | Kunst | Literaturwissenschaft | Weltliteratur | Musik | Philosophie | Literaturbetrieb | Poetik | Sprache | Geistesgeschichte | Strömung

In diesem Kapitel erwerben Sie folgende Kenntnisse und Kompetenzen:

- literarische Texte lesen, interpretieren und in Kontexte stellen,
- erkennen, wie literarische Werke unterschiedlicher Epochen und Gattungen Fragen des menschlichen Lebens thematisieren, und Texte unter diesen Fragestellungen vergleichen.
- literarische Texte zueinander und zu anderen Aussageformen (z. B. der Kunst, Philosophie, Wissenschaft) in Gesprächen, Texten und visuellen Darstellungsformen in Beziehung setzen,
- dabei historische Bezüge (Sozial-, Kultur-, politische Geschichte etc.) berücksichtigen,
- literaturgeschichtliches Überblickswissen auf Texte anwenden,
- Epochenbegriffe problematisieren und reflektiert verwenden,

Geschichtsschreibung ist Aufklärung – Aufklärung über historische Entwicklungen, welche die Gegenwart prägen. In diesem Sinne versteht sich auch die Beschreibung der sechs Jahrhunderte neuerer deutscher Literaturgeschichte [...]: Sie will die literarischen Entwicklungslinien vergegenwärtigen, die in die heutige Zeit hineinführen. *Peter J. Brenner, Neue deutsche Literaturgeschichte, 1996*

Der oberste Zweck einer Literaturgeschichte besteht in der Anregung und Wegeweisung für den Leser zum eigenen Genuss der Literaturwerke. [...] Wer weder das Nibelungenlied noch die wichtigsten Dramen Lessings, Goethes und Schillers kennt, der tut wohl, erst diese zu lesen, ehe er nach geschichtlicher Belehrung über sie sucht.
Eduard Engel, Geschichte der Deutschen Literatur von den Anfängen bis in die Gegenwart, 1907

Auf den kleinsten Nenner gebracht, stellt die Geschichtsschreibung der Literatur zwischen verschiedenen Texten einen Zusammenhang her: entweder durch äußere Reihung, deren Sinn im Erfassen der Gegenstände liegt, oder durch das Aufzeigen einer inneren Logik in ihrer zeitlichen Abfolge. [...] Immer aber kommt zu diesen Aufgaben die dritte hinzu: die Kenntnisse oder Erkenntnisse an andere zu vermitteln und ihnen eine sachgerechte Darstellung zu geben.
Albert Meier, Literaturgeschichtsschreibung, 1996

Auf Grund der Interpretation des Literaturhistorikers soll dem Leser ermöglicht werden, sich eine subjektiv begrenzte, fragmentarische, aber kritisch abgesicherte Erfahrung der Vergangenheit zu erarbeiten. *Ehrhard Bahr, Geschichte der deutschen Literatur, 1987*

Die Literaturgeschichte ist die große Morgue[1], wo jeder seine Toten aufsucht, die er liebt und womit er verwandt ist.
Heinrich Heine, Die romantische Schule, 1833

1 **Morgue:** Leichenschauhaus (in Paris)

1 a Welche Funktionen kann bzw. soll eine Literaturgeschichte erfüllen, welche nicht? Formulieren Sie, ausgehend von den oben stehenden Aussagen, verschiedene Positionen und diskutieren Sie sie.
b Erweitern Sie Ihre Diskussion um die Frage, welche Erwartungen Sie als Schülerinnen und Schüler an ein literaturgeschichtliches (Lehr-)Werk haben.
c Erläutern Sie, wie sich die Perspektive des Schriftstellers und Journalisten Heine von den Sichtweisen der Literaturhistoriker unterscheidet.

literarisches Werk **Kulturgeschichte** **Medien** **Wertvorstellungen** **Sozialgeschichte**

Nationalliteraturen **Mentalitätsgeschichte** **Lebensverhältnisse** **politische Geschichte**

Karl Otto Conrady: **Von der Verführung durch vertraute Epochenbegriffe** (1983)

Es muss zu einem Urbedürfnis des Menschen, zumal des Wissenschaftlers, gehören, ungeordnete Vielfalt zu ordnen und lange zeitliche Abläufe zu gliedern. Anders ist die hingebungsvolle Mühe nicht zu begreifen, die Literaturwissenschaftler aufwenden, um Epochen aufzubauen. Und obgleich längst jeder noch so sorgfältig ausgeführten Konzeption einer Epoche mit triftigen Argumenten widersprochen werden kann, lassen wir von dem geistvoll-nutzlosen Spiel nicht ab. [...]

Offensichtlich bezeichnen Epochenbegriffe etwas, was es so in der Realität überhaupt nicht gibt. Sie sind nachträglich gestanzte Spielmarken kluger Konstrukteure. Epochenbezeichnungen, die mit qualifizierenden Bedeutungen belastet sind (die wir ihnen auch nicht austreiben können), können der realen Fülle und Vielgestaltigkeit des im betreffenden Zeitraum Hervorgebrachten nicht gerecht werden. Immer herrscht die Gleichzeitigkeit des Verschiedenen, der eine Epochenbezeichnung nicht entspricht. [...]

Öffnet eigentlich die Bemühung um Epochenbestimmungen besser begehbare Wege zu den einzelnen Werken, die der Leser dann gern beschreitet? Geht von Epochengliederungen und den Diskussionen über sie Motivation für den Leser aus? Die Frage stellen heißt, sie nicht einfach bejahen zu können. Wenn in bildungspolitischen Erklärungen vom Deutschunterricht gefordert wird, er müsse endlich wieder (wie es heißt) den Schülern die Kenntnis etwa der deutschen Klassik und der anderen wichtigen Epochen der Geschichte der deutschen Literatur beibringen, dann müsste zugleich ernsthaft erwogen werden, wozu solche Kenntnis gut ist, welche Einsichten sie fördert oder vielleicht verstellt und ob sie die Freude am Lesen (für uns etwas allzu Selbstverständliches), die Motivation, sich auf Fernes und Fremdes einzulassen, verstärkt oder vermindert. [...]

Um auf unsere Epochen zurückzukommen: Wenn die geläufigen Kennmarken schon nicht durch schlichte Zahlen ersetzt werden können (damit kein Text von vornherein in einem bestimmten Fach abgelegt wird), müsste die Beschäftigung mit ihnen nicht tradierbares Wissen vermitteln wollen, sondern die Implikationen und Konsequenzen aufzuspüren suchen, die mit Herausbildung, Durchsetzung und Gebrauch der Epochennamen verbunden sind.

---

1 **a** Zeigen Sie mit Hilfe des Textes auf, welcher Nutzen und welche Gefahren in der Verwendung von Epochenbegriffen liegen.

b Literaturgeschichte als Spiel, Epochenbegriffe als Spielmarken, Literaturhistoriker als Konstrukteure: Erläutern Sie diese vom Autor verwendeten Metaphern.

2 Sicherlich kennen und benutzen Sie Schüler-Lektürehilfen zu literarischen Werken, die Sie im Deutschunterricht lesen: Überprüfen Sie vor dem Hintergrund der Aussagen Conradys kritisch die Verwendung von Epochenbegriffen und Epochenzuordnungen in solchen Angeboten (exemplarisch).

3 Sich mit Literaturgeschichte zu beschäftigen, schließt viele Aspekte und Fassetten ein: Diskutieren Sie, in welchem Verhältnis die oben auf dieser Doppelseite genannten Begriffe zum Gegenstand „Literaturgeschichte“ stehen. Für eine umfassendere Erkundung der Begriffe und ihrer Beziehungen können Sie in Gruppen arbeiten. Halten Sie Ihre Ergebnisse auf einer Wandzeitung fest, die Sie im Laufe Ihres Kurses um weitere Einsichten und veranschaulichende Beispiele ergänzen können.

1 Mittelalter, frühe Neuzeit und Barock

1 **a** Beschreiben Sie die drei Abbildungen. Heben Sie vor allem die Unterschiede hervor. Entziffern Sie, so weit wie möglich, auch die Textanteile.

b Ordnen Sie die abgebildeten Seiten begründet dem 12., 16. oder 17. Jahrhundert bzw. den Epochen Mittelalter, frühe Neuzeit und Barock zu.

2 Wie haben Sie eine Vorstellung vom Mittelalter entwickelt? Was wissen Sie ggf. über die frühe Neuzeit oder das Barock? Denken Sie z. B. an Kinderbücher, Spielzeug, Spielfilme, Fernsehserien, Ausstellungen, Geschichtsunterricht u. Ä.

1.1 Mittelalter

Die Literatur des frühen und hohen Mittelalters (8.–13. Jh.) lässt sich aus heutiger Perspektive in zwei große Bereiche einteilen: **geistliche** und **höfisch-ritterliche Literatur.** Dem Adel dienten vor allem **Ritterepen** (z. B. „Tristan", ► S. 240 f.) sowie der **Minnesang** (► S. 238 f.), eine äußerst ritualisierte Liebeslyrik, zur Unterhaltung. Verglichen mit diesen hochfiktionalen Formen ist die **Spruchdichtung** aus dieser Zeit wirklichkeitsnäher und pragmatischer. In ihr geht es z. B. um religiöse Unterweisung und praktische Lebenserfahrung, um Herrscherlob und -tadel oder Politik.

Spruchdichtung und Minnesang – Walther von der Vogelweide

Walther von der Vogelweide: **Ich hân mîn lêhen** (um 1220)

Ich hân mîn lêhen, al die werlt, ich hân
mîn lêhen.
nû entfürhte ich niht den hornunc an die
zêhen,
und wil alle boese hêrren dester minre
flêhen.
Der edel künec, der milte künec hât mich
berâten,
daz ich den sumer luft und in dem winter
hitze hân.
mîn nâhgebûren dunke ich verre baz
getân:
sie sehent mich niht mêr an in butzen wîs
als sî wîlent tâten.
ich bin ze lange arm gewesen ân mînen
danc.
ich was sô voller scheltens daz mîn âten
stanc:
daz hât der künec gemachet reine, und
dar zuo mînen sanc.

Ich hab mein Lehen, in alle Welt ruf ich's
hinein: Ich hab mein Lehen!
Nun fürchte ich nicht mehr den Februarfrost
an den Füßen
und werde künftig die geizigen Herren nicht
mehr anflehen.
Der edelmütige König, der großmütige König,
hat mich versorgt,
sodass ich im Sommer kühlende Luft und im
Winter Wärme habe.
Meiner Umwelt komme ich jetzt sehr viel
feiner vor:
Sie sehen mich nicht mehr an als ein Haus-
gespenst, wie sie bisher taten.
Ich bin zu lange arm gewesen, ohne dafür zu
können.
Ich war so voller Scheltworte, dass mein Atem
stank.
All dies hat der König rein gemacht und mein
Singen dazu.

Aus dem Reiserechnungsbuch des Bischofs Wolfger von Passau (1203):

sequenti die apud Zei [zemurum] Walthero cantori de Vogelweide pro pellicio. V. sol. longos

Am folgenden Tag [der Tag nach St. Martin, der 12. November 1203] bei Zeiselmauer [an der Donau, kurz vor Wien] an den Sänger Walther von der Vogelweide 5 Schillinge für einen Pelzrock.

1 Lesen Sie den Spruch Walthers von der Vogelweide zunächst in der mittelhochdeutschen Sprache: Welche Unterschiede zum heutigen Deutsch fallen auf? Vergleichen Sie dann mit der Übersetzung.

2 **a** Beschreiben Sie, wie der Sprecher im Spruch sich selbst und den König charakterisiert.

b Setzen Sie die Aussagen des Spruchs und die Reiserechnungsnotiz in Beziehung.

c **Referat:** Die Miniatur, die Walther darstellen soll, stammt aus der Manessischen Liederhandschrift. Das Bild nimmt Bezug auf einen besonders berühmt gewordenen Spruch Walthers: „Ich saz ûf eime steine". Informieren Sie sich und Ihren Kurs über die Handschrift und den Spruch.

3 **a** Beziehen Sie die folgenden Aussagen Hahns (▸ S. 238) auf Walthers „Ich hân mîn lêhen".

b Erläutern Sie den letzten Satz von Hahns literaturwissenschaftlichem Text genau: Welche Institutionen könnten gemeint sein, welche Gelegenheiten, welche Aufgaben?

Gerhard Hahn: **Walther von der Vogelweide** (1986)

Walther kann nicht nach dem Muster dargestellt werden, das für neuere Autoren das übliche und vertraute ist: das Werk als literarische Ausdrucks- und Verarbeitungsform eines wechselnden äußeren Lebensganges und sich entwickelnder innerer Erfahrungen und Erkenntnisse über sich und die Welt unter den Bedingungen der Zeit, vielleicht in einem inneren Dreischritt von Früh-, Reife- und Spätphase.

Dazu fehlt es nicht nur an entsprechenden biografischen Zeugnissen. Es ist uns eine einzige Erwähnung Walthers in einem schriftlichen Dokument, das nicht selbst wieder Literatur ist, erhalten: ein Posten in den Reiserechnungen des Passauer Bischofs. Ansonsten sind wir [...] auf biografische Selbstbezeugungen Walthers [...] angewiesen. Diese aber sind, wenn auch kaum ein Autor der Zeit so oft und so nachdrücklich „ich“ gesagt hat, lückenhaft-punktuell und vor allem häufig topisch[1]-allgemein oder situationsbezogen polemisch und strategisch. Wichtiger, weil von grundsätzlicher Bedeutung ist, dass wir für das Mittelalter mit einem anderen Begriff von Literatur als dem angedeuteten arbeiten müssen. [...] Mittelalterliche Literatur ist keine eigenständige Institution. Man kann nicht von „der mittelalterlichen Literatur“ in dem Sinne sprechen, in dem man von „der neueren Literatur“ ab dem 18. Jahrhundert sprechen kann. Verschiedene Gattungen, lateinisch und deutsch, geistlich und weltlich, schriftlich und mündlich, sind verschiedenen Institutionen zugeordnet, in ihnen begründet und übernehmen in ihnen, häufig zu geregelten Gelegenheiten und in geregelten Formen, Aufgaben, sie werden dafür verfasst.

1 **topisch:** von griech. Topos. Unter einem Topos versteht man ein Beschreibungsmuster oder ein verbreitetes literarisches Motiv.

Walther von der Vogelweide (um 1198)

Si wunderwol gemachet wîp,
daz mir noch werde ir habedanc!
Ich setze ir minneclîchen lîp
vil werde in mînen hôhen sanc.
Gern ich in allen dienen sol,
doch hân ich mir dise ûz erkorn.
ein ander weiz die sînen wol:
die lob er âne mînen zorn;
hab ime wîs unde wort
mit mir gemeine: lob ich hie, sô lob er dort.

Ir houbet ist sô wünnenrîch,
als ez mîn himel welle sîn.
Wem solde ez anders sîn gelîch?
es hât ouch himeleschen schîn:
Dâ liuhtent zwêne sternen abe,
dâ müeze ich mich noch inne ersehen,
daz si mirs alsô nâhen habe!
sô mac ein wunder wol geschehen:
ich junge, und tuot si daz,
und wirt mir gernden siechen seneder sühte baz.

Sie vollkommenste Frau,
möge mir noch Dank und Lohn von ihr zufallen!
Denn ihrer Schönheit räume ich ja
den Ehrenplatz in meinem Lobgesang ein.
Wohl wünscht ich, ihnen allen zu dienen,
doch hab ich mir diese auserwählt.
Ein andrer wird die Seine kennen:
Er rühme sie, und mir sei's recht;
mögen wir sogar Melodie und Wort
gemeinsam haben: Sing ich hier den Lobgesang, so soll er's dort tun.

Ihr Haupt ist so schön,
als sei es mein Himmel.
Wem anders sollte es auch gleichen?
Es strahlt ja himmlischen Glanz aus:
Zwei Sterne leuchten aus ihm,
in ihnen möchte ich mich wohl noch spiegeln,
ach, brächte sie sie mir so nahe!
Dann könnte ein Wunder geschehn:
Tut sie das, werde ich wieder jung,
und mir, dem Sehnsuchtskranken, wird Heilung von Sehnsuchtsnot.

Got hât ir wengel hôhen flîz,
er streich sô tiure varwe dar,
Sô reine rôt, sô reine wîz,
hie roeseloht, dort liljenvar.
Ob ichz vor sünden tar gesagen,
sô saehe ichs iemer gerner an
dan himel oder himelwagen.
owê waz lob ich tumber man?
mach ich si mir ze hêr,
vil lîhte wirt mîns mundes lop mîns herzen sêr.

Sie hât ein küssen, daz ist rôt.
gewünne ich daz für mînen munt,
Sô stüende ich ûf von dirre nôt
unt waere ouch iemer mê gesunt.
Swâ si daz an ir wengel legt,
dâ waere ich gerne nâhen bî:
ez smecket, sô manz iender regt,
alsam ez vollez balsmen sî:
daz sol si lîhen mir.
swie dicke sô siz wider wil, sô gibe ichz ir.

Ir kel, ir hende, ietweder fuoz,
daz ist ze wunsche wol getân.
Ob ich da enzwischen loben muoz,
sô waene ich mê beschouwet hân.
Ich hete ungerne „decke blôz!“
gerüefet, do ich si nacket sach.
si sach mich niht, dô si mich schôz,
daz mich noch sticht als ez dô stach,
swann ich der lieben stat gedenke, dâ si reine ûz einem bade trat.

Gott hat große Sorgfalt auf ihre Wangen verwandt,
mit so kostbarer Farbe malte er sie,
so reines Rot, so reines Weiß,
hier rosenleuchtend, dort lilienfarben.
Wär es nicht Sünde, so wagte ich zu sagen,
dass ich inniger sie anzusehen begehre
als den richtigen Himmel und seinen Sternen-Wagen.
Ach, wohin versteig ich mich mit meinem Lob, ich Narr?
Erhebe ich sie zu hoch über mich hinaus,
wie leicht wird dann die Loblust meines Mundes der Schmerz meines Herzens.

Sie hat ein Kissen, das ist rot.
Dürft ich das an meinen Mund führen,
dann stünd ich auf von meinem Krankenlager
und wäre gesundet für alle Zeit.
Dort, wo sie es an ihre Wange legt,
wünschte ich ganz nahe zu sein.
Es duftet, wenn man es irgend berührt,
als sei es lauter Balsam:
Das soll sie mir leihen.
Sooft sie es zurückhaben will, geb ich's ihr.

Ihr Hals, ihre Hände, ihre Füße,
das alles ist bezaubernd schön.
Soll ich preisen, was dazwischen ist,
so meine ich freilich, mehr noch gesehen zu haben.
Ich hatte wenig Neigung, warnend „Bedeck dich!“
zu rufen, als ich sie nackend sah.
Sie sah mich nicht, als sie mich ins Herz traf,
dass es mich heute noch schmerzt wie damals,
sooft ich der lieben Stätte gedenke, da sie, die Reine, aus dem Bade stieg.

---

1 Das Minnelied Walthers ist in mehreren Handschriften überliefert, in denen die Reihenfolge der Strophen teilweise verschieden ist. Probieren Sie verschiedene Strophenfolgen aus und beschreiben Sie die unterschiedliche Wirkung. Für welche Reihenfolge würden Sie sich entscheiden?

2 **a** Analysieren Sie die sprachlichen Bilder des Minneliedes.

b Walther verwendet in diesem Lied den Topos (ein Beschreibungsmuster) der schönen Frau. Leiten Sie aus dem Lied ab, welche Elemente zu diesem Topos gehören können. Beachten Sie dabei auch das Verhältnis des lyrischen Ichs zur besungenen Frau.

c Vergleichen Sie Ihre Ergebnisse mit den Informationen, die Sie in einem Literaturlexikon zum Stichwort „Minnesang“ finden.

Tristan und Isolde – Eine höfisch-mittelalterliche Liebesgeschichte

Während es im Minnesang um die fiktive Konstellation von Sänger, Dame und Gesellschaft geht, stehen im höfischen Ritterepos neben Liebesbeziehungen Abenteuer und Heldentaten im Mittelpunkt. Vor allem die „Matière de Bretagne“, keltische Erzählungen um König Artus und die Ritter der Tafelrunde, war sehr beliebt.

Gottfried von Straßburg: **Tristan** (vermutlich 1200–1210)

Der junge Adlige Tristan ist am Hof seines Onkels, König Marke, aufgewachsen. Für diesen soll er um Isolde von Irland werben. Indem er einen Drachen besiegt, erlangt er die Hand der Prinzessin für seinen Onkel. Auf der Rückreise trinken Tristan und Isolde einen Liebestrank, der für Marke und seine zukünftige Frau bestimmt war.

Nu daz diu maget unde der man,
Îsôt unde Tristan,
den tranc getrunken beide, sâ
was ouch der werlde unmuoze dâ,
Minne, aller herzen lâgaerin,
und sleich z'ir beider herzen în.
ê sî's ie wurden gewar,
dô stiez s'ir sigevanen dar
und zôch si beide in ir gewalt.

Tristan trinkt den Liebestrank. Frz. Buchmalerei (1470)

Dieter Kühn: **Tristan und Isolde des Gottfried von Straßburg** (1991)

Als nun das Mädchen und der Mann,
Isolde und Tristan, *beide*
den Trank getrunken hatten – schon
war der Menschheit Unrast da,
LIEBE, Fallenstellerin der Herzen,
stahl sich in beider Herzen hinein!
Bevor sie etwas davon merkten,
hisste sie die Siegesfahne,
unterwarf sie ihrer Macht.
Die vorher zwei und zwiegeteilt,
sie wurden *eins* und ungeteilt.
Zwischen beiden gab es *nichts* mehr,
das sie gegenseitig abstieß,
Isoldes Feindschaft war dahin.
Die Friedensstifterin, Frau LIEBE,
hatte ihrer beider Sinne
von Feindschaft so gereinigt,
in Liebe so vereinigt,
dass einer für den anderen
durchklart war wie ein Spiegelglas.
Sie beide teilten sich *ein* Herz.
[...]
Als Tristan spürte, dass er liebte,
fiel ihm die Verpflichtung ein,
loyal zu sein und ehrenhaft,
und wollte sich entziehn.
„Nein“, so dachte bei sich,
„Tristan, lass es sein, besinn dich,
nimm es gar nicht erst zur Kenntnis!“
Jedoch sein Herz, es wollte halt zu ihr ...
Er kämpfte gegen sein Verlangen,
begehrte gegen sein Begehren auf.
Er wollte sie und wollte nicht.
Der Mann, der nun gefangen war,
versuchte immer wieder,
sich von der Fessel zu befreien,
das zog sich lange hin.
Der loyale Mann empfand
sehr stark die Qual, die doppelt war:
Schaute er Isolde an,
und begann die süße LIEBE
sein Herz und seine Sinne
mit ihrer Hilfe zu verstören,
so dachte er an seine EHRE,
die zog ihn weg von dort;
[...].

Seine Treue, seine Ehre,
sie forderten ihn sehr;
LIEBE forderte noch mehr,
sie tat ihm mehr als weh:
sie quälte ihn noch stärker
als beide: Treue und die Ehre.
[...]
Auch Isolde ging es so:
Sie versuchte es mit Nachdruck,
dies Leben wurde ihr zur Last.
Als sie den Vogelleim der LIEBE,
der Verführerin, entdeckte
und merkte, dass die Sinne
im Leim schon steckenblieben
da wollte sie auf festen Grund,
sie wollte raus und weg. Jedoch,
es klebte schon der Leim an ihr,
zog sie zurück, hinab.

1 **a** Erläutern Sie das Dilemma, in dem Tristan und Isolde stecken.
b Wie könnte die Geschichte von Tristan und Isolde weitergehen? Vergleichen Sie Ihre Ideen mit den verschiedenen Versionen, die es in der literarischen Überlieferung gibt.
2 Mit welchen sprachlichen Mitteln wird der Zustand des Verliebtseins veranschaulicht?
3 Beschreiben Sie anhand der Verse 1 bis 9, wie Dieter Kühn bei seiner Übertragung vorgegangen ist.

Jacques Le Goff: **Tristan und Isolde** (2005)

Der Mythos von Tristan und Isolde hat die europäische Bildwelt zutiefst geprägt. Eindeutig beeinflusst hat er das Bild des Paares, das Bild der Liebe. Der berühmte Liebestrank wurde zum Symbol des „coup de foudre“ und der verhängnisvollen Liebe, wie auch die Dreierkonstellation dazu verleitete, „amour passion“ und Ehebruch in enger Verbindung zu sehen. Und schließlich hat der Mythos den Gedanken der fatalen Beziehung zwischen Liebe und Tod in der abendländischen Bildwelt fest verankert. Schon Gottfried von Straßburg schrieb im 13. Jahrhundert: „Und sind sie auch schon lange tot, ihr süßer Name lebet fort, und soll ihr Tod der Welt noch lange und immer leben: [...] ihr Tod muss für uns immer lebendig und neu bleiben. [...] Wir lesen ihr Leben, wir lesen ihren Tod, und das ist uns süßer als Brot.“ Nicht übersehen sollte man auch das relativ blasse Bild des relativ machtlosen Marke, sowohl als Gatte wie als König. An Tristan und Isolde wird die Begrenztheit der ehelichen, aber auch der königlichen Macht deutlich. Dieser Mythos rückt die Liebe in die Nähe des Außenseitertums, wenn nicht gar des Aufbegehrens gegen jegliche Macht.

1 Geben Sie wieder, welche Konstellationen die europäische Tradition prägten, die Le Goff in der Geschichte von Tristan und Isolde angelegt sieht.
2 Referat: Stellen Sie literarische Beispiele vor, in denen diese Konstellationen aufgegriffen wurden.

Information **Epochenüberblick – Mittelalter (ca. 750 – ca. 1500)**

Allgemeingeschichtlicher Hintergrund: Das frühe Mittelalter war geprägt von der **Christianisierung** der germanischen Stämme. Unter **Karl dem Großen** kam es zu einer ersten Blütezeit. Zugleich entstand die das ganze Mittelalter bestimmende Spannung zwischen **Kaisertum und Papsttum.** Im hohen Mittelalter entwickelte sich unter der Herrschaft der **Staufer** eine zentrale **höfische Kultur** innerhalb des selbstbewussten Ritterstandes. Im späten Mittelalter wurde der

Einfluss der **Städte** auf wirtschaftlichem und politischem Gebiet immer bedeutsamer. In der mittelalterlichen **Feudalordnung** lagen politische Macht und Privilegien beim Adel.
Weltbild und Lebensauffassung: Alle Lebensbereiche waren geprägt durch die christliche Religion, durch den Glauben an eine göttlich gegebene Ordnung, in der jeder Einzelne seinen festen Platz hat. Eingebunden in diese Weltauffassung entwickelte sich im hohen Mittelalter im Adel ein Tugendsystem mit festen Leitbildern vom höfischen Ritter und von der höfischen Dame. Diese Verhaltensnormen wurden viel stärker von der Literatur als von der Realität getragen.
Literatur: Die **literarischen Zentren** liegen im Mittelalter zunächst ausschließlich in den **Klöstern und Kirchen** (8.–12. Jh.). Später findet man sie auch an den Höfen (12.–13. Jh.), bevor die **Städte** hinzukommen (14.–16. Jh.). Dabei ist unter **„Literatur“** sowohl alles Geschriebene zu verstehen, also auch Wörterbücher, Geschichtsschreibung, Gebete etc., als auch die **mündlich** realisierte und tradierte Literatur. Letztere ist insbesondere neben der schriftlichen Literatur, zu der zunächst nur die geistlich Gebildeten Zugang haben, für die frühen Jahrhunderte maßgeblich. Neben dem **Lateinischen** musste sich die **deutsche Volkssprache** erst als **Literatursprache** behaupten. In den ersten Jahrhunderten bleiben die Dichter bis auf wenige Ausnahmen anonym. Erst mit der Hochschätzung der volkssprachlichen Literatur an den weltlichen Höfen manifestiert sich ein neues Selbstbewusstsein der Autoren, das sich u.a. in der Nennung und Überlieferung ihrer Namen äußert. Der Wert ihrer Werke misst sich im Mittelalter allerdings nicht an Kriterien wie Individualität und Originalität, sondern an der souveränen und effektvollen Handhabung **überlieferter Stoffe** und **tradierter Formen** sowie an der Erfüllung ihres häufig außerhalb der Literatur selbst liegenden **Zwecks,** zum Beispiel religiöser Unterweisung, Glorifizierung eines Herrschers oder Idealisierung des Ritterstandes.

Weitere wichtige Autorinnen/Autoren und Werke

„Merseburger Zaubersprüche“ (entstanden spätestens Anfang 8. Jh.)
„Hildebrandslied“ (entstanden ca. Mitte des 8. Jh.s) und „Heliand“ (um 830)
Otfried von Weißenburg: Evangelienharmonie (um 870)
Hrotsvit (Roswitha) von Gandersheim (um 935 – ca. 973): Heiligenlegenden
Friedrich von Hausen, Heinrich von Morungen, Reinmar der Alte (um 1190/1200): Minnelieder
Hartmann von Aue (um 1200): „Erec“, „Iwein“, „Der arme Heinrich“, „Gregorius“, Lieder
Wolfram von Eschenbach (um 1200/1210): „Parzival“, „Willehalm“, „Titurel“
„Nibelungenlied“ (1190–1200)
Neidhart (ca. 1210–1240): Lieder
Der Stricker (erste Hälfte 13. Jh.): Schwänke, Fabeln, Bîspeln
Mechthild von Magdeburg (1250–1282): „Das fließende Licht der Gottheit“ (mystische Dichtung)
Meister Eckhart (vor 1260–1328): mystische Literatur
Johannes von Tepl (um 1350 – ca.1415): „Der Ackermann aus Böhmen“ (lit. Streitgespräch)
Oswald von Wolkenstein (um 1376–1445): Lieder

---

1 **a** Wie wurde Literatur vor Erfindung des Buchdrucks überliefert, wie wurde sie rezipiert? Formulieren Sie dazu Aussagen, die Sie anhand von literaturgeschichtlichen Werken überprüfen können.
b Erörtern Sie, welchen Unterschied es macht, ob der Autor eines literarischen Werkes bekannt ist oder ein Werk anonym überliefert ist.

2 Referat: Mit dem Begriff „Mittelalter“ wird aus literaturgeschichtlicher Sicht ein Zeitraum von rund 800 Jahren erfasst. In diesem Kapitel ist der Schwerpunkt auf die Zeit des hohen Mittelalters gelegt worden. Wählen Sie aus den genannten Autoren und Werken Beispiele aus dem frühen und späten Mittelalter aus und stellen Sie diese Ihrem Kurs vor.

1.2 Epochenumbruch um 1500 – Frühe Neuzeit

Johannes Gutenberg und der Buchdruck – Die erste Medienrevolution

Zwischen 1440 und 1450 entwickelte Gutenberg den Buchdruck mit beweglichen Lettern, der von Anfang an als Meilenstein für die Entwicklung der modernen Zivilisation gewürdigt wurde.

Die hohen Wohltaten der Buchdruckerei sind mit Worten nicht auszusprechen. Durch sie wird die Heilige Schrift in allen Zungen und Sprachen eröffnet und ausgebreitet, durch sie werden alle Künste und Wissenschaften erhalten, gemehrt und auf unsere Nachkommen fortgepflanzt.
Die Truckerey ist *summum et postremum donum*[1], durch welches Gott die Sache der Evangelii forttreibet. Es ist die letzte Flamme vor dem Auslöschen der Welt [...]. *Martin Luther, 1546*

1 **summum et postremum donum:** (lat.) höchste und äußerste Gabe

Jüngst hat der Geiste und die Kunst im rheinischen Lande Bücher zum Lichte gebracht, höchst beträchtlich an Zahl. Was früher nur der Reiche und der König zu eigen besitzen konnte, selbst im bescheidenen Haus trifft man es jetzt: ein Buch. Dank sei den Göttern zunächst, doch sofort auch den Druckern, die durch ihr rastloses Mühen die treffliche Kunst meistern. Was den Gelehrten von Hellas und römischer Technik verborgen geblieben ist, diese neue Erfindung stammt aus deutschem Geist.

Sebastian Brant, 1498

Der menschliche Geist entdeckte im 15. Jahrhundert, um sich Dauer zu verleihen, ein Mittel, das widerstandsfähiger und beständiger ist als die Baukunst. Der steinernen Schrift folgte die bleierne Letter Gutenbergs. Die Erfindung der Buchdruckerkunst ist [...] die Mutter allen Umsturzes, eine Erneuerung menschlicher Ausdrucksmittel von Grund auf. Die gedruckten Gedanken sind unvergänglich, beflügelt, ungreifbar und unzerstörbar. Sie fliegen wie eine Vogelschar auf, schwirren nach allen vier Winden auseinander und sind zur selben Zeit überall. *Victor Hugo, 1831*

Gutenberg (zögernd): Vielleicht ist das Buch, wie Gott, eine Idee, an der einige Menschen festhalten werden. [...] Die elektronische Flut, die ihr beschreibt, kennt keine Ufer. Sie überschwemmt alles, aber womit, und für wen? Ihre Inhalte wirken so klein, gemessen am Genius ihrer Technologie. [...] Ihr sprecht von diesem weltumspannenden Internet, als reiche es über das menschliche Gehirn hinaus. Aber der Mensch ist noch immer das Maß aller Dinge.
Bill Gates: Jeder Fehler wird irgendwann behoben. (Er sinkt mit einem Zischen in sich zusammen.)

John Updike, Dialog im Cyberspace, 1996

1 Arbeiten Sie anhand der Zitate heraus, welche Bedeutung Gutenberg jeweils zugemessen wird, und nehmen Sie Stellung dazu.
2 a Erläutern Sie die Kritik in dem Cyberspace-Dialog zwischen Gutenberg und Bill Gates.
  b Diskutieren Sie, ob man heute vom „Ende des Gutenberg-Zeitalters“ sprechen kann.
3 Referat: Geben Sie einen Überblick über Ereignisse und Veränderungen um 1500. Inwieweit ist es gerechtfertigt, von einem „Epochenumbruch um 1500“ zu sprechen?

Sebastian Brants „Narrenschyff“ – Der erste deutsche „Bestseller“

Der in weltlichem und kirchlichem Recht promovierte Sebastian Brant (1457–1521) veröffentlichte in Basel 1494 mit dem „Narrenschyff“ ein in seiner Wirkung epochales Werk. In dieser Moralsatire wird eine Vielzahl von Narren beschrieben, die mit dem Schiff unterwegs nach Narragonien sind. In 112 Kapiteln, die jeweils Bild (Holzschnitte) und Text vereinen, wird das ganze Spektrum menschlicher Tugenden und Laster unter dem Begriff der Narrheit als Ausdruck einer verkehrten Welt erfasst.

Sebastian Brant: Daß Narrenschyff ad Narragoniam (1494) – Vorrede

Zů nutz vnd heylsamer ler / vermanung vnd ervolgung der wyßheit / vernunfft vnd gůter sytten: Ouch zů verachtung vnd straff der narheyt / blintheyt yrrsal vnd dorheit / aller ståt / vnd geschlecht der menschen: mit besunderem flyß ernst vnd arbeyt / gesamlet zů Basell: durch Sebastianum Brant. in beyden rechten doctor.

Den vordantz hat man mir gelan
Dann jch on nutz vil bůcher han
Die jch nit lyß / vnd nyt verstan

Von vnnutzê buchern
Das jch sytz vornan jn dem schyff
Das hat worlich eyn sundren gryff
On vrsach ist das nit gethan
Vff myn libry ich mych verlan

1 a Geben Sie mit eigenen Worten wieder, welche Intentionen das Werk laut Vorrede verfolgt.
b Benennen Sie Unterschiede zu unserem heutigen Sprachgebrauch.
2 Beschreiben Sie den Holzschnitt in seinen Details und interpretieren Sie das Bild.
3 Erläutern Sie den Gegenstand und die Mittel der Kritik im folgenden ersten Kapitel der Moralsatire:

I.
Im Narrentanz voran ich gehe,
Da ich viel Bücher um mich sehe,
Die ich nicht lese und verstehe.

Von unnützen Büchern
Dass ich im Schiff vornan sitz,
Das hat fürwahr besondern Witz;
Nicht ohne Ursache ist das:
Auf Bücher ich mich stets verlass,
Von Büchern hab ich großen Hort,
Versteh ich selten auch ein Wort,
So halt ich sie doch hoch in Ehren:
Will ihnen gern die Fliegen wehren.
Wo man von Künsten reden tut,
Sprech ich: „*Daheim* hab ich sie gut!“
Denn es genügt schon meinem Sinn,
Wenn ich umringt von Büchern bin.
Von Ptolemäus wird erzählt,
Er hatte die Bücher der ganzen Welt
Und hielt das für den größten Schatz,
Doch manches füllte nur den Platz,
Er zog daraus sich keine Lehr.
Ich hab viel Bücher gleich wie er
Und lese doch nur wenig drin.
Zerbrechen sollt ich mir den Sinn,
Und mir mit Lernen machen Last?
Wer viel studiert, wird ein Fantast!
Ich gleiche sonst doch einem Herrn,
Kann zahlen einem, der für mich lern'!
Zwar hab ich einen groben Sinn,
Doch wenn ich bei Gelehrten bin,
So kann ich sprechen: „Ita! – So!“
Des *deutschen* Ordens[1] bin ich froh,
Dieweil ich wenig kann Latein.
Ich weiß, dass *vinum* heißet „Wein“,
Gucklus ein Gauch[2], *stultus* ein Tor.
Und dass ich heiß': „*domine doctor*[3]!“
Die Ohren sind verborgen mir,
Sonst säh man bald des Müllers Tier.

1 **deutscher Orden:** hier: Gemeinschaft derer, die Deutsch verstehen
2 **Gauch:** Narr
3 **domine doctor:** (lat.) Herr Doktor

1 Kommentieren Sie das erste Kapitel des „Narrenschyffs“ unter Beachtung folgender Daten: nach 1430 Erfindung des Buchdrucks, 1494 Erscheinen des „Narrenschyffs“.
2 Schreiben Sie eine auf unsere Zeit bezogene Version von Brants Kritik, z. B. zum Thema „Internet“.
3 Beschaffen Sie sich eine Ausgabe des „Narrenschyffs“. Legen Sie eine Liste der kritisierten menschlichen Eigenschaften und Charaktere an und überprüfen Sie diese auf Aktualität.
4 Brants Satire wurde in mehrere Sprachen übersetzt und auch in Raubdrucken veröffentlicht. Suchen Sie mögliche Gründe für den Erfolg.

Luthers Bibelübersetzung – Auf dem Weg zur deutschen Schriftsprache

Martin Luther: **Sendbrief vom Dolmetschen** (1530)

Ich hab mich des geflissen ym dolmetzschen, das ich rein und klar teutsch geben moͤchte. Und ist uns wol offt begegnet, das wir viertzehen tage, drey, vier wochen haben ein einiges wort gesůcht und gefragt, habens dennoch zu weilen nicht funden. Im Hiob erbeiten wir [...] das wir yn vier tagen zu weilen kaum drey zeilen kundten fertigen. Lieber, nu es verdeutscht und bereit ist, kans ein yeder lesen und meistern, Laufft einer ytzt mit den augen durch drey, vier bletter und stost nicht ein mal an, wird aber nicht gewar, welche wacken und kloͤtze da gelegen sind, da er ytzt uber hin gehet, wie uber ein gehoffelt bret, da wir haben můssen schwitzen und uns engsten, ehe den wir solche wacken und klotze aus dem wege reümeten, auff das man kůndte so fein daher gehen. [...] man mus nicht die buchstaben inn der lateinischen sprachen fragen, wie man sol Deutsch reden, wie diese esel thun, sondern, man mus die mutter jhm hause, die kinder auff der gassen, den gemeinen man auff dem marckt drumb fragen, und den selbigen auff das maul sehen, wie sie reden, und darnach dolmetzschen, so verstehen sie es den und mercken, das man Deutsch mit jn redet.

Als wenn Christus spricht: Ex abundantia cordis os loquitur. Wenn ich den Eseln soll folgen, die werden mir die buchstaben furlegen und also dolmetzschen: Auß dem uberflus des hertzen redet der mund. Sage mir, ist das deutsch geredt? Welcher deutscher verstehet solchs? Was ist uberflus des hertzen fur ein ding? Das kann kein deutscher sagen, Er wolt denn sagen, es sey das einer allzu ein gros hertz habe oder zu vil hertzes habe, wie wol das auch noch nicht recht ist: denn uberflus des hertzen ist kein deutsch, so wenig, als das deutsch ist, Uberflus des hauses, uberflus des kacheloffens, uberflus der banck, sondern also redet die můtter ym haus und der gemeine man: Wes das hertz vol ist, des gehet der mund uber. [...]

1 Luther antwortet im „Sendbrief“ auf Kritiker seiner Bibelübersetzung: Wie rechtfertigt er sich?
2 a Erläutern Sie mit eigenen Worten die Ansprüche, die Luther an seine Übersetzung gestellt hat.
b Prüfen Sie diese Ansprüche an dem im Text gegebenen Beispiel „Wes das hertz ...“ (Z. 55 f.).

3 Formulieren Sie auf der Grundlage des folgenden Zitats, wie heute die Bedeutung Luthers für die Entwicklung einer einheitlichen deutschen Schriftsprache eingeschätzt wird:

Luthers Rolle in der Entwicklungsgeschichte der deutschen Sprache ist nicht zu unterschätzen. Zwar ist er nicht der „Schöpfer des Neuhochdeutschen", wie einst behauptet wurde. Er hat sich jedoch bemüht, ausgehend von der ostmitteldeutschen Schreibtradition, lebendig und für alle verständlich zu schreiben, und hat durch seine Tätigkeit als Reformator seine Sprache zum Gemeingut und zum Vorbild machen können. [...] Seine Sprache ist neu in dem Sinne, dass sie verschiedene Traditionen und Tendenzen vereinigt. Einerseits schließt er sich einer überlandschaftlichen Sprachform an und folgt, wie er selbst sagt, der Sprache der sächsischen Kanzlei[1], sodass ihn sowohl Ober- als auch Niederdeutsche verstehen können. Andererseits betrifft dies jedoch nur Rechtschreibung, Lautstand, Formen und teilweise Wortwahl. Er übernimmt aber nicht den vom Latein abhängigen Satzbau und die Wortbildung der Kanzleisprache [...], sondern bemüht sich um einen klaren, verständlichen Stil. Hierbei lernte er viel von der gesprochenen Volkssprache [...].

Astrid Stedje (2007)

1 sächsische Kanzlei: auch „Meißner Kanzleideutsch", eine Voraussetzung für ein den Dialekten übergeordnetes Standarddeutsch

---

Information **Epochenumbruch um 1500 – Frühe Neuzeit**

Allgemeingeschichtlicher Hintergrund: Verschiedene Ereignisse lassen es gerechtfertigt erscheinen, für die Zeit um 1500 von einer Zeitenwende, einem Epochenumbruch zu sprechen: 1453 endete mit der Eroberung Konstantinopels das Oströmische Reich; 1492 entdeckte Kolumbus Amerika, 1497/98 Vasco da Gama den Seeweg nach Indien; durch Nikolaus Kopernikus wurde 1514 das geozentrische Weltbild von einem heliozentrischen abgelöst; ab 1517 verbanden sich in der Reformation neue theologische Ansätze mit politischen, sozialen und kirchlichen Konfliktfeldern und führten über gewaltsame Auseinandersetzungen zur Spaltung der Kirche; 1524/1525 artikulierten sich im Bauernkrieg erstmals die materiellen und rechtlichen Forderungen eines bislang massiv benachteiligten Standes.

Weltbild und Lebensauffassung: All diese Ereignisse blieben nicht ohne Einfluss auf die Welt- und Selbstwahrnehmung der Menschen. Die italienische **Renaissance,** die Vorstellung von einer religiösen, politischen und kulturellen „Wiedergeburt", läutete mit der Wiederentdeckung der römischen Antike eine Hinwendung zum Menschen als einem autonomen Individuum, das sich frei entfalten können soll, ein und hatte damit in Deutschland großen Einfluss auf die Geisteswissenschaften. Der **Humanismus** setzte auf die Bildungsfähigkeit des Menschen, vor allem durch die Beschäftigung mit der Antike. In diesem Sinne wurden Schulen und Universitäten neu strukturiert oder gegründet. Entsprechend trug der Humanismus zur wachsenden Bedeutung der Städte als wirtschaftliche und kulturelle Zentren bei. Zwar fand die **Reformation** mit ihren kirchenkritischen Vorstellungen die Zustimmung der Humanisten, hinsichtlich des Menschenbildes (freier oder unfreier Wille) zeichneten sich jedoch Unterschiede in der Auffassung ab.

Literatur: Die Erfindung des **Buchdrucks** mit beweglichen Lettern sowie die Einführung des in China erfundenen **Papiers** als preiswerter Schreibgrund bedeuteten zwei epochale Neuerungen. Erstmals wurden **Flugschriften** in den politischen und theologischen Auseinandersetzungen der Zeit massenhaft eingesetzt. Man verfasste religiös-erbauliche, moralisch-politisch ermahnende, sachlich-belehrende, historiografische, polemisierende, satirische und komödiantische Texte. Lyrische Formen überwogen vor allem in **Kirchenliedern** sowie im **Meistergesang,** d.h. Liedern von Handwerkern, die sich zu Dichtergesellschaften zusammengeschlossen hatten und ihren mittelalterlichen Vorbildern wie z. B. Walther von der Vogelweide (▸ S. 237–239) nacheiferten. Das Drama bekam einerseits in Form des humanistischen, dann auch reformatorischen und gegenreformatorischen **Schuldramas** neue Impulse, andererseits erlebten die geistlichen Spiele, insbesondere aber die **Fastnachtsspiele** in den Städten einen neuen Aufschwung. Im Bereich der Epik verbreitete sich die Prosaform vor allem durch das **Volksbuch** und die **Schwankliteratur.** Spannung und Unterhaltungswert erzielten die Schwänke, indem markante zwischenmenschliche Konflikte durch List und/oder Gewalt und damit häufig durch eklatante Normverstöße pointiert gelöst werden. Mit dem anonymen „Fortunatus"-Roman (1509) und den Werken Jörg Wickrams (um 1505 – ca. 1560), wie z. B. „Der Jungen Knaben Spiegel" (1554), begann schließlich der von literarischen Vorlagen unabhängige bürgerliche **Roman** in Deutschland.

Weitere wichtige Autoren und Werke

Hermann Bote (ca. 1450–1520): „Till Eulenspiegel" (um 1510/11)
Erasmus von Rotterdam (1465 oder 1469–1536): „Lob der Torheit" (1511)
Hans Sachs (1494–1576): Meisterlieder, Fastnachtsspiele
„Historia von D. Johann Fausten" (Volksbuch, 1587)

1 Literatur in der Stadt – z. B. Nürnberg: Sammeln Sie auf einer Wandzeitung Namen, Werke, Einrichtungen etc., die den Status von Nürnberg als „Literaturstadt" im 15./16. Jh. verdeutlichen.
2 a Der Begriff des „Humanismus" ist nicht allein an den Epochenumbruch um 1500 gebunden. In welchen anderen Zeiten der Kultur-, Philosophie- und Literaturgeschichte spielt der Begriff eine zentrale Rolle?
b Beziehen Sie Stellung: Welchen Wert hat der Umgang mit antiker Literatur in der Schulbildung?
3 Referat: Der Bauernkrieg im Drama: Goethe: „Götz von Berlichingen", Hauptmann: „Florian Geyer".

1.3 Barock

Jacques Callot: Radierung aus der Serie „Misères de la guerre" (1632–33)

Die Erfahrung des Dreißigjährigen Krieges (1618–1648) und die Erinnerungen daran prägten das Denken und Handeln der Menschen im 17. Jh. Die Folgen des Krieges, dem durch Kampfhandlungen oder Seuchen und Hungersnöte ca. 30 % der Bevölkerung zum Opfer fielen, waren überall in Deutschland zu bemerken. Entsprechend lang dauerte der Wiederaufbau auf allen Gebieten.

Hans Jakob Christoffel von Grimmelshausen: **Der Abenteuerliche Simplicissimus Teutsch** (1669)

Im Zentrum von Grimmelshausens Roman steht der Dreißigjährige Krieg. In fünf Büchern wird der überaus abwechslungsreiche Lebensweg des Helden erzählt. Seinen Namen „Simplex" (der Einfältige) erhält er von einem Einsiedler, bei dem er kurze Zeit lebt. In der folgenden Episode wird dargestellt, wie der 10-jährige Junge den Überfall eines Soldatentrupps auf den Bauernhof seiner Eltern miterlebt.

Das Erste, das diese Reuter taten, war, dass sie ihre Pferd einstelleten, hernach hatte jeglicher seine sonderbare Arbeit zu verrichten, deren jede lauter Untergang und Verderben anzeigte, denn obzwar etliche anfingen zu metzgen, zu sieden und zu braten, dass es sah, als sollte ein lustig Bankett gehalten werden, so waren hingegen andere, die durchstürmten das Haus unten und oben, ja das heimlich Gemach war nicht sicher, gleichsam ob wäre das gülden Fell von Kolchis[1] darinnen verborgen; andere machten von Tuch, Kleidungen und allerlei Hausrat große Päck zusammen, als ob sie irgends ein Krempelmarkt anrichten wollten, was sie aber nicht mitzunehmen gedachten, wurde zerschlagen, etliche durchstachen Heu und Stroh mit ihren Degen, als ob sie nicht Schaf und Schwein genug zu stechen gehabt hätten, etliche schütteten die Federn aus den Betten, und fülleten hingegen Speck, andere dürr Fleisch und sonst Gerät hinein, als ob alsdann besser darauf zu schlafen gewesen wäre; andere schlugen Ofen und Fenster ein, gleichsam als hätten sie ein ewigen Sommer zu verkündigen, Kupfer und Zinnengeschirr schlugen sie zusammen, und packten die gebogenen und verderbten Stück ein, Bettladen, Tisch, Stühl und Bänk verbrannten sie, da doch viel Klafter dürr Holz im Hof lag, Hafen[2] und Schüsseln musste endlich alles entzwei, entweder weil sie lieber Gebraten aßen, oder weil sie bedacht waren, nur ein einzige Mahlzeit allda zu halten; unser Magd ward im Stall dermaßen traktiert, dass sie nicht mehr daraus gehen konnte, welches zwar eine Schand ist zu melden! Den Knecht legten sie gebunden auf die Erd, stecketen ihm ein Sperrholz ins Maul, und schütteten ihm einen Melkkübel voll garstig Mistlachenwasser in Leib, das nannten sie ein Schwedischen Trunk, wodurch sie ihn zwangen, eine Partei anderwärts zu führen, allda sie Menschen und Vieh hinwegnahmen, und in unsern Hof brachten, unter welchen mein Knan[3], mein Meuder und unser Ursele auch waren. Da fing man erst an, die Stein[4] von den Pistolen, und hingegen an deren Statt der Bauren Daumen aufzuschrauben, und die armen Schelmen so zu foltern, als wenn man hätt Hexen brennen wollen, maßen sie auch einen von den gefangenen Bauren bereits in Backofen steckten und mit Feuer hinter ihm her waren, ohnangesehen er noch nichts bekannt hatte; einem andern machten sie ein Seil um den Kopf, und reitelten[5] es mit einem Bengel[6] zusammen, dass ihm das Blut zu Mund, Nas und Ohren heraussprang. In summa, es hatte jeder seine eigene Invention, die Bauren zu peinigen, und also auch jeder Bauer seine sonderbare Marter [...].

1 **gülden Fell von Kolchis:** das Goldene Vlies, das in der griech. Sage die Argonauten aus Kolchis holen
2 **Hafen:** Behälter, Töpfe
3 **Knan:** Vater
4 **Stein:** Feuersteine
5 **reiteln:** drehen
6 **Bengel:** Stock

1 Die Radierung und der Romanauszug sind dem alles überschattenden, zentralen Ereignis der Barockzeit, dem Dreißigjährigen Krieg, gewidmet.
Vergleichen Sie deren Wirkungen.
- Welche Empfindungen und Gedanken löst das Bild, welche der Text aus?
- Mit welchen Mitteln werden diese Wirkungen erreicht?

„Memento mori“, „carpe diem“, „vanitas“ – Schlüsselmotive der Barocklyrik

Die im Zeitalter der Renaissance und des Humanismus (▶ S. 246) wiederentdeckte Antike war eine der prägenden Kräfte für das barocke Kunst- und Lebensverständnis. Insbesondere die drei in der Überschrift genannten Schlagworte aus der Tradition der römischen Philosophie entwickelten sich zu miteinander verwobenen Leitvorstellungen. Das Motto „memento mori“ (frei übersetzt: „bedenke, dass du sterben musst“) führte zum Gedanken der „vanitas“ („Eitelkeit“ im Sinne von „Nichtigkeit“) alles Irdischen. In der Konsequenz konnte man entweder sein Leben ganz auf das Jenseits ausrichten oder aber sich dem „carpe diem“ („pflücke den Tag“, d. h. „nutze/genieße den Tag“) hingeben. Diese Vorstellungen kommen u. a. in Gedichtformen zum Ausdruck, die aus einer im Barock sehr beliebten Bild-Text-Kombination bestehen (▶ **Emblem und Figurengedicht**).

Ex maximo minimum (um 1609)
Aus dem Größten (wird) das Kleinste

Dies sind die Überreste des Tempels, in dem
Das lebendige Bild Gottes gewesen sein soll.
Dies ist auch die Ruine jenes Hauses,
In dem einst die Vernunft residierte.
Und nun ist es das schreckliche Bild des Todes.
Ein luftiges Haupt ohne Hirn.

Theodor Kornfeld: **Eine Sand=Uhr** (1686)

Die Zeit vergehet /
Und bald entstehet
Der Rechnungs=Tag
Von aller Sach;
Sey fromm /
Und kom.

Der Sand verfindet /
Und damit windet /
Wir sollen fort
Zum andern Ort /
Gott uns leite /
und bereite!

Wisst alle Stunde wol / und richte deine Sachen;
Das du in letzter Stund kanst gute Rechnung machen

1 Beschreiben Sie die Komposition der beiden Bild-Texte.
2 Geben Sie die Aussage des Emblems („Ex maximo minimum“) und des Figurengedichts („Eine Sand=Uhr“) wieder und vergleichen Sie die Wirkung der beiden Kunstgebilde.
3 a Das barocke Figurengedicht hat in der „konkreten Poesie“ der 1950er-Jahre Nachfolger gefunden. Tragen Sie dafür Beispiele zusammen und vergleichen Sie diese mit barocken Figurengedichten.
b Versuchen Sie selbst, solche Figurengedichte bzw. Texte konkreter Poesie zu entwerfen.

Information **Emblem und Figurengedicht**

Emblem: Eine im Barock beliebte Kunstform, die aus einer dreiteiligen Kombination aus Bild und Text besteht. Im Zentrum steht ein **Bild (Pictura),** das Motive aus der Natur, dem menschlichen Leben, der Geschichte, der Bibel oder Mythologie mit meist symbolhafter Bedeutung zeigt. Darüber befindet sich eine Überschrift (**Motto** oder **Inscriptio**), häufig in lat. oder griech. Sprache. Den dritten Teil bildet die **Erklärung** unter dem Bild (**Subscriptio**), die den Bildgehalt in Versen, seltener auch in Prosa erläutert. Später verstand man unter einem Emblem allgemein ein Sinnbild.

Figurengedicht: Aus der Antike übernommene Gedichtform, bei der das **Schriftbild** des Textes einen **Gegenstand nachahmt,** der in direkter oder symbolischer Beziehung zum Inhalt steht.

Johann Christian Günther: **Als er der Phyllis einen Ring mit einem Totenkopf überreichte** (1724)

Erschrick nicht vor dem Liebeszeichen,
Es träget unser künftig Bild,
Vor dem nur die allein erbleichen,
Bei welchen die Vernunft nicht gilt.
Wie schickt sich aber Eis und Flammen?
Wie reimt sich Lieb und Tod zusammen?
Es schickt und reimt sich gar zu schön,
Denn beide sind von gleicher Stärke
Und spielen ihre Wunderwerke
Mit allen, die auf Erden gehn.

Ich gebe dir dies Pfand zur Lehre:
Das Gold bedeutet feste Treu,
Der Ring, dass uns die Zeit verehre,
Die Täubchen, wie vergnügt man sei;
Der Kopf erinnert dich des Lebens,
Im Grab ist aller Wunsch vergebens,
Drum lieb und lebe, weil man kann,
Wer weiß, wie bald wir wandern müssen!
Das Leben steckt im treuen Küssen,
Ach, fang den Augenblick noch an.

Christian Hofmann von Hofmannswaldau: **Vergänglichkeit der Schönheit** (1695)

Es wird der bleiche tod mit seiner kalten hand
Dir endlich mit der zeit umb deine Brüste streichen /
Der liebliche corall der lippen wird verbleichen;
Der schultern warmer schnee wird werden kalter sand /

Der augen süsser blitz / die kräffte deiner hand /
Für welchen solches fällt / die werden zeitlich weichen /
Das haar / das itztund kan des goldes glantz erreichen /
Tilgt endlich tag und jahr als ein gemeines band.

Der wohlgesetzte fuß / die lieblichen gebärden /
Die werden theils zu staub / theils nichts und nichtig werden
Denn opfert keiner mehr der gottheit deiner pracht.

Diß und noch mehr als diß muß endlich untergehen /
Dein hertze kan allein zu aller zeit bestehen /
Dieweil es die natur aus diamant gemacht.

Hans Baldung, genannt Grien: Die drei Lebensalter und der Tod (um 1510)

1 a Üben Sie eine Rezitation ein und tragen Sie die Gedichte wirkungsvoll vor.
  b Welchen Eindruck haben Sie beim Hören der beiden Gedichte (Reim, Metrum) gewonnen?
2 Wer ist in den beiden Gedichten das lyrische Ich, an welchen Adressaten wendet es sich mit welcher Intention und welche Wirkung ist damit verbunden? Beachten Sie, dass der Diamant (V. 14) hier als Metapher für die Hartherzigkeit der Geliebten dient, die ihren Liebhaber nicht erhören will.
3 Beschreiben und vergleichen Sie den formalen und inhaltlichen Aufbau der Gedichte.
4 Welche Bezüge können Sie zwischen den beiden Gedichten und Hans Baldungs Bild herstellen?
5 Entschlüsseln Sie in beiden Gedichten die auffälligsten Metaphern (Information, ► S 251).

Information **Metaphern im Barock**

Metaphern (▸ S. 47, 197) wenden sich an die Findigkeit des Lesers, seinen „Witz", wie es im Barock heißt. Da es sich im Grunde genommen um verkürzte Vergleiche handelt, kann man zum leichteren Verständnis das Vergleichswort „wie" einfügen. „Der schultern warmer schnee" (Vers 4 in „Vergänglichkeit der Schönheit") bedeutet: Die Schultern der angesprochenen Dame sind so weiß wie Schnee (eine weiße Haut galt als Schönheitsideal). Zudem ist die Metapher als **Oxymoron** (Verbindung zweier sich ausschließender Vorstellungen, ▸ S. 197) gestaltet, indem die warme Haut mit dem kalten Schnee zu einem Bild verknüpft wird.

Friedrich von Logau: **Das Beste der Welt** (1654)

Weißt du, was in dieser Welt
Mir am meisten wohl gefällt?
Dass die Zeit sich selbst verzehret
Und die Welt nicht ewig währet.

Andreas Gryphius: **Es ist alles eitel** (1636)

Du siehst / wohin du siehst nur Eitelkeit auf Erden.
Was dieser heute baut / reißt jener morgen ein:
Wo itzund Städte stehn / wird eine Wiese sein /
Auf der ein Schäferskind wird spielen mit den Herden.

Was itzund prächtig blüht / soll bald zertreten werden,
Was itzt so pocht und trotzt ist morgen Asch und Bein /
Nichts ist / das ewig sei / kein Erz / kein Marmorstein.
Itzt lacht das Glück uns an / bald donnern die Beschwerden.

Der hohen Taten Ruhm muss wie ein Traum vergehn.
Soll denn das Spiel der Zeit / der leichte Mensch bestehn?
Ach! / was ist alles dies / was wir vor köstlich achten /

Als schlechte Nichtigkeit / als Schatten / Staub und Wind;
Als eine Wiesenblum / die man nicht wiederfind't.
Noch will was ewig ist kein einig Mensch betrachten!

Georg Philipp Harsdörffer: **Das Leben ist** (1659)

Ein *Laub*, das grunt und falbt[1] geschwind.
Ein *Staub*, den leicht vertreibt der Wind.
Ein *Schnee*, der in dem Nu vergehet.
Ein *See*, der niemals stille stehet.
Die *Blum*, so nach der Blüt verfällt.
Der *Ruhm*, auf kurze Zeit gestellt.
Ein *Gras*, so leichtlich wird verdrucket.
Ein *Glas*, so leichter wird zerstucket.
Ein *Traum*, der mit dem Schlaf aufhört.
Ein *Schaum* [...].
Ein *Heu*, das kurze Zeite bleibet.
Die *Spreu* [...].
Ein *Kauf*, den man am End bereut. [...]

1 **falben:** gelb werden

---

1 Beschreiben Sie das Bild von der Welt und vom Leben darin, das die drei Texte vermitteln, und vergleichen Sie die Konsequenzen, die die Sprecher in Logaus und in Gryphius' Gedicht daraus ziehen.
2 Erläutern Sie unter Heranziehung von Wörterbüchern und Lexika den Begriff „Eitelkeit", wie er in Gryphius' Text verstanden wird.

3 Im Barock war es wichtig, die Form kunstvoll zu beherrschen. Veranschaulichen Sie die Struktur des Gryphius-Gedichts in einem Schaubild. Berücksichtigen Sie folgende Elemente: Strophenbau, Bau des Alexandriner-Verses (sechshebige Jamben, Zäsur in der Mitte und meist antithetische Aussage), Parallelismus, Klimax, gedanklicher Aufbau von These – Argumentation/Belege – Schlussfolgerung.

4 **a** Setzen Sie die Metaphernkette des Gedichts von Harsdörffer in der vorgegebenen Struktur und der vorgegebenen inhaltlichen Tendenz fort und finden Sie einen Abschluss für das Gedicht.

b Schreiben Sie ein Gegengedicht mit Metaphern, die das Leben positiv konnotieren.

5 Verfassen Sie ein Resümee, in dem Sie anhand der Gedichte (▶ S. 251) das Verhältnis der drei Schlüsselmotive zueinander und die Bedeutung, die ihnen hier gegeben wird, zusammenfassen.

Barocke Naturlyrik – Zwei Frühlingsgedichte

Sigmund von Birken: **Willkommen Lenz** (1645)

Willkommen / Lenz! du Freuden-Wiederbringer /
des Jahres Mann / du Blumen-Vater du /
du der Natur ihr Pinsel und ihr Finger /
mit dem sie mahlt die schöne Erden-Zwinger[1] /
der du zerschmelzst des Winters Eise-Schuh /
willkommen / Lenz! durch den die Erde jünger
und schöner wird / du warmer Kältbezwinger /
du Auen-Freund / du Geber neuer Ruh /
der Flora Buhl[2] / du Leid- und Schnee-Verschlinger!
Nim an die Ehr / die ich dir hier anthu /
du unsrer Lust und Schäferspiel[3] bezünger[4].
Willkommen / Lenz!

1 **Zwinger:** freier Raum zwischen innerer und äußerer Burg- oder Stadtmauer; hier: Garten
2 **der Flora Buhl:** Geliebter der Flora (röm. Göttin der Pflanzenwelt)
3 **Schäferspiel:** das Hirtenleben idealisierendes Rollenspiel
4 **bezünger:** von „bezungen", mit einer neuen Sprache beleben

Giuseppe Arcimboldo: Der Frühling (1563)

Georg Philipp Harsdörffer: **Der Frühling** (1644) – Auszug

1.
Der froh Frühling kommet an,
der Schnee dem Klee entweichet:
Der Lentz, der bunte Blumen-Mann,
mit linden Winden häuchet:
Die Erd' eröffnet ihre Brust,
mit Safft und Krafft erfüllet:
der zarte West, der Felderlust,
hat nun den Nord gestillet.

2.
Es hat der silberklare Bach
den Harnisch ausgezogen:
es jagt die Flut der Flute nach,
durch bunten Kiess gesogen.
Das Tauen nun die Auen frischt
die weiße Wollen-Herde
auf neubegrünten Tepicht tischt
und dantzet auf der Erde.
[...]

6.
Ach GOtt, der du mit so viel Gut
bekrönst deß Jahres Zeiten,
lass uns auch mit erfreutem Mut
zum Paradeiß bereiten:
Da wir dich werden für und für
die schönste Schönheit finden,
dagegen diese schnöde Zier
ist eitler Koth der Sünden.

1 Arbeiten Sie in einer vergleichenden Interpretation (▶ S. 566 ff.) heraus, wie das Thema „Frühling" in den beiden Gedichten behandelt wird. Beachten Sie, wie der Frühling dargestellt wird, welche Reaktionen er im Denken oder Fühlen des Sprechers hervorruft und welche Wirkung verfolgt wird.
2 Analysieren Sie arbeitsteilig in Kleingruppen die Form der Gedichte – Strophen- und Versbau, Reimschemata, Metaphorik und andere sprachliche Mittel (▶ S. 192, 193–194, 196–198) – und setzen Sie diese zum inhaltlichen Aufbau und zur Gesamtaussage in Beziehung.
3 Begründen Sie, welches Gedicht Sie eher dem Bild von Arcimboldo (▶ S. 252) zuordnen würden.
4 Vergleichen Sie das folgende Gedicht von Brecht von 1928 inhaltlich, formal und intentional mit den beiden Barockgedichten. Was hat sich an der Darstellung des Frühlings geändert? Tragen Sie Ihre Ergebnisse in eine dreispaltigeTabelle ein.

Bertolt Brecht: Über das Frühjahr (1928)

Lange bevor
Wir uns stürzten auf Erdöl, Eisen und
Ammoniak
Gab es in jedem Jahr
Die Zeit der unaufhaltsamen und heftig
grünenden Bäume.
Wir alle erinnern uns
Verlängerter Tage
Helleren Himmels
Änderung der Luft
Des gewiß kommenden Frühjahrs.
Noch lesen wir in Büchern
Von dieser gefeierten Jahreszeit
Und doch sind schon lange
Nicht mehr gesichtet worden über unseren
Städten
Die berühmten Schwärme der Vögel.
Am ehesten noch sitzend in Eisenbahnen
Fällt dem Volk das Frühjahr auf.
Die Ebenen zeigen es
In alter Deutlichkeit.
In großer Höhe freilich
Scheinen Stürme zu gehen:
Sie berühren nur mehr
Unsere Antennen. R

Information **Epochenüberblick – Barock (ca. 1600 – ca. 1750)**

Allgemeingeschichtlicher Hintergrund: Das zentrale Ereignis in Deutschland war der **Dreißigjährige Krieg** (1618–1648). Er hinterließ verödete Landstriche und zerstörte Städte. Ihm fiel etwa ein Drittel der Bevölkerung zum Opfer, in manchen Landstrichen mehr als die Hälfte. Der Wiederaufbau, bei dem die Kräfte gebündelt werden mussten, förderte in den einzelnen deutschen Fürstentümern die Entwicklung zum **Absolutismus,** einer Herrschaftsform, die von der Regierung eines aus eigener Machtvollkommenheit handelnden Herrschers ohne Mitwirkung ständischer Institutionen bestimmt ist. Im Frankreich Ludwigs XIV. erfuhr sie ihre deutlichste Ausprägung. Der Hof von Versailles, von dem aus das Land zentralistisch verwaltet wurde, galt mit seiner prunkvoll-ausladenden Architektur als Symbol der Macht und wurde zum Vorbild für die deutschen Fürsten. Obwohl der Fürst, rechtlich betrachtet, als Souverän einen einheitlichen Untertanenverband regierte, blieb die Gesellschaft weiterhin in **Stände** gegliedert, unter denen der Adel weit reichende Privilegien genoss.
Weltbild und Lebensauffassung: Die religiöse Einheit des Mittelalters war durch Reformation und Gegenreformation zerstört. Die Glaubensspaltung, der Dreißigjährige Krieg, der zunächst einmal ein Religionskrieg war, und die Bestimmung der Konfession der Bevölkerung eines Landes durch den absolutistischen Fürsten hatten die Macht der Kirche erschüttert. Zwar spielte

die Religion im Bewusstsein und im Leben der Menschen weiterhin eine tragende Rolle, musste jedoch auch mit einer genussvollen Hinwendung zum Irdischen konkurrieren. Entsprechend wird auf die **Zerrissenheit und Widersprüchlichkeit** zwischen strikter Jenseitsorientierung und unverblümter Diesseitszugewandtheit im Denken und Fühlen der Menschen jener Zeit hingewiesen. Die Weltfreude zeigt sich z. B. in der **barocken Mode** mit ihren auf Repräsentation hin angelegten, reich ausgestatteten Gewändern und riesigen Perücken sowie in der **barocken Kunst** mit ihrem Schwelgen in Prunk und Lebenslust, die in krassem Gegensatz zu Kargheit und vielen Todesdarstellungen stehen. Getragen wird die neue Hinwendung zur Welt auch von dem Aufschwung der Mathematik und Naturwissenschaften. René Descartes' (1596–1650) Rationalismus und Isaac Newtons (1642–1727) Grundlagen der neuzeitlichen Physik beginnen, das Weltbild der Zeit zu prägen. Die Natur wird als alles umfassender Mechanismus gesehen, der in Formeln fassbaren Gesetzen folgt. Der Geist der Geometrie herrscht und man erfreut sich an Gartenanlagen, in denen die Natur auf geometrischen Grundformen zurechtgestutzt wird, womit sie dem Gestaltungswillen der absolutistischen Herrschaft unterworfen wird.
Literatur: Im Barock fand die deutsche Literatur Anschluss an den hohen Standard der west- und südeuropäischen Länder, deren Autoren den deutschen Dichtern zunächst als Vorbilder dienten. Literarische Zentren bildeten zum einen die Fürstenhöfe, zu deren Personal häufig auch ein Hofpoet gehörte, zum anderen die Städte mit ihren Schulen und Universitäten. Hier fanden die adligen und bürgerlichen Verwaltungsbeamten und Gelehrten, die auch literarische Texte schrieben, ihr Publikum. Die Leistung der Barockdichter bestand in der Entwicklung der neuhochdeutschen Literatursprache sowie in der Entfaltung der meisten bis heute wichtigen literarischen Gattungen und Formen. In Poetiken, eine Art Anleitung zum Dichten, wurden diese Formen ebenso normativ festgelegt wie die Themen und Stoffe, die ihnen zuzuordnen waren (z. B. der dramatischen Dichtung die Standhaftigkeit christlicher Märtyrer, der Epik die Darstellung ländlicher Idyllen und Schäferspiele, der Lyrik die Leitideen „memento mori", „vanitas" und „carpe diem"; in allen Gattungen finden sich Huldigungen an Herrscher und hochgestellte Persönlichkeiten). Die wirkungsmächtigsten Poetiken waren **Martin Opitz' „Buch von der Deutschen Poeterey"** (1624) und **Georg Philipp Harsdörffers „Poetischer Trichter"** (1647–53). Darin wird Kunst als erlernbar begriffen – ein formalistisches Kunstverständnis, nach dem Kunst nicht in einem originären Schaffensprozess zur Hervorbringung einer individuellen Aussage besteht, sondern in der gekonnten Variation tradierter Schemata (z. B. Sonett) und Themen. Diese Poesie wendet sich primär an den (Kunst-)Verstand, nicht an das Gefühl. Die Natur ist nicht Erlebnisraum, sondern ein Kosmos an Zeichen und Sinnbildern („mundus symbolicus"), sodass **Dichtung zu einem Spiel des Verschlüsselns** (auf Seiten des Dichters) **und Entschlüsselns** (auf Seiten des Lesers) wird. Die Vorliebe für Metaphern, Allegorien und Embleme als Darstellungsmittel führte zu dem so genannten barocken „Schwulst", der heute vielfach als typisch für das Zeitalter angesehen wird.

Weitere wichtige Autorinnen/Autoren und Werke
Simon Dach (1605–1659): Gedichte
Catharina Regina von Greiffenberg (1633–1694): Gedichte
Dichter des Übergangs zur Aufklärung:
Barthold Heinrich (Hinrich) Brockes (1680–1747): „Irdisches Vergnügen in Gott" (Lyriksammlung)

1 Visualisieren und erläutern Sie die zur Epoche des Barock gehörigen Schlüsselbegriffe.
2 Referat: Stellen Sie einzelne Barockdichter mit ihrer Biografie und Beispielen aus ihren Werken vor.

2 Aufklärung – Sturm und Drang

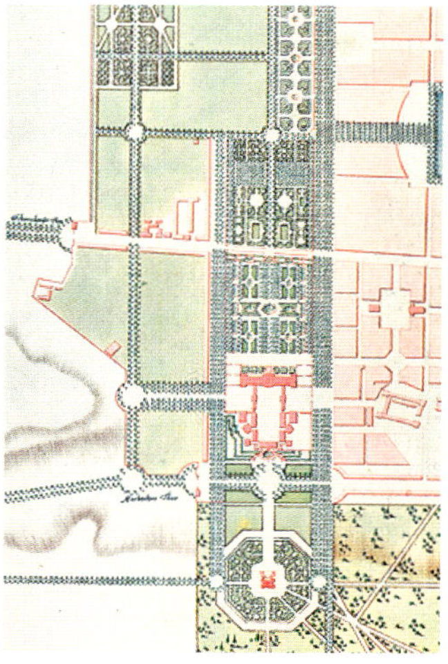

Ludwigsburg, Schlossgarten (um 1760)

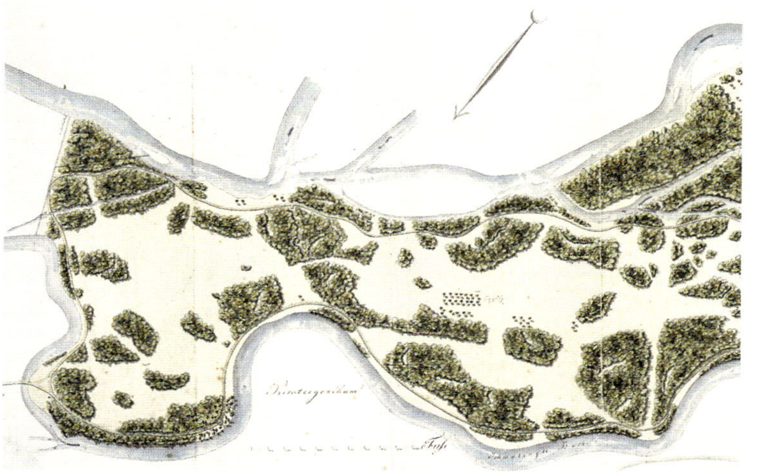

München, Englischer Garten (1803)

Stichwörter der Epoche zu Themen der Zeit um 1770–1780

Ich bin **der erste Diener** meines Staates.
Friedrich II., preußischer König (1712–1786)

Freiheit ist die Autonomie des Willens, sich selbst ein Gesetz zu sein.
Immanuel Kant (1724–1804)

Die unwiderstehliche Gewalt der **Liebe**, uns durch einen Gegenstand entweder höchst glücklich oder höchst unglücklich zu machen, ist poetische Faselei junger Leute, bei denen der Kopf noch im Wachsen begriffen ist.
Georg Christoph Lichtenberg (1742–1799)

Die Natur hat gewollt, dass der Mensch [...] keiner anderen Glückseligkeit oder Vollkommenheit teilhaftig werde, als die er sich selbst, frei von Instinkt, durch eigene Vernunft, verschafft hat.
Kant

In **tyrannos** *Friedrich Schiller (1759–1805)*, Motto des Dramas „Die Räuber"

O **Freyheit**, Silberton dem Ohre!/Licht dem Verstande!/Dem Herzen groß Gefühl/Und freier Flug zu denken!
Friedrich Gottlieb Klopstock (1724–1803)
Christian Friedrich Schubart (1739–1791)

Du gingst, ich stund und sah zur Erden,
Und sah dir nach mit nassem Blick.
Und doch, welch Glück, geliebt zu werden;
Und **lieben, Götter, welch ein Glück!**
Johann Wolfgang Goethe (1749–1832)

Schön ist, **Mutter Natur**, deiner Erfindungen Pracht./Auf den Fluren verstreut, schöner ein froh Gesicht,/Das den großen Gedanken/Deiner Schöpfung noch einmal denkt.
Klopstock

1 Beschreiben Sie die beiden Parkanlagen. Ordnen Sie den Bildern einige der Zitate zu.

2 a Schlagen Sie in einem literarischen Lexikon die Begriffe „Aufklärung" und „Sturm und Drang" nach. Stellen Sie die Kernbegriffe der Artikel einander tabellarisch gegenüber.

b Welche Text-Bild-Gruppe passt eher zu „Aufklärung", welche eher zu „Sturm und Drang" (soweit Sie diese über die Lexikonartikel kennen gelernt haben)?

2.1 Aufklärung

Das Denken der Aufklärung nahm seinen Ausgang von Frankreich. Dort entstand das groß angelegte Projekt der „Enzyklopädie“, in der das gesamte damals bekannte Wissen in 35 Bänden gesammelt und vorgestellt wurde.
Die Enzyklopädie propagierte, manchmal an versteckten Stellen, das Denken der Aufklärung. In „harmlosen“ Artikeln wie z.B. **Denis Diderots** „L'art d'écrire“ geht es nicht nur um die technische Seite des Schreibens, sondern auch um Inhalte und Prinzipien der in Schriften geführten Auseinandersetzung mit der gesellschaftlichen Wirklichkeit der Zeit.

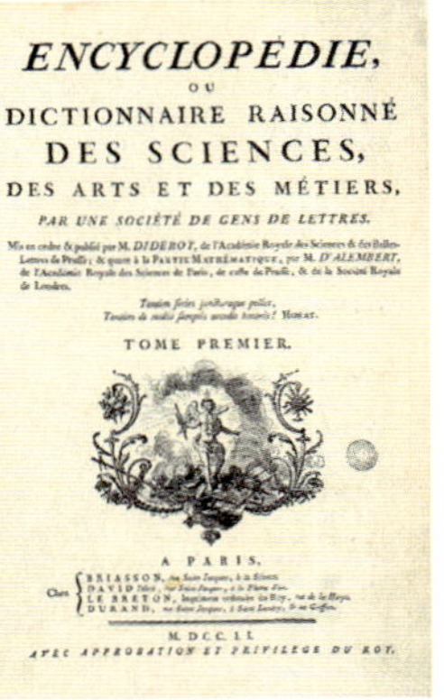

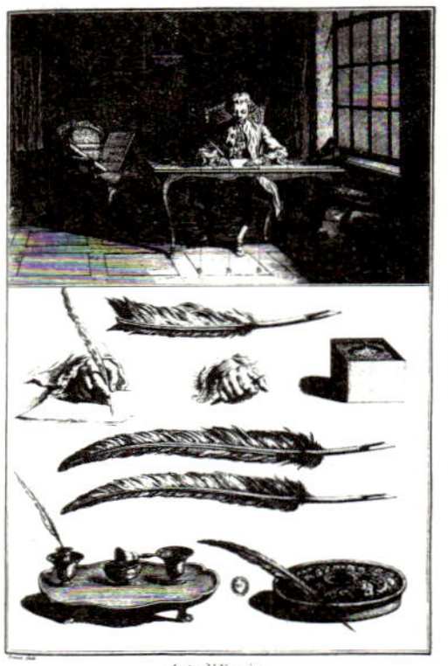
Art d'Ecrire.

1 Machen Sie sich sachkundig über das Projekt der „Enzyklopädie“. Klären Sie,
- warum sie der Untertitel ein „Dictionnaire raisonné des Sciences, des Arts et des Métiers“ nennt,
- wie die Unternehmung der Enzyklopädie aufgenommen wurde und welchen Erfolg sie hatte.

Dieses Werk wird sicher mit der Zeit eine Umwandlung der Geister mit sich bringen, und ich hoffe, dass die Tyrannen, die Unterdrücker, die Fanatiker und die Intoleranten dabei nicht gewinnen werden. Wir werden der Menschheit gedient haben.

Jean-Baptiste d'Alembert, verantwortlicher Redakteur des Werkes

2 Nehmen Sie Stellung zu dieser Selbsteinschätzung der „Enzyklopädisten“.

Die Verstandeskultur – Eine Hoffnung damals und heute?

1784 schrieb die Preußische Akademie der Wissenschaften einen Wettbewerb aus. Die Preisfrage lautete: „Was ist Aufklärung?“ Zahlreiche Intellektuelle der Zeit reichten ihre Antworten ein.

Christoph Martin Wieland: **Sechs Antworten auf sechs Fragen zur Aufklärung** (1784)

Christoph Martin Wieland, geboren 1733 als Sohn eines Pfarrers in Oberholzheim bei Biberach, starb 1813 in Weimar. 1772 wurde er als Prinzenerzieher an den Weimarer Hof berufen. 1773 gründete Christoph Martin Wieland die Zeitschrift „Der Teutsche Merkur“.
Von 1775 an lebte er als freier Schriftsteller.

I Was ist Aufklärung?
Antwort: Das weiß jedermann, der vermittelst eines Paars sehender Augen erkennen gelernt hat, worin der Unterschied zwischen Hell und Dunkel, Licht und Finsternis besteht. Im Dunkeln sieht man entweder gar nichts oder wenigstens nicht so klar, dass man die Gegenstände recht erkennen und

voneinander unterscheiden kann; sobald Licht gebracht wird, klären sich die Sachen auf, werden sichtbar und können voneinander unterschieden werden – doch wird dazu zweierlei notwendig erfordert: 1) dass Licht genug vorhanden sei und 2) dass diejenigen, welche dabei sehen sollen, weder blind noch gelbsüchtig seien noch durch irgendeine andere Ursache verhindert werden, sehen zu können oder sehen zu wollen.

4 Durch welche sicheren Mittel wird sie befördert?

Antwort: [...] Alle Gegenstände unsrer Erkenntnis sind entweder geschehene Dinge oder Vorstellungen, Begriffe, Urteile und Meinungen. Geschehene Dinge werden aufgeklärt, wenn man bis zur Befriedigung eines jeden unparteiischen Forschers untersucht, ob und wie sie geschehen sind. Die Vorstellungen, Begriffe, Urteile und Meinungen der Menschen werden aufgeklärt, wenn das Wahre vom Falschen daran abgesondert, das Verwickelte entwickelt, das Zusammengesetzte in seine einfachern Bestandteile aufgelöst, das Einfache bis zu seinem Ursprunge verfolgt und überhaupt keiner Vorstellung oder Behauptung, die jemals von Menschen für Wahrheit ausgegeben worden ist, ein Freibrief gegen die uneingeschränkteste Untersuchung gestattet wird. Es gibt kein anderes Mittel, die Masse der Irrtümer und schädlichen Täuschungen, die den menschlichen Verstand verfinstert, zu vermindern, als dieses, und es kann kein anderes geben.

1 a Untersuchen Sie die sprachliche Gestaltung des Textes: Wie versucht Wieland, seinen Lesern eine Vorstellung von „Aufklärung" zu geben?
b Wie bringt man Ihrer Meinung nach Klarheit in dunkle „Vorstellungen, Begriffe, Urteile und Meinungen der Menschen"? Suchen Sie Beispiele und erklären Sie sie.

Immanuel Kant: **Beantwortung der Frage: Was ist Aufklärung?** (1784)

Immanuel Kant (1724–1804), geboren in Königsberg, war dort Professor für Philosophie. Seine Hauptwerke „Kritik der reinen Vernunft" (1781) und „Kritik der praktischen Vernunft" (1788) untersuchen die Grenzen der vernunftgeleiteten Erkenntnis und die Prinzipien des vernunftgeleiteten Handelns.

Aufklärung ist der Ausgang des Menschen aus seiner selbst verschuldeten Unmündigkeit. Unmündigkeit ist das Unvermögen, sich seines Verstandes ohne Leitung eines anderen zu bedienen. *Selbstverschuldet* ist diese Unmündigkeit, wenn die Ursache derselben nicht am Mangel des Verstandes, sondern der Entschließung und des Mutes liegt, sich seiner ohne Leitung eines andern zu bedienen! Sapere aude! Habe Mut, dich deines *eigenen* Verstandes zu bedienen!, ist also der Wahlspruch der Aufklärung.

Faulheit und Feigheit sind die Ursachen, warum ein so großer Teil der Menschen, nachdem sie die Natur längst von fremder Leitung freigesprochen (naturaliter majorennes[1]), dennoch gerne zeitlebens unmündig bleiben; und warum es anderen so leicht wird, sich zu deren Vormündern aufzuwerfen. Es ist so bequem, unmündig zu sein. Habe ich ein Buch, das für mich Verstand hat, einen Seelsorger, der für mich Gewissen hat, einen Arzt, der für mich die Diät beurteilt usw., so brauche ich mich ja nicht selbst zu bemühen. Ich habe nicht nötig zu denken, wenn ich nur bezahlen kann; andere werden das verdrießliche Geschäft

1 **naturaliter majorennes:** lat. von Natur aus volljährig/mündig; erwachsen

schon für mich übernehmen. Dass der bei Weitem größte Teil der Menschen (darunter das ganze schöne Geschlecht) den Schritt zur Mündigkeit außer dem, dass er beschwerlich ist, auch für sehr gefährlich halte: Dafür sorgen schon jene Vormünder, die die Oberaufsicht über sie gütigst auf sich genommen haben [...].

Zu dieser Aufklärung aber wird nichts erfordert als *Freiheit;* und zwar die unschädlichste unter allem, was nur Freiheit heißen mag, nämlich die: von seiner Vernunft in allen Stücken *öffentlichen Gebrauch* zu machen. Nun höre ich aber von allen Seiten rufen: *Räsoniert*[2] *nicht!* Der Offizier sagt: Räsoniert nicht, sondern exerziert! Der Finanzrat: Räsoniert nicht, sondern bezahlt! Der Geistliche: Räsoniert nicht, sondern glaubt! (Nur ein einziger Herr in der Welt sagt: *Räsoniert,* so viel ihr wollt und worüber ihr wollt; *aber gehorcht!*[3])

Hier ist überall Einschränkung der Freiheit. Welche Einschränkung aber ist der Aufklärung hinderlich? Welche nicht, sondern ihr wohl gar beförderlich? – Ich antworte: Der *öffentliche* Gebrauch seiner Vernunft muss jederzeit frei sein, und der allein kann Aufklärung unter Menschen zu Stande bringen; der *Privatgebrauch* derselben aber darf öfters sehr enge eingeschränkt sein, ohne doch darum den Fortschritt der Aufklärung sonderlich zu hindern. Ich verstehe aber unter dem öffentlichen Gebrauche seiner eigenen Vernunft denjenigen, den jemand als Gelehrter von ihr vor dem ganzen Publikum der Leserwelt macht. Den Privatgebrauch nenne ich denjenigen, den er in einem gewissen ihm anvertrauten *bürgerlichen Posten* oder Amte von seiner Vernunft machen darf. [...]

Wenn denn nun gefragt wird: Leben wir jetzt in einem *aufgeklärten Zeitalter?* So ist die Antwort: Nein, aber wohl in einem Zeitalter der *Aufklärung.* Dass die Menschen, wie die Sachen jetzt stehen, im Ganzen genommen, schon im Stande wären oder darin auch nur gesetzt werden könnten, in Religionsdingen sich ihres eigenen Verstandes ohne Leitung eines andern sicher und gut zu bedienen, daran fehlt noch sehr viel. Allein, dass jetzt ihnen doch das Feld geöffnet wird, sich dahin frei zu bearbeiten und die Hindernisse der allgemeinen Aufklärung oder des Ausganges aus ihrer selbst verschuldeten Unmündigkeit allmählich weniger werden, davon haben wir doch deutliche Anzeigen.

2 **räsonieren:** franz. nachdenken, seinen Verstand gebrauchen (und das öffentlich und kritisch bekunden); negativ: nörgeln
3 Anspielung auf den „aufgeklärten" preußischen König Friedrich II.

1 Erschließen Sie den Auszug aus Kants Abhandlung. Arbeiten Sie dazu die wesentlichen Informationen aus Kants Aussagen zum Begriff der Aufklärung in ein Schaubild um. Sie können das nachstehende Muster nutzen.

Entwicklung des Denkens in der 2. Hälfte des 18. Jh.

*Wie ist der Zusammenhang von **Aufklärung und Freiheit** zu sehen?*
...

*Was ist **„öffentlicher Gebrauch** der Vernunft"?*
...

*Was heißt: Sich des eigenen Verstandes **ohne Hilfe** bedienen?*
...

*Was besagt: Die **öffentliche Aufgeklärtheit** nimmt zu?*
...

2 Erklären Sie an einem selbst gewählten Beispiel, was Kant unter dem öffentlichen und dem privaten Gebrauch der Vernunft versteht.

Rüdiger Safranski: **Schiller oder die Erfindung des Deutschen Idealismus** (2004)

Der Graf Cagliostro[1], er musste ein Betrüger mit Genie sein. Gewiss konnte er nicht zaubern, aber er konnte Menschen verzaubern. [...] Auch Schiller war vom Geheimnisvollen angerührt. Er konnte sich der allgemeinen Stimmung nicht entziehen. Die Lust am Geheimnis hatte nämlich damals Konjunktur. Das Licht der Aufklärung verlor an Glanz. Bis in die einfachen Volksschichten war es sowieso nicht vorgedrungen, und in aristokratischen Kreisen spielte man mit der Vernunft und übte sich im Tischrücken. Am Ende des Jahrhunderts tauchen wieder die Wunderheiler auf, die man zuvor in die Arbeitshäuser gesperrt hatte, wieder laufen in den Städten die Menschen zusammen, um Propheten anzuhören, die den Weltuntergang oder die Wiederkehr des Messias predigen. In Sachsen und Thüringen trieb der Teufelsaustreiber Gaßner sein Wesen [...]. In der gewitterschwülen Atmosphäre des Umbruchs wurden die vom Schicksal und der eigenen Geschicklichkeit wundersam emporgeschleuderten Hochstapler vom Schlage eines Cagliostro zu mythischen Figuren. Kometenhaft ziehen sie ihre Bahnen, für kurze Augenblicke konnte man sie am Himmel der Gesellschaft sehen.

In einem Ausmaß, das wir uns heute im Zeichen der Terrorismushysterie und der Verschwörungstheorien ganz gut vorstellen können, erregten die Fantasien über Geheimbünde und geheime Komplotte die Öffentlichkeit. Diese Atmosphäre begünstigt ein literarisches Genre, zu dessen Erfindern Schiller mit seinem „Geisterseher"-Roman[2] gehört. [...] Es gab ein stereotypes Schema, als dessen Miterfinder Schiller gelten kann: Ein harmloser Mensch gerät in geheimnisvolle Verstrickungen; er wird verfolgt; Menschen kreuzen seinen Weg, die alles über ihn zu wissen scheinen: allmählich bemerkt er, dass er sich in dem Netz einer unsichtbaren Organisation verfangen hat. Oft dient auch eine schöne Frau als Lockvogel. Zum bedrohlichen gesellt sich das süße Geheimnis [...].

Die vom Verschwörungsverdacht stimulierten

F. Goya: El sueño de la razón produce monstruos (1797/98)

Fantasien sind die trivialen Vorformen der Geschichtsphilosophie. Man will dem Betriebsgeheimnis der Geschichte auf die Spur kommen, will die „unsichtbare Hand" ergreifen, welche die Geschichte lenkt. [...]

Dieses Motiv der heimlichen und unheimlichen Lenkung eines Geschicks wird für Schiller zur Brücke, über die er vom „Geisterseher"-Roman wieder in „Don Karlos"[3] zurückfindet. Karlos wird, wie der Prinz[4], ein Instrument in den Händen eines überlegenen Geistes sein, und der Marquis Posa, diese Lichtgestalt, wird die Rolle der unsichtbaren Hand spielen wollen. [...]

1 Cagliostro (1743–1795, eigentlich Giuseppe Balsamo): Der Hochstapler hatte mit magischen Séancen, alchimistischen Experimenten und mysteriösen Prophezeiungen das Publikum in der aristokratischen Welt verzaubert.

2 „Der Geisterseher": Schiller verfasste den Roman kurz vor Ausbruch der Französischen Revolution 1789.

3 Zu Schillers „Don Karlos" s. S. 296–298.

4 der Prinz: Hauptfigur im „Geisterseher"

Der Marquis wünscht kein Amt. *Ich kann nicht Fürstendiener sein!* [...] Er beansprucht das Königsrecht auf ungeteilten Selbstbesitz, jeder soll König werden – über sein eigenes Leben. Im Auftritt vor dem König nimmt er sich jene Freiheit, die er für die Menschheit insgesamt fordert: *Geben Sie / Gedankenfreiheit!* [...] Gedankenfreiheit bedeutet: freier Gebrauch der individuellen Vernunft in Religion, Moral, Staat und Wissenschaft – in allen wichtigen Angelegenheiten des Lebens also. Gedacht war dabei an eine Vernunft, die in jedem Individuum angelegt ist und sich dort, bei richtiger Erziehung, entwickeln kann. In diesem Sinne ist Gedankenfreiheit nichts anderes als Selbstbestimmung der Person durch die eigene Vernunft.

Mit der so verstandenen Gedankenfreiheit war mehr gefordert, als ein aufgeklärter Monarch wie Friedrich II. zu geben bereit war. Friedrich hatte bekanntlich erklärt: „Räsoniert, wie ihr wollt, aber gehorcht." Demgegenüber verlangt die „Gedankenfreiheit" nicht nur das freie Räsonement, sondern die praktische Selbstbestimmung aus räsonablen Gründen. [...] Jeder soll, sobald die Vernunft in ihm herangereift ist, nur sich selbst gehorchen und einem fremden Befehl nur dann, wenn er mit der Stimme der eigenen Vernunft übereinstimmt.

Diese Idee setzt ein positives Menschenbild voraus. *Der Mensch ist mehr, als Sie von ihm gehalten,* erklärt Posa, und der König entgegnet ihm: *Ich weiß / Ihr werdet anders denken, kenntet Ihr / Den Menschen erst, wie ich.* Der König argumentiert: Die Menschen sind bösartig und eigensüchtig, es wird niemals Ruhe und Frieden zwischen ihnen geben, wenn sie nicht einen Herrn über sich haben. Der hält sie im Zaum und gibt Sicherheit, unter deren Schutz es sich gut leben lässt: *hier blüht / Des Bürgers Glück in nie bewölktem Frieden.* [...] Philipps Argument ist auf die Person des Marquis gemünzt: wenn alle Menschen so wären wie er, könnte man ihnen Selbstbestimmung zubilligen. Doch der Marquis ist ein Ausnahmemensch. Man kann von ihm nicht auf die Beschaffenheit des Menschengeschlechts schließen. Und darum müssen auch weiterhin die Prinzipien der Sicherheit und des Friedens Vorrang haben vor dem gefährlichen Prinzip der Freiheit und der Selbstbestimmung. Darum ist die Inquisition, das Verbot der Gedankenfreiheit also, nötig.

---

1 Zeichnen Sie in Form eines Flussdiagramms nach, wie Rüdiger Safranski Schillers Überlegungen zum Thema „Aufklärung, Gedankenfreiheit" entwickelt und die Entstehung des Gegenthemas von „Sicherheit und Frieden" begründet.

2 Ab Zeile 60 geht Safranski auf die zentrale Szene in Schillers Drama „Don Karlos" ein. Lesen Sie den Auszug aus dieser Szene (▸ S. 296 f.). Arbeiten Sie heraus, wie der Marquis Posa hier argumentiert, und stellen Sie einen Bezug zu Kants Thesen (▸ S. 257 f.) her.

3 Safranski vertritt die Ansicht, dass wir es uns „heute im Zeichen der Terrorismushysterie und der Verschwörungstheorien ganz gut vorstellen können", wie Freiheit und Vernunft durch die Machenschaften von Geheimgesellschaften unterminiert werden, sodass Kontrollen, Überwachungen und Einschränkungen der Freiheit als notwendige Abwehrmaßnahmen erscheinen können.
Diskutieren Sie diese Aktualisierung der anti-aufklärerischen Haltung König Philipps vor dem Hintergrund der öffentlichen Diskussion um die Einschränkung von Grundrechten zu Gunsten von Sicherheitsgarantien.

4 Francisco de Goyas Bild „El sueño de la razón produce monstruos" [= Der Schlaf/Traum der Vernunft gebiert Ungeheuer] aus den Jahren 1797/98 kann im Sinne Schillers gedeutet werden: *„Wo die Vernunft schläft, entstehen monströse Gedanken."* Oder aber: *„Im Traum schafft (auch) die Vernunft Ungeheuer."* Überlegen Sie, wie Sie diese Aussage über wache und schlafende Vernunft mit Beispielen belegen könnten.

Die Wahrheit durch ein Bild sagen – Fabeln über die beste Staatsform

Die öffentliche Diskussion um die beste Staatsform – absolute Monarchie, konstitutionelle Monarchie, Republik, Diktatur – war in der Aufklärung ein wichtiges Thema. Die griechisch-römische Antike lieferte die unterschiedlichsten Beispiele. Man konnte aber, da die Fürsten energisch den Machterhalt der Monarchie betrieben, nicht wirklich offen diskutieren. Fabeln boten die Möglichkeit, in literarischer Verfremdung einzelne Modelle zu kommentieren und den Wert und die Position des Einzelnen in der Gesellschaft zu erörtern.

Gotthold Ephraim Lessing: **Die Wasserschlange** (1759)

Gotthold Ephraim Lessing (1729–1781) war als Autor von Theaterstücken geschätzt und als Literaturkritiker gefürchtet. Seine Fabeln enthalten oftmals neben einer Moral auch eine politische Botschaft.

Der folgenden Fabel liegt eine ältere von Äsop zu Grunde: Die Frösche bitten den Göttervater Zeus, ihnen einen König zu geben, der sie regieren könnte. Zeus, amüsiert durch diesen Wunsch, wirft einen Holzklotz in ihren Teich. Weil der aber nichts tut, haben die Frösche keinen Respekt vor ihm und verlangen einen anderen König. Da schickt Zeus den Fröschen die Hydra, die sie der Reihe nach frisst. Äsops Moral: „Habt euer Gutes ihr nicht tragen mögen, so tragt das Schlimme nun. – Ihr auch, Bürger, [...] seid zufrieden, sonst kommt größeres Unheil.“

Zeus hatte nunmehr den Fröschen einen andern König gegeben; anstatt eines friedlichen Klotzes eine gefräßige Wasserschlange. Willst du unser König sein, schrien die Frösche, warum verschlingst du uns? – Darum, antwortete die Schlange, weil ihr um mich gebeten habt. – Ich habe nicht um dich gebeten!, rief einer von den Fröschen, den sie schon mit den Augen verschlang. – Nicht?, sagte die Wasserschlange. Desto schlimmer! So muss ich dich verschlingen, weil du nicht um mich gebeten hast.

1 Der Monarch erhielt, nach der Staatstheorie des Absolutismus, sein Amt „von Gottes Gnaden“. Die Frösche bei Äsop handeln wie nach dieser Theorie die Bürger: Sie bitten den Göttervater um einen König, der sie regiere.
- **a** Überlegen Sie, in welcher Absicht der Autor die Äsop'sche Fabel für seine Zeit umerzählt hat.
- **b** Erfinden Sie einen kurzen Dialog zwischen dem lebenserfahrenen Lessing und dem jungen Theaterdichter Friedrich Schiller, in dem Lessing seine Absicht erläutert.

2 Weiterführende Aufgabe: Ab 1782 entstand Friedrich Schillers „Die Verschwörung des Fiesco zu Genua“. In diesem „republikanischen Trauerspiel“ setzt sich der Titelheld an die Spitze einer Verschwörung Genueser Adeliger gegen die tyrannische Herrschaft des Dogen Doria. Im zweiten Akt (II/8) erzählt Fiesco den Bürgern Genuas eine Fabel. Stellen Sie diese vor.
- **a** Untersuchen Sie dafür Fiescos rhetorische Strategie: Wie setzt er in seiner Rede die Tiernamen ein? Was setzt er bei seinem Publikum als Fabel-Vorwissen über einzelne Tiere voraus?
- **b** Fiesco spielt in seiner Rede verschiedene Staatsformen durch. Benennen Sie sie.
- **c** Übersetzen Sie Fiescos Fabel in politische Statements, die auf Tiervergleiche verzichten.

Gottlieb Konrad Pfeffel: **Die Reichsgeschichte der Tiere** (1783)

Die Tiere lebten viele Jahre
in friedlicher Demokratie;
doch endlich kamen sie einander in die Haare,
und ihre Republik versank in Anarchie.
Der Löwe machte sich den innern Streit zu Nutze
und bot sich ohne Sold dem kleinern Vieh,
als dem gedrückten Teil, zum Schutze,
zum Retter seiner Freiheit an.
Er wollte bloß des Volkes Diener heißen,
und brauchte weislich seinen Zahn
im Anfang nur, die Räuber zu zerreißen.
Als dies die frohen Bürger sahn,
ernannten sie zum wohlverdienten Lohne
den Diener feierlich zum Chan[1],
versicherten die Würde seinem Sohne
und gaben ihm die Macht, die Ämter zu verleihn,
um kräftiger beschützt zu sein.
Nun sprach der neue Fürst aus einem andern Tone:
Er gürtete sein Haupt mit einer Eisenkrone,
erhob Tribut, und wer ihm widerstand,
fiel als Rebell in seine Pranke.
Der Tiger und der Fuchs, der Wolf, der Elefant
ergaben sich aus List, und jeder ward zum Danke
zum königlichen Rat ernannt.
Itzt halfen sie dem Chan die schwächern Tiere hetzen,
bekamen ihren Teil an den erpressten Schätzen,
und raubten endlich trotz dem Chan.
„Ha", rief das arme Volk mit tief gesenkten Ohren
und mit geschundner Haut, „was haben wir getan!"
Allein der Freiheit Kranz war nun einmal verloren,
der Löwe war und blieb Tyrann;
er ließ von jedem Tier sich stolz die Pfote lecken,
und wer nicht kroch, der musste sich verstecken.

W. v. Kaulbach, Illustrationen zu Goethe, Reineke Fuchs (1846)

1 **Chan:** Oberhaupt eines Klans

1 Zeichnen Sie „Die Reichsgeschichte der Tiere" in eigenen Worten nach und erläutern Sie, wie Pfeffel diese Entwicklung eines Staates bewertet.
2 Überlegen Sie, welche Menschen(typen) sich bei den Fabeln (► S. 261–262) hinter den Tieren verbergen. Entwickeln Sie dann für eine der Fabeln eine Deutung, die sich auf die Zustände der Epoche bezieht.
3 Lessing hat in seiner „Abhandlung" zur Fabel (1759) vorgeschlagen, dass der Autor alte Fabeln umarbeiten solle, um andere Prioritäten zu setzen. Verändern Sie die Diskussion der Tiere in einer der Fabeln so, dass sie am Ende eine demokratische Staatsform fordern.
4 Setzen Sie W. v. Kaulbachs Illustrationen von Goethes Tierepos „Reineke Fuchs" aus dem Jahre 1846 zu Pfeffels Fabel in Beziehung:
Welche Bewertung der Fürstenherrschaft wird im Text, welche in den Bildern sichtbar?

Kurz und pointiert: Maximen des richtigen Denkens und Empfindens

Immanuel Kant: **Kritik der praktischen Vernunft** (1778) – Der kategorische Imperativ

Handle stets so, dass die Maxime[1] deines Willens jederzeit zugleich als Prinzip einer allgemeinen Gesetzgebung gelten könnte.

1 **Maxime:** Leitsatz, hier Grundsätze, Regeln, nach denen das eigene Handeln ausgerichtet wird

Georg Christoph Lichtenberg: **Aus den „Sudelbüchern"** (1765–1799) – Aphorismen

Georg Christoph Lichtenberg (1742–1799) war Naturwissenschaftler und Professor für Philosophie in Göttingen. In seinen Aphorismen zeigt er sich als scharfsinniger (zumeist satirischer) Beobachter und als Vertreter der Aufklärung. Lichtenberg schrieb vor allem gegen religiöse Intoleranz, aber auch gegen den Geniekult des Sturm und Drang. Die Prinzipien des aufgeklärten Denkens waren für ihn die des Wissenschaftlers: Rationalität, Beweisbarkeit der Beobachtungen, Logik der Schlussfolgerungen, Zweifel gegenüber allen einfachen Behauptungen und gegenüber der unhinterfragten Berufung auf Autoritäten (der Antike, der Kirche).

1. *[Selbstständig denken – beobachten]* Lasst euch euer Ich nicht stehlen, das euch Gott gegeben hat, nichts vordenken und nichts vormeinen, aber untersucht euch auch erst selbst recht und widersprecht nicht aus Neuerungssucht. Hierzu ist Gelegenheit überall, ohne Griechisch und ohne Latein und ohne Englisch. Die Natur steht euch allen offen, mehr als irgendein Buch, wozu ihr die Sprache 25 Jahre getrieben habt. Ihr seid's selbst. Dieses hat man so oft gesagt, dass es jetzt fast so gut ist, als wäre es niemals gesagt worden ...
2. *[Der Zweifel als Methode – offen und frei Meinungen handeln]* Seine Zweifel zu sagen, ist einem frei geborenen Menschen erlaubt; er darf mit seinen Meinungen handeln, [...] nur biete er sie solchen Leuten an, die sie brauchen können, zwinge sie niemandem auf [...]. Offen und frei getragen, wer Augen hat zu sehen, der sieht, und wer Ohren hat zu hören, der hört. Es ist heutzutage Mode geworden, das Bücherschreiben als den Endzweck des Studierens anzusehen, daher studieren so viele, um zu schreiben, anstatt dass sie studieren sollten, um zu wissen. Was man nur ankauft, um es bei der ersten Gelegenheit wieder anzubringen, vermischt sich nie recht mit uns und war nie recht unser.
3. *[Auf die Stimme der Erfahrung hören]* Man soll seinem Gefühl folgen und den ersten Eindruck, den eine Sache auf uns macht, zu Wort bringen. Nicht als wenn ich Wahrheit so zu suchen riete, sondern weil es die unverfälschte Stimme unserer Erfahrung ist, das Resultat unserer besten Bemerkungen, da wir leicht in pflichtmäßiges Gewäsch verfallen, wenn wir erst nachsinnen.
4. *[Erziehung ist: Vernunft in Stufen aufbauen]* Sogar aus den Hunden lässt sich etwas machen, wenn man sie recht erzieht; man muss sie nur nicht mit vernünftigen Leuten, sondern mit Kindern umgehen lassen, so werden sie menschlich. Dieses ist eine Bestätigung von meinem Satz, dass man Kinder immer zu Leuten halten müsse, die nur *um ein Weniges weiser* sind als sie selbst.

---

1 Welche Grundsätze des Denkens, Schreibens, Lernens, Handelns können Sie Lichtenbergs Aphorismen entnehmen? Prüfen Sie, ob Kants „kategorischer Imperativ" auf sie anzuwenden wäre.

2 Kants „kategorischer Imperativ" ist nicht nur eine konkrete Handlungsanweisung, aus ihm lässt sich auch eine rational und vernunftmäßig zu begründende Lebenseinstellung ableiten. Entwerfen Sie eine solche Begründung.

Matthias Claudius: **Motett** (1782)

Der Mensch lebt und bestehet
Nur eine kleine Zeit,
Und alle Welt vergehet
Mit ihrer Herrlichkeit.
Es ist nur Einer ewig und an allen Enden,
Und wir in seinen Händen.

Matthias Claudius: **Die Liebe** (1797)

Die Liebe hemmet nichts; sie kennt nicht Tür noch Riegel
Und dringt durch alles sich;
Sie ist ohn Anbeginn, schlug ewig ihre Flügel;
Und schlägt sie ewiglich.

---

3 Analysieren Sie diese beiden kurzen Gedichte des „empfindsamen" Dichters Matthias Claudius: Was ist hier der „Motor" der Welt und des menschlichen Handelns?

4 Fassen Sie die Abweichungen von der Sichtweise der Aufklärung, wie sie bei Lichtenberg und Kant zum Ausdruck kommt, zusammen.

Gotthold Ephraim Lessing: **Die Ringparabel** (1779) – aus: Nathan der Weise

Die letzten elf Jahre seines Lebens war Lessing Bibliothekar des Herzogs von Braunschweig in der berühmten Bibliothek in Wolfenbüttel. In dieser Eigenschaft gab er die aufklärerischen Schriften des Hamburger Gymnasialprofessors Hermann Samuel Reimarus heraus, geriet dadurch in einen theologischen Streit mit dem Hamburger Hauptpastor (= Bischof) Götze, wurde mit Publikationsverbot belegt und verfasste daraufhin sein programmatisches Drama „Nathan der Weise", in dessen Zentrum die „Ringparabel" mit ihrer Botschaft der grundsätzlichen Gleichwertigkeit der drei monotheistischen Weltreligionen steht.

NATHAN:
Vor grauen Jahren lebt' ein Mann in Osten,
Der einen Ring von unschätzbarem Wert'
Aus lieber Hand besaß. Der Stein war ein
Opal, der hundert schöne Farben spielte,
Und hatte die geheime Kraft, vor Gott
Und Menschen angenehm zu machen, wer
In dieser Zuversicht ihn trug. Was Wunder,
Dass ihn der Mann in Osten darum nie
Vom Finger ließ und die Verfügung traf,
Auf ewig ihn bei seinem Hause zu
Erhalten? Nämlich so: Er ließ den Ring
Von seinen Söhnen dem geliebtesten;
Und setzte fest, dass dieser wiederum
Den Ring von seinen Söhnen dem vermache,
Der ihm der liebste sei; und stets der liebste,
Ohn' Ansehn der Geburt, in Kraft allein
Des Rings, das Haupt, der Fürst des Hauses werde. –
Versteh mich, Sultan.

SALADIN:
Ich versteh dich. Weiter!

NATHAN:
So kam nun dieser Ring, von Sohn zu Sohn,
Auf einen Vater endlich von drei Söhnen;
Die alle drei ihm gleich gehorsam waren,
Die alle drei er folglich gleich zu lieben
Sich nicht entbrechen konnte. Nur von Zeit
Zu Zeit schien ihm bald der, bald dieser, bald
Der dritte – so wie jeder sich mit ihm
Allein befand, und sein ergießend Herz
Die andern zwei nicht teilten – würdiger
Des Ringes; den er denn auch einem jeden
Die fromme Schwachheit hatte, zu versprechen.
Das ging nun so, so lang es ging. – Allein
Es kam zum Sterben, und der gute Vater
Kömmt in Verlegenheit. Es schmerzt ihn, zwei
Von seinen Söhnen, die sich auf sein Wort
Verlassen, so zu kränken. – Was zu tun? –
Er sendet in geheim zu einem Künstler,
Bei dem er, nach dem Muster seines Ringes,
Zwei andere bestellt, und weder Kosten
Noch Mühe sparen heißt, sie jenem gleich,
Vollkommen gleich zu machen. Das gelingt
Dem Künstler. Da er ihm die Ringe bringt,
Kann selbst der Vater seinen Musterring

Nicht unterscheiden. Froh und freudig ruft
Er seine Söhne, jeden insbesondre;
Gibt jedem insbesondre seinen Segen –
Und seinen Ring – und stirbt. – Du hörst doch, Sultan?

SALADIN *(der sich betroffen von ihm gewandt)*:
Ich hör, ich höre! – Komm mit deinem Märchen
Nur bald zu Ende. – Wirds?

NATHAN:
Ich bin zu Ende.
Denn was noch folgt, versteht sich ja von selbst. –
Kaum war der Vater tot, so kömmt ein jeder
Mit seinem Ring, und jeder will der Fürst
Des Hauses sein. Man untersucht, man zankt,
[...] die Söhne
Verklagten sich; und jeder schwur dem Richter,
Unmittelbar aus seines Vaters Hand
Den Ring zu haben. – Wie auch wahr! – Nachdem
Er von ihm lange das Versprechen schon
Gehabt, des Ringes Vorrecht einmal zu
Genießen. – Wie nicht minder wahr! – Der Vater,
Beteu'rte jeder, könne gegen ihn
Nicht falsch gewesen sein; und eh' er dieses
Von ihm, von einem solchen lieben Vater,
Argwohnen lass': eh' müss' er seine Brüder,
So gern er sonst von ihnen nur das Beste
Bereit zu glauben sei, des falschen Spiels
Bezeihen; und er wolle die Verräter
Schon auszufinden wissen; sich schon rächen.

SALADIN:
Und nun, der Richter? – Mich verlangt zu hören,
Was du den Richter sagen lässest. Sprich!

NATHAN:
Der Richter sprach: Wenn ihr mir nun den Vater
Nicht bald zur Stelle schafft, so weis' ich euch
Von meinem Stuhle. Denkt ihr, dass ich Rätsel
Zu lösen da bin? Oder harret ihr,
Bis dass der rechte Ring den Mund eröffne? –
Doch halt! Ich höre ja, der rechte Ring
Besitzt die Wunderkraft, beliebt zu machen,
Vor Gott und Menschen angenehm. Das muss
Entscheiden! Denn die falschen Ringe werden
Doch das nicht können! – Nun; wen lieben zwei
Von euch am meisten? – Macht, sagt an! Ihr schweigt?
Die Ringe wirken nur zurück? und nicht
Nach außen? Jeder liebt sich selber nur
Am meisten? – O so seid ihr alle drei
Betrogene Betrüger! Eure Ringe
Sind alle drei nicht echt. Der echte Ring
Vermutlich ging verloren. Den Verlust
Zu bergen, zu ersetzen, ließ der Vater
Die drei für einen machen.

SALADIN:
Herrlich! herrlich!

NATHAN:
Und also, fuhr der Richter fort, wenn ihr
Nicht meinen Rat, statt meines Spruches, wollt,
Geht nur! – Mein Rat ist aber der: Ihr nehmt
Die Sache völlig, wie sie liegt. Hat von
Euch jeder seinen Ring von seinem Vater,
So glaube jeder sicher seinen Ring
Den echten. – Möglich, dass der Vater nun
Die Tyrannei des einen Rings nicht länger
In seinem Hause dulden wollen! – Und gewiss,
Dass er euch alle drei geliebt, und gleich
Geliebt: indem er zwei nicht drücken mögen,
Um einen zu begünstigen. – Wohlan!
Es eifre jeder seiner unbestochnen,
Von Vorurteilen freien Liebe nach!
Es strebe von euch jeder um die Wette,
Die Kraft des Steins in seinem Ring an Tag
Zu legen! komme dieser Kraft mit Sanftmut,
Mit herzlicher Verträglichkeit, mit Wohltun,
Mit innigster Ergebenheit in Gott,
Zu Hülf'! Und wenn sich dann der Steine Kräfte
Bei euern Kindes-Kindeskindern äußern,
So lad' ich über tausend tausend Jahre
Sie wiederum vor diesen Stuhl. Da wird
Ein weisrer Mann auf diesem Stuhle sitzen
Als ich und sprechen. Geht! – So sagte der
Bescheidne Richter.

---

1 **a** Erläutern Sie mit eigenen Worten die Botschaft, die Nathan mit seiner Parabel dem Sultan vermitteln will.

b Schreiben Sie die Szene in ein Plädoyer um, das Lessing gegen die orthodoxen christlichen Eiferer seiner Zeit hätte halten können.

c Vergleichen Sie Ihr Plädoyer mit der Textvorlage: Wodurch unterscheidet sich Ihre Lösung von der Lessing'schen?

2 Diskutieren Sie darüber, ob und inwieweit das von Nathans Richter empfohlene Verhalten dem von Kant im „kategorischen Imperativ" verlangten Verhalten entspricht.

Über den Menschen und seinen Geist

Eine goldene Regel: Man muss die Menschen nicht nach ihren Meinungen beurteilen, sondern nach dem, was diese Meinungen aus ihnen machen. *Georg Christoph Lichtenberg*

3 Wenden Sie den Aphorismus Lichtenbergs auf Lessings „Ringparabel" an.

4 Lesen Sie den Text mit verteilten Rollen. Achten Sie vor allem darauf, wie Nathan als Erzähler seine Geschichte modelliert und seinen Zuhörer mitnimmt und wie Saladin als Zuhörer ganz unterschiedlich auf das Erzählte reagiert.

Information **Epochenüberblick – Aufklärung (ca. 1720–1800) und Empfindsamkeit (ca. 1740–1780)**

Allgemeingeschichtlicher Hintergrund:
Nach dem Ende des Dreißigjährigen Krieges galt es in Deutschland, Aufbauarbeit zu leisten. Diese wurde zum Großteil durch die erstarkten Territorialfürsten organisiert und betrieben. Gleichzeitig bauten sie ihre Macht aus (**Absolutismus**): Alle staatliche Gewalt war auf diese Herrscher konzentriert, sowohl das Militär als auch der Beamtenapparat hingen direkt von ihnen ab. Den absoluten Herrschern ging es darum, ihre Macht öffentlich zu demonstrieren. Sie ließen prächtige Schlossanlagen bauen und gaben dadurch einer ganzen Generation von Künstlern, Bauleuten und Handwerkern Arbeit. Durch die Bautätigkeit kamen Handel und Produktion (Manufakturen) in Schwung, die Einführung des Wirtschaftssystems des **Merkantilismus** unterstützte diese Entwicklung. Vorbild der neu entstehenden Schlösser war Versailles, das Schloss des französischen „Sonnenkönigs". Adel und Klerus waren Nutznießer und Stützen der überkommenen ständischen Gesellschaftsordnung. Nur Adelige konnten als Diplomaten oder Offiziere Karriere machen. Am Hof sprach man französisch.
Weltbild und Lebensauffassung:
Von Frankreichs Hauptstadt Paris gingen aber auch Impulse eines neuen Denkens aus. Dessen Träger waren bürgerliche Intellektuelle. Zu ihnen gehörten z. B. die Herausgeber der großen Enzyklopädie, **Diderot** und **D'Alembert**. Im Zentrum ihrer Reflexionen stand das Individuum, sein Begehren nach Freiheit im Denken und im wirtschaftlichen Handeln. Das Bürgertum erstarkte sowohl in den großen Städten (Hamburg, Berlin, Frankfurt) wie in den Residenzen an den Fürstenhöfen. Dem absolutistischen Staat gegenüber werden die (Menschen-)Rechte des Einzelnen gefordert, gegenüber dem Machtanspruch der Kirche Toleranz. In Philosophie und Wissenschaft berief man sich auf Erfahrung (**Empirismus**) und Verstand (**Rationalismus**). Beide Richtungen des Denkens stimmten darin überein, dass es allein die Fähigkeiten und Talente des Einzelnen sind, die dessen Rang in der Gesellschaft bestimmen, nicht aber Geburt und Stand.
In den bürgerlichen Wertvorstellungen galt, dass alle Menschen als vernunftbegabte Wesen von Natur aus einander gleich seien, unterschieden nur durch Verstand und Bildung. Hinzu kam die **Empfindungsfähigkeit.** Sie umfasste das Gefühl für die Natur, für Liebe und Freundschaft, auch

das moralische Gewissen und das Freiheitsbewusstsein jedes Einzelnen. Die Betonung des Verstandes hat ihren Ursprung in der französischen rationalistischen Philosophie. Die Betonung der Empfindungsfähigkeit als Grundelement jedes Menschen ist religiösen Ursprungs (vor allem auf die protestantische Bewegung des **Pietismus** zurückzuführen). Lessing schlug den Begriff **„Empfindsamkeit“** vor. Die Sprache wurde um Wörter wie „zärtlich“, „lieblich“, „Gemüt“, „Gefühl“, „Gewissen“ und um metaphorische Wendungen wie „Sturm der Begeisterung“, „Mutter Natur“, „Meer der Empfindungen“ bereichert.

Entwicklungstendenzen in der Literatur:

Literatur sollte unterhalten (was schon immer ihre Hauptaufgabe an den Höfen war), sie sollte aber auch belehren (was als ihre vornehmste Aufgabe bei der Bildung des bürgerlichen Individuums galt). Schließlich sollte sie das Nacherleben eines fremden Schicksals ermöglichen. Lessings Mitleidstheorie ist Ausfluss dieser Literaturauffassung: Das Publikum des **bürgerlichen Trauerspiels** (► S. 285 f.) leidet mit den Heldinnen und Helden. Gleichzeitig bietet das bürgerliche Trauerspiel, wie Lessings „Emilia Galotti“ (► S. 286 f.), als wichtigste literarische Neuerung der Zeit die Möglichkeit, die bürgerliche Weltauffassung ins Zentrum der Handlung zu rücken und Standeskonflikte zwischen Adel und Hof einerseits und dem Bürgertum andererseits auf die Bühne zu bringen.

Einfache, vorwiegend **belehrende Formen** waren die **Fabeln,** komplexere, den Verstand ansprechende Formen waren die **Parabel** und **Dramen** wie „Nathan der Weise“.

Vor allem Frauen der gebildeten Stände lasen viel. In Lese- und Gesprächszirkeln, den so genannten „Salons“, trafen sich überwiegend bürgerliche Intellektuelle, Künstler, Literaten. Einzelnen Frauen gelang es auch, als Autorinnen Erfolg zu haben.

1771 erschien Sophie von La Roches Roman „Geschichte des Fräuleins von Sternheim“. Es war der erste bedeutende Frauen- und Bildungsroman.

Wichtige Autorinnen/Autoren und Werke siehe Grafik (► S. 268).

1 Stellen Sie die Informationen des Epochenüberblicks („Allgemeingeschichtlicher Hintergrund“ und „Weltbild“) in einem Poster dar. Sie können sich an dem unten begonnenen Muster orientieren.

- Gesellschaftsmodell des Absolutismus ↔ Gesellschaftsmodell einer bürgerlichen Gesellschaft,
- Vernunftsorientierung (der Mensch als denkendes Wesen) ↔ Gefühlsorientierung (der Mensch als empfindendes Wesen),
- Literatur als Medium einer rationalen Aufklärung ↔ Literatur als Medium des Gefühlsausdrucks.

2 Referat: Zeigen Sie, wie in dem kurzen satirischen Roman „Candide oder der Optimismus“ (1759) des französischen Aufklärers Voltaire die Ideen der Aufklärung zur Diskussion gestellt werden.

2.2 Zum Verstand tritt das Gefühl – Empfindsamkeit, Sturm und Drang

Die generelle Ausrichtung der bürgerlichen Gesellschaft auf Vernunft und Rationalität führte nicht geradlinig in eine humanere Zukunft. Im Gegenteil. Rationales Planen und Entscheiden wurden auch zum Ausbau von Herrschaftssystemen eingesetzt. Gegen die Reduzierung von Menschen auf ihre Karrieren als Verwaltungsfachleute, Soldaten, Ökonomen, Höflinge richtete sich die bürgerliche Gefühlskultur. Sie hatte starke religiöse Wurzeln (Pietismus, Empfindsamkeit). Im Zentrum der „Jugendbewegung" des „Sturm und Drang" stand das zu großen Gefühlen fähige menschliche Individuum.

Information **Die Ausbildung einer bürgerlichen Kultur in der zweiten Hälfte des 18. Jahrhunderts**

	Aufbruch der bürgerlichen Gesellschaft durch Verstandeskultur (**Aufklärung**)	Entfaltung der bürgerlichen Familie/ Freundschaft durch Gefühlskultur (**Empfindsamkeit**)	Geistige und politische Emanzipation des bürgerlichen Ich-Bewusstseins (**Sturm und Drang**)
1730	 *Gotthold Ephraim Lessing* (1729–1781)	 *Johann Wolfgang Goethe* (1749–1832)	
1750	*Johann Christoph Gottsched* (1700–1766): Sterbender Cato (1732) *Christian Fürchtegott Gellert* (1715–1769): Fabeln und Erzählungen (1746/48)	*Friedrich Gottlieb Klopstock* (1724–1803): Der Messias (1748–1773) Der Zürchersee. Ode (1750)	 *Friedrich Schiller* (1759–1805)
	Gotthold Ephraim Lessing: Hamburgische Dramaturgie (1767–69) Minna von Barnhelm (1767)	*Sophie von La Roche* (1730–1807): Geschichte des Fräuleins von Sternheim. Briefroman (1771)	
1770	*Gotthold Ephraim Lessing*: Emilia Galotti (1772)		*Johann Wolfgang Goethe*: Götz von Berlichingen (1773) Prometheus (1774), Ganymed (1774) Die Leiden des jungen Werthers (1774)
1775	*Friedrich Nicolai* (1733–1811): Die Freuden des jungen Werthers (1775)	*Matthias Claudius* (1740–1815): Der Wandsbecker Bote (1771–1775)	*Jakob Michael Reinhold Lenz* (1751–1792): Der Hofmeister (1774) Die Soldaten (1776) *Friedrich Leopold Graf zu Stolberg* (1750–1819): Über die Fülle des Herzens (1778)
1780	*Gotthold Ephraim Lessing:* Nathan der Weise (1779) *Christoph Martin Wieland* (1733–1813): Die Abderiten (1774/80)		*Christian Friedrich Daniel Schubart* (1739–1791): Die Fürstengruft (1780)
	Immanuel Kant (1724–1804): Beantwortung der Frage: Was ist Aufklärung? (1784)		*Friedrich Schiller*: Die Räuber (1781) Kabale und Liebe (1784)
1785		*Karl Philipp Moritz* (1756–1893): Anton Reiser (1785/90)	

1 Goethe hat in seiner „Farbenlehre" (1810) den Farben Gelb den Verstand, Orange das Engagement, Rot die Leidenschaft, Blauviolett die Fantasie und Grün, der Mischung aus Gelb und Blau, die der Vorstellungskraft entspringende Tatkraft zugeordnet.

a Erklären Sie anhand der hier abgedruckten Grafik (▸ S. 268) die Zuordnung der Werke und Autoren zu den Farben.

b Benutzen Sie die Zeitleiste, um eine Ordnung in die Zusammenhänge von Aufklärung, Empfindsamkeit sowie Sturm und Drang zu bringen. Erklären Sie dann, warum man heute von einem „Epochenumbruch" spricht.

2 **Referat:** Wählen Sie eines der in der Tabelle genannten Werke und recherchieren Sie dessen Entstehungshintergrund.

Natur als Spiegel der Seele

Johann Wolfgang Goethe: **Die Leiden des jungen Werthers** (1774) – Briefe vom 10. Mai und 18. August

Johann Wolfgang Goethe (1749–1832) sollte in Straßburg sein juristisches Studium abschließen, interessierte sich aber mehr für Literatur und Philosophie. Er sammelte Gleichgesinnte um sich (Herder, Lenz), verliebte sich in die Pfarrerstochter Friederike Brion und verarbeitete später diese und andere Liebeserfahrungen im Briefroman „Die Leiden des jungen Werthers". Er traf die Stimmung weiter Kreise der Jugend und wurde berühmt. Der junge Herzog von Weimar, Anhänger der Ideen des „Sturm und Drang", holte ihn an seinen Hof.

Der Protagonist des Romans, Werther, berichtet in Briefen an seinen Freund Wilhelm über seinen Aufenthalt in dem kleinen Ort Walheim. Die Briefe beginnen im Mai. Im Juni lernt er auf einem Ball Lotte kennen. Er verliebt sich, muss aber später erkennen, dass Lotte nicht für ihn frei ist. Sie ist mit Albert verlobt und wird ihn heiraten.

am 10. Mai.

Eine wunderbare Heiterkeit hat meine ganze Seele eingenommen, gleich denen süßen Frühlingsmorgen, die ich mit ganzem Herzen genieße. Ich bin so allein und freue mich so meines Lebens, in dieser Gegend, die für solche Seelen geschaffen ist, wie die meine. Ich bin so glücklich, mein Bester, so ganz in dem Gefühl von ruhigem Dasein versunken, dass meine Kunst darunter leidet. Ich könnte jetzo nicht zeichnen, nicht einen Strich, und bin niemalen ein größerer Maler gewesen als in diesen Augenblicken. Wenn das liebe Tal um mich dampft, und die hohe Sonne an der Oberfläche der undurchdringlichen Finsternis meines Waldes ruht, und nur einzelne Strahlen sich in das innere Heiligtum stehlen, und ich dann im hohen Grase am fallenden Bache liege, und näher an der Erde tausend mannigfaltige Gräsgen mir merkwürdig werden. Wenn ich das Wimmeln der kleinen Welt zwischen Halmen, die unzähligen, unergründlichen Gestalten, all der Würmgen, der Mückgen, näher an meinem Herzen fühle, und fühle die Gegenwart des Allmächtigen, der uns all nach seinem Bilde schuf, das Wehen des Allliebenden, der uns in ewiger Wonne schwebend trägt und erhält. Mein Freund, wenn's denn um meine Augen dämmert, und die Welt um mich her und Himmel ganz in meiner Seele ruht, wie die Gestalt einer Geliebten; dann sehn ich mich oft und denke: Ach könntest du das wieder ausdrücken, könntest du dem Papier das einhauchen, was so voll, so warm in dir lebt, dass es würde der Spiegel deiner Seele, wie deine Seele ist der Spiegel des unendlichen Gottes. Mein Freund – Aber ich gehe darüber zu Grunde, ich erliege unter der Gewalt der Herrlichkeit dieser Erscheinungen.

am 18. Aug.

Musste denn das so sein? dass das, was des Menschen Glückseligkeit macht, wieder die Quelle seines Elends würde. Das volle warme Gefühl meines Herzens an der lebendigen Natur, das mich mit so viel Wonne überströmte, das ringsumher die Welt mir zu einem Paradiese schuf, wird mir jetzt zu einem unerträglichen Peiniger, zu einem quälenden Geiste, der mich auf allen Wegen verfolgt. Wenn ich sonst vom Fels über den Fluss bis zu jenen Hügeln das fruchtbare Tal überschaute, und alles um mich her keimen und quellen sah, wenn ich jene Berge, vom Fuße bis auf zum Gipfel, mit hohen, dichten Bäumen bekleidet, all jene Täler in ihren mannigfaltigen Krümmungen von den lieblichsten Wäldern beschattet sah, und der sanfte Fluss zwischen den lispelnden Rohren dahingleitete, und die lieben Wolken abspiegelte, die der sanfte Abendwind am Himmel herüberwiegte, wenn ich denn die Vögel um mich, den Wald beleben hörte, und die Millionen Mückenschwärme im letzten roten Strahle der Sonne mutig tanzten, und ihr letzter zuckender Blick den summenden Käfer aus seinem Grase befreite und das Gewebere um mich her mich auf den Boden aufmerksam machte und das Moos, das meinem harten Felsen seine Nahrung abzwingt, und das Geniste, das den dürren Sandhügel hinunterwächst, mir alles das innere glühende heilige Leben der Natur eröffnete, wie umfasst' ich das all mit warmem Herzen, verlor mich in der unendlichen Fülle, und die herrlichen Gestalten der unendlichen Welt bewegten sich alllebend in meiner Seele. Ungeheure Berge umgaben mich, Abgründe lagen vor mir, und Wetterbäche stürzten herunter, die Flüsse strömten unter mir, und Wald und Gebürg erklang. Und ich sah sie würken und schaffen ineinander in den Tiefen der Erde, all die Kräfte unergründlich. [...]

Friedrich Leopold Graf zu Stolberg: **Über die Fülle des Herzens** (1778)

Friedrich Leopold Graf zu Stolberg (1750–1819) war Schriftsteller, Diplomat und Verwaltungsbeamter. Mit ihm (und seinem Bruder) unternahm Goethe die erste Reise in die Schweiz. Alle drei jungen Männer trugen dabei Werthers charakteristische Kleidung (blauer Frack mit Messingknöpfen, gelbe Weste, braune Stulpenstiefel, runder Filzhut).

O Natur! Natur! Gott rief dir zu, als du in bräutlicher Schönheit aus dem Schoße der Schöpfung hervorgingst: Sei schön! Verkünde meine Herrlichkeit und bilde des Menschen Herz!

Dir dank ich, Natur, die seligsten Augenblicke meines Lebens! Du zeigtest mir deine erhabnen Schönheiten am Ufer deines Rheins und im Schatten deiner Alpen, wo du einem glücklichen Volke Freiheit schenktest und Einfalt der Sitte.

Groß und hehr erscheinest du mir auch hier am Gestade des Meeres. Oh, wie gern hebt und senkt sich mein Blick mit der krummen Woge, indem mein Ohr lauschet dem Geräusch seiner Wellen! Wenn im feierlichen Anblicke des unermesslichen Ozeans mein Auge sich verliert, dann umschweben mich Gedanken vom Unendlichen, von der Ewigkeit und meiner eignen Unsterblichkeit. Meine Seele entfleucht dieser Welt. Ich werfe dann einen Blick auf das grüne Ufer, die ruhenden Haine, die Saaten, die Triften mit hin und her irrendem Vieh, und vergnügt kehrt mein Geist zur mütterlichen Erde wieder zurück. Die ganze Natur ist Harmonie, und wir sind geschaffen, mit ihr zu harmonieren. Jede einzelne Schönheit der Natur, alle verschiedne Schönheiten der Natur in ihren mannigfaltigen Zusammensetzungen wurden vom Schöpfer bestimmt, die Saiten des menschlichen Herzens zu berühren und erklingen zu machen. Wie entzücken den Schössling der Natur diese Seelenmelodien! Wie sanft sind sie! Wie kühn! Wie erheben sie das Herz zum Himmel! Wie tauchen sie es in die süßesten Empfindungen!

Friedrich Gottlieb Klopstock: Der Zürchersee (1750) – 1. Strophe

Schön ist, Mutter Natur, deiner Erfindung Pracht
Auf die Fluren verstreut, schöner ein froh Gesicht,
  Das den großen Gedanken
    Deiner Schöpfung noch einmal denkt.

---

1 **a** Vergleichen Sie das Bild der Natur und das Bild des Menschen in Werthers Briefen vom 10. Mai und 18. August (► S. 269 f.). Wie spiegelt sich der Stimmungsumschwung Werthers in seiner Naturbeschreibung?
b Suchen Sie Bilder, die Werthers Naturbeschreibungen illustrieren könnten, und stellen Sie eine Text-Bild-Collage her.

2 Untersuchen Sie die Sprache, mit der das Bild der Natur in Werthers Briefen und in Stolbergs Text entworfen wird.
a Wie erlebt Stolberg die Natur? Formulieren Sie mit eigenen (nüchternen) Worten, was er am Rhein, in den Alpen und am Meer sieht und wie er das Gesehene versteht.
b Vergleichen Sie Ihren Text mit dem Stolbergs und beschreiben Sie dessen Sprechweise.
c Welche Beziehungen sehen Sie zwischen der Sprache Werthers und der Sprache Stolbergs? Halten Sie Gemeinsamkeiten und Unterschiede fest.

3 Klopstock gilt als Vorbild und Wegbereiter der „Stürmer und Dränger". Untersuchen Sie, wie in der ersten Strophe seiner Ode Natur, Schöpfung und Mensch aufeinander bezogen sind.

4 **a** Erläutern Sie ausgehend von der unten stehenden Grafik epochentypische Gemeinsamkeiten des Naturbilds in Klopstocks Ode, Goethes Briefroman und Stolbergs Hymnus.
b Schreiben Sie diesen diskontinuierlichen Text in einen kontinuierlichen (z. B. einen Lexikonartikel zum Thema „Naturauffassungen in der zweiten Hälfte des 18. Jahrhunderts") um. Ergänzen Sie den Aspekt „Begeisterung für die Natur" (in den genannten Texten) durch Hinweise auf die neu entstehende Norm der Natürlichkeit (z. B. keine Perücke tragen, stattdessen die eigenen Haare zeigen). Ziehen Sie weitere Quellen hinzu. Vergessen Sie nicht, diese auch anzugeben.

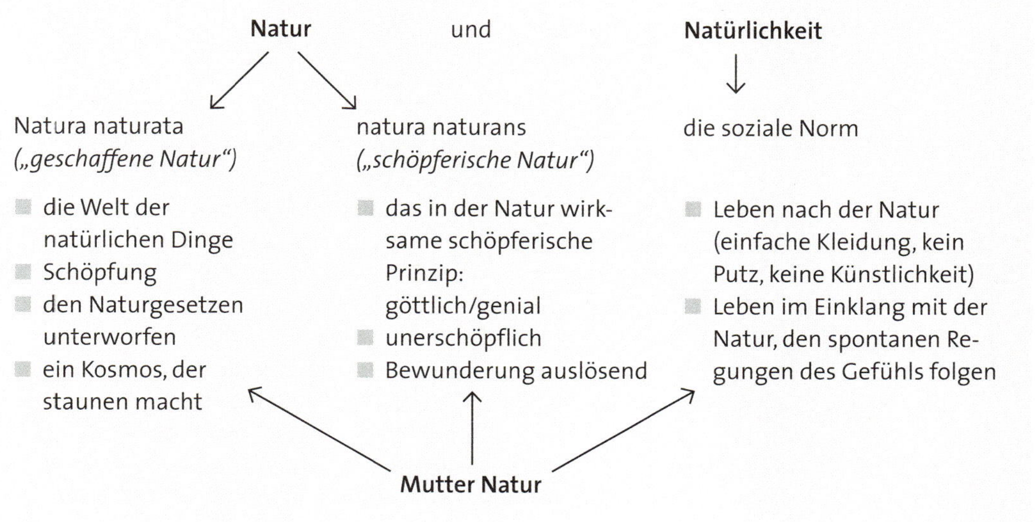

Johann Wolfgang Goethe: **Ganymed** (1774)

Wie im Morgenrot
Du rings mich anglühst,
Frühling, Geliebter!
Mit tausendfacher Liebeswonne
Sich an mein Herz drängt
Deiner ewigen Wärme
Heilig Gefühl,
Unendliche Schöne!

Dass ich dich fassen möcht'
In diesen Arm!

Ach, an deinem Busen
Lieg' ich, schmachte,
Und deine Blumen, dein Gras
Drängen sich an mein Herz.
Du kühlst den brennenden
Durst meines Busens,
Lieblicher Morgenwind!
Ruft drein die Nachtigall
Liebend nach mir aus dem Nebeltal.

Ich komme! Ich komme!
Wohin? Ach, wohin?

Anton Raphael Mengs: Jupiter und Ganymed (1758)

Hinauf, hinauf strebt's.
Es schweben die Wolken
Abwärts, die Wolken
Neigen sich der sehnenden Liebe.
Mir, mir!
In eurem Schoße
Aufwärts,
Umfangend umfangen!
Aufwärts
An deinem Busen,
Allliebender Vater!

Information **Ganymed**

Ganymedes, dt. Ganymed, in der griech. Sage Schönster der Sterblichen. Sohn des Königs **Tros;** von **Zeus** auf den Olymp entführt, damit er dort Mundschenk für die Götter sei. Nach späteren Versionen ließ Zeus ihn durch seinen Adler rauben (oder raubte ihn in Adlergestalt) und machte ihn zu seinem Geliebten.

1 **a** Klären Sie Ihr Verständnis des Gedichts: Wer ist der Sprecher? Zu wem spricht er?
b Arbeiten Sie heraus, was dieser Sprecher über die frühlingshafte Natur, was über die eigenen Empfindungen sagt.
c Beschreiben Sie, wie die Beziehung zwischen lyrischem Ich und Natur dargestellt wird. Wie verändert sie sich im Verlaufe des Gedichts?

2 Charakterisieren Sie die Sprechweise und die Sprache der Hymne. Ersetzen Sie zu diesem Zweck auffällige Formulierungen (z. B. „anglühst" V. 2) durch geläufige (z. B. „anblickst" …) und vergleichen Sie.

3 Beschreiben Sie vor dem Hintergrund der antiken Sage von Zeus und Ganymed die Beziehung des Jünglings zum Schöpfergott in Goethes Hymne. Gehen Sie dabei von den Widersprüchen zwischen Titel und Text aus und suchen Sie zu klären:
- Welche Ähnlichkeit besteht zwischen der Beziehung von Ganymed und Zeus (des alten Mythos) und der Beziehung des Sprechers zum Frühling (in Goethes Hymne)?
- Was bedeutet Liebe in der Ganymed-Geschichte, was im Kontext des Naturgefühls, das den Sprecher der Hymne bewegt?
- Wo sehen Sie in der Hymne Goethes pantheistische Gedanken (▶ S. 273) ausgesprochen?

4 Auch Goethes „Werther" wurde als pantheistisches Werk gepriesen und verdammt. Untersuchen Sie die einzelnen auf die Natur bezogenen Aussagen auf ihre mögliche pantheistische Sichtweise hin.

Information **Pantheismus**

Pantheismus (gr. = überall ist Gott): die Auffassung der Einheit von Gott und (der schöpferischen) Natur, am konsequentesten vertreten von dem jüdisch-niederländischen Philosophen **Spinoza** (1632–1677) und dem Dominikanermönch **Giordano Bruno** (1548–1600). Bruno wurde deshalb als Häretiker verbrannt. Spinozas Formel „Deus sive natura" (Gott ist Natur) wird von Goethe mit einem All-Einheitsgefühl verknüpft.

Johann Wolfgang Goethe: **An den Mond** (1777/89)

Füllest wieder Busch und Tal
Still mit Nebelglanz,
Lösest endlich auch einmal
Meine Seele ganz;

Breitest über mein Gefild
Lindernd deinen Blick,
Wie des Freundes Auge mild
Über mein Geschick.

Jeden Nachklang fühlt mein Herz
Froh' und trüber Zeit,
Wandle zwischen Freud' und Schmerz
In der Einsamkeit.

Fließe, fließe, lieber Fluss!
Nimmer werd' ich froh,
So verrauschte Scherz und Kuss,
Und die Treue so.

Ich besaß es doch einmal,
Was so köstlich ist!
Dass man doch zu seiner Qual
Nimmer es vergisst!

Rausche, Fluss, das Tal entlang,
Ohne Rast und Ruh,
Rausche, flüstre meinem Sang
Melodien zu,

Wenn du in der Winternacht
Wütend überschwillst
Oder um die Frühlingspracht
Junger Knospen quillst.

Selig, wer sich vor der Welt
Ohne Hass verschließt,
Einen Freund am Busen hält
Und mit dem genießt,

Was, von Menschen nicht gewusst
Oder nicht bedacht,
Durch das Labyrinth der Brust
Wandelt in der Nacht.

Johann Wolfgang Goethe: Aufgehender Mond am Fluss (1779)

1 Untersuchen Sie in Goethes Gedicht die Beziehung zwischen der seelischen Gestimmtheit des Sprechers, seinen sozialen Erfahrungen und seinem Naturerleben.

Volker Braun: Im Ilmtal (1976)

Den Himmel verwildert der Sturm
Voll Wolken grau, das Feld
Ist dunkel am Tag, mein Sinn.

In der gebauten Natur
Geh ich allein, und den Wald schüttelt er,
Wie meine Fäuste möchten die steife Welt!

Einmal lebte ich so, freudig
Mit den Genossen. Gebraucht
Zu ändern Flüsse und Städte allmählich
Und die ich brauchte.

Auf die Wiese schwärzer tritt, *lieber Fluß*
Schlage, wie einst einem andern hier
Die Worte aus meiner Brust!

Und ich kannte sie lange, die Tage
Füllte Arbeit zum Rand
In die Nacht ging das laute Gespräch.

Aufwälze, Fluß, den dunklen Grund:
Ich kann nicht leben ohne die Freunde
Und lebe und lebe hin!

Und nicht langt mir, nicht ruhig
Macht nun der eine mich;
Nicht glücklich kann ich verschließen
Mich mit ihm vor der Welt.

Bäume dich, in den befestigten
Ufern, reiß dich los
Flüßchen, gib so, gib den Gefühlen deinen
Raum!

Zu den verstreuten, tätigen
Gefährten, wer es auch sei, muß ich kommen,
und nie
Verlassen den großen Kreis

Und was ich beginne, mit ihnen
Bin ich erst ich
Und kann leben, und fühle wieder
Mich selber in meiner Brust. R

2 **a** Volker Braun bezieht sich 200 Jahre später ausdrücklich auf Goethes Gedicht (► S. 273). Vergleichen Sie die beiden „Spaziergänge" in der Natur und die Gedankengänge, die sie auslösen, miteinander.
b Überlegen Sie, warum der „moderne" Dichter sich das Goethe-Gedicht zur Vorlage genommen haben mag.

3 Schreiben Sie selbst einen lyrischen Text über einen abendlichen Gang am Fluss.

Liebeserfahrung – Selbsterforschung und Enthusiasmus

Johann Wolfgang Goethe: Die Leiden des jungen Werthers (1774)

Lotte vertritt als älteste Tochter bei den zahlreichen Geschwistern die Stelle der Mutter. Werthers Glückstaumel verwandelt sich in Qual, als ihr Verlobter Albert hinzukommt, der kein Schwärmer, sondern ein eher vernünftiger und lebenspraktischer Charakter ist. Werther ist sicher, dass Lotte um seine unglückliche Liebe zu ihr weiß. Für alle Beteiligten wird die Situation immer unerträglicher (ihre Gemüter „verhetzen sich immer mehr"). Werther sucht Lotte in Alberts Abwesenheit auf.

Er warf sich vor Lotten nieder in der vollen Verzweiflung, fasste ihre Hände, drückte sie in seine Augen, wider seine Stirn, und ihr schien eine Ahndung seines schröcklichen Vorhabens durch die Seele zu fliegen. Ihre Sinne verwirrten sich, sie drückte seine Hände, drückte sie wider ihre Brust, neigte sich mit einer wehmütigen Bewegung zu ihm, und ihre glühenden Wangen berührten sich. Die Welt verging ihnen, er schlang seine Arme um sie her, presste sie an seine Brust und deckte ihre zitternden, stammelnden Lippen mit wütenden Küssen. – Werther!, rief sie mit erstickter Stimme, sich abwendend, Werther!, und drückte mit schwacher Hand seine Brust von der ihrigen! Werther!, rief sie mit dem gefassten Tone des edelsten Gefühls; er widerstand nicht, ließ sie aus seinen Armen und warf sich unsinnig vor sie hin. – Sie riss sich auf, und in ängstlicher Verwirrung, bebend zwischen Liebe und Zorn, sagte sie: Das ist das letzte Mal! Werther! Sie sehn mich nicht wieder. Und mit dem vollsten Blick der Liebe auf den Elenden eilte sie ins Nebenzimmer und schloss hinter sich zu. Werther streckte ihr die Arme nach, getraute sich nicht, sie zu halten. Er lag an der Erde, den Kopf auf dem Kanapee, und in dieser Stellung blieb er über eine halbe Stunde, bis ihn ein Geräusch zu sich selbst rief.

François Marie Isodore Quéverdo: Werther kniet zu Füßen Lottes (1793)

Lotte wird durch Werthers Gefühlsausbruch in tiefe seelische Konflikte gestürzt. Der Erzähler (und Herausgeber von Werthers Briefen) beschreibt, was Goethe selbst in Wetzlar im Falle des Legationssekretärs Jerusalem erlebt hatte: Der unglücklich Liebende leiht sich bei Kästner, dem „Albert“ des Romans, Pistolen, um sich damit zu erschießen.

Gegen eilfe fragte Werther seinen Bedienten, ob wohl Albert zurückgekommen sei. Der Bediente sagte: ja, er habe dessen Pferd dahinführen sehn. Drauf gibt ihm der Herr ein offenes Zettelgen des Inhalts: Wollten Sie mir wohl zu einer vorhabenden Reise Ihre Pistolen leihen? Leben Sie recht wohl.

Die liebe Frau hatte die letzte Nacht wenig geschlafen, ihr Blut war in einer fieberhaften Empörung, und tausenderlei Empfindungen zerrütteten ihr Herz. Wider ihren Willen fühlte sie tief in ihrer Brust das Feuer von Werthers Umarmungen, und zugleich stellten sich ihr die Tage ihrer unbefangenen Unschuld, des sorglosen Zutrauens auf sich selbst in doppelter Schöne dar, es ängstigten sie schon zum Voraus die Blicke ihres Manns, und seine halb verdrüsslich halb spöttische Fragen, wenn er Werthers Besuch erfahren würde; sie hatte sich nie verstellt, sie hatte nie gelogen, und nun sah sie sich zum ersten Mal in der unvermeidlichen Notwendigkeit; der Widerwillen, die Verlegenheit, die sie dabei empfand, machte die Schuld in ihren Augen größer, und doch konnte sie den Urheber davon weder hassen, noch sich versprechen, ihn nie wieder zu sehn. Sie weinte bis gegen Morgen, da sie in einen matten Schlaf versank, aus dem sie sich kaum aufgerafft und angekleidet hatte, als ihr Mann zurückkam, dessen Gegenwart ihr zum ersten Mal ganz unerträglich war.

Werther verfasst einen Abschiedsbrief an Lotte, versichert ihr, dass er sicher wisse, dass sie ihn liebt.

Zum letzten Male denn, zum letzten Male schlag ich diese Augen auf, sie sollen, ach, die Sonne nicht mehr sehn, ein trüber, neblichter Tag hält sie bedeckt. So traure denn, Natur, dein Sohn, dein Freund, dein Geliebter naht sich seinem Ende. Lotte, das ist ein Gefühl ohnegleichen, und doch kommt's dem dämmernden Traume am nächsten, zu sich zu sagen: Das ist der letzte Morgen. Der letzte! [...]

O vergib mir! Vergib mir! Gestern! Es hätte der letzte Augenblick meines Lebens sein sollen. O du Engel! Zum ersten Male, zum ersten Male ganz ohne Zweifel durch mein innig Innerstes durchglühte mich das Wonnegefühl: Sie liebt mich! Sie liebt mich. Es brennt noch auf meinen Lippen das heilige Feuer, das von den deinigen strömte, neue, warme Wonne ist in meinem Herzen. Vergib mir, vergib mir.

Ach, ich wusste, dass du mich liebtest, wusste es an den ersten seelenvollen Blicken, an dem ersten Händedruck, und doch, wenn ich wieder weg war, wenn ich Alberten an deiner Seite sah, verzagt' ich wieder in fieberhaften Zweifeln.

[...]

Alles das ist vergänglich, keine Ewigkeit soll das glühende Leben auslöschen, das ich gestern auf deinen Lippen genoss, das ich in mir fühle. Sie liebt mich! Dieser Arm hat sie umfasst, diese Lippen haben auf ihren Lippen gezittert, dieser Mund am ihrigen gestammelt. Sie ist mein! Du bist mein! Ja, Lotte, auf ewig.

Und was ist das? Dass Albert dein Mann ist! Mann? – Das wäre denn für diese Welt – und für diese Welt Sünde, dass ich dich liebe, dass ich dich aus seinen Armen in die meinigen reißen möchte? Sünde? Gut! Und ich strafe mich davor: Ich habe sie in ihrer ganzen Himmelswonne geschmeckt, diese Sünde, habe Lebensbalsam und Kraft in mein Herz gesaugt, du bist von diesem Augenblicke mein! Mein, o Lotte! Ich gehe voran! Gehe zu meinem Vater, zu deinem Vater. Dem will ich's klagen, und er wird mich trösten, bis du kommst, und ich fliege dir entgegen und fasse dich und bleibe bei dir vor dem Angesicht des Unendlichen in ewigen Umarmungen.

1 Lotte überlegt, ob und wie sie Albert von Werthers Gefühlsausbruch in Kenntnis setzen soll. Erklären Sie den „Widerwillen" (Z. 63f.), den sie empfindet.

2 Lotte weist Werthers Erklärung „mit dem gefassten Ton des edelsten Gefühls" (Z. 19–21) zurück. Was für ein Gefühl ist das Ihrer Meinung nach? Stellen Sie Belege aus dem Text zusammen, in denen der Erzähler/Herausgeber von Werthers Briefen über Lottes Empfindungen berichtet.

3 **Weiterführende Aufgabe:** Die hier abgedruckte Textstelle stammt aus der ersten Fassung von 1774. 1787 erschien eine zweite, bearbeitete Fassung, insbesondere schrieb Goethe Lottes inneren Monolog ganz neu. Besorgen Sie sich die zweite Fassung und untersuchen Sie vergleichend die beiden Darstellungen der Gefühle, die die junge Frau zerrütten.

4 Werther ist sich sicher, dass Lotte seine Gefühle erwidert. Tragen Sie die Ausdrücke des Gefühls, die er und der Herausgeber in seinem Bericht verwenden, zu einem Begriffsfeld zusammen und überlegen Sie, wo die Wirklichkeit erfasst wird, wo Werther fantasiert.

5 Informieren Sie sich in einer Literaturgeschichte über die Folgen des „Wertherfiebers" und verfassen Sie aus der Sicht eines nüchternen Vertreters der Aufklärung (z. B. Lichtenberg oder Lessing) eine Stellungnahme, z. B. einen offenen Brief in einer der Literaturzeitschriften der Zeit.

Rebellion: Schöpferisches Genie, edler Verbrecher, politischer Protest

Johann Wolfgang Goethe: **Prometheus** (1774)

Bedecke deinen Himmel, Zeus,
Mit Wolkendunst!
Und übe, Knaben gleich,
Der Disteln köpft,
An Eichen dich und Bergeshöhn!
Musst mir meine Erde
Doch lassen stehn,
Und meine Hütte,
Die du nicht gebaut,
Und meinen Herd,
Um dessen Glut
Du mich beneidest.

Piero di Cosimo: Prometheus schafft Menschen (1515)

Ich kenne nichts Ärmer's
Unter der Sonn' als euch Götter.
Ihr nähret kümmerlich
Von Opfersteuern
Und Gebetshauch
Eure Majestät
Und darbtet, wären
Nicht Kinder und Bettler
Hoffnungsvolle Toren.

Da ich ein Kind war,
Nicht wusst', wo aus, wo ein,
Kehrte mein verirrtes Aug'
Zur Sonne, als wenn drüber wär'
Ein Ohr, zu hören meine Klage,
Ein Herz wie meins,
Sich des Bedrängten zu erbarmen.

Wer half mir wider
Der Titanen Übermut?
Wer rettete vom Tode mich,
Von Sklaverei?
Hast du's nicht alles selbst vollendet,
Heilig glühend Herz?
Und glühtest, jung und gut,
Betrogen, Rettungsdank
Dem Schlafenden da droben?

Ich dich ehren? Wofür?
Hast du die Schmerzen gelindert
Je des Beladenen?
Hast du die Tränen gestillet
Je des Geängsteten?
Hat nicht mich zum Manne geschmiedet
Die allmächtige Zeit
Und das ewige Schicksal,
Meine Herrn und deine?

Wähntest du etwa,
Ich sollte das Leben hassen,
In Wüsten fliehn,
Weil nicht alle Knabenmorgen-
Blütenträume reiften?

Hier sitz' ich, forme Menschen
Nach meinem Bilde,
Ein Geschlecht, das mir gleich sei,
Zu leiden, weinen,
Genießen und zu freuen sich,
Und dein nicht zu achten,
Wie ich.

---

1 Untersuchen Sie das Gedicht „Prometheus": Wie stellt der Sprecher den Göttervater Zeus, wie sich selbst dar?
2 Erkennen Sie Bezüge zum Autor Goethe? Erläutern Sie sie.
3 Informieren Sie sich über den Mythos von Prometheus und suchen Sie Erklärungen für die Veränderungen, die Goethe an der Geschichte vornimmt.
4 „Prometheus" und „Ganymed" (► S. 272) sind immer wieder als Belege für zwei sich wechselseitig ergänzende Haltungen Goethes beschrieben worden. Wo sehen Sie Verbindungspunkte, wo Trennungslinien? Diskutieren Sie.
5 Vergleichen Sie das Gottes- und Menschenbild in Goethes Prometheus-Hymne mit dem in den biblischen Berichten über die Erschaffung des Menschen in der „Genesis" (1. Buch Mose).

Friedrich Schiller: **Die Räuber** (1781) – I/2

[Schillers Erstlingswerk führt an zwei feindlichen Brüdern die beiden in seiner Zeit vorherrschenden Denkrichtungen vor: Karl, der ältere der beiden, wird als edel denkender, seinem Gefühl folgender Mensch dargestellt (Bedürfnis nach Freiheit, Gefühl für Gerechtigkeit, enthusiastische Liebe, Freundschaft). Franz, der jüngere, ist hingegen ein kalter Rationalist, ein Machtmensch ohne Glauben und moralische Skrupel. Die Sympathie des Autors Friedrich Schiller gehört eindeutig seinem „edlen Verbrecher" und Rebellen gegen die Gesellschaft, Karl Moor.]

Schänke an den Grenzen von Sachsen. Karl von Moor in ein Buch vertieft. Spiegelberg trinkend am Tisch.

Victor von Heideloff: Schiller liest Freunden aus den „Räubern“ vor (1856)

Karl von Moor *legt das Buch weg:* Mir ekelt vor diesem tintenklecksenden Säkulum[1], wenn ich in meinem Plutarch[2] lese von großen Menschen.

Spiegelberg *stellt ihm ein Glas hin und trinkt:* Den Josephus[3] musst du lesen.

Moor: Der lohe Lichtfunke Prometheus' ist ausgebrannt, dafür nimmt man itzt die Flamme von Bärlappenmehl – Theaterfeuer, das keine Pfeife Tabak anzündet. Da krabbeln sie nun wie die Ratten auf der Keule des Herkules und studieren sich das Mark aus dem Schädel, was das für ein Ding sei, das er in seinen Hoden geführt hat? Ein französischer Abbé[4] doziert, Alexander sei ein Hasenfuß gewesen, ein schwindsüchtiger Professor hält sich bei jedem Wort ein Fläschchen Salmiakgeist vor die Nase und liest ein Kollegium über die *Kraft*. Kerls, die in Ohnmacht fallen, wenn sie einen Buben gemacht haben, kritteln über die Taktik des Hannibals – feuchtohrige Buben fischen Phrases aus der Schlacht bei Cannä und greinen über die Siege des Scipio, weil sie sie exponieren[5] müssen. [...] Da verrammeln sie sich die gesunde Natur mit abgeschmackten Konventionen, haben das Herz nicht, ein Glas zu leeren, weil sie Gesundheit dazu trinken müssen – belecken den Schuhputzer, dass er sie vertrete bei Ihro Gnaden, und hudeln[6] den armen Schelm, den sie nicht fürchten. Vergöttern sich um ein Mittagessen und möchten einander vergiften um ein Unterbett, das ihnen beim Aufstreich[7] überboten wird. – Verdammen den Sadduzäer[8], der nicht fleißig genug in die Kirche kommt, und berechnen ihren Judenzins am Altare – fallen auf die Knie, damit sie ja ihren Schlamp[9] ausbreiten können – wenden kein Aug von dem Pfarrer, damit sie sehen, wie seine Perücke frisiert ist. – Fallen in Ohnmacht, wenn sie eine Gans bluten sehen, und klatschen in die Hände, wenn ihr Nebenbuhler bankerott von der Börse geht – – So warm ich ihnen die Hand drückte: – Nur noch einen Tag! – Umsonst! – Ins Loch mit dem Hund! – Bitten! Schwüre! Tränen! *Auf den Boden stampfend:* Hölle und Teufel! [...]

Schwarz: Komm mit uns in die böhmischen Wälder! Wir wollen eine Räuberbande sammeln, und du – *Moor stiert ihn an.*

Schweizer: Du sollst unser Hauptmann sein! Du musst unser Hauptmann sein!

Spiegelberg *wirft sich wild in einen Sessel:* Sklaven und Memmen!

Moor: Wer blies dir das Wort ein? Höre, Kerl! *Indem er Schwarzen hart ergreift:* Das hast du nicht aus deiner Menschenseele hervorgeholt! Wer blies dir das Wort ein? Ja, bei dem tausendarmigen Tod! Das wollen wir, das müssen wir! Der Gedanke verdient Vergötterung – *Räuber und Mörder!* – So wahr meine Seele lebt, ich bin euer Hauptmann!

Alle *mit lärmendem Geschrei:* Es lebe der Hauptmann!

Spiegelberg *aufspringend, vor sich:* Bis ich ihm hinhelfe!

Moor: Siehe, da fällt's wie der Star von meinen Augen! Was für ein Tor ich war, dass ich in den Käfig zurückwollte! – Mein Geist dürstet nach Taten, mein Atem nach Freiheit. – *Mörder, Räuber!* – mit diesem Wort war das Gesetz unter meine Füße gerollt. – Menschen haben Menschheit vor mir verborgen, da ich an Menschheit appellierte, weg dann von mir Sympathie und

1 **Säkulum:** Jahrhundert
2 **Plutarch** (ca. 40–120 n. Chr.): griech. Schriftsteller
3 **Josephus** (37–100 n. Chr.): jüd. Geschichtsschreiber
4 **Abbé:** Titel der weltlichen Geistlichen in Frankreich
5 **exponieren:** grammatisch erklären und übersetzen
6 **hudeln:** quälen, plagen
7 **Aufstreich:** Versteigerung, Auktion
8 **Sadduzäer:** Angehöriger einer altjüdischen Partei
9 **Schlamp:** Schleppe

menschliche Schonung! – Ich habe keinen Vater mehr, ich habe keine Liebe mehr, und Blut und Tod soll mich vergessen lehren, dass mir jemals etwas teuer war! Kommt, kommt! – Oh ich will mir eine fürchterliche Zerstreuung machen – es bleibt dabei, ich bin euer Hauptmann! Und Glück zu dem Meister unter euch, der am wildesten sengt, am grässlichsten mordet, denn ich sage euch, er soll königlich belohnet werden – tretet her um mich ein jeder und schwöret mir Treu und Gehorsam zu bis in den Tod! – Schwört mir das bei dieser männlichen Rechte.

1 **a** Karl Moor und seine Freunde diskutieren über menschliche Größe in Vergangenheit und Gegenwart. Welches sind ihre Urteile, und wie begründen sie sie?
b Formulieren Sie die Einwände Moors gegen das eigene Jahrhundert in Form von Thesen.

2 **Referat:** Informieren Sie Ihren Kurs über Schillers Landesvater Karl Eugen und über die Zustände in Württemberg vor der Französischen Revolution.

3 **Facharbeit:** Lesen Sie Schillers Erzählung „Der Verbrecher aus verlorener Ehre“ und vergleichen Sie die Hauptfigur mit der aus dem Drama „Die Räuber“.
Zeigen Sie Parallelen zwischen den Protagonisten Christian Wolf und Karl Moor auf.

Gottfried August Bürger: **Für wen, du gutes deutsches Volk** (1793)

Die folgenden Verse wagte Gottfried August Bürger (1747–1794) nicht zu veröffentlichen. Er verlieh darin der Ansicht vieler Deutscher Ausdruck, als sich eine preußisch-österreichische Koalitions-Armee im Sommer 1791 anschickte, der Revolution in Frankreich ein gewaltsames Ende zu bereiten. Goethe berichtet darüber in der „Campagne in Frankreich“.

Für wen, du gutes deutsches Volk
Behängt man dich mit Waffen?
Für wen lässt du von Weib und Kind
Und Herd hinweg dich raffen?
Für Fürsten- und für Adelsbrut
Und fürs Geschmeiß der Pfaffen.

War's nicht genug, ihr Sklavenjoch
Mit stillem Sinn zu tragen?
Für sie im Schweiß des Angesichts
Mit Fronen dich zu plagen?
Für ihre Geißel sollst du nun
Auch Blut und Leben wagen?

Sie nennen's Streit fürs Vaterland,
In welchen sie dich treiben.
O Volk, wie lange wirst du blind
Beim Spiel der Gaukler bleiben?
Sie selber sind das Vaterland
Und wollen gern bekleiben[1].

Was ging uns Frankreichs Wesen an,
Die wir in Deutschland wohnen?
Es mochte dort nun ein Bourbon,
Ein Ohnehose[2] thronen.
– – – – – – – – – – – – – – – – – – –
– – – – – – – – – – – – – – – – – – –

1 **bekleiben:** haften bleiben, fortdauern
2 **Ohnehose:** Übersetzung von „Sansculottes“, der spottenden Bezeichnung für die französischen Revolutionäre, die keine „culottes“, Kniebundhosen der Adeligen und Vornehmen, trugen.

1 Analysieren Sie das Gedicht Gottfried August Bürgers zur „Campagne in Frankreich“ als politische Stellungnahme eines deutschen Bürgers zum Krieg der Fürsten gegen das (französische) Volk.

2 Vergleichen Sie die unterschiedlichen Formen des Protests gegen die eigene Zeit, die Sie in Goethes Hymne „Prometheus“ (▸ S. 276), in der Szene aus Schillers „Räubern“ (▸ S. 277–279) einerseits und in Bürgers Gedicht andererseits beobachten können.

Information **Epochenüberblick – Sturm und Drang (1770–1785)**

Der Sturm und Drang ist eine literarische Bewegung innerhalb der Epoche der Aufklärung (zum **Allgemeinen geschichtlichen Hintergrund** und zu **Weltbild und Lebensauffassung** vgl. die Information zur **Aufklärung,** ▶ S. 266 f.). Der Begriff „Sturm und Drang" stammt vom Titel eines Dramas des Goethe-Freunds **Maximilian Klinger** (1752–1831), in dem sich ein tugendhafter junger Mann kraftgenialisch gegen die Vätergeneration auflehnt. Einige der am Sturm und Drang beteiligten Autoren (z. B. **Jakob Michael Reinhold Lenz** [1751–1792]) verfechten in ihren Werken aufklärerische Gedanken, aber Emotion, Affekt, Gefühl gelten ihnen als Grundlage humaner Selbstverwirklichung. Am deutlichsten kommt dieser neue Humanismus in der Philosophie des Pantheismus zum Ausdruck. Gott wird nicht mehr, wie in der christlichen Tradition, als ein personaler Gott und Weltenlenker vorgestellt, sondern als die überall in der Natur wirkende schöpferische Kraft. Der Mensch erfährt das Göttliche über sein Gefühl für die Wunder der Natur im unendlich Großen und unendlich Kleinen. Diese gefühlsbetonte Weltsicht und Selbstwahrnehmung speisen den Protest der jungen Autoren gegen die verkrustete Welt der vernünftigen Väter. Sie sind auch die Grundlage einer neuen Sprache mit neuen Wörtern und Metaphern. Das Pathos des Natur- und Freundschaftsenthusiasmus hat religiöse Wurzeln im Pietismus und in der Empfindsamkeit.

Die wesentlichen Charakteristika der **Sturm-und-Drang-Literatur** sind

- der **Geniegedanke:**
  Der schöpferische Mensch ist ein Kind der Natur, wie diese folgt er Regeln, die er in sich spürt, er hält sich nicht an Autoritäten, er rebelliert gegen Dogmatismus, Zwang und Reglement (vgl. **Goethe:** „Prometheus"),
- der **Naturenthusiasmus:**
  Die „Mutter Natur" gilt als schöpferisches und göttliches Prinzip (Pantheismus), das Leben nach und in der Natur (Kleidung, Wandern, Bergbesteigung, Schwimmen) gilt als Lebensideal und gesellschaftliche Norm (z. B. Goethes Wanderungen über die Alpen = Schweizer Reisen, Besteigung des Brocken, des Vesuv),
- der **Liebes- und Freundschaftskult**
  (vgl. z. B. **Schiller:** „Die Räuber", „Die Bürgschaft"),
- das **Freiheitspathos**
  (vgl. z. B. **Schiller:** „Don Karlos"),
- **gefühlsbetonter Patriotismus,**
  gemischt mit scharfer Polemik gegen „Mode" und „französisches [= höfisches] Wesen".

Wichtige Autorinnen/Autoren und Werke siehe Grafik (▶ S. 268).

---

1 <u>**Referat:**</u> Bereiten Sie ein Referat über den „Sturm und Drang" vor.

a Fassen Sie die zentralen Merkmale der Sturm-und-Drang-Literatur in einer Mindmap übersichtlich zusammen. Sehen Sie zu diesem Zweck die Teilkapitel C2.1 und C2.2 (▶ S. 256–280) noch einmal durch. Denken Sie daran, Ihre Thesen durch Beispiele zu belegen.

b Ergänzen Sie die Mindmap durch weitergehende Aspekte: Was denken z. B. Aufklärer wie Lessing oder Lichtenberg über die „Empfindsamen"?

c Arbeiten Sie auf der Grundlage Ihrer Recherche einen foliengestützten Vortrag aus, in dem Sie auch Ihre Mindmap einsetzen können.

Literaturstation: Bürgerliches Trauerspiel

An den Höfen galt das Theater – neben dem Orchester und dem Ballett – als *die* Institution der Unterhaltung. In Mannheim wollte der junge Erfolgsdichter Schiller, dessen „Räuber" (▶ S. 277 ff.) Furore gemacht hatten, als Bühnenautor ein weiteres Theaterstück auf der Höhe der Zeit auf die Bühne bringen. Das „bürgerliche Trauerspiel", zu dem Lessing die Theorie des Mitleids aus Mitempfinden geliefert hatte, war dabei, die barocken oder französischen Tragödien abzulösen. Schiller erweiterte es durch eine politische Variante, indem er aus seiner württembergischen Heimat das gesellschaftliche Umfeld (den alltäglichen Absolutismus in einer mittleren deutschen Residenzstadt) übernahm und es mit dem zentralen Thema der Zeit, dem Anspruch des Individuums auf Selbstentfaltung, verknüpfte.
Wie gelingt die Inszenierung von Individuum und Gesellschaft? Ist das bürgerliche Trauerspiel auch das Trauerspiel des Bürgertums?
Um diese Fragen zu beantworten, setzen Sie sich in den ersten beiden Teilkapiteln dieser Literaturstation unter mehreren Aspekten mit dem bürgerlichen Trauerspiel auseinander:

- *kommunikationstheoretisch:* Wie sprechen die Generationen und die Geschlechter miteinander?
- *mentalitätsgeschichtlich:* Wie gehen die Individuen mit den Gefühlen um?
- *politisch:* Wie positioniert sich das Bürgertum gegenüber dem herrschenden Adel?

Im zweiten Teilkapitel befassen Sie sich außerdem mit der Entwicklung der Gattung „bürgerliches Trauerspiel". Im dritten Teilkapitel können Sie anhand von Rezensionen untersuchen, inwiefern Inszenierungen auch vom Zeitgeist abhängige Interpretationen eines Werkes sind.

I Friedrich Schiller: „Kabale und Liebe" – Ein Drama über die Paradoxien der Liebe

Selbsterfahrung und Selbstbestätigung sucht der junge Adelige Ferdinand von Walter in der Liebe zu Luise, der Tochter des Musikers Miller. Die Verbindung der Liebenden steht gegen die **Standesschranken,** die die Welt des Hofes von der der Bürger in der Stadt trennen. Sie steht aber auch gegen die **Normen,** die in ihren Familien, ja in ihren eigenen Köpfen wirksam sind. Liebe ist das, was die Familie zusammenhält. Liebe ist aber auch das Gefühl, das die Kinder aus diesem Verbund löst. Sie ist daher Ursache von Konflikten und sie führt Individuen in paradoxe Situationen. Wie begegnen die Liebenden diesen Konflikten? Wie gehen sie mit ihren Gefühlen füreinander um, wie drücken sie sie aus?

Friedrich Schiller: **Kabale und Liebe** (1784) – I/4

Friedrich Schiller (1759–1805) hatte selbst in den Residenzen Ludwigsburg und Stuttgart das Zusammenspiel von Kabale (veraltet für „Intrige") und Leidenschaft miterlebt. Er war vom Herzog Karl Eugen von Württemberg an die neu gegründete „Karlsakademie" geholt und dort zur Ausbildung zum Militärarzt gezwungen worden. Da der Herzog ihm das „Komödienschreiben" bei Strafe verboten hatte, floh Schiller außer Landes. Am Theater in Mannheim verfasste er als Bühnenautor „Kabale und Liebe" (1784).

[Die Verbindung zwischen dem adligen Ferdinand und der bürgerlichen Luise wird von den Vätern der beiden abgelehnt. Ferdinand setzt sich gegen seinen despotischen und intriganten Vater zur Wehr, während Luise in dem ihren den Repräsentan-

ten der göttlichen Ordnung sieht. Diese Rücksicht missdeutet Ferdinand als Mangel an Liebe.]

Ferdinand von Walter. Luise.
(Er fliegt auf sie zu – sie sinkt entfärbt und matt auf einen Sessel – er bleibt vor ihr stehn – sie sehen sich eine Zeit lang stillschweigend an. Pause.)

FERDINAND: Du bist blass, Luise?

LUISE: *steht auf und fällt ihm um den Hals* Es ist nichts. Nichts. Du bist ja da. Es ist vorüber.

FERDINAND: *ihre Hand nehmend und zum Munde führend* Und liebt mich meine Luise noch? Mein Herz ist das gestrige, ist's auch das deine noch? Ich fliege nur her, will sehn, ob du heiter bist, und gehn und es auch sein – Du bist's nicht.

LUISE: Doch, doch, mein Geliebter.

FERDINAND: Rede mir Wahrheit. Du bist's nicht. Ich schaue durch deine Seele wie durch das klare Wasser dieses Brillanten. *Er zeigt auf seinen Ring.* Hier wirft sich kein Bläschen auf, das ich nicht merkte – kein Gedanke tritt in dies Angesicht, der mir entwischte. Was hast du? Geschwind! Weiß ich nur diesen Spiegel helle, so läuft keine Wolke über die Welt. Was bekümmert dich?

LUISE: *sieht ihn eine Weile stumm und bedeutend an, dann mit Wehmut* Ferdinand! Ferdinand! Dass du doch wüsstest, wie schön in dieser Sprache das bürgerliche Mädchen sich ausnimmt.

FERDINAND: Was ist das? *befremdet* Mädchen! Höre! Wie kommst du auf das? – Du bist meine Luise. Wer sagt dir, dass du noch etwas sein solltest? Siehst du, Falsche, auf welchem Kaltsinn ich dir begegnen muss? Wärest du ganz nur Liebe für mich, wann hättest du Zeit gehabt, eine Vergleichung zu machen? Wenn ich bei dir bin, zerschmilzt meine Vernunft in einen Blick – in einen Traum von dir, wenn ich weg bin, und du hast noch eine Klugheit neben deiner Liebe? – Schäme dich! Jeder Augenblick, den du an diesen Kummer verlorst, war deinem Jüngling gestohlen.

LUISE: *fasst seine Hand, indem sie den Kopf schüttelt* Du willst mich einschläfern, Ferdinand – willst meine Augen von diesem Abgrund hinweglocken, in den ich ganz gewiss stürzen muss. Ich seh in die Zukunft – die Stimme des Ruhms – deine Entwürfe – dein Vater – mein – Nichts. *Erschrickt und lässt plötzlich seine Hand fahren* Ferdinand! ein Dolch über dir und mir! – Man trennt uns!

FERDINAND: Trennt uns! *Er springt auf* Woher bringst du diese Ahndung, Luise? Trennt uns? – Wer kann den Bund zweier Herzen lösen, oder die Töne eines Akkords auseinanderreißen? – Ich bin ein Edelmann – Lass doch sehen, ob mein Adelbrief älter ist als der Riss zum unendlichen Weltall? oder mein Wappen gültiger als die Handschrift des Himmels in Luisens Augen: Dieses Weib ist für diesen Mann? – Ich bin des Präsidenten Sohn. Eben darum. Wer, als die Liebe, kann mir die Flüche versüßen, die mir der Landeswucher meines Vaters vermachen wird?

LUISE: O, wie sehr fürcht ich ihn – diesen Vater!

FERDINAND: Ich fürchte nichts – nichts – als die Grenzen deiner Liebe. Lass auch Hindernisse wie Gebirge zwischen uns treten, ich will sie für Treppen nehmen und drüber hin in Luisens Arme fliegen. Die Stürme des widrigen Schicksals sollen meine Empfindung emporblasen, Gefahren werden meine Luise nur reizender machen.

Friedrich Schiller **Kabale und Liebe** (1784) – V/7

[Die Intrige des Vaters (ein unter Zwang geschriebener Liebesbrief Luises) hat zur Folge, dass Ferdinand an ihrer Liebe zweifelt, sie gar der Untreue und des Verrats beschuldigt. In rachsüchtiger Verzweiflung beschließt er, sie zu töten. Er gießt Gift in die Limonade, die sie zur Erfrischung bringt, und veranlasst sie, davon zu trinken.]

LUISE: Die Limonade ist gut.

FERDINAND: *ohne sich umzukehren, von Schauer geschüttelt* Wohl bekomm's!

LUISE: *nachdem sie es niedergesetzt* O wenn Sie wüssten, Walter, wie ungeheuer Sie meine Seele beleidigen. [...] O! Dass es so weit kommen musste!

Ferdinand: *sie von der Seite betrachtend* Dieses schöne Werk des himmlischen Bildners – Wer kann das glauben? – Wer sollte das glauben? *Ihre Hand fassend und emporhaltend* Ich will dich nicht zur Rede stellen, Gott Schöpfer – aber warum denn dein Gift in so schönen Gefäßen? – Kann das Laster in diesem milden Himmelstrich fortkommen? – O es ist seltsam. [...]

Luise: Das anzuhören und schweigen zu müssen!

Ferdinand: Und die süße, melodische Stimme – Wie kann so viel Wohlklang kommen aus zerrissenen Saiten? *Mit trunkenem Aug auf ihrem Anblick verweilend* Alles so schön – so voll Ebenmaß – so göttlich vollkommen! – Überall das Werk seiner himmlischen Schäferstunde! Bei Gott! Als wäre die große Welt nur entstanden, den Schöpfer für dieses Meisterstück in Laune zu setzen! – Und nur in der Seele sollte Gott sich vergriffen haben? Ist es möglich, dass diese empörende Missgeburt in die Natur ohne Tadel kam? *Indem er sie schnell verlässt* Oder sah er einen Engel unter dem Meißel hervorgehen und half diesem Irrtum in der Eile mit einem desto schlechteren Herzen ab?

Luise: O des frevelhaften Eigensinns! Ehe er sich eine Übereilung gestände, greift er lieber den Himmel an.

Ferdinand: *stürzt ihr heftig weinend an den Hals* Noch einmal, Luise – Noch einmal, wie am Tag unsers ersten Kusses, da du Ferdinand stammeltest und das erste Du auf deine brennenden Lippen trat – O eine Saat unendlicher unaussprechlicher Freuden schien in dem Augenblick wie in der Knospe zu liegen – Da lag die Ewigkeit wie ein schöner Maitag vor unsern Augen; goldne Jahrtausende hüpften, wie Bräute, vor unsrer Seele vorbei – Da war ich der Glückliche! – O Luise! Luise! Luise! Warum hast du mir das getan?

Luise: Weinen Sie, weinen Sie, Walter. Ihre Wehmut wird gerechter gegen mich sein als Ihre Entrüstung.

Ferdinand: Du betrügst dich. Das sind ihre Tränen nicht – Nicht jener warme, wollüstige Tau, der in die Wunde der Seele balsamisch fließt und das starre Rad der Empfindung wieder in Gang bringt. Es sind einzelne – kalte Tropfen – das schauerliche ewige Lebewohl meiner Liebe. *Furchtbar feierlich, indem er die Hand auf ihren Kopf sinken lässt* Tränen um deine Seele, Luise – Tränen um die Gottheit, die ihres unendlichen Wohlwollens hier verfehlte, die so mutwillig um das herrlichste ihrer Werke kommt – O mich deucht, die ganze Schöpfung sollte den Flor anlegen und über das Beispiel betreten sein, das in ihrer Mitte geschieht – Es ist was Gemeines, dass Menschen fallen und Paradiese verloren werden; aber wenn die Pest unter Engel wütet, so rufe man Trauer aus durch die ganze Natur.

Luise: Treiben Sie mich nicht aufs Äußerste, Walter. Ich habe Seelenstärke so gut wie eine – aber sie muss auf eine menschliche Probe kommen. Walter, das Wort noch und dann geschieden. – Ein entsetzliches Schicksal hat die Sprache unsrer Herzen verwirrt. Dürft' ich den Mund auftun, Walter, ich könnte dir Dinge sagen – ich könnte –– aber das harte Verhängnis band meine Zunge wie meine Liebe, und dulden muss ich's, wenn du mich wie eine gemeine Metze[1] misshandelst.

Ferdinand: Fühlst du dich wohl, Luise?

Luise: Wozu diese Frage?

Ferdinand: Sonst sollte mir's leid um dich tun, wenn du mit dieser Lüge von hinnen müsstest.

1 **Metze:** Prostituierte, Hure

---

1 Welche Auffassung von Liebe hat Ferdinand, welche Luise? Stellen Sie die wesentlichen Punkte mit Belegstellen in einer Tabelle gegeneinander (► S. 284).

Vorstellungen von Liebe

Luise		*Ferdinand*	
Belegstelle	*Deutung*	*Belegstelle*	*Deutung*
„ein Dolch über dir und mir! – Man trennt uns!“ (I/4, Z. 47 f.)	*sieht und spürt den Widerstand der Gesellschaft*	*„Mein Herz ist das gestrige, ist's auch das deine noch?“ (V/7, Z. 9 f.)*	*glaubt, darin einen Mangel an Liebe zu erkennen*
...	...	...	...

2 Lesen Sie nur die Regieanweisungen der Szenen und überlegen Sie, welche Botschaften darin übermittelt werden. Übertragen Sie das, was Sie auf der Bühne sehen (Bewegungen, Körperhaltungen, Gesten, Mimik, Requisiten), in eigene Worte und vergleichen Sie diese mit den Dialogtexten Schillers.

3 **a** Charakterisieren Sie Ferdinands Sprache. Wie spricht er über seine, wie über Luises Liebe?
b Kommentieren Sie Luises Äußerung: „Ein entsetzliches Schicksal hat die Sprache unserer Herzen verwirrt“ (V/7, Z. 82 f.).

4 Nehmen Sie Stellung zu der Interpretation des Regisseurs Martin Kusej zu den beiden Szenen.

> Da sind zwei und trinken Limonade/der harmlose Tod/Limonadentod/weiß eh schon jeder/was trinken sie eigentlich genau? CAPPY/ISO STAR/RED BULL/oder nur HIMBEERSAFT ... und während sie das tun, reden sie von Liebe – Moment/das ist schon das Ende/aber der Anfang? In den ersten Worten des Stückes ist die ganze Misere schon enthalten: „Du bist blass, Luise“ und „Kein Gedanke, der mir entwischte“/keine friedliche Idylle, sondern graue Stimmung und Machtanspruch ... der Anfang ist schon das Ende. *Martin Kusej, 1993*

Weiterführende Aufgaben:

1 Beschaffen Sie sich den Text des ganzen Dramas. Lesen Sie darin die Aussprache zwischen Ferdinand und Luise über die Chancen, die sie beide ihrer Liebe geben (Szene III/4). Analysieren Sie den Dialog. Welche Schlussfolgerungen für das eigene Handeln ziehen die beiden aus ihrer Situation? Was sagen diese Schlussfolgerungen über ihre Liebe aus?

2 Nicht nur im bürgerlichen Trauerspiel gibt es Liebende, die gegen eine Welt von Hindernissen kämpfen müssen. Untersuchen Sie andere konfliktträchtige Liebesbeziehungen in der Literatur der Zeit (z. B. Faust – Gretchen, Werther – Lotte, Don Karlos – Elisabeth ...). Was sind die Gründe der Konflikte und Katastrophen? Präsentieren Sie Ihre Ergebnisse z. B. in Form von kommentierten Standbildern.

3 „Lass doch sehen, ob mein Adelbrief älter ist als der Riss zum unendlichen Weltall? oder mein Wappen gültiger als die Handschrift des Himmels in Luisens Augen: Dieses Weib ist für diesen Mann?“ (I/4, Z. 53–57). – Untersuchen Sie, wie der Konflikt zwischen gesellschaftlichem Stand und Liebe in anderen bürgerlichen Trauerspielen entfaltet wird, z. B. in:
- **Gotthold Ephraim Lessing**: „Emilia Galotti“ (1772): die Szenen I/6 [Marinelli und der Prinz über Emilias bevorstehende Heirat als Aktion der Familie]; II/4 [die Eltern Galotti über Emilias Versorgung in der Ehe]; IV/3 [Orsina und Marinelli über die Liebe am Hof]; IV/7 [Odoardo und Orsina über Intrigen und Korruption am Hof]
- **Jakob Michael Reinhold Lenz**: „Der Hofmeister oder Vorteile der Privaterziehung. Eine Komödie“ (1774), Szene I/3 [der Hofmeister Läufer und die Majorin über „Domestiken und Standespersonen“]; I/4 [Läufer und der Major über die Privaterziehung junger Adeliger durch Bürgerliche]; I/6 [der adelige Vater und sein Sohn, Gustchen: Abschied der Liebenden und Treueschwüre]

II Furcht und Mitleid – Die Entwicklung des bürgerlichen Trauerspiels

In kaum einer literarischen Gattung ist der Wechsel der kulturellen Bedeutsamkeit von der barock-absolutistischen, adeligen Mentalität zum bürgerlichen Geschmack deutlicher zu spüren als im Drama. In den Hoftheatern der Residenzstädte spielte man die Tragödien der französischen Klassiker, Corneille, Racine. Deren Helden sind Könige, Helden, Halbgötter, die ein schweres Schicksal trifft. Ihre Leidenschaften sind überdimensional, ihr Leiden ist heroisch. In der Zeit der Aufklärung begann man auch in den Städten Theater einzurichten. Shakespeare galt als der geniale Autor, dem man nachstrebte. Bei ihm fand man „große Gefühle“ und „bedeutende Charaktere“. Lessing wollte von Hamburg aus durch die Gründung eines „Nationaltheaters“ Einfluss auf diese Entwicklung gewinnen. **Katharsis, die Reinigung der Leidenschaften,** wird vom Theater-Erlebnis erwartet. Aber welche Leidenschaften werden gereinigt, die, die man auf der Bühne sieht: Ehrgeiz, Rachsucht, Machtrausch, oder die, die der Zuschauer schon mit ins Theater bringt als Bestandteile seiner eigenen emotionalen Persönlichkeit?

Gotthold Ephraim Lessing: **Hamburgische Dramaturgie** (1768) – Zur Theorie der Katharsis

Vierundsiebzigstes Stück. Den 15. Januar 1768

Das Wort, welches Aristoteles braucht, heißt Furcht: Mitleid und Furcht, sagt er, soll die Tragödie erregen; nicht Mitleid und Schrecken. [...]

„Das Mitleid“, sagt Aristoteles, „verlangt einen, der unverdient leidet; und die Furcht einen unsersgleichen. Der Bösewicht ist weder dieses noch jenes: Folglich kann auch sein Unglück weder das Erste noch das andere erregen.“

Fünfundsiebzigstes Stück. Den 19. Januar 1768

Es beruht aber alles auf dem Begriffe, den sich Aristoteles von dem Mitleiden gemacht hat. Er glaubte nämlich, dass das Übel, welches der Gegenstand unsers Mitleidens werden solle, notwendig von der Beschaffenheit sein müsse, dass wir es auch für uns selbst (oder für eines von den Unsrigen), zu befürchten hätten. Wo diese Furcht nicht sei, könne auch kein Mitleiden stattfinden. Denn weder der, den das Unglück so tief herabgedrückt habe, dass er weiter nicht für sich zu fürchten sähe, noch der, welcher sich so vollkommen glücklich glaube, dass er gar nicht begreife, woher ihm ein Unglück zustoßen könne, weder der Verzweifelnde noch der Übermütige pflege mit andern Mitleid zu haben.

---

1 Zeichnen Sie die Argumente nach, die „Mitleid und Furcht“ an die Stelle von „Mitleid und Schrecken“ setzen sollen. Achten Sie besonders auf die Eigenschaften, die ein Held oder eine Heldin haben müssen, damit sie Mitleid verdienen.

2 Stellen Sie die Dramenkonzeption, die Lessing vorstellt, der Konzeption der barocken/französischen Tragödie gegenüber.

	barocke/französische Tragödie	*Lessings, Schillers bürgerliches Trauerspiel*
Eigenschaften des Helden	*– hochgestellt (Fürst, König)* *– Fallhöhe* *– überdimensionale Leidenschaft*	

Besonderheiten des Schicksals	*– von den Göttern verhängt* *– unverdient, ungerecht* *– von außen hereinbrechend*	
Rolle/Aufgabe der Zuschauer	*– Staunen über Größe und Erhabenheit der handelnden Figuren* *– Erschrecken über den tiefen Fall der Helden*	

Gotthold Ephraim Lessing: **Emilia Galotti** (1772) – V/7

[Der Fürst von Guastalla hat sich in Emilia Galotti verliebt. Sein Helfer am Hof, Marinelli, lässt die Kutsche, in der Emilia und ihr Verlobter Appiani fahren, überfallen. Appiani wird ermordet und Emilia auf das Schloss des Fürsten „gerettet". Der Vater Odoardo durchschaut das Spiel. Er erhält von Orsina, der verlassenen Geliebten des Fürsten, einen Dolch, um diesen zu töten. Er trifft auf seine Tochter.]

ODOARDO: Ich meine, du bist ruhig, mein Kind.

EMILIA: Das bin ich. Aber was nennen Sie ruhig sein? Die Hände in den Schoß legen? Leiden, was man nicht sollte? Dulden, was man nicht dürfte?

ODOARDO: Ha! Wenn du so denkest! – Lass dich umarmen, meine Tochter! – Ich hab es immer gesagt: Das Weib wollte die Natur zu ihrem Meisterstücke machen. Aber sie vergriff sich im Tone, sie nahm ihn zu fein. Sonst ist alles besser an euch als an uns. – Ha, wenn das deine Ruhe ist, so habe ich meine in ihr wiedergefunden! Lass dich umarmen, meine Tochter! – Denke nur: Unter dem Vorwande einer gerichtlichen Untersuchung – o des höllischen Gaukelspieles! – reißt er dich aus unsern Armen und bringt dich zur Grimaldi[1].

EMILIA: Reißt mich? Bringt mich? – Will mich reißen, will mich bringen: will! will! – Als ob wir, wir keinen Willen hätten, mein Vater!

ODOARDO: Ich ward auch so wütend, dass ich schon nach diesem Dolche griff *ihn herausziehend,* um einem von beiden – beiden! – das Herz zu durchstoßen.

EMILIA: Um des Himmels willen nicht, mein Vater! – Dieses Leben ist alles, was die Lasterhaften haben. – Mir, mein Vater, mir geben Sie diesen Dolch.

ODOARDO: Kind, es ist keine Haarnadel.

EMILIA: So werde die Haarnadel zum Dolche! – Gleichviel.

ODOARDO: Was? Dahin wäre es gekommen? Nicht doch; nicht doch! Besinne dich. – Auch du hast nur ein Leben zu verlieren.

EMILIA: Und nur eine Unschuld!

ODOARDO: Die über alle Gewalt erhaben ist.

EMILIA: Aber nicht über alle Verführung. – Gewalt! Gewalt! Wer kann der Gewalt nicht trotzen? Was Gewalt heißt, ist nichts: Verführung ist die wahre Gewalt. – Ich habe Blut, mein Vater, so jugendliches, so warmes Blut als eine. Auch meine Sinne sind Sinne. Ich stehe für nichts. Ich bin für nichts gut. Ich kenne das Haus der Grimaldi. Es ist das Haus der Freude. Eine Stunde da, unter den Augen meiner Mutter – und es erhob sich so mancher Tumult in meiner Seele, den die strengsten Übungen der Religion kaum in Wochen besänftigen konnten! – Der Religion! Und welcher Religion? – Nichts Schlimmers zu vermeiden, sprangen Tausende in die Fluten und sind Heilige! – Geben Sie mir, mein Vater, geben Sie mir diesen Dolch.

[...]

ODOARDO: Sieh, wie rasch! – Nein, das ist nicht für deine Hand.

EMILIA: Es ist wahr, mit einer Haarnadel soll ich – *Sie fährt mit der Hand nach dem Haare, eine zu*

1 **Grimaldi:** eine Familie der Stadt, bei der der Fürst seine Bälle und Feste feiert

suchen, und bekommt die Rose zu fassen. Du noch hier? – Herunter mit dir! Du gehörest nicht in das Haar einer – wie mein Vater will, dass ich werden soll!

ODOARDO: Oh, meine Tochter!

EMILIA: Oh, mein Vater, wenn ich Sie erriete! – Doch nein, das wollen Sie auch nicht. Warum zauderten Sie sonst? – *In einem bittern Tone, während dass sie die Rose zerpflückt* Ehedem wohl gab es einen Vater, der seine Tochter von der Schande zu retten, ihr den ersten, den besten Stahl in das Herz senkte – ihr zum zweiten Male das Leben gab[2]. Aber alle solche Taten sind von ehedem! Solcher Väter gibt es keinen mehr!

ODOARDO: Doch, meine Tochter, doch! *Indem er sie durchsticht* – Gott, was hab ich getan! *Sie will sinken, und er fasst sie in seine Arme.*

EMILIA: Eine Rose gebrochen, ehe der Sturm sie entblättert. – Lassen Sie mich sie küssen, diese väterliche Hand.

2 Emilia erinnert hier an die Geschichte der Römerin Verginia, die von ihrem Vater erstochen wurde, um ihre Unschuld und ihren guten Namen zu bewahren.

1 Charakterisieren Sie die beiden Gesprächspartner und überlegen Sie, wo es sich um eine **symmetrische,** wo um eine **komplementäre Kommunikation** handelt (▸ S. 92 f.).

2 **a** Was bringt Emilia dazu, ihren Tod zu wünschen, und wie zwingt sie ihren Vater, sie zu töten? Schreiben Sie die Reden und Antworten, die Emilia an ihren Vater richtet, in einen Monolog um, in dem sie sich selbst Klarheit über ihre Situation, ihr erwartbares Schicksal und die Konsequenzen, die sie daraus ziehen will, verschafft.

b Vergleichen Sie Ihre Monologe, werten Sie die Argumente, die genannt werden, aus und diskutieren Sie sie.

Johann Jakob Engel: **Über Emilia Galotti** (1774) – Auszug

Der Widerspruch, den Sie in dem Charakter der *Emilie* glauben bemerkt zu haben, [...] entsteht nur durch die Art, wie die letzten Szenen ausgeführt worden. Eben das Mädchen, sagen Sie, das wir im Anfange so ängstlich, so furchtsam, so schüchtern sehen; eben das Mädchen kann nachher so herzhaft den Tod fordern? [...] Ich habe gegen die Ausführung der letzten Szene noch eine andere Erinnerung zu machen. Sie betrifft die an sich so vortreffliche Stelle, worin Emilie über Gewalt und Verführung philosophiert. Wenn ich sie sagen höre: „Ich habe Blut, mein Vater ..." [...] so weiß ich in der Tat nicht, was aus dem Mädchen geworden ist. [...] Denn sagen Sie selbst, mein Freund: Wie kann sich Emilie, in ihrer jetzigen Lage, vor Verführung fürchten? Und vor Verführung vom Prinzen? Sie weiß, wie sie selbst gesteht, warum Appiani tot ist; [...] sie sieht gleichsam sein Blut noch an den Händen des Prinzen kleben: und wäre nun dieser Prinz ein Adonis, [...] so müsste er ihr doch um dieses Blutes willen, in diesem Augenblicke der ersten empörten Leidenschaft, das grässlichste, verabscheuungswürdigste Ungeheuer dünken, das je die Erde getragen. [...] Wenn dann der verwirrte, in Wut gesetzte, erschütterte Vater, der eben so sehr als Emilie vorbereitet ist, von dem Prinzen das Allerärgste zu denken [...], den tödlichen Streich vollführte? Sollte nicht durch so eine Wendung die Katastrophe weit natürlicher und den beiden Charakteren, des Vaters sowohl als der Emilie, weit angemessner werden?

1 Wie versteht der zeitgenössische Rezensent den Schluss des Trauerspiels? Entwerfen Sie einen Antwortbrief, in dem Sie Ihre Sicht der Schlussszene vortragen und zur Frage der „Reinigung der Leidenschaft", die das Trauerspiel erzeugen soll, eine eigene Position beziehen.

2 Lessing verlangt in seiner „Hamburgischen Dramaturgie“, dass das bürgerliche Trauerspiel Mitleid auslösen soll, welches zur Reinigung der Leidenschaft führt. Kann Emilias Schicksal ein solches Mitleid auslösen? Erörtern Sie diese Frage. Setzen Sie sich dabei auch mit den Einwänden gegen den Schluss des Dramas auseinander, die der frühe Rezensent Engel erhebt.

Friedrich Schiller: **Kabale und Liebe** (1784) – V/1

[In der „Limonadenszene“ (▶ *S. 282f.**) fällt Luise Ferdinands Gift zum Opfer. Zuvor hatte sie angesichts der Aussichtslosigkeit ihrer Liebe schon an Selbstmord gedacht. Ihr Vater kann das nicht billigen.]*

Tochter! Tochter! gib acht daſs du Gottes nicht spottest, wenn du seiner am meisten von Nöthen hast.
V. Aufz. 1. Auftr.

Luise: *geht auf ihn zu und hält ihn* Nur ein heulender Sünder konnte den Tod ein Gerippe schelten; es ist ein holder niedlicher Knabe, blühend, wie sie den Liebesgott malen, aber so tückisch nicht – ein stiller dienstbarer Genius, der der erschöpften Pilgerin Seele den Arm bietet über den Graben der Zeit, das Feenschloss der ewigen Herrlichkeit aufschließt, freundlich nickt und verschwindet.

Miller: Was hast du vor, meine Tochter? – Du willst eigenmächtig Hand an dich legen.

Luise: Nenn Er es nicht so, mein Vater. Eine Gesellschaft räumen, wo ich nicht wohlgelitten bin – An einen Ort vorausspringen, den ich nicht länger missen kann – Ist denn das Sünde?

Miller: Selbstmord ist die abscheulichste, mein Kind – die einzige, die man nicht mehr bereuen kann, weil Tod und Missetat zusammenfallen.

Luise: *bleibt erstarrt stehen* Entsetzlich! – Aber so rasch wird es doch nicht gehn. Ich will in den Fluss springen, Vater, und im Hinuntersinken Gott den Allmächtigen um Erbarmen bitten. [...]

Miller: Wenn du Gott liebst, wirst du nie bis zum Frevel lieben – Du hast mich tief gebeugt, meine Einzige! Tief, tief, vielleicht zur Grube gebeugt. – [...] Du warst mein Abgott. Höre, Luise, wenn du noch Platz für das Gefühl eines Vaters hast – Du warst mein Alles. Jetzt vertust du nicht mehr von deinem Eigentum. Auch ich hab alles zu verlieren. Du siehst, mein Haar fängt an, grau zu werden. Die Zeit meldet sich allgemach bei mir, wo uns Vätern die Kapitale zustatten kommen, die wir im Herzen unsrer Kinder anlegten. – Wirst du mich darum betrügen, Luise? Wirst du dich mit dem Hab und Gut deines Vaters auf und davon machen?

Luise: *küsst seine Hand mit der heftigsten Rührung* Nein, mein Vater. Ich gehe als Seine große Schuldnerin aus der Welt und werde in der Ewigkeit mit Wucher bezahlen.

Miller: Gib Acht, ob du dich da nicht verrechnest, mein Kind? *Sehr ernst und feierlich* Werden wir uns dort wohl noch finden? – Sieh! Wie du blass wirst! – Meine Luise begreift es von selbst, dass ich sie in jener Welt nicht wohl mehr einholen kann, weil ich nicht so früh dahin eile wie sie – *Luise stürzt ihm in den Arm, von Schauern ergriffen. – Er drückt sie mit Feuer an seine Brust und fährt fort mit beschwörender Stimme.* O Tochter! Tochter! Gefallene, vielleicht schon verlorene Tochter! Beherzige das ernsthafte Vaterwort! Ich kann nicht über dich wachen. Ich kann dir die Messer nehmen, du kannst dich mit einer Stricknadel töten. Vor Gift kann ich dich bewahren, du kannst dich mit einer Schnur Perlen erwürgen. – Luise – Luise – nur *warnen* kann ich dich noch. – Willst du es darauf ankommen lassen, dass dein treuloses Gaukelbild auf der schrecklichen Brücke zwischen Zeit und Ewigkeit von dir weiche? Willst du dich vor des Allwissenden Thron mit der Lüge wagen:

Deinetwegen, Schöpfer, bin ich da? – Es sei! *Nachdrücklicher, lauter* Tu, was du willst. Bring deinem schlanken Jüngling ein Opfer, dass deine Teufel jauchzen und deine guten Engel zurücktreten – Zieh hin! Lade alle deine Sünden auf, lade auch diese, die letzte, die entsetzlichste auf, und wenn die Last noch zu leicht ist, so mache mein Fluch das Gewicht vollkommen – Hier ist ein Messer – durchstich dein Herz, und *indem er laut weinend fortstürzen will* das Vaterherz!

LUISE: *springt auf und eilt ihm nach* Halt! Halt! O mein Vater! – Dass die Zärtlichkeit noch barbarischer zwingt als Tyrannenwut! – Was soll ich? Ich kann nicht! Was muss ich tun?

MILLER: Wenn die Küsse deines Majors heißer brennen als die Tränen deines Vaters – stirb!

LUISE: *nach einem qualvollen Kampf mit einiger Festigkeit* Vater! Hier ist meine Hand! Ich will – Gott! Gott! Was tu ich? Was will ich? – Vater, ich schwöre. – Wehe mir, wehe! Verbrecherin, wohin ich mich neige! – Vater, es sei!

---

1 a Miller setzt seine Tochter gehörig unter Druck. Welches sind seine Argumente?
b Verwandeln Sie seine dramatische Rede in einen Erziehungsbrief, den besorgte Eltern an ihre „gefährdete" Tochter schicken, und prüfen Sie, wie stichhaltig die Argumente aus heutiger Sicht wären.

2 a Vergleichen Sie den Dialog zwischen Odoardo und Emilia (▸ S. 286) mit dem zwischen Vater und Tochter Miller. Achten Sie vor allem auf die Gefühle, die Tochter und Vater füreinander empfinden.
b Beobachten Sie auch Ihre eigenen Reaktionen. Wo ist Mitleid im Spiel, wo Bewunderung, wo müssen Sie den Kopf schütteln?

Weiterführende Aufgaben:

1 Recherchieren Sie in einer Theaterzeitschrift (z. B. „Theater heute") oder im Feuilleton einer überregionalen Zeitung (z. B. Süddeutsche, Frankfurter Allgemeine, ZEIT) Rezensionen zu Theaterinszenierungen von „Kabale und Liebe". Untersuchen Sie die Aussagen der Rezensenten über die Wirkung der Aufführungen auf das anwesende Publikum. Achten Sie dabei besonders auf Spuren der Katharsis-Theorie.

2 Beschreiben Sie in Form eines offenen Briefs, einer Rezension oder einer Glosse möglichst genau ein eigenes Theatererlebnis. Beziehen Sie dramentheoretisches Wissen (▸ S. 179–187) mit ein.

3 Vergleichen Sie Lessings Auffassung von der Wirkung, die das Theater auf die Zuschauer haben soll (Katharsis; Furcht und Mitleid; mittlerer Held; Reinigung der Leidenschaft), mit Bertolt Brechts Theorie des epischen Theaters (▸ S. 181–183). Lesen Sie zu dieser Frage darüber hinaus in Brechts „Schriften zum Theater" (Gesammelte Werke, Suhrkamp, Frankfurt/M. 1967, Bd. 15) die „Kritik der Einfühlung" im Kapitel „Über eine nichtaristotelische Dramatik", S. 240–251, und Brechts Aufsätze über „Das epische Theater", S. 262–316. Kontrastieren Sie insbesondere Brechts Urteile über die Gefühlsreaktionen mit denen Lessings in einer Gegenüberstellung.

4 Im Drama der Aufklärung und des Sturm und Drang stehen sehr oft Töchter und ihre Väter im Mittelpunkt. Recherchieren Sie andere Theaterstücke der Zeit, in denen dieses Verhältnis thematisiert wird, und zeigen Sie mentale Entwicklungslinien auf: Wie entwickelt sich in den fünfzig Jahren von etwa 1735 bis 1785 das innerfamiliäre Klima zwischen Vätern und Töchtern?
- **Johann Christoph Gottsched:** „Sterbender Cato" (Szene V/1, 1731 [der Römer Cato und seine Tochter Portia, die den politischen Gegner Catos, Julius Cäsar, liebt])
- **Gotthold Ephraim Lessing:** „Miss Sara Sampson" (Szene V/9, 1755 [der Vater, Sir William, will seine Tochter zurückgewinnen, die mit ihrem Liebhaber Mellefont geflohen ist])
- **Jakob Michael Reinhold Lenz:** „Die Soldaten" (Szene I/5 und 6; V/4, 1773 [der Vater sucht, nachdem er fürchterlich getobt hat, seine Tochter, um sie vor dem Selbstmord zu bewahren])

III Das bürgerliche Trauerspiel auf der Bühne – Inszenierungen in der Kritik

Die „Lebendigkeit“ eines Theaterstückes zeigt sich in seinen **Inszenierungen.** Schillers Trauerspiel „Kabale und Liebe“ wurde bis heute immer wieder neu inszeniert. Dabei setzten die Regisseure ganz unterschiedliche Interpretationen des Textes in Bühnenhandlungen, Bühnenbilder und schauspielerische Interaktionen um. Welches der Probleme ins Zentrum der Aufmerksamkeit rückt, hängt entscheidend von dem gedanklichen Kontext ab, in den der inszenierte Text gestellt wird.

Die Rezensenten ihrerseits verdeutlichen ihrem Publikum, was sie in diesen Inszenierungen an Neuem gesehen und verstanden haben. Im Folgenden lesen Sie einige **Rezensionen,** aus denen Sie erkennen können, dass auch der **Zeitgeist** sich in die Inszenierungen wie in die Rezensionen einschreibt.

Franz Mehring über eine Inszenierung von Schillers „Kabale und Liebe“ an der Neuen Volksbühne Berlin in „Die Volksbühne“ (1894)

Nächst und neben Lessings „Emilia Galotti“ ist Schillers „Kabale und Liebe“ das revolutionärste Drama unserer klassischen Literatur. Es erschien fünf Jahre vor Ausbruch der Französischen Revolution, im Jahre 1784, als auf Deutschland noch der Druck und die Schmach eines Despotismus lastete, der von mehreren Hundert kleinen Despoten mit raffinierter Grausamkeit gehandhabt wurde. Eher noch als Schillers Erstling „Die Räuber“ hätte dies bürgerliche Trauerspiel das Motto tragen dürfen: In tyrannos! Gegen die Tyrannen.

[...] Vieles in seinem Trauerspiele erscheint heute allzu grotesk, allzu krass, allzu übertrieben, aber deshalb enthält es doch echte, historische Wahrheit. Dieser Präsident von Walter, dieser Hofmarschall von Kalb, dieser Sekretär Wurm sind einmal lebendige Gestalten gewesen [...]. Ebenso wahr sind auch die bürgerlichen Figuren des Trauerspiels. Es gärte damals in den kleinbürgerlichen Klassen, wie es in dem Stadtmusikanten Müller gärt. [...] Endlich das Liebespaar, dessen überstiegene Sprache uns heute wohl am seltsamsten in Schillers Trauerspiel anmutet, war auch einmal wirklich. Was in Deutschland von dem Geist einer neuen Zeit angeweht wurde, schwärmte in den Wolken mit den Winden; der ganze Emanzipationskampf des deutschen Bürgertums vollzog sich schließlich in den Ätherhöhen der Idee, weil es zu schwach war, auf ebener Erde mit derben Fäusten und blanken Waffen zu kämpfen.

Botho Strauß über die Bremer Inszenierung von Peter Stein (1967)

Als eigentliche Mitte des Stücks erscheint die geschädigte Beziehung zweier Menschen. [...] Er [der Regisseur Peter Stein] stellt fest: In „Kabale und Liebe“ ist das Traurigste die Liebe. Liebe, die – aus was für Gründen immer, wahrscheinlich aus einem verquälten Absolutheitswahn – nicht mehr eins ist mit sich, im Zweifel und Verdachte auseinanderfiel, die ein gefährliches Prüfspiel geworden ist.

Benjamin Henrichs über die Frankfurter Inszenierung von Christof Nel (1977)

Widersprochen wird der idyllischen Betrachtung des Stücks: dass Luise und Ferdinand, die Bürgerin und der Aristokrat, unter anderen als feudalen Verhältnissen ein glückliches Paar werden könnten. Nel glaubt es nicht. Am Scheitern ihrer großen, unbedingten, ewigen Liebe ist nicht so sehr ein sozialer Missstand schuld, sondern vielmehr die Eigenart dieser Liebe selber. Die beiden (das klingt verstiegen, wird aber durch ihr verstiegenes Reden glaubhaft) sind gerade in die Unmöglichkeit ihrer Liebe verliebt. Eine Liebesgeschichte, die nur im Himmel (oder an einem anderen abstrakten Ort) wirklich werden kann, weil ihr auf Erden nicht zu helfen ist. Indem die Aufführung davon erzählt, ist sie sehr wohl ein Beitrag zur deutschen Geschichte, Gefühlsgeschichte. [...] [Ferdinand und Luise] haben diese bleichen, ewig angespannten, überspannten Gesichter – Zeugen eines Gefühls, in dem es nur Qualen gibt, gar keine Heiterkeit: Etwas anderes als ihr Unglück können sie sich gar nicht vorstellen.

1 a Verschaffen Sie sich einen Überblick über die Deutungen, die Schillers Drama nach diesen Rezensionen auf der Bühne erfahren hat. Setzen Sie dazu die nachstehende Grafik in Ihrem Heft fort.
b Suchen Sie in den in diesem Kapitel abgedruckten Szenen Belege, die für diese Deutungen sprechen, und ergänzen Sie sie in der Grafik.

Schiller, *Kabale und Liebe*

- ***Ein politisches Trauerspiel***
  - *Kritik am Despotismus*
  - *Emanzipation des Bürgertums*
  - …
- ***Drama über die Unmöglichkeit der Liebe***
  - *die Liebenden können sich über die Natur ihrer Gefühle nicht klar werden*
  - …
- ***Trauerspiel des Bürgertums***
  - *Kommunikationsdefizit*
  - …
- **…**
  - …

Weiterführende Aufgaben:

1 Recherchieren Sie weitere Berichte über Inszenierungen aus dem Internet oder dem „Schiller-Handbuch" (Stuttgart/Weimar 2005). Schreiben Sie – ausgehend von dem gesammelten Material – eine Rezension der Rezensionen: „Schillers zweihundertfünfundzwanzigjähriges Trauerspiel in den Köpfen seiner Rezensenten".

2 a Das bürgerliche Trauerspiel demonstriert das Trauerspiel des Bürgertums. Dieses Wortspiel enthält etwas Wahres:
- *kommunikationstheoretisch gelesen* zeigt sich ein Mangel an Kommunikationskompetenz zwischen den Geschlechtern und Generationen,
- *mentalitätsgeschichtlich gelesen* zeigt sich, dass die Individuen mit den Gefühlen, auf die sie so stolz sind, nicht recht umzugehen verstehen, und
- *politisch gelesen* zeigt sich die Unfähigkeit des Bürgertums, gegenüber dem herrschenden Adel eine politische Rolle zu spielen.

Setzen Sie sich auf Grund Ihrer Lektüreerfahrung arbeitsteilig mit den hier vorgestellten Lesarten des Stücks auseinander.

b Präsentieren und bewerten Sie Ihre Ergebnisse vor dem Hintergrund Ihrer Epochenkenntnis.

Joseph Anton Koch: Landschaft mit dem Regenbogen (um 1805)

Motive

Sonne	*Mond*
Kreis	*Viereck*
See	*Meer*
Klavier	*Geige*
Silber	*Gold*
Krug	*Vase*
Rabe	*Adler*
Palast	*Burg*
Tanne	*Zypresse*
Stadt	*Dorf*
Gebirge	*Hügellandschaft*

Wer das Dichten will verstehen,
Muss ins Land der Dichtung gehen;
Wer den Dichter will verstehen,
Muss in Dichters Lande gehen.

Die Poesie heilt die Wunden, die der Verstand schlägt.

Nach Innen geht der geheimnisvolle Weg. In uns, oder nirgends ist die Ewigkeit mit ihren Welten, die Vergangenheit und Zukunft. Die Außenwelt ist die Schattenwelt, sie wirft ihren Schatten in das Lichtreich.

Die Schönheit der Form ist die innere, sichtbar gewordene Vernunft der Natur

Caspar David Friedrich: Gebirgslandschaft mit Regenbogen (1810)

1 Bilden Sie zwei Rubriken „Klassik" und „Romantik" und ordnen Sie die Bilder, die Motive und die Zitate in die beiden Rubriken ein. Begründen Sie Ihre Einordnungen.

2 a Verfassen Sie auf der Basis Ihrer Einordnungen einen Text über Ihr Verständnis der beiden Begriffe „Klassik" und „Romantik". Legen Sie sich Rechenschaft darüber ab, wie Sie zu Ihrem Verständnis gekommen sind.

b Überprüfen Sie Ihr Vorverständnis, nachdem Sie sich mit den beiden Epochen auseinandergesetzt haben.

3.1 Klassik

Joseph Wright: Sir Brooke Boothby (1781)

Johann Heinrich Wilhelm Tischbein: Goethe in der Campagna di Roma (1786/87)

1 Betrachten Sie die beiden Bilder und versuchen Sie eine Deutung. Wie wirken sie auf Sie und was vermitteln sie Ihnen?

2 Vergleichen Sie die beiden Bilder in Bezug auf die Inszenierung der Personen (z. B. Haltung, Kleidung, Gestaltung des Hintergrunds).

Das Kunstprogramm: Wahrheit und Schönheit

Johann Wolfgang Goethe: **Italienische Reise** (1786/1829)

Im September 1786 ließ Goethe sich vom Herzog von Sachsen-Weimar, in dessen Dienst er als Minister stand, auf unbegrenzte Zeit Urlaub geben und brach heimlich zu einer Reise in das Land auf, zu dem er sich längst hingezogen fühlte: Italien. Er reiste über den Brenner und die Stationen Verona, Venedig, Ferrara, Bologna und Perugia nach Rom, seinem Hauptziel.

Tief prägend für ihn war die Begegnung mit der Antike, aber auch mit der mediterranen Natur und der Lebensart der Italiener. Aus Tagebuchaufzeichnungen und Briefen dieser Zeit stellte er später seinen Reisebericht „Italienische Reise" zusammen. In Rom war sein Führer der Maler J. H. W. Tischbein, mit dem ihn eine tiefe Freundschaft verband. *(▸ dessen Porträt Goethes oben)*

Perugia, den 25. Oktober 1786, abends

Endlich gelangten wir in die eigentliche alte Stadt, und siehe, das löblichste Werk stand vor meinen Augen, das erste vollständige Denkmal der alten Zeit, das ich erblickte. Ein bescheidener Tempel, wie er sich für eine so kleine Stadt schickte, und doch so vollkommen, so schön gedacht, dass er überall glänzen würde. Nun vorerst von seiner Stellung! Seitdem ich in Vitruv und Palladio[1] gelesen, wie man Städte bauen, Tempel und öffentliche Gebäude stellen müsse, habe ich einen großen Respekt vor solchen Dingen. Auch hierin waren die Alten so groß im Natürlichen. Der Tempel steht auf der schönen mittlern Höhe des Berges, wo eben zwei Hügel zusammentreffen, auf dem Platz, der noch jetzt „der Platz" heißt. [...]

Nicht allein das Gebäude sollte man zeichnen, sondern auch die glückliche Stellung.

An der Fassade konnte ich mich nicht sattsehen, wie genialisch konsequent auch hier der Künstler gehandelt.

Rom, den 10. November 1786

Ich lebe nun hier mit einer Klarheit und Ruhe, von der ich lange kein Gefühl hatte. Meine Übung, alle Dinge, wie sie sind, zu sehen und abzulesen, meine Treue, das Auge licht sein zu lassen, meine völlige Entäußerung von aller Prätention[2] kommen mir einmal wieder recht zustatten und machen mich im Stillen höchst glücklich. Alle Tage ein neuer merkwürdiger Gegenstand, täglich frische, große, seltsame Bilder und ein Ganzes, das man sich lange denkt und träumt, nie mit der Einbildungskraft erreicht.

Heute war ich bei der Pyramide des Cestius[3] und abends auf dem Palatin[4], oben auf den Ruinen der Kaiserpaläste, die wie Felsenwände dastehn. Hievon lässt sich nun freilich nichts überliefern! Wahrlich, es gibt hier nichts Kleines, wenn auch wohl hier und da etwas Scheltenswertes und Abgeschmacktes; doch auch ein solches hat teil an der allgemeinen Großheit genommen.

Kehr' ich nun in mich selbst zurück, wie man doch so gern tut bei jeder Gelegenheit, so entdecke ich ein Gefühl, das mich unendlich freut, ja, das ich sogar auszusprechen wage. Wer sich mit Ernst hier umsieht und Augen hat zu sehen, muss solid werden, er muss einen Begriff von Solidität fassen, der ihm nie so lebendig ward.

Der Geist wird zur Tüchtigkeit gestempelt, gelangt zu einem Ernst ohne Trockenheit, zu einem gesetzten Wesen mit Freude. Mir wenigstens ist es, als wenn ich die Dinge dieser Welt nie so richtig geschätzt hätte als hier. Ich freue mich der gesegneten Folgen auf mein ganzes Leben.

1 **Vitruv und Palladio:** Architekten der röm. Antike bzw. der Renaissance

2 **Prätention:** Anmaßung

3 **Pyramide des Cestius:** pyramidenförmiges Grabmal des röm. Staatsmanns Caius Cestius

4 **Palatin:** einer der sieben Hügel Roms; hier befanden sich die Palastanlagen der röm. Kaiser.

1 Geben Sie mit eigenen Worten wieder, was der Text über die antiken Bauwerke und über die Reaktionen des Reisenden darauf aussagt.

2 Setzen Sie Goethes Erleben und seine Kunstbetrachtung in Italien in Beziehung zu dem Gemälde von Joseph Anton Koch (► S. 292)

3 Charakterisieren Sie die Sprache, in der der Reisebericht abgefasst ist. Was bringt diese Sprache zum Ausdruck?

4 **Weiterführende Aufgabe:** Lesen Sie andere Reiseberichte, z. B. Heinrich Heines „Reise von München nach Genua", und vergleichen Sie diese in Schreibweise und Wirkungsabsicht mit Goethes Schilderungen.

Johann Joachim Winckelmann: **Gedanken über die Nachahmung der griechischen Werke in der Malerei und Bildhauerkunst** (1755)

Goethe wurde in der Rezeption der Antike inspiriert und beeinflusst von den Schriften des Archäologen und Kunsthistorikers J.J. Winckelmann, der in Rom als erster Ausländer mit der Aufsicht über die antiken Denkmäler beauftragt worden war. Die Bedeutung Winckelmanns für das Kunstverständnis der Klassik verdeutlichte Goethe später in seiner Schrift „Winckelmann und sein Jahrhundert".

Laokoon-Gruppe (um 200 v. Chr.)

Der einzige Weg für uns, groß, ja, wenn es möglich ist, unnachahmlich zu werden, ist die Nachahmung der Alten, und was jemand vom Homer gesagt, dass derjenige ihn bewundern lernt, der ihn wohl verstehen gelernt, gilt auch von den Kunstwerken der Alten, sonderlich der Griechen. Die Kenner und Nachahmer der griechischen Werke finden in ihren Meisterstücken nicht allein die schönste Natur, sondern noch mehr als Natur, das ist gewisse idealische Schönheiten derselben, die, wie uns ein alter Ausleger des Plato[1] lehrt, von Bildern, bloß im Verstande entworfen, gemacht sind. Die sinnliche Schönheit gab dem Künstler die schöne Natur, die idealische Schönheit die erhabenen Züge; von jener nahm er das Menschliche, von dieser das Göttliche. Ich glaube, ihre Nachahmung könne lehren, geschwinder klug zu werden, weil sie hier in dem einen den Inbegriff desjenigen findet, was in der ganzen Natur ausgeteilt ist, und in dem anderen, wie weit die schönste Natur sich über sich selbst, kühn, aber weislich, erheben kann. Sie wird lehren, mit Sicherheit zu denken und zu entwerfen, indem sie hier die höchsten Grenzen des menschlich und zugleich des göttlich Schönen bestimmt sieht. Die edle Einfalt und stille Größe der griechischen Statuen ist zugleich das wahre Kennzeichen der griechischen Schriften aus den besten Zeiten, der Schriften aus Sokrates'[2] Schule.

1 Platon: griech. Philosoph (427–347 v. Chr.), Schüler des Sokrates
2 Sokrates: griech. Philosoph (470–399 v. Chr.)

Friedrich Schiller: **Idealisierung als Aufgabe des Dichters** (1791)

Eine der ersten Erfordernisse des Dichters ist Idealisierung, Veredlung, ohne welche er aufhört, seinen Namen zu verdienen. Ihm kommt es zu, das Vortreffliche seines Gegenstandes (mag dieser nun Gestalt, Empfindung oder Handlung sein, *in* ihm oder *außer* ihm wohnen) von gröbern, wenigstens fremdartigen Beimischungen zu befreien, die in mehrern Gegenständen zerstreuten Strahlen von Vollkommenheit in einem einzigen zu sammeln, einzelne, das Ebenmaß störende Züge der Harmonie des Ganzen zu unterwerfen, das Individuelle und Lokale zum Allgemeinen zu erheben. Alle Ideale, die er auf diese Art im Einzelnen bildet, sind gleichsam nur Ausflüsse eines innern Ideals von Vollkommenheit, das in der Seele des Dichters wohnt. Zu je größerer Reinheit und Fülle er dieses innere allgemeine Ideal ausgebildet hat; desto mehr werden auch jene Einzelnen sich der höchsten Vollkommenheit nähern.

Johann Wolfgang Goethe: **Natur und Kunst** (1800)

Natur und Kunst, sie scheinen sich zu fliehen
Und haben sich, eh' man es denkt, gefunden;
Der Widerwille ist auch mir verschwunden,
Und beide scheinen gleich mich anzuziehen.

Es gilt wohl nur ein redliches Bemühen!
Und wenn wir erst in abgemessnen Stunden
Mit Geist und Fleiß uns an die Kunst gebunden,
Mag frei Natur im Herzen wieder glühen.

So ist's mit aller Bildung auch beschaffen:
Vergebens werden ungebundne Geister
Nach der Vollendung reiner Höhe streben.

Wer Großes will, muss sich zusammenraffen;
In der Beschränkung zeigt sich erst der Meister,
Und das Gesetz nur kann uns Freiheit geben.

1 a Untersuchen Sie in Kleingruppenarbeit die Texte (► S. 295 f.) auf folgende Aspekte hin:
- In welchem Verhältnis stehen Natur und Kunst?
- Wie soll Kunst bzw. Literatur beschaffen sein?
- Welche Aufgaben hat der Künstler bzw. Dichter?
- Welche Wirkung soll Kunst bzw. Literatur verfolgen?

b Entwerfen Sie auf dieser Basis so etwas wie das Manifest eines Kunst- und Literaturprogramms.

2 Stellen Sie der Klassik zugeordnete Beispiele aus Bildhauerkunst, Architektur, Malerei und Literatur vor. Stellen Sie Beziehungen zu den kunst- und literaturprogrammatischen Äußerungen (► S. 295 f.) her.

Das politische Programm: Weltbürgertum und Revolutionsskepsis

Friedrich Schiller: **Don Karlos. Infant von Spanien** (1884–1887) – Aus III/10 (V. 3194–3252)

[Schillers Drama spielt am Hofe des spanischen Königs Philipps II. (1556–1598). Marquis Posa, der Jugendfreund des Kronprinzen Karlos, ist von seinen Reisen durch Europa an den spanischen Königshof zurückgekehrt. Er erinnert Karlos an ihre gemeinsamen Utopien von einem freiheitlichen, die Bürgerrechte achtenden Staat und beschwört ihn, die grausame Unterdrückung der Protestanten in den spanischen Niederlanden zu verhindern.
Als der Marquis vom König empfangen wird, trägt er, von Philipp dazu ermutigt, seine Gedanken vor.]

MARQUIS *(mit Feuer)*: Ja, beim Allmächtigen!
Ja – ja – ich wiederhol es. Geben Sie,
Was Sie uns nahmen, wieder! Lassen Sie,
Großmütig, wie der Starke, Menschenglück
Aus Ihrem Füllhorn strömen – Geister reifen
In Ihrem Weltgebäude! Geben Sie,
Was Sie uns nahmen, wieder. Werden Sie
Von Millionen Königen ein König.
(Er nähert sich ihm kühn, indem er feste und feurige Blicke auf ihn richtet)
O, könnte die Beredsamkeit von allen
Den Tausenden, die dieser großen Stunde
Teilhaftig sind, auf meinen Lippen schweben,
Den Strahl, den ich in diesen Augen merke,
Zur Flamme zu erheben! – Geben Sie
Die unnatürliche Vergöttrung auf,
Die uns vernichtet. Werden Sie uns Muster
Des Ewigen und Wahren. Niemals – niemals
Besaß ein Sterblicher so viel, so göttlich
Es zu gebrauchen. Alle Könige
Europens huldigen dem spanschen Namen.
Gehn Sie Europens Königen voran.
Ein Federzug von dieser Hand, und neu
Erschaffen wird die Erde. Geben Sie
Gedankenfreiheit. –
(Sich ihm zu Füßen werfend)
KÖNIG *(überrascht, das Gesicht weggewandt und dann wieder auf den Marquis geheftet)*:
Sonderbarer Schwärmer!
Doch – stehet auf – ich –
MARQUIS: Sehen Sie sich um
In seiner herrlichen Natur! Auf Freiheit

Ist sie gegründet – und wie reich ist sie
Durch Freiheit! [...]
König: Und wollet Ihr es unternehmen, dies
Erhabne Muster in der Sterblichkeit
In meinen Staaten nachzubilden?
Marquis: Sie,
Sie können es. Wer anders? Weihen Sie
Dem Glück der Völker die Regentenkraft,
Die – ach so lang – des Thrones Größe nur
Gewuchert hatte – stellen Sie der Menschheit
Verlornen Adel wieder her. Der Bürger
Sei wiederum, was er zuvor gewesen,
Der Krone Zweck – ihn binde keine Pflicht
Als seiner Brüder gleich ehrwürdge Rechte.
Wenn nun der Mensch, sich selbst zurückgegeben,
Zu seines Werts Gefühl erwacht – der Freiheit
Erhabne, stolze Tugenden gedeihen –
Dann, Sire, wenn Sie zum glücklichsten der Welt
Ihr eignes Königreich gemacht – dann ist
Es Ihre Pflicht, die Welt zu unterwerfen.

---

1. Erarbeiten Sie sich ein möglichst genaues Textverständnis, indem Sie die Bedeutung jeder einzelnen Äußerung der Protagonisten mit eigenen Worten wiedergeben.
2. Beschreiben Sie, was der Marquis unter „Freiheit" versteht und wie er sich die Herrschaft in einer Monarchie nach seinen Idealen vorstellt.
3. Schiller hat seinen Marquis Posa immer wieder als „Weltbürger" bezeichnet. Erläutern Sie, durch welche Stellen dieses Textauszugs eine solche Charakterisierung berechtigt erscheint.
4. Wie Goethe sein Drama „Iphigenie" (► S. 170 f.; 560 f.), so hat Schiller den „Don Karlos" von einer Prosafassung in eine Versfassung umgearbeitet. Untersuchen Sie:
   - welche Wirkung die in Verse gebundene Sprache hat,
   - inwieweit die Umarbeitung mit seinen literaturprogrammatischen Äußerungen (S. 295) zusammenhängen könnte.

Friedrich Schiller: **Briefe über Don Karlos** (1788) – Aus dem elften Brief

In einer Reihe von Briefen hat Schiller sich mit den Kritikern seines Dramas auseinandergesetzt und dabei sein Werk selbst kommentiert. Ein vielfach vorgebrachter Kritikpunkt war die Charaktergestaltung des Marquis Posa. Man warf Schiller vor, dass diese Idealfigur, die der Träger der aufklärerischen politischen Ideen des Autors ist, zur Erreichung seiner hehren politischen Ziele zum Mittel der am Hofe üblichen Intrige greife und damit nicht besser sei als die Vertreter des absolutistischen Herrschaftssystems. Posa weiht seinen Freund Karlos in diese Intrige nicht ein und verschuldet dadurch letztendlich dessen und auch seinen eigenen Untergang.

Unstreitig! der Charakter des Marquis von Posa hätte an Schönheit und Reinigkeit gewonnen, wenn er durchaus *gerader* gehandelt hätte und über die unedlen Hülfsmittel der Intrige immer erhaben geblieben wäre. Auch gestehe ich, dieser Charakter ging mir nahe, aber, was ich für Wahrheit hielt, ging mir näher. Ich halte für Wahrheit, „dass *Liebe* zu einem *wirklichen Gegenstande* und Liebe zu einem Ideal sich in ihren Wirkungen ebenso ungleich sein müssen, als sie in ihrem Wesen voneinander verschieden sind – dass der uneigennützigste, reinste und edelste Mensch aus enthusiastischer Anhänglichkeit an *seine Vorstellung* von Tugend und hervorzubringendem Glück sehr oft ausgesetzt ist, ebenso willkürlich mit den Individuen zu schalten als nur immer der selbstsüchtigste Despot, weil der Gegenstand von beider Bestrebungen *in* ihnen, nicht *außer* ihnen wohnt und weil jener, der seine Handlungen nach einem innern Geistesbilde modelt, mit der Freiheit anderer beinahe ebenso im Streit liegt als dieser, dessen letztes Ziel *sein eigenes Ich* ist". Wahre Größe des Gemüts führt oft nicht weniger zu

Verletzungen fremder Freiheit als der Egoismus und die Herrschsucht, weil sie um der Handlung, nicht um des einzelnen Subjekts willen handelt. Eben weil sie in steter Hinsicht auf das Ganze wirkt, verschwindet nur allzu leicht das kleinere Interesse des Individuums in diesem weiten Prospekte[1].

1 **Prospekt:** Ansicht, Blickwinkel

1 Wie rechtfertigt Schiller die Charaktergestaltung des Marquis Posa? Zeichnen Sie den Argumentationsgang des Autors nach.

2 Nehmen Sie die Interpretation der Figur des Marquis Posa zum Ausgangspunkt einer weiterführenden Reflexion zum Thema „Die Dialektik politischer Aufklärung“: Welche Gefahren begleiten häufig die Durchsetzung aufklärerischer Ideale wie Freiheit, Gleichheit, Menschenwürde etc. besonders dann, wenn diese Durchsetzung durch einzelne, revolutionäre Führer erfolgt? Suchen Sie nach Beispielen in der Geschichte, die diese Gefahren verdeutlichen.

Friedrich Schiller: **Brief an den Herzog Friedrich Christian von Augustenburg** – Jena, den 13. Juli [Sonnabend] 1793

In diesem Brief an den schleswig-holsteinischen Herzog, der den Dichter über lange Zeit mit einem jährlichen Geschenk von tausend Talern finanziell unterstützte, legte Schiller seine Auffassung von den revolutionären Ereignissen in Frankreich dar.

Der Versuch des französischen Volks, sich in seine heiligen Menschenrechte einzusetzen und eine politische Freiheit zu erringen, hat bloß das Unvermögen und die Unwürdigkeit desselben an den Tag gebracht, und nicht nur dieses unglückliche Volk, sondern mit ihm auch einen beträchtlichen Teil Europens und ein ganzes Jahrhundert, in Barbarei und Knechtschaft zurückgeschleudert.

[...]

Soll man also aufhören, darnach zu streben? Soll man gerade die wichtigste aller menschlichen Angelegenheiten einer gesetzlichen Willkür, einem blinden Zufall anheimstellen, während dass das Reich der Vernunft nach jeder andern Seite zusehends erweitert wird? Nichts weniger, Gnädigster Prinz. Politische und bürgerliche Freiheit bleibt immer und ewig das heiligste aller Güter, das würdigste Ziel aller Anstrengungen, und das große Zentrum aller Kultur – aber man wird diesen herrlichen Bau nur auf dem festen Grund eines veredelten Charakters aufführen, man wird damit anfangen müssen, für die Verfassung Bürger zu erschaffen, ehe man den Bürgern eine Verfassung geben kann.

[...]

Dies dringendere Bedürfnis unseres Zeitalters scheint mir die Veredlung der Gefühle und die sittliche Reinigung des Willens zu sein, denn für die Aufklärung des Verstandes ist schon sehr viel getan worden. Es fehlt uns nicht sowohl an der Kenntnis der Wahrheit und des Rechts, als an der Wirksamkeit dieser Erkenntnis zur Bestimmung des Willens, nicht sowohl an Licht als an Wärme, nicht sowohl an philosophischer als an ästhetischer Kultur. Diese Letztere halte ich für das wirksamste Instrument der Charakterbildung, und zugleich für dasjenige, welches von dem politischen Zustand vollkommen unabhängig, und also auch ohne Hülfe des Staats zu erhalten ist.

1 Fassen Sie den Inhalt des Briefs in seinen Kernaussagen zusammen.

2 **a** Formulieren Sie in eigenen Worten Schillers politische Überzeugung: Welche Ziele strebt er an? Wann und wie können nach seiner Überzeugung diese Ziele erreicht werden? Wie beurteilt er die Französische Revolution in diesem Zusammenhang?

b Arbeiten Sie heraus, wie Schiller seine Rolle als Schriftsteller im politischen Prozess sieht, und setzen Sie das hier geäußerte Selbstverständnis mit den literaturprogrammatischen Äußerungen des Autors (▸ S. 295) in Beziehung.

3 Vergleichen Sie Schillers politische Position, die er in dem Brief einnimmt, mit denen, die er in den Auszügen aus dem „Don Karlos“ (▸ S. 296) und den „Räubern“ (▸ S. 277) gestaltet.

Johann Wolfgang Goethe/Friedrich Schiller: **Deutscher Nationalcharakter** (1796)

Zur Nation euch zu bilden, ihr hoffet es, Deutsche, vergebens;
Bildet, ihr könnt es, dafür freier zu Menschen euch aus.

---

1 Welche politische Zielsetzung wird in dem Xenion deutlich? Wie passt es zu Schillers Brief an den Herzog von Augustenburg?

2 **Referat/Facharbeit:** Recherchieren Sie Goethes politische Laufbahn am Fürstenhof in Weimar und stellen Sie sein politisches Wirken sowie die Überzeugungen, die sich daraus ablesen lassen, dar.

Das Ideal der Menschenbildung: „Edel sei der Mensch ...“

Johann Wolfgang Goethe/Friedrich Schiller: **Xenien** (1796)

Der Name „Xenien“ nimmt Bezug auf die „Xenia“ des römischen Dichters Martial aus dem Jahr 85 n. Chr. Goethe gebrauchte die Bezeichnung für kurze Gedichte, die er und Schiller gemeinsam entwarfen. Formal übernahmen Goethe und Schiller Martials ***Distichen*** *(▸ S. 194), also daktylische Doppelverse.*

Würde des Menschen
Nichts mehr davon, ich bitt euch. Zu essen gebt ihm, zu wohnen,
Habt ihr die Blöße bedeckt, gibt sich die Würde von selbst.

Das Höchste
Suchst du das Höchste, das Größte? Die Pflanze kann es dich lehren:
Was sie willenlos ist, sei du es wollend – das ists!

Aufgabe
Keiner sei gleich dem andern, doch gleich sei jeder dem Höchsten.
Wie ist das zu machen? Es sei jeder vollendet in sich.

Schöne Individualität
Einig sollst du zwar sein, doch *eines* nicht mit dem Ganzen,
Durch die Vernunft bist du eins, einig mit ihm durch das Herz.
Stimme des Ganzen ist deine Vernunft, dein Herz bist du selber,
Wohl dir, wenn die Vernunft immer im Herzen dir wohnt.

---

1 Legen Sie Ihr Verständnis der Xenien dar, indem Sie sie mit eigenen Worten in Prosatexte umformen.

2 Welches Xenion überzeugt Sie am meisten? Begründen Sie Ihre Entscheidung.

Johann Wolfgang Goethe: **Das Göttliche** (1783)

Edel sei der Mensch,
Hilfreich und gut!
Denn das allein
Unterscheidet ihn
Von allen Wesen,
Die wir kennen.

Heil den unbekannten
Höhern Wesen,
Die wir ahnen!
Ihnen gleiche der Mensch!
Sein Beispiel lehr' uns
Jene glauben.

Denn unfühlend
Ist die Natur:
Es leuchtet die Sonne
Über Bös' und Gute,
Und dem Verbrecher
Glänzen wie dem Besten
Der Mond und die Sterne.

Wind und Ströme,
Donner und Hagel
Rauschen ihren Weg
Und ergreifen
Vorübereilend
Einen um den andern.

Auch so das Glück
Tappt unter die Menge,
Fasst bald des Knaben
Lockige Unschuld,
Bald auch den kahlen
Schuldigen Scheitel.

Nach ewigen, ehrnen,
Großen Gesetzen
Müssen wir alle
Unseres Daseins
Kreise vollenden.

Nur allein der Mensch
Vermag das Unmögliche:
Er unterscheidet,
Wählet und richtet;
Er kann dem Augenblick
Dauer verleihen.

Er allein darf
Den Guten lohnen,
Den Bösen strafen,
Heilen und retten,
Alles Irrende, Schweifende
Nützlich verbinden.

Und wir verehren
Die Unsterblichen,
Als wären sie Menschen,
Täten im Großen,
Was der Beste im Kleinen
Tut oder möchte.

Der edle Mensch
Sei hilfreich und gut!
Unermüdet schaff' er
Das Nützliche, Rechte,
Sei uns ein Vorbild
Jener geahneten Wesen!

Friedrich Hölderlin: **Hyperions Schicksalslied** (1799)

Ihr wandelt droben im Licht
Auf weichem Boden, selige Genien[1]!
Glänzende Götterlüfte
Rühren euch leicht,
Wie die Finger der Künstlerin
Heilige Saiten.

Schicksallos, wie der schlafende
Säugling, atmen die Himmlischen;
Keusch bewahrt
In bescheidener Knospe,
Blühet ewig
Ihnen der Geist,
Und die seligen Augen
Blicken in stiller
Ewiger Klarheit.

Doch uns ist gegeben,
Auf keiner Stätte zu ruhn,
Es schwinden, es fallen
Die leidenden Menschen
Blindlings von einer
Stunde zur andern,
Wie Wasser von Klippe
Zu Klippe geworfen,
Jahrlang ins Ungewisse hinab.

1 Genien: (röm., Sing.: Genius) Schutzgeister für einzelne Menschen, hier wohl als Synonym für die griechischen Götter

Günter Grass: Im Ei (1958)

Wir leben im Ei.
Die Innenseite der Schale
haben wir mit unanständigen Zeichnungen
und den Vornamen unserer Feinde bekritzelt.
Wir werden gebrütet.

Wer uns auch brütet,
unseren Bleistift brütet er mit.
Ausgeschlüpft eines Tages,
werden wir uns sofort
ein Bildnis des Brütenden machen.

Wir nehmen an, daß wir gebrütet werden.
Wir stellen uns ein gutmütiges Geflügel vor
und schreiben Schulaufsätze
über Farbe und Rasse
der uns brütenden Henne.

Wann schlüpfen wir aus?
Unsere Propheten im Ei
streiten sich für mittelmäßige Bezahlung
über die Dauer der Brutzeit.
Sie nehmen einen Tag X an.

Aus Langeweile und echtem Bedürfnis
haben wir Brutkästen erfunden.
Wir sorgen uns sehr um unseren Nachwuchs
im Ei.
Gerne würden wir jener, die über uns wacht,
unser Patent empfehlen.

Wir aber haben ein Dach überm Kopf.
Senile Küken,
Embryos mit Sprachkenntnissen
reden den ganzen Tag
und besprechen noch ihre Träume.

Und wenn wir nun nicht gebrütet werden?
Wenn diese Schale niemals ein Loch bekommt?
Wenn unser Horizont nur der Horizont
unserer Kritzeleien ist und auch bleiben wird?
Wir hoffen, daß wir gebrütet werden.

Wenn wir auch nur noch vom Brüten reden,
bleibt doch zu befürchten, daß jemand,
außerhalb unserer Schale, Hunger verspürt,
uns in die Pfanne haut und mit Salz bestreut. –
Was machen wir dann, ihr Brüder im Ei? R

---

1 **a** Zeichnen Sie zu den drei Gedichten eine grafische Darstellung, in der Sie die jeweilige Situation des Menschen und sein Verhältnis zu den überirdischen Wesen abbilden. Beachten Sie, dass Grass' Gedicht keines aus der Klassik ist.
b Hängen Sie Ihre Darstellungen im Klassenraum aus. Markieren Sie bei einem Rundgang die drei Darstellungen, die Ihnen am überzeugendsten scheinen, z. B. mit Klebepunkten.
c Erläutern Sie, warum welche drei Produkte am häufigsten ausgewählt wurden.

2 **a** Wählen Sie je eines der Gedichte und schreiben Sie eine Interpretation. Zeichnen Sie dabei den Gedankengang des Textes nach; beschreiben Sie die Rolle des Sprechers und die Haltung, die er einnimmt; kennzeichnen Sie auch die Sprache und ihren Tonfall.
b Vergleichen Sie die Interpretationsergebnisse zu den drei Gedichten: Wo ergeben sich Ähnlichkeiten oder gar Übereinstimmungen, wo Unterschiede oder gar Gegensätze?

3 Fassen Sie zusammen, was Sie aus den Xenien (► S. 299) und dem Gedicht „Das Göttliche" (► S. 300) über das Menschenbild der Klassik erfahren.

Information **Epochenüberblick – Weimarer Klassik (ca. 1786 – ca. 1805)**

Allgemeingeschichtlicher Hintergrund: Das herausragende, den gesamten Zeitabschnitt prägende Ereignis ist die **Französische Revolution** von 1789 mit ihren weit reichenden Folgen wie den Kriegen der europäischen Monarchien gegen das republikanische Frankreich, dem Aufstieg und der Kaiserkrönung Napoleons und dem Zusammenbruch der alten politischen und territorialen Ordnung in Deutschland durch Napoleons imperiale Politik. Zunächst begrüßten fortschrittlich gesinnte Kreise des deutschen Bürgertums die Revolution – es kam 1792/93 sogar zum Experiment einer Mainzer Republik. Nach der Hinrichtung Ludwigs XVI. und der Schreckensherrschaft unter Führung Robespierres verloren jedoch viele den Glauben an die Verwirklichung der revolutionären Ziele „Freiheit, Gleichheit, Brüderlichkeit“.

Weltbild und Lebensauffassung: Der **Begriff „Klassik“** hat in Deutschland eine andere Bedeutung als im Kontext der Literaturgeschichte anderer Länder. Dort wird unter Klassik die Epoche verstanden, in der in dichter Fülle Werke von hohem Rang erschienen, die entscheidende Bedeutung für das kulturelle Selbstverständnis des Landes haben. Diese Epochen fallen in den einzelnen Ländern in ganz unterschiedliche historische Perioden. Die **deutsche Klassik** weicht von diesem Muster auf zweifache Weise ab: Sie umfasst nur eine sehr kurze Zeitspanne und wird im Ausland häufig gar nicht als eigene Epoche wahrgenommen, sondern der Romantik zugeordnet, und sie bleibt auf die Werke zweier Autoren, Goethe und Schiller, beschränkt. Zeitgleich entstandene Werke anderer Autoren (Wieland, Hölderlin, Jean Paul, Kleist) werden in der Regel der **Aufklärung** (▸ S. 266 f.) oder der **Romantik** (▸ S. 326 f.) zugerechnet. Im politisch zersplitterten Deutschland gab es kein hauptstädtisches Zentrum; am **„Musenhof“ in Weimar** wurden jedoch die Künste gefördert. So entwickelte sich die kleine Residenzstadt mit den Dichtern Johann Wolfgang Goethe, Johann Gottfried Herder (1744–1803) und Christoph Martin Wieland (1733–1813), zu denen in den 1790er Jahren noch Friedrich Schiller kam, zu einer Kulturmetropole, die die Intellektuellen aus ganz Europa anzog. 1794 schlossen Goethe und Schiller nähere Bekanntschaft, aus der eine enge literarische Zusammenarbeit und Freundschaft erwuchsen.
Schiller begeisterte sich anfangs für die Französische Revolution, später stand er ihr, wie auch Goethe, mit Skepsis und Ablehnung gegenüber. Nicht dass die beiden Dichter als apolitisch zu bezeichnen wären: Sie hielten ihre Zeit und die Zustände in Deutschland für nicht reif für eine grundlegende gesellschaftliche Umwälzung gemäß den Ideen der Aufklärung. Vielmehr sahen sie die Notwendigkeit, zunächst einmal den einzelnen Menschen zu erziehen und zu bilden, um ihn zu einer auf Freiheit und Gleichberechtigung basierenden Ordnung zu befähigen. Bereits 1786 war Goethe zu einer eineinhalbjährigen **Italienreise** aufgebrochen. Der **Kontakt mit der Kunst und den Bauwerken der Antike,** das Gefühl von Erhabenheit und Allgültigkeit, das sie ihm vermittelten, hatten sein künstlerisches und wissenschaftliches Bewusstsein (s. u.) verändert. Seine **Antikenbegeisterung,** die v. a. durch die Schriften Johann Joachim Winckelmanns (1717–1768) geweckt und vermittelt wurde, teilte er mit zahlreichen Intellektuellen seiner Zeit. Werte der antiken Philosophie lagen auch Schillers und Goethes **Menschenbild** zu Grunde:
Durch die Ausbildung von Vernunft und Selbstkontrolle sowie durch sittliche Läuterung sollte eine allseits gebildete, alle humanen Kräfte und Fähigkeiten harmonisch in Einklang bringende Persönlichkeit geformt werden. Die Werke Goethes und Schillers, die diese „Erziehungsarbeit“ vollbringen sollten, machen die deutsche Klassik aus, die damit eine Weimarer Klassik war.

Literatur: Das neue, an der Antike geschulte Kunst- und Menschenbild führt zu einer Abkehr vom Gefühlskult des Sturm und Drang, der Naturschwärmerei und der Verehrung der großen Genies und Rebellen. Die nur dem individuellen Ausdruck verpflichtete Prosa des Dramas und die liedhaft einfachen Strophen und freien Rhythmen der Lyrik des Sturm und Drang wichen einer **metrisch regelmäßig gebundenen, kunstvoll durchformten Verssprache,** die sich formal an antiken Vorbildern orientierte. Einige ältere Texte wurden entsprechend überarbeitet, „Iphigenie“ und „Egmont“ von Goethe, „Don Karlos“ von Schiller. Durch Maß, Gesetz und Formstrenge wollten beide Klassiker das vollendet Schöne formen. Die Anschauung des Schönen sollte den

Menschen zum **Wahren und Guten,** zur Veredelung seines Denkens und seines Charakters führen. Schönheit wird dabei als Harmonie zwischen dem Sinnlichen, das dem Bereich der Triebe zugehört, und dem Gesetz der Vernunft, das Freiheit bedeutet, verstanden. Es geht also in den Werken der Klassik nicht um eine möglichst naturgetreue Abbildung der Wirklichkeit oder die Wiedergabe eines gefühlsstarken Erlebnisses, auch nicht um die kunstreiche Einkleidung eines Lehrsatzes oder einer Moral, sondern um die **Wahrheit.** Wahrheit erreicht der Künstler nach klassischer Theorie **im Weg über die Schönheit.** Wenn er Einzelerscheinungen der Wirklichkeit, die er mit seinen Sinnen wahrnimmt, in seiner ästhetischen Gestaltung so bearbeitet, dass ein Betrachter „hinter“ ihnen das Allgemeine, also eine Idee, erkennen kann, und wenn er andererseits dem Allgemeinen, der Idee, die er in sich selbst trägt, durch die individuelle Gestaltung seines Werks die Lebendigkeit des sinnlich Erfahrbaren verleiht, so wird sein Kunstwerk „klassisch“, weil es wirklicher und schöner ist als die Wirklichkeit selbst. Schiller nennt diesen Vorgang der ästhetischen Durchformung von Wirklichkeit **„Idealisieren“.** Durch das „Herausheben des Gegenstands aus einer Wirklichkeit“ (Goethe) wird ihm „in einer idealen Welt Maß, Grenze, Realität und Würde gegeben“ (Winckelmann). Vorbilder für eine solchermaßen vollendete künstlerische Gestaltung sahen die deutschen Klassiker in den Werken der Antike.

1 Schlagen Sie in Lexika und Literaturgeschichten die Epochendarstellungen zur Weimarer Klassik nach und vergleichen Sie diese. Welche Abweichungen finden Sie?
Tragen Sie Ihre Ergebnisse zusammen und formulieren Sie eine eigene Stellungnahme.

2 Stellen Sie ein Werk Schillers oder Goethes vor, das als beispielhaft für die Klassik gilt.

Literaturstation: Johann Wolfgang Goethes „Faust I“

Kein Werk der literaturgeschichtlichen Umbruchszeit um 1800 lässt sich weniger einer der vier Epochen bzw. Strömungen Aufklärung, Sturm und Drang, Klassik und Romantik zuordnen als Goethes „Faust“. Ein Grund dafür ist sicherlich in der Entstehungsgeschichte dieses Dramas zu suchen, die sich über etwa 60 Jahre erstreckt und die gesamte Zeit von Goethes literarischem Schaffen umfasst. Ein erster Faust-Entwurf entstand zwischen 1772 und 1775. In die Zeit der **Klassik** (▸ S. 301 ff.) fällt die erste große Um- und Erweiterungsarbeit. Aus einem Helden, der stürmisch alle Grenzen überschreiten will, wird das Beispiel eines Menschen, der im Sinne klassischer Persönlichkeitsbildung seinen Weg zur Vollendung sucht. Dass er sich dabei in schwere Schuld verstrickt, gehört zu diesem Weg.
Die Komplexität der Faust-Figur ergibt sich aber nicht nur aus der langen Entstehungszeit des Werks bei Goethe, sondern auch aus ihrem ausgedehnten literarischen Vorleben, das bereits im 16. Jh. begann. Warum gilt Faust heute als eine der bedeutungsvollsten Figuren der Literatur? Wie hat sie sich seit ihren Anfängen entwickelt? Wie entwickelt sich die Figur bei Goethe?
Im ersten Teilkapitel dieser Literaturstation lernen Sie wichtige Etappen der literaturgeschichtlichen Entwicklung der Faust-Figur kennen. Hier untersuchen Sie, inwiefern Goethes Bearbeitung seines Dramas dessen Entwicklung zwischen Sturm und Drang und Klassik widerspiegelt.
Im zweiten Teilkapitel setzen Sie sich anhand einiger Schlüsselszenen mit zentralen Inhalten und Problemen der Faust-Tragödie auseinander.
Im dritten Teilkapitel können Sie sich Bilder aus verschiedenen Inszenierungen als unterschiedliche Interpretationen des Dramas vor Augen führen sowie einen Eindruck vom Fortleben der Faust-Figur in ihrer Medienvielfalt gewinnen.

1 Vom Zauberer zum Sinnsucher – Wandlungen im Auftritt des Titelhelden

Am Beginn der Faust-Dichtung steht eine historische Gestalt namens Johann Faustus. Den wenigen zeitgenössischen Zeugnissen zufolge handelt es sich um einen umherziehenden Arzt, Astrologen, Alchemisten und Magier, der etwa von 1480 bis 1540 lebte, also in der Umbruchzeit vom Mittelalter zur Neuzeit. Früh schon rankten sich um den Gelehrten Legenden, die ihm einen Bund mit dem Teufel nachsagten. Diese Legenden wurden gesammelt und von einem anonymen Autor zu einem Prosaroman verarbeitet, der als so genanntes Volksbuch berühmt wurde. Es wurde von dem Buchdrucker Johann Spies 1587 herausgegeben und erfreute sich rasch anwachsender Popularität, sodass es insgesamt zu 21 Nachdrucken kam.

Volksbuch des Buchdruckers Johann Spies: **Historia von D. Johann Fausten** (1587)

Als D. Faust eins gantz gelernigen vnd geschwinden Kopffs / zum studiern qualificiert vnd geneigt war / ist er hernach in seinem Examine von den Rectoribus so weit kommen / daß man jn in dem Magistrat examiniert / vnnd neben jm auch 16. Magistros, denen ist er im Gehöre / Fragen vnnd Geschickligkeit obgelegen vnd gesieget / Also / daß er seinen Theil gnugsam studiert hat / war also Doctor Theologiae. Daneben hat er auch einen thummen / vnsinnigen vnnd hoffertigen Kopff gehabt / wie man jn denn allezeit den Speculierer genennet hat / [...]

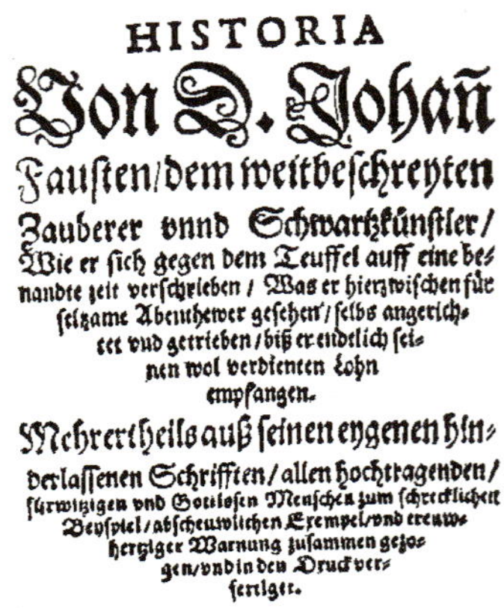
HISTORIA
Von D. Johañ
Fausten/dem weitbeschreyten
Zauberer vnnd Schwartzkünstler/
Wie er sich gegen dem Teuffel auff eine benandte zeit verschrieben / Was er hierzwischen für seltzame Abentheuwer gesehen/ selbs angerichtet vnd getrieben / biß er endtlich seinen wol verdienten Lohn empfangen.
Mehrertheils auß seinen eygenen hinderlassenen Schrifften / allen hochtragenden / fürwitzigen vnd Gottlosen Menschen zum schrecklichen Beyspiel / abscheuwlichen Exempel / vnd treuwhertziger Warnung zusammen gezogen / vnd in den Druck verfertiget.

Ausschnitt aus dem Titelblatt des Volksbuchs, 1587

Das gefiel D. Fausto wol / speculiert vnd studiert Nacht vnd Tag darinnen/ wolte sich hernacher keinen Theologum mehr nennen lassen / ward ein Weltmensch / nandte sich ein D. Medicinae / ward ein Astrologus vnnd Mathematicus / vnd zum Glimpff ward er ein Artzt / halff erstlich vielen Leuten mit der Artzeney / [...]

Wie obgemeldt worden / stunde D. Fausti Datum dahin / das zulieben / das nicht zu lieben war / dem trachtet er Tag und Nacht nach / name an sich Adlers Flügel / wolte alle Gründ am Himmel vnd Erden erforschen / dann sein Fürwitz / Freyheit vnd Leichtfertigkeit stache vnnd reitzte jhn also / [...]

Kam also zu einem dicken Waldt / wie etliche auch sonst melden / der bey Wittenberg gelegen ist / der Spesser Wald genandt / wie dann D. Faustus selbst hernach bekandt hat. Jn diesem Wald gegen Abend in einem vierigen Wegschied machte er mit einem Stab etliche Circkel herumb / vnd neben zween / daß die zween / so oben stunden / in grossen Circkel hinein giengen / Beschwure also den Teuffel in der Nacht / zwischen 9. vnnd 10. Vhrn. Da wirdt gewißlich der Teuffel in die Faust gelacht haben / vnd den Faustum den Hindern haben sehen lassen / vnd gedacht: Wolan / ich wil dir dein Hertz vnnd Muht erkühlen / dich an das Affenbäncklin setzen / damit mir nicht allein dein Leib / sondern auch dein Seel zu Theil werde / vnd wirst eben der recht seyn / wohin ich nit (wil) ich dich meinen Botten senden / wie auch geschach / vnnd der Teuffel den Faustum wunderbarlich äfft vnnd zum Barren bracht.

---

1 **a** Notieren Sie in eigenen Worten, was Sie aus dem Titelblatt und dem Auszug aus dem ersten Kapitel des Volksbuchs über den Titelhelden erfahren.
b Geben Sie in einem Blitzlicht den Eindruck wieder, den die Figur Doktor Faustus auf Sie macht.

2 Mit welcher Wirkungsabsicht rechtfertigt Spies die Herausgabe des Buchs? Stellen Sie Vermutungen darüber an, ob diese Wirkung die Beliebtheit des Buchs erklärt.

Der Sprung auf die Bühne

Schon 1592 erschien in London eine englische Ausgabe des Volksbuchs vom Dr. Faust, die Shakespeares Konkurrent, der Bühnenautor Christopher Marlowe, zur Vorlage eines Dramas nahm. Englische Wanderbühnen führten in der Folgezeit das Stück in Deutschland auf, das sich bald großer Beliebtheit erfreute und im Laufe des 17. und 18. Jahrhunderts vielfach kopiert und verändert wurde bis hin zu Adaptionen für das Puppentheater.

Christopher Marlowe: **Die tragische Historie vom Doktor Faustus** (1604) – I/1

Faust in seinem Studierzimmer
Faustus: Genug studieret, Faust!
Zieh erst einmal das Fazit und sondiere
die Tiefe des Erreichten und Gewollten!
Als Theolog' begannst du, bleib's nach außen,
doch ziel drauf ab, das Höchste und den Sinn
jedweder Kunst[1] zu eigen dir zu machen,
und leb und stirb mit Aristoteles!
[...]
Fahr hin, Theologie!
Hier, die Metaphysik der Magier,
der Nekromanten[2] Schriften, *die* sind göttlich!
Die magischen Linien und Kreise, Diagramme
und Lettern[3], danach lechzt der Faust am meisten!
Oh, welche Welt der Wonn' und des Genusses,
der Macht der Ehre und der Allgewalt
ist dem Adepten dieser Kunst[4] verheißen!
Mir, mir steht alles zu Befehl, was zwischen
den unbewegten Polen sich bewegt!
Kaisern und Königen gehorcht man nur
in ihren großen oder kleinen Ländern,
sie können weder Wind noch Wetter machen –
doch wer in diese Sphären dringt, des Herrschaft
streckt sich soweit des Menschen Denken schweift:
ein wahrer Magier ist ein mächtiger Gott.
Drum, Fauste, strenge deines Geistes Kräfte
hier an, Gottgleichheit zu gewinnen!
[...]
Wie der Gedanke mächtig mich berauscht!
Soll ich die Geister rufen, dass sie mir
Gewünschtes schaffen, alle Zweifel lösen,
verwegenste Ideen verwirklichen?
Nach Indiens Golde solln sie für mich fliegen,
dem Ozean die hellsten Perlen rauben,
die Winkel all der Neuen Welt durchspähn
nach edlen Früchten, leckern Fürstenbissen,
für mich die fremden Philosophen lesen,
der Könige Geheimnisse mir künden,
um Deutschland eine ehrne Mauer ziehen,
den Rheinstrom leiten schön um Wittenberg,
die hohen Schulen reich mit Seide füllen,
um die Studenten prächtig drein zu kleiden!
Ein Heer heb mit dem Geistergold ich aus
und jag den Prinz von Parma[5] aus dem Lande,
um als alleiniger König[6] zu regieren;
ja, neue Kriegsmaschinen, größer als
der Brander von Antwerpens Brücke[7], sollen
die Geister, die mir dienstbar sind, erfinden.

[Fausts Famulus Wagner und zwei Freunde sind inzwischen eingetreten]
Philosophie ich hassenswert und dunkel
erfand[8], Arznei und Jus[9] taugt kleinen Seelen,
am tiefsten aber steht Theologie,
freudlos, verächtlich, kantig und erbärmlich.
Magie!! Ich bin ganz der Magie verfallen.
Helft mir, sie zu gewinnen, edle Freunde,
und ich, der ich mit schlauen Syllogismen[10]
schachmatt der deutschen Kirche Hirten setzte,
um dessen Lehrstuhl der Studenten Blüte
von Wittenberg herumschwärmt wie die Geister

1 **Kunst:** hier in der alten Bedeutung „Wissenschaft“
2 **Nekromant:** Geisterbeschwörer
3 **Lettern:** Buchstaben
4 **Adepten dieser Kunst:** gemeint sind die in die Magie Eingeweihten
5 **Prinz von Parma:** der Herzog von Parma war spanischer Generalstatthalter der Niederlande
6 **alleiniger König:** um als selbstständiger König über die Niederlande zu regieren
7 **Brander:** besonders präparierte Segelschiffe, die benutzt wurden, um andere Segelschiffe oder (wie hier) Holzbrücken in Brand zu setzen
8 **erfand:** hier: empfand
9 **Arznei und Jus:** Medizin- und Jurastudium
10 **Syllogismus:** (schein)logische Schlussfolgerung

des Hades um den lieblichen Musaios[11],
als er zu ihnen kam, ich will an Wissen
Agrippa[12] gleich sein, den, weil er die Schatten
der Toten rief, einst ganz Europa ehrte.
[...]
Hätt' so viel Seelen ich als Stern' der Himmel,
ich gäb' sie all' für Mephistopheles.
Durch ihn will ich der Erde Kaiser werden
und eine Brücke durch die Lüfte schlagen,
ein Heer drauf übern Ozean zu führen!
Die Küstenberge Afrikas mit Spanien
zu einem neuen Kontinent verbind ich,
so beide meiner Krone unterwerfend.
Der Kaiser soll, wie jeder deutsche Fürst,
nur leben können, weil ich es erlaube.

11 Musaios: sagenhafter Dichter der griech. Antike
12 Heinrich Cornelius Agrippa von Nettesheim: Zeitgenosse des historischen Dr. Faustus, war einer der bedeutendsten Gelehrten der frühen Neuzeit. Er verfasste ein wichtiges Werk über Magie. Goethe übernahm dessen Vornamen Heinrich für seine Faust-Figur, der in Wirklichkeit Johann hieß, und betonte damit den Vorbildcharakter Agrippas für seinen Titelhelden.

1 a Entwerfen Sie in arbeitsgleicher Kleingruppenarbeit Poster, die das Innenleben von Marlowes Faust (Selbstverständnis, Aversionen und Vorlieben, Wünsche und Ziele) anschaulich verdeutlichen.
b Hängen Sie die Poster im Klassenraum auf und werten Sie sie in Form eines **Galeriegangs** (► S. 134) aus.
2 a Vergleichen Sie Marlowes Konzeption der Figur mit der Vorstellung des Titelhelden im Volksbuch: Was hat sich geändert?
b Fassen Sie Ihre unterschiedlichen Eindrücke von den Figuren in einem Untertitel zu beiden Gestaltungen nach dem Schema „Faust, ein ..." zusammen.

Die Selbstvorstellung Fausts in Goethes Drama

Der junge Goethe war mit dem Faust der Schaubühnen und Puppentheater eng vertraut, wie er in seiner Autobiografie „Dichtung und Wahrheit" schreibt. Ob er allerdings Marlowes Text kannte, ist ungewiss. Wie Marlowe jedoch lässt er seinen ersten Faust-Entwurf, den so genannten „Urfaust" aus den frühen 1770er Jahren, mit einem großen Monolog der Titelfigur beginnen. Diesen Monolog nahm er in die überarbeitete Fassung auf, die 1808 als „Faust. Eine Tragödie" erschien.

Johann Wolfgang Goethe: **Faust I** – Nacht (V. 354–385; e. 1772–1775/v. 1808)

[In der ersten Szene „Nacht" begegnet der Leser Faust in dessen Studierzimmer.]

FAUST:
Habe nun, ach! Philosophie,
Juristerei und Medizin,
Und leider auch Theologie
Durchaus studiert, mit heißem Bemühn.
Da steh' ich nun, ich armer Tor,
Und bin so klug als wie zuvor!
Heiße Magister, heiße Doktor gar,
Und ziehe schon an die zehen Jahr'
Herauf, herab und quer und krumm
Meine Schüler an der Nase herum –
Und sehe, dass wir nichts wissen können!
Das will mir schier das Herz verbrennen.
Zwar bin ich gescheiter als alle die Laffen,
Doktoren, Magister, Schreiber und Pfaffen;
Mich plagen keine Skrupel noch Zweifel,
Fürchte mich weder vor Hölle noch Teufel –
Dafür ist mir auch alle Freud' entrissen,
Bilde mir nicht ein, was Rechts zu wissen,
Bilde mir nicht ein, ich könnte was lehren,
Die Menschen zu bessern und zu bekehren.
Auch hab' ich weder Gut noch Geld,
Noch Ehr' und Herrlichkeit der Welt;
Es möchte kein Hund so länger leben!
Drum hab' ich mich der Magie ergeben,
Ob mir durch Geistes Kraft und Mund
Nicht manch Geheimnis würde kund;

Dass ich nicht mehr mit sauerm Schweiß
Zu sagen brauche, was ich nicht weiß;
Dass ich erkenne, was die Welt
Im Innersten zusammenhält.
Schau’ alle Wirkenskraft und Samen,
und tu’ nicht mehr in Worten kramen.

---

1 **a** Üben Sie in Kleingruppen eine szenische Darbietung des Eingangsmonologs ein. Achten Sie dabei auf Körperhaltung, Gestik, Mimik und Sprechweise, um die Figur in ihrer Gestimmtheit lebendig werden zu lassen.
b Lassen Sie dann ein Gruppenmitglied die Szene präsentieren.

2 **a** Verfassen Sie im Stil eines Tagebucheintrags eine Selbstreflexion Fausts, in der er auf seine äußere Situation, seine berufliche Selbsteinschätzung, sein Wissenschaftsverständnis, seine Ziele und Wünsche eingeht. Dabei können Sie auch Fausts Gespräch mit seinem Schüler Wagner (► S. 66 f.) mit einbeziehen.
b Der „Urfaust“ entstand zur Zeit des Sturm und Drang (► S. 280). Welche Eigenschaften Fausts, wie sie in den hier und auf S. 309 abgedruckten Auszügen aus der Szene „Nacht“ deutlich werden, erinnern Sie an den „typischen“ Helden des Sturm und Drang?

3 Arbeiten Sie in einer Untersuchung zur Intertextualität (► Information) in einer tabellarischen Übersicht die Übereinstimmungen und die Unterschiede in der Gestaltung der Faust-Figur im Volksbuch, bei Marlowe und Goethe, wie Sie sie bisher kennen gelernt haben, heraus.

	Gemeinsamkeiten	*Unterschiede*		
		Volksbuch	*Marlowe*	*Goethe*
Situation/Lebensumstände Fausts	…	…	…	…
Seine Befindlichkeit	…	…	…	…
Seine Wünsche und Ziele	…	…	…	…

Information **Intertextualität**

Der Begriff der Intertextualität bezeichnet das Phänomen, dass Texte häufig auf andere Texte oder andere Werke der Kunst zurückverweisen. Figuren, Motive, Schauplätze und Schreibweisen werden – bewusst oder unbewusst – aufgegriffen, zitiert, in andere Kontexte gesetzt, parodiert oder umgeformt. So entsteht ein Beziehungsgeflecht zwischen Werken gleicher oder unterschiedlicher Epochen. Das Verständnis eines literarischen Textes vertieft und erweitert sich, wenn der Leser/die Leserin die Bezüge erkennt.

4 **a** Der **auktoriale Erzähler** (► S. 160 f.) des Volksbuchs gibt in seinen direkten Charakterisierungen deutliche Urteile über die Figur ab. Verfassen Sie zu Marlowes und Goethes Faust ähnlich auktoriale Erzählberichte mit kommentierenden Urteilen.
b Vergleichen und diskutieren Sie die Einstellungen zu den Faust-Figuren Marlowes und Goethes, die in Ihren Erzählerurteilen erkennbar werden.

5 Fassen Sie Ihre bisherigen Arbeitsergebnisse zusammen, indem Sie die Entwicklung der Faust-Figur vom Volksbuch über Marlowes bis hin zu Goethes Darstellung beschreiben.

Goethes neue Kontextuierung aus dem Geiste der Klassik

In der Überarbeitung des „Urfaust“ stellte Goethe dem Eingangsmonolog eine Szene voran, der er den Titel „Prolog im Himmel“ gab und die dem bisherigen Drama um den Helden, der gegen die Grenzen seiner beengten Existenz anstürmt, einen ganz neuen Rahmen gibt. Gott, hier nur „Der Herr“ genannt, hat die „himmlischen Heerscharen“ um sich versammelt. Nachdem die drei Erzengel die Größe und erhabene Schönheit der Schöpfung gepriesen haben, mischt sich auch der gefallene Engel Mephistopheles unter das „Gesinde“, wie er die Engelsversammlung nennt, und konterkariert den Lobgesang auf Gottes Werk mit dem Hinweis auf die elende Existenz der Menschen.

Johann Wolfgang Goethe: **Faust I** – Prolog im Himmel (V. 293–343; e. 1797–1801/v. 1808)

Der Herr: Hast du mir weiter nichts zu sagen?
Kommst du nur immer anzuklagen?
Ist auf der Erde ewig dir nichts recht?
Mephistopheles:
Nein Herr! ich find es dort, wie immer, herzlich schlecht.
Die Menschen dauern mich in ihren Jammertagen,
Ich mag die armen selbst nicht plagen.
Der Herr:
Kennst du den Faust?
Mephistopheles: Den Doktor?
Der Herr: Meinen Knecht!
Mephistopheles:
Fürwahr! er dient Euch auf besondre Weise.
Nicht irdisch ist des Toren Trank noch Speise.
Ihn treibt die Gärung in die Ferne,
Er ist sich seiner Tollheit halb bewusst;
Vom Himmel fordert er die schönsten Sterne
Und von der Erde jede höchste Lust,
Und alle Näh' und alle Ferne
Befriedigt nicht die tief bewegte Brust.
Der Herr:
Wenn er mir jetzt auch nur verworren dient,
So werd' ich ihn bald in die Klarheit führen.
Weiß doch der Gärtner, wenn das Bäumchen grünt,
Dass Blüt' und Frucht die künft'gen Jahre zieren.
Mephistopheles:
Was wettet Ihr? den sollt Ihr noch verlieren,
Wenn Ihr mir die Erlaubnis gebt,
Ihn meine Straße sacht zu führen!
Der Herr: Solang' er auf der Erde lebt,
Solange sei dir's nicht verboten.
Es irrt der Mensch, solang' er strebt.
Mephistopheles:
Da dank' ich Euch; denn mit den Toten
Hab' ich mich niemals gern befangen.
Am meisten lieb' ich mir die vollen, frischen Wangen.
Für einen Leichnam bin ich nicht zu Haus,
Mir geht es wie der Katze mit der Maus.
Der Herr: Nun gut, es sei dir überlassen!
Zieh diesen Geist von seinem Urquell ab,
Und führ' ihn, kannst du ihn erfassen,
Auf deinem Wege mit herab,
Und steh beschämt, wenn du bekennen musst:
Ein guter Mensch in seinem dunklen Drange
Ist sich des rechten Weges wohl bewusst.
Mephistopheles:
Schon gut! nur dauert es nicht lange.
Mir ist für meine Wette gar nicht bange.
Wenn ich zu meinem Zweck gelange,
Erlaubt Ihr mir Triumph aus voller Brust.
Staub soll er fressen, und mit Lust,
Wie meine Muhme[1], die berühmte Schlange.
Der Herr:
Du darfst auch da nur frei erscheinen;
Ich habe deinesgleichen nie gehasst.
Von allen Geistern, die verneinen,
Ist mir der Schalk am wenigsten zur Last.
Des Menschen Tätigkeit kann allzu leicht erschlaffen,
Er liebt sich bald die unbedingte Ruh;
Drum geb' ich gern ihm den Gesellen zu,
Der reizt und wirkt und muss als Teufel schaffen. –

1 **Muhme:** Tante

1 **a** Zeichnen Sie in Kleingruppen ein Schaubild, das die Figurenkonstellation Herr – Mephistopheles – Faust verdeutlicht, wie sie sich aus dem „Prolog im Himmel“ ergibt.

b Stellen Sie Ihr Schaubild vor und erläutern Sie es im Einzelnen. Dabei sollten Sie auf folgende Fragen eingehen:

- Welche Rolle weist der Herr Faust zu und welche neue Dimension erhält dieser damit?
- Welches Bild vom Menschen, seinem Leben und dessen Sinn wird in den Äußerungen des Herrn deutlich?
- Wie definiert der Herr sein Verhältnis zum Menschen und in welches sprachliche Bild fasst er es?
- Welches Menschenbild setzt Mephisto dagegen?
- Wie werden Position und Rolle Mephistos vom Herrn gesehen und welches Selbstverständnis vermittelt Mephisto?

Belegen Sie die Aussagen Ihres Kommentars durch entsprechende Textstellen.

2 Gegenüber Faust charakterisiert sich Mephisto später selbst, indem er sagt, er sei „Ein Teil von jener Kraft, / Die stets das Böse will und stets das Gute schafft“ (V.1335 f.).

a Zeigen Sie auf, wie diese Selbstdefinition zu den entsprechenden Aussagen im „Prolog im Himmel“ passt.

b Welche Auffassung über das Verhältnis von Gut und Böse wird mit alldem vermittelt?

3 Versuchen Sie eine Beziehung zwischen dem Xenion „Das Höchste“ (► S. 299) und dem „Prolog im Himmel“ herzustellen: Wo findet sich ein ähnlicher Gedanke?

II Scheitern und Schuld – Die zweifache Tragödie

Goethe gestaltet in der Figur des Faust die Suche nach dem, „was die Welt / Im Innersten zusammenhält“, also nach den Geheimnissen des Kosmos. Faust ist bereit, zur Erfüllung dieses Ziels mit übersinnlichen Mächten zu paktieren. Auf der anderen Seite sucht Goethes Faust nach Glück, das er in der Erfüllung sinnlicher Liebe zu finden hofft.

Ausblick auf die Gelehrtentragödie

Johann Wolfgang Goethe: **Faust I** – Nacht (V. 652–719; e. 1797–1801/v. 1808)

[Faust, der sich in seinem unbedingten Erkenntnisstreben der Magie ergeben hat, will den Erdgeist, eine Personifizierung aller Lebenskraft, beschwören, kann aber dessen Erscheinung nicht standhalten.]

FAUST:
Den Göttern gleich’ ich nicht! Zu tief ist es gefühlt;
Dem Wurme gleich’ ich, der den Staub durchwühlt,
Den, wie er sich im Staube nährend lebt,
Des Wandrers Tritt vernichtet und begräbt.
[...]

[Faust mustert die Bücherstapel und Gerätschaften in seinem Studierzimmer, die ihm vollkommen nutz- und sinnlos erscheinen. Plötzlich fällt sein Blick auf eine kleine Flasche.]

FAUST:
Ich grüße dich, du einzige Phiole[1],
Die ich mit Andacht nun herunterhole!
In dir verehr’ ich Menschenwitz und Kunst.
Du Inbegriff der holden Schlummersäfte,
Du Auszug aller tödlich feinen Kräfte,

1 **Phiole:** bauchiges Glasgefäß der Chemiker und Apotheker

Erweise deinem Meister deine Gunst!
Ich sehe dich, es wird der Schmerz gelindert,
Ich fasse dich, das Streben wird gemindert,
Des Geistes Flutstrom ebbet nach und nach.
Ins hohe Meer werd' ich hinausgewiesen,
Die Spiegelflut erglänzt zu meinen Füßen,
Zu neuen Ufern lockt ein neuer Tag.
Ein Feuerwagen schwebt auf leichten Schwingen
An mich heran! Ich fühle mich bereit,
Auf neuer Bahn den Äther[2] zu durchdringen,
Zu neuen Sphären reiner Tätigkeit.
Dies hohe Leben, diese Götterwonne,
Du, erst noch Wurm, und die verdienest du?
Ja, kehre nur der holden Erdensonne
Entschlossen deinen Rücken zu!
Vermesse dich, die Pforten[3] aufzureißen,
Vor denen jeder gern vorüberschleicht.
Hier ist es Zeit, durch Taten zu beweisen,
Dass Manneswürde nicht der Götterhöhe weicht,
Vor jener dunkeln Höhle nicht zu beben,
In der sich Fantasie zu eigner Qual verdammt,
Nach jenem Durchgang hinzustreben,
Um dessen engen Mund die ganze Hölle flammt;
Zu diesem Schritt sich heiter zu entschließen,
Und wär' es mit Gefahr, ins Nichts dahinzufließen.

2 Äther: Nach antiker und mittelalterlicher Vorstellung war der Äther die sehr feine Himmelsluft, die sich über die irdische Luftschicht wölbte; nach der Befreiung von seinem irdischen Körper hofft Faust als Geist in diese Sphäre vordringen zu können.
3 die Pforten: Gemeint ist das Tor zum Jenseits.

Johann Wolfgang Goethe: **Faust I** – Studierzimmer II (V. 1635–1711; e. 1801/v. 1808)

[Im letzten Moment lässt sich Faust von den Kirchenglocken, die am Ostermorgen erklingen und ihn an die glücklichen Zeiten kindlicher Frömmigkeit erinnern, vom Selbstmord abbringen. Nun jedoch ist die Zeit für Mephistopheles gekommen. Er macht sich in Gestalt eines Pudels an Faust heran, lässt sich von ihm in dessen Studierzimmer mitnehmen und verwandelt sich dort in die Gestalt eines eleganten Edelmannes auf Reisen. Er bietet Faust das Teufelsbündnis an.]

MEPHISTOPHELES:
Hör auf, mit deinem Gram zu spielen,
Der, wie ein Geier, dir am Leben frisst;
Die schlechteste Gesellschaft lässt dich fühlen,
Dass du ein Mensch mit Menschen bist.
Doch so ist's nicht gemeint,
Dich unter das Pack zu stoßen.
Ich bin keiner von den Großen;
Doch willst du mit mir vereint
Deine Schritte durchs Leben nehmen,
So will ich mich gern bequemen,
Dein zu sein, auf der Stelle.
Ich bin dein Geselle,
Und mach' ich dir's recht,
Bin ich dein Diener, bin dein Knecht!
FAUST: Und was soll ich dagegen dir erfüllen?
MEPHISTOPHELES:
Dazu hast du noch eine lange Frist.
FAUST:
Nein, nein! der Teufel ist ein Egoist
Und tut nicht leicht um Gottes willen,
Was einem andern nützlich ist.
Sprich die Bedingung deutlich aus;
Ein solcher Diener bringt Gefahr ins Haus.
MEPHISTOPHELES:
Ich will mich hier zu deinem Dienst verbinden,
Auf deinen Wink nicht rasten und nicht ruhn;
Wenn wir uns drüben wiederfinden,
So sollst du mir das Gleiche tun.
FAUST:
Das Drüben kann mich wenig kümmern;
Schlägst du erst diese Welt zu Trümmern,
Die andre mag darnach entstehn.
Aus dieser Erde quillen meine Freuden,
Und diese Sonne scheinet meinen Leiden;
Kann ich mich erst von ihnen scheiden,
Dann mag, was will und kann, geschehn.
Davon will ich nichts weiter hören,
Ob man auch künftig hasst und liebt,
Und ob es auch in jenen Sphären
Ein Oben oder Unten gibt.

Mephistopheles:
In diesem Sinne kannst du's wagen.
Verbinde dich; du sollst, in diesen Tagen,
Mit Freuden meine Künste sehn,
Ich gebe dir, was noch kein Mensch gesehn.
Faust:
Was willst du armer Teufel geben?
Ward eines Menschen Geist, in seinem hohen Streben,
Von deinesgleichen je gefasst?
Doch hast du Speise, die nicht sättigt, hast
Du rotes Gold, das ohne Rast,
Quecksilber gleich, dir in der Hand zerrinnt,
Ein Spiel, bei dem man nie gewinnt,
Ein Mädchen, das an meiner Brust
Mit Äugeln schon dem Nachbar sich verbindet,
Der Ehre schöne Götterlust,
Die, wie ein Meteor, verschwindet.
Zeig mir die Frucht, die fault, eh' man sie bricht,
Und Bäume, die sich täglich neu begrünen!
Mephistopheles:
Ein solcher Auftrag schreckt mich nicht,
Mit solchen Schätzen kann ich dienen.
Doch, guter Freund, die Zeit kommt auch heran,
Wo wir was Guts in Ruhe schmausen mögen.
Faust:
Werd' ich beruhigt je mich auf ein Faulbett legen,
So sei es gleich um mich getan!
Kannst du mich schmeichelnd je belügen,
Dass ich mir selbst gefallen mag,
Kannst du mich mit Genuss betrügen,
Das sei für mich der letzte Tag!
Die Wette biet' ich!
Mephistopheles: Topp!
Faust: Und Schlag auf Schlag!
Werd' ich zum Augenblicke sagen:
Verweile doch! du bist so schön!
Dann magst du mich in Fesseln schlagen,
Dann will ich gern zu Grunde gehn!
Dann mag die Totenglocke schallen,
Dann bist du deines Dienstes frei,
Die Uhr mag stehn, der Zeiger fallen,
Es sei die Zeit für mich vorbei!
Mephistopheles:
Bedenk es wohl, wir werden's nicht vergessen.
Faust: Dazu hast du ein volles Recht;
Ich habe mich nicht freventlich vermessen.
Wie ich beharre, bin ich Knecht,
Ob dein, was frag' ich, oder wessen.

---

1 Beschreiben Sie Fausts innere Befindlichkeit in den beiden Szenenauszügen. Was fällt Ihnen auf?
2 Fassen Sie mit eigenen Worten zusammen, welche Vorstellung vom Tod Faust in der Szene „Nacht" entwickelt.
3 In der Tradition der alten Faust-Legenden und des Volksbuchs beschwor Faust um Mitternacht den Teufel und schloss mit ihm einen Pakt. Danach sollte der Teufel ihm auf Erden in allen Dingen dienen und dafür am Ende Fausts Seele erhalten.
a Arbeiten Sie heraus, welche beiden grundlegenden Änderungen gegenüber dieser Tradition Goethe einführt und was sich damit im gesamten Beziehungsgefüge zwischen den beiden Gegenspielern ändert.
b Wie versteht Faust, wie Mephisto das Bündnis? Lesen Sie V. 1656–1662. Achten Sie dabei auch auf die möglichen Bedeutungen der Konjunktion „Wenn" (V. 1658).
c Analysieren Sie die Pakt-Szene unter Bezugnahme auf den „Prolog im Himmel" (▶ S. 308 f.): Inwiefern besteht ein Zusammenhang zwischen den beiden Szenen und worin gleichen sie sich? Welche Erwartungen haben Sie hinsichtlich der weiteren Entwicklung der Handlung und des Ausgangs des Dramas?

Weiterführende Aufgaben:

1 Zeigen Sie in einem Referat auf, wie sich die Behandlung des Motivs des nach Erkenntnis strebenden Wissenschaftlers in der Literatur der Moderne entwickelt:
a Zeichnen Sie den Weg des Wissenschaftlers Faust nach, wie er sich aus den Szenenauszügen dieses Kapitels ergibt.

b Vergleichen Sie diese Darstellung Fausts mit der des Wissenschaftlers in der Literatur der Moderne. Sie können dazu Texte des Kapitels A3 (► S. 66–70) heranziehen. Was ist das zentrale Anliegen Fausts, was der zentrale Konflikt der modernen Protagonisten?

c Erläutern Sie vor dem Hintergrund des Vergleichs den Begriff „Gelehrtentragödie", der sich für diesen Aspekt von Goethes Drama eingebürgert hat.

2 Das Motiv des Pakts mit dem Teufel wurde auch später in der Literatur immer wieder aufgegriffen, z. B. in **Adelbert von Chamissos** „Peter Schlemihls wundersame Geschichte" (1814). Vergleichen Sie die beiden Werke unter folgenden Aspekten:
- Gegenstand des Teufelspakts,
- Charakterisierung der Teufelsgestalt und ihres Verhältnisses zu Faust bzw. Schlemihl.

Ausblick auf die Gretchentragödie

Mephisto eröffnet Faust den Weg aus seinem Studierzimmer in die Welt. Dieser führt Faust zu Gretchen, einem Mädchen aus kleinbürgerlichem Milieu, in das der inzwischen verjüngte Faust sich verliebt. Die Begegnung mit Gretchen ist nicht Teil von Mephistos Plan, Faust durch eine Welt der Vergnügungen und Genüsse zu führen. So gehört die Gretchen-Figur denn auch nicht zur Abenteuerkette der Weltfahrt, die Faust in der Volksbuchtradition durchläuft. Goethe führt die Gretchen-Figur unter dem Eindruck eines persönlichen Erlebnisses in das Drama ein. Nach seiner juristischen Ausbildung hatte er in seiner Heimatstadt Frankfurt den Prozess gegen eine schließlich zum Tode verurteilte Kindsmörderin verfolgt, die ihn zur Gestaltung der Gretchentragödie anregte.

Johann Wolfgang Goethe: **Faust I** – Garten (V. 3184–3194; e. 1773/v. 1808)

[Faust hat Gretchen (Margarete) auf der Straße angesprochen und Mephisto aufgefordert, ein Treffen mit ihr zu arrangieren. Im Garten der Frau Marthe, einer Nachbarin Gretchens, kann ein ungestörtes Zusammensein stattfinden.]

MARGARETE *pflückt eine Sternblume und zupft die Blätter ab, eins nach dem andern.* [...]
Das letzte Blatt ausrupfend, mit holder Freude.
Er liebt mich!
FAUST: Ja, mein Kind! Lass dieses Blumenwort
Dir Götterausspruch sein. Er liebt dich!
Verstehst du, was das heißt? Er liebt dich!
Er fasst ihre beiden Hände.
MARGARETE: Mich überläuft's!
FAUST: O schaudre nicht! Lass diesen Blick,
Lass diesen Händedruck dir sagen,
Was unaussprechlich ist:
Sich hinzugeben ganz und eine Wonne
Zu fühlen, die ewig sein muss!
Ewig! – Ihr Ende würde Verzweiflung sein.
Nein, kein Ende! Kein Ende!
MARGARETE *drückt ihm die Hände, macht sich los und läuft weg.*
Er steht einen Augenblick in Gedanken, dann folgt er ihr.

Johann Wolfgang Goethe: **Faust I** – Wald und Höhle (V. 3338–3365; e. 1787/v. 1808)

[Als Liebender und als Verführer innerlich zerrissen flieht Faust in die Natur, um Abstand zu gewinnen und sich über seine Situation klar zu werden. Mephisto jedoch folgt ihm und stachelt sein sinnliches Begehren an.]

FAUST: Entfliehe, Kuppler!
MEPHISTOPHELES:
Schön! Ihr schimpft, und ich muss lachen.
Der Gott, der Bub und Mädchen schuf,
Erkannte gleich den edelsten Beruf,
Auch selbst Gelegenheit zu machen.

Nur fort, es ist ein großer Jammer!
Ihr sollt in Eures Liebchens Kammer,
Nicht etwa in den Tod.
Faust:
Was ist die Himmelsfreud' in ihren Armen?
Lass mich an ihrer Brust erwarmen!
Fühl ich nicht immer ihre Not?
Bin ich der Flüchtling nicht? der Unbehauste?
Der Unmensch ohne Zweck und Ruh',
Der wie ein Wassersturz von Fels zu Felsen brauste
Begierig wütend nach dem Abgrund zu?
Und seitwärts sie, mit kindlich dumpfen Sinnen,
Im Hüttchen auf dem kleinen Alpenfeld,
Und all ihr häusliches Beginnen
Umfangen in der kleinen Welt.
Und ich, der Gottverhasste,
Hatte nicht genug,
Dass ich die Felsen fasste
Und sie zu Trümmern schlug!
Sie, ihren Frieden musst' ich untergraben!
Du, Hölle, musstest dieses Opfer haben!
Hilf, Teufel, mir die Zeit der Angst verkürzen!
Was muss geschehn, mag's gleich geschehn!
Mag ihr Geschick auf mich zusammenstürzen
Und sie mit mir zu Grunde gehn!

Johann Wolfgang Goethe: **Faust I** – Zwinger[1] (V. 3605–3619; e. 1774–1775/v. 1808)

In der Mauerhöhle ein Andachtsbild der Mater dolorosa[2], Blumenkrüge davor.

Gretchen: Ich bin, ach, kaum alleine,
Ich wein', ich wein', ich weine,
Das Herz zerbricht in mir.

Die Scherben vor meinem Fenster
Betaut' ich mit Tränen, ach,
Als ich am frühen Morgen
Dir diese Blumen brach.
[...]
Hilf! Rette mich vor Schmach und Tod!
Ach neige,
Du Schmerzensreiche,
Dein Antlitz gnädig meiner Not!

1 **Zwinger:** Raum zwischen der äußeren und inneren Stadtmauer
2 **Mater dolorosa:** (lat.) Schmerzensmutter, die um ihren gekreuzigten Sohn trauernde Gottesmutter Maria

1 **a** Kennzeichnen Sie ausgehend von den Auszügen aus den Szenen „Garten“ und „Wald und Höhle“ die Liebesbeziehung zwischen Faust und Gretchen.
b Beschreiben und kommentieren Sie Fausts innere Verfassung, wie sie in dem beschwörenden Ausruf „Nein, kein Ende! Kein Ende!“ (Garten, V. 3194) und in seiner Selbstdarstellung (Wald und Höhle, V. 3345–3365) deutlich wird.
c Was ist zwischen den Szenen „Wald und Höhle“ und „Zwinger“ vorgefallen? Deuten Sie Gretchens Gebet.

Weiterführende Aufgaben:

1 **a** Verschaffen Sie sich einen Überblick über den weiteren Verlauf der Liebesbeziehung und das Schicksal Gretchens in Goethes Drama. Wählen Sie daraus einige Schlüsselmomente aus und stellen Sie diese in einer Reihe von Standbildern dar.
b Wie ist die Schuld in der „Gretchentragödie“ verteilt? Formulieren Sie ein Statement zu dieser Frage und klären Sie Ihre Position in einer Diskussion nach dem Verlesen aller Statements.

2 Das Motiv der ungewollten Schwangerschaft wird in der Literatur des 18. und 19. Jahrhunderts immer wieder behandelt, z. B. in **Heinrich Leopold Wagners** Tragödie „Die Kindermörderin“ (1776) oder in **Friedrich Hebbels** „Maria Magdalene“ (1844; ► S. 365–367). Stellen Sie Ihrem Kurs eines dieser Dramen vor. Vergleichen Sie mit „Faust“:
- Wie geht das soziale Umfeld der jungen Frauen mit der ungewollten Schwangerschaft um?
- Welche Gründe hindern die Kindsväter, die Frauen zu heiraten und damit deren gesellschaftliches Ansehen zu wahren?

3 In „Der Tragödie zweitem Teil“ beginnt die Weltfahrt Fausts. Diese wird im Volksbuch in über 60 Kapiteln dargestellt. Goethe übernahm daraus nur einzelne Motive. Im „Faust II“ schuf er ein ganz neues und eigenes Kunstwerk: In einer Antike und Mittelalter verklammernden Handlung entfaltet sich ein höchst komplexes Geschehen voller symbolischer Verweise.

a Informieren Sie sich in einem Schauspielführer oder Literaturlexikon über den Inhalt von „Faust II“. Lesen Sie ergänzend folgende Szenenauszüge: „Großer Vorhof des Palasts“, V. 11539–11594 und „Bergschluchten“, V. 11934–11941.

b Halten Sie Ihren Eindruck von Fausts Ende schriftlich fest. Bedenken Sie dabei die Ausgangssituation im „Prolog im Himmel“ und in der Teufelspaktszene sowie die Schuld, die Faust im Laufe seines Lebens auf sich geladen hat. Lesen Sie dann im **Blitzlichtverfahren** (▸ S. 132) Ihre Statements vor und diskutieren Sie die Urteile, die vorgetragen werden.
Die folgenden Äußerungen Goethes an seinen Sekretär Eckermann können Sie mit einbeziehen.

Johann Peter Eckermann: **Gespräche mit Goethe in den letzten Jahren seines Lebens 1823–1832** (1836–1848) – Gespräch vom 6. Juni 1831, Auszug

Wir sprachen sodann über den Schluss, und Goethe machte mich auf die Stelle aufmerksam, wo es heißt:

Gerettet ist das edle Glied
Der Geisterwelt vom Bösen:
Wer immer strebend sich bemüht,
Den können wir erlösen,

Und hat an ihm die Liebe gar
Von oben teilgenommen,
Begegnet ihm die selige Schar
Mit herzlichem Willkommen.

„In diesen Versen“, sagte er, „ist der Schlüssel zu Fausts Rettung enthalten. In Faust selber eine immer höhere und reinere Tätigkeit bis ans Ende, und von oben die ihm zu Hülfe kommende ewige Liebe. Es steht dieses mit unserer religiösen Vorstellung durchaus in Harmonie, nach welcher wir nicht bloß durch eigene Kraft selig werden, sondern durch die hinzukommende göttliche Gnade.“

III Inszenierungen und Adaptionen – Rezeptionsgeschichtlicher Ausblick

Drei moderne Inszenierungen von Goethes „Faust“

Im Folgenden finden Sie Szenenfotos aus drei beispielhaften modernen Faust-Inszenierungen, die auch verfilmt wurden und als DVD erhältlich sind. Die vergleichende Gegenüberstellung bietet Bilder aus drei in diesem Kapitel auszugsweise vorgestellten Szenen: dem Eingangsmonolog Fausts (S. 306 f.), der Teufelspaktszene (S. 310 f.) und dem Treffen Fausts und Gretchens im Garten der Nachbarin Marthe (S. 312).

1 a Vergleichen Sie die folgenden Bilder zu den einzelnen Szenen (▸ S. 315) unter folgenden Aspekten:
- Bühnenbild und Beleuchtung,
- Aussehen der Figuren (z. B. Darstellung des alten und des verjüngten Faust durch zwei Darsteller bei Stein),
- Position der Figuren, ihre Haltung zueinander, Gestik und Mimik.

b Welche Inszenierungsideen im Hinblick auf Bühnenbild und Atmosphäre, Figurengestaltung und Figurenkonstellation überzeugen Sie am meisten, welche am wenigsten? Diskutieren Sie Ihre Eindrücke vor dem Hintergrund Ihres Verständnisses der jeweiligen Szenen.

2 Konzipieren Sie schriftlich und/oder zeichnerisch Szenenbilder, die Ihren eigenen Vorstellungen von Bühnenbild und Figurendarstellung entsprechen.

Inszenierung 1

Hamburger Schauspielhaus 1960

Regie und in der Rolle des Mephisto: Gustaf Gründgens

Inszenierung 2

Münchner Kammerspiele 1987

Regie: Dieter Dorn

Inszenierung 3

EXPO Hannover 2000

Regie: Peter Stein

Weiterführende Aufgaben:

1 Besuchen Sie nach Möglichkeit eine Faust-Aufführung oder schauen Sie sich eine Video-Aufzeichnung an. Verfassen Sie Rezensionen dazu, indem Sie die Gesamtwirkung der Inszenierung sowie die wichtigen Einzelelemente (Aussehen, Spielweise, Rollenverständnis der Schauspieler, Bühnenbild, Lichtregie, Ausstattung), die zu dieser Wirkung beitragen, beschreiben und kommentieren.

2 Besorgen Sie sich Peter Steins Inszenierung des „Faust II“ aus dem Jahr 2000. Stellen Sie ausgehend von den Szenen „Großer Vorhof des Palastes“ und „Grablegung“ im V. Akt vor, wie die Faust-Figur hier dargestellt wird. Stellen Sie einen Bezug zu Ihrer eigenen Bewertung her (▸ Aufgabe 3; S. 314).

Weiterleben der Faust-Figur in Literatur, Musik und Film

Durch Goethes Faust-Tragödie wurde der Teufelsbündler an der Schwelle zur Neuzeit endgültig zu einer der großen mythischen Figuren der europäischen Literatur. Insgesamt 200 Faust-Adaptionen in den unterschiedlichsten Gattungen setzten die Entwicklungsgeschichte der Figur fort, wobei Goethes Werk den maßgeblichen intertextuellen Bezugspunkt bildete (Intertextualität: ▸ S. 307).
Nahezu alle Bearbeitungen des Faust-Stoffs seit 1800 sind als Auseinandersetzungen mit diesem Werk zu verstehen und werden vor diesem Hintergrund gedeutet. Dabei eroberte sich die Gestalt des Doktor Faust immer wieder neue künstlerische Formen und Darstellungsmedien.
Die Übersicht dokumentiert einige der bekanntesten Faust-Adaptionen der nachgoethischen Zeit:

Drama: **Vaclav Havel**: Die Versuchung; **Volker Braun**: Hans Faust (1968/1972 neu unter dem Titel „Hinze und Kunze")
Roman: **Thomas Mann**: Doktor Faustus. Das Leben des deutschen Tonsetzers Adrian Leverkühn, erzählt von einem Freunde (1947)
Oper: **Hanns Eisler** (Libretto und Musik): Johann Faustus (1952)
Sinfonie: **Franz Liszt**: Faust-Sinfonie (1854)
Ballett: **Heinrich Heine**: Der Doktor Faust. Ein Tanzpoem (1851)
Musical: **Randy Newman**: Randy Newman's Faust (1993)
Rock-Oper: **Rudolf Volz** (Musik und Regie, nach der Textvorlage von Goethe): Faust – Die Rockoper (1997)
Film: **Friedrich Wilhelm Murnau**: Faust – Eine deutsche Volkssage (1926)

Weiterführende Aufgaben:

1 Recherchieren Sie weitere Titel und ergänzen Sie die Liste der Faust-Adaptionen.
2 Wählen Sie eine der Faust-Adaptionen aus und stellen Sie diese vor. Berücksichtigen Sie dabei folgende Aspekte:
- Gesamtform, Gattung bzw. Genre und Entstehungszeit,
- Übersicht über den Inhalt,
- Konzeption der Gegenspieler Faust und Mephisto,
- weitere wichtige Figuren und ihre Funktion für den Handlungsaufbau,
- Aufgreifen von Motiven und Handlungsmomenten aus der Faust-Tradition und deren Verarbeitung (Intertextualität); Hinzufügen neuer wichtiger Handlungsmomente,
- Gesamtaussage und Wirkung.

> Fausts Charakter, auf der Höhe, wohin die neue Ausbildung aus dem alten rohen Volksmärchen denselben hervorgehoben hat, stellt einen Mann dar, welcher, in den allgemeinen Erdeschranken sich ungeduldig und unbehaglich fühlend, den Besitz des höchsten Wissens, den Genuss der schönsten Güter für unzulänglich achtet, seine Sehnsucht auch nur im Mindesten zu befriedigen, einen Geist, welcher deshalb nach allen Seiten hin sich wendend immer unglücklicher zurückkehrt. Diese Gesinnung ist der modernen so analog, dass mehrere gute Köpfe die Lösung einer solchen Aufgabe zu unternehmen sich gedrängt fanden.
>
> *Goethe: Entwurf zu einer Ankündigung der „Helena", 1826*

3 a Setzen Sie sich mit den Gründen auseinander, die Goethe für den Erfolg seiner Faust-Figur nennt.
b Sammeln Sie weitere Gründe für die Bedeutung der Faust-Figur. Befragen Sie ggf. Experten oder recherchieren Sie in Literaturgeschichten und (Goethe-)Lexika.

3.2 Romantik

Caspar David Friedrich: Der Wanderer über dem Nebelmeer (um 1818)

1 Beschreiben Sie die Bildkomposition. Achten Sie dabei auf den Bildaufbau, die Farbgebung und die Gestaltung der Figur des Wanderers.

2 Schreiben Sie einen inneren Monolog in der Rolle des Wanderers.

3 a Vergleichen Sie dieses Bild mit Friedrichs „Gebirgslandschaft mit Regenbogen“ (▶ S. 292). Welche Übereinstimmungen können Sie feststellen?

b „Der Maler soll nicht bloß malen, was er vor sich sieht, sondern auch, was er in sich sieht. Sieht er aber nichts in sich, so unterlasse er auch zu malen, was er vor sich sieht.“
Wenden Sie diese kunstprogrammatische Äußerung Friedrichs auf die beiden Bilder an und kennzeichnen Sie daraufhin seine für die Romantik typische Art von Landschaftsmalerei.

„Ach, wer da mitreisen könnte" – Fernweh und Heimweh

Ludwig Tieck: **Franz Sternbalds Wanderungen** (1798) – Auszug aus dem ersten Kapitel

In dem Fragment gebliebenen Roman verbindet Tieck (1773–1853) ein idealisierendes Bild des deutschen Mittelalters mit einem ebenso idealen Bild Italiens. Franz und sein Freund Sebastian sind Schüler in der Werkstatt des Malers Albrecht Dürer (1471–1528). Franz bricht zu einer Reise auf. Sebastian begleitet ihn vor das Stadttor Nürnbergs, wo die Freunde Abschied nehmen wollen.

Albrecht Dürer: Ansicht der Stadt Nürnberg von Westen (um 1495)

Sie erinnerten sich nun daran, wie sie schon oft von dieser Reise gesprochen hätten, wie sie ihnen also nichts weniger als unerwartet käme, wie sehr sie Franz gewünscht und sie immer als sein höchstes Glück angesehn habe. Sebastian konnte nicht begreifen, warum sie jetzt so traurig wären, da im Grunde nichts vorgefallen sei, als dass nun endlich der lang gewünschte Augenblick wirklich herbeigekommen sei. Aber so ist das Glück des Menschen, er kann sich dessen nur freuen, wenn es aus der Ferne auf ihn zuwandelt; kömmt es ihm nahe und ergreift seine Hand, so schaudert er oft zusammen, als wenn er die Hand des Todes fasste.

„Soll ich dir die Wahrheit gestehn?", fuhr Franz fort. „Du glaubst nicht, wie seltsam mir gestern Abend zu Sinne war. Ich hatte meinen Gedanken so oft die Pracht Roms, den Glanz Italiens vorgemalt, ich konnte mich bei der Arbeit ganz darin verlieren, dass ich mir vorstellte, wie ich auf unbekannten Fußsteigen, durch schattige Wälder wanderte, und dann fremde Städte und nie gesehene Menschen meinem Blicke begegneten; ach, die bunte, ewig wechselnde Welt mit ihren noch unbekannten Begebenheiten, die Künstler, die ich sehn würde, das hohe gelobte Land der Römer, wo einst die Helden wirklich und wahrhaftig gewandelt, deren Bilder mir schon Tränen entlockt hatten; sieh, alles dies zusammen hatte oft so meine Gedanken gefangen genommen, dass ich zuweilen nicht wusste, wo ich war, wenn ich wieder aufsah. ‚Und das alles soll wirklich werden!', rief ich dann manchmal aus. ‚Es soll eine Zeit geben können, sie tritt schon näher und näher, in der du nicht mehr vor der alten, so wohlbekannten Staffelei sitzest, eine Zeit, wo du in alle die Herrlichkeit hineinleben darfst und immer mehr sehn, mehr erfahren, nie aufwachen, wie es dir jetzt wohl geschieht, wenn du so zuzeiten von Italien träumst; – ach, wo, wo bekömmst du Sinne, Gefühle genug her, um alles treu und wahr, lebendig und urkräftig aufzufassen?' – Und dann war es, als wenn sich Herz und Geist innerlich ausdehnten und wie mit Armen jene zukünftige Zeit erhaschen, an sich reißen wollten; und nun –"

„Und nun, Franz?"

„Kann ich es dir sagen?", antwortete jener. „Kann ich es selber ergründen? Als wir gestern Abend um den runden Tisch unsers Dürers saßen und er mir noch Lehren zur Reise gab, als die Hausfrau indes den Braten schnitt und sich nach dem Kuchen erkundigte, den sie zu meiner Abreise gebacken hatte, als du nicht essen konntest, und mich immer von der Seite betrachtetest; o Sebastian, es wollte mir ganz mein armes ehrliches Herz zerreißen. [...] Ach! lass uns hier einen Augenblick stille stehen, horch, wie schön die Gebüsche flüstern; wenn du mir gut bist, so singe mir hier noch einmal das Lied vom Reisen."

Sebastian stand sogleich still und sang, ohne alle Vorbereitung, folgende Verse:

„Willt du dich zur Reis bequemen
Über Feld,
Berg und Tal,
Durch die Welt,
Fremde Städte allzumal,
Musst Gesundheit mit dir nehmen.

Neue Freunde aufzufinden
Lässt die alten du dahinten,
Früh am Morgen bist du wach,
Mancher sieht dem Wandrer nach
Weint dahinten,
Kann die Freud nicht wiederfinden.

Eltern, Schwester, Bruder, Freund,
Auch vielleicht das Liebchen weint,
Lass sie weinen, traurig und froh
Wechselt das Leben bald so, bald so,
Nimmer ohne Ach! und Oh!
Heimat bleibt dir treu und bieder,
Kehrst du nur als Treuer wieder,
Reisen und Scheiden
Bringt des Wiedersehens Freuden."

Franz hatte sich ins hohe Gras gesetzt und sang die letzten Verse inbrünstig mit, er stand auf und sie kamen an die Stelle, wo Sebastian hatte umkehren wollen.
„Grüße noch einmal", rief Franz aus, „alle, die mich kennen, und lebe du recht wohl."
„Und du gehst nun?", fragte Sebastian. „Muss ich denn nun ohne dich umkehren?"
Sie hielten sich beide fest umschlossen.

1 Franz Sternbald bricht zu seiner „Traumreise" auf.
a Untersuchen Sie den Text daraufhin, welche Vorstellungen bei ihm mit diesem Begriff verbunden sind und welche Gefühle sich bei ihm einstellen.
b Vergleichen Sie mit Ihren Vorstellungen und Gefühlen angesichts einer Traumreise.

2 Kommentieren Sie das „Lied vom Reisen" in seiner Funktion für den Erzählzusammenhang.

3 Die Erzählung besteht hier weitgehend aus der Innensicht der Figuren bzw. aus der Figurenrede. Nur an einer Stelle meldet sich der Erzähler mit einem Kommentar zu Wort. Suchen Sie diese Stelle heraus und erläutern Sie die Bedeutung dieses Kommentars.

4 **a** Vergleichen Sie die Vorstellungen, die mit der geplanten Italienreise bei Ludwig Tiecks Romanfigur verbunden sind, mit den Wirkungen, die Italien auf den Klassiker Goethe hat (► S. 293 f.).
b Lesen Sie die folgende Information zur Mittelalterbegeisterung der romantischen Künstler und stellen Sie einen Bezug zu Tiecks Roman-Fragment her.

Information **Mittelalterbegeisterung**

Das Denken vieler Romantiker war geprägt von der Suche nach den Wurzeln der deutschen Geschichte und Kultur. Das führte zu einer Wiederentdeckung des Mittelalters und seiner Interpretation als einer Zeit der Einheit, Ordnung und kulturellen Blüte. Zugleich wurde die Reformation, die den Übergang vom Mittelalter (► S. 141 f.) zur frühen Neuzeit (► S. 246 f.) markiert, als ein für die deutsche Kultur wichtiges Ereignis empfunden, das sie bis in die Gegenwart hinein bestimmte.

Der Nürnberger Maler Albrecht Dürer (1471–1528) steht zwischen den beiden Epochen. Die Romantiker verherrlichten in ihm den mittelalterlichen Maler und zugleich den Repräsentanten einer europäischen Kultur, die von der Antike bis in die Gegenwart reichte. Dürer war in seinem Leben zweimal nach Venedig gereist, um sich an der zeitgenössischen italienischen Renaissance-Kunst zu schulen.

Joseph von Eichendorff: **Sehnsucht** (1830/31)

Eichendorff (1788–1857) wuchs als Sohn einer katholischen Adelsfamilie auf dem elterlichen Gut in Schlesien auf, studierte Jura und Geisteswissenschaften. Nach seiner Teilnahme an den Befreiungskriegen trat er in den preußischen Staatsdienst ein. Eichendorff verfasste Lyrik, Prosa und Dramen.

Es schienen so golden die Sterne,
Am Fenster ich einsam stand
Und hörte aus weiter Ferne
Ein Posthorn im stillen Land.
Das Herz mir im Leib entbrennte,
Da hab ich mir heimlich gedacht:
Ach, wer da mitreisen könnte
In der prächtigen Sommernacht!

Zwei junge Gesellen gingen
Vorüber am Bergeshang,
Ich hörte im Wandern sie singen
Die stille Gegend entlang:
Von schwindelnden Felsenschlüften,
Wo die Wälder rauschen so sacht,
Von Quellen, die von den Klüften
Sich stürzen in die Waldesnacht.

Sie sangen von Marmorbildern,
Von Gärten, die überm Gestein
In dämmernden Lauben verwildern,
Palästen im Mondenschein,
Wo die Mädchen am Fenster lauschen,
Wann der Lauten Klang erwacht
Und die Brunnen verschlafen rauschen
In der prächtigen Sommernacht. –

Caspar David Friedrich Frau am Fenster (1822)

1 **a** Lesen Sie das Gedicht laut vor und achten Sie zunächst auf den Klang. Welche Wirkung geht von Rhythmus, Reim, Vokalität, Alliterationen und Wiederholungen aus?
b Beschreiben Sie den inhaltlichen Aufbau des Gedichts. Gehen Sie dabei auf die Situation des lyrischen Ichs, seine Wahrnehmungen, Gedanken und Gefühle ein. Zeigen Sie auch, wie der Klang mit auf die Vorstellungen einwirkt, die der Inhalt hervorruft.

2 „Am Fenster": In Friedrichs Bild und gleich zweimal in Eichendorffs Gedicht werden Figuren in dieser Position dargestellt. Entwickeln Sie schriftlich Ihre Gedanken zu der Bedeutung dieses Motivs; gehen Sie dabei auch der Frage nach, warum es gerade in der Romantik eine so wichtige Rolle spielt. Beziehen Sie Hintergrundwissen über die **Romantik** (► S. 326 f.) in Ihre Überlegungen ein.

3 **a** Klären Sie mit Hilfe von Wörterbüchern und Lexika den Gefühlsbegriff „Sehnsucht".
b Erläutern Sie vor diesem Hintergrund die Korrespondenz von Titel und Text des Gedichts.

Joseph von Eichendorff: Frische Fahrt (1815)

Laue Luft kommt blau geflossen,
Frühling, Frühling soll es sein!
Waldwärts Hörnerklang geschossen,
Mutger Augen lichter Schein;
Und das Wirren bunt und bunter
Wird ein magisch wilder Fluss,
In die schöne Welt hinunter
Lockt dich dieses Stromes Gruß.

Und ich mag mich nicht bewahren!
Weit von euch treibt mich der Wind,
Auf dem Strome will ich fahren,
Von dem Glanze selig blind!
Tausend Stimmen lockend schlagen,
Hoch Aurora flammend weht,
Fahre zu! Ich mag nicht fragen,
Wo die Fahrt zu Ende geht!

1 **a** Listen Sie die Vorstellungen auf, die hervorgerufen werden, um die Fahrt lebendig werden zu lassen.
b Kennzeichnen Sie Charakter, Ziel und Sinn dieser Reise.

2 **a** Beschreiben Sie mit Hilfe eines Clusters das Lebensgefühl, das in dem Gedicht zum Ausdruck kommt. Ergänzen Sie Ihre Beschreibung um passende Bilder.
b Lesen Sie die Eingangsszene der Novelle „Aus dem Leben eines Taugenichts" desselben Autors und vergleichen Sie Inhalt und Atmosphäre.

3 Gesang und Musik spielen in der romantischen Literatur eine besondere Rolle, in den Inhalten, aber auch in der Musikalität der Sprache.
a Sammeln Sie Beispiele für beides in den romantischen Texten dieses Teilkapitels(▶ S. 318–321).
b Worin sehen Sie die Besonderheit der Ausdrucksform Musik? Erklären Sie vor diesem Hintergrund, warum die Musik als die romantischste aller Künste gilt.

4 **Referat/Facharbeit:** Viele romantische Gedichte sind von Komponisten der Zeit wie Franz Schubert, Robert Schumann, Friedrich Silcher u. a. vertont worden. Stellen Sie Beispiele vor und erläutern Sie daran das Zusammenspiel von romantischer Lyrik und Musik.

„Beisammen konnten sie dir nit kommen" – Liebe und Tod

Volkslied: Edelkönigs-Kinder

Volkslieder und Volksmärchen wurden von den Romantikern gesammelt, weil sie darin die Mentalität des eigenen Volkes zu erfassen glaubten. Das folgende stammt aus der Sammlung „Des Knaben Wunderhorn" von Clemens Brentano und Achim von Arnim (1806/1808).

Frontispiz der Erstausgabe von „Des Knaben Wunderhorn", Kupferstich (1808)

Es waren zwei Edelkönigs-Kinder,
Die beiden, die hatten sich lieb,
Beisammen konnten sie dir nit kommen,
Das Wasser war viel zu tief.

„Ach Liebchen, könntest du schwimmen,
So schwimme doch her zu mir,
Drei Kerzlein wollt ich dir anstecken,
Die sollten auch leuchten dir."

Da saß ein loses[1] Nönnechen,
Das tat, als wenn es schlief,
Es tat die Kerzlein ausblasen,
Der Jüngling versank so tief.

„Ach Mutter, herzliebste Mutter,
Wie tut mir mein Häuptchen so weh,
Könnt ich eine kleine Weile
Spazieren gehn längst der See." [...]

Die Mutter und die ging schlafen,
Die Tochter ging ihren Gang,
Sie ging so lange spazieren,
Bis sie ein Fischer fand.

Den Fischer sah sie fischen:
„Fisch mir ein verdientes rot Gold,
Fisch mir doch einen Toten,
Er ist ein Edelkönigs-Kind."

Der Fischer fischte so lange,
Bis er den Toten fand,
Er griff ihn bei den Haaren
Und schleift ihn an das Land.

Sie nahm ihn in ihre Arme
Und küsst ihm seinen Mund:
„Adie, mein Vater und Mutter,
Wir sehn uns nimmermehr."

1 **lose:** hier: hinterlistig, falsch

Heinrich Heine: **Ich weiß nicht, was soll es bedeuten** (1823)

Ich weiß nicht was soll es bedeuten,
Dass ich so traurig bin;
Ein Märchen aus alten Zeiten,
Das kommt mir nicht aus dem Sinn.

Die Luft ist kühl und es dunkelt,
Und ruhig fließt der Rhein;
Der Gipfel des Berges funkelt
Im Abendsonnenschein.

Die schönste Jungfrau sitzet
Dort oben wunderbar;
Ihr goldnes Geschmeide blitzet,
Sie kämmt ihr goldenes Haar.

Sie kämmt es mit goldenem Kamme
Und singt ein Lied dabei;
Das hat eine wundersame,
Gewaltige Melodei.

Den Schiffer im kleinen Schiffe
Ergreift es mit wildem Weh;
Er schaut nicht die Felsenriffe,
Er schaut nur hinauf in die Höh.

Ich glaube, die Wellen verschlingen
Am Ende Schiffer und Kahn;
Und das hat mit ihrem Singen
Die Lore-Ley getan.

Heinrich Heine: **Der Asra** (1851)

Täglich ging die wunderschöne
Sultanstocher auf und nieder
Um die Abendzeit am Springbrunn,
Wo die weißen Wasser plätschern.

Täglich stand der junge Sklave
Um die Abendzeit am Springbrunn,
Wo die weißen Wasser plätschern;
Täglich ward er bleich und bleicher.

Eines Abends trat die Fürstin
Auf ihn zu mit raschen Worten:
Deinen Namen will ich wissen,
Deine Heimat, deine Sippschaft!

Und der Sklave sprach: Ich heiße
Mohamet, ich bin aus Yemmen,
Und mein Stamm sind jene Asra,
Welche sterben, wenn sie lieben.

1 Alle drei Gedichte erzählen eine Geschichte. Referieren Sie ihren inhaltlichen Aufbau, bestimmen Sie, wer die Geschichte erzählt, und beschreiben Sie, in welcher Weise das geschieht.

2 Erläutern Sie,
   a wie in den drei Gedichten die Motive „Liebe" und „Tod" verknüpft werden,
   b was diese Motivverknüpfung für das Konzept einer „romantischen Liebe" bedeutet.

3 **Weiterführende Aufgabe:** Suchen Sie in Gedichtsammlungen nach weiteren Beispielen romantischer Liebeslyrik. Stellen Sie fest, wie dort die Liebe dargestellt wird, und vergleichen Sie mit den Eindrücken, die Sie aus den Texten (► S. 321 f.) gewonnen haben.

Heinrich von Kleist: **Penthesilea** (1806/07) – Aus dem 23. und 24. Auftritt (V. 2610–3036)

[Das Heer der Amazonen unter Führung ihrer Königin Penthesilea greift in den Krieg um Troja ein. Ihr Ziel ist es, Männer als Gefangene in ihre Heimat mitzunehmen. Dort werden in einem großen Liebesfest, dem „Rosenfest", die Kinder gezeugt, die den Fortbestand des reinen Frauenstaates sichern. Das Gesetz dieses Staates verbietet es den Amazonen, sich bei der Gefangennahme der Männer von persönlichen Gefühlen leiten zu lassen. Dagegen verstößt Penthesilea, die sich unwiderstehlich von dem Griechenhelden Achill angezogen fühlt, der ihr Gefühl erwidert. Er besiegt sie im Kampf, lässt sie aber, nachdem sie aus ihrer Ohnmacht erwacht ist, in dem Glauben, er sei von ihr überwunden worden. Penthesilea gesteht ihm ihre tief empfundene Liebe. Nachdem die Amazonen in einem Angriff auf das griechische Lager ihre Königin befreit haben, fordert Achill sie zu einem Zweikampf, jedoch nur, um sich besiegen zu lassen und so mit ihr vereint sein zu können. Penthesilea ahnt davon nichts und zieht, innerlich tief verletzt, in den Kampf.
Die Amazone Meroe schildert ihren Mitstreiterinnen in einem Botenbericht das Geschehen.]

MEROE:
Den Wunsch, den glühenden, ihn [Achill] zu besitzen,
Mit allen Schrecknissen der Waffen rüstend.
Von Hunden rings umheult und Elefanten,
Kam sie daher, den Bogen in der Hand.

[Achill, für den vermeintlichen Zweikampf nur leicht bewaffnet, versucht, von Penthesileas martialischem Auftreten erschreckt, sich zwischen Zweigen zu verbergen. Penthesilea und ihre Hunde stellen ihn.]

Und da er eben, die Gezweige öffnend,
Zu ihren Füßen niedersinken will:
Ha! sein Geweih verrät den Hirsch, ruft sie,
Und spannt mit Kraft der Rasenden, sogleich
Den Bogen an, dass sich die Enden küssen,
Und hebt den Bogen auf und zielt und schießt,
Und jagt den Pfeil ihm durch den Hals; er stürzt:
Ein Siegsgeschrei schallt roh im Volk empor.
Jetzt gleichwohl lebt der Ärmste noch der Menschen,
Den Pfeil, den weit vorragenden, im Nacken,
Hebt er sich röchelnd auf, und überschlägt sich,
Und hebt sich wiederum und will entfliehn;
Doch, hetz! schon ruft sie: Tigris! hetz, Leäne!
Hetz, Sphinx! Melampus! Dirke! Hetz, Hyrkaon!
Und stürzt – stürzt mit der ganzen Meut, o Diana!
Sich über ihn, und reißt – reißt ihn beim Helmbusch,
Gleich einer Hündin, Hunden beigesellt,
Der greift die Brust ihm, dieser greift den Nacken,
Dass von dem Fall der Boden bebt, ihn nieder!
Er, in dem Purpur seines Bluts sich wälzend,
Rührt ihre sanfte Wange an, und ruft:
Penthesilea! meine Braut! was tust du?
Ist dies das Rosenfest, das du versprachst?
Doch sie – die Löwin hätte ihn gehört,
Die hungrige, die wild nach Raub umher,
Auf öden Schneegefilden heulend treibt;
Sie schlägt, die Rüstung ihm vom Leibe reißend,
Den Zahn schlägt sie in seine weiße Brust,

Sie und die Hunde, die wetteifernden,
Oxus und Sphinx den Zahn in seine rechte,
In seine linke sie; als ich erschien,
Troff Blut von Mund und Händen ihr herab.
[...]
Jetzt steht sie lautlos da, die Grauenvolle,
Bei seiner Leich, umschnüffelt von der Meute,
Und blicket starr, als wär's ein leeres Blatt,
Den Bogen siegreich auf der Schulter tragend,
In das Unendliche hinaus, und schweigt.
Wir fragen mit gesträubten Haaren, sie,
Was sie getan? Sie schweigt. Ob sie uns kenne?
Sie schweigt. Ob sie uns folgen will? Sie schweigt.
Entsetzen griff mich, und ich floh zu euch.

[Penthesilea, ins Lager der Amazonen geführt, löst sich aus ihrer Erstarrung und wird angesichts der Leiche Achills mit der ganzen Wahrheit ihrer Tat konfrontiert.]

Penthesilea: – Ich will dir sagen, Prothoe,
Ich sage vom Gesetz der Fraun mich los,
Und folge diesem Jüngling hier.
Prothoe: Wie, meine Königin?
Die Oberpriesterin: Unglückliche!
Prothoe: Du willst –?
Die Oberpriesterin: Du denkst –
Penthesilea: Was? Allerdings!
Meroe: O Himmel!
Prothoe: So lass mich dir ein Wort, mein Schwesterherz –
Sie sucht ihr den Dolch wegzunehmen.
Penthesilea:
Nun denn, und was? – – Was suchst du mir am Gurt?
– Ja, so. Wart, gleich! Verstand ich dich doch nicht.
– – Hier ist der Dolch.
Sie löst sich den Dolch aus dem Gurt und gibt ihn der Prothoe.
[...]
Penthesilea: Denn jetzt steig ich in meinen Busen nieder,
Gleich einem Schacht, und grabe, kalt wie Erz,
Mir ein vernichtendes Gefühl hervor.
Dies Erz, dies läutr ich in der Glut des Jammers
Hart mir zu Stahl; tränk es mit Gift sodann,
Heiß ätzendem, der Reue, durch und durch;
Trag es der Hoffnung ew'gem Amboss zu,
Und schärf und spitz es mir zu einem Dolch;
Und diesem Dolch jetzt reich ich meine Brust:
So! So! So! So! Und wieder! – Nun ist's gut.
Sie fällt und stirbt.
Prothoe *die Königin auffassend:*
Sie stirbt!
Meroe: Sie folgt ihm, in der Tat!

---

1 a Schreiben Sie einen Bericht Prothoes, der engsten Vertrauten Penthesileas, nach der Heimkunft im Land der Amazonen. Schildern Sie darin die Ereignisse, die zum Tod der Königin geführt haben, und versuchen Sie deren Charakter sowie das Chaos ihrer Gefühle zu durchleuchten.
b Auch in diesem Drama geht es um die Verknüpfung der Motive „Liebe" und „Tod". Vergleichen Sie dazu die Behandlung der Motive in den Gedichten auf S. 321 f.

2 Erarbeiten Sie eine möglichst genaue Analyse der Sprache, in der Kleist hier seine Figuren sprechen lässt, und erläutern Sie Funktion und Wirkung der einzelnen Merkmale.

3 Obwohl Kleist sich den Stoff für seine Tragödie aus der Antike holt und den Vers des klassischen Dramas, den Blankvers, verwendet, lässt sich sein Werk nicht der **Klassik** (▸ S. 301–303) zuordnen. Umstritten ist allerdings auch, ob er sich mit seiner archaisch anmutenden Grausamkeit und tragischen Radikalität der **Romantik** (▸ S. 326 f.) zuordnen lässt.
a Vergleichen Sie die Frauenfigur der „Penthesilea" und die Sprache in diesem Stück mit der Frauenfigur der „Iphigenie" in Goethes Drama und der Sprache dort (▸ S. 170 f.; 560 f.).
b Vergleichen Sie andererseits die Kleist'sche Sprache mit der romantischer Erzählungen und Gedichte.

„Poesie ist Darstellung [...] der inneren Welt in ihrer Gesamtheit" – Aspekte eines romantischen Poesieprogramms

Novalis: **Wenn nicht mehr Zahlen und Figuren** (1800)

Georg Friedrich von Hardenberg (1772–1801) studierte Bergbau. „Novalis" ist sein Pseudonym als Dichter.

Wenn nicht mehr Zahlen und Figuren
Sind Schlüssel aller Kreaturen,
Wenn die, so singen oder küssen,
Mehr als die Tiefgelehrten wissen,
Wenn sich die Welt ins freie Leben
Und in die Welt wird zurückbegeben,
Wenn dann sich wieder Licht und Schatten
Zu echter Klarheit werden gatten,
Und man in Märchen und Gedichten
Erkennt die ew'gen Weltgeschichten,
Dann fliegt vor *einem* geheimen Wort
Das ganze verkehrte Wesen fort.

Novalis: **Romantisieren – Fragmente zur Poetik** (1798–1800) – Auszug

Indem ich dem Gemeinen einen hohen Sinn, dem Gewöhnlichen ein geheimnisvolles Ansehn, dem Bekannten die Würde des Unbekannten, dem Endlichen einen unendlichen Schein gebe, so romantisiere ich es –

Erzählungen, ohne Zusammenhang, jedoch mit Assoziation, wie *Träume*. Gedichte – bloß *wohlklingend* und voll schöner Worte – aber auch ohne allen Sinn und Zusammenhang – höchstens einzelne Strophen verständlich – sie müssen wie lauter Bruchstücke aus den verschiedenartigsten Dingen [sein]. Höchstens kann wahre Poesie einen *allegorischen* Sinn im Großen haben und eine indirekte Wirkung wie Musik usw. tun –

Das Märchen ist gleichsam der Kanon der Poesie – alles Poetische muss märchenhaft sein. Der Dichter betet den Zufall an.

Poesie ist *Darstellung des Gemüts* – der *innern Welt in ihrer Gesamtheit*. Schon ihr Medium, die Worte, deuten es an, denn sie sind ja die äußre Offenbarung jenes innern Kraftreichs.

Friedrich Schlegel: **116. Athenäum-Fragment** (1798) – Auszug

Die romantische Poesie ist eine progressive Universalpoesie. Ihre Bestimmung ist nicht bloß, alle getrennten Gattungen der Poesie wieder zu vereinigen und die Poesie mit der Philosophie und Rhetorik in Berührung zu setzen. Sie will und soll auch Poesie und Prosa, Genialität und Kritik, Kunstpoesie und Naturpoesie bald mischen, bald verschmelzen, die Poesie lebendig und gesellig und das Leben und die Gesellschaft poetisch machen, den Witz poetisieren und die Formen der Kunst mit gediegnem Bildungsstoff jeder Art anfüllen und sättigen und durch die Schwingungen des Humors beseelen. Sie umfasst alles, was nur poetisch ist, vom größten wieder mehrere Systeme in sich enthaltenden Systeme der Kunst bis zu dem Seufzer, dem Kuss, den das dichtende Kind aushaucht in kunstlosen Gesang.

---

1 **a** Zeigen Sie ausgehend von der Satzstruktur in Novalis' Gedicht, wie hier ein Gedanke entfaltet wird.
b Klären Sie die unterschiedlichen Haltungen zur Welt, die hier gegenübergestellt werden, indem Sie die einzelnen Aussagen des Gedichts in eigenen Worten wiedergeben.
c Setzen Sie sich mit der These auseinander, das Gedicht ziele auf eine Kritik an der **Aufklärung** (► S. 266 f.). Verfassen Sie eine Stellungnahme zu dieser These.

2 Lesen Sie Eichendorffs Gedicht „Wünschelrute" (► S. 477). Erschließen Sie es sich ausgehend vom Titel. Erläutern Sie mit eigenen Worten, wie der Mensch die Welt der Dinge wahrnehmen und wie er sich dazu verhalten soll.

3 a Verfassen Sie ein Manifest, das ein romantisches Literaturprogramm entwirft, wie es in dem Gedicht und den Fragmenten von Novalis und Schlegel (► S. 325) deutlich wird.

b „Idealisieren" – „romantisieren": Vergleichen Sie unter diesen Stichworten die Literaturkonzepte der Klassik und Romantik. Greifen Sie dazu auf die Texte S. 295 f. und 325 zurück.

Information **Epochenüberblick – Romantik (ca. 1795 – ca. 1835)**

Allgemeingeschichtlicher Hintergrund: Bestimmt wird die Zeit durch die **Revolutions- und die napoleonischen Kriege.** Zunächst sind die Volksarmeen des neuen Frankreich siegreich und ermöglichen es Napoleon, West- und Mitteleuropa unter französischer Vormacht weitgehend umzugestalten. Das gilt besonders für Deutschland, das mit dem Ende des Heiligen Römischen Reiches Deutscher Nation und der Niederlage Preußens 1806 unter französischer Oberhoheit stand und nach den Gesetzen des „Code Napoléon" regiert wurde. Infolge der Niederlage der Grande Armée in Russland und infolge der bis dahin größten Schlachten der Militärgeschichte bei Leipzig (1813) und Waterloo (1815) brach das Imperium Napoleons zusammen. Mit dem **Wiener Kongress** (1815) begann eine Epoche der **Restauration,** die die alte Staatenordnung neu etablierte. Das bedeutete, dass in die deutschen Fürstentümer das absolutistische Regime zurückkehrte, zwar abgemildert durch einzelne Reformen wie die Aufhebung der Leibeigenschaft in Preußen, jedoch mit dem Bemühen, alle freiheitlichen Bestrebungen zu unterdrücken. Viele patriotisch gesinnte Bürger und Studenten hatten sich an den „Befreiungskriegen" beteiligt. Ihre Hoffnungen auf die Bildung eines deutschen Nationalstaates mit liberaler Verfassung wurden bitter enttäuscht.

Weltbild und Lebensauffassung: Die fortschrittlichen Kräfte in der Gesellschaft erlebten die gesamte Epoche als Krisenzeit. Alle Hoffnungen auf eine Umgestaltung der politischen Verhältnisse gemäß den Ideen der Aufklärung zerschlugen sich. Hinzu kam die Erfahrung, dass in der fortschreitenden Industrialisierung der Mensch zunehmend in seinem ökonomischen Nutzwert gesehen wurde. Die Utopie der Selbstverwirklichung des Individuums in der Gesellschaft, die die Klassik propagiert hatte, verblasste angesichts der Verhältnisse. Das romantische Ich suchte den Weg nach innen. Es schuf sich Fluchträume in einer idyllisch verklärten Natur, in der Fiktion eines ursprünglichen Lebens in der geordneten, heilen Welt des Mittelalters.

Die Beschäftigung mit mittelalterlicher Dichtung (► S. 141 f.) wie Minnesang und Nibelungenlied ließ die philologische Erforschung der deutschen Sprache und Literatur entstehen, die Germanistik bildete sich neben den Philologien der klassischen Sprachen als Wissenschaft heraus. Sehnsucht war das bestimmende Gefühl der Epoche. **Romantische Sehnsucht** hatte kein konkret benennbares Motiv, wollte eigentlich auch nie an ein Ziel kommen, sondern speiste sich sozusagen aus sich selbst und konnte hingebungsvoll dauerhaft genossen werden.

Literatur: Das Heilmittel gegen das Leiden an der Zeit sahen die Dichter in der **Poetisierung** oder, mit einem anderen Wort, **Romantisierung** der Welt. **Novalis** beschrieb das Verfahren so: „Indem ich dem Gemeinen einen hohen Sinn, dem Gewöhnlichen ein geheimnisvolles Aussehen, dem Bekannten die Würde des Unbekannten, dem Endlichen einen unendlichen Schein gebe, so romantisiere ich es." Von daher erklärt sich die Vorliebe der Romantiker für Märchen (Sammlung der „Kinder- und Hausmärchen" durch die **Brüder Grimm**; Produktion von Kunstmärchen) und fantastische Erzählungen. Daneben war die Lyrik mit ihrer Tendenz zur Innerlichkeit und zum Gefühlsausdruck die bevorzugte Gattung. Zum literarischen Repertoire der Romantik, besonders der Frühromantik, gehörten durchaus auch scharfsinnig-kritische und geistreich-witzige, von Ironie und Selbstironie geprägte Texte. Der Versuch der Romantiker, **die Welt ganzheitlich zu erfassen** – oft durch die Verbindung von Kunst, Musik und Literatur –, scheiterte. Viele Werke blieben Fragmente, das Fragmentarische erschien vielen sogar als die Kunstform schlechthin. Romantische Kunst ist der Versuch, das Nicht-Abbildbare darzustellen bzw. erfühlbar zu machen.

In der Romantik beginnen Frauen eine wichtige Rolle im literarischen Leben zu spielen. Seit dem Mittelalter hatten sie zwar als Leserinnen von Belletristik einen nicht zu unterschätzenden Beitrag dazu geleistet, dass sich überhaupt so etwas wie ein literarisches Leben entwickeln konnte, und waren vereinzelt auch als Schriftstellerinnen tätig gewesen, doch traten sie nun als **Vermittlerinnen und Produzentinnen von Literatur** hervor. In den Lese- und Gesprächszirkeln der so genannten **Salons** intellektueller Bürgerinnen wie **Rahel Varnhagen von Ense** trafen sich Philosophen, Künstler, Schriftsteller und Verleger. Einigen Frauen gelang es auch als Autorinnen, die Aufmerksamkeit der literarischen Öffentlichkeit zu gewinnen.

Die Abgrenzung der Romantik als Epoche ist aus mehreren Gründen schwierig: Zum einen ist die Romantik eine gesamteuropäische Bewegung, die in den verschiedenen Nationalkulturen unterschiedliche Zeiträume umfasst. In der Betrachtungsweise der europäischen Nachbarländer werden der deutschen Romantik zudem auch die Epochen der Empfindsamkeit bzw. des Sturm und Drang und der Weimarer Klassik zugerechnet. Zum anderen deckt sich die literarische Romantik nicht mit der gleichnamigen Epoche in allen anderen Künsten. In der Musik beispielsweise umfasst die Romantik nahezu das ganze 19. Jahrhundert.

Weitere wichtige Autorinnen/Autoren und Werke:

Jean Paul, d.i. Johann Paul Friedrich Richter (1763–1825): „Siebenkäs", „Flegeljahre" (Romane)
Friedrich Hölderlin (1770–1843): „Hyperion" (Briefroman); Hymnen und Gedichte
Rahel Varnhagen von Ense (1771–1833): „Rahel, ein Buch des Andenkens für ihre Freunde" (Briefe und Tagebuchaufzeichnungen)
Ernst Theodor Amadeus Hoffmann (1776–1822): „Die Elixiere des Teufels", „Lebensansichten des Katers Murr" (Romane); „Nachtstücke", „Die Serapionsbrüder" (Erzählsammlungen)
Karoline von Günderode (1780–1806): „Gedichte und Fantasien" (Gedichtsammlung)
Bettina von Arnim (1785–1859): „Goethes Briefwechsel mit einem Kinde", „Die Günderode" (Briefsammlungen)
Jacob Grimm (1785–1863) und **Wilhelm Grimm** (1786–1859): „Kinder- und Hausmärchen" (Volksmärchensammlung)

---

1 Bearbeiten Sie die Epochendarstellung nach der Methode des Text-Designs, indem Sie sie durch Bilder, Schaubilder, Begriffsdefinitionen und Zusatzinformationen in Form von Links ergänzen.

2 Erläutern Sie an ausgewählten Beispielen die Begriffe „Volksmärchen" (z.B. in der Sammlung der Brüder Grimm) und „Kunstmärchen" (z.B. bei Wilhelm Hauff). Zeigen Sie auf, was an beiden romantisch ist.

3 **Referat/Facharbeit:** Stellen Sie Leben und Werk von Schriftstellern und Schriftstellerinnen der Romantik vor (Beispiele: die Geschwister Clemens und Bettina Brentano, Friedrich von Hardenberg [Novalis], Joseph von Eichendorff, E.T.A. Hoffmann, Karoline von Günderode, Rahel Varnhagen von Ense, Sophie Mereau).

Literaturstation: Nacht – Ein romantisches Motiv

Das Dichten und Denken der Schriftsteller der Aufklärung war durchzogen von einer Metaphorik des Lichts, das den hellen Tag erleuchtet, wo alle Dinge klar zu unterscheiden und zu erkennen sind und wo der Mensch seinen nutzbringenden Geschäften nachgeht. Die Romantiker waren fasziniert von der Nacht als der Zeit, da die festen Umrisse sich auflösen, Erde und Himmel ineinanderfließen und der freigesetzten Fantasie alles geheimnisvoll und wunderbar erscheint. Auch ist die Nacht die Zeit der Träume, in denen die sehnsuchtsvollen, aber auch erschreckenden Bilder aus den dunklen Tiefen des Unbewussten aufsteigen.
Wie wird die Spannung zwischen den schwärmerischen und den abgründigen Facetten der romantischen Nacht entfaltet?

Im ersten Teilkapitel finden Sie mehrere Gedichte, auf deren Grundlage Sie wesentliche Bestandteile des Nacht-Motivs in romantischer Lyrik erkennen und zu einem Gesamtbild verarbeiten können.

Im zweiten Teilkapitel können Sie Merkmale des romantischen Schauerromans im Zusammenhang mit dem Nacht-Motiv erfassen. Dabei können Sie sich auch mit den Zusammenhängen zwischen literarischen Texten und Beispielen der bildenden Kunst aus der Epoche der Romantik beschäftigen.

Das dritte Teilkapitel bietet Anregungen zu einem Projekt, in dessen Rahmen Sie Einblicke in die Geschichte des Nacht-Motivs gewinnen.

I „O holde Nacht" – Nachtgedichte

Joseph von Eichendorff: **Mondnacht** (1837)

Es war, als hätt' der Himmel
die Erde still geküsst,
dass sie im Blütenschimmer
von ihm nun träumen müsst'.

Die Luft ging durch die Felder,
die Ähren wogten sacht,
es rauschten leis die Wälder,
so sternklar war die Nacht.

Und meine Seele spannte
weit ihre Flügel aus,
flog durch die stillen Lande,
als flöge sie nach Haus.

Caspar David Friedrich: Mann und Frau in Betrachtung des Mondes (um 1824)

Clemens Brentano: **Der Spinnerin Nachtlied** (1818)

Es sang vor langen Jahren
Wohl auch die Nachtigall,
Das war wohl süßer Schall,
Da wir zusammen waren.

Ich sing und kann nicht weinen
Und spinne so allein
Den Faden klar und rein
Solang der Mond wird scheinen.

Da wir zusammen waren
Da sang die Nachtigall,
Nun mahnet mich ihr Schall,
Dass du von mir gefahren.

So oft der Mond mag scheinen,
Denk ich wohl dein allein,
Mein Herz ist klar und rein,
Gott wolle uns vereinen.

Seit du von mir gefahren,
Singt stets die Nachtigall,
Ich denk bei ihrem Schall,
Wie wir zusammen waren.

Gott wolle uns vereinen,
Hier spinn ich so allein,
Der Mond scheint klar und rein,
Ich sing und möchte weinen!

Johann Heinrich Füssli: Prinz Arthur und die Feenkönigin (um 1788)

Novalis: **Hymnen an die Nacht**
(e. 1799/1800) – Beginn der 2. Hymne

Muss immer der Morgen wiederkommen?
Endet nie des Irdischen Gewalt?
Unselige Geschäftigkeit verzehrt
Den himmlischen Anflug der Nacht?
Wird nie der Liebe geheimes Opfer
Ewig brennen?
Zugemessen ward
Dem Lichte Seine Zeit
Und dem Wachen –
Aber zeitlos ist der Nacht Herrschaft,
Ewig ist die Dauer des Schlafs.

Carl Wagner: Bei Mondschein (1820)

Karoline von Günderode: **Der Kuss im Traume** (1802)

Karoline von Günderode (1780–1806) trat früh in ein evangelisches Damenstift für unverheiratete Töchter wohlhabender Familien ein. Dort studierte sie Geisteswissenschaften und begann Gedichte zu schreiben, die sie unter Pseudonym veröffentlichte. 1806 nahm sie sich das Leben.

Es hat ein Kuss mir Leben eingehaucht,
Gestillet meines Busens tiefstes Schmachten.
Komm, Dunkelheit! mich traulich zu umnachten,
Dass neue Wonne meine Lippe saugt.

In Träume war solch Leben eingetaucht,
Drum leb' ich, ewig Träume zu betrachten,
Kann aller andern Freuden Glanz verachten,
Weil nur die Nacht so süßen Balsam haucht.

Der Tag ist karg an liebesüßen Wonnen,
Es schmerzt mich seines Lichtes eitles Prangen
Und mich verzehren seiner Sonne Gluten.

Drum birg dich Aug' dem Glanze ird'scher Sonnen!
Hüll' dich in Nacht, sie stillet dein Verlangen
Und heilt den Schmerz, wie Lethes[1] kühle Fluten.

Karl Friedrich Schinkel: Die Nacht (1834)

1 **Lethe:** in der griech. Mythologie Fluss in der Unterwelt. Die Seele, die daraus trank, verlor die Erinnerung an das irdische Leben.

1 **a** Wählen Sie eines der Gedichte (► S. 328–330) für einen Vortrag in Ihrem Kurs aus und begründen Sie Ihre Auswahl.
b Formulieren Sie in einem **Blitzlicht** (► S. 132) Ihre Eindrücke von den Gedichten und formulieren Sie Ihr erstes Verständnis („Ich verstehe das Gedicht als ...“ oder „Mir sagt das Gedicht Folgendes ...“ oder „In dem Gedicht geht es für mich um ...“).

2 Bilden Sie Teams, die eine Interpretation zu jeweils einem der Gedichte erarbeiten. Vorschläge zur Organisation der Arbeit:

1. Schritt: Textanalyse *(arbeitsteilig durchzuführen)*	– formaler Aufbau (Gedichtform und Strophenbau; Wiederholungen und Ringstrukturen; Versbau, Metrum und Verhältnis von Vers und Satz; Satzformen) – inhaltlicher Aufbau (Gliederung in Sinnabschnitte; Anordnung von Wahrnehmungen, Gedanken und Gefühlen; Motive und ihre Verflechtung) – Stilmerkmale (auffallende Metaphern und Vergleiche und deren Konstruktion; Synästhesien; Klangfiguren wie Assonanzen und Vokaldominanzen; weitere auffallende rhetorische Figuren)
2. Schritt: Textdeutung *(im Gesamtteam; protokollieren)*	– Analyseergebnisse miteinander in Beziehung setzen – Zusammenspiel von Form und Inhalt erläutern – Gesamtaussage und Gesamtwirkung des Gedichts ausformulieren

3. Schritt: Ergebnispräsentation *(Gesamtteam)*	– auf einem hinreichend großen Plakat Analyse- und Deutungsergebnisse übersichtlich und gut lesbar anordnen – ein zu dem Gedicht passendes Bild aus diesem Kapitel oder aus einem Bildband zur Romantik hinzufügen und mit einer kurzen Begründung versehen
4. Schritt: Sichtung der Präsentationen *(Plenum)*	– Herumgehen und Sichten aller Präsentationen mit Schreibblock und Stift, Notizen zu: auffallenden Übereinstimmungen, offengebliebenen Fragen, wichtigen Entdeckungen/Erkenntnissen – gemeinsame Reflexion der Ergebnis-Präsentationen im Plenum anhand der Notizen während des Rundgangs

3 Nehmen Sie die kleine Sammlung von Gedichten (► S. 328–330) insgesamt in den Blick und entwerfen Sie eine Art Gesamtbild der romantischen Nacht in Form einer Mindmap. Tragen Sie dazu die Formulierungen zusammen, die das Bild der Nacht in besonderer Weise prägen bzw. lebendig machen.

Nacht

Sinneswahrnehmungen:
- *Hören: „da sang die Nachtigall“ (Brentano, V. 10)*
- …

Kontrastierung – Tag und Morgen:
- *„unselige Geschäftigkeit“ (Novalis, V. 3)*
- …

Personifizierungen:
„Nacht […] stillet dein Verlangen“ (Günderode, V. 13)
- …

Mythisierungen:
„der Himmel die Erde still geküsst“ (Eichendorff, V. 1)
- …

Situationen und Befindlichkeiten des Menschen:
- *„meine Seele spannte / weit ihre Flügel aus“ (Eichendorff, V. 9/10)*
- …

Weiterführende Aufgaben:

1 Setzen Sie sich gruppenweise um ein Blatt und schreiben Sie einzelne Verse aus den Gedichten auf, die Ihnen besonders typisch für die Darstellung der Nacht in der Romantik erscheinen. Verfassen Sie auf diese Weise ein neues Gedicht, dem Sie den Titel „Romantische Nacht“ geben.

2 Beschreiben Sie die Bilder von C. D. Friedrich, J. H. Füssli und C. Wagner und die Stimmung, die sie vermitteln. Ordnen Sie ihnen dann Textauszüge aus den Gedichten zu und begründen Sie Ihre Zuordnungen.

3 Suchen Sie in Lyrikanthologien und Bildbänden weitere Gedichte und Bilder aus der Zeit der Romantik, in denen das Nacht-Motiv aufgegriffen wird, und stellen Sie Ihre Funde mit einem erläuternden Kommentar vor.

II Nacht, Traum und Wahn – Auszüge aus einem romantischen Schauerroman

Ernst Theodor Amadeus Hoffmann: **Die Elixiere des Teufels** (1815/16)

E. T. A. Hoffmann (1776–1822) war Jurist, zugleich Musiker, Musikkritiker, Zeichner und Karikaturist.
In seinem Schauerroman „Die Elixiere des Teufels" lässt sich der junge Mönch Medardus von zwei Fremden dazu verleiten, ein geheimnisvolles Elixier, das sich in der Reliquienkammer seines Klosters befindet, zu trinken. Es stärkt ihn auf wunderbare Weise und beflügelt seine Fantasie. Als er sich in eine unbekannte Frau, die ihn zur Beichte aufsucht, leidenschaftlich verliebt, schickt ihn sein Prior[1] in einer Klosterangelegenheit nach Rom. Auf seiner Wanderung trifft er auf einen Mann, der am Rande eines Abgrunds schläft. Infolge von Medardus' Anruf stürzt dieser in die Tiefe. Auf Grund einer verblüffenden Ähnlichkeit hält man Medardus für den im Abgrund verschwundenen Grafen Viktorin. Medardus nimmt dessen Rolle an und erlebt so etwas wie eine Ich-Spaltung. Er gerät an einen Fürstenhof, über den die dämonische Geliebte Viktorins, eine Baronesse, wie über eine Marionettenwelt herrscht. Auch Medardus-Viktorin verfällt ihr zunächst, glaubt dann aber in ihrer Stieftochter Aurelie die Frauenerscheinung aus dem Beichtstuhl zu erkennen. Die dramatisch verwickelten Ereignisse enden damit, dass Medardus in einem Anfall von Wahnsinn die Baronesse und Aurelies Bruder ermordet. In wilder Flucht reist er weiter nach Süden.

In einer finstern Nacht fuhr ich durch einen dichten Wald, der sich bis über die nächste Station ausdehnen sollte, wie mir der Postmeister gesagt und deshalb geraten hatte, bei ihm den Morgen abzuwarten, welches ich, um nur so rasch als möglich ein Ziel zu erreichen, das mir selbst ein Geheimnis war, ausschlug. Schon als ich abfuhr, leuchteten Blitze in der Ferne, aber bald zogen schwärzer und schwärzer die Wolken herauf, die der Sturm zusammengeballt hatte und brausend vor sich herjagte: Der Donner hallte furchtbar im tausendstimmigen Echo wider, und rote Blitze durchkreuzten den Horizont, so weit das Auge reichte; die hohen Tannen krachten, bis in die Wurzel erschüttert, der Regen goss in Strömen herab. Jeden Augenblick liefen wir Gefahr, von den Bäumen erschlagen zu werden, die Pferde bäumten sich, scheu geworden durch das Leuchten der Blitze, bald konnten wir kaum noch fort; endlich wurde der Wagen so hart umgeschleudert, dass das Hinterrad zerbrach. So mussten wir nun auf der Stelle bleiben und warten, bis das Gewitter nachließ und der Mond durch die Wolken brach. Jetzt bemerkte der Postillon, dass er in der Finsternis ganz von der Straße abgekommen und in einen Waldweg geraten sei; es war kein anderes Mittel, als diesen Weg, so gut es gehen wollte, zu verfolgen und so vielleicht mit Tagesanbruch in ein Dorf zu kommen. Der Wagen wurde mit einem Baumast gestützt, und so ging es Schritt vor Schritt fort. Bald bemerkte ich, der ich voranging, in der Ferne den Schimmer eines Lichts und glaubte, Hundegebell zu vernehmen; ich hatte mich nicht getäuscht, denn kaum waren wir einige Minuten länger gegangen, als ich ganz deutlich Hunde anschlagen hörte. Wir kamen an ein ansehnliches Haus, das in einem großen, mit einer Mauer umschlossenen Hofe stand.

[Der Hof gehört einem Förster, der die Fremden gastfreundlich beherbergt.]

Ich warf mich auf das Lager und fiel, ermüdet wie ich war, bald in tiefen Schlaf, aber es folterte mich ein entsetzliches Traumbild. – Auf ganz wunderbare Weise fing der Traum mit dem Bewusstsein des Schlafs an, ich sagte mir nämlich selbst: „Nun, das ist herrlich, dass ich gleich eingeschlafen bin und so fest und ruhig schlummere, das wird mich von der Ermüdung ganz erlaben; nur muss ich ja nicht die Augen öffnen." Aber dem unerachtet war es mir, als kön-

1 **Prior:** Klostervorsteher bzw. Stellvertreter des Abtes

A. Asmus: Illustration zu Hoffmanns „Gesammelte Schriften" (1844/45)

ne ich das nicht unterlassen, und doch wurde mein Schlaf dadurch nicht unterbrochen; da ging die Türe auf, und eine dunkle Gestalt trat hinein, die ich zu meinem Entsetzen als mich selbst, im Kapuzinerhabit[2], mit Bart und Tonsur erkannte. Die Gestalt kam näher und näher an mein Bett, ich war regungslos, und jeder Laut, den ich herauszupressen suchte, erstickte in dem Starrkrampf, der mich ergriffen. Jetzt setzte sich die Gestalt auf mein Bett und grinste mich höhnisch an. „Du musst jetzt mit mir kommen", sprach die Gestalt, „wir wollen auf das Dach steigen unter die Wetterfahne, die ein lustig Brautlied spielt, weil der Uhu Hochzeit macht. Dort wollen wir ringen miteinander, und wer den andern herabstößt, ist König und darf Blut trinken." – Ich fühlte, wie die Gestalt mich packte und in die Höhe zog, da gab mir die Verzweiflung meine Kraft wieder. „Du bist nicht ich, du bist der Teufel", schrie ich auf und griff wie mit Krallen dem bedrohlichen Gespenst ins Gesicht, aber es war, als bohrten meine Finger sich in die Augen wie in tiefe Höhlen, und die Gestalt lachte von Neuem auf in schneidendem Ton. In dem Augenblick erwachte ich, wie von einem plötzlichen Ruck emporgeschüttelt. Aber das Gelächter dauerte fort im Zimmer. Ich fuhr in die Höhe, der Morgen brach in lichten Strahlen durch das Fenster, und ich sah vor dem Tisch, den Rücken mir zugewendet, eine Gestalt im Kapuzinerhabit stehen. – Ich erstarrte vor Schreck, der grauenhafte Traum trat ins Leben. – Der Kapuziner stöberte unter den Sachen, die auf dem Tische lagen. Jetzt wandte er sich, und mir kam aller Mut wieder, als ich ein fremdes Gesicht mit schwarzem, verwildertem Barte erblickte, aus dessen Augen der gedankenlose Wahnsinn lachte. [...]

[Von dem Förster erfährt Medardus, dass der seltsame Mönch im Wald aufgefunden und wegen seines wilden, von Wahnsinnsanfällen bestimmten Verhaltens in einem Turm eingesperrt worden sei. Schließlich habe man ihn aber im Haus aufgenommen und durch die mitleidige Pflege der Försterfamilie habe sich sein Zustand gebessert. Auf einem Spaziergang habe er dem Förster seine Geschichte erzählt, die dieser nun an Medardus weitergibt.]

„‚Sie fanden mich', fuhr der Mönch nach einigem Stillschweigen fort, ‚in einem ganz entarteten Zustande und ahnen auch jetzt gewiss nicht, dass ich einst ein von der Natur reich ausgestatteter Jüngling war, den nur eine schwärmerische Neigung zur Einsamkeit und zu den tiefsinnigsten Studien ins Kloster brachte.

[Auch dieser Mönch hat von einem geheimnisvollen Elixier getrunken. Unter Einfluss dieses Getränks begann er ein lasterhaftes Leben und wurde im Kloster eingesperrt.]

Als ich schon mehrere Wochen in dem dumpfen, feuchten Kerker zugebracht hatte, verfluchte ich mich und mein Dasein, ich lästerte Gott und die Heiligen, da trat im glühend roten Scheine der Satan zu mir und sprach, dass, wenn ich meine Seele ganz dem Höchsten abwenden und ihm dienen wolle, er mich befreien werde. Heulend stürzte ich auf die Knie und

2 Kapuzinerhabit: in der Kleidung eines Kapuzinermönchs

rief: ›Es ist kein Gott, dem ich diene, du bist mein Herr, und aus deinen Gluten strömt die Lust des Lebens.‹ – Da brauste es in den Lüften wie eine Windsbraut, und die Mauern dröhnten, wie vom Erdbeben erschüttert, ein schneidender Ton pfiff durch den Kerker, die Eisenstäbe des Fensters fielen zerbröckelt herab, und ich stand, von unsichtbarer Gewalt hinausgeschleudert, im Klosterhofe. Der Mond schien hell durch die Wolken, und in seinen Strahlen erglänzte das Standbild des heiligen Antonius, das mitten im Hofe bei einem Springbrunnen aufgerichtet war. – Eine unbeschreibliche Angst zerriss mein Herz, ich warf mich zerknirscht nieder vor dem Heiligen, ich schwor dem Bösen ab und flehte um Erbarmen; aber da zogen schwarze Wolken herauf, und aufs Neue brauste der Orkan durch die Luft, mir vergingen die Sinne, und ich fand mich erst im Walde wieder, in dem ich, wahnsinnig vor Hunger und Verzweiflung, umhertobte und aus dem Sie mich erretteten.‘ – So erzählte der Mönch, und seine Geschichte machte auf mich solch einen tiefen Eindruck, dass ich nach vielen Jahren noch so wie heute im Stande sein werde, alles Wort für Wort zu wiederholen. Seit der Zeit hat sich der Mönch so fromm, so gutmütig betragen, dass wir ihn alle lieb gewannen, und umso unbegreiflicher ist es mir, wie in voriger Nacht sein Wahnsinn hat aufs Neue ausbrechen können.“

1 **a** „Die Elixiere des Teufels“ gilt als ein Höhepunkt in der Gattung des romantischen Schauerromans. Stellen Sie die Textmerkmale zusammen, die hier den Schauer erregen. Berücksichtigen Sie dabei folgende Rubriken:

Ort und Atmosphäre	***Figuren und ihre Beziehungen***	***Handlungsablauf***
...	...	...
...	...	...

b Wie unterstützt die Erzählstrategie (► S. 160 f.) die Wirkung des Romanauszugs?

2 **a** Vergleichen Sie die Darstellung der Nacht und ihre Funktion mit der in den romantischen Gedichten (► S. 328–330).

b Auch in der Lyrik der Romantik werden mitunter die dunklen Seiten der Nacht thematisiert. Lesen Sie Eichendorffs „Zwielicht“ (► S. 191) und arbeiten Sie heraus, welche Eigenschaften der Nacht hier zugeschrieben werden.

c Vervollständigen Sie Ihre Mindmap zur romantischen Nacht (► S. 331).

Weiterführende Aufgaben:

1 Ein immer wiederkehrendes, wichtiges Motiv der romantischen Epik ist der Doppelgänger.

a Arbeiten Sie heraus, wie dieses Motiv in den Auszügen aus „Die Elixiere des Teufels“ auf mehrfache Weise entfaltet wird. Erläutern Sie, welche Bedeutung das Doppelgängermotiv hat. Informieren Sie sich dazu über Stichworte wie „Persönlichkeitsspaltung“, „multiple Persönlichkeit“ und „schizophrene Selbstbegegnung“. Gehen Sie auch der Frage nach, warum dieses Motiv gerade in den Erzählungen der Romantik eine so große Rolle spielte.

b Schreiben Sie unter Beibehaltung der Hoffmann'schen Erzählstrategie weitere Handlungsepisoden zur Geschichte des Medardus und seiner Doppelgänger.

2 **Referate/Kurzvorträge** zum Motiv des Doppelgängers:
- Informieren Sie Ihren Kurs über die Gemälde „Der Wanderer über dem Nebelmeer" (▶ S. 317) und „Die verbotene Reproduktion". Welchen Bezug zwischen dem literarischen Motiv des Doppelgängers, dem romantischen Bild und dem surrealistischen Gemälde können Sie herstellen?
- Suchen Sie nach weiteren Doppelgängern in der Literatur, aber auch im Film und stellen Sie Ihre Funde im Kurs vor.
  Beispiele aus der Romantik:
  - Ludwig Tieck: Der blonde Eckbert (1797)
  - Edgar Allan Poe: William Wilson (1839)

  Beispiele aus späterer Zeit:
  - Fjodor Dostojewski: Der Doppelgänger (1846)
  - Robert Louis Stevenson: Der seltsame Fall des Dr. Jekyll und Mr. Hyde (1889)
  - John Woo: Face/Off – Im Körper des Feindes (Film, 1998)

René Magritte: Die verbotene Reproduktion (1937)

III „Eine Reise durch die Nacht" – Eine literarische Revue inszenieren

Präsentieren Sie mit Ihrem Kurs auf einem Schulfest oder zu einem ähnlichen Anlass eine kleine literarische Revue zum Thema Nacht. Im Folgenden finden Sie einige Vorschläge zur Erarbeitung. Weitere Hinweise für die Durchführung eines Projekts finden Sie im Kapitel A7.4 (S. 131–135).

1 **a** Sammeln Sie in Ergänzung zu den in diesem Teilkapitel versammelten Nacht-Texten der Romantik, die im Zentrum Ihrer Revue stehen könnten, weitere Gedichte, Geschichten und Szenen verschiedener Epochen, die zum Thema passen (▶ S. 190 f.; 395; 400–402; 405; 429 f.). Als weitere ergiebige Fundorte dürften sich Anthologien aus der Zeit des Sturm und Drang, des Expressionismus, der Großstadtlyrik der 1920er Jahre und der Gegenwart anbieten.
b Vergleichen Sie die Texte aus anderen Epochen mit denen der Romantik. Welche Unterschiede fallen Ihnen auf? Welche Konsequenzen ergeben sich daraus für den Vortrag?

2 Entwickeln Sie von dieser Frage ausgehend in Kleingruppen Ideen zur Inszenierung der romantischen und der anderen Texte. Berücksichtigen Sie dabei folgende Aspekte:
- In welcher Gestimmtheit, mit welcher Haltung, Mimik, Gestik und Stimmführung könnten die Texte dargeboten werden? Lassen sich die Texte in szenische Kontexte (z. B. mehrere Leute sitzen an Tischen eines Cafés o. Ä.) einbetten und von zwei bzw. mehreren Sprechern/Sprecherinnen vortragen? Vielleicht eignet sich ein Einzelvortrag?
- Bedenken Sie bei der Entwicklung von Inszenierungsideen zu Gedichten auch, ob es Vertonungen gibt, die eingesetzt werden können. Das muss nicht auf einen Gesangsvortrag hinauslaufen, die Musik kann auch im Hintergrund die Rezitation begleiten oder sie umrahmen.

3 Verteilen Sie die Rollen für die Inszenierung der einzelnen Programmpunkte. Entscheiden Sie dabei, ob eine Gruppe beauftragt werden soll, ein Begleitprogramm mit Bildprojektionen (z. B. Bilder romantischer Maler wie C. D. Friedrich, J. H. Füssli etc.) und/oder Musikeinspielungen zu organisieren. Vielleicht wollen Sie auf Ihre Projektpräsentation auch durch Plakate und/oder Flyer aufmerksam machen.

4 Erstellen Sie einen genauen Zeitplan für die Vorbereitung und beginnen Sie mit den Proben.

Eugène Delacroix: Die Freiheit führt das Volk an (1830)

Adolph Menzel: Abreise König Wilhelms I. zur Armee am 31. Juli 1870 (1871)

1 Die beiden Gemälde können als Illustrationen der „zwei Gesichter" des 19. Jahrhunderts gelten. Beschreiben Sie, was Sie sehen. Legen Sie sich zu jedem der Gemälde eine Karteikarte an und tragen Sie im Verlauf des Unterrichts ein, was Sie zu den beiden „Gesichtern" des 19. Jahrhunderts in Erfahrung bringen.

4.1 Frührealismus: Junges Deutschland und Vormärz

Nach den Siegen der Koalition aus Österreich, Preußen, Russland und England über Napoleon war es das wichtigste Anliegen der Herrscher und ihrer Regierungen, die vorrevolutionären Strukturen und Machtverhältnisse wiederherzustellen. Führender Kopf dieser „Restauration“ war der österreichische Kanzler Fürst Metternich.

Kritik an der deutschen Misere – Die Literatur wird politisch

Ganz jedoch konnten auch Metternich und seine Helfer die Zeit nicht zurückdrehen. Die Gedanken der Französischen Revolution waren durch die Niederlage Napoleons nicht aus der Welt geschafft. Überall in Europa meldeten sich liberale Stimmen, die nationale Einheit, bürgerliche Freiheiten, vor allem Pressefreiheit, forderten.
1830 blickte man erneut nach Frankreich, wo die 1815 wieder eingesetzten Bourbonen davongejagt worden waren (Julirevolution). Eugène Delacroix' Gemälde „Die Freiheit führt das Volk an“(► S. 336) heroisiert den Aufstand der Pariser Bevölkerung.
Die Publizisten **Siebenpfeiffer** und **Wirth** gründeten den „Deutschen Press- und Vaterlandsverein“. Da politische Kundgebungen verboten waren, organisierten sie ein „Volksfest“. Ca. 30 000 Menschen demonstrierten auf dem (später so genannten) „Hambacher Fest“ vom 27. bis 30. Mai 1832 für Einheit und Freiheit, d. h. für einen „föderativen“ deutschen Staat, für eine Allianz demokratischer Kräfte in Europa und gegen die restaurativen Kräfte der Heiligen Allianz. Siebenpfeiffer hielt eine viel beachtete Rede.

Philipp Jakob Siebenpfeiffer: Aus der Rede auf dem Hambacher Fest (27.5.1832)

Wir widmen unser Leben der Wissenschaft und der Kunst, wir messen die Sterne, prüfen Mond und Sonne, wir stellen Gott und Mensch, Höll' und Himmel in poetischen Bildern dar, wir durchwühlen die Körper- und Geisteswelt: Aber die Regungen der Vaterlandsliebe sind uns unbekannt, die Erforschung dessen, was dem Vaterlande nottut, ist Hochverrat, selbst der leise Wunsch, nur erst wieder ein Vaterland, eine freimenschliche Heimat zu erstreben, ist Verbrechen. Wir helfen Griechenland befreien vom türkischen Joche, wir trinken auf Polens Wiedererstehung, wir zürnen, wenn der Despotismus der Könige den Schwung der Völker in Spanien, in Italien, in Frankreich lähmt, wir blicken ängstlich nach der Reformbill Englands, wir preisen die Kraft und die Weisheit des Sultans, der sich mit der Wiedergeburt seiner Völker beschäftigt, wir beneiden den Nordamerikaner um sein glückliches Los, das er sich mutvoll selbst erschaffen: Aber knechtisch beugen wir den Nacken unter das Joch der eigenen Dränger [...].

Und es wird kommen der Tag, der Tag des edelsten Siegstolzes, wo der Deutsche vom Alpengebirg und der Nordsee, vom Rhein, der Donau und der Elbe den Bruder im Bruder umarmt, wo die Zollstöcke und die Schlagbäume, wo alle Hoheitszeichen der Trennung und Hemmung und Bedrückung verschwinden, samt den Konstitutiönchen, die man etlichen mürrischen Kindern der großen Familie als Spielzeug verlieh; wo freie Straßen und freie Ströme den freien Umschwung aller Nationalkräfte und Säfte bezeugen; wo die Fürsten die bunten Hermeline feudalistischer Gottstatthalterschaft mit der männlichen Toga deutscher Nationalwürde vertauschen und der Beamte, der Krieger, statt mit der Bedientenjacke des Herrn und Meisters, mit der Volksbinde sich schmückt; wo nicht 34 Städte und Städtlein, von 34 Höfen das Almosen empfangend, um den Preis hündischer Unterwerfung, sondern wo alle Städte, frei emporblühend aus eigenem Saft, um den Preis patriotischer Tat ringen; wo jeder Stamm, im Innern frei und selbstständig,

zu bürgerlicher Freiheit sich entwickelt und ein starkes, selbst gewobenes Bruderband alle umschließt zu politischer Einheit und Kraft, wo die deutsche Flagge, statt Tribut an Barbaren zu bringen, die Erzeugnisse unseres Gewerbefleißes in fremde Weltteile geleitet und nicht mehr unschuldige Patrioten für das Henkerbeil auffängt, sondern allen freien Völkern den Bruderkuss bringt [...].

Ja, er wird kommen der Tag, wo ein gemeinsames deutsches Vaterland sich erhebt, das alle Söhne als Bürger begrüßt und alle Bürger mit gleicher Liebe, mit gleichem Schutz umfasst; wo die erhabene Germania dasteht auf dem erzenen Piedestal[1] der Freiheit und des Rechts, in der Hand die Fackel der Aufklärung, welche zivilisierend hinausleuchtet in die fernsten Winkel der Erde [...].

Es lebe das freie, das einige Deutschland! [...]
Hoch leben die Franken, der Deutschen Brüder, die unsere Nationalität und Selbstständigkeit achten! [...]
Vaterland – Volkshoheit – Völkerbund hoch!

1 **Piedestal:** Sockel, hier: Grundlage

1 Welches Bild des gegenwärtigen, welches des zukünftigen Deutschland zeichnet Siebenpfeiffer? Welche Bilder und Vergleiche verwendet er, um politische Einheit und Kraft des Vaterlands als Aufgaben der Zukunft auszuweisen?

2 Stellen Sie Siebenpfeiffers politische Rhetorik auf den Prüfstand. Wo werden jeweils Auf-, wo Abwertungen vorgenommen?

3 Am Schluss seiner Rede entwirft der Verfasser eine politische Utopie. Was sind deren wesentliche Merkmale?

4 Verfassen Sie einen Zeitungsartikel über Siebenpfeiffers Rede. Was kritisiert und was fordert er?

In den 1840er Jahren traten neue Autoren auf den Plan. Sie griffen auf die Ideen von Hambach zurück, kritisierten scharf die obrigkeitsstaatlichen Bevormundungen der Bürger und forderten Reformen. Sie bereiteten damit der Märzrevolution von 1848 den Weg. Deswegen nennt man die Epoche auch „Vormärz".

Georg Herwegh: **Die Literatur im Jahre 1840**

Georg Herwegh, geboren 1817 als Sohn eines Gastwirts in Stuttgart, war ein Charakter, dem die Anpassung an die Verhältnisse schwerfiel. Seine erste Gedichtsammlung, „Gedichte eines Lebendigen" (1841), verschaffte ihm Popularität. Auf einer Lesereise durch Deutschland wurde er in fast allen großen Städten gefeiert, in Berlin erhielt er eine Audienz bei dem neuen preußischen König Wilhelm IV. Des Hochverrats verdächtig, wurde er aus Preußen ausgewiesen.

Ich wollte über Literatur schreiben und habe mit der Politik angefangen. Natürlich! Das Abzeichen der modernen Literatur ist es eben, dass sie ein Kind der Politik, deutsch gesprochen, ein Kind der Juliusrevolution ist. Das sind nun zehn Jahre her, und sie hat keinem der besseren Schriftsteller ihre Mutter verleugnet. Selbst das industrielle Element, das in den jüngsten Tagen so überwiegend in ihr geworden ist, beweist durch unverfälschte Aktenstücke diese ihre Abkunft. Man möge unbesorgt sein: Dieser literarische Krämersinn wird in Deutschland so gut seine Endschaft erleben wie der politische in Frankreich. Die Freiheit hat in dem letzten Dezennium nur Studien gemacht, die Literatur vielleicht auch. Die Irrfahrten, die Odysseen werden bald aufhören; die Zeit war eine Penelope[1], die bei Nacht das Gewebe immer wieder auftrennte, das sie bei Tage gefertigt; ihre unverschämten Freier werden sie nicht lange mehr umlagern: Der Erwählte wird kommen und das Gewebe vollendet werden. Was sie daraufsticken wird? Ein Schwert oder eine Feder? Auch das weiß ich nicht. Und wüsst' ich's, würde ich es nicht verraten, noch einmal: Die neue Literatur ist ein Kind der Juliusrevolution.

1 **Penelope:** Gattin des Odysseus, die zehn Jahre auf dessen Heimkehr aus dem Krieg um Troja wartet und von Heiratswilligen bedrängt wird. Sie hält die Freier hin, indem sie vorgibt, ein Leintuch weben zu müssen, und nachts das Gewebte wieder auflöst.

1 Welche Parallelen zieht Herwegh zwischen dem Jahrzehnt 1830–1840 in Deutschland und der Heimkehr des antiken Helden Odysseus nach zehnjähriger Irrfahrt? Vervollständigen Sie die nachstehende Tabelle:

Analogie/ Entsprechung	***Homer, Odysseus-Sage***	***Die Zeit nach der Julirevolution***
Die Freiheit (und die Literatur) verhalten sich wie Penelope.	…	*Zehn Jahre wartet man in Deutschland auf das Ende der Fürstenherrschaft.*
…	*Odysseus kommt nach Hause und bestraft die Freier.*	…
Die Literatur hat Irrfahrten hinter sich wie Odysseus.	…	*Die Literatur wird gegen die Herrschaft der vielen Fürsten kämpfen.*

Georg Herwegh: **Wiegenlied** (1842) – Auszug

Schlafe, was willst du mehr? (Goethe)

Deutschland – auf weichem Pfühle[1]
Mach dir den Kopf nicht schwer!
Im irdischen Gewühle
Schlafe, was willst du mehr?

Lass jede Freiheit dir rauben,
Setze dich nicht zur Wehr,
Du behältst ja den christlichen Glauben:
Schlafe, was willst du mehr?

Und ob man dir alles verböte,
Doch gräme dich nicht so sehr,
Du hast ja Schiller und Goethe:
Schlafe, was willst du mehr? [...]

Kein Kind läuft ohne Höschen
Am Rhein, dem freien, umher:
Mein Deutschland, mein Dornröschen,
Schlafe, was willst du mehr?

Johann Wolfgang Goethe: **Nachtgesang** (1804) – Erste Strophe

O gib, vom weichen Pfühle[1],
Träumend, ein halb Gehör!
Bei meinem Saitenspiele
Schlafe! was willst du mehr?

1 **Pfühl:** (veraltet) weiches Kissen

Michel und seine Kappe im Jahr 48.

Karikatur aus der satirischen Zeitschrift „Der Eulenspiegel", die 1849 bis 1851 in Stuttgart erschien. Sie zeigt den „deutschen Michel" in der Revolution von 1848: Im Frühjahr trägt er die phrygische Mütze, Wahrzeichen der französischen Revolutionäre, und den wallenden Bart des Revolutionsführers Friedrich Hecker.

1 Goethes „Nachtgesang" (1804), den Herwegh als Motto seines „Wiegenlieds" zitiert, war bekannt als einschläfernd-melodisches Wortgemälde; alle Strophen haben die gleiche Schlusszeile. Überlegen Sie, wen und was Herwegh mit seiner Parodie kritisieren wollte.

2 Wie verstehen Sie die letzte Strophe von Herweghs Gedicht? Gehen Sie von der Bedeutung „ohne Hosen" = „Sansculottes" aus (Sansculottes = spottende Bezeichnung für die französischen Revolutionäre, die keine „culottes", die Kniebundhosen der Adeligen und Vornehmen, trugen).

3 Vergleichen Sie das Bild der deutschen Biedermeiergesellschaft in Herweghs Gedicht, das vor der Revolution entstand (1842), mit dem, das die nach 1848 entstandene Karikatur vermittelt.

Literatur als soziales Gewissen – Georg Büchner, Georg Weerth

Einer der jungen Autoren, die aus der Revolution in Paris (und auch deren Scheitern) Schlussfolgerungen für Formen der Auseinandersetzung mit der politischen Gegenwart zogen, war Georg Büchner. Seine Werke zeigen, wie viele junge Bürgerliche der Zeit dachten, die Börne und Heine lasen, die Herwegh (d.h. dem Jungen Deutschland) zujubelten und die sich selbst als „Männer der Bewegung" empfanden.

Georg Büchner: **Woyzeck** (1836/37)

Georg Büchner (1813–1837) stammte aus Darmstadt, studierte 1831 in Straßburg Medizin und wurde dort mit republikanischen Ideen bekannt. Er war der erste deutsche Autor, der einen Mann aus der Unterschicht zum Helden eines Dramas machte: Woyzeck. Es ist die Geschichte eines einfachen Soldaten, der am Ende zum Mörder seiner Geliebten wird.

Hauptmann auf einem Stuhl, Woyzeck rasiert ihn.

Hauptmann: Langsam, Woyzeck, langsam; eins nach dem andern. Er macht mir ganz schwindlich. Was soll ich dann mit den zehn Minuten anfange, die Er heut zu früh fertig wird? Woyzeck, bedenk' Er, Er hat noch seine schöne dreißig Jahr zu leben, dreißig Jahr! macht 360 Monate, und Tage, Stunden, Minuten! Was will Er denn mit der ungeheuren Zeit all anfangen? Teil Er sich ein, Woyzeck.

Woyzeck: Jawohl, Herr Hauptmann.

Hauptmann: Es wird mir ganz angst um die Welt, wenn ich an die Ewigkeit denke. Beschäftigung, Woyzeck, Beschäftigung! Ewig, das ist ewig, das ist ewig, das siehst du ein; nun ist es aber wieder nicht ewig, und das ist ein Augenblick, ja, ein Augenblick – Woyzeck, es schaudert mich, wenn ich denk, dass sich die Welt in einem Tag herumdreht, was 'ne Zeitverschwendung, wo soll das hinaus? Woyzeck, ich kann kein Mühlrad mehr sehn, oder ich werd' melancholisch.

Woyzeck: Jawohl, Herr Hauptmann.

Hauptmann: Woyzeck, Er sieht immer so verhetzt aus. Ein guter Mensch tut das nicht, ein guter Mensch, der sein gutes Gewissen hat. – Red' Er doch was Woyzeck. Was ist heut für Wetter?

Woyzeck: Schlimm, Herr Hauptmann, schlimm; Wind.

Hauptmann: Ich spür's schon, s' ist so was Geschwindes draußen; so ein Wind macht mir den Effekt wie eine Maus. *Pfiffig.* Ich glaub' wir haben so was aus Süd-Nord.

Woyzeck: Jawohl, Herr Hauptmann.

Hauptmann: Ha! Ha! Ha! Süd-Nord! Ha! Ha! Ha! Er ist dumm, ganz abscheulich dumm. *Gerührt.* Woyzeck, Er ist ein guter Mensch, ein guter Mensch – aber *mit Würde* Woyzeck, Er hat keine Moral! Moral, das ist, wenn man moralisch ist, versteht Er. Es ist ein gutes Wort. Er hat ein Kind, ohne den Segen der Kirche, wie unser hochehrwürdiger Herr Garnisonsprediger sagt, ohne den Segen der Kirche, es ist nicht von mir.

Woyzeck: Herr Hauptmann, der liebe Gott wird den armen Wurm nicht drum ansehn, ob

das Amen drüber gesagt ist, eh' er gemacht wurde. Der Herr sprach: Lasset die Kindlein zu mir kommen.

Hauptmann: Was sagt Er da? Was ist das für 'ne kuriose Antwort? Er macht mich ganz konfus mit seiner Antwort. Wenn ich sag: Er, so mein ich Ihn, Ihn.

Woyzeck: Wir arme Leut. Sehn Sie, Herr Hauptmann, Geld, Geld. Wer kein Geld hat. Da setz eimal einer seinsgleichen auf die Moral in die Welt. Man hat auch sein Fleisch und Blut. Unseins ist doch eimal unselig in der und der andern Welt, ich glaub', wenn wir in Himmel kämen, so müssten wir donnern helfen.

Hauptmann: Woyzeck, Er hat keine Tugend, Er ist kein tugendhafter Mensch. Fleisch und Blut? Wenn ich am Fenster lieg, wenn's geregnet hat, und den weißen Strümpfen so nachsehe, wie sie über die Gassen springen – verdammt Woyzeck –, da kommt mir die Liebe. Ich hab auch Fleisch und Blut. Aber Woyzeck, die Tugend, die Tugend! Wie sollte ich dann die Zeit herumbringen? Ich sag' mir immer: Du bist ein tugendhafter Mensch, *gerührt* ein guter Mensch, ein guter Mensch.

Woyzeck: Ja, Herr Hauptmann, die Tugend! Ich hab's noch nicht so aus. Sehn Sie, wir gemeine Leut, das hat keine Tugend, es kommt einem nur so die Natur, aber wenn ich ein Herr wär und hätt ein Hut und eine Uhr und eine

Anglaise[1] und könnt vornehm reden, ich wollt schon tugendhaft sein. Es muss was Schöns sein um die Tugend, Herr Hauptmann. Aber ich bin ein armer Kerl.

Hauptmann: Gut Woyzeck. Du bist ein guter Mensch, ein guter Mensch. Aber du denkst zu viel, das zehrt, du siehst immer so gehetzt aus. Der Diskurs hat mich ganz angegriffen. Geh' jetzt, und renn nicht so; langsam, hübsch langsam die Straße hinunter.

1 **Anglaise:** tailliertes, vornehmes Kleidungsstück (Rock, Mantel) des 18. Jh.s

---

1 Vergleichen Sie die Redeweise des Hauptmanns mit derjenigen Woyzecks.

2 a Rekonstruieren Sie aus der Rede des Hauptmanns dessen Vorstellung von Moral.
- Was meint der Hauptmann, wenn er feststellt, Woyzeck habe keine „Tugend“, er selbst aber sei „ein guter Mensch“?
- Was meint er, wenn er auch Woyzeck einen „guten Menschen“ nennt?

b Vergleichen Sie die Vorstellung des Hauptmanns mit der Woyzecks: Was will Woyzeck sagen, wenn er „Tugend“ und „Natur“ einander gegenüberstellt und „Tugend“ mit Reichtum verbindet?

3 Halten Sie die Szene für eine realistische Schilderung der Wirklichkeit in einer kleinen Garnisonsstadt der Zeit oder für eine Satire? Begründen Sie.

4 Die Szene Woyzeck – Hauptmann eignet sich gut für eine szenische Interpretation (► S. 173 f.). Probieren und präsentieren Sie eine eigene Umsetzung.

Georg Büchner: **Der hessische Landbote** (1834)

Büchner kam 1833 von Straßburg nach Gießen zurück. Er gründete die „Gesellschaft für Menschenrechte“, eine revolutionäre Geheimgesellschaft, die den politischen Umsturz in Hessen zum Ziel hatte. Um die Landbevölkerung zu gewinnen, verfasste er die Flugschrift „Der hessische Landbote“. Es existieren zwei Drucke, zusammen etwa 1000 Exemplare, die heimlich verteilt wurden. Beide wurden von Büchners Mitstreiter, dem Theologen Ludwig Weidig, redigiert. Büchner hatte die Fakten und materiellen Interessen der Bauern im Blick, Weidig das soziale Unrecht, das der göttlichen Ordnung widerspreche. Die Polizei wurde auf die Aktion aufmerksam gemacht. Büchner konnte im letzen Moment fliehen (Steckbrief ► S. 343*). Weidig wurde verhaftet, verhört und nahm sich in der Haft das Leben.*

ERSTE BOTSCHAFT Darmstadt, im Nov. 1834

Friede den Hütten! Krieg den Palästen!

Im Jahr 1834 siehet es aus, als würde die Bibel Lügen gestraft. Es sieht aus, als hätte Gott die Bauern und Handwerker am 5ten Tage und die Fürsten und Großen am 6ten gemacht, und als hätte der Herr zu diesen gesagt: Herrschet über alles Getier, das auf Erden kriecht, und hätte die Bauern und Bürger zum Gewürm gezählt. Das Leben der Fürsten ist ein langer Sonntag; das Volk aber liegt vor ihnen wie Dünger auf dem Acker. Der Bauer geht hinter dem Pflug, der Beamte des Fürsten geht aber hinter dem Bauer und treibt ihn mit den Ochsen am Pflug; der Fürst nimmt das Korn und lässt dem Volke die Stoppeln. Das Leben des Bauern ist ein langer

Werktag; Fremde verzehren seine Äcker vor seinen Augen, sein Leib ist eine Schwiele, sein Schweiß ist das Salz auf dem Tische des Zwingherren.

Im Großherzogtum Hessen sind 718.373 Einwohner, die geben an den Staat jährlich an 6.363.364 Gulden, als

1. Direkte Steuern	2.128.131 fl.[1]
2. Indirekte Steuern	2.478.264 fl.
3. Domänen	1.547.394 fl.
4. Regalien	46.938 fl.
5. Geldstrafen	98.511 fl.
6. Verschiedene Quellen	64.198 fl.
	6.363.363 fl.

Dies Geld ist der Blutzehnte, der von dem Leib des Volkes genommen wird. An 700.000 Menschen schwitzen, stöhnen und hungern dafür. Im Namen des Staates wird es erpresst, die Presser berufen sich auf die Regierung, und die Regierung sagt, das sei nötig, die Ordnung im Staat zu erhalten. [...]

Hebt die Augen auf, und zählt das Häuflein eurer Presser, die nur stark sind durch das Blut, das sie euch aussaugen, und durch eure Arme, die ihr ihnen willenlos leihet. Ihrer sind vielleicht 10.000 im Großherzogtum, und Eurer sind es 700.000, und also verhält sich die Zahl des Volkes zu seinen Pressern auch im übrigen Deutschland. Wohl drohen sie mit dem Rüstzeug und den Reisigen[2] der Könige, aber ich sage euch: Wer das Schwert erhebt gegen das Volk, der wird durch das Schwert des Volkes umkommen. Deutschland ist jetzt ein Leichenfeld, bald wird es ein Paradies sein. Das deutsche Volk ist Ein Leib, ihr seid ein Glied dieses Leibes. Es ist einerlei, wo die Scheinleiche zu zucken anfängt. Wann der Herr euch seine Zeichen gibt durch die Männer, durch welche er die Völker aus der Dienstbarkeit zur Freiheit führt, dann erhebet euch, und der ganze Leib wird mit euch aufstehen.

Ihr bücktet euch lange Jahre in den Dornäckern der Knechtschaft, dann schwitzt ihr einen Sommer im Weinberge der Freiheit und werdet frei sein bis ins tausendste Glied.

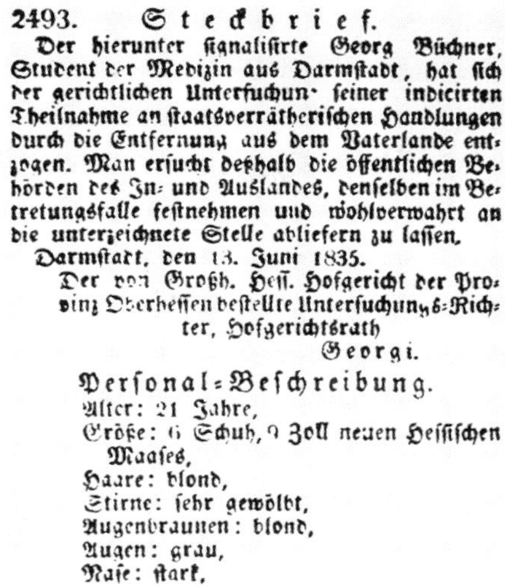
2493. Steckbrief.
Der hierunter signalisirte Georg Büchner, Student der Medizin aus Darmstadt, hat sich der gerichtlichen Untersuchung seiner indicirten Theilnahme an staatsverrätherischen Handlungen durch die Entfernung aus dem Vaterlande entzogen. Man ersucht deßhalb die öffentlichen Behörden des In- und Auslandes, denselben im Betretungsfalle festnehmen und wohlverwahrt an die unterzeichnete Stelle abliefern zu lassen.
Darmstadt, den 13. Juni 1835.
Der von Großh. Hess. Hofgericht der Provinz Oberhessen bestellte Untersuchungs-Richter, Hofgerichtsrath
Georgi.

Personal-Beschreibung.
Alter: 21 Jahre,
Größe: 6 Schuh, 9 Zoll neuen Hessischen Maaßes,
Haare: blond,
Stirne: sehr gewölbt,
Augenbraunen: blond,
Augen: grau,
Nase: stark,

1 **fl.:** Abkürzung für Florin (frz. für Gulden)
2 **Reisige:** Söldner, Soldaten

---

1 **a** Was in Büchners/Weidigs Flugblatt erinnert Sie sprachlich an eine Informationsbroschüre, was an eine Predigt? Belegen Sie die rhetorischen Mittel dieser beiden Textsorten durch Textzitate.
b Ziehen Sie aus Ihren Beobachtungen Rückschlüsse auf Büchners und Weidigs Einschätzungen der Adressaten des Flugblatts.

2 **Weiterführende Aufgabe:** Es gibt zahlreiche Analysen des „Hessischen Landboten".
a Wählen Sie eine der folgenden Fragestellungen aus und machen Sie sich sachkundig, geben Sie einen Überblick über herrschende Meinungen:
- Wer ist der Verfasser? Hat Büchner sich in die Rolle eines Predigers begeben oder ist der Pfarrer Weidig der Verantwortliche?
- Was ist die Absicht des Flugblatts: direkte revolutionäre Aktion, Aufklärung der Landbevölkerung?
- Wie wird der Erfolg des Blattes bewertet?

b Ergänzen Sie Ihre eigenen Beobachtungen am Text durch die Bewertungen des „Landboten", die Sie bei Ihrer Recherche gefunden haben.

Seit dem Hambacher Fest und dem Tod des alle überragenden Schriftstellers **Goethe** im Jahre 1832 hatte sich in Deutschland wenig bis nichts geändert. Noch immer schufteten die Bauern auf den Feldern für Steuern und Abgaben. Die liberalen Besitzbürger hingegen hatten ihren Frieden mit den Regierungen gemacht. Handel, Bergbau und Industrie brachten ihnen Profite. Es entstand die Schicht der lohnabhängigen Arbeiter.

Georg Weerth: **Die rheinischen Weinbauern** (1846)

Georg Weerth, 1822 in Detmold geboren, starb 1856 in Havanna (Kuba). Nach einer Kaufmannslehre wurde er Kontorist einer Textilfirma in England. Er schrieb Gedichte, lernte Friedrich Engels und Karl Marx kennen. 1848/49 war er Redakteur bei der von Marx herausgegebenen „Neuen Rheinischen Zeitung". Der Publizist Friedrich Engels bezeichnete ihn in einem Nachruf als den „ersten deutschen Dichter des Proletariats".

An Aar und Mosel glänzten
Die Trauben gelb und rot;
Die dummen Bauern meinten,
Sie wären aus jeder Not.

Da kamen die Handelsleute
Herüber aus aller Welt:
„Wir nehmen ein Drittel der Ernte
Für unser geliehenes Geld!"

Da kamen die Herren Beamten
Aus Koblenz und aus Köln:
„Das zweite Drittel gehöret
Dem Staate an Steuern und Zölln!"

Und als die Bauern flehten
Zu Gott in höchster Pein,
Da schickt er ein Hageln und Wettern
Und brüllte: „Der Rest ist mein!"

Viel Leid geschieht jetzunder,
Viel Leid und Hohn und Spott,
Und wen der Teufel nicht peinigt,
Den peinigt der liebe Gott!

Neue
Rheinische Zeitung
Organ der Demokratie.

№ 301. Köln, Samstag, den 19. Mai 1849.

Abschiedswort der Neuen Rheinischen Zeitung.

Kein offner Hieb in offner Schlacht
Es fällen die Nücken und Tücken,
Es fällt mich die schleichende Niedertracht
Der schmutzigen West-Kalmücken!
Aus dem Dunkel flog der tödtende Schaft,
Aus dem Hinterhalt fielen die Streiche –
Und so lieg' ich nun da in meiner Kraft,
Eine stolze Rebellenleiche!

Auf der Lippe den Trotz und den zuckenden Hohn
In der Hand den blitzenden Degen,
Noch im Sterben rufend: „Die Rebellion!" –
So bin ich mit Ehren erlegen.
O, gern wohl bestreuten mein Grab mit Salz
Der Preuße zusammt dem Czare
Doch es schicken die Ungarn, es schickt die Pfalz
Drei Salven mir über die Bahre!

Und der arme Mann im zerriss'nen Gewand,
Er wirft auf mein Haupt die Schollen;
Er wirft sie hinab mit der fleißigen Hand,
Mit der harten, der schwielenvollen.
Einen Kranz auch bringt er aus Blumen und Mai'n,
Zu ruh'n auf meinen Wunden;
Den haben sein Weib und sein Töchterlein
Nach der Arbeit für mich gewunden.

Nun Ade, nun Ade, du kämpfende Welt,
Nun Ade, ihr ringenden Heere!
Nun Ade, du pulvergeschwärztes Feld,
Nun Ade, ihr Schwerter und Speere!
Nun Ade – doch nicht für immer Ade!
Denn sie tödten den Geist nicht, ihr Brüder!
Bald richt' ich mich rasselnd in die Höh',
Bald kehr' ich reisiger wieder!

Wenn die letzte Krone wie Glas zerbricht,
In des Kampfes Wettern und Flammen,
Wenn das Volk sein letztes „Schuldig!" spricht,
Dann stehn wir wieder zusammen!
Mit dem Wort, mit dem Schwert, an der Donau, am Rhein, –
Eine allzeit treue Gesellin
Wird dem Throne zerschmetternden Volke sein
Die Geächtete, die Rebellin!

F. FREILIGRATH.

An die Arbeiter Kölns.

Wir warnen Euch schließlich vor jedem Putsch in Köln. Nach der militärischen Lage Kölns wäret ihr rettungslos verloren. Ihr habt in Elberfeld gesehen, wie die Bourgeoisie die Arbeiter ins Feuer schickt und sie hinterher aufs Niederträchtigste verräth. Der Belagerungszustand in Köln würde die ganze Rheinprovinz demoralisiren und der Belagerungszustand wäre die nothwendige Folge jeder Erhebung von Eurer Seite in diesem Augenblicke. Die Preußen werden an Eurer Ruhe verzweifeln.

Die Redakteure der Neuen Rheinischen Zeitung danken Euch beim Abschiede für die ihnen bewiesene Theilnahme. Ihr letztes Wort wird überall und immer sein: Emancipation der arbeitenden Klasse!

Die Redaktion der Neuen Rhein. Zeitung.

1 **a** Beschreiben Sie das Gedicht nach Form und Inhalt.

b Ist es Ihrer Meinung nach
- eine politische Satire gegen Gott, Staat und frühe kapitalistische Unternehmer,
- ein Volkslied, in dem Erfahrungen der Bevölkerung in einer volkstümlichen Form vorgetragen werden,
- „Elendspoesie", d. h. literarische (und zumeist sentimentale) Darstellung von Armut?

Wählen Sie eine der drei Deutungen aus und begründen Sie Ihre Sicht möglichst nahe aus dem Text selbst, aber auch durch Heranziehung historischer Informationen, die Sie sich beschaffen müssen.

4.2 Frührealismus: Biedermeier – Erfüllte Augenblicke statt politischer Tageszeiten

Die Metternich'sche Restauration hatte die Hoffnungen auf eine demokratische Entwicklung in Deutschland sinken lassen. Der wenig erfolgreiche Versuch, es auch in Deutschland „Tag" werden zu lassen (Hambacher Fest 1832, ► S. 337 f.), verstärkte bei vielen Dichtern die Tendenz, sich aus den politischen Auseinandersetzungen herauszuhalten. **Adalbert Stifter** und **Eduard Mörike** können als Beispiele dienen. Ihre Gedichte, Erzählungen und Romane nehmen keine politischen Themen auf.

Eduard Mörike: **Septembermorgen** (1827)

Im Nebel ruhet noch die Welt,
Noch träumen Wald und Wiesen:
Bald siehst du, wenn der Schleier fällt,
Den blauen Himmel unverstellt,
Herbstkräftig die gedämpfte Welt
In warmem Golde fließen.

Georg Herwegh: **Morgenruf** (1841) – Erste Strophe

Die Lerche war's, nicht die Nachtigall,
Die eben am Himmel geschlagen:
Schon schwingt er sich auf, der Sonnenball,
Vom Winde des Morgens getragen.
Der Tag, der Tag ist erwacht!
        Die Nacht,
Die Nacht soll blutig verenden. –
Heraus, wer ans ewige Licht noch glaubt!
Ihr Schläfer, die Rosen der Liebe vom Haupt
Und ein flammendes Schwert um die Lenden!

Heinrich Heine: **An Georg Herwegh** (1842)

Herwegh, du eiserne Lerche,
Mit klirrendem Jubel steigst du empor
Zum heilgen Sonnenlichte!
Ward wirklich der Winter zunichte?
Steht wirklich Deutschland im Frühlingsflor?

Herwegh, du eiserne Lerche,
Weil du so himmelhoch dich schwingst,
Hast du die Erde aus dem Gesichte
Verloren – Nur in deinem Gedichte
Lebt jener Lenz, den du besingst.

Carl Spitzweg: Der Sonntagsspaziergang (1841)

1 **a** Untersuchen Sie in Mörikes und Herweghs Gedichten die jeweilige Bedeutung des „Morgens".
b Beziehen Sie die Ergebnisse Ihrer Textbeobachtung auf den Unterschied zwischen der später „Biedermeier" genannten literarischen Strömung und der des Vormärz.

2 Heine „begrüßt" Georg Herwegh bei dessen Ankunft im Pariser Exil mit einem kritischen Gedicht. Wie charakterisiert er darin Herweghs politische Poesie und welche Haltung nimmt er selbst gegenüber den politischen Hoffnungen des Vormärzautors ein?

Adalbert Stifter: **Aus der Vorrede zu Bunte Steine** (1853)

Adalbert Stifter (1805–1868) studierte Jura in Wien, er war Hauslehrer (u.a. bei der Familie Metternich), Zeitungen druckten seine ersten Erzählungen (z.B. „Der Kondor"). 1849 veröffentlichte er die Erzählung „Die Landschule" und wurde selbst Schulrat. Seine Prosa ist typisch für den biedermeierlichen Realismus.

Die Kraft, welche die Milch im Töpfchen der armen Frau emporschwellen und übergehen macht, ist es auch, die die Lava in dem Feuer speienden Berge emportreibt, und auf den Flächen der Berge hinabgleiten lässt. Nur augenfälliger sind diese Erscheinungen, und reißen den Blick des Unkundigen und Unaufmerksamen mehr an sich, während der Geisteszug des Forschers vorzüglich auf das Ganze und Allgemeine geht, und nur in ihm allein Großartigkeit zu erkennen vermag, weil es allein das Welterhaltende ist. Die Einzelheiten gehen vorüber, und ihre Wirkungen sind nach Kurzem kaum noch erkennbar. […] Da die Menschen in der Kindheit waren, ihr geistiges Auge von der Wissenschaft noch nicht berührt war, wurden sie von dem Nahestehenden und Auffälligen ergriffen, und zu Furcht und Bewunderung hingerissen: Aber als ihr Sinn geöffnet wurde, da der Blick sich auf den Zusammenhang zu richten begann, so sanken die einzelnen Erscheinungen immer tiefer, und es erhob sich das Gesetz immer höher, die Wunderbarkeiten hörten auf, das Wunder nahm zu.

So wie es in der äußeren Natur ist, so ist es auch in der inneren, in der des menschlichen Geschlechtes. Ein ganzes Leben voll Gerechtigkeit, Einfachheit, Bezwingung seiner selbst, Verstandesgemäßheit, Wirksamkeit in seinem Kreise, Bewunderung des Schönen, verbunden mit einem heiteren gelassenen Sterben, halte ich für groß: Mächtige Bewegungen des Gemütes, furchtbar einherrollender Zorn, die Begier nach Rache, den entzündeten Geist, der nach Tätigkeit strebt, umreißt, ändert, zerstört und in der Erregung oft das eigene Leben hinwirft, halte ich nicht für größer, sondern für kleiner, da diese Dinge so gut nur Hervorbringungen einzelner und einseitiger Kräfte sind, wie Stürme, Feuer speiende Berge, Erdbeben. Wir wollen das sanfte Gesetz zu erblicken suchen, wodurch das menschliche Geschlecht geleitet wird.

Das sanfte Gesetz: Im Kleinen die Gesetze erkennen, die auch das Große regieren

In der „äußeren Natur": das Gesetz der Eruption durch Überhitzung	Die Milch im Topf 	Die Lava im Berg 
In der „inneren Natur" der Menschen: Regeln des menschlichen Zusammenlebens	Der Einzelne im nahen Umfeld der Familie: Gelassenheit, Vertrauen, Einfachheit, Gerechtigkeit mit Blick auf einzelne Erfahrungen	Der Blick auf große (z.B. politische) Zusammenhänge, auf „mächtige Bewegungen des Gemüts", „furchtbar einherrollender Zorn"
In der Entwicklung der menschlichen Gesellschaft: der Gegensatz der beharrenden und vorwärtsdrängenden Kräfte	Das Nahestehende und Auffällige wahrnehmen und als „Wunderbarkeit" erfassen	Furcht und Bewunderung auslösende große Kräfte und „Wunder" der Wissenschaft erforschen

1 a Was versteht Stifter genau unter dem „sanften Gesetz"? Fassen Sie es ausgehend vom Text und von der Grafik in eigenen Worten zusammen.

b Suchen Sie weitere Beispiele, an denen das „sanfte Gesetz" erläutert werden könnte.

Eduard Mörike: **Mozart auf der Reise nach Prag** (1856)

Zum hundertsten Geburtstag Mozarts verfasste Eduard Mörike die Novelle „Mozart auf der Reise nach Prag". Er erfindet hier eine Episode in Mozarts Biografie, die die Gesetze des schöpferischen Genies in dem Spiegel einer beiläufigen Begebenheit demonstriert: Auf seiner Reise von Wien nach Prag machen Mozart und seine Frau Konstanze Halt in einem böhmischen Dorf. Mozart geht im nahe gelegenen Schlossgarten spazieren.

Von der Mitte zweier großen, noch reichlich blühenden Blumenparterre ging unser Meister nach den buschigen Teilen der Anlagen zu, berührte ein paar schöne dunkle Piniengruppen und lenkte seine Schritte auf vielfach gewundenen Pfaden, indem er sich allmählich den lichteren Partien wieder näherte, dem lebhaften Rauschen eines Springbrunnens nach, den er sofort erreichte. [...]
Das Ohr behaglich dem Geplätscher des Wassers hingegeben, das Aug' auf einen Pomeranzenbaum von mittlerer Größe geheftet, der außerhalb der Reihe, einzeln, ganz dicht an seiner Seite auf dem Boden stand und voll der schönsten Früchte hing, ward unser Freund durch diese Anschauung des Südens alsbald auf eine liebliche Erinnerung aus seiner Knabenzeit geführt. Nachdenklich lächelnd reicht er hinüber nach der nächsten Frucht, als wie um ihre herrliche Ründe, ihre saftige Kühle in hohler Hand zu fühlen. Ganz im Zusammenhang mit jener Jugendszene aber, die wieder vor ihm aufgetaucht, stand eine längst verwischte musikalische Reminiszenz, auf deren unbestimmter Spur er sich ein Weilchen träumerisch erging. Jetzt glänzen seine Blicke, sie irren da und dort umher, er ist von einem Gedanken ergriffen, den er sogleich eifrig verfolgt. Zerstreut hat er zum zweiten Mal die Pomeranze angefasst, sie geht vom Zweige los und bleibt ihm in der Hand. Er sieht und sieht es nicht; ja so weit geht die künstlerische Geistesabwesenheit, dass er, die duftige Frucht beständig unter der Nase hin und her wirbelnd und bald den Anfang, bald die Mitte einer Weise unhörbar zwischen den Lippen bewegend, zuletzt instinktmäßig ein emailliertes Etui aus der Seitentasche des Rocks hervorbringt, ein kleines Messer mit silbernem Heft daraus nimmt und die gelbe kugelige Masse von oben nach unten langsam durchschneidet. Es mochte ihn dabei entfernt ein dunkles Durstgefühl geleitet haben, jedoch begnügten sich die angeregten Sinne mit Einatmung des köstlichen Geruchs. Er starrt minutenlang die beiden innern Flächen an, fügt sie sachte wieder zusammen, ganz sachte, trennt und vereinigt sie wieder.
Da hört er Tritte in der Nähe, er erschrickt, und das Bewusstsein, wo er ist, was er getan, stellt sich urplötzlich bei ihm ein. Schon im Begriff, die Pomeranze zu verbergen, hält er doch gleich damit inne, sei es aus Stolz, sei's, weil es zu spät dazu war. Ein großer, breitschulteriger Mann in Livree, der Gärtner des Hauses, stand vor ihm.

---

1 Analysieren Sie diesen Auszug aus der Novelle „Mozart auf der Reise nach Prag".
a Beschreiben Sie, wie Mörike den Komponisten Mozart gestaltet.
Achten Sie besonders auf Sinneseindrücke, Erinnerungen und auf die geistige Verfassung des Spaziergängers.
b Welche Korrespondenzen zwischen Innen (Mozarts Gemütszustand) und Außen (dem Park, dem Brunnen, dem südlichen Ambiente der Orangerie) können Sie beobachten?

2 Vollziehen Sie nach, wie Mörike den Augenblick der musikalischen Inspiration darstellt.
- Wie versteht er die „künstlerische Geistesabwesenheit"?
- Was bedeutet das „dunkle Durstgefühl"?
- Welche Bedeutung hat die „Einatmung des köstlichen Geruchs"?
- Warum zerschneidet Mozart die Orange und starrt auf die „inneren Flächen"?
- Warum fügt er die beiden Teile immer wieder zusammen?

Annette von Droste-Hülshoff: **Am Turme** (1842)

Annette von Droste-Hülshoff (1797–1848) stammte aus dem westfälischen Adel und führte ein sehr zurückgezogenes Leben. 1842 schrieb sie die Novelle „Die Judenbuche". Berühmt wurde die Dichterin vor allem durch ihre Lyrik, in der sie auch zu den Lebensbedingungen einer Frau zu ihrer Zeit Stellung nahm.

Ich steh' auf hohem Balkone am Turm,
Umstrichen vom schreienden Stare,
Und lass' gleich einer Mänade[1] den Sturm
Mir wühlen im flatternden Haare;
O wilder Geselle, o toller Fant,
Ich möchte dich kräftig umschlingen
Und, Sehne an Sehne, zwei Schritte am Rand
Auf Tod und Leben dann ringen!

Und drunten seh' ich am Strand, so frisch
Wie spielende Doggen, die Wellen
Sich tummeln rings mit Geklaff und Gezisch
Und glänzende Flocken schnellen.
O, springen möcht' ich hinein alsbald,
Recht in die tobende Meute,
Und jagen durch den korallenen Wald
Das Walross, die lustige Beute!

Und drüben seh' ich ein' Wimpel wehn
So keck wie eine Standarte,
Seh' auf und nieder den Kiel sich drehn
Von meiner luftigen Warte;
O, sitzen möcht' ich im kämpfenden Schiff,
Das Steuerruder ergreifen
Und zischend über das brandende Riff
Wie eine Seemöwe streifen.

Wär' ich ein Jäger auf freier Flur,
Ein Stück nur von einem Soldaten,
Wär' ich ein Mann doch mindestens nur,
So würde der Himmel mir raten;
Nun muss ich sitzen so fein und klar,
Gleich einem artigen Kinde,
Und darf nur heimlich lösen mein Haar
Und lassen es flattern im Winde!

1 **Mänade (auch: Bacchantin):** wilde Anhängerin des Weingottes Bacchus

1 **a** Sowohl die Gesten/die Haltung der Sprecherin von „Am Turme" als auch ihre Gedanken und Wünsche haben hohen symbolischen Wert. Stellen Sie beide dem Verhalten des „artigen Kindes" gegenüber.
b Die Sprecherin steht in Meersburg am Turm und blickt auf den Bodensee, das Schwäbische Meer. Übersetzen Sie ihre Gedanken in einen inneren Monolog.

2 Vergleichen Sie das Manifest-Gedicht Louise Astons (▸ S. 349) mit demjenigen Annette von Droste-Hülshoffs. Welches Frauenbild wird jeweils entworfen?

3 Annette von Droste-Hülshoff wird von den Literaturgeschichten dem Biedermeier, Louise Aston dem Vormärz zugerechnet. Nehmen Sie zu dieser Zuordnung Stellung.

Louise Aston: **Lebensmotto** (1846) – Auszug

Louise Aston (1814–1871), Tochter eines evangelischen Pfarrers, wurde im Alter von 17 Jahren zur Heirat mit einem englischen Geschäftsmann gezwungen. Nach einer unglücklichen Ehe ließ sie sich scheiden und lebte in Berlin. Sie nahm aktiv an der Revolution von 1848 teil, schrieb Romane, gab eine Zeitschrift heraus und gründete einen Club emanzipierter Frauen.

[...]
Leben – Meer, das endlos rauschend
Mich auf weiten Fluten trägt:
Deinen Tiefen freudig lauschend
Steh' ich sinnend, stummbewegt.
Stürzt Gewittersturm, der wilde,
Jauchzend sich in's Meer hinein,
Schau' ich in dem Flammenbilde
Meines Lebens Widerschein.
Freiem Leben, freiem Lieben,
Bin ich immer treu geblieben!

Liebe – von der Welt geächtet,
Von dem blinden Wahn verkannt,
Oft gemartert, oft geknechtet,
Ohne Recht und Vaterland;
Fester Bund von stolzen Seelen
Den des Lebens Glut gebar,
Freier Herzen freies Wählen,
Vor der Schöpfung Hochaltar!
Freiem Leben, freiem Lieben,
Bin ich immer treu geblieben!

Und solang' die Pulse beben,
Bis zum letzten Atemzug,
Weih' der Liebe ich dies Leben,
Ihrem Segen, ihrem Fluch!
Schöne Welt, du blühend Eden,
Deiner Freuden reichen Schatz
Gibt für alle Schicksalsfehden
Vollen, köstlichen Ersatz!
Freiem Lieben, freiem Leben,
Hab' ich ewig mich ergeben!

Information **Epochenüberblick – Frührealismus: Junges Deutschland, Vormärz, Biedermeier (1830–1848)**

Geschichte, gesellschaftliche Entwicklung: Nach dem Sturz Napoleons sollten in Europa möglichst die vorrevolutionären Verhältnisse wiederhergestellt werden (**Restauration**). Unter Preußens und Österreichs Führung wurde ein deutscher Staatenbund mit Sitz in Frankfurt gegründet. Gleich nach dem Wiener Kongress (1814/15) sorgte der österreichische Kanzler Fürst **Metternich** vor allem in Deutschland dafür, dass keiner der Fürsten die Versprechungen einhielt, mit denen sie ihre Völker in den Krieg gegen Napoleon gelockt hatten (vor allem das Versprechen einer „Verfassung", die bürgerliche Freiheiten und eine Beteiligung der Bürger an der Regierung garantierte). Um die Forderungen nach mehr bürgerlichen Freiheiten und nationaler Einheit zu unterbinden, wurde eine strenge Zensur eingeführt. Die Maßnahmen wurden verschärft, nachdem 1830 die Julirevolution in Frankreich erneut zu Unruhen auch in Deutschland geführt hatte. 1835 wurden die Schriften des so genannten „Jungen Deutschland" verboten.

Gemeint waren die Autoren **Heinrich Heine**, **Ludolf Wienbarg**, **Karl Gutzkow**, **Heinrich Laube**. Den journalistisch und politisch führenden Kopf, **Ludwig Börne**, hatte man in der Eile vergessen mit aufzulisten. Diese Autoren bildeten zwar keine zusammenhängende Gruppe, aber sie verstanden sich alle als politische Schriftsteller und Gegner der 36 Landesherren und ihrer Regierungen. Während Deutschland politisch so zu einem „Wintermärchen" (Heine) erstarrte, nahmen Handel und Gewerbe, Industrie, insbesondere Bergbau und Eisenbahnbau, zu. Der Aufstieg der Bourgeoisie und die Verelendung der arbeitenden Bevölkerung in den schnell wachsenden Städten (Pauperismus) nahmen ihren Anfang.
Weltbild: Die politischen und ökonomischen Prozesse hinterließen auch im Denken der Zeit ihre Spuren. Nun sah man die Abhängigkeit des Einzelnen von den Lebensumständen, in die er hineingeboren wird, und man dachte darüber nach, wie Fortschritte hin zu mehr sozialer Gerechtigkeit und mehr Freiheit in persönlichen, wissenschaftlichen oder religiösen Dingen erzielt werden könnten. Auch Fragen der Emanzipation bisher unterprivilegierter Gruppen (Bauern, Juden, Frauen) wurden diskutiert.
Literatur: Einige der bedeutenden Autoren (**Eduard Mörike**, **Annette von Droste-Hülshoff**, **Adalbert Stifter**) hielten sich aus der Politik heraus und konzentrierten sich auf das „Innenleben" der bürgerlichen Familie und des bürgerlichen Individuums (**Literatur des Biedermeier**). Mit dieser Einstellung gelten sie als Fortführer der Tradition der deutschen Klassik und Wegbereiter des poetischen Realismus. Andere Autoren engagierten sich politisch (**Heinrich Heine**, **Georg Büchner**, **Georg Herwegh**, **Georg Weerth**), um Bewegung in das erstarrte System der Restauration zu bringen (**Literatur des Vormärz**). Sie arbeiteten fast alle sowohl als Schriftsteller wie auch als Journalisten. Denn die Presse war eine entscheidende politische Macht geworden.
Als 1848 in Paris das Regime des „Bürgerkönigs" am Ende war und Frankreich wieder Republik wurde, kam es in Deutschland zur so genannten Märzrevolution. Ein erstes deutsches Parlament wurde gewählt. Einige bedeutende Dichter waren zugleich Abgeordnete des Paulskirchenparlaments (z. B. **Ludwig Uhland**). Die großen politischen Fragen der Zeit, wie die nach der Priorität von Bürgerfreiheit oder nationaler Einheit, die Ausgestaltung von Pressefreiheit, die Organisation einer allgemeinen Volksbewaffnung, eines allgemeinen Wahlrechts und konstitutioneller Verfassungen, wurden in der Frankfurter Nationalversammlung und von den Dichtern des Vormärz in der Presse gleichermaßen ausgetragen.
Nach dem Scheitern der Revolution mussten viele Autoren ins Exil gehen. Sie lebten in der Schweiz, in Frankreich, Belgien, den USA. Nach einer Amnestie 1864 kehrten einige in die Heimat zurück, nur wenige betätigten sich noch politisch (als Journalisten).

Weitere wichtige Autorinnen/Autoren und Werke
August Heinrich Hoffmann von Fallersleben (1789–1874): Gedichte (Deutschlandlied)
Johann Nestroy (1801–1862): Komödien; Volksstücke
Nikolaus Lenau (1802–1850): Gedichte
Ferdinand Freiligrath (1810–1876): „Ça ira" (politische Gedichte)
Karl Gutzkow (1811–1878): „Wally die Zweiflerin" (Roman)

1 Vormärz und Biedermeier werden, was das politische Engagement der Autorinnen und Autoren angeht, für gegensätzliche Strömungen gehalten. Beide gehören indes zum frühen Realismus. Stellen Sie in Form eines Essays (► S. 229) den nach innen gerichteten Realismus des Biedermeier und den auf öffentliche Wirksamkeit abgestellten Realismus des Vormärz einander gegenüber.

Literaturstation: Heinrich Heines Reisebilder – Zwischen Journalismus und Literatur

Viele der jungen Autoren der Zeit des **Vormärz** (▸ S. 349 f.) arbeiteten für Zeitungen und setzten sich so mit der politischen und sozialen Realität auseinander. Die Zeitungen entsandten Korrespondenten auch in andere europäische Länder. Den Entwicklungen in Frankreich kam dabei besondere Beachtung zu. Heinrich Heine schrieb als Pariser Korrespondent für die „Augsburger Allgemeine Zeitung". Seine journalistischen Artikel waren allerdings mehr als reine **Korrespondentenberichte,** die sich an die bloßen Fakten hielten.

Heine, der bereits als Autor der Romantik in Erscheinung getreten war, wählte in seinen Berichten oft eine **literarische Schreibweise,** die im Speziellen des berichteten Falls immer auch auf Allgemeines hinzuweisen suchte. Zugleich ließen die Berichte seine persönliche Einstellung ahnen. Heine sagte selbst: „Bei dem Bestreben, die Form des Faktums vorwalten zu lassen, war auch die Tonart ein wichtiges Mittel, wodurch ich es möglich machte, das Verfängliche zu referieren."

Welche historischen Ereignisse beförderten die Entwicklung des romantischen Schriftstellers Heine zum politisch Denkenden und Schreibenden? Worin bestehen die Besonderheiten seines Schreibens zwischen Journalismus und Literatur? Welche Verfahren wandte er an, um die in der Zeit der **Restauration** noch übliche Zensur zu umgehen?

Wilhelm Hensel: Heinrich Heine, 1829

Im ersten Teilkapitel dieser Literaturstation lernen Sie anhand von Gedichten und autobiografischen Reisebildern Heinrich Heines Leben und Werk vor dem Hintergrund der politischen Entwicklungen und Konflikte seiner Zeit kennen.

Im zweiten Teilkapitel vergleichen Sie einen Korrespondentenbericht zu Napoleons Beisetzung im Cotta'schen „Morgenblatt für gebildete Stände" mit den entsprechenden literarischen Reisebildern Heines in Prosa und Versen.

Das dritte Teilkapitel enthält Vorschläge, wie Sie eigene Reiseerfahrungen und -beobachtungen zu einem Reisebild oder zu einer Reisereportage gestalten können.

1 Zwischen den Stühlen – Heines Lebensstationen zwischen Deutschland und Frankreich

Heinrich Heine (1797–1856) begann seine Schriftstellerkarriere als Romantiker. 1826, als er seine ersten Reisebilder verfasste, war er noch Student der Jurisprudenz, 1827, als er seine erste Gedichtsammlung („Buch der Lieder") veröffentlichte, ein Dichter, der die unglückliche Liebe zu seinem Spezialthema gemacht hatte. Aufgewachsen war der jüdische Kaufmannssohn in Düsseldorf, das 1806 an das napoleonische Frankreich fiel. Er lernte schnell die Vorzüge des französischen „Code civil" schätzen, dessen Errungenschaften (z. B. die Gleichheit aller, also auch jüdischer Bürger, vor dem Gesetz) im Zuge der Restauration nach 1815 von der preußischen Verwaltung wieder aufgehoben wurden. Heine lernte, politisch zu denken, und er wurde ein Anhänger der Ideen der Französischen Revolution und ein Verehrer Napoleons.

Heinrich Heine: **Reisebilder II. Ideen. Das Buch Le Grand** (1827)

Man muss den Geist der Sprache kennen, und diesen lernt man am besten durch Trommeln. Parbleu! wie viel verdanke ich nicht dem französischen Tambour, der so lange bei uns in Quartier lag, und wie ein Teufel aussah, und doch von Herzen so engelgut war, und so ganz vorzüglich trommelte. Es war eine kleine, bewegliche Figur mit einem fürchterlichen, schwarzen Schnurrbarte, worunter sich die roten Lippen trotzig hervorbäumten, während die feurigen Augen hin und her schossen.

Ich kleiner Junge hing an ihm wie eine Klette, und half ihm seine Knöpfe spiegelblank putzen und seine Weste mit Kreide weißen – denn Monsieur Le Grand wollte gerne gefallen – und ich folgte ihm auch auf die Wache, nach dem Appell, nach der Parade – da war nichts als Waffenglanz und Lustigkeit – les jours de fête sont passés[1]! Monsieur Le Grand wusste nur wenig gebrochenes Deutsch, nur die Hauptausdrücke – Brot, Kuss, Ehre – doch konnte er sich auf der Trommel sehr gut verständlich machen, z. B. wenn ich nicht wusste, was das Wort „liberté" bedeute, so trommelte er den Marseiller Marsch – und ich verstand ihn. Wusste ich nicht die Bedeutung des Wortes „égalité", so trommelte er den Marsch „ça ira, ça ira – – – les aristocrates à la lanterne[2]!" – und ich verstand ihn. Wusste ich nicht, was „bêtise" sei, so trommelte er den Dessauer Marsch, den wir Deutschen, wie auch Goethe berichtet, in der Champagne getrommelt[3] – und ich verstand ihn. Er wollte mir mal das Wort „l'Allemagne" erklären, und er trommelte jene allzueinfache Urmelodie, die man oft an Markttagen bei tanzenden Hunden hört, nämlich Dum – Dum – Dum – ich ärgerte mich, aber ich verstand ihn doch. [...]

Denke ich an den großen Kaiser, so wird es in meinem Gedächtnisse wieder recht sommergrün und goldig, eine lange Lindenallee taucht blühend empor, auf den laubigen Zweigen sitzen singende Nachtigallen, der Wasserfall rauscht, auf runden Beeten stehen Blumen und bewegen traumhaft ihre schönen Häupter – ich stand mit ihnen im wunderlichen Verkehr, die geschminkten Tulpen grüßten mich bettelstolz herablassend, die nervenkranken Lilien nickten wehmütig zärtlich, die trunkenroten Rosen lachten mir schon von Weitem entgegen, die Nachtviolen seufzten – mit den Myrten und Lorbeeren hatte ich damals noch keine Bekanntschaft, denn sie lockten nicht durch schimmernde Blüte, aber mit den Reseden, womit ich jetzt so schlecht stehe, war ich ganz besonders intim – Ich spreche vom Hofgarten zu Düsseldorf, wo ich oft auf dem Rasen lag und andächtig zuhörte, wenn mir Monsieur Le Grand von den Kriegstaten des großen Kaisers erzählte, und dabei die Märsche schlug, die während jener Taten getrommelt wurden, sodass ich alles lebendig sah und hörte.

1 **les jours de fête sont passés:** Die Festtage sind vorbei.
2 **ça ira, ça ira – – – les aristocrates à la lanterne:** Es wird gehen, es wird gehen – die Adligen an die Laterne!
3 **in der Champagne getrommelt:** Heine spielt auf die „Campagne in Frankreich" an, jene unglückliche militärische Intervention, mit der die deutschen Fürsten beabsichtigt hatten, die Revolution in Frankreich zu beenden.

1 Heine nennt französische Wörter, deren Bedeutung er als Knabe „nicht wusste".
a Suchen Sie die ersten beiden Begriffe heraus. Informieren Sie sich über die Märsche, mit denen Le Grand sie „erklärt".
b Welchen dritten Begriff würde man erwarten, welchen nennt Heine?
c Erläutern Sie das Bild der „neueren Geschichte", die der Trommler Le Grand lehrt.

2 Untersuchen und deuten Sie die Metaphorik des Textes:
Was bedeutet hier „Trommeln"? Welche Aufgabe übernimmt in einem Text, in dem die Trommel regiert, die Rede über die Blumen im Düsseldorfer Hofgarten?

3 Arbeiten Sie heraus, welches Bild des revolutionären Frankreichs, welches Bild Deutschlands der Text entwirft.

Heine ging 1831 nach Paris, nachdem das preußische Oberzensurkollegium den vierten Teil seiner Reisebilder verboten hatte. 1835 beschloss die Deutsche Bundesversammlung das Verbot seiner sämtlichen Bücher. Er blieb zeitlebens in Frankreich. Nur in den Jahren 1843/44 kehrte er zweimal zu Besuchen nach Deutschland zurück. Dort musste er incognito reisen, weil ein preußischer Haftbefehl auf ihn wartete.
Dennoch schrieb Heine in Paris als Journalist für die „Augsburger Allgemeine Zeitung" über Frankreich und gleichzeitig für die Franzosen über deutsche Philosophie und deutsche Literatur. Er wollte Vermittler zwischen den „beiden auserwählten Völkern der Humanität" sein. Heine sah in Frankreich den Weg vorgezeichnet, den seiner Meinung nach auch Deutschland gehen würde, später, aber mit Sicherheit dann auch konsequenter. Frankreich bedeutete für ihn also eine Hoffnung und ein Versprechen: Die Erneuerung Europas würde sich von Frankreich aus über den Kontinent verbreiten, so wie das schon einmal unter Napoleon der Fall gewesen war.

Heinrich Heine: **Anno 1839**

O, Deutschland, meine ferne Liebe,
Gedenk' ich deiner, wein' ich fast!
Das muntre Frankreich scheint mir trübe,
Das leichte Volk wird mir zur Last.

Nur der Verstand, so kalt und trocken,
Herrscht in dem witzigen Paris —
O, Narrheitsglöcklein, Glaubensglocken,
Wie klingelt ihr daheim so süß!

Höfliche Männer! Doch verdrossen
Geb' ich den art'gen Gruß zurück. —
Die Grobheit, die ich einst genossen
Im Vaterland, das war mein Glück!

Lächelnde Weiber! Plappern immer,
Wie Mühlenräder stets bewegt!
Da lob' ich Deutschlands Frauenzimmer,
Das schweigend sich zu Bette legt.

Und alles dreht sich hier im Kreise,
Mit Ungestüm, wie'n toller Traum!
Bei uns bleibt alles hübsch im Gleise,
Wie angenagelt, rührt sich kaum.

Mir ist, als hört' ich fern erklingen
Nachtwächterhörner, sanft und traut;
Nachtwächterlieder hör' ich singen,
Dazwischen Nachtigallenlaut.

Dem Dichter war so wohl daheime,
In Schildas teurem Eichenhain!
Dort wob ich meine zarten Reime
Aus Veilchenduft und Mondenschein.

---

1 Heines Gedicht wird von den einen als Kritik an Deutschland, von anderen als ironisch formulierte Liebeserklärung an sein Heimatland angesehen.
a Stellen Sie die Bilder von Frankreich, den Franzosen und Paris gegen das Bild, das von Deutschland gezeichnet wird.
b Überlegen Sie, welche Reaktionen von einem national, welche von einem liberal eingestellten Publikum in Deutschland zu erwarten waren. Begründen Sie (möglichst) nah am Text.
2 Prüfen Sie die Ernsthaftigkeit und Ironie der einzelnen Aussagen zu Deutschland und Frankreich, indem Sie aus dem Gedicht „Anno 1839" ein fiktives Frage-und-Antwort-Interview entwickeln: „Herr Heine, Sie sind nach 13 Jahren Exil in Paris heute zum ersten Mal in die Stadt Ihrer Jugend zurückgekehrt. Hier in Hamburg haben Sie Ihr berühmtes ‚Buch der Lieder' zusammengestellt, hier wohnen Ihre Mutter, Ihr Verleger Campe ..."

Heines wechselvolles Schicksal lehrte ihn, dass sich die Hoffnung auf eine Erneuerung Europas durch das Zusammenwirken von Frankreichs politischem und Deutschlands philosophischem Geist nicht realisierte. Es blieb bei dem fundamentalen Satz der bürgerlichen Ökonomie, den er – seit sieben Jahren bettlägrig in seine „Matratzengruft" gefesselt – in acht Zeilen zusammenfasste.

Heinrich Heine: **Weltlauf** (1851)

Hat man viel, so wird man bald
Noch viel mehr dazubekommen.
Wer nun wenig hat, dem wird
Auch das Wenige genommen.

Wenn du aber gar nichts hast,
Ach, so lasse dich begraben –
Denn ein Recht zum Leben, Lump,
Haben nur die etwas haben.

---

1 **a** Lesen Sie das Gedicht laut. Probieren Sie mehrere Lesarten: anklagend, resignativ, lakonisch, heiter. Welcher Ton scheint Ihnen der passendste?
b Untersuchen Sie, wie Aufbau und Sprache des Gedichts dessen Wirkung ausmachen. Gehen Sie dabei vom letzten Vers aus.

2 Heine hat ein großes Thema, nämlich den Lauf der Welt, auf eine sehr kurze Formel gebracht, deren erste Hälfte noch dazu ein Zitat aus der Bibel („Wer da hat, dem wird gegeben …") ist.
a Suchen Sie dieses Zitat (Matt. 25, 29) und klären Sie, was es an seiner Ursprungsstelle bedeutet.
b Setzen Sie es in Beziehung zu Heines Gedicht.

Weiterführende Aufgaben:

1 Trommeln (und Fanfaren), das zentrale Motiv des Textauszugs aus „Ideen. Das Buch Le Grand" (▶ S. 352), haben immer als Instrumente militärischer Macht und als Metaphern politisch engagierter Literatur gegolten.
a Verfolgen Sie das Motiv der Trommel in Heines Werk (im Sachregister der „Sämtlichen Werke" ist „Trommel" ein Stichwort).
b Vergleichen Sie die Verwendung des Motivs bei Heine mit der in Günter Grass' Roman „Die Blechtrommel".

2 Während die Schriften vieler Autoren des Vormärz verboten waren, gelang der Schriftstellerin Bettina von Arnim die Veröffentlichung von Berichten über die Zustände in einem Armenviertel. Stellen Sie diese Schrift und ihre Publikationsgeschichte in Ihrem Kurs vor. Setzen Sie sich dabei auch mit der folgenden Rezension des Journalisten und Autors Karl Gutzkow auseinander.

Karl Gutzkow: **B. v. Arnim, Dies Buch gehört dem König** (1843) – Auszug

Traurig genug, dass nur ein Weib das sagen durfte, was jeden Mann würde hinter Schloss und Riegel gebracht haben. In diesem wunderbaren Zusammentreffen von Umständen, in diesem Zufall, dass eine Frau, der man die „Wunderlichkeit" ihres Genies und ihrer gesellschaftlichen Stellung wegen nachsieht, aufsteht und eine Kritik unserer heutigen Politik, eine Kritik der Religion und der Gesellschaft veröffentlicht, wie sie vor ihr Tausende gedacht, aber nicht einer so resolut, so heroisch, so reformatorisch-großartig ausgesprochen hat, darin liegt etwas, was göttliche Vorsehung ist. Dem bedrängten Kampfe der Zeit ist ein Engel mit feurigem Schwerte zum Entsatz[1] gekommen.

1 **Entsatz:** (militärsprachlich) Aktion zur Befreiung eingeschlossener Truppen

II „Toujours lui“ – Napoleons Beisetzung im „Korrespondentenbericht“ und in zwei „Reisebildern“ Heines

1821 starb Napoleon in der Verbannung auf St. Helena, einer britischen Insel im Südatlantik. 20 Jahre später wurden seine sterblichen Überreste exhumiert und nach Paris gebracht. Anlässlich der feierlichen Überführung ergriff die alte Leidenschaft für den „Volkskaiser“ viele Franzosen – und auch Heine, der die Ereignisse als Korrespondent der „Augsburger Allgemeinen Zeitung“ verfolgte und später in seine Frankreich-Schrift „Lutetia“ (1855) aufnahm.

Georg Bernhard Depping: **Korrespondenz-Nachrichten** – Paris, Januar 1841

Paris hat in diesem Jahre zwei merkwürdige Totenfeiern gehabt: in den Julitagen die feierliche Beisetzung der vor zehn Jahren bei der Staatsumwälzung Umgekommenen und am 15ten Dezember die der Gebeine Napoleons. [...] Die Mehrzahl der Franzosen hat das Andenken Napoleons stets in Ehren gehalten und über seinen großen Eigenschaften seinen Despotismus vergessen; denn nie war Frankreich so groß und mächtig, als unter seiner Herrschaft, nie waren so außerordentliche Dinge von den Franzosen ausgeführt worden als unter seiner Leitung. Dazu kommt der tiefe Eindruck, welchen das Dasein und Wirken eines großen Genies auf die Menschen hervorbringt, ein Eindruck, der ein freies, unparteiisches Urteil nicht zulässt. Endlich muss man bedenken, dass Napoleon den französischen Charakter vollkommen kannte und im Sinne desselben handelte. So ist es erklärlich, warum sein Andenken so hoch gefeiert worden, und warum solche Einigkeit bei seiner Beerdigungsfeier geherrscht hat. Die Pariser haben nicht allein Enthusiasmus, sondern auch Mut bei dieser Feier an den Tag gelegt; denn trotz der strengen Kälte, welche plötzlich eingetreten war, und den Arbeitern kaum erlaubt hatte, die Zurüstungen zu dem Fest zu vollenden, waren sie scharenweise in die Champs-Élysées geeilt, um den Trauerzug, der drei bis vier Stunden dauerte, vorüberziehen zu sehen; und dieser Mut, diese Ausdauer wurde nicht allein von Männern bewiesen, sondern auch von Damen; wie viel Schnupfen und Husten aber daraus entstanden, lässt sich freilich nicht berechnen. Die Kälte hatte niemand vorhergesehen, obschon sie im Dezember etwas ganz Natürliches ist. [...]

Adolphe Bayot: Überführung der Leiche Napoleons in den Invalidendom (nach Eugène Guerard, 1840)

Ungeheure Summen sind zu dieser Festlichkeit verschwendet worden, die einen weit edleren Charakter hätte bekommen können, wenn sie zur Nationalfeier geworden wäre. Aber einesteils lag der Regierung daran, Napoleon nur als Krieger zu ehren, andernteils fürchtet sie Ausbrüche von Gesinnungen, welche sich mit den Absichten der jetzigen Minister schlecht vertragen hätten, und daher bestand der lange Leichenzug nur aus Truppen und Nationalgarde.
Die Regierung hätte manche unnötige Kosten ersparen können [...]. Von dem unsinnigen Einfalle, eine hölzerne Brücke eigens für den Zug zu erbauen, war man glücklicherweise abgekommen, nicht sowohl weil er lächerlich, als weil die Erbauung zu viel Zeit erfordert hätte. Dagegen hatte man mit großen Kosten einen

Tempel auf einem Schiff erbaut und denselben aufs Prächtigste ausgeschmückt. Dieser Tempel ist gar nicht gebraucht worden und das daran verschwendete Geld ist also in's Wasser geworfen. [...] Ein anderer sonderbarer Einfall war, römische Blasinstrumente machen zu lassen, wahrscheinlich, um dem Zuge etwas Antikes zu geben. Die Tubicines[1] konnten aber mit ihren Instrumenten à l'antique nicht recht fertig werden. Es ist noch zu verwundern, dass Berlioz nicht mit einem Heere von einigen Hundert Musikanten aufgezogen ist. Man war so vernünftig, Mozarts Seelenmesse aufführen zu lassen.

1 **Tubicines:** (lat.) Fanfarenbläser

Heinrich Heine: **Lutetia** (1851) – Paris, 11. Januar 1841

Seine Reisebilder in der „Augsburger Allgemeinen Zeitung" fasste Heine später in der Schrift „Lutetia" zusammen.

Ich kann nicht mit den Berichterstattern übereinstimmen, die in dem Schauspiel jenes wunderbaren Begräbnisses nur Pomp und Gepränge sahen. Sie hatten kein Auge für die Gefühle, die das französische Volk bis in seine Tiefen erschütterten. Diese Gefühle waren aber nicht die des soldatischen Ehrgeizes und Stolzes, den siegreichen Imperator begleitete nicht jener Prätorianerjubel[1], jene lärmige Ruhm- und Raubsucht, deren man sich in Deutschland noch erinnert aus den Tagen des Empire[2]. Die alten Eroberer haben seitdem das Zeitliche gesegnet und es war eine ganz neue Generation, die dem Leichenbegängnisse zuschaute, und wenn nicht mit brennendem Zorn, doch gewiss mit der Wehmut der Pietät sah sie auf diesen goldenen Katafalk[3], worin gleichsam alle Freuden, Leiden, glorreiche Irrtümer und gebrochene Hoffnungen ihrer Väter, die eigentliche Seele ihrer Väter, eingesargt lag! Da gabs mehr stumme Tränen als lautes Geschrei. Und dann war die ganze Erscheinung so fabelhaft, so märchenartig, dass man kaum seinen Augen traute, dass man zu träumen glaubte. Denn dieser Napoleon Bonaparte, den man begraben sah, war für das heutige Geschlecht schon längst dahingeschwunden in das Reich der Sage, zu den Schatten Alexanders von Mazedonien und Karls des Großen, und jetzt, siehe! eines kalten Wintertags erschien er mitten unter uns Lebenden, auf einem goldenen Siegeswagen, der geisterhaft dahinrollt in den weißen Morgennebeln.

Diese Nebel aber zerrannen wunderbar, sobald der Leichenzug in den Champs-Élysées anlangte. Hier brach die Sonne plötzlich aus dem trüben Gewölk und küsste zum letzten Mal ihren Liebling, und streute rosige Lichter auf die imperialen Adler, die ihm vorangetragen wurden, und wie mit sanftem Mitleid bestrahlte sie die armen, spärlichen Überreste jener Legionen, die einst im Sturmschritt die Welt erobert, und jetzt, mit verschollenen Uniformen, matten Gliedern und veralteten Manieren, hinter dem Leichenwagen als Leidtragende einherschwankten. Unter uns gesagt, diese Invaliden der großen Armee sahen aus wie Karikaturen, wie eine Satire auf den Ruhm, wie ein römisches Spottlied auf den toten Triumphator! [...]

Der Kaiser ist tot. Mit ihm starb der letzte Held nach altem Geschmack, und die neue Philisterwelt atmet auf, wie erlöst von einem glänzenden Alp. Über seinem Grabe erhebt sich eine industrielle Bürgerzeit, die ganz andre Heroen bewundert, etwa den tugendhaften Lafayette[4] oder James Watt, den Baumwollespinner[5].

1 **Prätorianer:** Leibwächter der römischen Kaiser
2 **Empire:** hier: das erste französische Kaiserreich unter Napoleon Bonaparte
3 **Katafalk:** Gerüst zur Aufbahrung eines Sarges
4 **Lafayette:** Marie-Joseph Motier, Marquis de La Fayette (1757–1834), französischer General der Amerikanischen Revolution
5 **James Watt:** schottischer Erfinder (1736–1819); seine größte Leistung war die Verbesserung der Dampfmaschine.

Heinrich Heine: **Deutschland. Ein Wintermärchen** (1843)

Über seine erste Reise nach Deutschland nach 13 Jahren Exil verfasste Heine „Deutschland. Ein Wintermärchen“. Auch hier erinnert er sich der Beisetzung Napoleons.

Der Kaiser ist auferstanden seitdem,
Doch die englischen Würmer haben
Aus ihm einen stillen Mann gemacht,
Und er ließ sich wieder begraben.

Hab selber sein Leichenbegängnis gesehn,
Ich sah den goldenen Wagen
Und die goldenen Siegesgöttinnen drauf,
Die den goldenen Sarg getragen.

Den Elysäischen Feldern[1] entlang,
Durch des Triumphes Bogen,
Wohl durch den Nebel, wohl über den Schnee
Kam langsam der Zug gezogen.

Misstönend schauerlich war die Musik,
Die Musikanten starrten
Vor Kälte. Wehmütig grüßten mich
Die Adler der Standarten.

Die Menschen schauten so geisterhaft
In alter Erinnrung verloren –
Der imperiale Märchentraum
War wieder heraufbeschworen.

Ich weinte an jenem Tag. Mir sind
Die Tränen ins Auge gekommen,
Als ich den verschollenen Liebesruf,
Das Vive l'Empereur![2] vernommen.

1 **Elysäische Felder:** Champs-Élysées
2 **Vive l'Empereur:** Es lebe der Kaiser!

---

1 Lesen Sie die drei Texte zu Napoleons zweitem Begräbnis. Welches Bild Napoleons, der Pariser Bevölkerung und des Leichenzuges wird von Depping, welches von Heine entworfen?
2 Welche der in heutigen Tageszeitungen üblichen Textsorten weisen die meisten Ähnlichkeiten mit Deppings Korrespondentenbericht auf? Begründen Sie.
3 Heine nennt „Deutschland. Ein Wintermärchen“ in Briefen an den Verleger Campe „ein höchst humoristisches Reiseepos“ und „versifiziertes Reisebild“. Suchen Sie Textstellen (z. B. die Beschreibung des Wetters), an denen Sie den Unterschied zwischen der Schreibweise des Journalisten, des Reiseschriftstellers und des Dichters erkennen können. Stellen Sie sie einander gegenüber und geben Sie eine Einschätzung ihrer Wirkung ab.
4 Vertiefen Sie Ihren Vergleich der Texte über die Überführung des Leichnams Napoleons.
- Welche Teilthemen werden von den Berichterstattern aufgegriffen?
- Welche scheinen ihnen wichtig? Wie lenken sie die Aufmerksamkeit ihrer Leser?
- Wie bringen sie ihre eigene politische Auffassung ins Spiel?
- Welche Rolle spielen Vergleiche, Metaphern, Kontrastierungen, Verse, Metrum, Reimschema?
- Welche Rolle spielt jeweils die Naturbeschreibung für die politische Botschaft?

Heinrich Heine: **Vorrede zur französischen Ausgabe der Lutetia** (1851) – Literarische Berichterstattung

Ein in jeder Hinsicht politischer Schriftsteller muss der Sache wegen, die er verficht, der rohen Notwendigkeit manche bittere Zugeständnisse machen. [...] Die Tradition der Allg. Zeitung kennend, wusste ich z. B., dass sie es sich immer zur Aufgabe gestellt hatte, alle Fakta der Zeit nicht bloß zur schnellen Kenntnis des Publikums zu bringen, sondern sie auch vollständig gleichsam wie in einem Weltarchiv einzuregistrieren. Ich musste daher darauf bedacht sein, alles was ich insinuieren[1] wollte, das Ereignis sowohl als meine Ansicht darüber, alles was ich dachte und fühlte, in die Form des Faktums zu kleiden, indem ich etwa fremden Per-

1 **insinuieren:** zum Nachdenken anbieten

sonen meine Privatmeinungen in den Mund legte, oder gar parabolisch verfuhr. Meine Briefe enthalten daher viel Historietten[2] und Arabesken[3], deren Symbolik nicht jedem verständlich ist. [...] Bei diesem Bestreben, die Form des Faktums vorwalten zu lassen, war auch die Tonart ein wichtiges Mittel, wodurch ich es möglich machte, das Verfänglichste zu referieren. Die probateste Tonart aber war die Indifferenz. Indirekt ließ sich auch manches Nützliche kundgeben.

Indem ich die Briefe, die ich vor geraumer Zeit anonym[4] erscheinen ließ, jetzt unter meinem eigenen Namen herausgebe, bin ich wohl berechtigt, bei dieser Anerkennung meiner Autorschaft das so genannte beneficium inventarii[5] in Anspruch zu nehmen. [...] Wer aber den Geist meiner Mitteilungen auffasst, wird die strengste Einheit der Ansichten und unwandelbare Liebe für die Sache der Menschheit und ein Beharren in meinen demokratischen Grundsätzen, überall erblicken.

2 **Historietten:** Geschichtchen
3 **Arabesken:** stilisierte Rankenornamente, Schnörkel
4 Die Beiträge Heines aus Paris wurden in der „Augsburger Allgemeinen Zeitung" nur mit einer Chiffre gekennzeichnet.
5 **beneficium inventarii:** Urheberrecht (zu Heines Zeit noch umstritten)

1 Heine schreibt in diesem Vorwort zu „Lutetia", der Journalist müsse der „rohen Notwendigkeit" wegen oft „bittere Zugeständnisse" machen. Er müsse „alles, was [er] dachte und fühlte, in die Form des Faktums [...] kleiden". Er nennt mehrere Verfahren, die er wählte, um trotz Zensur sein journalistisches Anliegen zu verfolgen. Beschreiben Sie diese in eigenen Worten.

Weiterführende Aufgaben:

1 a Weisen Sie die Verfahren, mittels derer Heine die Zensur umging, in seinen Berichten über Napoleons Beisetzung im Invalidendom nach.
b An welchen Stellen im Text erkennen Sie eine persönliche Sicht der Fakten, die Tonart, mit der Heine (damals) Verfängliches zur Sprache brachte?

2 Wie Heine haben auch andere Autoren, die in Paris im Exil lebten, über die französische Hauptstadt und zugleich über deutsche Verhältnisse geschrieben. So zum Beispiel der Autor und Publizist Ludwig Börne (1786–1837). Machen Sie sich über Börne und seine „Briefe aus Paris" sachkundig und stellen Sie einige dieser Briefe (z. B. die über die Revolution von 1830) vor.

III Ein „Reisebild" verfassen – Essayistisch schreiben

In Deppings **Korrespondentenbericht** erfährt der Leser etwas über Ereignisse in der Stadt und in diesem Zusammenhang auch etwas über die Mentalität der Pariser. Er erfährt nichts Wesentliches über den Korrespondenten selbst.
In Heines **Reisebild** wirkt das „ständige Konstatieren der eigenen Person" (Heine) wie eine Lupe, unter die die Ereignisse gelegt werden. So werden sie vergrößert, für den Leser bedeutsam.
Die poetische Schreibweise, wie Heine sie im **versifizierten Reisebild** „Deutschland. Ein Wintermärchen" einsetzt, bietet dem Leser eine Bewertung des Berichteten: Der Sieg der „englischen Würmer" über den sterblichen Körper Napoleons wird zum Symbol des Siegs des englischen Geschäftsgeists. In gleicher Weise haben spätere Autoren aus Paris berichtet und dabei eine wertende Perspektive eingenommen.

1 a Informieren Sie sich über Paris. Sammeln Sie Fotos, Gemälde, Texte usw.
b Lesen Sie die nachstehenden Notizen über die Langeweile einer Weltstadt in den Ferienwochen des Augusts und formen Sie sie in ein „Reisebild" um.

nach Kurt Tucholsky: Das verzauberte Paris (1927) – Auszüge

Im August ist Paris die hässlichste Stadt der Welt, staubig, heiß, stickig, grau, reizlos.

Es ist langweilig. In den Zeitungen stehen nur die üblichen Sommertheater-Skandale.

In der Metro, kaum ein Mensch. Alles wartet, es ist eine Atempause.

Die Originalfranzosen sind in den Ferien, am Meer, in den Bergen. Nur unverbesserliche Touristen ...

Die Stadt ist einfach leer. Die Straßen sind leer, sie sehen aus wie auf alten Fotografien.

Bei den Bücherverkäufern an den Quais langweilen sich einige Touristen.

Die Bäume stehen unbewegt, als warteten sie auf etwas. Sie langweilen sich unter der dumpf brütenden Sonne.

Man kann auf den Straßen flanieren, es gibt keine Autos, die Restaurants sind zu, die Fensterläden heruntergelassen: Nous sommes en vacances.

Apfelblau ist Paris an diesem Nachmittag, es sieht so aus, als ob bald der Herbst beginnt. Dann wird das Wetter schlecht. Es ist diesig und regnet.

Mittags um zwölf ist es in den Parks fast wie sonst auf dem Dorf.

Bald werden alle zurückströmen, das Leben wird wieder anfangen, die Zeitungen sind voll, die Theater werden lebendig, die Boulevards sind bevölkert, das Leben kehrt zurück.

Projektvorschläge:

1 Wählen Sie eine **Stadt** und ein **Ereignis** sowie eine **bedeutende Person,** die mit beidem in Verbindung zu bringen ist, und komponieren Sie über Ihre „Begegnung" mit diesen drei Dingen einen eigenen Reiseessay. Einige Beispiele:
- Eine Klassenfahrt nach Paris, ein Besuch im Invalidendom, ein Besuch an Heines Grab auf dem Cimetière Montmartre, eine Erinnerung an Napoleons, eine an Heines Grab – und eine Frage: Was haben wir heute damit zu tun?
- Sie kehren aus Anlass eines besonderen Ereignisses in Ihre Geburtsstadt zurück. Sie schreiben einen Beitrag über dieses Wiedersehen für eine Zeitung. Subjektive Erinnerungen mischen sich mit objektiven Beobachtungen.
- Sie unternehmen einen Rundgang „Auf den Spuren einer Autorin/eines Autors" durch eine Stadt (Was hat sie/er damals getan/gesehen – wie sieht es heute aus?), z. B. „Auf den Spuren Heines durch Düsseldorf, durch Berlin, durch Paris".
- Sie verfassen ein Reisebild von einer „Musikreise" zu einer musikalischen Großveranstaltung. Es interessiert Sie die dort herrschende Stimmung der Fans, der jugendlichen Besucherinnen und Besucher.

4.3 Poetischer oder bürgerlicher Realismus

Adolph Menzel: Das Eisenwalzwerk (Moderne Cyklopen, 1875)

Theodor Fontane: **Was verstehen wir unter Realismus?** (1853)

Vor allen Dingen verstehen wir nicht darunter das nackte Wiedergeben alltäglichen Lebens, am wenigsten seines Elends und seiner Schattenseiten. Traurig genug, dass es nötig ist, derlei sich von selbst verstehende Dinge noch erst versichern zu müssen. Aber es ist noch nicht allzu lange her, dass man (namentlich in der Malerei) Misere mit Realismus verwechselte [...]. Diese Richtung verhält sich zum echten Realismus wie das rohe Erz zum Metall: Die Läuterung fehlt. Wohl ist das Motto des Realismus der Goethe'sche Zuruf:

Greif nur hinein ins volle Menschenleben,
Wo du es packst, da ist's interessant,

aber freilich, die Hand, die diesen Griff tut, muss eine künstlerische sein. Das Leben ist doch immer nur der Marmorsteinbruch, der den Stoff zu unendlichen Bildwerken in sich trägt [...]. Er [der Realismus] ist die Widerspiegelung alles wirklichen Lebens, aller wahren Kräfte und Interessen im Elemente der Kunst [...]. Er umfängt das ganze reiche Leben, das Größte wie das Kleinste: den Kolumbus, der der Welt eine neue zum Geschenk machte, und das Wassertierchen, dessen Weltall der Tropfen ist; den höchsten Gedanken, die tiefste Empfindung zieht er in seinen Bereich, und die Grübeleien eines Goethe wie Lust und Leid eines Gretchen sind sein Stoff. Denn alles das ist wirklich. Der Realismus will nicht die bloße Sinnenwelt und nichts als diese; er will am allerwenigsten das bloß Handgreifliche, aber er will das Wahre.

1 a Seit der Antike stehen sich zwei Aspekte künstlerischer Tätigkeit gegenüber, einerseits die Mimesis, die Nachahmung der Wirklichkeit, und andererseits die Poiesis, das künstlerisch-schöpferische Gestalten. Arbeiten Sie heraus, wie Fontane das Verhältnis der beiden Aspekte im Realismus sieht, welche Schlüsselwörter er dafür verwendet und was für ihn das Ziel realistischer Kunst ist.

b Verfassen Sie auf der Basis von Fontanes Text für ein Schülerlexikon eine Definition des Begriffs „poetischer Realismus“.

2 Untersuchen Sie, ob und inwiefern Menzels Gemälde Fontanes Realismusverständnis entspricht. Beziehen Sie dabei den Untertitel „Moderne Cyklopen“ in Ihre Betrachtung mit ein.
Hinweis: In der griechischen Mythologie sind Zyklopen einäugige Riesen. Sie werden auch als Helfer des Schmiedgottes Hephaistos angesehen.

3 Recherchieren Sie Adolph Menzels Biografie und Künstlerkarriere und deuten Sie vor diesem Hintergrund seine beiden Gemälde „Das Eisenwalzwerk“ und „Abreise König Wilhelms I.“ (▸ S. 360 und 336).

Milieus und Figuren – Merkmale realistischen Erzählens

Wilhelm Raabe: **Der Hungerpastor** (1864) – Antrittsbesuch des Hauslehrers

Wilhelm Raabe (1831–1910) stammt aus dem Weserbergland. Nachdem er die Schule und eine Buchhandelslehre abgebrochen hatte, ging er nach Berlin, wo er Philosophie, Literatur und Geschichte studierte. Ab 1854 lebte Raabe als freier Schriftsteller.

Hans Unwirrsch, der Sohn eines Schuhmachers, besucht die kleinstädtische Armenschule, wie es für Kinder seines Standes üblich ist. Der Vater stirbt früh und die Mutter arbeitet als Wäscherin. Dank des kleinen väterlichen Erbes und der eisernen Sparsamkeit der Mutter gelingt es Hans, auf das Gymnasium überzuwechseln und später Theologie zu studieren. Nach dem Examen arbeitet er zunächst als Hauslehrer. Seine zweite Anstellung hofft er bei der Familie des Geheimen Rates Götz, eines hohen Regierungsbeamten, zu finden. Vermittelt hat Hans die neue Stelle der Bruder des Geheimen Rates, ein Offizier, der ihn nun zu der Villa der Familie Götz führt.

Sie hatten erst die lebensvolle, lärmvolle Geschäftsstadt hinter sich gelassen, hatten dann ein stilleres Viertel, vornehmeres Viertel, durchwandert und gelangten jetzt durch einen Teil des Parkes zu der letzten Häuserreihe eines noch vornehmeren Viertels, welche sich den Park entlangzog und von demselben durch Fahr- und Reitwege getrennt war. Durch kleine, aber selbst in dieser frühen Jahreszeit zierlich gehaltene Gärten gelangte man zu den Häusern dieser „Parkstraße“; und vor einem eleganten eisernen Gartentor stand jetzt der Leutnant und deutete grimmig auf das elegante Gebäude jenseits des runden Rasenfleckens und des leeren Fontänenbeckens.

Grimmig zog der Leutnant die Glocke des Gartentores, Sesam tat sich auf[1], um den Rasen und das Fontänenbecken schritten die beiden Herren. Drei Treppenstufen – eine reich geschnitzte Tür, die sich ebenfalls von selbst zu öffnen schien – eine dämmerige, vornehme Flur – bunte Glasscheiben – die Töne eines Fortepianos[2] – ein kreischender Papagei irgendwo in einem Zimmer – ein Bedienter in Grün und Gold, welchem Hans Unwirrsch in der Verwirrung auf den Fuß trat und welcher es verachtete, von den gestammelten Entschuldigungen Notiz zu nehmen.

1 **Sesam tat sich auf:** Anspielung auf die Zauberformel „Sesam, öffne dich“ aus dem Märchen „Ali Baba und die 40 Räuber“
2 **Fortepiano:** alte Bezeichnung für Klavier

Als erstes Familienmitglied begrüßt Kleophea, die erwachsene Tochter des Geheimen Rates, Unwirrsch und begleitet ihn zum Zimmer ihres Vaters.

Durch einen eleganten Salon führte Kleophea den Kandidaten in ein anderes Gemach voll Bücher- und Aktenschränke. Drei Verbeugungen machte Hans Unwirrsch gegen einen umfangreichen, mit grünem Tuch überzogenen Tisch, der auch mit Büchern und Akten bedeckt war. Ein Herr saß hinter dem Tisch und erhob sich bei dem Gruß aus seinem Sessel, wuchs lang, lang, immer länger – dünn, schwarz, schattenhaft – empor und stand zuletzt lang, dünn und schwarz, zugeknöpft bis an die weiße Halsbinde, hinter seinen Akten da, gleich einem Pfahl mit der Warnungstafel: An diesem Ort darf nicht gelacht werden.
Kleophea lachte aber dennoch.
„Der Herr Kandidat Unwirrsch, Papa", sagte sie; wieder verbeugte sich Hans, und der Herr Geheime Rat Götz räusperte sich, schien es sehr zu bedauern, aufgestanden zu sein, blieb jedoch, da er einmal stand, stehen und fuhr mit dem rechten Arm schnell nach dem Rücken, welches in jedem andern als dem Kandidaten die Vermutung erregt hätte, jetzt drücke er auf eine Feder oder drehe eine Schraube oder ziehe an einem Faden.

Das Gespräch verläuft recht einsilbig. Schließlich meldet der Diener Jean, dass die Gattin des Geheimen Rates, eine geborene von Lichtenhahn, heimgekehrt sei.

„Es ist mein Wunsch, dass Sie in diesem Hause bleiben. Sie gefallen mir, soweit sich Ihre Personalakte bis jetzt übersehen ließ, sehr gut, ich wünsche, dass Sie auch meiner Frau gefallen mögen. Tun Sie das Ihrige dazu, und nun kommen Sie."
Durch den schon erwähnten Salon führte der Geheime Rat jetzt den Kandidaten zu dem gegenüberliegenden Zimmer, an dessen Tür eine bemerkliche Veränderung über den Mann kam. Die Federn in seinem Innern schienen plötzlich ihre Spannkraft zu verlieren, das Räder- und Zugwerk versagte seinen Dienst, die ganze Gestalt schien kleiner zu werden; – der Herr Geheime Rat klopfte an die Tür seiner Gemahlin und schien Lust zu haben, vorher durch das Schlüsselloch zu sehen oder doch an demselben zu horchen. Einen Augenblick später stand Hans Unwirrsch vor der *Herrin* des Hauses.
Eine stattliche Dame in Schwarz mit Adlernase und Doppelkinn – ernst wie eine sternenlose Nacht, auf einem dunkelfarbigen Diwan, hinter einem dunkelfarbig behängten Tische! Feierlicher Eindruck des ganzen Gemaches! Jeder Stuhl und Sessel ein Altar der Würde. Ernst, keusch, feierlich und würdig Wände, Plafond[3] und Teppiche, Bilder und Vorhänge – alles in stattlicher Ordnung und Gesetztheit bis auf den siebenjährigen, kaffeegesichtigen, geschwollenen kleinen Schlingel, welcher beim Anblick des Präzeptors[4] ein entsetzliches, widerliches, wütendes Geheul erhob und mit einer Kinderpeitsche Angriffe auf die Beine des Kandidaten Unwirrsch machte!
„O Aimé, welch ein Betragen!", sagte die Dame in Schwarz. „Komm zu mir, mein Liebling, rege dich nicht so schrecklich auf. Kleophea, willst du nicht dem Kind das Peitschchen fortnehmen?"
Kleophea zuckte wiederum die Achseln:
„Ich danke, Mama. Aimé und ich –"
Die gnädige Frau, mit der Hand winkend, rief: „Schweige nur; ich weiß schon, was jetzt kommen wird. Sieh, mein Püppchen, was ich dir für deine Peitsche gebe!"
Einer Bonbontüte konnte das liebliche Kind nicht widerstehen, es gab sein Marterinstrument in die Hände der Mutter, die dadurch alles erhielt, was ihr noch zur letzten Vollendung ihrer imponierenden Erscheinung fehlte.
Mit der Peitsche in der Hand widmete sich jetzt die Geheime Rätin gänzlich dem neuen Hauslehrer. Sie unterwarf ihn einem strengen Examen und erbat sich die allergenaueste Auskunft über die „Führung" seines Lebens. Moral und Dogma[5] des jungen Mannes, welchem ein so

3 **Plafond:** Zimmerdecke
4 **Präzeptor:** Lehrer, Erzieher
5 **Dogma:** Glaubenslehre

kostbares Juwel anvertraut werden sollte, war ihr sehr wichtig, und nicht ganz ging's bei einigen Einzelheiten ohne Stirnrunzeln ab. Im Ganzen jedoch fiel das Examen zu Gunsten des Examinanden aus, und der Schluss war sogar sehr befriedigend.
„Ich freue mich, hoffen zu können, dass Ihr Wirken in diesem Hause ein gesegnetes sein werde", sagte die gnädige Frau. „Sie werden finden, Herr Kandidat, dass der Herr Sie unter ein christliches Dach geführt hat. Sie werden finden, dass der Same des Heils in dem Herzen dieses kleinen, sensitiven[6] Engels bereits ausgestreut ist. Unter meiner speziellen mütterlichen Aufsicht werden Sie zur Entfaltung aller schönen Blüten in diesem jungen Herzen nach Kräften beitragen, und der Herr wird Ihr Werk zum Segen gereichen lassen. Demütigen und einfältigen Herzens werden Sie unter uns wirken und sich nicht durch weltliches Lächeln und Spötteln" (hier traf ein Blick und ein imaginierter Peitschenhieb die schöne Kleophea) „beirren lassen. Aimé, mein süßes Blümchen, du darfst jetzt dem Herrn Kandidaten die Hand geben."
Das süße Blümchen musste die Aufforderung jedenfalls falsch verstanden haben. Statt dem Herrn Kandidaten die Hand zu geben, brach es von Neuem in jenes vorhin erwähnte, Mark und Bein durchdringende Geschrei aus; und als der Hauslehrer es wagte, sich ihm zu nähern, stieß es mit den Füßen nach den Schienbeinen desselben, sodass er schmerzlich bewegt zurückwich und nur aus der Ferne die Hoffnung aussprach, dass Aimé und er bald vertrauter miteinander werden würden.
„Ich hoffe es auch", sagte die gnädige Frau. „Ich hoffe, dass Sie alles aufbieten werden, sich die Liebe und Zuneigung meines Knaben zu erwerben. Durch ein kindlich einfältigliches und demütiges Wesen lässt sich leicht die Liebe eines Kindes erlangen. O welch einen Schatz lege ich in Ihre Hände, Herr Unwirrsch!"

6 sensitiv: empfindlich, feinnervig

Theodor Fontane: **Frau Jenny Treibel** (1893) – Die Kommerzienrätin besucht ihr Elternhaus

An einem der letzten Maitage, das Wetter war schon sommerlich, bog ein zurückgeschlagener Landauer[1] vom Spittelmarkt her in die Kur- und dann in die Adlerstraße ein und hielt gleich danach vor einem trotz seiner Front von nur fünf Fenstern ziemlich ansehnlichen, im Übrigen aber altmodischen Hause, dem ein neuer, gelbbrauner Ölfarbenanstrich wohl etwas mehr Sauberkeit, aber keine Spur von gesteigerter Schönheit gegeben hatte, beinahe das Gegenteil. Im Fond des Wagens saßen zwei Damen mit einem Bologneserhündchen, das sich der hell und warm scheinenden Sonne zu freuen schien. Die links sitzende Dame von etwa dreißig, augenscheinlich eine Erzieherin oder Gesellschafterin, öffnete, von ihrem Platz aus, zunächst den Wagenschlag, und war dann der anderen, mit Geschmack und Sorglichkeit gekleideten und trotz ihrer hohen fünfzig noch sehr gut aussehenden Dame beim Aussteigen behilflich. Gleich danach aber nahm die Gesellschafterin ihren Platz wieder ein, während die ältere Dame auf eine Vortreppe zuschritt und nach Passierung derselben in den Hausflur eintrat. Von diesem aus stieg sie, so schnell ihre Korpulenz es zuließ, eine Holzstiege mit abgelaufenen Stufen hinauf, unten von sehr wenig Licht, weiter oben aber von einer schweren Luft umgeben, die man füglich als eine Doppelluft bezeichnen konnte. Gerade der Stelle gegenüber, wo die Treppe mündete, befand sich eine Entréetür[2] mit Guckloch und neben diesem ein grünes, knittriges Blechschild, darauf „Professor Wilibald Schmidt" ziemlich undeutlich zu lesen war. Die ein wenig asthmatische Dame fühlte zunächst das Bedürfnis, sich auszuruhen, und musterte bei der Gelegenheit den ihr übrigens von langer Zeit her bekannten Vorflur, der vier gelb gestrichene Wände mit etlichen Haken und Riegeln und dazwischen einen höl-

1 Landauer: viersitzige Kutsche mit klappbarem Verdeck
2 Entrée: (franz.) Eingang

zernen Halbmond zum Bürsten und Ausklopfen der Röcke zeigte. Dazu wehte, der ganzen Atmosphäre auch hier den Charakter gebend, von einem nach hinten zu führenden Korridor her ein sonderbarer Küchengeruch heran, der, wenn nicht alles täuschte, nur auf Rührkartoffeln und Karbonade[3] gedeutet werden konnte, beides mit Seifenwrasen[4] untermischt. „Also kleine Wäsche“, sagte die von dem allen wieder ganz eigentümlich berührte stattliche Dame still vor sich hin, während sie zugleich weit zurückliegender Tage gedachte, wo sie selbst hier, in eben dieser Adlerstraße, gewohnt und in dem gerade gegenübergelegenen Materialwarenladen ihres Vaters mit im Geschäft geholfen und auf einem über zwei Kaffeesäcke gelegten Brett kleine und große Düten geklebt hatte, was ihr jedes Mal mit „zwei Pfennig fürs Hundert“ gutgetan worden war. „Eigentlich viel zu viel, Jenny“, pflegte dann der Alte zu sagen, „aber du sollst mit Geld umgehen lernen.“ Ach, waren das Zeiten gewesen! Mittags, Schlag zwölf, wenn man zu Tisch ging, saß sie zwischen dem Kommis[5] Herrn Mielke und dem Lehrling Louis, die beide, so verschieden sie sonst waren, dieselbe hochstehende Kammtolle und dieselben erfrorenen Hände hatten. Und Louis schielte bewundernd nach ihr hinüber, aber wurde jedes Mal verlegen, wenn er sich auf seinen Blicken ertappt sah. Denn er war zu niedrigen Standes, aus einem Obstkeller in der Spreegasse. Ja, das alles stand jetzt wieder vor ihrer Seele, während sie sich auf dem Flur umsah und endlich die Klingel neben der Tür zog. Der überall verbogene Draht raschelte denn auch, aber kein Anschlag ließ sich hören, und so fasste sie schließlich den Klingelgriff noch einmal und zog stärker. Jetzt klang auch ein Bimmelton von der Küche her bis auf den Flur herüber, und ein paar Augenblicke später ließ sich erkennen, dass eine hinter dem Guckloch befindliche kleine Holzklappe beiseitegeschoben wurde. Sehr wahrscheinlich war es des Professors Wirtschafterin, die jetzt, von ihrem Beobachtungsposten aus, nach Freund oder Feind aussah, und als diese Beobachtung ergeben hatte, dass es „gut Freund“ sei, wurde der Türriegel ziemlich geräuschvoll zurückgeschoben, und eine ramassierte[6] Frau von ausgangs vierzig, mit einem ansehnlichen Haubenbau auf ihrem vom Herdfeuer geröteten Gesicht, stand vor ihr.

„Ach, Frau Treibel ... Frau Kommerzienrätin ... Welche Ehre ...“

„Guten Tag, liebe Frau Schmolke. Was macht der Professor? Und was macht Fräulein Corinna? Ist das Fräulein zu Hause?“

„Ja, Frau Kommerzienrätin. Eben wieder nach Hause gekommen aus der Philharmonie. Wie wird sie sich freuen.“

Und dabei trat Frau Schmolke zur Seite, um den Weg nach dem einfenstrigen, zwischen den zwei Vorderstuben gelegenen und mit einem schmalen Leinwandläufer belegten Entrée freizugeben. Aber ehe die Kommerzienrätin noch eintreten konnte, kam ihr Fräulein Corinna schon entgegen und führte die „mütterliche Freundin“, wie sich die Rätin gern selber nannte, nach rechts hin, in das eine Vorderzimmer.

3 **Karbonade:** Rippenstück vom Schwein, Kotelett
4 **Wrasen:** Ausdünstung, Dunst
5 **Kommis:** Handelsgehilfe
6 **ramassiert:** untersetzt

1 a Formulieren Sie Ihre ersten Leseeindrücke: Wie wirken die Auszüge aus den Romanen Raabes und Fontanes (► S. 361–364) auf Sie? Wo sehen Sie Übereinstimmungen?

b Stellen Sie sich das Geschehen in Raabes Roman wie einen Film vor. Halten Sie die Handlung an Ihnen wichtig erscheinenden Stellen an und bauen Sie dazu in Gruppen **Standbilder** (► S. 174). Präsentieren Ihre Standbilder und vergleichen Sie Aussage und Wirkung.

2 a Fertigen Sie eine vergleichende Analyse der beiden Romanauszüge an. Gehen Sie dabei auf folgende Aspekte ein:
- Handlungsverlauf und inhaltlicher Aufbau der dargestellten Szene,
- Zeit, Ort, Atmosphäre, Milieu (Situationsentwurf),

- Aussehen, Verhalten, Eigenschaften der Figuren und die Bedeutung ihres gesellschaftlichen Standes in diesem Kontext,
- Erzählperspektive und Haltung des Erzählers zu den Figuren und Vorgängen.

b Prüfen Sie, ob und in welcher Weise die beiden Erzähltexte dem Konzept eines „poetischen Realismus" (▶ S.360) entsprechen. Sie können auch den Anfang von Fontanes „Effi Briest" mit einbeziehen" (▶ S.155–157).

3 Schreiben Sie einen der beiden Romanauszüge um, indem Sie den Erzähler eine andere **Erzählhaltung** (▶ S.160 f.) einnehmen lassen.

4 Wie wird die weitere Geschichte Hans Unwirrschs als Hauslehrer verlaufen? Skizzieren Sie schriftlich Ihre Vorstellungen dazu.

5 **Referat:** Besorgen Sie sich z.B. aus Romanführern oder Literaturlexika Inhaltsangaben der beiden Romane und arbeiten Sie heraus, welche Themen, Problemstellungen und Figurenkonstellationen die beiden Autoren in den Mittelpunkt rücken.

Eine bürgerliche Familienkatastrophe – Drama des Realismus

Friedrich Hebbel: **Maria Magdalene** (1844)

Klara, die Tochter des Tischlermeisters Anton, hat sich mit dem Schreiber Leonhard verlobt, obwohl sie ihn im Grunde ihres Herzens nicht liebt. Aus Eifersucht und um sich die scheinbar gute Partie zu sichern, hat Leonhard Klara dazu gedrängt, mit ihm zu schlafen. Als Karl, Klaras Bruder, eines Diebstahls verdächtigt wird, beginnt die Katastrophe über die Familie hereinzubrechen. Bei der Verhaftung Karls stirbt die Mutter an einem Herzanfall und Leonhard, der zuvor von Meister Anton erfahren hat, dass für Klara keine große Mitgift zu erwarten ist, nutzt die Gelegenheit, sich von ihr loszusagen, da er sich nicht mit der Schwester eines Verbrechers verbinden könne. Klara versucht ihren Vater zu beruhigen, der durch die Verhaftung seines Sohnes und den Tod seiner Frau außer sich geraten ist.

Goldenes A.B.C. für Jungfrauen. Bilderbogen (1850)

Auszug aus II/1

KLARA: Werd Er doch wieder ruhig!

MEISTER ANTON: Werd Er doch wieder gesund! Warum ist Er krank! Ja, Arzt, reich mir nur den Trunk der Genesung! dein Bruder ist der schlechteste Sohn, werde du die beste Tochter! [...] Werde du ein Weib, wie deine Mutter war, dann wird man sprechen: an den Eltern hats nicht gelegen, dass der Bube abseits ging, denn die Tochter wandelt den rechten Weg, und ist allen andern vorauf. *Mit schrecklicher Kälte.* Und ich will das Meinige dazu tun, ich will dir die Sache leichter machen, als den übrigen. In dem Augenblick, wo ich bemerke, dass man auch auf dich mit Fingern zeigt, werd ich – *mit einer*

Bewegung an den Hals mich rasieren, und dann, das schwör ich dir zu, rasier ich den ganzen Kerl weg, du kannst sagen, es sei aus Schreck geschehen, weil auf der Straße ein Pferd durchging, oder weil die Katze auf dem Boden einen Stuhl umwarf, oder weil mir eine Maus an den Beinen hinauflief. Wer mich kennt, wird freilich den Kopf dazu schütteln, denn ich bin nicht sonderlich schreckhaft, aber was tuts? Ich kanns in einer Welt nicht aushalten, wo die Leute mitleidig sein müssten, wenn sie nicht vor mir ausspucken sollen.

Auszug aus III/2 und III/4

[Klaras Verzweiflung über ihre Schwangerschaft und die Schande, die sie damit über ihren Vater bringen wird, wird dadurch kaum gemindert, dass der Verdacht gegen ihren Bruder sich als falsch erweist. Sie hofft jetzt jedoch, Leonhard zur Rücknahme seines Trennungsbriefes bewegen zu können. Als sie ihn aufsucht, verhält er sich abweisend und nimmt den Hinweis auf die Selbstmorddrohung des Meisters Anton nicht ernst.]

Klara: Er hats geschworen – heirate mich, nachher bring mich um, ich will dir für das eine noch dankbarer sein wie für das andere!

Leonhard: Liebst du mich? Kommst du, weil dich dein Herz treibt? Bin ich der Mensch, ohne den du nicht leben und sterben kannst?

Klara: Antworte dir selbst!

Leonhard: Kannst du schwören, dass du mich liebst? Dass du mich so liebst, wie ein Mädchen den Mann lieben muss, der sich auf ewig mit ihr verbinden soll?

Klara: Nein, das kann ich nicht schwören! Aber dies kann ich schwören: Ob ich dich liebe, ob ich dich nicht liebe, nie sollst dus erfahren! Ich will dir dienen, ich will für dich arbeiten, und zu essen sollst du mir nichts geben, ich will mich selbst ernähren, ich will bei Nachtzeit nähen und spinnen für andere Leute, ich will hungern, wenn ich nichts zu tun habe, ich will lieber in meinen eignen Arm hineinbeißen, als zu meinem Vater gehen, damit er nichts merkt. Wenn du mich schlägst, weil dein Hund nicht bei der Hand ist, oder weil du ihn abgeschafft hast, so will ich eher meine Zunge verschlucken, als ein Geschrei ausstoßen, das den Nachbarn verraten könnte, was vorfällt. Ich kann nicht versprechen, dass meine Haut die Striemen deiner Geißel[1] nicht zeigen soll, denn das hängt nicht von mir ab, aber ich will lügen, ich will sagen, dass ich mit dem Kopf gegen den Schrank gefahren[2], oder dass ich auf dem Estrich, weil er zu glatt war, ausgeglitten bin, ich wills tun, bevor noch einer fragen kann, woher die blauen Flecke rühren. Heirate mich – ich lebe nicht lange. Und wenns dir doch zu lange dauert, und du die Kosten der Scheidung nicht aufwenden magst, um von mir loszukommen, so kauf Gift aus der Apotheke, und stells hin, als obs für deine Ratten wäre, ich wills, ohne dass du auch nur zu winken brauchst, nehmen und im Sterben zu den Nachbaren sagen, ich hätts für zerstoßenen Zucker gehalten!

Leonhard: Ein Mensch, von dem du dies alles erwartest, überrascht dich doch nicht, wenn er nein sagt?

Klara: So schaue Gott mich nicht zu schrecklich an, wenn ich komme, ehe er mich gerufen hat! Wärs um mich allein – ich wollts ja tragen, ich wollts geduldig hinnehmen, als verdiente Strafe für, ich weiß nicht was, wenn die Welt mich in meinem Elend mit Füßen träte, statt mir beizustehen, ich wollte mein Kind, und wenns auch die Züge dieses Menschen trüge, lieben, ach, und ich wollte vor der armen Unschuld so viel weinen, dass es, wenns älter und klüger würde, seine Mutter gewiss nicht verachten, noch ihr fluchen sollte. Aber ich bins nicht allein, und leichter find ich am Jüngsten Tag noch eine Antwort auf des Richters Frage: Warum hast du dich selbst umgebracht?, als auf die: Warum hast du deinen Vater so weit getrieben?

Leonhard: Du sprichst, ab ob du die Erste und Letzte wärst! Tausende haben das vor dir durchgemacht und sie ergaben sich darein, Tausende werden nach dir in den Fall kommen und sich

1 **Geißel:** Peitsche
2 **gegen den Schrank gefahren:** gestoßen

in ihr Schicksal finden: Sind die alle Nickel[3], dass du dich für dich allein in die Ecke stellen willst? Die hatten auch Väter, die ein Schock[4] neue Flüche erfanden, als sies zuerst hörten, und von Mord und Totschlag sprachen; nachher schämten sie sich, und taten Buße für ihre Schwüre und Gotteslästerungen, sie setzten sich hin und wiegten das Kind, oder wedelten ihm die Fliegen ab!

KLARA: O, ich glaube gern, dass du nicht begreifst, wie irgendeiner in der Welt seinen Schwur halten sollte!

[...]

LEONHARD: Ja, siehst du, Klara, du sprachst von Worthalten. Eben weil ich ein Mann von Wort bin, muss ich dir antworten, wie ich geantwortet habe. Dir schrieb ich vor acht Tagen ab, du kannst es nicht leugnen, der Brief liegt da. *Er reicht ihr den Brief, sie nimmt ihn mechanisch.* Ich hatte Grund, dein Bruder – Du sagst, er ist freigesprochen, es freut mich! In diesen acht Tagen knüpfte ich ein neues Verhältnis an; ich hatte das Recht dazu, denn du hast nicht zur rechten Zeit gegen meinen Brief protestiert, ich war frei in meinem Gefühl, wie vor dem Gesetz. Jetzt kommst du, aber ich habe schon ein Wort gegeben und eins empfangen, ja – *für sich* ich wollt, es wär so – die andere ist schon mit dir in gleichem Fall, du dauerst mich, *er streicht ihr die Locken zurück, sie lässt es geschehen, als ob sie es gar nicht bemerkte* aber du wirst einsehen – mit dem Bürgermeister ist nicht zu spaßen![5]

3 **Nickel:** Münze von geringem Wert
4 **Schock:** ein altes Zählmaß: 60 Stück
5 Leonhard ist derweil ein Verhältnis mit der Tochter des Bürgermeisters eingegangen.

---

1 Analysieren Sie den Gesprächsverlauf und das Gesprächsverhalten der Figuren in den beiden Szenenausschnitten.

2 **a** Beschreiben Sie Klaras äußere und innere Situation und die Gründe, die dazu geführt haben. Welche Verhaltensnormen, Wertvorstellungen und gesellschaftlichen Konventionen spielen dabei eine Rolle?

b Kommentieren Sie das Verhältnis von individueller Schuld der beteiligten Figuren und gesellschaftlichen Zwängen.

3 Wählen Sie sich in Kleingruppen einen Szenenmoment aus und bauen Sie dazu ein Standbild (▸ S. 174).

4 Entwerfen Sie den weiteren Verlauf und das Ende des Dramas. Begründen Sie Ihren Entwurf.

5 Hebbel nannte das Drama im Untertitel „ein bürgerliches Trauerspiel". Vergleichen Sie den Auszug aus seinem Stück mit den bürgerlichen Trauerspielen der Aufklärung und der Sturm-und-Drang-Zeit (▸ S. 280) im Hinblick auf die Figuren, die Konfliktgestaltung und die Sprache.

6 Lesen Sie den Abschnitt „Literatur" in der Information über den poetischen oder bürgerlichen Realismus (▸ S. 368 f.). Diskutieren Sie, inwieweit die Definitionen auf Hebbels „Maria Magdalene" zutreffen.

Information **Epochenüberblick – Poetischer oder bürgerlicher Realismus (ca. 1850–1890)**

Allgemeingeschichtlicher Hintergrund: Die Spaltung des Bürgertums in einen konservativen und einen radikaldemokratischen Flügel hatte mit dazu beigetragen, dass die bürgerliche Revolution von 1848/49 ihr Ziel eines einheitlichen und demokratisch verfassten Nationalstaates nicht erreichen konnte. Nun wurde die Initiative zur Bildung eines Nationalstaates von der Regierung Preußens, des mächtigsten deutschen Einzelstaates, ergriffen. Mit den klassischen Mitteln der Machtpolitik – geschickte Diplomatie und Kriege – setzte der preußische Ministerpräsident Otto von Bismarck die **Proklamation des Deutschen Reiches** mit dem preußischen

König Wilhelm I. als Kaiser durch (1871). Weite Teile des Bürgertums söhnten sich rasch mit dieser Politik aus. Sie akzeptierten den Mangel an demokratischen Freiheiten und huldigten dem neuen, erfolgreichen Ideal der so genannten „Realpolitik". Vor allem die **wirtschaftliche Expansion** mit dem Aufschwung von Industrie, Technik und Handel in dem neu entstandenen Großraum des Reiches trug dazu bei.
An der Spitze der Gesellschaft stand im Kaiserreich weiterhin der **Adel,** der die führenden Positionen bei Hof, in der Diplomatie, in der Verwaltung und beim Militär einnahm. Daneben entwickelte sich mit der Industrialisierung eine neue Oberschicht, die sich in ihrem Lebensstil stark am Adel orientierte: das wirtschaftlich erfolgreiche Großbürgertum, die **Bourgeoisie,** zu der Unternehmer, Bankiers und Geschäftsleute gehörten. Auch das **Bildungsbürgertum,** also höhere Beamte und Universitätsprofessoren, Ärzte, Rechtsanwälte, Architekten und Ingenieure, zählte sich zu den besseren Kreisen. Es verstand sich als Wahrer der kulturellen Tradition und prägte die Mentalität der Gesellschaft, verlor aber seine Bedeutung als treibende Kraft der gesellschaftlichen Entwicklung. Immer größer und wichtiger wurde dagegen die **Industriearbeiterschaft** im unteren Bereich der Gesellschaftshierarchie. Ihrem Kampf für bessere Arbeits- und Lebensbedingungen sowie für Teilnahme am gesellschaftlichen und politischen Leben begegnete die Regierung unter Bismarck einerseits mit Unterdrückungsmaßnahmen (1878 „Gesetz gegen die gemein-gefährlichen Bestrebungen der Sozialdemokratie"), andererseits mit den Anfängen einer Sozialgesetzgebung (Krankenversicherung 1883, Unfallversicherung 1884, Alters- und Invalidenversicherung 1889).

Weltbild und Lebensauffassung: Der Siegeszug von Naturwissenschaften, Technik und industrieller Produktion, die Nationalstaatsgründung und der ökonomische Aufschwung führten zu **Fortschrittsoptimismus,** aber auch zu Erfahrungen des Verlusts traditioneller Werte und Orientierungen. Die **Religionskritik** Ludwig Feuerbachs definiert Gott als bloße Projektion des menschlichen Vollkommenheitsstrebens, Friedrich Nietzsche schockiert mit dem Schlagwort: „Gott ist tot". Karl Marx erklärt in seinem **philosophischen Materialismus** den gesamten Bereich der Kultur zum bloßen „Überbau", der von der Basis der Produktionsverhältnisse in einer Gesellschaft abhängig ist, vollzieht also einen radikalen Bruch mit dem Idealismus der Klassik. In der **Evolutionstheorie** Charles Darwins verliert die Spezies Mensch, bisher als Krone der Schöpfung betrachtet, ihre biologische Sonderstellung. Die traditionellen bürgerlichen Humanitäts- und Bildungsideale begannen sich aufzulösen, **Pessimismus und Skeptizismus** als geistige Haltungen widersprachen dem weiterhin propagierten Fortschrittsoptimismus.

Literatur: Der Begriff **„Realismus"** bezeichnet einen großen Teil der europäischen Kunst und Literatur des 19. Jahrhunderts. Der Realismus macht die gesellschaftlichen Verhältnisse, in denen der Mensch lebt, zum zentralen Gegenstand seiner Darstellung. Nicht die einfache Wiedergabe und Nachahmung der Wirklichkeit, sondern die Produktion von glaubwürdigen und in sich stimmigen Fiktionen ist das Ziel der Autoren des Realismus.
In England, Frankreich und Russland wandten sich die realistischen Schriftsteller wie **Gustave Flaubert**, **Honoré de Balzac**, **Charles Dickens**, **Fjodor M. Dostojewski** oder **Leo Tolstoi** umfassender und genauer der gesellschaftlichen Wirklichkeit in all ihren Facetten zu. Der Arbeitsweise eines analysierenden Wissenschaftlers vergleichbar, zeichneten sie in ihren Werken ein scharfes Bild vom Menschen, von seiner Umwelt und seinem sozialen Milieu. Der bürgerliche Realismus in Deutschland wich davon tendenziell ab und wird deshalb auch als **poetischer Realismus** bezeichnet.

Der **poetisch-verklärenden Bearbeitung der Wirklichkeit** kommt eine besondere Bedeutung zu (vgl. Fontanes „Was verstehen wir unter Realismus?“; ▸ S. 360). Die Haltung des Erzählers zu seinen Figuren und ihrer Welt ist weniger distanziert-kritisch als in den anderen europäischen Ländern, zuweilen nicht frei von einer gewissen Sentimentalität, häufig von versöhnlichem **Humor** begleitet und damit letztlich resignativ. Charakteristisch für die Stoff- und Themenauswahl der deutschen Realisten ist die Tendenz zum **Regionalismus,** also der Hinwendung zur engeren, oft ländlich-dörflichen Heimat, oder zum **Historismus,** dem Ausweichen in die Vergangenheit. Deswegen wird in Literaturgeschichten **Theodor Storm**, der lange in Husum an der Nordsee lebte, als Dichter der norddeutschen Küsten, **Theodor Fontane**, der Berliner, als Brandenburgs beliebtester Autor, **Gottfried Keller** als Züricher und Schweizer Schriftsteller vorgestellt. Der Historismus findet sich vor allem in den historischen Novellen **Conrad Ferdinand Meyers**.

Weitere wichtige Autoren und Werke

Gustav Freytag (1816–1895): „Soll und Haben“, „Die Ahnen“ (Roman)
Theodor Storm (1817–1888): „Der Schimmelreiter“ (Novelle); Gedichte
Gottfried Keller (1819–1890): „Der grüne Heinrich“ (Roman); „Die Leute von Seldwyla“ (Novellen)
Conrad Ferdinand Meyer (1825–1898): „Das Amulett“ (Novelle); „Jürg Jenatsch“ (Roman)
Friedrich Spielhagen (1829–1911): „Problematische Naturen“ (Roman)
Wilhelm Busch (1832–1908): „Max und Moritz“, „Die fromme Helene“ (Bildergeschichten)

Weitere wichtige ausländische Autoren und Werke

Stendhal (d. i. Henri Beyle, Franzose, 1783–1843): „Rot und Schwarz“ (Roman)
Honoré de Balzac (Franzose, 1799–1850): „Eugenie Grandet“, „Das Chagrinleder“ (Romane)
Charles Dickens (Engländer, 1812–1870): „Oliver Twist“, „David Copperfield“ (Romane)
Fjodor Dostojewski (Russe, 1821–1881): „Schuld und Sühne“, „Der Idiot“ (Romane)
Lew Tolstoi (Russe, 1828–1920): „Anna Karenina“, „Krieg und Frieden“ (Romane)

---

1 Veranstalten Sie ein **Gruppenpuzzle** zur zweiten Hälfte des 19. Jahrhunderts:
a Setzen Sie sich zu Fachgruppen zusammen, z. B. für Geschichte, Sozialkunde, Naturwissenschaften, Religion/Philosophie, Kunst. Erarbeiten Sie sich in diesen Gruppen Zeitbilder zur zweiten Hälfte des 19. Jahrhunderts, z. B. die deutsche Reichsgründung und die Innenpolitik Bismarcks (Geschichte), die Marx'sche Gesellschaftstheorie (Sozialkunde), Darwins Evolutionstheorie oder wichtige technische Erfindungen (Naturwissenschaften), Feuerbachs und Marx' Religionskritik oder die Philosophie Friedrich Nietzsches (Religion/Philosophie), der Realismus bei Adolph Menzel oder Gustave Courbet (Kunst).
b Mischen Sie die Gruppen, sodass nun jeweils mindestens ein Experte aus jeder Fachgruppe in der neuen Gruppe sitzt. Referieren Sie Ihre Expertenergebnisse, tauschen Sie sich über Ihre Beobachtungen und Eindrücke aus und versuchen Sie der Zeit ein Profil zu geben (Fazit).

2 Stellen Sie eine deutsche Novelle aus der Epoche des poetischen Realismus vor, die Sie im Deutschunterricht der Sekundarstufe I kennen gelernt haben, und arbeiten Sie dabei epochentypische Merkmale heraus.
Beispiele:
- **Theodor Storm:** „Der Schimmelreiter“
- **Gottfried Keller:** „Kleider machen Leute“ oder „Romeo und Julia auf dem Dorfe“
- **Theodor Fontane:** „Unterm Birnbaum“

Literaturstation: Roman des bürgerlichen Realismus – Theodor Fontanes „Effi Briest“

Fontanes Roman „Effi Briest“ geht auf eine wahre Begebenheit zurück und gehört zu den großen europäischen Gesellschaftsromanen des Realismus im 19. Jahrhundert.
Wie verarbeitet Fontane die Begebenheit, die in der Berliner Gesellschaft seiner Zeit einen Skandal auslöste? Welche Form der Gesellschaftskritik ist dabei zu erkennen? In welchem Verhältnis stehen erzählerische Fiktion und gesellschaftliche Realität? Wie unterscheidet sich das Realismuskonzept Fontanes von dem, das ein anderer sehr erfolgreicher Autor seiner Zeit vertritt: Gustave Flaubert in seinem großen Gesellschaftsroman „Madame Bovary“?
Im ersten Teilkapitel erhalten Sie einen Überblick über Stoff und Roman Fontanes und gewinnen so eine konkrete Vorstellung seines Realismuskonzeptes und seiner Form der Gesellschaftskritik.
Im zweiten Teilkapitel nähern Sie sich den Protagonistinnen Effi Briest und Emma Bovary und können aus der vergleichenden Gegenüberstellung von drei Schlüsselstellen aus Fontanes und aus Flauberts Roman Übereinstimmungen und Unterschiede in Intention und Schreibweise herausarbeiten.
Im dritten Teilkapitel können Sie sich in Formen produktionsorientierten Schreibens mit den Romanfiguren, ihrem Schicksal und ihrem Schuldempfinden auseinandersetzen.

I Else und Effi: Ehebruch im 19. Jahrhundert – Realität und Fiktion

Die Ardenne-Affäre als Stoff für Fontanes Roman

Theodor Fontane (1819–1898) holte sich den Stoff für seine literarischen Werke immer wieder aus der Wirklichkeit, wobei er seinem realistischen Schreibkonzept (► S. 360) folgte. In der Berliner Gesellschaft hatte 1886 eine Ehebruchs- und Duellaffäre für Aufsehen gesorgt. Auch Fontane hatte davon gehört und ließ sich die ganze Begebenheit von einer Bekannten berichten, in deren Haus die Betroffenen verkehrt hatten. Armand von Ardenne, Offizier und Mitglied des Kriegsministeriums in Berlin, hatte den Juristen Emil Hartwich in einem Duell tödlich verwundet. Er hatte Briefe Hartwichs an seine Frau Else entdeckt, aus denen hervorging, dass die beiden ein Verhältnis hatten. Die Ehe der Ardennes wurde auf Armands Antrag geschieden, die Kinder wurden dem Vater zugesprochen.
Etwa zehn Jahre später ließ sich nun Fontane durch die so genannte Ardenne-Affäre zu seinem Roman „Effi Briest“ anregen.

Manfred Franke: Leben und Roman der Elisabeth von Ardenne. Fontanes „Effi Briest" (1994) – Sachbuchauszug

Manfred Frankes Biografie der Else von Ardenne, geborene von Plotho, stützt sich auf verschiedene Unterlagen und Aufzeichnungen z. B. aus dem Archiv der Familie von Ardenne.
Zu Beginn der Biografie geht der Autor Franke auf die Kindertage seiner Protagonistin auf dem elterlichen Schloss Zerben ein, ihrem Geburtsort bei Parey an der Elbe.

Am 24. November 1853 wurde die Jüngste von Plotho, Tochter des Rittergutsbesitzers und Kgl. preuß. Deichhauptmanns Carl Albert Heinrich Felix Otto Waldemar Freiherr von Plotho und seiner Frau Maria Franziska Mathilde, geb. von Welling, auf den Namen Elisabeth getauft[1]. Ein Onkel Elisabeths erklärte den Namen für viel zu lang. Welcher Teufel diesen Mann geritten hat, welcher Laune er nachgab, eine viersilbige Elisabeth auf die zweisilbige Else zu verkürzen und sich damit durchzusetzen – der Nichte ist nur in Erinnerung geblieben, dass sie „zu ihrem Leidwesen [ihr] ganzes Leben so gerufen wurde"[2].

Von Else wird kein Aufhebens gemacht. Sie ist ein Kind, zu dem man freundlich ist. Was sie zu Hause nicht lernte, dem Bruder, den Schwestern nicht abgucken konnte, brachte ihr der Gärtner bei: „auf seinen Knien sitzend, habe ich das Pfeifen gelernt."[2] Das ließ sich gut gebrauchen, wenn sie „mit den von mir bevorzugten 5 Buben herum[tobte], die auf einen Pfiff von mir eilfertig erschienen. Im Dorf hieß ich nun unser Elseken"[2], ein temperamentvolles, in Freiheit dressiertes Kind, beileibe keine Stubenhockerin. Zeitlebens fühlte sie sich in der Natur am wohlsten, zumal wenn sie, kaum ein paar Jahre älter geworden, reiten konnte.

Schloss Zerben

Elsekens Zerbener Spiele endeten, als ihre Buben „ein Jahr vor [ihr] konfirmirt [wurden. Sie] mussten dann gleich die Kühe ... hüten, wobei ich ihnen gerne half, bis der brave Schultheiß es dem Lehrer petzte, der unserem noch vortrefflicheren Inspektor, der es der ollen Baronschen, meiner guten Mutter [sagte], die mir beibringen musste, dass diese Rendezvous für ein so großes Mädchen nicht mehr statthaft waren. Weshalb nicht, konnte sie mir, u[nd] ich mir noch weniger sagen."[2] Die Mutter wird gewusst haben, warum sie die Zügel anzog. Ein Mädchen, kein kleines Kind mehr und eine Edle und Freiin noch dazu, mit den Hütejungen hinter Büschen und Sträuchern allein lassen ...? Viktorianisch wird die Zeit genannt, in der man das unterband, ohne dazu plausible Erklärungen abzugeben.

1 Geburts- und Taufbescheinigung. Auszug aus dem Kirchenbuche der evangelischen Gemeinde Zerben.
2 Else Baronin von Ardenne ... erzählt aus ihrem Leben; handschriftliche Aufzeichnungen in 2 Teilen, 1931 u. 1934; Bl. 1; 12; 1; 1

1 Lesen Sie die Eingangsszene des Romans „Effi Briest" (► S. 155–157) vor dem Hintergrund der quellengestützten Darstellung Frankes. Vergleichen Sie:
- Welche Aspekte (Handlungsort, Charakterzüge usw.) finden sich in beiden Darstellungen?
- Was ist bei Fontane anders?

2 Recherchieren Sie, was unter der „viktorianischen Zeit" verstanden wird.

Überblick „Ardenne-Affäre" – „Effi Briest"

„Ardenne-Affäre"

- Else heiratet nach langer Werbungszeit und zweijähriger Verlobung mit 19 Jahren den fünf Jahre älteren Ardenne, den sie zunächst entschieden abgelehnt, dann aber auf Drängen der Mutter akzeptiert hatte.
- Nach über 10 Jahren Ehe begeht Else Ehebruch aus Liebe und macht Pläne, ihren Mann zu verlassen, um den Geliebten zu heiraten.
- Während der Affäre verschafft sich der argwöhnische Ehemann mit einem Nachschlüssel die belastenden Briefe aus einer Kassette; Duellforderung und Scheidung folgen.
- Nach einem kurzen Aufenthalt im Hause ihrer Schwester lässt sich Else zur Krankenschwester ausbilden und beginnt ein neues, selbstständiges Leben. Sie stirbt 1952, 99 Jahre alt.
- Ardenne geht ein Jahr nach der Scheidung eine zweite Ehe ein und macht als Offizier weiter Karriere.

„Effi Briest"

- Effi heiratet mit 17 Jahren den 22 Jahre älteren Innstetten, kurze Zeit nachdem er bei ihren Eltern um ihre Hand angehalten hat; sie kennt Innstetten nur als ehemaligen Bewerber um die Hand ihrer Mutter.
- Nach anderthalb Ehejahren begeht Effi aus Enttäuschung und Langeweile Ehebruch mit dem Major Crampas, einem Mann, den sie nicht liebt und zu dem sie die Beziehung löst.
- Sechs Jahre nach dem Ende der Affäre entdeckt der betrogene Ehemann zufällig die verräterischen Briefe, fordert den Major Crampas zum Duell und lässt sich von Effi scheiden.
- Effi lebt von allen verstoßen zunächst allein in Berlin, nach einer Erkrankung nehmen die Eltern sie bei sich auf; sie zerbricht an ihrem Schicksal und stirbt als 30-Jährige.
- Innstetten, dem die gemeinsame Tochter Annie zugesprochen wird, empfindet sein Leben als gescheitert und führt ein freudloses Dasein.

---

1 Versuchen Sie, aus dieser Gegenüberstellung Prinzipien abzuleiten, denen Fontane bei seinen Änderungen gegenüber der Realität gefolgt sein könnte. Erläutern Sie diese Änderungen vor dem Hintergrund seines Realismuskonzepts (▶ S. 360).

2 Ende des letzten Jahrhunderts erschienen zwei Lebensbeschreibungen der Elisabeth von Ardenne, die beide in ihrem Titel behaupten, sie sei Fontanes Effi Briest:
- Horst Budjuhn: „Fontane nannte sie ‚Effi Briest'. Das Leben der Elisabeth von Ardenne", Berlin 1985
- Manfred Franke: „Leben und Roman der Elisabeth von Ardenne. Fontanes ‚Effi Briest'", Düsseldorf 1994

Diskutieren Sie, ob Sie diese Gleichsetzung für angemessen halten.

3 **Weiterführende Aufgabe:** Vergleichen Sie Aufbau und Darbietungsform der Bücher von Budjuhn und Franke sowie ihren Bezug zu Fontanes Roman „Effi Briest". Stellen Sie Ihrem Kurs Ihre Ergebnisse vor.

Die Schuldfrage im Roman und das gesellschaftliche Bewusstsein

Eine zentrale Fragestellung des Romans ist die nach der persönlichen und gesellschaftlichen Bewertung des Ehebruchs, an deren Folgen Fontanes Effi zerbricht.

Friedrich Carl von Savigny: **Zur Strafbarkeit des Ehebruchs beider Geschlechter** (1848)

In den Beratungen des Vereinigten ständischen Ausschusses im vorrevolutionären Berlin wurde unter Leitung des „Ministers für Revision der Gesetzgebung" Friedrich Carl von Savigny, der als einer der bedeutendsten deutschen Juristen des 19. Jahrhunderts gilt, auch das Ehe- und Familienrecht überprüft.

Minister von Savigny: Wenn jetzt in Frage steht, ob beide Geschlechter [bei Ehebruch] gleich zu strafen sind, oder eine Verschiedenheit der Strafe angenommen werden soll, wie ich glaube, so erlaube ich mir, darauf Folgendes zu sagen: Der Entwurf ist von der Ansicht ausgegangen, dass der Ehebruch der Frau eine schwerere Strafe verdiene als der Ehebruch des Mannes. Die Gründe, welche diesem Teile des Entwurfs zum Grunde liegen, sind folgende: 1) die Überzeugung, dass durch den Ehebruch die Frau tiefer sinkt als der Mann, weil sie vorzugsweise vor dem Manne ihren Lebensberuf in der Familie hat, während der Mann in vielen anderen Beziehungen der Welt angehört. Dazu kommt 2) ein diese Überzeugung bestätigendes allgemeines Gefühl, das Gefühl nämlich, welches dahin geht, dass der Mann in seiner Stellung, in seiner Ehre ungleich tiefer verletzt sei durch den Ehebruch der Frau als umgekehrt. Das ist ein Gefühl, welches allgemein anerkannt ist. Es ist die allgemeine Ansicht, dass der Mann, welcher wissentlich einen fortgesetzten Ehebruch der Frau duldet, gering geschätzt wird, während die den Ehebruch des Mannes still duldende Frau häufig Anspruch auf besondere Achtung und auf Mitgefühl haben wird. So entscheidet das allgemeine Gefühl zwischen beiden Handlungen. Es erkennt an, dass die Verletzung des Mannes und der Ehe durch den Ehebruch der Frau viel höher steht.

[...]

Ich bitte um die Erlaubnis, noch einen Grund anführen zu dürfen, das ist nämlich der: die große Unsicherheit der Paternität[1], welche durch den Treubruch der Frau entsteht, während diese durch den Treubruch des Ehemannes nicht hervorgerufen wird und diese Unsicherheit ist es, welche das Wesen der Ehe und das natürliche Verhältnis zu den Kindern in hohem Grade gefährdet.

1 **Paternität:** Vaterschaft

1 **a** Untersuchen Sie die **Argumentationsstruktur** (► S. 601; 608) des Textes.
b Welche Konsequenzen kann die in Savignys Argumentation dokumentierte Denkweise für Effis Schicksal haben? Stellen Sie Vermutungen an.
c Setzen Sie sich aus heutiger Sicht argumentativ mit Savignys Äußerungen auseinander.

An drei Stellen des Romans geht der Erzähler auf Effis Auseinandersetzung mit der Schuldfrage ein.

Theodor Fontane: **Effi Briest** (1895) – Effis Auseinandersetzung mit der Schuldfrage

Aus dem 32. Kapitel

Drei Jahre nach der Scheidung ist in Effi der Wunsch, ihre Tochter Annie wiederzusehen, zu einem alles beherrschenden Verlangen geworden.

[...] das Verlangen nach einer Begegnung mit Annie steigerte sich bis zum Krankhaften. An Innstetten schreiben und ihn darum bitten, das war nicht möglich. Ihrer Schuld war sie sich wohl bewusst, ja, sie nährte das Gefühl davon mit einer halb leidenschaftlichen Geflissentlichkeit; aber inmitten ihres Schuldbewusstseins fühlte sie sich andererseits auch von einer gewissen Auflehnung gegen Innstetten erfüllt. Sie sagte sich: Er hatte Recht und noch einmal und noch einmal, und zuletzt hatte er doch Unrecht. Alles Geschehene lag so weit zurück, ein neues Leben hatte begonnen, – er hätte es können verbluten lassen, stattdessen verblutete der arme Crampas.

Aus dem 33. Kapitel

Durch die Vermittlung einer Bekannten, der Frau eines Ministers, ist der ersehnte Besuch zustande gekommen. Effi muss erkennen, dass Innstetten die kleine Annie gegen ihre Mutter erzogen hat: Auf alle Fragen und Angebote Effis, sie jetzt öfter zu besuchen, hat Annie mit der stereotypen Höflichkeitsfloskel „O gewiss, wenn ich darf" reagiert. Enttäuscht hat Effi die Tochter nach Hause geschickt.

Sie [Effi] legte Bibel und Gesangbuch auf den Tischrand, gerade da, wo Annie gestanden hatte, und mit einem heftigen Ruck warf sie sich davor nieder und sprach halblaut vor sich hin: „O du Gott im Himmel, vergib mir, was ich getan; ich war ein Kind ... Aber nein, nein, ich war kein Kind, ich war alt genug, um zu wissen, was ich tat. Ich *hab'* es auch gewusst, und ich will meine Schuld nicht kleiner machen, ... aber *das* ist zu viel. Denn das hier, mit dem Kind, das bist nicht *du*, Gott, der mich strafen will, das ist *er*, bloß er! Ich habe geglaubt, dass er ein edles Herz habe und habe mich immer klein neben ihm gefühlt; aber jetzt weiß ich, dass *er* es ist, *er* ist klein. Und weil er klein ist, ist er grausam. Alles, was klein ist, ist grausam. Das hat *er* dem Kinde beigebracht, ein Schulmeister war er immer, Crampas hat ihn so genannt, spöttisch damals, aber er hat Recht gehabt. ‚O gewiss, wenn ich darf.' Du *brauchst* nicht zu dürfen; ich will euch nicht mehr, ich hass euch, auch mein eigen Kind. Was zu viel ist, ist zu viel. Ein Streber war er, weiter nichts. – Ehre, Ehre, Ehre ... und dann hat er den armen Kerl totgeschossen, den ich nicht einmal liebte und den ich vergessen hatte, weil ich ihn nicht liebte. Dummheit war alles und nun Blut und Mord. Und ich schuld. Und nun schickt er mir das Kind, weil er einer Ministerin nichts abschlagen kann, und ehe er das Kind schickt, richtet er's ab wie einen Papagei und bringt ihm die Phrase bei ‚wenn ich darf'. Mich ekelt, was ich getan; aber was mich noch mehr ekelt, das ist eure Tugend. Weg mit euch. Ich muss leben, aber ewig wird es ja wohl nicht dauern."

Als Roswitha[1] wiederkam, lag Effi am Boden, das Gesicht abgewandt, wie leblos.

1 **Roswitha:** Effis Haushälterin

Aus dem 36. Kapitel

Effi ist in ihr Elternhaus zurückgekehrt. Auf dem Sterbebett führt sie ein letztes Gespräch mit ihrer Mutter.

„Nein, nein; etwas von der Seele heruntersprechen, das regt mich nicht auf, das macht still. Und da wollt' ich dir denn sagen: Ich sterbe mit Gott und Menschen versöhnt, auch versöhnt mit *ihm*."

„Warst du denn in deiner Seele in so großer Bitterkeit mit ihm? Eigentlich, verzeihe mir, meine liebe Effi, dass ich das jetzt noch sage, eigentlich hast du doch euer Leid heraufbeschworen."

Effi nickte. „Ja, Mama. Und traurig, dass es so ist. Aber als dann all das Schreckliche kam, und zuletzt das mit Annie, du weißt schon, da hab' ich doch, wenn ich das lächerliche Wort gebrauchen darf, den Spieß umgekehrt und habe mich ganz ernsthaft in den Gedanken hineingelebt, er sei schuld, weil er nüchtern und berechnend gewesen sei und zuletzt auch noch grausam. Und da sind Verwünschungen gegen ihn über meine Lippen gekommen."

„Und das bedrückt dich jetzt?"

„Ja. Und es liegt mir daran, dass er erfährt, wie mir hier in meinen Krankheitstagen, die doch fast meine schönsten gewesen sind, wie mir hier klar geworden, dass er in allem recht gehandelt. In der Geschichte mit dem armen Crampas – ja, was sollt' er am Ende anders tun? Und dann, womit er mich am tiefsten verletzte, dass er mein eigen Kind in einer Art Abwehr gegen mich erzogen hat, so hart es mir ankommt und so weh es mir tut, er hat auch darin Recht gehabt. Lass ihn das wissen, dass ich in dieser Überzeugung gestorben bin. Es wird ihn trösten, aufrichten, vielleicht versöhnen. Denn er hatte viel Gutes in seiner Natur und war so edel, wie jemand sein kann, der ohne rechte Liebe ist."

Frau von Briest sah, dass Effi erschöpft war und zu schlafen schien oder schlafen wollte. Sie erhob sich leise von ihrem Platz und ging. Indessen, kaum dass sie fort war, erhob sich auch Effi und setzte sich an das offene Fenster, um noch einmal die kühle Nachtluft einzusaugen. Die Sterne flimmerten, und im Parke regte sich kein Blatt. Aber je länger sie hinaushorchte, je deutlicher hörte sie wieder, dass es wie ein feines Rieseln auf die Platanen niederfiel. Ein Gefühl der Befreiung überkam sie. „Ruhe, Ruhe."

1 **a** Machen Sie sich zu jeder Textpassage Notizen dazu, wie der Erzähler Effis Auseinandersetzung mit ihrem Schuldbewusstsein darstellt.

b Verarbeiten Sie Ihre Notizen zu einer zusammenhängenden Darstellung der Entwicklung von Effis Schuldbewusstsein. Gehen Sie dabei abschließend auch auf folgende Fragen ein:
- In welchem Verhältnis steht Effis Umgang mit der Schuldfrage zu den gesellschaftlichen Gegebenheiten?
- Welche Position nimmt der Erzähler durch seine Erzählweise und seine Erzählhaltung in der Schuldfrage ein und welche Reaktionen auf diese Frage ruft er beim Leser hervor?

2 Von Anhängern eines kritischen Realismus ist Fontane vorgeworfen worden, er habe seinen Roman „Effi Briest" mit dem abschließenden Schuldbekenntnis seiner Protagonistin in Resignation und damit letztlich einer Hinnahme der gesellschaftlichen Zustände enden lassen. Erörtern Sie in einer Stellungnahme diesen Vorbehalt gegen den Autor und sein Werk.

Weiterführende Aufgaben:

1 Eine weitere Version der Geschichte von Else/Effi hat die Regisseurin Hermine Huntgeburth im Jahr 2009 mit ihrem Film „Effi Briest" geboten. Worin unterscheidet sich ihre Story von dem Leben Else von Ardennes und dem der Romanfigur Effi? Stellen Sie den Film vor und arbeiten Sie heraus, welche Auswirkungen die Änderungen auf die Gesamtaussage haben.

2 Analysieren Sie folgende bedeutende Verfilmungen von Fontanes Roman und zeigen Sie anhand ausgewählter Szenen auf, inwiefern auch Literaturverfilmungen Interpretationen der Textvorlage sind. Verwenden Sie Fachbegriffe der Filmanalyse (▶ S. 211; 214 f.).
- Gustav Gründgens: „Der Schritt vom Wege" (1938/39)
- Rudolf Jugert: „Rosen im Herbst" (1955)
- Wolfgang Luderer: „Effi Briest" (1968)
- Rainer Werner Fassbinder: „Fontane Effi Briest" (1974)

II Effi und Emma – Ein Vergleich mit Gustave Flauberts „Madame Bovary“

Rund 40 Jahre vor Fontane griff der französische Romancier Flaubert das Ehebruchthema auf und gestaltete mit „Emma Bovary“ ein Frauenschicksal, das dem der Effi Briest in vielerlei Hinsicht gleicht. Beide Frauen wachsen auf dem Lande auf und heiraten in jungen Jahren Männer, die sie kaum kennen, von denen sie sich aber einen gesellschaftlichen Aufstieg erhoffen. Sie ziehen mit ihnen in eine Kleinstadt und leiden mehr und mehr unter Langeweile, da die Ehe ihre Erwartungen nicht erfüllt. Ihre Ausbruchsversuche in eine Liebesaffäre, in beiden Fällen mit einem Mann vom Typ des notorischen Verführers, münden für beide Protagonistinnen in der Katastrophe.
Beide Romane verarbeiten einen Fall aus dem realen Leben und beide wurden zu einem literarischen Welterfolg. Trotz aller Ähnlichkeiten im Bereich des Themas und der Motivstruktur sowie im realistischen Grundkonzept unterscheiden sie sich dennoch deutlich voneinander.

Die Ehe

Theodor Fontane: Effi Briest (1895) – 13. Kapitel

Innstetten war lieb und gut, aber ein Liebhaber war er nicht. Er hatte das Gefühl, Effi zu lieben, und das gute Gewissen, dass es so sei, ließ ihn von besonderen Anstrengungen absehen. Es war fast zur Regel geworden, dass er sich, wenn Friedrich[1] die Lampe brachte, aus seiner Frau Zimmer in sein eigenes zurückzog. „Ich habe da noch eine verzwickte Geschichte zu erledigen.“ Und damit ging er. [...] Rollo[2] kam dann wohl und legte sich vor sie [Effi] hin auf den Kaminteppich, als ob er sagen wolle: „Muss nur mal wieder nach dir sehen; ein anderer tut's doch nicht.“ Und dann beugte sie sich nieder und sagte leise: „Ja, Rollo, wir sind allein.“ Um neun erschien dann Innstetten wieder zum Tee, meist die Zeitung in der Hand, sprach vom Fürsten[3], der wieder viel Ärger habe, zumal über diesen Eugen Richter[4], dessen Haltung und Sprache ganz unqualifizierbar seien, und ging dann die Ernennungen und Ordensverleihungen durch, von denen er die meisten beanstandete. Zuletzt sprach er von den Wahlen, und dass es ein Glück sei, einem Kreis vorzustehen, in dem es noch Respekt gäbe. War er

1 **Friedrich:** Hausdiener Innstettens
2 **Rollo:** Effis Hund
3 **Fürst:** Reichskanzler Otto von Bismarck
4 **Eugen Richter:** Oppositionspolitiker im Reichstag

Gustave Flaubert: Madame Bovary (1857) – 1. Teil, Kapitel VII

Er kam spät heim, um zehn Uhr, zuweilen um Mitternacht. Dann wollte er essen, und da die Dienstmagd zu Bett gegangen war, wurde er von Emma bedient. Er zog seinen Gehrock aus, um es sich bequemer munden zu lassen. Er zählte einen nach dem anderen sämtliche Leute auf, denen er begegnet, sämtliche Dörfer, wo er gewesen war, sämtliche Rezepte[1], die er verschrieben hatte, und mit sich selbst zufrieden aß er den Rest des Zwiebelfleischs, schälte seinen Käse, biss in einen Apfel, leerte seine Karaffe, begab sich sodann zu Bett, legte sich auf den Rücken und schnarchte.

[...]

Immerhin versuchte sie [Emma] nach Theorien, die sie für gut hielt, sich selbst in Liebesstimmung zu versetzen. Bei Mondschein im Garten deklamierte sie alles, was sie an leidenschaftlichen Reimen auswendig kannte, und sang ihm unter Seufzen langsame wehmütige Weisen vor; doch sie fühlte sich danach ebenso ruhig wie davor, und auch Charles schien daraufhin weder verliebter noch ergriffener.
Als sie solchermaßen an ihrem Herzen ein wenig Feuer zu schlagen gewollt hatte, ohne dass ein Funke sprühte, und da sie überdies ebenso

1 **sämtliche Rezepte:** Charles Bovary ist von Beruf Landarzt.

damit durch, so bat er Effi, dass sie was spiele, aus Lohengrin oder aus der Walküre[5], denn er war ein Wagnerschwärmer. Was ihn zu diesem hinübergeführt hatte, war ungewiss; einige sagten seine Nerven, denn so nüchtern er schien, eigentlich war er nervös; andere schoben es auf Wagners Stellung zur Judenfrage[6]. Wahrscheinlich hatten beide Recht. Um zehn war Innstetten dann abgespannt und erging sich in ein paar wohlgemeinten, aber etwas müden Zärtlichkeiten, die sich Effi gefallen ließ, ohne sie recht zu erwidern.

5 Lohengrin/Walküre: Opern von Richard Wagner
6 Wagners Stellung zur Judenfrage: Wagner hatte sich als Antisemit zu erkennen gegeben.

unfähig war zu verstehen, was sie nicht empfand, wie an das zu glauben, was sich nicht in den herkömmlichen Formen zeigte, überzeugte sie sich mühelos davon, dass Charles' Leidenschaft für sie nichts Übermäßiges mehr habe; er umarmte sie zu bestimmten Stunden. Es war eine Gewohnheit unter anderen, wie ein nach dem eintönigen Abendessen vorgesehener Nachtisch.

Der Beginn der Affäre

Theodor Fontane: **Effi Briest** (1895) – 19. und 20. Kapitel

Bei einer Schlittenpartie der vornehmen Gesellschaft des Provinzstädtchens Kessin, wo Innstetten Landrat ist, geraten die Pferdeschlitten in ein gefährliches Sumpfgelände (Schloon). Innstetten übernimmt die Leitung der Rettungsaktion und Major Crampas, der Effi, obwohl selbst verheiratet, schon lange den Hof macht, steigt als Beschützer zu Effi in den Schlitten.

„Ich kann Sie nicht allein lassen, gnäd'ge Frau."
Effi war einen Augenblick unschlüssig, rückte dann aber rasch von der einen Seite nach der anderen hinüber, und Crampas nahm links neben ihr Platz.
All dies hätte vielleicht missdeutet werden können, Crampas selbst aber war zu sehr Frauenkenner, um es sich bloß in Eitelkeit zurechtzulegen. Er sah deutlich, dass Effi nur tat, was nach Lage der Sache das einzig Richtige war. Es war unmöglich für sie, sich seine Gegenwart zu verbitten. Und so ging es denn im Fluge den beiden anderen Schlitten nach, immer dicht an dem Wasserlaufe hin, an dessen anderem Ufer dunkle Waldmassen aufragten. Effi sah hinüber und nahm an, dass schließlich an dem landein-

Gustave Flaubert: **Madame Bovary** (1857) – 2. Teil, Kapitel IX

Der Gutsbesitzer Rodolphe, der mit Emma eine Liebschaft beginnen möchte, holt sie mit zwei Pferden zu einem Ausritt ab. In einem Waldstück angekommen, steigen die beiden ab, binden ihre Pferde an und gehen spazieren.

„Wohin gehen wir denn?"
Er antwortete nicht. Sie atmete stoßweise. Rodolphe blickte sich um und biss sich auf den Schnurrbart.
Sie kamen zu einer Lichtung, wo junge Bäume gefällt worden waren. Sie setzten sich auf einen der umgelegten Stämme, und Rodolphe fing an, von seiner Liebe zu sprechen.
Zunächst erschreckte er sie nicht durch Komplimente. Er blieb ruhig, ernst, melancholisch. Emma hörte ihm mit gesenktem Kopf zu und fuhr dabei mit der Schuhspitze in die am Boden umherliegenden Holzspäne.
Doch bei dem Satz:
„Sind nicht unsere Geschicke von jetzt an vereint?", entgegnete sie: „O nein. Und das wissen Sie sehr wohl. Es ist unmöglich."
Sie stand auf und wollte gehen. Er fasste sie am Handgelenk. Sie blieb stehen. Ein paar Augen-

wärts gelegenen Außenrand des Waldes hin die Weiterfahrt gehen würde, genau also den Weg entlang, auf dem man in früher Nachmittagsstunde gekommen war. Innstetten aber hatte sich inzwischen einen anderen Plan gemacht, und im selben Augenblick, wo sein Schlitten die Bohlenbrücke passierte, bog er, statt den Außenweg zu wählen, in einen schmaleren Weg ein, der mitten durch die dichte Waldmasse hindurchführte. Effi schrak zusammen. Bis dahin waren Luft und Licht um sie her gewesen, aber jetzt war es damit vorbei, und die dunklen Kronen wölbten sich über ihr. Ein Zittern überkam sie, und sie schob die Finger fest ineinander, um sich einen Halt zu geben. [...] Sie fürchtete sich und war doch zugleich wie in einem Zauberbann und wollte auch nicht heraus.

„Effi“, klang es jetzt leise an ihr Ohr, und sie hörte, dass seine Stimme zitterte. Dann nahm er ihre Hand und löste die Finger, die sie noch immer geschlossen hielt, und überdeckte sie mit heißen Küssen. Es war ihr, als wandle sie eine Ohnmacht an.

Als sie die Augen wieder öffnete, war man aus dem Wald heraus, und in geringer Entfernung vor sich hörte sie das Geläut der vorauseilenden Schlitten. [...] Effi blickte sich um, und im nächsten Augenblick hielt der Schlitten vor dem landrätlichen Hause.

Innstetten, der Effi, als er sie aus dem Schlitten hob, scharf beobachtet, aber doch ein Sprechen über die sonderbare Fahrt zu zweien vermieden hatte, war am anderen Morgen früh auf und suchte seiner Verstimmung, die noch nachwirkte, so gut es ging, Herr zu werden.

„Du hast gut geschlafen?“, sagte er, als Effi zum Frühstück kam.

„Ja.“

„Wohl dir. Ich kann dasselbe von mir nicht sagen. Ich träumte, dass du mit dem Schlitten im Schloon verunglückt seiest, und Crampas mühte sich, dich zu retten; ich muss es so nennen, aber er versank mit dir.“ [...]

Effi lachte so herzlich, wie sie seit Langem nicht mehr gelacht hatte. Doch es war von keiner Dauer, und als Innstetten ging und sie allein ließ, setzte sie sich an die Wiege des Kindes,

blicke sah sie ihn mit feuchten Augen liebevoll an, dann sagte sie lebhaft:

„Ach, reden wir nicht mehr davon ... Wo sind die Pferde? Kehren wir um.“

Er machte eine zornige, verdrossene Bewegung.

Sie wiederholte: „Wo sind die Pferde? Wo sind die Pferde?“

Darauf näherte er sich ihr mit einem sonderbaren Lächeln, starrem Blick, mit zusammengebissenen Zähnen und streckte die Arme nach ihr aus. Sie wich zitternd zurück. Sie stammelte:

„Oh, Sie machen mir Angst! Sie tun mir weh! Gehen wir!“

„Wenn es denn sein muss“, antwortete er und setzte eine andere Miene auf.

Und sogleich wurde er wieder respektvoll, liebenswürdig, schüchtern. Sie gab ihm den Arm. Sie kehrten um. Er sagte:

„Was hatten Sie nur? Weswegen? Ich habe es mir nicht erklären können. Gewiss haben Sie mich missverstanden. Sie thronen in meinem Herzen wie eine Madonna, auf einem Piedestal[1]; in großer Höhe, fest und makellos rein. Aber ich kann ohne Sie nicht leben, nicht ohne Ihre Augen, Ihre Stimme, Ihre Gedanken. Seien Sie meine Freundin, meine Schwester, mein Engel!“

Und er schlang seinen Arm um ihre Taille. Sie versuchte, sich sanft loszumachen. Aber er hielt sie fest, während sie weitergingen. [...]

„Es ist unrecht von mir, es ist unrecht“, sagte sie. „Es ist Wahnsinn, Sie anzuhören.“

„Warum? ... Emma! Emma!“

„Ach, Rodolphe! ...“, sagte langsam die junge Frau und lehnte sich an seine Schulter.

Der Stoff ihres Kleides blieb am Samt seiner Jacke hängen. Sie bog ihren weißen Hals zurück, den ein Seufzer schwellte, und kraftlos, tränenüberströmt, das Gesicht in den Händen bergend, in einem langen Erschauern gab sie sich hin. [...]

Als sie sich dann aber im Spiegel ansah, staunte sie über ihr Gesicht. Nie waren ihre Augen so groß gewesen, so schwarz und von solcher Tie-

1 **Piedestal:** Sockel

und ihre Tränen fielen auf die Kissen. Es brach wieder über sie herein, und sie fühlte, dass sie wie eine Gefangene sei und nicht mehr herauskönne.

Sie litt schwer darunter und wollte sich befreien. Aber wiewohl sie starker Empfindungen fähig war, so war sie doch keine starke Natur; ihr fehlte die Nachhaltigkeit, und alle guten Anwandlungen gingen wieder vorüber. So trieb sie denn weiter, heute, weil sie's nicht ändern konnte, morgen, weil sie's nicht ändern wollte. Das Verbotene, das Geheimnisvolle hatte seine Macht über sie.

So kam es, dass sie sich, von Natur frei und offen, in ein verstecktes Komödienspiel mehr und mehr hineinlebte. Mitunter erschrak sie, wie leicht es ihr wurde. Nur in einem blieb sie sich gleich: Sie sah alles klar und beschönigte nichts. [...]

Es ging aber doch weiter so, die Kugel war im Rollen, und was an einem Tage geschah, machte das Tun des andern zur Notwendigkeit.

fe. Etwas Zartes lag über ihrer Gestalt und verklärte sie.

Sie sagte sich immer wieder: „Ich habe einen Geliebten! einen Geliebten!", und genoss diese Vorstellung, so als sei sie zum zweiten Mal Frau geworden. Sie würde endlich also die Freuden der Liebe, diesen Glücksrausch erfahren, auf den sie nicht mehr gehofft hatte. [...]

Die Heldinnen der Bücher, die sie gelesen hatte, fielen ihr ein, und in ihrer Erinnerung begann die empfindsame Schar dieser Ehebrecherinnen mit schwesterlichen Stimmen zu singen, die sie entzückten. Sie wurde selbst gleichsam eine wirkliche unter diesen Fantasiegestalten und erfüllte sich den langjährigen Traum ihrer Jugend, indem sie sich nun zu diesem Typus der Liebenden zählte, den sie so sehr beneidet hatte. Zudem fühlte Emma ein Rachegelüst befriedigt. Hatte sie nicht genug gelitten! Jetzt aber triumphierte sie, und die so lange niedergehaltene Liebe brach mit freudigem Ungestüm hervor. Sie genoss sie ohne Gewissensbisse, ohne Angst, ohne Verwirrung.

Das Ende

Theodor Fontane: **Effi Briest** (1895) – 36. Kapitel

Effi, gesellschaftlich isoliert, erkrankt in ihrer Berliner Mietwohnung schwer. Schließlich nehmen ihre Eltern sie wieder auf. Aber auch auf dem Schloss ihrer Kindheit erholt sich Effi nicht recht von ihrer Krankheit.

So verging der Sommer, und die Sternschnuppennächte lagen schon zurück. Effi hatte während dieser Nächte bis über Mitternacht hinaus am Fenster gesessen und sich nicht müde sehen können. „Ich war immer eine schwache Christin; aber ob wir doch vielleicht von da oben stammen und, wenn es hier vorbei ist, in unsere himmlische Heimat zurückkehren, zu den Sternen oben oder noch drüber hinaus! Ich weiß es nicht, ich will es auch nicht wissen, ich habe nur die Sehnsucht."

Gustave Flaubert: **Madame Bovary** (1857) – 3. Teil, Kapitel VIII

Durch ihren aufwändigen Lebensstil hat Emma die Familie hoch verschuldet. Als ihr ehemaliger Liebhaber Rodolphe sich weigert, ihr finanziell zu helfen, sieht sie in ihrer Verzweiflung keinen Ausweg mehr und vergiftet sich mit Arsen.

Nun fing sie an zu wimmern, leise zuerst. Ein Schauder schüttelte ihre Schultern, und sie wurde bleicher als das Leintuch, in das sich ihre Finger krampften. Ihr unregelmäßiger Puls war fast nicht mehr zu spüren.

Schweißtropfen traten auf ihr bläuliches Gesicht, das wie unter einem metallischen Hauch erstarrt schien. Sie klapperte mit den Zähnen, ihre geweiteten Augen wanderten umher, und auf alle Fragen antwortete sie nur mit Kopfschütteln; zwei oder drei Mal lächelte sie sogar.

Arme Effi, du hattest zu den Himmelswundern zu lange hinaufgesehen und darüber nachgedacht, und das Ende war, dass die Nachtluft und die Nebel, die vom Teich her aufstiegen, sie wieder aufs Krankenbett warfen, und als Wiesike[1] gerufen wurde und sie gesehen hatte, nahm er Briest beiseite und sagte: „Wird nichts mehr; machen Sie sich auf ein baldiges Ende gefasst." Er hatte nur zu wahr gesprochen, und wenige Tage danach, es war noch nicht spät und die zehnte Stunde noch nicht heran, da kam Roswitha nach unten und sagte zu Frau von Briest: „Gnädigste Frau, mit der gnädigen Frau oben ist es schlimm; sie spricht immer so still vor sich hin, und mitunter ist es, als ob sie bete, sie will es aber nicht wahrhaben, und ich weiß nicht, mir ist, als ob es jede Stunde vorbei sein könnte."

Es folgt das Gespräch über Effis Schuld. ▸ S. 374 f.

1 **Wiesike:** der Hausarzt der Familie Briest

Allmählich wurde ihr Wimmern stärker. Ein dumpfes Heulen entrang sich ihr; sie behauptete, es gehe ihr besser, und sie werde gleich aufstehen. Aber da befielen sie Krämpfe; sie schrie:

„Ah, es ist grauenhaft, o mein Gott!"

[...]

Ihre Brust begann sogleich heftig zu keuchen. Die Zunge trat ihr weit aus dem Mund, ihre Augen rollten hin und her und verblassten wie zwei Lampenglocken, in denen das Licht erlischt. Man hatte sie schon für tot halten können, wäre da nicht die entsetzliche, immer schneller werdende Bewegung ihrer Rippen gewesen, die ein wütendes Atemholen erschütterte, als ob die Seele gegen sie anspringe, um sich loszumachen.

1 Klären Sie in einem Gespräch, welchen Eindruck Sie von den beiden Frauen und ihrem Schicksal gewonnen haben.

2 Tragen Sie in eine Tabelle die inhaltlichen Gemeinsamkeiten und Unterschiede ein, die Ihnen in den parallelen Textpassagen aufgefallen sind.

3 **a** Fertigen Sie eine genaue Analyse der Erzählstrategien (▸ S. 160 f.) beider Erzähler an.

b Inwiefern kennzeichnet die nebenstehende Karikatur des Autors der „Madame Bovary" dessen Erzählweise?

c Skizzieren Sie eine Karikatur, die das Erzählen des Autors der „Effi Briest" kennzeichnet. Ein Foto Fontanes finden Sie auf S. 370.

4 Welchem der beiden Romane geben Sie, soweit sich das nach den Auszügen beurteilen lässt, den Vorzug? Gehen Sie bei der Begründung Ihrer Stellungnahme auch auf die Art des Realismus in beiden Darstellungsweisen ein.

Weiterführende Aufgaben:

1 Die Motivverflechtung aus Ehebruch und Untergang der Ehebrecherin findet sich in weiteren Romanen des Realismus. Stellen Sie sie anhand geeigneter Auszüge vor, z. B. aus dem 19. Jahrhundert Lew Tolstois „Anna Karenina“ (Teil 1, Kap. 23; Teil 2, Kap. 8–11; Teil 7, Kap. 30 u. 31).

2 Auch im 20. Jahrhundert greifen Autoren die genannten Motive in Romanen wieder auf. Zeigen Sie auf, wie hier mit den Motiven gearbeitet wird, z. B. in Dieter Wellershoffs „Der Liebeswunsch“ (Kap. 3 und Anfang von Kap. 4; Kap. 11; Kap. 17).

III Figuren zum Sprechen bringen – Produktiv-gestaltendes Schreiben

Im Folgenden finden Sie einige Anregungen und Vorschläge, das Verständnis der literarischen Texte dieser Literaturstation in produktiv-gestaltenden Schreibversuchen (► S. 578 f.) zu vertiefen und zu erweitern. Ein solches Schreiben soll Ihnen Gelegenheit geben, Ihre Leseerfahrungen und Auseinandersetzungen mit den literarischen Figuren sowie mit deren Lebenswelt zu artikulieren.

Christine Brückner: **Effi Briest an den tauben Hund Rollo** (1985)

Die Autorin Christine Brückner erweckt in ihrer Sammlung „Ungehaltene Reden ungehaltener Frauen“ reale und literarische Frauenfiguren zum Leben, die zumeist klagend und anklagend ihr Schicksal reflektieren, darunter auch Fontanes Effi Briest. Effi lässt ihr Leben Revue passieren und setzt sich dabei auch mit Innstetten auseinander.

Und dann – was du so Zärtlichkeiten nanntest! Jetzt habe ich vor Augen, wie du abwehrend die Hand hebst und sagst: Aber Effi! Da musste es dunkel sein, damit ich dein Gesicht nicht sehen sollte, als ob wir etwas Verbotenes täten. Du bestimmtest, wann es Zeit für Zärtlichkeiten war, und wenn ich mal die Hand nach dir ausstreckte, dann gabst du mir einen Kuss auf den Handrücken und legtest meine Hand wieder auf meine Bettdecke zurück […]. Es muss doch auch Leidenschaft dabei sein, und man muss schwindlig werden, und die Erde muss sich drehen, und es muss sein wie auf der Schaukel, man fliegt, und der Strick reißt. Ach, Innstetten! […]
Jetzt müssen wir endlich auch von Crampas reden, Innstetten!

1 Wählen Sie einen der folgenden Schreibanlässe.
- Lassen Sie sich von Christine Brückners Text inspirieren und setzen Sie Effis **inneren Monolog** fort. Was wird sie über Crampas und ihr Verhältnis zu ihm sagen? Welche anderen Aspekte ihres Lebens wird sie zur Sprache bringen?
- Verfassen Sie einen **Brief** Effis aus ihren letzten Tagen in Hohen-Cremmen an Innstetten/einen Brief Effis an ihre Tochter Annie.
- Schreiben Sie eine **Tagebucheintragung** Effis/Emma Bovarys während der Affäre/nach der Affäre mit ihrem Liebhaber.

Oder:
- Schreiben und inszenieren Sie eine **Talkshow**, bei der Effi Briest und Emma Bovary zusammentreffen.
- Schreiben und inszenieren Sie eine **Podiumsdiskussion**, bei der sich die Autoren Theodor Fontane und Gustave Flaubert Fragen zu ihren Romanen und ihrem realistischen Schreibkonzept stellen.

5 Die Moderne – Vom Naturalismus bis zur Neuen Sachlichkeit

Alfons Maria Mucha: Champagnerplakat (1899)

Pablo Picasso: Les Desmoiselles d'Avignon (1907)

1 In der traditionellen, vormodernen Kunst ging es um Naturwiedergabe, um wirklichkeitsgetreue Abbildungen, auch wenn diese Wiedergabe vom individuellen Temperament der Künstlerin/des Künstlers geprägt war. Beschreiben Sie, inwiefern die Bilder von Mucha und Picasso auf je eigene Weise mit dieser Tradition brechen und welches neue Kunstverständnis jeweils erkennbar wird.

2 **a** Notieren Sie in Form eines Clusters zu jeder der beiden Frauenfotografien alle Assoziationen, die Ihnen beim Betrachten durch den Kopf gehen. Hängen Sie anschließend Ihre Cluster in der Klasse aus und sprechen Sie über Ihre Ergebnisse.

b Verfassen Sie einen Text, z. B. eine Glosse (► S. 580–583), über die Veränderungen im Erscheinungsbild, der Lebenssituation und -einstellung von Frauen zwischen dem 19. und 20. Jahrhundert.

Architektur der Gründerjahre (1892)

Bauhaus-Architektur (1926)

3 **a** Beschreiben Sie die beiden Hausfassaden und stellen Sie Vermutungen darüber an, welche Ideen und Vorstellungen vom Wohnen sich in der jeweiligen Architektur widerspiegeln.
b Informieren Sie sich über das Programm des „Bauhauses" im Hinblick auf Architektur und Design.

4 Schreiben Sie auf, was Sie nach Ihrer Beschäftigung mit den Bildern (▸ S. 382–383) unter dem Begriff „Moderne" verstehen würden. Vergleichen Sie anschließend Ihr erstes Verständnis mit entsprechenden Begriffseinträgen in Lexika und Kulturgeschichten.

5.1 Naturalismus (1880–1900)

Giuseppe Pellizza da Volpedo: Der vierte Stand (1901)

1 Formulieren Sie in Form der **Blitzlicht-Methode** (▸ S. 132) Ihre Bildeindrücke.

2 **a** Erläutern Sie, wie diese Eindrücke durch die Komposition, die Farbgebung, die Figurengestaltung und die Malweise erzeugt werden.
b Vergleichen Sie das Bild im Hinblick auf die Darstellungen von Menschen und Menschenmassen zur Zeit des bürgerlichen Realismus (▸ S. 336 und 360).

Die Masse – Ein neuer Protagonist

Émile Zola: **Germinal** (1895) – Auszug 4. Kapitel, 5. Teil

In diesem Roman thematisiert Zola (1840–1902), Vorbild der deutschen Naturalisten, die Verelendung der Arbeiter im nordfranzösischen Kohlenrevier. Nach Lohnkürzungen ist das nackte Überleben der Bergleute kaum mehr gewährleistet. In einem der Arbeiterdörfer wird der Streik ausgerufen und man bricht spontan auf, um gemeinsam die Kohlengruben zu stürmen. „Germinal" (= Keimmonat) ist im Kalender der Französischen Revolution der Name für den Monat April.

Es galt jetzt einen Marsch von guten fünf Kilometern. Sie wurden von einer solchen Wut gejagt, dass sie die tödliche Müdigkeit, ihre völlig erschöpften, wie gebrochenen Beine nicht fühlten. Der Zug wurde immer länger, verstärkt durch die Kameraden, die man unterwegs in allen Arbeiterdörfern an sich zog. Als sie auf der Magache-Brücke den Kanal überschritten hatten und vor la Victoire[1] erschienen, zählten sie an die zweitausend Köpfe. Aber drei Uhr war vorüber, die Leute waren ausgefahren, kein Mann war mehr in der Grube. Ihre Enttäuschung machte sich in eitlen Drohungen Luft; sie mussten sich begnügen, die eben ankommenden Erdarbeiter mit Ziegelsteinen zu bewerfen. In regellose Rotten sich auflösend, ergriff die Bande Besitz von dem Werke. In ihrer Wut darüber, dass es keine Gesichter zu ohrfeigen gab, fielen sie über die Sachen her. Giftige Rachsucht platzte in ihnen. Der Jahre hindurch erduldete Hunger hatte eine tolle Gier nach Zerstörung in ihnen gereift. Étienne bemerkte hinter einem Schuppen einige Arbeiter, die einen Kohlenkarren beladen wollten. „Wollt ihr euch davonmachen", rief er ihnen zu. „Nicht ein Stück Kohle wird da hinauskommen." Auf seinen Befehl eilten etwa hundert Ausständige herbei; die Arbeiter hatten knapp Zeit, sich zu entfernen. Einige Männer spannten die Pferde aus, die, in die Flanken gestochen, scheu davonrannten. Andere stürzten den Karren um und zerbrachen die Gabeldeichsel. Levaque fiel mit einer Hacke über die Gestelle her, um die Brückenstege zu vernichten. Doch sie widerstanden seiner Zerstörungswut und so kam er auf den Gedanken, die Schienen aufzureißen, das Geleise von dem einen Ende des Werkhofes bis zum anderen zu zerstören. Bald warf sich die ganze Bande auf diese Arbeit. Mit seiner Eisenstange bewaffnet, deren er sich wie eines Hebels bediente, riss Maheu die gusseisernen Schienenstühle los. Inzwischen führte die Brulé die Weiber in die Lampenkammer; mit ihren Stöcken richteten sie eine gräuliche Verwüstung an; bald lagen sämtliche Lampen in Scherben am Boden. Auch die Maheu hatte alle Besonnenheit verloren und schlug ebenso wütend drein wie die Levaque. Sie wateten ordentlich im Öl; die Mouquette wischte ihre Hände in ihren Röcken ab und lachte, weil sie so schmutzig war. Jeanlin machte sich den Spaß, den Inhalt einer Lampe in ihren Nacken zu leeren. Aber alle diese Verwüstungen sättigten nicht. Die Bäuche schrien noch lauter und der Tumult war von einem unaufhörlichen Rufe übertönt: „Brot, Brot, Brot ..."

In la Victoire gab es einen ehemaligen Aufseher, der eine Kantine hielt. Er war von Angst ergriffen, sein Laden war verlassen. Als die Weiber zurückkehrten und die Männer das Schienengeleise vollends zerstört hatten, belagerten sie die Kantine, deren Fensterläden dem ersten Ansturm nachgaben. Man fand kein Brot; es war nichts anderes da als zwei Stücke rohes Fleisch und ein Sack Kartoffeln. Aber während der Plünderung entdeckte man etwa fünfzig Flaschen Wacholderbranntwein, die wie ein Tropfen Wasser im Sande verschwanden.

1 **la Victoire:** Ort, in dem sich eine Kohlengrube befindet

1 Beschreiben Sie, welche Stimmung der Textausschnitt Ihnen vermittelt.

2 Arbeiten Sie heraus, welche Haltung der Erzähler seinem Protagonisten, der Masse der streikenden Arbeiter, gegenüber einnimmt. Würden Sie diese Haltung eher als „neutral", „affirmativ" oder „kritisch" (▸ **Erzählstrategie,** S. 160 f.) bezeichnen? Begründen Sie Ihre Einordnung durch passende Textstellen.

3 Der Roman endet mit dem Satz: „Und es gediehen Menschen, eine schwarze Rächerarmee, die langsam in den Furchen keimte, für die Ernte des künftigen Jahrhunderts emporwachsend, und deren Keimen sollte die Erde sprengen." Analysieren Sie den Textauszug vor dem Hintergrund dieses Schlusssatzes und des symbolischen Romantitels.

Gerhart Hauptmann: **Die Weber** (1892) – Auszug 4. Akt

[Das Drama schildert den Weberaufstand von 1844 in der schlesischen Heimat des Autors Gerhart Hauptmann (1862–1946). Die in Heimarbeit groben Wollstoff herstellenden Weber erhalten von ihren Auftraggebern so wenig Lohn, dass sie ihre Familien nicht mehr ernähren können. Eine Hungerrevolte bricht aus und die verzweifelten Weber stürmen die Villen ihrer Ausbeuter. Die folgende Szene spielt im Hause des Fabrikanten Dreißiger].

Käthe Kollwitz: Weberzug (1893)

Einige Sekunden bleibt der Raum leer. Im Salon zerklirren Fenster. Ein starker Krach durchschallt das Haus, hierauf brausendes Hurra, danach Stille. Einige Sekunden vergehen, dann hört man leises und vorsichtiges Trappen die Stufen zum ersten Stock empor, dazu nüchterne und schüchterne Ausrufe:

links! – oben nuf! – pscht! – langsam! langsam! – schipp ock nich! – hilf schirjen! – praatz, hab ich a Ding! – macht fort, ihr Wirgebänder! – mir gehn zur Hochzeit! – geh nu nei! – o geh du!

Es erscheinen nun junge Weber und Webermädchen in der Flurtür, die nicht wagen einzutreten und eines das andere hereinzustoßen suchen. Nach einigen Sekunden ist die Schüchternheit überwunden und die ärmlichen, magern, teils kränklichen, zerlumpten oder geflickten Gestalten verteilen sich in Dreißigers Zimmer und im Salon, alles zunächst neugierig und scheu betrachtend, dann betastend. Mädchen versuchen die Sofas; es bilden sich Gruppen, die ihr Bild im Spiegel bewundern. Es steigen einzelne auf Stühle, um die Bilder zu betrachten und herabzunehmen, und dazwischen strömen immer neue Jammergestalten vom Flur herein.

Ein alter Weber: *kommt.* Nee, nee, da lasst mich aber doch zufriede! Unten da fangen se gar schonn an und richten an Sache zu Grunde. Nu die Tollheet! Da is doch kee Sinn und kee Verstand o nich drinne. Ums Ende wird das noch gar sehr a beese Ding. Wer hie an hellen Kopp behält, der macht ni mit. Ich wer mich in Obacht nehmen und wer mich an solchen Untaten beteiligen!

Jäger, Bäcker, Wittig mit einem hölzernen Eimer, der alte Baumert und eine Anzahl junger und alter Weber kommen wie auf der Jagd nach etwas hereingestürmt, mit heiseren Stimmen durcheinanderrufend.

Jäger: Wo is a hin?

Bäcker: Wo is der Menschenschinder?

Der alte Baumert: Kenn mir Gras fressen, friss du Sägespäne.

Wittig: Wenn m'r 'n kriegen, knippen mer 'n uf.

Erster junger Weber: Mir nehmen 'n bei a Been'n und schmeißen 'n zum Fenster naus, uf de Steene, dass a bald fer immer liegen bleibt.

Zweiter junger Weber *kommt:* A is fort ieber alle Berge.

Alle: Wer denn?

Zweiter junger Weber: Dreißicher.
Bäcker: Feifer[1] o?
Stimmen: Sucht Feifern! Sucht Feifern!
Der alte Baumert: Such, such, Feiferla, 's is a Weberschmann auszuhungern. *Gelächter.*
Jäger: Wenn mersch o ni kriegen, das Dreißicherviech ... arm soll a wern.
Der alte Baumert: Arm soll a wern wie 'ne Kirchenmaus. Arm soll a wern.
Alle stürmen in der Absicht zu demolieren auf die Salontür zu.

1 **Feifer:** Angestellter Dreißigers, der die Abgabe der Ware durch die Weber beaufsichtigt, und ihre Löhne drückt

---

1 **a** Schreiben Sie die Szene in einen Erzähltext um, in dem die Situation und der Inhalt der Dialoge deutlich wird.
b Erläutern Sie, welche Funktion der Dialekt hat.

2 Die „Masse" hat im Naturalismus eine besondere Bedeutung. Vergleichen Sie die Darstellung der Masse in den beiden Textauszügen (▶ S. 384 f. u. 385 f.) und den Bildern (▶ S. 383 u. 385). Worin sehen Sie Übereinstimmungen, worin Unterschiede?

3 „Die Weber" wurden zunächst von der zuständigen Berliner Behörde nicht zur Aufführung zugelassen und Kaiser Wilhelm II. kündigte seine Loge im Deutschen Theater, als das Stück nach einem Prozess dann doch freigegeben wurde. Was zeigen diese Reaktionen im Hinblick auf das Drama?

Ein neues Menschenbild – Eine neue Technik der Darstellung

Arno Holz, Johannes Schlaf: **Papa Hamlet** (1889) – Erzählauszug

[Niels Thienwiebel, ein heruntergekommener, dem Alkohol verfallener Schauspieler ohne Anstellung, fristet mit seiner kranken Frau Amalie und seinem Sohn Fortinbras, der an Asthma leidet, ein kleines elendes Leben in einer Dachstube.]

Er war jetzt zu ihr unter die Decke gekrochen, die Unterhose hatte er anbehalten. „Nicht mal Platz genug zum Schlafen hat man!" Er reckte sich und dehnte sich. „So'n Hundeleben! Nicht mal schlafen kann man!" Er hatte sich wieder auf die andre Seite gewälzt. Die Decke von ihrer Schulter hatte er mit sich gedreht, sie lag jetzt fast bloß da .... [...] Sie hustete.
„Ach Gott, ja! Und nu bist du auch noch so krank! Und das Kind! Dies viele Nähen ... Aber du schonst dich ja auch gar nicht ... ich sag's ja!"
Sie hatte wieder zu schluchzen angefangen. „Du – hättest – doch lieber, – Niels ..."
„Ja ... ja! Ich seh's ja jetzt ein! Ich hätt's annehmen sollen! Ich hätt' ja später immer noch ... ich seh's ja ein! Es war unüberlegt! Ich hätte zugreifen sollen! Aber – nu sag doch!!"
„Hast du ihn – denn nicht ... denn nicht – wenigstens zu – Haus getroffen?"
„Ach Gott, ja, aber ... aber, du weißt ja! Er hat ja auch nichts! Was macht man nu bloß? Man kann sich doch nicht das Leben nehmen?!" Er hatte jetzt ebenfalls zu weinen angefangen. „Ach Gott! Ach Gott!"
Sein Gesicht lag jetzt mitten auf ihrer Brust. Sie zuckte! „Ach Gott! Ach Gott!!"
Der dunkle Rand des Glases oben quer über der Decke hatte wieder unruhig zu zittern begonnen, die Schatten, die das Geschirr warf, schwankten, dazwischen glitzerten die Wasserstreifen ....
„Ach, nich doch, Niels! Nich doch! Das Kind – ist ja schon wieder auf! Das – Kind schreit ja! Das – Kind, Niels! ... Geh doch mal hin! Um Gottes willen!!" Ihre Ellbogen hinten hatte sie jetzt fest in die Kissen gestemmt, ihre Nachtjacke vorn stand weit auf. Durch das dumpfe Gegurgel drüben war es jetzt wie ein dünnes, heisres Gebell gebrochen. Aus den Lappen her wühlte es, der ganze Korb war in ein Knacken geraten. „Sieh doch mal nach!!"

„Natürlich! Das hat auch grade noch gefehlt! Wenn das Balg doch der Deuwel holte! ... “
Er war jetzt wieder in die Pantoffeln gefahren. „Nicht mal die Nacht mehr hat man Ruhe! Nicht mal die Nacht mehr!!“ Das Geschirr auf dem Tisch hatte wieder zu klirren begonnen, die Schatten oben über die Wand hin schaukelten. –
„Na? Du!! Was gibt's denn nu schon wieder? Na? ... Wo ist er denn? ... Ae, Schweinerei!“ Er hatte den Lutschpfropfen gefunden und wischte ihn sich nun an den Unterhosen ab. „So' ne Kälte! Na? Wird's nu bald? Na? Nimm's doch. Kamel! Nimm's doch! Na?!“ Der kleine Fortinbras jappte!
Sein Köpfchen hatte sich ihm ins Genick gekrampft, er bohrte es jetzt verzweifelt nach allen Seiten.
„Na? Willst du nu, oder nicht?! – – Bestie!!“
„Aber – Niels! Um Gottes willen! Er hat ja wieder den – Anfall!“
„Ach was! Anfall! – – Da! Friss!!“
„Herrgott, Niels ...“
„Friss!!!“
„Niels!“ „Na? Bist du – nu still? Na? – Bist du – nu still? Na? Na?!“
„Ach Gott! Ach Gott. Niels, was, was – machst du denn bloß?! Er, er – schreit ja gar nicht mehr! Er ... Niels!!“ Sie war unwillkürlich zurückgeprallt. Seine ganze Gestalt war vornübergeduckt, seine knackenden Finger hatten sich krumm in den Korbrand gekrallt. Er stierte sie an. Sein Gesicht war aschfahl. „Die ... L-ampe! Die ... L-ampe! Die ... L-ampe!“
„Niels!!!!“
Sie war rücklings vor ihm gegen die Wand getaumelt. „Still! Still!! K-lopft da nicht wer?“ Ihre beiden Hände hinten hatten sich platt über die Tapete gespreizt, ihre Knie schlotterten. „K-lopft da nicht wer?“
Er hatte sich jetzt noch tiefer geduckt. Sein Schatten über ihm pendelte, seine Augen sahen jetzt plötzlich weiß aus. Eine Diele knackte, das Öl knisterte, draußen auf die Dachrinne tropfte das Tauwetter.
Tipp .... Tipp ....
...... Tipp .... Tipp ......

1 Beschreiben Sie die Lebensbedingungen, das Verhalten und die Beziehungen der Figuren und entwerfen Sie dann das Menschenbild, das der Text vermittelt.

2 **a** Listen Sie die erzähltechnischen (▸ S. 160 f., 163 f.) und sprachlichen Mittel (▸ S. 196 ff.) auf, die Ihnen an dem Romanauszug auffallen. Erläutern Sie ihre Wirkung.

b Arno Holz und Johannes Schlaf bezeichneten ihre Erzählweise als „Sekundenstil“. Versuchen Sie diesen Begriff, ausgehend von Ihrer bisherigen Analyse des Romanauszugs, zu definieren.

3 Schreiben Sie den Text um, indem Sie die Perspektive eines auktorialen Erzählers wählen, und lesen Sie Ihre Texte vor. Welche Änderungen entstehen im Vergleich zur Wirkung des Originaltextes?

Was bedeutet „Naturalismus“? – Leitsätze einer Kunstprogrammatik

Wie die Natur das einzig Reale und darum das einzige Gebiet des Künstlers ist, so ist auch kein Winkel, kein Fleck, kein Geschöpf, kein Vorgang in derselben, der nicht der künstlerischen Verkörperung würdig und fähig wäre. Denn auch in dem unbedeutendsten Geschöpfe, dem verborgensten Winkel, dem gleichgültigsten Vorgang offenbart sich die Größe und Herrlichkeit der allwaltenden Naturgesetze. Überall ist die Natur in dem gleichen Grade von dem göttlichen Hauche ihrer Größe und Vernunft erfüllt, die uns in der Form der Gesetzmäßigkeit erscheint. Darum gibt es für den Künstler keine Stoffe zweiten oder dritten Ranges.

Conrad Alberti (1889)

Ich habe nichts getan, als an [...] lebendigen Körpern die analytische Arbeit durchzuführen, die die Chirurgen an Leichen vornehmen.

Émile Zola (1867)

Für den Dichter aber scheint mir in der Tatsache der Willensunfreiheit der höchste Gewinn zu liegen. Ich wage es auszusprechen: Wenn sie nicht bestände, wäre eine wahre realistische Dichtung überhaupt unmöglich. Erst indem wir uns dazu aufschwingen, im menschlichen Denken Gesetze zu ergründen, erst indem wir einsehen, dass eine menschliche Handlung, wie immer sie beschaffen sei, das restlose Ergebnis gewisser Faktoren, einer äußeren Veranlassung und einer inneren Disposition, sein müsse und dass auch diese Disposition sich aus gegebenen Größen ableiten lasse – erst so können wir hoffen, jemals zu einer wahren mathematischen Durchdringung der ganzen Handlungsweise eines Menschen zu gelangen und Gestalten vor unserm Auge aufwachsen zu lassen, die logisch sind wie die Natur.

Wilhelm Bölsche (1887)

Kunst = Natur – x

Arno Holz (1891/92)[1]

1 Unter x versteht Holz den Faktor der Wiedergabebedingungen und -möglichkeiten und deren Handhabung, also die Gesamtheit der Gestaltung durch den Künstler.

1 Formulieren Sie für sich ein naturalistisches Kunstprogramm auf der Basis der Äußerungen von Alberti, Zola, Bölsche und Holz.
2 Untersuchen Sie die Texte auf den Seiten 384–387 daraufhin, ob und inwiefern sie als Beispiele für die programmatischen Äußerungen herangezogen werden können. Wo fallen Ihnen Abweichungen auf?
3 a Vergleichen Sie das naturalistische Kunstprogramm mit den literaturtheoretischen Ausführungen Fontanes zum Realismus (► S. 360). Arbeiten Sie die entscheidenden Unterschiede heraus.
b Entwickeln Sie Ihre eigenen Vorstellungen davon, was Sie von einer „realistischen“ Kunst erwarten.

Information **Epochenüberblick – Naturalismus (ca. 1880 – ca. 1900)**

Allgemeingeschichtlicher Hintergrund: In der Außenpolitik des Deutschen Reiches vollzog sich gegen Ende des Jahrhunderts eine Wende. Die vorsichtig diplomatische Bündnispolitik Bismarcks, die auf eine Akzeptanz der deutschen Reichsgründung bei den europäischen Mächten und damit auf eine friedliche Sicherung des Erreichten abzielte, wich einem **aggressiven Großmachtstreben im Zeichen des Imperialismus.** Exponent dieser Politik war der seit 1888 regierende Kaiser Wilhelm II., der Bismarck zur Aufgabe des Kanzleramts bewegte. Innenpolitisch verschärfte sich die so genannte **soziale Frage,** also die Auseinandersetzung um die Verbesserung der Lebensbedingungen der Arbeiterschaft und deren Integration in die Gesellschaft, zum kardinalen Problem.
Weltbild und Lebensauffassung: Das Jahrhundertende wurde allgemein als Anbruch einer neuen Zeit empfunden, für die sich das Schlagwort „**Moderne**“ einbürgerte. Während in weiten Kreisen des Besitzbürgertums, das zunehmend von einem expansiven materialistischen Wirtschaftsdenken geprägt war, diese neue Zeit voller **Fortschrittsoptimismus** begrüßt wurde,

blickten ihre bildungsbürgerlichen Kritiker mit Pessimismus auf den **Verlust tradierter Werte.** Der **Glaube an die Allmacht der Naturwissenschaften,** von der die Lösung aller Welträtsel erwartet wurde, verlieh religiösen Weltdeutungen den Anstrich des Altmodischen.
Die Theorien von **Darwin, Marx und Freud** begründeten ein neues Denken. Der Mensch erschien als Produkt der Evolution, seines gesellschaftlichen Milieus und der sein Ich formenden Instanzen.
Prägend für das neue, moderne Lebensgefühl wurde nicht nur die ungeheure **Beschleunigung auf allen Gebieten** von den Verkehrsmitteln bis zur Kommunikation (1881 erstes deutsches Fernsprechnetz), sondern auch die rasant anwachsenden **Großstädte** mit ihrem Nebeneinander von repräsentativen staatlichen und privaten Prachtbauten und elenden Mietskasernen.
Literatur: Die Künstler, die als erste auf die Moderne reagierten und der Epoche auch diesen Namen gaben, waren die Generation der um 1860 geborenen Naturalisten. Sie verstanden sich als literarische Avantgarde, der es um eine neue Kunst ging. Ohne Rücksicht auf traditionelle Grenzen des so genannten guten Geschmacks und auf eine bürgerliche Kunstauffassung, die an Klassik, Romantik und poetischem Realismus geschult war, sollten Wirklichkeitsausschnitte möglichst in einer **Deckungsgleichheit zwischen Realität und Abbild** wiedergegeben werden.
Arno Holz (1863–1929) brachte diese Forderung auf die Formel: „**Kunst = Natur – x**". Um Kunst und Wirklichkeit („Natur") in Übereinstimmung zu bringen, wurde oft der „**Sekundenstil**", die Deckung von Erzählzeit und erzählter Zeit (▶ S. 163), gewählt. Entsprechend wurde **Wahrheit** zur Parole dieser Kunst, die sich allen Bereichen des Lebens, besonders auch seinen hässlichen und schockierenden Seiten, den Elendsquartieren der Unterschichten, tristen Außenseiterexistenzen und psychischen Deformationen, als Stoff zuwandte und damit den Begriff des Ästhetischen entschieden ausweitete. Zur geforderten Wahrheit gehörte, dass die Literatur die neuen **wissenschaftlichen Erkenntnisse** aus Soziologie, Psychologie und Biologie verarbeitete. Im Mittelpunkt der Erzählungen und Dramen steht nicht mehr der individuelle Held, der autonome Einzelne, der sich frei entscheiden kann, sondern der durch **Herkunft, psychische Dispositionen, Milieu und Zeitumstände** determinierte Mensch oder eine **Menschenmasse,** ein Kollektiv. Solche Menschenmassen werden jedoch nicht im Sinne einer Parteinahme für den in jener Zeit politisch an Bedeutung gewinnenden Sozialismus idealisiert, sondern nach genauer Beobachtung bzw. Recherche möglichst objektiv dargestellt. Zur wirklichkeitsgetreuen Menschendarstellung gehörte für die Naturalisten auch die **Verwendung** der entsprechenden **Jargons und Dialekte.**

Weitere wichtige Autorinnen/Autoren und Werke
Henrik Ibsen (Norwegen, 1828–1906): „Nora oder ein Puppenheim", „Gespenster", „Hedda Gabler" (Dramen)
August Strindberg (Schweden, 1849–1912): „Der Vater", „Fräulein Julie" (Dramen); „Das rote Zimmer" (Roman)
Clara Viebig (1860–1952): „Kinder der Eifel", „Rheinlandstöchter" (Erzählbände)
Wilhelm Bölsche (1861–1939): „Die naturwissenschaftliche Grundlage der Poesie" (literaturtheoretischer Text)

1 Entwerfen Sie eine Mindmap, in deren Zentrum der Begriff „Naturalismus" steht.
2 Suchen Sie Beispiele in der heutigen Literatur, Malerei, Fotografie und im Film, die nach Ihrem Verständnis naturalistische Züge aufweisen. Zeigen Sie diese Bezüge auf, beschreiben Sie deren Wirkung und versuchen Sie, solche naturalistischen Kunstkonzepte begründet zu bewerten.

5.2 Fin de Siècle – Symbolismus (1890–1920)

Das Geheimnis hinter der Wirklichkeit – „Nerven, Nerven, Nerven“

Carlos Schwabe: Der Schmerz (1893)

Michail Alexandrowitsch Wrubel: Jähzorniger Dämon (1901)

1 **a** Notieren Sie, wie die beiden Bilder jeweils auf Sie wirken.
b Setzen Sie Ihre Eindrücke mit dem jeweiligen Titel der Bilder in Beziehung.
c Wählen Sie sich ein Bild aus und beschreiben Sie es in Bezug auf Farbgebung, Linienführung, Raum- und Figurengestaltung. Suchen Sie sich in Ihrem Kurs jemanden, der dasselbe Bild gewählt hat, und vergleichen Sie Ihre Ergebnisse miteinander.
2 Welche Auffassungen von Wirklichkeit zeigen Ihrer Meinung nach die Bilder?
3 **a** Die beiden Bilder werden der Stilrichtung des Symbolismus zugeordnet. Gehen Sie zunächst von Ihrem Verständnis des Begriffs „Symbol“ aus und tragen Sie Symbole aus Ihrem Alltag zusammen, z. B. die Taube als Symbol des Friedens oder das Herz als Symbol der Liebe.
b Verfassen Sie Texte, die diese Symbole in ihrer Bedeutung erläutern.

Hermann Bahr: **Symbolisten** (1894)

Die Kunst will jetzt aus dem Naturalismus fort und sucht Neues. Niemand weiß noch, was es werden möchte; der Drang ist ungestalt und wirr; er tastet ohne Rat nach vielen Dingen und findet sich nirgends. Nur fort, um jeden Preis fort aus der deutlichen Wirklichkeit, ins Dunkle, Fremde und Versteckte – das ist heute die eingestandene Losung für zahlreiche Künstler. Man hat manchen Namen. Die einen nennen es Décadence, als ob es die letzte Flucht der Wünsche aus einer sterbenden Kultur und das Gefühl des Todes wäre. Die anderen nennen es Symbolismus. [...]

Der neue Symbolismus braucht die Symbole ganz anders. Er will auch ins Unsinnliche, aber er will es durch ein anderes Mittel. Er schickt nicht dürftige Boten aus, von seinen unsinnlichen Freuden zu stammeln, bis ihre Ahnungen erwachsen. Sondern er will die Nerven in jene Stimmungen zwingen, wo sie von selber nach dem Unsinnlichen greifen, und will das durch sinnliche Mittel. Und er verwendet die Symbole als Stellvertreter und Zeichen nicht des Unsinnlichen, sondern von anderen ebenso sinnlichen Dingen. Das Symbol gilt dem neuen Symbolismus sehr viel, aber es gilt ihm nur als eine Bereicherung des Handwerks. Er hat aus den Symbolen eine neue Technik gewonnen.

1 **a** Geben Sie wieder, wie der Begriff „Symbol" im Sinne des „Symbolismus" verstanden werden soll.
b Vergleichen Sie diesen Symbolbegriff mit Ihren Erläuterungen (▶ Aufgabe 3 a/b, S. 390).
2 Der Symbolismus wird auch als „Nervenkunst" bezeichnet. Erläutern Sie diese neue Kunstauffassung in Abgrenzung zum Naturalismus (▶ S. 388 f.).

Angst und Lebenskrise – Symbole des Verfalls und Todes

Arthur Schnitzler: Fräulein Else (1924) – Auszug

Else T. ist die 19-jährige Tochter eines Wiener Advokaten, der Gelder veruntreut hat und kurz vor der Verhaftung steht. Als Else in einem Kurhotel in den Dolomiten einige Ferientage verbringt, erhält sie einen Brief ihrer Mutter mit der dringenden Bitte, den wohlhabenden Kunsthändler Dorsday um eine hohe Geldsumme für ihren Vater zu ersuchen. Dorsday stellt die Bedingung, sie „nur von Sternenlicht bekleidet" anschauen zu dürfen. Else sieht keinen Ausweg: Nackt, nur mit einem Mantel bekleidet, findet sie Dorsday im Konzertsaal des Hotels, lässt vor der Gesellschaft ihren Mantel fallen und bricht zusammen. Bekannte bringen sie auf einer Trage in ihr Zimmer.

Ich schwebe, ich schwebe. Sie sollen mich nur hinauftragen, immer weiter, bis zum Dach, bis zum Himmel. Das wäre so bequem. – *„Ich habe es ja kommen sehen, Paul."* – *Was hat die Tante kommen gesehen?* – *„Schon die ganzen letzten Tage habe ich so etwas kommen gesehen. Sie ist überhaupt nicht normal. Sie muss natürlich in eine Anstalt."* – *„Aber Mama, jetzt ist doch nicht der Moment, davon zu reden."* – Anstalt –? Anstalt –?! [...]
Das ist ja die Tante. Was will sie denn da? – – *„Noch immer ohnmächtig?"* – Auf den Zehenspitzen schleicht sie heran. Sie soll zum Teufel gehen. Ich lass mich in keine Anstalt bringen. Ich bin nicht irrsinnig. – *„Kann man sie nicht zum Bewusstsein erwecken?"* – *„Sie wird bald wieder zu sich kommen, Mama. Jetzt braucht sie nichts als Ruhe. Übrigens du auch, Mama. Möchtest du nicht schlafen gehen? Es besteht absolut keine Gefahr. Ich werde zusammen mit Frau Cissy bei Else Nachtwache halten."* – – *„Jawohl, gnädige Frau, ich bin die Gardedame. Oder Else, wie man's nimmt."* – Elendes Frauenzimmer. Ich liege hier ohnmächtig und sie macht Späße. – *„Und ich kann mich darauf verlassen, Paul, dass du mich wecken lässt, sobald der Arzt kommt?"* – – *„Aber Mama, der kommt nicht vor morgen früh."* – – *„Sie sieht aus, als wenn sie schliefe. Ihr Atem geht ganz ruhig."* – *„Es ist ja auch eine Art von Schlaf, Mama."* – *„Ich kann mich noch immer nicht fassen, Paul ein solcher Skandal! – Du wirst sehen, es kommt in die Zeitung!"* – *„Mama."* – *„Aber sie kann doch nichts hören, wenn sie ohnmächtig ist. Wir reden doch ganz leise."* – – *„In diesem Zustand sind die Sinne manchmal unheimlich geschärft."* – *„Sie haben einen so gelehrten Sohn, gnädige Frau."* – *„Bitte dich, Mama, geh zu Bette."* – *„Morgen reisen wir ab unter jeder Bedingung. Und in Bozen nehmen wir eine Wärterin für Else."* – Was? Eine Wärterin? Da werdet ihr euch aber täuschen. – *„Über all das reden wir morgen, Mama. Gute Nacht, Mama."* – *„Ich will mir einen Tee aufs Zimmer bringen lassen und in einer Viertelstunde schau ich noch einmal her."* – *„Das ist doch absolut nicht notwendig, Mama."* – Nein, notwendig ist

es nicht. Du sollst überhaupt zum Teufel gehen. Wo ist das Veronal[1]? Ich muss noch warten. Sie begleiten die Tante zur Türe. Jetzt sieht mich niemand. Auf dem Nachttisch muss es ja stehen, das Glas mit dem Veronal. Wenn ich es austrinke, ist alles vorbei. Gleich werde ich es trinken. Die Tante ist fort. Paul und Cissy stehen noch an der Tür. Ha. Sie küsst ihn. Sie küsst ihn. Und ich liege nackt unter der Decke. Schämt ihr euch denn gar nicht? Sie küsst ihn wieder. Schämt ihr euch nicht? – *„Siehst du, Paul, jetzt weiß ich, dass sie ohnmächtig ist. Sonst wäre sie mir unbedingt an die Kehle gesprungen.“* – *„Möchtest du mir nicht den Gefallen tun und schweigen, Cissy?“* [...] *„Es hat geklopft, Cissy.“* – *„Mir kam es auch so vor“* – *„Ich will leise aufmachen und sehen wer es ist. – Guten Abend Herr von Dorsday.“* – *„Verzeihen Sie, ich wollte nur fragen, wie sich die Kranke“* – Dorsday! Dorsday! Wagt er es wirklich? Alle Bestien sind losgelassen. Wo ist er denn? Ich höre sie flüstern vor der Tür. Paul und Dorsday. Cissy stellt sich vor den Spiegel hin. Was machen Sie vor dem Spiegel dort? Mein Spiegel ist es. Ist nicht mein Bild noch drin? Was reden sie draußen vor der Tür, Paul und Dorsday? Ich fühle Cissys Blick. Vom Spiegel aus sieht sie zu mir her. Was will sie denn? Warum kommt sie denn näher? Hilfe! Hilfe! Ich schreie doch, und keiner hört mich. Was wollen Sie an meinem Bett, Cissy?! Warum beugen Sie sich herab? Wollen Sie mich erwürgen? Ich kann mich nicht rühren. – *„Else!“* – Was will sie denn? – *„Else! Hören Sie mich, Else?“* – Ich höre, aber ich schweige. Ich bin ohnmächtig, ich muss schweigen. – *„Else, Sie haben uns in einen schönen Schreck versetzt.“* – Sie spricht zu mir. Sie spricht zu mir, als wenn ich wach wäre. Was will sie denn? – *„Wissen Sie, was Sie getan haben, Else? Denken Sie, nur mit dem Mantel bekleidet sind Sie ins Musikzimmer getreten, sind plötzlich nackt dagestanden vor allen Leuten und dann sind Sie ohnmächtig hingefallen. Ein hysterischer Anfall wird behauptet. Ich glaube kein Wort davon. Ich glaube auch nicht, dass Sie bewusstlos sind. Ich wette, Sie hören jedes Wort, das ich rede.“* – Ja, ich höre, ja, ja, ja. Aber sie hört mein Ja nicht. Warum denn nicht? Ich kann meine Lippen nicht bewegen. Darum hört sie mich nicht. Ich kann mich nicht rühren. Was ist denn mit mir? Bin ich tot? Bin ich scheintot? Träume ich? Wo ist das Veronal? Ich möchte mein Veronal trinken. Aber ich kann den Arm nicht ausstrecken. Gehen Sie fort, Cissy. Warum sind Sie über mich gebeugt? Fort, fort! Nie wird sie wissen, dass ich sie gehört habe. Niemand wird es je wissen. Nie wieder werde ich zu einem Menschen sprechen. Nie wache ich wieder auf. Sie geht zur Türe. Sie wendet sich noch einmal nach mir um. Sie öffnet die Türe. Dorsday! Dort steht er. Ich habe ihn gesehen mit geschlossenen Augen. Nein, ich sehe ihn wirklich. Ich habe ja die Augen offen. Die Türe ist angelehnt. Cissy ist auch draußen. Nun flüstern sie alle. Ich bin allein. Wenn ich mich jetzt rühren könnte. Ha, ich kann ja, kann ja. Ich bewege die Hand, ich rege die Finger, ich strecke den Arm, ich sperre die Augen weit auf. Ich sehe, ich sehe. Da steht mein Glas. Geschwind, ehe sie wieder ins Zimmer kommen. Sind es nur Pulver genug?! Nie wieder darf ich erwachen. Was ich zu tun hatte auf der Welt, habe ich getan. Der Papa ist gerettet. Niemals könnte ich wieder unter Menschen gehen. Paul guckt durch die Türspalte herein. Er denkt, ich bin noch ohnmächtig. Er sieht nicht, dass ich den Arm beinahe schon ausgestreckt habe. Nun stehen sie wieder alle drei draußen vor der Tür, die Mörder! – Alle sind sie Mörder. Dorsday und Cissy und Paul, auch Fred ist ein Mörder und die Mama ist eine Mörderin. Alle haben sie mich gemordet und machen sich nichts wissen. Sie hat sich selber umgebracht, werden sie sagen. Ihr habt mich umgebracht, ihr alle, ihr alle! Hab ich es endlich? Geschwind, geschwind! Ich muss. Keinen Tropfen verschütten. So. Geschwind. Es schmeckt gut. Weiter, weiter. Es ist gar kein Gift. Nie hat mir was so gut geschmeckt. Wenn ihr wüsstet, wie gut der Tod schmeckt! Gute Nacht, mein Glas. Klirr, klirr! Was ist denn das? Auf dem Boden liegt das Glas. Unten liegt es. Gute Nacht. –

1 **Veronal:** Schlafmittel, bei unsachgemäßer Dosierung führte es leicht zum Tod.

1 Dieser Textauszug erfordert ein aufmerksames, auch mehrmaliges Lesen. Woran liegt das?

2 a Erläutern Sie, in welchem psychischen Zustand sich Else befindet.

b Paul äußert, dass in diesem Zustand die Sinne geschärft sein können (vgl. Z. 35). Inwiefern kommt dies zum Ausdruck? Reflektieren Sie bei Ihrer Antwort auch die Aussagen Hermann Bahrs (▶ S. 390 f.).

3 **Weiterführende Aufgabe:** Informieren Sie sich über Schnitzlers „Traumnovelle". Vergleichen Sie Thema, Motive und sprachliche Mittel. Präsentieren Sie Ihre Ergebnisse anhand von Textstellen.

Rainer Maria Rilke: **Die Aufzeichnungen des Malte Laurids Brigge** (1910) – Romanbeginn

Malte Laurids Brigge, ein 28-jähriger Schriftsteller, gerät in Paris in eine tiefe seelische und geistige Krise. – So beginnen seine Aufzeichnungen:

11. September, rue Toullier

So, also hierher kommen die Leute, um zu leben, ich würde eher meinen, es stürbe sich hier. Ich bin aus gewesen. Ich habe gesehen: Hospitäler. Ich habe einen Menschen gesehen, welcher schwankte und umsank. Die Leute versammelten sich um ihn, das ersparte mir den Rest. Ich habe eine schwangere Frau gesehen. Sie schob sich schwer an einer hohen, warmen Mauer entlang, nach der sie manchmal tastete, wie um sich zu überzeugen, ob sie noch da sei. Ja, sie war noch da. Dahinter? Ich suchte auf meinem Plan: Maison d'Accouchement. Gut. Man wird sie entbinden – man kann das. Weiter, rue Saint-Jacques, ein großes Gebäude mit einer Kuppel. Der Plan gab an Val-de-grâce, Hôspital militaire. Das brauchte ich eigentlich nicht zu wissen, aber es schadet nicht. Die Gasse begann von allen Seiten zu riechen. Es roch, soviel sich unterscheiden ließ, nach Jodoform, nach dem Fett von Pommes frites, nach Angst. Alle Städte riechen im Sommer. Dann habe ich ein eigentümlich starblindes Haus gesehen, es war im Plan nicht zu finden, aber über der Tür stand noch ziemlich leserlich: Asyle de nuit. Neben dem Eingang waren die Preise. Ich habe sie gelesen. Es war nicht teuer.
Und sonst? Ein Kind in einem stehenden Kinderwagen: Es war dick, grünlich und hatte einen deutlichen Ausschlag auf der Stirn. Er heilte offenbar ab und tat nicht weh. Das Kind schlief, der Mund war offen, atmete Jodoform, Pommes frites, Angst. Das war nun mal so. Die Hauptsache war, dass man lebte. Das war die Hauptsache.

1 a Begleiten Sie den Ich-Erzähler durch Paris, durch die „rue Toullier". Was sehen, was riechen Sie?

b Mit welcher emotionalen Haltung nimmt der Ich-Erzähler die Stadt und die Menschen wahr?

c Deuten Sie insbesondere den Beginn dieser Aufzeichnung und die beiden letzten Sätze. Welche Wirklichkeit erkennt der Ich-Erzähler hinter der „gesehenen" Wirklichkeit?

2 Verfassen Sie aus der Ich-Perspektive ähnliche Großstadtskizzen. Örtlichkeiten könnten sein: Einkaufsmeilen, Restaurants, Bahnhöfe usw. Beziehen Sie dabei möglichst alle Sinne mit ein.

Thomas Mann: **Der Tod in Venedig** (1912) – Novellenauszug, 3. Kapitel

Als der renommierte alternde und einsame Schriftsteller Gustav von Aschenbach unter einer Schreibhemmung leidet, bricht er aus seinem arbeitsamen Leben aus und reist nach Venedig.

Wer hätte nicht einen flüchtigen Schauder, eine geheime Scheu und Beklommenheit zu bekämpfen gehabt, wenn es zum ersten Male oder nach langer Entwöhnung galt, eine venezianische Gondel zu besteigen? Das seltsame Fahrzeug, aus balladesken Zeiten ganz unverändert überkommen und so eigentümlich schwarz, wie sonst unter allen Dingen nur Särge es sind, – es erinnert an lautlose und verbrecherische Abenteuer in plätschernder Nacht, es erinnert noch mehr an den Tod selbst, an Bahre und düsteres Begängnis und letzte, schweigsame Fahrt. Und hat man bemerkt, dass der Sitz einer solchen Barke, dieser sargschwarz lackierte, mattschwarz gepolsterte Armstuhl, der weichste, üppigste, der erschlaffendste Sitz von der Welt ist? Aschenbach ward es gewahr, als er zu Füßen des Gondoliers, seinem Gepäck gegenüber, das am Schnabel reinlich beisammenlag, sich niedergelassen hatte. Die Ruderer zankten immer noch; rau, unverständlich, mit drohenden Gebärden. Aber die besondere Stille der Wasserstadt schien ihre Stimmen sanft aufzunehmen, zu entkörpern, über der Flut zu zerstreuen. Es war warm hier im Hafen. Lau angerührt vom Hauch des Scirocco[1], auf dem nachgiebigen Element in Kissen gelehnt, schloss der Reisende die Augen im Genusse einer so ungewohnten als süßen Lässigkeit. Die Fahrt wird kurz sein, dachte er, möchte sie immer währen! In leisem Schwanken fühlte er sich dem Gedränge, dem Stimmengewirr entgleiten. Wie still und stiller es um ihn wurde! Nichts war zu vernehmen als das Plätschern des Ruders, das hohle Aufschlagen der Wellen gegen den Schnabel der Barke, der steil, schwarz und an der Spitze hellebardenartig[2] bewehrt über dem Wasser stand, und noch ein drittes, ein Reden, ein Raunen, – das Flüstern des Gondoliers, der zwischen den Zähnen, stoßweise, in Lauten, die von der Arbeit seiner Arme gepresst waren, zu sich selber sprach. Aschenbach blickte auf, und mit leichter Befremdung gewahrte er, dass um ihn her die Lagune sich weitete und seine Fahrt gegen das offene Meer gerichtet war. Es schien folglich, dass er nicht allzu sehr ruhen dürfe, sondern auf den Vollzug seines Willens ein wenig bedacht sein müsse.

„Zur Dampferstation also“, sagte er mit einer halben Wendung rückwärts. Das Raunen verstummte. Er erhielt keine Antwort.

„Zur Dampferstation also!“, wiederholte er, indem er sich vollends umwandte und in das Gesicht des Gondoliers emporblickte, der hinter ihm, auf erhöhtem Borde stehend, vor dem fahlen Himmel aufragte. Es war ein Mann von ungefälliger, ja brutaler Physiognomie, seemännisch blau gekleidet, mit einer gelben Schärpe gegürtet und einen formlosen Strohhut, dessen Geflecht sich aufzulösen begann, verwegen schief auf dem Kopfe. Seine Gesichtsbildung, sein blonder, lockiger Schnurrbart unter der kurz aufgeworfenen Nase ließen ihn durchaus nicht italienischen Schlages erscheinen. Obgleich eher schmächtig von Leibesbeschaffenheit, sodass man ihn für seinen Beruf nicht sonderlich geschickt geglaubt hätte, führte er das Ruder, bei jedem Schlage den ganzen Körper einsetzend, mit großer Energie. Ein paarmal zog er vor Anstrengung die Lippen zurück und entblößte seine weißen Zähne. Die rötlichen Brauen gerunzelt, blickte er über den Gast hinweg, indem er bestimmten, fast groben Tones erwiderte: „Sie fahren zum Lido.“

Aschenbach entgegnete: „Allerdings. Aber ich habe die Gondel nur genommen, um mich nach San Marco übersetzen zu lassen. Ich wünsche den Vaporetto[3] zu benutzen.“

„Sie können den Vaporetto nicht benutzen, mein Herr.“

„Und warum nicht?“

„Weil der Vaporetto kein Gepäck befördert.“

Das war richtig; Aschenbach erinnerte sich. Er schwieg. Aber die schroffe, überhebliche, einem Fremden gegenüber so wenig landesübliche Art des Menschen schien unleidlich. Er sagte: „Das ist meine Sache. Vielleicht will ich mein Gepäck in Verwahrung geben. Sie werden umkehren.“

Es blieb still. Das Ruder plätscherte, das Wasser schlug dumpf an den Bug. Und das Reden und Raunen begann wieder: Der Gondolier sprach zwischen den Zähnen mit sich selbst.

Was war zu tun? Allein auf der Flut mit dem sonderbar unbotmäßigen, unheimlich entschlosse-

1 Scirocco: heißer Südwind, der von der Sahara in Richtung Mittelmeer weht

2 Hellebarde: Hieb- und Stoßwaffe

3 Vaporetto: „Dampfschiffchen“, die in Venedig als öffentliche Verkehrsmittel genutzten Schiffe

nen Menschen, sah der Reisende kein Mittel, seinen Willen durchzusetzen. Wie weich er übrigens ruhen durfte, wenn er sich nicht empörte! Hatte er nicht gewünscht, dass die Fahrt lange, dass sie immer dauern möge? Es war das Klügste, den Dingen ihren Lauf zu lassen, und es war hauptsächlich höchst angenehm. Ein Bann der Trägheit schien auszugehen von seinem Sitz, von diesem niedrigen, schwarz gepolsterten Armstuhl, so sanft gewiegt von den Ruderschlägen des eigenmächtigen Gondoliers in seinem Rücken. Die Vorstellung, einem Verbrecher in die Hände gefallen zu sein, streifte träumerisch Aschenbachs Sinne, – unvermögend, seine Gedanken zu tätiger Abwehr aufzurufen. Verdrießlicher schien die Möglichkeit, dass alles auf simple Geldschneiderei angelegt sei. Eine Art von Pflichtgefühl oder Stolz, die Erinnerung gleichsam, dass man dem vorbeugen müsse, vermochte ihn, sich noch einmal aufzuraffen. Er fragte: „Was fordern Sie für die Fahrt?"
Und über ihn hinsehend, antwortete der Gondolier: „Sie werden bezahlen."

1 **a** Untersuchen Sie in Kleingruppen den Novellenauszug unter besonderer Berücksichtigung der Symbolik. Gehen Sie dabei auf die Erzählperspektive, die Gesprächssituation, die Beschreibung der Gondel und die Wahrnehmung der Überfahrt nach Venedig ein.
b Analysieren Sie vor folgendem Hintergrund die Bedeutung des Gondoliers im Text bei besonderer Beachtung des letzten Satzes:
Fährmann: Gestalt aus der griechischen Mythologie, der die Toten für einen Obolus (Münze) über den Acheron bzw. Styx und Lethe (Flüsse der Unterwelt) ins Schattenreich geleitete.

2 Berühmt geworden ist die Verfilmung der Novelle durch Luchino Visconti: „Morte a Venezia" (1971). Schauen Sie sich die Verfilmung an. Vergleichen Sie die Darstellung der Szene mit dem Textauszug.

Information **Novelle und Dingsymbol**

Geschichten, in denen eine dramatische bzw. „**unerhörte Begebenheit**" (Goethe) erzählt wird, die einen **Wendepunkt** im Leben eines Menschen bedeuten kann, nennt man Novellen. Die Handlung konzentriert sich oft um ein zentrales Motiv (▸ S. 190), ein **Dingsymbol.** Das Dingsymbol kann über die Handlung der Novelle hinausweisen und Hinweise auf den Charakter einer Figur, ihren Lebensweg, auf besondere Gefühle, seelische Zustände und Wünsche geben.

Friedrich Nietzsche: **Venedig** (1888)

An der Brücke stand
jüngst ich in brauner Nacht.
Fernher kam Gesang;
goldener Tropfen quoll's
über die zitternde Fläche weg.
Gondeln, Lichter, Musik –
trunken schwamm's in die Dämmrung hinaus …
Meine Seele, ein Saitenspiel,
sang sich, unsichtbar berührt,
heimlich ein Gondellied dazu,
zitternd vor bunter Seligkeit.
– Hörte jemand ihr zu? …

Claude Monet: Der Palazzo da Mula (1908)

1 Setzen Sie das Gedicht in Beziehung zu Thomas Manns „Tod in Venedig“. Vergleichen Sie die Gestaltung, z. B. Symbole, Synästhesien etc. Welche Venedig-Bilder entstehen? Wofür steht die Stadt?

2 Beschreiben Sie das Gemälde von Monet. Wie wirkt es auf Sie? Welche Gemeinsamkeiten und Unterschiede in der Darstellung Venedigs sehen Sie zwischen dem Bild und den Texten (► S. 393 ff.)?

Hugo von Hofmannsthal: **Ballade des äußeren Lebens** (1896)

Und Kinder wachsen auf mit tiefen Augen,
Die von nichts wissen, wachsen auf und sterben,
Und alle Menschen gehen ihre Wege.

Und süße Früchte werden aus den herben
Und fallen nachts wie tote Vögel nieder
Und liegen wenig Tage und verderben.

Und immer weht der Wind, und immer wieder
Vernehmen wir und reden viele Worte
Und spüren Lust und Müdigkeit der Glieder.

Und Straßen laufen durch das Gras, und Orte
Sind da und dort, voll Fackeln, Bäumen, Teichen,
Und drohende, und totenhaft verdorrte …

Wozu sind diese aufgebaut? und gleichen
Einander nie? und sind unzählig viele?
Was wechselt Lachen, Weinen und Erbleichen?

Was frommt das alles uns und diese Spiele,
Die wir doch groß und ewig einsam sind
Und wandernd nimmer suchen irgend Ziele?

Was frommt's, dergleichen viel gesehen haben?
Und dennoch sagt der viel, der „Abend“ sagt,
Ein Wort, daraus Tiefsinn und Trauer rinnt

Wie schwerer Honig aus den hohlen Waben.

Stefan George: **komm in den totgesagten park** (1897)

Komm in den totgesagten park und schau:
Der schimmer ferner lächelnder gestade
Der reinen wolken unverhofftes blau
Erhellt die weiher und die bunten pfade

Dort nimm das tiefe gelb das weiche grau
Von birken und von buchs · der wind ist lau
Die späten rosen welkten noch nicht ganz
Erlese küsse sie und flicht den kranz

Vergiss auch diese lezten astern nicht
Den purpur um die ranken wilder reben
Und auch was übrig blieb von grünem leben
Verwinde leicht im herbstlichen gesicht.

Stanislaw Wyspianski: Park bei Nacht (1890/99)

1 a Legen Sie jeweils einen Cluster zu den Begriffen „Abend“ und „Herbst“ an.
  b Vergleichen Sie diese mit den Bildern bei Hofmannsthal und George.

2 Deuten Sie eines der Gedichte unter Berücksichtigung der Epoche (Information, ► S. 397).
  Tipp: Beachten Sie bei George die von ihm bevorzugte Schrift und Schreibweise.

3 Zeigen Sie die Unterschiede zwischen Naturalismus und Symbolismus auf.

Information **Gegenströmungen zum Naturalismus – Fin de Siècle/Symbolismus (1890–1920)**

Die Zeit der Jahrhundertwende, der Übergang des bürgerlichen Zeitalters zur Moderne (► S. 388 f.), ist geprägt durch eine Vielfalt von Stilrichtungen in Kunst und Literatur. Während die **Naturalisten** (► S. 388 f.) noch schonungslos die Wahrheit der Wirklichkeit darzustellen suchten, spürten demgegenüber andere Künstlerinnen und Künstler den Seelenzuständen der Menschen als einer Wirklichkeit hinter äußeren Wirklichkeiten nach. Dabei wird die eigene Zeit als Endzeit begriffen, das **Thema „Untergang/Verfall"** wird zum **ästhetischen Darstellungsprogramm.** Man spricht daher auch vom „**Fin de Siècle**" („Ende des Jahrhunderts"), ebenso Zeit der **Décadence** (von lat. cadere „fallen") genannt, und zwar im Sinne des empfundenen kulturellen Niedergangs.
Prägend für das neue Kunstverständnis wird der Zustand der erhöhten Sensibilität und ausdrücklichen Subjektivität: Der Künstler erlebe nur mit den Nerven, reagiere nur mit den Nerven. Das gesamte Leben mit all seine Facetten wird zum Schönen hin in Kunst verwandelt und stilisiert (**Ästhetizismus** ohne Moral), die Losung der künstlerischen Autonomie „l'art pour l'art" (sinngemäß: „Die Kunst um der Kunst willen") wird ausgegeben.
Im **Symbolismus** zeigen sich diese Tendenzen, indem einer sich technisierenden Gesellschaft das Spirituelle entgegengehalten wird. Nicht die wissenschaftliche Logik, sondern die Intuition, das Unbewusste, die Vorstellungskraft, der Traum und das Geheimnisvolle einer anderen Welt sollen vorherrschen. Aufgabe der Kunst ist es, den tieferen Sinn in jedem Phänomen symbolhaft zu zeigen. Beispielhaft lässt sich das anhand der Darstellung der Stadt Venedig nachverfolgen. Als eine unwirklich-märchenhafte, von exotischer und morbider Schönheit geprägte, aber zum Untergang bestimmte Stadt zeigt sie, wie das Leben dem Verfall und Tod geweiht ist. Auch die Stimmungslage der Figuren bei **Arthur Schnitzler** und **Thomas Mann** (► S. 391 f. u. 393 f.) spiegeln diese Sicht wider. Sie charakterisieren sich durch kraftlose Feinfühligkeit, Kränklichkeit, Nervenschwäche, (Lebens-)Müdigkeit, Melancholie und Skepsis dem Leben gegenüber.
Zu den weiteren künstlerischen Strömungen des Epochenumbruchs um 1900 gehören insbesondere **Jugendstil, Impressionismus, Surrealismus, Sezession** und **Neuromantik.** Sie wirklich trennscharf voneinander zu unterscheiden, ist kaum möglich, zumal sich auch die Künstlerinnen und Künstler verschiedener Stile bedienten. In Bezug auf die Literatur ist allen diesen **Gegenströmungen zum Naturalismus** oder **Realismus** (► S. 367 ff.) jedoch gemeinsam, dass es nicht um eine objektive Wirklichkeitsdarstellung geht, sondern um den subjektiven Eindruck, wobei die visuelle Wahrnehmung wie im Symbolismus durch ein Höchstmaß an sprachlicher Differenzierung ausgestaltet wird.

Weitere wichtige Autorinnen/Autoren und Werke

Ricarda Huch (1864–1947): Gedichte

Richard Dehmel (1863–1920): „Erlösungen. Eine Seelenwandlung in Gedichten und Sprüchen" (Gedichtband)

1 Erstellen Sie zum Thema „Venedig in Literatur und Kunst von gestern bis heute" eine Wandzeitung.

2 Referate/Kurzvorträge: Recherchieren Sie zu einem der folgenden Begriffe und stellen Sie dessen Besonderheiten in anschaulicher Form anhand von Beispielen dar: Jugendstil, Impressionismus, Surrealismus, Sezession, Neuromantik.
Tipp: Nutzen Sie zur näheren Einordnung und Beschreibung die in der Information verwendeten Begrifflichkeiten.

5.3 Expressionismus (1910–1925)

Edvard Munch: Der Schrei (1893)

George Grosz: Explosion (1917)

1 **a** Bilder können „laut“ sein. Bilden Sie Vierergruppen und entwerfen Sie zu einem der Bilder mit Stimmen und Instrumenten eine passende Klangcollage.

b Präsentieren Sie Ihre Klangcollagen. Begründen Sie Ihre Gestaltungsentscheidungen.

2 Vergleichen Sie die beiden Bilder mit denen der Symbolisten (▶ S. 390). Welche Unterschiede fallen Ihnen auf? Stellen Sie Vermutungen darüber an, wie sich diese erklären lassen.

Margarete Susman: **Expressionismus** (1918)

Solange wir nicht im Stande sind, die Welt aus ihren Angeln zu heben, den alten verrotteten Lebensformen neue, reinere entgegenzusetzen, sind wir ihr verfallen. Und doch ertragen wir es nicht, sie hinzunehmen: das Rasen gegen sie erfüllt uns bis zum Zerspringen; wir wollen handeln, wirken, ändern. Was ist zu tun? Nur eines! Nur schreien können wir – schreien mit aller Kraft unserer armen, erstickten Menschenstimme – schreien, dass wir den grauenhaften Lärm des Geschehens übertönen – schreien, dass wir gehört werden von den Menschen, von Gott.

Dieser Schrei, der zum Himmel gellende Schrei, der nicht mehr wie noch der einsame Sehnsuchtsschrei Stefan Georges[1] „durch güldne Harfe sausen“ will, den keine an den Mund gesetzte Flöte mehr zum Klang verschönt, der nur gehört werden will, gehört werden soll um jeden Preis als lebendige menschliche Entscheidung – er allein ist die Antwort der wachen Seele auf die furchtbare Umklammerung unserer Zeit. Wo das Entsetzliche uns überwältigt, sodass wir es nicht anschauen, nicht gestaltend beherrschen, uns ihm weder hingeben noch auch entreißen können, da bleibt uns allein, uns ihm entgegenzustemmen mit aller Kraft; es bleibt uns als Tat allein die Entscheidung. Wollen wir Befreiung? Wollen wir Erneuerung? Wollen wir, dass es anders werde? Wollen wir heraus aus diesem Strudel, aus diesem grauenvollen Mischmasch von niederstem Machtwillen und verworrenem, verratenem Idealismus? Wollen wir heraus aus dieser schwersten, wehesten Verfinsterung des Geistes, die je auf Erden war? Dies ist die einzige Frage an unser

1 **Stefan George** (1868–1933): bedeutender Lyriker des Symbolismus und der Neuromantik

Leben. Heraus, gleichviel ob in Schönheit oder Hässlichkeit, in Ehre oder Schmach, ja selbst ob in Liebe oder Hass. Nur heraus: den großen, gellenden Schrei ausstoßen, der uns auf ewig trenne von dem Wollen der dumpf hinnehmenden Menge, der jede Gemeinschaft mit den dumpf treibenden Mächtigen unserer Zeit verwirft. Entscheidung für oder wider – dies ist heute die einzige Frage an unser Menschentum.

Und diese Entscheidung, dieser Aufschrei der sich entscheidenden Seele ist Expressionismus. Er ist die Antwort auf eine Wirklichkeit, die anzuschauen, der sich hinzugeben unmöglich geworden ist. Entscheidung lebendiger Persönlichkeit gegen das blinde Rasen sinnfremder Gewalten, das ist die Seele des Expressionismus. Auch im scheinbar verrenktesten, verzerrtesten Bild der Welt, sofern es unsere geistige Welt nicht annimmt, sie anders will, sofern es sich mit innerster Kraft zur Wehr setzt gegen das Überkommene, sofern es ein Aufschrei wider die zur Unmöglichkeit gewordene Welt ist, lebt etwas von der Freiheit, die unsere Zeit uns heutigen Menschen gestohlen hat für Zeit und Ewigkeit. Denn anders als in Krämpfen kann unserer Welt die Erneuerung nicht kommen, anders können wir sie nicht herbeirufen. Die Zeiten der Stille, der Anmut, der Verschlossenheit und Scham sind vorüber. Uns Unseligen kommt Gott nicht im sanften Säuseln. Der Expressionismus hat eine Sendung, die nichts mehr von Schönheit weiß.

1 Begründen Sie, welches der beiden Bilder (▶ S. 398) Sie eher wählen würden, um den Inhalt der Bestimmung des Expressionismus durch Margarete Susman zu veranschaulichen.

2 **a** Bei Susmans Text handelt es sich um ein Manifest, d. i. eine Grundsatzerklärung. Notieren Sie, wozu darin programmatisch aufgerufen wird.

b Der Begriff „Expressionismus" ist von lat. *expressiv* = Ausdruck abgeleitet. Untersuchen Sie, wie sich in der Sprache des Manifestes das neue Kunstkonzept spiegelt, z. B. durch Fragenhäufungen ...

3 Vergleichen Sie Sprache und Kunstkonzept mit den Intentionen des Symbolismus (▶ S. 397).

Apokalypse und Krieg – Motive expressionistischer Lyrik

Else Lasker-Schüler: **Weltende** (1905)

Es ist ein Weinen in der Welt,
Als ob der liebe Gott gestorben wär,
Und der bleierne Schatten, der niederfällt,
Lastet grabesschwer.

Komm, wir wollen uns näher verbergen ...
Das Leben liegt in aller Herzen
Wie in Särgen.

Du! wir wollen uns tief küssen –
Es pocht eine Sehnsucht an die Welt,
An der wir sterben müssen.

Jakob van Hoddis: **Weltende** (1911)

Dem Bürger fliegt vom spitzen Kopf der Hut,
In allen Lüften hallt es wie Geschrei,
Dachdecker stürzen ab und gehn entzwei
Und an den Küsten – liest man – steigt die
Flut.

Der Sturm ist da, die wilden Meere hupfen
An Land, um dicke Dämme zu zerdrücken.
Die meisten Menschen haben einen
Schnupfen.
Die Eisenbahnen fallen von den Brücken.

1 Beschreiben und begründen Sie am Text, wie Sie Lasker-Schülers Gedicht bildlich darstellen würden.

2 Hoddis' Gedicht wurde zuerst in einem Kabarett vorgetragen. Es karikiert die durch den Halleyschen Kometen (1910) ausgelöste Furcht. Gestalten Sie **Stimmskulpturen** (Methode, ▶ S. 400).

3 Welches Weltverständnis, welches Kunstverständnis spiegelt sich in den Gedichten jeweils wider?

Alfred Lichtenstein: **Doch kommt ein Krieg** (1914)

Doch kommt ein Krieg. Zu lange war schon Frieden.
Dann ist der Spaß vorbei. Trompeten kreischen
Dir tief ins Herz. Und alle Nächte brennen.
Du frierst in Zelten. Dir ist heiß. Du hungerst.
Ertrinkst. Zerknallst. Verblutest. Äcker röcheln.
Kirchtürme stürzen. Fernen sind in Flammen.
Die Winde zucken. Große Städte krachen.
Am Horizont steht der Kanonendonner.
Rings aus den Hügeln steigt ein weißer Dampf
Und dir zu Häupten platzen die Granaten.

Alfred Kubin: Der Krieg (1907)

Georg Trakl: **Grodek**[1] (1915)

Am Abend tönen die herbstlichen Wälder
Von tödlichen Waffen, die goldnen Ebenen
Und blauen Seen, darüber die Sonne
Düstrer hinrollt; umfängt die Nacht
Sterbende Krieger, die wilde Klage
Ihrer zerbrochenen Münder.
Doch stille sammelt im Weidengrund
Rotes Gewölk, darin ein zürnender Gott wohnt,
Das vergossne Blut sich, mondne Kühle;
Alle Straßen münden in schwarze Verwesung.
Unter goldnem Gezweig der Nacht und Sternen
Es schwankt der Schwester Schatten durch den schweigenden Hain,
Zu grüßen die Geister der Helden, die blutenden Häupter;
Und leise tönen im Rohr die dunkeln Flöten des Herbstes.
O stolzere Trauer! ihr ehernen Altäre,
Die heiße Flamme des Geistes nährt heute ein gewaltiger Schmerz,
Die ungebornen Enkel.

1 **Grodek** (Gródek): Ort einer Kriegsschlacht in der Ukraine

August Stramm: **Patrouille** (1915)

Die Steine feinden
Fenster grinst Verrat
Äste würgen
Berge Sträucher blättern raschlig
Gellen
Tod.

Methode **Stimmskulptur**

Bilden Sie Gruppen mit je einem Dirigenten. Die übrigen Mitglieder wählen sich je einen Vers, um ihn mit verschiedener Betonung immer wieder neu vorzutragen. Der Dirigent gibt an, wer seinen Vers wann spricht.

1 Vergleichen Sie die drei Gedichte zum Thema „Krieg" inhaltlich und sprachlich.
2 Referate: Stellen Sie das Leben der Dichter mit Blick auf den Ersten Weltkrieg vor.

Mörder und Verlorene – Beispiele expressionistischer Prosa

Franz Kafka: **Ein Brudermord** (1917)

Es ist erwiesen, dass der Mord auf folgende Weise erfolgte:

Schmar, der Mörder, stellte sich gegen neun Uhr abends in der mondklaren Nacht an jener Straßenecke auf, wo Wese, das Opfer, aus der Gasse, in welcher sein Büro lag, in jene Gasse einbiegen musste, in der er wohnte.

Kalte, jeden durchschauernde Nachtluft. Aber Schmar hatte nur ein dünnes blaues Kleid angezogen; das Röckchen war überdies aufgeknöpft. Er fühlte keine Kälte; auch war er immerfort in Bewegung. Seine Mordwaffe, halb Bajonett, halb Küchenmesser, hielt er ganz bloßgelegt immer fest im Griff. Betrachtete das Messer gegen das Mondlicht; die Schneide blitzte auf; nicht genug für Schmar; er hieb mit ihr gegen die Backsteine des Pflasters, dass es Funken gab; bereute es vielleicht; und um den Schaden gutzumachen, strich er mit ihr violinbogenartig über seine Stiefelsohle, während er, auf einem Bein stehend, vorgebeugt, gleichzeitig dem Klang des Messers an seinem Stiefel, gleichzeitig in die schicksalsvolle Seitengasse lauschte.

Warum duldete das alles der Private Pallas, der in der Nähe aus seinem Fenster im zweiten Stockwerk alles beobachtete? Ergründe die Menschennatur! Mit hochgeschlagenem Kragen, den Schlafrock um den weiten Leib gegürtet, kopfschüttelnd, blickte er hinab.

Und fünf Häuser weiter, ihm schräg gegenüber, sah Frau Wese, den Fuchspelz über ihrem Nachthemd, nach ihrem Manne aus, der heute ungewöhnlich lange zögerte.

Endlich ertönt die Türglocke vor Weses Büro, zu laut für eine Türglocke, über die Stadt hin, zum Himmel auf, und Wese, der fleißige Nachtarbeiter, tritt dort, in dieser Gasse noch unsichtbar, nur durch das Glockenzeichen angekündigt, aus dem Haus; gleich zählt das Pflaster seine ruhigen Schritte.

Pallas beugt sich weit hervor; er darf nichts versäumen. Frau Wese schließt, beruhigt durch die Glocke, klirrend ihr Fenster. Schmar aber kniet nieder; da er augenblicklich keine anderen Blößen hat, drückt er nur Gesicht und Hände gegen die Steine; wo alles friert, glüht Schmar.

Gerade an der Grenze, welche die Gassen scheidet, bleibt Wese stehen, nur mit dem Stock stützt er sich in die jenseitige Gasse.

Eine Laune. Der Nachthimmel hat ihn angelockt, das Dunkelblaue und das Goldene. Unwissend blickt er es an, unwissend streicht er das Haar unter dem gelüpften Hut; nichts rückt dort oben zusammen, um ihm die allernächste Zukunft anzuzeigen; alles bleibt an seinem unsinnigen, unerforschlichen Platz. An und für sich sehr vernünftig, dass Wese weitergeht, aber er geht ins Messer des Schmar.

„Wese!“, schreit Schmar, auf den Fußspitzen stehend, den Arm aufgereckt, das Messer scharf gesenkt. „Wese! Vergebens wartet Julia!“ Und rechts in den Hals und links in den Hals und drittens tief in den Bauch sticht Schmar. Wasserratten, aufgeschlitzt, geben einen ähnlichen Laut von sich wie Wese.

„Getan“, sagt Schmar und wirft das Messer, den überflüssigen blutigen Ballast, gegen die nächste Hausfront. „Seligkeit des Mordes! Erleichterung, Beflügelung durch das Fließen des fremden Blutes! Wese, alter Nachtschatten, Freund, Bierbankgenosse, versickerst im dunklen Straßengrund. Warum bist du nicht einfach eine mit Blut gefüllte Blase, dass ich mich auf dich setzte und du verschwändest ganz und gar. Nicht alles wird erfüllt, nicht alle Blütenträume reiften, dein schwerer Rest liegt hier, schon unzugänglich jedem Tritt. Was soll die stumme Frage, die du damit stellst?“

Pallas, alles Gift durcheinanderwürgend in seinem Leib, steht in seiner zweiflügelig aufspringenden Haustür. „Schmar! Schmar! Alles bemerkt, nichts übersehen.“ Pallas und Schmar prüfen einander. Pallas befriedigt's, Schmar kommt zu keinem Ende.

Frau Wese mit einer Volksmenge zu ihren beiden Seiten eilt mit vor Schrecken ganz gealtertem Gesicht herbei. Der Pelz öffnet sich, sie stürzt über Wese, der nachthemdbekleidete Körper gehört ihm, der über dem Ehepaar sich wie der Rasen eines Grabes schließende Pelz gehört der Menge.
Schmar, mit Mühe die letzte Übelkeit verbeißend, den Mund an die Schulter des Schutzmannes gedrückt, der leichtfüßig ihn davonführt.

1 Bilden Sie Gruppen: Machen Sie dem Mörder Schmar den Prozess:
- Konstruieren Sie mögliche Handlungsmotive des Mörders. Was sagt er vor Gericht aus?
- Was sagt der Augenzeuge Pallas aus?
- Wie präsentiert sich Frau Wese vor Gericht?
- Was erläutert ein möglicher Verteidiger Schmars?
- Wie entscheidet der Richter?

2 Analysieren Sie Kafkas Erzählung, indem Sie besonders den **Erzähler** und die **Erzählweise** (► S. 160 f. u. 163 f.) in den Blick nehmen.

Gottfried Benn: **Gehirne** (1915)

Rönne, ein junger Arzt, der früher viel seziert hatte, fuhr durch Süddeutschland dem Norden zu. Er hatte die letzten Monate tatenlos verbracht; er war zwei Jahre lang an einem pathologischen Institut angestellt gewesen, das bedeutet, es waren ungefähr zweitausend Leichen ohne Besinnen durch seine Hände gegangen, und das hatte ihn in einer merkwürdigen Weise erschöpft. [...]
Erschüttert saß er eines Morgens vor seinem Frühstückstisch; er fühlte so tief: Der Chefarzt würde verreisen, ein Vertreter würde kommen, in dieser Stunde aus dem Bette steigen und das Brötchen nehmen: Man denkt, man ißt, und das Frühstück arbeitet an einem herum. Trotzdem verrichtete er weiter, was an Fragen und Befehlen zu verrichten war; klopfte mit einem Finger der rechten Hand auf einen der linken, dann stand eine Lunge darunter; trat an Betten: Guten Morgen, was macht Ihr Leib? Aber es konnte jetzt hin und wieder vorkommen, daß er durch die Hallen ging, ohne jeden Einzelnen ordnungsgemäß zu befragen, sei es nach der Zahl seiner Hustenstöße, sei es nach der Wärme seines Darms.
Wenn ich durch die Liegehallen gehe – dies beschäftigte ihn zu tief –, in je zwei Augen falle ich, werde wahrgenommen und bedacht. Mit freundlichen und ernsten Gegenständen werde ich verbunden; vielleicht nimmt ein Haus mich auf, in das sie sich sehnen, vielleicht ein Stück Gerbholz, das sie einmal schmeckten. Und ich hatte auch einmal zwei Augen, die liefen rückwärts mit ihren Blicken; jawohl, ich war vorhanden: fraglos und gesammelt. Wo bin ich hingekommen? Wo bin ich? Ein kleines Flattern, ein Verwehn. Er sann nach, wann es begonnen hätte, aber er wußte es nicht mehr. [...]
Es war Sommer; Otternzungen schaukelten das Himmelsblau, die Rosen blühten, süß geköpft. Er spürte den Drang der Erde: bis vor seine Sohlen, und das Schwellen der Gewalten: nicht mehr durch sein Blut. Vornehmlich aber ging er Wege, die im Schatten lagen, und solche mit vielen Bänken; häufig mußte er ruhen vor der Hemmungslosigkeit des Lichtes, und preisgegeben fühlte er sich einem atemlosen Himmel. Allmählich fing er an, seinen Dienst nur noch unregelmäßig zu versehen; namentlich aber, wenn er sich gesprächsweise zu dem Verwalter oder der Oberin über irgendeinen Gegenstand äußern sollte, wenn er fühlte, jetzt sei es daran, eine Äußerung seinerseits dem in Frage stehenden Gegenstand zukommen zu lassen, brach er förmlich zusammen. Was solle man denn zu einem Geschehen sagen? Geschähe es nicht so,

geschähe es ein wenig anders. Leer würde die Stelle nicht bleiben. Er aber mochte nur leise vor sich hinsehn und in seinem Zimmer ruhn. Wenn er aber lag, lag er nicht wie einer, der erst vor ein paar Wochen gekommen war, von einem See und über die Berge, sondern als wäre er mit der Stelle, auf der sein Leib jetzt lag, emporgewachsen und von den langen Jahren geschwächt; und etwas Steifes und Wächsernes war an ihm lang, wie abgenommen von den Leibern, die sein Umgang gewesen waren.

Auch in der Folgezeit beschäftigte er sich viel mit seinen Händen. Die Schwester, die ihn bediente, liebte ihn sehr; er sprach immer so flehentlich mit ihr, obschon sie nicht recht wußte, um was es ging. Oft fing er etwas höhnisch an: Er kenne diese fremden Gebilde, seine Hände hätten sie gehalten. Aber gleich verfiel er wieder: Sie lebten in Gesetzen, die nicht von uns seien, und ihr Schicksal sei uns so fremd wie das eines Flusses, auf dem wir fahren. Und dann ganz erloschen, den Blick schon in einer Nacht: Um zwölf chemische Einheiten handele es sich, die zusammengetreten wären nicht auf sein Geheiß, und die sich trennen würden, ohne ihn zu fragen. Wohin solle man sich dann sagen? Es wehe nur über sie hin.

Er sei keinem Ding mehr gegenüber; er habe keine Macht mehr über den Raum, äußerte er einmal; lag fast ununterbrochen und rührte sich kaum. Er schloß sein Zimmer hinter sich ab, damit niemand auf ihn einstürmen könne; er wollte öffnen und gefaßt gegenüberstehen. Anstaltswagen, ordnete er an, möchten auf der Landstraße hin und her fahren; er hatte beobachtet, es tat ihm wohl, Wagenrollen zu hören: Das war so fern, das war wie früher, das ging in eine fremde Stadt.

Er lag immer in einer Stellung: steif auf dem Rücken. Er lag auf dem Rücken, in einem langen Stuhl, der Stuhl stand in einem geraden Zimmer, das Zimmer stand im Haus und das Haus auf einem Hügel. Außer ein paar Vögeln war er das höchste Tier. So trug ihn die Erde leise durch den Äther und ohne Erschüttern an allen Sternen vorbei.

Eines Abends ging er hinunter zu den Liegehallen; er blickte die Liegestühle entlang, wie sie alle still unter ihren Decken die Genesung erwarteten; er sah sie an, wie sie dalagen: alle aus Heimaten, aus Schlaf voll Traum, aus Abendheimkehr, aus Gesängen von Vater und Sohn, zwischen Glück und Tod – er sah die Halle entlang und ging zurück. Der Chefarzt wurde zurückgerufen, er war ein freundlicher Mann, er sagte, eine seiner Töchter sei erkrankt. Rönne aber sagte: Sehen Sie, in diesen meinen Händen hielt ich sie, hundert oder auch tausend Stück; manche waren weich, manche waren hart, alle sehr zerfließlich; Männer, Weiber, mürbe und voll Blut. Nun halte ich immer mein eigenes in meinen Händen und muß immer darnach forschen, was mit mir möglich sei. Wenn die Geburtszange hier ein bißchen tiefer in die Schläfe gedrückt hätte …? Wenn man mich immer über eine bestimmte Stelle des Kopfes geschlagen hätte? Was ist es denn mit den Gehirnen? Ich wollte immer auffliegen wie ein Vogel aus der Schlucht; nun lebe ich außen im Kristall. Aber nun geben Sie mir bitte den Weg frei, ich schwinge wieder – ich war so müde – auf Flügeln geht dieser Gang – mit meinem blauen Anemonenschwert – in Mittagsturz des Lichts – in Trümmern des Südens – in zerfallendem Gewölk – Zerstäubungen der Stirne – Entschweifungen der Schläfe. R

1 **a** Beschreiben Sie, wie der Text auf Sie wirkt.
b Begründen Sie, wie Sie die Überschrift verstehen.

2 Untersuchen Sie in Partnerarbeit:
- die Figur des Arztes (Veränderungen des Verhaltens, der Wahrnehmung, der Gefühle),
- die Erzählstrategie (▸ S.160; achten Sie auf den Wechsel der Erzählform vom „Er“ zum „Ich“),
- sprachliche Besonderheiten (besonders Wortwahl und Syntax).

Information **Epochenüberblick – Expressionismus (ca. 1910 – ca. 1925)**

Allgemeingeschichtlicher Hintergrund: Der deutsche Kaiser Wilhelm II. vertrat die Ansicht, dass dem neu gegründeten Deutschen Reich ein „Platz an der Sonne“ gebühre. Die Kolonialpolitik und der Ausbau der deutschen Flotte wurden vorangetrieben. Als 1914 der österreichische Thronfolger und seine Frau ermordet wurden und Österreich diese Tat Serbien anlastete, kam es zum Krieg, der sich auf Grund verschiedener Staatenbündnisse zum **Ersten Weltkrieg** ausweitete. In „Materialschlachten“ wurden durch technisch-militärische Neuerungen wie Maschinengewehre, Flugzeuge, Panzer und den Einsatz von Giftgas in nie da gewesenem Maße Menschen verstümmelt und getötet. 1918 endete der Krieg mit der Niederlage Deutschlands und seiner Verbündeten.

Weltbild und Lebensauffassung: Die Zeit um 1900 wurde von der um 1880 geborenen Generation oft als verkrustet und unbeweglich begriffen. Den Neuerungen, die der enorme technische Fortschritt mit sich gebracht hatte, stand sie skeptisch gegenüber. Man meinte, dass das Alte zu Grunde gehen müsse, damit Neues entstehen könne. Verschiedene Ereignisse galten als Vorboten einer nahenden **Apokalypse,** wie das Erscheinen des Halleyschen Kometen (1910) und der Untergang der Titanic (1912), des seinerzeit größten und modernsten Schiffs der Welt. Mit dem Ersten Weltkrieg brach die erwartete Apokalypse besonders über die junge Generation herein, viele verloren durch den Krieg ihr Leben.

Literatur: Während im Naturalismus die wahrnehmbare Wirklichkeit nachgebildet werden sollte (▸ S. 388 f.) und im Fin de Siècle diese symbolisch überhöht wurde, um eine dahinterliegende Wirklichkeit zu zeigen (▸ S. 397), vollziehen expressionistische Künstlerinnen und Künstler einen **radikalen Bruch mit den bisherigen ästhetischen Darstellungsweisen.** Sie versuchten einen völlig neuen, visionären Blick auf das, was kommen sollte. „Sie sahen nicht, sie schauten. Sie fotografierten nicht, sie hatten Gesichte“ (Kasimir Edschmid). Diese zeitgenössische Aussage charakterisiert die Expressionisten in kürzestmöglicher Form. Kennzeichen expressionistischer Literatur sind insbesondere **Wortneuschöpfungen,** das **Aufbrechen grammatischer Strukturen** bis hin zum Stammeln, der **Reihungsstil** und eine **starke, einprägsame Bildlichkeit** sowie eine **drastische Farbsymbolik.** Darüber hinaus orientierte man sich an der bildenden Kunst und ihrer Abwendung von der Gegenständlichkeit hin zur **Abstraktion.** Die damit zusammenhängende **Simultaneität** als Symbol für die Dynamik der Zeit im Umbruch gestaltet sich in der expressionistischen Literatur in der möglichst gleichzeitigen Darstellung verschiedenster Eindrücke, Empfindungen, Gedanken etc.

Weitere wichtige Autoren und Werke

Ernst Stadler (1883–1914): „Der Aufbruch“ (Gedichtsammlung)
Georg Kaiser (1878–1945): „Die Bürger von Calais“, „Gas I und II“ (Dramen)
Georg Heym (1887–1912): „Der ewige Tag“, „Umbra vitae“ (Gedichtsammlungen)
Franz Werfel (1890–1945): „Wir sind“ (Gedichtsammlung)
Ernst Toller (1893–1939): „Die Wandlung“, „Masse Mensch“ (Dramen), Gedichte, Autobiografie: „Eine Jugend in Deutschland“

1 Untersuchen Sie Kafkas „Brudermord“ (▸ S. 401 f.) im Hinblick auf Merkmale des Expressionismus. Erläutern Sie die Wirkung verwendeter Stilmerkmale.
2 Suchen Sie nach Gedichten zum Thema „Krieg“ aus anderen Epochen (z. B. Barock: Andreas Gryphius' „Thränen des Vaterlandes/Anno 1636“) und vergleichen Sie diese mit der Darstellung des Krieges in der expressionistischen Lyrik (▸ S. 400; Gedichtvergleich, ▸ S. 566 ff.).

Literaturstation: Schönheit und Tod – Ein Motiv der Lyrik

Das Motiv, das auf die Künstlerinnen und Künstler des Epochenumbruchs um 1900 eine besondere Faszination ausübte, war die Figur der Ophelia aus William Shakespeares Drama „Hamlet" (um 1601). Die wahnsinnig gewordene Ophelia sucht den Tod im Wasser.
Doch was macht die Faszination einer Wasserleiche aus? Warum findet das Motiv „Ophelia" nicht nur zur Jahrhundertwende, sondern bis heute immer wieder Eingang in die bildende Kunst und Literatur? Den Ursprung und die bildliche sowie literarische Darstellung der Ophelia als wunderschöne Wasserleiche können Sie mit Hilfe des ersten Teilkapitels dieser Literaturstation kennen lernen und genauer untersuchen.
Das zweite Teilkapitel stellt Ihnen dann Material zur Verfügung, um vergleichend aufzuzeigen, wie vielschichtig das Motiv aufgegriffen wurde: Neben der Verknüpfung von Schönheit und Tod können Sie eine Ästhetisierung des Hässlichen beobachten.
Im dritten Teilkapitel können Sie schließlich die Aktualität des Motivs am Beispiel eines Popsongs nachverfolgen.
Zudem bietet diese Station Gelegenheit, einen Lyrikabend (► S. 335) zum Motiv zu gestalten.

I Das Ophelia-Motiv – Die schöne Wasserleiche

Arthur Rimbaud: **Ophelia I** (1870)

Auf stiller, schwarzer Flut, im Schlaf der Sternenfeier,
Treibt, einer großen Lilie gleich, Ophelia,
Die bleiche, langsam hin in ihrem langen Schleier.
Man hört im fernen Wald der Jäger Hallala.

So, weißes Traumbild, länger schon als tausend Jahre,
Ophelia auf dem schwarzen Wasser traurig zieht;
Ihr sanft verstörter Geist, schon mehr als tausend Jahre,
Singt leis im Abendhauche sein romantisch Lied.

Der Wind küsst ihre Brust und bauscht des Schleiers
Seide
Wie eine Dolde auf, vom Wasser sanft gewiegt,
Auf ihre Schulter, leis erschauernd, weint die Weide,
Auf ihrer großen Stirne Traum das Schilfblatt liegt.

Die Wasserrose seufzt, berührt von ihrem Schweben,
Zuweilen, aus dem Schlaf in einem Erlenbaum,
Weckt sie ein Vogelnest, draus bang sich Flügel heben.
Geheimnisvoll fällt Sang aus goldner Sterne Raum.

Arthur Rimbaud: **Ophélie I** (1870) –

Sur l'onde calme et noire où dorment les étoiles
La blanche Ophélia flotte comme un grand lys,
Flotte très lentement, couchée en ses longs voiles ...
– On entend dans les bois lointains des hallalis.

Voici plus de mille ans que la triste Ophélie
Passe, fantôme blanc, sur le long fleuve noir.
Voici plus de mille ans que sa douce folie
Murmure sa romance à la brise du soir.

La vent baise ses seins et déploie en corolle
Ses grands voiles bercés mollement par les eaux;
Les saules frissonnants pleurent sur son épaule,
Sur son grand front rêveur s'inclinent les roseaux.

Les nenuphars froissés soupirent autour d'elle;
Elle éveille parfois, dans un aune qui dort,
Quelque nid, d'où s'échappe un petit frisson d'aile:
– Un chant mystérieux tombe des astres d'or.

1 Beschaffen Sie sich die Ophelia-Szene aus Shakespeares „Hamlet" (4. Akt) und tragen Sie diese vor.
2 Lesen Sie Rimbauds Gedicht laut. Notieren Sie Ihre Assoziationen.
3 Vergleichen Sie das Gedicht mit der „Hamlet"-Szene. Wie greift Rimbaud das Motiv auf?

John Everett Milla s: Ophelia (1851/52)

Gregory Crewdson: ohne Titel (1998–2002)

1 **a** Beschreiben und deuten Sie den Gesichtsausdruck der Ophelia in Millais' Gemälde.
b Nehmen Sie beide Bilder (Millais/Crewdson) in ihren Details wahr. Denken Sie sich in den Raum hinein, achten Sie besonders auf Lichtführung und Farbgebung.

2 Vergleichen Sie die Gemälde miteinander. Wie wird die Schönheit der weiblichen Wasserleiche jeweils künstlerisch vermittelt?

3 Stellen Sie Bezüge zwischen den Bildern, der Dramenszene und Rimbauds Gedicht (► S.405) her.

II Die Ästhetik des Hässlichen – Eine hässlich-schöne Wasserleiche?

Information **Stichworte zum Epochenumbruch 1900 – Ästhetik des Hässlichen**

Zu Anfang des 20. Jahrhunderts werden Großstadt und Zivilisation höchst skeptisch betrachtet, die Gesellschaft als hinfällig, morbide und vom Untergang bedroht eingeschätzt. Auf Seiten des Subjekts, des Ichs, entspricht diese Kulturskepsis einem Gefühl der Ohnmacht, der Verlorenheit, der Ich-Auflösung. Sowohl die Thematisierung psychischer Krankheitsprozesse wie Depressionen, Selbstmordgedanken und Wahnsinn spielt eine Rolle als auch die des Ich-Zerfalls im Sinne körperlicher Verfallsprozesse. Todes- und Verwesungsmotive werden dabei künstlerisch mit einer gebrochenen Aura der Schönheit verbunden, d.h., Hässlichkeit und Zerfallssymptome werden ästhetisiert.

Georg Heym: **Ophelia I**[1] (1910)

Im Haar ein Nest von jungen Wasserratten,
Und die beringten Hände auf der Flut
Wie Flossen, also treibt sie durch den Schatten
Des großen Urwalds, der im Wasser ruht.

Die letzte Sonne, die im Dunkel irrt,
Versenkt sich tief in ihres Hirnes Schrein.
Warum sie starb? Warum sie so allein
Im Wasser treibt, das Farn und Kraut verwirrt?

Im dichten Röhricht steht der Wind. Er scheucht
Wie eine Hand die Fledermäuse auf.
Mit dunklem Fittich, von dem Wasser feucht
Stehn sie wie Rauch im dunklen Wasserlauf,

Wie Nachtgewölk. Ein langer, weißer Aal
Schlüpft über ihre Brust. Ein Glühwurm scheint
Auf ihrer Stirn. Und eine Weide weint
Das Laub auf sie und ihre stumme Qual.

1 Unter dem Titel „Ophelia II" wird in acht weiteren Strophen beschrieben, wie Ophelia den Strom hinabtreibt.

Gottfried Benn: **Schöne Jugend** (1912)

Der Mund eines Mädchens, das lange im
 Schilf gelegen hatte,
sah so angeknabbert aus.
Als man die Brust aufbrach, war die
 Speiseröhre so löcherig.
Schließlich in einer Laube unter dem
 Zwerchfell
fand man ein Nest von jungen Ratten.
Ein kleines Schwesterchen lag tot.
Die andern lebten von Leber und Niere,
tranken das kalte Blut und hatten
hier eine schöne Jugend verlebt.
Und schön und schnell kam auch ihr Tod:
Man warf sie allesamt ins Wasser.
Ach, wie die kleinen Schnauzen quietschten!

Alfred Kubin: Sumpfpflanzen (um 1903/04)

1 **a** Beschreiben Sie Ihre ersten Leseeindrücke.
b Vergleichen Sie die beiden Gedichte mit dem Rimbauds (▸ S. 405). Was geschieht mit dem „Ophelia-Motiv"?

2 Untersuchen Sie die beiden Gedichte von Heym und Benn im Hinblick auf die Darstellung der Mädchenleiche und der Verfallsprozesse:
a Stellen Sie in einer Wortfeldarbeit das konkrete Sprachmaterial zusammen, z. B. für „Ophelia I":
– Körper: „Haar" – „Nest von Wasserratten" (Vers 1); „Hände" –
b Vergleichen Sie die beiden Gedichte und erläutern Sie die jeweilige Wirkung der Darstellung des Ich-Zerfalls. Wie werden Schönheit und Tod miteinander verknüpft?

3 **Weiterführende Aufgabe:** Benns Gedicht erschien 1912 in der Gedichtsammlung „Morgue", zu deutsch „Leichenschauhaus". Beschaffen Sie sich eine Ausgabe, wählen Sie ein weiteres Gedicht daraus aus und präsentieren Sie es im Zusammenhang der Ästhetisierung des Hässlichen.

Bertolt Brecht: Vom ertrunkenen Mädchen (1919)

Als sie ertrunken war und hinunterschwamm
Von den Bächen in die größeren Flüsse
Schien der Opal des Himmels sehr wundersam
Als ob er die Leiche begütigen müsse.

Tang und Algen hielten sich an ihr ein
So daß sie langsam viel schwerer ward.
Kühl die Fische schwammen an ihrem Bein
Pflanzen und Tiere beschwerten noch ihre letzte Fahrt.

Und der Himmel ward abends dunkel wie Rauch
Und hielt nachts mit den Sternen das Licht in Schwebe.
Aber früh war er hell, daß es auch
Noch für sie Morgen und Abend gebe.

Als ihr bleicher Leib im Wasser verfaulet war
Geschah es (sehr langsam), daß Gott sie allmählich vergaß
Erst ihr Gesicht, dann die Hände und ganz zuletzt erst ihr Haar.
Dann ward sie Aas in Flüssen mit vielem Aas. R

Peter Huchel: Ophelia (1972)

Später, am Morgen,
gegen die weiße Dämmerung hin,
das Waten von Stiefeln
im seichten Gewässer,
das Stoßen von Stangen,
ein raues Kommando,
sie heben die schlammige
Stacheldrahtreuse.

Kein Königreich,
Ophelia,
wo ein Schrei
das Wasser höhlt,
ein Zauber
die Kugel
am Weidenblatt zersplittern lässt.

Edvard Munch: Liebespaar in Wellen (1896)

1 Begründen Sie anhand von Textstellen, welchem Gedicht Sie Munchs Bild eher zuordnen würden.

Weiterführende Aufgaben:

1 Recherchieren Sie zu den Gedichten Brechts und Huchels den jeweiligen biografisch-historischen Hintergrund und setzen Sie beide Gedichte in Bezug zu Ihren Rechercheergebnissen.

2 Wasser steht häufig symbolhaft für „Leben". Der frz. Philosoph Gaston Bachelard hat es in seinem Buch „Das Wasser und die Träume" (1942) als Melancholie weckendes Element bezeichnet. Prüfen Sie auf diese Aussage hin alle Ophelia-Gedichte in dieser Literaturstation.

3 Was macht für Sie eine moderne Ophelia aus? Entwerfen Sie Räumlichkeiten für eine moderne Ophelia, stellen Sie diese vor und erläutern Sie Ihre Entwürfe.

III „All beauty must die" – Das Ophelia-Motiv in der Pop-Musik

Nick Cave: Where the Wild Roses Grow (1996)

[Refrain] They call me the Wild Rose but my name was Elisa Day
Why they call me it I do not know for my name was Elisa Day

From the first day I saw her I knew she was the one
She stared in my eyes and smiled
For her lips were the colour of the roses
That grew down the river all bloody and wild
When he knocked on my door and entered the room
My trembling subsided in his sure embrace
He would be my first man and with a careful hand
He wiped up the tears that run down my face
[Refrain]

On the second day I brought her a flower
She's more beautiful than any woman I've seen
I said: „Do you know where the wild roses grow
so sweet and scarlet and free?"
On the second day he came with a single red rose
He said: „Give me your loss and your sorrow"
I nodded my head as I lay on the bed:
„If I show you the roses will you follow?"
[Refrain]

On the third day he took me to the river
He showed me the roses and we kissed
And the last thing I heard was a muttered word
As he knelt above me with a rock in his fist
On the last day I took her where the wild roses grow
She lay on the bank the wind light as a thief
And I kissed her goodbye said: „All beauty must die"
And I lent down and planted a rose 'tween her teeth

They call me the Wild Rose but my name was Elisa Day
Why they call me it I do not know for my name was Elisa Day
My name was Elisa Day for my name was Elisa Day

1 a Beschreiben Sie, wie Caves Song und das Cover das Ophelia-Motiv aufgreifen.
b Diskutieren Sie die Textaussage „All beauty must die" (V. 27).

Weiterführende Aufgaben:

1 Das Lied ist dialogisch angelegt (Duett zwischen Nick Cave und Kylie Minogue: Wechsel von „he" und „she"). Übersetzen Sie den Text und tragen Sie ihn zu zweit vor.

2 Suchen Sie zeitgenössische Beispiele (z. B. Karen Duve: „Regenroman" oder Eva Petrič: „Ophelia series 1"), die das Ophelia-Motiv künstlerisch aufgreifen, und stellen Sie diese im Kurs vor. Inwieweit findet sich in diesen Darstellungen auch ein bestimmtes Lebensgefühl von heute?

5.4 Neue Sachlichkeit – Literatur der Weimarer Republik (1919–1933)

Otto Dix: Großstadt (Triptychon, 1927/28)

1 a Beschreiben Sie den Aufbau des Bildinhalts. Beachten Sie dabei die dargestellten Räume, die Figuren und das Geschehen.

b Was macht für den Maler offenbar das Wesen der Großstadt in den 1920er-Jahren aus?

2 Otto Dix wird innerhalb der „Neuen Sachlichkeit" der Richtung des Verismus (von lat. verus „wahr") zugeordnet. Inwieweit trifft dieser Begriff seine Darstellungsweise und deren Wirkung?

In Berlin und anderswo – Alltagsbilder

Alfred Döblin: **Berlin Alexanderplatz** (1929) – Romanauszug (▸ S. 157 f.)

Eisige Luft, Februar. Die Menschen gehen in Mänteln. Wer einen Pelz hat, trägt ihn, wer keinen hat, trägt keinen. Die Weiber haben dünne Strümpfe und müssen frieren, aber es sieht hübsch aus. Die Penner haben sich vor der Kälte verkrochen. Wenn es warm ist, stecken sie wieder ihre Nasen raus. Inzwischen süffeln sie doppelte Ration Schnaps, aber was für welchen, man möchte nicht als Leiche drin schwimmen. Rumm rumm haut die Dampframme auf dem Alexanderplatz. Viele Menschen haben Zeit und gucken sich an, wie die Ramme haut. Ein Mann oben zieht immer eine Kette, dann pafft es oben, und ratz hat die Stange eins auf den Kopf. Da stehen die Männer und Frauen und besonders die Jungens und freuen sich, wie das geschmiert geht: ratz kriegt die Stange eins auf den Kopf. Nachher ist sie klein wie eine Fingerspitze, dann kriegt sie aber noch immer eins, da kann sie machen, was sie will. Zuletzt ist sie weg. Donnerwetter, die haben sie fein eingepökelt, man zieht befriedigt ab. Alles ist mit Brettern belegt. Die Berolina stand vor Tietz[1], eine Hand ausgestreckt, war ein kolossales Weib, sie haben sie weggeschleppt. Vielleicht schmelzen sie sie ein und machen Medaillen draus. Wie die Bienen sind sie über den Boden her. Die basteln und murksen zu Hunderten rum den ganzen Tag und die Nacht. [...] Von Osten her, Weißensee, Lichtenberg, Friedrichshain, Frankfurter Allee, türmen die gelben Elektrischen auf

1 **„Berolina ... vor Tietz":** Bronzestatue vor dem Kaufhaus Tietz am Alexanderplatz; wurde nach ihrem Abbau vermutlich eingeschmolzen; die weibliche Figur stand allegorisch für die Stadt Berlin.

den Platz durch die Landsberger Straße. Die 65 kommt vom Zentralviehhof, der Große Ring Weddingplatz, Luisenplatz, die 76 Hundekehle über Hubertusallee. An der Ecke Landsberger Straße haben sie Friedrich Hahn, ehemals Kaufhaus, ausverkauft, leer gemacht und werden es zu den Vätern versammeln. Da halten die Elektrischen und der Autobus 19 Turmstraße. Wo Jürgens war, das Papiergeschäft, haben sie das Haus abgerissen und dafür einen Bauzaun hingesetzt. Da sitzt ein alter Mann mit Arztwaage: Kontrollieren Sie Ihr Gewicht, 5 Pfennig. O liebe Brüder und Schwestern, die ihr über den Alex wimmelt, gönnt euch diesen Augenblick, seht durch die Lücke neben der Arztwaage auf diesen Schuttplatz, wo einmal Jürgens florierte, und da steht noch das Kaufhaus Hahn, leer gemacht, ausgeräumt und ausgeweidet, dass nur die roten Fetzen noch an den Schaufenstern kleben. Ein Müllhaufen liegt vor uns. Von Erde bist du gekommen, zu Erde sollst du wieder werden, wir haben gebauet ein herrliches Haus, nun geht hier kein Mensch weder rein noch raus. So ist kaputt Rom, Babylon, Ninive, Hannibal, Cäsar, alles kaputt, oh, denkt daran. Erstens habe ich dazu zu bemerken, dass man diese Städte jetzt wieder ausgräbt, wie die Abbildungen in der letzten Sonntagsausgabe zeigen, und zweitens haben diese Städte ihren Zweck erfüllt, und man kann nun wieder neue Städte bauen.

1 Halten Sie in Form eines **Ideensterns** (▸ Methode) fest, aus welchen Einzelaspekten sich die dargestellte Szene auf dem Alexanderplatz in Berlin zusammensetzt.
2 Beschreiben Sie die erzähltechnischen und sprachlichen Besonderheiten des Textausschnitts.
3 Verfassen Sie im Stil Döblins eine Großstadtszene. Begeben Sie sich dazu an einen belebten Ort und notieren Sie möglichst alle Eindrücke. Verarbeiten Sie dann Ihre Notizen zu einer Gesamtdarstellung, in die Sie auch Zusatzinformationen und Gedankensplitter einfügen.

Methode **Ideenstern**

- Schreiben Sie das Thema (die Frage) mittig auf eine großes Blatt, kreisen Sie es ein und legen Sie das Blatt in die Mitte eines Gruppentisches.
- In Stillarbeit notiert jedes Gruppenmitglied eine Idee/einen Gedanken zum Thema, kreist seine Idee ein und verbindet sie durch eine Linie mit dem Thema.
- Drehen Sie anschließend das Blatt im Uhrzeigersinn, sodass jedes Gruppenmitglied die Idee eines anderen lesen kann. Diese Idee wird nun ergänzt, erweitert oder eine gänzlich neue hinzugefügt. Die weiterführenden Gedanken werden eingekreist und durch eine Linie mit der ursprünglichen Idee verbunden. Drehen Sie das Blatt so lange, bis die meisten Ideen ergänzt worden sind.

Irmgard Keun: **Das kunstseidene Mädchen** (1932) – Romanauszüge

Doris, die 18-jährige Ich-Erzählerin, hat nur ein Ziel im Leben: Sie will wie ein Star ein „Glanz" sein. Dazu zieht sie in die Metropole Berlin. Durch die finanzielle Hilfe ihrer zahlreichen Verehrer und mit einem gestohlenen Pelzmantel, ihrem Feh, meint sie, dass ihr der Weg nach oben ganz offensteht.

Ich bin in Berlin. Seit ein paar Tagen. Mit einer Nachtfahrt und noch neunzig Mark übrig. Damit muss ich leben, bis sich mir Geldquellen bieten. Ich habe Maßloses erlebt. Berlin senkte sich auf mich wie eine Steppdecke mit feurigen Blumen. Der Westen ist vornehm mit hochprozentigem Licht – wie fabelhafte Steine ganz teuer und mit so gestempelter Einfassung. Wir haben hier ganz übermäßige Lichtreklame. Um mich war ein Gefunkel. Und ich mit dem Feh. Und schicke Männer wie Mädchenhändler, ohne dass sie gerade mit Mädchen handeln, was es ja nicht mehr gibt – aber sie sehen danach aus, weil sie es tun würden, wenn was bei rauskäme. Sehr viel glänzende schwarze Haare und Nachtaugen so tief im Kopf. Aufregend. Auf dem Kurfürstendamm sind viele Frauen. Die gehen nur. Sie haben sehr egale Gesichter und viel Maulwurfpelze – also nicht ganz erste Klasse – aber doch schick – [...] Ich gehe nachher in eine Jockeybar, mit einem Mädchenhändlerartigen, an dem mir sonst nichts liegt. Aber ich komme dadurch in Milieu, das mir Aussichten bietet. Tilli[1] sagt auch, ich sollte. Jetzt bin ich auf der Tauentzien[2] bei Zuntz, was ein Kaffee ist ohne Musik, aber billig – und viele eilige Leute wie rasender Staub, bei denen man merkt, dass Betrieb ist in der Welt. Ich habe den Feh an und wirke. [...]

Berlin verursacht mir Müdigkeit. Wir haben gar kein Geld, Tilli und ich. Wir liegen im Bett wegen Hunger. Und ich habe Verpflichtungen an Therese. Und arbeiten kann ich nicht, weil ich ja keine Papiere habe und darf auf keiner Polizei gemeldet werden, denn ich bin doch auf der Flucht. Und man wird schlecht behandelt und ganz billig, wenn man sich anmerken lässt, dass es einem schlecht geht. Ein Glanz will ich werden. Heute gehen wir ins „Resi" – ich bin eingeladen von Franz, der arbeitet in einer Garage. [...] – und am Nebentisch lernen zwei Männer und eine Dame sich kennen und machen sich bekannt und gucken sich an mit freundlichem Misstrauen und glauben zuerst mal alles Schlechte von sich gegenseitig.

Ich rede mit ihm[3] und will nu' mal endlich ein Wort finden, mit dem ich dann bei ihm bin – ach, ich kann nicht mehr – gehen wir weg – was ist denn in mir? – ich will das totmachen. Betrunken sein, mit Männern schlafen, viel Geld haben – das muss man wollen, und nichts anderes denken, wie hält man es sonst denn aus – was ist denn wohl nur kaputt auf der Welt? [...]

Ist ja alles nicht so wichtig – ich bin etwas betrunken – vielleicht geh ich auch nicht zu Wartesaal Zoo – und in eine schicke und dunkle Bar, wo man nicht sieht, dass meine Augen totgeweint sind – und lasse mich einladen von einem und nichts sonst – und tanze und trinke und tanze – ich hab so Lust – tanze – das ist die Liebe der Matrosen[4] – wir sind ja doch nur gut aus Liebe und böse oder gar nichts aus Unliebe – und wir verdienen auch keine Liebe, aber wir haben ja sonst kein Zuhause.

Ist ja alles nicht so wichtig – ich habe gar keine große Lust mehr, ein Glanz zu werden –

1 **Tilli:** Freundin der Ich-Erzählerin Doris
2 **Tauentzien:** Einkaufsstraße in Berlin
3 Gemeint ist der Begleiter von Doris.
4 **„das ist die Liebe der Matrosen":** Zeile aus einem Schlager der Zeit

Erich Kästner: **Sachliche Romanze** (1929)

Als sie einander acht Jahre kannten
(und man darf sagen: sie kannten sich gut),
kam ihre Liebe plötzlich abhanden.
Wie andern Leuten ein Stock oder Hut.

Sie waren traurig, betrugen sich heiter,
versuchten Küsse, als ob nichts sei,
und sahen sich an und wussten nicht weiter.
Da weinte sie schließlich. Und er stand dabei.

Vom Fenster aus konnte man Schiffen winken.
Er sagte, es wäre schon Viertel nach vier
und Zeit, irgendwo Kaffee zu trinken.
Nebenan übte ein Mensch Klavier.

Sie gingen ins kleinste Café am Ort
und rührten in ihren Tassen.
Am Abend saßen sie immer noch dort.
Sie saßen allein, und sie sprachen kein Wort
und konnten es einfach nicht fassen.

1 **a** Schildern Sie die Wirklichkeitsausschnitte, die in den beiden Texten vermittelt werden. Gehen Sie dabei auf die dargestellten Situationen, die Schauplätze und ihre Atmosphäre, die Figuren und ihre Wünsche und Ziele, ihre Beziehungen sowie auf das vermittelte Lebensgefühl ein.
b Kennzeichnen Sie den Ton, den die Sprecherinnen und Sprecher in den einzelnen Texten anschlagen. Begründen Sie Ihre Kennzeichnungen durch eine genaue Sprachuntersuchung.
2 Wählen Sie einen der Texte aus und analysieren Sie ihn inhaltlich und formal.

Marieluise Fleißer: **Die Stunde der Magd** (1925) – Anfang einer Erzählung

Dem Herrn sein Zimmer lag hinten im Anbau und war von den anderen durch einen kleinen Gang getrennt. Das hat der Herr selber sich so ausgesucht, denn er wollte vor allem Ruhe. Einmal am Abend mußte ich Blumen gießen auf dem Gang. Die Kinder waren schon zum Schlafen hinauf in den oberen Stock. Aber der Herr stand an seinem Fenster und schaute mir lange zu.

Ich brauchte eine gewisse Zeit. Der Herr konnte sich auch nicht gleich entschließen. Auf einmal war er im Gang heraußen und sagte, er weiß nicht, wie er seine Karte schreibt. Das hat er ausgerechnet zu mir sagen müssen.

Jetzt fiel ihm gar das noch ein, er holte sie und las sie mir vor, ob das so recht ist. Ich habe dumm genug gelacht und gesagt: „Das kann ich nicht so wie der Herr selber unterscheiden." Ganz rot stand ich da mit meinem Mangel an Bildung.

Darauf hat mir der Herr seinen Arm zartfühlend um die Taille gelegt, damit ich es nicht merke, und in seinem Zimmer hat er mir immer noch den Arm so um die Taille gelegt, damit ich es nicht merke. Da war er mir mit einem Male so vertraut und fremd zugleich.

Und wie ein solcher Feind hat er mich vor sich hin auf den Schreibtisch gesetzt und der mir das Ärgste antut, aber ich wäre um alles nicht von dem Feind weggegangen. Dann hat er es mir gezeigt, was ich für eine Schürze anhabe, und dann hat er es mir gezeigt, wie meine Bluse von innen ist, und alles hat er mir immer gezeigt. Da bin ich in allem, wie ich daherkomme, vor ihm bestätigt gewesen und war ihm recht und mir war ich recht.

Nachher war mir schon zum Weinen. Denn er hat immer noch so fremde Augen an sich gehabt und im ganzen Zimmer herumschauen können und ich war im ganzen Zimmer die Magd, die sich verirrte. Er streichelte mich freilich und sagte, „schau, soll es nicht gewesen sein?" Aber ich mochte nichts mehr davon wissen, mit dem Streicheln war mir nicht das geringste geholfen. Ich war von dem, was ich ihm gegeben, um kein Haar besser und standesgemäß geworden. Darüber blieb mir das Herz still. So genau wußte ich, daß ich ihm von nichts reden darf, daß ich aufstand und leise sagte: „Ja, ich gehe jetzt auf mein Zimmer." Er begriff mich nicht, warum für heute Schluß sei. [...]

Ich tastete mich im Finstern nach meinem Bett. So bin ich mit verstörtem Leib und zunehmend schwerer auf meinem Bett gesessen, einmal in Kleidern gesessen und einmal schon im Hemd. Immer war es dasselbe, wie wenn ich seit Anbeginn dasitze und mich niemals rühre.

Da habe ich es mir gedacht, um was ich vom reichen Herrn gebracht bin in jungen Jahren, dabei kann er mir jederzeit nachsagen, er hat mich zu nichts gezwungen. Immer tiefer in die Nacht hinein und in alle Verlassenheit hinein, die in Nacht liegt, gab es mir einen Stoß, so bin ich an was erschrocken. Wenn es ein Kind wird, was dann? Da war eine hinausgestoßen. Einen Mutterschutz hat es da nicht gegeben. R

1 Geben Sie mit eigenen Worten wieder, worum es in dem Erzählausschnitt geht.

2 Untersuchen Sie, von welchem Standpunkt aus die Ich-Erzählerin ihr Schicksal darstellt, welche Haltung sie dazu einnimmt und welche sprachlichen Mittel für sie kennzeichnend sind.

3 a Entwerfen Sie zu Fleißers Erzählanfang stichwortartig eine Fortsetzung.

b Lesen sie den Gesamttext (Quellenangabe, ► S. 626) und vergleichen Sie ihn mit Ihrem Entwurf.

4 Die Texte von Keun, Kästner und Fleißer (► S. 411–413) werden als typisch für die „Neue Sachlichkeit" angesehen. Inwiefern entsprechen sie Ihren Vorstellungen vom Begriff „Sachlichkeit"?

Demokratie ohne Demokraten – Ein Thema gesellschaftskritischer Literatur

Heinrich Mann: **Der Untertan** (1918) – Romanauszug

Entstanden ist diese satirische Kritik an der wilhelminischen Gesellschaft in den Jahren 1906–1914. Erst nach dem Ersten Weltkrieg und dem Zusammenbruch des Kaiserreichs veröffentlicht, wurde Manns Roman in der Zeit der Weimarer Republik zu einem der ersten literarischen Höhepunkte. Am Beispiel des Fabrikanten Diederich Heßling wird das Psychogramm des für die wilhelminische Zeit repräsentativen „autoritären Charakters" entlarvt. Dieser sollte in der Weimarer Zeit weiter bestehen und der Akzeptanz der neuen Demokratie erheblichen Schaden zufügen. Der folgende Romanauszug setzt nach der Hochzeit Diederichs mit Guste an. Da sich die Hochzeitsreise nach Italien mit einem Staatsbesuch Wilhelms II. überschneidet, setzt Diederich alles daran, das Besuchsprogramm des deutschen Kaisers auf jedem Schritt zu begleiten.

Szene aus der Romanverfilmung (1951)

Da kam man an – aber ganz anders, als die Gatten es erträumt hatten. In größter Verwirrung wurden die Reisenden von Beamten aus dem Bahnhof gedrängt, bis an den Rand eines weiten Platzes und in die Straßen dahinter, die sofort wieder abgesperrt wurden. Aber Diederich, in entfesselter Begeisterung, durchbrach die Schranken. Guste, die entsetzt die Arme reckte, ließ er mit allem Handgepäck dastehen und stürzte drauflos. Schon war er inmitten des Platzes; zwei Soldaten mit Federhüten jagten ihm nach, dass ihre bunten Frackschöße flogen. Da schritten die Bahnhofsrampe mehrere Herren herab und alsbald fuhr ein Wagen auf Diederich zu. Diederich schwenkte den Hut, er brüllte auf, dass die Herren im Wagen ihr Gespräch unterbrachen. Der rechts neigte sich vor – und sie sahen einander an, Diederich und sein Kaiser. Der Kaiser lächelte kalt prüfend mit den Augenfalten, und die Falten am Mund ließ er ein wenig herab. Diederich lief ein Stück mit, die Augen weit aufgerissen, immer schreiend und den Hut schwenkend, und einige Sekunden waren sie, indes ringsum dahinten eine fremde Menge ihnen Beifall klatschte, in der Mitte des leeren Platzes und unter einem knallblauen Himmel ganz miteinander allein, der Kaiser und sein Untertan. [...]

[Am nächsten Morgen mietete sich Diederich eine Droschke. Er hetzt den Kutscher von einem Ort zum nächsten, um stets vor dem Kaiser dort einzutreffen und die Zuschauer zu animieren, mit ihm „Es lebe der Kaiser!" zu schreien.]

Die Sonne stieg hoch und höher; vor den brennenden Marmorquadern der Fassaden, hinter denen sein Kaiser weltumspannende Unterredungen pflog, litt Diederich, ohne zu wanken, Hitze und Durst. So stramm er sich hielt, war es ihm doch, als sinke sein Bauch unter der Last des Mittags bis auf das Pflaster herab und als schmelze ihm auf der Brust sein Kronenorden vierter Klasse ... Der Kutscher, der immer häufiger die nächste Kneipe betrat, empfand endlich Bewunderung für das heldenhafte Pflichtgefühl des Deutschen und brachte ihm Wein mit. Neues Feuer in den Adern, machten sich beide an das nächste Rennen. Denn die kaiserlichen Renner liefen scharf; um ihnen vorauszukommen, musste man Gassen durchjagen, die aussahen wie Kanäle und deren spärliche Passanten sich schreckensvoll gegen die Mauern drückten; oder es hieß aussteigen und Hals über Kopf eine Treppe nehmen. Dann aber stand Diederich pünktlich an der Spitze seines Häufleins, sah die siebente Uniform aussteigen und schrie. Und dann wandte der Kaiser den Kopf und lächelte. Er erkannte ihn wieder, seinen Untertan!

Kurt Tucholsky: **Rezension zu Heinrich Manns Roman „Der Untertan"** (1919)

Dieses Buch Heinrich Manns, heute, Gott sei Dank, in aller Hände, ist das Herbarium[1] des deutschen Mannes. Hier ist er ganz: in seiner Sucht, zu befehlen und zu gehorchen, in seiner Roheit und in seiner Religiosität, in seiner Erfolganbeterei und in seiner namenlosen Zivilfeigheit. Leider: es ist der deutsche Mann schlechthin gewesen; wer anders war, hatte nichts zu sagen, hieß Vaterlandsverräter und war kaiserlicherseits angewiesen, den Staub des Landes von den Pantoffeln zu schütteln. [...]
Das Übrige war: sich ducken und regieren und herrschen und befehlen. R

1 **Herbarium:** Sammlung getrockneter und gepresster Pflanzen

1 **a** Versetzen Sie sich in die Lage eines Zeitungsreporters, der Heßlings Verhalten während des Staatsbesuchs beobachtet hat. Beschreiben und kommentieren Sie es in einer Reportage (▸ S. 232).
b Informieren Sie sich über den sozialpsychologischen Begriff des „autoritären Charakters". Zeigen Sie auf, inwiefern Heßling diesem Charaktertyp entspricht.

2 Vergleichen Sie die Szene auf dem Bahnhofsvorplatz in Rom, wie sie im Textauszug und im Filmbild dargestellt wird (Analyse der Erzählstrategie, ▸ S. 160 f.; Analyse von Filmbildern, ▸ S. 214 f.).

3 Erläutern Sie, warum der Schriftsteller und Journalist Kurt Tucholsky (1890–1935) den Roman für so wichtig hält und seinen Erfolg zu Beginn der Weimarer Republik begrüßt.

Information Epochenüberblick – Die Literatur der Weimarer Republik (1919–1933)

Allgemeingeschichtlicher Hintergrund: Die 14 Jahre dieses ersten Versuchs, Deutschland als demokratischen Staat zu organisieren, waren von großen politischen, gesellschaftlichen und wirtschaftlichen Belastungen geprägt. Die ökonomischen und psychosozialen Folgen der **Niederlage im Ersten Weltkrieg,** die sich gleich zu Beginn in den Wirren der **Novemberrevolution von 1918/19** mit ihren Nachwehen in Putschversuchen, Generalstreiks und Separationsbestrebungen zeigten, ließen eine Entwicklung und Konsolidierung des Staates nicht zu.
Es folgten die wirtschaftlichen Katastrophen von **Inflation** (1924) und **Weltwirtschaftskrise** (1929) mit dem Abrutschen vieler Existenzen innerhalb des Bürgertums und der Arbeiterschaft. Das begünstigte den Links- und Rechtsextremismus und die **Radikalisierung der politischen Auseinandersetzung** bis hin zu bürgerkriegsähnlichen Straßenkämpfen. Die Erosion der demokratischen Parteien, die für die Weimarer Verfassung standen, mündete 1933 in der „Machtergreifung" Hitlers, der als Reichskanzler das den Nazis verhasste demokratische System beseitigte.

Weltbild und Lebensauffassung: Ein wesentlicher Grund für das Scheitern der Demokratie lag in ihrer Ablehnung durch große Teile der Bevölkerung. Besonders in den führenden, öffentlich einflussreichen Kreisen in Verwaltung, Sicherheitsorganen, Justiz und Bildungseinrichtungen trauerte man dem Kaiserreich und seiner gesellschaftlichen Verfassung nach. So blieb der Nährboden für die **Untertanenmentalität** des so genannten „autoritären Charakters" in Deutschland in hohem Maße erhalten. Die als Kennzeichnung der Zeit häufig benutzten Begriffe der „**Roaring Twenties**" oder „**Goldenen Zwanziger**" lassen an die beliebt werdenden Jazzlokale, Kinos und Kabaretts und an einen neuen, modernen Lebensstil denken. Der zeigt sich v.a. im Ausprobieren bisher verpönter Lebensformen. Dabei sollte nicht vergessen werden, dass dies alles nur für eine begrenzte Szene im Großstadtmilieu galt und keinen mentalitätsgeschichtlichen Wandel anzeigt.
Literatur: Der **Pluralismus der Stile,** der schon für die Literatur der Jahrhundertwende kennzeichnend war, hat sich fortgesetzt. Dichtungen neuromantischer Innerlichkeit und eines ästhetizistischen „l'art pour l'art" (▶ S.397) stehen neben solchen in der Tradition des Expressionismus (▶ S.404), dessen Verständnis von Sprache als frei verfügbarem Material, losgelöst von den Konventionen der Alltagsverständigung und den grammatischen Normen, im **Dadaismus** mit seinem Spiel der Sprachlaute und vom Zufall bestimmten Wortkombinationen auf die Spitze getrieben wurde. Besondere Bedeutung errangen daneben Schreibweisen eines neuen Realismus. Sie werden unter dem Begriff „**Neue Sachlichkeit**" zusammengefasst und stehen für eine **kritische Sichtung der Wirklichkeit** zwischen kühl-distanzierter Betrachtung und satirischer Zuspitzung. Es ist die Zeit der großen **Gesellschaftsromane,** die in aufklärerischer Absicht die Kräfte und Entwicklungen aufzeigen, die in der Gesellschaft und im Individuum wirksam sind, ohne dabei tradierte Sinndeutungen und Wertsetzungen als verbindlich übernehmen zu wollen. Das moderne, komplex vielschichtige, von Reflexionen durchzogene Erzählen erlebt hier seine erste Blütezeit. Das **Theater politisiert sich** und will gesellschaftliche Mechanismen aufdecken und zur Veränderung aufrufen wie **Bertolt Brechts** „**episches Theater**" (▶ S.181ff.). Die Schreiber von Gedichten gehen mit ihrer Forderung nach einer „**Gebrauchslyrik**" deutlich auf Distanz zu den Nachfolgern eines klassisch-romantischen Bildes vom Dichter. **Erich Kästner** (1899–1974) betont den alltagstauglichen Nutzen seiner Gedichte, die entstanden seien „im Umgang mit den Freuden und Schmerzen der Gegenwart" und bestimmt seien „für jeden, der mit der Gegenwart geschäftlich zu tun hat". Die ideologische Zersplitterung der Gesellschaft und die daraus erwachsenden Kämpfe, in die auch die Schriftsteller zu einem großen Teil eingriffen, führten zu einem starken **Anwachsen des publizistischen Marktes.** So wurde die Weimarer Republik zur hohen Zeit literarisch anspruchsvoller Zeitungen und Zeitschriften, für die beispielhaft die „Weltbühne" steht.

Weitere wichtige Autorinnen/Autoren und Werke
Egon Erwin Kisch (1885–1948): „Der rasende Reporter" (Reportagen)
Erich Maria Remarque (1898–1970): „Im Westen nichts Neues" (Roman)
Bertolt Brecht (1898–1956): „Die Dreigroschenoper", „Die heilige Johanna der Schlachthöfe" (Theaterstücke); Gedichte
Ödön von Horváth (1901–1938): „Geschichten aus dem Wiener Wald" (Theaterstück)

1 a Informieren Sie sich über Kästners Forderung nach einer „Gebrauchslyrik", niedergeschrieben in seinem Gedichtband „Lärm im Spiegel" (1929) unter dem Titel „Prosaische Zwischenbemerkung".
b Inwiefern findet sich Kästners Anspruch in seinen eigenen Werken wieder? Analysieren/Interpretieren Sie hierzu sein Gedicht „Sachliche Romanze" (▶ S.412).

5.5 Exilliteratur (1933–1945)

1 Beschreiben Sie Gestaltung und Wirkung der Fotomontage.

2 Informieren Sie sich über die Ereignisse zu Beginn der Naziherrschaft, die in der Fotomontage verarbeitet werden, und über deren Folgen.

John Heartfield: Fotomontage (1933)

Lion Feuchtwanger: **Der Schriftsteller im Exil** (1943)

Die ökonomischen Schwierigkeiten und der aufreibende Kampf mit Nichtigkeiten, die nicht aufhören, sind das äußere Kennzeichen des Exils. Viele Schriftsteller sind davon zermürbt worden. Viele zogen den Selbstmord dem tragikomischen Leben im Exil vor.

Wer Glück hat, wer um all das herumkommt, der sieht sich bei seiner Arbeit inneren Schwierigkeiten gegenüber, von denen er sich in der Heimat nichts träumen ließ. Da ist zunächst die bittere Erfahrung, abgespalten zu sein vom lebendigen Strom der Muttersprache. Die Sprache ändert sich von Jahr zu Jahr. In den zehn oder elf Jahren unseres Exils ist das Leben sehr schnell weitergegangen, es hat für tausend neue Erscheinungen tausend neue Worte und Klänge verlangt. Wir hören die neuen Worte für diese neuen Erscheinungen zuerst in der fremden Sprache. Immer und für alles haben wir den Klang der fremden Sprache im Ohr, ihre Zeichen dringen täglich, stündlich auf uns ein, sie knabbern an unserem eigenen Ausdrucksvermögen. Einem jeden unter uns kommt es vor, dass sich manchmal das fremde Wort, der fremde Tonfall an die oberste Stelle drängt. Einige von uns haben es mit einigem Erfolg versucht, in der fremden Sprache zu schreiben: Wirklich geglückt ist es keinem. Es kann keinem glücken. Gewiss, man kann lernen, sich in einer fremden Sprache auszudrücken; die letzten Gefühlswerte des fremden Tonfalls lernen kann man nicht. In einer fremden Sprache dichten, in einer fremden Sprache gestalten kann man nicht. Einen Barbaren nannten die Griechen und Römer jeden, der sich nicht in ihrer Sprache ausdrücken konnte. Der Dichter Ovid, zu solchen Barbaren verbannt, hat in ihrer barbarischen Sprache gedichtet und wurde von ihnen hoch geehrt. Dennoch hat er geklagt: „Hier bin ich der Barbar, denn keiner versteht mich.“

Hilde Domin: **Hier** (1964)

Ungewünschte Kinder
meine Worte
frieren.

Kommt
ich will euch
auf meine warmen
Fingerspitzen
setzen
Schmetterlinge im Winter.

Die Sonne
blass wie ein Mond
scheint auch hier
in diesem Land
wo wir das Fremdsein
zu Ende kosten.

Mascha Kaléko: **Der kleine Unterschied** (1945)

Es sprach zum Mister Goodwill
ein deutscher Emigrant:
„Gewiß, es bleibt dasselbe,
sag ich nun *land* statt Land,
sag ich für Heimat *homeland*
und *poem* für Gedicht.
Gewiß, ich bin sehr happy:
Doch glücklich bin ich nicht.“ [R]

1 Stellen Sie zusammen, von welchen Erfahrungen das Exil in der Schilderung des Romanautors Lion Feuchtwanger (1884–1958) geprägt ist.
2 Welche der von Feuchtwanger beschriebenen Erfahrungen werden in den Gedichten der beiden Lyrikerinnen Domin (1909–2006) und Kaléko (1907–1975) aufgegriffen? Wie werden sie vermittelt?
3 **Referat/Facharbeit:** Wie der Hinweis auf den antiken römischen Dichter Ovid in Feuchtwangers Text zeigt (vgl. S. 417, Z. 36), ist das Exil von Schriftstellern kein Einzelfall im Laufe der Geschichte. Berichten Sie anhand ausgewählter Beispiele über exilierte Autorinnen und Autoren aus verschiedenen Zeitaltern.

Bertolt Brecht: **Schlechte Zeit für Lyrik** (1939)

Ich weiß doch: nur der Glückliche
Ist beliebt. Seine Stimme
Hört man gern. Sein Gesicht ist schön.

Der verkrüppelte Baum im Hof
Zeigt auf den schlechten Boden, aber
Die Vorübergehenden schimpfen ihn einen Krüppel
Doch mit Recht.

Die grünen Boote und die lustigen Segel des Sundes[1]
Sehe ich nicht. Von allem
Sehe ich nur der Fischer rissiges Garnnetz.
Warum rede ich nur davon
Daß die vierzigjährige Häuslerin[2] gekrümmt geht?
Die Brüste der Mädchen
Sind warm wie ehedem.

In meinem Lied ein Reim
Käme mir fast vor wie Übermut.

In mir streiten sich
Die Begeisterung über den blühenden Apfelbaum
Und das Entsetzen über die Reden des Anstreichers[3].
Aber nur das zweite
Drängt mich zum Schreibtisch. [R]

1 **Sund:** Meerenge in Dänemark; Brechts erstes Exil
2 **Häuslerin:** Dorfbewohnerin, Lohnarbeiterin; besitzt ein kleines Haus, aber kein eigenes Land
3 **Anstreicher:** spöttische Bezeichnung für den gescheiterten Kunstmaler Hitler

1 Beschreiben Sie den inhaltlichen Aufbau des Gedichts, z. B. durch Zwischenüberschriften, und stellen Sie einen gedanklichen Zusammenhang zwischen den einzelnen Abschnitten her.
2 Kommentieren Sie das Paradox, das aus dem Verhältnis der Überschrift zur Gedichtform entsteht.

3 Arbeiten Sie heraus, welche Rolle Brecht sich als Schriftsteller zuweist, und erörtern Sie das Schriftstellerbild, das hier erkennbar wird.

4 **a** Untersuchen Sie, ob und inwiefern die drei Gedichte dieses Kapitels mit Brechts Ablehnung der traditionellen Gedichtform (Reim und Metrum) übereinstimmen.
b Spricht Sie eher die traditionelle Form der Lyrik oder der Verzicht darauf an?

Anna Seghers: **Das siebte Kreuz** (1942)

Anna Seghers hat ihren Roman 1938 im französischen Exil begonnen und 1942 in einem Exilverlag in Mexiko veröffentlicht. Obwohl „von außen“ verfasst, gilt er als ein erstaunliches Beispiel für eine äußerst wirklichkeitsnahe Innensicht der deutschen Gesellschaft unter der Nazidiktatur. Erzählt wird die Flucht von sieben Häftlingen aus dem fiktiven KZ Westhofen. Anhand der Geschichte ihrer Flucht wird das Alltagsleben unter dem Terrorregime, wird das Verhalten der Täter, Opfer, Mitläufer und Widerständler, werden der feige Verrat und die mutige Hilfsbereitschaft anschaulich deutlich. Komponiert ist der Roman aus mehreren Erzählsträngen, deren einzelne Szenen wie in einer filmischen Montage ineinandergeschnitten sind.

In der folgenden Szene wartet Frau Bachmann auf ihren Mann. Das Ehepaar unterstützt einen der KZ-Geflohenen. Was sie nicht weiß: Ihr Mann wurde gerade von der Gestapo verhört.

Als die Bachmann jetzt still und allein saß, fing das Herumgezucke in ihren Gliedern an. Sie holte sich etwas zum Nähen. Das beruhigte sie. Niemand kann uns was nachweisen, sagte sie sich. Es ist ein Einbruch.

Jetzt kam der Mann die Treppe herauf. Also doch noch. Sie stand auf und richtete ihm sein Abendessen.

Er kam herein in die Küche, ohne ein Wort zu sagen. Noch bevor sich die Frau nach ihm umdrehte, hatte sie nicht nur im Herzen, sondern über die ganze Haut weg ein Gefühl, als sei mit seinem Eintritt die Temperatur im Zimmer um ein paar Grad gefallen. „Hast du was?“, fragte sie, als sie sein Gesicht sah. Der Mann erwiderte nichts. Sie stellte den vollen Teller hin zwischen seine Ellenbogen. In sein Gesicht stieg der Suppendampf. „Otto“, sagte sie, „bist du

Die Flüchtlinge. Spielfilmszene aus „Das siebte Kreuz“ (1944)

denn krank?“ Darauf erwiderte er auch nichts. Der Frau wurde himmelangst. Aber, dachte sie, mit der Laube[1] kann es nichts sein, denn er ist ja hier. Sicher bedrückt es ihn; wenn nur die Sache vorüber wäre. „Willst du denn nichts mehr essen?“, fragte sie. Der Mann erwiderte nichts. „Du musst nicht immer dran denken“, sagte die Frau, „wenn man immer dran denkt, kann man verrückt werden.“ Aus den halb geschlossenen Augen des Mannes schossen ganze Strahlen von Qual. Aber die Frau hatte wieder zu nähen begonnen. Als sie aufsah, hatte der Mann die Augen geschlossen. „Hast du denn was?“, sagte da die Frau. „Was hast du?“ – „Nichts“, sagte der Mann.

Aber wie er das sagte! So, als habe die Frau ihn gefragt, ob er denn auf der Welt gar nichts mehr hätte, und als habe er wahrheitsgemäß erwidert: Nichts. – „Otto“, sagte sie, und sie nähte, „du hast vielleicht doch was.“ Aber der Mann erwiderte leer und ruhig: „Gar, gar nichts.“ Wie sie ihm ins Gesicht sah, rasch einmal von der Näherei weg in seine Augen, wusste sie, dass er wirklich nichts hatte. Alles, was er je gehabt hatte, war verloren.

1 Bachmanns besitzen eine Laube in Worms, in der sie Kleider und Geld für den Flüchtling Wallau verstecken.

Da wurde der Frau eiskalt. Sie zog die Schultern ein und setzte sich schräg, als säße nicht ihr Mann am Tischende, sondern – Sie nähte und nähte; sie dachte nichts und sie fragte nichts, weil sonst die Antwort kommen konnte, die ihr Leben zerstörte.

[Die nächste Szene, die den Erzählstrang um Wallau fortsetzt, spielt im Dienstraum der Polizeikommissare Fischer und Overkamp.]

Fischer rief: „Sie haben den Wallau." Overkamp langte sich den Hörer, er kritzelte. „Ja, alle vier", sagte er. Dann sagte er: „Wohnung versiegeln." Dann: „Herbringen." Dann las er Fischer vor: „Also: Als man vorgestern in den in Betracht kommenden Städten die in Betracht kommenden Serien durchging, kamen außer den Angehörigen Wallaus eine beträchtliche Anzahl Personen in sämtlichen Städten in Betracht. Diese Personen wurden gestern alle noch einmal in Verhör genommen. Machte sich unter den fünf anderen, die aber jetzt natürlich alle ausscheiden, die man im zweiten Verhör aus der letzten Serie herauszog, ein gewisser Bachmann verdächtig, Trambahnschaffner, dreiunddreißig, zwei Monate im Lager, freigelassen zur Beobachtung des Verkehrs, [...] hat sich seitdem politisch nicht mehr betätigt – hat beim ersten und beim zweiten Verhör alles geleugnet, ist unter Drohung gesetzt gestern weich geworden. Wallaus Frau hat Sachen in seiner Laube bei Worms untergestellt, will nicht gewusst haben, wozu und was, unter Beobachtung wieder heimgelassen worden zwecks Beobachtung weiteren Verkehrs. Wallau um dreiundzwanzig Uhr zwanzig auf diesem Laubengrundstück verhaftet, verweigert bis jetzt jede Aussage. Bachmann Haus bis jetzt nicht verlassen, Dienst um sechs nicht angetreten, besteht

Die Hinrichtung. Spielfilmszene aus „Das siebte Kreuz" (1944)

Selbstmordverdacht, von Familie noch keine Meldung. – Halt!", sagte Overkamp.

[Später wird dieser Erzählstrang mit einer Szene im Dienstraum der Kommissare Fischer und Overkamp fortgesetzt.]

„Man hat die Bachmann in Worms noch verhaften müssen." – „Warum?", fragte Overkamp grob. Er hatte sich gegen diese Verhaftung ausgesprochen, durch die man nur die Neugier und Erregung der Bevölkerung weckte, während offenkundige Schonung seitens der Polizei die Familie Bachmann am besten isoliert hätte. – „Als man den Bachmann auf der Mansarde abgeknüpft hat, da hat die Frau gebrüllt, er hätte es gestern tun sollen, vor dem Verhör, und ihr Wäscheseil sei ihr zu schade. Sie hat sich auch nicht beruhigt, als man den Mann weggebracht hat. Sie hat die ganze Umgebung verrückt gemacht, geschrien, sie sei unschuldig, und so weiter, und so weiter." – „Wie hat sich denn da die Umgebung verhalten?" – „Teils, teils. Soll ich die Berichte anfordern?" – „Nee, nee", sagte Overkamp, „das hat mit uns nichts mehr zu tun, das gehört ins Ressort der Kollegen in Worms. Wir haben genug Beschäftigung."

1 **a** Fassen Sie das Schicksal des Ehepaars Bachmann, das in die Geschichte um den KZ-Flüchtling Wallau verwickelt ist, zusammen.

b Kommentieren und beurteilen Sie das Verhalten und die Beziehung der Bachmanns. Gehen Sie auch der Frage nach, welchen Einfluss die politischen Verhältnisse auf das Leben der beiden haben.

2 Analysieren Sie die **Erzählstrategie** (► S. 160 f.). Achten Sie besonders auf die jeweils eingenommene Perspektive, das Erzählverhalten, die Darbietungsform und den Einsatz von Leerstellen sowie deren Funktion.

Information **Epochenüberblick – Exilliteratur (1933–1945)**

Geschichtlicher Hintergrund: Nach der so genannten „Machtergreifung" Hitlers 1933 ging die neue Regierung zügig daran, die demokratischen Grundrechte einzuschränken bzw. abzuschaffen. Alle Institutionen des politischen und gesellschaftlichen Lebens sollten nationalsozialistisch ausgerichtet und gleichgeschaltet werden. Der Widerstand dagegen in der Bevölkerung war insgesamt recht gering. Im Gegenteil, in den ersten drei Monaten ihrer Herrschaft verzeichnete die NSDAP über eineinhalb Millionen Parteieintritte. Propagandaminister Goebbels äußerte sein Erstaunen darüber, „dass so schnell und so radikal in Deutschland [im Sinne seiner Partei] aufgeräumt werden" konnte. Zu diesem „Aufräumen" gehörte die groß angelegte Aktion der **Bücherverbrennung am 10. Mai 1933.** Der Verband der „Deutschen Studentenschaft", angeführt vom „NS-Studentenbund", sammelte in Berlin und fast allen anderen Universitätsstädten aus öffentlichen und privaten Büchereien die Werke von 131 Autoren, die auf einer schwarzen Liste standen, und verbrannte die Bücher öffentlich in Anwesenheit vieler Professoren und einer Masse von Schaulustigen. Dies war das Fanal, das das Ende des vielfältigen Geisteslebens aus der Zeit der Weimarer Republik anzeigte. Kunst, Literatur, Presse, Film und Rundfunk wurden der Zensur des neu gegründeten „Reichsministeriums für Volksaufklärung und Propaganda" unterworfen bzw. in dessen Dienst gestellt. Über 2000 in ihrem Schaffen eingeschränkte, aber auch an Leib und Leben bedrohte Künstlerinnen und Künstler flohen ins Exil.
Literatur: Nach dem Exodus der Schriftsteller, an die man dachte, wenn von der deutschen Literatur die Rede war, blieben unter dem Hakenkreuz die regimetreuen völkischen „Blut-und-Boden"-Schreiber zurück sowie einige Autorinnen und Autoren, die sich als Vertreter einer „**inneren Emigration**" verstanden wissen wollten. Sie konnten und wollten das Land ihrer Sprache nicht verlassen. Sie stellten ihre literarische Produktion ein, wichen in ihren Texten in politikferne, harmlose Themen und Genres, z.B. Drehbücher für Unterhaltungsfilme, aus oder verschlüsselten ihre Botschaften des Nichteinverständnisses mit dem Regime so, dass die Zensur – aber häufig auch das Publikum – dies nicht bemerkte.

Weitere wichtige Autorinnen/Autoren und Werke
Thomas Mann (1875–1955): „Joseph und seine Brüder", „Doktor Faustus" (Romane)
Joseph Roth (1894–1939): „Radetzkymarsch" (Roman); „Die Legende vom heiligen Trinker" (Novelle)
Stefan Zweig (1881–1942): „Sternstunden der Menschheit", „Schachnovelle"
Nelly Sachs (1891–1970): „In den Wohnungen des Todes", „Sternenverdunkelung", „Flucht und Verwandlung" (Gedichtbände)
Klaus Mann (1906–1949): „Mephisto", „Der Vulkan" (Romane)
Erich Fried (1921–1988): „Deutschland", „Höre, Israel", „Was es ist" (Gedichtbände)

---

1 Informieren Sie sich über den gesamten Romaninhalt von Anna Seghers' „Das siebte Kreuz" und arbeiten Sie die symbolische Bedeutung des siebten Kreuzes heraus.
2 Referat/Kurzvortrag: Recherchieren Sie die Biografie einer Exilautorin/eines Exilautors oder eines Malers, Musikers etc. und stellen Sie diese im Kurs vor.

Die 1950er-Jahre – „Keine Experimente“

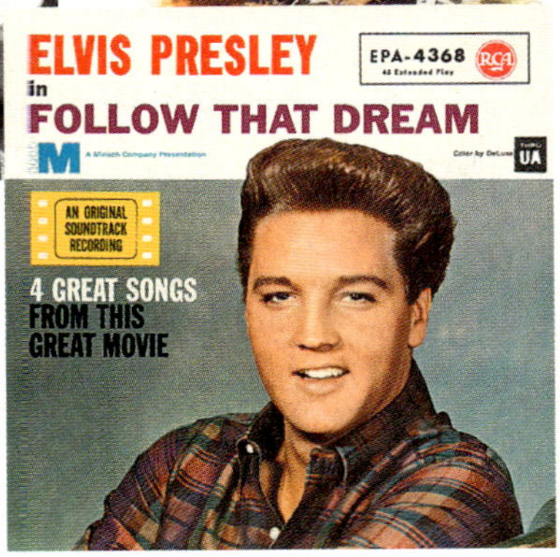

Die 1960er- und 1970er-Jahre – „Mehr Demokratie wagen“

Die 1980er-Jahre bis heute – „Anything goes“

1 **a** Betrachten Sie die Bilder der einzelnen Zeitabschnitte (**synchrone Betrachtung**). Was vermitteln Ihnen die einzelnen Bilder? Welchen Gesamteindruck gewinnen Sie von der jeweiligen Zeit? Gehen Sie auch auf die Slogans in den Überschriften zu den einzelnen Zeitabschnitten ein.

b Untersuchen Sie die Bilder in den einzelnen Bereichen Film, Musik, Werbung, Wohnungseinrichtung und Autopräsentation in ihrem Wandel von Zeitabschnitt zu Zeitabschnitt (**diachrone Betrachtung**). Welche Änderungen fallen Ihnen auf? Was sagen nach Ihrem Verständnis diese Änderungen über die Entwicklung der Lebenswirklichkeit, der Alltagskultur, der Mentalität und des Lebensgefühls aus?

2 Zeigen Sie diese Bildzusammenstellungen Personen, die die verschiedenen Zeitabschnitte miterlebt haben. Interviewen Sie Ihre Zeitzeugen, indem Sie danach fragen, welche Assoziationen, Erinnerungen und Gedanken diese Bilder bei ihnen auslösen.

3 Erstellen Sie in Kleingruppen eine Wandzeitung zu den einzelnen Zeitabschnitten. Recherchieren Sie, ausgehend von den Bildern, weitere Informationen zu den verschiedenen Bereichen.

6.1 Nachkriegsliteratur (1945–1960)

Das zerstörte Rotterdam, Mai 1940

Ossip Zadkine: Die zerstörte Stadt (1951–1953); Rotterdam

1 **a** Notieren Sie zu jedem der beiden Bilder, nachdem Sie sie intensiv betrachtet haben, alle Eindrücke, Gedanken und Gefühle, ohne den Stift abzusetzen und ohne auf Schreibregeln zu achten.
b Tauschen Sie sich über Ihre Schreibergebnisse aus.
c Formulieren Sie, was Zadkines künstlerische Darstellung von der Fotografie unterscheidet.
d Diskutieren Sie, ob Ihnen der Versuch, Zerstörungen dieses Ausmaßes in einem Kunstwerk gestalten zu wollen, generell sinnvoll erscheint und ob er hier gelungen ist.

Die Shoah – Gedichte über das Unsagbare

Nach einem viel zitierten, allerdings verkürzt wiedergegebenen Urteil des Philosophen **Theodor W. Adorno** (1903–1969) aus dem Jahre 1951 sei es unmöglich geworden, nach Auschwitz noch Gedichte zu schreiben. Im Widerspruch zu diesem Urteil, das Adorno selbst später revidierte, gab es aber schon bald nach der Befreiung der nationalsozialistischen Vernichtungslager und dem Bekanntwerden des ganzen Ausmaßes der dort verübten Verbrechen literarische Versuche, dem vermeintlich Unsagbaren Ausdruck zu verleihen. Die beiden folgenden Gedichte von **Nelly Sachs** (1891–1970) und **Paul Celan** (1920–1970) sind der Shoah (auch: Schoah) gewidmet, wie der Holocaust im Hebräischen genannt wird.

Nelly Sachs: Chor der Geretteten (1947)

Wir Geretteten,
Aus deren hohlem Gebein der Tod schon seine Flöten schnitt,
An deren Sehnen der Tod schon seinen Bogen strich –
Unsere Leiber klagen noch nach
Mit ihrer verstümmelten Musik.
Wir Geretteten,
Immer noch hängen die Schlingen für unsere Hälse gedreht
Vor uns in der blauen Luft –
Immer noch füllen sich die Stundenuhren mit unserem tropfenden Blut.
Wir Geretteten,
Immer noch essen an uns die Würmer der Angst.
Unser Gestirn ist vergraben im Staub.
Wir Geretteten
Bitten euch:
Zeigt uns langsam eure Sonne.
Führt uns von Stern zu Stern im Schritt.
Lasst uns das Leben leise wieder lernen.
Es könnte sonst eines Vogels Lied,
Das Füllen des Eimers am Brunnen
Unseren schlecht versiegelten Schmerz aufbrechen lassen
Und uns wegschäumen –
Wir bitten euch:
Zeigt uns noch nicht einen beißenden Hund –
Es könnte sein, es könnte sein
Dass wir zu Staub zerfallen –
Vor euren Augen zerfallen in Staub.
Was hält denn unsere Webe zusammen?
Wir odemlos gewordene,
Deren Seele zu Ihm floh aus der Mitternacht
Lange bevor man unseren Leib rettete
In die Arche des Augenblicks.
Wir Geretteten,
Wir drücken eure Hand,
Wir erkennen euer Auge –
Aber zusammen hält uns nur noch der Abschied,
Der Abschied im Staub
Hält uns mit euch zusammen.

Paul Celan: Todesfuge (1948)

Schwarze Milch der Frühe wir trinken sie abends
wir trinken sie mittags und morgens wir trinken sie nachts
wir trinken und trinken
wir schaufeln ein Grab in den Lüften da liegt man nicht eng
Ein Mann wohnt im Haus der spielt mit den Schlangen der schreibt
der schreibt wenn es dunkelt nach Deutschland dein goldenes Haar Margarete
er schreibt es und tritt vor das Haus und es blitzen die Sterne er pfeift seine Rüden herbei
er pfeift seine Juden hervor lässt schaufeln ein Grab in der Erde
er befiehlt uns spielt auf nun zum Tanz

Schwarze Milch der Frühe wir trinken dich nachts
wir trinken dich morgens und mittags wir trinken dich abends
wir trinken und trinken
Ein Mann wohnt im Haus der spielt mit den Schlangen der schreibt
der schreibt wenn es dunkelt nach Deutschland dein goldenes Haar Margarete
Dein aschenes Haar Sulamith wir schaufeln ein Grab in den Lüften da liegt man nicht eng
Er ruft stecht tiefer ins Erdreich ihr einen ihr andern singet und spielt
er greift nach dem Eisen im Gurt er schwingts seine Augen sind blau
stecht tiefer die Spaten ihr einen ihr andern spielt weiter zum Tanz auf

Schwarze Milch der Frühe wir trinken dich nachts
wir trinken dich mittags und morgens wir trinken dich abends
wir trinken und trinken
ein Mann wohnt im Haus dein goldenes Haar Margarete
dein aschenes Haar Sulamith er spielt mit den Schlangen

Er ruft spielt süßer den Tod der Tod ist ein Meister aus Deutschland
er ruft streicht dunkler die Geigen dann steigt ihr als Rauch in die Luft
dann habt ihr ein Grab in den Wolken da liegt man nicht eng

Schwarze Milch der Frühe wir trinken dich nachts
wir trinken dich mittags der Tod ist ein Meister aus Deutschland
wir trinken dich abends und morgens wir trinken und trinken
der Tod ist ein Meister aus Deutschland sein Auge ist blau
er trifft dich mit bleierner Kugel er trifft dich genau
ein Mann wohnt im Haus dein goldenes Haar Margarete
er hetzt seine Rüden auf uns er schenkt uns ein Grab in der Luft
er spielt mit den Schlangen und träumet der Tod ist ein Meister aus Deutschland

dein goldenes Haar Margarete
dein aschenes Haar Sulamith

---

1 Sprechen Sie darüber, welches der beiden Gedichte Sie nach der ersten Lektüre stärker berührt.
2 Erarbeiten Sie sich ein Verständnis der beiden Gedichte. Bestimmen Sie:
   – aus welchen Motiven und Bildern sich die Inhalte zusammensetzen,
   – welche Figuren (Sprecher, Adressaten, dritte Personen) erkennbar werden und wie sie dargestellt sind,
   – welche formalen Merkmale die Gedichte prägen und ihre Wirkung bestimmen.
3 Vergleichen Sie die Wirkung des jeweiligen Gedichts mit anderen künstlerischen Versuchen (literarische Texte, Bilder, Filme), die Shoah zu thematisieren.
4 Referat: Stellen Sie in Ihrem Kurs das persönliche Schicksal von Nelly Sachs und Paul Celan dar und präsentieren Sie weitere ausgewählte Gedichte von ihnen.

Bestandsaufnahme und Aufbruch – Literarische Orientierungsversuche

Das folgende Gedicht **Günter Eichs** (1907–1972), das 1945 in einem amerikanischen Kriegsgefangenenlager entstand, ist eines der ersten Zeugnisse einer neuen deutschen Literatur nach dem Krieg und wurde als eine Art lyrisches Manifest der „**Trümmerliteratur**“ (▶ S. 430 ff., 436 f.) verstanden.
Einen Neubeginn markiert auch das 1949 entstandene Gedicht „Auferstanden aus Ruinen“ **Johannes R. Bechers** (1891–1958), jedoch auf eine ganz andere Weise. Es handelte sich um eine literarische Auftragsarbeit für eine neue Nationalhymne, die die DDR-Staatsführung erteilt hatte, um das in Verruf geratene „Deutschland, Deutschland über alles“ **Hoffmann von Fallerslebens** (1798–1874) zu ersetzen.

Günter Eich: Inventur (1945/46)

Dies ist meine Mütze,
dies ist mein Mantel,
hier mein Rasierzeug
im Beutel aus Leinen.

Konservenbüchse:
Mein Teller, mein Becher,
ich hab in das Weißblech
den Namen geritzt.

Geritzt hier mit diesem
kostbaren Nagel,
den vor begehrlichen
Augen ich berge.

Im Brotbeutel sind
ein Paar wollene Socken
und einiges, was ich
niemand verrate,

so dient es als Kissen
nachts meinem Kopf.
Die Pappe hier liegt
zwischen mir und der Erde.

Die Bleistiftmine
lieb ich am meisten:
Tags schreibt sie mir Verse,
die nachts ich erdacht.

Dies ist mein Notizbuch,
dies meine Zeltbahn,
dies ist mein Handtuch,
dies ist mein Zwirn.

Johannes R. Becher: Auferstanden aus Ruinen (1949)

Auferstanden aus Ruinen
Und der Zukunft zugewandt,
Lass uns dir zum Guten dienen,
Deutschland, einig Vaterland.
Alte Not gilt es zu zwingen,
Und wir zwingen sie vereint,
Denn es muss uns doch gelingen,
Dass die Sonne schön wie nie
Über Deutschland scheint.

Glück und Frieden sei beschieden
Deutschland, unserm Vaterland!
Alle Welt sehnt sich nach Frieden!
Reicht den Völkern eure Hand.
Wenn wir brüderlich uns einen,
Schlagen wir des Volkes Feind.
Lasst das Licht des Friedens scheinen,
Dass nie eine Mutter mehr
Ihren Sohn beweint!

Lasst uns pflügen, lasst uns bauen,
Lernt und schafft wie nie zuvor,
Und der eignen Kraft vertrauend,
Steigt ein frei Geschlecht empor.
Deutsche Jugend, bestes Streben
Unsres Volks in dir vereint,
Wirst du Deutschlands neues Leben,
Und die Sonne schön wie nie
Über Deutschland scheint.

1 Verständigen Sie sich darüber, welche Orientierung die beiden Gedichte den Menschen der Nachkriegszeit bieten konnten und welche politische Botschaft sie enthielten.

2 **a** Beschreiben Sie den inhaltlichen Aufbau beider Gedichte. Untersuchen Sie dann, wie die jeweilige Gedichtform und die sprachliche Gestaltung die Inhalte transportieren.

b Hören Sie sich Bechers Gedicht in der Vertonung von Hanns Eisler an und geben Sie in Form der **Blitzlicht-Methode** (► S. 132) Ihren Wirkungseindruck wieder.

3 Schreiben Sie ein Parallelgedicht zu Eichs „Inventur“, in dem Sie eine ähnliche Bestandsaufnahme aus Ihrer derzeitigen Situation heraus vornehmen und diese kritisch reflektieren.

Als zwei literarische Leitgestirne und Symbolfiguren im Nachkriegsdeutschland kann man die Dichter **Gottfried Benn** (1886–1956) und **Bertolt Brecht** (1898–1956) ansehen. Beide waren in den Jahren der Weimarer Republik zu literarischen Größen aufgestiegen. Ihre Lebenswege und ihre Haltung zum Nationalsozialismus bildeten jedoch einen fundamentalen Gegensatz. Nach dem Krieg wurde Benn in der Bundesrepublik neben **Thomas Mann** (1875–1955) als Garant für das Fortbestehen einer kulturellen Tradition über die Nazizeit hinweg angesehen und als Dichter gefeiert. Sein geistiger Antipode Brecht ließ sich hingegen in Ostberlin nieder. Dort gründete er sein weltweit beachtetes Theater und diente als – häufig nicht linientreues – Aushängeschild der DDR-Literatur.

Gottfried Benn: Nur zwei Dinge (1953)

Durch so viele Formen geschritten,
durch Ich und Wir und Du,
doch alles blieb erlitten
durch die ewige Frage: wozu?

Das ist eine Kinderfrage.
Dir wurde erst spät bewußt,
es gibt nur eines: ertrage
– ob Sinn, ob Sucht, ob Sage –
dein fernbestimmtes: Du mußt.

Ob Rosen, ob Schnee, ob Meere,
was alles erblühte, verblich,
es gibt nur zwei Dinge: die Leere
und das gezeichnete Ich. [R]

Bertolt Brecht: Ich habe dies, du hast das (ca. 1950)

Ich habe dies. Du hast das.
Mir wurde mein Buch gestohlen.
Dir wurde dein Halstuch entrissen.
Ich nehme nichts von dem an.
Er hat mich nicht eingeladen.
Mir schuldet man Geld.
Mir schuldet man Dank.
Ich kann dies und das verlangen.
Ich verweigere es.

Genossen, laßt uns nicht ICH sagen
Auch wenn wir so oft ICH zu hören bekommen!
Laßt uns den Zustand der Gesellschaft
bekämpfen
In der all diese Sätze wahr sind! [R]

---

1. Formulieren Sie das Thema der beiden Gedichte und stellen Sie in einem Vergleich dar, wie dieses Thema inhaltlich entfaltet und sprachlich gestaltet wird. Welche Botschaften vermitteln die Gedichte?
2. Begründen Sie, welches Gedicht Ihnen im Selbstverständnis des Sprechers, in den Aussagen über Ich und Gesellschaft und in der Lebensauffassung eher zusagt. Tauschen Sie sich im Kurs dazu aus.
3. Die beiden Autoren verkörpern auf geradezu repräsentative Weise unterschiedliche Lebenswege und Schreibintentionen deutscher Schriftsteller in NS-, Kriegs- und Nachkriegszeit. Erstellen Sie arbeitsteilig für jeden Autor eine Präsentation, mit der Sie die Biografie, den literarischen Werdegang und die Rolle, die sie im Nachkriegsdeutschland spielten, darstellen.

Wolfgang Koeppen: **Tauben im Gras** (1951) – Romanauszug

„Tauben im Gras" ist der erste Teil einer Romantrilogie (▶ S. 437) des Autors Wolfgang Koeppen (1906–1996), in der ein facettenreiches Bild der bundesrepublikanischen Nachkriegsgesellschaft entworfen wird. Im Unterschied zum Zeitgeist der 1950er-Jahre, der ganz auf „Wiederaufbau" und „Wirtschaftswunder" ausgerichtet war, wird in der Trilogie die Entwicklung durchaus kritisch dargestellt. So stand denn auch ihr Erfolg beim zeitgenössischen Publikum in keinem Verhältnis zu dem literarischen Rang, den man den Romanen heute zumisst. Koeppen greift Erzähltechniken des modernen Romans auf, die in der Nazizeit verpönt waren (u. a. Multiperspektivität und Montagetechnik, Dominanz von Bewusstseinszuständen und Technik der erlebten Rede, Verzicht auf kontinuierliche Geschichte und zentrale Heldenfiguren), und trug so zum Anschluss des literarischen Lebens an unterbrochene künstlerische und geistige Traditionen bei.

„Tauben im Gras" beschränkt sich zeitlich auf einen Tagesablauf im München der unmittelbaren Nachkriegszeit. Vorgestellt werden eine Vielzahl von Figuren, deren Schicksale auf unterschiedliche Weise miteinander verwoben sind. Unter ihnen befindet sich der schwarze Besatzungssoldat Washington Price, der davon träumt, gegen alle Widerstände mit seiner deutschen Geliebten Carla eine ganz normale, von niemandem angefeindete Familie gründen zu können.

Washington Price lenkte die horizontblaue Limousine über die Kreuzung. Sollte er? Sollte er nicht? Er wusste, dass die Tankwagen in seinem Depot geheime Zapfhähne hatten. Das Risiko war klein. Er brauchte nur mit dem Fahrer des Tanks halbpart zu machen, bei der deutschen Tankstelle, die jeder Bezinkutscher kannte, vorzufahren und sich einige Gallonen abdrehen zu lassen. Gutes Geld war ihm sicher. Er brauchte Geld. Er wollte nicht unterliegen. Er wollte Carla, und er wollte Carlas Kind. Er hatte noch keinen Punkt auf der Strafliste. Er glaubte an Anständigkeit. Jedem Bürger seine Chance. Auch dem schwarzen Mann seine Chance. Washington Price Sergeant in the Army. Washington musste reich sein. Er musste wenigstens vorübergehend reich sein; hier und heute musste er reich sein. Dem Reichtum würde Carla vertrauen. Sie würde dem Geld eher vertrauen als seinen Worten. Carla wollte nicht sein Kind zur Welt bringen. Sie hatte Angst. Mein Gott, warum Angst haben? Washington war der beste, der stärkste, der flinkeste Baseballcrack in der berühmten Mannschaft der Red Stars. Aber er war nicht mehr der Jüngste. Dieses mörderische Laufen um die Base! Es strengte ihn an. Er bekam keine Luft mehr. Aber ein Jahr, zwei Jahre würde er schon noch aushalten. Er würde noch gut in der Arena sein. Ein rheumatischer Schmerz durchzuckte seinen Arm; das war eine Warnung. Er würde die Sache mit dem Benzin nicht machen. Er musste zum Central Exchange fahren. Er musste Carla ein Geschenk kaufen Er musste telefonieren. Er brauchte Geld. Gleich –

Gleich aus der Linie sechs in die elf. Sie würde Dr. Frahm noch treffen. Es war gut, wenn sie ein wenig nach der Sprechstunde kam. Frahm hatte dann Zeit. Sie musste es loswerden. Gleich. Washington war ein guter Kerl. […] Sie […] lebte mit Washington zusammen, war ihm treu, obwohl sich ihr nun viele, ja ungezählte Gelegenheiten zum Beischlaf ergaben, denn jedermann, ob Schwarz oder Weiß, Deutscher oder Ausländer, glaubte nun, da sie mit Washington zusammenlebte, dass sie mit allen ins Bett ginge, es geilte sie auf, und Carla war ihres Gefühls nicht sicher und frage sich „liebe ich ihn? liebe ich ihn wirklich? fremd, fremd aber ich bleibe ihm treu, treu das bin ich ihm schuldig, keinem andern", und im Nichtstun gewöhnte sie sich an die Bilderwelt unzähliger Magazine, die ihr das Damenleben in Amerika zeigten, die automatischen Küchen, die Waschwunder und Spülmaschinen, die alles reinigten, während man im Liegestuhl der Television folgte, Bing Crosby[1] erschien in jedem Heim, die Wiener Sängerknaben jubelten vorm elektrischen Herd, im schwellenden Polster des Pullmanwagens[2] fuhr man von Ost nach West, im Stromlinienauto genoss man am Abend die Lichter- und Palmenpracht am Golf von San Franzisko, Sicherheit jeder Art wurde von Tablettenfabrikanten und Insurancegesellschaften angeboten, keine Angstträume ängstigten mehr, denn *you can sleep soundly tonight* mit Maybels Magnesium-Milch, und die Frau war die Königin, der alles dort diente und zu Füßen lag, sie war the *gift that starts the home*[3], und für die Kinder gab es Puppen, die echte Tränen weinten; es waren die einzigen Tränen, die in diesem Paradies geweint wurden. Carla wollte Washington heiraten. Sie war bereit, ihm in die Staaten zu folgen. Durch ihren ehemaligen Chef, den Platzkommandanten, der jetzt Bürovorsteher in einer Anwaltskanzlei war, ließ sie die Todeserklärung ihres an der Wolga verschollenen Mannes betreiben. Und da kam das Kind, ein schwarzes Wesen, rührte sich in ihrem Leib, kam zu früh, bereitete ihr Übelkeit, nein, sie wollte es nicht, Dr. Frahm musste ihr beistehen, musste es nehmen, gleich –

1 **Bing Crosby** (1903–1977): US-amerikanischer Sänger und Schauspieler
2 **Pullmanwagen:** Reisezugwagen mit luxuriöser Einrichtung
3 **„the gift that starts the home":** Werbespruch für eine Truhe, in der künftige Ehefrauen ihre Aussteuer aufbewahren sollen; i. S. v.: „Das Geschenk, welches das eigene Heim auf den Weg bringt".

1 **a** Verfassen Sie auf Grund der Eindrücke, die Sie beim Lesen gewonnen haben, ein möglichst umfassendes Porträt der beiden Figuren.
b Welche Probleme sehen Sie für Washingtons und Claras Zukunft voraus? Skizzieren Sie den weiteren Lebensweg der beiden.
2 Bestimmen Sie in einer detaillierten Analyse Aufbau und Erzählstrategie (►S. 160 f.) des Romanauszugs. Was macht den Text im Hinblick auf die Erzähltechnik zu einem modernen Roman?

Trümmerliteratur – Die Kurzgeschichte als literarische Neuentdeckung

Für die Literatur der Nachkriegsjahre bürgerte sich bald der Begriff „**Trümmerliteratur**" oder „**Kahlschlagliteratur**" ein. Nicht nur die Städte waren in Schutt und Asche gelegt, sondern durch die Nazi- und Kriegszeit waren auch die herkömmlichen Werte und Ideale zerstört. Autoren wie **Wolfgang Borchert** (1921–1947) und **Heinrich Böll** (1917–1985) schildern in vielen ihrer Arbeiten diese neue Realität ungeschminkt; sie misstrauten, abgeschreckt durch den dröhnend-pompösen Jargon der Nazipropaganda, jedem sprachlichen Pathos und rhetorischen Schmuck.

Als besonders geeignet für den literarischen Neubeginn erwies sich die Form der **Kurzgeschichte** (► S. 27) nach dem amerikanischen Vorbild der **Short Story.** Von geringem Umfang und in Zeitungen abgedruckt, liegt ihr Vorteil darin, ohne den Umweg über Verlage ein großes Publikum zu erreichen.

Wolfgang Borchert: **Die drei dunklen Könige** (1946)

Er tappte durch die dunkle Vorstadt. Die Häuser standen abgebrochen gegen den Himmel. Der Mond fehlte, und das Pflaster war erschrocken über den späten Schritt. Dann fand er eine alte Planke. Da trat er mit dem Fuß gegen, bis eine Latte morsch aufseufzte und losbrach. Das Holz roch mürbe und süß. Durch die dunkle Vorstadt tappte er zurück. Sterne waren nicht da.

Als er die Tür aufmachte (sie weinte dabei, die Tür), sahen ihm die blassblauen Augen seiner Frau entgegen. Sie kamen aus einem müden Gesicht. Ihr Atem hing weiß im Zimmer, so kalt war es. Er beugte sein knochiges Knie und brach das Holz. Das Holz seufzte. Dann roch es mürbe und süß ringsum. Er hielt sich ein Stück davon unter die Nase. Riecht beinahe wie Kuchen, lachte er leise. Nicht, sagten die Augen der Frau, nicht lachen. Er schläft.

Der Mann legte das süße mürbe Holz in den kleinen Blechofen. Da glomm es auf und warf eine Hand voll warmes Licht durch das Zimmer. Die fiel hell auf ein winziges rundes Gesicht und blieb einen Augenblick. Das Gesicht war erst eine Stunde alt, aber es hatte schon alles, was dazugehört: Ohren, Nase, Mund und Augen. Die Augen mussten groß sein, das konnte man sehen, obgleich sie zu waren. Aber der Mund war offen, und es pustete leise daraus. Nase und Ohren waren rot. Er lebt, dachte die Mutter. Und das kleine Gesicht schlief.

Da sind noch Haferflocken, sagte der Mann. Ja, antwortete die Frau, das ist gut. Es ist kalt. Der Mann nahm noch von dem süßen weichen Holz. Nun hat sie ihr Kind gekriegt und muss frieren, dachte er. Aber er hatte keinen, dem er dafür die Fäuste ins Gesicht schlagen konnte. Als er die Ofentür aufmachte, fiel wieder eine Hand voll Licht über das schlafende Gesicht. Die Frau sagte leise: Kuck, wie ein Heiligenschein, siehst du? Heiligenschein!, dachte er, und er hatte keinen, dem er die Fäuste ins Gesicht schlagen konnte.

Dann waren welche an der Tür. Wir sahen das Licht, sagten sie, vom Fenster. Wir wollen uns zehn Minuten hinsetzen.

Aber wir haben ein Kind, sagte der Mann zu ihnen. Da sagten sie nichts weiter, aber sie kamen doch ins Zimmer, stießen Nebel aus den Nasen und hoben die Füße hoch. Wir sind ganz leise, flüsterten sie und hoben die Füße hoch. Dann fiel das Licht auf sie.

Drei waren es. In drei alten Uniformen. Einer hatte einen Pappkarton, einer einen Sack. Und der Dritte hatte keine Hände. Erfroren, sagte er und hielt die Stümpfe hoch. Dann drehte er dem Mann die Manteltaschen hin. Tabak war drin und dünnes Papier. Sie drehten Zigaretten. Aber die Frau sagte: Nicht, das Kind.

Da gingen die vier vor die Tür, und ihre Zigaretten waren vier Punkte in der Nacht. Der eine hatte dicke umwickelte Füße. Er nahm ein Stück Holz aus einem Sack. Ein Esel, sagte er, ich habe sieben Monate daran geschnitzt. Für das Kind. Das sagte er und gab es dem Mann. Was ist mit den Füßen?, fragte der Mann. Wasser, sagte der Eselschnitzer, vom Hunger. Und der andere, der Dritte?, fragte der Mann und befühlte im Dunkeln den Esel. Der Dritte zitterte in seiner Uniform: Oh, nichts, wisperte er, das sind nur die Nerven. Man hat eben zu viel Angst gehabt. Dann traten sie die Zigaretten aus und gingen wieder hinein.

Sie hoben die Füße hoch und sahen auf das kleine schlafende Gesicht. Der Zitternde nahm aus seinem Pappkarton zwei gelbe Bonbons und sagte dazu: Für die Frau sind die.

Die Frau machte die blassen blauen Augen weit auf, als sie die drei Dunklen über das Kind gebeugt sah. Sie fürchtete sich. Aber da stemmte das Kind seine Beine gegen ihre Brust und schrie so kräftig, dass die drei Dunklen die Füße aufhoben und zur Tür schlichen. Hier nickten sie noch mal, dann stiegen sie in die Nacht hinein.

Der Mann sah ihnen nach. Sonderbare Heilige, sagte er zu seiner Frau. Dann machte er die Tür zu. Schöne Heilige sind das, brummte er und sah nach den Haferflocken. Aber er hatte kein Gesicht für seine Fäuste.

Aber das Kind hat geschrien, flüsterte die Frau, ganz stark hat es geschrien. Da sind sie gegangen. Kuck mal, wie lebendig es ist, sagte sie stolz. Das Gesicht machte den Mund auf und schrie.

Weint er?, fragte der Mann.

Nein, ich glaube, er lacht, antwortete die Frau.

Beinahe wie Kuchen, sagte der Mann und roch an dem Holz, wie Kuchen. Ganz süß.

Heute ist ja auch Weihnachten, sagte die Frau.

Ja, Weihnachten, brummte er, und vom Ofen her fiel eine Hand voll Licht hell auf das kleine schlafende Gesicht.

Heinrich Böll: **Mein teures Bein** (1950)

Sie haben mir jetzt eine Chance gegeben. Sie haben mir eine Karte geschrieben, ich soll zum Amt kommen, und ich bin zum Amt gegangen. Auf dem Amt waren sie sehr nett. Sie nahmen meine Karteikarte und sagten: „Hm.“ Ich sagte auch: „Hm.“ – „Welches Bein?“, fragte der Beamte.

„Rechts.“

„Ganz?“

„Ganz.“

„Hm“, machte er wieder. Dann durchsuchte er verschiedene Zettel. Ich durfte mich setzen. Endlich fand der Mann einen Zettel, der ihm der richtige zu sein schien. Er sagte: „Ich denke, hier ist etwas für Sie. Nette Sache. Sie können dabei sitzen. Schuhputzer in einer Bedürfnisanstalt auf dem Platz der Republik. Wie wäre das?“

„Ich kann nicht Schuhe putzen; ich bin immer schon aufgefallen wegen schlechten Schuhputzens.“

„Das können Sie lernen“, sagte er. „Man kann alles lernen. Ein Deutscher kann alles. Sie können, wenn Sie wollen, einen kostenlosen Kursus mitmachen.“

„Hm“, machte ich.

„Also gut?“

„Nein“, sagte ich, „ich will nicht. Ich will eine höhere Rente haben.“

„Sie sind verrückt“, erwiderte er sehr freundlich und milde.

„Ich bin nicht verrückt, kein Mensch kann mir mein Bein ersetzen, ich darf nicht einmal mehr

Zigaretten verkaufen, sie machen jetzt schon Schwierigkeiten.“

Der Mann lehnte sich weit in seinen Stuhl zurück und schöpfte eine Menge Atem. „Mein lieber Freund“, legte er los, „Ihr Bein ist ein verflucht teures Bein. Ich sehe, dass Sie neunundzwanzig Jahre sind, von Herzen gesund, überhaupt vollkommen gesund, bis auf das Bein. Sie werden siebzig Jahre alt. Rechnen Sie sich bitte aus, monatlich siebzig Mark, zwölfmal im Jahr, also einundvierzig mal zwölf mal siebzig. Rechnen Sie das bitte aus, ohne die Zinsen, und denken Sie doch nicht, dass Ihr Bein das einzige Bein ist. Sie sind auch nicht der Einzige, der wahrscheinlich lange leben wird. Und dann Rente erhöhen! Entschuldigen Sie, aber Sie sind verrückt.“

„Mein Herr“, sagte ich, lehnte mich nun gleichfalls zurück und schöpfte eine Menge Atem, „ich denke, dass Sie mein Bein stark unterschätzen. Mein Bein ist viel teurer, es ist ein sehr teures Bein. Ich bin nämlich nicht nur von Herzen, sondern leider auch im Kopf vollkommen gesund. Passen Sie mal auf.“

„Meine Zeit ist sehr kurz.“

„Passen Sie auf!“, sagte ich. „Mein Bein hat nämlich einer Menge von Leuten das Leben gerettet, die heute eine nette Rente beziehen. Die Sache war damals so: Ich lag ganz allein irgendwo vorne und sollte aufpassen, wann sie kämen, damit die anderen zur richtigen Zeit stiften gehen konnten. Die Stäbe hinten waren am Packen und wollten nicht zu früh, aber auch nicht zu spät stiften gehen. Erst waren wir zwei, aber den haben sie totgeschossen, der kostet nichts mehr. Er war zwar verheiratet, aber seine Frau ist gesund und kann arbeiten, Sie brauchen keine Angst zu haben. Der war also furchtbar billig. Er war erst vier Wochen Soldat und hat nichts gekostet als eine Postkarte und ein bisschen Kommissbrot. Das war einmal ein braver Soldat, der hat sich wenigstens richtig totschießen lassen. Nun lag ich aber da allein und hatte Angst, und es war kalt, und ich wollte auch stiften gehen, ja, ich wollte gerade stiften gehen, da ...“

„Meine Zeit ist sehr kurz“, sagte der Mann und fing an, nach seinem Bleistift zu suchen.

„Nein, hören Sie zu“, sagte ich, „jetzt wird es erst interessant. Gerade, als ich stiften gehen wollte, kam die Sache mit dem Bein. Und weil ich doch liegen bleiben musste, dachte ich, jetzt kannst du's auch durchgeben, und ich hab's durchgegeben, und sie hauten alle ab, schön der Reihe nach, erst die Division, dann das Regiment, dann das Bataillon, und so weiter, immer hübsch der Reihe nach. Eine dumme Geschichte, sie vergaßen nämlich, mich mitzunehmen, verstehen Sie? Sie hatten's so eilig. Wirklich eine dumme Geschichte, denn hätte ich das Bein nicht verloren, wären sie alle tot, der General, der Oberst, der Major, immer schön der Reihe nach, und Sie brauchten ihnen keine Rente zu zahlen. Nun rechnen Sie mal aus, was mein Bein kostet. Der General ist zweiundfünfzig, der Oberst achtundvierzig und der Major fünfzig, alle kerngesund, von Herzen und im Kopf, und sie werden bei ihrer militärischen Lebensweise mindestens achtzig, wie Hindenburg. Bitte rechnen Sie jetzt aus: einhundertsechzig mal zwölf mal dreißig, sagen wir ruhig durchschnittlich dreißig, nicht wahr? Mein Bein ist ein wahnsinnig teures Bein geworden, eines der teuersten Beine, die ich mir denken kann, verstehen Sie?“

„Sie sind doch verrückt“, sagte der Mann.

„Nein“, erwiderte ich, „ich bin nicht verrückt. Leider bin ich von Herzen ebenso gesund wie im Kopf, und es ist schade, dass ich nicht auch zwei Minuten, bevor das mit dem Bein kam, totgeschossen wurde. Wir hätten viel Geld gespart.“

„Nehmen Sie die Stelle an?“, fragte der Mann.

„Nein“, sagte ich und ging.

---

1 **a** Charakterisieren Sie die Protagonisten beider Geschichten und beschreiben Sie die Situation, in der sie sich jeweils befinden.
b Welche inhaltlichen Übereinstimmungen können Sie entdecken? Versuchen Sie, ein gemeinsames Thema für beide Geschichten zu formulieren.

2 Arbeiten Sie gemeinsame Merkmale im Aufbau, in der **Erzählstrategie** (► S. 160 f.) und in der Sprache beider Geschichten heraus. Gehen Sie dabei auf Borcherts These ein, dass die Sprache der neuen Kurzgeschichten einfach und karg sei.

3 Untersuchen Sie, ob und inwiefern beide Geschichten mit dem Etikett „Trümmerliteratur“ versehen werden können. Gehen Sie dabei auf die intertextuellen Bezüge zur Weihnachtsgeschichte in Borcherts Text ein. Erläutern Sie die Wirkung dieses Bezugs.

4 Referat: Recherchieren und referieren Sie die Biografie und den literarischen Werdegang Bölls.

Sprachartistik und Zeitkritik – Lyrik ab Mitte der 1950er-Jahre

Eugen Gomringer (1953)

das schwarze geheimnis
ist hier
hier ist
das schwarze geheimnis

Eugen Gomringer (1960)

w w
d i
n n n
i d i d
w w

Mark Rothko: Rot, Weiß und Braun (1957)

---

1 **a** Die beiden Bildgedichte Gomringers sind Beispiele der **konkreten Poesie,** die in den 1950er-Jahren viel Beachtung fand. Beschreiben Sie das besondere Verhältnis von Inhalt und Form dieser Gedichte und erläutern Sie, worin das Ungewöhnliche der Sprachverwendung besteht.
b Recherchieren Sie Genaueres über die konkrete Poesie und verfassen Sie darüber einen Artikel, z. B. für ein Schülerlexikon. Nutzen Sie die beiden Beispiele Gomringers, um die Machart und Wirkung der konkreten Poesie zu beschreiben und zu erklären.

2 Vergleichen Sie diese Bildgedichte mit denen der Barockzeit in Aufbau und Intention (► S. 249).

3 Stellen Sie in Bezug auf die Darstellungsweise Parallelen zwischen der konkreten Poesie und dem Gemälde Rothkos her.

4 Gestalten Sie eigene Bildgedichte nach dem Vorbild Gomringers. Stellen Sie sie im Kurs aus.

Ingeborg Bachmann: Anrufung des Großen Bären (1956)

Großer Bär, komm herab, zottige Nacht,
Wolkenpelztier mit den alten Augen,
Sternenaugen,
durch das Dickicht brechen schimmernd
deine Pfoten mit den Krallen,
Sternenkrallen,
wachsam halten wir die Herden,
doch gebannt von dir, und misstrauen
deinen müden Flanken und den scharfen
halbentblößten Zähnen,
alter Bär.

Ein Zapfen: eure Welt.
Ihr: die Schuppen dran.
Ich treib sie, roll sie
von den Tannen im Anfang
zu den Tannen am Ende,
schnaub sie an, prüf sie im Maul
und pack zu mit den Tatzen.

Fürchtet euch oder fürchtet euch nicht!
Zahlt in den Klingelbeutel und gebt
dem blinden Mann ein gutes Wort,
dass er den Bären an der Leine hält.
Und würzt die Lämmer gut.

's könnt sein, dass dieser Bär
sich losreißt, nicht mehr droht
und alle Zapfen jagt, die von den Tannen
gefallen sind, den großen, geflügelten,
die aus dem Paradiese stürzten.

Hans Magnus Enzensberger: **An alle Fernsprechteilnehmer** (1958)

Etwas, das keine Farbe hat, etwas,
das nach nichts riecht, etwas Zähes,
trieft aus den Verstärkerämtern,
setzt sich fest in die Nähte der Zeit
und der Schuhe, etwas Gedunsenes,
kommt aus den Kokereien, bläht
wie eine fahle Brise die Dividenden
und die blutigen Segel der Hospitäler,
mischt sich klebrig in das Getuschel
um Professuren und Primgelder[1], rinnt,
etwas Zähes, davon der Salm stirbt,
in die Flüsse, und sickert, farblos,
und tötet den Butt auf den Bänken.

Die Minderzahl hat die Mehrheit,
die Toten sind überstimmt.

In den Staatsdruckereien
rüstet das tückische Blei auf,
die Ministerien mauscheln, nach Phlox[2]
und erloschenen Resolutionen riecht
der August. Das Plenum ist leer.
An den Himmel darüber schreibt
die Radarspinne ihr zähes Netz.

Die Tanker auf ihren Helligen[3]
wissen es schon, eh der Lotse kommt,
und der Embryo weiß es dunkel
in seinem warmen, zuckenden Sarg:

Es ist etwas in der Luft, klebrig
und zäh, etwas, das keine Farbe hat
(nur die jungen Aktien spüren es nicht):
Gegen uns geht es, gegen den Seestern
und das Getreide. Und wir essen davon
und verleiben uns ein etwas Zähes,
und schlafen im blühenden Boom,
im Fünfjahresplan, arglos
schlafend im brennenden Hemd,
wie Geiseln umzingelt von einem zähen,
farblosen, einem gedunsenen Schlund.

1 **Primgeld:** Prämie für den Kapitän eines Frachtschiffes
2 **Phlox:** Flammenblumen
3 eigentlich **Helling:** die schräg abfallende Fläche, auf der ein Schiff beim Stapellauf zu Wasser gelassen wird

1 Beide Gedichte reagieren auf die öffentliche Stimmung im Wirtschaftswunderland Bundesrepublik Deutschland, die in den späten 1950er-Jahren von Wohlstandsstreben und Selbstzufriedenheit geprägt ist, indem sie ein Gefühl von Bedrohung vermitteln:

a Arbeiten Sie heraus, wovon diese Bedrohung ausgeht. Stellen Sie zunächst die Bildbereiche zusammen, denen sich die vieldeutigen Bilder der beiden Gedichte zuordnen lassen, z. B. in „Anrufung des Großen Bären": Bär als wildes Tier, als Tier auf Jahrmärkten, als ...
Tragen Sie dann alle Bilder zusammen, die sich auf die Tannenzapfen als Chiffren für die Welt und die Menschen beziehen, und gehen Sie schließlich den Bildern aus dem christlich-kirchlichen Bereich nach.
Tipp: Setzen Sie die Bilder jeweils in Beziehung und deuten Sie sie. Was assoziieren Sie z. B. mit dem „Großen Bären" (Raubtier, Sternbild etc.)? Bedenken Sie, dass sich Chiffren in ihrer Bedeutung meist nicht festlegen lassen!

b Untersuchen Sie für jede Strophe, wer das lyrische Ich bzw. der Sprecher ist, wer angesprochen wird (Adressaten), welche Haltung der Sprecher zu den Angesprochenen einnimmt und in welchem Ton er spricht. In Bachmanns erster Strophe z. B. erscheint als Sprecher eine Gruppe, die an Hirten erinnert und in der ersten Person Plural den Großen Bären anspricht. Sie betet ihn an („komm herab", V. 1), fürchtet ihn aber auch („misstrauen [...] den scharfen [...] Zähnen", V. 8–10). In Strophe zwei wechselt die Sprecherrolle ...

c Fassen Sie Ihre Ergebnisse zu einem schriftlichen Vergleich der beiden Gedichte zusammen.

Information **Epochenüberblick: Nachkriegszeit (1945 – ca. 1960)**

Allgemeingeschichtlicher Hintergrund: Das Ende des Zweiten Weltkriegs markierte einen tiefen Einschnitt in der deutschen Geschichte. Das in Trümmern liegende, in **Besatzungszonen** aufgeteilte Deutschland stand vor der Aufgabe, in Auseinandersetzung mit der Schuld an Krieg und Völkermord einen politisch-gesellschaftlich-kulturellen Neuanfang zu finden. Schon bald stand dieser Neuanfang unter dem Zeichen des **Kalten Krieges,** der die Siegermächte entzweite und zwischen die westlichen Zonen und die Ostzone den **Eisernen Vorhang** zog. Auf die **Gründung der Bundesrepublik Deutschland** im Jahre 1949 als parlamentarischer, föderaler Demokratie mit sozialer Marktwirtschaft folgte in Ostdeutschland im gleichen Jahr die **Gründung der DDR** als sozialistischer Einheitsstaat mit staatlich gelenkter Planwirtschaft. Zementiert wurde die Teilung Deutschlands durch die Einbindung der beiden Staaten in die Bündnissysteme von westlicher NATO und östlichem Warschauer Pakt 1955.
Weltbild und Lebensauffassung: Die amerikanische Aufbauhilfe und die Einführung der sozialen Marktwirtschaft führten in **Westdeutschland** zu einer raschen Verbesserung der Lebensbedingungen und einem breiten Einverständnis der Bevölkerung mit dem neuen Staatswesen. Das so genannte **Wirtschaftswunder** und der überraschende Weltmeistertitel der deutschen Fußballmannschaft 1954 ließen das Gefühl „Wir sind wieder wer" aufkommen. Privater wirtschaftlicher Erfolg und das Ausschöpfen der immer umfassenderen Konsummöglichkeiten bestimmten Leben und Denken weiter Bevölkerungsschichten. Davon beeinflusst nahm man die **Restauration der gesellschaftlichen Strukturen aus der Vorkriegszeit** hin und war bereit, die Rückkehr von treuen Dienern des NS-Systems in ihre alten Positionen und Ämter zu verdrängen. Unruhe in die überwiegend von traditionellen Anschauungen und Konventionen geprägte Alltagskultur brachte seit Mitte der 1950er-Jahre in zunehmendem Maße die Jugend, die nach dem Vorbild ihrer amerikanischen Altersgenossen den Rock 'n' Roll entdeckte.
Ganz anders verlief die Entwicklung in der **DDR.** Die von den Interessen der Sowjetunion bestimmte Planwirtschaft und das Bemühen der Sozialistischen Einheitspartei Deutschlands (SED), die Bevölkerung zu einer nach ihren ideologischen Vorstellungen ausgerichteten Gesellschaft zu formieren, befriedigte weder die materiellen Bedürfnisse noch den Wunsch nach freiheitlich-selbstbestimmter Lebensführung. Der **Antifaschismus,** in dessen Folge Verwaltungs- und Justizapparat weitgehend von ehemaligen Nazis gesäubert und über die Hälfte der Lehrer mit entsprechender Vergangenheit entlassen wurden, gewann dem kommunistischen Regime trotz aller Zwangsmaßnahmen das Vertrauen auch vieler fortschrittlich denkender bürgerlicher Kreise. Die Zwangskollektivierungen in Landwirtschaft, Gewerbe und Industrie sowie die alle Lebensbereiche erfassende Erziehungsdiktatur zum „richtigen" Denken, das in der Errichtung einer immer größer und mächtiger werdenden politischen Geheimpolizei, der Stasi, gipfelte, ließ Millionen von Bürgerinnen und Bürgern die DDR verlassen.
Literatur: In **Westdeutschland** beherrschten zunächst keineswegs die zurückkehrenden Exilautoren (► S. 421) die literarische Szene. Zu ihrer Enttäuschung waren ihre Erfahrung und ihr Beitrag zum Aufbau einer neuen demokratischen Kultur nicht gefragt. Das Interesse des Lesepublikums wandte sich stärker den Schriftstellern der „inneren Emigration" (► S. 421) zu, die während des Naziregimes Deutschland nicht verlassen hatten. Eine Ausnahme unter den Exilrückkehrern war Thomas Mann (1875–1955), dessen Werk in den 1950er-Jahren fester Bestandteil des Literaturkanons wurde und als deutscher Beitrag zur Weltliteratur gilt. Die neue Generation der Nachkriegsautoren sah sich vorerst außer Stande, Bilanz ziehende Zeit- und Gesellschaftsromane vorzulegen, wie sie in der Weimarer Republik (► S. 415 f.) entstanden waren. Ihre bevorzugte Form

war die **Kurzgeschichte** in Anlehnung an die amerikanische Short Story. Sie wurde zur dominierenden Gattung der **Trümmer- oder Kahlschlagliteratur** (▶ S. 426 f.). Zu den Ausnahmeerscheinungen in diesem literarischen Umfeld der frühen 1950er-Jahre gehören **Wolfgang Koeppens** (1906–1996) Romane („Tauben im Gras", „Das Treibhaus", „Der Tod in Rom"), die sich mit Hilfe moderner und ungewohnter Erzähltechniken kritisch mit der politisch-sozialen Entwicklung in der Bundesrepublik auseinandersetzen. Sie waren damit Vorläufer einer neuen Literatur, die seit Ende der 1950er-Jahre entstand und Zeitkritik mit avantgardistischer Sprachartistik verband. Herausragende Beispiele dafür waren auch die Gedichte von **Hans Magnus Enzensberger** (*1929) und **Günter Grass** (*1927; ▶ S. 464 ff.) sowie dessen 1959 erschienener Roman „Die Blechtrommel". Diese Schriftsteller gehörten zu einer Gruppe von Autorinnen und Autoren, die sich einmal jährlich mit Literaturkritikern zu Lesungen und Diskussionen traf. Sie blieb zwar ein informeller, loser Zusammenschluss, hatte aber dennoch großen Einfluss auf das literarische Leben in der Bundesrepublik. Nach ihrem Gründungsjahr nannte sie sich **Gruppe 47.**

In der **DDR** versuchte der Staat die Schriftsteller in den Dienst zum Aufbau einer sozialistischen Gesellschaft zu stellen und deklarierte ihr Schreiben in den 1950er-Jahren offiziell zur **Aufbauliteratur.** Vorbild sollten die politisch dem Marxismus nahestehenden Exilautoren wie z. B. **Bertolt Brecht** (1898–1956), **Johannes R. Becher** (1891–1958), **Arnold Zweig** (1887–1968) oder **Anna Seghers** (1900–1983) sein, die – anders als die Exilanten in Westdeutschland – bei ihrer Rückkehr mit größter Wertschätzung aufgenommen wurden. Das mit Veröffentlichungsverboten verbundene Bemühen der SED-Kultusbürokratie, die Schriftsteller auf einen **sozialistischen Realismus** verbindlich festzulegen, führte zu ständigen Auseinandersetzungen und der Flucht vieler Autoren in den Westen. Leitende Prinzipien dieses verordneten Realismus waren: direkte Widerspiegelung der gesellschaftlichen Realität, Verständlichkeit der Literatur für jedermann, Darstellung einer positiven Zukunftsperspektive mit einem vorbildlichen Helden im Zentrum, Primat des Inhalts und Ablehnung aller Formexperimente als Formalismus und Subjektivismus.

Weitere wichtige Autorinnen/Autoren und Werke

West:

Marie Luise Kaschnitz (1901–1974): Gedichte; Kurzgeschichten und Erzählungen
Max Frisch (Schweiz, 1911–1991): „Stiller", „Homo faber" (Romane); „Andorra" (Drama)
Alfred Andersch (1914–1980): „Sansibar oder Der letzte Grund" (Roman)
Friedrich Dürrenmatt (Schweiz, 1921–1990): „Der Richter und sein Henker", „Der Verdacht" (Romane); „Romulus der Große", „Der Besuch der alten Dame" (Dramen)

Ost:

Bruno Apitz (1900–1979): „Nackt unter Wölfen" (Roman)
Erwin Strittmatter (1912–1994): „Katzgraben" (Komödie)
Erich Loest (*1926): „Das Jahr der Prüfung" (Roman)
Heiner Müller (1929–1995): „Der Lohndrücker" (Drama)

---

1 Viele der in diesem Kapitel vertretenen Autoren gehörten zur oben genannten „Gruppe 47". Stellen Sie in Referaten diese Gruppe vor: Ablauf und Funktion der Treffen; wichtige Mitglieder und ihre literarische Bedeutung; Beispiele politisch-gesellschaftlichen Engagements; Rolle und Ansehen der Gruppe in der Öffentlichkeit; das Ende ihres Bestehens und die Gründe für die Auflösung.

2 Informieren Sie in einem Gruppenreferat über Wolfgang Borcherts Kriegsheimkehrerdrama „Draußen vor der Tür" und lesen Sie eine ausgewählte Szene mit verteilten Rollen vor.

3 Präsentieren Sie in einer Buchvorstellung einen von Wolfgang Koeppens Romanen.
Tipp: „Das Treibhaus" ist in der Verfilmung von Peter Goedel auch als DVD erhältlich.

6.2 Kritische Literatur und Neue Subjektivität (1960er- bis 1980er-Jahre)

Rainer Fetting: Durchgang Südstern (1988)

1 a Beschreiben Sie das Gemälde und seine Wirkung auf Sie. Beachten Sie besonders die Farbgebung und wie die Stadt Berlin räumlich dargestellt ist.
b Erläutern Sie, wie Sie den Titel verstehen. Setzen Sie ihn mit Ihrem Wissen zum Entstehungsjahr in Beziehung.

2 Tauschen Sie sich im Kurs über weitere Werke aus (Literatur, Filme, Bilder etc.), die Sie zum Thema „Geteiltes Deutschland" kennen.

Umgang mit Verantwortung – Das Dokumentartheater

Peter Weiss: **Die Ermittlung** (1965) – Gesang von der Rampe II

Das Material zu diesem Dokumentarstück stammt aus dem Auschwitz-Prozess in Frankfurt a. M. (1963–1965), an dem Peter Weiss (1916–1982) als Beobachter teilnahm. Die Aussagen der Zeugen und Angeklagten hat er sprachlich nur leicht überarbeitet und in Verse gesetzt.

Zeuge 3: Wir fuhren 5 Tage lang
Am zweiten Tag
war unsere Wegzehrung verbraucht
Wir waren 89 Menschen im Waggon
Dazu unsere Koffer und Bündel
Unsere Notdurft verrichteten wir
in das Stroh
Wir hatten viele Kranke
und 8 Tote [...]
Wir fuhren durch eine flache Gegend
die von Scheinwerfern beleuchtet wurde
Dann näherten wir uns einem lang gestreckten
scheunenähnlichen Gebäude
Da war ein Turm
und darunter ein gewölbtes Tor
Ehe wir durch das Tor einfuhren
pfiff die Lokomotive
Der Zug hielt
Die Waggontüren wurden aufgerissen
Häftlinge in gestreiften Anzügen erschienen
und schrien zu uns herein
Los raus schnell schnell
Es waren anderthalb Meter herab zum Boden
Da lag Schotter
Die Alten und Kranken fielen

in die scharfen Steine
Die Toten und das Gepäck wurden heraus-
geworfen
Dann hieß es
Alles liegen lassen
Frauen und Kinder rüber
Männer auf die andere Seite
Ich verlor meine Familie aus den Augen
Überall schrien die Menschen
nach ihren Angehörigen
Mit Stöcken wurde auf sie eingeschlagen
Hunde bellten
Von den Wachtürmen waren Scheinwerfer
und Maschinengewehre
auf uns gerichtet
Am Ende der Rampe war der Himmel
rot gefärbt
Die Luft war voll von Rauch
Der Rauch roch süßlich und versengt
Dies war der Rauch
der fortan blieb
Zeugin 4: Ich hörte meinen Mann noch
nach mir rufen
Wir wurden aufgestellt
und durften den Platz nicht mehr wechseln
Wir waren eine Gruppe
von 100 Frauen und Kindern
Wir standen zu fünft in einer Reihe
Dann mussten wir an ein paar Offizieren
vorbeigehn
Einer von ihnen hielt die Hand in Brusthöhe
und winkte mit dem Finger
nach links und nach rechts
Die Kinder und die alten Frauen
kamen nach links
ich kam nach rechts
Die linke Gruppe musste über die Schienen
zu einem Weg gehen
Einen Augenblick lang sah ich meine
Mutter
bei den Kindern
da war ich beruhigt und dachte
wir werden uns schon wiederfinden
Eine Frau neben mir sagte
Die kommen in ein Schonungslager
Sie zeigte auf die Lastwagen
die auf dem Weg standen
und auf ein Auto vom Roten Kreuz
Wir sahen
wie sie auf die Wagen geladen wurden
und wir waren froh dass sie fahren durften
Wir andern mussten zu Fuß weiter
auf den aufgeweichten Wegen [...]
Ankläger: Angeklagter Hofmann[1]
wussten Sie
was mit den ausgesonderten Menschen
geschehen sollte
Angeklagter 8: Herr Staatsanwalt
Ich persönlich hatte gar nichts
gegen diese Leute
Die gab es ja auch bei uns zu Hause
Ehe sie abgeholt wurden
habe ich immer zu meiner Familie gesagt
Kauft nur weiter bei dem Krämer
das sind ja auch Menschen
Ankläger: Hatten Sie diese Einstellung noch
als Sie Dienst auf der Rampe taten
Angeklagter 8: Also
von kleinen Übeln abgesehen
wie sie solch ein Leben von vielen
auf engem Raum
nun einmal mit sich bringt
und abgesehen von den Vergasungen
die natürlich furchtbar waren
hatte durchaus jeder die Chance
zu überleben
Ich persönlich
habe mich immer anständig benommen
Was sollte ich denn machen
Befehle mussten ausgeführt werden
Und dafür habe ich jetzt
dieses Verfahren auf dem Hals
Herr Staatsanwalt
ich habe ruhig gelebt
wie alle andern auch
und da holt man mich plötzlich raus
und schreit nach Hofmann
Das ist der Hofmann
sagt man
Ich weiß überhaupt nicht
was man von mir will

1 Der frühere Schutzhaftlagerführer Franz Johann Hofmann wurde zu lebenslangem Zuchthaus verurteilt.

1 Geben Sie Ihren ersten Leseeindruck wieder. Welche Passagen finden Sie besonders eindrucksvoll?
2 Stellen Sie Vermutungen darüber an, weshalb Weiss die Aussagen in Versform gesetzt hat.
3 Beziehen Sie Weiss' folgende Aussage auf den Textauszug. Inwieweit entspricht ihr der Text?
4 a Vergleichen Sie die den Auszug mit den Gedichten von Sachs und Celan (▸ S. 425 f.) im Hinblick auf Intention und Wirkung.
b Vergleichen Sie die Wirkung des Textauszugs mit der Wirkung anderer Medien (Augenzeugenberichte, Filme, Bilder, Ausstellungen etc.), die Sie zum Thema „Shoah" kennen.
5 Erarbeiten Sie für Weiss' Text Darbietungsmöglichkeiten, die Sie im Hinblick auf Thema und Intention für angemessen halten.

Das dokumentarische Theater kann die Form eines Tribunals annehmen. Auch hier hat es nicht Anspruch darauf, der Authentizität eines Gerichtshofs von Nürnberg, eines Auschwitzprozesses in Frankfurt [...] nahezukommen, doch kann es die im wirklichen Verhandlungsraum zur Sprache gekommenen Fragen und Angriffspunkte zu einer neuartigen Aussage bringen [...]. Die auftretenden Figuren werden in einen geschichtlichen Zusammenhang versetzt. [...] Anhand ihrer Tätigkeiten wird der Mechanismus demonstriert, der weiterhin in die Wirklichkeit eingreift.

Peter Weiss: Notizen zum dokumentarischen Theater (1981)

Information **Dokumentartheater**

Das dokumentarische Theater, dessen Form im Wesentlichen in den 1960er-Jahren entstand, behandelt historische oder aktuelle politische oder soziale Ereignisse. **Juristische oder historische Reportagen, Berichte, (Bild-)Dokumente sowie Interviews dienen dabei als Quellen.** Je nach Inszenierung werden diese Dokumente auch während der Aufführung, z. B. per Projektion, präsentiert. In der Regel wird das originale Material unverändert wiedergegeben, wobei es allerdings in ein Ereignis der Geschichte eingewoben und entsprechend zusammengestellt wird. Wesentliche Intentionen sind die politische Aufklärung und Beeinflussung – oft durch Verurteilung einer der betroffenen Parteien. Neben **Peter Weiss'** (1916–1982) „Ermittlung" (1965) gehören zu den bedeutenden Dokumentartheaterstücken der Zeit **Rolf Hochhuths** (*1931) „Der Stellvertreter" (1963) und **Heinar Kipphardts** (1922–1982) „In der Sache J. Robert Oppenheimer" (1964; ▸ S. 69 f.).

Auflehnung oder Anpassung? – Politische Lyrik und Prosa

In den 1960er-Jahren entstanden in vielen Ländern Westeuropas vor allem in der Studentenschaft Protestbewegungen gegen die als „spießig" empfundene Elterngeneration. Insbesondere die Kritik am Vietnamkrieg der USA führte zu teils gewalttätigen Protesten. Westlich des Eisernen Vorhangs wurden zuvorderst die „Konsumgesellschaft" und die „Bewusstseinsindustrie" der Massenmedien kritisiert. Im Osten standen die Themen „Mangelwirtschaft", „Aufbau des Sozialismus" und die Verarbeitung enttäuschter Hoffnungen nach der Niederschlagung des „Prager Frühlings" 1968 im Mittelpunkt.

Günter Grass: **In Ohnmacht gefallen** (1967)

Wir lesen Napalm und stellen Napalm uns vor.
Da wir uns Napalm nicht vorstellen können,
lesen wir über Napalm, bis wir uns mehr
unter Napalm vorstellen können.
Jetzt protestieren wir gegen Napalm.
Nach dem Frühstück, stumm,
auf Fotos sehen wir, was Napalm vermag.
Wir zeigen uns grobe Raster
und sagen: Siehst du, Napalm.
Bald wird es preiswerte Bildbände
mit besseren Fotos geben,
auf denen deutlicher wird,
was Napalm vermag.
Wir kauen Nägel und schreiben Proteste.
Aber es gibt, so lesen wir,
Schlimmeres als Napalm.
Schnell protestieren wir gegen Schlimmeres.
Unsere berechtigten Proteste, die wir jederzeit
verfassen falten frankieren dürfen, schlagen zu
Buch.
Ohnmacht, an Gummifassaden erprobt.
Ohnmacht legt Platten auf: ohnmächtige
Songs.
Ohne Macht mit Guitarre. –
Aber feinmaschig und gelassen
wirkt sich draußen die Macht aus.

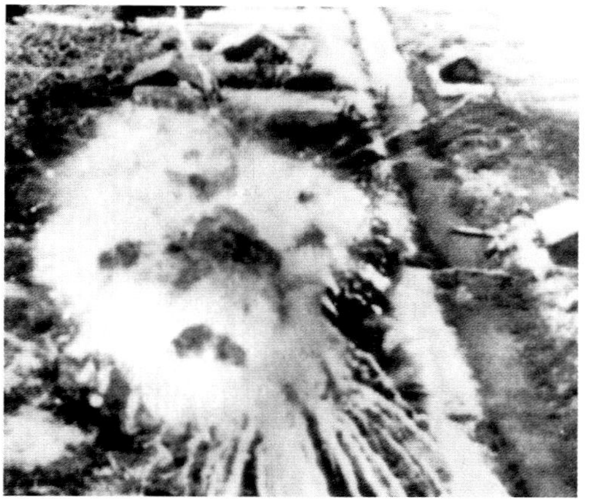

Vietnamkrieg. Explosion von Napalmbomben

Erich Fried: **Gezieltes Spielzeug**[1] (1966)

Abwurf
von Spielzeug
statt Bomben
zum Fest der Kinder

sagten die Marktforscher
das
macht zweifellos
großen Eindruck

Es hat sehr großen
Eindruck
gemacht
auf die ganze Welt

Hätte das Flugzeug
lieber vor vierzehn Tagen
Spielzeug heruntergeworfen
und jetzt erst die Bomben

hätten meine zwei Kinder
noch vierzehn Tage
durch eure Güte
etwas zum Spielen gehabt

1 Zum vietnamesischen „Fest der Kinder“ warfen US-Flugzeuge Spielzeug ab, auch auf Dörfer, in denen ihre Bomben noch kurz zuvor Kinder getötet hatten.

---

1 Lesen Sie die zwei Gedichte. Notieren Sie erste Eindrücke und Untersuchungsaspekte.
2 Analysieren Sie die Gedichte inhaltlich und sprachlich unter den von Ihnen zuvor formulierten Aspekten.
3 Wie werden politische Anliegen in den Gedichten „transportiert“? Bereiten Sie einen entsprechenden Gedichtvortrag vor und begründen Sie Ihre gestalterischen Entscheidungen.
4 Welche Themen sind heute relevant? Verfassen Sie selbst ein politisches Gedicht.

Reiner Kunze: **Ordnung** (1976) – Auszug aus „Die wunderbaren Jahre“[1]

Die Mädchen und Jungen, die sich auf die Eckbank der leeren Bahnhofshalle setzten, kamen aus einem Jazz-Konzert. Ihr Gespräch verstummte rasch. Einer nach dem anderen legten sie den Kopf auf die Schulter ihres Nebenmanns. Der erste Zug fuhr 4:46 Uhr.

Zwei Transportpolizisten, einen Schäferhund an der Leine, erschienen in der Tür, wandten sich der Bank zu und zupften die Schlafenden am Ärmel. „Entweder Sie setzen sich gerade hin, oder Sie verlassen den Bahnhof, Ordnung muß sein!“

„Wieso Ordnung?“, fragte einer der Jungen, nachdem er sich aufgerichtet hatte. „Sie sehen doch, daß jeder seinen Kopf gleich wiedergefunden hat.“

„Wenn Sie frech werden, verschwinden Sie sofort, verstanden?“

Die Polizisten gingen weiter.

Die jungen Leute lehnten sich nach der anderen Seite. Zehn Minuten später kehrte die Streife zurück und verwies sie des Bahnhofs.

Draußen ging ein feiner Regen nieder. Der Zeiger der großen Uhr wippte auf die Eins wie ein Gummiknüppel. [...] R

1 Der Prosaband erschien nur in der Bundesrepublik.

Monika Maron: **Flugasche** (1981) – Romanauszug

Die Journalistin Josefa Nadler kritisiert in einer Reportage die massiven Umweltverschmutzungen eines Kohlekraftwerks, doch ihr Artikel darf in der DDR nicht erscheinen. In einer Szene tauschen sich Josefa und ihre älteren Kollegin Luise über ihre Gedanken und Gefühle zum Leben in der DDR aus.

„Manchmal fühle ich mich um mein Leben betrogen“, sage ich.

Luise sieht auf, mit leichter Abwehr in den Augen. „Nun übertreib mal nicht.“

„Ich übertreibe nicht. Ich werde um mich selbst betrogen. Ich rede gar nicht davon, dass ich im Zeitalter der Weltraumforschung sterben werde, ohne auf dem Montmartre spazieren gegangen zu sein, ohne zu wissen, wie es in einer Wüste riecht oder wie eine frische Auster schmeckt. Darüber kann ich mich trösten. In ihren Postkutschen sind unsere Vorfahren auch nicht allzu weit gekommen und haben trotzdem etwas begriffen von ihrer Welt. Der größte Betrug ist: Sie betrügen mich um mich, um meine Eigenschaften. Alles, was ich bin, darf ich nicht sein. Vor jedes meiner Attribute setzen sie ein „zu“: Du bist zu spontan, zu naiv, zu ehrlich, zu schnell im Urteil ... [...].“

„Ich weiß nicht, ob du Recht hast. Mit manchem sicher. Aber ich muss das anders sehen, verstehst du. Ich habe den Faschismus erlebt. Euer Grunderlebnis ist ein anderes, ich weiß. Ihr könnt die Vorteile des Sozialismus nicht an der Vergangenheit messen, die habt ihr nicht erlebt. Aber wenn du von einem perfekten System zur Nivellierung sprichst, muss ich dir sagen: Das kenne ich unvergleichlich schlimmer. Für mich ist das, was wir hier haben, das Beste, was ich erlebt habe. Nicht, was ich mir vorstellen kann, weiß Gott nicht, aber was ich erlebt habe. Aber vielleicht müsst ihr das einfach als Ausgangspunkt für etwas Besseres betrachten. Vielleicht muss man die Gegenwart an der Zukunft messen, solange man keine Vergangenheit hat. Und es ist nichts als Sentimentalität des Alters, die Gegenwart als das Ziel zu deklarieren, weil einem viel Zukunft nicht mehr bleibt. Trotzdem, Josefa, es tut weh, wenn du mir sagst, du wirst um dein Leben betrogen, wenn du einfach vergisst, wie viel brutaler alle Generationen vor dir betrogen wurden.“

„Willst du ernstlich, dass wir unsere Vorzüge im Vergleich mit dem Faschismus beweisen? Als ihr angefangen habt 45, da hattet ihr doch ganz andere Ansprüche, oder? Als du plötzlich, antifaschistisch und sozialdemokratisch, für die Kommunisten Zeitung machen wolltest, haben sie dich nicht mit offenen Armen empfangen? Sie konnten dich gebrauchen, so wie du warst. Ich weiß das alles: Ihr hattet wenig zu essen, ihr habt bis nachts gearbeitet, und am Sonntag habt ihr auch noch Steine geklopft. Und warum bekommt ihr alle trotzdem leuchtende Augen, wenn ihr von dieser Zeit erzählt? Warum nicht, wenn ihr von 55 sprecht oder von 65? Weil irgendwann die Jahre begannen, einander zu gleichen, von einer Wahl zur anderen, von einem Parteitag zum nächsten Parteitag, Wettbewerbe, Jahrestage, Kampagnen. Aber die ersten drei Jahre, da kennt ihr jeden Tag, jedes Gesicht habt ihr behalten, das euch damals begegnet ist. Warum damals? Warum nicht später?" [...]

1 **a** Erläutern Sie, wie Sie den Titel von Kunzes Text verstehen. Welcher Textsorte ordnen Sie ihn zu?
b In Marons Text sprechen beide Figuren über Betrug. Wie fassen sie den Begriff jeweils auf? Inwieweit sehen sich Josefa und Luise betrogen? Erläutern Sie, worin der Konflikt besteht.

2 Vergleichen Sie die beiden in der DDR entstandenen Texte von Kunze und Maron mit den Gedichten von Grass und Fried (► S. 441). Arbeiten Sie Gemeinsamkeiten und Unterschiede im Hinblick auf Thema bzw. Problemstellung und sprachliche Gestaltung heraus.

Fortgehen oder bleiben?

Wolf Biermann: **Ballade vom preußischen Ikarus** (1976)

1.
Da, wo die Friedrichstraße sacht
Den Schritt über das Wasser macht
da hängt über der Spree
Die Weidendammer Brücke. Schön
Kannst du da Preußens Adler sehn
wenn ich am Geländer steh

dann steht da der preußische Ikarus
mit grauen Flügeln aus Eisenguss
dem tun seine Arme so weh
er fliegt nicht weg – er stürzt nicht ab
macht keinen Wind – und macht nicht schlapp
am Geländer über der Spree

2.
Der Stacheldraht wächst langsam ein
Tief in die Haut, in Brust und Bein
ins Hirn, in graue Zelln
Umgürtet mit dem Drahtverband
Ist unser Land ein Inselland
umbrandet von bleiernen Welln

da steht der preußische Ikarus
mit grauen Flügeln aus Eisenguss
dem tun seine Arme so weh
er fliegt nicht hoch – und er stürzt nicht ab
macht keinen Wind – und macht nicht schlapp
am Geländer über der Spree

3.
Und wenn du wegwillst, musst du gehn
Ich hab schon viele abhaun sehn
aus unserm halben Land
Ich halt mich fest hier, bis mich kalt
Dieser verhasste Vogel krallt
und zerrt mich übern Rand

dann bin ich der preußische Ikarus
mit grauen Flügeln aus Eisenguss
dann tun mir die Arme so weh
dann flieg ich hoch – dann stürz ich ab
mach bisschen Wind – dann mach ich schlapp
am Geländer über der Spree

1 Analysieren Sie das Gedicht. Achten Sie auf den Wechsel der Personalpronomen.

2 Lesen Sie die Sage von Ikarus und Dädalus nach. Inwiefern ist deren Kenntnis für die Interpretation des Gedichts von Bedeutung?

Volker Braun: **Hinzes Bedingung** (1983) – Aus „Berichte von Hinze und Kunze"

Als Hinze einmal im andern Teil des Landes war, wurde er gefragt, warum er denn nicht, der drüben Schwierigkeiten habe, bleiben wolle. Hinze antwortete so: Ich saß heute morgen auf der Alm über der Stadt und sah in das liebliche Land hinein. Ich hatte gerade diesen Wunsch, den Sie vermuten. Es muß fabelhaft sein, aufblickend von der Arbeit da hinabzublicken. Ich bleibe sofort. Aber, fügte er hinzu, ich stelle eine kleine Bedingung. Ich bin anspruchslos, der Rat muß diese weißen Fabriken im Tal, die den Drahtfabrikanten gehören, bekanntlichen Milliardären, enteignen. Nur diese Bedingung; es gehört zu meinen primitivsten Lebensvoraussetzungen, nicht auf privates Eigentum zu sehn. Man musterte Hinze mürrisch. Sehen Sie, sagte er, es ist mir schon physisch zuwider. Es bereitet mir körperliches Unbehagen. Ich kann nicht auf dem Stuhl sitzen, es setzt mich in Unruhe, eines alten Hutes wegen! Mir bricht der Schweiß aus bei diesem Anblick. Ich habe keine Lust, mich so alten Problemen gegenüberzusehen, vom schönsten Berg herab nicht! Ich kann womöglich keine andern Gedanken mehr fassen, jedenfalls nicht solche, die Schwierigkeiten machen. – Man sah jetzt verlegen an ihm vorbei und gab der Bitte nicht statt. Hinze stieg ohne weiteres in die Bahn. [R]

Herta Müller: **Herztier** (1994) – Romanauszug

*Herta Müller (*1953) entstammt der deutschsprachigen Minderheit im rumänischen Banat. Unter der Diktatur Nicolae Ceaușescus (hingerichtet 1989) konnte sie ihre Werke nur in zensierter Fassung veröffentlichen. Sie reiste 1987 in die Bundesrepublik aus.*

Wir wollten das Land nicht verlassen. Nicht in die Donau, nicht in die Luft, nicht in Güterzüge steigen. Wir gingen in den struppigen Park. Edgar sagte: Wenn der Richtige gehen müsste, könnten alle anderen im Land bleiben. Er glaubte es selber nicht. Niemand glaubte, dass der Richtige gehen muss. Man hörte jeden Tag Gerüchte über die alten und neuen Krankheiten des Diktators. Auch ihnen glaubte niemand. Dennoch flüsterten alle in ein nächstes Ohr. Auch wir gaben die Gerüchte weiter, als wäre der Schleichvirus des Todes drin, der den Diktator zuletzt doch erreicht: Lungenkrebs, Rachenkrebs, flüsterten wir, Darmkrebs, Gehirnschwund, Lähmung, Blutkrebs.

Er musste wieder weg, flüsterten die Leute: Frankreich oder China, Belgien, England oder Korea, Libyen oder Syrien, Deutschland oder Kuba. Jede seiner Reisen war im Geflüster gepaart mit dem Wunsch, selber zu fliehen.

Jede Flucht war ein Angebot an den Tod. Deshalb hatte das Geflüster diesen Sog. Jede zweite Flucht scheiterte an den Hunden und Kugeln der Wächter.

Das fließende Wasser, die fahrenden Güterzüge, die stehenden Felder waren Todesstrecken. Im Maisfeld fanden Bauern beim Ernten zusammengedorrte oder aufgeplatzte, von Krähen leergepickte Leichen. Die Bauern brachen den Mais und ließen die Leichen liegen, weil es besser war, sie nicht zu sehen. Im Spätherbst ackerten die Traktoren.

Die Angst vor der Flucht machte aus jeder Reise des Diktators eine Dringlichkeitsreise zum Arzt: fernöstliche Luft gegen Lungenkrebs, Wildwurzeln gegen Rachenkrebs, Heizbatterien gegen Darmkrebs, Akupunktur gegen Gehirnschwund,

Bäder gegen Lähmung. Nur für eine Krankheit, hieß es, fährt er nicht weg: Das Kinderblut gegen Blutkrebs bekommt er im Land. In den Geburtskliniken wird es den Neugeborenen mit japanischen Saugnadeln aus der Stirn gepumpt.
Die Gerüchte über die Krankheiten des Diktators ähnelten den Briefen, die Edgar, Kurt, Georg und ich von den Müttern bekamen. Das Geflüster mahnte zum Abwarten mit der Flucht. Jedem wurde von der Schadenfreude heiß, ohne dass der Schaden jemals kam. Jedem schlich die Leiche des Diktators wie das eigene, verdorbene Leben durch die Stirn. Alle wollten ihn überleben.

1 Wie behandeln Volker Braun und Herta Müller den Konflikt zwischen „Fortgehen oder bleiben"? Analysieren Sie das Verhalten der Protagonisten. Was könnte ein Regimekritiker Hinze antworten?

2 Erläutern Sie, welche Bedeutung den Krankheiten (vgl. Z. 13–15) in Müllers Text zukommt. Welche Rolle spielen sie als Metaphern im Text?

Gestörte Beziehungen – Lyrik der Neuen Subjektivität

Die politische Literatur wurde in den 1970er- und den frühen 1980er-Jahren durch die Strömung der „Neuen Subjektivität" oder „Neuen Innerlichkeit" abgelöst. Worum geht es in diesen Texten?

Ulla Hahn: **Ich bin die Frau** (1983)

Ich bin die Frau
die man wieder mal anrufen könnte
wenn das Fernsehen langweilt

Ich bin die Frau
die man wieder mal einladen könnte
wenn jemand abgesagt hat

Ich bin die Frau
die man lieber nicht einlädt
zur Hochzeit

Ich bin die Frau
die man lieber nicht fragt
nach einem Foto vom Kind

Ich bin die Frau
die keine Frau ist
fürs Leben.

Karin Kiwus: **Fragile** (1979)

Wenn ich jetzt sage
ich liebe dich
übergebe ich nur
vorsichtig das Geschenk
zu einem Fest das wir beide
noch nie gefeiert haben

Und wenn du gleich
wieder allein
deinen Geburtstag
vor Augen hast
und dieses Päckchen
ungeduldig an dich reißt
dann nimmst du schon
die scheppernden Scherben darin
gar nicht mehr wahr

Frida Kahlo: Die Zeit fliegt (1929)

1 Welches der beiden Gedichte würden Sie eher dem Bild von Frida Kahlo zuordnen? (▶ S. 445)
2 Vergleichen Sie die zwei Gedichte inhaltlich und formal.
3 Verfassen Sie einen Tagebucheintrag zu einem der beiden Gedichte.

Jürgen Theobaldy: **Schnee im Büro** (1976)

Eine gewisse Sehnsucht nach Palmen. Hier
ist es kalt, aber nicht nur. Deine Küsse
am Morgen sind wenig, später sitze ich
acht Stunden hier im Büro. Auch du
bist eingesperrt, und wir dürfen nicht
miteinander telefonieren. Den Hörer abnehmen
und lauschen? Telefon, warum schlägt
dein Puls nur für andere? Jemand fragt:
„Wie geht's?", wartet die Antwort nicht ab
und ist aus dem Zimmer.
Was kann Liebe bewegen? Ich berechne
Preise und werde berechnet. All die Ersatzteile,
die Kesselglieder, Ölbrenner, sie gehen
durch meinen Kopf als Zahlen, weiter nichts.
Und ich gehe durch jemand hindurch
als Zahl. Aber am Abend komme ich zu dir
mit allem, was ich bin. Lese von
Wissenschaftlern: auch die Liebe ist
ein Produktionsverhältnis. Und wo sind
die Palmen? Die Palmen zeigen sich am Strand
einer Ansichtskarte, wir liegen auf dem Rücken
und betrachten sie. Am Morgen kehren wir
ins Büro zurück, jeder an seinen Platz.
Er hat eine Nummer, wie das Telefon.

Wolf Wondratschek: **Im Sommer** (1982)

Einsam sein im Sommer
und hundemüde
auf einen Liebesbrief warten,
das ist schlimm;
und abends zuschauen,
wie sich Lana Turner in Robert Mitchum[1] verliebt;
und wenn morgens die Sonne aufgeht,
hast du niemand getroffen,
in der Tür steckt
kein Zettel „Ruf mich an!".
Ein Maler würde das Blau imitieren,
eine Flugzeugladung Menthol;
ein Dichter würde lieben
oder sterben;

ich starre, ohne hinauszuschauen,
aus dem Fenster,
frühmorgens, und sage „Ich liebe Dich",
ohne irgendetwas
oder irgendwen
zu meinen.

1 **Lana Turner, Robert Mitchum:** Hollywood-Stars, insbesondere der 1940er- bis 1960er-Jahre

Sarah Kirsch: **Die Luft riecht schon nach Schnee** (1974)

Die Luft riecht schon nach Schnee, mein Geliebter
Trägt langes Haar, ach der Winter, der Winter der uns
Eng zusammenwirft steht vor der Tür, kommt
Mit dem Windhundgespann. Eisblumen
Streut er ans Fenster, die Kohlen glühen im Herd, und
Du Schönster Schneeweißer legst mir deinen Kopf in den Schoß
Ich sage das ist
Der Schlitten, der nicht mehr hält, Schnee fällt uns
Mitten ins Herz, er glüht
Auf den Aschekübeln im Hof Darling flüstert die Amsel

1 Vergleichen Sie die drei Gedichte inhaltlich und formal. Benennen und kommentieren Sie dabei insbesondere die Gemeinsamkeiten.

2 Erläutern Sie, was die drei Texte von herkömmlichen Gedichten über die Jahreszeiten unterscheidet.

3 a Verfassen Sie selbst ein Gedicht zu einem Alltagsthema. Orientieren Sie sich an hier vorgestellten Beispieltexten.

b Tragen Sie Ihr Gedicht vor und begründen Sie Ihre inhaltlichen und formalen Entscheidungen.

Information **Epochenüberblick – Deutschsprachige Literatur zwischen 1960 und 1989**

Allgemeingeschichtlicher Hintergrund: Die frühen 1960er-Jahre bildeten einen Höhepunkt des atomaren Wettrüstens und in der ideologischen Auseinandersetzung im „**Kalten Krieg**" zwischen den USA und der Sowjetunion. Der von der DDR-Regierung befohlene **Mauerbau** quer durch Berlin (August 1961), die Stationierung sowjetischer Raketen auf Kuba (Okt./Nov. 1962) und der **„Stellvertreterkrieg" in Vietnam** (1965–1975) heizten die Konfrontation der Blöcke an. Die Entspannungspolitik ab Mitte der 1960er-Jahre erlaubte den Abschluss von Abkommen zur Rüstungskontrolle zwischen den Großmächten. In der Bundesrepublik schloss die seit 1969 amtierende sozialliberale Regierung unter Bundeskanzler Willy Brandt **Verträge zum Gewaltverzicht** mit der Sowjetunion und Polen („Ostverträge") und begann Gespräche mit der DDR-Führung mit dem Ziel der Verbesserung der Beziehungen der beiden deutschen Staaten. Durch den Einmarsch sowjetischer Truppen in **Afghanistan** 1979 begann eine neue „Eiszeit" in den Ost-West-Beziehungen. Der allmähliche wirtschaftliche Niedergang der sozialistischen Staaten durch die immensen Rüstungsausgaben bei anhaltenden Versorgungsengpässen mit Gütern des täglichen Bedarfs führte zu wachsender Unzufriedenheit in der Bevölkerung, die sich zunächst in Polen durch die Gewerkschaft „Solidarność" Bahn brach. Der Kurswechsel der Sowjetregierung unter Parteiführer **Gorbatschow** ab Mitte der 1980er-Jahre beendete das Zeitalter der „bipolaren Welt", erlaubte die **Öffnung des Eisernen Vorhangs** und führte zum Ende der kommunistischen Regierungen in Osteuropa und der Sowjetunion.

Weltbild und Lebensauffassung: In der **Bundesrepublik** stockte in der Mitte der 1960er-Jahre die lange Phase des Wirtschaftsaufschwungs und läutete eine Periode des gesellschaftlichen Wandels auf allen Gebieten ein. Besonders unter der jungen Generation nahm das **Unbehagen an den kleinbürgerlichen Idealen** des „motorisierten Biedermeier" (Erich Kästner) zu. Die Studenten solidarisierten sich mit den Befreiungsbewegungen in der Dritten Welt, demonstrierten gegen die deutsche Unterstützung von Diktaturen wie dem Regime des Schahs von Persien und kritisierten die amerikanische Kriegsführung in Vietnam. Im Innern forderten sie die Abschaffung der als autoritär empfundenen staatlichen und gesellschaftlichen Strukturen und eine wirkliche Auseinandersetzung mit der nationalsozialistischen Diktatur und ihren Verbrechen. Die sozialliberale Regierung Brandt/Scheel trat 1969 mit dem Motto „Mehr Demokratie wagen" ihr Amt an; in der Folgezeit entstanden zahlreiche Bürgerinitiativen als „Demokratie von unten". Die Frauenbewegung setzte sich für die Gleichstellung der Frauen auf allen Ebenen ein; die Akzeptanz der Anti-Baby-Pille trug zur **Emanzipation** bei. Der nach der ersten Energiekrise 1973 verstärkte Ausbau der Atomkraft stützte die ökologische Bewegung und führte zur Gründung der neuen Partei „Die Grünen". Die Anschläge und Morde der terroristischen RAF drohten 1977 die Gesellschaft zu spalten.

Auch in der **DDR** kam es Anfang der 1960er-Jahre zu einer tief greifenden Zäsur: Die „Aufbauphase des Sozialismus" mit der Kollektivierung der Landwirtschaft und der Verstaatlichung der Industrie galt als beendet, es wurde der **Beginn der „entwickelten sozialistischen Gesellschaft"** ausgerufen. Die **Niederschlagung des „Kommunismus mit menschlichem Antlitz"** in der Tschechoslowakei („Prager Frühling") durch Truppen des Warschauer Pakts (aus historischen Überlegungen durfte die an der Grenze aufmarschierte Nationale Volksarmee der DDR nicht eingreifen) zeigte das **Auseinanderklaffen von kommunistischer Utopie und Wirklichkeit.** Mit dem Machtwechsel von Walter Ulbricht zu Erich Honecker im Jahre 1971 verbesserte sich die Versorgungslage der Bevölkerung. Die Entspannung in der Kulturpolitik dauerte bis zur Mitte der 1970er-Jahre an. 1976 wurde der Liedermacher Wolf Biermann während einer Konzertreise in der Bundesrepublik von der Regierung der DDR ausgebürgert, wogegen zahlreiche Autorinnen und Autoren erfolglos protestierten. Etliche von ihnen verließen das Land. Ab den 1980er-Jahren formierten sich im Gefolge der „Konferenz für Sicherheit und Zusammenarbeit in Europa" **Bürgerrechtsbewegungen** in vielen kommunistischen Ländern. In der DDR versuchten diese, mit Unterstützung der Kirchen eine Demokratisierung zu erreichen. Doch das Regime erwies sich bis zum Schluss als unfähig, die erforderlichen Reformen einzuleiten.

Literatur: Die um 1960 einsetzende **Politisierung der Literatur in der Bundesrepublik** zeigte sich nicht nur in den zeitkritischen Romanen einiger Autorinnen und Autoren der Gruppe 47 (► S. 434 f.), die damit der neuen deutschen Literatur auch international Ansehen verschafften, sondern auch in der Lyrik und im Drama. Das **politische Gedicht** gewann wieder wie in den 1920er-Jahren, zur Zeit der „Neuen Sachlichkeit" (► S. 415 f.), an Bedeutung. Auf den Bühnen hielten zwei wichtige Neuerungen Einzug: das **Dokumentartheater,** in dem zeitgeschichtliche Themen unter Verwendung von authentischem Material aufgearbeitet wurden, und das **kritisch-realistische Volksstück.**

Ende der 1960er-Jahre wurde in dem von **Hans Magnus Enzensberger** (*1929) herausgegebenen Kulturmagazin „Kursbuch" der **Tod der politisch ohnmächtigen Literatur** verkündet und zur direkten gesellschaftsverändernden Aktion aufgerufen. Zum ersten Mal wandte sich eine Gruppe von Autoren auch gezielt der **Arbeitswelt** zu, den Fabriken und Großraumbüros, die bis dahin in der Literatur kaum thematisiert worden waren (**Günter Wallraff**; *1942).

Im Jahre 1959 fand in der DDR die 1. Bitterfelder Kulturkonferenz statt, in deren Folge sich eine neue Spielart des **sozialistischen Realismus** entwickelte. Bis 1964 folgte die Literatur dem **Bitterfelder Weg.** Die Arbeiter selbst wurden zum Schreiben ermuntert („Greif zur Feder, Kumpel – die sozialistische Nationalliteratur braucht dich!"; A. Kurella). Berufsschriftsteller forderte man auf, sich durch Betriebsaufenthalte mit der realen Arbeitswelt vertraut zu machen und darüber zu schreiben.

Im April 1964 fand in der **DDR** die 2. Bitterfelder Konferenz statt. Unter den Schriftstellerinnen und Schriftstellern meldete sich jetzt verstärkt die junge Generation zu Wort. Es entstanden Werke, die oftmals die Eingliederung Jugendlicher in die Gesellschaft sowie das alltägliche Leben in der DDR kritisch beschrieben. **Brigitte Reimanns** (1933–1973) programmatische Erzählung „Ankunft im Alltag" (1961) gab dieser Literatur den Namen **Ankunftsliteratur.** Ihre Generation fragte ungeduldig nach der Verwirklichung der sozialistischen Ideale und erinnerte immer wieder an die marxistische Utopie einer herrschaftsfreien Gesellschaft. Bevorzugte Themen der **Lyrik** waren das Verhältnis des Menschen zur Natur, die wissenschaftlich-technische Revolution, Hoffnung und Realisierung der kommunistischen Ideale, aber auch diesbezügliche Resignation, das Konsumdenken und nicht zuletzt das Thema Liebe. Ab Mitte der 1960er-Jahre löste sich die Literatur zunehmend von den ästhetischen Vorgaben des sozialistischen Realismus (s. o.), experimentierte mit Erzählstrategien und sprachlichem Material.

In den 1970er-Jahren bestand in **beiden deutschen Staaten** weiterhin eine politisch-kritische Literatur bei zunehmender Rückbesinnung auf das eigene Ich. Die Texte („Alltagsgedichte") der „**Neuen Subjektivität**" behandeln Probleme der Alltagskommunikation und zwischenmenschlicher Beziehungen.
In den 1980er-Jahren setzte sich in der **Bundesrepublik** die Tendenz, die eigene Lebensgeschichte schreibend zu verarbeiten, in Werken fort, in denen eine Auseinandersetzung mit der Väter-Generation stattfand („Väter-Literatur"). Das auffallendste Schlagwort für die Literatur dieser Zeit war indessen „**Postmoderne**" (▸ S. 457). Typisch für die als postmodern aufgefasste Literatur ist das Spiel mit tradierten Mustern, Mythen und Motiven.
In der **DDR wie in der Bundesrepublik** entstanden in den 1980er-Jahren Werke mit deutlicher erkennbarem politischen Inhalt: wachsendes Katastrophenbewusstsein angesichts der fortschreitenden Umweltzerstörung, Angst vor atomarer Bedrohung und gesellschaftliche Widersprüche. Andererseits wird die Tendenz zum Rückzug in die Innerlichkeit fortgeschrieben.

Weitere wichtige Autorinnen/Autoren und Werke

West

Max Frisch (Schweiz, 1911–1991): „Mein Name sei Gantenbein" (Roman); „Andorra" (Drama)
Friedrich Dürrenmatt (Schweiz, 1921–1990): „Die Physiker" (Komödie); „Justiz" (Roman)
Heinar Kipphardt (1922–1982): „In der Sache J. Robert Oppenheimer" (Dokumentarstück)
Dieter Wellershoff (*1925): „Die Schattengrenze" (Roman); „Die Sirene" (Novelle)
Siegfried Lenz (*1926): „Deutschstunde" (Roman); „So zärtlich war Suleyken" (Kurzgeschichten)
Martin Walser (*1927): „Ein fliehendes Pferd" (Novelle); „Das Schwanenhaus" (Roman)
Peter Rühmkorf (1929–2008): „Haltbar bis Ende 1999" (Gedichte)
Rolf Dieter Brinkmann (1940–1975): „Was fraglich ist wofür", „Rolltreppen im August" (Gedichte)
Peter Handke (*1942): „Publikumsbeschimpfung" (Theaterstück); „Die Angst des Tormanns beim Elfmeter", „Wunschloses Unglück" (Erzählungen)
Patrick Süskind (*1949): „Das Parfum" (Roman)

Ost

Stefan Heym (1913–2001): „5 Tage im Juni", „Der König David Bericht" (Romane)
Peter Hacks (1928–2003): „Die Sorgen und die Macht" (Drama)
Erwin Strittmatter (1912–1994): „Ole Bienkopp" (Roman); Kurzprosa
Hermann Kant (*1926): „Die Aula" (Roman)
Christa Wolf (*1929): „Der geteilte Himmel", „Nachdenken über Christa T.", „Kassandra" (Romane)
Heiner Müller (1929–1995): „Die Umsiedlerin oder das Leben auf dem Lande" (Drama)
Günter Kunert (*1929): „Unschuld der Natur" (Gedichte); „Die Beerdigung findet in aller Stille statt" (Prosa)
Uwe Johnson (1934–1984): „Mutmaßungen über Jakob", „Zwei Ansichten" (Romane)
Sarah Kirsch (*1935): „Landaufenthalt", „Zaubersprüche" (Gedichte)
Ulrich Plenzdorf (1934–2007): „Die neuen Leiden des jungen W." (Roman)
Christoph Hein (*1944): „Drachenblut" (Novelle); „Die Ritter der Tafelrunde" (Drama)

---

1 Stärker als in der Bundesrepublik war das literarische Schaffen der DDR in den frühen Jahren von der Politik geprägt. Erarbeiten und präsentieren Sie wichtige Stationen der Kulturpolitik der DDR in den 1950er- bis 1970er-Jahren.
2 Politisches Engagement oder Ausdruck der Subjektivität: Erörtern Sie Ihr Verständnis von der Funktion und Aufgabe von Literatur. Sie können dabei auf die Texte des Teilkapitels 6.2 (▸ S. 436–446) zurückgreifen.

6.3 Literatur nach 1989

Reaktionen auf die „Wende" – Beispiele der Lyrik

In der Nacht des 9. Novembers 1989 wurden überraschend die Grenzübergänge in Berlin und an der innerdeutschen Grenze geöffnet. Zehntausende DDR-Bürgerinnen und -Bürger strömten nach Westberlin und in die Bundesrepublik; in den folgenden Tagen waren es um die drei Millionen Menschen. Die politischen Veränderungen nach der Maueröffnung und die Vereinigung der beiden deutschen Staaten am 3. Oktober 1990 verlangten auch nach einer literarischen Verarbeitung.

1 Beschreiben Sie die beiden Fotos jeweils für sich:
a Welche Stimmung vermittelt das Bild zur Maueröffnung? Was wissen Sie von diesem Ereignis?
b Wie wirkt die heutige Architektur des Potsdamer Platzes auf Sie? Berücksichtigen Sie in einem zweiten Schritt die folgende Definition des Begriffs „postmoderne Architektur".

Die postmoderne Architektur lehnt einen Einheitsstil ab und zitiert viele Stilelemente vergangener Epochen. Bei postmodernen Gebäuden handelt es sich in der Regel um eine Mischung zwischen der entfremdenden und ironischen Verwendung von historischen Elementen und den individuellen Schöpfungen des Architekten mit eigener Formsprache. Sie sollen Geschichten erzählen. Das soll durch die Verwendung von Schmuck, Ornamenten und Symbolen erreicht werden. Der verwendete Beton ist meist kaum sichtbar, da er mit verschiedensten Materialien verdeckt werden kann. Neben den oft provozierend bunten Farben wird auch Glas gerne verwendet.

2 Der Herbst 1989 war der Beginn einer historischen Umbruchsituation für zwei deutsche Staaten:
a Informieren Sie sich über das Ereignis und tragen Sie im Kurs Ihre Kenntnisse zusammen.
b Legen Sie gemeinsam, z.B. in Ihrer Lern- und Arbeitsumgebung, eine Zeitleiste an, in der Sie entscheidende Informationen eintragen. Lassen Sie Platz für Ihre Notizen zu literarischen Beispielen.

Durs Grünbein: **Novembertage I. 1989** (1999)

An diesem Abend brach ein Stottern die Gesetze,
Ein Lesefehler hob die heiligen Verbote auf.
So nüchtern wie die Meldung in die Welt ging
Vor Mikrofon und Kamera, war jener Spuk vorbei,
Den sie verordnet hatten. Erstmals sah man
Die kommunistischen Auguren[1] zögernd lächeln
Wie Spieler, die verlieren, und jetzt wissen sie,
Was sie, gewiegt in Sicherheit, vergessen hatten.
Mit einer letzten Drohung, einer Atempause,
Erklärten Greise meine Geiselnahme für beendet.
In dieser Nacht, als man die Schleusen aufzog,
Ergoß ein Menschenstrom sich in den hellen Teil
Der Stadt, die eine Festung war seit dreißig Jahren,
Geschleift von einem falschen Wort im Protokoll.
Bevor die Eisentore widerriefen, hob die Menge
Den Bann auf, der hier alle Muskeln lähmte.
Mit offnem Mund am Straßenrand ein Offizier
Stand wie verrenkt, weil kein Befehl mehr lenkte,
Das Machtwort ausblieb wie seit Jahren nie.
Als gegen Morgen auf den Boulevards im Westen,
Nach Feuerwerk und Kreisverkehr und Tränen,
Das Freibier ausging, war das Glück vollkommen.
Bei einer Kreuzung stand verlassen, abgebrannt
Bis zu den Rädern, ein *Trabant*[2], und die Besitzer
Hatten den Autoschlüssel an den Baum gehängt.
Von ihren Kindern angetrieben, ganze Clans
Zogen durchs Zentrum, orientierungslos und still.
Die Ersten schliefen schon, sie lagen eingerollt
Vorm Kaufhaus selig unter den Vitrinen,
Auf teurem Pflaster träumend freien Grund. R

Pressekonferenz mit Günter Schabowski am 9. November 1989. Diese Konferenz, die über das Fernsehen live übertragen und von vielen Menschen gesehen wurde, wurde zum Auslöser für die Maueröffnung.

1 Augur: römischer Beamter, der zu ergründen hatte, ob ein vom Staat geplantes Unternehmen den Göttern genehm sei; Verkünder des Götterwillens
2 Trabant: ostdeutsches PKW-Modell, Synonym für „Auto"; bedeutet auch „der Begleiter, Gefolgsmann"

Volker Braun: **Das Eigentum** (1990)

Da bin ich noch: mein Land geht in den Westen.
KRIEG DEN HÜTTEN FRIEDE DEN PALÄSTEN[1].
Ich selber habe ihm den Tritt versetzt.
Es wirft sich weg und seine magre Zierde.
Dem Winter folgt der Sommer der Begierde.
Und ich kann *bleiben wo der Pfeffer wächst.*
Und unverständlich wird mein ganzer Text.
Was ich niemals besaß, wird mir entrissen.
Was ich nicht lebte, werd ich ewig missen.
Die Hoffnung lag im Weg wie eine Falle.
Mein Eigentum, jetzt habt ihrs auf der Kralle.
Wann sag ich wieder *mein* und meine alle. R

1 eigentlich: „Friede den Hütten! Krieg den Palästen!" nach Georg Büchners „Hessischem Landboten" (1834) (► S. 342 f.)

Sarah Kirsch: Aus dem Haiku-Gebiet (1991)

Das neue Jahr: Winde
Aus alten Zeiten
Machen mir Zahnweh.

Unter dem Himmel des
Neuen Jahrs gehen die
Alten Leute.

Wie der Schnee sie auch
Verklärt – meine Heimat
Sieht erbärmlich aus.

Den Mond über der Havel
Hatte Schalck[1] wohl
Zurückgelassen.

Heul, sag ich, heul! Der Hund
Hilft mir das Jahr
Zu Ende zu bringen.

Normannenstraße[2]: ich sehe
Den Leuten zu beim
Reinemachen fürs neue Jahr.

Das Jahr geht hin
Noch immer trage ich
Reisekleider. R

1 **Alexander Schalck-Golodkowski** (*1932): war Außenhandelsbeauftragter der DDR
2 **Normannenstraße:** war Sitz des DDR-Ministeriums für Staatssicherheit

---

1 Setzen Sie die drei Gedichte mit dem Bild zur Maueröffnung (► S. 450) in Beziehung.

2 a Untersuchen Sie je Gedicht:
- welche Perspektiven die jeweiligen lyrischen Sprecher/innen einnehmen,
- welche Intention zum Ausdruck gebracht wird, z. B. *Klage, (Selbst-)Anklage, Hoffnung, Resignation, (politische) Botschaft, Zukunftsvision, ...*
- wie diese Intention durch die sprachliche Gestaltung vermittelt ist, z. B. *durch Wahl der Metaphorik.*

b Ordnen Sie die Gedichte in Ihre Zeitleiste ein (► Aufgabe 2 b, S. 450).

3 **Referat/Facharbeit:** Untersuchen Sie, wie das Thema „Wende" in Gedichten ostdeutscher und westdeutscher Autorinnen und Autoren aufgegriffen und dargestellt wird.

Tendenzen in der Literatur – Zwischen Postmoderne und neuem Realismus

In zahlreichen Prosatexten ab Mitte der 1980er-Jahre werden Lebensgeschichten erzählt, deren zumeist junge Protagonisten auf der Suche nach ihrem Platz in der Gesellschaft, nach dem Sinn im Leben, nach ihrer Identität sind. Auffällig ist eine Hinwendung zum historisch-biografischen Schreiben.

Hans-Ulrich Treichel: Der Verlorene (1998) – Romanauszug

Die Romanhandlung spielt in den 1950er-Jahren in einer deutschen Kleinstadt. Im Mittelpunkt steht die verzweifelte Suche nach dem Bruder des etwa zehnjährigen Ich-Erzählers, Arnold, den seine Mutter im Osten auf der Flucht vor den Sowjets verloren hatte. Aus der Sicht des Bruders erscheint er als der „Untote", der die eigentliche Hauptrolle in der Familie spielt.

Der Vater kümmerte sich sieben Tage in der Woche um das Geschäft, und die Mutter half ihm sieben Tage in der Woche dabei. Eines Abends, der Vater war nicht „auf Tour" gewesen und hatte den Tag mit Büroarbeiten verbracht, erlitt die Mutter einen Schwächeanfall und stürzte so unglücklich auf den Küchenboden, dass sie sich eine Schädelfraktur zuzog. Es dauerte viele Wochen, bis die Fraktur so weit verheilt war, dass die Mutter wieder ihren täglichen Verrichtungen nachgehen konnte. Doch hatte sie ihre Zeit im Krankenhaus mit nichts anderem verbracht, als an die Vergangenheit zu denken, den Krieg, die Flucht und das Schreckliche, das ihr zugestoßen war. Wohl war der Schädelbruch verheilt, doch war die Mutter nach ihrer Entlassung aus dem Krankenhaus mehr denn je in sich versunken, schweigsam und still.
Der Vater suchte sie aufzumuntern, er machte ihr Geschenke und überraschte sie damit, dass er ihr einen Autokauf ankündigte. Er hatte, ohne es die Mutter oder mich wissen zu lassen, die schwarze Limousine mit den Haifischzähnen

verkauft und einen Wagen bestellt, den es bisher noch nicht gegeben hatte und bei dem es sich um einen so genannten Opel Admiral handelte. Mit dem Wagen beförderte er gewissermaßen sich selbst vom Kapitän zum Admiral, und er glaubte, auch die Familie damit auszeichnen zu können.
Nun war der Wagen beim Händler eingetroffen, er musste nur noch bezahlt und abgeholt werden. Der Vater wollte den Wagen bar bezahlen. Auch das Fleisch, das er beim Bauern kaufte, bezahlte er bar, schließlich hatte er auch in Rakowiec, wenn er auf den Viehmarkt gegangen war, seine Geschäfte in bar abgewickelt. Barzahlung war Ehrensache und brachte einen auf handgreifliche Weise sowohl in den Besitz der Dinge, die man erwarb, als auch um das Geld, das man dafür opfern musste. Wäre es nach dem Vater gegangen, hätte er seine Geschäfte ausnahmslos in bar abgewickelt. Besonders bei der Lohnauszahlung hätte er es vorgezogen, den Fahrern am Monatsende ihren Lohn direkt aus einer Geldkassette in die Hand zu zählen, statt das Geld auf ein Konto zu überweisen.
Auch das Geld für den Admiral wollte der Vater dem Autohändler direkt in die Hand zählen. Es handelte sich um ein dickeres Bündel von Hundertmarkscheinen, das er am Tag vor dem Autokauf von der Bank geholt hatte. Er deponierte das Geld am Nachmittag in einer leeren Zigarrenkiste auf dem Küchentisch, und die schwermütige Mutter warf es am Abend, noch ehe der Vater einschreiten konnte, in den brennenden Küchenherd. Sie wolle keinen Admiral, sagte die Mutter. Sie wolle ihr Kind. Dann setzte sie sich an den Tisch und sagte nichts mehr; nur ihr Kopf zitterte wieder, wie er schon einmal gezittert hatte. Hätte ich die Untat begangen, der Vater hätte mich gewiss halbtot geprügelt. Die Mutter aber rührte er nicht an. Er schrie nicht einmal, sondern besann sich, griff nach der Brikettzange und holte so viele der brennenden Hundertmarkscheine aus dem Feuer, wie er nur greifen konnte. Einen Teil des Geldes konnte er retten, die Bank ersetzte ihm alle die Scheine, die nur bis zu einem gewissen Teil verbrannt und eindeutig zu identifizieren waren. Der Rest, ungefähr ein Drittel der Summe, war verloren, doch bewahrte er noch lange die Aschereste in einem Einmachglas auf.
Ich habe seit diesem Vorfall den Vater nie wieder mit der Mutter streiten hören. Und auch das verbrannte Geld wurde nie wieder erwähnt. Den Admiral kaufte er trotzdem. Doch am selben Tag, an dem der Wagen auf den Hof rollte und neben dem Kühlhaus geparkt wurde, verfasste er je ein Schreiben an das zuständige Jugendamt und an den Suchdienst des Roten Kreuzes, in dem er ein anthropologisch-erbbiologisches Abstammungsgutachten beantragte. Der Suchdienst unterstützte den Antrag, das zuständige Jugendamt aber wollte, wie es den Eltern schrieb, das Mündel mit der Kennziffer 2307 vor weiteren Enttäuschungen bewahren, schließlich sei mit ihm schon einmal ein anthropologisch-erbbiologisches Abstammungsgutachten durchgeführt worden, welches sich, wie schon gesagt, seelisch nicht gut auf den Jungen ausgewirkt habe. Speziell die im Rahmen des gutachterlichen Verfahrens vorgenommene Gegenüberstellung mit den möglichen Eltern habe ihn außerordentlich belastet. Inzwischen habe er sich aber, so das Jugendamt, mit seinem Schicksal abgefunden, und ein weiteres negatives Gutachten würde den Jungen nur erneut beunruhigen.
Der Vater schaltete einen Rechtsanwalt ein und erstritt auf gerichtlichem Wege das Recht, ein weiteres Gutachten machen zu lassen. Die Daten des Findelkindes 2307 lagen bereits vor, die Daten des Vaters, der Mutter und von mir mussten noch erhoben werden. Das Jugendamt vereinbarte einen Termin mit einem Dr. phil. et med. Freiherr von Liebstedt, Professor für Anthropologie und Erbbiologie an der Universität Heidelberg und Leiter des Gerichtsanthropologischen Laboratoriums, der das Gutachten erstellen sollte.
Seit der Untersuchungstermin den Eltern mitgeteilt worden war, besserte sich der Zustand der Mutter. Das Zittern des Kopfes verschwand, sie sprach wieder mehr und lachte sogar gelegentlich, sie freute sich auf die Reise nach Heidelberg, und sie freute sich nun auch über den Admiral, der uns dorthin bringen sollte.

Ich freute mich nicht auf die Reise. Auch der neue Wagen freute mich nicht, denn kaum saß ich in dem Wagen, verstärkten sich die Symptome meiner Reisekrankheit wieder. Schon der kürzeste Aufenthalt im Admiral bereitete mir Übelkeit, und wahrscheinlich lag dies an dem Geruch, der von der Innenausstattung des Wagens ausging. Der Admiral war gänzlich mit Kunststoff ausgestattet, die Sitze waren mit künstlichem Leder bezogen, die Türen und Armaturen mit grauem Kunststoff verkleidet, und selbst das Wagendach war von innen mit einer gepolsterten und gesteppten Kunststoffdecke bespannt. Sobald der Wagen rollte und sich die Maschine erwärmte, erwärmte sich auch der Innenraum des Wagens und löste einen süßlichen Geruch aus dem Kunststoff, gegen den sich meine Geruchs-, Geschmacks- und Magennerven so sehr sträubten, dass ich mich binnen kürzester Zeit zu übergeben drohte.

Der Vater hatte für meine körperlichen Reaktionen kein Verständnis, er empfand sie als Angriff gegen seine Person und als Undankbarkeit. Schließlich hatte er hart gearbeitet und für Wohlstand gesorgt, und zum Dank erbrach ich mich. Glücklicherweise hatte ich es bisher vermeiden können, mich direkt in den neuen Wagen zu erbrechen, fürchtete mich aber vor einer längeren Autobahnfahrt.

Da auch die Eltern fürchteten, dass ich eine Autobahnfahrt nicht durchstehen würde, versorgten sie mich mit Tabletten, mit deren Einnahme ich schon einige Tage vor der Reise beginnen musste. Anscheinend wirkten sie wie eine Schutzimpfung. Ich wurde gegen die Reise nach Heidelberg geimpft, und ich hatte das Gefühl, dass ich auch gegen Arnold geimpft wurde. Die Tabletten wirkten, und ich überstand die Fahrt, ohne mich ein einziges Mal übergeben zu müssen. Allerdings trat die Trigeminusneuralgie während der Reise wieder auf, sodass mein Gesicht des Öfteren von heftigen Schmerzattacken durchzuckt wurde, welche mir wiederum das krampfartige Grinsen aufnötigten, das den Vater schon früher geärgert hatte und ihn auch diesmal in Rage brachte. Wir erreichten darum in angespannter Atmosphäre die Stadt und bezogen auch sogleich, ohne etwas von Heidelberg gesehen zu haben, das Zimmer einer Privatpension ganz in der Nähe des Gerichtsanthropologischen Instituts.

---

1 **a** Beschreiben Sie die Familiensituation. Welchen Eindruck macht diese auf Sie?
b Arbeiten Sie die unterschiedlichen (traumatischen) Erlebnisse der Familienmitglieder heraus.
c Erläutern Sie den Satz: „[I]ch hatte das Gefühl, dass ich auch gegen Arnold geimpft wurde" (Z. 153 f.).
2 Untersuchen Sie, inwiefern dieser Textauszug einer realistischen Schreibweise (► S. 360 ff.) folgt.

John von Düffel: **Ego** (2001) – Romanbeginn

Noch fünf Millimeter. Ich darf gar nicht daran denken, dass es am Anfang sieben waren – oder mehr, zu einer Zeit, als ich noch nicht gemessen habe! Eigentlich könnte ich ganz zufrieden sein. Aber ich bin's nicht. Ich will meinen Nabel auf null bringen. Ich hasse es, in ein Loch zu starren, wenn ich mir meine Bauchpartie ansehe. Eine verdammte Grube. Oder ein Grübchen, mittlerweile. Es lenkt von meinen Bauchmuskeln ab. Ich muss unbedingt an meiner Nabeltiefe arbeiten. Ich mache spontan fünf-

zehn Crunches in Superzeitlupe und schließe drei Sätze à zwanzig Liegestütze an. Klassisch und mit versetzten Armen. Man soll den Fitness-Impuls nie unterdrücken. Währenddessen schaue ich mir meine Oberarme an und meine Laune steigt. Ich bin kein Bizeps-Fanatiker. So ein Bizeps ist im Grunde nur eine Beule. Aber mein Trizeps ist wirklich sehenswert. Ein echter Reliefmuskel. Nichts modelliert einen Oberarm so eindrucksvoll wie ein gut trainierter Trizeps. Ich stelle mich wieder vor den Spiegel. Auf den ersten Blick scheint mein Nabel wie ausradiert. Meine Laune bessert sich zusehends. Ich bin ein großer Anhänger des ersten Blicks. Nichts ist mysteriöser als die Frage, wie man unmittelbar auf einen anderen Menschen wirkt. Dazu muss man alles vergessen, was man von sich weiß. Man darf sich noch nie gesehen haben.

Ich starre eine Weile auf das Regal mit den Pflegeserien und versuche mich zu erinnern, wann, wo und warum ich was gekauft habe. Dann schwenke ich wie zufällig auf den Spiegel. Wieder nichts. Erst bei näherem Hinsehen entdecke ich meinen Nabel etwas unterhalb der mittleren Bauchmuskeln in meinem durchtrainierten Sixpack. Näheres Hinsehen zählt auch, aber nicht so wie der erste Blick, der Blickfang. Wenn man die Leute dazu bringt, näher hinzusehen, ist das Ziel schon so gut wie erreicht.

Im Großen und Ganzen kann ich mit dem Trainingsstand leben. Bis jetzt! Mein Nabel macht wirklich Fortschritte. Er ist nicht mehr das Loch, das er mal war. Wenn ich das Sixpack etwas anhebe, sieht man, dass er leicht schräg verläuft. An der Unterseite ist er ein wenig flacher. Weiter oben sinkt er um etwa zwei Millimeter ab – die Stelle, an der ich immer messe. Neu ist das Häutchen, das sich um den oberen Nabelrand spannt. Dreieinhalb Monate habe ich gebraucht, um das herauszuarbeiten. Ein entscheidendes Detail, weil es den ganzen Nabel straff erscheinen lässt. Ich weiß nicht, ob es einen Namen dafür gibt. Sollte es aber! Wie wäre es mit „Nabellid"? Ein solches Nabellid ist eine echte Errungenschaft. Es unterscheidet einen durchtrainierten Nabel von den formlosen Kratern im Fleisch. Es zieht eine klare Grenze zwischen den schwammig weichen Bauchhöhlen und dem Nabel mit Kontur. Und es verleiht der ganzen Bauchpartie einen besonderen Charakter, wenn sich das Nabellid über dem Grübchen ein klein wenig wölbt. Nur eine Idee. Irgendwie wirkt das sehr raffiniert. Ich bin von meinem Anblick hell begeistert und mache noch einmal fünfzehn Crunches in Supersuperzeitlupe, damit das so bleibt. Man muss absolut Athlet sein! Währenddessen schaue ich auf die Uhr, um sicherzugehen, dass ich vor lauter Euphorie nicht schneller werde. Crunches sind nur etwas wert, wenn man die Schwungkraft nicht ausnutzt und sämtliche Körperspannung aus den Bauchmuskeln holt. Natürlich registriere ich, dass es höchste Zeit ist, mich anzuziehen. Frühstück habe ich in Gedanken schon gestrichen. Ich würde es dem heutigen Tag nicht verzeihen, wenn ich mich jetzt unterbrechen müsste.

---

1 Tauschen Sie sich darüber aus, welche Erwartungen durch den Romanbeginn im Hinblick auf die weitere Geschichte geweckt werden. Beziehen Sie auch den Romantitel mit ein.

2 **a** Charakterisieren Sie den Ich-Erzähler.

b Formulieren Sie eine treffende Überschrift bzw. kreieren Sie selbst eine charakteristische Aussage, z. B.: „Spieglein, Spieglein an der Wand, wer ist der Schönste im ganzen Land?"

c Recherchieren Sie den Mythos von Narziss und setzen Sie diesen in Beziehung zum Ich-Erzähler.

3 **a** Analysieren Sie Erzählweise und sprachliche Gestaltung.

b Setzen Sie einen auktorialen Erzähler ein, der die Spiegelszene kommentiert und bewertet.

c Stellen Sie in Vierergruppen „Ihre" Erzählerkommentare vor und vergleichen Sie diese.

4 Nehmen Sie zu folgender Aussage Stellung: „Was früher der Dorfplatz war, ist heute das Fitness-Center."

Juli Zeh: **Spieltrieb** (2004) – Romanauszug

Seit Kurzem umgab ein Bauzaun das Gelände der Villa Kahn. Der neue Hausherr hatte als Schüler selbst in den Gewölben und auf den Zinnen des seltsamen Schlösschens das Kiffen und Küssen erlernt und hielt deshalb bis zum Aufmarsch der ersten Baufahrzeuge ein Loch in der Absperrung offen, durch das die jungen Gäste weiterhin Einlass in sein Grundstück fanden.

Sie sprangen durch ein Kellerfenster ins Haus. Drinnen war alles wie immer. Die Mauern atmeten einen Dunst wie von schlechten Zähnen und Verdauungsstörungen, wenig Licht fiel durch die Schächte unter der gewölbten Decke herein. In den Wänden waren auf Hüfthöhe starke Eisenringe angebracht, von denen niemand wissen wollte, was einst an ihnen befestigt gewesen war. Alev hob ein paar zerknüllte Taschentücher und Bierflaschen auf und räumte sie in eine Ecke. Er war ein Anhänger des selbst verwalteten Chaos. Wie im Inneren eines Schneckenhauses stiegen sie die eng gewundene Wendeltreppe zum Turm hinauf. Oben zwang der Wind sie dicht zusammengekauert in einen Winkel. Die Brüstung war an einigen Stellen heruntergebrochen und gab den Blick frei auf den trägen Fluss in seinem Nachthemd aus Lichtern. Wegen der guten Akustik im Rheintal drang der schnelle Herzschlag der Dampfer in voller Lautstärke herauf.

„Wenn du weitermachen willst, musst du umdenken“, sagte Alev, während er die Hüfte vom Boden hochstemmte, um in seinen Hosentaschen zu kramen. Er förderte einen Tabaksbeutel und ein Filmdöschen mit grünem Deckel zu Tage. „Das Nichts ist eine Bedrohung, der Verstand lernt schnell, es vor sich selbst zu verstecken. Du musst lernen, es freizulegen.“

„Moment mal. Weitermachen womit?“ „Auf diese Frage habe ich noch immer keine Antwort. Einstweilen spielt es auch keine Rolle. Willst du oder nicht?“

Es klang, als ob er Ada auffordern wollte, eine obligatorische Mutprobe abzulegen, um Mitglied in einer Bande zu werden. Dass sie lächeln musste, konnte er nicht sehen, weil er den Blick beim Sprechen auf die kleine Baustelle zwischen seinen Knien gerichtet hielt, auf der seine Finger drei Zigarettenpapiere pyramidenförmig miteinander verklebten. Konzentriert wie beim Entschärfen einer Bombe sah er sich selbst bei der Arbeit zu.

„Ja, ich will. Sag mir, wie man etwas freilegt, das nicht vorhanden ist.“

„Durch Gedankenspiele. Stell dir eine Leiche vor.“

Ada strengte sich an und erschuf einen Toten, der gleich am Ende ihrer ausgestreckten Beine auf dem Steinboden lag. Der Mann war Mitte vierzig und nur mit einer Unterhose bekleidet. Er war mit schwarzen Flecken gescheckt wie eine Kuh und musste schon lange dort liegen. Die Kälte hatte die Aufgabe der Totenstarre übernommen. Beim bloßen Betrachten war die Steifheit seiner Glieder zu spüren, die sich nicht mehr biegen, sondern nur noch brechen ließen.

„Was empfindest du?“, fragte Alev.

„Ekel und Faszination.“

„Das ist eine Reaktion der Instinkte. Jedes Tier schreckt vor toten Artgenossen zurück. Jetzt stell dir vor, das sei dein Stiefvater.“

„Hab ich schon.“

Alevs Lachen kam von den Mauern zurück. Während er das dreiblättrige Papier mit der Zunge befeuchtete und samt Inhalt zur Form einer kleinen Schultüte rollte, betrachtete er Ada mit nach oben gedrehten Augen wie ein Tier, das aus einer Pfütze trinkt. Für gewöhnlich mied sie den Anblick seiner Zungenspitze, die über den Kleberand des Blättchens fuhr. Er brachte sie aus dem Gleichgewicht. Als die überdimensionierte Zigarette brannte, bot Alev ihr an. Es schmeckte nach Waldboden, vor lauter Würzigkeit ließ sich nicht beurteilen, was alles darin herumgekrochen war.

„Siehst du!“ Alevs Augen röteten sich nach wenigen Zügen, während Ada überhaupt nichts spürte. „Es gibt Menschen, für die das Grauen einer Beerdigung darin besteht, dass sie nicht im Stande sind, etwas zu empfinden. Sie erschrecken zu Tode vor dieser Leerstelle, sie schämen sich, und ihre Verwirrung wird von den Angehörigen als natürlicher Ausdruck des Verlustschmerzes missverstanden. Man spricht ihnen das herzlichste Beileid aus. Sie tragen *Nothing* in sich."

„Und das sind alles Teufel?"

„Nein. Aber ihnen wurde beigebracht, dass das, was sie da fühlen, oder besser, nicht fühlen, böse sei."

Alev nahm noch ein paar schnelle Züge und drückte die Zigarette aus. Als er zurück gegen die Schlossmauer sank, legte Ada den Kopf auf seinen Oberschenkel und eine Hand am Hosenbund über sein Geschlecht, von dem sie wusste, dass er es auf der linken Seite trug.

„Und wenn sie es nutzten", fragte sie versonnen, „wären sie Mörder, Räuber und Vergewaltiger?"

„Möglich, aber nicht notwendig", nuschelte Alev. „Ein Mord kann ebenso viele Gründe haben wie ein Akt der Güte, und ebenso wie jener kann er grundlos geschehen. Diese Menschen wären vor allem eins." Er gähnte, was nicht zu seiner enthusiastischen Art des Sprechens passte. „Sie wären Spieler." Seine Rede wurde langsam und schwerfällig wie bei einem Betrunkenen, der Verstand aber spazierte leichtfüßig auf verschlungenen Wegen, die keine gerade Verbindung zwischen zwei Punkten zogen und dennoch verblüffend schnell zu den anvisierten Zielen führten. Ada las von seinen Lippen und verstand ihn wie eine Mutter ihr sprachgestörtes Kind. Nur im Spiel sei dem Menschen echte Freiheit möglich. Das Spielen verpflichte zur Gleichheit, da allen Spielern dieselben Voraussetzungen eingeräumt würden, und verwirkliche außerdem den Gedanken der Rechtssicherheit, weil ein Spiel nur innerhalb der eigenen Regeln stattfinden könne. „Freiheit, Gleichheit, Rechtssicherheit", lallte Alev. „Das Spiel ist der Inbegriff demokratischer Lebensart. Es ist die letzte uns verbliebene Seinsform. Der Spieltrieb ersetzt die Religiosität, beherrscht die Börse, die Politik, die Gerichtssäle, die Pressewelt, und er ist es, der uns seit Gottes Tod mental am Leben erhält."

„Das also bist du", sagte Ada auf Alevs Oberschenkel. „Spieler."

Mit den letzten Sätzen war Alevs Kraft zu Ende gegangen, er antwortete nicht mehr und hing mit offenen Augen Gedanken und Träumen nach, die er nicht im Gedächtnis behalten würde und die deshalb nur für die jeweilige Sekunde bestimmt waren. Ada strich ihm mit der flachen Hand über die Stirn, ganz leicht, als sollte er es nicht bemerken. Ab diesem Moment gehörten seine Nase, sein Mund, sein Körper, der Geruch seines Scheitels und die Wärme seiner Handflächen für eine Stunde ihr allein.

1 Erläutern Sie, wie Alev einen „Spieler" definiert, und stellen Sie einen Bezug zum Romantitel her.
2 Sprechen Sie darüber, inwieweit Sie gern einen „Spieler" als Freund hätten.
3 Beziehen Sie die folgende Information auf die Auszüge von „Ego" und „Spieltrieb" (► S. 454–457).

Information **Postmoderne**

Der Begriff **Postmoderne** (von lat. *post* „hinter", „nach") dient zur Bezeichnung des Zustands der abendländischen Gesellschaft, Kultur und Kunst „nach" der Moderne. Innerhalb der **Literatur** werden Triviales und Ernstes nicht mehr getrennt. Drogenexzesse und Mode werden genauso thematisiert wie Kindheits- und Pubertätsgeschichten. Traditionen werden zitiert, collagiert und Stile bunt gemischt, Fernsehen bzw. Fernsehsendungen, Computerspiele und die neuen Kommunikationsmittel spielen eine z. T. erhebliche Rolle. Man spielt mit Elementen der Geschichte. Das Subjekt, Geist und Körper, werden als feste Größen in Frage gestellt, wobei insbesondere der Verlust alter Ordnungen und die Fragen des Daseins im Sinne einer ewigen Diskrepanz von Ideal und Wirklichkeit thematisiert werden.

Zweisprachige Schriftsteller/innen – Schreiben in Deutschland

Seit vielen Jahren publizieren Schriftsteller/innen in der Bundesrepublik, deren Muttersprache nicht Deutsch ist oder die in Familien mit einer Migrationsgeschichte zweisprachig aufgewachsen sind. Die Erfahrungen mit der zweiten fremden Sprache und dem neuen Land sind oft Thema ihrer Texte.

Rafik Schami: **Sieben Doppelgänger** (1999)

[...] Ich hatte als Student nie Zeit und Geld für Reisen, und daher lernte ich Deutschland durch meine Tourneen so intensiv kennen, dass ich das Land bald besser als viele Deutsche kannte. Aber Reisen ist bei aller Belastung auch ein Abenteuer.

Am Anfang, als ich noch jung war, ließ ich mich auf jedes Abenteuer ein. Doch die geselligen, erotischen, geistigen und abenteuerlichen Begegnungen waren Oasen in einer Wüste der Einsamkeit. Wie oft erlebte ich eine verregnete Nacht allein auf der Straße, die Lesung und der Beifall lagen nicht einmal eine Stunde zurück, und ich streifte einsam durch die Fremde. Zu viel Verehrung hindert das Publikum häufig, mit dem Gast Kontakt aufzunehmen. Der arme Teufel aber langweilt sich dann auf irgendeinem Empfang oder hockt am Ende der Nacht in einer Ecke seines Hotelzimmers und liest, sieht fern. Oft war mein Herz eine Wüste, ein nächtlicher Himmel ohne Mond und Sterne. Wie oft stand ich an der Tür eines Lesesaals, draußen regnete es, die Traube der Zuhörerinnen löste sich in der Dunkelheit auf, und der Buchhändler ließ mich für einen Augenblick allein, um die Bücherkartons in seinem Wagen zu verstauen. In der Ferne hörte ich den Anlasser eines Autos, und ein Lachen wurde von der Kurve verschluckt. Paare gingen Hand in Hand davon, und die Schöne, die sich mir die ganze Zeit gewidmet hatte, wurde von ihrem Ehemann am Eingang abgeholt. Schnell drückte sie mir die Hand: „Ich rufe dich an“, flüsterte sie und stieg in einen schweren Wagen. Ich hätte ihr viele Zitate von Woody Allen nachschicken können, aber was hätte es gebracht? [...]

Und all diese Abenteuer sollte und wollte ich nun freiwillig aufgeben? Ja, es musste sein. Und es gab noch einen anderen Grund, der mich in meinem Entschluss bestärkte: meine Unfähigkeit, Nein zu sagen. Hätte ich mir die Fähigkeit erworben, bei Anfragen, die mein Limit von fünfzig Vorträgen überschritten, konsequent Nein zu sagen, so hätte ich mir meine jetzige Misere erspart. Mein Nein, dieses faule Ferkel, das sich mit Mühe aus dem Hirn bis zum Mund schleppte, räkelte sich oft auf meiner weichen Zunge und wollte nicht mehr in die Kälte hinaus.

Nun war ich nach so vielen Jahren in einen See der Bewunderung geraten, und die Wellen schlugen immer höher, ich konnte sie kaum noch aushalten. Deshalb erschien mir die Idee der Doppelgänger wie ein Rettungsseil. Mit den Doppelgängern konnte ich alle bedienen. Von den Mitarbeitern würde außer einem guten Gedächtnis und Selbstdisziplin auch wirklich nicht viel verlangt. Dafür würden sie mit bester Bezahlung belohnt. Ja, ich war bereit, so viel in ihre Schulung zu investieren und so großzügig wie möglich zu sein, dass sie sich bei ihrer Arbeit nicht nur wohl fühlen, sondern immer besser werden sollten. Und auch wenn ich am Ende dabei nichts verdienen würde, so hätte ich doch einen unendlichen Gewinn, der von keinem Finanzamt verringert werden kann: die Sympathie meiner Leserschaft.

Bis heute werde ich jene Nacht in dem Karlsruher Hotel nicht vergessen. Als ich dort ankam, war ich völlig nüchtern. Als hätte ich nicht mindestens anderthalb Liter Wein getrunken. Ich war aufgedreht und konnte lange nicht schlafen. Ich setzte mich hin und schrieb auf, wie ich alles organisieren würde.

Dieses Heft mit dem Titel *Doppelgänger* besitze ich noch heute. Es liegt jetzt vor mir. Auf der ersten Seite steht: Doppelgänger aussuchen, die mir so ähnlich wie möglich sehen. Aufteilen der Bundesrepublik, Österreichs und der Schweiz in Reisegebiete. Harte Schulung der Kandidaten und nur die besten unter ihnen nehmen. Alles selbst zentral verwalten. Ich muss mich mit allen technischen Möglichkeiten (Computer, Telefax, Handy) ausrüsten, sodass die Kommunikation vom Büro aus zu jeder Zeit funktioniert und ich immer genauestens die Kontrolle über die Finanzen habe. Von Steuerberater und Anwalt einen Vertrag ausfertigen lassen, der mich schützt. Keine Halbheiten akzeptieren und lieber mit wenigen perfekten Doppelgängern als mit vielen Dilettanten arbeiten. Sie müssen nicht nur perfekt arbeiten, sondern auch eine gute Erinnerung hinterlassen. Dafür werden sie majestätisch bezahlt und dürfen den schönsten Beruf ausüben, den man sich vorstellen kann. Alles korrekt gegenüber dem Finanzamt halten. Hier wäre eine Nachlässigkeit ärgerlich. Mache dir selber alles klar und überwinde deine eigenen Hemmungen. Die Männer, die dich spielen, sind Spiegelbilder, die du ganz genau dirigieren musst. Du musst ihnen klarmachen, dass ihnen das Geld nicht geschenkt wird. Eine einzige Schweinerei gegenüber einem Buchhändler oder dem Publikum und er fliegt raus. [...]

1 Angenommen, Sie würden nach dem Besuch einer Lesung erfahren, Sie hätten es mit einem Doppelgänger des Vortragenden zu tun gehabt. Verfassen Sie dazu in Partnerarbeit eine Erzählung.
2 Begründen Sie, worin Ihres Erachtens die Bedeutung des Doppelgänger-Motivs in Schamis Text liegt.
3 Stellen Sie weitere Texte mit einem Doppelgänger-Motiv vor, z. B. bei E.T.A. Hoffmann (► S. 332 ff.) oder in O. Wildes „Das Bildnis des Dorian Gray“.

Feridun Zaimoglu: **Leyla** (2006) – Romanende

Leyla wächst mit ihren Schwestern und Brüdern in der Türkei auf. Früh wird sie verheiratet. Ihr Mann Metin, den sie stets „den Schönen“ nennt, geht nach Deutschland, um dort zu lernen, wie man Leder färbt. Leyla bekommt zu Hause das erste gemeinsame Kind, einen Sohn, wird kurz darauf ein zweites Mal schwanger und treibt ab. Sie lebt mit ihrem „Sohn“, einen Namen soll er erst in Deutschland bekommen, unter einem Dach mit Metins Vater, Schafak Bey. Metin schickt Geld aus Deutschland und kommt zwischendurch zu Besuch. Schließlich will er die Familie zu sich holen. Schafak Bey fühlt sich zu alt für die Fremde. Leyla, ihr „Sohn“ und ihre Mutter, deren Mann Halid kurz vorher verstorben ist, treten die Reise gemeinsam an. Der Roman endet mit ihrer Zugreise nach Deutschland.

Schafak Bey, Djengis, Tolga und auch die Großtante begleiten uns zum Istanbuler Hauptbahnhof, sie sprechen mich gelegentlich an, doch ich sehe durch sie hindurch, als seien sie Gespenster. Mein bisheriges Leben steckt in zwei Koffern, denke ich, nicht viel, um vor anderen Menschen bestehen zu können. Ich öffne das Zugfenster, Djengis ergreift meine freie Hand. Geh dort nicht verloren, sagt er. Ich werde auf uns alle aufpassen, sage ich, wir stehen alle unter Gottes Schutz. [...]

Der Reiseproviant geht uns am zweiten Tag aus, ich traue mich nicht, die Passagiere in den anderen Abteilen um Brot und Käse zu fragen. Ich übergebe meiner Mutter das Kind und mache mich auf die Suche nach dem Schaffner. Doch ich kann ihn nicht finden, bestimmt hat er sich zu einer seiner vielen Mittagspausen zurückgezogen. Auf dem Weg zum Abteil bleibt der Zug auf der freien Strecke stehen, ich schaue hinaus und sehe nur weites verdorrtes Land. Der Schaffner tritt aus einem Abteil hinaus, er kaut noch an dem großen Bissen in seinem Mund. Herr, ich brauche heißes Wasser für die Babynahrung, sage ich, und außerdem haben meine Mutter und ich nichts mehr zu essen. Er hört schlagartig auf zu kauen, starrt mich nur kurz an, tritt wieder in das Abteil, in dem sein Schaffnerkollege an einen kleinen Tisch mit Brot, Käse und Oliven sitzt. Er erklärt ihm, dass „die Dame und ihre Mutter“ am Verhungern seien, der zweite Schaffner steht sofort auf und packt eine Papiertüte voll, die mit Hackfleisch gefüllten Auberginen und Paprikaschoten müsse ich auch unbedingt probieren. Der Heizkessel sei defekt, ich müsse wegen des heißen Wassers leider etwas warten.

Meine Mutter wartet ab, bis ich das Essen in zweieinviertel Portionen teile, sie brockt den salzigen Käse in das Brot und beißt hinein, eine Tasse Tee würde ihre Laune heben, aber wir müssen geduldig sein, wie wir immer Geduld aufbringen mussten, um einen Brocken dessen zu bekommen, das wir uns gewünscht hatten. Ich bette meinen Sohn in meine linke Achselhöhle, meine Körperwärme soll auf ihn übergehen, ich reinige sein Gesicht, traue mich aber wegen der Kälte im Abteil nicht, sein Leibchen und seine Hose zu wechseln. Plötzlich muss ich auflachen, meine Mutter schaut mich verwundert an. Mein Gott, sind wir naiv, sage ich, wir haben unsere Festtagskleider angezogen. Ich bin beim Friseur gewesen und habe mich geschminkt. Wir haben gedacht, es gehe auf eine kurze Reise. Jetzt sehen wir aus wie zwei zerrupfte Raben. Du wirst langsam irre, sagt meine Mutter. Ich habe wirklich geglaubt, dass der Zug uns sehr schnell hinbringen wird, ich zeige meinen Pass vor und entsteige dem Zug mit dem Kind, so schön und so gepflegt wie beim Einstieg. Du wusstest doch, dass wir drei Tage und drei Nächte fahren. Ja, sage ich, ich habe gehofft, dass es schnell geht. Wir sind da, wenn wir da sind, sagt sie und starrt aus dem Fenster.

Sie ist diesem Leben entrückt, meine Mutter, meiner schönen Mutter Seele verfängt sich in ihren Träumen, ein unheimlich feiner Schleier hat sich auf ihre Augen gelegt. Bereust du deine Entscheidung?, frage ich. Erst habe ich mein Leben einem Mann geopfert, sagt sie, jetzt schenke ich mein Leben meinem Enkelkind. Und die Söhne, die du zurückgelassen hast? Ich werde sie vermissen, sagt sie, genauso, wie ich den Duft der regengetränkten Erde vermissen werde ... Dafür sehe ich meine Töchter wieder. Bist du froh, dass ... du ihn losgeworden bist? Wirst du froh sein, wenn du mich loswirst?, fragt sie zurück. Kümmere dich um deinen Sohn. Ich schließe die Augen, lehne meinen Kopf gegen die harte Sitzstütze, mein Kind ist in meiner Achselhöhle eingeschlafen. Ich bin unendlich müde. [...] und endlich fährt der Zug im Bahnhof der deutschen Stadt ein. Die Schienenstränge ordnen sich zu geraden Linien, auf den Bahnsteigen verharren die Menschen reglos wie Statuen.

Ist das Deutschland?, frage ich mit leiser Stimme. Meine Mutter starrt eine Weile hinaus und sagt: Deutschland ist außerhalb des Bahnhofs. Als die Türen schließlich aufgehen, lasse ich vor Angst meiner Mutter den Vortritt, der Schaffner reicht uns die Koffer herunter, und dann stehen wir auf dem kleinen Fleck deutsches Land, die Menschen um uns herum zerren und schleppen an ihren Mitbringseln, ich erblicke die Frauen, die uns aus sicherer Entfernung mustern, sie scheinen in tiefe Gedanken versunken zu sein. Plötzlich steht der Schöne vor mir, nimmt mir das Kind ab und drückt es an seine Brust. Endlich seid ihr da, ruft er aus, dem Herrn sei Dank. Die Heizung war defekt, und wir sind halb erfroren, sage ich und schäme mich sofort meiner Worte, und um die Verlegenheit zu übergehen, umarme ich meinen Mann, der mich am Ohrläppchen fasst, und jetzt schäme ich mich wegen meiner Mutter, das gehört sich nicht in ihrer Gegenwart. Der Schöne küsst ihre Hand und führt sie an die Stirn. Ich habe Hunger, mein Sohn, sagt sie. Natürlich, ich besorge uns sofort heiße Suppe, sagt der Schöne, wir haben ja noch eine lange Zugfahrt vor uns. Was?, sage ich. Ich dachte, wir sind schon angekommen. Das seid ihr auch, aber in München. Es geht weiter nach Berlin. Das dauert zehn Stunden. Bewegt euch nicht vom Fleck, ermahnt er uns und verschwindet in der Menschenmenge.

Ich bin so unendlich müde, mein Sohn fängt an zu weinen, er ist das Geschrei nicht gewöhnt. Mir fallen die Frauen auf, die ohne männliche Begleitung in der großen Bahnhofshalle unterwegs sind, sie schreiten auf hohen Absätzen voran, als kennten sie ihr Ziel genau. Ich bewundere ihren blassen Teint, ihre zu Turmfrisuren hochgesteckten Haare, ihre Halstücher in schreiend bunten Farben. Sie gehen an den Männern achtlos vorbei, die Männer schauen ihnen nicht nach. Der Schöne kommt zurück und verteilt deutsche Kekse an uns, heiße Suppe sei ausgegangen, sagt er [...].

Sind wir so weit?, sagt mein Mann. Ja, sage ich und umfasse den Koffergriff, wir können weiterfahren. Ich will dieses Land lieben, weil es vermisst werden will. Ich werde den Wolf streicheln, und er wird vielleicht die Hand nicht beißen, die ihm über das Rückenfell fährt.

1 Erläutern Sie, mit welchen Erinnerungen, Befürchtungen, Hoffnungen, Wünschen Leyla nach Deutschland fährt. Belegen Sie Ihre Aussagen am Text.
2 Die Ankunft ist mit ersten Eindrücken von Deutschland verbunden. Was wird wahrgenommen?
3 Deuten Sie die beiden letzten Sätze des Romans.

Literaturgeschichte im 21. Jahrhundert – Wohin steuert die Literatur?

Der Literaturtheoretiker und Romancier Dieter Wellershoff (*1925) beschäftigt sich in seinen Frankfurter Poetik-Vorlesungen (1995/96) mit der existenziellen Dimension eines literarischen Textes. Poetik, die Lehre von der Dichtkunst, handle nach Wellershoff nicht nur von der Erschaffung eines literarischen Werkes, sondern zugleich von unserer Selbsterschaffung, Selbstverwirklichung, Selbsterkenntnis und von der Erschaffung der Welt. Auf der Bühne des Textes würden Leben und Welt mit dem ganzen Spielraum ihrer Möglichkeiten, Spannungen und Differenzen inszeniert.

Dieter Wellershoff: **Das Schimmern der Schlangenhaut – Zufall, Mehrdeutigkeit, Transzendenz** (1996)

Am Ursprung unseres Lebens wird Lotterie gespielt. Wir werden gezeugt und geboren als Ergebnis einer unabsehbaren, von Zufällen oder fremden Randbedingungen durchwirkten Vorgeschichte, die in allen Verzweigungspunkten anders hätte verlaufen können, bevor das hoch Unwahrscheinliche geschah, dass unsere Eltern zusammenfanden und wir gezeugt und geboren wurden. Wir, das Ende einer unabsehbaren Zufallskette, hätten also eher nicht sein können oder, wegen der Variationsbreite des genetischen Potenzials der Eltern, ein anderer werden können, wie ein Blick auf die Geschwister zeigt. So ist der Anfang unseres individuellen Lebens das Fremdeste und Unwahrscheinlichste, was geschehen ist. Wir haben uns nicht selbst gewählt, nicht selbst gemacht, sondern sind ein blinder Wurf des blinden Lebensprozesses, der mit ungeheurer Streubreite immer neue, anders gemischte, individuelle Lebenspotenziale hervorbringt, die sich auf den zeitlich begrenzten Weg durch das widerständige, unüberschaubare Terrain der Realität machen, um im Austausch und in der Auseinandersetzung mit der umgebenden Lebenswelt die eigenen Möglichkeiten zu entfalten. In dem Maße, wie der Organismus sich selbst als Individuum begreift und sein Leben zu steuern und zu gestalten beginnt, wechselt das Lebensspiel sein Modell. Aus der Lotterie wird das Kartenspiel. Jeder Spieler bekommt blind gemischte Karten in die Hand, die im Extremfall Glück und Unglück, Leben und Tod bedeuten und dazwischen eine weite Skala verschiedener Möglichkeiten andeuten. Er muss versuchen, aus dieser Zufallsmischung sein eigenes Muster zu machen, indem er schaut, was zusammenpasst und einen Ansatz von Sinn ergibt. Er muss diesen Sinn verstärken, indem er unpassende Karten ablegt, um neue, bessere in die Hand zu bekommen. Das kann natürlich ständig durchkreuzt werden, indem er erneut unbrauchbare, störende Karten aus dem verdeckten Stapel zieht. Vielleicht aber hat er auch Glück und zieht einen Joker, der neue, überraschende Kombinationen möglich macht, durch die bisher unlösbare Probleme lösbar werden. Ich will die Analogie von Kartenspiel und menschlichem Leben nicht überzeichnen. Doch das Modell veranschaulicht am Beispiel der blind gemischten und zufällig gezogenen Karten die Komplexität des Lebens und die Unvorhersehbarkeit seiner Möglichkeiten und macht zugleich die Notwendigkeit deutlich, im Rahmen eines Entwurfs, eines Wunschtraums, eines Lebensplans unter verschiedenen Möglichkeiten zu wählen. Die Unentrinnbarkeit dieses Zwangs ist begründet in der Tatsache, dass man nur ein Leben hat […]. Der Gedanke, dass unser einmaliges Leben umgeben ist von einem Hof unverwirklichter, vielleicht auch versäumter, nicht erkannter Möglichkeiten, wird alltäglicherweise durch den Vorrang der Nähe und die normative Kraft des Faktischen verdrängt. Doch wenn das Gefüge unserer Anpassung sich lockert oder ins Wanken gerät, kann dem seiner Evidenzen beraubten Blick das Leben außen und innen als etwas unheimlich Komplexes und Bedrohliches erscheinen und die eigene Lage als so prekär, als überquere man auf einem ausgespannten Seil einen Abgrund und müsse strikt geradeaus blicken, um nicht zu straucheln. Was sich in diesen labilen Augenblicken in der aufgedeckten Tiefe zeigt, möchte ich „das Schimmern der Schlangenhaut“ nennen. Mythologisch gesehen ist die Schlange, die das Göttliche und das Dämonische, das Leben und den Tod bedeutet, ein Phänomen des Hell-Dunkels und der unheimlichen Gleichzeitigkeit von Verführung und tödlicher Bedrohlichkeit. Lange Zeit hat der kontrastreich gezeichnete Leib, unsichtbar für unser Auge, im Halbschatten oder Halblicht gelegen. Dann auf einmal, lautlos hervorkriechend, zeigt er sich uns in seiner zweideutigen Schönheit. Dieses lautlose und unerwartete Auftauchen einer verborgenen Gefahr ist ein Bild für Lebensaugenblicke, in denen Menschen erkennen, dass sie ein Problem haben, unabweisbar und nicht absehbar in seinen Konsequenzen. Das sind die Augenblicke, in denen Spannung auftritt, weil ein Lebensmuster vor seiner Revision oder vor seinem Zusammenbruch steht. Es hat sich vielleicht lange abgedichtet gegen einen dunklen exterritorialen Bereich verdrängter Motive, verleugneter Erkenntnisse, der nun einbricht in das gewohnte, möglicherweise schon ängstlich gehütete Gehege. Solche destabilisierenden Augenblicke oder Situationen können sich, auch wenn sie zunächst harmlos erscheinen, rasch zu Krisen und Katastrophen auswachsen und sind deshalb hervorragende literarische Expositionen.

1 a Gliedern Sie den Textausschnitt aus der Vorlesung von Wellershoff, formulieren Sie zusammenfassende Zwischenüberschriften. Vergleichen Sie Ihre Arbeitsergebnisse im Kurs.
b Erläutern Sie die Metaphorik des Kartenspiels (vgl. Z. 30 f.), wie sie hier verwendet wird.
c Umschreiben Sie mit eigenen Worten das Bild vom „Schimmern der Schlangenhaut“ (Z. 74 f.).
2 Inwieweit lassen sich diese Metaphern auf die literarischen Texte in diesem Kapitel beziehen?

Thomas Kraft: **13 Thesen zur Gegenwartsliteratur** (2008)

1 Von den Rändern kommt die Erneuerung. Europa wächst weiter zusammen, so scheint es zumindest, und Menschen und Geschichten machen nicht vor Grenzen halt.

2 Die Pop-Literatur ist mittlerweile ebenso tot wie die Avantgarde, Pop ein inflationär gebrauchter Begriff für viele allzu anspruchslose Texte, in denen es irgendwie um Musik, Partys und ein bisschen Lebensgefühl geht.

3 Die experimentellen Dichter leben in ihren Klüngeln in Köln und Wien und freuen sich über jeden Feuilleton-Artikel, ihre Bücher existieren quasi unter Ausschluss der kaufenden und lesenden Öffentlichkeit.

4 Selbstreferenzielle und hermetische Literatur hat keine Chance mehr; die Leser erwarten sich realistische, gesellschaftsbezogene, irgendwie „authentisch“ erscheinende Literatur.

5 Niemand wartet mittlerweile mehr auf den großen Berlin-Roman oder gar auf den lange und nachhaltig geforderten „Roman der Einheit“, das hat sich alles längst erledigt.

6 Die großen Visionen sind verloren gegangen, das (erzählende) Subjekt fühlt sich etwas orientierungslos, da blickt man in der Not gerne zurück, entweder in die eigene Kindheit und die Zeit des Erwachsenwerdens und reanimiert den guten alten Familienroman. Oder schreibt mal wieder über die NS-seligen Väter und Söhne, über alte Kolonialzeiten, den Luftkrieg und die Nachkriegszeit.

7 Der junge Osten entdeckt sich als Himmelsrichtung, Ort und Vergangenheit, findet zur Sprache und kehrt zum Tatort seiner Kindheit zurück. Die meisten, in der Regel realistisch erzählten Geschichten handeln von Jungpionieren, Kinderhort, Kosmonauten und Intershop. Es sind Erinnerungstexte von ein paar bekannten und vielen unbekannten Autoren, Zeugnisse einer Adoleszenz in der DDR und Dokumente einer allmählichen Selbstvergewisserung.

8 Schreiben hat in Deutschland einen neuen Stellenwert bekommen, gerade die Jungen suchen mit ihren Debüts in wichtigen deutschen Verlagen den Weg in die Öffentlichkeit. Auffallend ist dabei, mit welcher Vehemenz man sich auf Spurensuche begibt und die eigenen Lebenserinnerungen schon in diesem Alter niederschreibt.

9 Eine neue Qualität ist in das Genre des Schul- und Internatsromans eingezogen. Die Beschreibung krimineller Aktionen – Erpressung, Körperverletzung, Mord – reflektiert die gegenwärtige Problematik, der sich Lehrer, Schüler und Eltern in Deutschland ausgesetzt sehen.

10 Einblicke in die Alltags- und Arbeitswelt der Normalen und Randständigen sind eher die Ausnahme, Autoren interessieren sich heute für die IT-Branche, für Banken und Werbeagenturen, Unternehmensberatungen und Medien, für die fiebrige Welt des Glanzes und der Versprechen. Fast alle dieser Geschichten aus der neuen Arbeitswelt erzählen von Verlusten, Niederlagen, Abstürzen, Grenzsituationen.

11 Die Diskussionen um E- und U-Literatur Anfang der neunziger Jahre haben unter anderem bewirkt, dass nun viele „unterhaltend“ sein wollen. Was in Deutschland lange verpönt schien, nimmt eine junge Generation nun als selbstverständlich an.

12 Wir leben gewissermaßen im 3. Weltkrieg, der Terrorismus ist eine globale Gefahr. Doch befinden sich auf dem deutschen Buchmarkt kaum literarische Auseinandersetzungen mit dieser Erfahrungswelt. Die Bild-Medien sind zum entscheidenden Faktor der Politik avanciert, nicht erst seit den Fernsehbildern aus dem Golfkrieg. Während die aktuellen Krisenherde auf unserem Globus von deutschsprachigen Autoren kaum beachtet werden, bleiben Zweiter Weltkrieg, Nationalsozialismus und Holocaust auch nach dem sich allmählich vollziehenden Generationswechsel zentrale Themen.

13 Die neuen „Reiseromane“ sind Beispiele für eine allegorische Aneignung von Wirklichkeit, ohne deren irdische Beschaffenheit aus Schmutz, Ekel und Tod zu übersehen. Sie zeugen alle von einem Interesse, den Spannungsbogen von einem Ursprung hin zu einer Endlichkeit zu schlagen und dabei die Dimensionen individueller Erfahrung zu reflektieren. Es geht nicht um die Erkundung exotischer Regionen, sondern um Konfrontationen mit fremden und eigenen Grenzen. Daher spielen sich diese Reisen zu einem guten Teil auch im Kopf der Figuren ab.

---

1 **a** Formulieren Sie zu jeder These eine Überschrift und notieren Sie einen ersten Kommentar.
b Tauschen Sie in Gruppen Ihre Kommentare aus und finden Sie zu jeder These ein Beispiel.
c Diskutieren sie Krafts Thesen im Kurs.

2 Führen Sie eine **Podiumsdiskussion** (▸ S. 77) zu folgender Fragestellung durch: „Was erwarten Sie von der Gegenwartsliteratur?“

Literaturstation: Novelle – Günter Grass' „Im Krebsgang"

Im Jahr 2002 erschien Günter Grass' (*1927) Novelle „Im Krebsgang". Im Mittelpunkt steht das historische Ereignis der Versenkung des Flüchtlingsschiffs „Wilhelm Gustloff" am 30. Januar 1945 vor der Küste Pommerns. Um die 9 000 Menschen kamen dabei ums Leben, Matrosen, Marinehelfer und ostpreußische Flüchtlinge.
Für die Bearbeitung der Novelle stellen sich z. B. Leitfragen wie: Auf welche Weise wird in einer Novelle von heute solch ein historischer Stoff verarbeitet? Worin besteht seine aktuelle Relevanz bzw. worin besteht die wesentliche Intention der Novelle? Handelt es sich um ein Tabuthema oder um einen Beitrag zur kollektiven Erinnerung? Sind Katastrophengeschichten die geeigneten Publikumsrenner? Wer ist der Autor dieser Novelle, was zeichnet ihn aus?
Mit Hilfe des ersten Teilkapitels dieser Literaturstation können Sie zunächst den historischen Kontext anhand von Bild- und Textdokumenten erarbeiten und durch weitere Recherchen vervollständigen.
Im zweiten Teilkapitel lernen Sie exemplarisch drei Textausschnitte der Novelle kennen; anhand derer können Sie die mediale Erzählstrategie untersuchen, mit der der historische Stoff dargestellt wird.
Schließlich geht es im dritten Teilkapitel darum, sich im Hinblick auf ein Schriftstellerporträt mit dem Autor und Literatur-Nobelpreisträger (1999) Günter Grass zu befassen. Die Beschäftigung mit dieser Literaturstation könnte dann in einer Ausstellung zu Text und Autor münden.

Das „Kraft durch Freude"-Urlaubsschiff „Wilhelm Gustloff" lief am 5. Mai 1937 vom Stapel. Mit einer Länge von 208,50 m und einer Breite von 23,50 m galt es als „ein Meisterwerk deutscher Schiffsbaukunst". Benannt wurde es nach dem 1936 in der Schweiz ermordeten NSDAP-Funktionär Wilhelm Gustloff.

Flüchtlinge, die nach Westen flohen, mussten später am Hafen ihre Habe zurücklassen.

Heinz Schön[1]: **Die Gustloff-Katastrophe. Bericht eines Überlebenden** (1984)

Die 17-jährige Marinehelferin Sigrid Bergfeld, die mit Mühe und Glück dem ersten Torpedotreffer im Schwimmbad der *Gustloff* entkam, wartet sieben Stunden danach noch immer auf Rettung. Es ist ein Wunder, dass sie noch lebt. Obersteuermann Peter Thiebach, I. WO auf TF 19[2], erinnert sich [...]: „Es ist eine eisige Nacht, die Nacht vom 30. zum 31. Januar 1945, Schneesturm, kalt und bewegte See, kaum die Hand vor Augen zu sehen. Wir gehen mit der Fahrt herunter, als wir die Untergangsstelle der „Gustloff" erreichen. Beim Aufblenden unserer großen Scheinwerfer bleibt uns jedes Wort im Halse stecken. Diesen Anblick und die Todesschreie

1 **Heinz Schön** (*1926): selbst Überlebender der Katastrophe
2 **„WO auf TF 19":** Abkürzung für „Wachoffizier auf dem Torpedofahrzeug TF 19"

unzähliger Menschen hatten wir nicht erwartet. Damit beginnt eine Nacht, wie ich sie nie vorher im Krieg erlebt habe und auch nachher nicht. Überall Flöße, leere Rettungsboote – und dann immer wieder dieser Furcht erregende Todesschrei. [...] Bis fünf Uhr morgens retten wir, was noch zu retten ist. Immer wieder die gleiche Arbeit, der gleiche Anblick. Runter aufs Floß, Tote ins Meer, Lebende an Bord. Es gibt keine andere Wahl. Nur noch sieben Lebende finden wir. Die letzte ist eine 17-jährige Marinehelferin. Durch Rudern mit einem Stück Holz hatte sie sich ihr Leben erhalten. Um sie herum schwimmen nur noch Tote. Sie schwimmt in einem Leichenfeld. Das Mädchen hat Erfrierungen an beiden Beinen. Doch sie ist glücklich, überlebt zu haben.“ Als fünf Minuten nach 5 Uhr morgens TF 19 Fahrt aufnimmt, atmen die sieben an Bord befindlichen Gustloff-Schiffbrüchigen auf. Endlich geht es in einen rettenden Hafen. Doch Sigrid Bergfeld erschrickt, als sie ihren Retter, den Obersteuermann Thiebach, fragt: „Wohin fahren wir – –?“, und als Antwort erhält: „Nach Gotenhafen –!“ [...] Jetzt wurde sie wieder in die Stadt gebracht, aus der sie geflohen war.

Günter Grass: „Die eigene Leidensgeschichte“ (Ein Interview: Die Woche, 08.02.2002)

Frage: Vom Untergang dieses Flüchtlingsschiffes [„Wilhelm Gustloff“] wissen die Deutschen wenig. Im Westen war es kein Thema, weil das einer Relativierung deutscher Verbrechen gleichgekommen wäre; im Osten ebenso wenig, weil man den sowjetischen Freunden diese 9 000 Toten nicht vorhalten wollte.

Grass: Flucht und Vertreibung sind ein ausgespartes Thema. Dafür gibt es Gründe. Da die von uns Deutschen zu verantwortenden Verbrechen so überlastig waren und sind, ist offenbar auch keine Kraft übrig gewesen, die eigene Leidensgeschichte in ausreichendem Maße mitzuberichten.

Frage: Es heißt, von den 12 Millionen vertriebenen und verschleppten Deutschen seien ca. zwei Millionen umgekommen.

Grass: Das sind alles grobe Schätzungen. Wir wissen, dass es sehr viele gewesen sind. [...] Die Flucht aus Ostpreußen war eine einzige Katastrophe. Aber es ist das nachgeordnete Unrecht – die deutschen Verbrechen bleiben auslösendes Moment. [...]

Frage: Hatten Sie Bedenken, Sie könnten mit dem „Gustloff“-Thema in schlechte Gesellschaft geraten? Erst kürzlich hat Franz Schönhuber[1] in der „Nationalzeitung“ von der „Gustloff“ als dem „sozialen Vorzeigeobjekt des Dritten Reiches“ geschwärmt.

Grass: Ich habe genügend Selbstvertrauen zu meiner Sprache und zu meiner Darstellungskraft. Da bestand keine Gefahr. Im rechten Milieu ist die Versenkung der „Gustloff“ immer als ein Kriegsverbrechen angesehen worden. Das ist natürlich falsch.

Frage: Sogar der Kommandant des deutschen Torpedobootes T 36, das Hunderte „Gustloff“-Schiffbrüchige aufnahm, hat schlicht angemerkt: „C'est la guerre.“ [„Das ist der Krieg.“]

Grass: Genau. Nach Kapitän Robert Hering hat Marinesko nur seine Pflicht erfüllt. Die „Gustloff“ war nicht gekennzeichnet, außerdem waren neben den Flüchtlingen noch 1000 U-Boot-Rekruten und 370 Marinehelferinnen an Bord. Zudem waren Flak-Geschütze montiert. Von Kriegsverbrechen kann man also nicht sprechen, aber es bleibt natürlich eine schreckliche Katastrophe.

1 **Franz Schönhuber** (1923–2005): rechtsextremer Politiker

1 Beschreiben Sie beide Bilder (► S. 464). Halten Sie Ihre Eindrücke schriftlich fest.

2 **a** Begründen Sie, was Sie von einer Dokumentation eines derartigen Ereignisses erwarten.

b Zeigen Sie auf, wie der Zeitzeuge Heinz Schön die Katastrophe zu dokumentieren versucht.

3 **a** Grass hat mit „Im Krebsgang" die „Täter-Opfer-Debatte" ausgelöst, da er als einer der ersten Autoren Deutsche zur Zeit des 2. Weltkriegs nicht nur als Täter, sondern auch als Opfer darstellt. Arbeiten Sie anhand des Interview-Ausschnittes seine Auffassung zu dieser Problematik heraus.
b Literatur ist auch immer Kunst. Inwiefern eignet sich ein solches Thema für eine Ästhetisierung?

4 **Weiterführende Aufgabe:** Recherchieren Sie weiteres Material zum Untergang der Wilhelm Gustloff und setzen Sie dieses zu mehreren Text-Bild-Collagen zusammen. Überlegen Sie sich zu den Collagen thematische Schwerpunkte, z. B.: „C'est la guerre".

II „Im Krebsgang" – Drei Novellenausschnitte

Der Novellenanfang

„Warum erst jetzt?" sagte jemand, der nicht ich bin. Weil Mutter mir immer wieder ... Weil ich wie damals, als der Schrei überm Wasser lag, schreien wollte, aber nicht konnte ... Weil die Wahrheit kaum mehr als drei Zeilen ... Weil jetzt erst ... Noch haben die Wörter Schwierigkeiten mit mir. Jemand, der keine Ausreden mag, nagelt mich auf meinen Beruf fest. Schon als junger Spund hätte ich, fix mit Worten, bei einer Springer-Zeitung volontiert, bald gekonnt die Kurve gekriegt, später für die „taz" Zeilen gegen Springer geschunden, mich dann als Söldner von Nachrichtenagenturen kurz gefaßt und lange Zeit freiberuflich all das zu Artikeln verknappt, was frisch vom Messer gesprungen sei: Täglich Neues. Neues vom Tage. Mag schon sein, sagte ich. Aber nichts anderes hat unsereins gelernt. Wenn ich jetzt beginnen muß, mich selber abzuwickeln, wird alles, was mir schiefgegangen ist, dem Untergang eines Schiffes eingeschrieben sein, weil nämlich, weil Mutter damals hochschwanger, weil ich überhaupt nur zufällig lebe. Und schon bin ich abermals jemand zu Diensten, darf aber vorerst von meinem bißchen Ich absehen, denn diese Geschichte fing lange vor mir, vor mehr als hundert Jahren an, und zwar in der mecklenburgischen Residenzstadt Schwerin, die sich zwischen sieben Seen erstreckt, mit der Schelfstadt und einem vieltürmigen Schloß auf Postkarten ausgewiesen ist und über die Kriege hinweg äußerlich heil blieb. Anfangs glaubte ich nicht, daß ein von der Geschichte längst abgehaktes Provinznest irgendwen, außer Touristen, anlocken könnte, doch dann wurde der Ausgangsort meiner Story plötzlich im Internet aktuell. Ein Namenloser gab mit Daten, Straßennamen und Schulzeugnissen personenbezogene Auskunft, wollte für einen Vergangenheitskrämer wie mich unbedingt eine Fundgrube aufdecken. Bereits als die Dinger auf den Markt kamen, habe ich mir einen Mac mit Modem angeschafft. Mein Beruf verlangt diesen Abruf weltweit vagabundierender Informationen. Lernte leidlich, mit meinem Computer umzugehen. Bald waren mir Wörter wie Browser und Hyperlink nicht mehr böhmisch. Holte Infos für den Gebrauch oder zum Wegschmeißen per Mausklick rein, begann aus Laune oder Langeweile von einem Chatroom zum anderen zu hüpfen und auf die blödeste Junk-Mail zu reagieren, war auch kurz auf zwei, drei Pornosites und stieß nach ziellosem Surfen schließlich auf Homepages, in denen sogenannte Vorgestrige, aber auch frischgebackene Jungnazis ihren Stumpfsinn auf Haßseiten abließen. Und plötzlich – mit einem Schiffsnamen als Suchwort – hatte ich die richtige Adresse angeklickt – „www.blutzeuge.de". In gotischen Lettern klopfte eine „Kameradschaft Schwerin" markige Sprüche. Lauter nachträgliches Zeug. Mehr zum Lachen als zum Kotzen. Seitdem steht fest, wessen Blut zeugen soll. Aber noch weiß ich nicht, ob, wie gelernt, erst das eine, dann das andere und danach dieser oder jener Lebenslauf abgespult werden soll oder ob ich der Zeit eher schrägläufig in die Quere kommen muß, etwa nach Art der Krebse, die den Rückwärtsgang seitlich ausscherend vortäuschen, doch ziemlich schnell vorankommen. Nur soviel ist sicher: Die Natur oder genauer gesagt die Ostsee hat zu all dem, was hier zu berichten sein wird, schon vor länger als einem halben Jahrhundert ihr Ja und Amen gesagt. [R]

---

1 Halten Sie Ihre ersten Leseeindrücke fest.

2 Stellen Sie einen Bezug zum Titel der Novelle und zum Buchcover her.

3 **Weiterführende Aufgabe:** *„Der erste Satz ist in all meinen Büchern gleichzeitig der, der die Erzählposition klärt"* (Grass in einem Radiointerview). Untersuchen Sie den ersten Satz und die folgende **Erzählstrategie** (▸ S. 160 f.): Wer erzählt? Wie wird erzählt? Wie verhalten sich Erzählzeit und erzählte Zeit zueinander?

„Die Wahrheit im Plural – Die Vielzahl von Wirklichkeiten" (Grass – Zitat)

Nun gibt es diesen Film in Schwarzweiß, der Ende der fünfziger Jahre gedreht wurde. Er heißt „Nacht fiel über Gotenhafen" und ist mit Stars wie Brigitte Horney und Sonja Ziemann besetzt. Der Regisseur, ein Deutschamerikaner namens Frank Wisbar, der zuvor einen Stalingradfilm gedreht hatte, ließ sich von dem Gustloff-Spezialisten Heinz Schön beraten. Im Osten nicht zur Aufführung freigegeben, lief der Film mit mäßigem Erfolg nur im Westen und ist, wie das Unglücksschiff, vergessen und allenfalls Ablagerung in Archiven. Mit Mutters Freundin Jenny Brunies, bei der ich damals als Oberschüler in Westberlin wohnte, habe ich auf ihr Drängen hin – „Meine Freundin Tulla hat mich wissen lassen, wie sehr sie sich unseren gemeinsamen Kinobesuch wünscht" – den Streifen gesehen und war ziemlich enttäuscht. Die Handlung lief nach immer der gleichen Masche ab. Wie bei allen *Titanic*-Filmen mußte auch beim verfilmten *Gustloff*-Untergang eine verquälte, zum Schluß hin heroische Liebesgeschichte als Zusatzstoff und Füllmasse herhalten, als wäre das Sinken eines überbelegten Schiffes nicht spannend, der tausendfache Tod nicht tragisch genug. Eine Beziehungskiste in Kriegszeiten. In „Nacht fiel über Gotenhafen" geben, nach viel zu langem Vorspiel in Berlin, Ostpreußen und sonstwo, ein Soldat an der Ostfront als betrogener Ehemann und späterer Schwerverwundeter auf dem Schiff, die ungetreue Ehefrau mit Säugling, die sich aufs Schiff retten konnte, als hin- und hergerissene Reizfigur und ein leichtlebiger Marineoffizier als Ehebrecher, Vater und Retter des Säuglings das Personal der Dreiecksgeschichte ab. Zwar hat Tante Jenny, während der Film lief, an bestimmten Stellen weinen können, aber als sie mich hinterher zu meinem ersten Pernod in die Paris-Bar einlud, sagte sie: „Deine liebe Mutter hätte an dem Film wohl kaum Gefallen gefunden, weil vor wie auch nach dem Untergang des Schiffes keine einzige Geburt gezeigt worden ist ..." Und dann sagte sie noch: „Eigentlich kann man so etwas Schreckliches gar nicht verfilmen." Ganz sicher bin ich, daß Mutter keinen Geliebten an Bord gehabt hat und auch keinen meiner möglichen Väter. Mag sein, daß sie, wie es ihre Art war und geblieben ist, selbst im hochschwangeren Zustand männliches Schiffspersonal anzuziehen verstand: sie verfügt nun mal über einen inwendigen Magneten, den sie

„ain jewisses Etwas“ nennt. So soll, kaum daß die Anker gelichtet waren, einer der Marinerekruten und zukünftigen U-Boot-Fahrer – „Son blasser Bengel mit ieberall Pickel im Jesicht“ – die Schwangere aufs oberste Deck begleitet haben. Innere Unruhe hatte sie auf die Beine gebracht. Der Matrose wird, schätze ich, in Mutters Alter gewesen sein, siebzehn oder knapp achtzehn, als er sie übers spiegelglatte, weil vereiste Sonnendeck sorgsam am Arm führte. Und dann hat Mutter mit ihrem Blick, der nichts ausläßt, gesehen, daß die Davits[1], Blöcke und Halterungen der backbord und steuerbord festgezurrten Rettungsboote und deren über Rollen geführtes Tauwerk vereist waren. Wie oft habe ich ihren Satz gehört: „Wie ech das jesehn hab, ist mir janz mulmich jeworden“? Und in Damp, als sie schwarz und schmal von alten Herren umringt stand und mein Sohn Konrad von ihr in die verengte Welt der Überlebenden eingeführt wurde, hörte ich sie sagen: „Da is miä klar jeworden, daß wegen Veraisung mit Rettung nuscht werden konnt. Runterjewoll hab ech von dem Kahn. Hab och jeschrien wie dammlich. War aber zu spät schon ...“

Davon hat der Film, den ich mit Tante Jenny in einem Kino in der Kantstraße gesehen habe, nichts gezeigt, keine Eisklumpen auf den Davits der Rettungsboote, keine vereiste Reling, nicht mal Eisschollen im Hafenbecken. Dabei steht nicht nur bei Schön, sondern auch im Taschenbuchbericht der Engländer Dobson, Miller, Payne, daß am 30. Januar 1945 eisige Kälte herrschte: 18 Grad unter Null. Eisbrecher hatten in der Danziger Bucht eine Fahrrinne räumen müssen. Schwere See und Sturmböen waren vorausgesagt. Wenn ich mich trotzdem frage, ob Mutter nicht rechtzeitig hätte von Bord gehen können, liegt der Grund für diese an sich sinnlose Erwägung in der verbürgten Tatsache, daß bald nach dem Auslaufen der *Gustloff*, die von vier Schleppern aus dem Oxhöfter Hafenbecken gezogen wurde, ein Küstendampfer, die *Reval*, im Schneegestöber auftauchte und unausweichlich Gegenkurs hielt. Überladen mit Flüchtlingen aus Tilsit und Königsberg kam das Schiff von Pillau her, dem letzten ostpreußischen Hafen. Da im Unterdeck nur beschränkt Platz war, standen die Flüchtlinge dichtgedrängt auf dem Oberdeck. Wie sich zeigen sollte, waren viele während der Überfahrt erfroren, blieben aber dem stehenden Eisblock eingefügt. R

1 **Davit:** Kran an der Reling eines Schiffs, mit dem die Boote aus dem und in das Wasser gehoben werden

1 a Erläutern Sie, ausgehend von dem Grass-Zitat „Die Wahrheit im Plural“, die Schwierigkeiten des Erzählers, die Geschichte des Untergangs der Gustloff zu rekonstruieren.

b Der im Text genannte Sohn des Erzählers, Konrad (Z. 78) – auch „Konny“ genannt –, wird selbst zum Neonazi. Stellen Sie Vermutungen darüber an, weshalb diese Figur in dieser Szene angesiedelt wird.

2 Diskutieren Sie das Zitat: „Eigentlich kann man so etwas Schreckliches gar nicht verfilmen“ (Z. 44 f.).

Weiterführende Aufgaben:

1 Recherchieren Sie den Ablauf und die Folgen der Schiffskatastrophe. Stellen Sie Ihre Ergebnisse vor.

2 Befragen Sie Zeitzeugen zu ihren Erinnerungen an 1945. Protokollieren Sie die Aussagen und stellen Sie im Kurs dar, wie sich die Zeugen erinnerten. Fiel es ihnen schwer zu erzählen?

„Drei" Generationen – „Eine" Geschichte?

Da ist es wieder, das verdammte Datum. Die Geschichte, genauer, die von uns angerührte Geschichte ist ein verstopftes Klo. Wir spülen und spülen, die Scheiße kommt dennoch hoch. Zum Beispiel dieser vermaledeite Dreißigste. Wie er mir anhängt, mich stempelt. Nichts hat es gebracht, daß ich mich jederzeit, ob als Schüler und Student oder als Zeitungsredakteur und Ehemann, geweigert habe, im Freundes-, Kollegen- oder Familienkreis meinen Geburtstag zu feiern. Immer war ich besorgt, es könne mir bei solch einer Fete – und sei es mit einem Trinkspruch – die dreimal verfluchte Bedeutung des Dreißigsten draufgesattelt werden, auch wenn es so aussah, als habe sich das bis kurz vorm Platzen gemästete Datum im Verlauf der Jahre verschlankt, sei nun harmlos, ein Kalendertag wie viele andere geworden. Wir haben ja Wörter für den Umgang mit der Vergangenheit dienstbar gemacht: sie soll gesühnt, bewältigt werden, an ihr sich abzumühen heißt Trauerarbeit leisten. Doch dann sah es so aus, als müsse im Internet noch immer oder schon wieder am Dreißigsten, dem Staatsfeiertag, geflaggt werden. Jedenfalls stellte mein Sohn den Tag der Machtergreifung aller Welt sichtbar als rotes Kalenderblatt aus. In Schwerins Plattenbausiedlung Großer Dreesch, wo er seit Beginn des neuen Schuljahres bei seiner Großmutter wohnte, war er weiterhin als Webmaster tätig. Gabi, meine Ehemalige, hatte den Umzug unseres Sohnes – weg von der linkslastig mütterlichen Dauerbelehrung, hin zur Quelle großmütterlicher Eingebungen – nicht verhindern wollen. Schlimmer noch, sie hat sich jeder Verantwortung entledigt: „Mit demnächst siebzehn kann Konrad selbst entscheiden." Ich wurde nicht gefragt. Die beiden trennten sich, wie es hieß, „einvernehmlich". Und so vollzog sich der Umzug vom Möllner zum Schweriner See lautlos. Selbst der Schulwechsel soll, „dank seiner überdurchschnittlichen Leistungen", glatt verlaufen sein, wenngleich ich mir meinen Sohn nur schlecht im stehengebliebenen Schulmief der Ossis vorstellen konnte. „Das sind Vorurteile", sagte Gabi. „Konny zieht nun mal die strenge Lerndisziplin dort unserem eher laxen Schulbetrieb vor." Dann gab sich meine Ehemalige abgehoben. Als Pädagogin, die für freie Willensbildung und offene Diskussion eintrete, sei sie zwar enttäuscht, müsse aber als Mutter die Entscheidung ihres Sohnes tolerieren. Sogar Konnys Freundin – so erfuhr ich von der blassen Existenz der Zahnarzthelferin – könne seinen Entschluß verstehen. Allerdings werde Rosi in Ratzeburg bleiben, Konrad aber gerne und so oft wie möglich besuchen. Gleichfalls blieb ihm sein Dialogpartner treu. David[1], dieser entweder frei erfundene oder irgendwo leibhaftige Stichwortgeber, stieß sich nicht an dem Umzug oder nahm ihn nicht wahr. Jedenfalls tauchte er, als es im Chatroom meines Sohnes um den Dreißigsten ging, nach längerer Pause abermals und mit gleichbleibend antifaschistischen Sprüchen auf. Auch sonst verlief das Gechatte vielstimmig: entweder protestgeladen oder blindlings zustimmend. Eine wahre Quasselbude tat sich auf. Bald war nicht mehr nur die Ernennung des Führers zum Reichskanzler Reizthema, vielmehr und in einem Abwasch Wilhelm Gustloffs Geburtstag: es wurde um die, wie Konny wußte, „von der Vorsehung bestimmte Tatsache" gestritten, nach der der Blutzeuge vorausahnend am Tag der künftigen Machtergreifung das Licht der Welt erblickt haben soll. Diese Klitterung wurde allen Chattern als schicksalhafte Fügung serviert. Worauf der tatsächliche oder nur ausgedachte David den in Davos zur Strecke gebrachten Goliath verhöhnte: „Dann ist es auch Vorsehung gewesen, daß das nach deinem mickrigen Parteifunktionär getaufte Schiff an dessen Geburtstag und anläßlich der Zwölfjahresfeier des Hitlerputsches mit Mann und Maus abzusaufen begann, und zwar auf Gustloffs Geburtsminute genau, Punkt einundzwanzig Uhr sechzehn hat's dreimal gekracht ..." R

1 **David:** Figur im „Krebsgang", deren eigentlicher Name Wolfgang Stremplin ist; gibt sich im Chat als Jude aus

1 a Erläutern Sie, welche Schwierigkeiten der Erzähler Pokriefke mit seinem Geburtsdatum hat.
b Erklären Sie die Begriffe „Geschichte", „Geschichtsklitterung" (vgl. Z. 76 f.).
c Begründen Sie, für welche Art des Erzählens sich Pokriefke entschieden hat.
2 Prüfen Sie, inwieweit der Text „Im Krebsgang" als Novelle bezeichnet werden kann.

Weiterführende Aufgaben:
1 Lesen Sie die gesamte Novelle und verfassen Sie eine **Rezension** (▸ S. 167, 221 ff.).
2 Erarbeiten Sie für eine **Facharbeit** (▸ S. 135 ff.) oder ein Referat eines der folgenden Themen:
- Das Zusammenspiel von Historie und Fiktion in Grass' Novelle „Im Krebsgang".
- Die „Täter-Opfer-Debatte" – Die Novelle „Im Krebsgang" im Spiegel der Pressestimmen.

III Einen Autor vorstellen: Günter Grass – Literatur-Nobelpreisträger

1 Befassen Sie sich mit dem Leben und Werk dieses Schriftstellers und porträtieren Sie ihn:
a Verschaffen Sie sich im Kurs einen Überblick über sein Leben und seine künstlerischen Arbeiten.
b Bilden Sie Arbeitsgruppen, die sich verschiedenen Lebensabschnitten und Werken zuwenden.
c Treffen Sie Absprachen, wie Sie Ihre Ergebnisse präsentieren wollen, z. B. in Form von **mediengestützten Referaten** (▸ S. 103 ff.) oder einer Grass-Ausstellung (**Galeriegang**, ▸ S. 134).
2 a Anlässlich seines 80. Geburtstags im Jahr 2007 sollten Prominente folgenden Satzanfang ergänzen. Begründen Sie, welche dieser Ansichten Sie teilen oder nicht teilen können.
b Vervollständigen Sie für sich den Satz. Stellen Sie ihn anschließend Ihrem Kurs vor.

Günter Grass ist für mich
„... ein Mann, der immer auf Missstände in Deutschland hingewiesen hat und den Deutschen den Mut gegeben hat, für ihre Interessen einzustehen."
Christopher Schuldes, Vorsitzender der Bundesschülerkonferenz

„... einer der größten Schriftsteller unserer Zeit, dessen Unbeugsamkeit, Mut und emanzipatorische Grundüberzeugung ich bewundere." *Gerhard Schröder, Altbundeskanzler*

„... immer noch ein streitbarer Kollege: Alle wollen ihren lieben Frieden haben und keiner sagt was – und schon steht [...] Grass auf und ist so kämpferisch und mutig wie eh und je, ein Vorbild für Generationen." *Thomas Langhoff, Theaterregisseur*

D Sprache, Medien und Rhetorik

Ludwig Wittgenstein:
Philosophische Untersuchungen, §18 (1953)

Unsere Sprache kann man ansehen als eine alte Stadt: Ein Gewinkel von Gässchen und Plätzen, alten und neuen Häusern und Häusern mit Zubauten aus verschiedenen Zeiten; und dies umgeben von einer Menge neuer Vororte mit geraden und regelmäßigen Straßen und mit einförmigen Häusern.

1 Lassen Sie sich von dem Wittgenstein-Zitat inspirieren: Stellen Sie sich die Sprache als eine Stadt vor und skizzieren Sie Ihre „Sprach-Stadt". Sie können dazu z. B. einen Stadtplan zeichnen, einen Spaziergang durch diese Stadt schildern oder die Besonderheiten ihrer Gebäude und Viertel beschreiben.

2 **a** Stellen Sie im Kurs Ihre „Sprach-Städte" vor. Halten Sie Gemeinsamkeiten und Unterschiede fest.

b Formulieren Sie zusammenfassend, welche Ideen und Vorstellungen Sie persönlich mit dem Phänomen Sprache verbinden.

1 Die Struktur der Sprache – Wort und Bedeutung

René Magritte: „Der Schlüssel der Träume“ (1930)

1 Betrachten Sie in Ruhe das Bild „Der Schlüssel der Träume“ von René Magritte.
a Halten Sie in Stichpunkten Ihre Gedanken und Empfindungen zu dem Bild fest.
b Tauschen Sie sich zu zweit darüber aus, mit welchen Gesetzmäßigkeiten von Sprache Magritte hier spielt. Notieren Sie dazu auf einem Blatt abwechselnd Ihre Ideen, bis Sie keine neuen Assoziationen mehr haben.
c Stellen Sie Ihre Ergebnisse im Kurs vor und überlegen Sie gemeinsam, was diese Ihnen bereits über die Elemente und Eigenschaften einer Sprache vermitteln.

In diesem Kapitel erwerben Sie folgende Kenntnisse und Kompetenzen:

- grundlegende Einsichten in die Struktur von Sprache – insbesondere in ihren Zeichencharakter – gewinnen und für die Erläuterung sprachlicher Phänomene im Alltag und in literarischen Texten nutzen,
- im Rahmen der Untersuchung und Gestaltung vornehmlich lyrischer Texte den metaphorischen Charakter der Sprache erfassen und beschreiben,
- Lese- und Analysestrategien im Umgang mit Sachtexten anwenden,
- Nutzen und Probleme von Fachsprachen erkennen und sich damit auseinandersetzen.

1.1 Der Zeichencharakter der Sprache – Zeichen unterscheiden

Umberto Eco: **Der Name der Rose** (1980/dt. 1982)

Zu Beginn des Romans berichtet der Mönch Adson von Melk von einem Erlebnis, das er in jungen Jahren mit seinem Meister William von Baskerville auf dem Weg zu einer Abtei hatte: An einer baumbewachsenen Kreuzung verharrt Meister William und betrachtet den Wegesrand, Spuren im Schnee und ein paar abgeknickte Zweige. Als sie kurz darauf eine Schar aufgeregter Mönche treffen, weiß William sofort, dass sie auf der Suche nach „Brunellus", dem entlaufenen Lieblingspferd des Abtes sind, und beschreibt exakt das Aussehen und den Aufenthaltsort des Pferdes. Adson fragt:

„Nun sagt mir aber", konnte ich schließlich nicht an mich halten, „wie habt Ihr es angestellt, das alles zu wissen?"

„Mein lieber Adson", antwortete er, „schon während unserer ganzen Reise lehre ich dich, die Zeichen zu lesen, mit denen die Welt zu uns spricht wie ein großes Buch. Meister Alanus ab Insulis sagte: *omnis mundi creatura, quasi liber et pictura, nobis est et speculum*[1], und dabei dachte er an den unerschöpflichen Schatz von Symbolen, mit welchen Gott durch seine Geschöpfe zu uns vom ewigen Leben spricht. Aber das Universum ist noch viel gesprächiger, als Meister Alanus ahnte, es spricht nicht nur von den letzten Dingen [...], sondern auch von den nächstliegenden, und dann überaus deutlich. Ich schäme mich fast, dir zu wiederholen, was du doch wissen müsstest: Am Kreuzweg zeichneten sich im frischen Schnee sehr klar die Hufspuren eines Pferdes ab, die auf den Seitenpfad zu unserer Linken wiesen. Schön geformt und in gleichen Abständen voneinander, lehrten sie uns, dass der Huf klein und rund war und der Galopp von großer Regelmäßigkeit, woraus sich auf die Natur des Pferdes schließen ließ und dass es nicht aufgeregt rannte wie ein scheuendes Tier. An der Stelle, wo die Pinien eine Art natürliches Dach bildeten, waren einige Zweige frisch abgeknickt, genau in fünf Fuß Höhe. An einem der Maulbeersträucher – dort, wo das Tier kehrtgemacht haben musste, um den rechten Seitenpfad einzuschlagen mit stolzem Schwung seines prächtigen Schweifes – befanden sich zwischen den Dornen noch ein paar tiefschwarze Strähnen [...]."

„Gewiss", sagte ich, „aber der schmale Kopf, die feinen Ohren, die großen Augen ...?"

„Ich weiß nicht, ob der Rappe sie wirklich hat, aber ich bin überzeugt, dass die Mönche es glauben. Meister Isidor von Sevilla lehrt, die Schönheit eines Pferdes verlange, *‚ut sit exiguum caput, et siccum, pelle prope ossibus adhaerente, aures breves et arguatae, oculi magni, nares patulae, erecta cervix, coma densa et cauda, ungularum soliditate fixa rotunditas'.*[2] [...]"

„Gut, gut", sagte ich, „aber wieso ‚Brunellus'[3]?"

„Möge der Heilige Geist dir etwas mehr Grips in den Kürbis geben, mein Sohn!", rief der Meister aus. „Welchen Namen hättest du ihm denn sonst gegeben, wenn selbst der große Buridan[3] [...] keinen natürlicheren wusste, als er von einem schönen Pferd reden sollte?" [...]

1 **omnis mundi ...:** Jedes Geschöpf der Welt ist für uns gleichsam ein Buch und Gemälde und Spiegel.
2 **ut sit exiguum ...:** dass der Kopf schmal sei und trocken bei dicht auf den Knochen liegendem Fell, die Ohren kurz und spitz, die Augen groß und die Nüstern geöffnet, der Nacken aufgerichtet, Mähne und Schweif dicht, die Rundung der Hufe solide und fest.
3 **Brunellus/Buridan:** In seiner Schrift „Sophisma" benennt der Philosoph und Physiker Johannes Buridan (um 1300 bis. ca. 1358) insbesondere Brunellus als eines der prachtvollsten Pferde der Welt.

---

1 **a** Fassen Sie den Inhalt des Romanauszuges kurz zusammen, benennen Sie das Ihrer Meinung nach zentrale Thema und setzen Sie es in Bezug zur Überschrift des Kapitels 1.1.
b Notieren Sie, an welchen Zeichen William Aufenthalt, Aussehen und Namen des Pferdes abliest.
c Diskutieren Sie, wodurch ein physikalischer Sachverhalt wie z.B. eine Spur im Schnee oder ein abgeknickter Zweig zum Zeichen wird. Wieso kann William diese lesen, sein Schüler Adson aber nicht?

2 In der Sprachwissenschaft unterscheidet man zwischen natürlichen und künstlichen Zeichen. Folgen Sie dieser Unterscheidung, indem Sie die Kategorien in der Tabelle durch eigene Beispiele ergänzen:

Anzeichen (Index)	**Bildzeichen (Icon)**	**Sprachzeichen (Symbol)**
Rauch, …	*Vorfahrtsschild, …*	*Haus, …*

Heinz Erhardt: **???** (ca. 1970)

Warum heißt bloß das Eichhorn „Eichhorn"?
Denn weder hinten, geschweige vorn
hat es ein Horn oder dergleichen,
auch sieht man es nicht nur auf Eichen.
Ein Wort erscheint und tritt in Kraft,
sein Sinn jedoch bleibt schleierhaft.

So lässt mich noch etwas nicht ruhn:
Was hat der Mensch mit „Mensch" zu tun?

Heinz Erhardt: **Die Augen**

Die Augen sind nicht nur zum Sehen,
sind auch zum *Singen* eingericht' –
wie soll man es denn sonst verstehen,
wenn man von Augen*liedern*[1] spricht?

1 **Augenlieder:** auch im Original mit „ie"

„Polizei? Ich möchte einen Ladendiebstahl melden."

1 a Notieren Sie knapp Ihre ersten Eindrücke zu den Texten von Erhardt und zu dem Cartoon.
b Erläutern Sie die Pointen. Erklären Sie, mit welchen Worten und Bedeutungen wie gespielt wird. Verwenden Sie dazu evtl. Fachbegriffe wie „Synonym" oder „Homonym".
2 Sammeln Sie weitere Beispiele, in denen Wörter/Sätze mehrdeutig sein können.

Ferdinand de Saussure: **Die Natur des sprachlichen Zeichens** (1916/dt. 1931)

Wie hängen ein Wort und seine Bedeutung bzw. sein Inhalt zusammen? Ist jedem Inhalt genau ein Ausdruck zugeordnet und umgekehrt? Diese Fragen können Sie auf Grund Ihrer bisherigen Arbeitsergebnisse sicher schon beantworten. Damit ist aber noch nicht geklärt, wie die Verbindung eines Inhaltes mit einem Ausdruck überhaupt funktioniert. Antworten dazu liefert der Auszug aus der berühmten Abhandlung „Die Natur des sprachlichen Zeichens" des schweizerischen Sprachforschers Ferdinand de Saussure (1857–1913). Dieser definiert das sprachliche Zeichen als die Verknüpfung eines Lautbildes mit einer Vorstellung (von einem Gegenstand, von einem Sachverhalt):

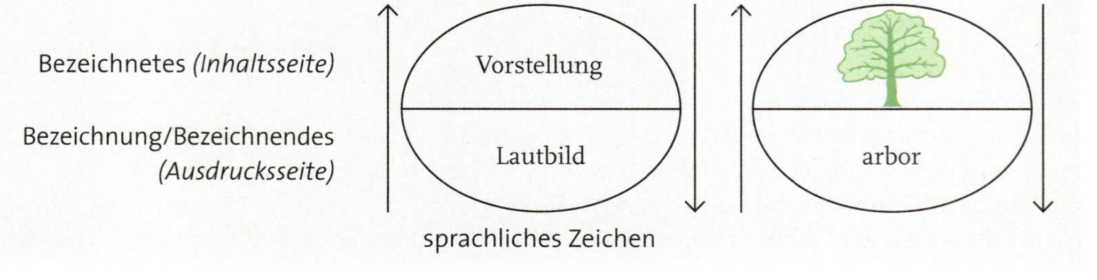

Das sprachliche Zeichen vereinigt in sich nicht einen Namen und eine Sache, sondern eine Vorstellung und ein Lautbild. [...] Das sprachliche Zeichen ist also etwas im Geist tatsächlich Vorhandenes, das zwei Seiten hat und durch folgende Figur [siehe S. 474 unten] dargestellt werden kann:

Diese beiden Bestandteile sind eng miteinander verbunden und entsprechen einander. [...] Mit dieser Definition wird eine wichtige terminologische Frage aufgeworfen. Ich nenne die Verbindung der Vorstellung mit dem Lautbild das Zeichen; dem üblichen Gebrauch nach aber bezeichnet dieser Terminus im Allgemeinen das Lautbild allein, z. B. ein Wort (*arbor* usw.). Man vergisst dabei, dass, wenn *arbor* Zeichen genannt wird, dies nur insofern gilt, als es Träger der Vorstellung „Baum“ ist, sodass also diese Bezeichnung außer dem Gedanken an den sensorischen Teil den an das Ganze einschließt.

Die Mehrdeutigkeit dieses Ausdrucks verschwindet, wenn man die drei hier in Rede stehenden Begriffe durch Namen bezeichnet, die unter sich in Zusammenhang und zugleich in Gegensatz stehen. Ich schlage also vor, dass man das Wort Zeichen beibehält für das Ganze, und Vorstellung bzw. Lautbild durch Bezeichnetes und Bezeichnung (Bezeichnendes) ersetzt; die beiden letzteren Ausdrücke haben den Vorzug, den Gegensatz hervorzuheben, der sie voneinander trennt und von dem Ganzen, dessen Teile sie sind. Für dieses selbst begnügen wir uns mit dem Ausdruck „Zeichen“, weil kein anderer sich dafür finden lässt. [...]

Das Band, welches das Bezeichnete mit der Bezeichnung verknüpft, ist beliebig; und da wir unter Zeichen das durch die assoziative Verbindung einer Bezeichnung mit einem Bezeichneten erzeugte Ganze verstehen, so können wir dafür auch einfacher sagen: Das sprachliche Zeichen ist beliebig.

So ist die Vorstellung „Schwester“ durch keinerlei innere Beziehung mit der Lautfolge Schwester verbunden, die ihr als Bezeichnung dient; sie könnte ebenso wohl dargestellt sein durch irgendeine andere Lautfolge: das beweisen die Verschiedenheiten unter den Sprachen und schon das Vorhandensein verschiedener Sprachen: das Bezeichnete „Ochs“ hat auf dieser Seite der Grenze als Bezeichnung *o-k-s*, auf jener Seite b-ö-f (boeuf). [...]

Das Wort „beliebig“ erfordert hierbei eine Bemerkung. Es soll nicht die Vorstellung erwecken, als ob die Bezeichnung von der freien Wahl der sprechenden Person abhinge [...]; es soll besagen, dass es unmotiviert ist, d. h. beliebig im Verhältnis zum Bezeichneten, mit welchem es in Wirklichkeit keinerlei natürliche Zusammengehörigkeit hat.

1 Erschließen Sie den Text von Ferdinand de Saussure mit Hilfe der erweiterten „Fünf-Schritt-Lesemethode“ (► S. 125 ff.). Gehen Sie folgendermaßen vor:

a Rekapitulieren Sie Ihre bisherigen Überlegungen zu diesem Kapitel und formulieren Sie erste Hypothesen zu den in der Einleitung zum Saussure-Text aufgeworfenen Fragen.

b Verschaffen Sie sich einen Textüberblick: Lesen Sie zügig und notieren Sie Ihren ersten Eindruck.

c Überlegen Sie, mit welchen Fragen Sie an die genauere Lektüre herangehen wollen. Lesen Sie den Text erneut und machen Sie sich entsprechend Ihrer Fragen Notizen in Ihrem Heft.

d Fassen Sie mit eigenen Worten zusammen, was Saussure unter einem sprachlichen Zeichen versteht. Aus welchen Bestandteilen besteht ein sprachliches Zeichen?

2 Erläutern Sie anhand folgender Beispiele den Zusammenhang zwischen Inhaltsseite (Bezeichnetem) und Ausdrucksseite (Bezeichnung) des sprachlichen Zeichens: *„Bus“ (dt.)/„bus“ (engl.) und „Möhre/Karotte“.*

3 Laut Saussure ist die Zuordnung der beiden Seiten des sprachlichen Zeichens nicht ohne Weiteres veränderbar; es würde die Verständigung gefährden. Die Vorstellung  kann also nicht einfach z. B. dem Lautbild „Mond" zugeordnet werden. Stattdessen ist die Verknüpfung durch Konventionen geregelt. Erklären Sie: Weshalb ist die Verbindung der Bestandteile eines sprachlichen Zeichens beliebig (arbiträr) und zugleich festgelegt (konventionell)?

4 Überlegen Sie, ob Saussures Theorie bei der Untersuchung folgender sprachlicher Phänomene greift:
a Wörter mit verschiedenen Bedeutungen (Homonyme), wie z. B. „modern", „Schimmel", „Birne", „Zelle", „Ball" und „Zug". Finden Sie weitere Beispiele.
b Onomatopoetische (lautmalerische) Wörter in verschiedenen Sprachen, wie z. B. das Krähen des Hahnes in Italien: „Chicchirichi", in der Türkei: „Kukkurrikun" und in Deutschland: „Kikeriki".

5 Erläutern Sie erneut das Bild von Magritte (▶ S. 472) – nun mit Hilfe des Zeichenmodells Saussures.

6 **a** Führen Sie mit Blick auf die Beliebigkeit (Arbitrarität) des sprachlichen Zeichens folgendes Experiment durch: Ordnen Sie den Abbildungen die Bezeichnungen „Maluma" und „Takete" zu.
b Vergleichen Sie Ihre Zuordnungen und diskutieren Sie mögliche Erklärungen für Ihr Ergebnis.

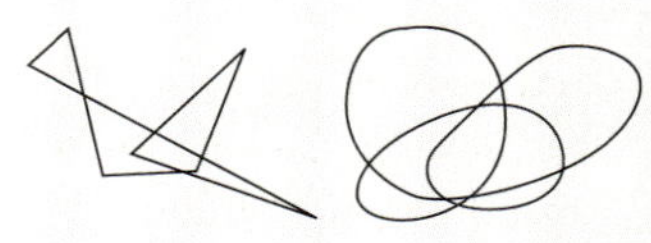

Dimensionen des sprachlichen Zeichens

Damit Sprache – und somit unsere Kommunikation – überhaupt funktionieren kann, müssen sprachliche Zeichen gleich mehrere Aufgaben erfüllen. Deutlich wird das, wenn man z. B. einen beliebigen Satz wie „Schenk mir dein Lächeln!" genauer untersucht:

Information **Die Dreidimensionalität sprachlicher Zeichen** (nach Helmut Seiffert)

Semantische Dimension
Gemeintes: gedankliche Vorstellung und Bezug zum Gegenstand/Sachverhalt (Referent), wofür das Zeichen steht

Pragmatische Dimension
Handlungsaufforderung
Situativer Kontext

sprachliches Zeichen: „Lächeln"

Syntaktische Dimension
Akkusativobjekt
Beziehung der Zeichen untereinander, Formen und Kombinatorik

1. Die **syntaktische** Zeichendimension hat es mit den Beziehungen der Zeichen **untereinander** zu tun.
2. Die **semantische** Zeichendimension hat es mit den Beziehungen zwischen den Zeichen und dem, **wofür sie stehen,** zu tun.
3. Die **pragmatische** Zeichendimension hat es mit den Beziehungen zwischen den Zeichen, dem, wofür sie stehen, und dem, was das Bezeichnete für die beteiligten Personen als **Handlungsaufforderung** darstellt, zu tun.

1 Erklären Sie mit eigenen Worten die Dimensionen des Begriffs „Lächeln" am aufgeführten Beispiel.

2 Analysieren Sie die Sätze „Rede kein Blech!", „Da fährt ein Haufen Blech" und „Sind das echte Perlen?" mit Hilfe der Information zur Dreidimensionalität sprachlicher Zeichen.

1.2 Die Semantik der Metapher – Klassifikationen und Kontexte

Hilde Domin: **Schrift** (1987)

Wo du mich pflügst
bleibt die Furche.

Meine Schrift auf dir
ist wie ein Zeichen im Sand
das jeder Nachtwind verweht.

Joseph von Eichendorff: **Wünschelrute** (1838)

Schläft ein Lied in allen Dingen,
Die da träumen fort und fort,
Und die Welt hebt an zu singen,
Triffst du nur das Zauberwort.

Erich Fried: **Wörterdämmerung** (1968)

Brand der Worte:
vertrocknete flackern auf
stockfleckige qualmen
geblähte Prunkwörter platzen

Begriffe schrumpfen
in langen verhutzelten Sätzen
Perioden winden sich
Punkte knistern und sprühen

Bilder leuchten jetzt auf:
ein Herz ein graublauer Vogel
widerspenstiges Haar
ein blasser magerer Arm

Nun brennen auch sie
in der Flamme der ältesten Worte
Augen fliegen davon
etwas klirrt in der Asche

1 **a** Notieren Sie Ihre ersten Leseeindrücke zu den drei Gedichten.
b Vergleichen Sie Ihre Assoziationen und Thesen/Schwerpunktsetzungen im Kurs.
c Diskutieren Sie die bildhafte Vorstellung von Sprache, die in den Gedichten jeweils zum Ausdruck gebracht wird. Greifen Sie gegebenenfalls auch auf das Wittgenstein-Zitat (▶ S. 471) zurück.

2 **a** Die Gedichte führen vielerlei Metaphern auf. Untersuchen Sie diese: Aus welchen Bedeutungsbereichen stammen sie (z. B. Feuer/Brand, Z. 1) und welche Assoziationen rufen sie hervor?
b Metaphern lassen sich nach grammatischen Funktionen klassifizieren. Bestimmen Sie die Metapherntypen und beschreiben Sie deren Wirkung mit Hilfe folgender Tabelle in Ihrem Kursheft:

Metapherntyp	**Beispiel**
Genitivmetapher	*„Brand der Worte"* (Wörterdämmerung, Z. 1), ...
Kompositionsmetapher	*„geblähte Prunkwörter"* (Wörterdämmerung, Z. 4), ...
Prädikationsmetapher	*Meine Schrift auf dir ist ein Zeichen im Sand* (vgl. Schrift, Z. 3–4), ...
Vergleich	*„Meine Schrift auf dir/ist* ***wie*** *ein Zeichen im Sand"* (Schrift, Z. 3–4), ...

3 **a** Untersuchen Sie, um welchen Metapherntyp es sich im folgenden Zitat handelt, und diskutieren Sie im Kurs, was die sechs Wörter des zitierten Verses zu einer metaphorischen Äußerung macht.

„Votre âme est un paysage choisi"
(Eure Seele ist eine erwählte Landschaft)
Paul Verlaine

b Versuchen Sie, sich im Kurs zu einigen: Welches der sechs Wörter fungiert als **Bildspender** (Herkunftsbereich), welches als **Bildempfänger** (Übertragungsbereich) (▶ S. 47)?

Harald Weinrich: **Semantik der Metapher** (1976)

Denn Metaphern, und ich verstehe darunter alle Arten des sprachlichen Bildes von der Alltagsmetapher bis zum poetischen Symbol, werden aus Wörtern gemacht. Weniger elementar wird dann allerdings schon die Beobachtung sein, dass Metaphern, im Unterschied zu Normalwörtern, unter keinen Umständen von den Kontextbedingungen entbunden werden können. Ein beliebiges Wort kann isoliert gebraucht werden, z. B. in einer wortgeschichtlichen Untersuchung, also metasprachlich. Wer jedoch eine Metapher von jeglichem Kontext (und dazu ist natürlich immer auch ein Situationskontext zu rechnen) zu entblößen versucht, zerstört damit die Metapher. Eine Metapher ist folglich nie ein einfaches Wort, immer ein – wenn auch kleines – Stück Text.

Man darf sich freilich nicht von der ewigen Feindin der linguistischen Analyse, der Orthografie, täuschen lassen: „Windrose", obwohl nach der deutschen Orthografie in einem Wort geschrieben, ist ein Stück Text, in dem das Element „Wind" dem Element „Rose" Kontext gibt und es zur Metapher hin determiniert. Methodisch ergibt sich daraus, dass das Phänomen der Metapher in einer bloßen Wortsemantik [...] nicht adäquat in den Blick kommen kann. Wir haben daher die Wortsemantik notwendig zu einer Textsemantik hin zu überschreiten. [...]

Wir können nun die [...] Frage nach dem genauen Ort der Metapher in dem Satz *Votre âme est un paysage choisi* wieder aufnehmen. Keines der sechs Wörter dieses Satzes ist identisch mit der Metapher, sondern der ganze Satz – und im weiteren Verstande der ganze Text des Gedichts – ist die Metapher. Der Kontext nämlich determiniert das Wort *paysage* in einer besonderen Weise, und eben dadurch entsteht die Metapher. Wort und Kontext machen zusammen die Metapher. [...]

Die Bedeutung eines Wortes, so wollen wir daraus ableiten, ist wesentlich eine bestimmte Determinationserwartung. Das Wort *paysage* setzt die Erwartung eines Kontextes, in dem wahrscheinlich weiter von Landschaftlichem die Rede sein wird. Stattdessen befindet sich bei Verlaine das Wort tatsächlich in einem Kontext, in dem von etwas ganz anderem die Rede ist, nämlich von Seelischem. Darin liegt die Überraschung. Die in der Wortbedeutung *paysage* angelegte Determinationserwartung wird enttäuscht. Die tatsächliche Determination verläuft in einer anderen Richtung, als wahrscheinlich war. Das Wort erhält zwar auch eine Meinung, aber diese liegt nicht in dem vermuteten Bezirk. Um es geometrisch zu verdeutlichen: Die durch den Kontext bestimmte Meinung liegt nicht innerhalb, sondern außerhalb des Bedeutungsumkreises. Es entsteht ein Überraschungseffekt und eine Spannung zwischen der ursprünglichen Wortbedeutung und der nun von Kontext erzwungenen unerwarteten Meinung. Wir wollen diesen Vorgang Konterdetermination nennen, weil die tatsächliche Determination des Kontextes gegen die Determinationserwartung des Wortes gerichtet ist. Mit diesem Begriff ist die Metapher definierbar als ein Wort in einem konterdeterminierenden Kontext.

---

1 Erschließen Sie den Text abschnittweise in Gruppenarbeit durch **reziprokes Lesen** (► S. 128 f.) und erläutern Sie ausführlich die abschließende Metapherndefinition.

2 **a** Untersuchen Sie das folgende Gedicht von Ernst Jandl aus dem Jahr 1996 mit Hilfe Ihrer aus dem Text gewonnen Erkenntnisse über die Metapher: „die rache / der sprache / ist das gedicht."

b Schreiben Sie das Gedicht weiter. Sie können dazu z. B. seine Aussage inhaltlich ausgestalten.

3 **a** Stellen Sie sich vor, Sie hören im Radio folgenden Satz: „Ballack fackelt nicht lange und schon brennt es im Strafraum." Erläutern Sie die Metapher sowie die Ihrer Meinung nach wichtigste kommunikative Voraussetzung für das Gelingen einer solchen Äußerung. Berücksichtigen Sie dabei besonders die Beziehung zwischen Sprecher/in, Hörer/in und der Äußerung.

b Setzen Sie Ihre Ergebnisse in Bezug zur Metapherndefinition von Weinrich: Wie müsste Weinrichs Theorie modifiziert werden, um Ihren Erkenntnissen Rechnung zu tragen?

1.3 Verständnisprobleme? – Die Fachsprache der Sprachwissenschaft

In der Regel ist es im Alltag kein Problem, Wortbedeutungen zu konstituieren oder zu entschlüsseln. Wendet man sich hingegen den Fachsprachen (▶ S. 533) zu, wird es für uneingeweihte Laien immer schwieriger, den passenden Ausdruck zu finden oder das Spezialvokabular zu verstehen.

John Lyons: **Die Sprache** (1989)

Bedeutung kann [...] deskriptiv, expressiv oder sozial sein, und viele Lexeme kombinieren in sich zwei dieser Aspekte oder gar alle drei: Wenn man *Synonymie* als Gleichheit der Bedeutung definiert, dann kann man Lexeme genau dann als (in einer bestimmten Reihe von Kontexten) *vollständig synonym* bezeichnen, wenn sie (in der fraglichen Reihe von Kontexten) dieselbe deskriptive, expressive und soziale Bedeutung haben. Und sie können genau dann als *absolut synonym* bezeichnet werden, wenn sie in allen ihren Bedeutungen und in sämtlichen Kontexten, in denen sie auftreten, vollständig synonym sind und die gleiche Distribution aufweisen. Es ist eine allgemein anerkannte Tatsache, dass die vollständige Synonymie von Lexemen in natürlichen Sprachen relativ selten auftritt und dass die absolute Synonymie, so wie sie hier definiert wurde, so gut wie gar nicht existiert.

Peter Ernst: **Germanistische Sprachwissenschaft** (2004)

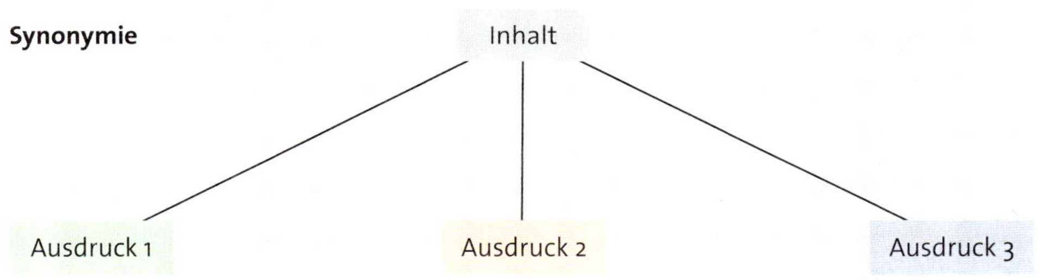

Wenn, wie im Fall von *Samstag* oder *Sonnabend*, zwei Ausdrücke für denselben Inhalt stehen, spricht man von **Synonymen.** Allerdings wurde darauf hingewiesen, dass es vollkommene Synonyme selten gibt. Meist sind die Ausdrücke nicht vollwertig oder vollkommen austauschbar. Für Wortpaare wie *Samstag/Sonnabend* und *Karotte/Möhre* gilt eine räumlich-geografische Gültigkeitsgrenze: *Samstag* ist nur im deutschsprachigen Süden üblich, *Sonnabend* nur im Norden. Eine Missachtung dieser Distribution führt zu einer Markierung des Sprechers. Bei anderen Synonymen wie *Brunnen/Born* und *Erdapfel/Kartoffel* gelten stilistische und sprachsoziologische Einschränkungen, indem nicht jeder Ausdruck in jeder Situation verwendet werden kann.

---

1 **a** Lesen Sie nacheinander die beiden sprachwissenschaftlichen Texte über „Synonymie“.
b Versuchen Sie dann, das jeweils Dargestellte mit eigenen Worten wiederzugeben.

2 Legen Sie dar, welcher Text Ihnen aus welchen Gründen eher zugesagt hat.

3 Führen Sie eine **Diskussion** (▶ S. 76 f.) zur Fachsprachenproblematik durch. Notieren Sie zu Ihrer Vorbereitung Pro- und Kontra-Argumente im Hinblick auf die Verwendung fachsprachlicher Begriffe.

2 Sprache und Medien – Denken, Bewusstsein und Wirklichkeit

Ludimar Hermann: Gitter-Illusion (1870)

Nam June Paik: TV Buddha (1974)

René Magritte: Dies ist keine Pfeife (1928/29)

1 Teilen Sie den Kurs in drei Gruppen, die sich mit je einem der Bilder auseinandersetzen:

a Jede/r Einzelne hält nach eingehender Betrachtung in Stichworten Assoziationen zum Bild fest.

b Wählen Sie innerhalb Ihrer Gruppe eine Partnerin oder einen Partner, um über einen gemeinsamen Gedankenaustausch zu einer Deutung des Bildes zu gelangen.

c Setzen Sie in Ihrer Gruppe die Bilddeutungen in Beziehung zum Titel des Kapitels „Sprache und Medien – Denken, Bewusstsein und Wirklichkeit". Fixieren Sie Ihre Ergebnisse auf Folie.

2 **a** Präsentieren Sie Ihre Ergebnisse im Plenum.

b Halten Sie vergleichend fest, welche Aspekte nach Ihren Überlegungen zu Bild und Thema für das Verhältnis von Sprache, Medien, Denken und Wirklichkeit bedeutsam sind.

In diesem Kapitel erwerben Sie folgende Kenntnisse und Kompetenzen:

- verschiedene Ansätze zur Erklärung des Verhältnisses von Sprache, Denken und Wirklichkeit ermitteln und beurteilen,
- den Begriff des „linguistischen Relativitätsprinzips“ erläutern und dazu Stellung nehmen,
- mentalitätsgeschichtliche Hintergründe des Themas „Sprachkrise“ in der Literatur aufzeigen,
- die poetische Verarbeitung des Motivs der Sprachnot in unterschiedlichen Texten vergleichen,
- Mediendefinitionen und Medientheorien kennen und vergleichend bewerten,
- die historische Entwicklung der Medien und der Medienkritik von der Antike bis heute erfassen und besonders den Umgang mit elektronischen Medien kritisch reflektieren.

2.1 Sprache – Denken – Wirklichkeit

Wie hängen Sprache, Denken und Wirklichkeit zusammen? Diese Frage wird seit der Antike gestellt, ohne dass bis heute in den Natur- oder in den Geisteswissenschaften eine eindeutige Antwort gefunden werden konnte. Ab dem Ende des 18. Jahrhunderts überlegten Philosophen und Sprachforscher, wie z. B. **Johann Gottfried Herder** (1744–1803) und **Wilhelm von Humboldt** (1767–1835), ob zwischen dem denkenden Ich und der zu erkennenden Welt nicht die Sprache steht, die unsere Erkenntnisweise überformt, wenn nicht gar lenkt. Dieser Gedanke war provokant, denn zuvor wurde die Sprache vor allem als neutrales Medium zur bloßen Benennung der Gegenstände und Sachverhalte angesehen. Schließlich wäre die Konsequenz, dass wir in den Wörtern und Satzbauplänen der Sprache gefangen wären; unsere Wirklichkeitserkenntnis wäre abhängig von unserer Sprache. Ein Befürworter dieser Ansicht ist **Benjamin Lee Whorf** (1897–1941). Sein „linguistisches Relativitätsprinzip“ ist Gegenstand einer ausgeprägten wissenschaftlichen Kontroverse. Die Idee einer außersprachlichen, nämlich räumlichen oder bildlichen Steuerung mentaler Prozesse wird gegenwärtig vor allem in den Neurowissenschaften diskutiert.

Benjamin Lee Whorf: **Das „linguistische Relativitätsprinzip“** (veröffentlicht 1956)

Als die Linguisten so weit waren, eine größere Anzahl von Sprachen mit sehr verschiedenen Strukturen kritisch und wissenschaftlich untersuchen zu können, erweiterten sich ihre Vergleichsmöglichkeiten. Phänomene, die bis dahin als universal galten, zeigten Unterbrechungen und ein ganz neuer Bereich von Bedeutungszusammenhängen wurde bekannt. Man fand, dass das linguistische System (mit anderen Worten, die Grammatik) jeder Sprache nicht nur ein reproduktives Instrument zum Ausdruck von Gedanken ist, sondern vielmehr selbst die Gedanken formt, Schema und Anleitung für die geistige Aktivität des Individuums ist, für die Analyse seiner Eindrücke und für die Synthese dessen, was ihm an Vorstellungen zur Verfügung steht. Die Formulierung von Gedanken ist kein unabhängiger Vorgang, der im alten Sinne dieses Wortes rational ist, sondern er ist beeinflusst von der jeweiligen Grammatik. Er ist daher für verschiedene Grammatiken mehr oder weniger verschieden. Wir gliedern die Natur an Linien auf, die uns durch unsere Muttersprachen vorgegeben sind. Die Kategorien und Typen, die wir aus der phänomenalen Welt herausheben, finden wir nicht einfach in ihr – etwa weil sie jedem Beobachter in die Augen springen; ganz im Gegenteil präsentiert sich die Welt in einem kaleidoskopartigen[1] Strom von Eindrücken, der durch unseren Geist organisiert werden muss – das aber heißt weitgehend: von dem linguistischen System in unserem Geist. Wie wir die

1 **kaleidoskopartig:** ständig das Farbmuster wechselnd

Natur aufgliedern, sie in Begriffen organisieren und ihnen Bedeutungen zuschreiben, das ist weitgehend davon bestimmt, dass wir an einem Abkommen beteiligt sind, sie in dieser Weise zu organisieren – einem Abkommen, das für unsere ganze Sprachgemeinschaft gilt und in den Strukturen unserer Sprache kodifiziert ist. Dieses Übereinkommen ist natürlich nur ein implizites und unausgesprochenes, *aber sein Inhalt* ist *absolut obligatorisch*[2]; wir können überhaupt nicht sprechen, ohne uns der Ordnung und Klassifikation des Gegebenen zu unterwerfen, die dieses Übereinkommen vorschreibt.

Diese Tatsache ist für die moderne Naturwissenschaft von großer Bedeutung. Sie besagt, dass kein Individuum Freiheit hat, die Natur mit völliger Unparteilichkeit zu beschreiben, sondern eben, während es sich am freiesten glaubt, auf bestimmte Interpretationsweisen beschränkt ist. Die relativ größte Freiheit hätte in dieser Beziehung ein Linguist, der mit sehr vielen äußerst verschiedenen Sprachsystemen vertraut ist. Bis heute findet sich noch kein Linguist in einer solchen Position. Wir gelangen daher zu einem neuen Relativitätsprinzip, das besagt, dass nicht alle Beobachter durch die gleichen physikalischen Sachverhalte zu einem gleichen Weltbild geführt werden, es sei denn, ihre linguistischen Hintergründe sind ähnlich oder können in irgendeiner Weise auf einen gemeinsamen Nenner gebracht werden (be calibrated).

Dieser ziemlich überraschende Schluss wird nicht so deutlich, wenn wir nur unsere modernen europäischen Sprachen miteinander vergleichen und vielleicht zur Sicherheit noch Latein und Griechisch dazunehmen. Unter diesen Sprachen herrscht eine Einstimmigkeit der Grundstrukturen, die auf den ersten Blick der natürlichen Logik Recht zu geben scheint.

Die Einhelligkeit besteht jedoch nur, weil diese Sprachen alle indoeuropäische Dialekte sind, nach dem gleichen Grundriss zugeschnitten und historisch überkommen aus dem, was vor sehr langer Zeit eine Sprachgemeinschaft gewesen war; weil die modernen Dialekte seit Langem am Bau einer gemeinsamen Kultur beteiligt sind; und weil viele der intellektuelleren Züge dieser Kultur sich aus dem linguistischen Hintergrund des Lateinischen und des Griechischen herleiten. Diese Sprachgruppe erfüllt daher die spezielle Bedingung des mit „es sei denn" beginnenden Nebensatzes in der Formel des linguistischen Relativitätsprinzips am Ende des vorhergehenden Absatzes. Aus dieser Sachlage ergibt sich auch die Einstimmigkeit der Weltbeschreibung in der Gemeinschaft der modernen Naturwissenschaftler. Es muss aber betont werden, dass „alle modernen indoeuropäisch sprechenden Beobachter" nicht das Gleiche ist wie „alle Beobachter". Wenn moderne chinesische oder türkische Naturwissenschaftler die Welt in den gleichen Termini wie die westlichen Wissenschaftler beschreiben, so bedeutet dies natürlich nur, dass sie das westliche System der Rationalisierung *in toto*[3] übernommen haben, nicht aber, dass sie dieses System von ihrem eigenen muttersprachlichen Gesichtspunkt aus mit aufgebaut haben. Deutlicher wird die Divergenz[4] in der Analyse der Welt, wenn wir das Semitische, Chinesische, Tibetanische oder afrikanische Sprachen unseren eigenen gegenüberstellen. Bringen wir gar die Eingeborenensprachen Amerikas hinzu, wo sich einige tausend Jahre lang Sprachgemeinschaften unabhängig voneinander und von der Alten Welt entwickelt haben, dann wird die Tatsache, dass Sprachen die Natur in vielen verschiedenen Weisen aufgliedern, unabweisbar. Die Relativität aller begrifflichen Systeme, das unsere eingeschlossen, und ihre Abhängigkeit von der Sprache werden offenbar.

2 obligatorisch: verpflichtend, bindend, verbindlich
3 in toto: im Ganzen
4 Divergenz: Abweichung, Auseinandergehen

---

1 Wie begründet Whorf den Zusammenhang von Sprache, Denken und Wirklichkeit? Listen Sie seine Thesen und Argumente auf und erklären Sie das „linguistische Relativitätsprinzip" mit eigenen Worten.
2 Kann man ohne Sprache denken? Sammeln Sie in Gruppen Ideen und diskutieren Sie im Plenum.

Dieter E. Zimmer: **Wiedersehen mit Whorf – Sprache & Denken** (2008)

Das Denken wird „beeinflusst" von der Sprache oder von ihr „weitgehend bestimmt" oder „obligatorisch" geformt – eine gewisse Undeutlichkeit in Whorfs Formulierungen hat dazu geführt, dass man seine Hypothese[1] in zwei Versionen (und allen Zwischenformen) referiert, einer schwachen und einer starken.

Die schwache Version lautet: Die Sprache beeinflusst, erleichtert das Denken; verschiedene Sprachen beeinflussen es in verschiedener Weise, sodass die Verschiedenheit der Sprachen auch zur Verschiedenheit der Denkstile beiträgt. Dies ist das „sprachliche Relativitätsprinzip". Die starke: Alles Denken ist von der Sprache abhängig, wird von der Sprache bestimmt; jeder ist denkerisch von den Konventionen seiner Sprache gefesselt. Diese Auffassung hört auf den Namen „Sprachdeterminismus". In der Praxis, anhand konkreter Fälle, lassen sich „Relativität" und „Determiniertheit" allerdings nicht immer sauber auseinanderhalten. [...]

Sind wir also Gefangene unserer Sprache, um Whorfs größte Frage nun noch einmal zu stellen? Es ist wie immer: Auf große Fragen gibt es keine großen Antworten, sondern nur viele kleine. Man muss differenzieren. Wir sind frei, über die Grenzen unserer Sprache hinaus zu denken, tun dies in manchen Bereichen sogar unentwegt. Aber sobald wir versuchen, unsere wabernden Gedanken für uns selbst festzuhalten und kommunizierbar zu machen, greifen wir notwendig auf das Begriffsrepertoire und die Grammatik unserer Sprache zurück, auf die sich die Gedanken automatisch zubewegen. Zwar wären wir frei, das System unserer Sprache zumindest für uns selbst zu transzendieren[2], aber nur kraft einer bewussten Anstrengung. Nur wenige werden sie leisten, die meisten werden von dieser Möglichkeit nicht einmal wissen. Denken ließe sich auch, wofür die Sprache keine bequemen oder gar keine Mittel zur Verfügung stellt. Aber wofür fertige Ausdrucksmittel bereitstehen, lässt sich leichter denken, und wofür es sehr geläufige Ausdrucksmittel gibt, am allerleichtesten. Aber auch wenn wir das Unerhörte in Sprache verwandeln, bleiben wir in den Grenzen der eigenen Sprache, die bestenfalls nur annähernd und stellenweise gar nicht in andere Sprachen übersetzbar ist. Unsere Gedanken sind über die Sprachgrenzen hinweg also nicht restlos kommunizierbar – und das deshalb, weil ihre Konzepte, also ihre Denkbausteine mehr oder weniger verschieden sind und weil verschiedene Grammatiken uns Denkzwänge auferlegen, für die in anderen Sprachen möglicherweise die Entsprechungen fehlen. Sonderbar, dass eine solche Selbstverständlichkeit im Eifer des Universalismus in Vergessenheit geraten konnte. Whorfs Hypothese war also keineswegs rundheraus falsch.

Aber rundheraus richtig war sie auch nicht. Unsere so verschiedenen Sprachen haben sozusagen von Natur aus Gemeinsamkeiten, weil die Wirklichkeit kein kaleidoskopartiger Strom von Eindrücken ist und wir sie, so verschieden sie sich auch für jeden darstellen mag, nach ähnlichen und wiedererkennbaren Prinzipien ordnen. Für eine grobe Verständigung reicht der Fundus dieser Gemeinsamkeiten allemal.

Erst seit wenigen Jahrzehnten sind die kognitiven Wissenschaften dabei, etwas Licht in die höchst undurchschaubaren Verhältnisse des Komplexes Sprache & Denken zu bringen. Wenn auch das meiste unaufgeklärt bleibt, so haben sie gar nicht so wenig geschafft. Noch vor fünfzig Jahren wären plakative Parolen wie „Das Denken wird von der Sprache bestimmt" oder „Das Denken ist sprachunabhängig und universell" schlechthin unüberprüfbar gewesen, und es hätte keine plausible Antwort gegeben. Ronald Langacker[3] schrieb einmal: „Die Beziehung zwischen Sprache und Denken zu analysieren ist ein wenig, als versuchte man eine Wolke zu umarmen." Er selber hoffte, davon mit mehr als einer Handvoll Nebeldunst zurückgekommen zu sein.

1 **Hypothese:** Annahme, die noch zu beweisen oder zu belegen ist
2 **transzendieren:** über einen Bereich hinaus in einen anderen übergehen
3 **Ronald W. Langacker** (*1942): US-amerikanischer Linguist

David Crystal: **Sprache und Denken** (1995)

Wie eng aber ist nun die Verbindung zwischen Sprache und Denken? Diese Frage betrachtet man meist anhand von zwei Extremen. Auf der einen Seite steht die Hypothese, dass Sprache und Denken zwei vollkommen getrennte Dinge darstellen, wobei das eine vom anderen abhängig sei. Die andere Extremposition behauptet die Identität von Sprache und Denken – rationales Denken ohne Sprache wäre demnach unmöglich. Die Wahrheit liegt wahrscheinlich irgendwo zwischen diesen beiden Polen.

Die erste Position lässt zwei Möglichkeiten zu: Entweder ist die Sprache vom Denken abhängig oder das Denken von der Sprache. Der herkömmlichen und landläufigen Auffassung zufolge gilt Ersteres, d. h., erst kommen die Gedanken, dann werden sie in Worte gefasst. Diese Sichtweise zeigt sich in metaphorischen Ausdrücken, wonach z. B. Gedanken „in Worte gekleidet“ werden oder die Sprache das „Werkzeug des Denkens“ sei. In Bezug auf den Spracherwerb [...] wird diese Ansicht häufig vertreten. Demnach entwickeln Kinder vor dem Spracherwerb eine Reihe kognitiver Fähigkeiten.

Die andere Möglichkeit, wonach die Art der Sprachverwendung die Bahnen diktiert, in denen der Mensch zu denken in der Lage ist, wird ebenfalls weithin verfochten. Shelley[1] brachte sie auf die eindrucksvolle Formel: „Er gab dem Menschen Sprache, die schuf den Gedanken, der das Universum misst“ (*Der entfesselte Prometheus;* deutsch von Rainer Kirsch). Auch diese Ansicht wird im Bereich der Spracherwerbsforschung vertreten, und zwar mit dem Argument, dass die frühesten Konfrontationen mit Sprache den wesentlichen Einfluss auf die Art und Weise ausüben, wie Begriffe erlernt werden. Ihren einflussreichsten Ausdruck findet diese Position jedoch in der Sapir-Whorf-Hypothese[2].

Noch eine dritte These findet heute viele Anhänger. Sie besagt, dass Sprache und Denken voneinander abhängig seien – was nicht heißen soll, dass sie identisch wären. Die Identitätstheorie, wonach z. B. das Denken nichts anderes sei als innere Vokalisierung[3], wird heute nicht mehr vertreten. Es gibt zu viele Ausnahmen, als dass sich solch eine starre Position halten ließe: Denken wir nur an die zahlreichen Intelligenzleistungen, zu denen wir ohne Sprache in der Lage sind, von der Erinnerung an eine Bewegungsabfolge bei Spiel und Sport bis zur Vergegenwärtigung unseres täglichen Arbeitswegs vor dem geistigen Auge. Dass Bilder und Modelle hilfreich für die Problemlösung sind und gelegentlich bessere Wirkung zeigen als rein verbale Problemdarstellungen, wird heute kaum bestritten.

Andererseits sind Beispiele dafür erheblich seltener als die Fälle, wo Sprache offenbar das wichtigste Mittel für die Realisierung erfolgreicher Denkabläufe darstellt. Sieht man Sprache und Denken als voneinander abhängig an, dann erkennt man damit die Sprache als regulären Teil des Denkprozesses und gleichzeitig das Denken als notwendige Voraussetzung für das Sprachverständnis an. Es geht dabei nicht darum, ob das eine Vorrang vor dem anderen hat: Beide sind wesentlich, wenn wir Verhalten erklären wollen. Auch hier hat man Metaphern gesucht, um diese Vorstellung zu verdeutlichen. So wurde die Sprache mit der Wölbung eines Tunnels verglichen, das Denken mit dem Tunnel selbst. Doch die komplexe Struktur und Funktion von Sprache spotten solch simplen Analogien.

1 **Mary Wollstonecraft Shelley** (1797–1851): engl. Schriftstellerin, veröffentlichte 1818 „Frankenstein or The Modern Prometheus“
2 **Sapir-Whorf-Hypothese:** Da sich Whorf bei der Formulierung seiner Hypothese (Annahme) auf den Sprachwissenschaftler Edward Sapir (1884–1939) beruft und diese mit ihm vertrat, wird sie auch mit den Namen beider Forscher in Verbindung gebracht; zur Hypothese selbst vgl. S. 481 f. u. 486.
3 **Vokalisierung:** hier i. S. v. Versprachlichung

---

1 Wie beurteilen Zimmer und Crystal Whorfs These vom „linguistischen Relativitätsprinzip“? Nennen Sie die Argumente, die sie dazu heranziehen.

2 a Der englische Linguist Crystal unterscheidet verschiedene Ansätze zur Erklärung der Verbindung von Sprache und Denken. Stellen Sie jeden Ansatz in einem eigenen Schaubild, z. B. mit Pfeilen, dar.

b Entscheiden Sie sich für eines der Modelle und begründen Sie Ihre Wahl vor der Gruppe.

Alexander Grau: **Das Denken braucht den Raum** (2006)

Sprache ist die Voraussetzung für das Denken. Sie bestimmt das Denken und die Wahrnehmung ihrer Sprecher. Diese nach dem Linguisten Benjamin Whorf und seinem Lehrer Edward Sapir auch Sapir-Whorf-Hypothese genannte Vorstellung hat wie kaum eine andere die Geisteswissenschaften des zwanzigsten Jahrhunderts beeinflusst. Und es war Wittgenstein[1], der das auf die griffige Formel brachte: „Die Grenzen meiner Sprache bedeuten die Grenzen meiner Welt." Wo genau diese Grenzen verlaufen, ist allerdings umstritten.

Einig ist man sich weitgehend darin, dass wirkliche Erkenntnis sprachlich ist. Empirische Erfahrung ist lediglich das Ergebnis kausaler Ereignisse. Wissen aber, das sind begründete Meinungen, und Begründungen und Schlüsse sind sprachlich. [...] In den frühen siebziger Jahren jedoch unternahm schließlich Roger Shepard seine berühmt gewordenen Versuche zur mentalen Rotation, also zur Fähigkeit, einen vorgestellten Gegenstand im Kopf zu drehen. Sie legten nahe, dass es neben der sprachlichen auch noch eine Art bildliche Informationsverarbeitung im Gehirn gibt. Die Forschungsergebnisse des Psychologen Stephen Kosslyn zeigten dann, dass die Verarbeitung eines mentalen Bildes gewisse Ähnlichkeiten mit der Wahrnehmung eines realen Objektes hat. Insbesondere Kosslyn konnte in der Folge plausibel machen, dass eine Reihe von Aufgaben tatsächlich mittels bildlicher Vorstellungen gelöst werden.

Die Frage nach der Rolle bildhaften Denkens für abstraktere Problemlösungen war damit allerdings noch nicht beantwortet. Zu diesem Zweck müsste man zeigen, dass beispielsweise logische Schlussfolgerungen, die keine visuellen oder räumlichen Merkmale betreffen (etwa die Frage: Dieter ist schlauer als Mark; Mark ist schlauer als Kevin; Wer ist der Schlaueste?) auf Grund bildlicher Vorstellungen gelöst werden. [...]

Allerdings sind die Ergebnisse der psychologischen Untersuchungen zu diesem Thema nach wie vor alles andere als eindeutig. Das liegt daran, dass bei vielen Untersuchungen nicht zwischen bildlichen und räumlichen Repräsentationen unterschieden wird. Anders als bildliche sind räumliche Repräsentationen eben keine „Bilder", die ein inneres „Auge" anschaut. Sie basieren auf räumlichen Beziehungen, die die Lage von Objekten relativ zueinander auf qualitative Weise darstellen. Solche räumlichen Repräsentationen sind keine visuellen Vorstellungen, sondern mentale Modelle, die kognitiven Verarbeitungsroutinen zu Grunde liegen. Diese

1 **Ludwig Josef Johann Wittgenstein** (1889–1951): österreichisch-britischer Philosoph, lieferte bedeutende Beiträge zur Philosophie der Logik, der Sprache und des Bewusstseins; das Zitat stammt aus seinem ersten Hauptwerk, dem „Tractatus logico-philosophicus" (1921), Satz Nr. 5.6

räumlichen Repräsentationen sind also nicht die Gedanken, sondern organisieren sie nur.
Für die These, dass abstrakte Denkprozesse auf räumlichen Repräsentationen basieren, sprechen eine Reihe von Untersuchungen [...]. Evolutionsbiologisch gesehen, sind diese Ergebnisse *[gedächtnispsychologischer Untersuchungen]* nicht einmal überraschend. Die ersten Schlüsse, die Lebewesen, die sich im Raum bewegen, ziehen mussten, sind räumliche. Sie mussten lernen, Früchte zu erhaschen, gezielt mit einem Sprung zu jagen oder in die Äste eines Baumes zu flüchten. Daher liegt nahe, dass bei der Entwicklung abstrakterer Denkoperationen auf die vorhandenen Verarbeitungsroutinen zurückgegriffen wurde und auch nichträumliche Überlegungen mittels räumlicher Repräsentationen gelöst werden. Logische Ableitungen basieren nach dieser Sichtweise auf sinnlicher Erfahrung. [...] In diesem Fall bedeuten dann nicht die Grenzen meiner Sprache, sondern die Grenzen meiner Erfahrung die Grenzen meiner Welt.

1 Stellen Sie mit eigenen Worten dar, welcher neue Ansatz zum Zusammenhang von Sprache, Denken und Wirklichkeit in diesem Text vorgestellt wird.
2 Finden Sie sich in Expertengruppen zusammen, die sich mit je einem der im Kapitel aufgeführten sprachtheoretischen Ansätze noch einmal vertieft auseinandersetzen. Bereiten Sie Argumente und Beispiele vor. Bestimmen Sie je zwei Vertreter/innen für eine Pro-/Kontra-Diskussion im Plenum.
3 **Referat/Facharbeit:** Arbeiten Sie in den Fächern Biologie, Pädagogik/Psychologie, Philosophie fachübergreifend zum Thema „Sprache, Denken/Bewusstsein, Wirklichkeit". Bedenken Sie auch historische Positionen (**Herder:** „Abhandlung über den Ursprung der Sprache" (1772), **W. v. Humboldt:** „Über die Verschiedenheit des menschlichen Sprachbaues" (1830) (▸ Kap. D 3, S. 501–503).

Information **Sprache – Denken – Wirklichkeit**

Die Beziehung zwischen Sprache, Denken und Wirklichkeit zu klären, ist ein wichtiger Gegenstand philosophischer und sprachwissenschaftlicher Betrachtungen.
Drei Positionen sind maßgeblich:

- Das **„Prinzip des sprachlichen Relativismus":** Der Ethnologe und Linguist **Benjamin L. Whorf** (1897–1941) vertritt die These, dass die Wahrnehmung der Wirklichkeit durch das Sprachsystem (Lexikon und Grammatik) dessen, der spricht, determiniert wird. Alles Denken und somit die Sicht der Welt sind demnach von der jeweils gesprochenen Sprache abhängig. Diese Position knüpft an **Wilhelm von Humboldt** (1767–1835) an: „Die Sprache ist das bildende Organ des Gedanken."
- **Kognitionstheoretischer Ansatz – Die Sprachkompetenz ist angeboren:** Gegenüber der Annahme einer einseitigen Determination von Sprache und Denken meint die kognitionsorientierte Sprachforschung, z. B. vertreten durch den Amerikaner **Noam Chomsky** (*1928), dass alle Sprachen über gleiche logische Grundstrukturen verfügen, die dem jeweiligen grammatischen System der Einzelsprache zu Grunde liegen. Damit ist allen Sprecherinnen und Sprechern eine identische sprachliche Fähigkeit vorgegeben, Wirklichkeit wahrzunehmen.
- **Neurolinguistischer Ansatz:** In Kooperation mit der Hirnforschung und Evolutionsbiologie gehen einige Sprachwissenschaftlerinnen und -wissenschaftler gegenwärtig von der Annahme aus, dass das Beziehungsgeflecht von Sprache, Denken und Wahrnehmung sehr komplex gestaltet ist. Nicht nur sprachliche Strukturen steuern den Wahrnehmungsprozess, auch räumliche Kategorien und bildhafte Vorstellungen haben wesentlichen Anteil an Denkvorgängen, Bewusstseinsbildung und Wahrnehmung der Welt.

2.2 Krise der Wahrnehmung – Krise der Sprache

Sprachnot in der Literatur des 20. Jahrhunderts

Die Frage, inwieweit Menschen durch Denken und Sprechen Wirklichkeit erkennen und gestalten können, ist ein zentrales Thema der Literatur der Jahrhundertwende um 1900 (▶ C 5, S. 388 f., 397, 404, 416). Die Literatur der Klassik versprachlichte noch die Ideale des „Wahren, Guten und Schönen". In der gewandelten Welt der Moderne werden diese Ideale brüchig und mit ihnen auch die erhabenen Begriffe, die sie bezeichnen. Sie erstarren zu leeren Hülsen, zu Sprachschablonen. Die These vom Sprachverfall und der Sprachkrise wird in der Literatur der zweiten Hälfte des 20. Jahrhunderts u.a. von Schriftstellern wie **Paul Celan** (1920–1970) und **Max Frisch** (1911–1991) poetisch entfaltet.

Robert Musil: **Die Verwirrungen des Zöglings Törleß** (1906)

Von seinen Gedanken beschäftigt, war Törleß allein im Parke spazieren gegangen. Es war um die Mittagszeit, und die Spätherbstsonne legte blasse Erinnerungen über Wiesen und Wege. Da Törleß in seiner Unruhe keine Lust zu weiterem Spaziergange hatte, umschritt er bloß das Gebäude und warf sich am Fuße der fast fensterlosen Seitenmauer in das fahle, raschelnde Gras. Über ihm spannte sich der Himmel, ganz in jenem verblichenen, leidenden Blau, das dem Herbste eigen ist, und kleine, weiße, geballte Wölkchen hasteten darüber hin.

Törleß lag lang ausgestreckt am Rücken und blinzelte unbestimmt träumend zwischen den sich entblätternden Kronen zweier vor ihm stehender Bäume hindurch.

Er dachte an Beineberg[1]; wie sonderbar doch dieser Mensch war! Seine Worte würden zu einem zerbröckelnden indischen Tempel gehören, in die Gesellschaft unheimlicher Götzenbilder und zauberkundiger Schlangen in tiefen Verstecken; was sollten sie aber am Tage, im Konvikte[2], im modernen Europa? Und doch schienen diese Worte, nachdem sie sich ewig lange, wie ein Weg ohne Ende und Übersicht in tausend Windungen hingezogen hatten, plötzlich vor einem greifbaren Ziele gestanden zu sein ...

Und plötzlich bemerkte er, – und es war ihm, als geschähe dies zum ersten Male, – wie hoch eigentlich der Himmel sei.

Es war wie ein Erschrecken. Gerade über ihm leuchtete ein kleines, blaues, unsagbar tiefes Loch zwischen den Wolken.

Ihm war, als müsste man da mit einer langen, langen Leiter hineinsteigen können. Aber je weiter er hineindrang und sich mit den Augen hob, desto tiefer zog sich der blaue, leuchtende Grund zurück. Und es war doch, als müsste man ihn einmal erreichen und mit den Blicken ihn aufhalten können. Dieser Wunsch wurde quälend heftig.

Es war, als ob die aufs äußerste gespannte Sehkraft Blicke wie Pfeile zwischen die Wolken hineinschleuderte und als ob sie, je weiter sie auch zielte, immer um ein weniges zu kurz träfe.

Darüber dachte nun Törleß nach; er bemühte sich, möglichst ruhig und vernünftig zu bleiben. „Freilich gibt es kein Ende", sagte er sich, „es geht immer weiter, fortwährend weiter, ins Unendliche." Er hielt die Augen auf den Himmel gerichtet und sagte sich dies vor, als gälte es die Kraft einer Beschwörungsformel zu erproben. Aber erfolglos; die Worte sagten nichts, oder vielmehr sie sagten etwas ganz anderes, so als ob sie zwar von dem gleichen Gegenstande, aber von einer anderen, fremden, gleichgültigen Seite desselben redeten.

„Das Unendliche!" Törleß kannte das Wort aus

1 **Beineberg:** Freund von Törleß, dessen philosophische Gedanken über die Weltseele ihn beschäftigen

2 **Konvikt:** Schulheim (meist kirchlich); in einem solchen lebt Törleß derzeit

dem Mathematikunterrichte. Er hatte sich nie etwas Besonderes darunter vorgestellt. Es kehrte immer wieder; irgendjemand hatte es einst erfunden, und seither war es möglich, so sicher damit zu rechnen wie nur mit irgendetwas Festem. Es war, was es gerade in der Rechnung galt; darüber hinaus hatte Törleß nie etwas gesucht.

Und nun durchzuckte es ihn wie mit einem Schlage, dass an diesem Worte etwas furchtbar Beunruhigendes hafte. Es kam ihm vor wie ein gezähmter Begriff, mit dem er täglich seine kleinen Kunststückchen gemacht hatte und der nun plötzlich entfesselt worden war. Etwas über den Verstand Gehendes, Wildes, Vernichtendes schien durch die Arbeit irgendwelcher Erfinder hineingeschläfert worden zu sein und war nun plötzlich aufgewacht und wieder furchtbar geworden. Da, in diesem Himmel, stand es nun lebendig über ihm und drohte und höhnte.

Endlich schloss er die Augen, weil ihn dieser Anblick so sehr quälte.

Yves Klein: Blaues Schwammrelief (1961)

1 **a** Kennen Sie ähnliche Situationen wie die, in der sich der junge Törleß befindet? Berichten Sie von Gedanken und Tagträumen, die durch den Blick in die Weite ausgelöst werden.

b Vertiefen Sie sich in Yves Kleins Bild und schreiben Sie Ihre Gedanken ohne Unterbrechung auf.

2 **a** Analysieren Sie den Reflexionsprozess, den Törleß durchläuft.

b Erläutern Sie, vom Begriff „das Unendliche“ ausgehend, den dargestellten Zusammenhang von Sprache, Denken und Wirklichkeit.

c Mit welchen sprachlichen Mitteln wird der Zustand der „Sprachlosigkeit“ gestaltet?

Hugo von Hofmannsthal: **Ein Brief** (1902)

Dies ist der Brief, den Philipp Lord Chandos, jüngerer Sohn des Earl of Bath, an Francis Bacon, später Lord Verulam und Viscount St. Albans, schrieb, um sich bei diesem Freunde wegen des gänzlichen Verzichtes auf literarische Betätigung zu entschuldigen. [...]

Um mich kurz zu fassen: Mir erschien damals in einer Art von andauernder Trunkenheit das ganze Dasein als eine große Einheit: geistige und körperliche Welt schien mir keinen Gegensatz zu bilden, ebenso wenig höfisches und tierisches Wesen, Kunst und Unkunst, Einsamkeit und Gesellschaft; in allem fühlte ich Natur, in den Verirrungen des Wahnsinns ebenso wohl wie in den äußersten Verfeinerungen eines spanischen Zeremoniells; in den Tölpelhaftigkeiten junger Bauern nicht minder als in den süßesten Allegorien; und in aller Natur fühlte ich mich selber; wenn ich auf meiner Jagdhütte die schäumende laue Milch in mich hineintrank, die ein struppiges Mensch einer schönen, sanftäugigen Kuh aus dem Euter in einen Holzeimer niedermolk, so war mir das nichts anderes, als wenn ich, in der dem Fenster eingebauten Bank meines Studio sitzend, aus einem Folianten[1] süße und schäumende Nahrung des Geistes in mich sog. Das eine war wie das andere; keines gab dem andern weder an traumhafter überirdischer Natur noch an leiblicher Gewalt nach, und so gings fort durch die ganze Breite des Lebens, rechter und linker Hand; überall war ich mitten drinnen, wurde nie ein Scheinhaftes gewahr: Oder es ahnte mir, alles wäre Gleichnis und jede Kreatur ein Schlüssel der andern, und ich fühlte mich wohl den, der im Stande wäre, eine nach der andern bei der Krone zu packen und mit ihr so viele der andern aufzusperren, als sie aufsperren könnte. [...]

Mein Fall ist, in Kürze, dieser: Es ist mir völlig die Fähigkeit abhandengekommen, über irgendetwas zusammenhängend zu denken oder zu sprechen.

Zuerst wurde es mir allmählich unmöglich, ein höheres oder allgemeineres Thema zu besprechen und dabei jene Worte in den Mund zu nehmen, deren sich doch alle Menschen ohne Bedenken geläufig zu bedienen pflegen. Ich empfand ein unerklärliches Unbehagen, die Worte „Geist“, „Seele“ oder „Körper“ nur auszusprechen. Ich fand es innerlich unmöglich, über die Angelegenheiten des Hofes, die Vorkommnisse im Parlament, oder was Sie sonst wollen, ein Urteil herauszubringen. Und dies nicht etwa aus Rücksichten irgendwelcher Art, denn Sie kennen meinen bis zur Leichtfertigkeit gehenden Freimut: sondern die abstrakten Worte, deren sich doch die Zunge naturgemäß bedienen muss, um irgendwelches Urteil an den Tag zu geben, zerfielen mir im Munde wie modrige Pilze. [...]

Allmählich aber breitete sich diese Anfechtung aus wie ein um sich fressender Rost. Es wurden mir auch im familiären und hausbackenen Gespräch alle die Urteile, die leichthin und mit schlafwandelnder Sicherheit abgegeben zu werden pflegen, so bedenklich, dass ich aufhören musste, an solchen Gesprächen irgend teilzunehmen. [...] Mein Geist zwang mich, alle Dinge, die in einem solchen Gespräch vorkamen, in einer unheimlichen Nähe zu sehen: so wie ich einmal in einem Vergrößerungsglas ein Stück von der Haut meines kleinen Fingers gesehen hatte, das einem Blachfeld[2] mit Furchen und Höhlen glich, so ging es mir nun mit den Menschen und ihren Handlungen. Es gelang mir nicht mehr, sie mit dem vereinfachenden Blick der Gewohnheit zu erfassen. Es zerfiel mir alles in Teile, die Teile wieder in Teile, und nichts mehr ließ sich mit einem Begriff umspannen. Die einzelnen Worte schwammen um mich; sie gerannen zu Augen, die mich anstarrten und in die ich wieder hineinstarren muss: Wirbel sind sie, in die hinabzusehen mich schwindelt, die sich unaufhaltsam drehen und durch die hindurch man ins Leere kommt. [...]

Seither führe ich ein Dasein, das Sie, fürchte ich, kaum begreifen können, so geistlos, so gedankenlos fließt es dahin; ein Dasein, das sich freilich von dem meiner Nachbarn, meiner Verwandten und der meisten landbesitzenden Edelleute dieses Königreiches kaum unterscheidet und das nicht ganz ohne freudige und belebende Augenblicke ist. Es wird mir nicht leicht, Ihnen anzudeuten, worin diese guten Augenblicke bestehen; die Worte lassen mich wiederum im Stich. Denn es ist ja etwas völlig Unbenanntes und auch wohl kaum Benennbares, das in solchen Augenblicken, irgendeine Erscheinung meiner alltäglichen Umgebung mit einer überschwellenden Flut höheren Lebens wie ein Gefäß erfüllend, mir sich ankündet. Ich kann nicht erwarten, dass Sie mich ohne Beispiel verstehen, und ich muss Sie um Nachsicht für die Albernheit meiner Beispiele bitten. Eine Gießkanne, eine auf dem Felde verlassene Egge, ein Hund in der Sonne, ein ärmlicher Kirchhof, ein Krüppel, ein kleines Bauernhaus, alles dies kann das Gefäß meiner Offenbarung werden. Jeder dieser Gegenstände und die tausend anderen ähnlichen, über die sonst ein Auge mit selbstverständlicher Gleichgültigkeit hinweggleitet, kann für mich plötzlich in irgendeinem Moment, den herbeizuführen auf keine Weise in meiner Gewalt steht, ein erhabenes und

1 **Foliant:** großformatiges Buch
2 **Blachfeld:** flaches Feld, ebene Gegend; Begriff vor allem in der Bibel gebräuchlich

rührendes Gepräge annehmen, das auszudrücken mir alle Worte zu arm scheinen. [...]

Ich fühlte in diesem Augenblick mit einer Bestimmtheit, die nicht ganz ohne ein schmerzliches Beigefühl war, dass ich auch im kommenden und im folgenden und in allen Jahren dieses meines Lebens kein englisches und kein lateinisches Buch schreiben werde: und dies aus dem einen Grund, dessen mir peinliche Seltsamkeit mit ungeblendetem Blick dem vor Ihnen harmonisch ausgebreiteten Reiche der geistigen und leiblichen Erscheinungen an seiner Stelle einzuordnen ich Ihrer unendlichen geistigen Überlegenheit überlasse: nämlich weil die Sprache, in welcher nicht nur zu schreiben, sondern auch zu denken mir vielleicht gegeben wäre, weder die lateinische noch die englische noch die italienische und spanische ist, sondern eine Sprache, von deren Worten mir auch nicht eines bekannt ist, eine Sprache, in welcher die stummen Dinge zu mir sprechen, und in welcher ich vielleicht einst im Grabe vor einem unbekannten Richter mich verantworten werde.

Ich wollte, es wäre mir gegeben, in die letzten Worte dieses voraussichtlich letzten Briefes, den ich an Francis Bacon schreibe, alle die Liebe und Dankbarkeit, alle die ungemessene Bewunderung zusammenzupressen, die ich für den größten Wohltäter meines Geistes, für den ersten Engländer meiner Zeit im Herzen hege und darin hegen werde, bis der Tod es bersten macht.

A. D. 1603, diesen 22. August. Phi. Chandos

1 **a** Beschreiben Sie mit eigenen Worten die Situation Chandos' und die Folgen seiner „Krankheit".
b Überlegen Sie, welche Schwierigkeiten sich für Künstler/innen und Dichter/innen bei der Wahrnehmung und Darstellung von Wirklichkeit ergeben.

2 Untersuchen Sie die sprachliche Gestaltung des Textes:
a Welche Funktion haben die verwendeten Vergleiche, Metaphern und Belegbeispiele?
b Erörtern Sie, aus welchem Grund Hofmannsthal die Briefform und einen fiktiven Sprecher des 17. Jahrhunderts für seinen Text wählt.
c Klären Sie das „Paradox" des Briefes auf inhaltlicher und formaler Ebene.

3 Wie beurteilen Sie vor dem Hintergrund des Briefs die Verbindung von Ding, Bedeutung und Wort?

4 Der Sprachkritiker **Fritz Mauthner** (1849–1923) schrieb 1901:
„Das abstrakteste Wort ist das vieldeutigste. Wollte man – nicht etwa alle Menschen – sondern nur alle von einer Konfession zwingen, von sich zu geben, was sie sich z. B. unter ihrem Gott vorstellen, es würden die wahnsinnigsten Phantastereien aller Völker und Zeiten zu Tage treten. Und doch ist das ein Wort, worüber sie alle einig zu sein glauben. Mut, Liebe, Wissen, Freiheit sind ebenso zerfahrene Worte. Durch die Sprache haben es sich die Menschen für immer unmöglich gemacht, einander kennen zu lernen."
Vergleichen Sie die Position Mauthners mit der Sprachreflexion im Chandos-Brief.

Max Frisch: **Das Unaussprechliche (Stiller)** (1954)

Schreiben ist nicht Kommunikation mit Lesern, auch nicht Kommunikation mit sich selbst, sondern Kommunikation mit dem Unaussprechlichen. Je genauer man sich auszusprechen vermöchte, um so reiner erschiene das Unaussprechliche, das heißt die Wirklichkeit, die den Schreiber bedrängt und bewegt. Wir haben die Sprache, um stumm zu werden. Wer schweigt, ist nicht stumm. Wer schweigt, hat nicht einmal eine Ahnung, wer er nicht ist. R

1 Setzen Sie die Äußerung von Frisch in Beziehung zu den Aussagen bei Musil und Hofmannsthal.

Rainer Maria Rilke: Ich fürchte mich so vor der Menschen Wort (1898)

Ich fürchte mich so vor der Menschen Wort.
Sie sprechen alles so deutlich aus:
Und dieses heißt Hund und jenes heißt Haus,
und hier ist Beginn und das Ende ist dort.

Mich bangt auch ihr Sinn, ihr Spiel mit dem Spott,
sie wissen alles, was wird und war;
kein Berg ist ihnen mehr wunderbar;
ihr Garten und Gut grenzt grade an Gott.

Ich will immer warnen und wehren: Bleibt fern.
Die Dinge singen hör ich so gern.
Ihr rührt sie an: sie sind starr und stumm.
Ihr bringt mir alle die Dinge um.

Paul Celan: Weggebeizt (1967)

Weggebeizt vom
Strahlenwind deiner Sprache
das bunte Gerede des An-
erlebten – das hundert-
züngige Mein-
gedicht, das Genicht.

Aus-
gewirbelt,
frei
der Weg durch den menschen-
gestaltigen Schnee,
den Büßerschnee, zu
den gastlichen
Gletscherstuben und -tischen.

Tief
in der Zeitenschrunde,
beim
Wabeneis
wartet, ein Atemkristall,
dein unumstößliches
Zeugnis.

1 Analysieren Sie die beiden Gedichte vor dem Hintergrund der Sprachnot als Thema moderner Literatur. Berücksichtigen Sie dabei auch die formale und sprachliche Gestaltung.
2 Bereiten Sie einen Vortrag der Gedichte vor, der die Stimmung und den Sinngehalt zum Ausdruck bringt.

Harald Weinrich: Linguistische Bemerkungen zur modernen Lyrik (1971)

Paul Celan erfährt die Ohnmacht der Worte. Was Celan findet, sind Wortsand, Worthaufen, Wortaufschüttungen oder – in anderer Metaphorik – vergällte, verkrüppelnde, entmündigte, umröchelte Worte, und die Namen sind „Unnamen“. Man muss sie mit dem „Messer des Schweigens“ beschneiden. „Das Namengeben hat ein Ende.“ In seiner Büchner-Rede hat Celan das 1960 so ausgedrückt: „Das Gedicht heute [...] zeigt, das ist unverkennbar, eine starke Neigung zum Verstummen.“ So sind auch in radikaler Konsequenz Celans späte Gedichte gebaut. [...]
Die Frage ist, ob die solcherart an den Rand des Verstummens geführten Gedichte damit nur an die Grenze geführt werden, wo Poesie anfängt oder wo sie aufhört. Für unsere Überlegungen aber zu den Beziehungen von Lyrik und Linguistik wollen wir festhalten, dass auch der Zweifel und die Verzweiflung an der Zeichenkraft der Sprache genuine Möglichkeiten der linguistischen Reflexion sind.

1 Beurteilen Sie auf der Grundlage Ihrer Gedichtanalysen Weinrichs These, dass die literarische Auseinandersetzung mit der Sprachnot eine Möglichkeit der Sprachreflexion sei.

2 Vergleichen Sie die poetische Verarbeitung des Motivs der Sprachnot mit den Prosatexten von Musil, Hofmannsthal und Frisch.

3 Schreiben Sie im Anschluss an die Analyse der Gedichte selbst ein Gedicht zum Thema „Sprache und Schweigen". Sammeln Sie als Vorarbeit Metaphern zu den beiden Begriffen. Entscheiden Sie sich für eine gebundene oder freie Form.

4 Referat: Recherchieren Sie die epochalen und mentalitätsgeschichtlichen Hintergründe der Sprachkrise um 1900 (z. B. **Nietzsche**) und in der Nachkriegszeit (z. B. **Celan, Benn**).

Information **Krise der Wahrnehmung – Krise der Sprache**

Die Beziehung von Sprache, Denken und Wahrnehmung ist nicht nur ein Gegenstand von Philosophie und Sprachwissenschaft. Im **Epochenumbruch um 1900** wird der Problemzusammenhang von Sprache und Wahrnehmung der Wirklichkeit zu einer programmatischen Fragestellung der Literatur der Moderne. Schriftsteller wie **Hugo von Hofmannsthal** (1874–1929) formulieren eine **fundamentale Sprachkritik.** Einerseits entlarven die Autorinnen und Autoren verlogene konventionelle Sprachgewohnheiten, andererseits äußern sie grundsätzliche Zweifel, ob die Sprache ein geeignetes Medium der Verständigung und der Weltwahrnehmung darstellt. Die These von der **Sprachnot** im Hinblick auf die Versprachlichung von Gedanken und auf zwischenmenschliche Kommunikation wird zugleich verknüpft mit der Suche nach einer **neuen „literarischen Sprache"**, die als Metasprache eine Reflexion über die Sprache, das Denken und die Wirklichkeit erst möglich macht.
Autoren wie **Rainer Maria Rilke** (1875–1926) und **Robert Musil** (1880–1942) entwerfen um die Jahrhundertwende eine **Ästhetik der Sprachskepsis,** die den literarischen Diskurs bis in die Gegenwart bestimmt, z. B. in den Werken von **Paul Celan** (1920–1970), **Max Frisch** (1911–1991), **Hilde Domin** (1909–2006), **Peter Handke** (*1942), **Ulla Hahn** (*1946) und **Juli Zeh** (*1974).

2.3 Medien und Realität – Medienkritik

Was sind Medien? – Mediengeschichte von der Antike bis heute

Jochen Hörisch: **Mediendefinitionen** (2001)

Kultur und Hochkultur zumal definiert sich nicht zuletzt über ihre Verachtung von Medien. Und wenn ihr zu schwanen beginnt, dass es ohne Medien auch keine Hochkultur geben kann, definiert sie sich eben über ihre Verwerfung von Massenmedien. Hochkulturell ist, wer Journalisten verachtet, wer nicht ins proletarische Kino geht, wer mit schlechtem Gewissen fernsieht, wer Computerspiele für verderblich hält und wer sich entschuldigt, wenn er nur eine E-Mail und nicht einen handgeschriebenen Brief verfasst. Medienwissenschaft betrat, weil sie als Schmuddelwissenschaft kaum Aussichten hatte, die Aura etwa der klassischen Philologie zu bekommen, erst mit eigentümlicher Verspätung die akademische Bühne. Schwer auszumachen, ob diese Verspätung mit zu den Gründen oder aber zu den Effekten des Umstands zählt, dass es bis heute wohl [...] esoterisch-funktionale, aber keine trennscharfen Definitionen des Begriffs „Medien" gibt. Die alltagssprachliche Verwendungsweise des Wortes ist dennoch klar. Medium – das ist ein Mittel, ein Vermittelndes. Und also ist es nachgeordnet. Denn Analysen, die auf Wesentliches zielen, fragen natürlich danach, was denn dort vermittelt wird. [...] Die Aufmerksamkeit der Literaturwissenschaft gilt der Frage, was Dante, Shakespeare und Goethe uns eigentlich sagen wollten, und nicht der Infrastruktur (Schule, Alphabetisierung) beziehungsweise Technik (Druck, Verlagswesen), die ihre Werke zirkulierbar machte. Die Fokussierung der Nationalökonomie galt den wertvollen Gütern und Dienstleistungen, nicht aber primär dem Medium, das ihre Zirkulation steuerte, dem Geld. Kurzum: Medien haftet der Geruch des Sekundären, Handwerklich-Technischen, Unwesentlichen an.

Wer den Verdacht nährte, dieses Unwesentliche sei das, was eigentlich zähle, geriet schnell in eine Außenseiterposition und wurde, ja wird noch heute ab und an mit dem Vorwurf konfrontiert, den Mitteln beziehungsweise dem Medium mehr Aufmerksamkeit zu schenken als dem eigentlichen Inhalt, dem Zweck beziehungsweise der Botschaft. Die Geburt der neueren Medienwissenschaft lässt sich ebendeshalb präzise datieren. Sie betrat die Bühne mit dem Paukenschlagsatz des Exzentrikers McLuhan: „The medium is the message." [...] Das Medium ist die Botschaft. Sinn macht ein Medium nicht so sehr im Hinblick auf die Botschaft, die es transportiert, sondern als das Transport-Medium, das es selbst ist. Was schlicht heißt: Die Welt des Analphabeten ist eine andere als die des Bewohners der Gutenberg-Galaxis als die des Televisionärs als die des Internet-Surfers. Und zwar weitgehend unabhängig davon, was der Bewohner der Gutenberg-Galaxis liest oder der Fern-Seher sieht und hört. Dass jemand liest und nicht fernsieht, macht einen größeren Unterschied, als dass A dieses und B jenes Buch liest beziehungsweise C im TV lieber Sportübertragungen und D lieber Gameshows sieht. McLuhans Grundeinsicht gilt schlicht deshalb, weil die jeweils diensthabenden Medien für gänzlich unterschiedliche Raum-Zeit-Strukturen, Aufmerksamkeitsfokussierungen und Sinn-Sinne-Konstellationen sorgen.

1 **a** Klären Sie Ihr Vorverständnis des Begriffs „Medien" in Form eines Clusters.
b Gleichen Sie Hörischs Mediendefinitionen mit Ihrem Vorverständnis ab.

2 Diskutieren Sie die beiden Thesen Hörischs: 1. Hochkultur definiert sich über die Verachtung der Medien (vgl. Z. 1 f.), 2. Die Art des Mediums, das jemand nutzt, ist entscheidender als die Beschäftigung mit dem Inhalt, der über das Medium transportiert wird (vgl. Z. 59 ff.).

Werner Faulstich: **„Jetzt geht die Welt zugrunde ..." – Kulturkritik, „Kulturschocks" und Mediengeschichte. Vom antiken Theater bis zu Multimedia** (2000)

Platon sah sich um 400 vor unserer Zeitrechnung mit einem Phänomen konfrontiert, das ebenso total war wie entropisch[1] und irreversibel[2]: dem endgültigen Niedergang der Opferprozessionen und Maskentänze des Dionysoskults, mit seiner staatserhaltenden Bedeutung. Kaum mehr als hundert Jahre, nachdem ein neues Medium entstanden war, hatte es sich bedrohlich bereits weitgehend durchgesetzt: das Theater. [...] In der Tendenz war das ein Prozess der Profanisierung, von den Göttern als Focus hin zu den Menschen, von den Gesetzen zu deren Auswirkungen.

Was zu Beginn der Antike zu beobachten ist, gilt auch für den Ausgang des Mittelalters. [...] Fahrende, speziell Spielleute, waren hochbegehrt und willkommen – bei der Stadtbevölkerung, bei der Landbevölkerung, beim Adel, beim Klerus. Das lag an ihren unterschiedlichen Funktionen als Menschmedium: Zuallererst waren sie Neuigkeitslieferanten. Sie wurden als die „Journalisten ihrer Zeit" charakterisiert, denen politische Berichterstattung, sensationelle Nachrich-

1 entropisch: hier i. S. v. im Ausgang ungewiss
2 irreversibel: unumkehrbar, nicht rückgängig zu machen

ten, Chronistenpflicht zugeordnet wurden. [...] Das Auftreten horizontal mobiler Gruppen bedrohte direkt die Herrschaftsausübung – sei es, dass z. B. hier keine Steuern bezahlt und keine Frondienste geleistet wurden, sei es, dass hier die Beteiligung am religiösen Gemeinschaftsleben fehlte und deshalb der Druck der Kirche unwirksam blieb. [...]

Die Medienrevolution, mit der kurioserweise die meisten mediengeschichtlichen Entwürfe erst beginnen, belegt das um ein Weiteres (obwohl gerade dieser Aspekt lange unterschlagen wurde): die Geburt des Mediums Buch als Druckmedium. Das dritte Beispiel ist in der zweiten Phase einer übergreifenden Mediengeschichte angesiedelt, geprägt von der Dominanz der Druckmedien. Das Medium Buch, noch heute von manchen nostalgisch als Kulturmedium par excellence gefeiert, hat zunächst exakt dieselbe Kritik und Abwehr erfahren wie das Theater in der Antike und die fahrenden Spielleute im Mittelalter. [...] Selbst die Vervielfältigung der Bibel, sogar wenn ohne Fehler und in deutscher Sprache, also an sich verständlich, schaffe Verwirrung in der Gemeinschaft der Gläubigen und führe zu ihrer Spaltung, weil nun nicht nur der reiche Pfarrer in der Gemeinde sich eine ganze geschriebene Bibel leisten könne, sondern jeder arme ungelehrte Laie, und dieser dann mit Notwendigkeit zur falschen Auslegung der Heilslehre gelange. Petrarca benannte in seiner Schrift „Von beiderlei Glück“ (1539) kurz und bündig als naheliegende nächste Gefahr: Selber Bücher zu schreiben, sei eine unheilbare Krankheit, eine gemeine Sucht, die beflecke. [...] Es geht um das Monopol im Buchbesitz, im Lesenkönnen, im Auslegen der Texte, im Selberschreiben von Büchern – mithin um ideologische Macht und Herrschaft. [...]

Auch für die zweite Phase der Mediengeschichte sollten weitere Beispiele zumindest erwähnt werden – so vor allem das an der Wende vom sechzehnten zum siebzehnten Jahrhundert neu aufkommende Medium der periodischen Presse: die Zeitung. [...] Die Legitimität[3] von Sakralität und politischer Macht stand hier in Frage. Aber auch schon während des gesamten siebzehnten Jahrhunderts wurden die Zeitungen angeklagt, Lügen und Verleumdungen zu verbreiten. Ihnen wurde vorgeworfen, die öffentliche Meinung zu beeinflussen. Man bezweifelte ganz generell, wozu denn diese gewaltige Menge an wöchentlichen und dann täglichen Informationen und Nachrichten überhaupt nütze sei. Die dauernde Aktualität bringe nur Hektik ins Leben der Menschen. Die Orientierung an Einzelpersonen befördere den Personen- und Starkult statt die Wahrheit. Die Zeitung, als Medium der Lüge, schüre nur den Weltekel. Sie mache Leser süchtig, befördere Parteilichkeit und die primitive Neu-Gier. [...]

Beispiel Nr. 5 kann den Übergang zur Dominanz der elektronischen Medien in unserem zwanzigsten Jahrhundert indizieren[4]: die Fotografie. Die Kulturkritik geschieht hier nicht im Namen der Philosophie (wie bei Platon), im Namen der Politik (wie bei den Fahrenden), im Namen der Theologie (wie beim Buch), im Namen der öffentlichen Ordnung (wie bei der Zeitung), sondern im Namen der Kunst. [...] Erneut finden wir alle typischen Anzeichen der Medienrevolution, die alte, traditionelle Herrschaftsbastionen in Frage stellt und hinwegfegt, die einer wirklichen oder einer selbsternannten Elite die Butter vom Brot nimmt. Noch bei Walter Benjamin gibt es bekanntlich die Klage über das „Kunstwerk im Zeitalter seiner technischen Reproduzierbarkeit“ (1936), wenn er gegenüber Malerei und Theater beim Foto und Film die Verkümmerung der „Aura“ beweint, das heißt des Hier und Jetzt des Originals, der Echtheit einer Sache, „die Liquidierung des Traditionswertes am Kulturerbe“. [...]

Mit dem Foto sind wir fast schon im zwanzigsten Jahrhundert angekommen, bei der Dominanz der elektronischen Medien, der dritten Entwicklungsphase im Rahmen einer übergreifenden Mediengeschichte. Die Übel sind hier Telefon, Fotografie, Fonografie und Telegrafie, Radio, Film, Fernsehen und Video. [...] Insgesamt sind die elektronischen Medien bevorzugt pauschal als Kulturzerstörer ins Rampenlicht der Kritik

3 **Legitimität:** Rechtmäßigkeit (einer Herrschaftsform)
4 **indizieren:** anzeigen, aufzeigen

gerückt worden, speziell unter der Chiffre der Massenmedien. [...] Beim Computer hat man den Schock (Volkszählung, maschinenlesbarer Personalausweis, gläserner Patient usw.) in konkret benannte Gefahren gebannt: Verarmung der Kultur, Allmachtsfantasien der Freaks auf der einen Seite, Ohnmachtsgefühle der Nichtkundigen auf der anderen. Alltagsleben werde rationalisiert und industriellen Effizienzanforderungen unterzogen. Soziale Vereinsamung werde gefördert. Vorgegebene Wahlmöglichkeiten würden schematisiert und reduziert.

1 a Verschaffen Sie sich, ausgehend vom Text, einen Überblick über die Phasen der Mediengeschichte.
b Untersuchen Sie je ein Medium: Welche traditionellen Medien und welche Werte stellt es in Frage? Welche Gefahren werden in seiner Verbreitung und Nutzung gesehen?

2 Bedrohen Computer und Multimedia unsere Kommunikation und unsere Kultur? Führen Sie ein **Brainwriting** (▸ Methode) zur Beantwortung der Frage durch.

Methode **Brainwriting**

1. In der ersten Phase schreibt jeder für sich seine Ideen/Assoziationen auf eine Karte.
2. In der zweiten Phase werden alle Karten von allen gelesen und kritisch besprochen. Die besten Ideen werden festgehalten.

Fernsehen und Computer – Medienkritische Fallbeispiele reflektieren

Umberto Eco: **Der Verlust der Privatsphäre** (2007)

Um es einerseits mit der Konkurrenz des Fernsehens aufzunehmen und andererseits mit der Erfordernis, eine genügend große Anzahl von Seiten zu füllen, um von der Werbung leben zu können, musste auch die so genannte seriöse Presse, einschließlich der Tageszeitungen, sich immer mehr um gesellschaftliche „Events", „Varieties" und „Gossip" kümmern und sah sich vor allem gezwungen, wenn es keine Nachrichten gab, sie zu erfinden. Eine Nachricht zu erfinden, heißt aber nicht, über ein Ereignis zu berichten, das nicht stattgefunden hat, sondern etwas zu einer Nachricht zu machen, das vorher noch keine gewesen war, die unbedachte Äußerung eines Politikers in den Ferien, die kleinen Geschichten in der Welt des Spektakels. So wurde der Klatsch zum verallgemeinerten Nachrichtenmaterial und drang sogar bis in Räume vor, die bisher stets für die neugierigen Blicke der Regenbogenpresse tabu gewesen waren – regierende Monarchen, politische und religiöse Führer, Staatspräsidenten, Wissenschaftler. [...]

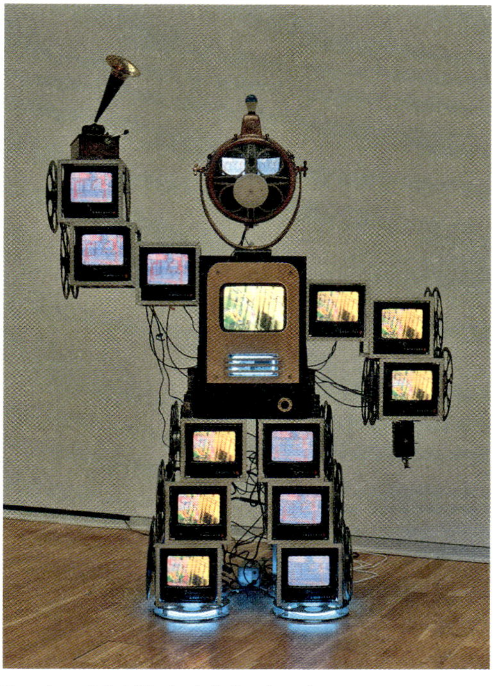

Nam June Paik: Videoinstallation (1993)

Das Opfer [des Klatsches] war jetzt nicht mehr eine bemitleidenswerte Person, denn es war ja genau in dem Maße Opfer geworden, in dem es berühmt war. Zum Gegenstand öffentlichen Klatsches zu werden, erschien mehr und mehr als Statussymbol.

An diesem Punkt ging man zu einer zweiten Phase über, als das Fernsehen Sendungen erfand, in denen nicht mehr die Henker über die Opfer klatschten, sondern die Opfer sich bereitwillig und mit Freude in Klatsch über sich selbst ergingen, überzeugt, auf diese Weise den gleichen sozialen Status wie Schauspieler oder Politiker zu erlangen. [...]

Was mir Sorgen macht, ist die Tatsache, dass der durch seinen Auftritt im Fernsehen glorifizierte Tor zu einem universalen Vorbild wird. Er hat sich zur Schau gestellt, also kann jeder andere das auch. Die Zurschaustellung des Toren bringt das Publikum zu der Überzeugung, dass nichts, nicht einmal das schändlichste aller Missgeschicke, das Recht hat, privat zu bleiben, und dass die Zurschaustellung der Deformation selbst prämiert wird. Die Dynamik des Auftritts im Fernsehen bewirkt, dass der Tor, kaum dass er auf dem Bildschirm erscheint, ein berühmter Tor wird, und seine Berühmtheit misst sich in Werbeverträgen, Einladungen zu Kongressen und Festen, manchmal auch in sexuellen Angeboten [...]. Ein ähnliches Phänomen spielt sich im Internet ab. Die Durchsicht vieler Homepages zeigt, dass die Erstellung einer Website oft dazu dient, die eigene schale Normalität zur Schau zu stellen, wenn es sich nicht um Abnormität handelt. Vor einigen Jahren fand ich die Homepage eines Herrn, der ein Foto seines Grimmdarms präsentierte (und vielleicht noch immer präsentiert). [...] Das Problem ist, dass die Grimmdärme aller Menschen (außer in Fällen von Tumor im Endstadium) einander gleichen. Daher kann man sich in gewisser Weise für das Foto des eigenen Grimmdarms interessieren, aber der Anblick des Grimmdarms anderer lässt einen kalt. Dennoch hat der Herr, von dem ich spreche, sich die Mühe gemacht, eine Homepage zu installieren, um aller Welt das Foto seines Grimmdarms zu zeigen. Es handelt sich offensichtlich um jemanden, dem das Leben nichts geschenkt hat, keine Erben, an die er seinen Namen weitergeben kann, keine Partner, die sich für sein Gesicht interessieren, keine Freunde, denen er seine Urlaubsfotos zeigen könnte, sodass er zu dieser letzten verzweifelten Möglichkeit gegriffen hat, um ein Minimum an Sichtbarkeit zu ergattern. In diesen wie anderen Fällen von freiwilligem Verzicht auf Privatheit liegen Abgründe von Verzweiflung, die uns zu einem mitleidigen Wegschauen bringen müssten. Doch der Exhibitionist – und dies ist sein Drama – gestattet uns nicht, seine Schande zu ignorieren.

1 **a** Erklären Sie, wie Eco den Umbruch in der seriösen Berichterstattung erläutert und begründet.
b Stellen Sie in einem Flussdiagramm die von Eco aufgezeigte Entwicklung dar, mit der die Privatsphäre Einzug in die Massenmedien hält.
c Setzen Sie Ecos Ausführungen in Beziehung zu der These des Medienkritikers Neil Postman, dass das Fernsehen die Kultur der Meinungsbildung „verschmutzt".

2 **a** Bereiten Sie eine Pro-und-Kontra-Diskussion zum Thema „Öffentliche Darstellung des Privaten in den Medien" vor. Arbeiten Sie in Kleingruppen:
- Sammeln Sie Ihnen bekannte Beispiele „öffentlicher Selbstausstellung" in den Medien.
- Überlegen Sie, worin der Reiz der Zurschaustellung für die Betroffenen und für das Publikum besteht.
- Formulieren Sie auf Karteikarten Argumente für jede Position, die Sie mit Beispielen stützen.
- Wählen Sie aus jeder Gruppe je eine/n Vertreter/in für die Pro- und für die Kontra-Position.

b Führen Sie die Diskussion durch. Alle, die nicht teilnehmen, beobachten, wie die Diskutanten ihre Argumente auf verbale und nonverbale Art einbringen. Geben Sie am Ende ein Feedback.

Sascha Lehnartz: **Schlauer schießen** (2007)

Kulturkritiker und Hirnforscher streiten, ob neue Medien ihre Nutzer intelligenter oder dumpfer machen. Wahrscheinlich stimmt beides.

Steven Johnsons Buch „Everything Bad is Good for You" [▶ S.498] beginnt mit einem Gedankenexperiment: Was wäre, wenn nicht die Bücher zuerst da gewesen wären, sondern Videospiele?

Konservative Kulturkritiker, malt der Autor sich aus, würden klagen, Lesen unterfordere die Sinne und treibe in die soziale Isolation. Das traditionelle Computerspiel dagegen öffne eine mehrdimensionale Welt und fördere soziale Beziehungen. Lesen sei eine lineare, fremdbestimmte Angelegenheit, die keine interaktiven Einflussmöglichkeiten biete. Wer zu viel lese, der lerne nicht mehr, sein Geschick selbst in die Hand zu nehmen.

Die Idee ist hübsch, und Johnson legt auf diese Weise die Argumentationsstruktur der Kritiker neuer Medien offen: Problematische Aspekte werden selektiv verstärkt, und eine düstere Zukunftsprognose sagt der jungen Generation den nicht aufzuhaltenden intellektuellen und moralischen Verfall voraus. Aus Überzeugung verteidigt Johnson in seinem Buch Fernsehserien und Computerspiele: Diese seien in den vergangenen Jahrzehnten immer anspruchsvoller und komplexer geworden, man könne sie durchaus als „kognitives Trainingsprogramm", als „Lektionen fürs Leben" begreifen. Die als Verdummungsmaschine verschriene Popkultur mache uns in Wirklichkeit schlauer. [...]

Johnson ist der prominenteste Vertreter einer wachsenden Gemeinde von Medienkritikern, die es wagen, sich der verbreiteten Meinung entgegenzustellen, der Konsum neuer Medien mache zwangsläufig doof, gemein und gefährlich. Ins gleiche Horn stößt der deutsche Journalist David Pfeifer [...]: „Wir alle sind in den letzten fünfzig Jahren nicht dümmer geworden durch das Fernsehen, Computer, Handys, Internet und Videospiele, durch die steigende Menge an Medien, die uns zur Verfügung steht", heißt es dort.

Zu sagen, dass Manfred Spitzer solche Thesen nicht gern hört, ist untertrieben: „Das ist der größte Blödsinn", entrüstet sich der Ulmer Hirnforscher zu den Thesen Johnsons und Pfeifers. [...] „Wären Bildschirme nie erfunden worden, dann gäbe es allein in Amerika jährlich 10 000 Morde und 70 000 Vergewaltigungen weniger sowie 700 000 weniger Gewaltdelikte gegen Personen", lautet eine seiner kühneren Thesen. Spitzer befürwortet ein Verbot von Killerspielen und fordert die Einführung einer Steuer auf Gewaltdarstellungen. Versuche, Kinder zu „Medienkompetenz" zu erziehen, hält er für Unfug: „Das Einzige, was hilft, ist, die Dosis zu reduzieren." [...]

Pfeifer [...] bemüht sich, seine Thesen mit Fakten zu stützen. So erwähnt er etwa den „Flynn-Effekt": Der neuseeländische Politologe James Flynn hatte herausgefunden, dass die Ergebnisse standardisierter IQ-Tests vor allem in westlichen Industrienationen zwischen 1972 und 1989 immer besser geworden waren, vor allem das abstrakte Denken und die visuell-räumliche Vorstellungskraft der Teilnehmer verbesserten sich kontinuierlich. Flynn und nach ihm die Entwicklungspsychologin Patricia M. Greenfield von der University of California in Los Angeles vermuten, dass dieser Anstieg auf die Verbreitung von Computerspielen zurückzuführen sei. [...]

Aber Manfred Spitzer hat keine große Lust, sich mit den Argumenten der Verteidiger von Popkulturtechniken im Detail auseinanderzusetzen. „Der Witz an allen diesen Thesen ist", befindet der Professor, „sie stimmen einfach nicht. Das zeigen nahezu alle wissenschaftlichen Untersuchungen."

Die Fronten sind verhärtet. In ihren jeweiligen Argumentationsgräben verschanzt haben sich auf der einen Seite rigorose Traditionalisten, die glauben, neue Medien beschleunigten den Untergang des Abendlandes; auf der anderen Seite enthusiastische Relativisten, die den Zusammenhang zwischen Medienkonsum und Gewalt vor lauter Pop-Technikbegeisterung gern außer Acht lassen. Moralische, soziologische, neurologische und psychologische Begründungen werden munter aneinander vorbeigereicht, und tatsächlich kann man für jede Position eine hinreichende Anzahl untermauernder wissenschaftlicher Studien finden, wenn man nur lange genug sucht.

Steven Johnson: **Everything Bad is Good for You** (2006)

Die angeblich minderwertigsten Freizeitbeschäftigungen der Massen – Computerspiele, gewalttätige Fernsehdramen und kindische Sitcoms – erweisen sich als wertvolles Futter für das Gehirn. Seit Jahrzehnten gilt es als gesicherte Tatsache, dass die Massenkultur in einer Abwärtsspirale auf ein Niveau zutrudelt, das nur noch als „kleinster gemeinsamer Nenner“ bezeichnet werden kann. Denn die „Masse“ giere nun mal nach billigen, simplen Vergnügungen und die großen Medienkonzerne befriedigten diese Gier nur zu gerne. Tatsächlich ist jedoch das genaue Gegenteil der Fall: Die Massenkultur wird intellektuell immer anspruchsvoller. […]

Mit seinem rasanten Aufstieg hat das Internet unseren kognitiven Apparat gleich dreifach auf Touren gebracht. Erstens, weil es uns zur Teilnahme auffordert. Zweitens, weil es uns gezwungen hat, neue Schnittstellen zu meistern, und drittens, weil es uns neue Möglichkeiten bietet, mit anderen Menschen in Kontakt zu treten. […]

Die immer schnellere Entwicklung neuer Internet-Plattformen und Software-Programme zwingt die Benutzer dazu, neue Umgebungen zu erkunden und beherrschen zu lernen.

Manfred Spitzer: **Vorsicht Bildschirm!** (2005)

Computer- und Videospiele (1) trainieren aktiv (2) durch viele Wiederholungen (3) via Identifikation mit einem Aggressor (4) ganze Handlungssequenzen (5) ohne Pause und (6) mit Belohnung Aggression und Gewalt. Aus diesen Gründen wundert es nicht, dass nach den vorliegenden Daten die Auswirkungen von Video- und Computerspielen mindestens so stark sind wie die Effekte von Gewalt im Fernsehen. Wahrscheinlich sind sie stärker und es kommt zum Erlernen von entsprechenden Emotionen, Gedanken und Verhaltensbereitschaften.

Da das Gehirn immer lernt und bei Kindern und Jugendlichen noch dazu besonders schnell, ist dies gar nicht zu vermeiden […]. Es lernt, was es tut, d. h., es bildet in Form von synaptischen Verschaltungen in sich ab, was es an Erlebnissen, Erfahrungen und Verhaltensweisen produziert. Es kann gar nicht anders und tut nichts lieber. Wenn also junge Menschen gewalttätige Videospiele spielen, verändern sie ihre Wahrnehmung im Hinblick darauf, dass andere eher als Gegner und Feind betrachtet werden. Sie üben aggressive Gefühle, Gedanken und Verhaltensweisen. Sie verschwenden ihre Zeit, in der sie etwas anderes lernen könnten. Und sie lernen gerade *nicht*, was sie in jungen Jahren lernen sollten, nämlich sich mit anderen gewaltfrei auseinanderzusetzen. […] Gelernt wird die positive Einstellung gegenüber Gewalt und die Meinung, dass gewalttätige Konfliktlösungen effektiv und sinnvoll sind.

---

1 **a** Fassen Sie die zentralen Thesen und Argumente aus Lehnartz' Artikel zusammen.
b Beziehen Sie Stellung zu den Positionen Johnsons und Spitzers, indem Sie auch Erfahrungen aus Ihrem eigenen Umgang mit Bildschirmmedien und weitere Ihnen bekannte Positionen beispielhaft heranziehen.

2 Nehmen Sie in Form eines Leserbriefs Stellung zu Lehnartz' Artikel und den von ihm zitierten Büchern.

Wirkungen: Medien-/Internetnutzung – Grafiken und Statistiken

Spaß beim Spiel – Schlecht in der Schule

So wichen die Noten von Video(nicht)spielern vom jeweiligen Klassenmittel ab

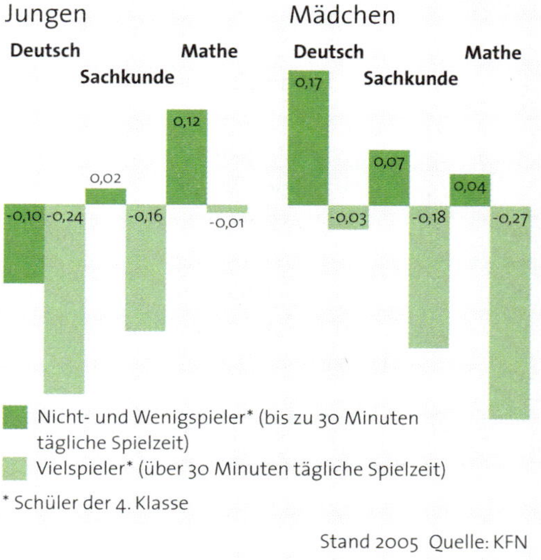

Die Mediengeneration

So viel Prozent der 11- bis 17-Jährigen nutzen täglich

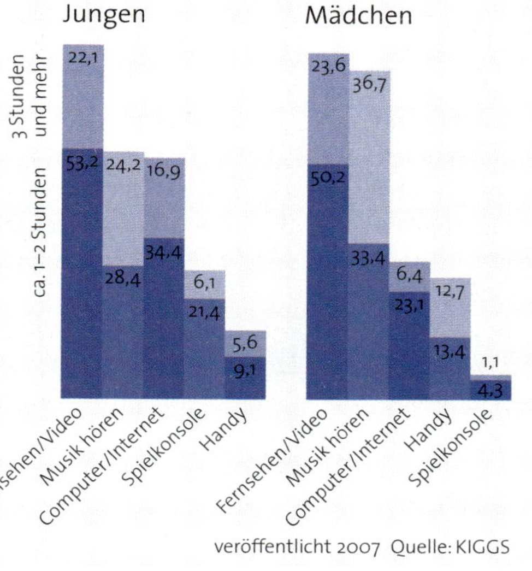

1 **a** Werten Sie die Informationen der Grafiken kritisch aus.
b Stimmen die Angaben mit Ihren eigenen Erfahrungen im Umgang mit Medien überein?

2 Setzen Sie die Aussagen der Grafiken in Beziehung zu den Texten auf S. 497–498.

Information **Medien und Wirklichkeitswahrnehmung**

Medien sind Mittel, die Botschaften wie Informationen, Meinungen und Kulturgüter zwischen Sender und Empfänger transportieren. Die **Medienwissenschaft** beschäftigt sich weniger mit den vermittelten Inhalten, sondern mit Funktionen und Wirkungen von Medien, z. B. damit, inwiefern die Beschäftigung mit unterschiedlichen Medien (wie Buch oder Computer) die Wahrnehmung von Wirklichkeit beeinflusst.

Die **Medienkritik** existiert seit der Antike: Ersetzt ein neues Medium die gewohnte Vermittlung von Inhalten, so befürchten Kritiker/innen oft den Verfall traditioneller Werte und den Verlust bestehender Herrschaftsstrukturen durch die geänderte Weitergabe von Wissen, religiösen, politischen oder kulturellen Inhalten.

Die **Massenmedien** stehen besonders in der Kritik, weil die Vereinfachung der vermittelten Inhalte für den Massengeschmack zu Verflachung und Verdummung führe, so z. B. die zum Zweck der Selbstdarstellung veröffentlichten Bereiche der Privatsphäre in Fernsehen und Internet.

In der aktuellen Diskussion um den Einfluss des **Computers** auf unsere **Wahrnehmungs- und Denkstrukturen** treffen zwei Thesen aufeinander: Computerspiele fördern durch ihre Komplexität und Interaktivität Intelligenz und soziale Beziehungen, bzw. sie fördern durch ihre interaktiven Gewaltdarstellungen aggressive Verhaltensweisen, die sich besonders bei Jugendlichen neurologisch festigen und schädigend auswirken.

3 Sprachentwicklung, Sprachwandel und Spracherwerb

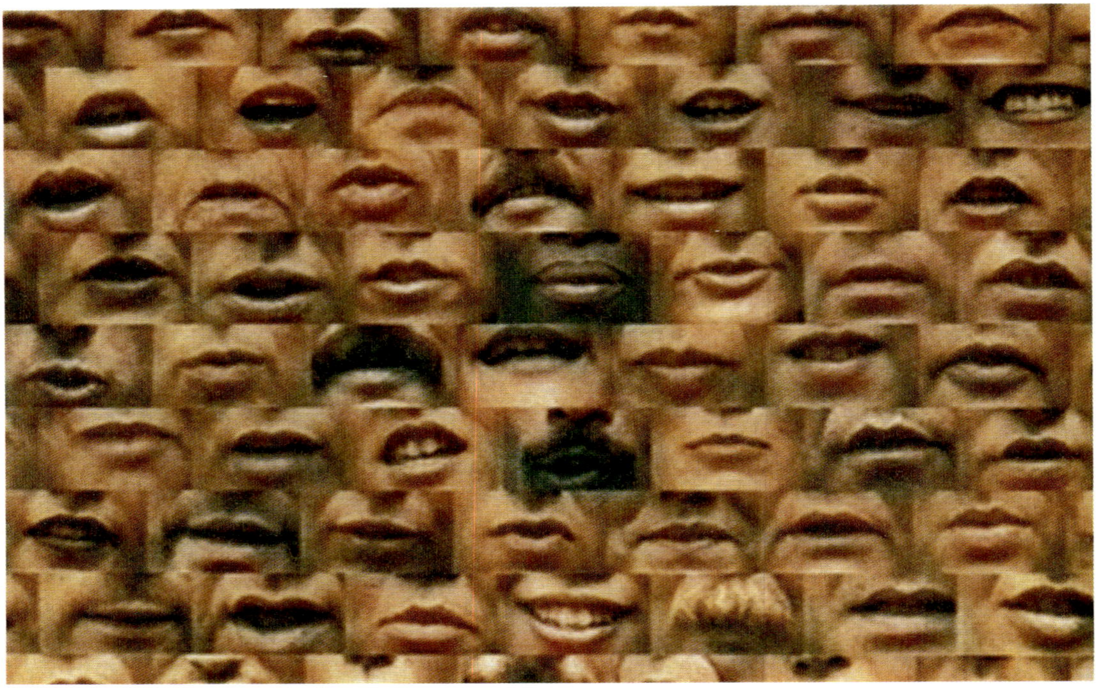

Danika Dakic: Z/D/WALL (1998), Videoinstallation

– Ich glaube, dass vor langer Zeit ein Mann oder Gott irgendein Buch zu uns in die Welt geschickt hat. Darin können die 26 Buchstaben gewesen sein; aber auch andere Buchstaben, z. B. für Türken und Chinesen. Aus den Buchstaben haben die Menschen Wörter gemacht, die wir jetzt gebrauchen.

– Die Affenmenschen haben früher immer gesagt: „Hula, hula, hula." Dann haben sie gesagt: „Dieser Holzkasten heißt ‚Schrank' und das da ist ein ‚Baum', das sind ‚Haare' und das sind ‚Betten'." Aber zuerst mussten sie das Alphabet (Abc) können. Ich vermute, dass sich irgendjemand Wörter für verschiedene Gegenstände einfallen ließ, Wörter für etwas, was wir tun, und für andere Sachen. Später wurden diese Wörter in Gruppen eingeteilt, wie z. B. in Nomen und Verben. Die Menschen entwickelten sich immer weiter und lehrten die Sprache ihren Kindern. Die englischen Kinder lernen natürlich das Wort „bed".

– Wir haben eine Sprache wie andere Länder auch. Unsere Sprache ist die deutsche. Mit unserer Stimme können wir unsere Sprache sprechen. Wir lernen sie schon als Baby, indem wir etwas nachsprechen oder selbst ein Wort versuchen. Auch fremde Sprachen können wir erlernen.

Schülerinnen und Schüler einer 5. Klasse (zitiert nach Bernd Waldera)

– Die menschliche Sprache entstand durch den Umstand, dass Menschen anfingen, in organisierten Gesellschaften mit Arbeitsteilung zu leben, sich dann für das komplexere Leben selbst weiterentwickelten und hierfür ein Kommunikationsmittel brauchten. Volksstämme in verschiedenen Regionen der Erde entwickelten ihre Sprachen unabhängig voneinander.

– Die Informationsbedürfnisse überstiegen die Möglichkeiten nonverbaler Kommunikation (Laute und Gesten). Sprache bietet die Möglichkeit, mit einem begrenzten Repertoire unendlich viele Aussagen zu treffen. Die Evolution hat den Menschen zur Sprache befähigt und das Leben in Gruppen hat Kommunikation notwendig gemacht. Die Entstehung der vielen Sprachen ist eher ein Zufallsprodukt. Und die Fachsprachen entwickelten sich aus der Notwendigkeit, neue Gegenstände und Sachverhalte bezeichnen zu können. *Studierende (zitiert nach Angela Mielke)*

1 Tauschen Sie sich über die Thesen zum Thema „Sprachentwicklung, Sprachwandel und Spracherwerb" aus. Welche Aussagen erscheinen Ihnen nachvollziehbar, welche weniger?

2 Notieren Sie eigene Fragen und Vermutungen zum Sprachursprung und zur Vielsprachigkeit. Tragen Sie sie in ein **Unterrichtsportfolio** ein (► S. 122 ff.), z. B.: *Wie entstand Sprache? Warum entstand sie? Wann entstand sie? Wie entwickeln sich Nationalsprachen? Wie lernt ein Kind Sprache? …*

In diesem Kapitel erwerben Sie folgende Kenntnisse und Kompetenzen:

- die geschichtliche Dimension von Sprache erkennen und Aspekte der Sprachgeschichte des Deutschen vor dem Hintergrund von Sprachkontaktsituationen nachvollziehen,
- den Bedeutungswandel einzelner Wörter im Rahmen verwandter Sprachen untersuchen,
- sich am Beispiel der Fachsprachen (Computer) mit dem Sprachwandel heute auseinandersetzen,
- zum Thema „Vielsprachigkeit" individuelle und gesellschaftliche Fragen reflektieren und vortragen,
- Theorien zum Erst- und Zweitspracherwerb kennen, unterscheiden und diskutieren.

3.1 Sprachgeschichte – Ursprung und Entwicklung von Sprache(n)

In der sprachbezogenen Philosophie- und Wissenschaftsgeschichte wurden Fragen nach dem Ursprung der Sprache vor allem seit dem 18. Jh. diskutiert. Eine Vorstellung ist z. B. die, dass die Sprache ein „fertiges Produkt" sei, das die Menschen von einer göttlichen Instanz als Geschenk erhalten hätten. Dies wurde insbesondere von **Johann Peter Süßmilch** (1707–1767) mit seiner 1756 veröffentlichten Theorie vertreten. Gegen eine solche Auffassung wendet sich ausdrücklich der Literat und Sprachgelehrte **Johann Gottfried Herder** (1744–1803). In seiner 1771 von der Berliner Akademie der Wissenschaften preisgekrönten „Abhandlung über den Ursprung der Sprache" fragt er stattdessen, auf Grund welcher Eigenschaften der Mensch in der Lage ist, etwas zu benennen. Von „Sprache" könne man dabei erst reden, wenn die Menschen miteinander in einen Dialog treten. Diese Auffassung teilt er mit **Wilhelm von Humboldt** (1767–1835), einem weiteren wichtigen Universalgelehrten, Philosophen und Politiker dieser Zeit. Für Humboldt ist Sprache Ausdruck individueller geistiger Potenziale, die die spezifische „geistige Kraft" eines Volkes, einer Nation zum Ausdruck bringen. Im Rahmen dieser Theorie deutet er das individuelle Sprachenlernen im Kontakt mit anderen Sprachen als Erweiterung von Sichtweisen bzw. Weltansichten. Moderne Autoren wie der italienische Sprachforscher, Zeichentheoretiker und Romancier **Umberto Eco** (*1932) knüpfen durchaus an solche Überlegungen an, wenn sie die aktuelle Vielsprachigkeit thematisieren.

Johann Gottfried Herder: **Abhandlung über den Ursprung der Sprache** (1771/72) – Auszug

Der Mensch, in den Zustand von Besonnenheit gesetzt, der ihm eigen ist, und diese Besonnenheit (Reflexion) zum ersten Mal frei wirkend, hat Sprache erfunden. Denn was ist Reflexion? Was ist Sprache?

Diese Besonnenheit ist ihm charakteristisch eigen und seiner Gattung wesentlich: so auch Sprache und eigne Erfindung der Sprache.

Erfindung der Sprache ist ihm also so natürlich, als er ein Mensch ist! Lasst uns nur beide Begriffe entwickeln: Reflexion und Sprache.

Der Mensch beweist Reflexion, wenn die Kraft seiner Seele so frei wirkt, dass sie in dem ganzen Ozean von Empfindungen, der sie durch alle Sinne durchrauscht, *eine* Welle, wenn ich so sagen darf, absondern, sie anhalten, die Aufmerksamkeit auf sie richten und sich bewusst sein kann, dass sie aufmerke. Er beweist Reflexion, wenn er aus dem ganzen schwebenden Traum der Bilder, die seine Sinne vorbeistreichen, sich in ein Moment des Wachens sammeln, auf *einem* Bilde freiwillig verweilen, es in helle, ruhigere Obacht nehmen und sich Merkmale absondern kann, dass dies der Gegenstand und kein andrer sei. Er beweist also Reflexion, wenn er [...] eine oder mehrere als unterscheidende Eigenschaften bei sich *anerkennen* kann. [...]

Dies *erste Merkmal der Besinnung war Wort der Seele! Mit ihm ist die menschliche Sprache erfunden!*

Lasst jenes Lamm, als Bild, sein Auge vorbeigehn: ihm wie keinem andern Tiere. Nicht wie dem hungrigen, witternden Wolfe! nicht wie dem Blut leckenden Löwen – die wittern und schmecken schon im Geiste! die Sinnlichkeit hat sie überwältigt! der Instinkt wirft sie darüber her! – Nicht wie dem brünstigen Schafmanne, der es nur als Gegenstand seines Genusses fühlt, den also wieder die Sinnlichkeit überwältigt und der Instinkt darüber herwirft. Nicht wie jedem andern Tier, dem das Schaf gleichgültig ist, das es also klardunkel vorbeistreichen lässt, weil ihn sein Instinkt auf etwas anders wendet. – Nicht so dem Menschen! Sobald er in das Bedürfnis kommt, das Schaf kennen zu lernen, so stört ihn kein Instinkt, so reißt ihn kein Sinn auf dasselbe zu nahe hin oder davon ab: es steht da, ganz wie es sich seinen Sinnen äußert. Weiß, sanft, wollig – seine besonnen sich übende Seele sucht ein Merkmal – das Schaf *blökt!* sie hat ein Merkmal gefunden. Der innere Sinn wirkt. Dies Blöken, das ihr am stärksten Eindruck macht, das sich von allen andern Eigenschaften des Beschauens und Betastens losriss, hervorsprang, am tiefsten eindrang, bleibt ihr. Das Schaf kommt wieder. Weiß, sanft, wollig – sie sieht, tastet, besinnt sich, sucht ein Merkmal – es blökt und nun erkennt sie's wieder! „Ha! Du bist das Blökende!", fühlt sie innerlich, sie hat es menschlich erkannt, da sie's deutlich, das ist mit einem Merkmal, erkennt und nennt. Dunkler? So wäre es ihr gar nicht wahrgenommen, weil keine Sinnlichkeit, kein Instinkt zum Schafe ihr den Mangel des Deutlichen durch ein lebhafteres Klares ersetzte. Deutlich unmittelbar, ohne Merkmal? So kann kein sinnliches Geschöpf außer sich empfinden, da es immer andre Gefühle unterdrücken, gleichsam vernichten und immer den Unterschied von Zweien durch ein Drittes erkennen muss. Mit einem Merkmal also? Und was war das anders als *ein innerliches Merkwort?* Der *Schall* des Blökens, von einer menschlichen Seele als Kennzeichen des Schafs wahrgenommen, ward kraft dieser Besinnung *Name* des Schafs, und wenn ihn nie seine Zunge zu stammeln versucht hätte. Er erkannte das Schaf am Blöken, es war gefasstes Zeichen, bei welchem sich die Seele an eine Idee deutlich besann – was ist das anders als Wort? Und was ist die ganze menschliche Sprache als eine Sammlung solcher Worte? [...]

Nun lasst dem Menschen alle Sinne frei; er sehe und taste und fühle zugleich alle Wesen, die in sein Ohr reden – Himmel! Welch ein Lehrsaal der Ideen und der Sprache! [...] *Der Mensch erfand sich selbst Sprache! – aus Tönen lebender Natur! – zu Merkmalen seines herrschenden Verstandes!* [...]

Wilhelm von Humboldt: **Sprache als Weltansicht – Sprache und Nation** (1830–1840)[1]

Da aller objektiven Wahrnehmung unvermeidlich Subjektivität beigemischt ist, so kann man, schon unabhängig von der Sprache, jede menschliche Individualität als einen eignen Standpunkt der Weltansicht betrachten. Sie wird aber noch viel mehr dazu durch die Sprache, [...] und da auch auf die Sprache in derselben Nation eine gleichartige Subjektivität einwirkt, so liegt in jeder Sprache eine eigentümliche Weltsicht. Wie der einzelne Laut zwischen den Gegenstand und den Menschen, so tritt die ganze Sprache zwischen ihn und die innerlich und äußerlich auf ihn einwirkende Natur. Er umgibt sich mit einer Welt von Lauten, um die Welt von Gegenständen in sich aufzunehmen und zu bearbeiten. Diese Ausdrücke überschreiten auf keine Weise das Maß der einfachen Wahrheit. Der Mensch lebt mit den Gegenständen hauptsächlich, ja, da Empfinden und Handeln in ihm von seinen Vorstellungen abhängen, sogar ausschließlich so, wie die Sprache sie ihm zuführt. Durch denselben Akt, vermöge dessen er die Sprache aus sich herausspinnt, spinnt er sich in dieselbe ein, und jede zieht um das Volk, welchem sie angehört, einen Kreis, aus dem es nur insofern hinauszugehen möglich ist, als man zugleich in den Kreis einer andren hinübertritt. Die Erlernung einer fremden Sprache sollte daher die Gewinnung eines neuen Standpunkts in der bisherigen Weltansicht sein und ist es in der Tat bis auf einen gewissen Grad, da jede Sprache das ganze Gewebe der Begriffe und die Vorstellungsweise eines Teils der Menschheit enthält. Nur weil man in eine fremde Sprache immer, mehr oder weniger, seine eigne Welt-, ja seine eigne Sprachansicht hinüberträgt, so wird dieser Erfolg nicht rein und vollständig empfunden. [...]

Die geistige Eigentümlichkeit der Nationen wird, indem sie sich der Sprachen bedienen, in allen Stadien des Lebens derselben sichtbar. Ihr Einfluss modifiziert die Sprachen verschiedener Stämme, mehrere desselben Stammes, Mundarten einer einzelnen, ja endlich dieselbe, sich äußerlich gleich bleibende Mundart nach Verschiedenheit der Zeitalter und der Schriftsteller. [...] Alles, was die Arbeit des Geistes in sich ihrer Form nach ist, erscheint [...] in der Sprache und wirkt ebenso wieder auf das Innere zurück. Die Abstufungen sind hier unzählig und das Einzelne, was die Wirkung hervorbringt, lässt sich nicht immer genau und bestimmt in Worten darstellen. Aber der dadurch hervorgebrachte verschiedene Geist schwebt, wie ein leiser Hauch, über dem Ganzen.

1 **Z. 1–38, Originaltitel:** „Über die Verschiedenheit des menschlichen Sprachbaues und ihren Einfluss auf die geistige Entwicklung des Menschengeschlechts" (1830–1835), 1836–40 posthum veröffentlicht als Einleitung zu „Über die Kawisprache auf der Insel Java"; Z. 39–55; Originaltitel: „Charakter der Sprachen"

---

1 Arbeiten Sie zentrale Gedanken Herders aus seinem Text heraus:
- Lesen Sie zunächst die ersten Absätze (Z. 1–28), dann den letzten Absatz (Z. 84–90) sorgfältig durch und schreiben Sie Schlüsselbegriffe heraus.
- Umschreiben oder erläutern Sie diese Schlüsselbegriffe mit eigenen Worten.
- Notieren Sie je Absatz, wie Herder argumentativ vorgeht (▸ S. 598), z. B.: *Der Autor behauptet, dass ... Er stützt seine These ... Er stellt fest, dass ... Er stellt dar ... Er führt das Beispiel von ... an* etc.
- Stellen Sie Vermutungen über die Argumentation im mittleren Textteil (Z. 29–83) an, bevor Sie ihn anschließend untersuchen.
- Paraphrasieren Sie den letzten Textabschnitt.

2 Stellen Sie eine Beziehung her zwischen dem Menschenbild der Aufklärung (▸ S. 256 ff., 276) und Herders Thesen zum Zusammenhang von menschlicher Vernunft (Besonnenheit) und Sprache.

3 Erarbeiten Sie jeweils zu zweit, welche Zusammenhänge Humboldt zwischen Sprache und Weltansicht – Sprache und Nation sieht. Erläutern Sie die Schlussfolgerungen im Abschnitt Z. 39–55 unter den Aspekten Gleichheit, Toleranz und Bildung.

Umberto Eco: **Über den Umgang mit Vielsprachigkeit** (1993)[1]

Die Utopie einer vollkommenen Sprache hat nicht nur die europäische Kultur umgetrieben. Das Thema der Sprachverwirrung und der Versuch, ihr durch Wiederentdeckung oder Erfindung einer allen Menschen gemeinsamen Sprache abzuhelfen, durchzieht die Geschichte aller Kulturen. [...]

Am Ende ihrer langen Suche steht die europäische Kultur vor der dringenden Notwendigkeit, eine Verkehrssprache zu finden, die ihre sprachlichen Brüche kittet, heute mehr als gestern. Doch Europa sieht sich gezwungen, die Rechnung auch mit seiner eigenen historischen Berufung zu machen, als ein Kontinent, der verschiedene Sprachen hervorgebracht hat, von denen jede, auch die abgelegenste, den „Geist" einer ethnischen Gruppe ausdrückt und Trägerin einer tausendjährigen Überlieferung bleibt. Ist die Notwendigkeit einer einheitlichen Verkehrssprache mit der ebenso notwendigen Verteidigung der sprachlichen Traditionen vereinbar? [...]

L. van Valckenborch: Turmbau zu Babel (1590)

Das Problem der zukünftigen europäischen Kultur liegt sicher nicht im Triumph der totalen Vielsprachigkeit [...], sondern in der Herausbildung einer Gemeinschaft von Menschen, die in der Lage sind, den Geist, das Aroma, die Atmosphäre einer anderen Sprache zu erfassen. Ein Europa von Polyglotten[2] ist kein Europa von Menschen, die viele Sprachen perfekt beherrschen, sondern im besten Fall eines von Menschen, die sich verständigen können, indem jeder die eigene Sprache spricht und die des anderen versteht, ohne sie fließend sprechen zu können, wobei er, während er sie versteht, wenn auch nur mit Mühe, zugleich ihren „Geist" versteht, das kulturelle Universum, das ein jeder ausdrückt, wenn er die Sprache seiner Vorfahren und seiner Tradition spricht. [...]

1 **Originaltitel:** „Die Suche nach der vollkommenen Sprache", dt. 1994

2 **Polyglotte:** ein Mensch, der viele Sprachen spricht

---

1 a Das Cover zu Ecos Buch zeigt den in der Bibel geschilderten Turmbau zu Babel (Genesis 11, 1–9). Was wissen Sie über diese biblische Erzählung?

b Inwieweit nimmt Eco zu Beginn des Textes auf den Turmbau und seine Bedeutung Bezug?

2 a Vergleichen Sie die Aussagen Humboldts mit denen Ecos im Hinblick auf die Themen „Sprache und Weltansicht/Kultur" sowie „Mehrsprachigkeit im heutigen Europa".

b Entwickeln Sie auf dieser Basis einen **Vortrag** (► S. 103–108), in welchem Sie ausführen,
- was beide Verfasser jeweils mit „Geist" (S. 503, Z. 47 f. und S. 504, Z. 16, 36) meinen,
- welche Bedingungen nach Eco erfüllt sein müssen, damit verschiedensprachige Menschen einander verstehen, und
- was dementsprechend beim Übersetzen und beim Erlernen von Fremdsprachen zu beachten wäre.

Harald Haarmann: **Weltgeschichte der Sprache – Die Anfänge der Sprachevolution** (2006)

In der Geschichte der Sprachen gibt es keinen Urknall. Die Entstehung von Sprache und Kultur ist nicht abrupt, sondern in evolutionären Schüben erfolgt, und die Entwicklungsdynamik war auch zu verschiedenen Zeiten unterschiedlich intensiv. Die längste Spanne in der Geschichte der Sprachen liegt im Dunkel der Vorgeschichte, also in einer Zeit, als es noch keine schriftliche Überlieferung gab. [...]

Genau genommen ist die Vorzeit gar nicht so grau, denn aus der Frühzeit gibt es allerlei visuelle Manifestationen des menschlichen Geistes, und indirekt kann aus den Bildern und Symbolen, die die Menschen auf Felswände gemalt [...] haben, auf den Entwicklungsstand des abstrakten Denkens ihrer Schöpfer geschlossen werden. Sprache ist ein Produkt des abstrakten Denkens, denn die Verwendung von Sprache setzt die Fähigkeit voraus, lautlichen Ausdrucksformen eine symbolische Bedeutung beizumessen. Aber bevor sich dieser Symbolgebrauch als effektives Kommunikationssystem voll entfaltet hatte, musste erst eine Reihe von Entwicklungsstadien durchlaufen werden.

Die Geschichte von Sprache beginnt nicht erst mit dem modernen Menschen (Homo sapiens sapiens). [...] [D]ie evolutiven Anfänge sprachlicher Kommunikationen waren eingebunden in ältere, nonverbale Interaktionsstrategien (Gesten, Posen, Mimik, also Körper-„Sprache"), aus deren Vielfalt sich sprachliche Mittel als selbstständiges System spezialisierten. Die Entwicklung der Hominiden hat sich vor rund 7 Mio. Jahren von den Primaten abgekoppelt. [...]

1 **a** Haarmann beschäftigt sich mit der auch heute noch nicht gelösten Frage nach dem Sprachursprung. Unter welcher Perspektive muss nach Haarmann die Frage untersucht werden?
b Geben Sie den Text mit eigenen Worten wieder. Erläutern Sie diese, indem Sie ggf. Erkenntnisse aus Ihrem Biologieunterricht (Evolutionstheorie und Primatenforschung) mit heranziehen.

2 Rekapitulieren Sie Ihre eigenen Vermutungen zum Sprachursprung und zur Vielsprachigkeit (▸ Aufgabe 2, S. 501). Inwiefern wurden diese durch die Texte S. 502–505 bestätigt, widerlegt, ergänzt etc.?

Die Entwicklung des Deutschen – Sprache(n) im Kontakt

Die Geschichte des Deutschen kann vor allem als eine Geschichte des Sprach(en)kontakts angesehen werden. Insbesondere seit Caesar (100–44 v. Chr.) stand die „deutsche Sprache" bzw. ihr Wortbestand unter dem Einfluss des Lateinischen. Im 15. und 16. Jh., also zur Zeit des Renaissance-Humanismus (▸ S. 246 f.), wurden darüber hinaus auch griechische Wörter entlehnt und aus dem Arabischen einzelne Wissenschaftstermini übernommen. Im 17./18. Jh. war es das Französische, das die „deutsche Sprache" beeinflusste, während seit dem 20. Jh. vornehmlich das Angloamerikanische genannt werden muss.

1 Stellen Sie beim Betrachten der Abbildung Vermutungen zur „Wortgeschichte" von „Kappe" (dt.) an. Wie hat sich der mittelhochdeutsche Begriff „kappe" (von spätlat. cap[p]a) fortentwickelt?

2 Prüfen Sie mit Hilfe eines etymologischen Wörterbuchs, wie sich „kappe"/„kappa" zu „cap" und „cape"/„Kapuze" etc. verhält. Erläutern Sie die Bedeutungsunterschiede.

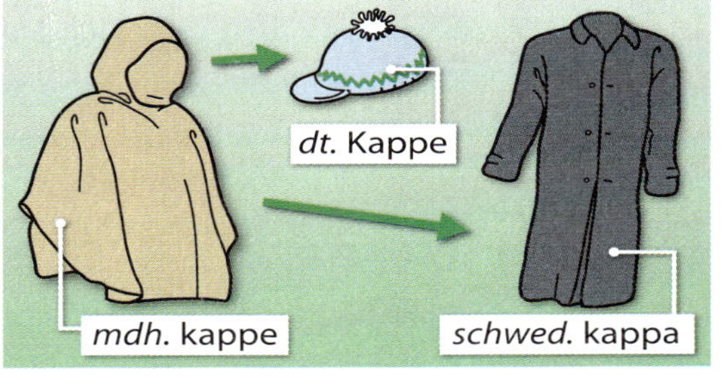

3 Was wissen Sie bereits zum Bedeutungswandel einzelner Wörter, was zur Unterscheidung zwischen Fremd- und Lehnwort? Führen Sie Beispiele wie „Rhythmus", „Niveau" oder „Fenster" und „Streik" an.

4 „Sprachen im Kontakt": Welche Kontaktsituationen sind heute für das Deutsche relevant? Denken Sie auch an den Einfluss von Migration.

5 Erläutern Sie das folgende vereinfachte Schaubild über das Deutsche als „indoeuropäische" Sprache.

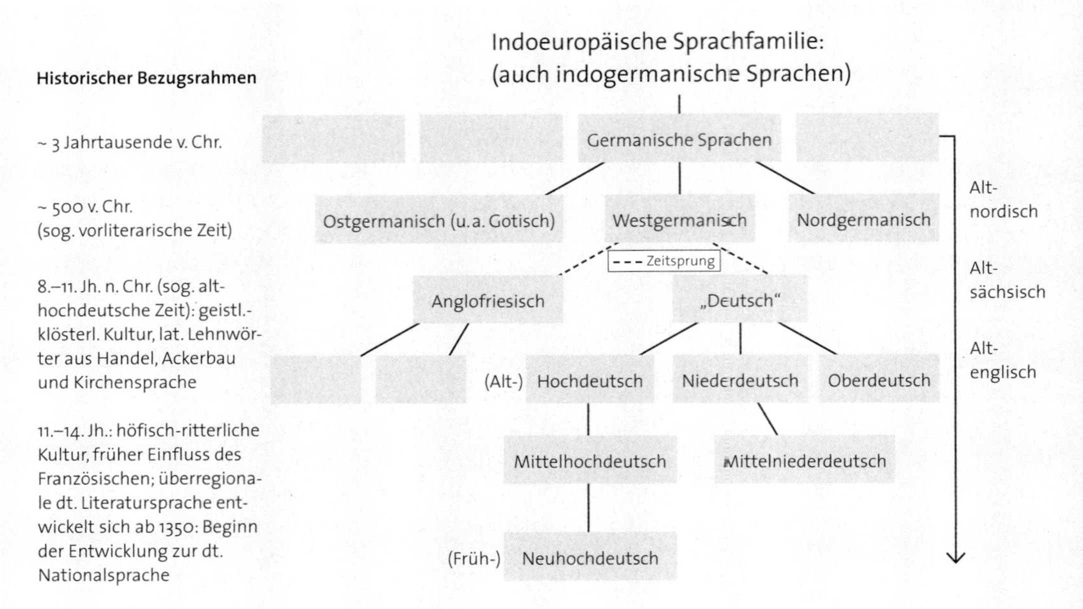

Karl-Wilhelm Weeber: **Romdeutsch** (2006)

Im Unterschied zu anderen Ländern hat sich das Lateinische im germanischen Sprachraum als Volkssprache nicht durchsetzen können. Auf der Iberischen Halbinsel hatte die Sprache der Eroberer länger Zeit, sich zu etablieren, ebenfalls im früher unterworfenen südfranzösischen Raum: Die „Provence" trägt noch heute den Namen der römischen *provincia*. Das übrige Gallien hatte, von Caesar in den fünfziger Jahren des 1. Jahrhunderts v. Chr. unterworfen, zum Teil nur wenige Jahrzehnte „Vorsprung" vor der dauerhaften Expansion Roms im Westen und Süden Germaniens. Das reichte, um später das Französische als Tochtersprache auszubilden, die aus dem Vulgärlatein, der Sprache der einfachen Leute, hervorging – so wie sich das Italienische in Italien und Spanisch und Portugiesisch auf der Iberischen Halbinsel als romanische Sprachen aus dem Lateinischen entwickelt haben.

In „Germanien" – das war im Übrigen ein römischer Sammelname für zahlreiche Stämme, die sich keineswegs als gemeinsame „Nation" definierten – fasste das Lateinische nur als Sprache der Kolonisatoren Fuß. Die Romanisierung großer Teile des linksrheinischen Germaniens war, was die materielle Kultur angeht, beeindruckend. Sprachlich aber passten sich die Germanen nur an, indem sie lateinische Begriffe übernahmen und sie als Lehnwörter „germanisierten". Eine grundsätzliche Übernahme des „Römischen" kam für sie nicht in Frage. [...]

Zurückhaltend waren die Germanen auch gegenüber dem Christentum. [...] Die Zahl der frühen christlichen Lehnwörter ist sehr gering.

Einige davon sind zudem noch Übernahmen aus dem Griechischen. [...] Gegenüber den rund 600 Lehnwörtern, die zu Zeiten der Germania Romana ins vordeutsche Sprachgut eingegangen sind, war der Sprachtransfer christlicher Lateinvokabeln wenig intensiv. Das sollte sich ein paar Jahrhunderte später ändern. [...]

Claudia Maria Riehl: **Das 18. Jahrhundert – Französisch als Sprache der Höfe** (2004)

Vor und nach Ludwig XIV. (1650–1770) ist Frankreich die führende Nation. Adel und gehobenes Bürgertum orientieren sich an der Mode (à la mode) von Paris und am französischen Königshof. Um 1700 ist in diesen Schichten Zweisprachigkeit absolut üblich. Die Sprache des Hofes und damit Prestigesprache ist das Französische. Viel zitiert ist folgender Ausspruch von Voltaire, der 1750 vom Hofe Friedrichs II. schreibt: „Man spricht nur unsere Sprache. Das Deutsche ist für die Soldaten und die Pferde.“ [...]

Aus dieser Zeit des Sprachkontakts resultieren wieder eine ganze Reihe von Lehnwörtern:

- im Bereich Mode: *Mode, Kostüm, Weste, Parfüm, frisieren, Perücke*
- im Bereich der Küche: *Bouillon, Omelette, Ragout, Torte, Serviette, Tasse*
- in der Wohnkultur: *Balkon, Salon, Hotel, Gardine, Sofa, Büfett*
- im Gesellschaftsleben: *Maskerade, Billard, Karussell, Promenade*

Neben Substantiven finden sich hier auch eine ganze Reihe von Adjektiven *(galant, charmant, curiös, nobel, nett, interessant)* und Verben *(amüsieren, spendieren, parlieren, maskieren)*. [...]

Während es sich bei diesen Wörtern häufig um einen sog. „Bedürfniswortschatz“ handelt (neue Bezeichnungen werden mit der jeweiligen Sachwelt übernommen), geht der Lehneinfluss so weit, dass auch der Grundwortschatz betroffen ist. Aus dem Französischen übernommene Verwandtschaftsbezeichnungen wie *Papa, Mama, Onkel, Tante, Cousin, Cousine* verdrängen die ursprünglichen deutschen Begriffe [vgl. *Oheim, Base, Muhme*].

---

1 Formulieren Sie die wichtigsten Aussagen aus den Texten zur lateinischen und französischen Sprachkontaktsituation mit eigenen Worten. Führen Sie ggf. eigene Wortbeispiele an.

2 Halten Sie **Kurzvorträge** (▶ S. 103 ff.) zu den folgenden Fachwortgruppen aus den Fächern Deutsch, Geschichte und Mathematik: *Medium/Massenmedium, Mentalität/Epoche, Ziffer/Chiffre/Null/Zero.*

Information **Sprachursprung und Sprachkontakt**

Die Frage nach dem Ursprung menschlicher Sprache ist bis heute nicht zu beantworten. Angenommen wird aber, wie etwa bei J. G. Herder, ein grundsätzliches **Sprachvermögen,** mit dem die Menschen im Dialog miteinander die Welt beschreiben und deuten. Dabei ist nach W. v. Humboldt oder Eco eine gemeinsame Sprache Ausdruck einer bestimmten Kultur bzw. Weltansicht, die des Kontakts mit anderen Sprachen und Kulturen bedarf, um sich weiterzuentwickeln.
Auch die Geschichte des Deutschen zeigt, dass sie keine in sich singuläre und statische Sprache ist, sondern sich im **Sprachkontakt** (interlingual) mit anderen Sprachen – vor allem dem Lateinischen, Französischen und Angloamerikanischen – über Jahrhunderte hinweg ergänzt und gewandelt hat.
Im Rahmen dieser Entwicklung sind vornehmlich **Fremd- und Lehnwörter** zu unterscheiden: Fremdwörter behalten die Lautung und Schreibung der Herkunftssprache weitgehend bei. Hat sich jedoch die fremde Schreibung und Lautung an das Deutsche angepasst, spricht man von Lehnwörtern.

3.2 Sprachwandel – Anglizismen in Fachsprachen

Die Sprachentwicklung des Deutschen ist heute in erster Linie durch den Eingang englischsprachiger Wörter geprägt. Technik-, Wirtschafts- und Wissenschaftsgeschichte machen deutlich, wie seit dem 19. Jh. die technischen Fachsprachen im Leben der Menschen erheblich an Bedeutung gewonnen haben und auf die Sprache des Alltags einwirkten. Besonders an der Computerfachsprache kann man das Entwicklungstempo und die Internationalisierung beobachten. Inzwischen werden Computerfachwörter aus dem Angloamerikanischen kaum noch in das Laut- bzw. morphologische Gefüge der aufnehmenden Sprachen integriert. Die Forschung spricht von einer kaum noch bewusst werdenden so genannten „inneren Anglifizierung" des Deutschen und anderer Sprachen in Form von:

- Übernahmen aus dem Angloamerikanischen ohne Veränderung, z. B.: *Software,*
- Hybridbildungen als Verschmelzung von Elementen aus dem Englischen und dem Deutschen, z. B.: *Setup-Programm, Sound-Karte,*
- Lehnübersetzungen, z. B.: *Netzwerk* von *network,*
- deutschen Verben, die zu „Computer-Termini" werden, z. B.: *speichern, laden,*
- Abkürzungen unterschiedlichster Art, häufig als Initialwörter, z. B.: *HTML,*
- Abkürzungen, die in phonetischer Bindung auftreten, z. B.: *LAN = Local Area Network,*
- Kürzungen als Silbenwörter mit besonderer Schreibweise, z. B.: *CompuServe,*
- Metaphern in Übersetzungen, z. B.: *Datenautobahn,* oder in direkten Übernahmen, z. B.: *Server,*
- Fachwörtern, die bereits wieder verschwinden, z. B.: *Diskette.*

1 Ergänzen Sie die obige Liste durch weitere Beispiele und erläutern Sie deren Bedeutung.

2 Erläutern Sie die folgenden Einschätzungen (► Die Entwicklung des Deutschen, S. 505 ff.):
- Hinter der Internationalität der Fachsprachen standen früher meistens lateinisch-griechische Ursprünge. Heutzutage erfüllen englische Wörter eine ähnliche Funktion.
- Der fachsprachliche Wandel reflektiert eine gesellschaftlich-kulturelle bzw. wissenschaftliche Entwicklung.
- Deutsche und englische Fachwörter sind insofern ähnlich motiviert und zudem über ihren gemeinsamen germanischen Ursprung teilidentisch.

Dieter E. Zimmer: **Alles eine Sache des Geschmacks? Von wegen!** (DIE ZEIT, 26. 07. 2007)

*Dieter E. Zimmer (*1934) war lange Zeit der publizistisch wirksamste Kritiker einer lexikalischen, grammatischen, phonetischen und orthografischen Vermischung des Deutschen mit dem Angloamerikanischen. Er führte immer wieder Klage, dass die grammatikalische und lautliche Integration englischer Wörter und Wendungen kaum mehr erfolge und viele Deutsche kein Sprachnormbewusstsein mehr hätten. Neuerdings vertritt Zimmer eine gemäßigtere Position im Hinblick auf die Beurteilung der Anglifizierung des Deutschen.*

Die deutsche Sprache, und nicht nur sie, macht zurzeit den größten und schnellsten Veränderungsschub ihrer Geschichte durch. In noch einmal fünfunddreißig Jahren wird das Deutsch vor 1970, als dieser Schub einsetzte, genauso fern und fremd wirken, wie den Heutigen das der Lutherzeit erscheint. Die offensichtlichste Veränderung ist der Einstrom von Internationalismen, meist Anglizismen, und logischerweise ist er es, der den Bürger am meisten irritiert, im Positiven wie im Negativen. Er bildet den Hauptgegenstand öffentlicher Sprachkritik, sei es beim Latte macchiato oder in den Medien. Was ist davon zu halten? Die Wissenschaft, die es wissen sollte, hält sich bedeckt. Die akademische Linguistik scheint schon die Vorstellung, ein Sprachgebrauch könnte besser sein als der andere, albern zu finden. Nahezu unisono schweigen die Sprachforscher oder wiegeln ab: Alles schon einmal da gewesen, alles halb so schlimm, und wenn schon! Es kommt, wie es kommt, und das ist gut so, die Sprache reguliert sich selbst und braucht keine Belehrungen.

Aber der Einzelne sieht sich auf Schritt und Tritt mit sprachlichen Äußerungen konfrontiert, die in kein gelerntes Schema richtigen Sprachgebrauchs passen wollen. Er ist verunsichert. Sagt man heute wirklich: *Bei dem Geldinstitut werden Money Girokonten problemlos administriert?* Oder: *Die Software personalisiert den intelligenten Agenten mit einem Gesicht?* Muss man es gar so sagen? Kann man es nur so sagen? Ist es gut gesagt? Wäre es nicht besser, es so zu sagen, dass auch weniger gutwillige Leser es auf Anhieb verstehen? [...]

Wer Sprachbewusstsein besitzt, wird sich in jedem Fall sein eigenes Urteil vorbehalten. Letztlich die einzige Art, Einfluss auf den allgemeinen Sprachgebrauch zu nehmen, besteht darin, selbst nicht mitzumachen, was einem nicht einleuchtet. [...]

[W]as tun angesichts des massiven Einstroms von Internationalismen, meist Anglizismen? Sich verweigern, weil sie jedenfalls kein Deutsch sind und damit nie und nimmer „gutes Deutsch" ergeben können? Nachgeben, weil sie unsere alte Sprache aufmischen oder weil gegen sie sowieso kein Kraut gewachsen ist?

Der deutsche Fremdwortbegriff, hinter dem eine illusionäre Vorstellung von sprachrassiger Reinheit steht, führt uns in die Irre. Wir sollten endlich einsehen, dass wir ein Einwanderungsland sind und schon immer waren. Aber die Fremdwörter müssen sich – grammatisch – integrieren lassen! Viel von dem crazyen trendyen downgeloadeten und geupdateten Material ist kaum integrierbar und müsste wieder outgesourct werden. Aber willkommen sind die neuen fremden Wörter und Wendungen dort, wo sie ausdrücken, wofür Deutsch bisher gar keinen Ausdruck hatte, oder keinen so klaren und knappen *(Scan, scannen);* wo sie eine semantische Nuance hereinbringen, die ihre Wörterbuchübersetzung nicht hat *(Team* ist eben nicht dasselbe wie *Mannschaft* oder *Belegschaft);* [...] wo sie der Sprache eine gewisse globale Beweglichkeit verleihen – über dieselben Gegenstände redet man international besser mit deckungsgleichen Begriffen und womöglich gar ähnlich lautenden Wörtern. Manche dieser Wortimporte sind so notwendig und nützlich, dass man sogar über ihre mangelnde Integrationsneigung hinwegsehen muss.

---

1 Stellen Sie, z.B. in Form einer Tabelle, dar, welche Sachverhalte Zimmer benennt, was er an diesen kritisiert und welche Lösungsvorschläge bzw. Verhaltensweisen er formuliert.

2 Diskutieren Sie die Lösungsvorschläge Zimmers im Kurs.

3 Suchen Sie nach aktuellen Texten zur Anglizismus- und Sprachschutz-Debatte. Prüfen Sie, wo eher ideologische und/oder politische Positionen, allgemein sprachkritische oder spezifisch sprachpflegerische und wo „bewertungsneutrale" Einschätzungen zum Sprachwandel zu finden sind.

Information **Web-Kommunikation – Sprachwandel durch die Neuen Medien**

Als „**Web-Kommunikation**" werden hier all jene Formen verstanden, die einen interaktiven Text-Bild-Dialog ermöglichen. Dazu gehören E-Mails, Chats, Blogs, Newsgroups, SMS und ins Netz gestellte Hypertexte. Von Linguisten werden diese besonders unter den Aspekten der Textkohärenz und Verstehbarkeit als Teil des aktuellen Sprachwandels untersucht. Unter dem Stichwort „**Sprachwandel durch die Neuen Medien**" wurden an mehreren Universitäten Forschungsprojekte durchgeführt. Danach zeichne sich die Kommunikation im Netz durch folgende Tendenzen aus:

- Plauderton/Parlando: Übertragung des privaten Plaudertons bei Chats in Schreibprodukte von Jugendlichen außerhalb des Netzes, z.B.: *„Hasse das gehört?“, „Ja, so isses.“*
- Zusammenziehungen, Auslassungen: Laute oder Redeteile werden ausgespart, weil man sich auf ein gemeinsames Situationswissen bezieht, z.B.: *„Nich gut das.“*
- Elliptisierung der Syntax: unvollständige Sätze, z.B.: *„Bin dabei.“*
- Aufgeben von Kohärenznormen: Darbietung nicht zusammenhängender Textteile und schnelle gedankliche und sprachliche Wechsel, so genannte „turns“.
- Veränderte Schriftpraxen:
  - Vermischung von Zeichen zu Zahlen- und Buchstabenzeichen, z.B.: *„1halt“, „4u“*,
  - Mischungen zwischen Groß- und Kleinschreibung, Großbuchstaben zur Hervorhebung,
  - Zunahme von Floskeln, Akronymen/Abkürzungen, z.B.: *„lol“* [laughing out loud],
  - Verwendung von Emoticons, Smileys und Inflektiven, z.B: ;-), ☺, *„seufz“, „gähn“*.

---

1 Berichten Sie über Ihre Erfahrungen mit der Web-Kommunikation. Führen Sie Beispiele an.

2 Prüfen Sie, ob in Ihren Texten für die Schule „Sprachnormverstöße“ im Satzbau, Stil und Aufbau eines Textes angemerkt wurden, die auf die obigen Tendenzen zurückzuführen sind.

3 Diskutieren Sie diese These: „Jugendliche sehen das Kritisierte eher unter dem Aspekt der Kreativität und benutzen deshalb die kritisierten Formen selbstbewusst und spielerisch. Dabei verändern sie die Sprach- und Schriftnormen von unten und verschließen sich sprachpflegerischen Argumenten.“

4 Verfassen Sie zum Thema „Sprachwandel“ und „Computerisierung der Gesellschaft“ einen argumentativen Text für eine Jugendzeitschrift. Sie können dazu das folgende Zitat nutzen:

> Computernetze schließen die herkömmliche Lücke zwischen Individual- und Massenkommunikation. Zahlreiche Übergangsformen zwischen privater und öffentlicher Kommunikation entstehen. All diese Neuerungen gab es zwar auch schon vor dem Computer [...]. Computer durchdringen oder ersetzen aber, wenn nicht in der Rezeption, so jedenfalls in der Produktion, restlos alle anderen Kommunikationstechniken; und sie verdichten alle bisherigen Entwicklungen durch Zusammenführung auf derselben technischen Grundlage. *Ulrich Schmitz (2004)*

Information **Sprachwandel**

Analysiert man gleichzeitig bestehende Erscheinungsformen einer Sprache oder verschiedener Sprachen auf einer Zeitebene, so spricht man von einer **synchronen** Vorgehensweise, z.B. bei der **Untersuchung einer Fachsprache.** Wird dagegen ein Sprachaspekt, z.B. in Bezug auf den **Bedeutungswandel** (S. 505 ff.), auf mehreren Zeitebenen bzw. auf verschiedenen Entwicklungsstufen untersucht, dann spricht man von einer **diachronen** Fragestellung.

Vor allem die Veränderung oder Neuformierung ganzer Lebensbereiche durch den Einfluss neuer Erfindungen machen in der Regel neue Begriffe notwendig. Heute sind es insbesondere die neuen **Kommunikationstechnologien** (Internet etc.), die als fachsprachliche Ausdrücke angloamerikanischer Prägung die Sprache des Alltags nicht nur im Wortbestand, sondern auch in Grammatik und Pragmatik (▸ Information, S. 509 f.: „Web-Kommunikation“) beeinflussen. In diesem Zusammenhang wird eine „Anglifizierung“ des Deutschen festgestellt und kritisiert. Die sprach- und medienkritische Diskussion geht der Frage nach, wie weit dieser Einfluss gehen darf und ob man fremde Begriffe nicht durch deutsche ersetzen könne.

3.3 Erst- und Zweitspracherwerb – Wie lernen Kinder sprechen?

1 Kleinkinder können in relativ kurzer Zeit etwas so Komplexes wie Sprache erwerben, während Erwachsene durchaus mehr Schwierigkeiten haben, eine Sprache nachträglich perfekt zu erlernen. Wie gelingt den Kindern das? Notieren Sie Ihre Vermutungen zu folgenden Fragestellungen und tauschen Sie sich anschließend über Ihre Ideen aus:
- Wie erlernen Säuglinge bzw. Kleinkinder Laute mit Sinn bzw. Wörter mit Bedeutung?
- Wie erwerben sie die Grammatik der Muttersprache, wie die Melodie eines Satzes?
- Welche Rolle spielen die Bezugspersonen beim Sprachlernen?
- Sind die Lernvorgänge bei allen Kindern oder sogar in allen Sprachen ähnlich?

2 Vergegenwärtigen Sie sich beim Blick in ein Wörterbuch bzw. eine Grammatik der deutschen Sprache, was alles zu lernen ist. Beschreiben Sie diesen Lernstoff möglichst differenziert.

3 Erwachsene reagieren häufig intuitiv-unterstützend auf Säuglinge. Sie wenden dabei die so genannte Babysprache an (auch: Motherese, Ammensprache, Mutterisch). Sie ist bewusst einfach, übertrieben deutlich und wird in der Regel in hoher Tonlage gesprochen. Wie erklären Sie sich das?

4 a Beschreiben Sie den „Sprachbaum" rechts, indem Sie vor allem solche Bildelemente erläutern, die auf den Zusammenhang von Sprachelementen (siehe Baumkrone) und bedeutsamen Bedingungsfaktoren verweisen.

b Unter welchen Bedingungen kann Ihrer Meinung bzw. Beobachtung nach der Spracherwerb besonders gut verlaufen? Was könnte ihn stören? Stellen Sie mit Hilfe des „Sprachbaums" Thesen auf.

5 Begründen Sie Ihre Meinung: Lernt ein Kind Sprache ohne jedwede Voraussetzung oder verfügt es von vornherein über eine zu entwickelnde Sprachfähigkeit?

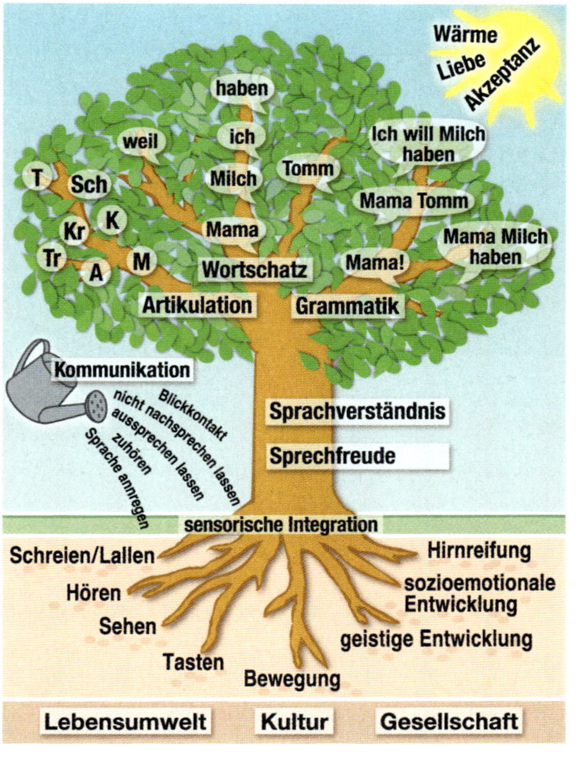

Information **Ontogenese und Phylogenese**

Die Frage nach dem frühkindlichen individuellen Spracherwerb wird auch als Frage nach der **Ontogenese** (auch: Ontogenie, Individual- oder Einzelentwicklung) bezeichnet. Davon zu unterscheiden ist die **Phylogenese** (auch: Phylogenie, Stammesentwicklung) im Hinblick auf eine Gesamtheit. Der Begriff wird verwendet, um die Evolution einzelner Merkmale zu bestimmen, also z. B. für die Frage nach der menschheitsgeschichtlichen Sprachentwicklung.

Phasen des Spracherwerbs – Spracherwerbstheorien

Die Linguistik, die Biologie (insbesondere die Genetik und Neurologie) sowie die Lernpsychologie versuchen zu bestimmen, was ein Kind wie erwirbt oder lernt und worüber es evtl. schon von Geburt an verfügt. Zudem wird untersucht, welche Bedeutung das soziale Umfeld auf den Spracherwerb hat. Darüber hinaus beschäftigt man sich mit der Frage, wie und inwieweit es einem Kleinkind gelingt, nicht nur eine Erstsprache, sondern auch zwei (oder mehrere) Sprachen gleichzeitig zu erwerben, z. B. auf Grund von Migration und/oder weil die Eltern unterschiedliche Muttersprachen haben. Man spricht dann vom frühkindlichen **zwei- oder mehrsprachigen Erstspracherwerb.** Davon zu unterscheiden ist der Erwerb einer **Zweitsprache,** die man sich später aneignet und die ein Mensch neben der Muttersprache spricht. Im Gegensatz zu einer **Fremdsprache,** die man in der Regel in der Schule kennen lernt, wird eine Zweitsprache beinahe täglich gebraucht, z. B. weil man in einem anderen Land lebt.
Aus Gründen der Systematik wird der Erstspracherwerb auf **vier Ebenen** beschrieben, auf
- der **phonetisch-phonologischen** (Laute, Intonation),
- der **semantisch-lexikalischen** (Sprach- bzw. Wörterverständnis),
- der **morphologisch-syntaktischen** (Grammatik) und
- der **pragmatisch-kommunikativen,** die auch soziale und emotionale Fähigkeiten umfasst.

Rosemarie Tracy: **Der Erwerb der deutschen Satzstruktur** (2002)

Beobachtet man deutschsprachige Kinder im Alter von einem bis vier Jahren, so stellt man fest, dass ihre Äußerungen zunehmend komplexer werden, wobei nacheinander folgende Meilensteine erreicht werden:

Meilenstein I: (mit etwa 1–1,5 Jahren)	Einwortäußerungen (vor allem Nomen, Partikeln) *da, nein, weg, ab*
Meilenstein II: (mit etwa 1,5–2 Jahren)	Elementare Wortkombinationen (zunächst zwei), dann mehr Wörter mit Verben (Infinitive) und Verbpartikeln; viele Wortklassen fehlen (vor allem Artikel, Präpositionen, Fragepronomen etc.) *Tür auf. Mama Bus fahren. Mama auch Bus.*
Meilenstein III: (mit etwa 2–3 Jahren)	Einfache, vollständige Sätze; zielsprachliche Wortstellung; aber auch noch die älteren Strukturformate von Meilenstein II *Jetzt geh ich hoch. Da kommt Ball rein. Wo kann der hingehen?*
Meilenstein IV: (mit 3–4 Jahren)	Komplexe Sätze (d. h. Satzreihen), Nebensätze mit dem flektierten Verb am Ende; die meisten Wortklassen sind verfügbar. *Ich warte, bis der Hund weggegangen ist.*

1 a Lassen Sie sich von Ihren Eltern erzählen, wie Sie begonnen haben zu sprechen. Was waren Ihre ersten Einwortäußerungen, wofür haben Sie diese verwendet? Wann haben Sie Worte kombiniert etc.?
b Vergleichen Sie die Informationen Ihrer Eltern mit den Meilensteinen in Tracys Darstellung.

2 Was ist typisch für die Syntax deutscher Aussagesätze? Schlagen Sie in Grammatiken nach und erläutern Sie an Beispielen, was ein Kind bis zu seinem vierten Lebensjahr alles lernt.

3 Tauschen Sie sich darüber aus, wie Sie begonnen haben, entweder eine Zweit- oder eine Fremdsprache zu erlernen. Wie haben Sie diese gelernt? Was war einfach oder schwierig?

Ralf Siedenberg und Gabriel Curio: **Das Wort „Huhn" riecht nicht wie ein „Huhn" und schmeckt nicht wie ein „Huhn". Zur Neurobiologie der Sprache** (nach 2000)

Seit der Jahrtausendwende wird die Theoriebildung zum Spracherwerb durch Erkenntnisse zum Sprachverstehen und zur Sprachproduktion im Gehirn ergänzt. Maßgebliche Forschungen dazu wurden u. a. beim Leipziger Max-Planck-Institut für Kognitions- und Neurowissenschaften durchgeführt. Durch Computertomografien, die in spezifischen Gehirnregionen die Reaktion auf fehlerhafte Sätze messen, stellte man z. B. fest, dass sich die richtigen grammatischen Strukturen bei Kleinkindern nach und nach entwickeln und bis etwa im Alter von neun Jahren vollständig und automatisiert verfügbar sind.

Der bekannteste Linguist des 20. Jahrhunderts, Noam Chomsky, meinte, die menschliche Sprache sei so komplex, dass ein potenzieller außerirdischer Besucher größte Schwierigkeiten hätte, die Grammatik der natürlichen menschlichen Sprache zu entschlüsseln. Die Leichtigkeit, mit der ein Kleinkind ohne besondere Anleitung die Sprache seiner Umgebung lerne, deute auf eine angeborene Sprachfähigkeit hin. Chomsky schloss daraus, es gebe eine „Universelle Grammatik", die allen Grammatiken der natürlichen Sprachen zu Grunde liege und die die biologische Basis der menschlichen Sprachkompetenz bilde. Steven Pinker bezeichnete diese biologische Sprachkompetenz des Menschen als den „Sprachinstinkt", um so die angeborene Fähigkeit zum Spracherwerb zu betonen. Gleichzeitig meint Pinker, dass dieser Sprachinstinkt spezifisch menschlich sei und der Mensch sich dadurch von den Tieren unterscheide.
Vereinfachend kann man die menschliche Sprache als ein Kommunikationssystem aus Wörtern und Regeln beschreiben. In der Terminologie der Linguistik entspricht dies in etwa der Semantik und der Syntax. Dabei ist in der menschlichen Sprache die Paarung von Laut und Bedeutung zumeist eine willkürliche und muss als Wort vom Kind erlernt werden. Das Wort „Huhn" sieht nicht aus wie ein Huhn, riecht und schmeckt nicht wie ein Huhn und klingt auch nicht wie ein Huhn. Die Symbole der Tiersprachen, wie beispielsweise Drohgebärden und Drohlaute, sind hingegen angeboren und in ihrer Bedeutung zum Teil sogar von anderen Spezies verständlich. Ähnliches gilt auch für einen Teil der emotionalen Ausdrucksfähigkeit des Menschen, die als nonverbale Kommunikation unabhängig oder überlagert mit der verbalen Kommunikation funktioniert. Die Ausdrucksfähigkeit der menschlichen Sprache ist außerdem gekennzeichnet von der Möglichkeit der Neubildung von Wörtern sowie der Kombination von Wörtern zu Phrasen und Sätzen. Die Regeln dazu bildet die jeweilige Grammatik einer Sprache. Während Autoren wie Chomsky und Pinker insbesondere die Komplexität der menschlichen Syntax als einmalig betrachten, meinen andere Autoren […], dass der sprachlichen Syntax die Sequenzierungsfähigkeit[1] des motorischen Systems von Primaten und anderen Wirbeltieren zu Grunde liegt und damit letztlich ein gradueller und nicht ein absoluter Unterschied zwischen Menschen und anderen Tieren bestehe. […]
Die ersten neurologisch begründeten Modelle der menschlichen Sprachverarbeitung reichen zurück in das 19. Jahrhundert. Danach ist die Sprachfähigkeit der meisten Menschen in der linken Gehirnhälfte lokalisiert. Viele Areale der frontalen und temporalen Hirnrinde sowie der Thalamus und die Stammganglien sind an der Sprachverarbeitung beteiligt. Syntaktische Störungen haben vorwiegend eine frontale Lokalisation, ohne dass sie einem einzelnen Sprachzentrum zuzuordnen sind. Störungen der Semantik und des Lexikons sind in hinteren temporalen Nervennetzen lokalisiert. Störungen der Prosodie (Sprachmelodie und Sprachrhythmus) sind zum Teil auch durch rechtshemisphärische Schädigungen (Läsionen) bedingt, interessanterweise analog zur Amusie, einer Störung der Musikverarbeitung. Sprachverarbeitung findet also an vielen Orten im Gehirn

1 **Sequenzierung:** Gliederung von Abläufen in einzelne Teile

gleichzeitig statt. Die genaue „Orchestrierung" dieser verstreuten neuronalen Module aufzuklären, ist Gegenstand einer intensiven Forschung, die hirnphysiologische Korrelate der sensomotorischen Verarbeitung von Sprach- und Musikreizen aufzudecken versucht.

1 a Chomsky und Pinker zählen zu den Begründern und Vertretern der Theorie des Nativismus. Geben Sie deren Auffassung wieder. Nutzen Sie dazu die Erläuterungen im ersten Textteil.
b Rekapitulieren Sie Ihre eigenen Vermutungen zu den Voraussetzungen des Erstspracherwerbs (► Aufgabe 1 und 5, S. 511). Inwieweit stimmen diese mit den Annahmen des Nativismus überein?

2 a Im zweiten Abschnitt des Textes (Z. 21–54) werden Chomskys und Pinkers Annahmen im Sinne einer kognitiven Psychologie, die sich im weitesten Sinne mit Lern- und Verarbeitungsprozessen beschäftigt, kritisiert. Erläutern Sie die kognitive Sichtweise.
b Recherchieren Sie weitere Informationen zum Kognitivismus und zu ihrem wichtigsten Vertreter, dem Kinderpsychologen Jean Piaget.

3 a Was leistet das menschliche Gehirn bzw. worin besteht die neurobiologische Basis der Sprachfähigkeit? Stellen Sie entsprechende Textaussagen möglichst mit Hilfe eines Schaubilds dar.
b Widersprechen oder unterstützen die psychologisch-kognitiven und neurobiologischen Auffassungen und Ergebnisse den Nativismus? Begründen Sie.
c Recherchieren Sie im Internet beim Leipziger Max-Planck-Institut zu weiteren Forschungsfragen der Neurobiologie und stellen Sie diese in einem **Kurzvortrag** (► S. 103 ff.) dar.

4 Lerntheoretiker, Psychologen und Sprachpädagogen kritisieren bis heute den Nativismus. Sie wenden ein, dass für die Entwicklung des Sprachvermögens die von außen kommenden Informationen maßgeblich sind. Diskutieren Sie diesen Einwand. Nutzen Sie dazu den „Sprachbaum" (► S. 511).

Els Oksaar: **Sprache und soziale Interaktion** (1987)

[Das Kind erwirbt] nicht nur die Fähigkeit, grammatikalische und akzeptable Äußerungen zu bilden und zu verstehen, sondern lernt auch Situationen zu beurteilen, in denen sie angebracht sind. Dieser Prozess verläuft zusammen mit interaktionalen Prozessen, in denen sprachliche und nichtsprachliche Handlungsschemata koordiniert werden können und häufig als eine funktionale Einheit vorkommen. […] Sprache als ein typisch menschliches und soziales Phänomen dient als Zeichensystem den Denk-, Erkenntnis- und sozialen Handlungsprozessen, spiegelt die Lebensäußerungen einer Gesellschaft wider und ist somit für deren Mitglieder das wichtigste Ausdrucks- und Kommunikationsmittel. Es muss hervorgehoben werden, dass ein Kind ja nicht Sprache an sich erwirbt, als Selbstzweck, sondern – in jeder Gesellschaft auf andere Art – um Kontakt mit anderen Menschen herzustellen und um seine Gedanken und Gefühle auszudrücken. Dies schließt den Erwerb des Lautsystems, der Grammatik, Semantik und verschiedene Sektoren der Lexik einer Sprache ein, aber geht über diese hinaus, in pragmatische Systeme, weil sie die Funktionen dieser Teile mit einbezieht. Sprache ermöglicht nicht nur Kontakte in einer Gruppe, sondern bestimmt auch selbst die Gruppenzugehörigkeit. […] Auch diese Seite der Sprache lernt das Kind mit der Zeit; im Vorschulalter scheint dies aber noch kaum ausgeprägt zu sein […]. Im Sozialisationsprozess werden dem Kinde viele soziale Normen vermittelt, das Medium ist die Sprache, die ebenso Norm ist.

1 Formulieren Sie, wodurch nach Oksaar der Spracherwerb insbesondere bedingt ist. Erläutern Sie diese Bedingung mit eigenen Worten und geben Sie diesem Erklärungsansatz einen Namen.

2 Übertragen Sie die folgende Tabelle in Ihr Kursheft. Ordnen Sie darin die relevanten Informationen aus den drei Texten (▶ S. 512–515) den vier bisher vorgestellten Theorie- und Erklärungsansätzen zu:

Bezeichnung des Ansatzes (Namen/Vertreter/Institution)	*Die Theorie/Der Ansatz geht aus von .../betont, dass ...*	*Sie/er unterscheidet sich vom ..., indem/weil ...*
1. Nativismus (Chomsky, ...)		
2.		

3 **a** Informieren Sie sich im Internet über die Argumente Jerome Bruners, des bekanntesten Vertreters der sozial-interaktiven Position.
b Simulieren Sie vor dem Hintergrund Ihrer Recherchen eine **Diskussion** (▶ S. 76 f.) zwischen Bruner und Oksaar einerseits sowie Pinker und Chomsky andererseits, und zwar zu folgender Fragestellung: Ist Sprache ein Instinkt oder ein Kunstprodukt menschlicher Kultur, eine angeborene Fähigkeit oder ein Ergebnis von Sozialisations- und Lernprozessen?

4 **a** Geben Sie die Thesen des nachfolgenden Textes mit eigenen Worten wieder und prüfen Sie, inwieweit sich diese Thesen auf die bisherige Kontroverse beziehen.

Hans Jürgen Heringer: **Phylo- und Ontogenese** [1] (2004)

[These 1:] Ein Kind vollzieht in seinem Spracherwerb eine Art Entstehung der Sprache nach, aber mit einem entscheidenden Unterschied. Im Spracherwerb geht es darum, individuell eine Sprache herauszubilden, die sozial schon existiert. Es geht darum zu erkennen, wie Äußerungen nach bereits existierenden Schemata wirken. In der Sprachentstehung überhaupt, in der Phylogenese, gibt es diese Schemata noch nicht. Sie müssen sich erst sozial herausbilden.

[These 2:] Die Sprache hat mit der Kommunikation angefangen, sich in und mit der Kommunikation entwickelt. [...] Das Gleiche wie für die Phylogenese gilt [...] für die Ontogenese. Ontogenese ist bestes Beispiel dafür, dass es nicht mit Bedeutungen anfängt. Der Lerner kann seine Kompetenz nur ausbilden in Kommunikation, auf der Grundlage von Äußerungen. Als Kind lernt man die Reaktionen kennen auf bestimmte Kommunikationsversuche. Ja man lernt sogar, dass etwas als Kommunikation verstanden wird. Die Reaktionen, die passen, werden individuell als regulär verarbeitet. [...]
Das semantische Wissen eines Individuums wird im Spracherwerb aufgebaut (und wahrscheinlich nie abgeschlossen). Das Individuum muss sein Wissen gewinnen aus Kommunikationen, also aus Untermengen verwendeter Zeichen und aus den entsprechenden Situationen. Das Wissen kann kaum darin bestehen, dass alle Äußerungen und Situationen im Gedächtnis bleiben. Es findet eine Schematisierung oder Verdichtung statt. Wie dies aussieht, wissen wir nicht. [...]

[These 3:] Sprache ist dem Menschen nicht angeboren. Das würde auch ihrem konventionellen Charakter widersprechen. Angeboren ist nur die Fähigkeit, jede beliebige Sprache zu erwerben und zu erlernen. Die Sprache wird in kultureller Tradition von Generation zu Generation weitergegeben.

1 **Phylogenese, Ontogenese:** zur jeweiligen Definition ▶ Information, S. 511. Titel v. d. Redaktion

---

b Begründen Sie, welcher Theorie/welchem Ansatz Sie die Thesen zuordnen. Welche Einwände würden Sie erheben?

5 Rekapitulieren Sie in Kleingruppen, ob es für Sie noch offene Fragen zum Thema „Spracherwerb" gibt. Was ist Ihnen unklar geblieben? Was müsste weiter erforscht werden?

Information **Spracherwerbstheorien – Forschungsansätze**

Man nimmt an, dass jedes Individuum beim Erstspracherwerb, also beim Erwerb seiner so genannten Muttersprache, die Entwicklung von Sprache überhaupt nachvollzieht, allerdings unter dem Einfluss seiner sozialen Umgebung. Für die Beobachtung, dass sich der kindliche Spracherwerb bei allen Kindern ungefähr gleich vollzieht, gibt es mehrere Erklärungsversuche:

- Der **Nativismus** geht schwerpunktmäßig davon aus, dass dem Menschen bestimmte Modelle bzw. „Wahrnehmungsprogramme" angeboren sind (Stichwort: „Universalgrammatik"), die ihm den Erwerb und den kreativen Umgang mit einer oder mehreren Sprachen ermöglichen.
- Beim **Kognitivismus** liegt der Akzent auf der Untersuchung innerpsychischer Prozesse wie z. B. Erkennen, Begreifen, Urteilen und Schließen. Diese innerpsychischen Vorgänge werden als Informationsverarbeitungsprozesse betrachtet, mit denen sich Vorgänge wie Auffassung, Lernen, Planung, Einsicht und Entscheidungen erklären lassen. Der Spracherwerb ist damit ein Prozess der Reifung, der in verschiedene Stadien untergliedert werden kann.
- Der **Interaktionismus** verweist darauf, dass der Spracherwerb ohne Vorbilder und Anregungen in der sozialen Umgebung des Kindes nicht möglich ist. Sprache ist danach durch soziale Gemeinschaften geprägt und Ergebnis der Interaktionen in einer spezifischen Kultur.
- In der **Neurobiologie bzw. Gehirnphysiologie** studiert man den Spracherwerb ganz wesentlich unter naturwissenschaftlichen Gesichtspunkten. Dabei wird das Gehirn daraufhin untersucht, wo es bestimmte Sprachinformationen aufnimmt, zusammenfügt und speichert.

Zweitspracherwerb – Oder: Gibt es mehrsprachige Gehirne?

Der interdisziplinäre Forschungsbereich „Zweitspracherwerb" hat das erklärte Ziel, Mehrsprachigkeit und interkulturelle Verständigung im Spannungsfeld von Sprache, Kultur, Individuum und Gesellschaft zu erkunden. Im Vordergrund stehen Fragen, wie sich jeweils bei Kindern und Heranwachsenden der Erst-, Zweit- und Fremdspracherwerb (▸ S. 512) vollzieht und welche Lern-und Lehrprozesse bei einem gesteuerten (schulischen) Spracherwerb wichtig und notwendig sind.
Die Neurowissenschaften erforschen z. B. den Zweitspracherwerb in Zusammenarbeit mit Sprachpädagogen, wobei sie Sprachbiografien und unterschiedliche soziale Variablen für den Spracherwerb bei mehrsprachig aufgewachsenen Kindern mit einbeziehen. Dieser Forschung zufolge scheint die Zeit bis zum vierten Lebensjahr, was die Entwicklung des Gehirns betrifft, wie geschaffen zu sein für den gleichzeitigen Erwerb mehrerer Sprachen. Es gibt Hinweise, dass ein früher Erwerb einer Zweitsprache weitere kognitive Fähigkeiten, in jedem Fall aber das Erlernen weiterer Sprachen, begünstigt.

Holger Küls: **Gehirnforschung, Lernen und Spracherwerb – Einige Anmerkungen zum Zweitspracherwerb** (nach 2003)

Das menschliche Gehirn ist bis zum Lebensende plastisch, d. h. durch Erfahrungen und Lernen veränderbar. Allerdings ist die jeweilige Lerngeschwindigkeit dem Alter entsprechend verschieden. In der Kindheit ist die Lerngeschwindigkeit rasant. [...] Bei der Gehirnentwicklung bzw. beim Lernen [sind] Anregungen durch die Umwelt, also eine Reizzufuhr, ein Input gleich von Anfang an von zentraler Bedeutung [...]. Wenn es um den Spracherwerb bzw. das Sprechen geht, dann erfolgen die beschriebenen Prozesse in den „Spracharealen" [...]. Hier beginnen dann die Verbindungen zwischen den Neuronen zu wuchern. In diesem Zeitfenster sind die entstehenden Verbindungen und die synaptischen Kontakte darauf angewiesen, von der Umgebung, also durch Umweltreize aktiviert zu werden. Unterbleibt das, verkümmern die sprießenden Nervenzellverschaltungen wieder [... oder] können sich die erforderlichen Nervenverbindungen nur noch sehr langsam entwickeln [...], wie die einschlägig bekannten Fälle von ... Kaspar Hauser oder den Wolfskindern zeigen. [...]

[Der] Prozess des Erstspracherwerbs verläuft unbewusst und automatisch sowie auf Grund der besonderen Sensibilität der entsprechenden Gehirnareale für diese Lernprozesse in der frühen Kindheit auch sehr schnell. Ganz anders scheint dies bei den so genannten „Fremdsprachen" zu sein. Diese werden, wie es jeder Sprachunterricht in der Schule zeigt, über das bewusste Lernen von Regeln und Vokabeln erworben. Grundlage dafür sind aber weitgehend die Kompetenzen des Lernprozesses der Erstsprache. Allerdings zeigen sich hierbei teilweise andere Vorgänge im Gehirn. [...] Neuere Forschungen haben ergeben, dass sich beim späteren Lernen einer zweiten Sprache in Teilen ein neues neuronales Netzwerk in den Sprachzentren des Gehirns entwickelt. Dies trifft etwa beim Fremdsprachenunterricht in der Schule zu oder wenn ein Mensch als älteres Schulkind oder später in ein anderes Land mit einer anderen Sprache umsiedelt. Interessanterweise sieht das anders aus, wenn ein Kind im frühen Alter zwei Sprachen lernt, also zweisprachig aufwächst. In diesem Fall entsteht ein einziges neuronales Netz für beide Sprachen. In der Computertomografie (CT) werden bei der Nutzung beider Sprachen die gleichen Areale und Bereiche als aktiv angezeigt. Das Kind, das sehr früh mehrere Sprachen erwirbt, lernt dabei jede der Sprachen mühelos und nahezu automatisch. Wenn ein Mensch hingegen später lernt, dann entwickelt sich für diese zweite Sprache teilweise ein neues Netzwerk. Und das führt dazu, dass das Erlernen dieser zweiten Sprache sehr viel mehr Anstrengung, Mühe und Üben bedeutet und nicht wie bei der ersten Sprache nahezu automatisch und intuitiv durch Nachahmung und fast spielerischen Versuch und Irrtum läuft. Zudem wird auch niemals die Vollkommenheit der ersten Sprache erreicht.

1 **a** Erläutern Sie, worin nach dieser Darstellung die wesentlichen Unterschiede zwischen dem Erwerb der Erstsprache und dem Erlernen einer Zweit- oder Fremdsprache bestehen.
b Benennen Sie die Empfehlungen, die Küls für einen optimalen Zweitspracherwerb gibt, und vergleichen Sie diese Empfehlungen mit Ihrer eigenen Erst- und Zweit- oder Fremdsprachbiografie. Können Sie diese Empfehlungen bestätigen? Wo hätte es Verbesserungsbedarf gegeben?

Weiterführende Aufgaben/Projektideen:

1 Recherchieren Sie, z. B. im Internet beim Max-Planck-Institut für neurologische Forschung in Leipzig, zu Forschungsansätzen und -methoden zum Thema „Zweisprachigkeit" und präsentieren Sie diese.
2 Erstellen Sie für einzelne Kursmitglieder Spracherwerbsbiografien im Hinblick auf das Erlernen der Erst-, einer Zweit- und einer Fremdsprache. In welchen Schritten hat sich der Erwerb jeweils vollzogen? Welche Erfolge und welche Schwierigkeiten stellen sich ein?
3 Stellen Sie literarische Arbeiten zwei- bzw. mehrsprachiger Autoren vor (z. B. von Wladimir Kaminer, Rafik Schami, Franco Biondi, Emine Sevgi Özdamar), in denen besonders auf die deutsche Sprachumwelt, auf positive Gefühlslagen, aber auch auf Fremdheitserfahrungen eingegangen wird.
4 Führen Sie eine **Diskussion** (S. 76 f.) zu folgenden Fragen durch: Sollen Menschen mit Migrationshintergrund durch erweiterte Schulangebote auch Unterricht in ihrer Herkunftssprache erhalten?

4 Sprachliche Varietäten

Jetzat schreibet d'Leit scho seit letschdem Johr, dass des mp3 net lauft, und was isch basiert seiher? Nix, iberhaupt nix!!! Wenn ihr nicht wellet, no schmeisset doch dean link raus ond guat isch. Sodele, hett mr's wieder. An scheene Sonndich ond brauchets gsond.

Ich hab datt allet noch vonne Pike auf inne Kolleni bei die ganzen Blagen ausse Nachbarschafft gelärnt. Wenn einer datt richtich sprechen tut – dann ja wohl ich. Wegen den Scheiß ham wa oft genuch vonne Mudda den Arsch versohhlt gekricht – „Mensch, Junge, sprech richtig deutsch", hatt se immer gesacht – nich imma datt Kohlenpottplatt ... Jau, so wanse früer ebend – die Alten!!!

1 Wählen Sie ein oder mehrere Beispiele aus der Text-Bild-Collage für einen (szenischen) Vortrag aus. Klären Sie dazu Inhalt und Aussageabsicht der von Ihnen gewählten Beispiele unter Berücksichtigung der sprachlichen Form.

2 Stellen Sie eine vorläufige Definition zu folgender Frage auf: Was sind „Sprachvarietäten"?

In diesem Kapitel erwerben Sie folgende Kenntnisse und Kompetenzen:

- das Sprachbewusstsein schärfen und den eigenen Sprachgebrauch wahrnehmen und kontrollieren,
- verschiedene Dimensionen einer Sprache benennen und an Beispielen veranschaulichen sowie ihre vielfältigen Zusammenhänge erläutern,
- unterschiedliche Positionen zu den Themen „Dialekt", „Frauen-/Männersprache", „Jugendsprache", „Ethnolekt" referieren und selbst dazu Stellung nehmen,
- die verschiedenen Interessen unterscheiden, die die Unterhaltungsmedien einerseits und die Sprachwissenschaft andererseits in der Auseinandersetzung mit Sprachvarietäten verfolgen,
- Sachtexte zum Thema „Sprachvarietäten" erschließen und mit dem eigenen Sprachgebrauch in Verbindung bringen.

4.1 Standardsprache – Umgangssprache – Dialekt

Astrid Stedje: **Die Sprachen in der Sprache** (2007)

Gliederung der Sprache

Die Sprache lässt sich aus verschiedenen Dimensionen gesehen verschieden gliedern. Leider ist die Terminologie aber nicht vereinheitlicht. Für die gleiche Sprachschicht oder den gleichen Bereich werden oft mehrere Bezeichnungen nebeneinander gebraucht, z. B. *Hoch-, Normal-, Gemein-, Allgemein-, Gebrauchs-, Standardsprache* für die überregionale, nicht gruppengebundene Sprache; und manche Begriffe werden in unterschiedlichen Bedeutungen verwendet oder undeutlich definiert (bes. *Umgangssprache*). Vereinfacht lassen sich [...] fünf Dimensionen unterscheiden: Medium [gesprochene oder geschriebene Sprache], historische, regionale, soziale und stilistische Dimension. [...]

[Zur regionalen bzw. dritten Dimension schreibt Stedje:]

Große geografische Unterschiede, vor allem was Wortschatz und Aussprache betrifft, weisen die Mundarten (Dialekte) auf. Nichtregional (oder überregional) ist die Standardsprache (auch Gemeinsprache oder Hochsprache). Zwischen beiden liegen die regional gefärbten Umgangssprachen, die kleinere geografische Variationen aufweisen. [...]

Die überregionale Standardsprache

Die Standardsprache [...] ist [...] das Resultat einer langen Entwicklung. Ihre grammatischen, stilistischen und orthografischen Normen wurden endgültig erst im vorigen Jahrhundert festgelegt. Sie verändern sich jedoch langsam, indem sie sich an den Sprachgebrauch anschließen. Die Standardsprache nähert sich also allmählich der Umgangssprache [...], und sie ist eher eine geschriebene als eine gesprochene Sprache.

Die Mundart

Die Mundart ist die älteste Form der Sprache [...]. Aussprache und Wortschatz wechseln

stark von Dialekt zu Dialekt, manchmal sogar von Ort zu Ort. Der Dialekt hat deshalb gegenüber der Standardsprache nur eine begrenzte Reichweite. Da die Mundart hauptsächlich gesprochen wird und ihre Orthografie und Grammatik nicht normiert sind, ist sie leichter veränderlich als die geregelte Standardsprache.

Die Aussprache enthält viele Assimilationen und Abschwächungen (ostfränk. *unner* ‚unser', schwäb. *ebbes* ‚etwas'). Durch Analogie ist die Flexion weiter vereinfacht worden. [...]

Die Mundarten sind reich an expressiven und anschaulichen Ausdrücken, und der Wortschatz ist teilweise differenzierter und konkreter als in der Standardsprache.

Heute ist die Gesamtzahl der Menschen, die reine Mundart sprechen, stark zurückgegangen, obwohl die meisten Erwachsenen einen Dialekt jedenfalls zum Teil beherrschen. [...]

Hauptsächlich drei Faktoren haben während der letzten 150 Jahre den Rückgang der Dialekte verursacht [...]. Andererseits erleben wir wieder eine gewisse Renaissance der Mundarten. [...]

Die regionale Umgangssprache

Die Umgangssprache steht zwischen Mundart und Standardsprache. Entstanden in fnhd. [frühneuhochdeutscher] Zeit, hat sie sich in der sozialen Oberschicht der Städte entwickelt, unterschiedlich in den verschiedenen Teilen Deutschlands. Auch die Umgangssprache ist hauptsächlich eine gesprochene Sprache. Sie ist überregional verständlich, weist aber mehr oder weniger starke landschaftliche Züge auf, an denen man die Herkunft des Sprechers erkennt, z. B. an

- der Intonation,
- einer regionalen Färbung der Aussprache (z. B. von *r, st, -ig*),
- dem süddeutschen Gebrauch von *sein* bei *liegen, sitzen, stehen* gegenüber nord- und mitteldeutsch *haben,*
- den wortgeografischen Unterschieden, d. h. in Wörtern und Ausdrücken, die als regionale Varianten der Gemeinsprache nebeneinander gelten […]. Es sind vor allem Berufsbezeichnungen und Ausdrücke auf den Gebieten Küche und Haushalt usw.

In den letzten Jahren ist jedoch die Tendenz zum überlandschaftlichen Ausgleich im Wortgebrauch stärker geworden. U. a. wirken die Nahrungsmittelindustrie und die Werbung hier vereinheitlichend.

Bezeichnung für Brötchen in den dt. Umgangssprachen

1 „Umgangssprache“: Umschreiben Sie zunächst Ihr eigenes Verständnis dieses Begriffs. Vergleichen Sie dieses dann mit den Aussagen des Textes.

2 Veranschaulichen Sie die Informationen des Textes in Form verschiedener Grafiken.

3 **a** Stellen Sie Bezüge her zwischen den beiden Karten und den Aussagen des Textes.
b Sammeln Sie weitere Beispiele für wortgeografische Unterschiede.

4 **a** Welche Faktoren haben Ihrer Vermutung nach zum Rückgang der Dialekte geführt (vgl. Z. 57 f.)?
b Die Autorin spricht andererseits von einer „Renaissance der Mundarten“ (Z. 64): Können Sie diese Einschätzung teilen? Sammeln Sie Belege.

5 Erörtern Sie, in welchen Bereichen des privaten und öffentlichen Sprechens Ihnen der Gebrauch von Dialekt (in)akzeptabel erscheint: Schule, Medien, Clique, Familie, Universität, Bundestag, Gericht etc.

6 Erklären Sie anhand von Beispielen, Erfahrungen und Recherchen die übrigen vier von Stedje genannten Dimensionen zur Gliederung unserer Sprache (vgl. Z. 13 f.): Medium, historische, soziale und stilistische Dimension.

7 **a** Auf der Internetseite des „Dialektatlasses“ der Deutschen Welle konnten die Besucher/innen sich im Jahr 2008 an nachstehender Umfrage beteiligen. Beziehen Sie selbst Position.
b Prüfen Sie, ob man sich immer noch an der Abstimmung beteiligen kann. Vergleichen Sie den Stand der Abstimmung mit Ihrer Position bzw. Diskussion.
c Alternativ können Sie selbst eine Umfrage in Ihrem Umkreis durchführen. Achten Sie darauf, Personen unterschiedlichen Alters, unterschiedlicher Herkunft, Bildung und Berufe zu befragen.

Dialekt in der Schule?
Was halten Sie von einem mundartlichen „bilingualen“ Unterricht?

☐ **Nein**, die Schüler sollen Hochdeutsch lernen.
☐ **Egal**, solange man sich verständigen kann.
☐ **Ja**, Dialekte müssen erhalten bleiben.

Bernd Dörries: **I schwätz Hochdeutsch** (Süddeutsche Zeitung, 12.07.2005)

Daumen in den Mund, Lippen spitzen: Wie Schwaben üben, ihre Mundart loszuwerden. Stuttgart, im Juli – Tim P. hat sich in den vergangenen Wochen den Daumen in den Mund gesteckt, beim Sprechen die Lippen zu einem Ring geformt und abends dem Sprecher der Tagesschau genau zugehört. Das waren seine Übungen. Er spricht nun den Satz, der einer der schwierigsten von allen sein soll. „Die Eltern waren Sportler, die Kinder waren Sportreporter." Tim P. ist in Stuttgart geboren und spricht auch so. Er ist 27 Jahre alt, arbeitet in einer großen Bank und [...] versucht, sein Schwäbisch loszuwerden. Dafür besucht er einen Kurs.

Über Jahre hinweg wurde er immer wieder darum gebeten, doch etwas deutlicher zu sprechen und langsamer. Und wenn er abends die Tagesschau sah, dann dachte er, es wäre doch schön, so sprechen zu können. Richtig hochdeutsch. Sauber und erhaben klinge das, sagt er. „Das strahlt schon eine andere Kompetenz aus als Schwäbisch." Das wirke oft etwas dümmlich, hinterwäldlerisch. So möchte er nicht rüberkommen. Deshalb sitzt Tim nun mit fünf anderen Teilnehmern beim Sprachinstitut „Fon" im Kurs: Ein Unteroffizier ist dabei, eine Lehrerin, ein Bauleiter und eine Software-Spezialistin. Sie alle sagen, dass sie privat gerne schwäbisch sprechen. Nur im Beruf sei es eben eher von Nachteil.

„Wir können alles, auch Hochdeutsch", hat die Sprachtrainerin Ariane Willikonsky den Kurs genannt. Die Nachfrage sei groß, sagt sie. Führungskräfte von DaimlerChrysler und Siemens seien bei ihr gewesen. Manche Firmen bezahlten ihren Mitarbeitern den Kurs. Der Titel des Kurses ist die Umkehrung der Image-Kampagne von Baden-Württemberg, die unter dem Titel „Wir können alles. Außer Hochdeutsch" auf die positiven Seiten des Landes aufmerksam machen will und dafür auch einige Preise bekommen hat. Nur die Attraktivität des hiesigen Dialekts hat sie nicht verändern können.

Im Berufsleben ist er nicht unbedingt ein Karrierevorteil. Der Bauleiter sagt, bei Besprechungen stelle er schon fest, dass die Leute besser zuhören, wenn er nun laut und deutlich spreche. Die Lehrerin sagt, sie habe oft Vorwürfe von Schülern und Eltern bekommen, wegen ihres Dialektes. „Die haben schlechte Diktate geschrieben und sagten, es liege an meiner undeutlichen Aussprache." [...]

„Schwaben und Sachsen sprechen beide dorsal, sie bilden die Laute weit hinten in der Kehle", erklärt Willikonsky. Das hört sich oft so an, als hätten sie Schnupfen oder hielten sich die Nase zu. „Es führt auch zur Kopfstimme, die hoch und piepsig klingt." Weil die Wörter so weit hinten gebildet werden, klinge das Schwäbisch immer etwas defensiv und manchmal klosig-weinerlich. Anders sei es mit dem Bairischen oder dem Berlinern. Beide Dialekte werden ganz vorn im Mund gebildet. Das gibt ihnen etwas forsch Selbstbewusstes. „Die sprechen mit dem Brustton der Überzeugung."

Ihre Kunden lässt Ariane Willikonsky nun den Daumen in den Mund stecken, damit der beim Sprechen weit geöffnet ist. Sie lässt die Lippen spitzen, damit der Dialekt nicht so breit wirkt. Aber eines, sagt sie, habe sie nicht vor. „Wir wollen nicht, dass man das Schwäbisch verlernt." Es gehe nur darum, in bestimmten Situationen von Schwäbisch auf Hochdeutsch umzuschalten. „Ich bin eigentlich ein großer Fan des Schwäbischen", sagt sie. [...]

Hans Kratzer: **Dialekt macht schlau** (2005)

In der Sprache der Münchner Jugendlichen kommt er nicht mehr vor, die Radio- und Fernsehsender meiden ihn wie die Pest, in vielen Firmen, Elternhäusern, Schulen und Universitäten gilt er als primitiv und unzeitgemäß. Doch jetzt hat die aktuelle Pisa-Studie dem Dialekt überraschend zu neuer Aufmerksamkeit verholfen. Dass im Bildungsvergleich ausgerechnet Dialekt-Regionen wie Bayern, Baden-Württemberg, Sachsen und Österreich ganz oben stehen, hat eine Reihe von Fragen aufgeworfen. Sogar die mundartlich wenig inspirierte Bildzeitung titelte etwas ratlos: Macht uns der Dialekt so schlau?

Größere Sprachkompetenz dank Dialekt

Mundart-Experte Hans Triebel beantwortet diese Frage klipp und klar mit Ja. „Unsere Kinder san ja net so gscheit, weil bei uns die CSU regiert, sondern weil sie von Grund auf zwei Sprachen lernen, den Dialekt als Muttersprache und das Schriftdeutsche als Standardsprache", sagt Triebel. Tatsächlich lassen wissenschaftliche Untersuchungen den Schluss zu, dass Kinder, die mit dem Dialekt aufwachsen und sich dann erst die Standardsprache aneignen, eine größere Sprachkompetenz entwickeln.

Heinz-Peter Meidinger, der Vorsitzende des Deutschen Philologenverbandes, nennt folgenden Grund für dieses Phänomen: „Dialektsprecher lernen früh, zwischen verschiedenen Sprachebenen zu unterscheiden. Das trainiert die Auffassungsgabe und das abstrakte Denken." Nach Ansicht von Josef Kraus, dem Präsidenten des Deutschen Lehrerverbandes, profitieren Dialektsprecher vor allem in Deutsch und Mathematik von ihrem guten sprachanalytischen Verständnis.

Weniger Rechtschreibfehler bei Dialektsprechern

Ludwig Zehetner, der an der Universität Regensburg bairische Dialektologie lehrt, verweist überdies auf jüngste Erkenntnisse in der Hirnforschung. Aus denen gehe hervor, dass sich bei Kindern, die mehrere Sprachen beherrschen, das zuständige Zentrum im Gehirn besser ausbilde. „Der Dialekt ist für ein Kind die optimale Voraussetzung für jegliche weitere Entfaltung auf sprachlichem Gebiet", sagt Zehetner. Dazu passt die These von Reinhold Steininger, dass zwar der Gebrauch des Dialekts rapide zurückgehe, die Beherrschung der Schriftsprache aber in gleichem Maße abnehme.

Interessant ist in diesem Zusammenhang eine Untersuchung der Universität Oldenburg, die Aufsätze von Dritt- bis Sechstklässlern über Jahre hinweg auswertete und zu dem Ergebnis kam, dass die Dialektsprecher 30 Prozent weniger Rechtschreibfehler produzierten.

Der Germanist Rupert Hochholzer vom Regensburger Dialektforum führt das gute Pisa-Ergebnis der Bayern dennoch nicht allein auf den Dialekt zurück. Es gebe zwar starke Hinweise, dass er eine bedeutende Rolle spiele, aber den wissenschaftlichen Beweis im Feldversuch zu erbringen, das sei sehr aufwändig und teuer. Für Hochholzer ist der Dialekt nur ein Mosaikstein des bayerischen Pisa-Erfolgs. „Dazu kommen sicherlich noch intakte Familienstrukturen, die Verankerung in der Tradition und die gute wirtschaftliche Situation im Freistaat." Ein großes Manko sieht Hochholzer in dem Umstand, dass das Erlernen von Sprachen immer noch ein Randthema sei. „Zwar sagen die Politiker, es sei ganz wichtig, Sprachen zu lernen, aber die Realität schaut anders aus." In Deutschland dominiere immer noch die einsprachige Ausrichtung des Nationalstaats aus dem 19. Jahrhundert: „Ein Staat, eine Sprache." Eine Ideologie, die auch Nationalsozialisten und Kommunisten rigoros verfochten – zu Lasten der Mehrsprachigkeit und der Dialekte. [...]

1 a „Dialekt in der Schule": Ergänzen Sie mit Hilfe der beiden Texte (► S. 521–522) weitere Pro- und Kontra-Argumente.

b Untersuchen Sie die Argumentationsstrategien in beiden Texten.

2 Beschaffen Sie sich Sprachproben zu unterschiedlichen Dialekten des Deutschen (z. B. beim Dialektatlas der Deutschen Welle oder im Deutschen Spracharchiv des Instituts für Deutsche Sprache).
a Beschreiben Sie differenziert die Wirkung, die verschiedene Dialekte auf Sie haben.
b Erörtern Sie die These von Willikonsky, dass die klangliche Qualität der Dialekte etwas mit ihrem unterschiedlichen Prestige bzw. ihrer jeweiligen Akzeptanz zu tun habe (vgl. S. 521, Z. 54–66).

Helga Resch, Tobias Bungter: **Sprachführer Kölsch** (2004) – Lektion 16: Eine Konferenz

– Su. Wat maache m'r?	– Willkommen auf der wöchentlichen Betriebskonferenz. Gegenstand ist heute die Ausrichtung unseres Betriebes im Hinblick auf neu zu erschließende Geschäftsfelder.
– Eets drinke m'r en schön Tass Kaffee.	– Wir sollten unsere Geschäftsstrategie in aller Ruhe und Besonnenheit ausarbeiten.
– Wat es dann loss?	– Welche Punkte stehen denn heute auf der Tagesordnung?
– D'r Schäff hät at widder jeklüngelt. M'r han vier Kontäner met Schirme us Peking für fass ömesöns jekräje.	– Der Geschäftsführer hat wieder einmal ein profitables Geschäft eingefädelt. Wir haben vier Container mit Regenschirmen aus Peking sehr günstig erstehen können.
– Jot, die mole mer rut-wieß an un verkloppe se für ene Heiermann em Stadion. Et es doch suwiesu immer am schödde, un de Lück kaufe alles, wat rut-wieße Striefe hät.	– Gut, die malen wir rot-weiß an und verkaufen sie für zwei Euro fünfzig im RheinEnergyStadion. Es regnet doch so häufig, und die Leute kaufen alles, was rot-weiße Streifen hat.
– Jot, dat maache m'r. Hät vun mir sin künne. [...]	– Abgemacht. Das ist ein ausgeklügelter Businessplan. [...]
– Un wemmer drop setze blieve?	– Und falls der Absatz doch hinter den Erwartungen zurückbleibt?
– Usjeschlosse. Un wenn doch, dann schmieße mer die Dinger em Rusemondaachszoch vum Prinzeware.	– Das ist äußerst unwahrscheinlich. Falls dieser Fall aber doch eintreten sollte, können wir die Ware immer noch während der Karnevalszeit zu Marketingzwecken einsetzen.

---

1 Analysieren und kommentieren Sie diese Beispiellektion aus einem „Sprachführer Kölsch" mit Hilfe der Kenntnisse und Einsichten, die Sie auf den vorangegangenen Seiten erworben haben.
2 Mundart und Komik gehen – freiwillig oder unfreiwillig – oft einher: Diskutieren Sie mögliche Gründe anhand von Beispielen.

4.2 Sprache und Geschlecht – Positionen linguistischer Geschlechterforschung

Reden Frauen überhaupt?

Frauen reden anders.

Frauen reden schlechter.

Frauen reden besser.

Reden Frauen wirklich so anders?

Frauen reden anders, aber gleich gut.

Wer anders redet, ist eine Frau.

1 Nehmen Sie Stellung zu den verschiedenen Aussagen und Fragen. Notieren Sie dazu stichwortartig Argumente, Belege und Beispiele.

Friederike Braun: **Reden Frauen anders? Entwicklungen und Positionen in der linguistischen Geschlechterforschung** (2004)

[...]

2 Reden Frauen überhaupt?

Auch wenn die Frage nach weiblichem und männlichem Sprachverhalten heute ganz selbstverständlich erscheinen mag, wurde Sprachforschung doch lange Zeit so betrieben, als gebe es, überspitzt gesagt, keine Frauen – oder jedenfalls keine sprechenden. Denn vielfach wurden Sprachdaten nur von männlichen Gewährspersonen erhoben und die Frage nach Geschlechtsunterschieden wurde gar nicht gestellt. [...]

3 Frauen reden anders

Die Tatsache, dass auch Frauen redeten, ließ sich nicht auf Dauer übersehen. Die sprachliche Andersartigkeit von Frauen wurde dabei zunächst in fremden Kulturen konstatiert und war vom Hauch des Exotischen umgeben [...]. Einer der Ersten, die weibliches Sprachverhalten speziell in westlichen Kulturen genauer betrachteten, war der dänische Linguist Otto Jespersen (1925). [...] Insgesamt beschrieb Jespersen folgende Unterschiede im Sprachverhalten von Frauen und Männern:

Frauen: unvollständige Sätze, parataktischer Satzbau, Euphemismen, verstärkende Adverbien, geringerer Wortschatz, durchschnittliche Wortwahl, reden mehr und schneller

Männer: vollständige Sätze, hypotaktischer Satzbau, Kraftausdrücke und Tabuwörter, umfangreicherer Wortschatz, ungewöhnliche und innovative Wortwahl, reden weniger, Sprachstörungen [...]

4 Frauen reden schlechter

[...] Die linguistische Geschlechterforschung als wissenschaftliche Disziplin verdankt ihre Entstehung jedoch nicht Otto Jespersen, sondern den Impulsen, die von der Frauenbewegung der späten 1960er und der 1970er Jahre ausgingen. Feministinnen, die damals die gesellschaftliche Benachteiligung von Frauen anprangerten, entdeckten im Sprachverhalten eine wesentliche Ursache weiblicher Machtlosigkeit. [...] In Deutschland leitete Senta Trömel-Plötz 1978 die Diskussion ein. [... Sie] sieht Frauen in einer Zwickmühle gefangen: Sprechen sie typisch weiblich, werden sie als Frauen akzeptiert, bleiben aber machtlos. Sprechen sie dagegen wie Männer, gelten sie nicht als „richtige" Frau oder werden als Emanze diskreditiert. Die Pionierinnen der linguistischen Geschlechterforschung gingen also von folgenden Annahmen aus: a) Frauen reden anders als Männer, b) weibliches Sprachverhalten bringt Frauen Nachteile in der Kommunikation. Weibliche Sprache ist somit ein Handicap. [...]

6 Frauen reden besser

[...] Die Interpretation der Unterschiede änderte sich jedoch bald. War die ursprüngliche Auffassung gewesen „Frauen reden schlechter", so bildete sich jetzt die gegenteilige Sicht heraus: Frauen redeten in Wirklichkeit „besser"! [...] Hier beschreibt Ursula Zumbühl (1984) männliches Gesprächsverhalten z. B. unter folgenden Überschriften:

1. Geschwätzigkeit (Logorrhöe)
2. Das Kraftsyndrom [...]
3. Die Pseudostruktur
4. Die Pseudosouveränität
5. Das Selbstermächtigungssyndrom
6. Das Aufwertungssyndrom
7. Das Zeiterschleichungssyndrom

[...] Die Sprache der Verständigung, wie Trömel-Plötz die Frauensprache im Titel ihres Buches von 1996 bezeichnet, wird nun folgendermaßen charakterisiert:

„[...] Verzicht auf Selbstdarstellung – wichtig in der Herstellung von Gleichheit; Vermeidung von dominanten Sprechhandlungen – wichtig in der Herstellung von Nähe und Solidarität; Anerkennung der Leistung anderer – wichtig in der Konstruktion von Kompetenz und Arbeitsbegeisterung; Informationsfluss und Aufteilung von Macht – wichtig in der Herstellung von Solidarität und Loyalität. Alle diese Eigenschaften sind wesentlich für einen humanen Dialog. [...]"

7 Frauen reden anders, aber gleich gut

Während Frauensprache also einerseits als Handicap kritisiert und andererseits als menschliche, heilende Sprache glorifiziert wurde, entstand in der Diskussion eine weitere Position, die sich als diplomatischer Mittelweg präsentierte: „Frauen sprechen anders, aber gleich gut". Vertreterinnen und Vertreter dieses Standpunkts nehmen für beide Geschlechter ein ungleiches, aber gleichwertiges Sprachverhalten an. Dabei werden die Unterschiede so stark betont, dass Verständigungsprobleme zwischen den Geschlechtern unvermeidbar scheinen. [...]. [vgl. Deborah Tannen, ▶ S. 526]

8 Wer anders redet, ist eine Frau

[... In] den letzten Jahren [hat sich] ein weiterer theoretischer Ansatz etabliert, der unter dem Stichwort „doing gender" bekannt ist. Auch hier wird davon ausgegangen, dass Frauen und Männer unterschiedlich kommunizieren. [...] Zentraler Gedanke des doing gender ist, dass Geschlecht keine vorgegebene außersprachliche Variable ist, die die Sprachproduktion auf bestimmte Weise beeinflusst. Vielmehr wird Geschlecht (gemeint ist das soziale Geschlecht) durch kommunikative Aktivitäten erst inszeniert und hergestellt. [...] Die Inszenierung von Geschlecht geschieht auf der Grundlage von Regeln und symbolischen Ordnungen wie z. B. Sprache, Kleidung und anderen alltäglichen Verhaltensweisen. Durch ihr Sprachverhalten schaffen Frauen und Männer Geschlechtsunterschiede und tragen zur Herstellung von Differenz bei. [...]

---

1 a Vergleichen Sie die Aussagen des Textes mit Ihrer eigenen Diskussion zu den Aussagen auf S. 524.
b Welches Fazit ziehen Sie aus dem Text und Ihrer Diskussion?

2 a Veranschaulichen Sie die im Text wiedergegebenen Zuschreibungen zu männlichem und weiblichem Sprachverhalten durch Jespersen (vgl. Z. 20–32), Zumbühl (vgl. Z. 62–71) und Trömel-Plötz (vgl. Z. 43–49 u. 72–86). Geben Sie Beispiele und überprüfen Sie die Aussagen anhand eigener Erfahrungen.
b Erläutern Sie den Begriff „doing gender" (Z. 104) mit eigenen Worten. Ziehen Sie anschauliche Beispiele heran.

3 a Erläutern Sie die Aussage der Grafik „Unscharfe Kontraste".
b Stellen Sie Bezüge her zu den Aussagen des Textes von Friederike Braun (▶ S. 524–525).

Unscharfe Kontraste

Die Leistungsvergleiche zwischen Mann und Frau zieht die Psychologin Janet Hyde von der University of California in Berkeley anhand mehrerer hundert Geschlechtsunterschiedsstudien. Im Einzelnen äußerst gering, ergeben die Kontraste in der Summe doch ein Bild zweier Welten.

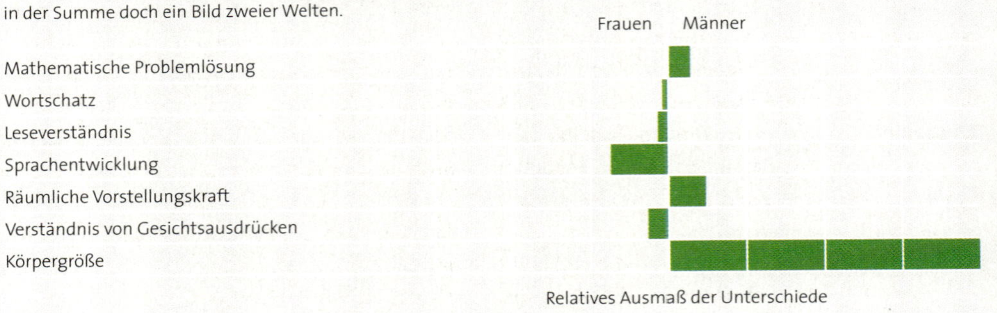

Deborah Tannen: **Du kannst mich einfach nicht verstehen** (1990)

In einem Artikel, den ich für die *Washington Post* schrieb, schilderte ich ein Gespräch, das zwischen einem Ehepaar während einer Autofahrt stattgefunden hatte. Die Frau hatte gefragt: „Würdest du gern irgendwo anhalten, um was zu trinken?" Ihr Mann hatte – wahrheitsgemäß – mit „Nein" geantwortet und nicht angehalten. Frustriert musste er später feststellen, dass seine Frau verärgert war, weil sie gern irgendwo Rast gemacht hätte. Er fragte sich: „Warum hat sie nicht einfach gesagt, was sie wollte? Warum spielt sie solche Spielchen mit mir?" Ich erklärte, dass die Frau nicht deshalb verärgert war, weil sie ihren Willen nicht bekommen hatte, sondern weil ihr Mann sich nicht dafür interessiert hatte, was sie gern gemacht hätte. Für sie stellte es sich so dar, dass sie ihr Interesse für die Wünsche ihres Mannes gezeigt hatte, während er ihre Bedürfnisse ignoriert hatte.

In meiner Gesprächsanalyse betonte ich, dass der Mann und die Frau in diesem Beispiel einen unterschiedlichen, aber *gleichwertigen* Gesprächsstil zeigten. Dieser Aspekt ging verloren, als der Artikel in einer stark verkürzten Fassung im *Toronto Star* erschien, wo man mich den Rat geben ließ: „Die Frau muss erkennen, dass die Antwort ‚Ja' oder ‚Nein' keineswegs bedeutet, dass ihr Mann nicht verhandlungsbereit ist." Der Redakteur vom *Star* hatte die unmittelbar vorausgehende Textstelle gestrichen, die lautete: „Um zu verstehen, was dieses Missverständnis auslöste, muss der Mann erkennen, dass die Frau nicht um konkrete Information nachsucht, wenn sie ihn nach seinen Wünschen fragt, sondern aushandeln möchte, was beiden gefallen würde. Die Frau ihrerseits muss erkennen, dass ..." Durch die geschickte Handhabung des redaktionellen Kürzungsmessers hatte sich meine Forderung, dass *beide*, Frauen und Männer, Zugeständnisse machen sollten, in die Forderung verwandelt, dass Frauen sich einseitig anstrengen sollten, um Männer zu verstehen.

1 a Diskutieren Sie die Interpretation der Autofahrtszene, die Tannen hier anbietet.
b Sammeln Sie ähnliche Beispiele aus Ihrem Alltag und setzen Sie diese szenisch um. Besetzen Sie dazu auch die Rolle einer „Kommunikationsberaterin"/eines „Kommunikationsberaters".
2 Kommentieren Sie die Textstreichung des Redakteurs.

Jürgen Budde: Männlichkeit und gymnasialer Alltag. Doing Gender im heutigen Bildungssystem (2005) – Ein Fallbeispiel

Bevor der Deutschunterricht beginnt, kommt Frau Danker auf einen Computerkurs zu sprechen. Sie ist von mehreren aus der Klasse darauf angesprochen worden, dass diese ein Interesse an einem Kurs über C++ (eine Programmiersprache) hätten. Sie bietet nun einen Termin für den Kurs an und fragt, wer Interesse hätte. Es melden sich Normen, Torsten, Sascha, Dennis und Wanja. Bei der Überzahl von Mädchen in der Klasse ist dies ein sehr ungleiches Zahlenverhältnis.
Schließlich spricht Frau Danker die Auffälligkeit der Mädchenabstinenz an. Sie sagt: „Eigentlich hätte ich ja gerne ein paar Mädchen mehr gesehen." Es ist etwas betroffene Stille. Daraufhin meldet sich Christine: „Wozu kann man das denn gebrauchen?" Frau Danker: „Na ja, die Frage ist nicht ganz unberechtigt. Ich habe einmal einen Computerkurs gemacht, und ich fand es schrecklich (betont). Da mussten wir so etwas ausrechnen mit Versicherungen ..., und das hat mir dann nichts gebracht." Christine: „Und wenn man nicht Informatiker werden will?" Frau Danker: „Das kann man für viele Berufe gebrauchen, z. B. für Werbung, Grafik-Design, Architektur ..." [...]
Torsten: „Mit HTML kann man Webseiten machen. Mit Informatik kann man sich z. B. selbst ein kleines Programm schreiben, das einem z. B. hilft, wenn man etwas häufig machen muss, dass man es dann viel einfacher und praktischer machen kann." Frau Danker: „Ich glaube, man kann sogar auch etwas für den Haushalt damit machen." Jens: „Man kann das auch einfach als Hintergrundwissen gebrauchen." [...]
Frau Danker: „Es gibt ja hier auch einen reinen Mädchenkurs. Die waren ganz begeistert und haben ganz tolle Sachen gemacht. So Animationen, haben sich eine eigene Homepage gemacht. Ich war schon überrascht, wozu man das alles einsetzen kann." Torsten kritisiert nun, dass eigentlich sowieso zu wenig mit dem Computer gemacht würde. Die Schule würde groß Werbung mit dem Computerraum machen, aber genutzt werde er kaum. Sie würde ja auch nichts damit machen. Ein Mädchen ruft: „Frau Helfrich meint, der sei kaputt." Jens sagt mit sarkastischer Stimme: „Die kann damit nicht umgehen, das ist alles." [...]

---

1 **a** Analysieren Sie die beschriebene Unterrichtssituation unter der Perspektive des „doing gender", d. h.: Wie wird „Geschlecht" zwischen den Beteiligten kommunikativ hergestellt und inszeniert?
b Inwiefern beeinflussen andere Rollen („doing student", „doing adult") das Verhalten?
2 Vergleichen Sie Ihre Analyseergebnisse mit der folgenden Fallanalyse des Autors zum „doing gender":

In dieser Szene stellen Torsten und Jens hegemoniale[1] Männlichkeit her, da sie sich ohne Aushandlungsprozesse oder Widersprüche im technischen Feld als Experten präsentieren und damit ein suprematives Handlungsmuster[2] einnehmen. Durch das parteiliche Eingreifen der Lehrerin erhält die Szene eine offensichtlich genderbezogene Konnotierung. Hier die hegemoniale Männlichkeit mit Computerwissen, dort die Mädchen, die sich nicht trauen. Die Konnotierung ruft eine Einteilung in die Sphären rational und emotional auf. Das eigentliche Ansinnen der Lehrerin, die Mädchen zu stärken, verdreht sich hier auf Grund der Stereotype[3] ins Gegenteil. Die bewusste Dramatisierung[4] führt nicht zu der erhofften größeren Geschlechtergerechtigkeit.

Jürgen Budde

1 **hegemonial:** hier: die Vorherrschaft beanspruchend
2 **suprematives Handlungsmuster:** Handlungsmuster, das von der eigenen Vorrangstellung ausgeht
3 **Stereotype:** feststehende, klischeehafte Vorstellungen, Urteile
4 **Dramatisierung:** hier: Thematisierung, ins Gespräch bringen

3 In Buddes Untersuchung spielt auch die Sexualisierung von Kommunikation in der Schule eine Rolle.

a Formulieren Sie eine eigene Begriffsbestimmung für den Ausdruck „sexistischer Sprachgebrauch".

b Vergleichen Sie Ihre Definition mit der folgenden:

> Sprache […] ist sexistisch, wenn sie Frauen und ihre Leistungen ignoriert, sie ist sexistisch, wenn sie Frauen in Abhängigkeit von oder Unterordnung zu Männern beschreibt und wenn sie Frauen nur in stereotypen Rollen zeigt; sie ist sexistisch, wenn sie Frauen durch herablassende Ausdrücke demütigt und lächerlich macht. *UNESCO-Richtlinien*

c Suchen Sie im alltäglichen Sprachgebrauch und in verschiedenen Medien Beispiele für die unterschiedlichen Formen sexistischen Sprachgebrauchs, die die UNESCO-Definition nennt.

4 **a** In ihrer Darstellung einzelner „Positionen in der linguistischen Geschlechterforschung" referiert Friederike Braun (▶ S. 524 f.) als Punkt 9 noch eine weitere Sichtweise aus dem Anfang der 1990er Jahre. Verdeutlichen Sie den Unterschied zwischen dieser Position und der Theorie des „doing gender":

> [D]ie Kategorien „weiblich" und „männlich" [sind] zu grob, um das Sprachverhalten von Individuen zu erklären. Eine Person ist ja nicht nur Frau oder Mann, sondern kommt aus einer bestimmten Schicht, hat einen bestimmten Bildungsstand, einen Beruf und verkehrt in einem bestimmten Milieu. Es ist z. B. unrealistisch anzunehmen, dass eine Geschäftsfrau, die sich in vielfältigen beruflichen Kontexten bewegt, das gleiche Sprachverhalten an den Tag legt wie eine Landwirtin, die sich überwiegend in der dörflichen Umgebung aufhält – und zwar nur deshalb gleich, weil beide Frauen sind. [... Die Unterschiede entstehen] im Wesentlichen im Auge der Betrachtenden […], weil diese vor allem das wahrnehmen, was ihren Vorannahmen entspricht. *Friederike Braun*

b Erörtern Sie diese Position vor dem Hintergrund Ihrer bisherigen Einsichten.

Marlis Hellinger: Empfehlungen für einen geschlechtergerechten Sprachgebrauch im Deutschen (2004)

[…] Im Mittelpunkt feministischer Sprachkritik steht die Verwendung so genannter generischer Maskulina als Oberbegriff für Männer und Frauen: *der Antragsteller, der Bewerber, der Patient.* […] Als Alternativen zum generischen Maskulinum bieten sich vornehmlich drei Strategien an: sprachliche „Sichtbarmachung" von Frauen, „Neutralisierung" oder eine „kreative Lösung", die mehrere Teilalternativen kombiniert. […] Die Dekonstruktion androzentrischer[1] sprachlicher Geschlechterverhältnisse wird von einem öffentlichen Diskurs begleitet, in dem die Vor- und Nachteile der Reform heftig diskutiert werden. Ziel der konservativen Kritik ist es, die Reformvorschläge insbesondere durch die Bildung abwegiger Beispiele ad absurdum zu führen und lächerlich zu machen. […]

1 **„Dekonstruktion androzentrischer …":** hier: methodische Aufdeckung, wie eine „auf Männer fixierte" Sprache gebaut ist und ggf. überwunden werden kann

---

1 Ist es notwendig, beim Sprachgebrauch auf eine gleiche Behandlung beider Geschlechter zu achten? Stellen Sie Pro- und Kontra-Argumente tabellarisch gegenüber.

2 **a** Klären Sie den Begriff „generisches Maskulinum".
b Finden Sie für die drei im Text genannten Strategien zur Vermeidung des generischen Maskulinums (vgl. Z. 2 f.) Beispiele aus verschiedenen Medien. Was bedeutet in diesem Zusammenhang der Begriff „Splitting"? Verdeutlichen Sie anhand von Beispielen mehrere Möglichkeiten, wie das Splitting in geschriebenen und gesprochenen Texten realisiert werden kann.
c Erläutern Sie, auf welche sprachlichen und gesellschaftlichen Aspekte die Splitting-Form durch Einsatz des so genannten „Binnen-I" aufmerksam macht, z. B. in: *LeserInnen; LehrerIn; DozentInnenschaft; HörerInnen; ÄrztIn; BotIn; BürgerIn.*
d Erörtern Sie den Einsatz des so genannten „Binnen-I".
e Diskutieren Sie die folgenden Formulierungen:
- *„Im Folgenden wird nur noch die männliche Form verwendet; Frauen sind aber immer mitgemeint."*
- *„Im Folgenden wird nur noch die weibliche Form verwendet; Männer sind aber immer mitgemeint."*

3 **a** Sammeln Sie amtliche und andere „öffentliche" Texte (z. B. aus Büchereien, Bürgerämtern, Arztpraxen) und prüfen Sie den geschlechtsbezogenen Sprachgebrauch.
b Gestalten Sie anhand dieses Materials eine anschauliche Grundlage für eine Befragung unterschiedlicher Personen aus Ihren verschiedenen Lebensbereichen (Schule, Familie, Freundeskreis, Job etc.). Erstellen Sie ein Meinungsbild zu der in Aufgabe 1, S. 528, gestellten Frage.

4.3 Jugendsprachen und Ethnolekt – Sprachkontakt und Code-Switching

Erkan & Stefan: **Duden** (um 2007)

Stefan: Du, Erkan, check it out, was ich hab', eh.
Erkan: Ja, was hast du denn?
Stefan: Ja, was hab ich denn? Den neuen Duden!
Erkan: Ja, was du, was denn?
Stefan: Duden!
Erkan: Ja, ich denn? Du hast doch was, oder?
Stefan: Ja, eben, den Duden! Alter [...]
Erkan: Sag schon, gleich he, so, vollkompliziert, oder?
Stefan: He, Pfosten, oder? Pass auf he, da steht genau drin, was krass bedeuten tut.
Erkan: Ja, krass halt, oder?
Stefan: Na, he, fettes Minus! Pass du auf, ja! *Krass*, ja ...
Erkan: ...ja, heißt krass ...
Stefan: Klammer auf *Adje* Punkt zu *lat crassus ist gleich dick, grob*, was, ...
Erkan: Ja?
Stefan: ... jetzt pass auf, *in seiner Art besonders extrem*. Krass, oder?
Erkan: Was geht'en, oder?
Stefan: *Ein krasser Fall von Korruption*. Hart, oder?
Erkan: He, was geht ab, he? He, tun die einfach die Leute verarschen, oder, geht's noch?
Stefan: He, pass auf, ja. Was heißt *Charakter*?
Erkan: Charakter, ja, he, Definition, was? Das is doch die Teile, die was Body vorn dran hat, oder? Das steht da drin, bestimmt!
Stefan: Denkst du, ja, *Charakter*, ja, ist gleich *Gesamtheit der geistig-seelischen Eigenschaften eines Menschen, seine Wesensart.*
Erkan: He, krass, ja ... Lüg ich? Wer schreibt so was oder, ist ja voll die Lüge!
Stefan: Duden halt, he, sag ich doch die ganze Zeit!
Erkan: Ja, Hartz Peter Duden, oder was, Mann?

Stefan: Ich kenn auch nicht, wie der mit Vornamen heißt, Achmed Duden, Iwan Duden, keine Ahnung, he, Sergej, oder vielleicht isses auch Tussi, ja, Jenny Duden, oder Aische.

Erkan: He, du Braintornado, he, Duden ist doch Marke; wie bei Turnschuh. [...]

Stefan: Da checkn wir halt mal aus, wie der Typ von Duden heißt, ja?

Erkan: Warte, warte, mach ich mit Handy mit Internet ...

Stefan: He, he, schaust du auf erste Seite von Buch, ja, schau, da steht: Langenscheidt.

Erkan: Was?

Stefan: Steht da, ich schwör!

Erkan: Langenscheidt! Voll der sexy Name, ist das Typ oder Tussi?

Stefan: Da schlagn wir gern mal nach, wenn da so krasses Zeug drinsteht ...

---

1 **a** Inwieweit finden Sie die Szene lustig? Untersuchen Sie, auf welche Weise der Sketch komisch wirken will. Achten Sie dabei besonders auf die sprachlichen Mittel.
b An welches Publikum wendet sich das Comedy-Duo? Benennen Sie gesellschaftliche Gruppen und/oder Kriterien, die erfüllt sein müssen, damit diese Art von Komik „ankommt".

2 **a** Stellen Sie aktuelle Beispiele für ähnliche Ausdrücke und Sprechweisen aus Ihrem eigenen Lebensumfeld zusammen.
b Untersuchen Sie Ihre Sprachbeispiele: Inwiefern haben andere Sprachen einen Anteil daran?

Nikolaus Nützel: **Wenn Digger endkrass dissen – Oder: Sprechen Jugendliche eine eigene Sprache?** (2007)

Sechzehnjährige sprechen anders als Sechzigjährige – man muss kein Sprachforscher sein, um das bestätigen zu können. Doch ob es wirklich eine eigene „Jugendsprache" gibt, darüber können sich Sprachwissenschaftler die Köpfe heißreden. Am Ende solcher Debatten steht dann meist das Ergebnis: „Ja, es gibt eine Jugendsprache, aber irgendwie auch wieder nicht." Die Sprachforschung tut sich enorm schwer zu beschreiben, was man hört, wenn Jugendliche den Mund aufmachen.

Immerhin: Alle Experten können sich darauf einigen, dass es Besonderheiten gibt, die man eher von Jugendlichen als von Rentnern hört:

- Jugendliche haben eigene Wörter beim Grüßen, sie sagen eher „Hey, Digger" oder „Was geht, Alter" als „Guten Tag, mein lieber Freund". (Sprachforscher reden von *sondersprachlichen Grußformeln.*)
- Jugendliche kleben Silben an Wörter, wie es Erwachsene nicht tun würden: „Ich war endsauer." (Sprachforscher reden von *expressiver Steigerung durch Präfigierung.*)
- Jugendliche verwenden noch mehr Begriffe aus dem Englischen, als es Erwachsene ohnehin schon tun: „cruisen", „chillen", „scratchen" usw. (Sprachforscher reden von *Entlehnung.*) [...]
- Jugendliche verwenden Wörter, die viele Erwachsene als anstößig empfinden: Rudelpisser, Fressbrett, Analhusten. (Sprachforscher reden von *diastratisch* [gesellschaftlich] *niedrig markierten Lexemen.*)
- Jugendliche malen mit ihrer Sprache gerne Bilder: Münzmallorca (Solarium), Taschentiger (Katze), behaarte Bifi (kleiner Hund). (Sprachforscher reden von *metaphorischer Sprechweise.*)
- Jugendliche lassen Wörter aus: „Ich geh nachher Karstadt, kommst du?" – „Auf jeden!" (Sprachforscher reden von *elliptischer Sprechweise.*)
- Jugendliche verwenden gebräuchliche Wörter mit neuem Sinn: Biotonne für Vegetarier [...]. (Sprachforscher reden von *Verfremdung, die zur Polysemie führt.*)

- Jugendliche verwenden die Regeln der Grammatik völlig neu: Sie nehmen beispielsweise die Vorsilbe „un-“, steigern sie (was eigentlich in der deutschen Grammatik nicht erlaubt ist) und erschaffen somit ein neues Wort: unst oder unsten. (Sprachforscher reden von *paradoxer Superlativbildung zu einem Präfix.*)
- Jugendliche verwenden gerne Füllwörter: „irgendwie“, „undso“, „naja“. (Sprachforscher reden von *Abtönungspartikeln.*)
- Jugendliche schneiden Wörter hinten oder auch vorne ab: Alk (statt Alkohol), türlich (statt natürlich). (Sprachforscher sprechen von *Kopfwörtern und Schwanzwörtern.*)

Alles in allem sprechen Jugendliche also anders. Und man kann dieses andere Sprechen sogar mit hochwissenschaftlichen Fachbegriffen beschreiben. Aber eine eigene Sprache, die wirklich durchgängig unverständlich für Erwachsene wäre, sprechen junge Leute wohl doch nicht. Das, was typisch ist für die Sprache der Jugendlichen, macht nur einen kleinen Teil von dem aus, was sie erzählen, beklagen, belachen. Sprachstatistiker haben errechnet, dass sich Jugendsprache zu weniger als einem Prozent von der durchschnittlichen Erwachsenensprache unterscheidet. [...]

Neben der Jugendsprache, mit der sich die einschlägigen Lexika und Bücher von Professoren der Sprachwissenschaft beschäftigen, gibt es eine weitere Spielart des jugendlichen Sprechens – und sie wird in den letzten Jahren immer wichtiger: die Sprache der Jungen und

Mädchen in Deutschland, deren Eltern einen türkischen, bosnischen oder russischen Pass haben oder die selbst von den deutschen Gesetzen als Ausländer behandelt werden (obwohl sie in Deutschland geboren wurden).

Die „Kanak Sprak“, wie sie der gebürtige Kurde Feridun Zaimoglu getauft hat, ist extremer als die rein deutsche Jugendsprache. Die jungen Alis und Ayshas kennen noch mehr Spezialbegriffe. Sie bilden noch unvollständigere Sätze. Sie mischen Deutsch mit Türkisch. Sie rollen das „r“ im Wörtchen „krrrrass“ noch stärker. Sie machen gerne aus einem „ch“ ein „sch“. Und vor allem bildet die „Kanak Sprak“ ihr eigenes Universum. Aber sie hat offenbar auch einen besonderen Unterhaltungswert. Die kommerziell aufgepeppte Kanak Sprak, mit der Erkan und Stefan oder auch der „Was-guckst-du?!“-Moderator Kaya Yanar ihre Comedys bestücken, hat ihre Schöpfer reich gemacht. Das hätten sich die ersten Jugendlichen, die im 19. Jahrhundert anfingen, eine Jugend-Sondersprache zu basteln, wohl nicht träumen lassen, dass man damit mal richtig Geld (also Cash, Kohle, Asche, Kies, Money, Flocken, Heu, Steine usw., usf.) verdienen könnte.

1 Suchen Sie für jedes von Nützel genannte Merkmal für Jugendsprache (Z. 15–61) weitere Beispiele.

2 **a** Berichten Sie über Ihre Erfahrungen mit „Türkendeutsch“ – einerseits im Alltag, andererseits in den Medien. Vergleichen Sie Ihre Erfahrungen mit Nützels und Androutsopoulos' (▶ S. 532) Aussagen.

b Sammeln Sie Beispiele zur Veranschaulichung der Fachbegriffe in folgender Information:

Information **Sprachkontakt und Code-Switching**

Wenn in derselben Gruppe zwei oder mehrere Sprachen gebraucht werden, spricht man in der Soziolinguistik von **„Sprachkontakt“.** Der Übergang von einer Sprachvarietät oder Sprache in die andere innerhalb eines Gesprächs wird als **„Code-Switching“** bezeichnet.

Jannis Androutsopoulos: **Ultra korregd Alder! Zur medialen Stilisierung und Aneignung von „Türkendeutsch"** (2001)

Im Varietätengefüge des Deutschen steht „Türkendeutsch" für eine neue Varietät, die ansatzweise herausgebildet, aber noch nicht stabilisiert ist. Sie wird durch Medientexte nicht erst kreiert, sondern vielmehr propagiert, sichtbar und verfügbar gemacht. Obwohl Ethnolekte vielen Muttersprachlern auch aus dem direkten Kontakt bekannt sind, werden sie erst in ihrer medial stilisierten Form zu einer kommunikativen Ressource für die gesamte Sprachgemeinschaft. Festzuhalten ist daher, dass die massenmediale Verarbeitung ethnolektaler Muster die öffentliche Wahrnehmung dieser Varietäten beeinflusst und damit die soziolinguistische Sprachbewusstheit der Sprachgemeinschaft verändert. [...]

Allerdings hängt die Popularität von „Türkendeutsch" auch mit tieferen Prozessen sozialen Wandels in der Bundesrepublik zusammen. In der Entwicklung von der Arbeitsmigration der 60er Jahre zur tendenziell pluriethnischen Gesellschaft der 90er Jahre wird die Mehrheitsgesellschaft mit neuen Lebenswelten und sozialen Typen konfrontiert. Medientexte, vor allem Kunstformen wie Comedy und Spielfilme, haben in diesem Zusammenhang die Funktion, Facetten dieser neuen Wirklichkeit zu thematisieren, neuartige und vielleicht als bedrohlich empfundene Milieus und Menschentypen in dramatisierter oder übertriebener Form zu porträtieren. Für die Rezipienten sind diese Darstellungen auch Anlässe und Ressourcen, um dieselben sozialen Entwicklungen in ihrer eigenen Alltagskommunikation zu verarbeiten. Vor diesem Hintergrund ist die Art und Weise der Aneignung von „Türkendeutsch" letztlich auch als ideologische Stellungnahme zu verstehen. Die kritische Frage, ob die Reproduktion medialer Ethnolekte einem verdeckten Alltagsrassismus gleichkommt, ist m. E. nicht einheitlich zu beantworten. Durch „Türkendeutsch" im Alltag kann man sowohl Akzeptanz als auch Ablehnung einer pluriethnischen, mehrsprachigen Gesellschaft signalisieren, je nach Art der medialen Vorlage und vor allem je nach der spezifischen Verarbeitung. Die Popularität des medialen „Türkendeutsch" führt jedenfalls dazu, dass ethnolektale Varietäten des Deutschen nicht (mehr) ignoriert werden. Der Comedy-Künstler Erkan bringt dies folgendermaßen zum Ausdruck: *Jetzt kannst du auch Witz drüber machen, kannst du auch Comedy mit machen, kannst du karikieren, kannst du zelebrieren, aber kommt drauf an, wie du's machst.*

1 Erläutern Sie den Zusammenhang, den der Autor zwischen „Türkendeutsch" und seiner Verwendung und Funktion in den Medien herstellt.

2 Androutsopoulos stellt die Frage, ob die Wiedergabe medialer Ethnolekte möglicherweise als verdeckter Alltagsrassismus verstanden werden kann (Z. 39 f.). Erläutern und diskutieren Sie dies.

Information **Ethnolekt**

Als Ethnolekt bezeichnet man eine **Sprachvarietät, die innerhalb einer Sprache von einer ethnisch fremden Gruppe verwendet wird** und sich durch bestimmte Merkmale (z. B. Weglassen der Artikel, veränderte Verbstellung) von der regulären Hochsprache unterscheidet (z. B. die deutsche Sprechweise von italienischen oder polnischen Einwanderern in Deutschland). In Wechselwirkung zu diesem **primären Ethnolekt** sind der sekundäre und der tertiäre Ethnolekt zu unterscheiden.

- **Sekundärer Ethnolekt:** die Art und Weise, wie der primäre Ethnolekt durch die Medien aufgegriffen und nachgeahmt wird, z. B. zur Charakterisierung von Serien- oder Filmfiguren oder als Mittel der Komik in Comedy-Sendungen, also meistens zu Unterhaltungszwecken.

- **Tertiärer Ethnolekt:** der in den Medien präsentierte sekundäre Ethnolekt, der wiederum in den Sprachgebrauch von Sprecherinnen und Sprechern einfließt, obwohl diese gar keinen unmittelbaren Kontakt mit der ursprünglichen ethnischen Gruppe haben.

Feridun Zaimoglu: **Kanak Sprak** (1995) – Rahman, 24, „Flohmarktdisco"

„Glaub ja nischt, dass so was 'n wert hat, aber von mir aus kannst ja hörn, was abgeht hier bei mir. Seit'n paar jahren kreuz ich hier im laden auf, das geht klar, stimmt auch die mucke, und die kumpel reißen den abend ab, wo sie nischt haben, was sie abhält, arbeit und so, mein ich. Is klar, ne piekfeine schicht mit von morgens bis abends mein ich, und die schule is scheiße, mit deren ihr abgang reißt sich kein bonze nischt um sie, die holen's klima, was im schuppen herrscht, wenn man'n stück kraft schnappen will und zu haus ist's rau, dann taucht man halt ab, wo andre hänger eben was mischen und ne gang sind. [...] Ich sag dir: ich komm her alle abende des herrn, schütt mir das tote gelbe wasser rein, pur, so hundertpro, dass mir bei gott der hals anschwillt, und wenn ich denn ganz knorrig werd vom vielen gesöff, träum ich ne urlange Zeit lang vom starken abgang und so, mann, ich würd wohl gern mitten drin abkacken, dies üble siechen, wo dich wie'n krüppel stehen lässt und sich an'n knochen reibt, da lost du aber fett ab, mein lieber, das dreht dir die puste ab wie'n wasserkran oder so."

1 Versuchen Sie eine sinngemäße Wiedergabe der Aussagen von Rahman.
2 Analysieren Sie die sprachlichen Besonderheiten des Textes. Sie können auf die im Text von Nützel (▸ S. 530 f.) genannten Merkmale zurückgreifen.
3 Informieren Sie sich über Zaimoglus Projekt und Buch zur „Kanak Sprak". Klären Sie dabei insbesondere auch dessen politische und soziale Absichten.
4 Vergleichen Sie diese Art Wiedergabe von Ethnolekt mit der von Erkan & Stefan (▸ S. 529 f.).

Information **Sprachvarietäten**

Mit dem Begriff Sprachvarietäten werden **verschiedene** Varianten, **Erscheinungsweisen einer Sprache** bezeichnet. Solche Varianten gibt es vor allem
- durch Unterschiede zwischen der geschriebenen und der gesprochenen Sprache,
- in Form der **Dialekte** in verschiedenen Regionen z. B. des deutschsprachigen Raums,
- in Form zahlreicher **Fachsprachen,**
- durch unterschiedliche Sprachverwendung je nach sozialer Gruppe/Situation (**Soziolekte**),
- durch die – unter dem Einfluss der eigenen Muttersprache – von den Regeln abweichende Sprachverwendung von Sprecher/n, für die die Sprache eine Zweitsprache ist (**Ethnolekte**).

Dort, wo die Sprecher/innen einer Gruppe mehrere Sprachen sprechen, kommt es zum **Sprachkontakt** (Information, ▸ S. 531). Sprachkontakt ist ein möglicher Grund für die Entstehung von Sprachvarietäten. In der Forschung werden außerdem die Fragen diskutiert, inwiefern es geschlechtsbezogene Varietäten („Frauensprache", „Männersprache") und altersbezogene Varietäten („Jugendsprache") gibt. Regionale, soziale, situative und weitere besondere, ggf. auch ethnische Merkmale verbinden sich bei jedem Einzelnen zu einer individuellen Sprechweise (**Idiolekt**).

5 Sprache und Rhetorik

Anton von Werner: Luther auf dem Reichstag zu Worms (1900)

Angela Merkel: Beim Berliner Unternehmertag (2008)

Ernst Reuter: Kundgebung gegen die Berliner Blockade (1948)

1 Legen Sie eine Folie über diese Seite und füllen Sie zu jedem Bild zwei Sprechblasen:
- eine, die wiedergibt, was die Rednerin/der Redner in dem abgebildeten Moment sagen könnte (achten Sie dabei insbesondere auf Stimmigkeit zwischen Aussage, Mimik und Gestik),
- eine, die die Gedanken einer Person aus der Zuhörerschaft wiedergibt.

2 a Stellen Sie in Kleingruppen fünf Ratschläge für eine gute Rednerin/einen guten Redner auf.

b Bilden Sie neue Gruppen mit je einem Mitglied aus den ersten Gruppen. Stellen Sie Ihre Ratschläge vor, vergleichen und überarbeiten Sie sie. Diskutieren Sie abschließend Ihre Ergebnisse im Kurs.

c Nutzen Sie die erarbeiteten Ratschläge bei der folgenden Auseinandersetzung mit verschiedenen Reden, um deren Wirksamkeit zu beurteilen.

In diesem Kapitel erwerben Sie folgende Kenntnisse und Kompetenzen:

- die Bedeutung des Sprachgebrauchs und der Redekunst für die Wahrheits- und Entscheidungsfindung wahrnehmen und einschätzen,
- Informationen zu den historischen Umständen ausgewählter Reden sammeln und diese für das Verständnis und die Bedeutung der Reden nutzen,
- Reden unterschiedlicher Zeiten in ihrer zeitgebundenen und überzeitlichen Aussageform und Aussagekraft analysieren und bewerten,
- rhetorische Gestaltung und inhaltlich-argumentative Überzeugungskraft bei der Beurteilung von Reden unterscheiden.

5.1 Der Fall Sokrates – Rhetorik und Aufrichtigkeit

Der Unterschied zwischen dem richtigen und dem beinahe richtigen Wort ist der gleiche wie zwischen Blitz und Glühwürmchen.

Mark Twain (1835–1910)

Zur Wahrheit gehören immer zwei, einer, der sie sagt, und ein anderer, der sie versteht.

Henry David Thoreau (1817–1862)

Die Wahrheit kommt mit wenigen Worten aus. *Laotse (6. Jh. v. Chr.)*

Da auf dem Weg über die rhetorische Kunst zum Wahren ebenso zugeredet wird wie zum Falschen, wer könnte da wagen zu behaupten, wenn es gegen die Lüge geht, dürfe gerade die Wahrheit es sein, die in ihren Verteidigern waffenlos dasteht. [...]

Steht also die Fähigkeit des beredten Vortrags, die beim Überzeugen vom Ungerechten wie vom Rechten das meiste vermag, beiden Seiten zur Verfügung, warum eignen die Guten sie sich nicht voller Eifer an, damit sie Kriegsdienst leiste für die Wahrheit, wenn doch die Schlechten sie in der Verfechtung verdrehter und windiger Sachen zum Nutzen der Ungerechtigkeit und des Irrtums ausnutzen. *Augustinus (354–430)*

1 Stimmen Sie den Aussagen zu? Veranschaulichen Sie Ihren Standpunkt durch Beispiele. Denken Sie dabei an unterschiedliche Redesituationen: in der Politik, vor Gericht, bei einem Fest, in privaten Gesprächen, in der Schule, bei Verhandlungen etc.

2 Vergleichen Sie die Zitate: Wie werden „Wahrheit" und „Sprache" jeweils ins Verhältnis gesetzt?

Information **Rhetorik – Redegattungen**

Rhetorik heißt „Redekunst". „Kunst" hat dabei die Bedeutung von „Wissenschaft". Rhetorik ist also die **Lehre von der (richtigen) Rede.** Von jeher war Rhetorik im öffentlichen Leben von großer Bedeutung. Im alten Griechenland war die wichtigste Form der öffentlichen Rede die Gerichtsrede. Später hat man drei Arten von Rhetorik bzw. **drei Redegattungen** unterschieden:

- die Gerichtsrede (genus iudiciale),
- die beratende, politische (Entscheidungs-)Rede (genus deliberativum),
- die Lob- und Festrede (genus demonstrativum).

Allen Redeformen ist gemeinsam, dass ihre wichtigste Funktion der **Appell** (► S. 91, 94, 222) ist.

Platon: **Die Verteidigungsrede des Sokrates** (399 v. Chr.)

Besondere Berühmtheit unter den Gerichtsreden erlangte die Verteidigungsrede (Apologie) des Sokrates (470–399 v. Chr.). Dem Philosophen war mit Blick auf seine öffentliche Redetätigkeit „Verderben der Jugend" und „Frevel an den Göttern" vorgeworfen worden. Sokrates verzichtete darauf, sich – wie es eigentlich üblich war – eine Verteidigungsrede von einem Rechtskundigen schreiben zu lassen. Dies begründet er in der Rede selbst durch seinen Angriff auf die in Athen vor allem von den so genannten Sophisten betriebene rhetorische Praxis. Mit einer knappen Mehrheit wurde Sokrates zum Tode durch den Giftbecher verurteilt. Die Verteidigungsrede des Sokrates ist überliefert in der Version von Sokrates' Schüler Platon (427–347 v. Chr.).

Welchen Eindruck, meine athenischen Mitbürger, meine Ankläger auf euch gemacht haben, weiß ich nicht; ich meinesteils stand so unter dem Bann ihrer Worte, dass ich mich beinahe selbst vergaß: So überzeugend klangen ihre Reden. Und doch, von Wahrheit war kaum eine

Spur zu finden in dem, was sie gesagt haben. Am meisten aber war ich erstaunt über eine von den vielen Lügen, die sie vorgebracht haben, über die Warnung nämlich, die sie an euch richteten, ihr solltet euch ja nicht von mir täuschen lassen, denn ich sei ein Meister der Rede. Dass sie sich nicht entblödeten, dies zu sagen trotz der Gewissheit, alsbald durch die Tatsachen von mir widerlegt zu werden, wenn es sich nämlich nunmehr herausstellt, dass ich nichts weniger bin als ein Meister der Rede, das schien mir der Gipfel aller Dreistigkeit zu sein, es müsste denn sein, dass sie den einen Meister der Rede nennen, der die Wahrheit sagt. Denn wenn sie es so meinen, dann habe ich keine Bedenken, mich als Redner gelten zu lassen – nur eben nicht als einen von ihrer Art. Sie, die Kläger, haben, wie gesagt, so gut wie nichts Wahres vorgebracht; von mir aber sollt ihr die volle Wahrheit vernehmen. Aber, beim Zeus, meine Mitbürger, was ihr von mir zu hören bekommt, wird kein in Worten und Wendungen schön gedrechseltes und wohl verziertes Redewerk sein wie das dieser Ankläger, sondern ein schlichter Vortrag in ungesuchten Worten. Denn ich bin fest überzeugt von der Gerechtigkeit meiner Sache und keiner von euch möge mich anders als mit Vertrauen anhören. Es wäre doch auch

in der Tat ein starker Verstoß, meine Mitbürger, wollte ich in diesen meinen Jahren vor euch auftreten wie ein Jüngling, der sich in künstlichem Redeschmuck gefällt. Und ich richte an euch, meine athenischen Mitbürger, recht dringend die folgende Bitte: Wenn ihr von mir bei meiner Verteidigung die nämliche Redeweise vernehmt, deren ich mich auf dem Markt an den Wechslertischen bediene, wo viele von euch mir zugehört haben, wie auch anderwärts, so wundert euch nicht und machet darob keinen Lärm. Es verhält sich damit nämlich folgendermaßen: Es ist heute das erste Mal, dass ich vor Gericht erscheine, siebenzig Jahre alt. Ich bin also ein völliger Fremdling in der hier üblichen Redeweise. Gesetzt nun, ich wäre hier ein Fremder im eigentlichen Sinne, so würdet ihr es offenbar verzeihlich finden, wenn ich mich derjenigen Sprache und Redeform bediente, in der ich erzogen bin. So wende ich mich denn jetzt an euch mit der, wie mir scheint, nicht unbilligen Bitte: Macht euch keine Gedanken über meine Redeweise, gleichviel, ob sie schlecht oder gut ist; richtet vielmehr euren Sinn und eure ganze Aufmerksamkeit darauf, ob, was ich sage, recht ist oder nicht; denn das ist die Pflicht und Aufgabe des Richters, wie es die des Redners ist, die Wahrheit zu sagen. [...]

1 **a** Zur Zeit des Sokrates ging man davon aus, dass ein Sachverhalt nur mit Hilfe geschliffener Redekunst gedanklich geordnet und überzeugend dargestellt werden könnte. Diskutieren Sie Sokrates' Einschätzung der Rhetorik und ihre mögliche Wirkung auf das Publikum.

b Welche Appelle richtet Sokrates direkt und indirekt an die Zuhörenden?

2 **a** Erklären Sie, wie Sokrates hier das Verhältnis von Wahrheit und Rhetorik versteht.

b Welches Verständnis von Sprache liegt dem Vortrag des Sokrates zu Grunde? Nehmen Sie Stellung zu seiner Wendung vom „schlichte[n] Vortrag in ungesuchten Worten", mit dem er die Gerechtigkeit seiner Sache darzutun verspricht (vgl. Z. 32 f.).

c Untersuchen Sie, welche rhetorischen Mittel (► S. 196–198) Sokrates selbst verwendet.

3 Verfassen Sie aus der Sicht Sokrates' (Ich-Form) einen Kommentar zu den drei Aphorismen (► S. 535).

4 Beurteilen Sie Sokrates' Worte aus der Perspektive Augustinus' (► S. 535) und Neil Postmans:

> Die Wahrheit kommt nicht ungeschminkt daher und ist niemals so dahergekommen. Sie muss in der ihr angemessenen Kleidung auftreten, sonst wird sie nicht anerkannt, mit anderen Worten: „Wahrheit" ist so etwas wie ein kulturelles Vorurteil. *Neil Postman (1983)*

5 **a** Erläutern Sie Postmans These, Wahrheit sei „so etwas wie ein kulturelles Vorurteil", indem Sie gegenüberstellen, was Menschen in unterschiedlichen Zeiten und in unterschiedlichen Kulturen für wahr gehalten haben bzw. halten (z. B. unterschiedliche Weltbilder im Mittelalter und in der Neuzeit).

b Suchen Sie Beispiele für sprachliche und bildliche Ausdrucksformen (Medien), die in verschiedenen Zeiten und Kulturen als Träger von Wahrheit anerkannt waren oder sind. Welche Ausdrucksformen waren zum Beispiel zur Zeit Luthers besonders glaubwürdig? Nutzen Sie dazu den folgenden Text.

Martin Luther: **Rede auf dem Reichstag zu Worms** (1521)

Papst Leo X. hatte 1520 Luthers Schriften in einer Bulle verurteilt. Unter dem Schutz Friedrichs des Weisen bekam Luther 1521 auf dem Reichstag zu Worms die Gelegenheit, seinen Standpunkt zu erläutern. Auf die ihm zu Beginn gestellte Frage, ob er weiterhin zu den unter seinem Namen veröffentlichten Schriften stehe oder nicht besser die darin vertretenen Ansichten widerrufen wolle, erbat sich Luther einen Tag Bedenkzeit, bevor er in einer kurzen Rede antwortete.

Allerdurchlauchtigster Großmächtiger Kaiser, Durchlauchtigste Fürsten, Gnädigste und Gnädige Herren! Auf den Termin und Bedenkzeit, mir des gestrigen Abend angestellt und ernennet, erschein ich als der Gehorsame und bitt durch die Barmherzigkeit Gottes, Euer kaiserliche Majestät und Gnaden geruhen, als ich hoff, diese Sachen der Gerechtigkeit und Wahrheit gnädiglich anzuhören. Und so ich von wegen meiner Unerfahrung jemand entweder seine gebührenden Titel nit geben würd oder aber mit einigen Gebärden und Weise wider die hoflichen Sitten handeln, mir solches gnädiglich zu verzeihen als einem, der nicht an fürstlichen Höfe erzogen, sondern in Mönchswinkeln aufkommen und erwachsen, welches ich von mir nicht anders erzeigen kann, denn dass ich bisher mit solcher Einfalt des Gemüts geschrieben und gelehrt habe, dass ich auch auf Erden nichts anders denn Gottes Ehre und die unentgänzte Unterweisung der Christgläubigen gesucht hab. [...] Weil denn Eure Kaiserliche Majestät und Eure Gnade eine schlichte Antwort begehren, so will ich eine Antwort ohne Hörner und Zähne geben diesermaßen: Es sei denn, dass ich durch Zeugnisse der Schrift oder einleuchtende Gründe überwunden werde – denn ich glaube weder dem Papst noch den Konzilien allein, dieweil es am Tag ist, dass sie öfters geirrt und sich selbst widersprochen haben –, so bin ich überwunden durch die heiligen Schriften, so von mir angeführt und mein Gewissen ist gefangen in Gottes Wort. Derhalben kann und will ich nichts widerrufen, dieweil wider das Gewissen zu handeln beschwerlich, unheilsam und gefährlich ist. Ich kann nicht anders. Hier stehe ich. Gott helf mir. Amen.

1 **a** Überprüfen Sie Ihr Verständnis des gesamten Textes, indem Sie ihn vor allem auf der Ebene des Satzbaus in unseren heutigen Sprachgebrauch übertragen.

b Lesen Sie Ihre Übertragungen vor und vergleichen Sie sie.

c Wie antwortet Luther auf die ihm gestellte Frage? Welche Begründung führt er an?

2 Vergleichen Sie den Beginn von Luthers Rede mit dem von Sokrates' Apologie (▶ S. 535–536). Bedenken Sie dabei besonders die appellative Funktion dieses Redeteils.

3 Stellen Sie unter den Stichworten „Anlass", „Sprecher", „Adressat", Intention", „rhetorische Anforderungen" und „Möglichkeiten" Merkmale des Typus „Gerichtsrede" zusammen.

Methode **Reden analysieren – Grundlegende Aspekte**

1. **Redesituation/politisch-historischer Kontext:** Ort, Zeit, Medium, weltanschaulich-ideologischer Hintergrund
2. **Redeinhalt:** Thema, Problemstellung, Kernaussagen
3. **Redeabsicht:** Intention bei besonderer Beachtung der Appellfunktion
4. **Rhetorische Strategien:** Aufwertung, Abwertung, Beschwichtigung, Ablenkung, Dramatisierung (► S. 225, 589–590)
5. **Struktur der Rede** und **sprachlich-rhetorische Mittel:** Aufbau der Argumentation (► S. 596 f., 601), Wortfelder, Schlüsselbegriffe, politische Leitbegriffe (► S. 592), Schlagwörter, Leerformeln, rhetorische Figuren (► S. 196–198), Satzbau und Stil
6. **Vortrag der Rede/Wirkung**
7. **Beurteilung und Wertung** der Rede

Tipp: Weitere Hinweise zur Analyse von Reden finden Sie auf den Seiten 225 und 585 ff..

5.2 Thema „Berlin" – Reden in historischen Entscheidungssituationen

In der Politik waren und sind Reden einerseits ein Alltagsgeschäft, andererseits ein zentraler Faktor der Meinungsbildung, wenn nicht gar der Manipulation. In einzelnen, besonders wirkungsmächtigen Reden manifestieren sich zentrale historische Entscheidungs- oder Umbruchsituationen. In der jüngeren Geschichte Deutschlands ist die alte und neue Hauptstadt Berlin häufig Ort, nicht selten auch Gegenstand solcher Reden, in denen z. T. selbst vor der Demagogie (Volksverhetzung) nicht zurückgeschreckt wird – wie z. B. in der folgenden:

Joseph Goebbels: **Sportpalastrede** (Berlin 1943)

Im Winter 1942/43 zeichneten sich die deutsche Niederlage im Zweiten Weltkrieg und der Zusammenbruch des nationalsozialistischen Regimes deutlich ab. Die Sinnlosigkeit einer Weiterführung des Krieges wurde durch die Vorgänge um Stalingrad im Januar 1943 offensichtlich. In dieser aussichtslosen Lage hielt der Reichspropagandaminister Goebbels im Berliner Sportpalast am 18. Februar 1943 vor eigens ausgewähltem Publikum eine zweieinhalbstündige Rede, von der hier Auszüge aus dem letzten Teil abgedruckt sind. Diese Rede, die zeitgleich (aber nicht live) über alle deutschen Rundfunksender ausgestrahlt wurde, sollte das Vertrauen zur nationalsozialistischen Führung wiederherstellen, obwohl sich Goebbels selbst wohl keine Illusionen mehr über den „Endsieg" machte. Der Text wurde von ihm mehrfach überarbeitet; er selbst hielt ihn für ein rhetorisches Glanzstück. In einer Tagebuchnotiz schreibt er: „Wenn ich den Leuten gesagt hätte, springt aus dem dritten Stock des Columbushauses, sie hätten es auch getan."

[...] Ihr also, meine Zuhörer, repräsentiert in diesem Augenblick die Nation. Und an euch möchte ich zehn Fragen richten, die ihr mir mit dem deutschen Volke vor der ganzen Welt, insbesondere aber vor unseren Feinden, die uns auch an ihrem Rundfunk zuhören, beantworten sollt: [...]

Die Engländer behaupten, das deutsche Volk habe den Glauben an den Sieg verloren. Ich frage euch: Glaubt ihr mit dem Führer und mit uns an den endgültigen Sieg des deutschen Volkes? Ich frage euch: Seid ihr entschlossen, mit dem Führer in der Erkämpfung des Sieges durch dick und dünn und unter Aufnahme auch der schwersten persönlichen Belastungen zu folgen?

Zweitens: Die Engländer behaupten, das deutsche Volk ist des Kampfes müde. Ich frage euch: Seid ihr bereit, mit dem Führer als Phalanx der Heimat hinter der kämpfenden Wehrmacht stehend, diesen Kampf mit wilder Entschlossenheit und unbeirrt durch alle Schicksalsfügungen fortzusetzen, bis der Sieg in unseren Händen ist?

Drittens: Die Engländer behaupten, das deutsche Volk hat keine Lust mehr, sich der überhandnehmenden Kriegsarbeit, die die Regierung von ihm fordert, zu unterziehen. Ich frage euch: Seid ihr und ist das deutsche Volk entschlossen, wenn der Führer es befiehlt, zehn, zwölf und wenn nötig vierzehn und sechzehn Stunden täglich zu arbeiten und das Letzte herzugeben für den Sieg?

Viertens: Die Engländer behaupten, das deutsche Volk wehrt sich gegen die totalen Kriegsmaßnahmen der Regierung. Es will nicht den totalen Krieg, sondern die Kapitulation. [...] Ich frage euch: Wollt ihr den totalen Krieg? Wollt ihr ihn, wenn nötig, totaler und radikaler, als wir ihn uns heute überhaupt erst vorstellen können?

Fünftens: Die Engländer behaupten, das deutsche Volk hat sein Vertrauen zum Führer verloren. Ich frage euch: Ist euer Vertrauen zum Führer heute größer, gläubiger und unerschütterlicher denn je? Ist eure Bereitschaft, ihm auf allen seinen Wegen zu folgen und alles zu tun, was nötig ist, um den Krieg zum siegreichen Ende zu führen, eine absolute und uneingeschränkte? [...]

Ich frage euch als Sechstes: Seid ihr bereit, von nun ab eure ganze Kraft einzusetzen und der Ostfront die Menschen und Waffen zur Verfügung zu stellen, die sie braucht, um dem Bolschewismus den tödlichen Schlag zu versetzen?

Ich frage euch siebentens: Gelobt ihr mit heiligem Eid der Front, dass die Heimat mit starker Moral hinter ihr steht und ihr alles geben wird, was sie nötig hat, um den Sieg zu erkämpfen?

Ich frage euch achtens: Wollt ihr, insbesondere ihr Frauen selbst, dass die Regierung dafür sorgt, dass auch die deutsche Frau ihre ganze Kraft der Kriegsführung zur Verfügung stellt und überall da, wo es nur möglich ist, einspringt, um Männer für die Front frei zu machen und damit ihren Männern an der Front zu helfen?

Ich frage euch neuntens: Billigt ihr, wenn nötig, die radikalsten Maßnahmen gegen einen kleinen Kreis von Drückebergern und Schiebern, die mitten im Kriege Frieden spielen und die Not des Volkes zu eigensüchtigen Zwecken ausnutzen wollen? Seid ihr damit einverstanden, dass, wer sich am Krieg vergeht, den Kopf verliert?

Ich frage euch zehntens und zuletzt: Wollt ihr, dass, wie das nationalsozialistische Programm es gebietet, gerade im Kriege gleiche Rechte und gleiche Pflichten vorherrschen, dass die Heimat die schweren Belastungen des Krieges solidarisch auf ihre Schultern nimmt und dass sie für Hoch und Niedrig und Arm und Reich in gleicher Weise verteilt werden?

Ich habe euch gefragt, ihr habt mir eure Antwort gegeben. Ihr seid ein Stück Volk, durch euren Mund hat sich damit die Stellungnahme des deutschen Volkes manifestiert. Ihr habt unseren Feinden das zugerufen, was sie wissen müssen, damit sie sich keinen Illusionen und falschen Vorstellungen hingeben. [...]

Der Führer erwartet von uns eine Leistung, die alles bisher Dagewesene in den Schatten stellt. Wir wollen uns seiner Forderung nicht versagen. Wie wir stolz auf ihn sind, so soll er stolz auf uns sein können. [...]

Der Führer hat befohlen, wir werden ihm folgen. Wenn wir je treu und unverbrüchlich an den Sieg geglaubt haben, dann in dieser Stunde der nationalen Besinnung und der inneren Aufrichtung. Wir sehen ihn greifbar nahe vor uns liegen; wir müssen nur zufassen. Wir müssen nur die Entschlusskraft aufbringen, alles andere seinem Dienst unterzuordnen. Das ist das Gebot der Stunde. Und darum lautet die Parole: Nun, Volk, steh auf, und Sturm, brich los![1]

1 leicht verändertes Zitat aus Theodor Körners Gedicht „Männer und Buben“ (1813), das sich auf die Befreiungskriege gegen Napoleon bezieht; darin: „Das Volk steht auf, der Sturm bricht los“

1 Formulieren Sie Ihren Leseeindruck. Wie wirkt der Redeauszug auf Sie?

2 **a** Stellen Sie den Aufbau des Redeauszugs übersichtlich in einem Schaubild dar.

b Was verlangt Goebbels von den Deutschen? Klären Sie die Bedeutung jeder einzelnen Frage und deren Appellfunktion. Greifen Sie ggf. auch auf den hier nicht abgedruckten Hauptteil der Rede zurück.

c Informieren Sie sich über die Maßnahmen, die nach dieser Rede innenpolitisch durchgeführt wurden.

3 Ist Goebbels’ Selbsteinschätzung seiner Rede als „rhetorisches Glanzstück“ berechtigt? Wie funktioniert seine Demagogie? Begründen Sie Ihre Meinung auf der Grundlage einer Untersuchung der verwendeten **rhetorischen Mittel** (▶ S. 196–198). Beachten Sie auch die Funktion und Ausgestaltung der Frageform im letzten Teil der Rede.

4 In der Einführung zu dieser Rede (▶ S. 538) wird die Situation, in der Goebbels seine Rede hält, nur skizziert. Recherchieren Sie weitere Informationen (auch Ton- und Bilddokumente), um die **Redesituation** (▶ S. 538) genauer analysieren zu können. Gehen Sie dabei auf folgende Aspekte ein: Anlass, Ort/Raumsituation, gesellschaftliches Umfeld/Publikum, Übertragungsmedien.

5 **a** Prüfen Sie anhand der Originalaufnahmen die Wirkung der Rede auf das Publikum.

b Wie mag die Rede im Ausland gewirkt haben? Versetzen Sie sich in die Rolle eines britischen Journalisten und schreiben Sie einen Kommentar zu Goebbels’ Rede aus dieser Perspektive.

Ernst Reuter: **Schaut auf diese Stadt!** (1948)

Nachdem 1948 alle Zufahrtsmöglichkeiten nach Berlin durch die Sowjets abgeriegelt worden waren, konnten nur drei Luftkorridore von den westlichen Alliierten weiterhin genutzt werden. Über diese Luftwege wurde eine Versorgungsbrücke eingerichtet, die die Stadt mit dem Lebensnotwendigsten versorgte. Auf dem Höhepunkt der Berlinblockade landeten die „Rosinenbomber“, die Versorgungsflugzeuge, jede Minute in Berlin. Um die Blockade durchzuhalten, mussten sowohl die Berliner als auch die Alliierten fest an den Erfolg der Luftbrücke glauben. Am 9. September 1948 demonstrierten in Berlin ca. 300 000 Menschen gegen die Blockade und die politische Unterdrückung im sowjetischen Sektor. Vor dem Reichstag hielt Ernst Reuter die folgende Rede. Reuter war 1946 aus dem Exil zurückgekehrt und 1947 zum Berliner Oberbürgermeister gewählt worden, konnte aber sein Amt wegen eines sowjetischen Vetos zunächst nicht antreten.

[...] Heute ist der Tag, wo das Volk von Berlin seine Stimme erhebt. Dieses Volk von Berlin ruft heute die ganze Welt. Denn wir wissen, worum es heute geht bei den Verhandlungen im Kontrollratsgebäude in der Potsdamer Straße, die jetzt zum Stillstand gekommen sind, bei den Verhandlungen später in Moskau in den steinernen Palästen des Kreml. Bei all diesen Verhandlungen wird über unser Schicksal hier gewürfelt. [...] Wenn heute dieses Volk von Berlin zu Hunderttausenden hier aufsteht, dann wissen wir, die ganze Welt sieht dieses Berlin. Denn verhandeln können hier schon nicht mehr die Generale, verhandeln können schon nicht mehr die Kabinette. Hinter diesen politischen Taten steht der Wille freier Völker, die erkannt haben, dass hier in dieser Stadt ein Bollwerk, ein Vorposten der Freiheit aufgerichtet ist, den niemand ungestraft preisgeben kann.

Wer diese Stadt, wer dieses Volk von Berlin preisgeben würde, der würde eine Welt preisgeben, noch mehr, er würde sich selber preisgeben, und er würde nicht nur dieses Volk von Berlin preisgegeben in den Westsektoren und im Ostsektor Berlins. Nein, wir wissen auch, wenn sie nur könnten, heute stünde das Volk von Leipzig, von Halle, von Chemnitz, von Dresden, von all den Städten der Ostzone, so wie wir auf ihren Plätzen und würde unserer Stimme lauschen.

[...] Wenn wir darum heute in dieser Stunde die Welt rufen, so tun wir es, weil wir wissen, dass die Kraft unseres Volkes der Boden ist, auf dem wir groß geworden sind und größer und stärker werden, bis die Macht der Finsternis zerbrochen und zerschlagen sein wird. Und diesen Tag werden wir an dieser Stelle, vor unserem alten Reichstag mit seiner stolzen Inschrift „Dem deutschen Volke“, erleben und werden ihn feiern mit dem stolzen Bewusstsein, dass wir ihn in Kümmernissen und Nöten, in Mühsal und Elend, aber mit standhafter Ausdauer herbeigeführt haben. Wenn dieser Tag zu uns kommen wird, der Tag des Sieges, der Tag der Freiheit, an dem die Welt erkennen wird, dass dieses deutsche Volk neu geworden, neu gewandelt und neu gewachsen, ein freies, mündiges, stolzes, seines Wertes und seiner Kraft bewusstes Volk geworden ist, das im Bunde gleicher und freier Völker das Recht hat, sein Wort mitzusprechen, dann werden unsere Züge wieder fahren nicht nur nach Helmstedt[1], sie werden fahren nach München, nach Frankfurt, Dresden, Leipzig, sie werden fahren nach Breslau und nach Stettin.

Und sie werden auf unseren kümmerlichen, elenden, zertrümmerten, alten, ruinierten Bahnhöfen wieder die zweiten Gleise aufmontieren,

die das Symbol unserer wiedergewonnenen Freiheit sein werden, die wir uns, Berlinerinnen und Berliner, in den Kämpfen, die hinter uns liegen, und in den Nöten, die vor uns liegen, erkämpfen müssen und erkämpfen werden.

Ihr Völker der Welt, ihr Völker in Amerika, in England, in Frankreich, in Italien! Schaut auf diese Stadt und erkennt, dass ihr diese Stadt und dieses Volk nicht preisgeben dürft und nicht preisgeben könnt! Es gibt nur eine Möglichkeit für uns alle: gemeinsam so lange zusammenzustehen, bis dieser Kampf gewonnen, bis dieser Kampf endlich durch den Sieg über die Feinde, durch den Sieg über die Macht der Finsternis besiegelt ist. Das Volk von Berlin hat gesprochen. Wir haben unsere Pflicht getan, und wir werden unsere Pflicht weiter tun. Völker der Welt! Tut auch ihr eure Pflicht und helft uns in der Zeit, die vor uns steht, nicht nur mit dem Dröhnen eurer Flugzeuge, nicht nur mit den Transportmöglichkeiten, die ihr hierherschafft, sondern mit dem standhaften und unzerstörbaren Einstehen für die gemeinsamen Ideale, die allein unsere Zukunft und die auch allein eure Zukunft sichern können. Völker der Welt, schaut auf Berlin! Und Volk von Berlin, sei dessen gewiss, diesen Kampf, den wollen, diesen Kampf, den werden wir gewinnen.

1 **Helmstedt:** Während der deutschen Teilung befand sich hier an der Bundesautobahn 2 der wichtigste Grenzübergang zwischen der Bundesrepublik Deutschland und der Deutschen Demokratischen Republik sowie der westliche Endpunkt einer der Transitstrecken nach Westberlin.

1 Untersuchen Sie die **Redeabsicht** (► S. 538) Reuters auf verschiedenen Ebenen: vor Ort in Berlin, auf nationaler und auf internationaler Ebene.

2 Analysieren Sie, wie Vergangenes, Gegenwärtiges und Zukünftiges argumentativ in die Rede eingeflochten werden. Welche Intention ist Ihres Erachtens damit verbunden?

3 Benennen Sie die **rhetorischen Mittel** (► S. 196–198), die in den markierten Textstellen verwendet werden, und erläutern Sie deren Funktion und Wirkung.

Walter Ulbricht: An die Bevölkerung der DDR zum Bau der Berliner Mauer (1961)

Seit 1949 hatten auf Grund der politischen und wirtschaftlichen Verhältnisse jährlich Hunderttausende die DDR verlassen. Als 1952 die Grenze zur Bundesrepublik geschlossen wurde, bot Berlin nahezu die einzige Fluchtmöglichkeit. Der Viermächtestatus garantierte Freizügigkeit innerhalb der Stadtgrenzen. Die Führung der Sowjetunion sah in Westberlin einen Störfaktor bei der Konsolidierung ihres Machtbereichs. Die von Walter Ulbricht, dem Staatsratsvorsitzenden der DDR, angestrebte gewaltsame Lösung der Berlin-Frage wurde vom sowjetischen Ministerpräsidenten Chruschtschow abgelehnt. Stattdessen gab er Anfang August 1961 das Einverständnis zum Bau der Mauer. Am 13. August 1961 begannen bewaffnete Kräfte der DDR, die Grenze zwischen Ost- und Westberlin mit Stacheldraht und Barrikaden abzuriegeln. Am 18. August hielt Ulbricht im DDR-Fernsehfunk eine längere Rede, in der er die Vorgänge in Berlin aus seiner Sicht darstellt.

Meine lieben Bürger der Deutschen Demokratischen Republik und liebe Freunde in Westdeutschland und Westberlin!

Ereignisreiche Tage liegen hinter uns. Hier und da gingen die Wogen etwas hoch. Sie glätten sich allmählich. Die von Schöneberg[1] und Bonn künstlich geschürte Aufregung ist abgeebbt. Natürlich müssen wir weiterhin wachsam sein. Aber das Leben geht seinen ruhigen Gang. Sie erwarten mit Recht, dass ich als Vorsitzender des Staatsrates der Deutschen Demokratischen Republik einiges zu den Geschehnissen und zu der neuen Situation sage.

Doch zuvor drängt es mich, den prächtigen Söhnen und Töchtern unserer Werktätigen, die gegenwärtig Uniform tragen, den prächtigen Jungen in der Nationalen Volksarmee und in der Volkspolizei, den Unteroffizieren, Offizieren und Generalen unserer bewaffneten Kräfte im Namen des Staatsrates, im Namen der Regierung der Deutschen Demokratischen Republik und im Namen der Partei der Arbeiterklasse herzlichen Dank zu sagen. Sie haben die erfolgreiche Aktion vom 13. August hervorragend und diszipliniert, mit großartigem Kampfgeist und großartiger Moral durchgeführt. [...]

Für jeden, der Augen hat zu sehen und Ohren zu hören, wurde es offenkundig, dass Westberlin in der Tat ein äußerst gefährlicher Kriegsbrandherd ist, der zu einem zweiten Sarajevo werden kann. Immer mehr Menschen in Deutschland wie auch in anderen Ländern kamen zu der Einsicht, dass es nicht mehr genügt, allgemein über den Frieden zu reden. Es musste vielmehr dafür gesorgt werden, dass der Brand, der in Westberlin angeblasen worden war und der auf die Häuser der Nachbarn überspringen sollte, rechtzeitig unter Kontrolle kam.

Es war unsere Aufgabe, das zu tun. Denn schließlich befindet sich dieses Westberlin inmitten unseres Territoriums und innerhalb der Grenzen unseres Staates. Unser Haus sollte zuerst angezündet werden. Wir hatten also auch die Verantwortung dafür, dass dieser Brandherd unter Kontrolle kam. [...]

Manche Bürger haben gefragt, ob es denn unbedingt notwendig gewesen sei, bei unseren Maßnahmen, die ja schließlich auch eine pädagogische Lektion waren, mit Panzern und Geschützen aufzufahren.

Ich möchte es ganz unmissverständlich sagen: Jawohl, das war notwendig! Das hat nämlich dazu beigetragen, die zur Sicherung des Friedens und der Grenzen der Deutschen Demokratischen Republik notwendigen Maßnahmen präzise, schnell und reibungslos durchzuführen. Den Provokateuren ist von vornherein die Lust genommen worden, gefährliche Zwischenfälle heraufzubeschwören. Es ist bei der Durchführung all unserer Maßnahmen weit, weit weniger passiert als bei einer durchschnittlichen Rock-and-Roll-Veranstaltung im Westberliner Sportpalast. [...]

In Westdeutschland und in Westberlin strapazieren manche Politiker jetzt den Begriff der Menschlichkeit. Die Menschenhändler, die un-

1 **Schöneberg:** Stadtteil von Westberlin; das dortige Rathaus war bis 1990 Sitz des Abgeordnetenhauses und des Regierenden Bürgermeisters von Westberlin.

menschlichen Organisatoren des Menschenhandels und des Kindesraubs, die Erpresser, die Lügner und die Verleumder, denen das Handwerk gelegt wird, werfen der Deutschen Demokratischen Republik Unmenschlichkeit vor. Ausgerechnet die! Diese Heuchler trauern ja nur darüber, dass sie ihre Verbrechen nicht fortsetzen können. Ich möchte meinen: Erstes Gebot der Menschlichkeit ist es doch, den Frieden zu sichern, einen Krieg zu verhindern und alle Maßnahmen durchzuführen, die diesem Ziel dienen. Auch die Hitler und Goebbels missbrauchten den Begriff der Menschlichkeit ohne jeden Skrupel, um unter seinem Deckmantel ihre Aggressionen vorzubereiten. Die Vergewaltigung der Tschechoslowakei, der Einmarsch in Österreich und der Einmarsch in Polen – alles war lautere Menschlichkeit. Aus lauter Liebe zu den Menschen wurden Millionen Menschen zu „Untermenschen" erklärt und in den Gaskammern umgebracht. Aus lauter Menschlichkeit wollten die deutschen Militaristen ein Land nach dem anderen verschlingen. Und auch jetzt sagen diese Menschenfreunde: Wir wollen die Deutsche Demokratische Republik nur deshalb schlucken, damit sie nicht etwa von innen heraus explodiert. Also auch wieder: Aggression, aber nur aus Menschlichkeit.

Die westdeutschen Konzernherren, Bankiers und Militaristen haben sich da einen netten Propagandaschwindel zusammengebastelt. Sie sagen: Da in der Deutschen Demokratischen Republik die Menschen vor Hunger verkommen, verzehren sich die Arbeiter und Bauern der Deutschen Demokratischen Republik in Sehnsucht danach, sich von den lieben, goldigen Monopolherren und Großgrundbesitzerchen ausbeuten und von Hitlergeneralen auf Kasernenhöfen schikanieren und schließlich in den dritten Weltkrieg jagen zu lassen. [...] Ich möchte diesen Herrschaften sagen: Machen Sie sich keine Sorgen um uns. Die Arbeiter und Bauern in der Deutschen Demokratischen Republik wissen schon ganz genau, was sie wollen. [...]

Niemand kann uns nachsagen, dass wir etwa Stacheldraht besonders gern hätten. Aber Stacheldraht ist zweifellos gut und nötig als Schutz gegen diejenigen, die die Deutsche Demokratische Republik überfallen wollen. [...]

Die von den deutschen Militaristen und den imperialistischen Westmächten vollzogene Spaltung Deutschlands hat auch manche Familien getrennt. Wir bedauern es, dass durch die aggressive Politik der westdeutschen Militaristen die Spaltung für diese Familien fühlbarer geworden ist. Offen gesagt, gibt es aber auf absehbare Zeit, bis in Westdeutschland friedliche Verhältnisse erreicht sind, nur einen Ausweg, dass nämlich Bürger der Deutschen Demokratischen Republik, die die Absicht haben, mit ihren in Westdeutschland wohnenden Angehörigen zusammenzuleben, diese einladen, in die Deutsche Demokratische Republik umzusiedeln. Die Regierung der DDR wird dabei großzügig helfen. [...]

Manches wird jetzt in Berlin leichter sein. Manches wird jetzt schneller gehen, nachdem der Einfluss des Westberliner Frontstadtsumpfes radikal eingeschränkt wurde. Wir können uns unseren eigentlichen Aufgaben, deren Erfüllung der ganzen Bevölkerung der Deutschen Demokratischen Republik zugutekommt, ungestört widmen. Und viele von uns werden auch ein ihrer Arbeit sehr förderliches neues Kraftbewusstsein erhalten haben.

So gehen wir, liebe Bürger der Deutschen Demokratischen Republik, nach diesen ereignisreichen Tagen mit Zuversicht an unsere Arbeit, die dem Frieden und dem Wohle unseres Volkes dient, die auch jeden Einzelnen von uns vorwärtsbringt. Dazu wünsche ich Ihnen allen und Ihren Angehörigen Gesundheit, Glück und Erfolg!

1 Für ein genaueres Verständnis der Rede Ulbrichts sind Kurzreferate zu folgenden Begriffen und Themen hilfreich: „Mauerbau", „Kalter Krieg", „Viermächtestatus", „Die deutsche Teilung 1948–1961".

2 Welches Licht werfen das folgende Bild und die Informationen dazu auf Ulbrichts Ausführungen?

Am 15. August 1961, zwei Tage nach dem Beginn des Mauerbaus, springt Conrad Schumann, ein Soldat der Nationalen Volksarmee, über den Stacheldraht der Sektorengrenze in den Westteil Berlins. Das Foto der Flucht ging um die Welt. 30 Jahre später erklärt er in einem Interview mit der Süddeutschen Zeitung seine Entscheidung wie folgt: „Als Grenzpolizist konnte ich beobachten, wie ein kleines Mädchen, das seine Großmutter im Ostteil Berlins besuchte, von den Grenzsoldaten festgehalten wurde und nicht mehr nach Westberlin rüberdurfte. Obwohl die Eltern nur ein paar Meter von den aufgerollten Stacheldrahtsperren entfernt warteten, wurde das Mädchen einfach wieder nach Ostberlin zurückgeschickt."

3 Untersuchen Sie Anfang und Ende von Ulbrichts Rede in ihrem Verhältnis zum mittleren Teil.

4 **a** Legen Sie eine Liste der in dieser Rede verwendeten **Leitbegriffe** der politischen Auseinandersetzung an (► Information „Politische Lexik", S. 592). Erläutern Sie insbesondere den Gebrauch der Begriffe „Frieden" und „Militaristen" sowie den anderer **Fahnen- und Stigmawörter** (► S. 592), die Sie im Text entdecken können.

b Untersuchen Sie, welche weiteren rhetorischen **Strategien der Beeinflussung** (wie Aufwertung, Abwertung, Dramatisierung, Beschwichtigung, ► S. 225, 589 f.) eingesetzt werden.

5 **a** Vergleiche mit dem Nationalsozialismus (Z. 78–79) gelten heute in der öffentlichen Rede als äußerst problematische und weitgehend tabuisierte Redestrategie. Erläutern Sie, warum.

b Recherchieren Sie aktuelle Beispiele, wo dieses Tabu gebrochen wurde. Kommentieren Sie diese.

5.3 Leitbilder für die Zukunft – Reden der Gegenwart

Uwe Pörksen: **Rednerschulen als Politikwerkstatt** (2004)

Die Einübung in die „gute Rede" erscheint mir als das beste Mittel zur Wiedergewinnung politischer Findekunst, Streitkunst, Entscheidungskunst, als Weg zu einer Autonomie des Politischen.

Ich schlage vor, eine „Akademie zur guten Rede" zu gründen. [...]

Das Ziel ist, anspruchsvolle politische Rhetorik zu entwickeln, die zu einem öffentlichen Orientierungspunkt werden kann. Die Lust am Disputieren, am Streitgespräch, wäre vermutlich der wirksamste, nützlichste Impuls in einer solchen Akademie. Er ist die Folge, wenn Leute etwas wollen. Wir brauchen Orte, wo politische Fragen nicht nur als Frage des Machterhalts, sondern von der Sache her erörtert werden. Wo Gesichtspunkte entwickelt und beachtet werden, die über den Machtproporz hinausgehen und die Debatte an die Stelle des Designs tritt. Wo politische Urteilskraft eingeübt und politische Situationsbeherrschung zur zweiten Natur wird. [...] Das Haus, vom Staat oder von Sponsoren finanziert, arbeitet parteiunabhängig und ist nicht an der Tagespolitik orientiert. Sein Gegenstand ist Metapolitik, politische Orientierung über den Tag hinaus, sein Ziel die Ausbildung anspruchsvoller politischer Redekunst und deren öffentliche Wirkung.

1 a Begründen Sie, was Sie von Pörksens Idee einer „Akademie zur guten Rede" halten.
b Entwickeln Sie die Idee weiter: Wer sollte Lehrer/in, wer Schüler/in sein? Wie müsste die Akademie ausgestattet sein? Was sollte im Lehrplan stehen? Visualisieren Sie Ihre Vorstellungen auf einem Plakat.
2 Diskutieren Sie, wofür man in einem demokratischen Staat rhetorische Kenntnisse einsetzen sollte.

Johannes Rau[1]: **Vertrauen in Deutschland – eine Ermutigung** (2004)

I. [...] Ich will heute über das Thema sprechen, das ich in der politischen Debatte derzeit für das wichtigste halte. [...] Ich will über das sprechen, was nach meiner Erfahrung die notwendigen Veränderungen in unserem Land überhaupt erst möglich macht: Ich rede von Vertrauen und Verantwortung. [...]

VIII. Es ist höchste Zeit, alles dafür zu tun, dass wir die Vertrauenskrise überwinden, in die unsere Gesellschaft geraten ist. Wir müssen die Grundlagen des Vertrauens wiedergewinnen. Schönreden hilft da nicht. Wir werden uns anstrengen müssen. Die Politik muss die Initiative wiedergewinnen gegenüber wirtschaftlichen und anderen Einzelinteressen. Die politische Gestaltung muss zurück in die Parlamente. Die Abgeordneten müssen mit ihrer Stimme die Richtung bestimmen und nicht bloß Beschlüsse von Kommissionen und Konsensrunden verabschieden. Dazu brauchen wir zunächst einmal eine verständliche politische Sprache. Oft hören wir ja ein seltsames Gemisch aus Abkürzungen und Neubildungen, aus halb verdeutschtem Englisch oder aus absichtlicher Schwammigkeit, aus Verharmlosung und Fachchinesisch.

Was man nicht verstehen kann – und vielleicht auch nicht verstehen soll –, das schafft kein Vertrauen. Manchmal glauben die Menschen auch, die Redner wüssten selber nicht so genau, worüber sie sprechen, so abstrakt und lebensfern hört sich vieles an. Eine verständliche und klare Sprache ist notwendig, auch im öffentlichen Streit mit Wort und Widerwort.

Und nichts stärkt das Vertrauen der Menschen mehr als die Übereinstimmung von Wort und Tat. Das ist der einfachste Weg, um Glaubwürdigkeit zu gewinnen – und der ist schwer genug: Sagen, was man tut, und tun, was man sagt. Wahrhaftigkeit, Glaubwürdigkeit, aber auch Pflichtbewusstsein und Anstand sind Tugenden, auf die wir nicht verzichten können. Wir müssen darauf vertrauen können, dass jede und jeder, da, wo sie Verantwortung tragen, ihre Pflicht tun, dass sie wahrhaftig sind und sich anständig verhalten.

Wir müssen darauf vertrauen können, dass Handwerker ordentlich arbeiten und korrekt abrechnen. Und die müssen darauf vertrauen können, dass ihre Rechnungen pünktlich bezahlt werden. Wir müssen uns darauf verlassen können, dass Manager in erster Linie an das Unternehmen, seine Anteilseigner und Beschäftigten, denken und nicht an ihre eigenen Abfindungen oder Aktienoptionen. Wir müssen uns darauf verlassen können, dass wir richtig beraten werden, bei der Bank, beim Einkaufen, beim Abschluss von Verträgen. Wir müssen uns darauf verlassen können, dass nicht nur bei Lebensmitteln der Grundsatz gilt: „Es ist drin, was draufsteht." Wir müssen uns darauf verlassen können, dass die öffentliche Verwaltung frei von Durchstechereien und unbestechlich arbeitet, wie das dem stolzen Ideal des deutschen Beamtentums entspricht. Wir müssen uns darauf verlassen können, dass Ärzte uns richtig behandeln – und dass sie korrekt abrechnen.

Das sind Forderungen an jeden Einzelnen von uns, da, wo er Verantwortung trägt. Wie aber

1 **Johannes Rau** (1931–2006): von 1999 bis 2004 der achte Bundespräsident der Bundesrepublik Deutschland; zuvor Kommunal-, Landes- und Bundespolitiker der SPD sowie von 1978 bis 1998 Ministerpräsident des Landes Nordrhein-Westfalen

kann der Einzelne motiviert werden, selber anständig zu handeln und vertrauenswürdig zu sein, wenn er den Eindruck hat, das große Ganze stimme nicht und der Ehrliche sei oft genug wirklich der Dumme? Das kann nur gelingen, wenn in der Politik deutlich wird, dass es noch Zukunftsentwürfe gibt, Ziele – und den nötigen Gestaltungswillen. Politik muss mehr sein als ein Reparaturbetrieb gesellschaftlicher Verwerfungen. Politik muss gestalten und darf nicht der Wirklichkeit hinterherhinken. Politik muss mehr sein als die möglichst geschickte Form, das zu kommentieren, was ohnehin geschieht. Wir müssen den Primat der Politik wiedergewinnen – einer Politik, die sich an Werten orientiert und die sich nicht darauf beschränkt, tatsächliche oder vermeintliche Sachzwänge zu exekutieren. Politik muss wieder zeigen, dass es sie gibt und dass sie etwas für die Menschen bewirken kann. [...] Politik muss Probleme lösen. [...]

1 Beschreiben und begründen Sie, wie die Auszüge aus der Rede Raus auf Sie wirken.

2 **a** Sprache – Politik – Vertrauen: Welche Beziehungen stellt Rau zwischen diesen drei Begriffen her?

b Inwiefern passen die Anliegen Raus und Pörksens (▶ S. 544) zusammen?

3 Wählen Sie Passagen aus Raus Rede aus, die Ihnen rhetorisch besonders auffallen. Erläutern Sie die eingesetzten **rhetorischen Mittel** (▶ S. 196–198) in Funktion und Wirkung.

Angela Merkel: **Zur Feier des 50. Jahrestages der Unterzeichnung der „Römischen Verträge"** (2007)

Am 25. März 2007 jährte sich zum 50. Mal die Unterzeichnung der Römischen Verträge. 1957 von Belgien, der Bundesrepublik Deutschland, Frankreich, Italien, Luxemburg und den Niederlanden in Rom unterzeichnet, wurden mit dem Vertrag für die Europäische Wirtschaftsgemeinschaft (EWG) und mit dem Vertrag für die Europäische Atomgemeinschaft (EURATOM) zwei wesentliche Bestandteile der späteren Europäischen Gemeinschaften begründet.

Sehr geehrte Herren Präsidenten, sehr geehrte Herren Ministerpräsidenten, Exzellenzen, meine Damen und Herren, liebe Bürgerinnen und Bürger der Europäischen Union,

heute feiern wir den 50. Geburtstag der Unterzeichnung der Römischen Verträge. Wir feiern dieses Fest an einem Ort, wie er symbolträchtiger kaum sein könnte: in Berlin – in einer Stadt, die bis vor 18 Jahren durch Mauer, Stacheldraht und Schießbefehl geteilt war, in der Menschen die Flucht in die Freiheit mit ihrem Leben bezahlt haben.

Ich wuchs auf der östlichen Seite dieser Stadt, in der DDR, auf. Bei der Verabschiedung der Römischen Verträge war ich drei Jahre alt. Ich war sieben Jahre alt, als die Mauer gebaut wurde. Sie teilte auch meine Familie. Ich glaubte nicht, dass ich vor meinem Rentenalter frei in den Westen würde reisen können. Wenige Meter von hier endeten meine Wege. Aber dann fiel die Mauer doch. Ich habe am eigenen Leib die Erfahrung gemacht: Nichts muss so bleiben, wie es ist.

Das ist eine große Hoffnung für alle, die sich mit den Ungerechtigkeiten unserer Welt nicht abfinden wollen. Das ist im Übrigen auch eine große Hoffnung für diejenigen in Europa, die noch immer unter Unterdrückung leiden müssen – wie z. B. die Menschen in Weißrussland. Sie feiern heute ihren Unabhängigkeitstag. Auch an sie denken wir heute und rufen ihnen zu: Die Menschenrechte sind unteilbar. Europa ist auf Ihrer Seite. [...]

Es ist wahr: Die Welt heute ist nicht mehr die von vor 50 Jahren. Aus sechs Gründungsmitgliedern sind 27 Mitgliedsstaaten geworden. Aus der ursprünglichen Zollfreiheit ist eine gemeinsame Währung hervorgegangen. Aus der Welt der beiden Blöcke ist eine Welt verschiedener Kraftzentren geworden.

In einer solchen Welt geht es darum, immer wieder aufs Neue zu fragen, was Europa auch in unserem Jahrhundert zusammenhält, was seine Identität ausmacht. Für mich ist die Antwort klar: Europas Selbstverständnis beruht auf gemeinsamen, auf grundlegenden Werten – das hält Europa zusammen. [...] Ein Traum ist wahr geworden. Wahr werden konnte dieser Traum, weil wir Bürger Europas in den letzten 50 Jahren gelernt haben, aus unserer Eigenständigkeit und den vielfältigen Traditionen, aus der lebendigen Vielfalt der Sprachen, Kulturen und Regionen das Beste zu machen. Wahr werden konnte dieser Traum, weil wir uns auf die Eigenschaft besonnen haben, die für mich die Seele Europas ausmacht, in deren Geist die Römischen Verträge möglich wurden. Diese Eigenschaft ist die Toleranz. Wir haben Jahrhunderte gebraucht, um das zu lernen. Auf dem Weg zur Toleranz mussten wir Katastrophen durchleiden. Wir haben uns gegenseitig verfolgt und vernichtet. Wir haben unsere Heimat verwüstet. Wir haben gefährdet, was uns heilig war und ist. Die schlimmste Zeit von Hass und Vernichtung liegt noch kein Menschenleben hinter uns.

Heute aber, meine Damen und Herren, leben wir miteinander, wie es nie zuvor möglich war. Jedes Mitglied der Europäischen Union hat geholfen, Europa zu einigen und Demokratie und Rechtsstaatlichkeit zu stärken. Der Freiheitsliebe der Menschen in Mittel- und Osteuropa verdanken wir, dass heute Europas unnatürliche Teilung endgültig überwunden ist.

Einer der Männer, die die Römischen Verträge 1957 unterzeichnet haben, ist – ich sagte es bereits anlässlich der Eröffnung – heute unter uns: Maurice Faure. Heute, auf den Tag genau 50 Jahre danach, können wir Maurice Faure und seinen Mitstreitern von damals mit den Worten unserer „Berliner Erklärung" zurufen: Wir Bürgerinnen und Bürger leben und wirken in der Europäischen Union auf eine einzigartige Art und Weise zusammen. Wir Bürgerinnen und Bürger der Europäischen Union sind zu unserem Glück vereint.

Wie können wir das bewahren, stärken, vertiefen – und das mindestens für die nächsten 50 Jahre? Ich meine, indem wir uns auf die stärkste Kraft des Menschen konzentrieren, auf die Kraft der Freiheit, auf die Freiheit in all ihren Ausprägungen, die Freiheit, die eigene Meinung öffentlich zu sagen, auch wenn dies andere stört, die Freiheit, zu glauben und nicht zu glauben, die Freiheit des unternehmerischen Handelns, die Freiheit des Künstlers, sein Werk nach seinen Vorstellungen zu gestalten, die Freiheit des Einzelnen in seiner Verantwortung für das Ganze.

Indem wir auf die Kraft der Freiheit setzen, setzen wir auf den Menschen. Er steht im Mittelpunkt. Seine Würde ist unantastbar. Ich darf persönlich hinzufügen: Für mich ergibt sich dieses Verständnis vom Menschen ganz wesentlich aus den jüdisch-christlichen Wurzeln Europas. [...]

Nur wenn Europa zusammensteht, werden wir den Terrorismus, organisierte Kriminalität und illegale Einwanderung erfolgreich bekämpfen können. Nur dann werden wir die Freiheit und Bürgerrechte im Kampf gegen ihre Gegner erfolgreich verteidigen können. Dann werden Rassismus, Antisemitismus und Fremdenfeindlichkeit nie wieder eine Chance haben. Dann können wir uns dafür einsetzen, dass Konflikte in der Welt friedlich gelöst und Menschen nicht Opfer von Krieg, Terrorismus und Gewalt sind, dass Armut, Hunger und Krankheiten wie Aids in der Welt zurückgedrängt werden. Wir wollen Freiheit und Entwicklung in der Welt fördern. Wir bekennen uns in unserer „Berliner Erklärung" ausdrücklich dazu, auch weiterhin Demokratie, Stabilität und Wohlstand jenseits der Grenzen der Europäischen Union zu fördern. Das ist ein Bekenntnis, das in seiner Bedeutung gar nicht hoch genug eingeschätzt werden kann – ein Bekenntnis, das sehr schnell konkret wird. So denken wir an einem Tag wie heute auch an die Menschen in Simbabwe und Darfur[1]. Das Leiden dort ist unerträglich. Wir appellieren an dieser Stelle an den sudanesischen Präsidenten Bashir, endlich den UN-Resolutionen Folge zu leisten. Und ich sage offen: Wir müssen stärkere Sanktionen ins Auge fassen. Damit, wie etwa auch mit der gestern verabschiedeten neuen UN-Resolution zum Iran, bekennen wir uns dazu, gemeinsam mit unseren Verbündeten und Partnern globale Verantwortung zu übernehmen.

Aber, meine Damen und Herren, auch an einem Festtag wie heute sollten wir uns nichts vormachen: Das europäische Lebensmodell stärken, globale Verantwortung wahrnehmen – das verlangt Handlungsfähigkeit, und zwar mehr als Europa sie heute hat. [...]

Deshalb ist es wichtig und deshalb ist es notwendig, dass wir heute hier in Berlin – 50 Jahre nach der Unterzeichung der Römischen Verträge – in dem Ziel geeint sind, die Europäische Union bis zu den Wahlen zum Europäischen Parlament 2009 auf eine erneuerte gemeinsame Grundlage zu stellen. [...]. Ein Scheitern wäre ein historisches Versäumnis. Was wir entscheiden, wird lange nachwirken – im Guten wie im Schlechten. Aber, meine Damen und Herren, eigentlich brauchen wir gar nicht vom Scheitern zu reden. Europa hat schon so oft große Hürden genommen. Die Verhandlungen der Verträge, deren 50. Geburtstag wir heute feiern, waren ein Paradebeispiel dafür. Ich habe gelesen, dass ein Mitglied einer Verhandlungsdelegation – ich glaube, es war ein britisches – damals gesagt haben soll – ich zitiere: „Der Vertrag hat keine Chance, unterzeichnet zu werden. Wird er unterzeichnet, scheitert er an der Ratifizierung. Wird er dennoch ratifiziert, dann wird er nie umgesetzt." Ich weiß nicht, meine Damen und Herren, was dieser Verhandler zum heutigen Tag gesagt hätte.

Aber er stand mit seiner Zurückhaltung nicht allein. Ein nicht ganz unbekannter französischer Politiker soll seinerzeit gesagt haben – ich zitiere: „Verträge sind wie Mädchen und Rosen. Sie halten nur eine gewisse Zeit." Ja, meine Damen und Herren, der Rosenstock ist seit 1957 deutlich gewachsen. Und heute kann sogar ein zugegebenermaßen schon etwas älteres Mädchen die „Berliner Erklärung" mit unterzeichnen. [...]

Wir Bürger Europas – wir sind zu unserem Glück vereint. Europa ist unsere gemeinsame Zukunft. Das war ein Traum von Generationen. Unsere Geschichte mahnt uns, dieses Glück für künftige Generationen zu schützen. Und so wünsche ich mir, dass die Bürgerinnen und Bürger Europas in 50 Jahren sagen werden: Damals, in Berlin, da hat das vereinte Europa die Weichen richtig gestellt. Damals, in Berlin, da hat die Europäische Union den richtigen Weg in eine gute Zukunft eingeschlagen. Sie hat anschließend ihre Grundlagen erneuert, um nach innen, auf diesem alten Kontinent, wie nach außen, in dieser einen großen-kleinen Welt, einen Beitrag zu leisten zum Guten, für die Menschen. Das ist unser Auftrag für die Zukunft. Ich danke Ihnen.

1 **Darfur:** Region im Westen Sudans. Seit 2003 herrscht in der Region der Darfur-Konflikt, der bis zu 400 000 Menschen das Leben gekostet und 2,5 Mio. in die Flucht getrieben hat.

1 **a** Rekonstruieren Sie für Angela Merkels Rede folgendes Szenario: Einige Wochen vor dem Festakt der 50-Jahr-Feier der Römischen Verträge beraten sich die Festrednerin und ihr Redenschreiber: Was gilt es zu beachten? Welche Themen sind anzusprechen? Welche auf keinen Fall? Welcher Ton ist der Situation angemessen? Wer soll persönlich angesprochen werden? Mögliche Fettnäpfchen?
Tipp: Nutzen Sie bei Ihren Überlegungen die grundlegenden Aspekte zur Redeanalyse (▶ S. 538).
b Untersuchen Sie auf dieser Basis den **Redeinhalt** (▶ S. 538). Beachten Sie: inhaltliche Gliederung; Hauptaussagen und ihr Zusammenhang; Weltanschauung und Abgrenzung zu anderen Positionen.

2 Sind Festreden überflüssig? Erörtern Sie die Funktionen dieser Redegattung.

E Schreiben und Sprechen – Klausuren und Abitur

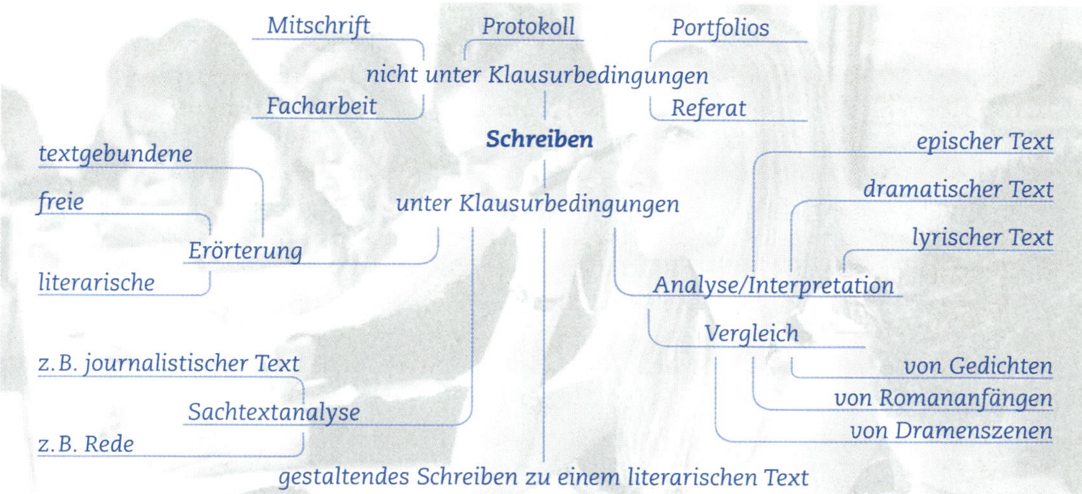

1 **a** In den ersten drei Teilkapiteln des Teils E trainieren Sie Schreib- bzw. Aufsatzformen, die Sie in der Oberstufe und vor allem im Abitur unter Klausurbedingungen zu bewältigen haben. Notieren Sie für sich, welche Erfahrungen und Voraussetzungen Sie an welche Aufsatzform knüpfen.

b Tauschen Sie sich über Ihre Notizen aus. Einigen Sie sich gegebenenfalls auf eine der Aufsatzformen, die Sie noch einmal gemeinsam ganz besonders üben sollten.

Tipp: Die übrigen Schreibformen werden in den Kapiteln A6 und A7 (► S.108–110, 122–124 und 135–142) erarbeitet. Erläuterungen zu wichtigen Schreiboperationen finden Sie im „Orientierungswissen" am Ende dieses Buches (► S.618 f.).

2 Im Abitur ist auch eine mündliche Prüfung zu absolvieren. Welche Erfahrungen haben Sie bisher mit Vorträgen oder mündlichen Prüfungen gemacht? Welche Anforderungen müssen Sie dabei bewältigen?

Hinweise zum Umgang mit diesem Kapitel:

- Jedes der ersten drei Teilkapitel wiederholt, vertieft und übt einen der oben aufgeführten Schwerpunkte des Schreibens unter Klausurbedingungen. Sie werden dabei mit Aufgabenstellungen vertraut gemacht, die für Klausuren in der Sekundarstufe II und im Abitur typisch sind.
- Grundlegende Anforderungen an die Vorbereitung und Gestaltung einer schriftlichen Arbeit werden schwerpunktmäßig in je einem Teilkapitel erarbeitet; sie sind zudem in einer Reihe von Informationsdarstellungen übersichtlich zusammengefasst, sodass Sie in anderen Arbeitszusammenhängen auf dieses Sach- und Methodenwissen leicht zugreifen können.
- Das vierte Teilkapitel zeigt Ihnen, wie Sie sich auf eine mündliche Prüfung vorbereiten können.

1 Analysierendes/Interpretierendes Schreiben

Information **Interpretieren**

Um einen literarischen Text genauer zu verstehen, muss sich ein/e Leser/in aktiv mit seinen Inhalten und Strukturen beschäftigen. Die durch die **werkimmanente Analyse** (▸ S. 557 f.) gewonnenen Einsichten müssen sinnvoll zueinander in Beziehung gesetzt werden. Darüber hinaus berücksichtigt man **werkübergreifend** (▸ S. 558 f.) auch Informationen, die außerhalb des Textes liegen, wie z. B. Informationen zur Autorin/zum Autor, zu historischen Hintergründen, zu einer literarischen Epoche, zur Geschichte eines literarischen Motivs usw.

1.1 Analyse/Interpretation eines epischen Textes – Beispiel: Christa Wolfs „Kassandra“

In diesem Kapitel erwerben Sie folgende Kenntnisse und Kompetenzen:

- abitur- und klausurrelevante Aufgabenstellungen erfassen,
- den Aufbau und die Elemente eines Analyse-/Interpretationsaufsatzes (z. B. Einleitungssatz, Interpretationsthesen etc.) erarbeiten,
- einen Analyse-/Interpretationsbaustein sprachlich ausgestalten,
- einen Erzähltext auf außertextliche Informationen beziehen und so eine vertiefende Deutung entwickeln,
- Möglichkeiten verschiedener Verfahren der Literaturinterpretation reflektiert nutzen,
- den Problemgehalt eines literarischen Textes weiterführend erörtern.

Aufgabenstellung

1. Analysieren Sie den Auszug aus Christa Wolfs Erzählung „Kassandra“.
2. Setzen Sie sich mit der Frage auseinander, inwiefern literarische Texte dieser Art eine politische Wirkung entfalten können. Berücksichtigen Sie dabei den zeitgeschichtlichen Hintergrund der Entstehung des Textes sowie Aussagen der Autorin, die Ihnen bekannt sind.

Christa Wolf: **Kassandra. Erzählung** (1983) – Auszug

*Christa Wolf (*1929) schrieb ihre Erzählung „Kassandra“ in Zeiten des Kalten Krieges (*▸ S. 556*). Sie wollte mit der Darstellung des Trojanischen Krieges in die politischen Auseinandersetzungen ihrer Zeit eingreifen und vertrat dabei einen feministisch-pazifistischen Ansatz.*

Zur Handlung: Kassandra, Tochter des trojanischen Herrschers Priamos, bereitet sich auf das Amt einer Priesterin des Gottes Apollon vor. Gleichzeitig erlebt sie den Krieg mit den Stadtstaaten Griechenlands, die Troja angreifen. In einer Schlacht beobachtet sie ihre Brüder Hektor und Troilos. Letzterer ist mit Briseis, der Tochter des Sehers Kalchas, befreundet. Beide Brüder kämpfen gegen die Griechen um den Kriegshelden Achill. Begleitet wird Kassandra von Marpessa, ihrer Dienerin. In ihrer Not ruft Kassandra die Mutter- und Fruchtbarkeitsgöttin Kybele an.

Im Frühjahr, wie erwartet, begann dann der Krieg.

Krieg durfte er nicht heißen. Die Sprachregelung lautete, zutreffend: Überfall. Auf den wir sonderbarerweise gar nicht vorbereitet waren. Da wir nicht wußten, was wir wollten, haben wir uns nicht bemüht, der Griechen Absicht wirklich zu ergründen. Ich sage „wir", seit vielen Jahren wieder „wir", im Unglück hab ich meine Eltern wieder angenommen. Damals, als die griechische Flotte gegen den Horizont aufstieg, ein gräßlicher Anblick. Als unsre Herzen sanken. Als unsre jungen Männer, nur durch ihren Lederschild geschützt, lachend dem Feind entgegengingen, in den sicheren Tod, da habe ich sie alle, die das verantworteten, inbrünstig verflucht. Ein Verteidigungsring! Eine vorgeschobne Linie hinter einer Schutzwehr! Gräben! Nichts von alledem. Wahrhaftig, ich war kein Stratege, aber jeder konnte sehn, wie unsre Krieger auf dem flachen Uferrand dem Feinde zugetrieben wurden, damit er sie niedermetzle. Das Bild bin ich nie wieder losgeworden.

Und dann, am ersten Tag, mein Bruder Troilos.

Immer hab ich mich bemüht, die Art, wie er zu Tode kam, nicht zu behalten. Und doch hat nichts aus diesem ganzen Krieg sich schärfer eingeritzt. Jetzt noch, kurz eh ich selbst geschlachtet werde und die Angst die Angst die Angst mich zwingt zu denken – jetzt noch weiß ich jede verfluchte Einzelheit vom Tod des Bruders Troilos und hätte keinen andern Toten in diesem ganzen Krieg gebraucht. Stolz, königstreu, verwegen, Hektors Schwur vertrauend, kein Grieche werde unsern Strand betreten, blieb ich im Apollon-Tempel vor der Stadt, von dem aus man bis hin zur Küste blickte. „Blickte" denk ich, doch es sollte heißen: „Blickt". Der Tempel ist verschont. Kein Grieche vergriff sich an Apollons Heiligtum. Wer immer jetzt dort steht, sieht auf die Küste, mit Trümmern, Leichen, Kriegsgerät bedeckt, die Troia einst beherrschte, und, wenn er sich umdreht, sieht er die zerstörte Stadt. Kybele hilf.

Marpessa schläft. Die Kinder schlafen.

Kybele hilf.

Damals begann, was dann Gewohnheit wurde: Ich stand und sah. Stand, als die andern Priester, unter ihnen Panthoos, in Panik gegen Troia fortgelaufen waren. Als Herophile, die alte standhafte Priesterin mit den Lederwangen, vor Grauen sich ins Innere des Tempels flüchtete. Ich stand. Sah, wie Bruder Hektor, dunkle Wolke, ach, in seinem Lederwams!, die ersten Griechen schlug, die von den Schiffen kamen, die, durch das flache Wasser watend, die Küste Troias zu gewinnen suchten. Auch die den ersten folgten, machten meine Troer nieder. Sollte Hektor recht behalten? Lautlos und entfernt genug, sah ich, sanken die Menschenpuppen um. Kein Fünkchen von Triumph in meinem Herzen. Dann freilich ging etwas ganz andres los, ich habe es gesehn.

Ein Pulk von Griechen, dicht bei dicht sich haltend, gepanzert und die Schilde um sich herum wie eine lückenlose Wand, stürmte, einem einzigen Organismus gleich, mit Kopf und Gliedern, unter nie vernommenem Geheul an Land. Die äußersten, so war es wohl gemeint, wurden von den schon erschöpften Troern bald erschlagen. Die der Mitte zu erschlugen eine viel zu hohe Zahl der unsern. Der Kern, so sollte es sein, erreichte das Ufer, und der Kern des Kerns: der Griechenheld Achill. Der sollte durchkommen, selbst wenn alle fielen. Der kam auch durch. So macht man das, hörte ich mich fiebrig zu mir selber sagen, alle für einen. Was jetzt. Schlau ging er nicht auf Hektor los, den die andern Griechen übernahmen. Er holte sich den Knaben Troilos, der ihm von gut dressierten Leuten zugetrieben wurde wie das Wild dem Jäger. So macht man das. Mein Herz begann zu hämmern. Troilos stand, stellte sich dem Gegner, kämpfte. Und zwar regelrecht, so wie er es gelernt, wenn Edele mit Edlen kämpfen. Treulich hielt er sich an die Gesetze der Kampfspiele, in denen er seit Kindheit glänzte. Troilos! Ich bebte. Jeden seiner Schritte wußte ich voraus, jede Wendung seines Halses, jede Figur, die er mit seinem Leib beschrieb. Aber Achill. Achill das Vieh ließ sich auf des Knaben Angebot nicht ein. Vielleicht verstand ers nicht. Achill erhob sein Schwert, das er mit beiden Händen packte, hoch über den Kopf und ließ es auf den Bruder niedersausen. Für immer fielen alle Regeln in den Staub. So macht man das.

Troilos der Bruder fiel. Achill das Vieh war über ihm. Ich wollte es nicht glauben, glaubte es sofort, wie schon oft war ich mir dabei selbst zuwider. Wenn ich recht sah, würgte er den Liegenden. Etwas ging vor, was über meine, unsere Begriffe war. Wer sehen konnte, sah am ersten Tag: Diesen Krieg verlieren wir. Diesmal schrie ich nicht. Wurde nicht wahnsinnig. Blieb stehn. Zerbrach, ohne es zu merken, den Tonbecher in meiner Hand.

Das Schlimmste kam noch, kommt noch. Troilos, leicht gepanzert, war noch einmal hochgekommen, hatte sich den Händen des Achill entwunden, lief – ihr Götter! Wie er laufen konnte! – zuerst ziellos davon, dann – ich winkte, schrie – fand er die Richtung, lief auf mich, lief auf den Tempel zu. Gerettet. Den Krieg verliern wir, aber dieser Bruder, der mir in dieser Stunde als der liebste schien, der war gerettet. Ich lief ihm entgegen, packte ihn am Arm, zog den Röchelnden, Zusammenbrechenden herein, ins Innere des Tempels, vor das Bild des Gottes, wo er sicher war. Abgeschlagen keuchte Achill heran, den ich nicht mehr beachten mußte. Dem Bruder, der um Luft rang, mußte ich den Helm abbinden, den Brustpanzer lösen, wobei Herophile die alte Priesterin mir half, die ich nie vorher und nie nachher weinen sah. Meine Hände flogen. Wer lebt, ist nicht verloren. Auch mir nicht verloren. Dich werd ich pflegen, Bruder, lieben, endlich kennenlernen. Briseis wird froh sein, sagt ich ihm ins Ohr.

Dann kam Achill das Vieh. Des Mörders Eintritt in den Tempel, der, als er im Eingang stand, verdunkelt wurde. Was wollte dieser Mensch. Was suchte er bewaffnet hier im Tempel. Gräßlichster Augenblick: Ich wußt es schon. Dann lachte er. Jedes Haar auf meinem Kopf stand mir zu Berge, und in die Augen meines Bruders trat der reine Schrecken. R

Methode **Analyse/Interpretation eines literarischen Textes – Aufbau**

Der überwiegende Anteil der Dichtung wird der Epik, also den erzählenden Texten zugeordnet (► S. 155). Sowohl bei der Analyse/Interpretation eines epischen Textes als auch von Werken aller anderen Gattungen ist ein gegliedertes Vorgehen zur Darlegung eines vertieften Textverstehens sinnvoll. Nach einer genauen Lektüre, bei der man einen persönlichen Leseeindruck gewinnt, folgt eine Textanalyse, z. B. hinsichtlich der Erzählstrategie (► S. 160 f.) oder mit Blick auf die Besonderheiten der sprachlichen Gestaltung. Schließlich werden die Analyseergebnisse in Form der üblichen Aufsatzdreiteilung vorgestellt.

- **Einleitung:** Angaben zu Autor/in, Titel des Textes, Textsorte, Thema und evtl. Erscheinungsjahr in einem kurzen Einleitungssatz, dann zentrale Interpretationsthese
- **Hauptteil:** knappe Zusammenfassung des Inhalts, dann aspektorientierte Analyse/Interpretation, wobei beschreibende, erklärende und deutende Teile aufeinander bezogen werden müssen
- **Schlussteil:** Fazit, kurze Stellungnahme zum Text, häufig wird auch eine Wertung erwartet.

Den Aufsatz vorbereiten – Interpretationsthesen erarbeiten

1 Analysieren Sie den Auszug aus „Kassandra" systematisch nach bestimmten Aspekten, die Ihnen bei Ihrer Lektüre besonders aufgefallen sind. Diese Aspekte können sich u. a. auf den Inhalt des Textauszugs oder auf seine Gestaltung beziehen. Konzentrieren Sie sich zunächst auf den Inhalt. Schreiben Sie sich inhaltliche Schwerpunkte heraus.

2 Entscheiden Sie sich nach einer weiteren aktiven Textlektüre für einen dieser inhaltlichen Schwerpunkte und fassen Sie ihn in einen Begriff, z. B.: *Krieg, Männlichkeit, Gewalt, Frauenrolle …*

3 Notieren Sie mit Hilfe Ihres Schwerpunktbegriffs Ihre zentrale Interpretationsthese zur inhaltlichen Aussage des Textes. Diese These kann auch zwei oder drei Sätze umfassen, z. B.: *Der Krieg soll in seiner ganzen Verlogenheit und in all seiner fürchterlichen Gewalt dargestellt werden.*

Ein Analyse-/Interpretationsaufsatz enthält neben der maßgeblichen zentralen Interpretationsthese in seinem Hauptteil meist weitere Interpretationsthesen zu Inhalt sowie Form. Mit Hilfe dieser Thesen kann man den Aufsatz aspektorientiert oder linear gliedern:

Methode **Verfahren der Interpretation – Linear oder aspektorientiert**

- **Das aspektorientierte Verfahren** zielt auf eine Deutung des Textes, die an Interpretationsschwerpunkten orientiert ist und das Material gedanklich-systematisch gliedert. Nachdem der Text inhaltlich erfasst, mehrmals gelesen und mit Notizen versehen worden ist, werden zentrale Einsichten als Interpretationsthesen formuliert. Die Details der Analyse werden diesen, z. B. mit Hilfe unterschiedlicher Farbmarkierungen, zugeordnet. Erst dann beginnt die schriftliche Ausarbeitung der Analyse/Interpretation. Der Vorteil des aspektorientierten Verfahrens liegt darin, dass der Leserin oder dem Leser des Aufsatzes eine klare Gliederung und gedankliche Bündelung von Interpretationsdetails geboten werden kann.
- **Das lineare Verfahren** wird meist in der Sekundarstufe I für die ersten Versuche der Textanalyse/-interpretation bevorzugt. Dabei folgt der Gedankengang dem zu deutenden Text Zeile für Zeile und Abschnitt für Abschnitt. Ein solches Verfahren unterstützt das gründliche Lesen eines Textes, es erlaubt jedoch oft nicht, eine systematische Gesamtdeutung zu entwickeln, da man einzelnen Textaussagen zu sehr verhaftet bleibt. Eine distanzierte Einordnung von Interpretationsdetails fällt schwer. Im Schreibprozess werden so Einzelheiten meist gedanklich ungeordnet aneinandergereiht. Eine weitere Gefahr ist, dass man auf der Ebene der paraphrasierenden Inhaltswiedergabe verbleibt und nicht zur Deutung gelangt.

4 Schließen Sie auf einem Konzeptpapier die gedankliche Vorbereitung Ihres Aufsatzes mit der jeweiligen Formulierung Ihrer Interpretationsthesen für den Hauptteil ab. Nutzen Sie folgende Information:

Information **Interpretationsthesen ausführen**

Mit einer oder mehreren Interpretationsthesen benennen Sie Ihr persönliches, vertieftes Textverständnis, das Sie auf der Grundlage Ihrer mehrfachen Lektüre, Ihres Leseeindrucks und der daran orientierten systematischen Analyse gewonnen haben. Mit Hilfe von Interpretationsthesen deuten Sie einen Text aspektorientiert, wobei diese Deutung zu belegen und zu erläutern ist.

These ↓	deuten, behaupten
Beleg für die These *Textzitat und/oder Beschreibung eines Gestaltungsphänomens, evtl. mit Zeilenangabe* ↓	zitieren, beschreiben
Deutung des Belegs *gedankliche Erschließung des Textbelegs* ↓	erklären, interpretieren
abschließende gedankliche Rückbindung an die These (→ zurück zur These)	resümieren

Formulierungsbausteine: Verknüpfungssätze

- **Gelenkstelle These – Textbeleg:** *Ein Beleg für diese Deutung ist z. B. in Zeile … zu finden. Hier wird … als … bezeichnet; Die Formulierung „ …“ (Z. …) lässt z. B. eine solche Deutung zu; Auch die Wortwahl/der Hinweis/das Detail in Z. … stützt diese Deutung, dort heißt es nämlich: „…“.*
- **Gelenkstelle Textbeleg – Deutung des Belegs:** *Diese Textstelle lässt erkennen, dass …; Damit wird hervorgehoben, dass …; Diese Formulierung kann im Textzusammenhang als Kritik an …/Hinweis auf …/Kommentar zu … verstanden werden; sie besagt, dass …*
- **Gelenkstelle gedankliche Erschließung – Rückbindung an die These:** *Die zitierten Textstellen belegen beispielhaft, dass …; Auch diese Formulierungen/Gestaltungsphänomene/inhaltlichen Akzentuierungen untermauern/stützen die Ausgangsthese, dass …*

5 Ein besonders wichtiger Arbeitsschritt ist, inhaltliche und gestalterische Besonderheiten eines Textes gedanklich aufeinander zu beziehen. Wählen Sie je eine inhaltliche und eine erzählerische Besonderheit des Textes von Christa Wolf aus, die Ihrer Meinung nach einen gedanklichen Bezug zueinander aufweisen:

Interpretationsthesen zum Inhalt-Form-Bezug

- **Inhalt-Form-Bezug:**
  inhaltlicher Schwerpunkt des Textes → Gestaltung des Textes (Form) z. B. durch Einsatz einer bestimmten Erzählstrategie (► S. 160 f.), Raum- und Zeitkonstruktion (► S. 163 f.), Absätze etc.
  ↓
  Steigerung der Aussagekraft/Wirkung des Textes

Formulierungsbausteine: Inhalt-Form-Bezug

In der Erzählung wird durch … dargestellt, wie …; Formal wird diese Aussage unterstrichen durch …; Bei der Darstellung der … herrscht die … Erzählform vor. Dadurch entsteht ein/e …, der/die plausibel erscheint, denn …; Eine formale Besonderheit, die in der Erzählung auffällt, ist …; Diese formale Eigenheit des Textes korrespondiert auf der inhaltlichen Ebene mit …

6 Führen Sie auf Ihrem Konzeptpapier eine Interpretationsthese zu dem von Ihnen ausgewählten Inhalt-Form-Bezug aus. Sie können dabei die oben zusammengestellten Formulierungsbausteine nutzen.

7 Beschreiben Sie auf Ihrem Konzeptpapier einen weiteren Inhalt-Form-Bezug, indem Sie z. B. die **Erzählform** und **Erzählhaltung** (► S. 161), die **Darbietungsformen des Erzählens** (► S. 161) oder die **Symbolik des dargestellten Raumes** (► S. 163) in den Blick nehmen.

8 Untersuchen Sie den **Einsatz sprachlicher Mittel** (► S. 196–198). Notieren Sie deren Funktion und Wirkung.

Den Aufsatz eröffnen – Von der Einleitung zum Hauptteil

1 Schreiben Sie zur Interpretation des Auszugs aus Christa Wolfs „Kassandra“ eine Einleitung (Methode, ► S. 572). Versuchen Sie, das Thema möglichst genau zu erfassen. (Vermeiden Sie eine zu allgemein gehaltene Themenangabe.) Fügen Sie Ihre zentrale Interpretationsthese zum Inhalt ein (► Aufgabe 3, S. 553).

2 Schließen Sie an die Einleitung eine Einordnung des Textauszugs in die Gesamthandlung und eine knappe Inhaltswiedergabe an.

Formulierungsbausteine: Einleitungssätze

- *Im Jahr ... erschien ...s Erzählung ..., in der thematisch ... im Mittelpunkt steht/es thematisch um ... geht. Im vorliegenden Textauszug wird insbesondere dargestellt, wie ...*
- *Die Erzählung ... von ... wurde ... veröffentlicht. Thema ist ...*

Methode **Einordnung – Zusammenfassung**

- Bei Romanauszügen oder Auszügen aus längeren Erzählungen sollte zunächst eine kurze Einordnung in die Gesamthandlung erfolgen, indem die im Auszug vorkommenden Figuren vorgestellt werden und der Stand der Handlung beschrieben wird.
- Danach ist eine knappe Inhaltsangabe des Textes (bzw. des Textauszugs) zu verfassen, wobei wichtige Figurenäußerungen in indirekter Rede wiederzugeben sind (Konjunktiv der indirekten Rede, ▸ S. 146 f.).

3 Verfassen Sie Ihren Hauptteil, indem Sie Ihre Interpretationsthesen zu Ihren Analyseergebnissen schriftlich ausführen.

Das Fazit – Ein Resümee ziehen

1 Fassen Sie, nachdem Sie die erste Aufgabenstellung (▸ S. 550) bearbeitet haben, Ihre Analyse-/Interpretationsergebnisse in einem zentralen Gedanken prägnant zusammen. Orientieren Sie sich z. B. an einem der folgenden Formulierungsbausteine:

Formulierungsbausteine: Schlussgedanken

- *Meine zentrale Interpretationsthese, dass ..., konnte insbesondere durch ... belegt werden.*
- *Alles in allem ergibt die werkimmanente Betrachtung des Textauszugs, dass ...*
- *Als Resümee der Analyse ergibt sich, dass ...*

Einen weiterführenden Gedanken entwickeln – Kontextwissen einbeziehen

In der Aufgabenstellung einer Klausur erhalten Sie oft einen Hinweis, welches Kontextwissen (Wissen über Zusammenhänge, in denen ein Text steht) Sie nutzen sollen, um einen besonderen weiterführenden Gedanken zu entwickeln. So fordert Sie z. B. die zweite Aufgabenstellung (▸ S. 550) dazu auf, die Frage nach der politischen Wirksamkeit von Texten dieser Art zu erörtern.

1 Christa Wolf schrieb ihren Roman „Kassandra" unter der Annahme einer Parallele zwischen dem antiken Geschehen des Trojanischen Krieges und dem, was sie selbst im **Kalten Krieg** (▸ S. 556) erlebte. Formulieren Sie eine These, die den Textauszug aus „Kassandra" und das folgende Material miteinander verknüpft. Nutzen Sie evtl. die anschließenden Formulierungsbausteine (▸ S. 556).

Christa Wolf: **Arbeitstagebuch zu „Kassandra“** (1980/81)

Meteln, 8. Juli 1980

[...] Zweimal hat in der vergangenen Woche der Computer in den USA Alarm geschlagen: Sowjetische Raketen im Anflug auf die Vereinigten Staaten. Fünfundzwanzig Minuten Zeit habe der Präsident in einem solchen Fall für eine Entscheidung. Der Computer sei nun abgeschaltet. – Der wahnhafte Irrtum: Sicherheit von einer Maschine abhängig zu machen anstatt von der Analyse der historischen Situation, die nur Menschen mit historischem Verständnis (das heißt auch: mit Verständnis der historischen Situation der anderen Seite) leisten könnten.

Nie sei die Gefahr eines Atomkriegs in Europa so groß gewesen wie heute, erklärt das schwedische Institut für Friedensforschung in seinem Jahresbericht. 60 000 Atomsprengkörper seien auf der Welt gelagert. In den letzten Jahren, der Zeit der Entspannung, hätten die beiden Großmächte ihre Rüstungen ungeheuer aneinander hochgeschaukelt.

Während wir darüber reden, zu dem Schluß kommen, daß man dies nicht mehr reflektieren kann. Und es doch reflektieren müssen. Was meine ich eigentlich, wenn ich „Wahndenken“ sage? Ich meine die Absurdität der Behauptung, eine exzessive atomare Aufrüstung beider Seiten mindere als „Gleichgewicht des Schreckens“ die Kriegsgefahr; biete auf die Dauer auch nur ein Minimum an Sicherheit. Ich meine die groteske Kalkulation mit Strategien, die schon auf die konventionellen Waffenarten bezogen verheerend waren, auf Atomwaffen bezogen sinnlos, irrational geworden sind, wie es der zynische Satz ausdrückt: Wer als erster zuschlägt, wird als zweiter sterben. [...]

Meteln, 22. Februar 1981

Die Nachrichten beider Seiten bombardieren uns mit der Notwendigkeit von Kriegsvorbereitungen, die auf beiden Seiten Verteidigungsvorbereitungen heißen. Sich den wirklichen Zustand der Welt vor Augen zu halten, ist psychisch unerträglich. In rasender Eile, die etwa der Geschwindigkeit der Raketenproduktion beider Seiten entspricht, verfällt die Schreibmotivation, jede Hoffnung, „etwas zu bewirken“ [...]. R

Hanno Drechsler, Wolfgang Hilligen, Franz Neumann: **Kalter Krieg** (1992)

Historische Bezeichnung für die potenzielle militärische Konfrontation zwischen den atomaren Supermächten USA und UdSSR einschließlich ihrer jeweiligen Bündnissysteme („Ost-West-Konflikt“). Die bipolare Spaltung der Weltgesellschaft [...] bildete sich nach dem 2. Weltkrieg aus und wurde national wie international bis in die 80er Jahre durch die Politik des Kalten Krieges bestimmt. [...] Das wichtigste Mittel des Kalten Krieges war die „ideologische Kriegsführung“, die in Verbindung mit wirtschaftlichem und militärischem Druck und einer entsprechenden Bündnispolitik die Isolierung und Schwächung des Gegners anstrebte. Die Freund-Feind-Logik des Kalten Krieges begünstigte in beiden Bündnissystemen eine paranoide „Festungsmentalität“ [...].

Der Kalte Krieg versetzte insbesondere während der Suez-Krise (1956) und während der Kuba-Krise (1962) die Welt in Furcht und Schrecken, weil die Möglichkeit eines atomaren Dritten Weltkrieges in greifbare Nähe gerückt war.

Formulierungsbausteine: Werkübergreifende Interpretationsthese

Die Aussage dieses Textes/Textauszugs kann auf dem Hintergrund ... betrachtet werden; Die Autorin/Der Autor sah sich zur Entstehungszeit des Textes mit ... konfrontiert. Diese Erfahrungen haben sich in dem Text offensichtlich niedergeschlagen, denn ...; Leben und Werk der Autorin stehen offensichtlich in einem Zusammenhang. Es gibt biografische Äußerungen der Autorin, die ...

1 Bereiten Sie eine detaillierte Ausführung Ihrer These vor. Ergänzen Sie die Tabelle in Ihrem Heft:
a Notieren Sie in der ersten Spalte der Tabelle einige Gesichtspunkte, die Parallelen zwischen dem Trojanischen und dem Kalten Krieg zulassen. Nutzen Sie Formulierungen aus dem Text „Kalter Krieg".
b Ergänzen Sie Belegstellen aus Christa Wolfs „Arbeitstagebuch".
c Erläutern Sie Ihre These, indem Sie auf Ihre Stichworte zurückgreifen.

Aspekte des Kalten Krieges	**Zitate aus „Arbeitstagebuch"**	**Parallelen zu „Kassandra"**
ideologische Kriegsführung	*„Kriegsvorbereitungen, die auf beiden Seiten Verteidigungsvorbereitungen heißen" (Z. 40–42)*	*„… begann dann der Krieg. Krieg durfte er nicht heißen" (Z. 1–3)*
paranoide „Festungs-mentalität"	*„‚Wahndenken' […], eine exzessive atomare Aufrüstung beider Seiten mindere als ‚Gleichgewicht des Schreckens' die Kriegsgefahr" (Z. 26–30)*	*„Ein Verteidigungsring!" (Z. 17)*
Freund-Feind-Logik	…	…

2 Beurteilen Sie Christa Wolfs Versuch der politischen Bewusstseinsbildung. Bereiten Sie eine kritische Stellungnahme vor, indem Sie in entsprechenden Kapiteln dieses Bandes (z. B. ► S. 337 ff., 436 ff.) Hinweise auf andere Beispiele gesellschaftlich bzw. politisch engagierter Literatur sammeln. Entwickeln Sie aus einer Sichtung dieser Beispiele Kriterien, mit deren Hilfe Sie Christa Wolfs Versuch der politischen Bewusstseinsbildung beurteilen können.

Den Schreibprozess reflektieren – Den Analyse-/Interpretationsaufsatz zusammenstellen

1 Bei der Analyse/Interpretation von Literatur sind verschiedene, z. T. sich ergänzende Methoden möglich. Ermitteln Sie anhand der folgenden Information, welche Verfahren Sie umgesetzt haben:

Information **Verfahren der Analyse/Interpretation literarischer Texte**

Folgende Methoden der Interpretation literarischer Texte sind grundsätzlich berechtigt:

Werkimmanente Methode
Die Deutung bleibt bei der Analyse/Interpretation eines Textes und stellt keine über den Text hinausreichenden Fragen, z. B. die, welche Lebenserfahrungen der Autorin/des Autors sich darin niedergeschlagen haben könnten. Der Text wird ausschließlich aus sich selbst heraus verstanden, wobei zu berücksichtigen ist, dass verschiedene Leser/innen zu unterschiedlichen Deutungen gelangen können. Die werkimmanente Methode umfasst eine Reihe von Denkschritten:

- Unterschieden wird zunächst zwischen Inhalt und Form des Textes, wobei unter Form sowohl die Struktur (z. B. Erzählstrategie, Versmaß, Dialogform) als auch die sprachliche Gestaltung (z. B. Wortwahl, Bilder, rhetorische Figuren) verstanden werden.

- Man betrachtet weiterhin das Verhältnis von Inhalt und Form. Beide können sich in ihren Besonderheiten unterstützen oder in einem Spannungsverhältnis zueinander stehen.
- Grundsätzlich angenommen wird, dass die Unendlichkeit der Welt mit der Endlichkeit der Wörter nicht darzustellen ist. Ein Text bietet so von vornherein Leerstellen. Entsprechend ist es den Lesenden aufgegeben, für das Textverständnis relevante Unbestimmtheitsstellen zu finden und dann zu entscheiden, welche davon auszufüllen und welche zu belassen sind. Diese Leerstellen können von einer Autorin/einem Autor bewusst gesetzt worden sein oder sich aus der jeweils individuellen Art des Lesens ergeben. Wichtig ist, dass die Deutung anhand des Textes nachgewiesen wird.
  Der/die Deutende versucht, zunächst möglichst viele Einzelaspekte des Textes auf der inhaltlichen und formalen Ebene zu erschließen und diese dann intensiv verstehend aufeinander zu beziehen, um so zu einer breit abgesicherten Deutung zu gelangen. Die werkimmanente Methode sollte die Basis für jede weiterführende Interpretation sein.

Werkübergreifende Methoden

- **Literaturgeschichtliche Methode:** Hierbei richtet man das Augenmerk auf Epochenzusammenhänge (z.B. Barock, Aufklärung) und Epochenumbrüche, in die ein literarischer Text eingeordnet werden kann. Geprüft wird, ob literaturprogrammatische Äußerungen eine Autorin oder einen Autor im eigenen Schaffen beeinflusst haben. Die Methode erlaubt es, Aussagen darüber zu machen, ob ein Werk für eine Epoche stilbildend und richtungsweisend war, ob es seiner Zeit voraus war oder andererseits eher als epigonal (andere nachahmend) bezeichnet werden kann. Dazu müssen literarische Werke in ihrer zeitlichen Abfolge betrachtet werden.
- **Mentalitätsgeschichtliche Methode:** Ein Werk wird – über die Literatur hinausgehend – als Episode einer geschichtlichen Entwicklung von Stoffen, Denk- und Formmustern betrachtet, zu der im Laufe der Zeit viele Werke insbesondere aus den Bereichen Literatur, Philosophie, Kunst, Musik, Gesellschaftslehre etc. beigetragen haben. Aber auch epochale naturwissenschaftliche Durchbrüche und architektonische Meilensteine werden in die Betrachtung mit einbezogen. Geprüft wird, ob und wie solche kulturellen Trends und Traditionen einen Text in seiner Entstehung beeinflusst haben.
- **Rezeptionsästhetische und rezeptionsgeschichtliche Methode:** Mit dieser Methode wird das Verhältnis zwischen Text und Leser/in untersucht. Die Grundannahme ist die, dass literarische Texte mit ihren tendenziell offenen, nicht festgelegten Aussagen auf Leserdeutung angewiesen sind. Geprüft wird auch, wie Leserinnen und Leser unterschiedlicher sozialer Herkunft auf ein und denselben Text reagieren. Auf der Basis rezeptionsästhetischer Grundannahmen geht die Rezeptionsgeschichte der Frage nach, wie sich Leserreaktionen auf einen Text über längere Zeiträume entwickelt haben und inwiefern solche Erfahrungen zeitgeschichtlich bedingt sind.
- **Biografische/psychoanalytische Methode:** Die biografische Methode zieht die Lebensgeschichte der Autorin/des Autors – und besonders eigene Lebenszeugnisse wie Tagebücher, Briefe etc. – für die Textdeutung heran. Geprüft wird, ob und in welcher Weise sich bestimmte Lebenserfahrungen von Autorinnen und Autoren auf die Themenwahl, die inhaltliche Akzentuierung und die Darstellungsweise ihrer Werke ausgewirkt haben. Dabei kann die persönliche Verarbeitung realgeschichtlicher Ereignisse im Zentrum stehen, aber auch die literarische Darstellung privater Erfahrungen; diese können auch mit Begriffen der Psychoanalyse untersucht werden.

- **Literatursoziologische Methode:** Dieses Verfahren geht davon aus, dass es nicht reicht, die geistigen Einflüsse zu betrachten, die auf eine Autorin/einen Autor gewirkt haben können (► **Mentalitäts- und Literaturgeschichte**). Vielmehr werden Fakten aus der Realgeschichte (der politischen und der Sozialgeschichte) herangezogen, um eine Deutung aufzubauen. Untersucht wird das Verhältnis von Literatur und Gesellschaft. Es wird überprüft, wie die Autorin/der Autor die gesellschaftliche Wirklichkeit verarbeitet und mit ihren/seinen Texten in die Auseinandersetzungen der Zeit eingegriffen hat (► **biografische Methode**). Einige Richtungen der Literatursoziologie betrachten literarische Texte als Beiträge zur ideologischen Auseinandersetzung zwischen gesellschaftlichen Kräften und als Instrumente gesellschaftlicher Herrschaft bzw. Befreiung.

2 Benennen Sie Ihre methodischen Zugriffe (► Formulierungsbausteine).
3 Verfassen Sie auf der Grundlage Ihrer Vorbereitung den gesamten Aufsatz.

Formulierungsbausteine: Benennung der Analyse-/Interpretationsmethode
- *Bei einer werkübergreifenden Betrachtung des Textes können ... im Mittelpunkt stehen.*
- *Zu einer umfassenderen Deutung des Textes gelangt man bei einer ... (z.B. mentalitätsgeschichtlichen) Betrachtung ...*

Den Aufsatz überarbeiten – Denk- und Formulierungsfehler verbessern

1 Prüfen Sie, ob Ihnen in Ihrem Aufsatz folgende Denk- und Formulierungsfehler unterlaufen sind:

Information **Typische Denk- und Formulierungsfehler**

falsch	richtig
In Christa Wolfs *Buch* „Kassandra“ wird eine Kriegssituation dargestellt.	In Christa Wolfs *Erzählung* „Kassandra“ wird eine Kriegssituation dargestellt. = *gattungsspezifische Terminologie beachten*
Wolf präsentiert den griechischen Kriegshelden Achill als einen ...	Die *Ich-Erzählerin* präsentiert ... = *zwischen Autor/in und Erzähler/in als Textinstanz unterscheiden*
Er stürzt sich auf ihn, *trotzdem* er wehrlos ist.	Er stürzt sich auf ihn, *obwohl* er wehrlos ist. = *Grammatik, Gelenkwörter*
Vermutlich kommt er aus dieser Lage nicht mehr *raus.*	Er kommt aus dieser Lage nicht mehr *heraus.* = *Stil*
In Zeile 130 betritt Achill den Tempel.	Achill betritt den Tempel *(Z. 130).* = *Unterscheidung zwischen Handlungsebene und Textvorlage*

2 Kontrollieren Sie Ihren Aufsatz auch auf Rechtschreibung und Zeichensetzung (► S. 148–152).

1.2 Analyse/Interpretation eines Dramentextes – Beispiel: Johann Wolfgang Goethes „Iphigenie auf Tauris“

In diesem Kapitel erwerben Sie folgende Kenntnisse und Kompetenzen:

- eine Dramenszene beschreiben und analysieren,
- sie dabei in den Handlungszusammenhang des Dramas einordnen,
- zu einer Dramenszene eine werkimmanente und aspektorientierte Interpretation erarbeiten,
- eine epochenbezogene Deutung einer Dramenszene verfassen,
- werkübergreifend zwei literarische Figuren miteinander vergleichen.

Aufgabenstellung

1. Analysieren Sie die Szene IV,1 aus Johann Wolfgang Goethes Drama „Iphigenie auf Tauris“ unter Berücksichtigung des Epochenzusammenhangs.
2. Vergleichen Sie Goethes Iphigenie-Darstellung mit Christa Wolfs Figur der Kassandra (▸ S. 550 ff.).

Johann Wolfgang Goethe: **Iphigenie auf Tauris** (1787) – Vierter Aufzug. Erster Auftritt

[Iphigenie, Priesterin im Tempel der Göttin Diana auf Tauris (▸ S. 175 f.), befindet sich in einem tiefen inneren Konflikt. Als Tochter des mykenischen Königs Agamemnon ist sie ins Reich des Skythenkönigs Thoas verschlagen worden. Dieser gilt als barbarisch; Iphigenie kann ihn jedoch zunehmend auf Grund ihrer Humanitätsideale beeindrucken. Zugleich sehnt sie sich in ihre Heimat zurück, während Thoas sie zur Frau haben möchte. Auf Iphigenies Familie lastet ein Fluch, nachdem ihr Bruder Orest seine Mutter Klytämnestra ermordet hat, weil diese zuvor den Vater Agamemnon getötet hatte. Die Verwicklungen haben ihren Höhepunkt erreicht, nachdem Orest mit seinem Freund Pylades auf Tauris eingetroffen ist. Dort wollen sie – einem Orakelspruch des Gottes Apoll folgend – „die Schwester“ holen. Orest hat dabei die Schwester des Apoll, die Göttin Diana, im Sinn, deren Statue er aus dem Tempel auf Tauris rauben will, um den Fluch, der auf ihm lastet, zu lösen und die Furien (Rachegöttinnen) zu vertreiben, die ihn verfolgen. Doch mit dem Orakelspruch ist eigentlich seine eigene Schwester Iphigenie gemeint, von deren Aufenthalt auf Tauris er nichts weiß und die er zuletzt als Kind gesehen hat. Nach Thoas' Willen soll es Iphigenie sein, die als Priesterin aufgegriffene Fremde nach altem Brauch der Göttin Diana als Menschenopfer darbringt.]

IPHIGENIE:
Denken die Himmlischen
Einem der Erdgebornen
Viele Verwirrungen zu,
Und bereiten sie ihm
Von der Freude zu Schmerzen
Und von Schmerzen zur Freude
Tief erschütternden Übergang;
Dann erziehen sie ihm
In der Nähe der Stadt,
Oder am fernen Gestade,
Dass in Stunden der Not
Auch die Hülfe bereit sei,
Einen ruhigen Freund.
O segnet, Götter, unsern Pylades
Und was er immer unternehmen mag!
Er ist der Arm des Jünglings in der Schlacht,
Des Greises leuchtend Aug in der Versammlung,
Denn seine Seel ist stille, sie bewahrt
Der Ruhe heil'ges unerschöpftes Gut,
Und den Umhergetriebnen reichet er
Aus ihren Tiefen Rat und Hülfe. Mich
Riss er vom Bruder los, den staunt ich an
Und immer wieder an, und konnte mir
Das Glück nicht eigen machen, ließ ihn nicht
Aus meinen Armen los, und fühlte nicht
Die Nähe der Gefahr, die uns umgibt.

Jetzt gehn sie ihren Anschlag auszuführen
Der See zu, wo das Schiff mit den Gefährten
In einer Bucht versteckt aufs Zeichen lauert,
Und haben kluges Wort mir in den Mund
Gegeben, mich gelehrt, was ich dem König
Antworte, wenn er sendet und das Opfer
Mir dringender gebietet. Ach! ich sehe wohl,
Ich muss mich leiten lassen wie ein Kind.
Ich habe nicht gelernt zu hinterhalten,
Noch jemand etwas abzulisten. Weh!
O weh der Lüge! Sie befreiet nicht
Wie jedes andre wahr gesprochne Wort
Die Brust, sie macht uns nicht getrost, sie ängstet
Den, der sie heimlich schmiedet, und sie kehrt,
Ein losgedruckter Pfeil von einem Gotte
Gewendet und versagend, sich zurück
Und trifft den Schützen. Sorg auf Sorge schwankt
Mir durch die Brust. Es greift die Furie
Vielleicht den Bruder auf dem Boden wieder

Georg Melchior Kraus: Goethe als Orest und Corinna Schröter als Iphigenie (1779)

Des ungeweihten Ufers grimmig an?
Entdeckt man sie vielleicht? Mich dünkt, ich höre
Gewaffnete sich nahen! Hier! Der Bote
Kommt von dem Könige mit schnellem Schritt.
Es schlägt mein Herz, es trübt sich meine Seele,
Da ich des Mannes Angesicht erblicke,
Dem ich mit falschem Wort begegnen soll.

Den Aufsatz eröffnen – Von der Einleitung zum Hauptteil

1 Klären Sie, worum es in dieser Szene geht. In welchem inneren Konflikt befindet sich Iphigenie? Tragen Sie Ihre Ergebnisse stichpunktartig in eine Tabelle ein, z. B.:

Iphigenies Konflikt

familiäre Bindung Rückkehrwunsch ... →	← Aufrichtigkeit Thoas gegenüber ...

2 Verfassen Sie eine Einleitung für einen Analyse-/Interpretationsaufsatz, in der Sie u. a. Iphigenies Konfliktsituation angeben. Orientieren Sie sich am Formulierungsbaustein „Einleitungssätze" (▸ S. 555).

3 **a** Setzen Sie zur besseren Übersicht und zum Zweck der Einordnung der Szene in das Drama die Informationen zu Goethes „Iphigenie auf Tauris" auf ▸ S. 175 f. zunächst grafisch um. Tragen Sie die Angaben zu den Figuren, die für die Szene relevant sind, in ein **Soziogramm** (▸ Methode) ein und skizzieren Sie die Handlungsfolge bis zu Szene IV,1 in einem **Flussdiagramm** (▸ S. 106, 227).

Methode **Soziogramm**

Grafische Darstellung, die der Visualisierung bzw. Veranschaulichung von Figurenkonstellationen in literarischen Texten dient. Die Figuren werden zeichnerisch miteinander in Beziehung gebracht. Nähe und Ferne zwischen den Figuren, aber auch ihre wechselseitige Abneigung und Zuneigung werden durch unterschiedliche Abstände zwischen ihnen, durch Pfeile → und Gegensatzpfeile ↔ in unterschiedlicher Stärke, durch Einkreisungen, Barrierestriche | etc. ausgedrückt.

b Leiten Sie aus Iphigenies Gedankengang ab, um welche Art von Monolog (► Information) es sich handelt. (Es können Mischformen auftreten.)

Information **Arten des Monologs**

Der **Monolog** (griech.: *monos:* allein; *logos:* Rede) ist im Gegensatz zum Dialog ein Selbstgespräch und findet vor allem im Drama Verwendung. Er richtet sich nicht direkt an jemanden, sondern an eine imaginäre Person. Faktisch ist das Publikum Adressat des Monologisierenden. Zweck ist, Gedanken und seelische Vorgänge einer Figur für andere hörbar oder lesbar zu machen. In vielen Theaterstücken bilden Monologe einen dramatischen Höhepunkt oder bezeichnen einen Wendepunkt der Handlung.

- **Reflexionsmonolog:** Nachdenken über vergangene Ereignisse oder Erlebnisse
- **epischer Monolog:** Erzählen bzw. Mitteilen von Vorgängen (besonders von solchen, die auf der Bühne kaum darstellbar sind)
- **dramatischer Monolog: (Konfliktmonolog)** Abwägen von Handlungsmöglichkeiten; Entscheidungsvorbereitungen
- **lyrischer Monolog:** Ausdruck der seelischen Situation einer Figur

4 Formulieren Sie zum Abschluss der Einleitung Ihre zentrale **Interpretationsthese** (► S. 553 f.).

5 Arbeiten Sie für den Beginn Ihres Hauptteils die Einordnung des Monologs in die Handlung des Dramas schriftlich aus. Setzen Sie dazu die ersten beiden Punkte der folgenden Information um. Stützen Sie sich auf Ihr Soziogramm und Ihr Flussdiagramm.

Methode **Dramenanalyse/-interpretation – Den Hauptteil beginnen**

- Angaben zur szenischen Form (Dialog, Art der Dialogführung, Monolog etc. ► S. 173)
- Einordnung der Szene in den Handlungszusammenhang (u. a. kurze Vorstellung der in der Szene handelnden und erwähnten Figur/en, Entwicklungsstand der Handlung/des Konflikts in knapper Form)
  Tipp: Beachten Sie die Darstellung des **„pyramidalen Baus klassischer Dramen"** (► S. 180).
- kurze Wiedergabe des Szeneninhalts (Reflexionen, Argumentationen, Wendepunkt etc.)
  Tipp: Verwenden Sie bei Ihrer Darstellung den **Konjunktiv der indirekten Rede** (► S. 146 f.).

6 Verfassen Sie eine Inhaltswiedergabe der Szene IV,1. Konzentrieren Sie sich dabei, orientiert an Ihrer tabellarischen Gegenüberstellung (► S. 561), auf solche Aussagen Iphigenies, die sich auf wesentliche Konfliktsituationen beziehen. Stellen Sie etwaige Wendepunkte im Monolog heraus.
Tipp: Verwenden Sie bei Ihrer Darstellung eine **Paraphrase** (► S. 597).

Schwerpunkte festlegen – Interpretationsthesen ausführen und die Sprache analysieren

1 Erarbeiten Sie zunächst eine **aspektorientierte werkimmanente** (► S. 557 ff.) Deutung, die Sie mit Hilfe mehrerer Interpretationsthesen gliedern:

a Beschreiben Sie, wie Iphigenie mit ihrem inneren Konflikt umgeht, und ziehen Sie begründete Schlussfolgerungen hinsichtlich ihres Charakters. Formulieren Sie dazu Thesen und belegen Sie diese mit Hilfe von Textzitaten, die Sie erläutern.

b Eine weitere Interpretationsthese sollte einen Bezug zwischen Inhalt und Form herstellen (► S. 554).
Tipp: Nutzen Sie für Ihre Thesen die Formulierungsbausteine auf S. 554.

2 a Ein Drama besteht ganz wesentlich aus der Rede der Figuren. Untersuchen Sie entsprechend den Monolog im Hinblick auf verschiedene **Sprechhandlungen.** Klären Sie deren Funktionen.

Information Sprechhandlungen

Zum Beispiel: Behauptung, Feststellung, Beschuldigung, Vermutung, Frage, Aufforderung, Versprechen, Bitte, Befehl, Reflexion, Erinnerung, Ausdruck einer Empfindung, Klage, Gewissenserforschung, Argumentation, Entschluss, Beschuldigung, Rechtfertigung

b Erläutern Sie, auf welchem **Sprachniveau** (► S. 610: „Haus der Stile") Iphigenie ihre Gedanken entwickelt. Machen Sie dabei Angaben zu Wortwahl und Syntax.
c Überlegen Sie, wie **rhetorische Figuren** (► S. 196–198) und sonstige sprachliche Besonderheiten die intensive Reflexion Iphigenies in einer belastenden Entscheidungssituation zum Ausdruck bringen. Legen Sie dazu eine Tabelle an, in der Sie Zitate und dazu passende Fachbegriffe aufeinander beziehen. Beachten Sie, dass ein Vers durchaus mehrere rhetorische Figuren aufweisen kann, z. B.:

kurzes Zitat *(Zeilenangabe)*	***rhetorische Figur/ sprachliche Besonderheit***	***Funktion im Szenenkontext***
– *„Er ist der Arm des Jünglings in der Schlacht" (Z. 17)*	*...*	*...*
– *„Arm des Jünglings" – „Des Greises leuchtend Aug'" (Z. 18)*	*Antithese*	*zeigt, dass Pylades über ganz unterschiedliche Tugenden verfügt*
– *„leuchtend Aug'" (Z. 18)*	*Pars pro Toto*	*...*
– *„Ich muss mich leiten lassen" (Z. 35)*	*Alliteration*	*...*
– *„wie ein Kind" (Z. 35)*	*...*	*...*
– *...*	*...*	*...*

d Formulieren Sie eine weitere Interpretationsthese und erläutern Sie diese unter Rückgriff auf Ihre Notizen in der Tabelle. Nutzen Sie dabei z. B. die folgenden Formulierungsbausteine.
Tipp: Greifen Sie auch auf die Formulierungsbausteine zur Analyse-/Interpretationsmethode zurück (► S. 559).

Formulierungsbausteine: Analyse und Deutung

- *Nach der zermürbenden Reflexion ihrer schwierigen Situation kommt Iphigenie zu dem Schluss: „Ich muss mich leiten lassen wie ein Kind" (Z. 35). Unterstrichen wird die Bedeutung dieses Satzes durch zwei rhetorische Figuren: ... und ... Der Vergleich mit einem Kind signalisiert, dass ...*
- *Als Iphigenie über Pylades spricht, macht sie mit einer antithetischen Konstruktion deutlich, wie sie den Freund des Bruders sieht: ...*
- *Das „leuchtend Aug'" (Z. 18) steht dabei als Pars pro Toto für ... Iphigenie lässt damit erkennen, dass sie in Pylades einen ... sieht.*

Werkübergreifende Deutung – Kontextwissen zur Epoche einbeziehen

1 Beschreiben Sie die formale Gestaltung der Szene und prüfen Sie, inwiefern diese der Balance zwischen Freiheit und Gesetzmäßigkeit entspricht, wie sie in der Epoche der Weimarer Klassik (► S. 293 ff., 301 f.) gefordert wird.
Tipp: Greifen Sie auch auf die Anregungen zum Inhalt-Form-Bezug (► S. 554) zurück.

2 Prüfen Sie, ob die Szene einen typisch klassischen Sprachgestus aufweist:
a Beschreiben Sie das Versmaß (das **metrische Schema der Verse,** ► S. 193 f.) im Mittel- und Schlussteil der Szene und setzen Sie es in Bezug zum Inhalt, z. B. in Form einer Tabelle:

Iphigenie auf Tauris. Berliner Theater, 1929. Regie: Ernst Bröckl

Anfang der Szene		*Mittelteil und Schluss der Szene*	
Metrische Gestaltung	*Bezug zum Inhalt*	*Metrische Gestaltung*	*Bezug zum Inhalt*
…	…	*– regelmäßiges Versmaß*	…
…	…	*– Blankvers (fünfhebiger jambischer Vers)*	…

b Begründen Sie von der Gedankenführung der Szene her, wieso der Anfang des Monologs eine beschleunigte Redeweise in kürzeren Versen aufweist.
c Fassen Sie Ihre Ergebnisse in einer Interpretationsthese zusammen, die Inhalt und Form miteinander verknüpft und die auch den Epochenkontext einbindet. Führen Sie diese These aus, indem Sie Textverweise und Erläuterungen anfügen.

3 Reflektieren Sie, inwiefern die Darstellung der Hauptfigur Iphigenie dem klassischen Literaturkonzept entspricht. Formulieren Sie dazu eine **werkübergreifende Interpretationsthese** (► S. 556, 558).
Tipp: Weitere Anregungen zur Analyse/Interpretation von Dramenszenen erhalten Sie auf S. 173.

Einen Vergleich planen und ausführen – Figuren verschiedener Werke

Um einen Figurenvergleich sachgerecht vorzunehmen, sollten Sie sich zunächst klarmachen, wie Sie die Lösung einer solchen Aufgabenstellung am besten methodisch vorbereiten (Typische Aufgabenstellungen und deren Erschließung, ► S. 568). Außerdem sollten Sie auf Methoden der Aspekte- und Stoffsammlung zurückgreifen (► S. 609).

1 **a** In Klausuren werden Sie oft aufgefordert, zwei Texte bzw. zwei literarische Figuren miteinander zu vergleichen. Dabei können Sie sowohl Gemeinsamkeiten als auch Unterschiede herausarbeiten. Stellen Sie dafür vorbereitend in einer Liste zunächst die Gemeinsamkeiten beider Figuren (Iphigenie und Kassandra) zusammen.
Tipp: Nutzen Sie die Einführungen in beide Texte auf S. 550 und S. 560.

Iphigenie und Kassandra – Gemeinsamkeiten
- *bangen um ihre Brüder,*
- *haben dieselbe gesellschaftliche Rolle inne, sie sind …*
- *…*

b Arbeiten Sie anschließend in einer Tabelle die Unterschiede zwischen beiden Figuren heraus, z. B.:

Iphigenie	*Kassandra*
– *kann den Tod des Bruders verhindern*	– …
– *kann mit ihrem Humanitätsideal andere beeindrucken*	– …
– …	– …

Zwei Priesterinnen bereiten zwei Stiere zum Opfer vor. Griechische Vasenmalerei (5. Jh. vor Chr.)

2 Gestalten Sie Ihren Figurenvergleich schriftlich aus.

3 Fügen Sie Ihre schriftlich ausgearbeiteten Analyse-/Interpretationsergebnisse dieses Teilkapitels zusammen. Verfassen Sie Ihren Aufsatz, indem Sie Lücken schließen und passende Überleitungen formulieren.

Den Aufsatz überarbeiten – Strukturproblemen vorbeugen

1 Prüfen Sie, ob Ihr Aufsatz in Struktur und Qualität mit anderen Aufsätzen übereinstimmt, die Sie in letzter Zeit – evtl. in Klausuren – geschrieben haben.

2 Lässt einer Ihrer Aufsätze die in der folgenden Übersicht aufgeführten Schreibprobleme erkennen? Setzen Sie gegebenenfalls die Hinweise zur Verbesserung Ihrer Schreibkompetenz um.

Methode Interpretationsaufsatz – Grundlegende Probleme lösen

Probleme …	… und wie man sie lösen kann
■ wichtige Sachverhalte vergessen	■ **Gliederung:** vor der Niederschrift eines Aufsatzes alle wichtigen Aspekte in einer Gliederung zusammenstellen und die Gliederungspunkte bei der Niederschrift nach und nach abhaken
■ sich in nicht beweisbaren Spekulationen verlieren	■ **aktives Lesen:** nach der Festlegung von Interpretationsthesen den Text erneut gründlich lesen; die Interpretationsthesen dabei auf den Gesamttext beziehen und nicht nur auf eine einzige passende Stelle
■ die Gedanken ungeordnet wiedergeben und vieles nachträglich ergänzen	■ **Schreibplanung:** den Text beim aktiven Lesen mit Notizen versehen; die Notate den einzelnen Gliederungspunkten (s. o.) mit verschiedenfarbigen Markern zuordnen und sie so bündeln; jedes „Bündel" abarbeiten, bevor der nächste Gliederungsaspekt in Angriff genommen wird
■ beschreibende und deutende Aussagen ohne Bezug zueinander lassen	■ **Schreibplanung:** nach gründlichem Durcharbeiten des Textes Interpretationsthesen formulieren und Teilergebnisse immer auf diese übergreifenden Thesen beziehen

<u>Tipp:</u> Weitere Hinweise zur Vorbereitung und Gestaltung eines Analyse-/Interpretationsaufsatzes finden Sie in der Methode „Arbeitsplan: Analyse-/Interpretationsaufsatz" auf S. 571 ff.

1.3 Analyse/Interpretation von Gedichten – Gedichtvergleich: Goethe/Brecht

In diesem Kapitel erwerben Sie folgende Kenntnisse und Kompetenzen:

- Operatoren/Tätigkeiten richtig ausführen,
- eine Deutung zu einem Gedicht erarbeiten,
- eine Gedichtaussage auf eine literarische Epoche beziehen,
- einen Gedichtvergleich erarbeiten,
- einen Interpretationsaufsatz sinnvoll aufbauen.

In Klausuren der Oberstufe und in schriftlichen Abiturprüfungen erhalten Sie oft den Auftrag, ein Gedicht zu analysieren. Besonders in schriftlichen Abiturprüfungen wird ein Gedicht in der Regel auf einen anderen lyrischen Text oder einen literarischen Kontext (z. B. eine Epoche) bezogen.

Aufgabenstellung

1. Analysieren Sie das Gedicht „Maifest" von Johann Wolfgang Goethe unter Berücksichtigung seiner Epochenzugehörigkeit.
2. Vergleichen Sie anschließend die Thematik, wie sie in Goethes Gedicht gestaltet ist, mit der Darstellung in Bertolt Brechts Gedicht „Erinnerung an die Marie A.".

Johann Wolfgang Goethe: **Maifest** (auch bekannt als **Mailied,** 1775)

Wie herrlich leuchtet
Mir die Natur!
Wie glänzt die Sonne!
Wie lacht die Flur!

Es dringen Blüten
Aus jedem Zweig
Und tausend Stimmen
Aus dem Gesträuch

Und Freud und Wonne
Aus jeder Brust.
O Erd', o Sonne,
O Glück, o Lust,

O Lieb', o Liebe,
So golden schön
Wie Morgenwolken
Auf jenen Höhn,

Du segnest herrlich
Das frische Feld,
Im Blütendampfe
Die volle Welt!

O Mädchen, Mädchen,
Wie lieb' ich dich!
Wie blinkt dein Auge,
Wie liebst du mich!

So liebt die Lerche
Gesang und Luft,
Und Morgenblumen
Den Himmelsduft,

Wie ich dich liebe
Mit warmem Blut,
Die du mir Jugend
Und Freud' und Mut

Zu neuen Liedern
Und Tänzen gibst.
Sei ewig glücklich,
Wie du mich liebst.

Bertolt Brecht: Erinnerung an die Marie A. (1924)

1.
An jenem Tag im blauen Mond September
Still unter einem jungen Pflaumenbaum
Da hielt ich sie, die stille bleiche Liebe
In meinem Arm wie einen holden Traum.
Und über uns im schönen Sommerhimmel
War eine Wolke, die ich lange sah
Sie war sehr weiß und ungeheuer oben
Und als ich aufsah, war sie nimmer da.

2.
Seit jenem Tag sind viele, viele Monde
Geschwommen still hinunter und vorbei.
Die Pflaumenbäume sind wohl abgehauen
Und fragst du mich, was mit der Liebe sei?
So sag ich dir: ich kann mich nicht erinnern
Und doch, gewiß, ich weiß schon, was du meinst.
Doch ihr Gesicht, das weiß ich wirklich nimmer
Ich weiß nur mehr: ich küßte es dereinst.

3.
Und auch den Kuß, ich hätt ihn längst vergessen
Wenn nicht die Wolke dagewesen wär
Die weiß ich noch und werd ich immer wissen
Sie war sehr weiß und kam von oben her.
Die Pflaumenbäume blühn vielleicht noch immer
Und jene Frau hat jetzt vielleicht das siebte Kind
Doch jene Wolke blühte nur Minuten
Und als ich aufsah, schwand sie schon im Wind. R

Arbeitsvorbereitung – Die Aufgabenstellung verstehen

1 Nennen Sie Schlüsselbegriffe, die Sie in der Aufgabenstellung auf S. 566 finden.
2 Geben Sie an, welche der folgenden Einzeloperationen (▸ Information) mit dem Operator „analysieren“ auf jeden Fall gemeint sind.
3 Klären Sie, welche der folgenden Operationen/Tätigkeiten nur dann erforderlich sind, wenn sie in der Aufgabenstellung ausdrücklich genannt werden.

Information **Operationen/Tätigkeiten in Deutschklausuren**

- die Aussage eines Textes erschließen
- die Struktur eines Textes untersuchen
- stilistisch-rhetorische Elemente eines Textes untersuchen
- die Intention eines Textes benennen
- eine Textaussage in einen Epochen- oder Genre-Zusammenhang einordnen
- einen Text bewerten
- einen Text mit anderen bekannten oder unbekannten Texten vergleichen
- Analyseergebnisse in einen angegebenen fachlichen Zusammenhang einordnen
- kritisch zu einem im Text angesprochenen Sachverhalt oder Problem Stellung nehmen
- eine eigene Stellungnahme zum Thema verfassen
- auf Basis der Textvorlage nach konkreten Arbeitsanweisungen einen eigenen Text produktiv gestalten bzw. selbst verfassen

4 Die zweite Aufgabenstellung verlangt, einen Vergleich durchzuführen. Wie lässt sich diese Aufgabe methodisch bewältigen? Legen Sie sich zur weiteren Vervollständigung auch für spätere Aufgaben (evtl. am Computer) eine Tabelle an, in der Sie zunächst nur die beiden Kopfzeilen ausfüllen.

Methode **Typische Aufgabenstellungen verstehen**

Anforderung der Aufgabe	Methoden der Texterarbeitung
Vergleich: Bezüge herstellen, d.h.: ■ Textaussagen und -gestaltungen auf andere Texte beziehen, ■ Ebenen bzw. Elemente von Texten deutend aufeinander beziehen, ■ Textaussagen auf Vorwissen oder eigene Erfahrungen beziehen.	■ **Zweispaltige Übersicht:** Sie übertragen die möglichen Bezüge knapp in eine übersichtliche zweispaltige Tabelle. In der Kopfzeile der Tabelle notieren Sie die Titel der beiden zu vergleichenden Texte. Dann tragen Sie zum ersten Text in der ersten Spalte wichtige Analyseergebnisse ein. Diesen ordnen Sie anschließend in der zweiten Spalte Analyseergebnisse zum zweiten Text/Sachverhalt zu. ■ **Dreispaltige Tabelle:** Um zwei Texte miteinander zu vergleichen, erweitern die Sie die Tabelle auf drei Spalten (Beispiel ► S. 569 unten). Sie verfahren wie oben und benennen in der Zusatzspalte die Vergleichsaspekte.

Tipp: Weitere typische Aufgabenstellungen und Methoden der Texterarbeitung finden Sie auf S. 565, 575 und S. 596.

Schwerpunkte festlegen – Interpretationsthesen ausführen

1 Bereiten Sie einige Gesichtspunkte für eine **aspektorientierte Analyse/Interpretation** (► Information) des Goethe-Gedichts vor. Nach Ihrer Lektüre sollten Sie zum einen die Ihrem Textverständnis nach wichtigsten Aspekte näher untersuchen, zum anderen können Sie auch aus der folgenden Information Aspekte auswählen, die Ihnen für eine Deutung dieses Textes zusätzlich lohnenswert erscheinen:

Information **Aspekte einer Gedichtanalyse/-interpretation**

- besondere Akzentuierung des Themas im vorliegenden Gedicht
- evozierte Stimmung
- Darstellung von Figuren, ihrer Eigenschaften, Verhaltensweisen und ihrer Beziehungen zueinander bzw. zum lyrischen Ich
- Darstellung von (Natur-)Räumen und deren Funktionen
- Einstellung und Stimmungslage des lyrischen Ichs
- Strophengliederung, Reimschema, Versmaß, rhythmischer Aufbau (► S. 192–194)
- sprachliche Bilder und ihr Beitrag zum Thema bzw. zur Gedichtaussage
- rhetorische Figuren, sonstige sprachliche Mittel und ihre Funktion im Gedicht (► S. 196 ff.)
- Zusammenspiel von Inhalt und Form

2 a Formulieren Sie auf einem Konzeptpapier zu einigen dieser Aspekte Interpretationsthesen.
Tipp: Greifen Sie evtl. auf den Hinweis „Interpretationsthese zum Inhalt-Form-Bezug" auf S. 554 zurück.
b Belegen und deuten Sie Ihre Thesen, indem Sie zu jeder These ein Zitat notieren, dieses stichpunktartig erklären und an die These rückbinden (► S. 553–554).
Tipp: Nutzen Sie die Formulierungsbausteine „Interpretationsthese" und „Verknüpfungssätze" auf S. 553–554.

Werkübergreifende Deutung – Kontextwissen zur Epoche einbeziehen

1 Goethes Gedicht ist auf das Jahr 1775 datiert und fällt damit in die Epoche des Sturm und Drang (► S. 268 ff., 280). Stellen Sie auf Ihrem Konzeptpapier in einer Mindmap Aspekte der Sturm-und-Drang-Epoche zusammen, die Sie in dem Goethe-Gedicht erkennen können, z. B.:

2 Formulieren Sie anschließend eine werkübergreifende Interpretationsthese (► S. 556).
3 Entwickeln Sie auf Ihrem Konzeptpaier zu dieser These einen Beweisgang. Nennen Sie dabei auch das angewandte Verfahren Ihrer Literaturinterpretation (► S. 557–559).

Den Aufsatz eröffnen – Von der Einleitung zum Hauptteil

1 Beginnen Sie mit dem Eröffnungsteil eines Analyse-/Interpretationsaufsatzes zu Goethes Gedicht. Schreiben Sie nach Ihrer Vorarbeit einen Einleitungssatz und Ihre zentrale Interpretationsthese auf.
Tipp: Greifen Sie auf den Formulierungsbaustein „Einleitungssätze" auf S. 555 zurück.
2 a Erarbeiten Sie für den Hauptteil Ihres Aufsatzes einen inhaltlichen und formalen Überblick über das Gedicht. Übernehmen Sie dazu z. B. die folgende dreispaltige Tabelle in Ihr Kursheft und ergänzen Sie sie durch Ihre Ergebnisse zu Goethes Gedicht.

Vergleichsaspekte	*„Maifest"*	*„Erinnerung an die Marie A."*
Gedichtform und Strophengliederung	…	…
Inhalt 1. Strophe	*Das lyrische Ich ist von der Schönheit der Natur ergriffen. …*	
…	…	

b Verfassen Sie den Beginn Ihres Hauptteils zu Goethes Gedicht.

Methode **Aspekte des Hauptteils – Form, Inhalt und Epochenspezifik**

- Angaben zur Gedichtform und zum Aufbau (Strophengliederung etc., ▶ S. 193 f.)
- gegliederte Wiedergabe des Inhalts mit eigenen Worten (z. B. ein Satz zu jeder Strophe mit Angaben zur Stimmung des lyrischen Ichs oder zur jeweiligen Variation des Themas)
- Anmerkungen zur Haltung des lyrischen Ichs/des Sprechers (z. B. distanziert, ironisch, nüchtern, unbeteiligt, stark emotional beteiligt etc.)
- Rückbezüge der inhaltlichen und formalen Aspekte zur Epoche

Einen Vergleich planen und ausführen – Verschiedene Aspekte bedenken

1 Füllen Sie Ihre dreispaltige Tabelle (▶ S. 569) weiter aus, indem Sie sie durch entsprechende Angaben zum Brecht-Gedicht „Erinnerung an die Marie A." ergänzen.

2 Klären Sie, um den Vergleich der beiden Gedichte zu vertiefen, weitere Fragen wie die folgenden und tragen Sie Ihre Ergebnisse dazu ebenfalls in Ihre Tabelle ein:
- Welchen literarischen Epochen sind die beiden Gedichte zuzuordnen?
- Variiert die Gestaltung des Themas in den beiden Gedichten und lassen sich die Besonderheiten der Themengestaltung in diese Epochen einordnen?
- Wie nah rückt das lyrische Ich jeweils an das Dargestellte heran? Wie sehr identifiziert es sich damit?
- Wird dadurch das Naturerleben variiert?
- Wie bewegen sich beide Gedichte zwischen Pathos und Nüchternheit?
- Wie sind beide Gedichte sprachlich gestaltet (Wortwahl, rhetorische Mittel etc.)?
- In welcher Weise nimmt Brechts Gedicht auf das von Goethe Bezug? (▶ Intertextualität, S. 307)

3 Führen Sie nach der vergleichenden Untersuchung beider Gedichte Ihre Interpretationsthesen aspektorientiert aus. Nutzen Sie die folgenden Formulierungshilfen:

Formulierungsbausteine: Vergleich
- *Die Texte weisen einige Gemeinsamkeiten auf. In beiden steht das Thema .../die Erfahrung des/der ... im Mittelpunkt.*
- *Die Texte stimmen überein in ...; Parallele Aussagen sind ...; Zudem ist/sind ... (nahezu) identisch.*
- *Die beiden Texte ... weisen aber auch deutliche/markante Unterschiede auf.*
- *Bei näherer Betrachtung fallen aber auch einige Unterschiede auf. Zunächst/Erstens ...*
- *Während ..., ist der zweite Text ...; Der erste Text ..., der zweite dagegen ...; Ganz anders angelegt ist ...*
- *Unterschiedliche Schwerpunkte setzen die beiden Autoren/Autorinnen auch bei/in ...*
- *Ein wesentlicher Unterschied ist auch im Bereich ... erkennbar, denn ...*
- *Auch bei ... sind ... und ... verschiedene Wege gegangen.*
- *Alles in allem kann man sagen, dass ...; Als Resümee des Textvergleichs ergibt sich: ...*

4 Stellen Sie den von Ihnen verfassten Einleitungssatz (▶ Aufgabe 1, S 569), Ihre ersten Ausführungen zum Goethe-Gedicht sowie zum Vergleich bzw. alle Ihre Interpretationsbausteine zu einem Aufsatz zusammen. Runden Sie diesen mit einigen resümierenden Schlusssätzen ab, in denen Sie Schlussfolgerungen aus Ihren Untersuchungsergebnissen formulieren.

Den Analyse-/Interpretationsaufsatz überarbeiten – Ein Arbeitsplan

1 Prüfen Sie anhand des folgenden Arbeitsplans, ob Sie alle Arbeitsschritte sinnvoll angelegt und angemessen vollzogen haben:

Methode Arbeitsplan – Analyse-/Interpretationsaufsatz

Arbeitsschritte	Besondere Anforderungen
Vorbereiten	
1. Phase: Klärung der Aufgabenstellung	
■ die thematischen Schwerpunkte der gestellten Aufgaben nachvollziehen ■ Anforderungen der in den Aufgaben genannten Operatoren (z. B. analysieren, interpretieren, vergleichen etc.) erfassen und abgrenzen ■ die in Aufgabenteilen evtl. genannte Gewichtung (z. B. 30 % zu 70 %) berücksichtigen und die Arbeitsschwerpunkte daran ausrichten	■ mit einer ersten stichwortartigen Schreibplanung Vorsorge treffen, dass vom Thema nicht abgewichen wird und dass die Aufgabenteile entsprechend gewichtet werden ■ durch eine genaue Prüfung der angegebenen Operatoren verhindern, dass gar nicht verlangte Arbeitsschwerpunkte gesetzt werden, die bei der Benotung unberücksichtigt bleiben
2. Phase: Gedankliche Erschließung des vorgelegten Textes	
■ gemäß Titel, Textsorte und Autornennung Vorwissen zu Text und Thema aktivieren ■ den vorgelegten Text mehrfach gründlich lesen ■ werkimmanente und werkübergreifende Aspekte mit Hilfe von Markierungen (z. B. Textgliederungslinien, Unterstreichungen, Einkreisungen) und am Blattrand (z. B. Kürzel für Metaphern, rhetorische Figuren, Reimschema etc.) kennzeichnen ■ die ersten analytischen Ergebnisse durch erneutes gezieltes Lesen ausbauen und absichern	■ dem Drang zum sofortigen Beginn der Niederschrift ohne eine vorherige gedankliche Klärung aller Aspekte widerstehen, um so eine völlig ungeordnete Ausführung zu vermeiden ■ die Analyse sprachlicher und struktureller Besonderheiten eines Textes nicht vergessen ■ auf Bezüge zwischen Inhalt und Form eingehen ■ nicht nur Einzelheiten verstehen, sondern diese in ihrem Zusammenhang reflektieren ■ um Unübersichtlichkeit zu vermeiden, den Text nicht mit Markierungen überladen
3. Phase: Gliederung der Analyseergebnisse mit Hilfe von Interpretationsthesen	
■ Interpretationsthesen formulieren, die geeignet sind, analytische Ergebnisse zum eigenen Textverständnis zusammenzufassen ■ die Textmarkierungen und Randnotizen mit Hilfe verschiedenfarbiger Marker den Thesen zuordnen und damit überschaubarer machen	■ Interpretationsthesen als „Wegweiser" für die Niederschrift nicht zu umfassend anlegen ■ Interpretationsthesen so anlegen, dass sie sich inhaltlich nicht überschneiden ■ die Thesen so anlegen, dass sie zentrale Aussagen und gestalterische Besonderheiten des Textes abdecken

4. Phase: Gedankliche Erschließung einer weiterführenden Aufgabe

- beim Textvergleich die Lösung dieser weiterführenden Aufgabe z. B. mit Hilfe einer Tabelle methodisch vorbereiten
- bei einer gestalterischen Weiterführung die Lösung durch eine Ideensammlung (Mindmap, Strukturdiagramm) vorbereiten
- in der gedanklichen Entwicklung einer weiterführenden Aufgabe immer den Ausgangstext sowie die eigenen Ergebnisse zu diesem im Blick behalten, damit der inhaltliche Rahmen der Aufgabe nicht gesprengt wird

Schreiben

5. Phase: Einleitung des Aufsatzes und Eröffnung des Hauptteils

- die Niederschrift des Aufsatzes mit einem Einleitungssatz beginnen, in dem Angaben zu Autor/in, Titel, Textsorte, Thema und evtl. dem Erscheinungsjahr gemacht werden
- die zentrale Interpretationsthese nennen
- bei Textauszügen (z. B. aus Dramen oder Romanen) zum Beginn des Hauptteils kurz die im Auszug vorkommenden Figuren vorstellen und den Handlungszusammenhang erklären
- den Inhalt der Textvorlage gegliedert wiedergeben (bei Gedichten z. B. ein Satz zu jeder Strophe mit Angaben zur Stimmung oder zum Thema)
- das Thema weder zu weit noch zu eng fassen
- keine textbezogenen Informationen einfach voraussetzen
- bei der Inhaltswiedergabe das Präsens als Basiszeit verwenden (bei Vorzeitigkeit das Perfekt)
- sich bei der Inhaltswiedergabe von der Wörtlichkeit des Textes lösen und die Aussagen möglichst prägnant mit eigenen Worten formulieren (daher möglichst im eröffnenden Teil des Aufsatzes auf Zitate verzichten)

6. Phase: Werkimmanente Analyse/Interpretation

- die Ergebnisse der werkimmanenten Analyse aspektorientiert mit Hilfe von Thesen strukturiert darstellen
- jede Interpretationsthese ausführen (mit beschreibenden Ausführungen und Textbelegen, darauf bezogenen interpretierenden Erläuterungen und einer resümierenden gedanklichen Rückbindung an die Ausgangsthese)
- im Aufsatz sinnvoll Fachbegriffe und ihr analytisches Potenzial nutzen
- interpretatorische Behauptungen nicht unbewiesen lassen, sondern mit Zitaten stützen
- im Rahmen der Aufgabenstellung nicht nur beschreiben, sondern zu jedem festgestellten Phänomen eine Deutungsidee vorstellen
- die eigenständigen Erläuterungen umfangreicher anlegen als die Zitate
- nicht mit der Länge des Aufsatzes beeindrucken wollen, sondern mit gedanklicher Präzision und Dichte, Stichhaltigkeit und gründlicher Entfaltung des eigenen Analyse-/Interpretationsgedankens

7. Phase: Werkübergreifende Kontextuierung

- die Ergebnisse der werkübergreifenden Analyse aspektorientiert darstellen und dabei je nach Aufgabe z.B. Wissen über die Autorin/den Autor, die literatur- und geistesgeschichtlichen Hintergründe, politisch-soziale Zusammenhänge oder Aspekte der Textgattung nutzen
- Wissen aus dem Unterricht nicht nur einfach nennen, sondern dieses Wissen nutzen, um für den Text zusätzliche Deutungsebenen zu erschließen
- spekulativ-voreilige Parallelisierungen zwischen Textaussagen und Kontext-Fakten vermeiden

8. Phase: Lösung einer weiterführenden Aufgabe und Schluss

- die Lösung zur zweiten Aufgabe, z.B. eine gestalterische oder erörternde Weiterführung, als zweiten Text anlegen
- einen resümierenden Schlusssatz verfassen
- wortwörtliche Wiederholungen von Ausführungen aus den Phasen 6, 7 vermeiden; Wichtiges noch einmal neu (z.B. durch Oberbegriffe) auf den Punkt bringen

Überarbeiten

9. Phase: Textkontrolle/Textüberarbeitung

- den gesamten Aufsatz v.a. im Hinblick auf Ausdruck, Rechtschreibung, Zeichensetzung und angemessenes Zitieren prüfen
- um einem Aufmerksamkeitsverlust entgegenzuwirken, die Ausführungen Satz für Satz vom Ende her überprüfen

1.4 Gestaltendes Interpretieren – Beispiel: Gabriele Wohmanns „Flitterwochen, dritter Tag“

Information **Gestaltendes Interpretieren**

Beim gestaltenden Interpretieren beweisen Sie Ihr Textverständnis dadurch, dass Sie **selbst einen fiktionalen Text schreiben, der einen literarischen Ausgangstext auf sinnvolle Weise ergänzt oder weiterführt.** Das gestaltende Interpretieren hat daher nichts mit dem freien Schreiben oder der freien Umgestaltung literarischer Vorlagen zu tun. Das eigene literarische Produkt muss inhaltlich und formal zu der Textvorlage passen, setzt also ein vertieftes Textverständnis voraus, das Sie auf Grund einer vorhergehenden Analyse gewonnen haben.

In diesem Kapitel erwerben Sie folgende Kenntnisse und Kompetenzen:

- eine Kurzgeschichte analysieren,
- die besonderen Herausforderungen des gestaltenden Interpretierens erkennen,
- Leerstellen füllen bzw. die Innenwelt einer literarischen Figur weiterentwickeln,
- die gestaltende Interpretation eines literarischen Textes strukturieren,
- die Gestaltung eigener Texte erklären und bewerten.

Aufgabenstellung

1. Analysieren Sie die Kurzgeschichte „Flitterwochen, dritter Tag" von Gabriele Wohmann.
2. Am Abend desselben Tages schreibt die Ich-Erzählerin einer Freundin einen Brief, in dem sie ihr ausführlich aus den Flitterwochen berichtet. Gestalten Sie einen solchen Brief.

Gabriele Wohmann: **Flitterwochen, dritter Tag** (1968)

Reinhard am dritten Tag gegen fünf, auf der Bierkneipenterrasse: du wirst deine Arbeit aufgeben. Du wirst einfach kündigen. Es war fast windstill, die Luft feucht. Ich kam aber nicht ganz dahinter, ob es mir richtig behagte. Ich starrte immer weiter den Mann mit der Warze an. Reinhard hob sein Glas, trank mir zu, mit irgendeinem Trinkspruch auf unsere Zukunft. Die Warze sah wie ein Polyp aus. Reinhard schlug vor, so wie jetzt an der See auch später regelmäßig abends spazieren zu gehen. Ja. Warum nicht? Schließlich: die Wohnung mit ihrer günstigen Lage. Unterm Hemd würde die Warze sich auch bemerkbar machen. Sie war mehr als einen Zentimeter lang. Seitlich vom Schlüsselbein stand sie senkrecht ab. Prost, Schatz, cheerio! Vielleicht, bei diesem Unmaß, hieß das nicht mehr Warze, was ich immer noch anstarrte. Liebling, he! Wir sind getraut! Du und ich, wir zwei – was man sich so zunuschelt kurz nach der Hochzeit. Reinhards Lieblingsgerichte, dann meine. Durch die Fangarme sah die Warze einer Narrenkappe ähnlich. Die Wohnung werden wir nach deinem Geschmack einrichten; der Garten – bloß Wildnis. Tee von Reinhards Teegroßhändler. Nett, so einig zu sein. Abwegiges Grau der See, und mein zweites Glas leer. Die Oberfläche der Warze war körnig, wie die Haut auf Hühnerbeinen. Reinhard hat noch zwei Stella Artois[1] bestellt, ich fühlte nun doch ziemlich genau, daß es mir zusagte, das Ganze, Bier, diese Witterung, dies bemerkenswerte Meer und unser Gerede über alles, zum Beispiel: Hauptsache, du bist dein blödes Büro los. Das schrundige Ding auf der Schulter, erstarrtes Feuerwerk, stand nicht zur Debatte. Reinhard schützte wieder mal ein Schiff vor und starrte durchs Fernglas runter auf den Strand. Gewitter stand unmittelbar bevor, unser Zusammenleben auch, auch Abendspaziergänge, Teebestellungen, Leibgerichte, die Warze immer noch sichtbar nun unterm Hemd, das der Mann anzog. Antonio Gaudi[2] hätte sie geträumt haben können. Reinhard redete, und ich habe eine Zeit lang nicht zugehört, weil ich – ich hätte schon ganz gern gewußt, ob das nicht weh tat, wenn mehr als nur ein Hemd auf die Warze Druck ausübte. Organisation, Schatz, sagte Reinhard, und er ist nicht nur billiger beim Großhändler, es ist einfach besserer Tee. Weitere Stella Artois, die Schwüle war mir recht, das Meer lieb und wert, egal Reinhards Seitensprünge durchs Fernglas. Der leicht bekleidete Krake, der vertrauliche Vielfuß, Verruca[3] die Warze. Freust du dich, Schatz? Reinhard war mir jetzt näher. Auf alles, Schatz? Und was man so sagt. Es war nett.

1 **Stella Artois:** belgische Biermarke
2 **Antonio Gaudi (1852–1926):** spanischer Architekt, der eine persönliche und originelle Form des Jugendstils entwickelte, den neukatalanischen Baustil. Bekanntes Werk: Kirche der Sagrada Familia in Barcelona
3 **Verruca:** lat. für „Warze"

Der Mann mit der neukatalanischen[4] Warze bezahlte. Dann verstaute er sein Fernglas in einem etwas abgeschabten Lederetui. Er stand auf. Da stand auch ich auf. Der Mann mit der Warze bahnte sich den besten Weg zwischen den Korbsesseln. Ich hinterher. Er brauchte nicht weiter auf mich zu warten, ich habe kaum gezögert, er wartete, wieder mir zugekehrt, die Warze, das Wappen, er wartete, Reinhard wartete, mein Mann mit der Warze. R

4 **(neu)katalanisch:** Adjektiv zu Katalonien (spanische Provinz im Nordosten der Iberischen Halbinsel)

Arbeitsvorbereitung – Die Aufgabenstellung verstehen

1 Geben Sie die entscheidenden Schlüsselbegriffe aus der Aufgabenstellung auf S. 574 an.

2 Die Aufgabenstellung enthält mehrere Anforderungen. Sie müssen in der Textvorlage eine Situation (hier: die der Hauptfigur) und einen Prozess (hier: einen Handlungsverlauf) erkennen und auf Grund dieser Analyse dann eine gestaltende Übertragung vornehmen (hier: in die Briefform).

a Prüfen Sie, welche der folgenden Methoden der Erarbeitung Sie in letzter Zeit schon einmal genutzt haben, um Aufgaben dieser Art vorzubereiten.

b Reflektieren Sie, wie hilfreich diese Methoden gewesen sind.

Methode – Typische Aufgabenstellungen verstehen (► S. 568, 596)

Anforderung der Aufgabe	Methoden der Erarbeitung
Die Situation erkennen ■ die in einem literarischen Text entworfene Situation strukturieren	**Mindmap:** Die in einem literarischen Text dargestellten Elemente einer Situation (z. B. einer Urlaubssituation) stellen Sie in einer Mindmap systematisch gegliedert dar. Auf deren Hauptäste schreiben Sie die Faktoren, welche die Situation hauptsächlich ausmachen. Den Nebenästen ordnen Sie Einzelheiten bzw. Beispiele zu. **Strukturdiagramm:** Sie stellen grafisch dar, welche Faktoren in der Situation wie wirken. Neben Stichworten können Sie auch Elemente wie Pfeile, Gegensatzpfeile, Umkreisungen, Barrieren etc. verwenden (Beispiel, ► S. 130).
Den Prozess nachvollziehen ■ Handlungsabläufe bzw. gedankliche Entwicklungen in Texten beschreiben	**Flussdiagramm:** Sie drücken in Stichworten den dargestellten Handlungsverlauf in einer vertikalen grafischen Anordnung aus, die zeitliche und/oder logische Zusammenhänge klarmacht (Beispiel, ► S. 106). **Zeitleiste:** Sie stellen Handlungsabläufe in horizontaler Anordnung linear dar, indem Sie den im Text behandelten Zeitraum auf einer Leiste eintragen, ihn unterteilen und die Hauptereignisse stichwortartig den verschiedenen Zeitpunkten zuordnen.
Die Gestaltung vornehmen ■ aus einem Text gewonnene Einsichten zur Gestaltung eines Parallel- bzw. Fortsetzungstextes verwenden	**Tabelle:** In der ersten Spalte einer Tabelle notieren Sie zunächst stichwortartig wichtige Ergebnisse der Textanalyse. In der zweiten Spalte ordnen Sie dann in jeder Zeile Ideen zu, mit denen Sie diese im Text vorgefundene Ausgangslage in dem Parallel- bzw. Fortsetzungstext aufgreifen und fortentwickeln könnten.

Literarisches Erzählen – Strategien und Elemente erkennen und beschreiben

1 Formulieren Sie einen Einleitungssatz (► S. 555) für einen Aufsatz, in dem die Geschichte von Gabriele Wohmann kurz vorgestellt wird. Machen Sie darin Angaben zur Autorin, Textsorte, zum Titel, Erscheinungsjahr und Thema.

2 Fertigen Sie zur Situation, die in der Kurzgeschichte entworfen wird, eine Mindmap an. Notieren Sie Informationen zur Figurenkonstellation, zu Ort, Milieu, Zeit und Atmosphäre/Stimmung.
Tipp: Zu grundlegenden Fragen der Analyse/Interpretation von Kurzprosa siehe auch S. 31.

Ehefrau
Figurenkonstellation
…
Zeit
…
Urlaub
…
Ort/Milieu
…
…
Atmosphäre/ Stimmung
…

3 Stellen Sie in einer Zeitleiste dar, welche Handlungsschritte die Kurzgeschichte umfasst, z. B.:

gegen fünf Uhr — *Reinhard und die Ich-Erzählerin unterhalten sich auf einer Bierkneipenterrasse*

4 Machen Sie in einer Stichwortliste detaillierte Angaben zur Erzählerin und der Erzählstrategie (► S. 160 f.). Prüfen Sie insbesondere, wie intensiv die Außen- und die Innensicht auf die beiden Hauptfiguren entwickelt werden und wie sich das Geschehen für das Lesepublikum somit darstellt.

5 Beschreiben Sie die Kommunikation zwischen den beiden Figuren in einer weiteren Mindmap (s. u.).
Tipp: Informationen zum Thema „Aspekte der Kommunikation" finden Sie auf den S. 90–96.

Erzählerin: …
Redeanteile
Reinhard: …
Kommunikation zwischen der Erzählerin und Reinhard
Erzählerin: …
Themensetzung
Reinhard: …
komplementäre Kommunikation

6 Reflektieren Sie, welche Elemente des Erzählens sich wechselseitig in ihrer Funktion und Wirkung unterstützen. Stellen Sie diese Bezüge in einem Strukturdiagramm dar, z. B.:

„windstill" (Z. 4) → *…* → *…* → *„Gewitter" (Z. 39)*
Wandel der Atmosphäre ↑
Ich-Erzählerin: → *intensives Empfinden und Nachdenken* → *spricht …*
Leitmotiv: *…* ↑ ↓
Reinhard: → *„du wirst deine Arbeit aufgeben" (Z. 2 f.)* → *spricht …*

7 **a** Fassen Sie Ihre Untersuchungsergebnisse zusammen: Formulieren Sie Ihre zentrale Interpretationsthese zur Aussage und zum Aspekt der Wechselwirkung von Inhalt und Form (► S. 554).
b Betrachten Sie erneut Textanfang sowie -ende und bedenken Sie, dass es sich bei diesem Text um eine Kurzgeschichte (► S. 27) handelt.

8 Führen Sie Ihre Thesen dann schriftlich in Aufsatzform aus, indem Sie jeweils Textbelege bzw. Textverweise und entsprechende Erläuterungen hinzufügen.

Formulierungsbausteine: Analyse einer Kurzgeschichte
- *Die 1968 publizierte Kurzgeschichte ... von ... behandelt das Thema ...*
- *In dieser Kurzgeschichte wird eine Urlaubssituation entworfen. Dieser Situation entsprechend hat das dargestellte Paar sehr viel Zeit, einander wahrzunehmen. Allerdings dominiert die Innensicht auf ...*
- *Zentrale Passagen der Geschichte geben Wahrnehmungen und Reflexionen der ... wieder. Besonders intensiv sind diese inneren Prozesse im Abschnitt von Z. ... bis Z. ... dargestellt. Dort ...*

Die gestaltende Interpretation vorbereiten und ausführen – Methoden der Ideenfindung

1 Finden Sie in der Geschichte (gemäß der zweiten Aufgabenstellung, ► S. 574) Anknüpfungspunkte für einen Brief der Ich-Erzählerin und stellen Sie diese in einer Tabelle zusammen.
a Tragen Sie diejenigen Äußerungen der zweiten Hauptfigur ein, die bei der Ich-Erzählerin starke Empfindungen und Reflexionen auslösen.
b Listen Sie äußere Gegebenheiten auf (Raum, Zeit, Gegenstände etc.), an die Sie in Ihrer eigenen Textgestaltung anknüpfen könnten.
c Versuchen Sie, sich in die Situation der Ich-Erzählerin hineinzuversetzen. Entscheiden Sie, welche in der Geschichte mitgeteilten Reflexionen der Figur für ihre Freundin von besonderer Bedeutung sein könnten. Ergänzen Sie entsprechend in der ersten Spalte Ihrer Tabelle.
d Wenden Sie sich weiteren Aspekten der Kurzgeschichte zu, die in dem Brief aufgegriffen werden könnten, und notieren Sie diese in der ersten Spalte.

Anknüpfungsmöglichkeiten	*Ideen für den Anschlusstext (Brief)*
Äußerungen des Mannes: …	*Mir wurde schlagartig klar, was mir in dieser Ehe bevorstand: …*
äußere Gegebenheiten: *„Bierkneipenterrasse“ (Z. 2)* … *„Abwegiges Grau der See“ (Z. 27)* …	… … *Das triste, graue Meer hatte meine Stimmung zusätzlich eingetrübt.* …
Reflexionen der Figur: … *„Die Warze sah wie ein Polyp aus“ (Z. 9)* …	… … …

2 Es gibt viele Möglichkeiten, Gedanken und Empfindungen einer Figur zu entwickeln. Welche der folgenden Optionen erscheinen Ihnen im gegebenen Fall besonders sinnvoll? Tragen Sie sie in der zweiten Spalte Ihrer Tabelle entsprechend ein. Bedenken Sie dabei, dass die Figur nun einige Stunden später etwas Abstand zu den Ereignissen gewonnen hat, sodass in ihrem Brief weitere Sichtweisen möglich sind, die den in der Geschichte mitgeteilten Reflexionsstand überschreiten.

Methode **Gestaltendes Interpretieren – Gedanken und Äußerungen einer Figur entwickeln**

- Die Figur reagiert mit ihren Gedanken auf die Äußerung einer anderen Figur.
- Die Figur denkt über Beobachtungen nach, die sie gemacht hat.
- Sie ruft sich eigene emotionale Reaktionen in Erinnerung und kommentiert sie.
- Sie denkt über ihre eigene Vergangenheit und Zukunft nach.
- Sie reflektiert die Beziehungen zu anderen Menschen.
- Sie gerät ins Grübeln und stellt sich eine Reihe von Fragen.
- Sie macht sich oder anderen Vorwürfe.
- Sie äußert einem Adressaten gegenüber eine Bitte.
- Sie erkundigt sich bei einem Adressaten nach der Vergangenheit einer anderen Figur, um diese besser zu begreifen.

3 Gestalten Sie gemäß der zweiten Aufgabenstellung Ihren Brief:
a Denken Sie an die Situation der Ich-Erzählerin in der Geschichte und entscheiden Sie, mit welchem Gedanken der Brief einsetzen könnte. Formulieren Sie diesen Eröffnungssatz.
b Legen Sie die übrigen Gedanken stichwortartig fest. Überlegen Sie dabei, ob Sie den Brief evtl. mit einer interessanten Pointe enden lassen wollen. Nummerieren Sie die Eintragungen in Ihrer Tabelle entsprechend durch und gestalten Sie Ihren Brief dann schriftlich aus.

4 Erläutern Sie mit Bezug auf den Ausgangstext, weshalb Sie z. B. einen besonderen Gedanken formuliert, eine bestimmte Stilebene (► S. 610) gewählt, einem Gefühl deutlichen Ausdruck verliehen oder eine Beobachtung weiter ausgeführt haben.

5 Vergleichen Sie den Figurenbrief mit anderen Optionen (► Methode), die in Klausuren ebenfalls vorkommen können. Welche Vor- und Nachteile bietet der Figurenbrief Ihrer Meinung nach?

Methode **Gestaltendes Interpretieren – Mögliche Gestaltungsaufgaben**

Nach der Analyse eines Ausgangstextes weisen Sie mit seiner **gezielten Umgestaltung bzw. Weiterführung** nach, dass Sie wesentliche Aspekte des Textes erkannt haben und entsprechend in Ihre produktive Gestaltung aufnehmen können. Mögliche Gestaltungsaufgaben sind:

- **(Innerer) Monolog:** Ähnlich wie in einem Brief schreiben Sie einer literarischen Figur – oder auch einer Filmfigur – Gefühlsäußerungen und Reflexionen zu. Dazu wählen Sie eine bestimmte Situation aus einer Erzählung bzw. aus einem Film aus, versuchen, sich so intensiv wie möglich in die Figur hineinzuversetzen, und schreiben dann in Ich-Form und im Präsens als Basiszeit alles auf, was der Figur in diesem Moment durch den Kopf gehen könnte. Anders als im Brief sind diese Gedanken nicht an eine zweite Figur adressiert; vielmehr redet die Figur mit sich selbst.
- **Tagebucheintrag:** Auch diese Form der gestaltenden Weiterarbeit ist monologisch angelegt. Sie schlüpfen in eine literarische Figur hinein und äußern sich in deren Reflexionshorizont.

Das Tagebuch ist dabei der stumme Gesprächspartner. Anders als im inneren Monolog werden meist größere Zeiträume geistig verarbeitet (also nicht nur ein bestimmter Moment, sondern z.B. ein ganzer Tag). In einem Tagebucheintrag sollten Aspekte der Selbstreflexion nicht fehlen, d.h., die Figur, deren Rolle Sie einnehmen, sollte über sich selbst und ihr Verhalten nachdenken, auf die Vergangenheit zurückblicken oder Zukunftspläne schmieden.

- **Dialog:** Als in erster Linie mündlich geführte Rede und Gegenrede zwischen zwei oder mehreren Figuren ist der Dialog wesentlich für das Drama und ein Gestaltungsmittel in erzählenden Texten. Dialoge charakterisieren Figuren und entwickeln bzw. beeinflussen die Handlung (Konflikte). Im Unterschied zur Mündlichkeit des Alltags wird bei der literarischen Ausgestaltung eines Dialogs in der Regel auf Füllwörter oder einfache Satzstrukturen entweder verzichtet oder sie werden bewusst eingesetzt.
- **Perspektivenwechsel:** Mit diesem Verfahren wiederholen Sie wesentliche Mitteilungen des Textes von einem veränderten Standpunkt aus. In der Regel wird die Erzählform bzw. das -verhalten (▶ S.160 f.) gewechselt: Ein Ich-Erzähler wird durch einen anderen Ich- bzw. Er-Erzähler ersetzt. Der Perspektivenwechsel kann für eine ganze Geschichte oder nur für eine Episode vorgenommen werden. Möglich ist auch die Neubetrachtung eines Geschehens von einem späteren Zeitpunkt aus.

Den Text überarbeiten – Stimmigkeit, Entfaltungsgrad, Prägnanz

1 Nutzen Sie die folgende Checkliste, um Ihren Text zu überarbeiten.
2 Korrigieren Sie auch Grammatik, Rechtschreibung und Zeichensetzung (▶ S.146–152).

Methode Checkliste „Weiterführendes gestaltendes Schreiben“

Stimmigkeit

- Setzen meine Ausführungen die Machart des Ausgangstextes fort? Sind die prägenden Elemente des Textes, die ich analysiert und notiert habe, von mir berücksichtigt worden?
- Passt das Denken und Handeln meiner Figur zur Figur des Ausgangstextes und zu deren Charakter?
- Passen meine Ausführungen in Inhalt und Form zu der Textsorte, die in der Aufgabenstellung verlangt wird (z.B. Brief)?

Entfaltungsgrad

- Habe ich meinen Text an den für mich wichtigen Stellen detailliert ausgestaltet oder bleibt alles oberflächlich, da ich eigentlich keine weiterführenden Aspekte finden konnte?
- Habe ich gemäß meinen Voruntersuchungen einen zur Figur passenden Schreibstil gewählt? Konnte ich Empfindungen der Figur der Situation gemäß ausdrücken?

Prägnanz

- Stimmt mein Text mit der Stillage des Ausgangstextes überein („Haus der Stile“, ▶ S.610)? Kann ich etwaige Abweichungen vom Ausgangsstil im Hinblick auf die Wirkung begründen?
- Habe ich Formulierungen gewählt, die zum Denken und Handeln der Figur passen bzw. ihr eigen sind?
- Inwiefern habe ich die von mir untersuchte Atmosphäre und die Stimmungslage des Ausgangstextes aufgegriffen und gegebenenfalls weiter fortgeführt?

2 Sachtexte analysieren

2.1 Analyse eines journalistischen Textes: Glosse

In diesem Kapitel erwerben Sie folgende Kenntnisse und Kompetenzen:

- den Inhalt eines journalistischen Sachtextes gedanklich erschließen,
- Typen von Sachtexten und ihnen zugeordnete Intentionen erkennen und darstellen,
- persuasive (überzeugende bzw. überredende) Textsignale erkennen und benennen,
- eine Sachtextanalyse einschließlich Stellungnahme sinnvoll aufbauen.

Aufgabenstellung

1. Analysieren Sie den Text „Lebhafter Grenzverkehr“ von Ulrich Greiner. (Gewichtung: 2/3)
2. Nehmen Sie anschließend Stellung zur Frage, welche Chancen und Schwierigkeiten Sie für zweisprachige bzw. von zwei verschiedenen Kulturen geprägte Schriftsteller/innen sehen, die in deutscher Sprache schreiben. (Gewichtung: 1/3)

Ulrich Greiner: **Lebhafter Grenzverkehr. Wie deutsch ist unsere Literatur?** (DIE ZEIT, 14.12.2006)

Kaum etwas bringt verständige Leser mehr auf die Palme als die unbedachte Einordnung etwa von Peter Handke oder Max Frisch in die Kategorie „deutsche Literatur“. Natürlich weiß man, dass Handke ein Österreicher ist und Frisch ein Schweizer war. Aber es gibt keine österreichische oder schweizerische Sprache, sondern Frisch und Handke schreiben oder schrieben deutsch.
Navid Kermani, 1967 als Sohn iranischer Eltern in Siegen geboren, hat dieser Tage einen Vortrag für die Konrad-Adenauer-Stiftung über das Thema „Was ist deutsch an der deutschen Literatur?“ verfasst, und gleich zu Beginn erwähnt er jenen Schriftsteller, der ihn als Schüler am meisten beeindruckt hat: Franz Kafka.
Ist Kafka ein deutscher Schriftsteller? Er lebte in Prag, das bis 1918 zu Österreich-Ungarn gehörte. Seine Muttersprache war Deutsch, aber mit den Dienstboten redete er tschechisch. Wir könnten ihn also einen österreichischen Schriftsteller nennen, zumal ihn, wie Kermani zeigt, mit Deutschland wenig oder nichts verband.

Es ist klar, dass die Bezeichnung „deutsch“ im Fall der Literatur etwas anderes meint als die nationale Zuschreibung. Der deutsche Nationalstaat ist bekanntlich eine späte Erfindung. Als Schiller und Goethe schrieben, gab es ihn noch nicht. Von Wolfram von Eschenbach oder Hartmann von Aue ganz zu schweigen. Heute ist Deutsch die in Europa am häufigsten gesprochene Sprache, aber wir würden einen deutsch sprechenden Luxemburger oder Dänen oder Norditaliener niemals einen Deutschen nennen. Was aber, wenn er großartige Gedichte schriebe?
Kermani jedenfalls sagt in schöner Unbefangenheit, für ihn seien Robert Walser oder Heimito von Doderer Deutsche, „aber nicht im politischen Sinn, sondern als Angehörige der deutschen Literatur, die nicht identisch ist mit der deutschen Nation“. Es ist nicht sicher, dass sich jeder Österreicher oder Schweizer über diese Bemerkung freut. Kermani will darauf hinaus, dass die Besonderheit der deutschen Lite-

ratur gerade darin besteht, solche Grenzen zu überschreiten. Zugespitzt könnte man sogar sagen: Die deutsche Literatur ist mehrheitlich gar nicht von Deutschen geschrieben worden, jedenfalls nicht von denen, die sich für besonders deutsch gehalten haben. [...]
Die Etymologie[1] lehrt uns, dass „deutsch" vom althochdeutschen „diutisc" herkommt, was „zum Volke gehörig" heißt. Die Harmlosigkeit dieser Bedeutung ist nicht wiederherstellbar und deshalb werden wir ohne die hässliche, aber exakte Bezeichnung „deutschsprachig" vermutlich auch in Zukunft nicht auskommen.

1 **Etymologie:** Wissenschaft vom Ursprung und von der Geschichte der Wörter

Das Textverständnis sichern – Fragen und Antworten formulieren

1 **a** Notieren Sie, welche Tätigkeiten Sie mit den in der Aufgabenstellung genannten Operatoren „analysieren" und „Stellung nehmen" verbinden.
b Prüfen Sie Ihre Notizen anhand einer Ihnen bekannten aktuellen Operatorenliste.

2 **a** Zur Sicherung des Textverständnisses ist es sinnvoll, sich die Fragen, die sich der Autor in dem Text gestellt hat, zu vergegenwärtigen. Formulieren Sie diese Fragen schriftlich.
b Notieren Sie anschließend zentrale Aussagen, die Antworten auf diese Fragen geben.
c Vertiefen Sie Ihr Verständnis, indem Sie die Fragen und Antworten mit eigenen Worten schriftlich im gedanklichen Zusammenhang darstellen. Nutzen Sie dabei evtl. die folgenden Formulierungsbausteine.
Tipp: Prüfen Sie Ihre Verwendung des Konjunktivs bei der indirekten Rede (► S. 146 f.).

Formulierungsbausteine: Aussagen mit eigenen Worten wiedergeben

- *Ulrich Greiner stellt in seiner Glosse die Frage, was eigentlich das „Deutsche" an der deutschen Literatur ausmache.*
- *Zunächst erörtert er, ob ein Autor deutscher Staatsbürger sein müsse, um der deutschen Literatur zugerechnet zu werden. Greiner sieht die Literatur, die in Deutschland verfasst wird, seit je in einem lebhaften Austausch mit Autoren, die ...*

Die Textsorte untersuchen und beschreiben – Intention und Wirkung

1 Die Glosse (► S. 227) von Ulrich Greiner erschien im **Feuilleton** (► Information) der Wochenzeitung „DIE ZEIT". Welche Adressatengruppen werden über einen solchen Publikationsort hauptsächlich angesprochen und wie schlägt sich das in Themenstellung und Machart des Textes nieder?

Information **Feuilleton**

Im Kulturteil einer Zeitung, auch Feuilleton genannt, erscheinen Rezensionen von Neuerscheinungen in Bereichen wie Literatur, bildender Kunst, Architektur, Politik, Geschichte usw., außerdem Kritiken zu Theaterinszenierungen, Filmen, Opern etc. Hinzu kommen Debatten zu kulturellen und weltanschaulichen Streitfragen.

2 **a** Die Wirkung eines Textes, seine Intention und die Erwartung, die Lesende an ihn stellen, werden insbesondere durch die Art seiner Präsentation gesteuert. Ordnen Sie die Textsorte „Glosse" in die folgende Grafik ein (► S. 582) und erläutern Sie, welche Intention (► S. 222) mit ihr verfolgt wird.

b Überprüfen Sie diese Einordnung, indem Sie Sinnbezüge in der Glosse von Ulrich Greiner aufzeigen und den drei Sprachfunktionen Sachbezug, Selbstausdruck und Adressatenbezug zuordnen.

3 Prüfen Sie anhand der folgenden Information, auf welche persuasiven (überzeugenden bzw. überredenden) Textsignale Greiner in seiner Glosse hauptsächlich setzt.

4 Fassen Sie Ihre Ergebnisse zusammen, indem Sie darlegen, inwieweit es sich bei Greiners Text um eine Glosse handelt. Nutzen Sie dazu das Fachvokabular der Grafik sowie Ihre Kenntnisse über rhetorische Mittel (► S. 196 ff., 589 f.).

Sachtexttypen und ihre Intentionen (► S. 94 f. u. ► S. 222)

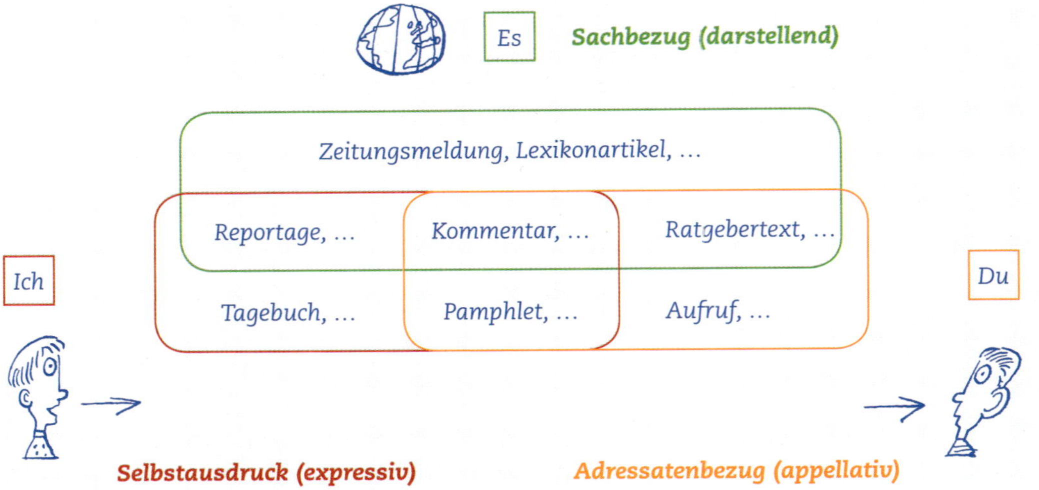

Information **Persuasive (überzeugende bzw. überredende) Textsignale**

Persuasive Kommunikation ist eine Art der Verständigung, durch die das Meinungsbild anderer dem eigenen angepasst werden soll. Beim Versuch zu **überzeugen** wird vornehmlich **der Verstand** des Adresssaten angesprochen, und zwar durch eine sachliche Formulierung von **Argumenten** und Beispielen. Das **Überreden** hingegen zielt auf ein **unfreiwilliges Zustimmen** auf Grund eines fachlichen, hierarchischen, politischen oder sprachlichen Unterlegenheitsgefühls. Wer überredet wurde, empfindet in der Regel einen Verlust des Selbstwerts.

Ausdrucksform	Besonderheit und Wirkung
Humor	von Gelassenheit, Heiterkeit und Wohlwollen geprägte Kritik ohne besondere Schärfe, mit der man sich ebenso distanziert wie verständnisvoll über die Unzulänglichkeiten anderer oder die der eigenen Person erheben kann
Ironie	Redeweise, bei der etwas geäußert, jedoch das Gegenteil gemeint wird; die Ironie als Selbstironie ist eine kritische, spielerisch-überlegene Haltung sich selbst gegenüber
Spott	bewusstes Aufdecken von Schwächen anderer, beißende und verletzende Herabsetzung mit einem Gestus der eigenen Überlegenheit

Polemik	Herabsetzung anderer durch verzerrte Wiedergabe ihrer Ansichten, abwertende Metaphern und Vergleiche, Suggestivfragen etc., geprägt durch eine besondere Schärfe des Tonfalls bis hin zum Hass
Argumentation	Überzeugungsversuch mit Hilfe sachlicher Begründungen, Bemühen um Ausgewogenheit und Fairness auch bei kritischen Äußerungen
Appell	direkte Handlungsaufforderung (► S. 94 f.).

Die Stellungnahme vorbereiten – Ideen sammeln

1 Sammeln Sie z. B. durch Brainstorming in Form eines Clusters oder bereits geordneter in Form einer Mindmap Aspekte zu dem in Aufgabe 2 (► S. 580) genannten Erörterungsthema. Sie können auch andere Verfahren der Stoffsammlung anwenden (► S. 609).

interessanter fremder Blick …

Chancen *Schwierigkeiten*

zweisprachige und bikulturelle Autorinnen und Autoren

… *evtl. weniger verwurzelt in deutscher Sprache?*

2 Entwickeln Sie Ihre Argumentation stichpunktartig, z. B. in Form mehrerer Argumentationsbausteine (► S. 596 f.), und nummerieren Sie diese nach ihrem Gewicht innerhalb einer knappen Argumentation.

Eine schriftliche Sachtextanalyse planen und umsetzen – Gewichtung und Aufbau

1 Der Analyse- und Erörterungsteil Ihres Aufsatzes wird in Klausuren und auch im Abitur jeweils unterschiedlich stark gewichtet. Meist wird das mit der Aufgabe angegeben (► S. 580). Bei dieser Aufgabe hat die Analyse das größte Gewicht. Planen Sie mehr Schreibzeit für diesen Aufgabenteil ein.

2 Orientieren Sie sich beim Verfassen Ihrer Sachtextanalyse an dem folgenden Muster:

Methode **Aufbau einer schriftlichen Sachtextanalyse mit anschließender Stellungnahme**

Aufgabe I

Einleitung

- Angaben zu Autor/in, Titel, Textsorte, Erscheinungsdatum, ggf. Publikationsorgan, Thema und zentrale These/Problemstellung des Textes, ggf. Hinweis zum methodischen Vorgehen

Hauptteil

- **Wiedergabe der zentralen Aussagen** des Textes in ihrem gedanklichen Zusammenhang, und zwar möglichst mit eigenen Worten – insbesondere unter Verwendung des Konjunktivs der indirekten Rede (► S. 146 f.)

- **Analyse** der Textsorte (Intention) und der verwendeten sprachlichen Mittel (▶ S. 196 ff.); bei Glossen insbesondere zu beachten: Übertreibungen, witzige und pointierte Wendungen, einseitig zugespitzte Argumente, satirische, ironische oder polemische Formulierungen (▶ S. 582 f.), Parodien von bekannten Aussagen/Beispielen, besonders elegant formulierte Sätze
- **zusammenfassende Darstellung der Wirkung** des Textes

Aufgabe II

- **Überleitung,** z. B.: *Das von Greiner erfasste Problem soll nun auf die Frage hin erörtert werden, ...*
- **Stellungnahme** zu der in der Aufgabe genannten Fragestellung im Hinblick auf den Text

Schluss

- **kurzes Fazit** der Stellungnahme, wenn möglich mit Bezug zum Ausgangstext

Eine Sachtextanalyse überarbeiten – Abwechslungsreich formulieren

1 Prüfen Sie in Ihren letzten Klausurtexten bzw. Hausaufgaben, ob Sie bei der Wiedergabe von Sachtexten Verben variantenreich verwendet haben. Ersetzen Sie evtl. einige Ihrer Ausdrücke durch eine Auswahl der folgenden kursiv gesetzten Formulierungsbausteine.

2 Überprüfen Sie außerdem, ob Sie Markierungen der Gedankenfolge wie „danach“ oder „außerdem“ logisch schlüssig und in angemessener Variation eingesetzt haben. Sie können auch einige der halbfett gekennzeichneten Ausdrücke nutzen, um Ihren Text weiterzuentwickeln.

3 Überarbeiten Sie Ihren Aufsatz auch gemäß der Hinweise auf S. 602, 605.

Formulierungsbausteine: Wiedergabe von Sachtexttypen und ihren Intentionen (▶ S. 222)

Hervorhebung der darstellend-sachbezogenen Intention

Im Text wird die Thematik ... *behandelt.*
Der Autor *stellt* **zunächst** ... *vor.*
Die Autorin *präsentiert* **zudem** eine Reihe von Informationen zu ...
Der Text *thematisiert* **auch** ...
Außerdem *finden sich darin* einige *Angaben zu* ...
Weiterhin *geht* der Autor *auf* den Aspekt des ... *ein.*
In diesem Zusammenhang *führt* er einen weiteren Sachverhalt *an*: ...
In diesem Kontext *spricht* die Autorin auch *von* ...
Im Anschluss daran *zählt* sie eine Reihe von ... *auf.*
Im weiteren Fortgang des Textes wird *ausgeführt, dass* ...
Schließlich *weist* der Autor *darauf hin, dass* ...

Hervorhebung der darstellend-adressatenbezogenen Intention

Der Autor *setzt sich* mit der Frage *auseinander,* ob/wann/wie ...
Er *vertritt die Ansicht,* dass ...
Die Autorin *wendet sich* entschieden/dezidiert/im Prinzip/in vorsichtiger Weise *dagegen,* ...
Vielmehr *spricht* sie *sich dafür aus,* ...
Daraus *ergibt sich* ihre *Kernthese,* dass ...
Dazu *stellt* der Autor *klar,* dass ...

Damit *widerspricht* er ...
Die Autorin *bemängelt/kritisiert/beanstandet/zeigt sich befremdet darüber,* dass ...
Ferner *attackiert* sie ...
Daneben *weist* sie die Ansicht *zurück,* dass ...
Sie *befürwortet/unterstützt/begrüßt* **darüber hinaus** ...
Anders als ... *bestreitet* der Autor vehement/energisch, dass ...
Zusätzlich *wird scharf* mit ... *ins Gericht gegangen.*
Dabei *gibt* er *zu bedenken,* dass ...
Die *zentrale These* der Autorin *ist,* dass ...
Im nächsten Absatz *kritisiert* sie, dass ...
Weiterhin wird *klargestellt,* dass ...
Im Weiteren *argumentiert/begründet/belegt/rechtfertigt* der Autor, dass ...
Gegen Ende des Textes *wird* ... als ... *bezeichnet.*
Sie *schließt* ihre *Ausführungen mit dem Vorwurf an die Adresse von* ..., dass ...

- **Hervorhebung der appellativ-adressatenbezogenen Intention**

Der Autor *warnt* offen/eindringlich/mit Nachdruck *vor* ...
Letztlich legt der Text einem *ans Herz,* ...
Dadurch *wird* dazu *aufgerufen,* ...
Der Autor *appelliert,* ...
Er *redet* dem Leser *ins Gewissen* ...
Die Autorin *versucht,* ihr Publikum dazu *zu bewegen,* ...
Sie *mahnt/beschwört/drängt* die Zuhörenden, ...

2.2 Rhetorische Analyse – Eine Rede untersuchen

In diesem Kapitel erwerben Sie folgende Kenntnisse und Kompetenzen:

- Leitfragen zur Redeanalyse nutzen,
- den Argumentationsaufbau einer Rede analysieren und schriftlich darstellen,
- die Redeabsicht und die Funktionen sprachlich-rhetorischer Mittel erkennen und darstellen,
- Strategien der Beeinflussung kennen und am Beispiel analysieren,
- zur zentralen These einer Rede schriftlich Stellung nehmen,
- den gedanklich-logischen Zusammenhang eines Aufsatzes überprüfen und sprachlich verbessern.

Aufgabenstellung

1. Analysieren Sie Peter Härtlings Rede unter besonderer Berücksichtigung ihrer rhetorischen Gestaltung.
2. Nehmen Sie kritisch Stellung zu Härtlings These, dass Dokumente der deutschen Literatur- und Kulturgeschichte das moralische Gedächtnis des Landes besser repräsentieren als die politische Meinung vieler seiner Bewohner.

Peter Härtling: **Nein!** (1992)

*Peter Härtling (*1933) hielt seine Rede 1992 auf der Frankfurter Buchmesse. Das Jahr 1992 war u.a. geprägt von „ethnischen Säuberungen" in dem auseinanderfallenden multiethnischen Staat Jugoslawien (Nachfolgestaaten u.a. Kroatien, Serbien und Bosnien-Herzegowina). Zugleich erfolgten lang anhaltende Diskussionen im Vorfeld einer Änderung des Asylparagrafen des Grundgesetzes mit dem Ziel, Asylsuchende bereits an der deutschen Grenze in ein so genanntes „sicheres Drittland" abzuschieben.*

Ich stehe hier, um das Elend unserer Geschichte, der einen und zwiefachen deutschen Geschichte[1], zu beklagen. Ich stehe hier, um in aller Kürze eine Geschichte zu erzählen, die uns dieses Elend klarmachen kann, ein Bündel von Verdrängungen, Feigheiten, Aggressionen, Fresssüchten, Anmaßungen und Egoismen.

Ein paar Sätze dagegen. Ich fange mit einem ganz frühen an. Hier, zwischen ungezählten Büchern, die weniger vergesslich sind als wir. Ich habe mich immer mit ihnen zu erinnern versucht, von Jahr zu Jahr trauriger und zorniger werdend.

1848, als das deutsche Parlament[2] zusammentrat, um sich eine fortschrittliche Verfassung zu geben, hielt es ein Abgeordneter für unabdingbar nötig, vor den Artikel eins, der die Würde des Menschen benannte, seinen Artikel zu stellen. Er schrieb folgenden Antrag:

„Als Artikel 1 vor Artikel 1 des Entwurfs, der dann Artikel 2 würde, einzuschalten: Das deutsche Volk ist ein Volk von Freien, und deutscher Boden duldet keine Knechtschaft. Fremde Unfreie, die auf ihm verweilen, macht er frei."

Hier bekommt die angesprochene Würde des freien Menschen einen leuchtenden Rahmen. Und der deutsche Boden ist nicht biedere, ideologisch verengte Heimat, sondern Zufluchtsgrund für jene, die frei sein wollen. Was für ein Angebot! Wie selbstverständlich wird da von Deutschland gesprochen, wie offen und ohne jede Krafthuberei, ohne jede Arroganz. So spricht der wirklich Freie. Jacob Grimms[3] Antrag wurde von der Nationalversammlung mit einer Mehrheit von 13 Stimmen abgelehnt.

1945 war ich dreizehn Jahre alt. Der Krieg, der Zweite Weltkrieg, hatte mir meine Eltern genommen. Mein Vater hatte als Rechtsanwalt leise und beherzt Hitler widerstanden. Meine Mutter war „arisch" nicht in Ordnung. Und ich nahm mir als kleiner Nazi, als Pimpf, das falsche Recht, mich gegen meine Eltern zu behaupten. Als ich die Uniform noch trug, im Namen Hitlers und meines Volkes Millionen jüdischer Bürger umgebracht worden waren, Sintis, Romanis, Politische, Homosexuelle. Als der Krieg zu Ende war, machten mir die Erwachsenen vor, wie rasch und wie folgenlos das Vergessen sein kann. Aus meinen nazistischen

1 „zwiefache deutsche Geschichte": geteiltes Deutschland (Bundesrepublik Deutschland und Deutsche Demokratische Republik) in Zeiten des Ost-West-Konfliktes nach 1945

2 deutsches Parlament von 1848: Im Anschluss an revolutionäre Unruhen in Deutschland („Märzrevolution") fand eine verfassungsgebende Nationalversammlung in der Frankfurter Paulskirche statt, die erstmals einen demokratischen deutschen Einheitsstaat anstrebte, jedoch 1849 im Zuge der militärischen Niederschlagung der Revolution durch reaktionäre Kräfte wieder aufgelöst wurde.

3 Jacob Grimm (1785–1863): deutscher Sprach- und Literaturwissenschaftler; darüber hinaus gehörte er mit seinem Bruder zu den „Göttinger Sieben", die als Universitätsprofessoren 1837 gegen die Aufhebung liberaler Verfassungsrechte im Königreich Hannover protestierten und deswegen ihrer Ämter enthoben wurden.

Vorrednern wurden Patentdemokraten, bußfertige Christen – auf alle Fälle Erfolgreiche im aufblühenden Wirtschaftswunderland.

Mir sind diese schnellen Anverwandler unheimlich bis auf den Tag. Aber einige wenige erzählten unsere Geschichte weiter, und als die Verfassung für die Bundesrepublik Deutschland, das Grundgesetz, geschrieben wurde, erinnerten sie sich – die Erfahrung brannte ihnen noch unter den Sohlen – an alle, die verfolgt wurden, an alle, die Asyl suchten, ins Exil gingen, und sie formulierten für den Artikel 16, Absatz zwei, einen großen, großmütigen Satz: „Politisch Verfolgte genießen Asylrecht."

Da öffnet sich ein Tor. Da nimmt eine Geschichte aus Gewissen ihr Recht wahr.

Dieser Artikel wurde *nicht* abgelehnt.

Er soll jetzt, nach dreiundvierzig Jahren Verfassungswirklichkeit, zerredet und gestrichen werden. Nach dem Wunsch von Demokraten, die Söhne und Töchter der Verfolger und mitunter auch der Verfolgten sind.

Ich hoffe, dass alle hier, die Geschichte denken und Geschichten erzählen, diesem ungeschichtlichen, uns demütigenden und tief beschämenden Vorsatz widersprechen.

Nein, Ihr Verdränger, Ihr Vergesslichen!

Nein, Ihr von den Erfolgen blank geriebenen Egoisten!

Nein!

Und Nein auch gegen die Jungen, die von Neuem in unserm Land Menschen verfolgen, Schwächere demütigen, Feuer legen.

Allerdings ein Nein, das Geschichte zusammenfasst, wiederum unsere. Wenn diese Jungen sich auf Hitler berufen, dann gegen unser Verdrängen, gegen unsere Betriebsamkeit und gegen die Lügen, die sie ausgehalten haben, um identisch mit sich zu sein.

Den furchtbaren Kindern von Rostock und Wismar[4] wurde weisgemacht, dass der Antifaschismus in der Gesellschaft Ost[5] ein Patentrezept sei, so wie der Kapitalismus im Westen ein Patent für Gedächtnisverlust! Die Kinder wuchsen reglementiert auf und fielen in eine Freiheit, die ihnen niemand erklärte, womöglich – und das ist ein Menetekel für uns – niemand erklären wollte und konnte. So suchten sie, die Schwachgewordenen, ihre Feinde unter den Schwächsten, fanden ihre Parolen genau dort, wo die Väter und Großväter geschwiegen hatten.

Deutsches Parlament von 1848. Frankfurter Paulskirche

Ich rufe uns auf, im Namen Jacob Grimms! Uns Freie auf einem freien Boden. Nicht, dass wir alles verschenken könnten und wollten, aber wir haben eine Menge zu vergeben! Und ein Stück unserer Würde zu verteidigen. Ich rufe uns auf, Menschen Zuflucht zu geben, die verfolgt werden von Folterern, von Ideologen, von Totschlägern, vom Hunger. „Politisch Verfolgte genießen Asylrecht."

Sollte dieser Artikel gestrichen oder durch eine faule Floskel ersetzt werden, verliert Deutschland, das mühselig, aber gewiss nicht unglücklich wieder zusammengekommen ist, den Grund einer Geschichte, die uns in der Tat einigen könnte.

Wir gäben denen nach, die entweder fett in sich selber ruhen oder die mordlustig darauf warten, uns von rechts wegzuräumen.

Nein! Ich bitte Sie, erinnern Sie sich. „Deutscher Boden duldet keine Knechtschaft. Fremde Unfreie, die auf ihm verweilen, macht er frei."

4 **Rostock und Wismar:** In diesen beiden, aber auch in anderen deutschen Städten war es zu rechtsradikalen Anschlägen gegen Migranten gekommen.

5 **„Antifaschismus ... Ost":** weltanschauliche Grundlage der ehemaligen DDR; Opposition und Widerstand gegen Faschismus/Nationalsozialismus

Wer, worüber, wo, wann? – Thema und Redesituation wiedergeben

1 Notieren Sie in einem möglichst prägnanten Satz, mit welchem Thema sich Härtling befasst. Worüber spricht er?

2 Prüfen Sie, welche der folgenden Fragen zur **Redesituation** Sie auf Härtlings Äußerungen beziehen können. Halten Sie Ihre Ergebnisse schriftlich fest.

Methode **Leitfragen zur Redeanalyse I – Redesituation**

Hinweis: Die Leitfragen können Sie für gedruckte Redetexte, aber auch zur Analyse von Redeaufzeichnungen (Fernsehen, CDs) verwenden. Die Liste deckt daher auch Aspekte ab, die für abgedruckte Reden nicht anwendbar sind.

- Gibt es einen besonderen Anlass für die Rede? Wie wird dieser aufgegriffen?
- Auf welches gesellschaftliche Umfeld trifft die Rede und wie wird dieses thematisiert?
- An welchem Ort wird die Rede gehalten? Welche Bedeutung hat dieser Ort für Redner/in und Zuhörer/innen? Wie stellt die Rednerin/der Redner sich auf die Lokalität ein?
- Wie ist die Raumsituation: Blickkontakt zwischen Redner/in und Publikum, symbolhaftes Raumarrangement (Fahnen), erhöhte Position der Rednerin/des Redners an einem Redepult etc.?
- Welche Art von Publikum hört und sieht zu (soziale Schichten, Bildungsniveau, weltanschaulich homogen oder gemischt, Fach- oder Laienpublikum)? Wie stellt die Rednerin/der Redner sich mit Inhalt und Sprachniveau auf dieses Publikum ein?
- Welche Übertragungsmedien sind einbezogen und welche Folgen hat das?

Die Problemstellung erfassen – Den Argumentationsaufbau darstellen

1 Klären Sie, welches Problem Härtling in seiner Rede anspricht. Wofür oder wogegen wendet er sich? Formulieren Sie die Problemstellung in einem Satz.

2 **a** Legen Sie im Text sechs bis zehn Schlüsselaussagen fest und geben Sie diese mit eigenen Worten wieder. Arbeiten Sie dabei besonders den gedanklichen Zusammenhang der Einzelaussagen heraus.
<u>Tipp:</u> Geben Sie Fremdpositionen mit dem Konjunktiv der indirekten Rede wieder (► S. 146 f.).
b Nutzen Sie einige der folgenden Leitfragen, um den Inhalt und den Argumentationsaufbau der Rede weiter zu analysieren. Beantworten Sie diese Fragen schriftlich und stellen Sie wiederum einen gedanklichen Zusammenhang zwischen den Aussagen her.

Methode **Leitfragen zur Redeanalyse II – Inhalt und Argumentationsaufbau**

- Auf welches Problem konzentriert sich die Rednerin/der Redner? (Problemstellung)
- Wie ist die Rede inhaltlich gegliedert?
- Welche Hauptaussagen enthält die Rede und in welchem gedanklichen Zusammenhang stehen diese?
- Mit welchen Argumenten und Beispielen (► S. 608) werden die Aussagen untermauert?
- Welche weltanschaulichen Positionen werden in der Rede vertreten?
- Von welchen anderen Positionen grenzt die Rednerin/der Redner sich ab?

Die Redeabsicht erkennen – Rhetorische Strategien der Beeinflussung darstellen

1 Öffentliche Reden verfolgen ein Ziel: In der Regel streben sie eine Beeinflussung des Publikums an. Erarbeiten Sie anhand der folgenden Leitfragen die Redeabsichten Härtlings und formulieren Sie in einem Satz, welche Absicht er Ihrer Meinung nach hauptsächlich verfolgt.

Methode **Leitfragen zur Redeanalyse III – Redeabsicht und Argumentationsweise**

- Welche Wirkung soll mit der Rede erzielt werden? Woran ist das zu erkennen?
- Wie stellt die Rednerin/der Redner sich selbst dar?
- Auf welche Vorbilder bzw. Autoritäten beruft sie/er sich?
- Werden in der Rede die eigenen Interessen und Ziele offengelegt?
- Will die Rednerin/der Redner eher
  - informieren oder belehren/aufrütteln/motivieren,
  - angreifen oder sich/andere verteidigen,
  - Gegensätze ausgleichen oder verschärfen, Brücken bauen oder polarisieren, vermitteln oder spalten, z.B. durch In- und Outgroup-Mechanismen (Information, ► S. 589 f.),
  - überzeugen (aufklären bzw. zum Nachdenken anregen) oder überreden (manipulieren),
  - diffamieren oder sachlich kritisieren,

  oder verfolgt sie/er noch andere Ziele?
- Bestätigt die Rede eine allgemein anerkannte Ansicht oder regt sie zu Auseinandersetzungen an?
- Wer sind die Adressaten von Kritik, Vorwürfen, Appellen, Forderungen etc.?
- Welche Argumenttypen (► S. 608) werden häufig verwendet? Wie hängt das mit der Redeintention (► S. 222) zusammen?
- Gibt es die in der folgenden Information dargestellten rhetorischen Strategien der Aufwertung, Abwertung, Dramatisierung oder Beschwichtigung?

Information **Strategien der Beeinflussung**

Strategien der Beeinflussung findet man außer in politischen Reden und Debatten insbesondere in der Alltagskommunikation. Die Verfahren können **auch in Mischformen** auftreten. Bis auf die Überzeugungsstrategie (persuasive Textsignale, ► S. 582 f.) handelt es sich meist um kämpferische Strategien der Beeinflussung. Bei diesen werden die eigentlichen Ziele meist nicht offengelegt.

Aufwertung

- eigennützige Ziele oder Gruppeninteressen als Ziele der Allgemeinheit ausgeben
- aus einem Einzelfall, der für die eigene Ansicht günstig ist, Verallgemeinerungen ableiten
- von einer Sache, die man vertritt, nur günstige Aspekte erwähnen und ungünstige verschweigen
- „neutrale" Unterstützer der eigenen Meinung benennen (Autoritätsargument, ► S. 608)
- der Wir-Gruppe Werte wie Freiheit, Gerechtigkeit oder Ehrlichkeit zuschreiben (z.B.: *„Wir halten unser Versprechen"*) und sie mit positiv besetzten Wörtern verbinden, z.B. *„Champion"*
- der Wir-Gruppe Einigkeit und Harmonie zuschreiben

- für sich und die eigene Gruppe positiv besetzte Begriffe verwenden:
  - aufwertende Adjektive und Nomen/Substantive, z. B.: *„zukunftsweisend“*
  - Verben, die Dynamik und Entschlusskraft ausdrücken, z. B.: *„Wir konnten durchsetzen, dass …“*
  - positive Metaphern und Vergleiche, z. B.: *„Nach unseren Maßnahmen ist … aufgeblüht.“*

Abwertung
- dem Gegner Fehler zuschreiben, auch wenn er nicht für diese verantwortlich ist, und damit seinen Ruf schädigen
- von der gegnerischen Sache nur ungünstige Aspekte hervorheben und positive unterschlagen
- aus einem Einzelfall, der für den Gegner ungünstig ist, Verallgemeinerungen ableiten
- die gegnerische Gruppe spalten, indem zwischen „guten“ und „schlechten“ Mitgliedern der gegnerischen Gruppe unterschieden wird
- Diskussionen und Meinungsverschiedenheiten in der gegnerischen Gruppe als Ergebnis oder Folge von „Zerstrittenheit“ und „Handlungsunfähigkeit“ darstellen
- eine Äußerung des Gegners verkürzt bis verzerrt zitieren, um ihn so in ein negatives Licht zu rücken
- dem Gegner manipulative Absichten unterstellen, z. B.: *„Diese Rattenfänger!“*
- dem Gegner Negatives wie „Unzuverlässigkeit“, „Unterdrückung“ oder „Ungerechtigkeit“ zuschreiben und ihm damit moralische Defizite attestieren
- für die gegnerische Gruppe abwertende Begriffe (v. a. Adjektive) verwenden:
  Metaphern, die eine bedrohliche Kulisse aufbauen, z. B. Krankheitsmetaphern *(„Was Sie vertreten, ist Wahnsinn!“)*, Suchtmetaphern *(„Reformrausch“)*, Brandmetaphern *(„Sie entfachen einen Streit, der …“)* oder Metaphern aus dem Bereich der Kindheit, um den Gegner als unreif und unverantwortlich zu charakterisieren *(„Sandkastenspiele“, „Wenn sie miteinander zanken, …“)*.

Dramatisierung
- Probleme übertreiben
- durch emotionalisierendes Vokabular in der Zuhörerschaft Ängste und Befürchtungen wecken
- Metaphern aus Bereichen einsetzen, in denen sich dramatische Schicksale abspielen, z. B. aus den Bereichen „Krieg“ (*„Front“*, *„Schlacht“*, *„Angriff“* usw.) oder „Unfall“ (*„Zusammenstoß“* etc.)

Beschwichtigung und Ablenkung
- problematische Sachverhalte durch Euphemismen (Beschönigungen, ► S. 197) und sonstige eher positiv wirkende Umschreibungen herunterspielen
- problematische Sachverhalte als „natürlich“ oder „unabwendbar“ darstellen
- mit Hilfe einer Gemeinschaftsideologie Interessenunterschiede verdecken, z. B.: *„Wir alle müssen doch diese Lasten tragen.“*
- problematische Sachverhalte tabuisieren, um sie aus der öffentlichen Diskussion herauszuhalten

Überzeugen
- die eigenen Ziele und Beurteilungsmaßstäbe offenlegen und auf dieser Basis zu Kritik und Selbstkritik ermuntern
- mit rationaler Argumentation (► S. 600, 601) Denkanstöße liefern
- Brücken zwischen verschiedenen Positionen bauen und sich um Konsens bemühen
- Appelle in mahnend-unterstützender Form vortragen

2 **a** Klären Sie, welche Strategien der Beeinflussung auf die Härtling-Rede (teilweise) zutreffen.
b Prüfen Sie auch, auf welche Strategien Härtling verzichtet. Benennen Sie mögliche Gründe.

3 Untersuchen und erläutern Sie einzelne Formulierungen der Rede und stellen Sie in einer Tabelle entsprechende Stichworte zusammen. Nutzen Sie bei Ihrer Arbeit auch die Informationen zu persuasiven Textsignalen auf S. 582 f.

Aspekte der Redeabsicht	*Zitat*	*Erläuterung*
…	*„ein Bündel von Verdrängungen, Feigheiten“ (Z. 5 f.)*	…

4 Formulieren Sie Ihre Ergebnisse schriftlich aus, indem Sie Redeabsicht und Strategien der Beeinflussung möglichst klar umschreiben und sie dann im Einzelnen nachweisen (Zitate und ihre Erläuterung, ► S. 140 f.).
Nutzen Sie das in den Methoden und der Information (► S. 588–591 und 589 f.) angelegte Beschreibungsvokabular.

Sprachliche Mittel benennen – Funktionen beschreiben

1 Wählen Sie aus den folgenden Leitfragen diejenigen aus, die Sie für die Analyse der Rede von Härtling für besonders geeignet halten. Nutzen Sie zur Vorbereitung Ihrer Analyse auch die Information zur politischen Lexik (► S. 592).

Methode — Leitfragen zur Redeanalyse IV – Sprachliche und rhetorische Mittel

- Sind die Gedankenverbindungen (z. B. mit Hilfe kausaler, konsekutiver oder finaler Konjunktionen, ► S. 593) eher ausdrücklich logisch oder eher assoziativ angelegt? Wie passt das zur Redestrategie?
- Welche Satzarten und welcher Satzbau überwiegen? Welche Funktion und Wirkung haben sie?
- Welche rhetorischen Figuren (► S. 196 ff.) finden sich in der Rede in welcher Funktion?
- Enthält die Rede Leitbegriffe der politischen Auseinandersetzung („Politische Lexik“, ► S. 592)?
- Aus welchen Bildspenderbereichen stammen Metaphern (► S. 47 u. 197) und sonstige Bilder? Wie erklärt sich die Auswahl?
- Enthält die Rede Anklänge an bestimmte Sprachschichten und Stile („Haus der Stile“, ► S. 610)?
- Welche anderen sprachlichen Besonderheiten fallen in der Rede auf?
- Wie wird die Rede vorgetragen? Spricht die Rednerin/der Redner eher flüssig oder stockend?
- Wie intensiv und wie angemessen werden Gestik und Mimik eingesetzt?
- Wie wird der Vortrag rhythmisiert? Werden Redetempo und Lautstärke je nach Teilaussage variiert oder sind sie eher gleichbleibend oder gar monoton?
- Werden Reaktionen des Publikums mit einbezogen oder wird darüber hinweggegangen?

Information **Politische Lexik**

Politische Reden enthalten meist bestimmte **persuasive,** auf Überzeugung oder Überredung (▶ S. 582 f.) zielende **Leitbegriffe,** die in den Diskussionen der Zeit, in welcher die Reden gehalten werden, eine besondere Rolle spielen. Sie werden oft schlagwortartig benutzt. Man unterscheidet:

- **Fahnenwörter:** Diese werden für die eigene weltanschauliche Gruppe, die Ingroup, verwendet. Es handelt sich um Begriffe, mit denen gesellschaftliche Gruppen und politische Parteien „Flagge zeigen", um ihre wesentlichen Standpunkte zu benennen und ihre Anhängerschaft zu mobilisieren.
- **Stigmawörter:** Sie werden für die gegnerische Gruppe, die Outgroup, verwendet. Zweck der Verwendung von Stigmawörtern oder „Unwertwörtern" ist, die weltanschaulichen Positionen der gegnerischen Gruppe in ein schlechtes Licht zu rücken.

Politische Auseinandersetzungen in der Öffentlichkeit können als ein Wechselspiel von Fahnen- und Stigmawörtern, als ein Kampf um Begriffe verstanden werden, z. B.: „Solidarität statt Ellenbogen", „Freiheit statt Sozialismus". Diese zur Bipolarität neigende Wortschatzstruktur der politischen Sprache führt immer wieder zu einer **Emotionalisierung der öffentlichen Meinung.** Die Schlagwörter dienen dazu, die Akzeptanz bestimmter politischer Ansichten zu fördern und andere zu diskreditieren.

2 Setzen Sie sich mit den von Ihnen ausgewählten Fragen auseinander und stellen Sie die Ergebnisse Ihrer Analysen stichwortartig zusammen.

3 **a** Prüfen Sie diese Ergebnisse: Ergibt sich aus ihnen ein rhetorisches Konzept, das zur Redeabsicht Härtlings passt?

b Stellen Sie das rhetorische Konzept Härtlings schriftlich dar und belegen Sie es durch detaillierte Ausführungen. Verwenden Sie dabei auch das Beschreibungsvokabular, das Sie in der Leitfragenliste (Methoden, ▶ S. 588–591) und der Information „Politische Lexik" (s. o.) vorfinden.

4 Resümieren Sie die Redestrategie und beurteilen Sie die Qualität der Rede.

Kritisch Stellung nehmen – Eine zentrale Aussage erörtern

1 Setzen Sie sich mit Härtlings These auseinander, dass Dokumente der deutschen Literatur- und Kulturgeschichte das moralische Gedächtnis des Landes besser repräsentieren als die politische Meinung vieler seiner Bewohner (▶ S. 585, Aufgabenstellung 2).

2 Schreiben Sie Aussagen aus dem Redetext heraus, die im Sinne der Aufgabenstellung zur Auseinandersetzung reizen.

3 **a** Überlegen Sie sich Fragen, die sich vor dem Hintergrund der Aufgabenstellung ergeben, z. B.:

- *Welche deutschen Literaten haben sich für Freiheits- und Menschenrechte eingesetzt?*
- *Welche ethisch-moralischen Leitlinien wurden von ihnen entwickelt und vertreten?*
- *In welchen geschichtlichen Phasen ist das Land hinter diese Leitlinien zurückgefallen?*
- *Können in Büchern festgehaltene Einsichten eigene Erfahrungen ersetzen?*
- *Welche Erfahrungen kann man überhaupt von Generation zu Generation weitergeben?*

b Notieren Sie stichwortartig mögliche Antworten zu den Fragen.

4 Verbinden Sie die Zitate aus dem Redetext, Ihre Fragenliste und Ihre Antworten zu einer kritischen Stellungnahme.

Tipp: Sie können dabei auch die Hinweise auf den S. 596–601 u. S. 605 nutzen.

Den Aufsatz überarbeiten – Aussagen verknüpfen

1 Prüfen Sie, ob Sie die gedankliche Kohärenz (den Zusammenhang) Ihrer Ausführungen sprachlich genügend unterstützt haben. Dazu dienen (satz)verknüpfende Adverbien, Konjunktionen und Redewendungen (▶ S. 601–602), die verschiedene logische Verknüpfungsfunktionen übernehmen:

a Markieren Sie Textstellen in Ihrem Aufsatz, an denen die Verknüpfung von Aussagen verbessert werden könnte.

b Setzen Sie besser passende Verknüpfungen ein. Für entsprechende Ergänzungs- oder Ersatzproben können Sie das folgende „Rad der Gelenkwörter" nutzen.

2 Berücksichtigen Sie für den zweiten Aufgabenteil die Information „Häufige Fehler in Erörterungsaufsätzen" (▶ S. 602), um Ihre Ausführungen zu überarbeiten.

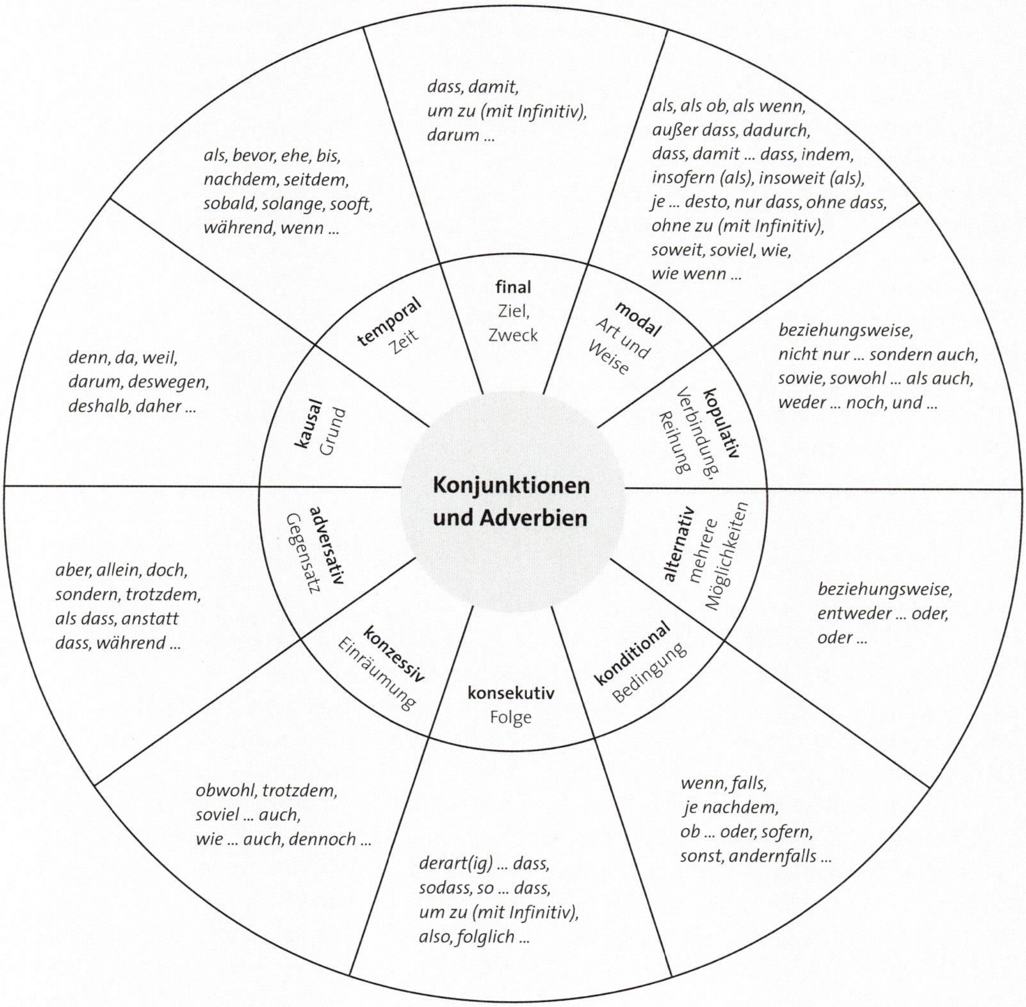

3 Erörterndes Schreiben

Information **Schriftliche Formen der Erörterung**

Eine Erörterung ist eine Textform, die der Meinungsbildung und Entscheidungsfindung dient. Erörtert werden strittige Wertungsfragen oder noch nicht hinreichend geklärte Sachfragen. Sowohl für Alltagsdiskussionen als auch für die wissenschaftliche und journalistische Arbeit ist die mündliche und schriftliche Erörterung von grundlegender Bedeutung. Im schulischen Unterricht wird zwischen drei schriftlichen Formen unterschieden:

- Die **textgebundene Erörterung** stellt dar, auf welche Weise ein Text ein Problem aufwirft und erschließt. Erfasst werden sollen die zentrale Problemstellung des Textes, der gedankliche Zusammenhang der Thesen, Argumente, Erläuterungen und Beispiele, außerdem die Strukturierung des Textes und seine sprachlich-rhetorische Gestaltung (Argumentationsstruktur). Geklärt wird also, mit welchen Positionen eine Autorin/ein Autor in einen Meinungsstreit eingreift und welche Mittel sie/er dabei nutzt. An die Analyse der Textvorlage schließt sich in der Regel eine zweite Aufgabe an, in der Sie aufgefordert werden, auf der Grundlage eigener Kenntnisse (z.B. aus dem Unterricht) zu einer aus dem Text abgeleiteten Problemstellung eine eigene Stellungnahme zu entwickeln. Diese soll bestimmten Argumentationsstandards entsprechen.
- Die **literarische Erörterung** befasst sich speziell mit einer Problemstellung der Literatur bzw. der Literaturwissenschaft. Textgebunden oder ohne Textgrundlage werden z.B. literaturgeschichtliche oder gattungstheoretische Fragen erörtert oder Fragen der literarischen Wertung aufgeworfen.
- In einer **freien Erörterung,** auch **Problemerörterung** genannt, tragen Sie ohne eine Textvorlage Positionen und Gegenpositionen zu einem in der Aufgabenstellung genannten Problem selbstständig in geordneter Form vor, gewichten die aufgeführten Argumente und gelangen schließlich zu einem wertenden Fazit.

3.1 Die textgebundene Erörterung – Über Büchners „Dantons Tod“

In diesem Kapitel erwerben Sie folgende Kenntnisse und Kompetenzen:

- Aufgabenstellungen verstehen und für die Arbeitsplanung nutzen,
- Methoden der Texterschließung überblicken und gezielt einsetzen,
- unter Verwendung des Konjunktivs der indirekten Rede eine Textwiedergabe anfertigen,
- den Aufbau einer Argumentation mit These, Argument, Beispiel, Beleg und Erläuterung analysieren, dabei Grundtypen der kritischen Texterörterung erkennen und selbst anwenden,
- einen Schreibplan für eine Erörterung entwickeln und Formulierungsmöglichkeiten nutzen,
- eine Erörterung gezielt überarbeiten.

Aufgabenstellung

1. Geben Sie den Gedankengang Karl Viëtors knapp wieder und analysieren Sie seine Argumentation. (Gewichtung: 1/3)
2. Setzen Sie sich vor dem Hintergrund Ihrer Kenntnisse des Epochenumbruchs 18./19. Jahrhundert mit Viëtors Verständnis des Dramas „Dantons Tod“ auseinander. (Gewichtung: 2/3)

Karl Viëtor: **Das Leiden am Leben. Anmerkungen zu „Dantons Tod" von Georg Büchner** (1934)

In seinem historischen Drama „Dantons Tod" (1835) lässt Georg Büchner verschiedene ideologische Strömungen der Französischen Revolution aufeinanderprallen, repräsentiert durch die beiden führenden Köpfe Danton und Robespierre. Das Theaterstück behandelt die Hoffnungen und Wünsche zentraler Figuren der Revolution, aber auch der „Männer und Weiber aus dem Volk". Neben der geschichtsverändernden Dynamik werden auch persönliche Verstrickungen Einzelner und das moralische Scheitern der Revolution deutlich. Dargestellt wird der blutige Höhepunkt der Revolution mit seinen Massenhinrichtungen. Während Danton Mäßigung wünscht, dringt Robespierre auf eine radikale Vernichtung aller Feinde der Revolution, der schließlich – auf Betreiben Robespierres – auch Danton zum Opfer fällt. Deutlich wird in dem Drama, dass politische Leitfiguren der Revolution, die zunächst als Lenker der Geschichte erscheinen, sich bald der Eigendynamik der Ereignisse ausgeliefert sehen und nicht mehr Herr ihrer Entscheidungen sind.

[...] Auf ein politisches Drama ging Büchners Wille wohl ursprünglich. Ein Stück der großen Revolution wurde den Zeitgenossen einer Epoche vorgestellt, in der unter dem Druck der reaktionären Diktatur das deutsche Bürgertum zum ersten Mal revolutionäre Kraft entwickelte. Büchner studiert die Geschichte der Französischen Revolution, die er schon kennt. Diesmal liest er mit andern Augen. Er ist eben dabei, zum ersten Mal nach seinen politischen Grundsätzen zu handeln, vom Grundsatz zur Tat überzugehen; ist dabei, eine Verschwörung, einen Klub für revolutionäre Propaganda zu organisieren. Das Unternehmen missglückt, es missglückt politisch und moralisch. Bauern antworten auf den Anruf des „Hessischen Landboten" so, dass man sieht, er geht sie gar nichts an. Es sieht so aus, als wenn das Schicksal so vieler junger Deutscher der damaligen Zeit, die in die Maschinerie des reaktionären Inquisitionsverfahrens geraten, auch Büchner bevorstünde. In diesen Wochen der tiefen politischen Ernüchterung, des Lebens in Angst und Aufregung von einem Tag zum andern, gibt er der Erfahrung Form und Leben, die ihm das Studium des größten revolutionären Beispiels, das die abendländische Geschichte kennt, vermittelt hatte. Aber das war keine politische Erfahrung, keine politische Wahrheit. Es war eine religiöse Wahrheit – eine, die sich auf die letzten, ewigen Fragen der Menschheit bezog. „Dantons Tod" ist ein Drama mit einem politischen Stoff; aber die Wahrheit, die es verkündet, ist von der Art, dass durch sie der Wille zum politischen Handeln gelähmt werden muss. Es ist das erste dichterische Werk eines jungen Rebellen, der auszog, um aus dem Studium der Geschichte sich Einsicht, Kraft und Begeisterung für die revolutionäre Tat zu holen und der eine Erkenntnis fand, vor der alles Handeln sinnlos erscheint. Dass es so kam, ist sehr deutsch. Wo ist in diesem Drama ein politisches Programm? Es gibt keines. Es gibt nur Geschichte und eine religiöse Wahrheit aus der Geschichte. „Dantons Tod" ist die Tragödie des großen Politikers, der in dem Augenblick vernichtet wird, wo er aus dem Rausch der radikalen Aktion zurückfindet zu staatsmännischer Besonnenheit und erneuernder Kraft. Dem äußeren Bild nach wird er durch den Gang der Dinge vernichtet. Aber in Wahrheit kann das nur geschehen, weil er von innen her gelähmt ist und nicht mehr kämpft. Im Augenblick, wo Danton alle Kraft brauchen würde, um die Revolution zu beenden, die Reorganisation zu beginnen – in dieser entscheidenden Stunde versagt sich sein Wille den Befehlen seines politischen Denkens. Denn sein Wille ist gelähmt durch das neue pessimistische Wissen von der allgemeinen Beschaffenheit des Lebens. Wem es geschehen ist, dass die unlösbare Gebrechlichkeit des Seins, die unaufhebbare Natur und Schicksalsgebundenheit des Menschen sich ihm unter den Erfahrungen des revolutionären Handelns offenbart hat, dem muss mit dem politischen Glauben der Wille vergehen.

[...] „Die Tragödie ist die Darstellung der völligen Verzweiflung am Sinn des Lebens bei der leidenschaftlichsten Lebensbejahung, durch

Betonung der Freiheit des Menschen“ (Paul Ernst). Alles Leben leidet an sich selbst, an seiner Unvollkommenheit. Leid, Schmerz, Tod sind die Herren des Lebens. Ein Ding, das so geartet ist, hat keinen guten Sinn – keinen, zu dem Geist und Gefühl in uns Ja sagen könnten. Bis zu diesem Wissen und dieser Entscheidung ist Büchner vorgedrungen.

Arbeitsvorbereitung – Die Aufgabenstellung verstehen

1 Geben Sie die Schlüsselbegriffe in der Aufgabenstellung auf S. 594 an.

2 Die Aufgabenstellung enthält zwei verschiedene Anforderungen: Zum einen soll der Text analysiert und erschlossen werden (Aufgabe 1), zum anderen soll eine Auseinandersetzung mit Viëtors Auffassung erfolgen. Wählen Sie für Ihre Weiterarbeit zu der jeweiligen Anforderung eine der folgenden Methoden aus (▸ Typische Aufgabenstellungen verstehen).

Methode: Typische Aufgabenstellungen verstehen (▸ S. 568, 575)

Anforderung der Aufgabe	Methoden der Erarbeitung
■ **Erschließung und Gewichtung:** in Texten Grundaussagen ermitteln und dabei Wichtiges von weniger Wichtigem unterscheiden	■ **Schlüsselwörter:** Sie heben im Text Wörter hervor, die Ihres Erachtens die gedanklichen Schwerpunkte der Gesamtaussage enthalten (in der Regel Nomen/Substantive). ■ **Leitfragen:** Sie unterteilen den Text in Sinnabschnitte und formulieren für jeden Abschnitt eine Frage, die für die Autorin/den Autor beim Schreiben dieses Textabschnitts leitend gewesen sein könnte. ■ **Abschnittüberschriften/Marginalien:** Sie unterteilen den Text in Sinnabschnitte und formulieren zu jedem Abschnitt eine Teilüberschrift bzw. eine Randbemerkung. ■ **Herausgestellte Zitate:** Sie halten möglichst knapp die aussagekräftigsten Formulierungen fest und stellen diese als Zitate in einer Übersicht zusammen.
■ **Begründung und Urteil:** sich nach Abwägung von Argumenten für oder gegen etwas entscheiden	■ **Argumentationsbausteine:** Sie bereiten eine Argumentation vor, indem Sie entsprechende Notizen hierarchisch anordnen (Argumentation: Muster I). ■ **Argumentationszirkel:** Sie notieren Stichworte in einer zirkulären Ordnung (Argumentation: Muster II, ▸ S. 597).

Methode: Argumentationsbausteine und Argumentationszirkel

Muster I: Argumentationsbausteine

These (Behauptung, Werturteil, Empfehlung bzw. Forderung) z. B.: *„‚Dantons Tod‘ ist die große Tragödie des großen Politikers“ (vgl. Z. 44–45).* →	**Argumente** (Begründungen für eine These in Form von Fakten, Grundsätzen) z. B.: *„... denn sein Wille ist gelähmt.“* →	**Beispiele** veranschaulichende Fälle oder **Belege** z. B. Zitate aus Text → oder **Erläuterungen** verdeutlichende Zusätze	z. B.: *„Im Augenblick, wo Danton alle Kraft brauchen würde, ... versagt sich sein Wille ...“ (Z. 53–56)*

Muster II: Argumentationszirkel

These
„,Dantons Tod' ist die große Tragödie des großen Politikers" (Z. 44–45).

Begründung
„Denn sein Wille ist gelähmt ..." (Z. 57 f.).

Beleg
„Im Augenblick, wo Danton alle Kraft brauchen würde, ... versagt sich sein Wille ..." (Z. 53–56).

Beispiel
Danton weigert sich, sich durch Flucht zu retten.

Folgerung/Ergebnis
Danton ist politisch nicht mehr handlungsfähig.

Von der zentralen These ausgehen – Aussagen wiedergeben

1 Legen Sie die wichtigste These Viëtors fest.

2 **a** Prüfen Sie, inwieweit der Autor seine These ausführt. Unterteilen Sie dazu den Text in Sinnabschnitte (nur in eigenen Büchern mit Querstrichen).

b Nutzen Sie eine Erarbeitungsmethode aus der Tabelle S. 596, um den gedanklichen Zusammenhang des Textes herauszuarbeiten.

3 Geben Sie schriftlich den gedanklichen Zusammenhang mit eigenen Worten wieder, indem Sie eine **Paraphrase** (► Information) anfertigen. Verwenden Sie den Konjunktiv der indirekten Rede (► S. 146 f.).

Information Mit eigenen Worten wiedergeben – Die Paraphrase

Die Paraphrase ist die **Umschreibung einer Textaussage mit eigenen Worten.** Anders als beim Zitat, das einen Text wörtlich wiedergibt, löst sich die Paraphrase von der Wörtlichkeit des Textes; dennoch versucht sie, die Aussage des Ausgangstextes so genau wie möglich zu treffen. In einer Paraphrase wird erkennbar, inwieweit eine Textaussage genau verstanden worden ist. Positionen des Ausgangstextes werden in indirekter Rede oder mit entsprechenden sprachlichen Signalen wiedergegeben, z. B.: *Der Autor fordert ...; Er begründet dies mit ...; Er unterstreicht die Aussage durch ...; Mit Beispielen wie ... untermauert er seine These zur ...; Seiner Auffassung nach ist ...*

Tipp: Ein Beispiel finden Sie auf S. 584 f., Formulierungsbausteine „Wiedergabe von Sachtexten".

Die Argumentationsstruktur untersuchen – Die sprachliche Gestaltung berücksichtigen

1 Untersuchen Sie mit Hilfe des Argumentationsbausteins und -zirkels (► S. 596), wie Viëtor seine Argumentation aufbaut:

a Notieren Sie, inwieweit er Thesen, Argumente, Beispiele, Belege und Zitate verwendet.

b Untersuchen Sie auch, auf welche Argumenttypen (► S. 608) er zurückgreift, und erläutern Sie deren Funktion.

2 Beurteilen Sie die Argumentationsweise insgesamt.

Methode **Argumentationsanalyse durch prüfenden Einsatz von Verben in den Originaltext**

Zur Unterscheidung von Thesen, Argumenten und Beispielen, Belegen bzw. Erläuterungen ist es sinnvoll, entsprechende Verben des Denkens, Sagens und Meinens, die der Autor nicht selbst verwendet hat, nachträglich in den Originaltext einzusetzen und zu prüfen, ob sie passen. Auf diese Weise kann man leichter erkennen, ob der Autor gerade etwas behauptet, ob er argumentiert, etwas erläutert etc., z.B.: *Ich stelle fest/Ich behaupte/Ich fordere/Ich denke/Ich begründe das damit, dass ... Ich gebe dazu folgendes Beispiel/Ich zitiere dazu/Ich behaupte, dass ... „Dantons Tod" die große Tragödie des großen Politikers ist (vgl. Z. 44–45).*

3 Neben der Argumentationsstruktur spielt für die Wirkung auch die Art und Weise, wie etwas gesagt oder dargestellt wird, eine große Rolle: Benennen Sie sprachliche Besonderheiten des Textes.

4 Fassen Sie Ihre Ergebnisse zu Textaufbau und Sprache schriftlich zusammen. Nutzen Sie dazu die folgenden Formulierungsbausteine. Wählen Sie die für Sie passenden Formulierungen aus.

Formulierungsbausteine: Struktur und Sprache einer Argumentation beschreiben

- *Seine Position entwickelt der Autor Schritt für Schritt/teilt der Autor einleitend sofort mit.*
- *Gegenpositionen werden ausführlich/gar nicht/(nur) in Ansätzen vorgestellt/referiert/zur Sprache gebracht/mitgeteilt.*
- *Die Argumentation erscheint nicht eindeutig zu sein/von vornherein klar/zielgerichtet.*
- *Der Text enthält/umfasst hauptsächlich/viele/kaum thetische Aussagen/behauptende Sätze.*
- *Insgesamt verfügt der Text über eine geringe/hohe/auffällige Argumentdichte.*
- *Aufschlussreich ist, welche Argumenttypen vorzugsweise gewählt wurden: Mit einer Reihe von Autoritätsargumenten wird der Zweck verfolgt, ...*
- *Die Argumente sind so angeordnet, dass ...*
- *Plausibilität versucht der Autor insbesondere auch mit Hilfe von Beispielen/Belegen herzustellen.*
- *Verifizierbare Tatsachenaussagen kommen in dem Text gar nicht/kaum/häufig vor.*
- *Sprachlich ist der Text anspruchsvoll/allgemein verständlich/betont schlicht gehalten.*
- *Der Autor nutzt sprachliche Besonderheiten wie Redensarten und Sprichwörter, um ...*
- *Häufig wird auf rhetorische Figuren wie ... zurückgegriffen, was ... verstärkt/wirkt.*
- *Auffällig ist die Verwendung von Begriffen aus dem Wortfeld ..., was ... unterstreicht.*
- *Die Gedanken werden in Form umfangreicher Hypotaxen entwickelt. Das bewirkt ...*

Eine Erörterung vorbereiten – Grundtypen der Texterörterung

1 Aktivieren Sie – sofern Sie sich mit „Dantons Tod" beschäftigt haben – Ihr Vorwissen zum Stück und seinem Autor sowie zur Epoche des Vormärz (► S. 337 ff., 349 f.). Stellen Sie Ihre Kenntnisse in einer Mindmap zusammen.

2 Erörterungen kann man u.a. dadurch vorbereiten, dass man die Aussagen eines Sachtextautors mit einer anderen Sichtweise konfrontiert. Prüfen Sie die folgende Sichtweise auf Georg Büchner, die der marxistische Literaturkritiker Georg Lukács verfasst hat und die sich bewusst von der Darstellung Viëtors abhebt. Stellen Sie in einer Tabelle das unterschiedliche Verständnis Viëtors und Lukács' heraus (► S. 599).

Sichtweise I: Viëtor	Sichtweise II: Lukács
– Büchner als enttäuschter Revolutionär	– Büchner als Revolutionär
– …	– …

Georg Lukács: Der faschistisch verfälschte und der wirkliche Georg Büchner (1937)

Georg Lukács geht davon aus, dass Karl Viëtor „faschistische" Tendenzen unterstützt, die den „revolutionären Dichter" Büchner zum Vorläufer der nationalsozialistischen Bewegung erklären wollten. Dazu schreibt er:

Nach der Niederlage seiner Revolutionsversuche entsteht Büchners „Danton", und zwar in der Interpretation der genannten Faschisten, als Ausdruck seiner Enttäuschung. Beide nennen Büchner deshalb groß, weil er die *Enttäuschung an der Revolution* gestaltet hat.
So nennt Viëtor seine Studie „Die Tragödie des heldischen Pessimismus". Er sagt von Danton: „,... ein von der großen Enttäuschung Überwältigter, der nicht handeln *will*. Nicht *mehr* handeln will – darauf kommt es an ... Das Drama beginnt in dem Augenblick, da Dantons revolutionärer Glaube durch die Erkenntnis von der hoffnungslosen Unfreiheit des Menschen und der Unerlösbarkeit des Lebens gebrochen ist." [...] Die Enttäuschung an der Revolution, die daraus entstehende Verzweiflung ist also für Viëtor der wirkliche Baustein zum Positiven, zur „staatsmännischen Besonnenheit". [...]
Nach Büchners Konzeption steht und fällt aber die Revolution damit, ob sich die Massen der Armen gegen die Reichen erheben werden. [...] *Vor* seiner revolutionären Tätigkeit schreibt Büchner an seine Familie: „Ich werde zwar immer meinen Grundsätzen gemäß handeln, habe aber in neuerer Zeit gelernt, dass nur das notwendige Bedürfnis der *großen Masse* Umänderungen herbeiführen kann, dass alles Bewegen und Schreien der Einzelnen vergebliches Torenwerk ist." Und *nach* seiner Flucht, also zur Zeit seiner „Enttäuschung", schreibt er an Gutzkow: „Die ganze Revolution hat sich schon in Liberale und Absolutisten geteilt und muss von der ungebildeten und armen Klasse aufgefressen werden; *das Verhältnis zwischen Armen und Reichen* ist das einzige revolutionäre Element in der Welt: der Hunger allein kann die Freiheitsgöttin ... werden." Es gibt wenige Beispiele in der Geschichte, dass ein junger Revolutionär zwischen seinem zwanzigsten und vierundzwanzigsten Lebensjahr seine politische Linie so begonnen und so konsequent durchgehalten hätte.

3 **a** Lesen Sie den Text von Viëtor noch einmal kritisch. Notieren Sie dann stichpunktartig:
- mögliche Gegenpositionen zu Viëtor, z. B. mit Hilfe der Aussagen von Lukács,
- Lukács' bestätigende Zusatzargumente und
- gedankliche Erweiterungen.

b Wählen Sie mit Hilfe der folgenden Übersicht einen Grundtyp für Ihre Texterörterung aus.

Information **Grundtypen kritischer Texterörterung**

In einer Erörterung können Sie mit einem vorgelegten Text auf unterschiedliche Weise umgehen, um einen eigenständigen Gedankengang zu entwickeln. Am anspruchsvollsten sind ein begründeter Widerspruch (Grundtyp I) und eine weiterführende Problematisierung (Grundtyp IV).

Grundtyp I: Begründeter Widerspruch/kritische Distanzierung

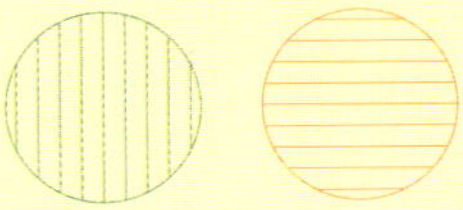

Stimmen Sie mit zentralen Aussagen eines Textes nicht überein, sollte es Ihr Ziel sein, die Argumentation zu entkräften und eine Gegenargumentation aufzubauen. Das kann wie folgt gelingen:

- Sie ziehen die Stichhaltigkeit einer These im Text durch **Gegenargumente** und/oder **Gegenbeispiele** in Zweifel. Dazu können Sie z. B. die Ihnen bekannte **Gegenpositionen** anderer Autoren referieren oder eigene **Gegenerfahrungen** anführen.
- Weniger weitreichend ist das Verfahren, Thesen im Text teilweise gelten zu lassen, indem Sie deren **Geltungsbereich eingrenzen** und so die Position differenzieren („Sowohl-als-auch-Methode").
- Sie setzen sich kritisch mit dem **Begründungsverfahren** auseinander, indem Sie z. B. den behaupteten Zusammenhang zwischen einer These und einem zugehörigen Argument oder Beispiel darstellen und in Zweifel ziehen. Sie können z. B. den logischen Schritt von einem Einzelfall oder einzelnen Argumenten zu einer These mit allgemeinem Anspruch als nicht zureichend problematisieren.
- Sie können **Prämissen** der Autorin/des Autors (also weltanschauliche Prägungen, eine wissenschaftliche Denkschule oder persönliche Interessenlage) offenlegen und so die im Text vertretene Position kritisch einordnen.

Grundtyp II: Teilweise Übereinstimmung

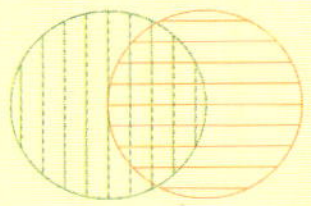

Dieses Verfahren stellt eine Mischung der Grundtypen I und III dar. Es eignet sich dann, wenn Sie mit einigen der im Text vertretenen Positionen übereinstimmen, mit anderen aber nicht.

Grundtyp III: Begründete Zustimmung

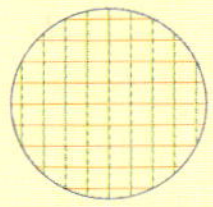

Falls Sie keine stichhaltigen Gegenargumente zu der im Text vertretenen Position finden, können Sie den darin dargestellten Gedankengang argumentativ erweitern. Das kann wie folgt gelingen:

- Sie unterstützen die Positionen mit **weiteren Argumenten** und **eigenen (Erfahrungs-)Beispielen.**
- Sie benennen mögliche **Gegenpositionen** und **entkräften** diese mit Argumenten und Beispielen.
- Sie weisen die Folgerichtigkeit der im Text vertretenen Position durch eine **persönliche Rekonstruktion der Hauptgedanken** nach.

Grundtyp IV: Weiterführende Problematisierung

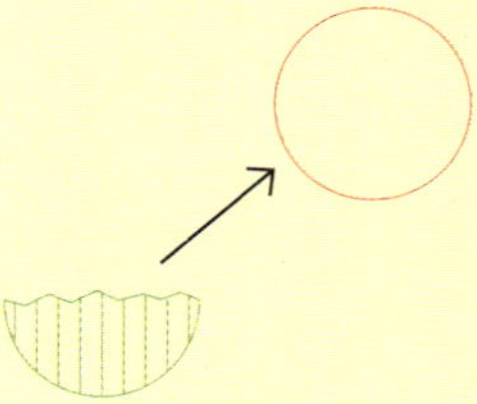

Oft sollen Sie eine Textaussage erörtern, die in ein Ihnen gut bekanntes Sachgebiet fällt. In diesem Fall können Sie die im Text vertretene Position in einen größeren gedanklichen Zusammenhang einordnen, indem Sie Fragen, die der Text aufwirft, auf eine neue Ebene heben und so den Blick weiten. Dieses Verfahren setzt einen souveränen Umgang mit einem Thema voraus. Das kann wie folgt gelingen:

- Sie sehen den Text als einen Beitrag zu einer **vertiefenden Problemstellung.** Sie umreißen dieses Problemfeld und machen deutlich, was der Text evtl. zu Klärung beitragen kann.
- Zu der im Text aufgeworfenen Problemstellung bringen Sie **zusätzliche Problemdimensionen** zur Sprache, die im Text nicht formuliert sind. Schweifen Sie jedoch nicht vom Thema des Textes ab.
- Sie stellen **nicht mitgedachte Konsequenzen** der im Text vertretenen Position dar.

Den erörternden Teil strukturieren – Einen Schreibplan entwickeln

1 Nachdem Sie den zu Ihrer Position passenden Grundtyp für Ihre Erörterung festgelegt haben, gilt es, sich im Hinblick auf die Lösung der zweiten Aufgabenstellung zu entscheiden, wie Sie Ihren Erörterungsaufsatz insgesamt strukturieren wollen. Wählen Sie dazu ein Aufbauschema aus:

Methode **Strukturierung einer Erörterung – Steigernder und dialektischer Aufbau**

Modell I: Steigernder (linearer) Aufbau (► S. 85)

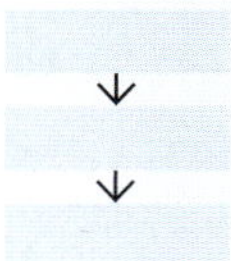

Sie reihen die Argumente für Ihre Position aneinander, sodass sich eine Steigerung ergibt, d. h., das stichhaltigste Argument steht am Ende Ihrer Argumentationskette, bevor Sie ein Fazit ziehen.

Modell II: Dialektischer Pro-und-Kontra-Aufbau in Blöcken („Sanduhr-Prinzip", ► S. 86 ff.)

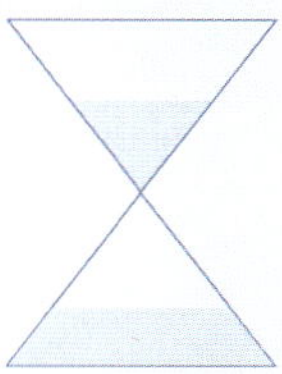

Bei diesem Modell werden zwei sich widersprechende Positionen systematisch aufgearbeitet und einander gegenübergestellt: Zuerst führen Sie Argumente, Beispiele etc. auf, die Ihrer eigenen Position widersprechen. Es folgen Argumente etc., die die Gegenposition entkräften und die eigene Position bestärken. Auch hierbei sollte das in Ihrem Sinne stärkste Argument am Schluss Ihrer Argumentation stehen. Gegenüber Modell III ist es übersichtlicher, kann jedoch weniger lebendig wirken.

Mögliche Formulierungsbausteine:

▪ *Ich vertrete die Ansicht, dass ...*	These
▪ *Zwar ..., aber ...*	Gegenargument
▪ *Ich gebe aber zu bedenken, dass ...*	Entkräftung des Gegenarguments
▪ *Ich berufe mich hier auf den Wissenschaftler ...*	Autoritätsargument
▪ *Im Übrigen gibt es keinen Zweifel daran, dass ...*	Faktenargument
▪ *Hinzu kommt, dass ...; Erinnert sei auch an ...*	Beispiele/Belege
▪ *Am wichtigsten ist sicherlich das Argument, dass ...*	Schlussargument
▪ *Alles in allem kann man sagen, dass ...*	Fazit/Bestätigung der These

Modell III: Fortlaufender antithetischer Pro-und-Kontra-Aufbau („Pingpong-Prinzip")

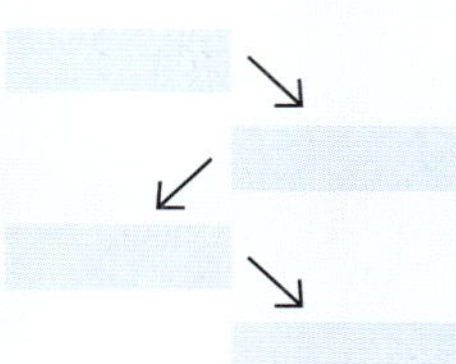

Bei diesem Modell führen Sie die Argumente, Beispiele etc. gegen und für Ihre Position in laufendem Wechsel auf, wobei die Gegenpositionen sofort entkräftet werden. Auch hier steht das für Sie stichhaltigste Argument, das die eigene Position stützt, am Schluss. Dieses Verfahren kommt der Alltagskommunikation mit ihrer Abfolge von Rede und Gegenrede nahe und wirkt daher in der Regel besonders lebendig. Es ist jedoch oft schwierig, passende gedankliche Übergänge zu finden.

Mögliche Formulierungsbausteine:

▪ *Ich bin der Überzeugung, dass ...*	These
▪ *Unumstritten ist eine solche Position nicht: ...*	Gegenargument

Allerdings muss man auch hier fragen, ...	Entkräftung
Ich stütze mich hier auf die Tatsache, dass ...	Faktenargument
Eingewendet werden könnte auch, dass ...	weiteres Gegenargument
Dem steht jedoch gegenüber ...	Entkräftung
Allerdings sollte auch bedacht werden, dass ...	Gegenbeispiel/Gegenbeleg
Dennoch findet sich der Umstand, dass ...	Beispiel zur Entkräftung
Bleibt noch der Einwand, dass ...	letztes Gegenargument
Dem lässt sich entgegenhalten, dass ...	Entkräftung
Vergleicht man beide Aspekte, so ...	Gewichtung
Abschließend komme ich zu dem Ergebnis, dass ...	Fazit

2 Verfassen Sie eine schriftliche Erörterung nach dem von Ihnen gewählten Aufbauschema, indem Sie:
a noch einmal die zu erörternde Fragestellung umreißen,
b dann mit Hilfe der Formulierungsbausteine (Methode) die eigene Argumentation aufbauen und
c abschließend Pro und Kontra abwägen und ein Fazit ziehen.

Eine Erörterung überarbeiten – Häufige Fehler, Arbeitsplan

1 Überprüfen Sie die Qualität Ihres Aufsatzes anhand der folgenden Fehlerliste:

Information Häufige Fehler in Erörterungsaufsätzen

- **sachliche Fehler:** Im Aufsatz werden z. B. Aussagen oder Fakten falsch wiedergegeben.
- **zu wenig analytische Substanz:** Ihr Aufsatz stellt mehr oder weniger eine Paraphrase des vorgelegten Textes dar und führt weitgehend keine eigene gedankliche Anstrengung vor.
- **mangelnde Stringenz:** Die Gedankenführung im Aufsatz ist sprunghaft.
- **mangelnde Kohärenz:** Ihre Aussagen sind sprachlich kaum miteinander verknüpft.
- **Redundanz:** Aussagen werden im Aufsatz in unnötiger Weise wiederholt.
- **mangelnde Prägnanz:** Ihr Aufsatz enthält Ungenauigkeiten im Ausdruck.
- **unangemessener Stil:** Sie schreiben im Stil der gesprochenen Sprache oder verwenden eine andere nicht angemessene Stilebene (► S. 610).

2 Stellen Sie abschließend fest, ob Sie alle notwendigen Arbeitsschritte in der richtigen Reihenfolge vollzogen haben. Nutzen Sie dazu die folgende Übersicht:

Methode Arbeitsplan – Textgebundene Erörterung

Arbeitsschritte	Besondere Anforderungen
Vorbereiten	
1. Phase: Klärung der Aufgabenstellung	
■ die thematischen Schwerpunkte der gestellten Aufgaben nachvollziehen	■ mit einer ersten stichwortartigen Schreibplanung Vorsorge treffen, dass vom Thema

- die mit den Operatoren (z.B. „analysieren", „beurteilen", „erörtern") verbundenen Anforderungen erfassen und abgrenzen
- die evtl. genannte Aufgabengewichtung (z.B. 1/3 für Aufgabe 1 und 2/3 für Aufgabe 2) berücksichtigen und die Arbeit daran ausrichten

nicht abgewichen wird und dass die Aufgabenteile entsprechend gewichtet werden

- durch eine genaue Beachtung der angegebenen Operatoren verhindern, dass gar nicht verlangte Arbeitsschwerpunkte gesetzt werden, die auch bei der Benotung unberücksichtigt bleiben

2. Phase: Gedankliche Erschließung des vorgelegten Textes

- gemäß Titel, Textsorte und Autor/in Vorwissen zu Text und Thema aktivieren
- den Text mehrmals aktiv lesen; Thesen und Argumente mit verschiedenen Farben markieren; am Rand möglichst viele Notizen machen, z.B. zu Argumenttypen
- durch intensives Lesen erste Analyseergebnisse prüfen und durch Zitatmarkierung absichern
- Notizen zur kritischen Auseinandersetzung mit dem Text machen
- evtl. die Überschrift nutzen, um das Thema abzustecken
- sich kurz eigene Gedanken zum Thema machen
- den Text distanziert und intensiv im Hinblick auf die Aufgabenstellung lesen
- überblicken, wie das Thema entfaltet wird: Welche Aspekte werden hervorgehoben, welche eher am Rande behandelt oder ausgeklammert?
- bei der Textlektüre zwischen wichtigen und weniger wichtigen Aussagen unterscheiden
- sich schnell eine gedankliche Übersicht über die Kernaussagen verschaffen (z.B. durch Klärung zentraler Begriffe des Textes)
- dem gedanklichen Zusammenhang zwischen zentralen Aussagen nachspüren
- Aussageabsichten und Leseransprache ermitteln

3. Phase: Gedankliche Vorbereitung der Erörterung

- mit geeigneten Verfahren (z.B. einer Mindmap oder einer Tabelle) Gesichtspunkte zur Lösung der Aufgabe übersichtlich zusammenstellen
- Vorwissen aus Unterricht und Alltag vergegenwärtigen (z.B. in Stichwortlisten)
- einen Grundtyp der Erörterung festlegen (z.B. begründete Zustimmung, Ablehnung oder weiterführende Problematisierung) und das Material entsprechend gliedern
- Schreibplan/Gliederung festlegen
- das Vorwissen nicht in voller Breite abrufen, sondern aufgabenspezifisch auswählen, um die Aufgabenstellung nicht zu verfehlen
- Vorwissen und Textaussagen miteinander konfrontieren, um weiterführende Reflexionen für die eigene Erörterung anzustoßen
- die Vorbereitungen noch einmal gründlich prüfen, bevor der Aufsatz begonnen wird
- das gesamte Material zur Orientierung für den folgenden Schreibprozess sinnvoll gliedern

Schreiben

4. Phase: Einleitung des Aufsatzes

- im Einleitungssatz Autor/in, Titel, Textsorte, Thema und evtl. das Erscheinungsjahr angeben
- kurz in die Problemstellung einführen (z.B. mit einer Reihe von Fragen, der Definition eines zentralen Begriffs aus dem Text, einem interessanten Zitat oder durch Anbindung an eine aktuelle Diskussion/an ein aktuelles Ereignis)
- das Thema weder zu weit noch zu eng fassen
- die im Text erfolgte Themenerschließung auch in ihrer etwaigen Begrenzung umreißen
- Scheinaktualisierungen vermeiden

5. Phase: Analyse der Argumentation, von der These über die (auch unausgesprochenen) Prämissen und Begründungen bis hin zu den Beispielen und Belegen (Hauptteil I)

- die im Text vorgestellte Problemsicht zunächst umreißen
- dann die Thesen und Argumente in ihrem gedanklichen Zusammenhang klar darstellen
- wichtige Aussagen wiedergeben bzw. paraphrasieren (► S. 597) und dabei den Konjunktiv der indirekten Rede verwenden (► S. 146 f.)
- dem Text gegenüber eine sachlich-distanzierte Haltung einnehmen
- Textaussagen ohne Vermischung mit eigenen Wertungen wiedergeben; selbst bei anderer Meinung keine Unterstellungen vornehmen
- Einzelaussagen des Textes nicht nur additiv nebeneinanderstellen, sondern ihren sachlich-logischen Zusammenhang herausarbeiten, und zwar durch entsprechende Textsignale (logisch verknüpfende Konjunktionen bzw. Adverbien)
- Gedankensprünge vermeiden, die sich aus der Reduktion des Textes auf Kernaussagen ergeben könnten
- auf Darstellungsökonomie achten; Wiederholung unwichtiger Aussagen vermeiden

6. Phase: Analyse der sprachlichen Darstellungsweise (Hauptteil II)

- die spezifische Textstruktur darstellen und evtl. an Beispielen nachweisen
- die sprachlichen Besonderheiten herausarbeiten
- in der Beschreibung ein differenziertes Darstellungsvokabular verwenden
- Fachbegriffe überlegt einsetzen

7. Phase: Erörterungsteil (Hauptteil III)

- zu dem in der Aufgabenstellung aufgeworfenen Thema eine klar strukturierte Stellungnahme abgeben (in der Regel als dialektischer Aufbau im Block oder als fortlaufende Antithetik)
- sich entscheiden zwischen einer deduktiven, entfaltenden Argumentation (ein Standpunkt wird sofort mitgeteilt und dann untermauert) oder einem induktiven, hinführenden Verfahren (die Argu-

- zur eigenen Orientierung das in der Vorbereitungsphase gewählte Gliederungsprinzip und die Materialgliederung nutzen

mentation wird Schritt für Schritt über Beispiele und Argumente aufgebaut und mündet in einer zusammenfassenden These)
- eigene Thesen, Argumente, Beispiele, Belege und Erläuterungen schlüssig einander zuordnen
- bei fortlaufender Antithetik die Argumente so formulieren, dass sie aufeinander Bezug nehmen und nicht unvermittelt nebeneinanderstehen
- die Hauptargumente am Schluss konzentrieren
- verschiedene Konjunktionen verwenden

Überarbeiten

8. Phase: Textkontrolle/Textüberarbeitung

- den Aufsatz insbesondere im Hinblick auf Ausdruck, Rechtschreibung und Zeichensetzung überprüfen
- um einem Aufmerksamkeitsverlust entgegenzuwirken, die Ausführungen Satz für Satz vom Ende her überprüfen

Information **Allgemeine Hinweise – Textwiedergabe, Tempus, Zitate, Konjunktionen**

- Bei der Textwiedergabe wird das Präsens verwendet.
- Zitate werden in die eigene Syntax integriert; es sollten sich vollständige Sätze ergeben.
- Wird bei der Wiedergabe von Textäußerungen keine indirekte Rede mit Konjunktiv verwendet, sollte mit Redewendungen wie „Nach Ansicht der Autorin/des Autors ist …“ klargestellt werden, dass es sich um die Wiedergabe einer Fremdposition handelt.
- Erörternde Texte sind u.a. von Kohärenzsignalen geprägt; dazu zählen insbesondere unter- und nebenordnende Konjunktionen sowie Adverbien, die eine bestimmte Logik beinhalten, und zwar:
  - additive (aneinanderreihende), z.B.: *außerdem, ferner, darüber hinaus, schließlich, nicht zuletzt*
  - kausale (drücken eine/n Grund/Ursache aus), z.B.: *weil, da, denn, deshalb*
  - konsekutive (drücken eine Folge aus), z.B.: *sodass* (auch: *so dass*), *folglich, infolgedessen*
  - konditionale (drücken eine Bedingung aus), z.B.: *wenn, falls*
  - konzessive (drücken eine Einräumung aus), z.B.: *obgleich, obwohl, obzwar, ungeachtet, wenn auch*
  - finale (drücken eine/n Absicht/Zweck aus), z.B.: *damit, (auf) dass*
  - adversative (drücken einen Gegensatz aus), z.B.: *aber, jedoch, wohingegen, dagegen*

3 Prüfen Sie, inwieweit Sie die allgemeinen Hinweise in Ihren letzten Aufsätzen beachtet und umgesetzt haben. Markieren Sie in diesen Aufsätzen solche Stellen, die Sie überarbeiten sollten.

3.2 Die textgebundene Erörterung – Sprachwandel und Medien

In diesem Kapitel erwerben Sie folgende Kenntnisse und Kompetenzen:

- die Operatoren der Aufgabenstellung klären,
- die Erörterung eines Problems durch Recherchen vorbereiten,
- Methoden der Aspekte- und Stoffsammlung erproben,
- eine Erörterung strukturieren und Argumenttypen funktional einsetzen,
- einen Erörterungsaufsatz stilistisch überarbeiten.

Aufgabenstellung
1. Geben Sie den Gedankengang von Jochen Kölsch knapp wieder und analysieren Sie seine Argumentation. (1/3)
2. Erörtern Sie, inwiefern das heutige Leitmedium Fernsehen Zuschauerinnen und Zuschauern hilft, eine eigene weltanschauliche Position zu finden. (2/3)

Jochen Kölsch: **Vom Aufstieg des Bildes und dem Zerfall des Wortes** (2005)

Im Jahre 1902 schrieb Rainer Maria Rilke ein Gedicht, das nicht nur die literarisch Interessierten kennen.

Der Panther
Im Jardin des Plantes, Paris

Sein Blick ist vom Vorübergehn der Stäbe
so müd geworden, dass er nichts mehr hält.
Ihm ist, als ob es tausend Stäbe gäbe
und hinter tausend Stäben keine Welt.

Der weiche Gang geschmeidig starker Schritte,
der sich im allerkleinsten Kreise dreht,
ist wie ein Tanz von Kraft um eine Mitte,
in der betäubt ein großer Wille steht.

Nur manchmal schiebt der Vorhang der Pupille
sich lautlos auf –. Dann geht ein Bild hinein,
geht durch der Glieder angespannte Stille –
und hört im Herzen auf zu sein.

Rilke wollte in diesem Gedicht, das 1902 entstand und 1903 veröffentlicht wurde und zu seinen klassischen „Dinggedichten“ gezählt wird, in den Dingen ein Leben entdecken, das unser eigenes Leben betrifft, eine Bedeutung aus ihnen locken, die unser Denken, Wollen und Fühlen zu beeinflussen im Stande ist. [...] Ich möchte Rilkes Gedicht in meinen nun folgenden Ausführungen zum Leitfaden einer medientheoretischen und medienkritischen Reflexion benützen.
Es führt mich zu der scheinbar paradoxen ersten These [...]: Trotz oder gerade wegen der unüberschaubaren Zahl medial vermittelter Bilder entsteht keine Welt.
Zuerst muss man sich mit einigen schlichten Zahlen konfrontieren, einfachste Empirie, die das ganze Thema bereits in einer prosaischen Form abbilden können: Der Durchschnittsdeutsche verbringt jeden Tag, so weist es die Medienforschung aus, über 210 Minuten, also ca. 3 $^1/_2$ Stunden vor dem Fernsehapparat, dabei sähe er – auch ohne Zappen – ca. 100 Einzelsequenzen oder Geschichten, diese enthalten etwa 2000 Kameraeinstellungen, jeden Tag.
Also tatsächlich eine Dimension, die den Fernsehzuschauer in die Dimension des Rilke'schen Panthers führt.
Diese 2000 Bilder, Kameraeinstellungen bedeuten ca. 100 Geschichten mit vielleicht 500 Einzelaspekten, Einzelgedanken, Nachdenkenswertem, Neuem. 500 am Tag, neben dem anderen normalen Leben, und 2000 verschiedene

Bilder, die sich auf der Netzhaut einprägen, im Gehirn irgendetwas auslösen, jedes einzelne dieser Bilder wiederum ein ganzes optisches Universum, das wie ein Gemälde oder eine Fotografie mit tiefem Bedeutungsgehalt angereichert ist.

Entsteht hier eine Dialektik der tausend Bilder dieser Welt, die nahezu unendlich Welt vorzeigen, die doch in der beliebigen Fülle eine ungeordnete Masse an uninterpretierbaren Informationen entstehen lassen, und was entsteht im Medium und beim Rezipienten dann?

Der Begriff der Dialektik wird hier also verstanden im Sinne von Adorno und Horkheimer[1] und ihrer „Dialektik der Aufklärung" (erschienen in New York 1944), in der eine „Kulturindustrie" Massenkommunikation produziert im Sinne technologisch-ökonomisch-politischer Zielsetzungen und genau hierdurch zu einer fundamentalen kommunikativen Entfremdung führt.

Oder ergibt sich gar die Paradoxie, dass in der Massenhaftigkeit der Herstellung und Verbreitung von Bildern eben jene Welt gerade zum Verschwinden gebracht wird, und – nach der Idee des kanadischen Medienphilosophen Marshall McLuhan – schließlich nur noch das Medium selbst die Botschaft ist? (Understanding media, 1964 erschienen in New York). Gerade die eine scheinbar vollständige Welt darstellende Medienbilderwelt hat eine derart dominierende Eigenrealität, dass es keine Realität ohne Medium mehr gibt, ja, das Medium selbst die wesentliche Realität ist.

Tausend Bilder, doch welche Welt? Was sich zufällig jeden Tag auf der Netzhaut und im Bildergedächtnis wiederfindet, welche der Bilder werden es sein, welche Informationen, welche Welt? Und dies in einem Gehirn, das im Laufe seines Lebens bereits Millionen von technisch vermittelten Bildern wahrgenommen hat.

Allein diese simple quantitative Darstellung in Bezug auf das gegenwärtige Leitmedium Fernsehen zeigt, was der Begriff der Überwältigungskunst meinen könnte, ein Begriff, den Peter Sloterdijk[2] hauptsächlich auf die monumentalen Hollywood-Produktionen zugeschnitten hatte, der aber auch für die moderne Medienwelt insgesamt Anwendung finden kann. [...]

Der gegenwärtige Entwicklungszustand der Medienwelt und der mit ihr befassten Wissenschaften wird als „iconic turn"[3] definiert – [auch] „pictorial turn"[4] –, dies betont die Dominanz der Bild-Medien über die Wort-Medien, also diejenigen Zeichen-Medien, die spätestens seit der konfuzianischen, der jüdischen, der griechischen und der römischen Welt die Gesellschaftsentwicklung sowie die Wissenschaft wesentlich bestimmt haben. Die Masse der Menschen lebt nun wieder wesentlich geprägt von den Bildern, während sich die intellektuellen Eliten, die Info-Eliten, wie das in jüngerer Zeit genannt wird, immer schneller und weiter vom bildorientierten Unterhaltungsproletariat absondern [...].

1 **Theodor W. Adorno** (1903–1969): deutscher Philosoph, Soziologe und Musiktheoretiker; **Max Horkheimer** (1895–1973): deutscher Sozialphilosoph

2 **Peter Sloterdijk** (*1947): deutscher Philosoph, Kulturwissenschaftler und Essayist

3 **„iconic turn":** Hinwendung zum Symbol/Bild (engl. icon)

4 **„pictorial turn":** Hinwendung zum Bild (engl. picture)

Arbeitsvorbereitung – Die Aufgabenstellung verstehen

1 Schreiben Sie aus der Aufgabenstellung (▶ S. 606) alle Schlüsselbegriffe heraus.

2 Stellen Sie mit Hilfe der Information auf S. 594 fest, welche einzelnen Schritte der Operator „analysieren" bei der Analyse eines argumentativen Sachtextes umfasst.

Den Text analysieren – Argumenttypen bestimmen

1 Geben Sie mit eigenen Worten wieder, welche zentralen Thesen Kölsch in seinem Text vertritt.

2 **a** Bestimmen Sie, welche Argumenttypen Kölsch in seiner Argumentation verwendet.
b Stellen Sie fest, auf welche Argumenttypen sich Kölsch konzentriert und auf welche er verzichtet.

Information **Argumenttypen und ihre Funktionen – Beschreibungsvokabular**

Tipp: Die folgenden fett hervorgehobenen sowie die kursiv gesetzten Wörter können Sie bei der Analyse von Argumentationen als Beschreibungsvokabular nutzen.
Argumente sollen Zuhörende oder Lesende dazu bewegen, den **Geltungsanspruch einer These** anzuerkennen. Eine These gewinnt besonderes Gewicht, wenn sie von *stichhaltigen,* möglichst *unstrittigen* Argumenten *untermauert* wird. Man unterscheidet folgende Argumenttypen:

- **Faktenargument:** Dieses Argument bringt eine These in Beziehung mit *unstrittigen, verifizierbaren (nachprüfbaren)* **Tatsachenaussagen.** Faktenargumente gelten in der überwiegenden Mehrzahl der Fälle als *überzeugend.* Handelt es sich dabei allerdings um einen Hinweis auf einen **Einzelfall,** so ist ein solches Argument *nicht* besonders *beweiskräftig,* da ein *Einzelfall* oft durch andere Einzelfälle *widerlegt* werden kann.
- **Autoritätsargument:** Dieser Argumenttyp *stützt* eine These dadurch, dass die ähnlich lautende **Position einer weithin akzeptierten Autorität** hinzugezogen wird. Dabei kann es sich z.B. um eine Wissenschaftlerin/einen Wissenschaftler handeln. *Zwingend* muss ein solches Argument jedoch nicht sein, da ebenso andere Autoritäten mit gegenteiligen Positionen angeführt werden können.
- **Normatives Argument:** Die These soll *fundiert* werden, indem sie mit **weithin akzeptierten Wertmaßstäben** (Normen) verknüpft wird. In Gesellschaften, in denen auch fundamentale Normen stetig an Gültigkeit verlieren, ist ein solches Argument allerdings nicht mehr für jeden einleuchtend.
- **Analogisierendes Argument:** Eine These soll damit *abgesichert* werden, dass ein **Beispiel aus einem anderen Bereich** als dem gerade diskutierten hinzugezogen wird. Das möglichst *glaubwürdig* gewählte Beispiel wird genutzt, um die zu vertretende These durch eine **Parallelisierung** von Sachverhalten zu *bekräftigen.* Es lässt sich *entkräften,* indem man deutlich macht, dass das Beispiel einige andere Begleitumstände aufweist und daher als Argument nicht *hieb- und stichfest* ist.
- **Indirektes Argument:** Dieses Argument soll eine These dadurch *plausibel erscheinen lassen,* dass die **gegenteilige Meinung als unstimmig,** *in sich widersprüchlich, logisch nicht zwingend* oder *realitätsfern* vorgeführt wird. Obwohl es auf den ersten Blick *schlüssig* erscheint, lässt sich mit diesem Argumenttyp eine These oft nicht *stützen,* da sich aus dem Widerspruch einer gegenteiligen Meinung nicht zwangsläufig die Logik oder Richtigkeit der eigenen Meinung ergibt.
- **Argumentum ad populum** (Berufung auf die Menge): Mit diesem lateinischen Ausdruck werden solche Argumente bezeichnet, mit denen Adressatinnen und Adressaten eher überredet als überzeugt werden sollen. Sie gelten als unseriös, weil sie eher **an Gefühle** als an die Vernunft **appellieren.** Bereits in der Antike wurden sie genutzt, um bei politischen Entscheidungen größere Volksmengen daran zu hindern, sich ein nüchternes Urteil zu bilden; Manipulationen wurden so leichter.
  Folgende Verfahren gehören zu diesem Argumenttyp:
  – **Argumentum ad baculum:** Begründung, die sich auf *Befürchtungen und Ängste* stützt, die bei den Adressatinnen und Adressaten vermutet werden.
  – **Argumentum ad misericordiam:** Begründung, die auf *Mitleid* oder ähnliche Gefühle *abzielt.*

3 Untersuchen Sie, welche Bezüge Kölsch zwischen seinen Thesen und dem Gedicht von Rilke herstellt. Stellen Sie diese Bezüge stichwortartig in einer dreispaltigen Tabelle dar, z. B.:

gemeinsame Aspekte Gedicht/Thesen	*zuzuordnende Gedichtzeile/Vers*	*Aussage im Sachtext/ Zeile*
Bilderfluten	*„Sein Blick ist vom Vorübergehn der Stäbe / so müd geworden“ (V. 1–2)*	*„2000 Kameraeinstellungen, jeden Tag“ (Z. 42)*
…		…
Horizontverengung durch Bilder	*„im allerkleinsten Kreise“ (V. 6)*	
…	*„betäubt ein großer Wille“ (V. 8)*	*„Überwältigungskunst“ (Z. 94 f.)*

Ideen für eine Erörterung sammeln und ordnen – Aspekte- und Stoffsammlung

1 Wählen Sie gemäß Aufgabenstellung 2 (► S. 606) aus der folgenden Übersicht eine Methode aus, mit der Sie Ihre Erörterung vorbereiten wollen. Sammeln Sie Aspekte zur Erörterungsfrage.
Tipp: Für die Simulation des „Klausurernstfalls“ sollten Sie „allein überlegen“ wählen.

Methode **Möglichkeiten der Aspekte- und Stoffsammlung**

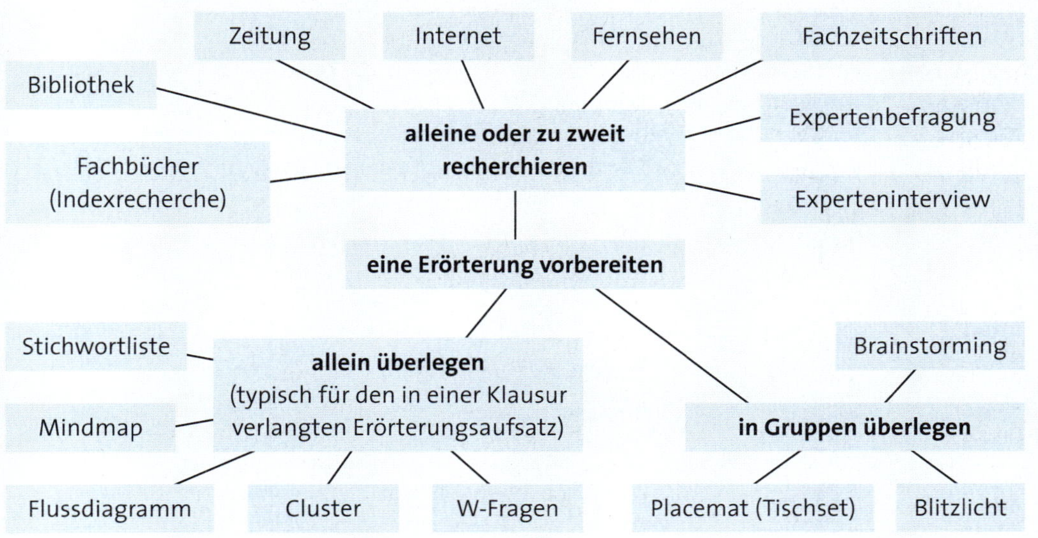

2 Suchen Sie in den Kapiteln D 2.2 und 2.3 Aussagen, die Sie als Argumente verwenden können.

3 **a** Bereiten Sie Ihre schriftliche Erörterung vor. Ergänzen Sie die folgende Pro- und Kontra-Tabelle.
b Stellen Sie für einige Ihrer Argumente stichwortartig einige Beispiele zusammen.

Fernsehbilder – Hilfe zur weltanschaulichen Orientierung?

Pro-Argumente	Kontra-Argumente
Man sieht viel mehr, als die eigene Anschauung in der Wirklichkeit bieten kann.	...
Bilder vermitteln ein realistischeres Bild der Wirklichkeit als Worte.	*Bilder sind Wirklichkeitsausschnitte; sie verfälschen das Gesamtbild.*

Verschriftlichung – Den Text wiedergeben, die Erörterung ausarbeiten

1 Schreiben Sie einen Einleitungssatz für Ihre Sachtextanalyse (▸ S. 604, 4. Phase).
2 Formulieren Sie Kölschs Thesen in ihrem gedanklichen Zusammenhang (▸ S. 597; 604, 5. Phase).
3 Legen Sie dar, mit welchen Argumenten Kölsch seine Positionen untermauert (▸ S. 608) und mit welchen Beispielen und Bezügen zum Gedicht er seine Thesen unterstützt (▸ Aufgabe 2, S. 609).
4 Legen Sie eine zentrale These fest, die Sie in Ihrer Erörterung vertreten wollen.
5 Verfassen Sie Ihre Erörterung mit Hilfe eines Strukturierungsmodells (▸ S. 601).

Den Text überarbeiten – Das Haus der Stile

1 Prüfen Sie die stilistische Qualität Ihres Aufsatzes mit Hilfe des nachfolgenden „Hauses der Stile“:

Information **Haus der Stile**

bildungssprachlich:	gebildete, gewisse Kenntnisse voraussetzende Ausdrucksweise; z. B.: *fundieren* (statt: mit Argumenten untermauern), *postulieren* (statt: behaupten), *Resümee* (statt: Ergebnis), *evaluieren* (statt: bewerten oder beurteilen)
gehoben:	gepflegt wirkende, in Alltagsgesprächen oft überheblich klingende, in anspruchsvollen Textsorten verwendete Ausdrucksweise; z. B. *wandeln* (für spazieren gehen), *etwas verhehlen* (etwas verschweigen)
amtssprachlich:	unpersönlich wirkende, steif-offizielle Ausdrucksweise; z. B.: *Indienststellung* (für Einstellung), *Verausgabung* (für Ausgabe)
normalsprachlich:	allgemein verwendete Ausdrucksweise, die in den meisten Kommunikationssituationen am wenigsten auffällt; z. B.: *behaupten, Ergebnis, Beispiel*
umgangssprachlich:	locker wirkende, im Alltag verwendete Ausdrucksweise, die in offizielleren Gesprächen unangebracht ist und in den meisten Textformen vermieden wird; z. B.: *meckern* (für kritisieren), *es geregelt kriegen* (statt: etwas bewältigen)
jargonhaft:	Ausdrucksweise, die an eine bestimmte soziale Gruppe oder Altersgruppe gebunden ist (z. B. Jugendsprache); z. B.: *supergeil, fett* (für sehr gut)

4.1 Die mündliche Abiturprüfung – Vortrag und Prüfungsgespräch

Mündliche Prüfungen sind besondere Situationen, in denen viele Menschen Aufregung und innere Anspannung empfinden. Ein gewisses Maß an Stress ist aber sinnvoll, weil man in solchen Situationen erfahrungsgemäß besonders konzentriert und aufmerksam ist.
Unmittelbar vor der mündlichen Abiturprüfung müssen Sie in einer festgelegten Vorbereitungszeit von ca. 30 Minuten – meist materialgestützt – Aufgabenstellungen wie die folgende erarbeiten. Ihre Ergebnisse präsentieren Sie im ersten Prüfungsteil in einem etwa zehnminütigen Vortrag.
Das sich anschließende Prüfungsgespräch knüpft an Ihren Vortrag an. In diesem Gespräch werden aber vor allem andere Themen und Fragen aus den Kurshalbjahren der Jahrgangsstufen 11 und 12 behandelt.

Die Aufgabenstellung erarbeiten – Den Vortrag vorbereiten

Joseph von Eichendorff:
Mondnacht (1837)

Es war als hätt' der Himmel
Die Erde still geküsst,
dass sie ...

Aufgabenstellung
1. Analysieren Sie das Gedicht „Mondnacht".
2. Ordnen Sie das Gedicht einer Epoche zu und begründen Sie Ihre Entscheidung.

1 **a** Lesen Sie das Eichendorff-Gedicht „Mondnacht" auf S. 328 und bearbeiten Sie für eine mündliche Abiturprüfung die Aufgabenstellung innerhalb von 30 Minuten. Machen Sie sich zur Vorbereitung stichwortartige Notizen.
b Formulieren Sie eine Interpretationsthese (▸ S. 553 f.) und strukturieren Sie Ihre Notizen auf einem Konzeptpapier so, dass Ihr Vortrag übersichtlich gegliedert ist.
2 Vergleichen Sie Ihr Konzept mit dem folgenden Beispiel. Überarbeiten Sie ggf. Ihren Entwurf.

Einleitung
Nennung von Aufgabenstellung, Autor, Textsorte, Titel, Erscheinungsjahr, Thema des Gedichts, zentrale Interpretationsthese, z. B.: *Traumatmosphäre → Geborgenheit/Harmonie – Natur/Seele*

Hauptteil

■ Aspekte der Analyse und Interpretation: – Aufbau/Struktur/Gedankengang – Metrik + Reim → *Harmonie ...* ...	*3 Strophen – Konjunktiv als Klammer: „hätt" (V. 1), „flöge" (V. 12)* *„Himmel" und Schluss: ... allumfassende Harmonie*

- Besonderheiten Form/Sprache: → *Bilder und ihre Wirkung*
  ...
- Rolle und Haltung des lyrischen Ichs: ...

- Deutungsfazit: ...

Schluss

- Einordnung in die Epoche der ...: → *Sehnsucht nach ...*

Den ersten Prüfungsteil simulieren – Einen Beobachtungsbogen einsetzen

Prüfungen zu simulieren, ist eine gute Möglichkeit, sich der Anforderungen der realen Prüfung bewusst zu werden und den freien Vortrag weiter einzuüben, aber auch, um nach dem Vortrag flexibel und dennoch strukturiert auf im Gespräch sich ergebende Zusatzfragen eingehen zu können.

1 Simulieren Sie – ggf. vor Freunden oder vor Ihrer Familie – eine mündliche Prüfung:
a Kopieren und verteilen Sie den nachstehenden Beobachtungsbogen, wobei Sie einzelne Beobachtungsaspekte unter den Zuhörenden aufteilen sollten, sodass diese sich jeweils auf einen Bereich konzentrieren können.

Beobachtungsbogen

Teilbereiche	Der Prüfling ...	++	+	–	– –
Verstehensleistung	... hat die Aufgabenstellung richtig verstanden.				
	... zeigt ein sicheres Textverständnis (inhaltlich).				
	... zeigt ein sicheres Textverständnis (Textstruktur).				
	... benennt thematische Zusammenhänge.				
Argumentationsleistung	... belegt seine Aussagen am Text.				
	... stellt sachliche und logische Zusammenhänge her.				
	... begründet Deutungen und eigene Bewertungen.				
	... bezieht mögliche Gegenargumente ein.				
Darstellungsleistung	... gliedert die Ausführungen sinnvoll und präsentiert diese entsprechend.				
	... verwendet fachliche Methoden.				
	... verwendet die korrekten Fachbegriffe.				
	... verwendet ein angemessenes Vokabular und vollständige Sätze.				
Kommunikationsleistung (v.a. im Prüfungsgespräch)	... erfasst die gestellten Fragen richtig.				
	... beantwortet die Fragen präzise und vom Umfang her angemessen.				
	... erkennt ggf. Schwierigkeiten im Gespräch und trägt zur Klärung bei.				

b Halten Sie Ihren Vortrag. Nehmen Sie ihn, wenn möglich, auf Video auf (Video-Feedback, ▶ S. 108).
c Äußern Sie zunächst eine eigene Einschätzung Ihrer Leistung und besprechen Sie anschließend auf Grundlage Ihrer Beobachtungsaufträge und ggf. der Videoaufnahme, welche Möglichkeiten der Verbesserung bestehen.
d Überarbeiten Sie je nach Kritik Ihren Vortrag und üben Sie ihn erneut vor Publikum.

2 Unabhängig vom inhaltlichen Gehalt Ihres Prüfungsgesprächs kann das nonverbale Verhalten (Gestik, Mimik, Körperhaltung) die Prüfungskommission positiv beeinflussen. Überlegen Sie, in

welcher Weise das durch die folgenden Ratschläge gelingen könnte:
- Sitzen Sie bequem, aber aufrecht.
- Lösen Sie sich, wann immer möglich, von Ihrer Textvorlage und nehmen Sie Blickkontakt zu Ihren Prüferinnen und Prüfern auf.
- Kontrollieren Sie die Haltung Ihrer Hände.

Den zweiten Prüfungsteil reflektieren – Das Gesprächsverhalten beobachten

Aus zwei Prüfungsgesprächen

Beispiel A

[...]

PRÜFER: Wir haben uns ja im Unterricht mit expressionistischer Lyrik beschäftigt. Könnten Sie uns bitte die literarische Strömung des Expressionismus kurz umreißen, typische Themen nennen, vielleicht auch Autoren?

SCHÜLER: Ja, gerne. Also, ich will mal mit den Autoren anfangen. Kafka, also Franz Kafka, ist keiner Epoche richtig zuzuordnen. Er ist quasi eine ganz eigene Epoche für sich. Geboren wurde Kafka, der Probleme mit seinem Vater hatte, in Prag – und zwar im Jahre, ich weiß nicht mehr genau, aber ...

PRÜFER: Entschuldigung, dass ich unterbreche. Vielleicht gehen Sie besser auf das Thema „Expressionismus" ein.

SCHÜLER: Ja, also die Expressionisten gab es auch in der Malerei, sie malten in sehr grellen Farben und etwas abstrakten Formen. (Pause)

PRÜFER: Sehen Sie da Parallelen zur Literatur dieser Zeit?

SCHÜLER: Auf jeden Fall. (Pause)

PRÜFER: Welche denn?

SCHÜLER: In den Texten, die wir im Unterricht besprochen haben, drehte sich vieles um Krieg und Zerstörung. Es war ja die Zeit vor dem Ersten Weltkrieg (1914 bis 1918) und viele hatten Angst vor dem Weltende. [...]

Beispiel B

[...]

PRÜFER: Wir haben im Unterricht über den Begriff der literarischen Epoche gesprochen. Man spricht ja auch z. B. vom Epochenumbruch um 1900. Würden Sie uns bitte erläutern, inwiefern Sie es für sinnvoll halten, von Epochen zu sprechen, und inwiefern dies aus Ihrer Sicht problematisch ist?

SCHÜLER: Ich hoffe, ich habe die Frage richtig verstanden: Ich soll also dazu Stellung nehmen, ob ich Epochenbegriffe für hilfreich, sinnvoll usw. halte, ja?

PRÜFER: Ja, und Sie sollen sagen, wo Sie Schwierigkeiten sehen.

SCHÜLER: Gut, danke. Epochenzuordnungen sind, wenn man so sagen kann, Erfindungen der Literaturwissenschaft, die im Nachhinein Gemeinsamkeiten von Texten verschiedener Autoren feststellen; und dann sagt man: Diese Epoche zeichnet sich durch folgende Themen und durch folgende Stilmerkmale aus. Die Frage ist nun: Ist das sinnvoll? Ist das überhaupt möglich?

PRÜFER: Moment. Es gibt doch auch Epochen, oder sagen wir besser: literarische Strömungen, die ein eigenes literarisches Schreibverständnis entwickelt haben, sich selbst als Teil einer literarischen Bewegung gesehen haben ...

SCHÜLER: ... natürlich, Sie meinen z. B. die Expressionisten, da wollte ich gleich als Beispiel noch drauf eingehen. Ich wollte erst zunächst grundsätzlich etwas zum Begriff „Epoche" sagen.

PRÜFER: Schön. [...]

1 Tragen Sie die Dialoge aus den beiden Prüfungsgesprächen vor. Versuchen Sie dabei, die jeweiligen Reaktionen der Prüflinge auch durch nonverbales Verhalten (▶ S. 92) auszudrücken.
2 Erläutern Sie an einigen Beispielen aus den Gesprächen, wie die Prüflinge auf die Ihnen gestellten Fragen antworten, und bewerten Sie diese Reaktion bzw. Strategie.
3 Überlegen Sie, wie man Ihres Erachtens vorgehen sollte, wenn man in einer mündlichen Prüfung auf eine Frage keine Antwort weiß. Diskutieren Sie verschiedene Lösungsmöglichkeiten.
4 Simulieren Sie auch diesen zweiten Prüfungsteil – am besten, nachdem Sie Ihren Vortrag vor Freunden oder Ihrer Familie gehalten haben (Aufgabe 1, ▶ S. 612). Bitten Sie sie um Nachfragen, z. B.:
   - *zu weiteren Werken einer Autorin/eines Autors,*
   - *zu vergleichbaren oder unterschiedlichen literarischen Darstellungen eines Motivs,*
   - *zur eigenen Wertung.*

4.2 Eine Abiturrede verfassen und halten – Die IDEMA-Methode

→

I **Inventio:** Das Sammeln von Gedanken und Einfällen zum Thema der Rede
D **Dispositio:** Die Gliederung des gesammelten Materials
E **Elocutio:** Die sprachliche Gestaltung und Ausschmückung der Rede
M **Memoria:** Das Einprägen der Rede
A **Actio:** Der Redevortrag und seine Gestaltung

→

Von der Inventio zur Dispositio – Sammeln und gliedern

1 Sammeln Sie in Form eines Clusters oder in einer Mindmap – bereits geordneter Ideen zu einer Abiturrede.
2 Begründen Sie, welche der folgenden Redeanfänge Sie eher anspricht.
   a Erläutern Sie dazu, welche Idee der jeweiligen Rede zu Grunde liegt.
   b Untersuchen Sie, inwieweit diese Idee den gedanklichen Aufbau der Rede bestimmt.
3 Strukturieren Sie auf der Grundlage Ihrer Idee den Beginn und weiteren Aufbau Ihrer Abiturrede.

Liebe […],
wir sind heute hier zusammengekommen, weil wir es endlich geschafft haben! Nach all den Jahren dürfen wir nun unsere Abiturzeugnisse voller Stolz in Empfang nehmen! Doch vorher lasset uns noch einmal schauen, was wir da überhaupt erreicht haben. Abitur – was ist denn das eigentlich? Besteht dieses Wort nur aus zufällig zusammengewürfelten Buchstaben oder steckt mehr dahinter? ABITUR – A wie: Aller Anfang ist schwer. Wie fing doch alles an, als wir als schüchterne kleine Mädchen und Jungen mit Zahnspangen und viel zu großen Schulranzen diese Schule betraten? […]

Liebe […],
„tABIsco“ – so lautet das Motto unseres Abiturjahrgangs. Wir sind heute hier zusammengekommen, um eine ganz scharfe Zeit abzuschließen. Heute Abend nehmen wir, 90 Schülerinnen und Schüler, ein Stück Papier entgegen, das unseren Fleiß und unsere Reife beweist. Auf dieses letzte Schulzeugnis wartet mancher von uns mehr oder weniger lange. Und endlich ist es so weit.
Jedoch muss man die vergangenen Jahre mal Revue passieren lassen. Sie verliehen unserem Leben eine gewisse Schärfe, eine prickelnde und aufregende, jedoch auch eine schmerzhafte und stechende Schärfe. […]

Die Elocutio – Den Redetext verbessern und ausarbeiten

Professionelle Rednerinnen und Redner, z. B. aus der Politik, feilen manchmal wochenlang an ihren Redetexten, weil sie wissen, dass die erste Fassung selten die beste ist.

1 **a** Untersuchen Sie die sprachliche Gestaltung der nachstehenden Redeauszüge. Achten Sie v. a. auf
- Ausdrucks- und Grammatikfehler,
- Wiederholungen, die keine Funktion innerhalb der Rede haben,
- die (übermäßige) Verwendung von Floskeln und (abgegriffenen) Redewendungen.

b Überarbeiten Sie den längeren oder die beiden kürzeren Textauszüge.

2 Verfassen Sie Ihre Abiturrede und verbessern Sie sie z. B. in einer **Schreibkonferenz** (► S. 121).

VORSICHT FEHLER!

(1) […] Und auch Wissen, Aggressionen, Depressionen, Freundschaft, Spaß, Zuversicht und noch vieles mehr haben wir in der Schule spüren und lernen dürfen wo nirgends sonst.
Man kann sagen, die Schule hat uns den Weg für eine erfolgreiche Zukunft geebnet. Doch was bedeutet Erfolg? Laut Wikipedia heißt es: „Erfolg ist als ein positiv empfundenes Resultat eigenen Handelns.“ Wir haben also ein Ziel erreicht und scheinen glücklich zu sein. Jedoch müssen wir uns fragen: Ist dieses Ziel immer noch dasselbe, dass wir bei Schulbeginn vor Augen hatten? [Pause]
Nein, bestimmt nicht! Das Ziel, der Erfolg, das Abitur hat sich auf den letzten Metern verändert. Wir sehen, dass wir das nicht alles allein geschafft haben. Zudem empfinden wir vielleicht gar nicht mehr das Bedürfnis, das so lang erwartete Ziel endlich zu erreichen. Denn ein Ziel erreichen heißt auch: loslassen!
Wir sind eine Gemeinschaft geworden! Die ganzen Aufs und Abs haben uns zusammengeschweißt, und doch heißt es heute Abend Abschied nehmen. Abschied nehmen von Freunden, aber auch von Leuten, mit denen man sich nicht so gut verstanden hat. Abschied nehmen von Mitschülern, die sich trotz des zentral gestellten Abiturs zu ihrem Abitur gekämpft haben und denen jetzt die ganze Welt offensteht. Es heißt ja so schön: „So, Kinder, jetzt beginnt der Ernst des Lebens.“ Wobei ich immer frage: „Wer ist dieser Ernst und was zum Teufel will der von mir!“ […]

(2) […] Auch möchten wir uns ganz herzlich bei Frau T. und allen Lehrern, die bei Austauschprogrammen beteiligt sind, bedanken. Unsere Schule bietete Austausche mit Frankreich, England und Australien an. Besonders die toll organisierte Australien-Rundreise ist ein

einmaliges Erlebnis, das auch vom Preis her sehr gut ist. Diese Möglichkeit wird allerdings nur an unserer Schule angeboten, worauf wir sehr stolz sein können.
Ebenso werden bei uns eine große Vielfalt an AGs angeboten wie zum Beispiel Chor und Orchester, die auch immer tolle Aufführungen bieten. Hierbei möchte ich Herrn M. nennen. […]

(3) […] Unsere Stufenleiterinnen gingen mit uns durch dick und dünn und führten mit uns immer wieder aufmunternde Gespräche, die uns dazu brachten, bis zum Abitur durchzuhalten. Schließlich stehen wir nun hier am Ende mit unseren Zeugnissen. Schülerinnen und Schüler, seid stolz, denn wir sind der diesjährige Abiturjahrgang dieser Schule. Viele Jahre Schule liegt hinter uns, nun beginnt der Ernst des Lebens. […]

Memoria und Actio – Die Rede souverän vortragen

1 Begründen Sie, ob die drei Redehaltungen zu einer Abiturrede passen.
2 **a** Tragen Sie den Beginn Ihrer Rede vor und erproben Sie selbst verschiedene Haltungen.
b Welche Wirkung wird durch eine bestimmte Körperhaltung und Gestik erzielt?
3 Besprechen Sie, welche der folgenden „Vortragstipps“ Ihnen relevant erscheinen.

Methode **Vortragstipps** (Actio, ▸ S. 104–108)

Kontakt zum Publikum:
- Halten Sie Augenkontakt, wann immer es geht.
- Suchen Sie sich Anwesende im Publikum, die Sie wechselnd anschauen können.

Nonverbales Verhalten:
- Stehen Sie betont aufrecht und sicher auf beiden Beinen.
- Kontrollieren Sie die Bewegungen Ihrer Hände: Weniger ist mehr! Besser die Hände auf das Pult legen, nicht in die Hosentaschen stecken oder ins Gesicht fassen.

Paraverbales Verhalten (Stimmführung und Pausen):
- Reden Sie insgesamt deutlich und langsam – Ihr Publikum kennt Ihre Rede noch nicht.
- Planen Sie bewusst Pausen ein – kennzeichnen Sie diese in Ihrer Redetextvorlage.
- Wiederholen Sie Textpassagen, wenn diese z. B. wegen Applaus untergehen.

4 **a** Proben Sie Ihre Rede mehrmals zu Hause im möglichst freien Vortrag. Üben Sie den Einstieg, Namen, schwierige Redepassagen/Fremdwörter, Pointen und den Schluss besonders gründlich.
b Nehmen Sie Ihre Proben auf Video (▸ S. 108) auf. Üben Sie weniger gelungene Passagen erneut.

Arbeitstechniken und Methoden

Diese thematische Auflistung verweist auf Seiten, auf denen die Methoden erklärt oder in Übersichten kategorisiert werden. Seiten, auf denen die Methoden angewendet werden, werden nicht aufgeführt.

Sprechen und Schreiben

Sprechen und Zuhören

- **Referate und Kurzvorträge** (▸ S. 103 ff.) dienen vorrangig der Informationsvermittlung zu einem abgegrenzten Thema. Ihr Schwerpunkt liegt auf der **Darstellungsfunktion** (▸ S. 94 f.). Um dem Publikum die Informationsaufnahme zu erleichtern, sollten verschiedene **Formen der Visualisierung** und der **Präsentation** (▸ S. 105–107) eingesetzt werden.
- Im Unterschied zu Referat und Kurzvortrag soll mit einer **Rede** ein Publikum in erster Linie von etwas überzeugt oder zu etwas überredet werden (persuasive Textsignale, ▸ S. 582 f.). Im Vordergrund steht die **Appellfunktion** (▸ S. 94 f.). Mit der **Gerichtsrede,** der **beratenden, politischen (Entscheidungs-)Rede** sowie der **Lob- und Festrede** werden primär drei Redegattungen unterschieden (▸ S. 535). Zur Redeanalyse siehe unten die Ausführungen zur „Analyse eines Sachtextes".
- Rhetorische Fähigkeiten spielen auch in **Gesprächsformen** wie **Diskussionen** (runder Tisch, Podiums- bzw. Forumsdiskussionen, Fishbowl, ▸ S. 77) eine wichtige Rolle. Das gilt ebenso für die **Debatte** (▸ S. 77 f.), unter der man eine genau geregelte Form der Diskussion versteht, und zwar mit klar abgegrenzten Pro- und Kontra-Positionen zu einem Antrag, der gestellt worden ist und über den zu entscheiden ist.
  Der korrekte Ablauf einer Diskussion kann durch eine/n **Moderator/in** gewährleistet werden. Aufgabe ist, in das Thema einzuführen, zu verschiedenen Aspekten des Themas überzuleiten, über angemessene Redezeiten zu wachen, aber auch zu provozieren und Diskussionsbeiträge zu unterbinden (▸ S. 77). Für diese Gesprächsformen gilt: Wer überzeugen will, sollte Thesen, Argumente und Beispiele zum richtigen Zeitpunkt formulieren.

Analysieren und Erörtern

Eine Erörterung ist eine Textform, die der **Meinungsbildung und Entscheidungsfindung** dient. Erörtert werden strittige Wertungsfragen oder noch nicht hinreichend geklärte Sachfragen. Im Unterschied zur Literaturinterpretation geht es nicht um eine Textdeutung, sondern um eine **Sachtextanalyse bzw. Problemklärung.**

- Bei der **Analyse eines Sachtextes mit anschließender Stellungnahme** (▸ S. 80 ff., 580 ff.) ist der Erörterungsteil knapp zu halten; er sollte nicht mehr als etwa 1/3 Ihres Aufsatzes umfassen. Im **Vordergrund** steht vielmehr die **Analyse,** die etwa einen Umfang von 2/3 Ihres Aufsatzes haben sollte. Darin sind **ausführlich** die zentrale **Problemstellung des Textes,** seine **Intention,** der **gedankliche Zusammenhang der Thesen, Argumente, Erläuterungen und Beispiele,** außerdem die **Strukturierung** des Textes und seine **sprachlich-rhetorische Gestaltung** (linear steigernde oder dialektische Argumentationsstruktur, ▸ S. 601) zu untersuchen, zu beschreiben und zu erläutern. Insgesamt ist also zu klären, mit welchen Positionen ein/e Autor/in in einen Meinungsstreit eingreift und welche Mittel sie/er dabei nutzt.
  Auch die **Redeanalyse** (▸ S. 225, 538, 585 ff.) mit anschließender Stellungnahme lässt sich hier einordnen. Dabei sind v. a. folgende Aspekte einer Sachtextanalyse (▸ S. 81 ff., 222, 229 f., 580 ff.) zu beachten: **Redesituation** bzw. der politisch-historische Kontext, **Inhalt** und **Intention, rhetorische Strategien** (z. B. Auf- oder Abwertung), **Redestruktur** (insbesondere die **Argumentation,** ▸ S. 596 f., 601, 608) und **sprachlich-rhetorische Mittel** (z. B. Euphemismen, Personifikationen etc. und politischer Leitbegriffe bzw. Fahnen- und Stigmawörter, ▸ S. 196 ff., 582 f., 592) sowie die **Wirkung der Rede** auf das Publikum.

- Bei einer **textgebundenen Erörterung** (► S. 594–610) liegt dagegen der **Schwerpunkt** in der Regel auf dem **Erörterungsteil.** Es genügt eine **knappe Beschreibung und Erläuterung der Argumentation** im vorgelegten Text (Darlegung zentraler Thesen und Argumente im Hinblick auf die Problemfrage). Anschließend legen Sie **ausführlich und systematisch-argumentativ Ihre Position zu dem im Text aufgeworfenen Problem** dar (Grundtypen kritischer Texterörterung, ► S. 599 f.). Das Verhältnis von Analyse und Erörterung sollte in Ihrem Aufsatz umgekehrt zu einer Sachtextanalyse mit Stellungnahme etwa 1/3 zu 2/3 betragen.
- Die **Problemstellung** der textgebundenen Erörterung (► S. 594–610) orientiert sich speziell an Themen der Literatur-/Sprach- oder Medienwissenschaft. Textgebunden werden z. B. literaturgeschichtliche, gattungstheoretische oder medienkritische Fragen erörtert bzw. Fragen der literarischen Wertung oder nach dem Ursprung und Wandel der Sprache zur Diskussion gestellt.
- Möglich ist auch, im Erörterungsteil einen **produktiv-gestaltenden Arbeitsauftrag** durchzuführen, z. B. in Form eines Leserbriefs, einer Rezension, eines Essays.

Analyse/Interpretation literarischer Texte

Ein Analyse-/Interpretationsaufsatz legt die **Beschreibung, Deutung** und **Wertung** eines literarischen Textes vor. Um einen literarischen Text in seiner Komplexität zu erschließen bzw. um ein vertieftes Textverständnis zu erlangen, sind die durch die **persönliche Lektüre** und durch eine **systematische Analyse von Inhalt, Sprache und Form** gewonnenen **Einsichten in Beziehung zueinander zu setzen** (werkimmanentes Vorgehen, ► S. 59, 557 f.). Dabei sollten **werkübergreifend** (► S. 558 f.) auch Kontextinformationen einbezogen werden, die in der Regel jenseits des Textes liegen, wie z. B. Informationen zur Autorin/zum Autor, zur Realgeschichte, zu einer literarischen Epoche, zur Gattungstheorie und -geschichte etc.

- Bei der **Analyse/Interpretation eines epischen Textes** (► S. 550–559) ist vor allem zu beachten, wie die Geschichte durch **einen Erzähler** (Ich- oder Er-/Sie-Erzähler/in) präsentiert wird und welche **Erzählstrategien** (auktorial, personal, neutral, ► S. 160 f.) mit welcher Funktion eingesetzt werden.
- Bei der **Analyse/Interpretation eines Dramentextes** (► S. 173 ff., 560–565) muss die Aufmerksamkeit vor allem der **Dialoganalyse** (► S. 173) gelten, da es im Drama ganz wesentlich die **Monologe** (► S. 562) und **Dialoge** der Figuren sind, durch die die Handlung vorangetrieben wird und durch die **Konflikte** entstehen. Von diesem **Haupttext** zu unterscheiden ist der **Nebentext** mit den Regieanweisungen.
- Bei der **Analyse/Interpretation** oder dem **Vergleich von Gedichten** (► S. 188 ff, 566–573) setzt man insbesondere formale Aspekte wie – falls vorhanden – **Reimform** (► S. 193 f.), **Versmaß** (► S. 194), **Strophengliederung** bzw. **Gedichtform** (► S. 194) und **rhetorische Figuren** (► S. 196 ff.) in ihrer Funktion mit dem Inhalt in Beziehung.
- Zu allen drei Gattungen sind weiterführende Aufgaben zum **produktiv-gestaltenden Interpretieren** (► S. 573–579) möglich. Hierbei sollen Sie Ihr Textverständnis produktiv entfalten, indem Sie **auf der Grundlage einer Analyse einer literarischen Vorlage einen eigenen fiktionalen Text verfassen,** der den Ausgangstext sinnvoll ergänzt oder weiterführt (z. B. Tagebucheintrag, Brief an eine andere Figur, Fortsetzung eines Monologs/Dialogs, ► S. 578 f.). Den Gattungen entsprechend sind deren Besonderheiten bei der eigenen produktiven Gestaltung zu berücksichtigen.

Gattungen und Textsorten

Die traditionelle Gliederung der (literarischen) Gattungen unterscheidet im Rückgriff auf die aristotelische Poetik **Epik, Dramatik** und **Lyrik.** Im „Informationszeitalter“ gewinnt auch die Gattung der Sachtexte immer mehr an Bedeutung und auch beim Film gibt es verschiedene Genres.

Gattungen	**Epik** (Kapitel B1, S.154–168) Der Begriff Epik umfasst viele Fomen erzählender Literatur, heute in der Regel Prosatexte.			**Dramatik** (Kapitel B2, S.169–187) Dramen sind meist für eine Theateraufführung verfasst, die Handlung wird in Form von Dialogen und Monologen der Figuren vorangetrieben.	
	Epische Großformen	Mittlere Formen	Epische Kleinformen	Klassisches (aristotelisches) Drama (► S.179–180)	Modernes Drama (offene Form)
Textsorten	– Roman (► S.155–164) – Epos (► S.155)	– Erzählung – Novelle (► S.395)	– Kurzgeschichte (► S.27) – Parabel (► S.37) – Fabel (► S.261) – Anekdote – Kalendergeschichte – Märchen – Schwank	– klassische Tragödie – klassische Komödie – bürgerliches Trauerspiel (► S.281)	– episches Theater (► S.181–183) – Dokumentartheater (► S.438–440; S.448) – absurdes Theater – experimentelles Theater

Lyrik (Kapitel B 3, S. 188–201) Kennzeichnend für lyrische Texte ist die „Verdichtung“ durch sprachliche Gestaltungsmittel und eine häufig in Versen gebundene Sprache.	**Film** (Kapitel B 4, S. 202–219) Wie alle anderen Gattungen hat auch der Film eigene Gestaltungsregeln und verschiedene Genres.		**Sachtexte** (Kapitel B 5, S. 220–232) Sachtexte haben im Unterschied zu fiktionalen Textsorten einen pragmatischen Zweck. Dabei kommen in einem Text häufig verschiedene Intentionen (▶ S. 222) zum Tragen, es lassen sich jedoch Schwerpunkte bestimmen.			
	Spielfilm	Dokumentarfilm	informativ: darstellende Intention	argumentativ: darstellende, appellative Intention	persuasiv: appellative Intention	ausdrucksbetont: expressive Intention
– Ballade (▶ S. 184) und Romanze (▶ S. 321–322) – Elegie (▶ S. 194) – Hymne (▶ S. 194) – Sonett (▶ S. 194) – Lied (▶ S. 194) – Figurengedicht (▶ S. 249) – Konkrete Poesie (▶ S. 432)	– Literaturverfilmung – Fantasy-Film – Science-Fiction – Liebesfilm – Thriller – Horror-Film – Action-Film	– Reportage – Portrait – etc.	– wissenschaftlicher Text – erörternde Texte (▶ S. 594–610) – Lexikonartikel	– Rezension (▶ S. 241) – Reportage (▶ S. 232) – Essay (▶ S. 229) – Kommentar (▶ S. 227) – Glosse (▶ S. 580–582)	– Rede (▶ S. 225) – Werbung	– Werbung – Brief – Tagebuch

Literarische Epochen und Strömungen im Überblick

Beginn und Ende literarischer Epochen und Strömungen lassen sich nur selten konkreten Jahreszahlen zuordnen, die chronologische Einteilung dient aber der Orientierung. Die folgende Übersicht gibt daher einen groben Überblick über die gängige Einteilung der Literaturgeschichte.

750 — 1470 — Epochenumbruch 1500

Anfänge der deutschen Literatur – Mittelalter (750–1470, ► S. 241–242)
- religiöse Dichtung: Legende, Mystik
- höfische Dichtung: Minnesang (► S. 238–239), Epos (► S. 240–241); z. B. **Walther von der Vogelweide**

Frühe Neuzeit (1450–1600, ► S. 246–247)
- Volksbuch und Schwank (► S. 244–245), z. B. „Till Eulenspiegel“
- Fastnachtspiel, z. B. **Sachs**
- Kirchenlied, z. B. **Luther**

1600 — 1720 — 1740

Barock (1600–1750, ► S. 253–254)
- Epik: Roman (► S. 248) ; z. B. **Grimmelshausen**
- Lyrik: Bildgedicht und Emblem (► S. 249–250), Sonett (► S. 250–251), z. B. **Gryphius**
- Poetik, z. B. **Opitz**: „Buch von der Deutschen Poeterey“

Aufklärung (1720–1800, ► S. 266–267)
- Epik: Fabel (► S. 260–261), Parabel (► S. 264–265), z. B. **Lessing**
- Drama: Bürgerliches Trauerspiel (► S. 285–287), z. B. **Lessing**
- Philosophische Schriften (► S. 256–258), z. B. **Kant**

1750 — 1770 — 1780 — 1785 — Epochenumbruch 1800

Empfindsamkeit (1740–1780, ► S. 266–267)
- Epik: Brief- und Bildungsroman), z. B. **La Roche: Geschichte des Fräuleins von Sternheim**
- Lyrik: Naturlyrik (► S. 264), z. B. **Klopstock, Claudius**

Sturm und Drang (1770–1785, ► S. 280)
- Drama: Bürgerliches Trauerspiel (► S. 281–289), z. B. **Schiller**
- Lyrik: Hymne (► S. 276–277), z. B. **Goethe**, politische Lyrik (► S. 279), z. B. **Bürger**

1795 — 1800 — 1805 — 1820 — Epochenumbruch 1800 · Epochenumbruch 1800

Weimarer Klassik (1786–1805, ► S. 301–303)
- Dramen (► S. 296–297) von **Goethe** und **Schiller**
- Lyrik: Distichen (► S. 299), Ideenlyrik, Balladen von **Goethe** und **Schiller**

Romantik (1795–1835, ► S. 326–327)
- Epik: Roman (► S. 318–319), z. B. **Tieck**
- Novelle/Erzählung, z. B. **E. T. A. Hoffmann**
- Kunstmärchen, z. B. **Hauff**
- Lyrik: Lied (► S. 321–322), z. B. **Novalis, Brentano, Eichendorff**
- Sammlungen von Volksliedern und Volksmärchen, z. B. **Brüder Grimm**

Frührealismus · 1830 — 1835 — 1848 — 1850 · Frührealismus · Frührealismus

Biedermeier (1820–1850, ► S. 349–350)
- Epik: Novelle, Erzählung (► S. 346–347), z. B. **Mörike, Stifter**
- Lyrik (► S. 345, 348), z. B. **Droste-Hülshoff**

Vormärz (1830–1848, ► S. 349–350)
- Lyrik: politische Lyrik (► S. 340–344), z. B. **Heine**
- Flugblatt, journalistische Schriften (► S. 342–343), z. B. **Büchner, Heine**

1880 · 1890 · Moderne / Epochenumbruch 1900

Poetischer/bürgerlicher Realismus (1850–1890, ► S. 367–369)
- Epik: Roman (► S. 361–363), Novelle, z. B. **Keller**, **Fontane**

Naturalismus (1880–1900, ► S. 388–389)
- Epik: Novelle, Roman (► S. 386–387), z. B. **Holz/Schlaf**
- Drama (► S. 385–386), z. B. **Hauptmann**

1900 · 1910 · Moderne / Epochenumbruch 1900

Expressionismus (1910–1925, ► S. 404)
- Drama, z. B. **G. Kaiser**: „Die Bürger von Calais“
- Lyrik (► S. 399–400), z. B. **Benn**, **Heym**, **Trakl**

Wichtiger Autor zur Zeit des Expressionismus: **Kafka** (► S. 401)

Ästhetizismus – Fin de siècle (1890–1920, ► S. 397): Impressionismus, Jugendstil, Décadence, Sezession, Neoromantik, Surrealismus
- Epik: Roman (► S. 393; 487–488), z. B. **Musil**, Erzählung, Novelle (► S. 393–395), z. B. **Th. Mann**
- Lyrik (► S. 395–396), z. B. **Rilke**

1920 · 1925 · 1933 · 1945

Literatur der Weimarer Republik (1919–1933, ► S. 416–416): z. B. Neue Sachlichkeit
- Epik: Roman (► S. 411–412), z. B. **Keun**
- Drama: episches Theater, z. B. **Brecht**: „Die Dreigroschenoper“
- Lyrik: Gebrauchslyrik (► S. 412–413)
- Journalistische Texte: Reportagen, z. B. **Kisch**

Exilliteratur (1933–1945, ► S. 421)
- Epik: Roman (► S. 419–420), z. B. **Seghers**, **K. Mann**
- Drama: episches Theater (► S. 171–173), z. B. **Brecht**
- Lyrik: Gebrauchslyrik (► S. 418)
- Journalistische Texte, z. B. **Tucholsky**, **E. Mann**

1960 · 1980 · 1989 · Vielfalt der Stile

Nachkriegsliteratur (1945–1960, ► S. 434–435)
- Epik: Kurzgeschichte (► S. 429–431), z. B. **Borchert**, **Böll**
- Lyrik: konkrete Poesie (► S. 453), z. B. **Gomringer**, **Rühm**

Literatur der BRD und der DDR zwischen 1960 und 1989 (► S. 447–449)
- Epik: postmoderner Roman, z. B. **Süskind** (► S. 203–205)
- Drama: politisches Dokumentartheater (► S. 436–440), z. B. **Weiss**
- Lyrik: politische Lyrik (► S. 441, 443), z. B. **Enzenberger**, **Rühmkorf**, **Biermann**

Vielfalt der Stile · Vielfalt der Stile · Vielfalt der Stile

Vielfalt der Stile/Postmoderne, Neorealismus, Popliteratur (1989–Gegenwart)
- Epik: postmoderne Erzählliteratur (► S. 454–457), z. B. **B. Strauß**, **Ransmayr**, **Zeh**, neorealistische Erzählliteratur (► S. 453–454), z. B. **Grass**, **M. Walser**, Popliteratur, z. B. **Berg**, **R. Goetz**

Nachdenken über Sprache

Beziehung zwischen Inhalt und Ausdruck von Zeichen – Semantik

- Ein Zeichen ist etwas, das für etwas anderes steht, also auf mehr verweist als auf sich selbst. Da sprachliche Ausdrücke für eine bestimmte Vorstellung stehen, kann Sprache als Zeichensystem begriffen werden.
- Diesen **Zeichencharakter der Sprache** betonen sprachwissenschaftliche Modelle wie das von Ferdinand de Saussure (▶ S. 474–476).

(kommunikatives) Handeln durch Sprache – Pragmatik

- Bei der Betrachtung der **pragmatischen Dimension** von Sprache (abgeleitet von griech.: pragma = Handlung ▶ S. 94 f., 476) geht es um die Beziehung zwischen den Zeichen (dem, wofür sie stehen), und dem, was das Bezeichnete für die beteiligten Personen als Handlungsaufforderung darstellt.
- Verschiedene Modelle versuchen, diese pragmatische Dimension von Sprache zu verdeutlichen, indem sie auch die Beziehung von Sender und Empfänger berücksichtigen, etwa das **Organon-Modell** (griech.: **Werkzeug**) Bühlers oder das Modell der **vier Seiten einer Nachricht** (▶ S. 90–95) Friedemann Schulz von Thuns.
- Die **appellative** Funktion (Aufforderungsfunktion) von Sprache steht in der **Rhetorik** („Redekunst", ▶ S. 222, 225, 535, 538) im Vordergrund.

Die Kombination von Zeichen untereinander – Syntaktik

Als dritte Zeichendimension ist auch die **syntaktische Dimension** (▶ S. 476) zu berücksichtigen: die Kombination der Zeichen untereinander. Hierzu gehört u. a. die Beschäftigung mit **Satzarten** (▶ S. 144–146) und **Wortarten** (▶ S. 143) sowie **Tempus** (▶ S. 144) und **Modus** (▶ S. 144, 146–147) der Verben.

Sprachentwicklung und sprachliche Varietäten

Sprache ist einem steten Wandel (▶ S. 505) unterworfen.

- Die **diachrone** Betrachtung von Sprache hat den historischen **Sprachwandel,** die Sprachgeschichte (▶ S. 501–507) zum Gegenstand.
- Die Untersuchung gesprochener Sprachen zeigt aber auch **synchrone** (zeitgleiche) Änderungen im Sprachsystem, so genannte **sprachliche Varietäten** (▶ S. 518–533), welche z. B. in lokale (**Dialekte,** ▶ S. 519–523), gesellschaftsbedingte (z. B. **Soziolekte, Ethnolekte, Jugendsprachen** ▶ S. 524–533) oder stilistische Varianten (**Stil,** ▶ S. 610) differenziert werden können.
- Mit den Beziehungen zwischen Sprache, sprachlichen Varietäten und Gesellschaft beschäftigt sich die **Soziolinguistik.**

Sprache – Denken – Wirklichkeit

- Die Frage nach dem Zusammenhang der drei Kategorien Denken, Sprache und Wirklichkeit stellen sich Philosophen und Sprachwissenschaftler gleichermaßen. Dazu gibt es unterschiedliche Ansätze, z. B. den **sprachlichen Relativismus** (Denkstrukturen werden durch das jeweilige Sprachsystem determiniert ▶ S. 481–486) oder **kognitionstheoretisch** orientierte Ansätze (jeder Sprache liegen die gleichen logischen Muster zu Grunde ▶ S. 486).
- Mit den Kategorien Denken, Sprache und Wirklichkeit arbeiten auch Theorien zum **Spracherwerb** (▶ S. 511–516) wie der **Nativismus** (dem Menschen sind bestimmte kognitive Modelle angeboren sind, die ihm u. a. den Erwerb der Sprache ermöglichen) oder der **Interaktionismus** (ohne Anregungen aus der sozialen Umgebung ist kein Spracherwerb möglich).

Alberti, Conrad (1862–1918): Auszug aus *Die zwölf Artikel des Realismus. Ein literarisches Glaubensbekenntnis*, S. 387. In: Literarische Manifeste des Naturalismus 1880–1892. Hg. v. E. Ruprecht. J. B. Verlag, Stuttgart 1962, S. 129 ff.
Althen, Michael (*1962): *Ich will doch nur, dass ihr mich liebt*, S. 216 f. In: Frankfurter Allgemeine Zeitung, Nr. 214 v. 14. 9. 2006
Androutsopoulos, Jannis (*1967): *Ultra korregd Alder! Zu medialen Stilisierung und Aneignung von „Türkendeutsch"*, S. 532. In: Deutsche Sprache. Erich Schmidt, Berlin 2001, 29/2001, S. 321–338
Apollinaire, Guillaume (1880–1918): *Die erdolchte Taube und der Springbrunnen (La colombe poignardée et le jet d'eau)*, S. 192. In: Dichtungen. Ausgew. v. Flora Klee-Palyi. Limes, Wiesbaden 1953, S. 112
Aristoteles (384–322 v. Chr.): *Kennzeichen der Tragödie*, S. 179. In: Theorie des Dramas: Aristoteles. Hg. v. Ulrich Staehle. Reclam, Stuttgart 1973, S. 8–12
Aston, Louise (1814–1871): *Lebensmotto*, S. 349. Aus: Wilde Rosen. In: Louise Aston. Ein Lesebuch. Gedichte, Romane, Schriften in Auswahl (1846–1849). Hg. v. Karlheinz Fingerhut. Akademischer Verlag, Stuttgart 1983, S. 24 f.
Bachmann, Ingeborg (1926–1973): *Anrufung des Großen Bären*, S. 434. In: Werke. Hg. v. C. Koschel, I. v. Weidenbaum, C. Münster. Bd. I: Gedichte, Hörspiele, Libretti, Übersetzungen. Piper, München 1978, S. 95
Bahr, Hermann (1863–1934): *Symbolisten*, S. 390 f. In: Literarische Manifeste der Jahrhundertwende 1890–1910. Hg. v. E. Ruprecht u. D. Bänsch. Metzler, Stuttgart 1970, S. 170 f.
Baudelaire, Charles (1821–1867): *Der Mann und das Meer*, S. 46. In: Die Blumen des Bösen. Übertragen v. Carlo Schmid. Insel, Frankfurt/M. 1986, S. 30
Becher, Johannes Robert (1891–1958): *Auferstanden aus Ruinen (auch: Nationalhymne der Deutschen Demokratischen Republik)*, S. 427. C. F. Peters Musikverlag, Frankfurt/M.
Becht, Alexandra (*1977): *Koexistenz*, S. 52. In: Planet Slam 1. Hg. v. Bylanski, Ko, Patzak, Rayl. Yedermann, Riemerling 2002
Beier, Karin (*1965): *„Klassiker sind nun mal Klassiker"*, S. 186 f. Interview für TTS mit Norbert Pabelick, 2008
Benn, Gottfried (1886–1956): *Reisen*, S. 50 f. In: Gesammelte Werke. Klett-Cotta, Stuttgart 1978, Bd. 3: Gedichte; *Gehirne*, S. 402 f. In: Gesammelte Werke. Hg. v. Bruno Hillebrand. Fischer, Frankfurt/M. 1982, S. 1185–1191; *Schöne Jugend*, S. 407. Ebd., S. 11; *Nur zwei Dinge*, S. 428. In: Sämtliche Werke. Stuttgarter Ausgabe. In Verb. mit Ilse Benn hg. v. Gerhard Schuster (Bände I–V) u. Holger Hof (Bd. VI). Klett-Cotta, Stuttgart 1987, Bd. 1, S. 320
Bernhard, Thomas (1931–1989): *Der Stimmenimitator*, S. 36. In: Der Stimmenimitator. Suhrkamp, Frankfurt/M. 1987, S. 9–10
Beyer, Marcel (*1965): *Stiche*, S. 42. In: Erdkunde. Gedichte. DuMont, Köln 2002, S. 28
Bichsel, Peter (*1935): *San Salvador*, S. 26 f. In: Eigentlich möchte Frau Blum den Milchmann kennenlernen. 21 Geschichten. Suhrkamp, Frankfurt/M. 1993, S. 34 f.
Biermann, Wolf (*1936): *Ballade vom preußischen Ikarus*, S. 443. In: Preußischer Ikarus. Lieder/Balladen/Gedichte/Prosa. Kiepenheuer & Witsch, Köln 1978, S. 103 f.
Biller, Maxim (*1960): *Melody*, S. 30. In: Liebe Heute. Short stories. Kiepenheuer & Witsch, Köln 2007, S. 133 ff.
Birken, Sigmund von (1626–1681): *Willkommen Lenz*, S. 252. In: Die deutsche Literatur. Hg. v. Renate Fischetti, Otto F. Best u. Hans-Jürgen Schmitt. Reclam, Stuttgart 1975, Bd. 4, S. 99 f., behutsam modernisiert
Birkin, Andrew (*1945)/**Eichinger, Bernd** (*1949)/**Tykwer, Tom** (*1965): *Das Parfum*. Das Buch zum Film. S. 205–209. In: Das Parfum. Das Buch zum Film. Diogenes, Zürich 2006, S. 32 ff., 42
Böll, Heinrich (1917–1985): *Mein teures Bein*, S. 432 f. In: Erzählungen. Hg. v. Viktor Böll u. Karl Heiner Busse. Kiepenheuer & Witsch, Köln 1994, S. 226 ff.
Bölsche, Wilhelm (1861–1939): Auszug aus *Die naturwissenschaftlichen Grundlagen der Poesie. Prolegomena einer realistischen Ästhetik*, S. 388. Neu hg. v. Johannes J. Braakenburg. Niemeyer, Tübingen 1976, S. 24 f.
Borchert, Wolfgang (1921–1947): *Die drei dunklen Könige*, S. 431 f. In: Das Gesamtwerk. Rowohlt, Hamburg 1959, S. 304–308; 185 ff.
Brant, Sebastian (1457–1521): *Jüngst hat der Geiste ...*, S. 243. In: Gedicht über die Trefflichkeit der Druckkunst. Basel 1498; *Daß Narrenschyff ad Narragoniam*, S. 244. Aus: Das Narrenschiff. Übertragen v. Hermann A. Junghans. Hg. v. Hans-Joachim Mähl. Reclam, Stuttgart 1964, S. 12–14
Brasch, Thomas (1945–2001): *Lied*, S. 48. In: Kargo. Suhrkamp, Frankfurt/M. 1977
Braun, Frederike: *Reden Frauen anders? Entwicklungen und Positionen in der linguistischen Geschlechterforschung*, S. 524 f. In: Adam, Eva und die Sprache. Beiträge zur Geschlechterforschung. Hg. v. Karin M. Eichhoff-Cyrus. Dudenverlag, Mannheim u. a. 2004, Bd. 5, S. 9–26
Braun, Volker (*1939): *Im Ilmtal*, S. 274. In: Gedichte. Reclam, Leipzig 1976, S. 92–93; *Hinzes Bedingung*, S. 444. Aus: Berichte von Hinze und Kunze. Suhrkamp, Frankfurt/M. 1983, S. 19 f.; *Das Eigentum*, S. 451. Aus: DIE ZEIT 10. 6. 1990
Brecht, Bertolt (1898–1956): *Weise am Weisen ist die Haltung*, S. 34. In: Gesammelte Werke in 20 Bdn. Suhrkamp, Frankfurt/M. 1967. Bd. 12, S. 375; *Über das Zerpflücken von Gedichten*, S. 49. Ebd., Bd. 19, S. 392–392; *Leben des Galilei*, S. 68 f. Ebd., Bd. 3, S. 1339 ff.; *Der gute Mensch von Sezuan*, S. 171 ff. Ebd., Bd. 4, S. 1489–1494; *Die Bühne begann zu erzählen*, S. 182. In: Über eine nicht-aristotelische Dramatik. Ebd., Bd. 15, S. 264 f.; *Was ist mit dem epischen Theater gewonnen*, S. 184. In: Gesammelte Werke in 20 Bdn. Suhrkamp, Frankfurt/M. 1967. Bd. 15, S. 302 f.; *Entdeckung an einer jungen Frau*, S. 189. Ebd., Bd. 8, S. 182 f.; *Vom ertrunkenen Mädchen*, S. 408. Ebd., Bd. 8, S. 252; *Über das Frühjahr*, S. 253. Ebd., Bd. 8, S. 253; *Schlechte Zeit für Lyrik*, S. 418. Ebd., Bd. 9, S. 743 f.; *Ich habe dies, du hast das*, S. 428. Ebd., Bd. 10, S. 964; *Erinnerung an die Marie A*, S. 567. Ebd., Bd. 8, S. 232
Brenner, Peter J. (*1953): *Über Robert Schneider, „Schlafes Bruder"*, S. 221 f. In: Rainer Moritz: Robert Schneider, Schlafes Bruder. Erläuterungen und Dokumente. Reclam, Stuttgart 1999, S. 84
Brentano, Clemens (1778–1842): *Der Spinnerin Nachtlied*, S. 329. In: Werke. Hg. v. Wolfgang Frühwald u. a. Hanser, München 1968, Bd. 1, S. 131
Brinkmann, Rolf Dieter (1940–1975): *Selbstbildnis im Supermarkt*, S. 45. In: Standphotos. Gedichte 1962–1970. Rowohlt, Reinbek 1980, S. 204; *Einer jener klassischen*, S. 48. In: Westwärts 1 & 2. Rowohlt, Reinbek 1975, S. 25
Brückner, Christiane: *Effi Briest an den tauben Hund Rollo*, S. 381. In: Wenn du geredet hättest. Desdemona – Ungehaltene Reden ungehaltener Frauen. Hoffmann und Campe, Hamburg 1985, S. 76–79
Buber, Martin (1878–1965): *Die Legende des Baalschem*, S. 33. In: Die Legende des Baalschem. Manesse, Zürich 1955, S. 30 f.
Budde, Jürgen (*1968): *Männlichkeit und gymnasialer Alltag*, S. 27. In: Männlichkeit und gymnasialer Alltag. Doing Gender im heutigen Bildungssystem. transcript, Bielefeld 2005, S. 188–192
Büchner, Georg (1813–1837): *Woyzeck*, S. 340 ff. In: Ebd., Bd. 1, S. 171 f.; *Der hessische Landbote*, S. 342 f. In: Sämtliche Werke und Briefe. Hg. v. Werner R. Lehmann. Wiss. Buchgesellschaft, Darmstadt 1967, Bd. 2, S. 35 f.
Bürger, Gottfried August (1747–1794): *Für wen, du gutes deutsches Volk*, S. 279. In: Bürgers Werke in 1 Bd. Hg. v. Lore Kaim-Klook. Aufbau, Berlin u. a. 1973, S. 222 f.
Busta, Christine (eigentlich Christine Dimt, 1915–1987): *In der Morgendämmerung*, S. 190. In: Die Scheune der Vögel. Gedichte. Otto Müller, Salzburg 1958, S. 41
Cavalli-Sforza, Luigi Luca (*1922): *Stammbäume von Völkern und Sprachen*, S. 230 f. In: Spektrum der Wissenschaft – Dossier Sprachen, 1/2000, S. 20
Cave, Nick (* 1957): *Where the Wild Roses Grow*, S. 409. Aus: www.nickcave.net/song.php?id=95&l=orig_ger [13. 02. 2009]
Celan, Paul (1920–1970): *Todesfuge*, S. 425 f. In: Gedichte. 10. Aufl. Suhrkamp, Frankfurt/M. 1991, Bd. 1, S. 41 f.; *Weggebeizt*, S. 491. In: Gedichte. Suhrkamp, Frankfurt/M. 1975, Bd. 2
Ciccone, Madonna (*1958): *X-Static Process*, S. 41. Darkdancer Ltd (PRS)/WEBO GIRL PUBL. INC: Warner Chappell Music Ltd, Neue Welt Musikverlag, Hamburg
Claudius, Matthias (1740–1815): *Motett*, S. 264. Ebd., S. 317; *Die Liebe*, S. 264. In: Deutsche Dichtung im 18. Jh. Hg. v. Adalbert Elschenbroich. Wiss. Buchgesellschaft, Darmstadt 1968, S. 329
Conrady, Karl Otto (*1926): *Von der Verführung durch vertraute Epochenbegriffe*, S. 235. In: Literatur und Sprache im historischen Prozess. Vorträge des Deutschen Germanistentages Aachen 1982. Hg. v. Thomas Cramer. Niemeyer, Tübingen 1983, Bd. 1, S. 19 f.
Crystal, David (*1941): *Sprache und Denken*, S. 484. In: Die Cambridge-Enzyklopädie der Sprache. Übers. u. bearb. v. Stefan Röhrich u. a. Camous, Frankfurt/M. u. a. 1995, S. 14

Depping, Georg Bernhard (1784–1856): *Korrespondenz-Nachrichten – Paris, Januar 1841*, S. 355 f. Morgenblatt für gebildete Stände vom Dezember 1840

Dietmar von Aist (* vor 1140; † nach 1171): *Slâfest du, friedel ziere?*, S. 189. In: Deutsche Lyrik des Mittelalters. Auswahl und Übersetzung v. Max Wehrli. Manesse, Zürich 1955, 6. rev. Aufl. 1984, S. 62 f.

Dische, Irene (*1952): *Liebe Mom, lieber Dad*, S. 25 f. In: Loves. Lieben. Hoffmann und Campe, Hamburg 2007, S. 149 ff.

Döblin, Alfred (1878–1957): *Berlin Alexanderplatz*, S. 157 f. Aus: Berlin Alexanderplatz. Walter, Olten 1961. S. 265 f.; *Berlin Alexanderplatz*, S. 410 f. Aus: Berlin Alexanderplatz. dtv, München 1968, S. 144 ff.

Dörries, Bernd: *I schwätz Hochdeutsch*, S. 521. In: Süddeutsche Zeitung v. 12. 07. 2008. http://jobcenter-content.sueddeutsche.de/job karriere/erfolggeld/artikel/548/56492/ [02. 03. 2009]

Dohnanyi, Klaus von (*1928): *„Der Prozess der …“*, S. 75. In: „Wir stehen erst am Anfang der großen Probleme“. Interview. In: Welt online v. 23. 07. 2007, www.welt.de/hamburg/article1048524/Wir_stehen_erst_am_Anfang_der_grossen_Probleme.html [20. 05. 2008]

Domin, Hilde (1909–2006): *Frankfurter Poetik-Vorlesungen*, S. 200. In: Das Gedicht als Augenblick der Welt. Piper, München u. a. 1988, S. 58; *Hier*, S. 417. In: Gesammelte Gedichte. Fischer, Frankfurt/M. 1987, S. 253; *Schrift*, S. 477. In: Gesammelte Gedichte, Fischer, Frankfurt/M. [12]2008, S. 58

Donner, Susanne (*1976): *Fremdgetaktet*, S. 65 f. In: Bild der Wissenschaft 6/2007, S. 29–39

Drechsler, Hanno (1931–2003)/**Hilligen, Wolfgang** (1916–2003)/ **Neumann, Franz** (1904–1974): *Kalter Krieg*, S. 556. In: Gesellschaft und Staat. Lexikon der Politik. Franz Vahlen, München 1992, 8. neubearb. u. erw. Aufl., S. 387 f.

Droste-Hülshoff, Annette von (1797–1848): *Das Spiegelbild*, S. 45. In: Sämtliche Werke. Hanser, München 1952, S. 164 f.; *Am Turme*, S. 348. In: Sämtliche Werke. Hg. v. Clemens Heselhaus. Wiss. Buchgesellschaft, Darmstadt 1966, S. 124 f.

Duden *Wirtschaft von A bis Z. Grundlagenwissen für Beruf, Ausbildung und tägliches Leben*, S. 73 f. Dudenverlag, Mannheim u. a. [2]2004, S. 225

Düffel, John von (*1966): *Ego*, S. 454 f. Aus: Ego. dtv, München 2003, S. 9 f.

Dürrenmatt, Friedrich (1921–1990): *Die Physiker.* Komödie, S. 55–58, 60. In: Eine Komödie in zwei Akten. Diogenes, Zürich 1998, Bd. 7, S. 11, 66–77; *„21 Punkte zu den Physikern“*, S. 61. In: Ebd., S. 91 ff.; *Uns kommt nur noch die Komödie bei*, S. 185. In: Theaterprobleme. Aus: Theater-Schriften und Reden. Diogenes, Zürich 1985, S. 122 ff.

Eckermann, Johann Peter (1792–1854): *Gespräche mit Goethe in den letzten Jahren seines Lebens*, S. 315. Aus: Gespräche mit Goethe in den letzten Jahren seines Lebens. dtv, München 1948, S. 503 f.

Eco, Umberto (*1932): *Der Name der Rose*, S. 473. In: Der Name der Rose. Aus dem Ital. v. Burkhart Kroeber. Hanser, München u. a. [30]1984, S. 34 f.; *Der Verlust der Privatsphäre*, S. 495 f. In: Im Krebsgang voran. Heiße Kriege und medialer Populismus. Aus dem Ital. v. Burkhart Kroeber. Hanser, München 2007, S. 79–84; *Über den Umgang mit Vielsprachigkeit*, S. 504. In: Die Suche nach der vollkommenen Sprache. C. H. Beck, München 1994, S. 15, 349, 355

Eich, Günter (1907–1972): *Inventur*, S. 427. In: Gedichte. Ausgew. v. Ilse Aichinger. Suhrkamp, Frankfurt/M. 1973, S. 10 f.

Eichendorff, Joseph von (1788–1857): *Zwielicht*, S. 191. In: Sämtliche Werke. Historisch-kritische Ausgabe. Bd. I,1: Gedichte. Hg. v. Harry Fröhlich u. Ursula Regener. Kohlhammer, Stuttgart u. a. 1993, S. 11 f.; *Sehnsucht*, S. 320. In: Ausgewählte Werke. Sonderausgabe die Tempel-Klassiker. Hg. v. Paul Stapf. Vollmer, Wiesbaden o. J., Bd. 1, S. 35; *Frische Fahrt*, S. 321. In: Romantische Gedichte. Natursehnsucht und Liebesleid. Ausgew. u. vorgestellt v. Lienhard Wawrzyn. Klaus Wagenbach, Berlin 1982, S. 168; *Mondnacht*, S. 328; 611. In: Werke und Schriften. Hg. v. Gerhart Baumann. Cotta'sche Buchhandlung, Stuttgart o. J., Bd. 2, S. 306; *Wünschelrute*, S. 477. In: Conrady. Das Buch der Gedichte. Deutsche Lyrik von den Anfängen bis zur Gegenwart. Neu hg. v. Hermann Korte. Cornelsen, Berlin 2006, S. 255

Eichinger, Ludwig (*1950): *„Tatsächlich macht die …“*, S. 75. In: „Sprache fließt“. Interview. www.abc-der-menschheit.de/coremedia/generator/wj/de/07__Aktuell/Interview/Interview_20Ludwig_20Eichinger.html [20. 05. 2008]

Engel, Johann Jakob (1741–1802): *Über Emilia Galotti*, S. 287. Aus: Schriften. Myliussische Buchhandlung, Berlin 1801, Bd. 1, S. 166–175

Engst, Judith (*1970): *Professionelles Bewerben – leicht gemacht*, S. 111. In: Duden – Professionelles Bewerben – leicht gemacht. Dudenverlag, Mannheim 2007, S. 48

Enzensberger, Hans Magnus (*1929): *Das Nullmedium oder Warum alle Klagen über das Fernsehen gegenstandslos sind*, S. 126 ff. In: Mittelmaß und Wahn. Suhrkamp, Frankfurt/M. 1989, S. 100 ff.; *An alle Fernsprechteilnehmer*, S. 435. In: Landessprache. Suhrkamp, Frankfurt/M. 1960. S. 28 f.

Erhardt, Heinz (1909–1979): *Die Augen*, S. 474. In: Das große Heinz Erhardt Buch. Fackelträger, Hannover 1970; ???, S. 474. Ebd.

Erkan & Stefan (eigentlich John Friedmann, *1971, u. Florian Simbeck, *1971): *Duden*, S. 529 f. In: Best of Erkan & Stefan. ZYX Music, Merenberg 2007, Nr. 15

Ernst, Peter (*1961): *Germanistische Sprachwissenschaft*, S. 479. In: Germanistische Sprachwissenschaft. Utb, Wien 2004, S. 200

Faulstich, Werner (*1946): *„Jetzt geht die Welt zugrunde …“*, S. 493 ff. In: Medienkulturen. Fink, München 2000, S. 171–187

Feuchtwanger, Lion (1884–1958): *Der Schriftsteller im Exil*, S. 417. Aus: Ein Buch für meine Freunde. Fischer, Frankfurt/M. 1984

Flaubert, Gustave (1821–1880): *Madame Bovary*, S. 373–380. Aus: Madame Bovary. Aus dem Französischen v. Maria Dessauer. Insel, Frankfurt/M. 2002, S. 59 ff.; 210–215; 411 f. u. 423

Fleißer, Marieluise (1901–1974): *Die Stunde der Magd*, S. 413. In: Erzählungen. Suhrkamp, Frankfurt/M. 2001, S. 37 f.

Fontane, Theodor (1819–1898): *Effi Briest*, S. 155 ff.; 373–380. In: Große Brandenburgische Ausgabe. Das erzählerische Werk. Hg. v. Gotthard Erler u. Christine Hehle. Aufbau, Berlin 1998, S. 5–9; 5 ff.; 318, 325 f., 347 f., 119 f.; 189 ff.; 345 f., 227 f.; *Was verstehen wir unter Realismus?*, S. 360. In: Sämtliche Werke. Romane. Erzählungen. Gedichte. Hg. v. Walter Keitel. Wiss. Buchgesellschaft, Darmstadt 1963; *Frau Jenny Treibel*, S. 363 f. In: Romane und Erzählungen in 8 Bdn. Hg. v. Peter Golammer u. a., Aufbau, Berlin u. a., [4]1993, Bd. 6, S. 258 ff.

Franke, Manfred: *Leben und Roman der Elisabeth von Ardenne*, S. 371. In: Leben und Roman der Elisabeth von Ardenne. Fontanes „Effi Briest“. Droste, Düsseldorf 1994, S. 18 f.

Fried, Erich (1921–1988): *Gezieltes Spielzeug*, S. 441. In: Gesammelte Werke, Gedichte Bd. 1, Klaus Wagenbach, Berlin 1993, S. 371; *Wörterdämmerung*, S. 477. In: Zeitfragen. Gedichte. Hanser, München 1968, S. 58

Frisch, Max (1911–1991): *Das Unaussprechliche*, S. 490. In: Stiller. Suhrkamp, Frankfurt/M. [5]1975, S. 330 f.; *Tagebuch. Beim Lesen*, S. 19. In: Tagebuch 1946–1949. Suhrkamp, Frankfurt/M. 1991, S. 136 f.

Gaynor, Gloria (* 1949): *I am what I am*, S. 41. Morris-Edwin-H-Co. Inc, Chappell & Co. GmbH & Co. KG, Hamburg (Herman, Jerry)

George, Stefan (1868–1933): *komm in den totgesagten Park*, S. 396. Aus: Werke. Ausgabe in 2 Bdn. Bd I. Küpper, München 1958, S. 121

Gernhardt, Robert (1937–2006): *Zu zwei Sätzen von Eichendorff*, S. 191. In: Wörtersee. Haffman, Zürich 1989

Goebbels, Joseph (1897–1945): *Sportpalastrede*, S. 538 ff. In: Günter Moltmann: Goebbels' Rede zum totalen Krieg am 18. Februar 1943. Vierteljahreshefte für Zeitgeschichte (12/1). IfZ, München u. a. 1964, S. 13–43

Goethe, Johann Wolfgang (1749–1832): *Neue Liebe, neues Leben*, S. 43. In: Werke. Hamburger Ausgabe. Durchges. u. kom. v. Erich Trunz. dtv, München 1998. Bd. 1, S. 96; *Faust I*, S. 66 f., S. 306–313. In: Bd. 3, S. 24 ff., 44 ff.; S. 24 ff., 20; 17 f.; 28 ff., 55 ff.; 101 f., 106 f.; 108 ff.; *Iphigenie auf Tauris*, S. 170 f., 560 f. Ebd., Bd. 5, S. 7–13, 44 ff.; *Gesang der Geister über den Wassern*, S. 195. Ebd., Bd. 1, S. 143; *Die Leiden des jungen Werthers*, S. 269 f., 274 f. In: Sämtliche Werke. Artemis/dtv, Zürich/München 1977, Bd. 4, S. 375, 270 f., 314 f.; *Ganymed*, S. 272. Ebd., S. 46 f.; *An den Mond*, S. 273, Bd. 1, S. 129 f.; *Prometheus*, S. 276 f. Ebd., Bd. 1, S. 44 ff.; *Italienische Reise*, S. 293. In: Ebd., Bd. 11, S. 150; *Natur und Kunst*, S. 295. Ebd., Bd. 1, S. 245; *Das Göttliche*, S. 300. Ebd., S. 147 ff.; *Nachtgesang*, S. 340. In: Sämtliche Werke. Artemis/dtv, Zürich/München 1977, Bd. 1, S. 63; *Maifest*, S. 566. In: Werke. Hamburger Ausgabe. Durchges. u. kom. v. Erich Trunz. dtv, München 1998, Bd. 1, S. 30 f.

Goethe, Johann Wolfgang/Schiller, Friedrich: *Deutscher Nationalcharakter*, S. 299. In: Sämtliche Werke. Hg. v. Gerhard Fricke u. a.

Hanser, München 1965, Bd. 1, S. 267; *Xenien*, S. 299. Ebd., S. 248, 243, 309
Gomringer, Eugen (*1925): *das schwarze Geheimnis*, S. 434. In: worte sind schatten. Die konstellationen 1951–1968. Hg. v. H. Rein. Rowohlt, Reinbek 1969; *Wind*, S. 434. In: Ebd., S. 58
Gottfried von Straßburg († um 1215): *Tristan*, S. 240. Aus: Tristan. Nach dem Text v. Friedrich Ranke. Neu hg., ins Nhd. übers. v. Rüdiger Krohn. Reclam, Stuttgart ³1985, Bd. 2, S. 110
Grass, Günter (*1927): *„Es herrscht vor die Interpretationssucht"*, S. 20. In: Einmischung. Schriftsteller über Schule, Gesellschaft, Literatur. Hg. v. Peter E. Kolb. Beltz, Weinheim u. a. 1983, S. 11–15; *Im Ei*, S. 301. In: Werkausgabe in 10 Bdn. Hg. v. Volker Neuhaus. Bd. I. Gedichte und Kurzprosa. Hg. v. Anita Overwien-Neuhaus u. Volker Neuhaus. Luchterhand, Darmstadt u. a. 1987, S. 80 f.; *In Ohnmacht gefallen*, S. 441. In: Gedichte und Kurzprosa. Kommentar und Materialien v. Werner Frizen. Steidl, Göttingen 2007, S. 174; *Im Krebsgang*, S. 466 f.; 469. Aus: Im Krebsgang. Steidl, Göttingen 2002, S. 7 ff.; 113–118; *„Die eigene Leidensgeschichte"*, S. 465. In: Die Woche vom 8. 2. 2002
Grau, Alexander (*1968): *Das Denken braucht den Raum*, S. 485 f. In: Frankfurter Allgemeine Zeitung Nr. 25 v. 25. 06. 2006
Greiner, Ulrich (*1945): *Über die Lust und das Laster zu lesen*, S. 17. In: Ulrich Greiners Leseverführer. Eine Gebrauchsanweisung zum Lesen schöner Literatur. C. H. Beck, München 2005, S. 13 ff.; *Lebhafter Grenzverkehr.* Wie deutsch ist unsere Literatur?, S. 580 f. In: DIE ZEIT Nr. 51, 14. 12. 2006. www.zeit.de/2006/51/Glosse-Literatur [21. 10. 2008]
Grimmelshausen, Hans Jakob Christoffel von (1621–1676): *Der Abenteuerliche Simplicissimus Teutsch*, S. 248. Aus: Der Abenteuerliche Simplicissimus Teutsch. Winkler, München o. J., S. 11–15
Grünbein, Durs (*1962): *Novembertage I. 1989*, S. 451. In: Nach den Satiren. Suhrkamp, Frankfurt/M. 1999, S. 64 f.
Gryphius, Andreas (1616–1664): *Es ist alles eitel*, S. 251. In: Werke in einem Band. Aufbau, Berlin u. a. 1969, S. 5
Günderode, Karoline von (1780–1806): *Der Kuss im Traume*, S. 330. In: Der Schatten eines Traums. Gedichte, Prosa, Zeugnisse von Zeitgenossen. Hg. v. Christa Wolf. Luchterhand, Darmstadt/Neuwied 1979, S. 68
Günther, Johann Christian (1695–1723): *Als er der Phyllis einen Ring mit einem Totenkopf überreichte*, S. 250. In: Werke in einem Band. Hg. v. Hans Dahlke. Aufbau, Berlin ⁵1977
Gutzkow, Karl (1811–1878): *B. v. Arnim, Dies Buch gehört dem König*, S. 354. In: Telegraph für Deutschland Nr. 165 vom Okt. 1843
Haarmann, Harald (*1946): *Weltgeschichte der Sprache*, S. 505. In: Weltgeschichte der Sprache. Von der Frühzeit des Menschen bis zur Gegenwart. C. H. Beck, München 2006, S. 27 f.
Härtling, Peter (*1933): *Nein!* S. 586 f. In: Frankfurter Rundschau v. 5. 10. 1992
Hahn, Gerhard (*1954): *Walther von der Vogelweide*, S. 283. Aus: Walther von der Vogelweide. Eine Einführung. Artemis, München u. a. 1986, S. 12 ff.
Hahn, Ulla (*1946): *Angstlied*, S. 44. In: Herz über Kopf. Gedichte. DVA, Stuttgart 1981, S. 57; *Ich bin die Frau*, S. 445. Aus: Spielende. DVA, Stuttgart 1983, S. 63
Hamann, Götz (*1969): *Fernsehen ohne Grenzen*, S. 226. In: DIE ZEIT Nr. 51, 15. 12. 2005. www.zeit.de/2005/51/Kolumne_51 [20. 05. 2008]
Harsdörffer, Georg Philipp (1607–1658): *Das Leben ist*, S. 251. In: Die Pegnitz Schäfer: Georg Philipp Harsdörffer, Johann Klaj, Sigmund von Birken. Gedichte. Hg. v. Gerhard Rühm. gerhard, Berlin 1964, S. 51; *Der Frühling*, S. 252. In: Texte deutscher Literatur 1500–1800. Hg. v. Karl Otto Conrady. Lyrik des Barock I. Hg. v. Marian Szyrocki. Rowohlt, Reinbek 1971, S. 189 f., behutsam modernisiert
Hauptmann, Gerhart (1862–1946): *Die Weber*, S. 385 f. Aus: Die Weber. Dichtung und Wirklichkeit. Hg. v. Hans Schwab-Felisch. Ullstein, Berlin 1997, S. 54 f.
Hebbel, Friedrich (1813–1863): *Maria Magdalene*, S. 365 ff. In: Werke. Hg. v. Gerhard Fricke. Wissen. Buchgemeinschaft, Darmstadt 1963, Bd. I, S. 354 f.; 368 ff.
Heidenreich, Elke (*1943): *Wer nicht liest, ist doof*, S. 18 f. In: Kursbuch 133. Das Buch. Rowohlt, Berlin 1998, S. 1 ff.
Heine, Heinrich (1797–1856): *Am blassen Meeresstrande** ... (Originaltitel: *Abenddämmerung)*, S. 192. In: Sämtliche Schriften in 12 Bdn. Hg. v. Klaus Briegleb. Ullstein, Frankfurt/M. 1981, Bd. 3, S. 171; *Ich weiß nicht, was soll es bedeuten*, S. 322. Ebd., Bd. 1., S. 107; *Asra*, S. 322. Ebd., Bd. 11, S. 41; *An Georg Herwegh*, S. 345. In: Ebd., Bd. 7, S. 485 f.; *Anno 1839*, S. 353. Ebd., Bd. 7, S. 379; *Der Reisebilder II. Ideen. Das Buch Le Grand*, S. 352. Ebd., Bd. 2, S. 271 f.; *Deutschland. Ein Wintermärchen*, S. 357. Ebd., Bd. 7, S. 597; *Lutetia (1851) – Paris, 11. Januar 1841*, S. 356. Ebd., Bd. 9, S. 340 f.; *Vorrede zur französischen Ausgabe der Lutetia*, S. 357 f. Ebd., Bd. 9, S. 228–231; *Weltlauf*, S. 354. Ebd., Bd. 11, S. 105
Hellinger, Marlis: *Empfehlungen für einen geschlechtergerechten Sprachgebrauch im Deutschen*, S. 528. In: Adam, Eva und die Sprache. Beiträge zur Geschlechterforschung. Hg. v. Karin M. Eichhoff-Cyrus. Dudenverlag, Mannheim u. a. 2004, Bd. 5, S. 278, 282
Henrichs, Benjamin: *Über die Frankfurter Inszenierung von Christof Nel*, S. 290 f. Zit. nach: Erläuterungen und Dokumente zu Friedrich Schiller, Kabale und Liebe. Hg. v. Walter Schafarschik. Reclam, Stuttgart 1980, S. 132
Herder, Johann Gottfried (1744–1803): *Abhandlung über den Ursprung der Sprache*, S. 502. In: Abhandlung über den Ursprung der Sprache. Hg. v. H. D. Irmscher. Reclam, Stuttgart 2001, S. 31 ff., 45 f.
Heringer, Hans-Jürgen (*1939): *Phylo- und Ontogenese*, S. 515. In: Interkulturelle Kommunikation. UTB, Tübingen u. a. ²2007, S. 36 f., 114, 128
Herman, Jerry (*1931): *I am what I am*, S. 41. Morris-Edwin-H-Co. Inc, Chappell & Co. GmbH & Co. KG, Hamburg (Gaynor, Gloria)
Herwegh, Georg (1817–1875): *Die Literatur im Jahre 1840*, S. 339. In: Herweghs Werke in einem Band. Ausgew. v. Hans-Georg Werner. Aufbau, Berlin u. a. 1967, S. 318 f.; *Morgenruf*, S. 345. Ebd., S. 94; Wiegenlied, S. 340. Ebd., S. 123 f.
Heym, Georg (1887–1912): *Ophelia I*, S. 407. In: Lyrik des Expressionismus. Hg. v. Silvio Vietta. Niemeyer, Tübingen ²1985, S. 77
Hickethier, Knut (*1945): *Der Film nach der Literatur ist Film*, S. 219. In: Literaturverfilmung. Hg. v. Franz-Josef Albersmeier u. Volker Roloff. Suhrkamp, Frankfurt/M. 1989, S. 183 f.
Hoddis, Jakob van (1887–1942): *Weltende*, S. 399. In: Menschheitsdämmerung. Hg. v. Kurt Pinthus. Rowohlt, Berlin 1984, S. 39
Hölderlin, Friedrich (1770–1843): *Hyperions Schicksalslied*, S. 300. In: Sämtliche Werke. Hg. v. Friedrich Beißner (Kleine Stuttgarter Ausgabe). Kohlhammer, Stuttgart 1953, Bd. 1, S. 260
Hörisch, Jochen (*1951): *Mediendefinitionen*, S. 492 f. In: Der Sinn und die Sinne. Eine Geschichte der Medien. Die Andere Bibliothek/Eichborn, Frankfurt/M. 2001, S. 69 f.
Hoffmann, Ernst Theodor Amadeus (1776–1822): *Die Elixiere des Teufels*, S. 332 ff. In: Sämtliche poetischen Werke. Hg. v. Hannsludwig Geiger. Deutsche Buch-Gemeinschaft, Berlin u. a. 1963, Bd. 1, S. 419 f., 423 f., 431 ff.
Hofmann von Hofmannswaldau, Christian (1616–1679): *Vergänglichkeit der Schönheit*, S. 250. In: Gedichte. Ausgew. v. Helmut Heißenbüttel. S. Fischer, Frankfurt/M. 1968, S. 68
Hofmannsthal, Hugo von (1874–1929): *Ballade des äußeren Lebens*, S. 396. Sämtliche Werke. Hg. v. R. Hirsch u. a. Bd. 1. Gedichte. S. Fischer, Frankfurt/M. 1984, S. 48; *Ein Brief*, S. 488 ff. In: Erzählungen. S. Fischer, Frankfurt/M. 1986, S. 126–140
Holz, Arno (1863–1929): *Die Kunst. Ihr Wesen und ihre Gesetze*, S. 388. In: Das Werk. Hg. v. Hans W. Fischer. Dietz, Berlin 1925, Bd. 10, S. 277
Holz, Arno/Schlaf, Johannes: *Papa Hamlet*, S. 386 f. Hg. v. Theo Meyer. Suhrkamp, Frankfurt/M. 1979, S. 78–82
Hornig, Frank: *Ein bunter, chaotischer Marktplatz*, S. 83 ff. In: Spiegel spezial 2007, Nr. 3, S. 6–18
Huchel, Peter (1903–1981): *Ophelia*, S. 408. In: Hinck, Walter: Stationen der deutschen Lyrik. Von Luther bis in die Gegenwart – 100 Gedichte mit Interpretationen. Vandenhoeck & Ruprecht, Göttingen 2000, S. 212
Hugo, Victor (1802–1885): *Der menschliche Geist entdeckte*, S. 243. Aus: Notre-Dame de Paris, o. O. 1831
Humboldt, Wilhelm von (1767–1835): *Sprache als Weltansicht – Sprache als Nation*, S. 503. In: Schriften zur Sprache. Hg. v. M. Böhler. Reclam, Stuttgart 1995, S. 53 f., 156
Hummelt, Norbert (*1962): *strandschrift*, S. 42. In: Singtrieb. Gedichte mit CD. Engeler, Weil am Rhein 1997
Jandl, Ernst (1925–2000): *die rache*, S. 478. In: Peter und die Kuh. Luchterhand, München 1996, Buchrücken
Johnson, Steven (*1968): *Everything Bad is Good for You*, S. 498. In:

Neue Intelligenz. Warum wir durch Computerspiele und TV klüger werden. Kiepenheuer & Witsch, Köln 2006, S. 13, S. 125 f., 129
Jonas, Hans (1903–1993): *Eine neue Dimension menschlicher Macht,* S. 61 f. In: Technik, Ethik, Medizin. Praxis des Prinzips Verantwortung. Suhrkamp, Frankfurt/M. 1987, S. 270 ff.
Kästner, Erich (1899–1974): *Sachliche Romanze,* S. 412. In: Kästner für Erwachsene. Hg. v. Rudolf Walter Leonhardt. Fischer, Frankfurt/M. 1966, S. 40
Kafka, Franz (1883–1924): *Vor dem Gesetz,* S. 31 f. In: Werke. Hg. v. Max Brod. Fischer, Frankfurt/M. 1986, Bd. 4, S. 120 f.; *Der Kreisel,* S. 34. In: Gesammelte Werke. Beschreibungen eines Kampfes. Hg. v. Max Brod. Fischer, Frankfurt/M. 1983, S. 90; *Auf der Galerie,* S. 35. In: Sämtliche Erzählungen. Hg. v. Paul Raabe. Fischer, Frankfurt/M. 1972, S. 129; *Der Nachbar,* S. 38. In: Ebd., S. 100 f.; *Ein Brudermord,* S. 401 f. In: Franz Kafka. Die Erzählungen und andere ausgewählte Prosa. Hg. v. Roger Hermes. Fischer, Frankfurt/M. 1999, S. 261 ff.
Kaléko, Mascha (1907–1990): *Der kleine Unterschied,* S. 418. In: Mein Lied geht weiter. Hundert Gedichte. Hg. v. Gisela Zoch-Westphal. dtv, München ^{6}2007, S. 80
Kant, Immanuel (1724–1804): *Beantwortung der Frage: Was ist Aufklärung?,* S. 257 f. In: Was ist Aufklärung? Thesen und Definitionen. Hg. v. Erhard Bahr. Reclam, Stuttgart 1974, S. 9 ff.; *Der kategorische Imperativ,* S. 263. Aus: Kritik der praktischen Vernunft. § 7 Grundgesetz der reinen praktischen Vernunft. In: Werke, Bd. 6. Hg. v. Wilhelm Weischedel. Wiss. Buchgesellschaft, Darmstadt 1968, S. 110
Kehlmann, Daniel (*1975): *Ich und Kaminski,* S. 99 f. In: Ich und Kaminski. Suhrkamp, Frankfurt/M. 2003, S. 40–44
Keun, Irmgard (1905–1982): *Das kunstseidene Mädchen,* S. 411 f. In: Das kunstseidene Mädchen. Claassen, Berlin 2005, S. 65–67, 86, 114, 204
Kipphardt, Heinar (1922–1982): *In der Sache J. Robert Oppenheimer,* S. 69 f. In: In der Sache J. Robert Oppenheimer. Suhrkamp, Frankfurt/M. 2005, S. 13–16
Kirsch, Sarah (*1935): *Schöner See Wasserauge,* S. 199. In: Werke in 5 Bdn., Bd. 1: Gedichte 1. DVA, Stuttgart 1999, S. 40 f.; *Trennung,* S. 42. In: Drachensteigen. Langewiesche-Brandt, Ebenhausen 1979, S. 26; *Die Luft riecht schon nach Schnee,* S. 446. In: Werke in 5 Bde. Hg. v. Franz-Heinrich Hackel, Bd. 1: Gedichte I, DVA, Stuttgart 1999, S. 152; *Aus dem Haiku-Gebiet,* S. 452. In: Erlkönigs Tochter. Gedichte. DVA, Stuttgart ^{2}1992, S. 5
Kiwus, Karin (*1942): *Lösung,* S. 48. In: Angenommen später. Suhrkamp, Frankfurt/M. 1979, S. 74; *Im ersten Licht,* S. 189. In: Die beiden Seiten der Gegenwart. Gedichte. Suhrkamp, Frankfurt/M. ^{3}1979, S. 46; *Fragile,* S. 445. Aus: Angenommen später, Suhrkamp, Frankfurt/M. 1979, S. 15
Kleist, Heinrich von (1777–1811): *Die Fabel ohne Moral,* S. 36. In: Anekdoten. Kleine Schriften. dtv, München 1964, dtv-Gesamtausgabe Bd. 5, S. 59; *Penthesilea,* S. 323 f. In: H. v. K. Werke und Briefe in 4 Bdn. Hg. v. Siegfried Streller u. a. Aufbau, Berlin u. a. 1978, Bd. 2, S. 103–106, 119 f.
Klopstock, Friedrich Gottlieb (1724–1803): *Der Zürchersee,* S. 271. In: Deutsche Dichtung im 18. Jh. Hg. v. Adalbert Elschenbroich. Wiss. Buchgesellschaft, Darmstadt 1968, S. 280
Koeppen, Wolfgang (1906–1996): *Tauben im Gras,* S. 429 f. In: Tauben im Gras. Das Treibhaus. Der Tod in Rom. Drei Romane in einem Bd. Suhrkamp, Frankfurt/M. 2008, S. 47 ff.
Köhler, Barbara (*1959): *In the movies,* S. 47. In: Blue Box. Suhrkamp, Frankfurt/M. 1995, S. 10 f.
Köhler, Horst (*1943): *Bildung für alle,* S. 223 f. In: www.bundespraesident.de/-,2.633054/Berliner-Rede-von-Bundespraesi.htm [20. 05. 2008]
Kölsch, Jochen: *Vom Aufstieg des Bildes und dem Zerfall des Wortes,* S. 606 f. In: Und hinter tausend Bildern keine Welt – Dialektik und Paradoxien der Medien. kopaed, München 2005, S. 9 ff.
Körte, Peter (*1958): *Du spürst kaum einen Hauch,* S. 216. In: Frankfurter Allgemeine Sonntagszeitung, Nr. 36 v. 10. 9. 2006, S. 27
Kornfeld, Theodor (1636–1698): *Eine Sand=Uhr,* S. 249. In: Die Deutsche Literatur. Hg. v. Albrecht Schöne. C. H. Beck, München, ^{2}1978, Bd. 3, S. 739
Kraft, Thomas (*1959): *13 Thesen zur Gegenwartsliteratur,* S. 462 f. In: Deutschmagazin. Ideen und Materialien für die Unterrichtspraxis 5–13. 2008, Heft 1, S. 8
Kratzer, Hans (*1957): *Dialekt macht schlau,* S. 522. In: Süddeutsche Zeitung v. 18. 07. 2005, www.italianieuropei.de/ds/documenti/20050718-sprache_sz.html [30. 1. 2009]
Kühn, Dieter (*1935): *Tristan und Isolde des Gottfried von Straßburg,* S. 240 f. Aus: Gottfried von Straßburg: Tristan und Isolde. In der Übertragung von Dieter Kühn, Fischer, Frankfurt/M. u. a. 2003, S. 303–306
Küls, Holger: *Gehirnforschung, Lernen und Spracherwerb – Einige Anmerkungen zum Zweitspracherwerb,* S. 516 f. In: Kindergartenpädagogik – Online-Handbuch. Hg. v. Martin R. Textor. www.kindergartenpaedagogik.de/1024.html [30. 01. 2009]
Kunze, Reiner (*1933): *Ordnung,* S. 442. In: Die wunderbaren Jahre. Fischer, Frankfurt/M. 1976
Lasker-Schüler, Else (1869–1945): *Weltende,* S. 399. In: Sämtliche Werke. Hg. v. Friedhelm Kemp. Kösel, München 1966, Bd. 1, S. 88
Le Goff, Jacques (*1924): *Tristan und Isolde,* S. 241. In: Ritter, Einhorn, Troubadoure. Helden und Wunder des Mittelalters. C. H. Beck, München 2005, S. 216
Lehnartz, Sascha (*1969): *Schlauer schießen,* S. 497 f. In: Frankfurter Allgemeine Sonntagszeitung Nr. 8 v. 25. 02. 2007, S. 51
Lenz, Jakob Michael Reinhold (1751–1792): *An das Herz,* S. 44. In: Werke und Briefe in 3 Bdn. Hg. v. Sigrid Damm. Hanser, München 1987, Bd. 3, S. 105 f.
Lessing, Gotthold Ephraim (1729–1781): *Brief an Friedrich Nicolai über das Trauerspiel,* S. 183. In: Ausgewählte Werke. Ausgew. v. Wolfgang Stammler. Hanser, München o. J., Bd. 3, S. 269 f.; *Die Wasserschlange,* S. 261. In: Lessings Werke in 5 Bdn. Ausgew. v. Karl Balser. Hg. v. der Nationalen Forschungs- und Gedenkstätte der klassischen deutschen Literatur in Weimar. Aufbau, Berlin u. a. 1978, Bd. 5, S. 137 f.; *Die Ringparabel,* S. 264 f. Aus: Nathan der Weise. In: Ebd., Bd. 2, S. 5; *Hamburgische Dramaturgie,* S. 285. In: Ebd., Bd. 4, S. 359–364; *Emilia Galotti,* S. 286 f. In: Ebd., Bd. 1, S. 303 ff.
Lichtenberg, Georg Christoph (1742–1799): *Aus den „Sudelbüchern",* S. 263. In: Werke in 1 Bd. Hg. v. Peter Plett. Hoffmann und Campe, Hamburg o. J., S. 68, 160, 38, 75, 44 f.
Lichtenstein, Alfred (1889–1914): *Doch kommt ein Krieg,* S. 400. In: Lyrik des Expressionismus. Hg. v. Silvio Vietta. Niemeyer, Tübingen ^{2}1985, S. 124
Liliencron, Detlev von (1844–1909): *In einer großen Stadt,* S. 46. In: Flußüberwärts singt eine Nachtigall. Eine Auswahl. Rütten & Loening, Berlin 1967, S. 140 f.
Logau, Friedrich von (1605–1655): *Das Beste der Welt,* S. 251. In: Sämtliche Sinngedichte. Hg. v. Gustav Eitner. Georg Olms, Hildesheim u. a. 1974, S. 45
Lukács, Georg (1885–1971): *Der faschistisch verfälschte und der wirkliche Georg Büchner,* S. 599. Aus: Der faschistisch verfälschte und der wirkliche Georg Büchner. In: Georg Büchner. Hg. v. Wolfgang Martens. Wissen. Buchgesellschaft, Darmstadt 1965, Bd. 53, S. 197–224
Luther, Martin (1483–1546): *Die hohen Wohltaten der Buchdruckerei,* S. 243. In: Johannes Aurifaber: Tischreden oder Colloquia Doctor Martin Luthers. Frankfurt/M. 1566; *Sendbrief vom Dolmetschen,* S. 245. In: D. Martin Luthers Werke. Kritische Gesamtausgabe. Böhlau, Weimar 1909, Bd. 30, S. 636 f.; *Rede auf dem Reichstag zu Worms,* S. 537. In: Martin Kaufhold: Die großen Reden der Weltgeschichte. Matrix, Wiesbaden 2007, S. 80–84
Lyons, John (*1932): *Die Sprache,* S. 479. In: Die Sprache. Übers. v. Christoph Gutknecht. C. H. Beck, München 1983
Mann, Heinrich (1871–1950): *Der Untertan,* S. 414 f. In: Der Untertan. Fischer, Frankfurt/M. 1995, S. 364 f., 367
Mann, Thomas (1875–1955): *Buddenbrooks,* S. 96 ff. Fischer, Berlin 1922, S. 90–93; *Der Tod in Venedig,* S. 393 ff. In: Die Erzählungen. Fischer, Frankfurt/M. 1997, S. 455–458
Marlowe, Christopher: *Die tragische Historie von Doktor Faustus,* S. 305 f. In: Die tragische Historie vom Doktor Faustus. Deutsche Fassung. Reclam, Stuttgart 1964, S. 6–9, 16
Maron, Monika (*1941): *Flugasche,* S. 442 f. Fischer, Frankfurt/M. 1981, S. 78–81
Mehring, Franz (1846–1919): *Über eine Inszenierung von Schillers „Kabale und Liebe" an der Neuen Volksbühne Berlin in „Die Volksbühne",* S. 290. In: Die Volksbühne, 1984. Zit. nach: Erläuterungen und Dokumente zu Friedrich Schiller, Kabale und Liebe. Hg. v. Walter Schafarschik. Reclam, Stuttgart 1980, S. 112 ff.
Merkel, Angela (*1954): *Zur Feier des 50. Jahrestages der Unterzeichnung der „Römischen Verträge",* S. 546 ff. In: www.bundesregierung.de/Content/DE/Rede/2007/03/2007-03-25-rede-bk-berliner-erklaerung.html [09. 09. 2008]
Meyer, Conrad Ferdinand (1825–1898): *Der römische Brunnen,* S. 193.

In: Sämtliche Werke. Historisch-kritische Ausgabe, Bd. 1: Gedichte. Benteli, Bern 1963, S. 170

Mörike, Eduard (1804–1875): *In der Frühe,* S. 190. In: Werke und Briefe. Historisch-kritische Gesamtausgabe. Bd. 1: Gedichte. Ausgabe von 1867. Klett-Cotta, Stuttgart 2003, S. 40; *Septembermorgen,* S. 345. In: Gedichte. Auswahl v. Bernhard Zeller. Reclam, Stuttgart 1977, S. 65; *Mozart auf der Reise nach Prag,* S. 347. In: Werke. Sonderausgabe. Die Tempel-Klassiker. Hg. v. Hannsludwig Geiger. Vollmer, Wiesbaden o. J., S. 970 ff.

Müller, Herta (*1953): *Herztier,* S. 444 f. In: Die deutsche Geschichte in Text und Darstellung. Hg. v. Otto F. Best u. Hans-Jürgen Schmitt. Bd. II: Gegenwart. Reclam, Stuttgart 2000, S. 249 f.

Musil, Robert (1880–1942): *Die Verwirrungen des Zöglings Törleß,* S. 487 f. In: Die Verwirrungen des Zöglings Törleß. Rowohlt, Reinbek 1983, S. 62 f.

Nietzsche, Friedrich (1844–1900): *Venedig,* S. 395. In: Ecce homo. Wie man wird, was man ist. Insel, Frankfurt/M. 1977, S. 67

Novalis (d. i. Georg Philipp Friedrich von Hardenberg, 1772–1801): *Romantisieren – Fragmente zur Poetik,* S. 325. In: Die deutsche Literatur. Ein Abriss in Text u. Darstellung. Hg. v. Otto F. Best u. Hans-Jürgen Schmitt. Bd. 8: Romantik I. Reclam, Stuttgart 1974; S. 57, 257 f.; *Wenn nicht mehr Zahlen und Figuren,* S. 325. In: Werke in 1 Bd. Aufbau, Berlin u. a. 1984, S. 264 f.; *Hymnen an die Nacht,* S. 329. In: Werke, Tagebücher und Briefe Friedrich von Hardenbergs. Hg. v. Hans-Joachim Mähl u. Richard Samuel. Hanser, München u. a. 1978, Bd. 1, S. 152

Nützel, Nikolaus (*1967): *Wenn Digger endkrass dissen ...,* S. 530 f. In: Sprache oder Was den Mensch zum Menschen macht. cbj, München 2007, S. 138 ff.

Ohrlinger, Herbert (*1961): *Ein Neuer aus Österreich,* S. 221. In: Die Presse v. 22. 08. 1992. In: Rainer Moritz: Robert Schneider, Schlafes Bruder. Erläuterungen und Dokumente. Reclam, Stuttgart 1999, S. 47 f.

Oksaar, Els (*1926): *Sprache und soziale Interaktion,* S. 514. In: Spracherwerb im Vorschulalter. Einführung in die Pädolinguistik. Kohlhammer, Stuttgart u. a. 1987, S. 132 f.

Oleschinski, Brigitte (*1955): *Die Plejaden on MTV,* S. 201. In: Minima Poetica. Für eine Poetik des zeitgenössischen Gedichts. Hg. v. Joachim Sartorius. Kiepenheuer & Witsch, Köln 1999, S. 91 f., 95 f.

Pamuk, Orhan (*1952): *„Man kann das Leben ...“,* S. 16. In: Die weiße Festung, Insel, Frankfurt/M. 1995

Pfeffel, Gottlieb Konrad (1736–1809): *Die Reichsgeschichte der Tiere,* S. 262. In: Deutsche Fabeln und Lieder der Aufklärung. Hg. v. Ingrid Sommer. Insel, Frankfurt/M. 1976, S. 246 ff.

Plate, Peter/Sommer, Ulf Leo/Neuenhofen, Andrea: *Ich bin ich,* S. 41. Partitur Musikverlag, München. Arabella Musikverlag, Berlin (siehe auch: Rosenstolz)

Platon (427–347 v. Chr.): *Die Verteidigungsrede des Sokrates,* S. 535 f. In: Apologie des Sokrates und Kriton. Übers. v. Otto Apelt. Meiner, Leipzig 1922, S. 23 f.

Pörksen, Uwe (*1935): *Rednerschulen als Politikwerkstatt,* S. 544. In: Was ist eine gute Regierungserklärung? Grundriss einer politischen Poetik. Wallstein, Göttingen 2004, S. 71 ff.

Raabe, Wilhelm (1831–1910): *Der Hungerpastor,* S. 361 ff. In: Ausgewählte Werke in 6 Bdn. Hg. v. Peter Goldammer u. Helmut Richter. Aufbau, Berlin 1964–1966, Bd. 3, S. 219, 222 ff.

Radisch, Iris (*1959): *Nie wieder Versfüßchen,* S. 49. In: DIE ZEIT Nr. 22 v. 24. 05. 2007; *Tendenzen der zeitgenössischen Literatur,* S. 227 f. In: DIE ZEIT Nr. 46 v. 06. 11. 1992. www.zeit.de/1992/46/Schlafes-Brueder [22. 08. 2008]

Rau, Johannes (1931–2006): *Vertrauen in Deutschland – eine Ermutigung,* S. 545 f. In: www.bundespraesident.de/Anlage/original_600226/test.pdf [09. 09. 2008]

Resch, Helga (*1965)/**Bungter, Tobias** (*1974): *Sprachführer Kölsch,* S. 523. In: Sprachführer Kölsch. Kiepenheuer & Witsch, Köln 2004, S. 54 f.

Reich-Ranicki, Marcel (*1920): *Brauchen wir einen Kanon?* S. 167 f. In: Der Spiegel 25/2001, S. 212 ff.

Retter, Hein (*1937): *Im Wartezimmer*,* S. 93. In: Vorlesungsmanuskript. © Seminar für Allgemeine Pädagogik. TU Braunschweig 1999, S. 66 (www.abpaed.tu-darmstadt.de/arbeitsbereiche/bt/material/kommunikation.pdf [26. 09. 2008])

Reuter, Ernst (1889–1953): *Schaut auf diese Stadt!,* S. 540. In: Martin Kaufhold: Die großen Reden der Weltgeschichte. Matrix, Wiesbaden 2007, S. 192–195

Reza, Yasmina (*1959): *Kunst,* S. 89 f. In: Kunst. Übers. v. Eugen Helmlé. Libelle, Lengwil am Bodensee 1996, S. 11–14

Riehl, Claudia Maria: *Das 18. Jahrhundert,* S. 507. In: Sprachkontaktforschung. Eine Einführung. Narr, Tübingen 2004, S. 180

Rilke, Rainer Maria (1875–1926): *Römische Fontäne,* S. 193. In: Sämtliche Werke. Werkausgabe, Bd. 2: Gedichte: Erster Teil, zweite Hälfte. Insel, Frankfurt/M. 1975, S. 529; *Die Aufzeichnungen des Malte Laurids Brigge,* S. 393. In: Die Aufzeichnungen des Malte Laurids Brigge. dtv, München 1962, S. 71; *Ich fürchte mich so vor der Menschen Wort,* S. 491. In: Werke. Bd. 1: Gedichte 1895–1910. Hg. v. Manfred Engel. Insel, Frankfurt/M. 1996, S. 106

Rimbaud, Arthur (1854–1891): *Ophelia I,* S. 405. In: Sämtliche Dichtungen. Lambert Schneider, Heidelberg 1982, S. 25; *Ophélie I,* S. 405. In: Œuvres. Éditions Garnier Frères, Paris 1960, S. 46

Rosenstolz: *Ich bin ich,* S. 41. Partitur Musikverlag, München, Arabella Musikverlag. Berlin (Plate, Peter/Sommer, Ulf Leo/Neuenhofen, Andrea)

Sachs, Nelly (1891–1970): *Chor der Geretteten,* S. 425. In: Gedichte. Hg. v. Hilde Domin. Suhrkamp, Frankfurt/M. 1988, S. 27 f.

Safranski, Rüdiger (*1945): *Schiller oder die Erfindung des Deutschen Idealismus,* S. 259 f. In: Schiller oder die Erfindung des Deutschen Idealismus. Hanser, München 2004, S. 243–253

Saussure, Ferdinand de (1857–1913): *Die Natur des sprachlichen Zeichens,* S. 474 f. In: Grundfragen der allgemeinen Sprachwissenschaft De Gruyter, Berlin ^{2}1967, S. 76–80

Savigny, Friedrich Carl von: *Zur Strafbarkeit des Ehebruchs beider Geschlechter,* S. 373. In: Verhandlungen des im Jahre 1848 zusammenberufenen Vereinigten ständischen Ausschusses. Zusammengestellt v. Eduard Bleich. Bd. III. Verlag der Deckerschen Geheimen Ober-Hofbuchdruckerei, Berlin 1848, S. 411–414

Schami, Rafik (*1946): *Sieben Doppelgänger,* S. 458 f. Aus: Sieben Doppelgänger. Hanser, München u. a. 1999, S. 20–24

Schiller, Friedrich (1759–1805): *Die Schaubühne als moralische Anstalt betrachtet,* S. 183 f. Aus: Was kann eine gut stehende Schaubühne eigentlich bewirken? In: Sämtliche Werke. Hg. v. Gerhard Fricke u. Herbert G. Göpfert in Verb. mit Herbert Stubenrauch. Hanser, München 1965, Bd. 5, S. 823–831; *Die Räuber,* S. 277 ff. Ebd., Bd. 1, S. 491 ff.; *Idealisierung als Aufgabe des Dichters,* S. 295. In: dtv-Gesamtausgabe. Hg. v. Gerhard Fricke. dtv, München 1966, Bd. 20, S. 166; *Don Karlos. Infant von Spanien,* S. 296 f. In: Sämtliche Werke. Hg. v. Gerhard Fricke. Hanser, München 1965, Bd. 2, S. 125–127; *Briefe über Don Karlos,* S. 297 f., Bd. 2, S. 259 f.; *Brief an Herzog Friedrich Christian von Augustenburg vom 13. 7. 1793,* S. 298. Aus: Über die ästhetische Erziehung des Menschen. In: Schillers Briefe. Kritische Gesamtausgabe. Hg. v. Fritz Jonas. DVA, Stuttgart u. a. 1982–1996, Bd. 3, S. 709 f.; *Kabale und Liebe,* S. 281 ff., 288 f. In: Sämtliche Werke. Hg. v. Gerhard Fricke. Hanser, München 1965, Bd. 5, S. 765 ff., 852 ff., 837 ff.

Schlegel, Friedrich (1772–1829): *116. Athenäum-Fragment,* S. 325. In: Kritische Schriften und Fragmente. Studienausgabe. Hg. v. Ernst Behler u. Hans Eichner. Schöningh, Paderborn u. a. 1988, Bd. 2, S. 114

Schmitz, Ulrich: *Computernetze schließen,* S. 510. In: Sprache in modernen Medien. Erich Schmidt, Berlin 2004, S. 85

Schnell, Ralf (*1943): *Literarischer Film,* S. 218. In: Ralf Schnell: Medienästhetik. Metzler, Stuttgart u. a. 2000, S. 157 ff.

Schnitzler, Arthur (1862–1931): *Fräulein Else,* S. 391 f. In: Fräulein Else. Novelle. Hg. v. Johannes Pankau. Reclam, Stuttgart 2002, S. 73–77

Schön, Heinz: *Obersteuermann Peter Thiebach ...,* S. 464 f. In: Die Gustloff-Katastrophe. Bericht eines Überlebenden. Motorbuch, Stuttgart 2002, S. 382 f.

Schulz von Thun, Friedemann (*1944): *Das Kommunikationsquadrat,* S. 90 f. In: www.schulz-von-thun.de/mod-komquad.html [26. 09. 2008]

Seghers, Anna (1900–1983): *Das siebte Kreuz,* S. 419 f. In: Das siebte Kreuz. Aufbau, Berlin ^{28}2007, S. 136–139, 147 f., 195 f.

Sichtermann, Barbara (*1943)/**Scholl, Joachim** (*1960): *Überall und nirgends. Wo das Gedicht geblieben ist,* S. 200. In: 50 Klassiker. Lyrik. Gerstenberg, Hildesheim ^{2}2005, S. 6 f.

Siebenpfeiffer, Philipp Jakob (1789–1845): *Aus der Rede auf dem Hambacher Fest,* S. 337 f. In: Johann Georg August Wirth: Das Nationalfest der Deutschen zu Hambach. Neustadt a. H. 1832 (Nachdruck Neustadt 1881), S. 31 ff.

Siedenberg, Ralf/Curio, Gabriel: *Das Wort „Huhn" riecht nicht wie „Huhn" ...*, S. 513 f. In: http://elfenbeinturm.net/archiv/2001/lust2.html [31. 01. 2007]
Simon, Gunhild: *Globalisierung*, S. 73. In: www.magazin.institut1.de/678_Sprache_Globalisierung_sprachliche_Aspekte_des_Begriffes.html [09. 06. 2008]
Spitzer, Manfred (*1958): *Vorsicht Bildschirm!*, S. 498. In: Vorsicht Bildschirm! dtv, München 2005, S. 217 ff.
Stedje, Astrid: *Die Sprachen in der Sprache*, S. 246; 519 f. In: Deutsche Sprache gestern und heute. Einführung in Sprachgeschichte und Sprachkunde. Wilhelm Fink, Paderborn [6]2007, S. 150–153; 235–240
Stifter, Adalbert (1805–1868): *Aus der Vorrede zu Bunte Steine*, S. 346. In: Bunte Steine. Späte Erzählungen. Hg. v. Max Stefl. Kraft, Augsburg 1954, S. 7 ff.
Stiglitz, Joseph (*1943): *„Sowohl in den Industriestaaten ..."*, S. 75. In: Kritik an Globalisierung. „Bush versteht keine zivile Sprache". Interview v. 04. 06. 2007, www.spiegel.de/wirtschaft/0,1518,486590,00.html [20. 0005. 2008]
Stolberg, Friedrich Leopold Graf zu (1750–1819): *Über die Fülle des Herzens*, S. 270. In: Über die Fülle des Herzens. Frühe Prosa. Hg. v. Jürgen Behrens. Reclam, Stuttgart 1970, S. 9 f.
Stramm, August (1874–1915): *Patrouille*, S. 400. In: Lyrik des Expressionismus. Hg. v. Silvio Vietta. Niemeyer, Tübingen [2]1985, S. 129
Straubhaar, Thomas (*1957): *Warum macht Globalisierung Angst?* S. 80 f. In: Frankfurter Allgemeine Zeitung Nr. 23 v. 10. 06. 2007, S. 58
Strauß, Botho (*1944): *Mikado*, S. 27 ff. In: Mikado. Hanser, München u. a. 2006, S. 5 ff.; Über die Bremer Inszenierung von Peter Stein, S. 290. In: Theater heute 8/12, 1967, S. 32
Süskind, Patrick (*1949): *Das Parfum. Die Geschichte eines Mörders*, S. 203 ff., 209 f. In: Das Parfum. Die Geschichte eines Mörders. Diogenes, Zürich 1985, S. 5–9, 55 f.
Susman, Margarete (1874–1966): *Expressionismus*, S. 398 f. In: Expressionismus. Hg. v. Paul Raabe. dtv, München 1965, S. 156 f.
Tannen, Deborah (*1945): *Du kannst mich einfach nicht verstehen*, S. 526. In: Du kannst mich einfach nicht verstehen. Warum Männer und Frauen aneinander vorbeireden. Goldmann, München 1998, S. 13 f.
Thalmayr, Andreas (*1929): *Das Wasserzeichen der Poesie*, S. 188. In: Das Wasserzeichen der Poesie oder Die Kunst und das Vergnügen, Gedichte zu lesen. Eichborn, Frankfurt/M. 1997, S. 8
Theobaldy, Jürgen (* 1944): *Schnee im Büro*, S. 446. In: Zweiter Klasse. Rotbuch, Berlin 1976, S. 23
Tieck, Ludwig (1773–1853): *Franz Sternbalds Wanderungen*, S. 318 f. In: Werke in 4 Bdn. Hg. v. Marianne Thalmann. Bd. I: Frühe Erzählungen und Romane. Wissen. Buchgesellschaft, Darmstadt 1968, S. 703–706
Tracy, Rosemarie: *Der Erwerb der deutschen Satzstruktur*, S. 512. In: Deutsch als Erstsprache. Was wissen wir über die wichtigsten Meilensteine des Erwerbs? http://sprache-werner.info/Deutsch_als_Erstsprache_.11738.html?PHPSESSID=e79b402d0efdb078a215542 2b3c58cff [07. 03. 2007]
Trakl, Georg (1887–1914): *Grodek*, S. 400. In: Lyrik des Expressionismus. Hg. v. Silvio Vietta. Niemeyer, Tübingen [2]1985, S. 130
Treichel, Hans-Ulrich (*1952): *Der Verlorene*, S. 452 ff. Aus: Der Verlorene. Suhrkamp, Frankfurt/M. 2003, S. 79–86
Tucholsky, Kurt (1890–1935): *Das verzauberte Paris*, S. 359. In: Gesammelte Werke. Hg. v. Fritz Raddatz. Rowohlt, Reinbek 1975, B. 5, S. 291 ff.; *Rezension zu Heinrich Manns „Der Untertan"*, S. 415. In: Ausgewählte Werke, Bd. 2. Rowohlt, Reinbek 1965, S. 364, 366 f.
Ulbricht, Walter (1893–1973): *An die Bevölkerung der DDR ...*, S. 542 f. In: Zur Geschichte der deutschen Arbeiterbewegung. In: Reden und Aufsätze; Bd. X (1961/62). Dietz, Berlin 1966, S. 11–35
Updike, John (*1932): *Dialog im Cyberspace*, S. 243. In: Wenn ich schon gefragt werde. Essays. Übers. v. Susanne Höbel. Rowohlt, Reinbek 2001
Vanderbeke, Birgit (*1956): *Das Muschelessen*, S. 158 f. In: Das Muschelessen. Fischer, Frankfurt/M. 1997, S. 81 ff.
Viëtor, Karl (1892–1951): *Das Leiden am Leben*, S. 595 f. Aus: Die Tragödie des heldischen Pessimismus. In: Deutsche Vierteljahresschrift für Literaturwissenschaft und Geistesgeschichte. Metzler, Stuttgart 1934, 12. Jg., S. 205 f.
Wallmann, Jürgen P. (*1939): *Der Duft des großen kleinen Genies*, S. 165 f. In: Deutsches Allgemeines Sonntagsblatt v. 14. 04. 1985. In: http://parfum.sockenpaarung.de/presse/grklgenie.htm [16. 05. 2007]
Walser, Martin (*1927) *„Ich muss gestehen, ..."*, S. 16. In: Liebeserklärung. Suhrkamp, Frankfurt/M. 1983. www.literaturkritik.de/public/rezension.php?rez_id=10312&ausgabe=200701 [15. 10. 2008]; *„Es gibt nur subjektive Interpretation"*, S. 20 f. In: M. Walser: Auskunft. 22 Gespräche aus 28 Jahren. Hg. v. Klaus Siblewski. Suhrkamp, Frankfurt/M. 1991, S. 234 f.
Walther von der Vogelweide (um 1170 – um 1230): *Ich hân mîn lêhen*, S. 237. In: Gedichte. Mittelhochdeutscher Text und Übertragung. Ausgew., übers. v. Peter Wapnewski. Fischer, Frankfurt/M. 1962, S. 174; *Si wunderwol gemachet wîp*, S. 238 f. Ebd., S. 20–23
Watzlawick, Paul u. a. (1921–2007): *Menschliche Kommunikation. Formen, Störungen, Paradoxien*, S. 92 f. In: Menschliche Kommunikation. Formen, Störungen, Paradoxien. Ueberreuter, Bern u. a. 1969/70, S. 52–70
Weeber, Karl-Wilhelm (*1950): *Romdeutsch*, S. 506 f. In: Romdeutsch. Warum wir alle lateinisch reden, ohne es zu wissen. Eichborn, Frankfurt/M. 2006, S. 22 ff.
Weerth, Georg (1822–1856): *Die rheinischen Weinbauern*, S. 344. In: Ausgewählte Werke. Hg. v. Bruno Kaiser. Insel, Frankfurt/M. 1966, S. 39
Weinrich, Harald (*1927): *Semantik der Metapher*, S. 478. In: Sprache in Texten. Klett-Cotta, Stuttgart 1976, S. 317–320; *Linguistische Bemerkungen zur modernen Lyrik*, S. 491. In: Literatur für Leser. Essays und Aufsätze zur Literaturwissenschaft. Kohlhammer, Stuttgart u. a. 1971, S. 117 f.
Weiss, Peter (1916–1982): *Die Ermittlung*, S. 438 f. Aus: Die Ermittlung. Suhrkamp, Frankfurt/M. 1965, S. 14–23; *Notizen zum dokumentarischen Theater*, S. 440. In: Rapporte. Suhrkamp, Frankfurt/M. 1981, S. 91 f.
Weizsäcker, Carl Friedrich von (1912–2007): *Ich hatte die Vorstellung ...*, S. 63 f. In: Die Unschuld der Physiker? Ein Gespräch mit Erwin Koller. Pendo, Zürich [2]1997, S. 39–52
Wellershoff, Dieter (*1925): *Das Schimmern der Schlangenhaut*, S. 461 f. In: Das Schimmern der Schlangenhaut. Frankfurter Vorlesungen. Suhrkamp, Frankfurt/M. 1996. Vierte Vorlesung, S. 87 ff.
Whorf, Benjamin Lee (1897–1941): *Das „linguistische Relativitätsprinzip"*, S. 481 f. In: Sprache – Denken – Wirklichkeit. Beiträge zur Metalinguistik und Sprachphilosophie. Hg. u. übers. v. Peter Krausser. Rowohlt, Reinbek 1963
Wittgenstein, Ludwig (1889–1951): *Philosophische Untersuchungen*, §18, S. 471. In: Philosophische Untersuchungen. Werkausgabe. Suhrkamp, Frankfurt/M 1984, Bd. 1, S. 235
Wieland, Christoph Martin (1733–1813): *Sechs Antworten auf sechs Fragen zur Aufklärung*, S. 256 f. In: Wielands Werke in 4 Bdn. Ausgew. v. Hans Böhm. Aufbau, Berlin u. a. 1969, Bd. 4, S. 144, 146
Winckelmann, Johann Joachim (1717–1768): *Gedanken über die Nachahmung der griechischen Werke in der Malerei und Bildhauerkunst*, S. 295. In: Winckelmanns Werke in einem Band. Hg. v. Helmut Holtzhauer. Aufbau, Berlin u. a. 1969, S. 17–18
Wohmann, Gabriele (*1932): *Die Klavierstunde*, S. 23 f. In: Erzählungen. Langewiesche-Brandt, Ebenhausen 1966, S. 67–70; *Flitterwochen, dritter Tag*, S. 574 f. In: Ländliches Fest. Luchterhand, Darmstadt u. a. 1968, S. 103 f.
Wolf, Christa (*1929): *Kassandra*. Erzählung, S. 550 ff. In: Kassandra. Erzählung. Luchterhand, Darmstadt 1988, S. 84–87; *Arbeitstagebuch zu „Kassandra"*, S. 556. In: Voraussetzungen einer Erzählung: Kassandra. Frankfurter Poetik-Vorlesungen. Luchterhand, Darmstadt u. a. 1983, S. 87, 97
Wolfger von Passau (um 1140–1218): *Aus dem Reiserechnungsbuch des Bischofs Wolfger von Passau*, S. 237. Aus: Wolfger von Passau. Zit. nach: Manfred Günter Scholz: Walther von der Vogelweide. Metzler, Stuttgart 2005, S. 12
Wondratschek, Wolf (*1943): *Im Sommer*, S. 446. In: Chuck's Zimmer. Heyne, München 1982
Yunus, Muhammad (*1940): *„Ich unterstütze Globalisierung ..."*, S. 75. In: „Wir können Armut in die Museen verbannen". Interview v. 05. 06. 2007, www.spiegel.de/wirtschaft/0,1518,486746,00.html [20. 05. 2008]
Zaimoglu, Feridun (*1964): *Leyla*, S. 459 ff. Aus: Leyla. Fischer, Frankfurt/M. 2008, S. 520–525; *Kanak Sprak*, S. 533. In: Kanak Sprak. 24 Misstöne vom Rande der Gesellschaft. Rotbuch, Hamburg 1995, S. 115, 118

Zeh, Juli (*1974): *Spieltrieb,* S. 455 ff. In: Spieltrieb. Schöffling, Frankfurt/M. 52005, S. 257 ff.
Zimmer, Dieter E. (*1934): *Wiedersehen mit Whorf,* S. 483. In: So kommt der Mensch zur Sprache. Über Spracherwerb, Sprachentstehung, Sprache und Denken. Heyne, München 2008, S. 187 f., 235 ff.; *Alles eine Sache des Geschmacks? Von wegen!* S. 508 f. In: DIE ZEIT, Nr. 31, 26. 07. 2007, S. 43
Zola, Emile (1840–1902): *Germinal,* S. 384. Aus: Germinal. Aus dem Französischen v. Armin Schwarz. Insel, Frankfurt/M. u. a. 1983, S. 360 ff.; *Auszug aus dem Vorwort zur 2. Auflage von „Thérèse Raquin",* S. 388. In: Thérèse Raquin. Übers. v. Ernst Sander. Reclam, Stuttgart 1975, S. 276

Unbekannte/unbenannte Autorinnen und Autoren
Edelkönigs-Kinder, S. 321. In: Des Knaben Wunderhorn. Hg. v. Achim von Arnim u. Clemens Brentano. Nachdruck der Ausgabe von 1806, besorgt v. Willi A. Koch. Winkler, München 1966, S. 471 ff.
Ex maximo minimum, S. 249. Aus: Emblemata. Handbuch zur Sinnbildkunst des XVI. und XVII. Jh.: Hg. v. Arthur Henkel u. Albrecht Schöne. Metzler, Stuttgart 1996, Spalte 997
Historia von D. Johann Fausten, S. 304. In: Historia von D. Johann Fausten. Text des Druckes von 1587. Hg. v. Stephan Füssel u. Hans Joachim Kreutzer. Reclam, Stuttgart 1988, S. 14 ff.

Bildquellenverzeichnis

S. 15 (1) © Gerhard Mester/CCC.www.c5.net; **S. 15 (2), (4):** © Intro/David Ausserhofer, Berlin; **S. 15 (3), (6):** © Marco Fileccia, www.goodschool.de; **S. 15 (5):** © Dirk Gebhardt/Fotoagentur visum, Hamburg; **S. 15 (7):** © Bildagentur-online; **S. 15 (8):** Stefan Pangritz, Freiburg; **S. 16 rechts, 88, 191:** The Bridgeman Art Liberary, Berlin; **S. 16 links:** © Gerhard Richter; **S. 19, 236 rechts unten, 236 links, 237, 240, 244, 245, 247, 250 261, 262 (2), 268 links, rechts, 272, 273, 276, 281, 288, 292 oben, 318, 321, 330, 333, 336 unten, 339, 340, 344, 345, 348, 355, 380, 383, 329 oben, 432, 434, 438, 495, 504, 534 (2,), 536, 538, 541, 544:** akg-images, Berlin; **S. 23, 28:** scalaarchives, Florenz, © 2009 VG Bild-Kunst, Bonn; **S. 25:** © 2009 VG Bild-Kunst, Bonn; **S. 33:** © picture-aliance/KPA/TopFoto ©KPA; **S. 34, 256 oben, 259 351, 356, 361, 343, 422 oben Mitte, 424 links, 441, 546:** ullstein-bild, Berlin; **S. 35 (2), 36, 252:** Artothek, Weilheim; **S. 41, 220 links unten, 422 oben links, 423 oben links, 586:** picture-alliance/ZB; **S. 42:** akg-images/Erich Lessing, © 2009 Succession Picasso/VG Bild Kunst, Bonn; **S. 47, 153 links unten, 202 unten, 420, 422 2. Reihe rechts, 422 rechts unten:** © cinetext, Frankfurt/M.; **S. 52:** www.malzkornfoto.de; **S. 53:** picture-aliance/photoshot; **S. 54 (3), 169 rechts:** © Iko Freese/Agentur Drama, Berlin; **S. 72:** aus: www.worldmapper.org; **S. 73, 74:** Philippe Rekacewicz, © Le Monde diplomatique/taz Verlags- und Vertriebs GmbH, Berlin; **S. 77:** ©ACTION PRESS/Georg Hilgemann; **S. 84:** © Martin Oeser/ddp; **S. 101, 102 unten:** akg-images, Berlin/© 2009 VG Bild-Kunst, Bonn; **S. 102 oben:** The Art Institut of Chicago, Friends of AmericanArt, Chicago, USA; **S.:113, 116 (3), 131 (2), 220 oben links, 549, 614; rechts:** Thomas Schulz, Teupitz; **S. 115:** ullstein bild/INTRO Auserhofer; **S. 116 (1):** fotolia/Rebel; **S. 153 oben links:** © Roman Mensing!; **S. 153 oben rechts:** © Iko Freese/Agentur Drama, Berlin; **S. 153 Mitte:** © plainpicture; **S. 153 unten rechts, 195:** Artothek, Weilheim; **S. 154:** Mauritius.images, Mittenwalde; **S.165:** © Hanel/CCC.www.c5.net; **S. 169 links, 291 341:** © Mara Eggert, Frankfurt/M.; **S. 186:** Christian Brachwitz, Berlin; **S. 188, 400:** bpk, Berlin, © 2009 VG Bild-Kunst, Bonn; **S. 202 oben:** © Diogenes Verlag, Zürich 1994; **S. 205, 206, 207, 209, 212, 213:** Szenenfotos aus dem Film „Das Parfum", © Regie Tom Tykwer, Produktion Bernd Eichinger, Constantin Film, München; **S. 220 rechts unten:** picture-aliance/EB Stock; **S. 221:** Umschlagbild: Albert Anker, Brustbild eines Knaben; Umschlaggestaltung: Friederike Pondelik; © Reclam Verlag Leipzig,1992; **S. 231:** © Mauritius images/phototake; **S. 233:** Deutsche Literatur in Epochen, Max Hueber Verlag, München 1985; Peter Nusser, Deutsche Literatur von 1500 bis 1800, Alfred Kröner Verlag; A New History if german Literature, David E. Wellbery, Editior in Chief, Harvard University Press, Cambridge; Frauen Literatur Geschichte, Metzler Verlag, Stuttgart; Herbert A. Frenzel, Daten deutsche Dichtung. Deutscher Taschenbuch Verlag, München 1971; Schütz, Eure Sprache ist auch meine, Penda Verlag, Zürich; Heinz Schlaffer, Die kurze Geschichte der deutschen Literatur, Deutscher Taschenbuch Verlag, München 2003; **S. 236 rechts oben, 243, 244, 243 , 256 unten, 257, 268 Mitte, 227, 283, 304, 320, 328, 329 unten, 336 oben, 349, 370, 561:** bpk, Berlin; **S. 255 rechts:** Bayerische Schlösserverwaltung, Gärtenabteilung, Plansammlung; **S. 255 links:** Landesmuseum Baden-Württemberg, Stuttgart; **S. 275:** Freies Deutsches Hochstift – Frankfurter Goethe-Museum, Frankfurt am Main; **S. 278:** Deutsches Literaturarchiv, Marbach; **S. 292 unten:** Museum Folkwang, Essen; **S. 293 rechts, 382 rechts unten, 422 3. Reihe links und unten links, 423 unten links, 423 rechts unten, 426, 450 links, 451, 454, 464 (2):** picture alliance/dpa; **S. 295:** bpk/scalaarchives, Florenz; **S. 315 linke Spalte:** Kirch-Holding GmbH & Co. KG, München; **S. 315 rechte Spalte:** NBD TV, London; **S. 317:** Artothek, Weilheim; **S. 338, 360, 342:** picture alliance/akg; **S. 365:** aus: Claudia Held, Familienglück auf Bilderbogen. Die bürgerliche Familie des 19. Jahrhunderts im Spiegel der Neuruppiner Druckgrafik. Habelt Verlag, Bonn 1992; **S. 371. aus:** H. Budjuhn; Fontane nannte Sie „Effi Briest". Quadriga Verlag, Berlin, Weinheim und Wolfgang Freiherr von Plotho, Bonn; **S. 375:** Deutsches Filmmuseum, Frankfurt am Main; **S. 382 links oben:** akg-images, Berlin/© 2009 Alfons Mucha/VG Bild-Kunst, Bonn; **S. 382 rechts oben, 385:** bpk, Berlin/© 2009 VG Bild-Kunst, Bonn; **S. 382 links unten aus:** Dieter Franck, Als das Jahrhundert jung war. Rowohlt Verlag, Berlin 1997; **S. 383 links oben:** akg-images, Berlin/Stefan Drechsel; **S. 383 rechts oben:** akg-images, Berlin/Hilbich; **S. 390 links:** Musée d'art et d'histoire, Genf; **S. 390 rechts:** Puschkin Museum, Moskau; **S. 395:** © Christie's Images Ltd/Artothek, Weinheim; **S. 396:** Muzeum Narodowe, Warschau; **S. 398 links oben:** Artothek, Weilheim/© The Munch Museum/Munch Elingen Group, © 2009 VG Bild-Kunst, Bonn; **S. 398:** © Digital image, The Museum of Modern Art, New York/Scala, Florenz/© 2009 VG Bild-Kunst, Bonn; **S. 400:** Lenbachhaus, München/© 2009 VG Bild-Kunst, Bonn; **S. 406 oben, 495:** akg/Erich Lessing, Berlin; **S. 406 unten:** © Gregory Chrewdson, Untitled (from Twilight) Digital C-prints (48x60 inches); **S. 407:** Landesmuseum Linz/© 2009 VG Bild-Kunst, Bonn; **S. 408:** © The Munch Museum/Munch Elingsen Group, © 2009 VG Bild-Kunst, Bonn; **S. 409:** © David Tonge; **S. 414:** © DEFA-Stiftung/Eduard Neufeld; **S. 417:** © 2009 VG Bild-Kunst, Bonn; **S. 418:** Archiv der sozialen Demokratie der Friedrich-Ebert-Stiftung, Bonn; **S. 419:** ullstein bild, Berlin/Röhnert; **S. 422 rechts oben, 2. Reihe links 3. Reihe Mitte:** © cinetext, Frankfurt/M./Sammlung Richter; **S. 422 2. Reihe Mitte:** Volkswagen AG, Wolfburg; **S. 422 unten Mitte:** © Coca Cola Deutschland, Berlin; **S. 423 oben Mitte und rechts:** Deutsches Filminstitut – DIF, Frankfurt/M.; **S. 423 Mitte:** © Def Jam Recordings Inc; **S. 424 rechts:** © picture-alliance/KPA/Andres; **S. 429:** © Foto: bpk/Felicitas Timpe, Cover: Suhrkamp Verlag, Frankfurt/M.; **S. 431:** © ullstein bild/Oskar Poss; **S. 443:** © Roger Melis, Berlin; **S. 445:** © 2009 VG Bild-Kunst, Bonn/Banco de Mexiko; **S. 450 rechts:** © akg-images, Berlin/L. M. Peter; **S. 466:** Coverillustration: Günter Grass, © Gerhard Steidl Verlag, Göttingen 2002; **S. 470 links:** © Steidl Verlag, Göttingen; **S. 471 oben:** www.altrofoto.de; **S. 472:** akg-images, © 2009 VG Bild-Kunst, Bonn; **S. 474:** © Haitzinger/CCC, www.c5.net; S. 480: www.scientificpsychic.com/graphics; **S. 480 links:** © June Paik, picture alliance/dpa; **S. 480 rechts:** County Museum, Los Angels; © 2009 VG Bild-Kunst, Bonn; **S. 485:** © images.com; **S. 488:** © U. Edelmann/Städel Museum/Artothek/© 2009 VG Bild-Kunst, Bonn; **S. 494:** bpk/Press-Photo-Dienst Schmidt, Berlin; **S. 499:** nach: Globus Infografik Nr. 0781 und Nr. 1733; Quelle: KiGGS, 2007; **S. 500:** © 2009 Danika Dakić/VG Bild-Kunst, Bonn; **S. 511:** nach: Wolfgang Wendlandt, Sprachstörungen im Kindesalter. Georg Thieme Verlag, Stuttgart 1995; **S. 518 links:** © Erich Rauschenbach/CCC, www.c5.net; **S. 518 rechts:** Wössner/CCC, www.c5.net; **S. 520:** dtv-Atlas Deutsche Sprache. Deutscher Taschenbuch Verlag, München 2001; **S. 534 links unten:** Hennig Schacht/Action Press; **S. 564:** bpk/Presse-Photo-Dienst-Schmidt, Berllin; **S. 468:** Bundesfilmarchiv, Berlin; **S. 574:** ullstein bild, Berlin/Friedrich; **S. 580:** © Peter Ending, picture alliance/dpa; **S. 587:** Historisches Museum, Frankfurt/M.; **S. 613:** © Bildagentur-online, Burgkunstadt/Österreich; **S. 614 links:** © www.Bilderbox.com, Erwin Wodicka, Thening

Nicht in allen Fällen war es möglich, die Rechteinhaber der Abbildungen ausfindig zu machen. Berechtigte Ansprüche werden im Rahmen der üblichen Vereinbarungen abgegolten.

Textartenverzeichnis

Glosse

Interviews

Kurzgeschichten/Kurzprosa

Literaturtheoretische Texte

Medientheoretische Texte

Moralsatire

Parabeln

Philosophische Texte/Abhandlungen

Reden

Reiseberichte/Reisebilder

Rezensionen

Romanauszüge

Sachtexte

Sprachtheoretische Texte

Sachregister

Texte, Themen und Strukturen interaktiv – Software für das Lernen zu Hause
Klausuren- und Abiturtrainer (Einzellizenz) ISBN 978-3-464-63741-8

Texte, Themen und Strukturen interaktiv – Software für den Unterricht
– Literatur und Gattungen/Epochen (Schullizenz) ISBN 978-3-464-63742-5
– Sprache/Medien/Methoden (Schullizenz) ISBN 978-3-464-63843-2

Redaktion: Thorsten Feldbusch (verantwortlich), Amelie Ihering, Neele Schaper
Bildrecherche: Gabi Sprickerhof, Toni Preiskowski
Illustration: Reto Flückiger, Winterthur
Umschlaggestaltung: Rosendahl Grafikdesign, Berlin
Layoutkonzept: Katrin Tengler, Berlin
Layout und technische Umsetzung: werkstatt für gebrauchsgrafik, Berlin

www.cornelsen.de

Die Links zu externen Webseiten Dritter, die in diesem Lehrwerk angegeben sind, wurden vor Drucklegung sorgfältig auf ihre Aktualität geprüft. Der Verlag übernimmt keine Gewähr für die Aktualität und den Inhalt dieser Seiten oder solcher, die mit ihnen verlinkt sind.

Dieses Werk berücksichtigt die Regeln der reformierten Rechtschreibung und Zeichensetzung. Bei den mit [R] gekennzeichneten Texten haben die Rechteinhaber einer Anpassung widersprochen.

Alle Drucke dieser Auflage sind inhaltlich unverändert und können im Unterricht nebeneinander verwendet werden.

Druck: Mohn Media Mohndruck, Gütersloh

Ausgabe mit CD Klausurentraining
1. Auflage, 3. Druck 2011
ISBN 978-3-06-061888-0

Ausgabe ohne CD
1. Auflage, 4. Druck 2011
ISBN 978-3-06-061880-4

Inhalt gedruckt auf säurefreiem Papier aus nachhaltiger Forstwirtschaft.